弥生文化形成論

設楽博己著

塙書房

序

　近年の縄文文化論の潮流の一つは、縄文文化が一系的なものであったのか、あるいは縄文文化という概念によって、日本列島のこの時代の文化全体を一つのものとしてくくってしまうのが適切なのか、再考することである。沿海州などにおけるさまざまな考古文化と比較すれば、このように広大な範囲を一つの文化ととらえるのが適切なのか、疑問視されている。さまざまな文化の寄せ木細工のごとき縄文文化なるものが、果たして実態的なものであったのかどうか、大いに議論していかなくてはならない課題といえよう。それは、国民国家的な視点、島国である日本列島を一つの単位として歴史を考える従来の方法に対する問題提起でもある。

　その一方で、日本の歴史を考えるといった設問に対して、日本列島という地理的なくくりを単位として議論するのはたいへん便利であり有効な面もある。この点から教科書にも、縄文時代・縄文文化という時代区分や文化区分が採用されてきた。縄文文化をいくつかの小文化に解体するのはよいとしても、縄文文化という概念自体を捨て去ってしまうわけにもいかないのが実情である。

　こうした問題は、そのまま弥生文化にもあてはまる。ただ、縄文文化と比較した場合、弥生文化には縄文文化になかった特質があらわれ、問題をさらに複雑にしていることに注意を向けないわけにはいかない。

　縄文文化を大きく分けると西日本と東日本で著しい違いをみせるが、文化の構成要素にはそれほど大きな違いはない。それに対して、弥生文化では、たとえば環壕集落は東北地方では一切みることができないといったように、違いが顕著になる。青銅器もそうである。弥生時代を古墳時代の前史と位置づければ、支配体制や階級制への移行という点において、日本列島の東西で大きな格差が生まれていった時代として評価することができるのであり、この点は古くから弥生時代の発展の不均等として問題視されてきた。

　最近ではこの点、すなわち政治的な社会の成長度を重視して弥生文化全体を再構築し、東北地方は弥生文化の範囲からはずす意見もみられるようになった。

　これに関する学史をたどると、弥生文化が三つの文化要素、すなわち縄文文化以来の①伝統的な要素と②固有の要素、そして③大陸系の要素から成り立っていることに注目した山内清男が、大陸系の文化要素一辺倒の森本六爾の歴史観を批判したことが特筆される。すなわち、伝統的な要素の存在にとくに注意を払ったのである。この三要素のとらえ方は佐原真も踏襲し、筆者もそれにしたがっている。ただ、伝統的な文化の要素が重要であることが強調される割に、その中身についてこれまで深い研究がなされてきたかといえば、いささか疑問な点がある。

　炭素14年代測定の高精度化と較正による実年代への置きかえの精緻化により、課題は多いとはいえ弥生時代の実年代が大きく見直されてきた。それによれば、弥生早・前期が弥生時代の半分近くの期間であることが判明しつつある。一方、弥生中期に青銅器や鉄器の使用という、

政治的な社会の形成の基礎となる動きが本格化していくことも明らかになってきた。長期におよぶ弥生早・前期は政治的な社会の形勢が未熟なことから、政治的な社会化現象を弥生文化再構築の枠組みとすることに疑問も呈されている。

縄文時代にもある種の農耕がおこなわれていたことが、近年の研究の進展によって明らかになってきたのも重要である。弥生文化を縄文文化と分ける大きな点が農耕文化の形成であるとすれば、縄文農耕と弥生農耕の違いがまず明らかにされなくてはならない。筆者はその違いを「農耕文化複合」の形成に求めた。複合というからには、さまざまな文化要素が農耕に向かって収斂していなくてはならない。

本書はこのような研究史や論点を踏まえて、弥生文化を日本列島ではじめて成立した農耕文化複合ととらえる見方を提示した。そして、政治的な社会の形成が未熟な弥生文化の初期的な段階である弥生前期を中心に、山内や佐原が重視した伝統的な側面に力点を置いて、弥生文化の形成に考察を加えたものである。

本書のタイトルを『弥生文化形成論』としたが、このような書物や論文は北部九州地方など西日本の弥生文化の形成論が主軸となっていた。本書では、それにはほとんど触れるところがない。それは、筆者が東日本を研究のフィールドにしているからでもあるが、弥生文化における縄文文化の継承やそれとの確執といった問題が形成論に絡んで重要な位置を占めているとすれば、この二つの文化がせめぎ合う地域で、もう一つの形成論を展開するのも意味のあることと考えるからである。

2016 年 10 月 23 日

設 楽 博 己

目　　次

序

　　序　章　縄文系弥生文化の構想 ……………………………………………3

第Ⅰ部　土器の様式編年と年代論
　　第1章　弥生土器の様式論 ………………………………………………17
　　第2章　弥生時代の実年代をめぐって ………………………………33
　　第3章　弥生改訂年代と気候変動——SAKAGUCHI 1982 論文の再評価—— …………55
　　第4章　縄文晩期の東西交渉 ……………………………………………67
　　第5章　中部地方における弥生土器の成立過程 ……………………89
　　第6章　浮線網状文土器の基準資料 …………………………………133

第Ⅱ部　生業論
　　第7章　食糧生産の本格化と食糧獲得技術の伝統 …………………181
　　第8章　中部・関東地方の初期農耕 …………………………………195
　　第9章　側面索孔燕形銛頭考 ……………………………………………227
　　第10章　動物に対する儀礼の変化 ……………………………………253

第Ⅲ部　社会変動と祖先祭祀
　　第11章　再葬の社会的背景——気候変動との対応関係—— ………………281
　　第12章　縄文・弥生時代の親族組織と祖先祭祀 …………………305
　　第13章　独立棟持柱建物と祖霊祭祀——弥生時代における祖先祭祀の諸形態——……321

第Ⅳ部　縄文系の弥生文化要素
　　第14章　板付Ⅰ式土器成立における亀ヶ岡系土器の関与 …………357
　　第15章　遠賀川系土器における浮線網状文土器の影響 ……………389
　　第16章　銅鐸文様の起源 …………………………………………………407
　　第17章　弥生時代の男女像 ………………………………………………427

iii

目　次

第Ⅴ部　交流と新たな社会の創造

第 18 章　弥生時代の交通と交易……………………………………465

第 19 章　関東地方の遠賀川系土器とその周辺………………………481

第 20 章　木目状縞模様のある磨製石剣………………………………501

第 21 章　信濃地方と北部九州地方の文化交流………………………513

第 22 章　弥生中期という時代…………………………………………521

終　章　農耕文化複合と弥生文化……………………………………543

あとがき………………………………………………………………561

参考文献………………………………………………………………565

挿図出典………………………………………………………………609

表　出　典……………………………………………………………612

写真出典………………………………………………………………612

英文要旨………………………………………………………………613

索　　引………………………………………………………………617

目　次

挿図目次

〔第1章〕

　図1　F・ペトリーの仮数年代ダイアグラム ……………………………………… 23

　図2　小林行雄の唐古弥生土器様式一覧図 ……………………………………… 23

〔第2章〕

　図3　福岡県糸島市三雲遺跡南小路地区出土甕棺と副葬品 ……………………… 39

　図4　中国遼寧省鄭家窪子遺跡出土遺物 ………………………………………… 42

　図5　北部九州地方における青銅器と鉄器の出現と普及 ………………………… 47

　図6　西日本の弥生早・前期土器と大洞系土器および比較資料 ………………… 52

〔第3章〕

　図7　尾瀬ヶ原P73による気温曲線と時代区分 ………………………………… 57

　図8　尾瀬ヶ原P73の炭素14年代とその較正値 ………………………………… 58

　図9　福井県水月湖の菱鉄鉱と方解石の量的変動 ……………………………… 59

　図10　尾瀬ヶ原P73古気温曲線と千葉県の遺跡数・貝塚数 …………………… 62

〔第4章〕

　図11　埼玉県浦和市馬場小室山遺跡包含層出土土器 …………………………… 70

　図12　埼玉県大宮市東北原遺跡2号住居跡茶褐色土層出土土器 ……………… 71

　図13　埼玉県大宮市東北原遺跡2号住居跡黒色土層出土土器 ………………… 72

　図14　埼玉県桶川市高井東遺跡3・8号住居跡出土土器 ……………………… 73

　図15　群馬県安中市天神原遺跡・板倉町板倉遺跡出土土器 …………………… 75

　図16　埼玉県桶川市高井東遺跡8号住居跡出土土器 …………………………… 76

　図17　千葉県富津市富士見台遺跡出土土器（1）………………………………… 79

　図18　千葉県富津市富士見台遺跡出土土器（2）………………………………… 80

　図19　千葉県富津市富士見台遺跡出土土器（3）………………………………… 81

　図20　滋賀県大津市滋賀里遺跡出土土器の突起と東京都東村山市日向北遺跡出土土器 …… 82

　図21　東海西部と関連性のある関東地方の土器とそのモデル ………………… 83

　図22　徳島市三谷遺跡出土土器 ………………………………………………… 84

　図23　関東地方の突帯文系土器 ………………………………………………… 85

〔第5章〕

　図24　愛知県一宮市馬見塚遺跡F地点出土土器 ………………………………… 93

　図25　愛知県大口町西浦遺跡・名古屋市古沢町遺跡出土土器の分類 ………… 96

　図26　愛知県半田市岩滑遺跡出土土器 ………………………………………… 98

　図27　愛知県豊川市水神平貝塚出土深鉢の型式変遷 ………………………… 99

　図28　長野県小諸市氷遺跡出土土器 …………………………………………… 102

　図29　氷Ⅰ式土器の文様帯区分 ……………………………………………… 103

　図30　浮線網状文における二者 ……………………………………………… 103

　図31　長野県阿南町満島南遺跡出土土器 …………………………………… 105

　図32　長野県豊丘村林里遺跡出土土器 ……………………………………… 107

　図33　長野県駒ヶ根市荒神沢遺跡出土土器 ………………………………… 109

　図34　長野県中川村苅谷原遺跡出土土器 …………………………………… 111

　図35　長野県岡谷市新井南遺跡出土土器 …………………………………… 113

　図36　長野県茅野市入の日影遺跡・富士見町籠畑遺跡・富士見町二ノ沢遺跡・山梨県北杜市柳坪遺跡

v

目　　次

出土土器 ………………………………………………………………………… 114
図 37　長野県松本市女鳥羽川遺跡出土土器 …………………………………… 116
図 38　長野県安曇野市離山遺跡出土器 ………………………………………… 118
図 39　長野県大町市トチガ原遺跡出土器 ……………………………………… 119
図 40　長野県松本市横山城遺跡出土土器 ……………………………………… 120

〔第 6 章〕
図 41　長野県松本市女鳥羽川遺跡出土土器 (1) ……………………………… 137
図 42　長野県松本市女鳥羽川遺跡出土土器 (2) ……………………………… 138
図 43　長野県松本市女鳥羽川遺跡出土土器 (3) ……………………………… 139
図 44　長野県松本市女鳥羽川遺跡出土土器 (4) ……………………………… 140
図 45　長野県松本市女鳥羽川遺跡出土土器 (5) ……………………………… 141
図 46　長野県安曇野市離山遺跡出土土器 (1) ………………………………… 145
図 47　長野県安曇野市離山遺跡出土土器 (2) ………………………………… 146
図 48　長野県安曇野市離山遺跡出土土器 (3) ………………………………… 147
図 49　長野県安曇野市離山遺跡出土土器 (4) ………………………………… 148
図 50　群馬県高崎市三ノ倉落合遺跡出土土器 (1) …………………………… 153
図 51　群馬県高崎市三ノ倉落合遺跡出土土器 (2) …………………………… 154
図 52　群馬県高崎市三ノ倉落合遺跡出土土器 (3) …………………………… 155
図 53　群馬県高崎市三ノ倉落合遺跡出土土器 (4) …………………………… 156
図 54　長野県大町市トチガ原遺跡出土土器 (1) ……………………………… 160
図 55　長野県大町市トチガ原遺跡出土土器 (2) ……………………………… 161
図 56　長野県大町市トチガ原遺跡出土土器 (3) ……………………………… 162
図 57　中部高地方を中心とする浮線網状文土器の編年 …………………… 166-167
図 58　静岡県御殿場市関屋塚遺跡出土土器 …………………………………… 175
図 59　静岡県御殿場市宮ノ台遺跡出土土器 (1) ……………………………… 176
図 60　静岡県御殿場市宮ノ台遺跡出土土器 (2) ……………………………… 177

〔第 8 章〕
図 61　植物の種実の圧痕がある土器 (1) ……………………………………… 200
図 62　植物の種実の圧痕がある土器 (2) ……………………………………… 201
図 63　群馬県安中市域の遺跡分布 ……………………………………………… 213
図 64　群馬県藤岡市谷地遺跡・沖Ⅱ遺跡出土石器 ………………………… 215
図 65　群馬県安中市中野谷原遺跡・東吾妻町諏訪前遺跡出土石器 ……… 216
図 66　打製土掘具の刃部幅の変化 ……………………………………………… 217
図 67　横刃形石器の形態と使用痕 ……………………………………………… 219
図 68　関東地方以西における縄文晩期終末～弥生中期の土器組成の変化 … 220-221
図 69　東日本弥生時代壺形土器の形成過程 …………………………………… 222
図 70　甕形土器の容量の変化 …………………………………………………… 225

〔第 9 章〕
図 71　燕形銛頭の部分名称 ……………………………………………………… 228
図 72　弥生時代の燕形銛頭とその他の骨角器 ……………………………… 234
図 73　続縄文文化・弥生時代の側面索孔燕形銛頭と関連資料 …………… 235
図 74　弥生時代の農耕集落と貝塚・洞穴の位置 …………………………… 243
図 75　船泊型開窩回転式銛頭 …………………………………………………… 252

〔第 10 章〕
図 76　動物絵画の変遷 …………………………………………………………… 260

vi

目　次

図 77　イノシシの装飾がついた石槌 ……………………………………………………………… 261
図 78　縄文時代の狩猟動物と造形動物の種類の比率 …………………………………………… 263
図 79　乳房の表現があるイノシシ形土製品 ……………………………………………………… 264
図 80　武器を持つ人物とシカの絵画土器 ………………………………………………………… 267
図 81　農耕儀礼の絵画土器 ………………………………………………………………………… 268
図 82　絵画のある青銅小板 ………………………………………………………………………… 270
図 83　龍をかたどった土器 ………………………………………………………………………… 271
図 84　龍の絵画の変化 ……………………………………………………………………………… 272
図 85　井戸とその出土遺物 ………………………………………………………………………… 273
図 86　龍を描いた漢代の画像石 …………………………………………………………………… 275
図 87　弧帯石 ………………………………………………………………………………………… 276

〔第 11 章〕
図 88　縄文後期の再葬墓 …………………………………………………………………………… 282
図 89　縄文後期の多人数集骨墓 …………………………………………………………………… 285
図 90-1　縄文時代と弥生時代の焼人骨土坑を伴う再葬墓（1）………………………………… 286
図 90-2　縄文時代と弥生時代の焼人骨土坑を伴う再葬墓（2）………………………………… 287
図 91　西南関東地方における土器型式ごとの竪穴住居跡数 …………………………………… 291
図 92　東京湾東岸（船橋・市川・松戸・鎌ヶ谷・千葉・市原市）の縄文時代の遺跡数と竪穴住居跡数の
　　　　変動 …………………………………………………………………………………………… 292
図 93　東京湾東岸（船橋・市川・松戸・鎌ヶ谷・千葉・市原市）の縄文中期以降の竪穴住居跡数比率の
　　　　変動 …………………………………………………………………………………………… 293
図 94　長野県八島ヶ原湿原の花粉分析ダイアグラム …………………………………………… 295
図 95　福島県相馬市三貫地貝塚の埋葬 …………………………………………………………… 297
図 96　千葉県市川市向台遺跡の廃屋墓 …………………………………………………………… 299

〔第 12 章〕
図 97　千葉県船橋市古作貝塚の墓地 ……………………………………………………………… 307
図 98　茨城県取手市中妻貝塚出土人骨の歯冠計測と DNA 分析の結果 ……………………… 309
図 99　中妻貝塚土壙 A 人骨の親族組織シミュレーション …………………………………… 310
図 100　居住集団の類型 …………………………………………………………………………… 312
図 101　集落の分散化と再統合モデル …………………………………………………………… 312
図 102　母方交叉イトコ婚 ………………………………………………………………………… 313
図 103　神奈川県小田原市中里遺跡と足柄平野周辺の弥生時代主要遺跡 …………………… 317

〔第 13 章〕
図 104　弥生時代の独立棟持柱建物（1）………………………………………………………… 328
図 105　弥生時代の独立棟持柱建物（2）………………………………………………………… 329
図 106　弥生時代の独立棟持柱建物（3）………………………………………………………… 331
図 107　弥生時代の独立棟持柱建物（4）………………………………………………………… 333
図 108　弥生時代の独立棟持柱建物（5）………………………………………………………… 335
図 109　弥生時代の独立棟持柱建物の規模 ……………………………………………………… 338
図 110　弥生時代の独立棟持柱建物の規模の変遷 ……………………………………………… 338
図 111　屋根に飾りをもつ独立棟持柱建物の土器絵画 ………………………………………… 340
図 112　徳島県阿波市桜ノ岡遺跡の独立棟持柱建物と柱穴の遺物出土状況 ………………… 340
図 113　佐賀県鳥栖市柚比本村遺跡 ……………………………………………………………… 344
図 114　湖北省盤龍城 F1 大型建物復元図 ……………………………………………………… 350
図 115　北京故宮博物院蔵青銅器の絵画 ………………………………………………………… 350

vii

目　　次

〔第 14 章〕

図 116　佐賀県唐津市大江前遺跡 SD01 溝埋土出土土器 ……………………………… 364

図 117　佐賀市久保泉丸山遺跡と福岡市板付遺跡 SC-01 出土土器 …………………… 365

図 118　福岡市雀居遺跡出土土器 …………………………………………………………… 367

図 119　夜臼 II a 式～板付 I 式の鋸歯文・複線山形文と弧状文および沈線重弧文 … 369

図 120　福岡県福津市今川遺跡 V 字溝出土土器 ………………………………………… 371

図 121　山崎純男による板付式文様の成立過程 ………………………………………… 372

図 122　橋口達也による福岡県糸島市新町遺跡を中心とした弥生早～前期初頭の土器編年 … 373

図 123　沈線重弧文と他の沈線文・彩文の融合 ………………………………………… 374

図 124　隆線重弧文から沈線重弧文へ …………………………………………………… 375

図 125　弥生早・前期土器の沈線文の諸系列 …………………………………………… 376

図 126　高知県土佐市居徳遺跡の隆線連子文の土器 …………………………………… 377

図 127　西日本における縄文晩期後半～終末の東日本系土器 ………………………… 379

図 128　高知県土佐市居徳遺跡の木胎漆器と福岡市雀居遺跡の漆塗り飾り弓 ……… 380

図 129　静岡県沼津市雌鹿塚遺跡出土土器 ……………………………………………… 385

〔第 15 章〕

図 130　木葉状文系統図 …………………………………………………………………… 390

図 131　島根県松江市西川津遺跡、タテチョウ遺跡出土土器 ………………………… 393

図 132　石川県小松市八日市地方遺跡出土土器 ………………………………………… 396

図 133　浮線網状文土器と関連資料 ……………………………………………………… 398

図 134　中国地方以西の三田谷文様と関連資料 ………………………………………… 403

〔第 16 章〕

図 135　大阪府茨木市東奈良遺跡出土銅鐸 ……………………………………………… 408

図 136　朝鮮式銅鈴と楕円環鈕式銅鐸・菱環鈕 1 式銅鐸 ……………………………… 409

図 137　波状文と彩文 ……………………………………………………………………… 410

図 138　浮線渦巻文土器の編年 …………………………………………………………… 413

図 139　楕円文と渦巻文 …………………………………………………………………… 414

図 140　羽状文をもつ土器 ………………………………………………………………… 416

図 141　菱環鈕 1 式銅鐸 …………………………………………………………………… 417

図 142　斜格子目文 ………………………………………………………………………… 418

図 143　木葉文の成立過程 ………………………………………………………………… 420

図 144　徳島市庄・蔵本遺跡の流水文土器 ……………………………………………… 420

図 145　重弧文 ……………………………………………………………………………… 423

図 146　磨製石剣と石棒の分布と銅矛と銅鐸の分布 …………………………………… 424

〔第 17 章〕

図 147　土偶形容器の諸系列 ……………………………………………………………… 429

図 148　長野県上田市渕ノ上遺跡の土偶形容器 ………………………………………… 432

図 149　山梨県笛吹市岡遺跡の土偶形容器 ……………………………………………… 433

図 150　神奈川県大井町中屋敷遺跡の土偶形容器 ……………………………………… 434

図 151　愛知県豊川市麻生田大橋遺跡 SK104 と SK125 土坑とその出土遺物 ……… 438

図 152　北海道江別市大麻 3 遺跡の土坑と出土土偶 …………………………………… 439

図 153　滋賀県野洲市湯ノ部遺跡の木偶 ………………………………………………… 441

図 154　滋賀県近江八幡市大中の湖南遺跡の木偶と鹿児島県錦江町山ノ口遺跡の石偶 … 442

図 155　福岡県糸島市三雲屋敷遺跡の土偶 ……………………………………………… 444

図 156　前近代社会における男女の労働比 ……………………………………………… 447

viii

目　　次

図 157　千葉県いすみ市新田野貝塚の位置 ………………………………………… 448
図 158　兵庫県神戸市桜ヶ丘神岡 5 号銅鐸の絵画 ……………………………… 450
図 159　大阪府東大阪市瓜生堂遺跡第 2 号方形周溝墓 ……………………… 454
図 160　福岡市吉武高木遺跡の墓域 ……………………………………………… 455
図 161　佐賀県神埼市・吉野ヶ里町吉野ヶ里遺跡 ST1001 墳丘墓 ……… 456
図 162　弥生時代における男女像の変遷 ……………………………………… 458

〔第 18 章〕
図 163　九州型石鏃を出す玄界灘沿岸の弥生集落 ………………………… 467
図 164　河内潟周辺の弥生中期拠点集落と流通網 ………………………… 471

〔第 19 章〕
図 165　関東地方の遠賀川系土器ほか（1） ………………………………… 483
図 166　関東地方の遠賀川系土器ほか（2） ………………………………… 485
図 167　群馬県昭和村糸井宮前遺跡出土土器 ……………………………… 486
図 168　神奈川県秦野市平沢同明遺跡出土土器 …………………………… 486
図 169　双頭渦文のある土器 ………………………………………………… 488
図 170　遠賀川式・遠賀川系土器 …………………………………………… 490
図 171　群馬県甘楽町天引狐崎遺跡出土弥生前期土器（1） …………… 492
図 172　群馬県甘楽町天引狐崎遺跡出土弥生前期土器（2） …………… 493
図 173　遠賀川式・遠賀川系土器の器種別分布と土器ないし情報の伝播経路 … 497
図 174　特殊な壺形土器 ……………………………………………………… 500

〔第 20 章〕
図 175　木目状縞模様のある磨製石剣 …………………………………… 503
図 176　長野県松本市石行遺跡土器集中区 7 出土土器 ………………… 504
図 177　長野県域の北部九州系ないし近畿系の青銅器出土遺跡など … 510

〔第 21 章〕
図 178　弥生中期後半の赤彩土器と注口土器 …………………………… 516
図 179　各地の弥生墳墓の比較 …………………………………………… 518

ix

目　　次

表目次

〔第 2 章〕
　　表 1　弥生時代暦年代諸説 ･･ *40–41*
　　表 2　弥生時代早・前期とされる鉄器 ･･ *46*
　　表 3　縄文晩期〜弥生前期の土器編年 ･･ *53*

〔第 3 章〕
　　表 4　縄文〜弥生時代の炭素 14 年代とその補正値および阪口 1984 年論文のデータとの比較 ･･････ *60*
　　表 5　年輪年代による炭素 14 年代の補正値 ･･･ *61*

〔第 5 章〕
　　表 6　長野県下の遺跡における氷 I 式土器種別分類表 ･･･････････････････････････････････････ *122*
　　表 7　中部地方における縄文晩期終末〜弥生中期初頭の編年対比 ･･･････････････････････････ *127*

〔第 6 章〕
　　表 8　女鳥羽川遺跡と離山遺跡出土土器の口縁部沈線と突帯の本数 ･･･････････････････････ *168*

〔第 8 章〕
　　表 9　土器圧痕分析試料作成のための素材一覧 ･･･ *197*
　　表 10　レプリカ法による植物種実圧痕の同定結果一覧（1） ･･･････････････････････････････ *211*
　　表 11　レプリカ法による植物種実圧痕の同定結果一覧（2） ･･･････････････････････････････ *212*

〔第 9 章〕
　　表 12　続縄文文化・弥生時代の燕形銛頭 ･･･ *233*
　　表 13　三浦半島の諸遺跡と愛知県名古屋市・清須市朝日遺跡出土魚類遺存体 ･･･････････････ *240*

〔第 11 章〕
　　表 14　東京湾東岸（船橋・市川・松戸・鎌ヶ谷・千葉・市原市）の縄文時代遺跡数 ･･･････････ *292*
　　表 15　東京湾東岸（船橋・市川・松戸・鎌ヶ谷・千葉・市原市）の縄文時代竪穴住居跡数 ･･･････ *292*
　　表 16　東京湾東岸（船橋・市川・松戸・鎌ヶ谷・千葉・市原市）の縄文中期以降の土器型式別竪穴住居跡
　　　　　数の比率 ･･ *293*

〔第 13 章〕
　　表 17-1　弥生時代の独立棟持柱建物一覧（1） ･･ *324–325*
　　表 17-2　弥生時代の独立棟持柱建物一覧（2） ･･ *326–327*
　　表 18　類型別時期別独立棟持柱建物出土遺跡と建物棟数 ･･･････････････････････････････････ *337*

〔第 17 章〕
　　表 19　千葉県いすみ市新田野貝塚出土自然遺物の時期別構成 ･･･････････････････････････････ *448*
　　表 20　縄文時代における合葬の型式別地域別例数の変化 ･･･････････････････････････････････ *452*
　　表 21　弥生時代における合葬の型式別地域別例数の変化 ･･･････････････････････････････････ *453*

目　次

写真目次

〔第8章〕
　写真1　植物種実圧痕のSEM写真（1）…………………………………………………206
　写真2　植物種実圧痕のSEM写真（2）…………………………………………………207
　写真3　植物種実圧痕のSEM写真（3）…………………………………………………208
　写真4　植物種実圧痕のSEM写真（4）…………………………………………………209

〔第10章〕
　写真5　土坑埋土に堆積した貝殻（千葉県松戸市下水遺跡）………………………255
　写真6　サルをかたどった土製品（上：複製、青森県十面沢遺跡、下：宮城県沼津貝塚）………261
　写真7　サルに似た土製品……………………………………………………………262
　写真8　井戸から出土した龍の絵のある土器複製品………………………………274
　写真9　人頭龍身の絵画土器…………………………………………………………276

〔第17章〕
　写真10　北海道千歳市ウサクマイ遺跡出土土偶……………………………………439

xi

弥生文化形成論

序章　縄文系弥生文化の構想

は じ め に

　近年、弥生時代の遺跡の発掘調査とそれにもとづく研究により、弥生文化の見直しが盛んに
おこなわれるようになった。そこでは弥生文化の政治的な成長度の高さが強調される傾向にあ
る。たとえば、西日本各地の拠点的な環濠集落は人口が多く、首長居宅や祭礼のための大掛か
りな施設が整い、集落には農業以外の生業や青銅器・鉄器生産などの冶金工業にかかわる者が
集住し、首長が管理する社会的な分業が発達していたといった点から、こうした集落はすでに
都市的な機能をもっていたとされる。

　弥生時代を古墳時代という階級社会の前史として位置づければ、縄文時代と弥生時代を区分
する指標として、政治的社会を形成する契機となった大陸系文化の導入が大きな意味をもつこ
とは当然であろう。古墳時代という階級社会への歩みは日本列島が統一されていく過程でもあ
り、政治的社会の形成という現象は、国家形成への胎動として注目せざるをえないからである。

　しかし、弥生時代は農業技術を含む大陸文化の受容の濃度や生態系の差、土地条件の差など
により、縄文時代にはなかった経済的、政治的な地域差が明確になっていった時代でもある〔石
川 1996〕。北海道や琉球列島のように縄文文化の社会組織を維持発展させた地域〔藤本 1988〕、
北海道を除く東日本の大部分のように、西日本の弥生文化の影響のもとに縄文文化を変容させ
て農耕文化を形成したが、政治的な社会へと進まなかった地域〔林 1993〕など、弥生時代の日
本列島には多様な文化と文化のなかの地域差があった〔国立歴史民俗博物館編 1999〕。

　政治的な成長度の高さばかりを強調する弥生文化観[1]に立つと、東日本の弥生文化が縄文文
化や西日本の弥生文化とどのように異なっているのかという点や、その差異が示す歴史的な意
味を探る道を閉ざすことにならないだろうか。また、東日本ばかりでなく、西日本のなかでも
政治的社会への急速な歩みをもつ地域と、それが希薄な地域との差も捨象されがちになるであ
ろう。

　弥生文化を構成する遺物には、「大陸系のものが著名であるが、この他に縄紋式からの伝統
を保つもの、弥生式に於いて特有の発達を示すものも亦存在するのである」〔山内 1932f：48〕。
政治的な視点だけを強調する弥生文化観は、山内清男や佐原真〔佐原 1975〕が指摘した弥生文
化の三要素の一つだけに目を向けたものであり、そのうちの伝統的要素がないがしろにされる
恐れがある。弥生文化は、①伝統的な要素と②固有の要素、そして③大陸系の要素の三要素の
絡み合いにより、地域ごと時期ごとにさまざまな色合いをみせるが、大きく分けると大陸系の

序章　縄文系弥生文化の構想

要素が顕著な文化と縄文系の伝統的な要素が顕著な文化という二者の存在を指摘できるように思われる。それぞれに、特有の発達を示した固有の文化要素が加わって成り立っているこの二者を、大陸系弥生文化、縄文系弥生文化と呼び分け、その内容に触れつつ、このように区分することの意義について考えてみたい。

第1節　二つの弥生文化の枠組み

1　大陸系弥生文化と縄文系弥生文化

大陸系弥生文化とは　弥生時代のはじまりは、それまでの獲得経済社会から農業による生産経済社会に変化し、それにより農業を中心とする社会組織の構築が促された点で、日本歴史上きわめて大きな出来事である。

弥生文化を特徴づける水田稲作は、縄文時代の植物栽培からは生まれてこないものだから、大陸文化が弥生時代のはじまりを規定していたことを、まずは重視しなくてはならない。農業形態には、水田稲作と畠作が混合した菜畑タイプと、水田稲作に重きを置いた板付タイプがあるが、特に水田稲作はこれまでになかった営農形態であり、その集約性と年間の労働のなかに通年的に農作業を組み込む機構は縄文時代にまったくなかったものとして、画期的であった。これまでの生活を崩して新しい生産様式に移行したことは、それだけの生産性が理念的に保証されていたからこそのことであり、その急速な広がりのなかに、いかに人々がより良いものとしてそれを求めたかを読み取ることも可能である。

戦前の奈良県磯城郡川東村唐古池の発掘調査と戦後の静岡市登呂遺跡の発掘調査は、弥生文化とはいかなるものかを広く印象づけた。低湿な土地を開発し、水田を経営するための機能分化した多量の木製農具、膨大な量の矢板を打ち込んだ畦で区画された水田と穀物貯蔵のための高床倉庫は、豊かな実りを保証すると期待される生産経済の確立を象徴するものであった。そうした木製農具は、これも機能分化した大陸系の各種の磨製石器や鉄器によって生産されるというシステムに支えられており、簡素な文様で機能的な形の土器群もまた農耕生活に適したものであった。

これが、今日の教科書的な弥生文化イメージの原形をなすものである。また最近では、農耕社会と本格的な集団間の争いの因果関係が議論され、実際の集団戦用の、あるいは象徴としてのムラの区画である環壕に農耕社会化宣言を比喩的に見出す意見もある〔武末 1991：181-182〕。溝によって内と外を隔てる集落形態は、中国・朝鮮半島に起源する。溝によって区画された方形周溝墓も、時期は新しいが朝鮮半島で検出されている。

大陸に起源が求められるこうした農耕文化要素を主軸として構成された弥生文化を、「大陸系弥生文化」と呼んでおこう。北部九州地方に端を発する初期農耕文化である遠賀川文化とその系譜を引いた文化、関東地方では弥生中期後半の宮ノ台式以降の文化がその典型的なものであり、仙台平野の弥生中期中葉の枡形式も、低地開発と木製農具、大陸系磨製石器の多用によ

4

り、その仲間に加えられるであろう[2]。

　大陸系弥生文化は、階級社会へと向かう政治的社会を形成する性格を潜在的にもっている。日本列島の水田稲作は開始当初から灌漑を伴うものであったが、広瀬和雄が指摘するように、灌漑農耕は大掛かりな開発、堰や水路の建設と維持管理といった共同作業、水利や可耕地をめぐる集団間の利害の調停を必要とし、それを首長に委ねることによって解決した。そうした利害関係の調停が一つの要因となって、首長権力の拡大と、それをてこにした階級社会の形成や地域の統合が促された。つまり、灌漑農耕は階級社会を生み、それを促進する要因を孕むものであり、それが政治社会の形成に果たした役割はきわめて大きいといわざるをえない〔広瀬1997：130-132〕。

　ただし、大陸系の文化要素を主体としつつも、そのなかに伝統的、固有の文化要素が組み込まれていること、ならびにその濃度によって大陸系弥生文化もさまざまであることを強調しなくてはならない。たとえば東日本の弥生土器は、一部古墳時代に至っても縄文を用いている点や、東海地方や関東地方の大陸系弥生文化に石庖丁は顕著ではなかったり、枡形式は大陸系磨製石器や木製農具がほとんどそろうが、環壕集落はみられないといった点である。

　したがって、大陸系弥生文化の内容も吟味して細別するのが適切であろう。ここでは、弥生文化の一つの側面である政治的社会の形成に重きを置いて、地域の統合に役割を果たす集団関係の抗争をうかがうことができる環壕集落を営むのが顕著な文化を大陸系弥生文化Aとし、低地の開発は積極的におこなうが、地域の統合の気配がない文化を大陸系弥生文化Bとしておく。東日本においては、遠賀川文化とその流れを汲んだ宮ノ台文化が前者の、枡形文化が後者の典型である。さらに大陸系弥生文化の細別を整備し、地域ごとの動向をきめ細かく追究する必要があろう。

　縄文系弥生文化とは　水田稲作農耕は大掛かりな技術の転換を伴うので、あらゆる地域や集団が一挙にその転換をはかったわけではない。土地条件に応じたり、伝統的な生業スタイルを崩さずに農耕化していこうという意志が働いた結果、在来の文化を基礎にして農耕文化を築いていく方向もあった。そうした地域や集団では、一見すると農具などに著しい変化がないので、劇的な文化の変化はみえてこないが、畠作などを主軸とした農耕への依存度を強めていったという点で、大陸系農耕文化に触発された転換がなされたとみなすべきであろう。

　大陸系の文化がみかけは副次的な要素を占め、伝統的な、すなわち縄文文化的な文化要素が多く認められる、政治的社会化現象が希薄な弥生文化を「縄文系弥生文化」と呼称したい[3]。

　山内は「弥生式文化」の「東部文化圏」として、"中部地方から東北地方南部に及ぶ文化圏で、縄紋式土器を母体にして西部弥生式の刺戟のうちに生成した縄紋式の伝統の強い東部弥生式土器を用い、青銅器が稀で、大陸系の石器が一般化し、特殊化した石器が発達し、新しい段階には米も一般的になる文化"を設定した〔山内 1964a：145〕。縄文系弥生文化の概念は、山内の東部弥生式文化圏を時間的に区分して、その前半の大陸系要素が希薄な段階の文化を指すものである。

序章　縄文系弥生文化の構想

　このように定義すると、関東地方などではその後半は西部文化圏、すなわちここでいう大陸系弥生文化となり、西部と東部に分けて弥生文化の地域的な性格の違いを鮮明にした山内の成果が活かされていないのではないか、という反論が想定できる。しかし、東日本の弥生時代は平板的に推移したのではなく、いくつかの画期があったことを重視したい。①縄文系弥生文化の成立、②環壕集落の形成や木製農具の多量化による低地開発の進行、③鉄器の普及と首長墓の形成であり、後二者は東日本のなかでも地域的に限定された動向だが、大陸系弥生文化の範疇で理解したほうがよいのである。そうしたうえで、東日本における弥生文化の地域差を西部弥生文化圏と比較しつつ明らかにすることが、東部文化圏と西部文化圏の区分の意義を活かすことになるであろう。

2　構想の動機と縄文系弥生文化の実態的なあり方

構想の動機　こうした複数の文化系統概念[4]の導入が弥生文化を考えるときに必要だと思い至ったのには、二つの理由がある。一つは、たとえば中部高地、関東地方の弥生文化のなかに、大陸系弥生文化形成以前に縄文文化の枠内でとらえることができない文化が存在していることをどのように評価すればよいのか、という問題があること。

　もう一つは、近年の発掘調査などによって、遠賀川文化がこれまで多くの人が考えてきたような、それのみで存在する純粋なものではなく、突帯文文化というそれ以前からの系譜を引いた文化と共存している事例が増加してきたことである。

　伊勢湾地方では、遠賀川文化の集落に縄文文化の伝統を引いた条痕文土器がかなりの比率で伴うことが、かねてより注意されていた。突帯文文化にしても条痕文文化にしても大陸系弥生文化である遠賀川文化と併存している文化なので、大陸系弥生文化にとっては異質なものだから、別の文化概念として理解する方が実態に即しているだろう。

中部高地地方と関東地方の弥生前期　まず、第一の理由に関して、中部高地地方と関東地方の実例にもとづいて考えてみたい。山梨県韮崎市宮ノ前遺跡で、縄文晩期終末の氷Ⅰ式ないしその直後の水田跡が検出されている。イネのプラント・オパールが、その時期の山梨県韮崎市中道遺跡の土器の胎土中から検出されている。稲籾痕のある土器[5]としては、ともに外来系の土器ではあるが、長野県飯田市石行遺跡で縄文晩期後半の鉢が、群馬県渋川市押手遺跡で弥生前期の壺が出土している。石器組成は、狩猟具である石鏃や粉食加工具である石皿や磨石が維持される一方、大型の石鍬と横刃形石器という、縄文後期から存在し、晩期に多量化する石器が継続して用いられ、石鍬は弥生中期前半にはさらに大型化する傾向がある。こうしたことから、中部高地地方と関東地方では、縄文晩期終末ないしその直後に基本的生業のなかに水田稲作や畠作が加わったと推定できる。それは西日本農耕文化の影響によるが、農具と考えられる石器は縄文文化に系譜が求められるものを用いている点に特色がある。

　農耕生活を反映するように、日常の土器組成にも変化が認められる。大小の壺形土器は、それまではほとんどなかったものである。群馬県藤岡市沖Ⅱ遺跡における弥生前期の日常土器の

6

組み合わせのなかに占める壺形土器の比率は、すでに2割に達している。縄文土器を変形させた東海系の壺や、東北地方の亀ヶ岡系土器の影響を受けた壺などが大半を占め、甕にも縄文土器の伝統が色濃い。条痕や縄文、変形工字文で飾られた、遠賀川系の壺と対照的な縄文系弥生土器である〔設楽 1993b〕。

　壺への比重の高まりは、墓にも影響している。大型壺を用いた壺再葬墓の形成が弥生前期から始まり、この地方の縄文系弥生文化を特徴づける〔設楽 1994b：417〕。再葬墓では、埋納土器の7〜9割ほどを大型壺が占める。九州北部で壺形土器から発達した甕棺に成人が埋葬されるのと似た現象であり、東北地方でもこの時期に壺棺が盛んに用いられたように、大型壺の墓制へのかかわりは汎列島的な現象といってよい〔山田 1993a〕。

　また、土版、岩版、石棒、石剣、土製耳飾りなど、縄文晩期に盛んにつくられた呪具や装身具の衰退も顕著である。基本的な呪具である土偶も副葬品となったり、蔵骨器である土偶形容器に変化して再葬に用いられるなど、埋葬に関与するようになった。さらに、女性像を基本とした土偶が農耕文化の影響で男女像に変化したり、鳥装の土偶がつくられる〔設楽 1999c〕など、縄文文化を背後から支えた精神文化にも大きな変化が認められる。

　このように、中部高地地方、関東地方などの中部日本では、縄文晩期終末から弥生前期に農耕文化の影響を受けて生業、墓制、精神生活などに多大な変動がみられ、縄文文化の範囲におさまりきらない文化へと変容していることがわかる〔設楽 1995b〕。

　こうした文化要素のうち、稲作農耕と壺形土器の形成や土偶のあるものなどに、東海地方の条痕文文化の関与を認めないわけにはいかない。中部日本に大陸系弥生文化である遠賀川文化がすんなりと定着しなかった原因の一つは、この地域が張り巡らしていた情報網の一端である東海地方に、条痕文文化が形成されたからにほかならない。条痕文文化とは、遠賀川文化に触発され、関係を保ちながらも、それとは性格を異にする農耕文化であった。

3　文化の二重構造と多系変化論的視点

　第二の理由を、条痕文文化と遠賀川文化の関係から述べていこう。条痕文文化と遠賀川文化の二重構造の意義に関しては、紅村弘による先行研究がある。紅村は"遠賀川式土器から櫛目式土器へと変化する系統と、縄文晩期の土器から条痕文土器を経て櫛目式土器に変化する系統"の二系統があり、併行発展に西部東海地方の弥生文化成立の実態を解く鍵があることを主張した〔紅村 1956・1995〕。

　このような異系統の土器の併存関係はさらに時期をさかのぼって、より西の地域にも認められる。春成秀爾は弥生土器の母体が朝鮮半島にある可能性を示した〔春成 1973a：16〕。近年の弥生土器成立論をみると、板付Ｉ式土器の成立母体は春成が想定していたような朝鮮半島だけではなく、本書の第14章で述べるように縄文土器にもあるが、壺形土器や土器製作技術に朝鮮半島の無文土器の技術的、形態的な影響を指摘しないわけにはいかない。それよりもむしろ重要に思えるのは、弥生土器の形成と変化が必ずしも一系的になされたのではない点である。

序章　縄文系弥生文化の構想

　山崎純男は板付Ⅰ式土器の成立と夜臼系土器の併存に関して、夜臼Ⅱb式土器の段階で外来文化の影響ないし内的要因で板付系が分離成立し、それ以降二つの土器の系列が併行推移し、中期初頭に融合して城ノ越式土器を生み出すという、二つの文化系列の併行推移論を提示した〔山崎 1980：181〕。1990年代に至って、異系統文化の併存状況は、九州以外の西日本の各地でもこれまで以上に注目され〔春成 1990：68-73〕、関連する論文は枚挙にいとまがないほどである〔藤尾 1991、石黒 1992、大阪府立弥生文化博物館編 1995、小林 1998ほか〕。近年では、こうした二系統の土器のあり方を集団単位でとらえ、水稲農耕への取り組み方と合わせた農耕集団成立の複数の類型化が試みられている〔森岡 1995：35-37、秋山 1995：149-150、藤尾 1999b〕。

　近畿地方では、かつて遠賀川系土器と突帯文土器の共存や、その集団の住み分け的存在に関しては懐疑的であったり、等閑に付されたりで、異系統の文化共存を説くのは少数派であったが〔中井 1975、中西 1984〕、実態は単線的な変化ではなかったとの考えが有力になりつつある。集団間のあり方を類型化して複合的にとらえる上述の研究からもわかるように、大陸系、縄文系という大別ではおさまりきらない実態の研究についても着手されるようになったといえよう。

　異系統の二者、あるいは複数の文化と集団間の歴史を地域ごとにきめ細かく再構成するのは今後の課題だが、少なくともこれまでに判明した遺跡における異系統土器の共存状況からすると、突帯文土器から遠賀川系土器へと一直線に変化したことだけは否定されてよい。紅村が早い段階で示した見解は、そのすぐれた視点もさることながら、東海地方西部という、常に日本列島の東西の文化が交差する地域でまず指摘されたものであることに注目する必要がある。こうした多系変化論的な視点を導入した結果として、東海地方西部ほど顕著ではないにしても、多かれ少なかれ各地に似たような状況の存在していることが、近年の研究成果によってわかってきたのである。

　次に、縄文系弥生文化が空間的にどのような範囲を指すのか、また既存の時代区分とどのように異なるのか、そして個別文化要素の系譜問題にも適応できるのか、といった点について考えてみたい。

第2節　縄文系弥生文化の諸問題

1　空間的な範囲の問題

　共存のあり方の二者　縄文系弥生文化の空間的な範囲とあり方を考えるうえで問題になるのは、縄文系弥生文化が大陸系弥生文化とどのような関係を保っていたかである。大別して二つのあり方が想定できる。同所共存と異所共存である。

　同所共存は、たとえば板付遺跡の板付系土器と突帯文系土器、あるいは愛知県名古屋市高蔵貝塚の遠賀川系土器と条痕文系土器という二つの系統の土器様式の共存が象徴的に示すような、異系統の文化的伝統をもつ複数の集団ないしはそうした異系統集団が生み出した複数の文

8

化体系が一つの集落のなかで共存している場合である。

　異所共存は、その範囲や距離の程度によって二つに分けられる。a、bとしておくが、aは至近距離共存、bは広域共存と呼ぶべきものである。水田稲作農耕集団が、ある一角に成立して弥生文化を形成したとき、数km離れたところにまだそうした農耕化の動きにはなじまない集団がいたとしても、彼らを縄文時代の人々とするわけにはいかない。時代区分としての理屈のうえからも、それほど狭い範囲のなかに二つの時代が併存していたと考えることはできないし、これだけ接近していれば縄文系の集団も農耕集団に何らかの影響を受けていたと考えるのが当然であろう。

　非農耕民が農耕民の生活体系に取り込まれていく様子は、甲元眞之が熊本平野とその周辺をモデルにして描いている。それによると、河川を通じて形成されていた山と海を結ぶ縄文時代の交通網は水稲農耕民が沖積平野を占拠することで分断され、それ以降、海と山を結ぶ交通網は水稲農耕民を仲介する以外に成り立たなくなった〔甲元1992：4〕。ことに、漁撈活動に従事していた人々は、その広範な交通網を再編成して貝輪や青銅器などの交易活動に比重を移し、水稲農耕民の需要に応じた国際的分配組織へと姿を変えていった。

　山手の人々はどうだろうか。佐賀県湊中野遺跡は唐津平野を望む台地上の弥生中〜後期の遺跡で、石器の組み合わせは縄文時代とあまり変わらない。しかし、ここからはのろし跡とされる軍事施設が検出されており、採集狩猟を中心に生活を営んでいたところに、農村地帯から軍事的見張り所の役割を背負わされたとみられている〔武末1989：108-109〕。

　こうした海と山の集団の生活変化は、自らの生活領域や周辺における農耕集団の出現を契機とし、それとの関係のなかで生活することを余儀なくされた結果である。したがって、水稲農耕民との共生の道を選択した縄文系の集団も、弥生時代の集団とみなさざるをえない。このように、弥生時代の集団でありながらも縄文的な文化を抱えた集団を説明するにあたって、縄文系弥生文化という概念の有効性が理解されよう。

　異所共存のもう一つの実態としてのbは、東海地方西部の条痕文文化の大半の地域、あるいはその影響のもとに形成された関東地方の弥生前期の地域文化が、遠賀川文化と地域を異にして共存しているといったような、広域な地域同士の共存レベルのものである。aが一つの場所あるいは至近距離の地域に、住み分けのような状況を含みながらもなかば混在してあるいはモザイク状に共存している状況であったのに対して、bは互いの交流をわずかに含みながらも縄文系と大陸系のそれぞれで独立した地域圏が隣接して共存している状況を指す。したがって、当然二つの文化の交流のあり方といった関係性は、同所共存aレベルよりも薄くなりがちで、しばしば間接的に影響しあっていることになるだろう。

　このように、異系統文化の共存関係は、互いに接触点をもちながら連鎖して構成されていることがわかる。このことは、弥生文化の形成過程において、朝鮮半島から導入された農耕文化複合の直截的な影響によって新たな文化を形成していく場合とともに、連鎖構造の文化接触などを通じた間接的な影響によって、それまでの文化とは異質な文化や社会を構成していく場合

序章　縄文系弥生文化の構想

があったことを示す〔設楽 1995b：82〕。この点を抜きにして、大陸系文化要素の濃度の差が一つの規定的な要因をなして形成された文化の性格、東部弥生文化圏としての東日本における縄文系弥生文化の特質を論じることはできない。

二重構造か多重構造か　二者択一的な二つの文化系統の設定だけでは、多様な弥生文化の地域差などを説明するには不十分だ、という意見が当然出てこよう。石川日出志は、関東地方の弥生中期後半を四つの地域と小文化に区分した〔石川 1998〕。それによると、関東地方は群馬県地域、栃木県地域、房総半島南部と西南部関東地域、印旛沼北部から茨城県地域の東部関東地域の四つの地域に区分され、集落、水田、石器組成、土器の移動、青銅器などに違いがあり、多彩な地域色が展開しているという。これまで一様にとらえられがちであった宮ノ台式併行期の関東地方の小地域色を、文化要素を複合的にとらえて摘出した、今後の研究の方向性を示唆する業績として高く評価されよう。

ただし、この四つの地域色がそれぞれ等質的に存在しているのではなさそうな点には注意しておく必要があるだろう。文化要素の特色を総合すると、環壕集落などの大陸系文化要素の顕著な群馬県域、房総南部、西南部関東地域と、縄文系の文化要素が顕著なそれ以外の地域との間に一線が引ける。大陸系弥生文化と縄文系弥生文化という大きな区分のうえに、縄文文化の伝統のあり方や土地条件、他地域との影響関係などによって、さらにそれぞれの地域が細別されているのである。つまり、モザイク状の地域圏が形成されているようにみえるものの、重層的な地域構造をなしており、その根底には大陸系と縄文系という二重構造があるのが実情ではないだろうか[6]。

形質人類学の分野の学説には、金関丈夫が江戸・明治期以来の学説を人骨の形質学的分析によって再構築した混血説がある。それは、大陸から農耕文化とともに新しい種族が渡来して、近畿地方にまで広がったとする説であり、渡来もとを南朝鮮とした〔金関 1955：249〕。これに対して、内藤芳篤は九州西北部には縄文人がそのまま弥生人に転化した集団がいることを述べ〔内藤 1971〕、金関もその二重構造を認めた〔金関丈 1976：163-165〕。この説に対しては、九州の弥生人の成り立ちはより複雑で、二重構造ではなく多重構造だとする松下孝幸の見解がある〔松下 1997：100〕が、それもまた大陸系、縄文系の濃度差によって生じたさらに細かな地域差とみなすべきであろう。したがって、細別の前の大別として、二重構造が意味をもっているといえよう。

2　時間的な問題

縄文文化、縄文系弥生文化、大陸系弥生文化という区分は、大局的にみれば、多くの地域がその順にたどった道であるから、発展段階論的な側面がないこともない。酒井龍一は、時代と時代の境界にいつでもつきまとう、どちら着かずのあいまいな状況を「変成期」という概念で理解しようとした〔酒井 1996〕。縄文時代と弥生時代の間には「JY 変成」がはいるとするのである。縄文系弥生文化という概念も、発展段階論的な側面からすればJY 変成に近いものとみ

なされるかもしれないが、時代区分論のなかに位置づけていない点で、それとは異なっている。

　酒井は、時代の境目にいわば「過渡期」を設けることでどちらつかずの状況に対処しようとしたが、時代区分にあいまいさは許されない。過渡期を設けようとすれば、過渡期の過渡期が生じる循環論に陥ってしまうだろう。つまり、時代区分はある定義を設け、それを至上のものとして処理していかなくてはならない宿命にある。そのための指標は単純化すべきであるから、時代区分と歴史的な評価を混同すると、歴史的な評価が、時代区分の単純指標によって一面的に下される恐れがある。さらに、定義にそぐわない新資料の出現で新たな事態に立ち至れば、その都度定義を修正していかなくてはならないと同時に、「縄文か弥生か」というような二者択一の議論に偏りがちになる。どちらつかずのあいまいさを多分にもった文化の状態を扱う大陸系、縄文系弥生文化論は、枠組みをがっちり固定していかに分けられるかを議論する時代区分論からはいったん切り離して、いかに歴史が展開したかという実態の再構成のなかで効果を発揮するであろう。

　また、酒井の構想はJY変成期を過渡期とみなす点で、縄文文化がそのまま弥生文化になるという一系的な進化論的理論によって支えられている印象をぬぐえない。むしろ、「これからは縄紋文化と弥生文化を、二つの独立した文化類型として、各々の特質を追究し、比較していくことが大切なように思える」〔広瀬 1997：304〕のである。非農耕社会と農耕社会における人と土地との関係性や動産不動産の所有関係、集団戦の有無という点における人と人との関係性など、数々の異質性が指摘できる。筆者も広瀬の考えに同感であり、山内の三要素に注意を払いながら、異系統文化の共存という点をこれからもっと評価していかなくてはならないのではないかと考える。

3　個別文化要素としての縄文系弥生文化

　ここまでは文化全体を扱ってきたが、個々の文化要素を取り上げる際においても、原理は同じことである。その時に問題になるのは、個別要素がどこまで縄文系と言い切れるかということである。放っておけば縄文系江戸文化、さらには縄文系現代文化などがいくつも生じてしまう可能性すらある。考古学的に、あるいは別の手法でもよいが、系譜がしっかりとたどれること、つまり系統的連続性の存在が文化の連続性を証明する鍵になるだろう。途絶えていた文化や技術が、何らかの拍子に同じようなスタイルでありながら、まったく意味を変えて復活することもありうるからである。

　さらに系譜が連続的にたどれたとしても、その習俗なりに内包されていた性格が失われ、形骸化して様式のみが伝えられているということがないのかどうかも考えねばならない。歴史の問題としてその事象の表面だけでなく内実に立ち入ろうとすれば、当然そうした意味論への接近も必要になる。

　縄文文化の伝統とされてきた弥生文化の構成要素は数々あるが〔山内 1932e・1964a：145、佐原 1975：129–132〕、ここではイレズミの習俗について、上の課題とのかかわりに関して触れておく

序章　縄文系弥生文化の構想

ことにしよう。古事記、日本書紀にみられる黥面の記述と、5〜6世紀の黥面埴輪の性格との間には、相関関係が認められ、互いの信憑性をある程度保証してくれる。黥面埴輪の表現方法は、3世紀の土器などに描かれた黥面絵画と共通性がある。その絵画と弥生前、中期の土偶や土器や銅鐸や木製品に描かれた人物の顔の表現方法を型式学的な方法によって比較し、さらに縄文時代の黥面土偶と比較することにより、これらの黥面の表現が一連の流れのなかに位置づけられることを推測した〔設楽 1999d：186-190〕。この推測が正しければ、古墳時代の黥面は縄文時代に系譜がたどれるのである。

　しかし、その性格は縄文時代から不変のものではなかった。縄文文化のイレズミは通過儀礼的な側面が大きいが、弥生時代になると集団戦の発達を反映してイレズミに威嚇表現的な意味や、戦士集団への加入の意味〔吉田 1985：12〕が加わり、古墳時代へと引き継がれる。そうなれば、もはや縄文系古墳文化と呼んでよいかも問題である。性格の変化を踏まえたうえで、社会のなかにおける伝統的文化要素とその意味について掘り下げていく必要があろう。たんに「伝統」という言葉で表現するだけではすまされないのである。

第3節　構想の意義

1　ミネルヴァ論争をこえて

　時代区分論の常道を重視すれば、弥生時代の文化を弥生文化と呼ぶことになろうが、単純な進化論では解決できない弥生文化の複合性を重視する立場からすれば、弥生時代の縄文系文化もあってよい。縄文系弥生文化の構想は、そうした立場からの提言でもある。その際、問題になるのが「ミネルヴァ論争」とのかかわりである。

　ミネルヴァ論争は、山内清男と喜田貞吉の間で闘わされた、雑誌『ミネルヴァ』誌上の著名な論争である。山内が「考古学の秩序」としての科学的方法論を基礎にした「考古学の正道」によって喜田の主張するいわゆる「常識考古学」を打破し、記紀に頼らない考古学の本来的なあり方を説いたところに意義がある。これはすなわち、東北地方などでは場合によっては鎌倉時代まで石器時代が続いていた、という喜田の考え方を土器編年によって排したものである。

　二つの系統の文化の共存を認める縄文系弥生文化論も、喜田理論の復活と思われる向きもあるかもしれないが、それとは一線を画す。東北地方北部や下伊那地方などでは古墳時代になっても石器を使っているが、それを指して石器時代とは呼ばない。すでに述べてきたように、弥生文化に触発されて変容した文化は、縄文的であっても弥生文化の範疇で理解しており、「異文化併存」ではなく、「異系統文化併存」としてきたのもそこに意味があり、喜田派のように異文化共存とは考えていないことを強調しておきたい。

　山内が恐れたのは、喜田の理論が記紀を正当化し、それが異文化支配の論理として利用されることだった。この論争は、それに対抗するために山内がとった一つの戦略として位置づけることもできる。山内論の基調は、日本列島の文化交替に大きな民族的変換は認められないとい

う、天孫降臨説や神武東征説を否定するものであった。しかしその戦略が過度に作用した結果、縄文時代から弥生時代へ、縄文文化から弥生文化へという歴史を考えるにあたって、単線的な進化論的考えを生み出したのであろう[7]。これもやはり極論であって、ある種の先入観のもとになったとはいえないだろうか。この点に、ミネルヴァ論争の負の遺産があるように思える。

2　多系変化論的視点の意義

　こうしたことから、一系的に土器の生成発展をとらえようとする従来の方法論、さらにその背景としての文化史観には問題があったといわざるをえない。紅村の指摘があまり顧みられなかった原因を探る必要がある。山内が弥生文化の三要素として伝統的要素を提示したにもかかわらず、その後こうした系譜の本格的な追究は軽視ないし無視されて今日に至っている。ミネルヴァ論争の意義を踏まえたうえで、異系統の文化と集団間の歴史の再構成を展開していけば、文化や歴史の構造的実態の解明に近づいていくのではないだろうか。

　複数の系統の文化の相互関係を扱う場合、弥生文化の研究ばかりでなく歴史学全般に新たなものに塗り替えた側の文化を重視した研究が進められてきたが、これから重要になってくるのは、そこに吸収されてしまい、目立たなくなっている文化に光をあて、吸収されてしまうメカニズムを解明することや、意外に根強く残っている古い文化、つまり伝統的な文化とその働きかけによって生まれた固有の文化を見直す作業、あるいは新来の文化に与えた伝統的な文化の影響力の研究である。

　弥生文化の研究を例にとった場合、そうした作業が有効に作用し、縄文文化と弥生文化との関係性がよりよくみえてくるのは、東日本や東西文化の境界領域である。東日本の弥生文化研究の重要性の一つは、そこにあるだろう。

3　政治史中心主義からの解放

　それと関連して問題になるのは、弥生文化を政治史的な視点のみからとらえる方法論である。弥生文化の政治的な側面、すなわち地域や人を支配していく論理ばかりを強調すると、大陸系弥生文化Aだけが弥生文化である、ということにもなりかねない。大陸系弥生文化Bの枡形式文化をもその枠内からはずすことになり、研究史からみても問題があるといわざるをえない。政治史的な視点から離れて、生活文化史的な視点に立てば、政治的社会を形成しない農耕文化があることや、そのなかにもいくつもの変異があることなど、弥生文化が多様な広がりをもつことが認識されよう。これはすなわち、人々の農耕への対応が多様性をもっていたことにほかならない。政治史的側面だけを強調した弥生文化観は、そうした多様性から目をそらすことを助長する恐れがある。

　戦前、戦中、戦後を通じて、わずかな研究者を除くと、「弥生時代および併行する時代の文化を先進地域と後進地域に分けて、前者の歴史をつないで国家が成立するまでの過程を描くことによって、弥生時代の日本列島の歴史を、先進文化が後進地方に影響を与え農民になってい

序章　縄文系弥生文化の構想

くだけの文化の歴史に矮小化してきた」〔春成 1999：24〕。政治史はややもすると支配した側に立った視点に偏りがちになる。支配された側の立場は、そこでは無視ないし軽視され、場合によっては為政者に都合よく不当に捻じ曲げられて、その歴史が再構成されることすらある。知らず知らずのうちに、大陸系弥生文化Ａに対して「中心的な」とか「進んだ」といった一方的な見方に立った形容詞を使っていなかっただろうか。文化に高低といった価値観を導入するのは慎重であるべきだろう。さらに、日本統一の動きに関しては、支配する側とその機構に組み込まれる側との相克の歴史として位置づける必要があることも論をまたない。

　弥生文化の生い立ちの多様性を認めることで、為政者側の政治史に偏る史観から解放される。そして、政治的な社会を形成する弥生文化としなかった弥生文化という視点を導入することにより、それぞれの立場から双方向の議論が可能となり、より豊かな文化史や政治史が描けるであろう。縄文系弥生文化の概念は、そうした際に有効であろう。

　註
1　この文化観がもつ問題点については、〔春成 1999〕を参照されたい。
2　東北地方北部では弥生前期から水田がつくられているが、その他の文化要素はあまりにも縄文文化的であるので、文化全体を指して大陸系とはいいがたい。東北地方北部の該期の文化に対しては、弥生文化の要素だけを取り入れ、文化全体が弥生化していない状態を「続縄文」という概念で理解したり〔林 1987〕、水田の非継続性などにより弥生文化の範疇からはずす考え〔藤尾 1999a：123〕もあるが、水田稲作という通年的作業と労働の集約化を伴う生産形態を志向したこと、水田の形成と拡大、石器の鉄器化などの重要な生活変化が、弥生前期末、中期中葉、後期初頭という日本列島全体の弥生文化の画期と連動して生じていることを重視して、弥生文化の範囲で理解する〔設楽 2000b：182〕。
3　大陸系弥生文化には縄文系の文化要素が混じり、縄文系弥生文化には大陸系の要素が入っている場合がある。したがって、こうした名称は各文化の純粋性を想起することになりかねないので適切ではない、という意見もあるだろう。しかし、大陸系文化、縄文系文化それぞれの濃度によって文化はさまざまなあり方を示す。また、日本列島における雑穀の出現の時期や地域からすると、水稲に伴って朝鮮半島経由で渡来したものが多いので、雑穀栽培を主とする文化が即縄文系弥生文化というわけではない。低地の集団から分かれて台地などに上がり、栽培に適した縄文系の道具を用いる場合もあるだろうから、台地や丘陵上で畠作をする集団がすべて縄文系というわけではない。二つの系統の文化の融合が進めば、縄文系、大陸系では割り切れなくなるので、文化全体としての二系統区分は弥生時代の比較的短い期間にだけ適応できるのかもしれない。また、折衷的な要素が強いグループも設定できるかもしれないが、今後の課題とする。
4　文中で、さまざまな「文化」を冠した用語が出てくるが、たとえば大陸系弥生文化といった場合には概念的な大枠であり、遠賀川文化という場合は具体的な個別の文化名称である。両者を使い分けるには後者を「遠賀川文化」としたほうが適切だが、煩雑なので省略した。
5　籾痕土器に関しては、長野県大町市一津遺跡、山梨県韮崎市中道遺跡の縄文晩期終末の土器にそれを認めたと報じたが〔設楽他 1989〕、その後中沢道彦、丑野毅のレプリカ法による分析の結果、稲籾痕でないことが確認された〔中沢・丑野 1998〕。
6　この地域間でさまざまな交流がおこなわれていることは石川の指摘に詳しく、大別地域間の関係も二項対立的なあり方を示すものではない。
7　遠賀川式土器の装飾が突帯文土器から一系統的に成立したと考えた〔山内 1952：123・1964a：145〕のも、そのひとつのあらわれであり、その見解が近畿地方の遠賀川系土器と突帯文土器の共存を否定する役割を果たした。山内の縄文土器一系論は、長谷部言人の変形説や清野謙次、松本彦七郎らの日本人一系統論を背景としており、複雑である。

14

第Ⅰ部　土器の様式編年と年代論

第1章　弥生土器の様式論

はじめに

　考古資料はそのままの状態ではたんなる集合で、混沌としたものであり、それを意味あるものとして認識し、歴史資料として位置づけるためには、まず分類する必要がある〔横山1985：44〕。同一文化に属する「同種の遺物を多数あつめて比較観察すると、それらの遺物のあいだに異なった特色をもついくつかの群がふくまれていることがある」。そして「細分された群は、その遺物の時間的あるいは地域的な変化をあらわすことが多い」〔小林行1959b：296〕。その細分された単位を、一般に型式と呼ぶ。つまり、型式とは「地方差、年代差を示す年代学的の単位」である〔山内1932b：41〕。考古資料を分類して型式を設定し、一群の同種遺物のなかから、時間的、地域的変化を示す細分原理にしたがって諸型式を配列、配置するのが、型式学とされる。

　このように、型式学は考古資料の時空間における構造を明らかにするためのものである。とくに、文字資料のない、あるいは希薄な時代において、型式学は層位学とともに相対年代の決定に有効な点で、また空間的な分布の分析から人の動きを探る手がかりを得ることが期待できる点で、編年や時代区分論、分布論の基礎として、その意義はきわめて大きい。

　弥生時代概念の形成史は、弥生土器の研究史、すなわち弥生土器を他の土器から分離し、それを時空間に正しく位置づけるための努力の歴史でもあった。弥生土器の型式論は、様式論と読みかえられることが多い。考古学における様式概念は、いくつかの試行錯誤の後に小林行雄によって体系づけられたものであり、それにより弥生土器の構造と変遷が理解された。その概念や分析方法は脈々と今日に受け継がれており、まさにその方法的体系の完成が、弥生土器の型式学的研究の歴史を二分する節目になっている。

第1節　弥生土器研究の黎明

1　蒔田鎗次郎と大野雲外

　東京府本郷弥生の向ヶ岡貝塚から1884年（明治17）に発見された土器〔坪井1889〕とその類例は、縄文土器や古墳発見の土器とは違うという認識から、東京帝国大学人類学教室の諸氏の間で「弥生式土器」と呼ばれていた。それをはじめて活字にしたのは蒔田鎗次郎である〔蒔田1896：320〕。重要なのは、蒔田が「弥生式土器」と縄文土器や「祝部土器」（須恵器）との差を、

17

第Ⅰ部　土器の様式編年と年代論

正しい方法によって認識したことにある[1]。蒔田は、自宅の竪穴状の落ち込みから発掘した土器群と、向ヶ岡の土器を類型化し、まとめて他のグループの土器と比較することにより、その一群の土器を分類する、という方法をとる。比較の対象としたのは、縄文土器と埴輪であり、縄文土器とは装飾が単純であるという差、埴輪とは装飾の類似点を指摘した。そして、石器時代の土器の意匠を応用しているところからそれ以降の時代であり、須恵器と一緒に出土することがないという経験則から、須恵器以前の可能性を考えた。

　ここで注目すべきは、一括遺物という概念こそ用いていないが、竪穴状遺構から出土した遺物のまとまりを基準資料として用いており、先後関係の決定方法として、共伴遺物を重視していることである。素朴ながらも型式学と層位学が、蒔田の武器であったことがうかがえよう。O・モンテリウスが1870年代に着手した型式学的方法論が完成されたのが1885年（明治18）、日本に紹介されたのが1922年（大正11）であるから、先駆的な業績として高く評価されよう。

　これを迎え撃った人々は、どのような学説を唱えたのだろうか。大野雲外は、「弥生式土器」という名称が野放図に広がっていると警告し、それらを広くたばねた概念として「埴甕土器」を提示した。それが古墳から出土することがあるのは、「埴甕土器」の製作法や文様が埴輪と共通し、形状が須恵器と同じだからであり、その背景には大和民族の手になる祭器としての性格をもつ、という考えがあった〔大野 1902b：240-241〕。この十羽ひとからげ的な認識に対して、蒔田は弥生土器が蓆文（縄文）を用いること、須恵器の底部は丸く弥生土器は平底であり底の「形式」に違いがあることなど、数々の実例をあげて反論し〔蒔田 1902〕、弥生土器が縄文土器と古墳時代土器の両方と連絡する中間物といってよいことを論じた〔蒔田 1904〕。

　こうした論争のうえでの蒔田のもっとも大きな業績は、石器時代の土器にも埴甕といってさしつかえないようなものもあるが、それぞれの土器はそれぞれに特徴をもっているので、大事なのはその区別認識であるとし、その指標を形式（形態）と文様に求め[2]、"埴甕"の名で呼べば、これらの区別を認めることができない、として大野の説を一蹴したこと[3]である〔蒔田 1904〕。

　蒔田は、最初の論文で弥生土器の編年的位置づけについて、自らの考えをほのめかしてはいるが、ついに明確な答えは出さずじまいだった。これは、蒔田が事実にもとづく客観性を重んじたためであり、土器の製作者を民族、人種と結びつけて理解しようという立場とは距離をおいていたからであろう。当時の学界は、そうした傾向が支配的であった。たとえば、N・G・マンローや八木奘三郎が提唱した「中間土器」〔N・G・MUNRO 1911→エヌ・ジー・モンロー 1982：294、八木 1916：51-53〕は、石器時代土器と古墳時代土器の中間物という位置づけではあったが、それらを使用民族の差とみる点で、必ずしも時間差としてだけ認識されていたわけではない。

2　中山平次郎の中間時代

　金属器と弥生土器との共存関係にはじめて注意を払い、「石器時代」と「金属器時代」の間に「金石両器併用の時代」があったとして、それを「中間時代」と呼んだ中山平次郎[4]にしても明確な答えは出さなかったのである〔中山 1917a〕。弥生土器と石器・金属器の共存関係から、

18

三国時代（古墳時代）まで「石器時代」は繰り下げたほうが合理的だと考え、西日本がそうであるなら東日本はなお石器時代の終末が遅れるとする、喜田貞吉などに代表される理論の背景をかたちづくった点、そして弥生土器を古式の土師器ととらえ、土師器の使用者である大和民族が東進して関東に達し、縄文土器製作者である蝦夷族と接触して狭義の弥生土器（弥生町の土器）を生んだとする点〔中山 1917b：79-80・1930：227〕、「天孫派」の弥生土器は「アイヌ派」の縄文土器よりも起源が古いのではないだろうかとする点〔中山 1918：349-350〕は、民族論にからめとられていたゆえの結論であった。中山は中間時代を設け、弥生土器の文様を示し、縄文土器と比較したが〔中山 1917c〕、それを分類し系統だって配列・編年し、相対的な年代の幅を示すことはなかったのである。

第2節　様式論の形成

1　分類と型式・形式・様式概念

「弥生文化の研究史の前半は、弥生式土器を縄文式土器や土師器から区別するための努力の積み重ね」であった〔小林行 1971：28〕。それが正しい道を歩みだすためには、遺物や文化をいかなる人種が創造したものかととらえる民族論的観点から解き放ち、文化を文化の型からみる〔森本 1929：3〕という方法[5]を必要とした。無文字社会の再構成における民族論的、記紀神話的観点の克服は、型式学や層位学にもとづく土器の編年網の作成をおいてほかにない。弥生土器の編年のためには、複雑な構造を体系的に理解するための分類を必要とし、小林行雄の様式論は、本来そうした要請から生まれるべきものであったのである。

今日の弥生土器様式論は、「弥生式土器の研究においては、器形による手法の差がはげしいので、壺の形式に属するA型式と甕の形式に属するB型式とが同時に存在したことをみとめ、A・B両型式の同時性をあらわすために、それらがおなじX様式に属する」という理解〔小林行 1959b〕が基本になっている。この「型式」・「形式」・「様式」という三つの階層的な分類概念と、それによる分類体系が弥生土器研究に定着するまでには紆余曲折があった。

「形式」は主として用途の相違にもとづく概念であるが、昭和時代に至るまでは、変化する形式の一単位をあらわす「型式」の概念も混同して用いられることが一般的で、「型式」の用語は用いられることが少なかったし、この二つは区分されていなかった。また、「様式」も青銅器や漢碑の研究などで用いられてはいたが、定義されていなかった。これに対して、遺物を主として形態学的観察から研究した中谷治宇二郎は、形式は生物学の「種」のように互いの変化を追っても連絡しないものであるとするとともに、それを細分したものを「型式」として、明確に区分する。さらに型式のなかではいくつかの「様式」が推移するとして、遺物の分類の方針を、形式→型式→様式と順序立てた〔中谷 1929：49-59〕。これは早くも森本六爾の注意を引き、有角石器の分類に採用され、型式学による遺物研究は大きく前進することになる〔森本 1930a〕。中谷と森本は遺物の型式分類を、概念を異にするいくつかのレベル（分類位）を有する体

第 I 部　土器の様式編年と年代論

系として整備しようとしたのである〔鈴木公 1981：161〕。

　この型式分類の三つの概念は、イギリスで F・ペトリーに師事した濱田耕作が 1922 年（大正 11）に刊行した『通論考古学』〔濱田 1922〕を参照したものであろう。濱田は O・モンテリウスの研究に触れつつ、型式学的研究法の理論と実践を説いている。この書は、日本にはじめて「型式学」を紹介したばかりでなく、型式は年代学上の基礎単位となる点を、いくつかの方法論をもとに詳述したものである。

　モンテリウスの研究法は、C・ダーウィンの進化論〔田中 1978：13〕や生物分類学における系統分類の考え方という普遍性のある科学的方法を土台とするものであった〔鈴木公 1981：160-161〕。したがってその方法の導入は、考古学もまた普遍的科学的方法にもとづく学問であることを確認した点に意義がある。この書のなかで濱田のいう様式とは、「一つの美術作品において、認めることのできる多くの形式の総括的外観」という意味であり、「様式」（スタイル）の語源とされる柱（スチュロス）を例にとれば、材質や柱状部分の形態、上部につく装飾の型式などの総合的な組み合わせによって一つの様式をなしているといった用法をとる、美術史的観点によるものであった。

2　小林行雄の様式論

　濱田が紹介した美術史における様式論、森本六爾の研究〔森本 1930b〕、八幡一郎の「相（phase）」概念〔八幡 1928〕や建築・文学など多方面の学問における概念を検討したうえで、小林行雄は考古学に適応した様式論の構築に腐心した。山内清男の文様帯系統論〔山内 1930a・b〕とも一脈を通じた、小林の初期の型式学的研究である、弥生土器の「櫛目式文様の研究」は、美術史的様式論の応用であったが〔小林行 1930・1931・1932〕、形態と文様の相関関係を様式としてとらえたように、様式を関係性概念と理解する点で、中谷とは異なった見方を示すものであった。そして、様式研究とは個々の表徴をとらえ、それを帰納・抽象して他の様式との差（個性原理）を見出し、まとまり（斉一性）を求める構成の仕事である、と認識するに至る〔小林行 1933c：226-229〕。

　小林は、様式分類の前提としての型式分類は、その基準のとり方によって数種類の分類ができるが、何らかの歴史的意味を有するものが型式学的研究の基礎として発展させることが可能なものであり、そのためには森本六爾のいう「時代性を負うことが考えられる」分類の要素〔森本 1930b：402〕を選ぶことが肝心であると主張した〔小林行 1933c：234・1959b〕。さらに、中谷が実践した型式学的研究である注口土器の研究〔中谷 1927〕を、全体との有機的関連の糸をたたれたたんなる形態学的研究であると批判した〔直良・小林 1932：160〕。それは小林が様式を、文化史的背景を含む型式の複合体と考えていた〔小林行 1933c：228-230〕ことを示すもので、森本六爾による弥生土器の構造的理解は、小林の様式論に負うところが大きかったと思われる。

　森本六爾は、弥生土器の形式の違いを用途の違いとみなす中根君郎らの考え[6]を、小林の論じた無文土器の役割〔小林行 1933a〕とともに受け継ぎ、弥生土器は甕形土器などを代表とする

20

飾られぬ土器と、壺形土器を代表とする飾られた土器の二者からなる〔森本 1934a〕とした。この弥生土器の構造的な理解は、様式を認定する際の基本方針となり、文化史的背景である農業の問題とからめて、土器の機能的な分類も試みられた〔森本 1934c〕。様式を矮小化してとらえた中谷の認識と 180 度おもむきを異にした、「様式→（形式）→型式」〔小林 1959b〕という際の小林の様式のとらえ方は、広い意味において、V・G・チャイルドが型式の組み合わせ(assemblage) として概念化した「文化」〔チャイルド 1969 : 11-12〕の把握方法と近似した概念といえよう。

3　様式論の実践

　それではこうした理論をもとに、弥生土器の型式学的研究・編年はどのように実践されたのだろうか。土器の層位的出土例にめぐまれない近畿地方の弥生土器編年に活用したのが、単純様式の土器を出土する遺跡の摘出である。小林行雄はフィールドを近畿地方に限る。そして近畿地方の弥生土器に、少なくとも三時期があることに気づく。その三時期の遺跡とは、ヘラ描文の遠賀川式土器を単純に出す兵庫県神戸市吉田遺跡〔直良・小林 1932〕、櫛描文と精製無文土器を単純に出す兵庫県神戸市東山遺跡〔小林行 1933b〕、そして粗雑な無文土器を単純に出す兵庫県神戸市篠原遺跡である〔小林行 1929a・b・1933a〕。いずれも兵庫県神戸市域という狭い範囲を対象にしているのは、年代差と地域差を混同しないための配慮であり、早くも時期差と地域差の関係性を意識していたことがわかる。

　小林が様式標徴として選んだのは、時代性を負う文様の変化だった。ヘラ描文から櫛描文への変化は、線条数の増加傾向という変移を単純から複雑化の流れとしてとらえたものである〔小林行 1934〕。そして、粗雑な無文土器のみによる遺跡は石器を伴わず、低地に立地する場合が多いなど、弥生社会の一般的傾向からはずれると、古墳時代の様相と近似する点を暗示した〔小林行 1933a : 3〕。しかし、型式の変化は単純から複雑ばかりでないように〔濱田 1922〕、たとえばヘラ描文から櫛描文への変化は、それとまったく逆のコースも想定できる。小林はその点も十分意識しており、奈良県唐古遺跡の土器の様式編年を試みた際、それに答えている。

　唐古遺跡の土器編年も、単純遺跡とおなじ理論でおこなった。二種類の様式が一つの遺跡やその近隣などの狭い範囲で同時に併存することはなく、一土器様式は一文化期を代表するという前提のもとに、一地点の竪穴に包含されている単純な様式の土器群を一様式とみなし、相互に比較することで 1 から 5 までの様式に区分した〔小林行 1943a・b〕。第 1 様式の文様はヘラ描文で、他の様式には櫛描文がみられ、第 2 様式の櫛描文は第 1 様式の土器と器形や文様で連絡がたどれる。そして第 5 様式土器はもっとも土師器に近いことから、この様式にわずかに伴う櫛描文は、もっとも衰退したものとみなすことが可能である。このようにして櫛描文が盛行する第 3 様式、凹線文のみられる第 4 様式〔小林行 1935b〕を中間として、第 1 から第 5 様式がこの順で推移したことを確かめた[7]。

　小林以前にも、たとえば鳥居龍蔵は、大和地方の土器は文様のあるものが古くて、文様のな

いもの、もしくはハケメのものの方が新しくみられるようである〔鳥居 1917：259〕と考えていたが、推測の域を出るものではなかった。小林はそれを仮説にとどめずに実証したのであり、その方法は複合遺跡から単純遺跡の土器群を引き算することにより単純様式を摘出すること〔小林・森本 1938〕を層位学的研究法の応用として活かし[8]、文様という時代性を負う標徴にもとづく型式学的研究法を用いるものであったという点が重要である。さらに様式→形式→型式という分類法にもとづいて、型式の変化、形式の変異を横断する様式の変遷をまとめあげ、唐古の報告書につけた土器様式一覧として結実させた〔小林 1943b：第 66 図〕。これは F・ペトリーの仮数年代ダイアグラム〔濱田 1922〕の応用かもしれないが、編年の方法や様式論を基礎にした内容はそれを一新したものといってよい（図1・2）。

第3節　型式学の進化

1　編年研究の諸相

　戦前、森本六爾や小林行雄が着手した弥生式土器集成〔小林・森本 1938〕は、1964 年に一応完結した〔小林・杉原編 1964〕。この事業は、日本の各地域に弥生研究者を生み育てる役割を果たし、地域の考古学の発達をも促した。各地で展開された弥生土器の編年研究は、必ずしも小林の様式論をそのまま用いたものではない。それは弥生土器の地域的な特性に根ざした独自の編年であったり、方法的な整備のないまま実行されたものだったが、そのために長く様式編年が混迷した地域もあった。

　戦後、伊勢湾地方の弥生土器編年は、紅村弘らによって追究された。紅村が精力を傾けたのは、遠賀川式土器と条痕文土器の問題で、伊勢湾地方では二つの「型式」が併行推移しながら中期の土器に引き継がれることを論じている〔紅村 1956〕。これはいわば複合様式といえるものであり、紅村が提起した二つの系統の問題は、同一の遺跡あるいは狭い地域のなかで二つの様式は共存することはないという、小林の前提に疑問を投げかけることになった。

　おなじ問題は、北部九州地方の弥生土器のはじまり、すなわち夜臼式土器と板付Ⅰ式土器の共存関係にもいえることである。この二つの型式は森貞次郎らによって設定されたが〔森 1951・1952・1961、森・岡崎 1961〕、これらは福岡県夜臼遺跡でも板付遺跡でも共存しているので、森らの型式設定は縄文土器型式の設定とおなじ方法でおこなわれたといえる。岡本勇は器種構成比率からこれらが一連の生活道具であるとして、それぞれ別型式に分離することはできないとした〔岡本 1966：434〕が、この場合は森本や小林の様式論に準拠するものであった。

　関東地方では昭和初年、山内清男が層位学と文様帯系統論にもとづく型式学による縄文土器編年の体系を樹立していたが、その成果の延長として弥生土器の編年に着手し、(仮称) 野澤式土器の設定〔山内 1932a：11〕など、方法論的にも重要な業績を残した。第二次大戦後は、杉原荘介が弥生土器研究を推進した。杉原は『原史学序論』のなかで、小林の様式論が美術史的視点に立つものであることからこれと決別する宣言をした〔杉原 1943〕が、それに変わる理論構

第1章 弥生土器の様式論

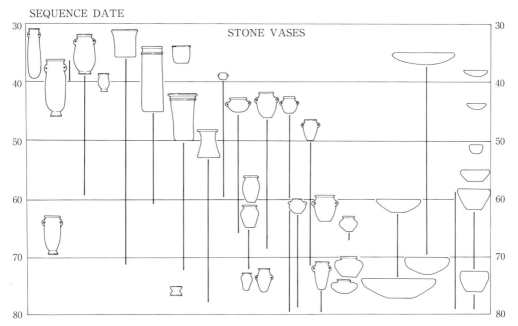

図1　F・ペトリーの仮数年代ダイアグラム

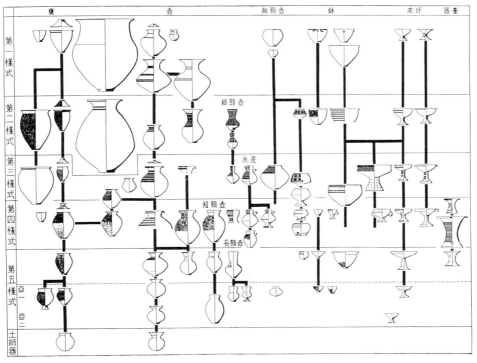

図2　小林行雄の唐古弥生土器様式一覧図

第Ⅰ部　土器の様式編年と年代論

築がなく、関東地方の弥生土器研究に停滞と混乱をもたらした。加納俊介は杉原の編年研究方法を小林の様式論と対比して、地域区分認識の欠如[9]、一括遺物にもとづかず、基準資料の提示が不十分なこと、様式の構造性を度外視した点などを批判した〔加納 1991b：2〕。

2　土器の細分と技術論

　小林の方法論を継承し、それを発展させた近畿地方の研究者は、弥生土器の編年細分と地域色の摘出という方向に向かった。とくに京都大学考古学研究室の小林門下生がそれを推進したが、様式の時間的細分をおこなう際に京都学派が武器としたのは、土器の製作技術にもとづく分類、小林が重視した技術論的な視点である。土器の内面ヘラ削り技法を重視し、中部瀬戸内の地域色とするとともに、土師器と技術的関連をもつものとして注目した坪井清足の研究〔坪井 1956〕や、田中琢による庄内式土器の設定〔田中 1965〕、横山浩一によるハケメ原体の研究〔横山 1978・1979〕などはその代表的なものである。さらに、朝鮮半島無文土器と板付Ⅰ式土器の技術の系譜を粘土板の積み上げ方法からとらえ、弥生土器の成立を考えるという家根祥多の研究のなかで活かされている〔家根 1984：62-67〕。

　こうした技術論的視点が弥生土器の研究に定着したのは、弥生土器が縄文土器とくらべて文様に乏しかったり、あるいは調整の痕跡がなで消されたり縄文などで隠される度合いが少ないという特性ばかりでなく、「土器の分類は形態や文様に現われたうわべの現象をとらえるだけでなく、土器製作技法にもとづく確かな観察を必要とする」〔田辺・佐原 1966：108〕からであった。しかし、佐原真が第Ⅳ様式土器の細別に際して凹線文の消長を取り上げたように〔佐原 1964：53-54〕、決して文様を軽視していたのではなくて、凹線文の技術的な盛衰の背後に回転台の発達と放棄をみたように、「器形と文様は製作技術と施文技術に規定される」〔佐原 1959a：2〕という基本姿勢に支えられていたのである[10]。

3　時間的細別

　佐原は、小林のたてた畿内5様式編年が修正の必要は認められないという〔田辺・佐原 1966：108〕。たとえば、畿内第Ⅰ様式は小林が唐古遺跡の土器様式を設定した時、すでに第一様式に古・新の様相を認めており、今里幾次による細別型式も発表されていた〔今里 1942〕が、佐原は小林がこれをあくまで一つの様式と認識した事実を踏まえ、古・中・新の三つに細別するにとどめている〔佐原 1967：742〕。この結論は“新古の様相が認められながら、なおはっきり分離できない様式に関してはそれを一つの様式としてまとめ、さらに細かくみる場合に古・中・新などに大別する便法をとるのが適切だ”〔佐原 1967：742〕として明確に区分できるものとそうでないものをはっきりさせようという方針にもとづくものであり、細別と同時に大別も必要であると認識していた結果だが、それは既往の編年にそうした基準のあまりにも不明瞭なものがあった事情を反映する一方で、佐原が小林の路線に忠実であったことも物語る。

　都出比呂志は第Ⅴ様式土器の細別を叩き技法の分析を通じておこなったが〔都出 1974〕、こ

の作業の先には古墳の成立と土師器の形成という問題がすえられており、田中琢によって最古の土師器として設定された庄内式土器〔田中 1965〕が古墳成立以前であるとする立場から、この段階を畿内第V様式から分離し、第VI様式とした。さらにそこで大きく取り上げられたのが土器の搬入・搬出にかかわる問題であり、その前提として土器の地域色をどうとらえるか、という問題があった。

第4節　弥生土器の動態の研究

1　弥生土器の地域色

　弥生土器の様式研究は斉一性と個性のうち前者に重きが置かれ、一つの集落あるいは地域の土器をまとめて考えることから進展した。弥生土器の場合、その遺跡や特定の地域から出土した土器は、よそから持ち込まれた別の系統の土器も含めて、一つの様式としてとらえるのが一般的である〔佐原 1970c：225〕。縄文土器の場合はこれを別型式とするのが普通である。縄文土器は区分の概念から研究が進んだ[11]のに対して、弥生土器は統合の概念から進んだといえよう。

　統合の概念から出発した弥生土器の様式研究では、当初異系統の土器の識別は縄文土器ほどには進んでいなかったが、様式の広がり、すなわち様式のもつ地域的側面がやがて研究の対象となり、ある様式のなかに別の様式圏から動いてきたり模倣されたりする土器を摘出する作業と、そのための方法の整備が進んだ。

　土器の地域色の問題に先鞭をつけた佐原は、畿内地方の土器の地域色の実態を旧国レベルやさらに小さな地域でとらえ、地域色の発現や地域間の影響関係、地域色の収束など動態研究をおこなうが、それは近畿地方、吉備地方、九州地方といった大地域間の土器分布圏の変化を時間的推移のなかでとらえ、弥生文化の歴史的展開をあとづけるための基礎作業であった〔佐原 1964、田辺・佐原 1966：112-114〕。地域色豊かな中期の弥生土器が、やがてそれを喪失した土師器へ至る道のりを明らかにするためには、地域色の問題は避けて通ることはできなかったし、畿内地方における前期古墳の分布と土器を媒介にした交流の関係をトータルにとらえることは、古墳の成立という問題に迫りうる一つの方法でもあった。弥生土器の地域色の研究が、縄文土器のそれ以上に進展したのは、一つにはこのような課題を抱えていたからである。

2　弥生土器の移動の問題

　こうした研究を受けた都出は、小林がおこなった唐古の分類作業においては、設定された様式が年代学上の単位であるとともに、小地域単位の顔をも表現すると考えられていたことに注意を促し、その後の弥生土器の様式についてはこの時間的側面を中心に使用され、地域的様式差は表面にあまりでなくなったと指摘する〔都出 1979：168・1983：246〕。そして、地域色の問題を型式学のなかにどう位置づけるかについて理論的整理を試み、地域色の認識の作業において指標となるのは、時間的様式の識別作業の指標と異なることはないとの発想から、小林が唐古

第Ⅰ部　土器の様式編年と年代論

の報告書のなかで用いた時間的様式差を把握するための特定文様の出現比率を地点別、遺跡別資料で比較する方法を、地域的様式差の研究に応用した〔都出 1983：248-251〕。その結果、旧国のなかにもいくつかみられる小地域色を土器製作技術の日常的な接触交流ととらえ、それを女性の通婚圏と考えた〔都出 1974：34-35・1979：171・1983：245〕。さらに、そうした地域を超えた土器の移動現象の分析が、背後の人の移動・接触の実態に迫りうる方法だと提言し、土器の移動を器種別の動き方という様式論的とらえ方にもとづいて四つに類型化し、移動の背景を想定している〔都出 1974：35-37・1983：251-255〕。

　都出の論考は、弥生土器研究を人や文化の移動と交流の問題というレベルに引き上げ、様式の地域的研究の活性化を促し、その後の弥生土器研究を方向づけた。奈良県桜井市纒向遺跡など各地における外来系土器のあり方を全国的な視野からとらえ、弥生後期終末ににわかに活発になる土器の交流の背景に、大和地方を中心とした広域にわたる流通機構の再編成を想定した岩崎卓也は、弥生後期における鉄器の広域分布や方格規矩鏡と長宜子孫内行花文鏡の分布の相違などから、この時期の交易・流通機構のヘゲモニーの変化を考え、倭国乱は畿内勢力が対外交易権を奪取するに至る過程であるとする見通しを土器の動態で説明した〔岩崎 1984：244-248〕。土器はたんなる編年の道具としての役割を超えて、分布論から動態論[12]へと進むことにより、古墳時代の開始というきわめて重要なテーマにまで迫りうる有効性をもっているのである。

第5節　様式論の整備

1　様式論の理論的検討

　佐原、都出らによる土器の地域色、移動と交流の研究は、弥生土器の型式学に一つの転機をもたらした。とくに、それを理論化した〔都出 1983〕以前と以降とでは、学界におけるこのテーマの論文の数が飛躍的にちがうのであり、いかにその影響力が強かったかがわかるであろう。こうして、外来系土器[13]の問題、土器の移動、交流の問題が各地で活発に議論されるようになったが、それを支えたのは寺沢薫、加納俊介らによる様式論の理論的な整理、再検討であった。

　寺沢は、地域ごとに盛んにおこなわれるようになった土器の編年研究に際して、基盤となるべき方法論が等閑にふされている現状を批判し、同一の方法論に立脚することを目指し〔寺沢 1980・1986a・1989〕、加納は東日本弥生土器研究の混迷を打開することをおもな目的としていた〔加納 1981・1985・1987・1991〕が、小林の築いた様式論を堅持しつつも、その欠陥を克服し再構築するという、目指す方向は共通のものであった。

2　型式学と層位学

　寺沢は、まず木下正史と石野博信の間で闘わされた、型式学的研究と層位学的研究の議論〔木下 1978、石野 1979a〕を俎上にのせ、安易な遺構一括資料の型式、様式概念へのすりかえが、一遺構一様式という様式乱立のもととなることを危惧し、層位学的方法を重視する石野や森岡

26

秀人〔森岡 1977〕らの見解に疑問を投げかける〔寺沢 1980：156-158〕。さらに、同一遺構、層中の資料が共存関係なのか、たんなる集合なのかは、型式学的検討を必要とするのであり、それにもとづく型式・様式編年は遺構一括・同一層位資料の羅列ではなく、抽象化された概念であることを強調するが、型式学的研究における層位学的方法の有効性を無視しているわけではない[14]。

　この問題に関連して、都出は遺構一括資料や同一層位の資料のなかに、廃棄された時は同じであっても、製作された時の違うものが共存することがあるので、型式学的研究を重視する発言をした〔都出 1985：121〕。これは、縄文土器の研究において、文様を重視する立場から、それぞれの土器が保有する「時間」には製作の同時性と廃棄の同時性の二面性がある〔鈴木公 1969〕という指摘と通じる。

　しかし、様式論的立場にたつ寺沢は、「「製作の同時性」にもとづくそれぞれの形式、それぞれの型式が現実に使用され、機能し、人間の生活を支え、その文化を構成しているという事実こそが、「様式」が型式と厳密に分別されるべき本質的一面として概念化されてきた」と正しく指摘した〔寺沢 1986a：334〕。使用期間の重複、廃棄の同時性とそこから様式をとらえようとする姿勢は、縄文土器の「型式」理解とは異なる、様式の本源的理解もとづくものである。須恵器のように生産地が把握でき、窯編年と墓編年が同時に検討できる資料でない限り、製作の同時性を検証することはむずかしい。その方法の開発は今後の課題である。

3　形式・型式の変異と異系統土器の共存

　このような仮説に対する検証の必要性を指摘する加納は、形式分類や、型式区分、様式設定の手続きという方法の明示、作業仮説の後になされるべき実在性の検証が、東日本弥生土器の研究には希薄だ、と警鐘を鳴らす〔加納 1981・1987〕。とりわけ加納が努力したのは、形式分類と、それをめぐる用語規定の問題であった。それは、「形式設定の如何によって、その型式や様式の把握という編年作業が成功を遂げるか否かが決定づけられる」〔寺沢 1980：164〕からである[15]。

　実際の分析において、たとえば広大な範囲に拡散し、各地で定着した伊勢湾地方のＳ字状甕形土器がそれぞれ独自の変化を示し、系統関係さえ明確でなくなった変種が多くの場所でみられることから、外来系土器の系統は主観をまじえずに分析することが困難であるとして、小林の分類の方法的枠組みはすぐれたものであるが、そのための形態的特徴による分類の充実など、方法の整備が必須だと加納は問題提起した〔加納 1987：22-23〕。そうした変異の幅をはかるために、中山俊紀が考えた搬入品・忠実形・変換形・変容形 (折衷土器) という分類〔中山 1985：52〕に一定の有効性を認めつつも、まだ不十分であるとする〔加納 1990：20-21〕。藤田憲司は、畿内地方における瀬戸内系土器やその技法のあり方も、細かく論議すれば、いわれるように山陽、瀬戸内的要素が弥生Ⅳ期末からⅤ期初頭に多いのか、その系譜はどこにたどれるのか、明言できないという〔藤田 1984：36-38〕。

第 I 部　土器の様式編年と年代論

　混在する系譜のちがう土器をどうとらえるのか、という問題に対して、松本完はそれを様式論的にとらえずに、異なる集団が一つの集落内で共住していた結果だとみる〔松本 1984：124〕。紅村が提起した複合的に土器群をとらえる視点とかかわりをもち、様式論の理論的枠組みの再検討へと発展する要素をもつ注目すべき論点である。

　一方、小杉康は一つの集落で異系統の土器同士がともにかなりの量存在する例として、夜臼 II b 式土器と板付 I 式土器の共存関係を取り上げ、技術伝統を異にする二種の集団の一集落内での共住関係ととらえ、このような現象は、時代の移り変わりの境目や隣接する土器様式圏の境界で頻繁に生じうるものであるとする〔小杉 1995b：98-106〕。異系統土器を様式論においてどう取り扱うか[16]ということに端を発するこれらの見解は、様式や型式の根本的な理解にかかわる問題提起であり、今後の課題といえよう。

4　様式における画期

　形式は型式に区分され、それを横断する様式が設定されるわけだが、それでは何をもって様式を設定するのか。大阪府柏原市・藤井寺市船橋遺跡出土の土師器を分析した原口正三らは、様式の変化やもっと大きい時代区分の指標として、器種の消長を重視した〔原口ほか 1962〕。寺沢は型式の変化以上に重要な意味をもってくるのが、社会・文化のなかにおける役割の盛衰を反映する形式の出現と消長であるとし〔寺沢 1980：162〕、加納も、土器様式の細別は「さまざまな観点から画期が設定される」が、「大別は唯一様式上の大きな画期、すなわち重大な器種構成の変化に基準をおくべきだ」〔加納 1991a：66〕としており、これが多くの弥生土器研究者の様式の画期のとらえ方であろう[17]。

　こうした理論的基盤と蓄積された発掘調査のデータにもとづいて、従来の畿内地方における弥生土器の様式区分は改変の余地ありとする議論[18]が生じている〔森岡 1989：20〕。「大別から細別へと歩んできた畿内弥生土器編年の研究の流れを一端停止して、新たに浮上した小様式の構造的理解とその移行を実証的に積み上げ、小様式を括る方向からの大様式の設定がいま一つの方法論として開拓されるべき」という森岡秀人の提言〔森岡 1984〕は、従来の理解では測り知れない様式を異にする土器群の共存、様式間の各所にみられるようになった中間様式の存在などから導かれた、大別と細別案策定の一つの見識であった。その論理的帰結である『弥生土器の様式と編年（畿内編 I）』（寺沢・森岡編 1989）は、時間的、地域的小様式を明確に定義したうえで、小林門下生の組み立てた畿内土器様式編年に束縛されることなく、率直に畿内弥生土器の再構成を試みている点に意義がある。

おわりに

　蒔田鎗次郎が弥生土器に科学的な研究のメスを入れてから120年、小林行雄により様式論が確立されてから、およそ85年がすぎた。濱田耕作がヨーロッパから導入した科学的で普遍的な考古学的研究方法を正しく理解し、応用したという点において、小林の弥生土器研究は、あらたな近代日本考古学の出発を告げるものでもあった。ほぼ同時に、東日本では松本彦七郎・山内清男による縄文土器の編年研究が、型式学と層位学という普遍的な研究法を獲得して進行していたこと〔松本1919、山内1928ほか〕も、大正デモクラシーを背景とした昭和初期におけるアカデミズムの一連の動きのなかで理解できよう〔戸沢1978：55-56〕。

　小林の弥生土器の型式学的研究方法である様式論は、佐原、都出らによって受け継がれ、さらに次の世代の研究者が引き継ぎ今日に至っている。小林の築いた畿内弥生土器様式編年は、全体的な見直しが図られ、それを支える理論の補強という点でも分類の精度を高める必要などが論じられ、改造されている。一方、様式論の理論的枠組みの再検討を迫る意見も聞かれるが、様式論を乗り越えた体系的な理論が示されるには至っていない。また、多変量解析などの新規の手法をもちいた属性分析も盛んにおこなわれているが、それは分析方法の技術論的な側面にかかわることであって、様式論自体の改変を企てるものではない。

　弥生土器の研究が、弥生時代の文化や社会を明らかにするための一つの方法であり、さらにそれが、前後の時代を含めた流れのなかに位置づけられているという、歴史研究の素材である限りにおいて、基本的に様式論はこれからもその意義を失うことはないだろう。それは、様式論が土器に現われた諸現象をその他の現象と結びつけることによって、それにもとづく記述を歴史叙述にまで高めていったことに意義があるからであり、その方法が科学的で普遍的な方法論にもとづくものであるからにほかならない。

　　註
1　それ以前の1879年（明治12）にH・V・シーボルトが刊行した"JAPANESE ARCHAEOLOGY"に、土器には3種あり、一番古いのは石器時代土器（アイヌ土器）で、第2は金属期の鼠色の土器（のちの祝部土器）、第3は内面に渦巻形の圧痕のあるもの（のちの朝鮮土器）で金属時代のものという変化をすでに書いていたことを清野謙次が特筆している〔清野1949：34〕。
2　指標を形態的、文様的要素に求めたことは、年代的序列を導くための有意義な分類基準であり、土器を構成する複数の要素の生成消滅を、それぞれの土器の間で比較する分析方法は、今日おこなわれている属性分析の先駆をなすものと評価することもできよう。その際、丸底で瓶形のものを「丸底瓶形」の「形式」というように、抽象的な「形式」概念を用いて記述したことは特筆される。弥生土器は縄文土器と同様に地方色があり、古墳出土の土器にはそれがない、という指摘も重要である。
3　しかし、大野にも今日の研究の基礎をなすすぐれた業績がある。「埴瓮土器」（弥生土器）の種類が"高坏・皿・椀・壺など"であることを明確にし〔大野1902b：241〕、集成図を作成したことである〔大野1902a：170-172〕。これはN・G・マンローの「中間土器」集成図〔エヌ・ジー・モンロー1982：293-307〕を経て、濱田耕作〔濱田1919：57-58〕、そして森本六爾・小林行雄の集成図〔小林・森本1939〕へと受け継がれ、各地方の弥生土器の様式と編年の大綱を樹立する基礎作業へと発展した〔金関・佐原1988〕。

第Ⅰ部　土器の様式編年と年代論

4　中山が重視したのは土器と他の遺物との共存関係であり、それを集めて比較する必要から土器の破片の拓本と断面図を多数示し断面の特徴によって「形式」分類をおこなった点や、弥生時代の概念のもととなる時代区分を提唱した点は評価できる。

5　しかし森本のこの考えは、縄文文化と弥生文化の異質性を強調しすぎたものであり、漢文化の影響を過剰に評価する一方で、縄文文化からの継承をないがしろにしているという山内清男の批判を浴びた〔山内1939：40〕。

6　中根君郎・徳富武雄は、弥生土器にていねいにつくられた壺や高坏と粗雑なつくりの甕や高坏があり、層位的に区別できないところから、二者は用途の違いを示す同時使用のものと考えていた〔中根・徳富1929〕。

7　さらに細かい型式変化の追究においては、文様の変化と密接にかかわる器形の変化と消長が大きな役割を果たした。

8　鈴木正博は、これが山内の方法の無断借用だとして厳しく批判する〔鈴木正博1993b：311-332〕。一方、紅村弘は小林独自のものとみる〔紅村1995：38-41〕。

9　地域区分認識の欠如という点では、たとえば群馬県に設定された竜見町式土器は長野県の栗林式土器と非常に近いもので、県が違っているから分けたというだけのものであり、森本六爾の成果〔森本1930c〕が考慮されていない。しかしこれは、小林行雄が主導した弥生土器様式の全国的な編年の際にとられた均質化の論理にもとづく先験的な地域区分〔小杉1995b：71-73〕に起因するものであり、根が深い。

10　製作技術要素を様式設定の基準とする技術的様式論は、基本的な技術の変化がない地域や縄文土器などには適応できないとする岩永省三の指摘〔岩永1989：45〕もまた重要である。

11　文様が豊富で、またそれが型式区分の指標をなし、文様による型式の弁別が比較的容易な縄文土器の型式研究は、一つの遺跡の土器を厳しく分けることから進展した。それによって、きわめて多くの型式が設定されて個別の土器の認識は精緻になされるようになった。たとえば、ある遺跡で検出された外来系の土器は、安行3b式土器とともに出土した大洞B-C式土器というように、できるだけ細かく型式比定をおこなって、その土器本来の型式名で呼ばれるのが一般的である。しかし、さまざまな要因によってもたらされたり模倣された外来系の土器を、在地の土器のなかに正しく位置づける方法やその前提問題〔佐藤1974：97-99、小杉1995b：90-92など〕は、あまり議論されていない。弥生土器研究は、一つの遺構、集落、地域の土器を総体としてとらえ、他の地域と比較することから地域色の研究を深めていった。縄文土器の研究において、山内清男が土器型式の地域差の問題を熟慮していたことは、『日本先史土器図譜』〔山内1967〕をみればわかるし、山内もいうように事実上、弥生土器も縄文土器もその細別や年代順決定の操作法はおなじなのである〔山内1939：26-29〕が、「型式」を土器の系統を示す概念として用いる一方、実際に一つの集落や地域で用いたであろう土器を総体としてとらえるための別の概念や用語を用意せず、すべて「型式」として処理したところに、地域色の研究の進展を弥生土器ほどには高めなかった一つの要因があったのではないだろうか。

12　ここでいう土器の移動現象に着目した動態論は、弥生土器の様式の変遷を運動としてとらえること、すなわち「様式を一の動態現象とみる」という場合の動態論〔小林行1935a〕とは意味を異にするが、ともに人間の活動を背景に見据えている点では一致するものであり、それが様式論の成立基盤でもある〔戸沢1985：52-53〕。

13　都出は土器にみられる小地域特有の製作技術的特徴と特殊な胎土から、土器の搬入・搬出をとらえたが〔都出1974〕、特殊なもの以外は肉眼的観察でも、顕微鏡による分析でも、地元産か搬入品かの識別はたいへん困難であり、研究者の主観に左右される面も強い。佐原は畿内地方北部から出土する山陽地方の特徴をもつ土器の存在を指摘して、それが持ち込まれたのかそこで模倣されたのかわからないので、「山陽系の土器」とした〔佐原1970a：34〕。したがって、ひとまずそれらは外来系の土器ととらえるべきで、そのうえで変異の幅などを考慮して、搬入品とか忠実に模倣されたもの、あるいは一部の要素を取り入れたものといった分類〔中山1985：52-53〕をおこなうのが妥当であり、実際そうした方向で、外来系土器の研究は急速に深まっていった。

14　二つの研究法は相互依存するものであり、車の両輪のようだという中谷治宇二郎の言葉〔中谷1929〕が思い起こされる。

15　たとえば土器の分類の基本階級として、加納は《器類》、《器種》、《器形》の三分案を提示する〔加納1981：36〕。壺、細頸壺、細頸壺Bといった名称により、それぞれが具体的に指し示されるわけである。かつて器形として一括りにされていたのを、佐原が器種と器形に区分したが〔佐原1964：30-48〕、さらに細分した

30

器種を器類としたもので、近藤義郎が示した分類体系〔近藤 1976：28-29〕に近い。これは形態差や機能、役割の違いといった、土器がもつ多様性と階層性をとらえ、重層的に分類するための基本的分類単位を摘出する試みである。

16　群馬県西部地域の弥生時代から古墳時代への移行期のように、時代の変わり目には外来系土器が主体をなす場合がある。その外来系土器もさまざまな出自の土器で構成され、狭い地域のなかでも遺跡ごとに土器群の構成が異なることがある。こうしたあり方を、斉一性を基本とする従来の様式論で理解することはむずかしい。

17　これに対して大村直は、「土器を編年尺度として活用する場合には、様式の画期が器種の消長によってまず見定められるとするのは前提的理解ではない」と反論した〔大村 1983：35〕。しかし、土器を構造的にとらえ、文化史的背景を負ったものとみる様式論の立場に立てば、型式推移よりも形式の構成変化により大きな比重をかける大方の見方に分があることは確かである。

18　たとえば畿内第Ⅰ様式と第Ⅱ様式の一部共存や、唐古編年においても問題のあった第Ⅲ様式と第Ⅳ様式の共存などは、様式再編成の必要性を示した〔石野 1979b、寺沢 1980、井藤 1981、森岡 1982a、寺沢 1982〕。また、寺沢は第Ⅴ様式を六つの小様式に細分し、それらを二つの様式に大別する〔寺沢 1980〕。都出は、細分された様式は、「それが、器種ごとの細分型式の組み合せとして安定度の高いものである限りは、様式と把握できる」として、小様式論を理論的に擁護した〔都出 1983：52〕。

第2章　弥生時代の実年代をめぐって

は じ め に

　弥生時代の始まりが従来考えられていたよりも 500 年ほどさかのぼる可能性があるという、国立歴史民俗博物館（歴博）が 2003 年 5 月におこなった記者会見とそれを受けた報道は、少なからぬセンセーションを学界ならびに社会に巻き起こした。これは、弥生時代の開始期の遺物でおこなった、AMS 法による炭素 14 年代測定とその較正結果にもとづく発表であった。

　縄文時代から弥生時代への移行は、採集狩猟社会から農耕社会への転換であり、農業とそれをめぐる人々の社会関係が階級の分化ややがて国家を生み出す原動力になったことを考えると、この移行は日本列島の歴史が経験した数ある変革のなかでももっとも大きなものの一つに数えることができる。また、中国で生まれた農業が朝鮮半島を経て日本列島にもたらされたように、弥生時代の始まりは大陸の諸文化あるいは国家との間にそれまでとは飛躍的な差のある関係性をもつようになった点で、真に日本列島が国際化に直面した始まりでもあった。

　諸外国の農業の開始から国家の形成までの、いわゆる古代化の期間に比べると、日本列島のそれは急速に進行したことが説かれ、日本の古代化の特殊性が指摘されると同時に、農業を受け入れそれが西日本一帯に広がり、さらには東北地方の北部にまで達するに要した期間も比較的短く考えられていた。そこに、新たな文化が縄文文化を追い払ったようなイメージを抱く人もいたことだろう。しかし、歴博がおこなった年代測定と較正の結果が正しいとすれば、そうしたイメージは再考する必要がある。

　また、弥生時代の開始が国際化の第一歩であり、さらに東アジア全体の動向のなかで日本列島の農耕化の契機も考えられてきた経緯からすれば、中国のどの歴史段階が朝鮮半島や日本列島の農耕化の段階との接点として求められるのか、日本列島の国際化の契機は何であったのか、あらためて問題にされなくてはならない。

　北部九州地方で本格的な農耕が始まった弥生早期、ならびに西日本一帯が比較的斉一な農耕文化で覆われるようになり、東日本は本州北端に至るまで個性豊かな農耕文化が形成されるようになった弥生前期が、これまで考えられていた期間の 2 倍以上の長さになり、そのことから当然日本の古代化の速度や初期農耕文化の地域性形成の期間と背景に対しても再考を余儀なくされるし、縄文文化との関係についても再考が迫られる。

　しかし、こうした課題に早急な答えを出すよりも先に考古学がやるべきことは、物に即して築いてきた年代観のよりどころを再点検することである。考古学者に自明のこととして刷り込

第Ⅰ部　土器の様式編年と年代論

まれている定説や考古学的事象の一つ一つの確固たる位置づけ、すなわち青銅器の年代や初期
鉄器の日本列島での普及度などが、AMS 問題によってあらためて東アジア的な規模で再点検
が必要になったことは間違いない。このたびの AMS 年代測定で弥生時代成立の年代が決まっ
たわけではないが、相対編年にもとづく定説や常識が激しく揺さぶられている状況には自覚的
にならざるをえない。

　一方、理化学的な方法による年代測定につきまとう誤差の問題や、考古学的な年代決定資料
に比較した場合の試料の特殊性、測定試料の汚染やその前処理問題といった課題を取り上げれ
ば、AMS 法にもさまざまな問題点のあることがわかる。したがって、それを打ち出の小槌と
礼賛するよりも、普遍的な資料にもとづいた相対編年を基軸とする考古学本来の手法との共存
をはかるのが賢明であろう。これだけ双方の出してきた年代に開きがあるならば、それぞれの
どこに問題があるのか、虚心坦懐にお互いの問題点を検討することが先決ではないだろうか。

　本章では、このような視点にもとづき、これまでの弥生時代の年代がどのように決められて
きたのか振り返り、あらたな炭素 14 年代測定の結果がもたらした弥生時代前期と中期の開始
年代の課題を整理して、そこから派生する鉄器普及の問題などに私見を加える。そして土器編
年にもとづく縄文晩期から弥生前期の日本列島における広域編年を整理したうえで、その実年
代に触れる。

第1節　炭素 14 年代測定の歴史と近年の動向

1　AMS 法による炭素 14 年代測定

　AMS 法による炭素 14 年代測定法は、1970 年代の終わりに開発されたもので、研究の歴史
は長い。炭素 14 年代測定というのは、炭素を含む有機物が死滅すると同時に、同位体元素の
炭素 14 が β 線を出して崩壊をはじめ、およそ 5568 年（正しくはおよそ 5730 年）で半分の量に
なるという原理を利用し、試料の炭素 14 の量を測定して年代を割り出す方法である。AMS
法でも原理は同じである。AMS 法は従来の β 線法に比較して精度の高い測定結果が期待で
きる。

　β 線法は試料からどれくらい β 線が放出されて炭素 14 が減るかという実験分析をおこな
う方法であるのに対して、AMS 法は Accelerator Mass Spectrometry、すなわち加速器質量
分析装置を用いて、試料である炭化物から炭素 12、炭素 13、炭素 14 を分離してそれぞれの
量を測りこれらの比を計算して濃度を測定する方法である。β 線はきわめて微弱なために前
者の方法では試料の量が相当必要であったのに対して、AMS 法では微量ですむ。それだけ純
粋な試料をしかも短時間で分析することができるわけである。時間の短縮によって測定回数を
増やすことがたやすくなって、これが測定の精度を高めた理由の一つであり、高精度年代測定
と呼ばれる理由でもある。最近では試料から汚染を取り除く前処理をしっかりやれば、測定値
自体は ±20 年、少なくとも ±100 年の誤差の範囲内で示せるようになってきた。

34

これまで弥生時代の遺物で炭素14年代が測られてきたが、その結果は数値にばらつきが目立ったり、±の誤差が大きかったりと、研究者がデータを使うのをためらうような結果が多かった。試料の測定自体は機械の癖などはあるものの、研究機関によってそれほどの違いはないから、その原因は試料自体の問題と試料に付随した汚染に大きくかかわっている。分析の前処理として、試料からさまざまな汚染を除去する方法も、分析方法の改良とともに格段の進歩を遂げてきた。

2 炭素14年代測定値の較正

炭素14による年代測定値は、そのまま歴史的な実年代を指し示しているのではない。炭素14年代は、炭素14の半減期を5568年として過去の大気の炭素14濃度を一定と仮定して得られる計算上のモデル年代であり、実年代を求めるためには、炭素14濃度変化の較正曲線を用いて炭素14年代測定値を較正し、実年代に換算する必要がある。

太陽活動に伴う磁気や地球にもたらされる宇宙線の影響などによって、炭素14濃度が過去から現在まで一定していないことは早くから確かめられていた。炭素14濃度の経年変化をグラフにすると、一直線を描かずにギザギザの線（ウィグル）を描くのである。そこで、樹木の年輪のなかに封じ込められた炭素14濃度を測定することで、過去10000年以上に及ぶ変動を示した較正曲線と呼ばれる標準グラフがつくられている。炭素14年代を縦軸にとって較正曲線にあてた場合、それが較正曲線の振幅部分にぶつかると、複数の年代値が出るときがある。どの値がもっとも信頼できるかというのは、確率によって計算される必要がある。したがって、炭素14年代の較正年代値というのは確率値であることを認識しておかなくてはならない。さらに炭素14年代には±の誤差があるから、当然較正年代は幅をもった数値として示されることになる。したがって暦年較正というのは理想であり、現実ではないので誤解を招く用語であり、使用するのは好ましくない。

炭素14年代の較正は1960年代はじめに着手され、2004年の段階ではIntCal98という1998年につくられた国際標準のデータが用いられている[1]。ところが、国際標準のIntCalにも問題がないことはない。このデータは、ドイツのオーク材やマツ材などを用いてつくられたものであるので、日本の炭素14年代較正に使えるか、検証が必要だからである。かつて、木越邦彦は屋久島産のスギを用いてこの問題に取り組んだが、それは今から1800年前までのデータであった。今村峯雄と坂本稔は箱根の埋没材の紀元前240年までの450年分を用いて独自に較正曲線をつくった結果、IntCal98と非常によく一致した結果を得ている〔今村 2000：63-64〕。しかし、紀元90年から200年については若干古くなる傾向があるとされ、紀元前240年以前、すなわち弥生時代の始まりを考えるうえでもっとも重要な部分のデータも一致するのかどうかなど、問題も含んでいるのでさらなる検証を必要としている。

このように、前処理の充実、試料分析の方法的な精度の向上、年輪年代を用いた較正という研究者の絶え間ない努力によって、より信頼度の高い炭素14年代測定と較正がおこなわれる

第 I 部　土器の様式編年と年代論

ようになってきた。2000 年には歴博において炭素 14 年代測定に関する学会が開かれ、「炭素年から暦年へ」と題して AMS 法を含むさまざまな問題が話し合われ、より精度の高い炭素 14 年代測定と暦編年を推進しようという宣言がなされた〔日本第四紀学会 2001：543〕。

3　高精度編年の進展

　歴博でも、2002 年から縄文土器に付着した炭化物の測定によって、縄文時代の高精度編年研究が進行している。2004 年の時点で 1000 点以上に及ぶ資料から炭化物が採集され、そのうち 300 点ほどを測定した結果、これまで均等に年代が割り振られることの多かった土器型式にも長短があることや、それを利用した居住年数、同時並存の竪穴住居跡の棟数を割り出すといった集落論への応用など、研究の進展が著しい〔小林謙 2004b〕。

　こうした方法を用いて夜臼 II a 式から板付 I 式という、弥生時代早期後半から前期の土器に付着した炭化物の年代が測定され、従来の年代との間に大きな開きの存在することが 2003 年に問題提起されたのである〔春成ほか 2003〕。測定された資料は 11 点と少なく、そのうちの 1 点には、佐賀県唐津市梅白遺跡のように飛び離れたデータを示したものもある。前処理に何らかの問題があったのか、測定に問題があったのか、あるいは海洋リザーバー効果[2]などの問題があったのか、検討していかなくてはならない。実際の年代を狂わす原因を探り、どこにそうした結果を出す要因があったのか、正当な結果とみなしうるデータばかりでなく、異常値にも目を向ける必要があろう。

　秋田県大館市池内遺跡から出土した縄文前期の土器の内面についた炭化物の分析結果で、9 点のうち 2 点が他とかけ離れた値を示した。今村は海産物の焦げではないかと推測している〔今村 2000：76〕。窒素 15、炭素 13 によるコラーゲンの分析と併用して生活の復元も期待できるように、年代測定とは別な炭素 14 の利用方法の開拓も考えられよう。

第 2 節　弥生時代の上限年代

　それにしても、500 年という年代の差は尋常ではない。測定結果が正しいとすれば、従来の考え方のどこかに誤りがあったことになる。年代測定値から離れて、考古学的な資料からこの問題を考え直したときにどこまで確実なことがいえるのか、確認しておかなくてはならない。その前にまず、これまで定説とされてきた弥生時代の開始にかかわる実年代はどのように決められてきたのか、かんたんに振り返ってみたい[3]。

1　青銅器による年代の決定

　弥生時代の土器のなかに副葬された鏡が前漢のものであることを明らかにしたのは、大正時代の富岡謙蔵の研究である〔富岡 1918〕。弥生土器の編年の上にこの問題を重ねた小林行雄は、銅鏡を副葬した甕棺が弥生中期であり、銅鏡は紀元前 108 年に設置された楽浪郡を通じて日

本列島にもたらされたとして、弥生中期の上限は紀元前1世紀をさかのぼらないとした。それに加えて新の王莽の時代、紀元14〜40年の間につくられた銅銭である貨泉が弥生後期の遺跡から出土していることに着目し、中期の下限を1世紀以後と考え、中期を紀元前後の1、2世紀間とした。さらにその前後にほぼ同様な期間を加算して、弥生時代を紀元前2、3世紀から後2、3世紀と策定したのである〔小林行 1951：157-163〕。

　この見解はその後しばらくの間、弥生時代の実年代論に大変大きな影響を与えた。この見解を踏襲した杉原荘介は、前漢鏡の流入を楽浪郡設置以降とし、前漢鏡が日本列島にもたらされて副葬されるまでの期間を100年間ほど見積もった〔杉原 1961：15〕。そのような根拠から杉原が提示した年代観は、弥生前期が紀元前300年から前100年、中期が前100年から後100年、後期が紀元100年から300年というもので〔杉原 1960：2〕、切りのよい数字とあいまってその後長く歴史教科書などで定説化した。

　さらに弥生中期後半の時期を、前漢鏡がつくられてから150年以上も経過した時期に比定し、この時期に高地性集落など戦争を示唆する遺跡が増える現象を「魏志」倭人伝が伝える倭国が乱れたという記述と重ね合わせて、弥生中期末は180年前後であるという佐原真などの意見も現れた〔田辺・佐原 1966：134〕。

　弥生時代の始まりの年代を考えるうえで、重要な役割を果たしたのが青銅製の武器である。細形銅剣が日本列島でみられるようになるのは弥生前期末〜中期初頭だが、森貞次郎はこの時期のＢⅠ式細形銅剣は、それとほぼ同じ頃の細形銅矛と共伴したという秦始皇25年銘（前222）の銅戈をそれほどさかのぼらず、舶載に50年ほど見積もって前170年頃と考えた〔森 1968：146〕。佐原は朝鮮半島で年代のわかっている細形銅剣がいずれも前1世紀後半であることから、細形銅剣はさかのぼってもせいぜい前200年代半ばとする。さらに佐原は磨製石剣が細形銅剣の模倣であるという有光教一の説〔有光 1958：86〕を受けて、朝鮮半島で磨製石剣と共伴する磨製石鏃が日本列島では板付式、すなわち弥生前期初頭の土器と共伴することから、弥生前期は前200年もしくは前3世紀後半におさまるとみた〔佐原 1975：127〕。都出比呂志も弥生時代の始まりに関しては佐原に近い年代観に立っていた〔都出 1982a〕。

　岡内三眞は、細形銅剣でもっとも古い韓国忠清南道槐亭洞遺跡あるいは忠清南道東西里遺跡のＢⅠ式を戦国後期すなわち前320〜前170年頃に、日本列島で出現する段階のＢⅡ式[4]を前220〜前70年頃に位置づけた〔岡内 1982：824〕。岡内の方法は細形銅剣に先立つ遼寧地方の青銅器を中国のそれとの比較から年代を決め、朝鮮半島の青銅器文化全体の編年にもとづく体系的なものであり、他の研究者に与えた影響は大きい。たとえば白石太一郎は岡内説にもとづいて弥生前期末を前200年頃とし、前期初頭を前3世紀初頭ないし前4世紀とみなした〔白石 1985：219〕。

　弥生前期をさかのぼる水田跡が板付遺跡などでみつかって、弥生早期が設定されても前期の実年代は動かずに、弥生早期の開始年代が前5世紀頃に位置づけられたので、弥生前期の開始年代は1980年頃より今日に至るまでおよその位置は不動のものであったといえる。また、

第Ⅰ部　土器の様式編年と年代論

弥生前期から鉄器が使用されていることも、中国で鉄器が普及するのが戦国時代であるということと整合性をもっていた。

しかし、細形銅剣類で弥生時代の開始年代は決まったわけではない。弥生時代の始まりの問題に対して、森は佐賀県唐津市宇木汲田遺跡から出土した炭化米の炭素14年代が板付Ⅰ式で紀元前275年、板付Ⅱ式で前215年であることから〔森 1968：128〕、炭素14年代測定値は精確度を高めなくてはならないと断りながらも、弥生時代の始まりを前300年以前とみて、その背景に燕の昭王が東胡を討ったという遼東方面の政変に伴う民族移動の余波が日本列島に及んだことを考えた〔森 1968：157-158〕。この年代が奇しくも杉原や小林の考えと大きく矛盾することがなかったことも、その定説化に拍車をかけたのであろう。森はさらに日本列島に細形銅剣などの青銅器が弥生前期末に流入した背景として、前190年の衛満朝鮮の建国を想定している〔森 1968：156-157〕。

2　甕棺による年代決定と年輪年代測定

橋口達也は別の面から実年代問題に取り組んだ。岡崎敬など九州の研究者は、甕棺から出土する漢鏡が前後の型式をそれほど多くまじえずに、それぞれ比較的純粋な時期の組み合わせからなることに注目し、日本列島にもたらされて副葬されるまでの期間を総じて大きくは見積もらない〔岡崎 1971：37〕。橋口もこれを前提に、洛陽焼溝漢墓などから出土した中国の漢鏡の編年と年代を参考にして、漢鏡が副葬された甕棺の年代を次のように推定した。弥生中期後半の福岡県糸島市三雲・春日市須玖遺跡のKⅢb式と推定される甕棺が前64〜前33年、飯塚市立岩遺跡のKⅢc甕棺が前32〜後6年、後期前半の佐賀県唐津市桜馬場遺跡などのKⅣa式甕棺が7〜39年と絞り込んだ（図3）。さらに甕棺1型式の存続年代を30年と仮定して遡上することにより、鏡から実年代が割り出せない弥生前期はじめの年代を前300年前後とした〔橋口 1979：193-197〕。

近畿地方の研究者のなかにも、弥生中期の年代に関してはこの見解に近いものも現れたので〔寺沢 1983：49、森岡 1984：257など〕、ここに中期後半を前1世紀ないし後1世紀前半とする意見と紀元後1世紀後半ないし2世紀とする二つの意見が対立をみた（表1）。

年輪年代測定は、遺跡から出土した樹木や木製品の年輪を既存の年輪標準パターンと照合することによって、原木の伐採年代を推定する方法であるが、それが弥生実年代論争に大きな楔を打ち込んだ。大阪府和泉市・泉大津市池上曽根遺跡から出土した掘立柱建物の柱が分析され、弥生中期後半（Ⅳ-3期）の土器を伴出したそのうちの1本の柱の最外年輪が紀元前52年という数値を出したのである〔光谷 1997：24-26〕。古い建材の再利用の可能性もないことはないが、この測定結果は甕棺に副葬された前漢鏡の純粋性を重視する立場に有利に働いたわけであり、支持する研究者も多い。

池上曽根遺跡の年輪年代測定の結果が、弥生前期の年代や弥生開始期の年代を直接左右したわけではないものの、それが正しいとすれば当然それ以前の実年代の見直しも必至である。弥

生前期の実年代に関しては、弥生前期後半とされる木棺の年輪年代測定の結果が前450年ほどの値を示した例が兵庫県尼崎市東武庫遺跡にある。外皮に近い辺材を欠いたいわゆるCタイプという木材であり、数十年足したとしても弥生前期の年代に関する従来の見解との間に齟齬をきたす。

第3節　弥生前期開始の実年代

1　遼寧式銅剣の年代をめぐって

　弥生時代の始まりの年代を推定するうえで大きな役割を担った細形銅剣は、日本列島では弥生前期でも後半に出現するので、直接弥生時代開始の実年代を考えるには適当ではない。そこで注目されてきたのが遼寧式銅剣である。

　遼寧式銅剣とは中国東北部の遼寧省を中心に分布する銅剣であり、朝鮮半島南部や日本列島にも及んでいる。福岡県福津市今川遺跡では、これを加工した銅鏃と銅鑿が発見された。銅鑿は表面採集だが、銅鏃は板付Ⅰ式の包含層から出土したものである。板付Ⅰ式に併行する韓国無文土器中期後半の時期の忠清南道松菊里遺跡では、箱式石棺から磨製石剣や磨製石鏃とともに完全な形の遼寧式銅剣が出土している。

　遼寧式銅剣は楽器の琵琶のような形態をしていることから、かつて琵琶形銅剣あるいは満州式銅剣と呼ばれていたもので、秋山進午によって詳細に分析されて年代が明らかにされた。それによると、遼寧式銅剣の剣身はⅠ～Ⅲ式に分類され、Ⅰ式が出土した遼寧省綿西県烏金塘墓

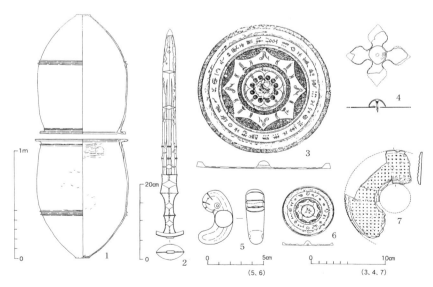

図3　福岡県糸島市三雲遺跡南小路地区出土甕棺と副葬品
（1は2号甕棺で、5・6はその副葬品。他は1号甕棺出土と伝える）

表1 弥生時代暦年代諸説

西暦	中国王朝	大陸	日本	杉原(1960) 北九州	杉原(1960) 近畿(参考)	杉原(1961)	森(1966)	森(1968)	舶載細形銅剣の形式	重要事項(上限を示す)
400	春秋・戦国									
300				板付(前)	唐古Ia(唐古)	板付(前)	板付Ⅰ(前)		舶載細形銅剣の形式 ↓	◁ -312～279 燕昭王(東胡を伐つ)
							板付Ⅱ(立屋敷/下伊田)			
221	秦	221 秦、中国統一		立屋敷		立屋敷				◁ -223秦始皇25年銘戈共伴の細形銅矛(平壌)
202		202 前漢成立					高槻	B.C 170? BIa / 前期末		◁ -190 衛満朝鮮建国
	前漢	141～87 武帝		下伊田	唐古Ib(瓜破)	下伊田	中期初頭 B.C.108前後 城ノ越	BIb / 中期前半		
108		108 武帝、楽浪郡ほか設置					中期中頃 B.C.82以降(B.C.1C中葉～後半)			◁ -108 楽浪郡設置
82	漢	82 真番郡廃止		城ノ越(須玖Ⅰ)	唐古Ⅱ(桑津)	城ノ越 a/b	須玖	B.C. 50? BII		◁ -75 夫祖歳君銀印
B.C.								中期中頃から後半		◁ -60 穿上横文五銖銭共伴の銅剣(黒橋里)
A.D.	新	8 王莽、新建国 / 14(20)～40 貨泉・貨布鋳造					須玖	C		
25	後	25 後漢成立						貸泉 ↓	貸泉 ↓	
			57 奴国王 後漢に朝貢(金印下賜)	須玖(須玖Ⅱ)	唐古Ⅲ	須玖 a/b	御床(原ノ辻下層)			
100										
107	漢		107 倭王帥升、後漢に朝貢 / 147～188 倭国大乱	伊佐座	唐古Ⅳ	伊佐座	高三潴(伊佐座)			
200				水巻町	唐古Va(西ノ辻)		下大隈			
220	三国	220 後漢滅亡	239 邪馬台国女王卑弥呼、魏に朝貢			水巻	西新			
280	西晋	280 西晋、中国統一	266 壱与、西晋に朝貢	西新町(雑餉隈)	唐古Vb(穂積)					
313		313 楽浪郡滅亡								

第2章　弥生時代の実年代をめぐって

白石(1979)　　都出(1982a)　　　　　寺沢(1983)　　　石野(1983)　森岡(1984)

（年代目盛：400／300／200／100／B.C.／A.D.／100／200／300）

寺沢(1983)
- 縄文時代　晩期：船橋式　1　2
- 弥生時代　前期：第一様式　1　2　3
- 中期：第二様式　1／第三様式　2／第四様式　3　4　5
- 後期：第五様式（前半）　1　2　3　4　5／第五様式（後半）　5
- 古墳時代　前期：庄内式／布留式　繩向1式　繩向2式　繩向3式　繩向3式（新）

白石(1979)
- 中期
- 第Ⅳ様式　下限2C前半
- 後期
- 第Ⅴ様式　庄内Ⅰ式　終末（3C中葉）
- 古墳時代前期
- 庄内Ⅱ式（古墳の出現）

都出(1982a)
- 弥生時代
- 前期：第1様式　古―中―新
- 中期：第2様式　第3様式　第4様式　古―新　100?
- 後期：第5様式　古―中―新
- 終末期：庄内式（第6様式）　古―新　300±20
- 古墳時代　前期：布留式　古
- 3Yn　4Yn　5Yn　3Hn

石野(1983)
- 弥生時代　後期後半
- 古墳時代　前期前半　前期後半

森岡(1984)
- 古　中　新：Ⅰ様式
- 古　新：Ⅱ様式
- 古　新：Ⅲ様式
- 前　後：Ⅳ様式
- 1　2　3：Ⅴ様式
- 田能6Y調査区2溝　唐古45号上層
- 繩向Ⅰ式　繩向Ⅱ式　繩向Ⅲ式　繩向Ⅳ式
- 庄内Ⅰ式　庄内Ⅱ式
- 布留式　古

の銅戈は中原では前7～前6世紀に位置づけられ、それが東北地方にもたらされて副葬されるまでの年代を考慮すると前5世紀を大きくさかのぼらないとして、1期であるⅠ式の年代を決めた〔秋山1969：319〕。またⅡ・Ⅲ式の典型である遼寧省旅大市楼上墓で戦国時代に流通した明刀銭が出土していることから、2期を戦国晩期、すなわち前3世紀前後とみなした〔秋山1969：315・332〕。

岡内三眞は遼寧式銅剣をA式、細形銅剣をB式とする。そして、中原の銅戈や鼎と共通性をもつ青銅器に伴って遼寧式銅剣が出土した内蒙古寧城県南山根遺跡 M101号墓や秋山の用いた資料によって、遼寧地方のAⅠ式の上限を春秋中期、すなわち前600年頃ないし前7世紀にまで引き上げ〔岡内1982：818・1989：58〕、それに続くAⅡ式の上限を遼寧省南洞溝遺跡の銅戈・車軸頭あるいは遼寧省瀋陽市鄭家窪子遺跡の伴出遺物（図4）などから戦国初頭、すなわち前5世紀前半にあてた〔岡内1982：818・1989：58〕。松菊里遺跡の遼寧式銅剣は、AⅠ式に分類される。この年代に関して、岡内はかつて前7世紀を上限としていたが〔岡内1982：818・824〕、その後前475～前320年と引き下げている〔岡内1989：59〕。

2　朝鮮半島の遼寧式銅剣

一方、韓国では崔夢龍のように遼寧式銅剣の上限を西周末、春秋初めの前9～前8世紀におく説〔崔1989：73〕や、金用玕・黄基徳の典型琵琶形銅剣期を前8～前7世紀、変形琵琶形剣併用期を前7～前5世紀、細形銅剣初期型期を前5～前4世紀、典型細形銅剣期を前3世紀に位置づける案〔金・黄1967：9→秋山1969：315〕、靳楓毅の南山根遺跡M101号墓の上限を西周前中期、下限を春秋前期から中期とみなす説〔靳1983：7-8〕などがある。

甲元眞之は南山根遺跡M101号墓など古式遼寧式銅剣の年代を西周終わりから春秋初め頃におき、新しい型式の遼寧式銅剣を春秋時代、古式細形銅剣を戦国時代としている〔甲元1989：40-41〕。宮本一夫も、夏家店上層文化とかかわる南山根遺跡M101号墓の中原系青銅器と遼寧式銅剣を西周後期～春秋前期とした〔宮本1985：203〕。宮本の実年代決定の方法は、年代が比較的はっきりわかっている夏家店上・下層など

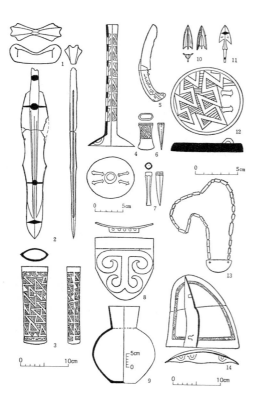

図4　中国遼寧省鄭家窪子遺跡出土遺物

の中国からその隣接する地域を土器によって編年していくもので説得力があり、それによって
導かれたのが遼東地方の双房6号墓は上馬石A地点上層期であり、この遺跡では美松里型の
壺と遼寧式銅剣I式が共存していて春秋期におかれ、西朝鮮では美松里上層が上馬石A地点
上層と類似している、という考えである。

　藤口健二は、朝鮮半島全域の土器編年に取り組み、松菊里II式に現れるフラスコ形の丹塗磨
研土器は美松里型土器に系譜が求められるとした〔藤口 1986：154〕。ただし、その年代に関し
ては、秋山説に補正を加えた尹武炳の説にしたがい、美松里型土器の1点を前6世紀として
松菊里石棺墓を前5世紀中葉〜前4世紀前半に位置づけている〔藤口 1986：155〕。

　このように遼寧式銅剣をめぐっては、その初源と終末の実年代、松菊里遺跡石棺墓の実年代
などについてさまざまな意見があり、今川遺跡の遼寧式銅剣の実年代もにわかには決めがたい。
この点について学史を整理した春成秀爾も、遼寧式銅剣の実年代が弥生時代の開始を決める手
がかりになることは認めつつも、その実年代が揺れ動いており、文字をもたない地域の文物に
実年代を与えることがいかにむずかしいかとしている〔春成 1990：113-120〕。

　しかし、遼寧地方で遼寧式銅剣は新古のものが混じって出土することのないことにも注意を
向けており〔春成 1990：119-120〕、それを重視して中国鏡の副葬までに要した伝播や伝世の期間
を長く見積もってきた、かつての弥生傾斜編年に対するのと同じ批判が許されるならば、中国
東北部での遼寧式銅剣の出現や松菊里遺跡の石棺墓への副葬にも、遼寧式銅剣の成立からそれ
ほど大きな年代を加算しなくてもよいことになる。中国東北部と韓国南部で遼寧式銅剣を出す
遺跡の土器に関係があるという指摘が適切であれば、それは変化が早く壊れやすいという土器
の性格からすると注目に値する。

　松菊里遺跡石棺墓出土の遼寧式銅剣は脊[5]が低くて形式化しており、朝鮮半島で生産した新
しいものとみる向きもあるが、形態はI式であり、わざわざ古い型式を模倣するということも
不自然である。今川遺跡の遼寧式銅剣は型式がわからないが、韓国の土器との併行関係や茎を
鑿状に加工したものが松菊里遺跡から出土していることからすると、松菊里式と同じ時期とみ
てよいだろう。

　遼寧式銅剣はその初現が西周末にまでさかのぼる可能性があり、I式ないしその直後に日本
列島にまで伝播してきた可能性があるとすれば、今回の板付I式の実年代が春秋初期にまでさ
かのぼることとの間に大きな矛盾はないことになる。そうなれば、森の考えた燕の昭王が東胡
を討つという遼東半島の政治情勢の余波が日本列島に及んで弥生文化が成立したという解釈
や、それをさかのぼる弥生早期も戦国時代の幅のなかで理解して、戦国期の動乱を弥生文化成
立の背景に求める解釈のいずれも改めねばならなくなる。

第Ⅰ部　土器の様式編年と年代論

第4節　弥生中期開始の実年代と鉄器の問題

1　弥生中期の開始年代

　年輪年代の測定結果で、弥生前期後半が前400年頃にまでさかのぼる例があることを紹介したが、この点について青銅器の年代との間に齟齬はないのだろうか。

　2003年のAMS年代測定では弥生前期終末の資料が2点分析されており、いずれも前400年頃にピークをもつ確率分布が出されている。その後測定試料が増えて、弥生前期と中期の境目が前400年近くに来るらしいことが予測されるに至った。較正曲線では炭素14濃度が前350〜200年の幅のなかでもう一度増減を繰り返すことが確かめられており、炭素14年代の確率分布の幅がこの範囲に来ると、新古二つ以上の実年代の確率のピークが出てしまうので、それをどう評価するかが問題である。それはとりあえず置いておくが、この結果が青銅器の問題とどのようにかかわってくるのであろうか。

　朝鮮半島の青銅器の組み合わせを吟味した武末純一は、比来洞→松菊里→龍興里（ここまで1期）→東西里・槐亭洞（2期）→九鳳里・草浦里（3期前半）→九政洞・入室里（3期後半）→坪里洞（4期）と編年した〔武末2002：115-119〕。松菊里が板付Ⅰ式併行、2期は細形銅剣のみの時期であり、槐亭洞遺跡の粘土紐土器から板付Ⅱ式併行であろう。3期は前半が細形銅剣・細形銅矛・細形銅戈がそろう時期なので、福岡市吉武高木遺跡10号木棺墓や佐賀県宇木汲田遺跡など弥生前期末の板付Ⅱc式〜中期初頭の城ノ越式併行で、後半が忠清南道合松里遺跡など鉄器が組み合わされるようになり、前2世紀の前漢鏡が伴うことからすると、中期中葉の須玖Ⅰ式併行とみなすことができる。

　朝鮮半島でもっとも古い細形銅剣BⅠ式は、2期の槐亭洞遺跡などから出土しており、岡内は四老里遺跡でこの型式に伴った銅鈍が戦国併行とされているのでBⅠ式を戦国後期に位置づけ、前320〜前220年の間とみなしている〔岡内1982：820・1989：58〕。後藤直も、最古式の細形銅剣は紀元前4世紀末までさかのぼりうるとする〔後藤1982：287〕。宮本一夫は、燕の遼東への領域支配の時期に細形銅剣が成立をみたとし、やはり前300年頃を成立期とみなす〔宮本2002：198〕。一般的に細形銅剣は遼寧式銅剣から変化したものと考えられており、先にみた遼寧式銅剣を出す楼上墓は明刀銭を伴出したとされていたことからすれば、細形銅剣の上限年代もこうした実年代に落ち着いていたのも理由のないことではない。それは弥生前期中葉頃と考えられているので、今回のAMS年代法による炭素14年代の較正値との間には、100年以上の誤差が予想される。

　2期に編年される東西里遺跡の遺物のなかに、遼寧式銅剣から細形銅剣への過渡期の銅剣などとともにラッパ状の馬頭飾りがある。近藤喬一はこれと同じ青銅器が遼寧式Ⅱ式銅剣とともに鄭家窪子遺跡6512号墓から出土していることを指摘し〔近藤1984：274〕、遼寧青銅器文化第Ⅱ期に属するこれらの遺物を春秋後期、すなわち前6世紀後半から前4世紀前半に位置づけ

44

た〔近藤 1984：273-276〕。東西里遺跡の遺物が属する朝鮮青銅器文化第2期の上限に関しては、燕の東方進出という史実を絡めて前4世紀末～前3世紀初頭としたが〔近藤 1984：285〕、その上限すなわち細形銅剣の出現が前5世紀代になる可能性もあるわけで[6]、弥生前期と中期の境目が前4世紀前半に来るという AMS 較正年代もまったく相手にできない数字ではない。

　AMS 年代測定値が正確なのか、あるいは誤っているのか、細形銅剣が遼寧式銅剣から一系的に変化するという前提に誤りがあるのか、細形銅剣の上限を決めてきた明刀銭が新旧型式の遼寧式銅剣を出土している楼上墓のどの墓から出土したものなのかよくわからないという実態を反映したものなのか、共伴遺物の実年代比定に問題があるのか、細形銅剣成立の時代背景の比定に誤りがあるのかなど、いずれにしても今後の議論を待たねばならない。そして、もう一つの大きな課題が戦国後期に普及するとされる鉄器の問題である。

2　鉄器の問題

　弥生時代は鉄器がかなり普及していたので、実年代が引き上げられるとその供給源の中国や朝鮮半島よりも普及度が高く、逆転現象が生じてしまうのではないかという疑問が生じる。しかし性急な答えを出す前に、鉄器は弥生時代のどの段階で普及するのか、あるいは普及する以前の鉄器があるとすればどの程度のものなのか、その評価は固まっているのか、といった議論すべき課題がまだ多い。

　表2は、おもに川越哲志が編集した鉄器集成〔川越編 2000〕にもとづき、できる限り原典にあたって誤りと思われるものを省きながら再構成した弥生早・前期とされる鉄器である〔設楽・樋泉 2003：9〕。これによって該期の鉄器の例を検討していこう。

　もっとも大きな問題は、弥生早期の福岡県糸島市曲り田遺跡の鉄器である（図5）。これは板状鉄斧の基部であり、弥生早期の竪穴住居跡の床面から出土したとされる。これが正しいとすれば、AMS 年代にもとづくと前10世紀にさかのぼる可能性のある資料となり、中国でも鉄器は隕鉄利用のものなどごくわずかであり、朝鮮半島では鉄器はまだ知られていない。これは鍛造品か鋳造品か問題であるが、近年の分析では可鍛鋳鉄という、焼きなまして脱炭した鋳造鉄器とみなされている。この技術は戦国時代の紀元前5世紀を待たねばならない〔大澤 2000：514〕ので、その意味からも年代値に大きな開きが生ずることになる。鉄器自体の年代測定も可能なのであるが、当該品はもはや鉄分がなくなった錆の塊であり、年代測定は不可能との声も聞かれる。これを除くと早期の例はない。

　弥生前期前半では兵庫県神戸市吉田遺跡の板状鉄製品1・棒状鉄製品3、福岡県曲り田遺跡の針金状鉄製品20余り、山口県下関市綾羅木郷遺跡の鉄滓1、佐賀県吉野ヶ里遺跡の鉄斧1である。福岡県今川遺跡の板付Ⅰ式土器包含層から鉄鏃が1点出土しているが（図5）、形態的には弥生後期以降の柳葉鏃と類似しており、川越が類例を求めた中国牧羊城遺跡の戦国時代の鉄鏃と比較しても、薄手で大型である。

　弥生前期中葉は山口県綾羅木郷遺跡の鉄滓[7]1・鉄塊1、前期後半は綾羅木郷遺跡の鉄塊1、

表2　弥生時代早・前期とされる鉄器

番号	遺跡名	所在地	鉄器の種類と出土遺構	時期	備考	文献
1	曲り田遺跡	福岡県二丈町	板状鉄斧1（16号住居跡）	早期	「床面近くで小鉄片が出土した。上層には高坏口縁片、器台片など弥生後期の土器片が混入していたが、量的にはわずかであり、この鉄片が弥生後期に伴う可能性はきわめてうすい」（42頁）。	橋口他1983
2	吉田遺跡	兵庫県神戸市	板状鉄製品1（A点遺物包含層）・棒状鉄製品3（D点遺物包含層）	前期前半	A点の「鉄板様の遺物は6の層位の最上部にあり」（155頁）。表土の粘土層が8層、その下の7層から3層までが遺物包含層で、遺物は6層から4層までが最も多い。D点の「包含層の最上部にはしばしば鉄器を含み、（中略）3個の棒状鉄器もここから出た」（157頁）。D点の土器はA点の土器と別様式のようである（157・159頁）。	直良・小林1932
3	曲り田遺跡	福岡県二丈町	針金状鉄製品20余（11号甕棺内）	前期前半	11号甕棺には「平安時代のものと考えられる1号井戸がほぼ完全に重複しており、甕棺墓自体は基底部付近しか残っていない」（37頁）。鉄製品は甕棺内の「人骨洗浄中に検出したものであり、1号井戸からの混入でないことは確実」（163頁）。	橋口他1983
4	吉野ヶ里遺跡	佐賀県神埼町	鉄斧1（Ⅴ区ＳＨ0810竪穴住居）	前期前半	遺構の表（141頁）には記述があるが、鉄器の表（388頁）には記述がない。	七田他1992
5	綾羅木郷遺跡	山口県下関市	鉄斧1（AⅣ区 LN.5袋状竪穴）	前期中葉	層位・出土状況不明。	伊東他編1981
6	綾羅木郷遺跡	山口県下関市	鉄塊1（EⅠ区 LN.4823袋状竪穴）	前期中葉	「土器の塗料に使用された酸化鉄の塊」（105頁）。層位・出土状況不明。	伊東他編1981
7	綾羅木郷遺跡	山口県下関市	鉄塊1（KⅠ区 LN.101袋状竪穴）	前期後半	「酸化鉄の塊」（166頁）。層位・出土状況不明。	伊東他編1981
8	下稗田遺跡	福岡県行橋市	板状鉄斧1（C地区5号住居跡）	前期後半	層位・出土状況不明。C地区17号住居跡（中期中葉）出土資料（宮原1983：88〜89頁）と同一物。（長嶺1984）ではC地区17号住居跡出土で前期末とされる。	宮原1985
9	下稗田遺跡	福岡県行橋市	鋳造鉄斧1（F地区167号貯蔵穴）	前期後半	層位・出土状況不明。F地区150号貯蔵穴（前期末または中期中葉）出土資料（宮原1983：88〜89頁）と同一物。（長嶺1984）ではF地区150 SP 出土で中期中葉。	宮原1985
10	中山貝塚	広島県広島市	鋳造鉄斧1	前期末	（藤田・川越1970）でA4区第1貝層出の前期鉄器片2とされるものか。	川越1993
11	山の神遺跡	山口県豊浦町	鋳造鉄鋤鍬先1（袋状土坑）	前期末	「土拡を埋める最下層の埋積土中から」（210頁）。	富士埜1992
12	白滝遺跡	大分県佐伯市	鉄鎌1（不明）	前期末	報告書未見。	賀川他1957
13	四つ池遺跡	大阪府堺市	刀子（土坑）	前期末	「遺構内の上部の埋土内にあったため、弥生前期の確実な資料として扱うことを保留しなければならない」（20頁）。	森他1974
14	唐古・鍵遺跡	奈良県田原本町	鉄鏃	前期	第1様式を主体とする「中央砂層発見」（218頁）。	梅原他編1943
15	中山貝塚	広島県広島市	刀子1（A9区第1貝層）	前期？	（藤田・川越1970）は、「前期または中期」。	川越1993
16	綾羅木郷遺跡	山口県下関市	鉇1（FⅠ区 LN.1）	前期	遺構の記述がない。	伊東他編1981
17	下七見遺跡	山口県菊川町	鉄塊（8-SK-3号土坑）	前期	層位・出土状況不明。「鉄滓と考えられる不整形な鉄塊」（46頁）。	村岡他1989
18	前田山遺跡	福岡県行橋市	袋状鉄斧1（17号祭祀遺構）	前期	「祭祀遺構下層で前田山Ⅰb式（前期末：設楽註）の壺とともに出土」（115頁）。下層に中期初頭、上層に中期中葉の土器も出土している（66頁）。	長嶺編1987
19	今川遺跡	福岡県津屋崎町	鉄鏃1（包含層）	前期	夜臼式・板付Ⅰ式を出土する「包含層下層出土」（50頁）。型式としては弥生後期のものに似ている。	酒井編1981
20	吉野ヶ里遺跡	佐賀県神埼町	袋状鉄斧1（田手二本黒木地区25トレンチ）	前期？	25トレンチ「SD01は（中略）埋土の上部のみ発掘をおこない、弥生前期〜中期初頭の土器が出土した。溝は「中期初頭には完全に埋没していたと考えられる」（13頁）。鉄斧は「25トレンチ検出面より出土」（39頁）。（七田他1994：388頁）の表には時期は書いていない。	七田他1990
21	斎藤山遺跡	熊本県天水町	鋳造鉄斧1（斜面貝層）	前期	急斜面の貝層から出土。「同じ層内に一三片からなる板付式土器の壺と甕、及び夜臼式土器（中略）の破片を検出し、鉄器とそれらとの関係は疑う余地のない状態であった」（127頁）。崖面上位の貝層出土土器はほぼ城ノ越式土器が占めている。	乙益1961
22	高橋貝塚	鹿児島県金峰町	不明鉄器3（Aトレンチ・Bトレンチ貝層）	前期	Aトレンチ例は出土層位不明。Bトレンチ「2・3区より鉄片が出土」（78頁）とされるだけで細別層位不明。いずれも出土状況不明。	河口1965
23	下稗田遺跡	福岡県行橋市	板状鉄斧1（D地区242号貯蔵穴）	前期中葉〜中葉	「貯蔵穴の埋土中」（37頁）。	長嶺1984
24	一ノ口遺跡	福岡県小郡市	板状鉄斧2・摘鎌1・不明鉄器4	前期後半〜中期前半	報告書未見。	柏原・速水編1991
25	中桑野遺跡	福岡県吉富村	鋳造鉄斧？1（P12）	前期末〜中期前半	層位・出土状況不明。	馬田1978
26	下稗田遺跡	福岡県行橋市	鋳造鉄斧1（D地区406号貯蔵穴）	前期末〜中期中葉	層位・出土状況不明。D地区208号貯蔵穴（中期前〜中葉）出土資料（宮原1983：89頁）と同一物。（長嶺1984）ではD地区208 SP 出土で中期初頭〜前半。	宮原1985
27	扇谷遺跡	京都府峰山町	板状鉄斧1（溝内）・鉄滓1	前期末〜中期初頭	「溝内より第1・2様式の土器（中略）とともに鉄斧を出土」（220頁）。	戸原編1984
28	横隈山遺跡	福岡県小郡市	袋状鉄斧1（20号住居跡）	前期末〜中期初頭	層位・出土状況不明。住居は円形（前期末〜中期初頭）と方形（後期末）あり。20号住はどちらか不明。	浜田1974
29	吉野ヶ里遺跡	佐賀県神埼町	鉄刀？1（ⅡＳＨ0420竪穴住居）	前期末〜中期初頭	遺構の表（140頁）には記述があるが、鉄器の表（388頁）には記述がない。	七田他1992
30	上の原遺跡	福岡県朝倉町	鉄鋤鍬先1（113号貯蔵穴）	前期末〜中期初頭	層位・出土状況不明。「鉄製鋤先は形態的に新しい時期の混入品かもしれない」（127頁）。	井上編1990
31	杷木宮原遺跡	福岡県杷木町	不明鉄器1（7号土壙）	前期末〜中期前半	「埋土下位出土の鉄器」（82頁）。	小田編1991
32	船石遺跡	佐賀県上峰町	鉄鎌1（2号支石墓下竪穴）	前期末〜中期中葉	「埋土の深さ1.2mから出土」（23頁）。「竪穴の内部からは弥生時代前期末（板付Ⅱ式）から中期中頃（須玖式）にかけての土器片や、（中略）鉄鎌などが（中略）出土、「鉄鎌は後期以降のものか」（45頁）。	七田1983
33	徳瀬遺跡	大分県日田市	鉄片20	前期末〜中期後半	遺構は特定はできない。時期不明。	後藤他編1995
34	徳瀬遺跡	大分県日田市	鉄鎌1	前期末〜中期	「日田市教育委員会の教示」（216頁）。	川越編2000
35	船石南遺跡	佐賀県上峰町	鉄斧？1（墓壙覆土中）	前期末〜後期？	墓壙の名称や時期など不明。甕棺墓・土器棺墓は「時期的には中期に営まれたものが大半」（66頁）。	原田1989
36	四箇船石遺跡	福岡県福岡市	鉄鉇1・鉄鎌1（SC09号住居跡）	前期〜中期前半	「覆土や床面から少量の鉄器（中略）が出土した。このうち鉄器は2点が壁溝内から出土した」（8頁）。土器は夜臼式と須玖Ⅱ式が出土。	吉留編1995

備考欄と遺構名以外は〔川越哲志編 2000『弥生時代鉄器総覧』電子印刷株式会社〕による。そのうち、原典にあたって前期でないものおよび可能性が著しく低いものは省いた。
備考欄の「　」は原典からの転載。それ以外は設楽の要約ないし所見。文献は〔川越 2000〕を参照されたい。

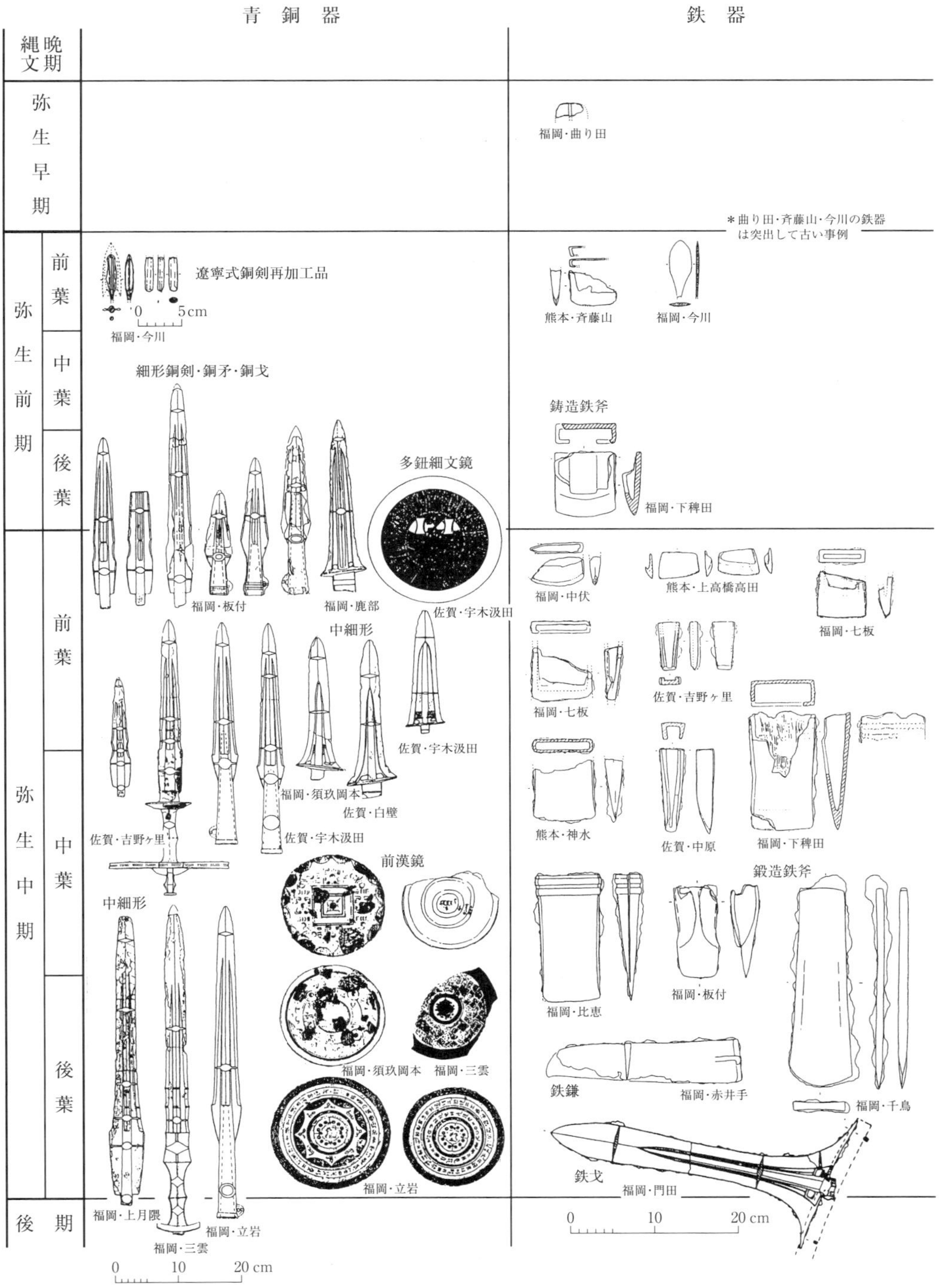

図５　北部九州地方における青銅器と鉄器の出現と普及

第Ⅰ部　土器の様式編年と年代論

福岡県行橋市下稗田遺跡の板状鉄斧1・鋳造鉄斧1である（図5）。前期末は広島市中山貝塚の鋳造鉄斧1、山口県下関市山の神遺跡の鋳造鉄鍬鋤先1、大分県佐伯市白潟遺跡の鉄鎌1である。そのほか、前期とされるものが10遺跡、前期から中期のものが10遺跡である。

　これらのなかに鉄滓があるが、鉄器生産をやっていたことになるので年代的にも再検討が必要であろう。また、鉄塊、針金状鉄製品など、実態が不明なものが多い。前期前半とされてきた熊本県玉名市斎藤山遺跡の鋳造鉄斧（図5）は、急斜面の崖にへばりついた貝塚の堆積状態や上部に中期初頭の城ノ越式土器の包含層があることなどからして、この時期のものかどうかにわかには決めがたい。

　それらも含めて、弥生早・前期の鉄器は層位や共伴遺物などの出土状況が不明確なものや、中期初頭の可能性のあるものが多く、確実にこの時期と考えられるのは、報告書などの原典による限り、弥生前期末の山口県山の神遺跡や福岡県行橋市前田山遺跡などの2例ほどにすぎず、これらも含めて再検討が必要である。

　にわかに数や種類が多くなり、鉄斧が安定してみられるようになるのは、北部九州地方を中心にした中期初頭、さかのぼっても前期末以降であり、北部九州地方における青銅器の普及とほぼ連動した現象とみてよい。その年代はAMS法による年代測定とその較正では前4世紀前半に位置づけられるように、戦国時代前半に相当する。中国では燕の都である下都の戦国後期（前3世紀）にようやく鉄器が急増するようになるので[8]、日本での普及はそれをさかのぼることはありえないし、朝鮮半島でも平安北道渭原郡龍淵洞遺跡などで鉄器が安定してみられるようになるのは、明刀銭を伴うことから戦国後期とする意見が一般的である。これにしたがえば、弥生中期の開始にかかわるAMS年代と考古年代の100年の落差を容易に埋めることはできない。今後議論しなくてはならない点であろう。

　また、板付遺跡や菜畑遺跡では弥生早期から木の加工に鉄器を使ったとされている。鉄器と石器の加工痕の違いは識別できるという研究もあり〔宮原1988〕、それとのかかわりにおいてそれら鉄器使用とされる加工痕の評価についても問題になってこよう。高知県土佐市居徳遺跡では、縄文後期とされる人骨に金属でできた殺傷痕がある、と報道された。人骨の年代ともども改めて議論の対象になってくるが、やはり鉄器普及立論のための第一次資料は鉄器そのものであろう。

　報告書などの原典にあたると、これまでの弥生初期鉄器普及論はきわめて脆弱な資料にもとづいて立論されてきたことがわかる。考古資料は地下に埋まっているものだから、1点の資料でもその背後に多くの類例が隠されていることは容易に推測できる。たった一つの事例でも大事にしなくてはならないし、その報告は尊重しなくてはならないのが原則であるが、日本歴史を左右するほどの重要な論点であるという事情を考えると、弥生初期鉄器文化普及論の根拠はきわめて薄いといわざるをえない。

48

第2章 弥生時代の実年代をめぐって

第5節　縄文晩期〜弥生前期の土器編年と実年代

1　東北地方の縄文晩期土器編年

　縄文晩期の土器編年は、東北地方の大洞式土器の細別を手がかりとして定められてきた。これは、大洞諸型式の前半の土器が近畿地方にまで分布しており、広域編年の有力な材料になっているからである。つまり、縄文晩期の範囲は、山内清男が定義した大洞 B 式→B–C 式→C_1式→C_2式→A 式→A´式という諸型式と、これに併行する各地の土器型式〔山内 1937b・1952〕、あるいはさらにそれを細分した大洞 B_1 式→B_2 式→B–C_1 式→B–C_2 式→C_1 式→C_2 式→A_1 式→A_2 式→A´式という編年〔山内 1964a〕に依拠して考えるのが本来である。したがって、北部九州地方の縄文晩期の始まりや終末の議論も、大洞編年を踏まえておこなわなくてはならない。縄文晩期の開始は大洞諸型式の細別のうえで、どれがもっとも古い大洞型式か、すなわち大洞 B 式の細別に問題は集約されてくる。

　1980 年代に入り、宮城県気仙沼市田柄貝塚における縄文後期終末の瘤付土器 4 段階の層位的裏づけ〔手塚 1986〕、同県松島市台囲貝塚 B トレンチにおける大洞 B_1 式の層位的まとまりの確認〔小井川 1980〕などによって、大洞 B_1 式段階の実態が共通の理解となってきた。小林圭一はこうした動向を整理したうえで、後藤勝彦の宮戸Ⅳ式〔後藤 1960〕を大洞 B_1 式、すなわち晩期初頭に置いた〔高柳 1988〕。そして三叉文は瘤付土器第 3 段階に現れ第 4 段階に一般化するので、三叉文で後期と晩期は画せないと考えた〔小林圭 1999：175〕。

　三叉文は、山内が縄文晩期開始の指標とした要素である〔山内 1966〕。そうなると後期と晩期の区分基準は他に求めなくてはならなくなる。小林は、大塚達朗の「外塚―山辺沢・広畑―田柄Ⅶ群」（後期末）→「小豆沢―二月田―前田」（晩期初頭）という広域変遷〔大塚 1996〕が後期と晩期の境界を理解するうえで有効だとし、広域的な基準として入組三叉文を重視した。須藤隆も遺跡の層位的データにもとづいて、晩期の開始の重要な特色を渦巻文（複雑な入組三叉文）を基調とする複雑な装飾体系の確立に求めている〔須藤 1998〕。

　一方では鈴木加津子のように、茨城県筑西市外塚遺跡の「原三叉文」（発生期の三叉文）段階を最古の安行 3a 式、すなわち晩期の開始ととらえる見方がある〔鈴木 1987〕。これは晩期安行式の文様変遷原理が三叉状入組文によることを根拠にしたもので、三叉文を重視する点で、山内の考え方を踏襲している。さらに、器種構成の変化と一体化したⅡc 文様帯の成立を画期として、大洞 B_2 式から晩期とする意見〔林 1994：6〕もある。大洞 B_2 式から晩期とするのは山内の本来の定義に反するが、大洞 B_1 式をどの範囲で確定するのかという問題は、まだこれから議論を積み重ねていかなくてはならない。ここでは異説のいくつかを紹介するにとどめ、小林圭一の学説にしたがう。

　1964 年に山内が改訂した大洞式 9 細別は、大洞 B 式の特徴である三叉文と B–C 式の特徴である羊歯状文が同一の層位から出土することを根拠に、それらが同一時期のものだとして雨滝

49

第Ⅰ部 土器の様式編年と年代論

式を設定した芹沢長介〔芹沢 1960：205-211〕の対極を行くものであった。9細別は型式区分の根拠が不明という批判もあれば、細別を追認する試みもある。須藤は宮城県大崎市中沢目貝塚の層位的発掘をおこない、羊歯状文が発達する層位にも入組三叉文が継承されていることを明らかにした〔須藤 1983〕。しかし、入組三叉文が優勢であった下層から上層に行くにしたがい羊歯状文が優勢になる点からすると、この二者をそれぞれの型式の指標的文様モチーフとみなす山内の指摘も正しいのであろう。

山内が新たに設定した大洞 A$_2$ 式は長い間不明だった。『北奥古代文化』誌上対談における山内の発言などをもとに、鈴木正博はこの問題に取り組み、A$_2$ 式の実態を明らかにした〔鈴木正博 1985a〕。その後、岩手県花泉町中神貝塚で大洞 A$_2$ 式の包含層が確認されたり〔須藤 1997〕、山形県天童市砂子原遺跡[9]などから単純な資料が得られ、鈴木の見通しが正しいことが明らかにされた。

青森県弘前市砂沢遺跡における水田跡の発掘や、この時期に遠賀川系土器が成立することから、一般的に砂沢式が東北地方最古の弥生土器型式とされている。編年上、砂沢式を大洞 A′ 式土器の後半とみるかそれに続く別型式とみるか、かねてから議論があった。これは大洞 A′ 式の範囲の確定に異論があるからだが、大洞 A′ 式に後続する青木畑式と砂沢式の山形県酒田市生石2遺跡における共存関係を踏まえて、後者の立場をとる高瀬克範らの説〔高瀬 2000：83-84〕が論理的である。

2　北部九州地方の土器編年と東北地方との併行関係

九州の縄文晩期は御領式→黒川式→山ノ寺式→夜臼式という編年が、1960 年代までに固まっていた。このように縄文晩期は御領式に始まることが定説化していたが、山崎純男・島津義昭は御領式を縄文後期終末に明確に位置づけた〔山崎ほか 1981〕。

水ノ江和同はそうした研究を踏まえて、北部九州地方の縄文後期〜晩期中葉の地域的土器編年をおこなった〔水ノ江 1997〕。たとえば玄界灘沿岸は堀田Ⅰ式→堀田Ⅱ式→松木式、東北九州地方は楠野段階→上菅生 B 式→夏足原段階と晩期を1期〜3期に編年したように、これまで黒川式と包括されていた土器型式の年代的地域的細別をはかった。

さらに瀬戸内地方および近畿地方の編年と対比し、1期と滋賀里Ⅱ・Ⅲa 式、2期と谷尻式・篠原式中段階、3期と前池式・篠原式新段階の併行関係を求めている。注目すべきは滋賀里Ⅰ式を後期とする近畿編年にしたがって、これまで晩期とされてきた広田Ⅱ〜Ⅲ式や天城式、さらに広田Ⅳ式、貫川Ⅰ式、古閑Ⅰ式までもその多くは後期終末に位置づけられると明確に論じたことである。しかし家根祥多によると、篠原式古段階が大洞 B–C 式併行、中段階が大洞 B–C 式から C$_1$ 式に推移する段階、新段階が大洞 C$_1$ 式、谷尻式併行である〔家根 1994〕。篠原式は刻目突帯文出現以前で、前池式は刻目突帯文最古段階であるから、水ノ江の示す谷尻式・前池式と篠原式との併行関係は検討の余地がある。

縄文晩期終末から弥生土器の成立については、山崎純男が福岡市板付遺跡の発掘調査で出土

50

した突帯文土器を夜臼Ⅰ式とⅡ式に区分し、板付Ⅰ式との共伴の有無からⅡ式をa・bに細分した。山ノ寺式との関係は地域的に離れていることから今後の検討が必要であるとしながらも、夜臼Ⅰ・Ⅱa式に併行すると考えた〔山崎 1980：182〕。これに対して佐賀県唐津市菜畑遺跡を調査した中島直幸は、菜畑9〜12層の土器を山の寺遺跡B地点と同型式として、山ノ寺式と認識している。さらに8下層を夜臼式併行、8上層を板付Ⅰ式と共存する夜臼式とした。山崎の設定した夜臼Ⅰ式に菜畑9〜12層資料が型式学的に先行することから、山ノ寺式と夜臼Ⅰ式を時期差とみなす〔中島 1982：350〕。

　福岡市雀居遺跡SD003の下層から出土した深鉢には指による刻み目が多く、器壁も厚く山の寺遺跡B地点や菜畑9〜12層資料、曲り田（古）式に近く、浅鉢も屈曲が強いものが多い。それに対して、上層では棒による刻み目が増え、浅鉢の屈曲が弱くなり壺の比率が増加するなど、層位的に中島説を裏づけるデータもあがっている〔下村編 1995：113-116〕が、山崎説、中島説には賛否両論がある。

　この時期の広域編年を考えるうえで、近年北部九州地方などから大洞系土器が確認されるようになったのは大いに注目できる〔小林編 1999〕。雀居遺跡SD003下層から出土した大洞系土器〔松村編 1995：50〕はC字文を胴部に加えた広口の壺であり、大洞C_2式の新段階に比定できる（図6-6）。突帯文の鉢形土器は、大洞C_2式新段階併行と考えられる愛知県一宮市馬見塚遺跡F地点の土器に近い様相をもっており、整合性をもつ。この層の突帯文土器は菜畑9〜12層のそれよりも新しい〔坂口 1996：100〕が、混入品以外弥生前期の土器は含まない。大分市種田市遺跡からは刻目突帯文土器単純期の下黒野式土器に伴って、肩にレンズ状浮帯文のついた大洞系の鉢（図6-12）が出土した〔吉田 1993〕。この土器は大洞C_2式新段階〜大洞A_1式に顕著なレンズ状付帯文をもつ。高知県土佐市居徳遺跡1B区ⅢC層・1C区Ⅳ層からは、搬入品と思われる大洞A_1式の壺形土器（図6-20〜22）が出土した〔曽我ほか編 2001〕。田村Ⅰ-2式の遠賀川系土器を伴うが、板付Ⅰ式の古い段階に併行する時期まではさかのぼらないので、この遺跡における上限はおさえられる。

　突帯文土器直前の黒川式（新）段階や篠原式（新）段階は大洞C_1式と併行関係がたどれ、それに続く山ノ寺式／夜臼Ⅰ式→夜臼Ⅱa式→夜臼Ⅱb・板付Ⅰ式という編年のなかで、刻目突帯文土器単純期のある時点に大洞C_2式の終末に近い年代が与えられる。したがって、山ノ寺式と夜臼Ⅰ式を時期差とみなす立場に立つと、大洞C_2式の時期幅のなかで3型式の変遷が認められることになる。大洞C_2式は5段階細別案〔鈴木加 1991〕もある比較的長期にわたる土器型式であるのでその点は問題ないだろうが、板付Ⅰ式まで大洞C_2式の範囲のなかに含めるのは考えにくい。

　板付Ⅱa式が近畿地方最古の遠賀川系土器と併行関係にあり、突帯文土器、遠賀川系土器、浮線網状文土器、大洞式土器を介して長原式（近畿地方）―馬見塚式（東海地方）―離山式（中部高地）―大洞A_2式（東北地方）という横のつながりがたどれるとすれば、板付Ⅰ式は大洞A_1式併行とみなすのが妥当だろう。それは居徳遺跡の共伴関係からも、ある程度支持しうる。

51

第Ⅰ部　土器の様式編年と年代論

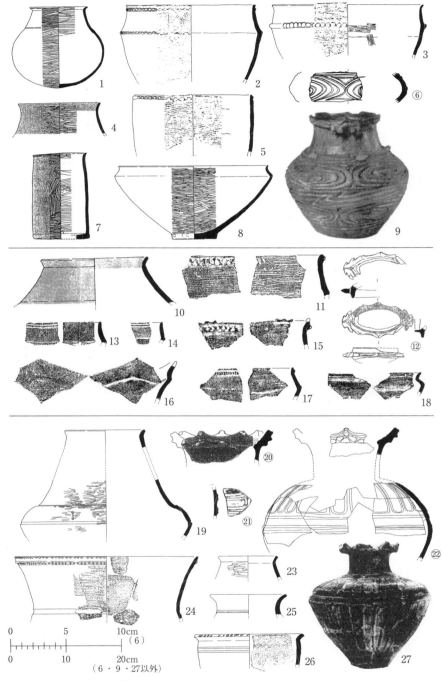

図6　西日本の弥生早・前期土器と大洞系土器（○）および比較資料

1～8：福岡県雀居遺跡 SD-003 下層、9：青森県亀ヶ岡遺跡、10～18：大分県種田市遺跡、19～21・24～26：高知県居徳遺跡 1C 区 IV 層、22・23：同 1B 区 Ⅲ C 層、27：宮城県山王囲遺跡
（1～5・7・8：松村編 1995、6：設楽 2000a、9：鈴木・林編 1981、10～18：吉田 1993、19～26：曽我ほか編 2001、27：伊東・須藤編 1985 より）

52

第2章　弥生時代の実年代をめぐって

表3　縄文晚期～弥生前期の土器編年　（網掛けは弥生時代）

		北部九州	中部瀬戸内	近畿	東海西部	中部高地	南関東	北東北	
①	縄文晚期	堀田Ⅰ式	＋	滋賀里Ⅱ～Ⅲa式	寺津式	＋	安行3a式	大洞B式	縄文晚期前半
		堀田Ⅱ式	船津原式	篠原式(古)～(中)	元刈谷式	佐野Ⅰa式	安行3b式	大洞B-C式	
		黒川式	谷尻式	篠原式(新)	稲荷山式	佐野Ⅰb式	安行3c式・前浦Ⅰ式	大洞C1式	
②		長行Ⅰ式	前池式	滋賀里Ⅳ式	西之山式	佐野Ⅱa式	安行3d式・前浦Ⅱ式	大洞C2式(古)	縄文晚期後半
③	弥生早期	夜臼Ⅰ式	津島岡大式	口酒井式	馬見塚F地点式（突帯文土器）	佐野Ⅱb式		大洞C2式(新)	
		夜臼Ⅱa式・夜臼Ⅱb式／板付Ⅰ式・夜臼Ⅱb式	沢田式	船橋式	五貫森式	女鳥羽式	桂台式（浮線網状文土器）	大洞A1式	
	弥生前期	板付Ⅱa式	遠賀川式(古)	遠賀川式(古)・長原式	馬見塚式	離山式／氷Ⅰ式(古)	千網式／荒海1式	大洞A2式	
④		板付Ⅱb式	遠賀川式(中)	遠賀川式(中)・水走式	遠賀川式(中)・樫王式（条痕文土器）	氷Ⅰ式(中)／(新)	荒海1式／2式	大洞A'式	
⑤		板付Ⅱc式	遠賀川式(新)	遠賀川式(新)	遠賀川式(新)・水神平式	氷Ⅱ式	荒海3式／4式	砂沢式	弥生前期

　こうした遠距離の土器型式の共存関係はまだ事例が少なく、そこに全幅の信頼を置くことはもちろんできないが、隣接する地域間の土器型式の併行関係をつないでいくことによって組まれた編年の併行関係（表3）とおおむね整合性をもつことも指摘しておきたい。今後とも西日本における東日本系土器に注意を払っていく必要がある。

3　縄文晚期終末と弥生時代の始まりの実年代

　小林謙一による東日本各地における土器付着炭化物のAMS年代測定値の取りまとめをみると、西日本のそれとの間に若干の離齬がある点が気がかりである。近畿地方の滋賀里Ⅲa式に晚期前半の大洞B2式が伴う。滋賀里Ⅲb式後半の篠原式には大洞C1式が伴う。その下限は黒川式の下限と一致する。大洞C2式終末～A1式土器は福岡県域や大分県域、高知県域などにもたらされていることが判明し、夜臼Ⅱa式～板付Ⅰ式と共伴していることが確かめられている。

　大洞・砂沢編年と北部九州地方の土器編年を対応させて、それぞれの炭素14較正年代をくらべると、縄文晚期の始まりはともに前1200年頃を上限とするが、大洞C1式が前950～前850年と山ノ寺・夜臼Ⅰ式～夜臼Ⅱa式の推定値の時期に併行しており、若干の問題を含んでいる。これが測定事例の少なさにもとづく誤差なのか、土器編年の併行関係に問題があるのか、なおも検討していかなくてはならない。山ノ寺・夜臼Ⅰ式という弥生早期のAMS年代測定が未着手であるから、今後事例を増やして検討していくことが必要である。

　縄文土器の編年は精緻を極めている。型式学的研究、層位学的検討の繰り返しによって、それはつくりあげられたものである。AMS法による年代測定とその較正によって、縄文晚期の終末の年代や、それぞれの型式の実年代については新しい知見がもたらされたが、基本的に編年序列については前後が逆転するといった結果は得られていない。これは土器編年の確かさを証明するものでもあり、逆にAMS法の方法が確かなものであることを証明することになりうるものである。つまり、考古資料による編年と年代測定とが不可分の関係で検証し合えるたぐいまれなケーススタディーということができる。これはまた、集落論や環境変動と人間生活の相互関係などの生態論に応用がきくのであり、世界的にも精緻な土器編年があるからこその話であろう。

第 I 部　土器の様式編年と年代論

註

1　炭素 14 年代を較正年代に修正するには、実際の年代がわかっている試料の炭素 14 年代を測定して、その値と照合しなくてはならない。そのために、年代のわかっている年輪が試料として用いられる。年輪には 1 本 1 本に生育した年の大気中の二酸化炭素が固定される性質がある。国際学会が中心となって作成した較正曲線の 1998 年版である IntCal98 は、過去 11800 年分の樹木年輪の炭素 14 年代を測定してつくったものである〔今村 2004：51〕。現在は、IntCal13 が用いられているが、IntCal04 以降、新たな統計学的手法が取り入れられて、較正曲線がスムーズになっている。なお、IntCal04 以降はおもに 12000cal BP よりも古い時期に変更が加えられており、縄文時代以降の大きな変更はない（國木田大氏ご教示）。

2　海洋の深層水は約 1500 年を周期に絶えず循環しているので、一般的に海洋水中の炭素 14 濃度は大気中のそれにくらべて低い。陸上植物試料よりも、海産物試料の方が平均で 400 年ほど古い炭素 14 年代の出ることが確かめられている。これを海洋の炭素リザーバー効果、略して海洋リザーバー効果と呼んでいる〔小林謙 2004a：62〕。

3　この問題に関しては〔森岡 1985〕、〔春成 1990〕などに詳しいので、参照されたい。

4　森の分類とは異なるので注意を要する。岡内の B II 式は、おおむね森の B I 式に相当する。

5　剣の真ん中を通る、背骨のような隆起帯もしくは稜。

6　鄭家窪子遺跡と東西里遺跡の多鈕粗文鏡は型式が異なるので、東西里遺跡の組み合わせの方が新しいが、多鈕粗文鏡の実年代比定も今後の課題である。

7　鉄器あるいは鉄生産をおこなった時に出る鉄のかす。

8　石川日出志氏ご教示。

9　森谷昌央と黒坂弘美はこの資料を、「砂子田式」としている〔森谷・黒坂 2003：205〕。

第3章　弥生改訂年代と気候変動
——SAKAGUCHI 1982 論文の再評価——

は じ め に

　アメリカの社会歴史学者、I・ウォーラーステインにより世界システム分析が提唱されるなど、近年の西洋史学では社会史が主流となることによって、かつて盛んにおこなわれた時代区分論が低調であるという[1]。日本考古学でも時代区分論は 20 年ほど前に盛んだったが、今はやはり低調だ。先史考古学の場合、時代区分論の前に、実年代のわからない個々の遺物や事象の年代を決定しなくてはならないという年代論が控えているので、時間にかかわる問題への取り組みが弱まることは、より深刻である。

　弥生時代の日本列島に中国大陸の遺物は数々もたらされているが、伝世や伝来までの時間などを考慮すると、それによって弥生時代の遺物や事象にただちに実年代を与えることのできない場合が多い。また、縄文時代における海面変動の追跡などは、第四紀研究との共同研究が必要になるが、分析のために採取した土壌やその土地自体が文化遺物を含まない場合も多い。そこで、遠隔地相互の、あるいは分析の方法や対象の異なる試料に適応できる年代のグローバルスタンダードが要求されることになる。それに応えうるもっともすぐれた方法の一つが炭素 14 年代測定であり、考古相対編年による年代と相互に検証しながら、炭素 14 年代を有効に活用していくことが求められている。

　近年の炭素 14 年代測定の精度の向上は、以前にくらべて著しい。前章で述べたように、炭素 14 年代法を用いた測定によって、弥生時代の始まりが 500 年ほど古くなるという国立歴史民俗博物館（歴博）が 2003 年に示した説も、炭素 14 年代測定の精度向上や、測定にまつわるさまざまな問題点に検討が加えられた結果である。弥生時代の始まりだけではなく、弥生中期の始まりや古墳時代の始まりなど、いずれも従来よりもかなりさかのぼる年代が提示されており、それをめぐって日本先史・原史社会の年代論は新たな局面を迎え、むしろ活況を呈してきたといってよい。

　筆者はこの問題に対する研究の過程で、歴博が提示した年代と近似した実年代を縄文・弥生時代に与えている研究が 1982 年、すでにおこなわれていたことを知った。それは、阪口豊による "Climatic Variability during the Holocene Epoch in Japan and its Causes" という論文である〔SAKAGUCHI 1982〕。阪口はさらに翌年、翌々年と関連する論文を発表している。本章は、それらをレヴューすることによって、阪口の年代観がなぜ成立したのか、考える。阪口は地理学者、気候学者であり、それらの論文も年代論に主眼があるのではなく、日本歴史の

第Ⅰ部　土器の様式編年と年代論

気候変動に焦点をあてたものである。気候変動と縄文・弥生時代の文化変化とのかかわりあい
も、本章であらためて問題にしたい点である。

第1節　SAKAGUCHI 1982 論文の内容とその評価

1　尾瀬ヶ原湿原の泥炭層から探る気候変化

　本章で取り上げる〔SAKAGUCHI 1982〕は、東京大学地理学教室の雑誌に掲載された阪口豊
による論文であり、「日本列島における完新世の気候変動とその原因」と訳すことができよう。
阪口は翌年、"Warm and Cold Stages in the Past 7600 Years in Japan and Their Global
Correlation ─Especially on Climatic impacts to the Global Sea Level Changes and the
Ancient Japanese History─" という論文も発表している〔SAKAGUCHI 1983〕。タイトルが示
すように、日本列島をはじめとする世界の過去およそ 7600 年間における気温の変化によって
気候変動を追究したものであり、とくに世界的な海水準の変動や古代の歴史にそれがどのよう
な影響を与えたのか、という研究である。

　自然地理学者である阪口は、1950 年以来数次にわたって群馬県尾瀬ヶ原湿原でおこなわれ
た地質調査に参加し、1973 年に文化庁と群馬県教育委員会が合同でおこなった泥炭層の調査
の際、東京大学と群馬大学の分析用共通試料を採取するために穿った井戸(P73)の壁面から 450
cm に及ぶ柱状の泥炭層土壌サンプルを得た。この P73 の泥炭層データを解析することによっ
て、およそ 7600 年にわたる気温の変化をあとづけたのが、1982・83 年の論文である。調査の
いきさつは、後年阪口が著した『尾瀬ヶ原の自然史』に詳しい〔阪口 1989〕。また、1982・83
年の論文のエッセンスは、邦訳されて〔阪口 1984〕論文にまとめられている。

　図 7-①が、P73 の泥炭層から得られたおよそ 7600 年間にわたる気温変化のグラフである。
450 cm の土壌サンプルを厚さ 2 cm ごとにスライスして花粉分析をおこない、50 cm ごとに
炭素 14 年代測定をおこなった。縦軸は柱状サンプルの深度であるが、年代測定結果にもとづ
いて深度を年代に置きかえている。1800 年から始まっているのは、地表面から 18 cm は泥炭
がふわふわしており、それを除いたためである。横軸はハイマツ（一部ヒメコマツ）の百分率を
示したもので、曲線はハイマツの花粉含有率を平均値である 8 ％を境界として示した経年変
化である。境界線の右側にあたる黒く塗った部分は比率が低く、白抜きの左が高い。ハイマツ
（Pinus (H)）はおもに高山帯の斜面に群落をつくる針葉樹であり、気温変化の指標とすること
が期待できる〔SAKAGUCHI 1983：1〕。したがって、黒い部分は気温が相対的に高く、白い部分
が低いことを、このグラフは示している。実際の気温偏差は、8 ％基準線に対して ± 3 ℃以内
におさまる〔阪口 1984：18〕。

　阪口は気温変化の結果を、縄文時代から近代に至る文化変化と対応させている（図 7-②）。ハ
イマツの増減、すなわち気温変化のグラフにもとづき、いくつかの寒冷期を設定している。縄
文中期と後期の境目である前 2446〜2267 年に著しい寒冷な期間（JC₁ 期）があり、阪口はそれ

56

第3章 弥生改訂年代と気候変動

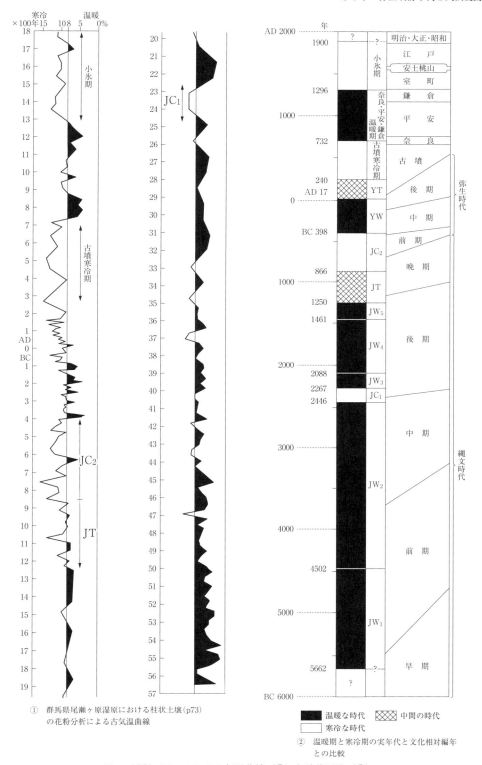

① 群馬県尾瀬ヶ原湿原における柱状土壌(p73)の花粉分析による古気温曲線

② 温暖期と寒冷期の実年代と文化相対編年との比較

図7 尾瀬ヶ原 P73 による気温曲線（①）と時代区分（②）

を「縄文中／後期寒冷期」と名づけた〔阪口 1984：26〕。縄文中期末～後期初頭に急低下した気温は急上昇し、しばらく縄文早～前期に匹敵する温暖な時期が続く。JW_3とJW_4期である。前1250年～前866年までの変動が著しい移行期であるJT期を経て、長い寒冷気候であるJC_2期に支配されたとし、阪口はJC_2期を「縄文晩期寒冷期」、と呼んだ〔阪口 1984：26〕。前866年はおよそ7600年のうち、気温変化のもっとも大きな画期であったと述べている〔SAKAGUCHI 1982：16〕。温暖な気候を取り戻すのは弥生中期に入ってからであり、温暖期であるYW期の始まりを前398年、中期の始まりをおよそ前400年とした〔阪口 1984：31〕。

　その後も古墳寒冷期の始まりを240年とするなど、興味深い数字が続く。阪口が示した文化相対編年の実年代を、歴博を中心としておこなったAMS法による炭素14年代測定の較正結果と比較してみよう。AMS法による炭素14較正年代は〔小林謙 2004b：92・105〕、〔設楽・小林 2004：63〕、〔藤尾ほか 2005：93〕などを用いておよその年代を示した。

① 縄文早期と前期の境界：阪口（前5500～4700年）―AMS（前5000年頃）
② 縄文前期と中期の境界：阪口（前3700～3200年）―AMS（前3500年頃）
③ 縄文中期と後期の境界：阪口（前2400～2300年）―AMS（前2500年頃）
④ 縄文後期と晩期の境界：阪口（前1200～1000年）―AMS（前1250年頃）
⑤ 弥生前期の開始：阪口（前700～400年）―AMS（前810～750年）
⑥ 弥生中期の開始：阪口（前400～300年）―AMS（前400～350年）

というように、両者の年代には近似値が至るところにみられる。これは偶然の結果だろうか。

　阪口はどのようにしてこの実年代を導き出したのか。図8が、土壌堆積年代の基準となった、柱状サンプルから得た炭素14年代測定値である〔SAKAGUCHI 1982：10〕。その値^{2}と噴出年代がわかっているテフラによって深度と年代の関係グラフをつくり、さらに調整したうえで2cm厚のスライスの上限と下限の年代を内挿法によって決定し、その上限と下限の年代の平均値によって各スライスの年代が決定された。

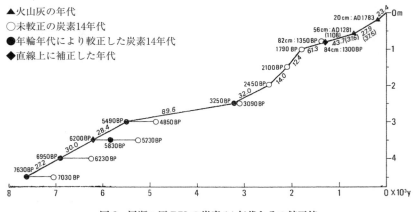

図8　尾瀬ヶ原P73の炭素14年代とその較正値

2　炭素14年代の較正

　重要なのは、阪口が炭素14年代を実年代に較正した数値に置きかえていることである。較正にはイガゴヨウマツ（*Pinus aristata*）の年輪による補正値が用いられた。たとえば柱状データの基底部から得られた炭素14年代は7030BPであったが、それに600年加えて7630BPとした。図7をみると、そのほかの炭素14年代にも年輪年代によって異なる補正値の加えられていることがわかる。図7-

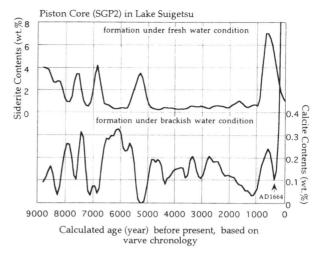

図9　福井県水月湖の菱鉄鉱（上）と方解石（下）の量的変動

②グラフ左側の数字1桁目は計算上出された数字であり、あまり意味はない〔阪口 1993：84〕。

　福井県の水月湖底から得た全長11mの柱状土壌資料は、過去8830年に及ぶ。それを分析した福沢仁之は、図9に示したように、海水が浸入して汽水化した時、すなわち海面が上昇する相対的な温暖期に生成される方解石と、海水が浸入せずに淡水化する、すなわち寒冷期に生成される菱鉄鉱の量の変動から、海水準が低下した相対的な寒冷期は、現在から7000〜6800年前、5500〜5000年前、4400年前、3500年前、3000年前および1800年前の6時期に及ぶことを突き止めた〔福沢 1995：146〕。この年代は、炭素14年代測定ではなく、湖の底などに季節〜1年ごとに堆積するいわゆる湖沼粘縞堆積物によっている。これは基本的に1年ごとに堆積する土層の数にもとづく年代だから、理論的には実年代に近い。

　このデータの第2番目の寒冷期である5500〜5000年前は、阪口のデータでは3750calBC〜3300calBC頃の寒暖を繰り返す時期に相当する（図7-②）。そして4400年前の寒冷期が、阪口の分析による「縄文中／後期寒冷期」であるJC₁期に相当し、3000年前の寒冷期がJC₂期に相当しよう。図8から明らかなように、阪口は炭素14較正年代も操作している（◆印）。図7-①に示された年代値の精度は、一桁台はおろか百桁台もおぼつかないが、縞粘土と比較しても大枠でくるいはないことを評価するべきだろう。つまり、尾瀬ヶ原P73を分析した阪口の気温変化の実年代は、おおむね正しいと評価できる。

　問題は、こうして得られた土壌柱状サンプルの実年代と文化相対編年とのすり合わせ、すなわち文化相対編年の実年代決定の方法である。阪口が示した各時期の年代とAMS年代との近似は、較正の結果なのだろうか。阪口は文化相対年代の実年代への置きかえに、鈴木正男が著した『過去をさぐる科学』に付載された縄文〜弥生時代の炭素14年代測定値〔鈴木正男 1976：226-229〕を用いた〔SAKAGUCHI 1982：16-17〕。表4はこの炭素14年代測定結果のうち、各時期のもっとも古い年代ともっとも新しい年代を示したものである。①〜⑮が図7-②の文化変化の

第Ⅰ部　土器の様式編年と年代論

表4　縄文〜弥生時代の炭素14年代とその補正値および阪口1984年論文の
データとの比較

No.	時期	炭素14年代	年輪年代との差	炭素14年代補正値	阪口論文の年代（概数）
①	弥生後期最新	ＡＤ540	—	—	●ＡＤ540
②	弥生後期最古	150ＢＣ	—	—	100ＢＣ
③	弥生中期最新	20ＢＣ	—	—	ＡＤ1
④	弥生中期最古	400ＢＣ	—	—	●400ＢＣ
⑤	弥生前期最新	270ＢＣ	—	—	○300ＢＣ
⑥	弥生前期最古	570ＢＣ	50	620ＢＣ	○700ＢＣ
⑦	縄文晩期最新	310ＢＣ	—	—	490ＢＣ
⑧	縄文晩期最古	870ＢＣ	100	970ＢＣ	1200ＢＣ
⑨	縄文後期最新	1020ＢＣ	100	1120ＢＣ	1010ＢＣ
⑩	縄文後期最古	2010ＢＣ	400	2410ＢＣ	●2400ＢＣ
⑪	縄文中期最新	1990ＢＣ	400	2390ＢＣ	●2300ＢＣ
⑫	縄文中期最古	3140ＢＣ	700	3840ＢＣ	○3700ＢＣ
⑬	縄文前期最新	2570ＢＣ	550	3120ＢＣ	●3200ＢＣ
⑭	縄文前期最古	4080ＢＣ	750	4830ＢＣ	5500ＢＣ
⑮	縄文早期最新	4960ＢＣ	?	?	4700ＢＣ

●は炭素14年代あるいはその補正値とほぼ一致した数字で○は近似した数字

時期区分の欄に入れた数字と一致する。

　鈴木はこの書物のなかで、アメリカのペンシルベニア大学付属博物館考古自然科学センター（MASCA）のマイクルとラルフがアリゾナのマツを用いておこなった炭素14年代測定結果にもとづく、年輪年代と炭素14年代との間にみられる系統的なずれを提示している（表5）〔鈴木正男1976：62〕。表4の「年輪年代との差」の欄がそのずれであり、右の「炭素14年代補正値」は左の炭素14年代にそれを加算した実年代に近い年代値である。それと「阪口論文の年代（概数）」を比較してみると、●を付した数値がほぼ一致しており、阪口はMASCAの補正値を使って炭素14年代を補正し、P73の炭素14年代の補正もこれにもとづいておこなった可能性が考えられる[3]。

3　阪口論文の意義

　阪口は炭素年代を較正する際、較正は2450BP以前の炭素14年代に対してのみおこなっている。それ以降の炭素14年代と実年代の誤差はさほどないからである〔SAKAGUCHI 1982：4〕。したがって、弥生中期の実年代は炭素14年代の較正の結果出されたものではない。AMS炭素14較正年代との一致は、鈴木のデータで弥生中期のもっとも古い炭素14年代が前400年を示していた結果にすぎない。弥生時代の始まりの年代も同じである。

第3章　弥生改訂年代と気候変動

表5　年輪年代による炭素14年代の補正値

炭 素 14 年 代			年輪年代－炭素14年代	年 輪 年 代
A.D.1525	－	1879	＋ 50	A.D.1500－1829(329年)
A.D.1250	‥	1524	0	A.D.1250－1499
A.D. 974	－	1249	0	A.D.1000－1249
A.D. 700	－	974	－ 50	A.D. 750－ 999
A.D. 450	－	699	－ 50	A.D. 500－ 749
A.D. 200	－	449	－ 50	A.D. 250－ 499
25 B.C.－A.D.	200		－ 50	A.D. 1－ 249
225 B.C.－		26 B.C.	0	249－ 1 B.C.
450	－	226 B.C.	＋ 50	499－ 250 B.C.
675	－	451 B.C.	＋ 50	749－ 500 B.C.
900	－	676 B.C.	＋100	999－ 750 B.C.
1125	－	901 B.C.	＋100	1249－1000 B.C.
1325	－	1126 B.C.	＋150	1499－1250 B.C.
1550	－	1326 B.C.	＋200	1749－1500 B.C.
1750	－	1551 B.C.	＋200	1999－1750 B.C.
1900	－	1751 B.C.	＋300	2249－2000 B.C.
2050	－	1900 B.C.	＋400	2499－2250 B.C.
2225	－	2051 B.C.	＋500	2749－2500 B.C.
2450	－	2226 B.C.	＋550	2999－2750 B.C.
2650	－	2451 B.C.	＋550	3249－3000 B.C.
2850	－	2651 B.C.	＋650	3499－3250 B.C.
[3700	－	2951 B.C.]	＋700	[4395－3645 B.C.](750年)
[4366	－	4060 B.C.]	＋750	[5116－4810 B.C.](306年)

　また、鈴木が提示した炭素14年代が現在の精度にくらべれば誤差が大きいことは、阪口の図7-②にみられる時代あるいは時期の境界線の傾斜の角度の大きさが如実に示している。それは β 線法の問題や前処理方法の未熟さなど時代的な制約を物語っている。したがって、阪口が示した文化編年の実年代値と AMS 法によるそれとの一致も、偶然が作用している場合があるといわざるをえない。あるいは予断として、弥生中期＝温暖期、古墳時代＝寒冷期、と気候変化を文化変化に対応させている可能性も考えられる。

　しかし、それをこえて阪口の研究が大きな意味をもつのは、管見によれば、当時、日本考古学で炭素14年代を較正して示した例はなく、これがもっとも早い一例であり、気候学者によってそれがなされた、という点である。当時、すでにかなりの数の炭素14年代測定がおこなわれ、その数値は土器編年とそれほど大きな狂いはなく系統的に連続性をもって推移しており〔鈴木正男 1976：126〕、阪口が示した縄文後期と中期の境界年代、あるいは縄文前期と中期の境界年代の中間値が AMS 法による炭素14年代較正値と大きな差がないのは、たんなる偶然の一致としてすますことはできない。

　阪口の一連の研究は、先史時代から現代に至る気候変化を復元する試みである。地表面からの柱状土壌データ解析などによって長期にわたる気候変化を論じる時に、先史時代が炭素年代で歴史時代が実年代という二重基準では困る。そこで炭素14年代を較正することにより、「過去7600年間の気温変化を同一精度の時間軸の上で、同一の物指を使って推定し、先史・歴史時代の気候を復元してみよう」としたのであり〔阪口 1984：19〕、そこに阪口論文の大きな意義が認められる。

第Ⅰ部　土器の様式編年と年代論

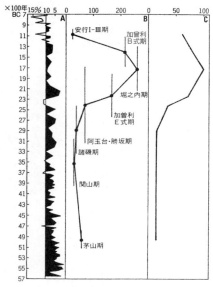

図10　尾瀬ヶ原P73古気温曲線（A）と千葉県の遺跡数（B）・貝塚数（C）

第2節　気候変動と文化の変化

1　年代観改定の理由

だが、阪口の気候変動と文化の変化を併行させる作業には、大きな自己矛盾が生じていることに触れておかなくてはならない。すでに紹介したように、阪口は縄文中期と後期の境界を前2446〜2267年の間という寒冷なJC₁期に置いた（図7-②）。それだからJC₁期を「縄文中／後期寒冷期」と呼んだのである〔阪口1984:26〕。しかし、図10ではこの寒冷期は縄文中期中葉の阿玉台・勝坂期に比定され、JW₃期が中期後半の加曾利E式期に、JW₄期が後期前半の堀之内式期にあてられた〔阪口1984:29〕。

この矛盾は二つの理由から生じた。理由の一つは、型式の年代幅の中間値をその型式を代表する年代値としてしまった点である。この図の注釈をみると、「各期の長さは¹⁴C値の範囲で示し、その中央値を結んで曲線をつくった」としているのである。理由の二つ目は、土器型式の年代を補正せずに炭素14年代でそのまま示した点である。図7-①のハイマツの花粉分析結果による限り、縄文中期が寒冷だという状況をみることはできない。

阪口は後年、この二重基準による自己矛盾を引き継ぎ、海面変動の分析も踏まえて縄文中期は寒冷期であった、と結論づけている〔阪口1989:178-179、阪口1995:5〕。この説は、安田喜憲が引用して、寒冷期の縄文中期に中部高地の内陸で文化や人口が高度化、稠密化するのは、縄文前期以来の内彎性集落が気候変動によって衰退したかわりに内陸部でおもに植物食に依存する集落が発展したためと説明しているように、影響力の強いものであった〔安田1990:185〕。

さらに、阪口は縄文〜古墳時代の年代を、縄文早期：前6000〜4000年、縄文前期：前4000〜3000年、縄文中期：前3000年〜2000年、縄文後期：前2000〜1000年、縄文晩期：前1000年〜120年、弥生時代：前120年〜250年、古墳時代：250〜700年と改定した〔阪口1989:177〕。縄文時代の年代は、当時一般化していた考古学の通説で、それも炭素14年代によるものであり、せっかく1982年に炭素14年代を較正したのに、むしろ後退してしまった。

2　気候変動と文化変化の相関関係

筆者が阪口の1982〜1984年論文に注目したのには、以下のような理由がある。縄文・弥生時代の東日本では、遺体をいったん骨にして再埋葬する葬法である再葬が発達するが、それは縄文中期末〜後期前半と縄文晩期〜弥生中期中葉に集中する。それが寒冷化といった気候が不

安定になる時期にあらわれるのではないか、と考えていたところ、阪口の示したグラフがまさにそれを裏づけているように思われたからである。

　筆者は再葬多発地帯の一つである京葉地方における縄文時代の集落や竪穴住居の数を時期ごとに集計したが、その数は縄文中期中葉～後半をピークとして縄文中期末～後期初頭に減少し、後期前半に増加したのち、後期後半に再び減少し、縄文晩期～弥生時代にかけて壊滅的状態になる、という結果を示した（図92）。この点は第11章で詳述するが、集落と竪穴住居の数は、ある程度人口を反映していると考えられるので、人口減少期に再葬があらわれることが明らかである。人口減少期とは、阪口のJC₁期とJT～JC₂期という、いずれも寒冷期であり、阪口が後にJC₁期に相当させた縄文中期中葉は人口増加期なのである。やはり、阪口の1982年論文に戻るのが妥当であり、炭素14年代較正の意義が大きいとみなすべきだろう。

　阪口は1989年にP73の実年代のいくつかを改定した。年代改定の理由は明らかにしていないが、JC₁期を前2446～2267年→前2587～2409年、JT期を前1250～866年→前1401～1056年、JC₂期を前866～398年→前1056～580年とした〔SAKAGUCHI 1989：14〕。JC₁期はますます歴博が示したAMS炭素14較正年代に近づいている。

　JC₂期が世界的な気候寒冷期に相当するのは、周知の事実である〔鈴木秀 1978b：49-64〕。AMS年代による文化編年をそれに適応させれば、JT～JC₂期初頭は、縄文後期後半～晩期後半である。西日本で水田稲作が導入される弥生時代の幕開けの直前に相当する。日本列島で水田稲作は、寒冷期の真っ只中ではじまった可能性とその意味について考えるのが、今後の課題になるだろう。この点は第7章で再論したい。

　一方、前580年以降、JYW期という温暖な時期が前113年まで続く。これは弥生前期後半～中期であり、関東地方や東北地方北部に水田稲作がもたらされた時期である。温暖期に稲作が北上するのは合理的に理解できる。また、中国、近畿、東海地方など各地で稲作前線が弥生前期の間に停滞したが〔小林青 2006a〕、その理由として弥生文化と縄文文化との確執ももちろん考慮しなくてはならないが、稲作に適応できる気候条件に左右された側面を考えていく必要があろう。

　文化の変化と気候変動との相関関係は、古くて新しい問題である。アメリカの地理学者であるE・ハンチントンは、気候と人間の作業能率の相関関係を分析した。その結果は環境決定論という烙印を押され、環境と文化の因果関係を取り上げると環境決定論との批判がつきもののようになった〔鈴木秀 1978a：3-11〕。しかし、人間の生活が気候などの自然環境に大きく影響されていることは紛れもない事実であり、風土は思考形態にも重大な影響を及ぼしている[4]。

　再葬と気候変動の関係性も、たんに寒冷化するから再葬が頻発した、とただちに結びつけてよいものではない。気候寒冷化を特徴とする不安定な気候状態が、集落や人口の減少を招き、それまで温暖な気候のもとに肥大化した集落は、自らの資源領域を分散化させること、つまり居住単位の小規模分散化によって、領域の相対的拡大をはかった。離れて暮らすようになった同族の結合意識を高めるために、祖先祭祀を紐帯とする再葬が発達した、というのが気候変動

第 I 部　土器の様式編年と年代論

と再葬の発達の関係性に関するシナリオであり、複合連鎖によって環境と人間の生活が結びついていることが重要である〔設楽 2004b：375〕。

　再葬の発達にはもう一つ、異文化との接触による共同体の規範の崩壊を防ぐために厳格な通過儀礼を発達させた、という要因がある。縄文後期初頭には中津式系統の文化が、縄文晩期終末〜弥生時代の初期には農耕文化が、いずれも西日本から関東地方に影響を及ぼした。こうした社会変動も再葬を頻発させた要因であり、必ずしも気候変動という単一の要因で文化や社会の変化全体を説明しつくすことはできない。これも、環境と人間の歴史の関係を論じるときには留意しなくてはならないことである。

　AMS 炭素 14 年代測定の方法は、較正曲線の整備によって格段に進歩した。そもそも較正曲線は大気中の炭素 14 濃度の経年変化にもとづいてつくられたもので、炭素 14 濃度の変化は、地球に降り注ぐ宇宙線の量に依存しており、その原因となる太陽の黒点活動など、気温変化の要因となる自然現象とも関連する〔今村 2001：514〕。したがって、較正曲線そのものを気候変動の推移を示すグラフとして考古学に活用する道も今後開けてこよう。すでにそうした実験は試みられているが〔小林青 2006b：64-65、佐藤 2006：1001-1006〕、鈴木正博は関東地方の貝塚の消長を分析して、縄文晩期後半まで衰退していた貝塚形成が、晩期終末の荒海式期に復活することに注目し、較正曲線の変動が温暖化を示す前 500 年ころをその形成時期と推測している〔鈴木正博 2006a：52〕。筆者は歴博の AMS 年代にもとづいてそれを弥生前期後半としたが、AMS 年代と文化相対年代との対比は、遺跡からの情報や遺物の相対編年と実年代とのすり合わせなど、さまざまな手法を駆使して、議論を尽くしていかなくてはならない。

お わ り に

　阪口豊の先見的な論文を取り上げ、その年代観がどこに起因するのか考察してきた。その過程で、阪口の年代比定が炭素 14 年代の較正にもとづいており、当時考古学にそれが応用されたきわめて早い例として評価すべきことが指摘できた。一方、気候変動を文化変化に対応させるという予断も推測された。これは結果的に AMS 年代との一致を示しており、そのことは気候変動と実際の歴史変化が相関関係にあることを推測させるものであった。しかしその方法には問題があり、後に矛盾が顕在化したことも指摘した。

　本章は、歴博の弥生時代改訂年代が正しいことを論証するために阪口論文を引き合いに出したのではない。1982 年という早い段階に、すでに炭素 14 年代の較正をおこなっていたということは、あまり話題にのぼらないことであり、再評価するべきだと思ったからである。なぜならば、気候学の分野ではこのように早い段階で実年代での議論が進んでいたのに対して、日本考古学ではまったくといってよいほどそれに反応していなかったからである[5]。逆に、阪口の論文が後年精彩を欠いたのは、考古学における年代観にすりよったために、炭素 14 較正年代と未較正の炭素 14 年代という二重基準の年代値にもとづいて地質年代と文化編年を比較して

しまったからだった。このことも、あらためて取り上げておかなければならない点であろう。

　炭素14年代の較正は、日本においても木越邦彦によって1960年代前半に着手されていたが、1980年代前半にはまだ正式な統一基準はできあがっておらず、年輪年代による試験的なキャリブレーションカーブ〔Suess 1979〕が提示されていたにすぎない。「補正値は実験上の誤差も含めて一定的に定められるようなものではない。もちろん大体の補正値として用いることはできるが、補正して正確なものとなったと考えることはできない」〔木越 1977：38〕とされ、「（炭素14年代には±の測定誤差があるが、）現時点で一方向に一応の補正を加えた ^{14}C年代値が一見予想された年代に近くなったように思われることもあるが、将来補正の技術が進んで仮に逆方向に補正がされるようになると、また新たな誤解と不信を生むことになりかねない」〔松浦 1982：238〕と考えられていた時点での阪口の試みは、時代を先取りしすぎていたというべきかもしれない。

　しかし、近年の炭素14年代測定法の進化を考えれば、地質や気候と文化変化との関係、すなわち自然現象と文化現象を同時に論じるという学際的な場では、二重基準を排除して炭素14年代を有効に用いていくべき時代になったことはあらためていうまでもない。したがって学際的な研究に、炭素14年代較正は不可欠であり、すでに第四紀学会は2000年の佐倉宣言でそのことを謳っている〔日本第四紀学会 2001：543〕。気候変動と歴史変化という魅力的でありながらも扱い方を間違うと誤った方向に議論を導きかねない問題に対して、単一基準にもとづく年代の緻密な相互対比が、議論の出発点として肝心である。

　最後に、鈴木正男が書物のなかで引用した原子物理学者エイトケンの言葉を記しておきたい。「考古学者の中には、最初この方法（炭素14法）を絶対確実な万能薬として承認しながら、ちょっとした年代のくいちがいが起こるとたちまちこれを非難する方に傾く人がいるが、どちらの態度も望ましいものではない。なぜならば、すべての科学的方法と同じく、野外における考古学者と実験室の科学者の批判的協力があってはじめて進歩が可能になるからである」〔エイトケン 1965：107〕。

註
1　これは、2006年7月に駒澤大学でおこなわれた、2006年度駒沢史学会総会記念講演における川北稔の回顧である。
2　同じ試料を東京大学と学習院大学で測定しているが、かなり開きがある。そのことについては原因がわからず不問にし〔阪口 1989：100–101〕、よりスムーズに年代変化をあとづけることのできるデータを採用しているようである〔SAKAGUCHI 1982：10〕。
3　しかし、疑問なのは○を付した近似した数値はともかく、大きくずれている数値が目立つ点である。その理由はよくわからない。今日的な視点に照らせばこのほかにも問題点は指摘できる。
4　自然地理学者の鈴木秀夫による風土と思考形態の関係性の考察は、欧米の考古学がなぜ理論や仮説を重視するのか、日本考古学がなぜ緻密な遺物研究を主体とするのか、理解するうえでもたいへん興味深い〔鈴木秀 1978a：92〕。
5　佐原真が〔浜田 1972〕を引用してその重要性を喚起し、実際に弥生時代の炭素14年代を較正しているのは、先駆的な試みとして注目される〔佐原 1975：127–129〕。

第4章　縄文晩期の東西交渉

は じ め に

　縄文晩期は、長い縄文時代の幕引きとともに新たな文化を受け入れる基盤が形成された時期
として、日本の歴史のうえでも特異な位置を占めている。東日本における弥生時代の始まりを
考えるうえでも縄文晩期の研究は欠くことができない。

　これまで東日本の縄文晩期の研究には、東北地方の亀ヶ岡文化が重要な役割を果たし、関東
地方の安行式およびそれ以降の文化についても亀ヶ岡文化との関連がまず取り上げられてき
た。土器編年における東北地方の土器の重要性や日本列島の広い範囲に影響を与えた亀ヶ岡文
化の重要性を顧みれば、そうした研究状況は当然のことと受け止められるが、西日本の文化と
のかかわりは、それほど重視されてこなかった。東日本の弥生文化が西日本とのかかわりのな
かから生まれてきたものであれば、当然それ以前に西日本とどのような交渉をもっていたか、
明らかにする必要があろう。

　本章はそうした目的から、縄文晩期の土器編年に触れたのちに、日本列島の東西の交渉を土
器から探る。晩期前半は東日本、とくに関東地方における西日本系の土器の影響についておも
に考察し、後半は西日本における東日本系土器の広がりの意味について論じる。

第1節　縄文晩期土器の粗雑化現象と関東地方

1　縄文晩期土器の粗雑化現象

　近畿地方の縄文晩期前葉の土器を論じた家根祥多は、西日本の縄文晩期の土器は一般的に深
鉢の無文様化と粗製化[1]（粗雑化）を徐々に進める傾向があることを指摘した〔家根 1981〕。粗雑
化とはなにか。一般的に土器は器面調整をおこなって仕上げるが、その際ケズリやナデなど一
次調整ののちにおこなう磨研や条痕施文などの二次調整を省略したり、簡略化することが粗雑
化の基準である。家根によると、深鉢の粗雑化は北部九州地方で始まる。縄文後期後半の北部
九州地方では、巻貝条痕とともに二枚貝条痕や板状工具による粗い調整が粗製土器に一般的で
あり、晩期前半にはそうした粗製土器が多量化するという。瀬戸内地方では、晩期初頭の岩田
第4類土器が二枚貝条痕と板状工具による調整を採用する。

　このような九州地方や瀬戸内地方の影響を受けて、近畿地方には滋賀里Ⅲa式土器の段階で
二枚貝条痕と板状工具によるケズリを採用した単純な形態の深鉢が現れ、有文の深鉢がほとん

67

第I部　土器の様式編年と年代論

どなくなるなど、滋賀里II式土器との間に大きな差を生じた。

　奈良市秋篠遺跡において滋賀里IIIa式新相土器の単純資料に大洞B₂式土器が伴って出土し報告されたが、このなかにはケズリのみの粗製土器が含まれている〔岡田憲 1998〕。滋賀里II式の単純な資料がないので縄文後期終末～晩期初頭の状況がよくわからないが、近畿地方においては晩期の早い段階で深鉢の粗雑化現象がおさえられるようである。さらに滋賀里IIIb式[2]では板状工具のケズリを主とするようになり、滋賀里IIIb式土器は東海地方西部に稲荷山式土器を成立させた。ここに至って、深鉢の粗雑化は文様の消失および器形と器種の単純化を伴って汎西日本的規模で成し遂げられたとする。

　家根はこうした深鉢の粗雑化現象を、縄文晩期初頭[3]の黒色磨研浅鉢の東漸などを基礎とした西日本全体に及ぶ大規模な地域間交流の結果としてとらえた。滋賀里IIIb式期の西日本各地域の深鉢の器種構成は、それ以前の有文深鉢と粗製深鉢の二者を基本としていた器種構成とは本質を異にする可能性を指摘し、かつて突帯文土器圏によって認識されていた縄文晩期の西日本の斉一性は、突帯文土器の成立をさかのぼる深鉢の粗雑化によって達成されたものとしたほうがよいことを主張した。こうした汎西日本的な土器の粗雑化、斉一化現象は、東日本にどのような影響を及ぼしたのだろうか。

2　関東地方における土器粗雑化現象への取り組み

　山内清男は『日本遠古の文化』において、亀ヶ岡式土器と同じ時期の関東地方には安行式土器があり、「薄手式からの伝統に富む」とされたが〔山内 1932d：42〕、後に撤回した。埼玉県岩槻市真福寺貝塚出土土器の再吟味を自らの発掘資料などにもとづいておこない、安行式の後半を安行式3として、安行式1・2との相違を明確にしたうえでのことである〔山内 1934：911〕。安行式3とは、現在の安行3c・3d式である。

　安行式1・2との差は、文様や文様帯、器形など複数あげられているが、なかでも強調されているのが無文化傾向であることは次の一文から明らかである。「この式の材料を取扱って居る時、もっとも早く気付くことは、無紋の破片の多量なことであって、刷毛目紋は全く無いらしい。縄紋も亦極めて稀なのである。磨消縄紋は僅かに残存するらしいが、安行1、2式に一般的な帯縄紋は全く無いらしい。紐線文も亦、全く無くなって居る」。『日本先史土器図譜』の解説で「（安行3式）で特に注意すべきことは縄紋を有する土器が甚だ稀であることである」と述べていることからも、そのことはうかがえよう〔山内 1941：29〕。そして安行3式は安行1・2式までの伝統から相当脱化していることを指摘した〔山内 1934：911〕。

　その後、縄文晩期土器の編年研究が関東地方の各大学で盛り上がりをみせるなか、利根川下流域の貝塚研究を主導した西村正衛は、千葉県成田市荒海貝塚を数回発掘調査した。第3次調査は前浦式土器が良好に出土したC地点の発掘であったが、その報告で「巨視的にみれば、安行3b式以降関東において、無文化の傾向が風靡したと考えたい」と注目すべき見解を示した〔西村 1965〕。これはそれに先だって鈴木公雄が千葉県横芝光町山武姥山貝塚の調査により、

68

安行 3b・3c 式に併行する土器型式として関東地方東南部に姥山 II・III 式を設定するが、姥山 III 式は地文の縄文を欠いているといった特徴が指摘されたことを受けたものである。「安行 3b 式以降」とした根拠ははっきりしないが、山武姥山貝塚にみられない砂粒を含んだ無文粗製土器が、奥東京湾地方の茨城県潮来市築地貝塚では粗製土器の主体になるとともに、全体の 5 割近くを占める現象〔鈴木公 1964〕をとらえたものであろう。

その後、土器の粗雑化の問題はあまり注意されずにきたが、鈴木加津子は茨城県下館市外塚遺跡の出土土器を分析したなかでこの問題を取り上げ、無文粗製土器の口縁部に、①口唇上に刻目・刺突・押圧痕の施されるものがあること、②口唇部整形の際、口唇外端に粘土のはみ出しているものがあること、③口縁部をナデ整形し、くびれ部以下を粗整形のままにするもののあることを指摘し、これらは愛知県豊川市稲荷山貝塚や奈良県橿原市橿原遺跡など東海地方以西の縄文晩期のある時期にみられる無文土器の特徴である、と重要な見解を述べた〔鈴木加 1985a〕。その後、安行式の終焉を論じたなかで、山内と家根の見解を引用しつつ、九州を淵源とした粗製深鉢の成立にみる土器の変動が近畿地方～東海地方西部において縄文晩期中葉のたとえば稲荷山式土器の成立を促し、さらに中部地方および関東地方という周辺地方に影響を及ぼし、安行 3c 式以降、有文土器からの縄文の消失や無文粗製土器の著しい増加を導いたと結論づけた〔鈴木加 1993〕。

3 奥東京湾地方の動向

それでは、実際に安行型式において土器の粗雑化現象はどのように展開したのだろうか。それを問題にするにあたっては、土器の編年にもとづいた様相の変化を把握する必要がある。安行 3a・3b 式土器は、長い間その存在自体に疑問がだされていた。その理由の一つは、前後の型式の土器と混在して出土することが多く、単純な時期の集落や遺物包含層を形成するのが稀なことである。ようやく、それが型式として独立することが明らかにされたのも、前後の型式を含む遺跡の層位的な所見や型式学的な分離によってであった〔金子裕 1979〕。したがって、安行 3a 式や 3b 式だけを取り上げた場合の土器の粗雑化の動向に対しては、著しく情報が不足しているといわざるをえないが、いくつかの資料を元に考えてみることにしよう。まずは粗雑化現象が顕著に現れる大宮台地などの奥東京湾地方から取り上げたい。

埼玉県浦和市馬場小室山遺跡の第 51 号土壙からは、きわめて多量の土器および土器片が出土している〔青木ほか 1983〕。上層から出土したわずかな安行 3b・3c 式土器を除くと、安行 3a 式の新しい段階に限定される。安行 3a 式でも 3b 式に近く、大洞 B_2 式系土器が伴出している。完形および完形に近いものは土壙の底部付近からまとまって出土したが、その多くは粗製土器である。

これらの粗製土器に顕著な点は、体部の条線文をまったく欠いており、ケズリ痕が顕著なことである。ケズリにも二つのタイプがある。一つは均質で細かい粒子の移動がみられるもので、もう一つはケズリ痕の粒度がまちまちなために粗雑なケズリの印象を受けるものである。前者

第Ⅰ部　土器の様式編年と年代論

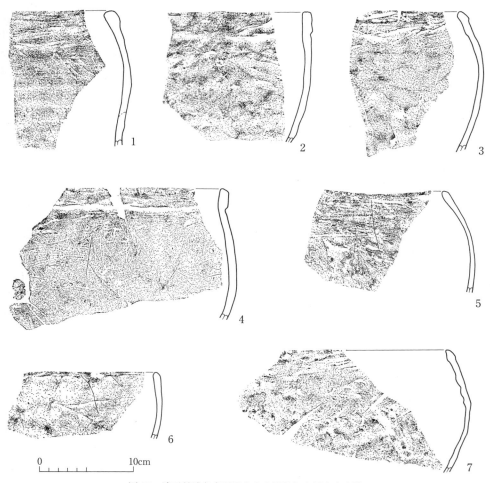

図11　埼玉県浦和市馬場小室山遺跡包含層出土土器

は紐線文土器の一次調整と等しく、この繊細なケズリ調整が紐線文土器の調整ないし装飾である条線文を省略することによって目立つようになったことは明瞭である。粗いケズリ痕は、素地の砂の粒度に均質性を欠くようになったことのあらわれで、それ以前の安行系土器が粗製土器に至るまで比較的粒度の小さい砂を混和材としていることからの変化とみてよいだろう。前者に関しては、内傾する口縁が肥厚した砲弾形のものが多いことが紐線文土器の伝統を物語る。こうしたケズリ調整の二者は、伝統的な技法と新たな技法との共存を示している。

　破片にも数々の注目すべき点があるので、指摘しておきたい。まず、口縁部の成形手法に関してである。口縁部が肥厚して段を形成するが（図11-2・4）、それ以外にいっさいの文様がみられず、ケズリ痕が著しいものがかなりの数存在している。これら有段口縁の深鉢は内傾した砲弾形で、段の直下に痕跡的な列点をもつものがあるので、紐線文土器の流れを汲んだものであることは確実である。外見上はこれとよく似たものに、折り返し口縁[4]の深鉢がある（図12-1

70

第4章　縄文晩期の東西交渉

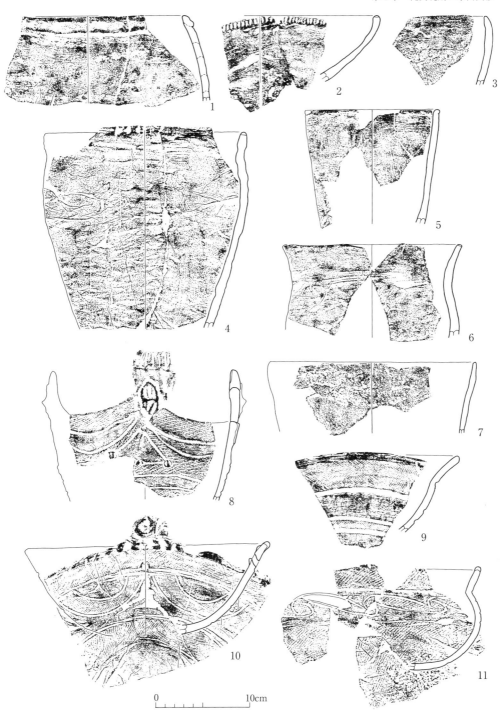

図12　埼玉県大宮市東北原遺跡2号住居跡茶褐色土層出土土器

第Ⅰ部　土器の様式編年と年代論

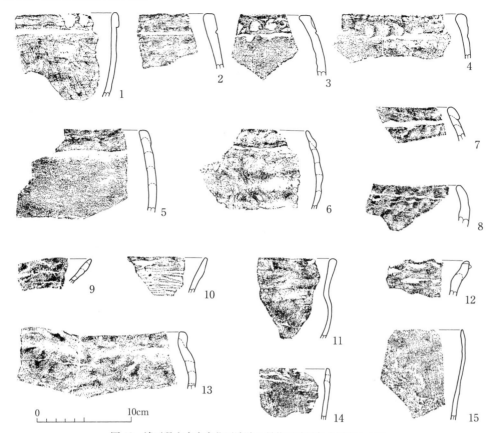

図13　埼玉県大宮市東北原遺跡2号住居跡黒色土層出土土器

など[5])。折り返し状の部分に指頭の圧痕をよく残し、下端は丸みをもち、体部には数段の粘土紐積み上げ痕を残したままのものが多い。紐痕土器と呼んでおく。紐痕土器は薄手のつくりのものが多く、口縁部内面も肥厚しないのが普通だが、有段口縁と同じように厚くつくられるものや（図14-7)、有段口縁の紐痕土器（図13-5）など折衷タイプも散見される。他に頸部がくびれ、短い口縁部が外反する深鉢もあるが、頸部がなでられて凹むことで、口縁に軽い段が生じた器形は滋賀里Ⅲa式土器を連想させる（図12-4)。また、口唇部に連続した押捺を施すものもあるが、これらは量が少なく、安行3a式土器に伴うものかどうか、判断に苦しむ。

　安行3a式に始まる土器の粗雑化は、安行3b式から3c式にいっそう進行した。それを埼玉県大宮市東北原遺跡〔荏原・諸墨1985〕で確認しておこう。2号住居跡は覆土の下層が茶褐色土層で、上層がレンズ状に堆積した黒色土層である。茶褐色土層に、安行3b式前半の土器がまとまっている（図12)。折り返し状口縁の紐痕土器（図12-1)、口唇部にヘラによる刻目をもつ鉢（図12-2）や、頸部がくびれる外反口縁の深鉢がみられる（図12-4・6）が目立った存在ではない。外反口縁の深鉢の頸部には二枚貝条痕の調整痕がわずかに残るものもある（図12-6)。また、

第4章 縄文晩期の東西交渉

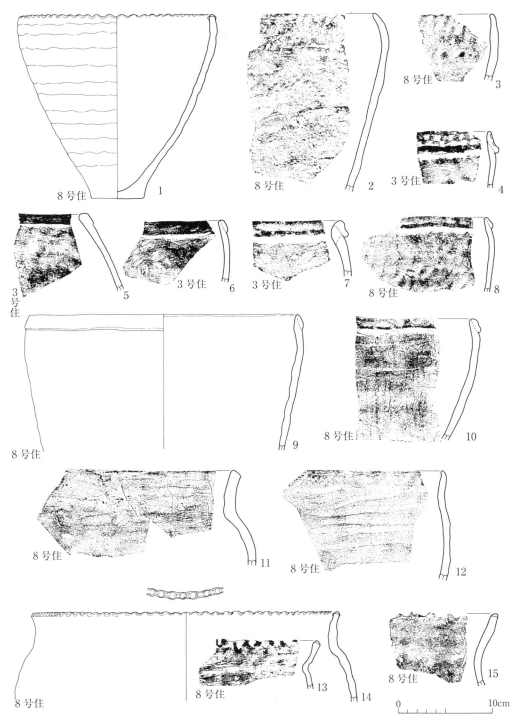

図14　埼玉県桶川市高井東遺跡3・8号住居跡出土土器

馬場小室山遺跡 51 号土壙でも確認された口縁直下に紐痕のある深鉢（図 12-5）は、この時期に確実に存在している。黒色土層では、折り返し口縁の紐痕土器、外反する口縁の深鉢、口唇部に押捺をもつ深鉢が目立った存在になるが（図 13）、これは埼玉県桶川市高井東遺跡第 8 号住居跡〔田部井 1974〕に代表されるように（図 14）、安行 3c 式の動向と言える。高井東遺跡では外反口縁の深鉢の器面調整に、指頭によるナデ痕の著しいものがある点も注目される（図 14-11・12）。

　こうして「安行 3c 式は以前、真福寺泥炭式と呼ばれた土器にあたり、(中略) 粗製土器は紐線文系の伝統が失われ、粘土帯の積み上げ痕を残す無文土器が多量に伴う。」〔金子 1981：232〕という状況が出現したのである。

4　群馬安行の様相

　奥東京湾地方の縄文晩期初頭の粗製土器にみられる粗雑化現象は、どこに由来するのだろうか。それを考えるうえで重要なのは北関東地方である。

　群馬県桐生市千網谷戸遺跡石塚Ⅲa 層出土土器は、安行 3a 式土器に限られるとされる〔伊藤ほか 1978〕。大洞系土器は大洞 B₂ 式が主体を占めるようで、安行 3a 式でも後半、馬場小室山第 51 号土壙と併行する時期のものである。図によると、粗製土器に紐線文土器はきわめて稀で、大半が無文のようである。多くは口縁がやや内傾する砲弾形の深鉢である。砲弾形のものには折り返し口縁が目立つ。なかには 2、3 段のものもある。折り返し状部分の上には指頭による押捺が目立つが、1 ないし 2 列の棒状工具で刺突を加えたものもある。紐痕土器も数多くみられる。

　こうした折り返し口縁の粗製深鉢は、群馬県域における亜流の安行式土器、すなわち群馬安行を特徴づけるものと認識されてきた。単純口縁のうちのあるものは口唇を刻んだり押捺を加えて波状に仕上げている。器面の調整はヘラナデもあるが、多くは内外ともに指頭によるナデにより、荒々しい調整の痕跡を明瞭に残す場合が多い。口縁部が外反し、頸部がくびれるものも若干あるようだが、目立つようになるのは上層の安行 3b 式土器である。

　このように、安行 3a 式新段階には、群馬安行を特徴づける折り返し状口縁の紐痕土器が成立している。複数の折り返しをもつものや口縁の折り返し部分に刺突をもつものなど、奥東京湾地方にはみられない装飾もあり、バリエーションの豊富さは発祥の地域ならではの特徴を示している。また、頸部がくびれた外反する口縁の深鉢や口唇部の押捺も、奥東京湾地方より目立つ印象を受ける。石塚が再堆積のマウンドであるとしても、総じて安行 3b 式前半までしか含んでいないから、安行 3c 式以降の粗製土器の要素は北関東地方がいち早く主体を占めていったと想定できる（図 15）。

5　土器粗雑化の由来

　奥東京湾地方の粗製土器のうち、口縁を段状に仕上げるものには折り返し口縁との折衷的なタイプがみられた。紐痕土器は北関東地方では縄文後期の加曾利 B 式後半にすでにみられる

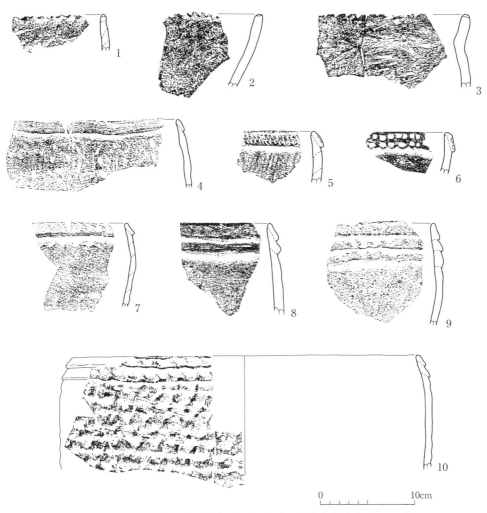

図15 群馬県安中市天神原遺跡（1〜9）・板倉町板倉遺跡（10）出土土器

ので、その伝統が晩期に顕著になったと理解できる。安行3c式に目立つようになる指頭による強く粗いナデ痕も、群馬安行の折り返し口縁の紐痕土器にみられる指頭圧痕との関連性が考えられよう。

　頸部がくびれて口縁が外反する器形は、滋賀里Ⅲa式との関係も視野に入れなくてはならないだろうが、頸部内面の稜などからすると、伝統的な大波状口縁の深鉢のⅡa文様帯が形骸化して平縁の深鉢に転写された半精製土器とのかかわりから生まれたか、大洞B_2式に出現して関東や北陸に大きな影響を与えた「外傾頸部縄文帯型」土器〔村田 1992〕の深鉢が影響を与えたとするのがより妥当性をもつであろう（図16）。

　口唇部の押捺の由来はむずかしい問題で、東海地方や北陸地方も射程に入れて吟味しなくてはならないが、群馬安行の早い段階で成立し、周囲に影響を及ぼしていた点は注目に値する。

第Ⅰ部　土器の様式編年と年代論

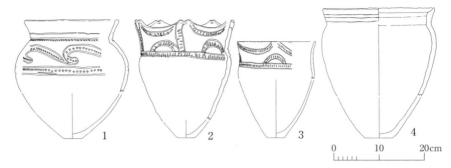

図16　埼玉県桶川市高井東遺跡8号住居跡出土土器

　以上を総合すると、奥東京湾地方の土器の粗雑化は、在地の精製、半精製土器や紐線文土器の無文化、調整省略化のうえに北関東地方の土器の影響が加わって進行していったことが明らかである。かつて鈴木公雄は、奥東京湾地方の無文粗製土器に群馬県境町米岡遺跡など北関東地方からの影響が考えられるとした〔鈴木公 1966〕が、正しい指摘だった。
　このような奥東京湾地方と北関東地方との関係からすると、関東地方の土器の粗雑化は直接西日本の粗雑化現象の影響を受けて生じたというよりも、近隣の地域間の影響関係や、東北地方からの影響によって生じた精製土器の器形の変化を受けることによって成立してきた点をまず重視する必要がある。北関東地方では愛知県田原市吉胡貝塚の縄文後期土器群との関連性が説かれる長野県域も射程に入れた後期後半からの無文土器の増加傾向にさかのぼって、西方との影響関係を吟味する必要があるだろう。
　こうした視点からすると、他の地域にも当然問題が生じる。茨城県桜川村広畑貝塚の安行1式～安行3b式土器、姥山Ⅱ式土器を主体とするAトレンチ貝層から出土した口縁部土器破片総数2871個体のうち、無文粗製土器は1901個体と圧倒的多数を占めており、それらは製塩土器とされている〔金子裕 1979〕。関東地方東南部で発達する製塩土器の器面調整の省略が、関東地方の土器の粗雑化の一つの引き金になっていないかどうか、検討する必要も生じてこよう。
　神奈川県相模原市青山開戸遺跡では清水天王山式土器が住居跡から安行3a式土器を伴って出土している〔服部・小川 1997〕。無文の深鉢のなかに、ナデ調整の土器に混じってヘラケズリの痕跡が残る粗製土器がみられる。口縁部を横に、それ以下を斜めに調整するこの種の粗製土器は清水天王山式に顕著である。また、無文粗製土器の多くは砲弾形だが、頸部がくびれて口縁部が外反したものもある。この場合は在地のなかから生まれたと考えるより、広い意味で西日本的な様相を帯びていく東海地方とのかかわりを考えるべきだろう。したがって、関東地方西南部の土器の粗雑化現象は清水天王山式土器との関係が問われることになる。今後の課題としておきたい。

第4章　縄文晩期の東西交渉

第2節　縄文晩期前半～中葉の東西交渉

1　広域的な影響関係

　近隣地域との接触のなかで土器の粗雑化が進行したという動向とは別に、東海地方および西日本地域との広域的な影響関係が、関東地方の土器の粗雑化の背景にあった点も、やはり指摘しておかなくてはならない。

　関東地方のなかでも関東地方東南部は姥山Ⅱ式を経て前浦式土器という、縄文や条線文を多用した土器を形成していくのに対して、関東地方西部は安行 3b 式から姥山Ⅲ式、安行 3c 式と、精製粗製を問わず土器の器面から縄文を消失していく傾向がある。これはやはり関東地方西部の置かれていた地理的環境と文化的影響関係の有り様から説明することが可能であろう。このような地域的偏在性や時期的連動性からすると、縄文晩期初頭あるいは後期終末に始まる土器の粗雑化現象は、西日本地域の現象と無縁なものではないだろう。

　この時期、それとかかわって重要なのが西日本系有文精製土器の動向である。東北地方にまで広域に分布するいわゆる橿原文様は、鈴木加津子によって集成され〔鈴木加 1985b〕、滋賀県大津市滋賀里遺跡の発掘調査報告〔加藤ほか 1973〕や家根祥多の関西晩期土器の編年〔家根 1981〕、東海地方における橿原文様の編年的位置づけ〔紅村弘ほか 1981〕などの研究を受けて、大塚達朗により縄文後期末～晩期初頭という短期間の編年的位置が確定された〔大塚 1995〕。

　大塚は縄文後～晩期の東西交渉を論じる際、これまでの東日本系土器のあり方だけに偏った研究に反省を促し、相互交渉の重要性を強調している。この時期の土器の粗雑化現象は、有文精製土器の動態と連動している可能性がある。さらに西日本で有文精製土器が製作されなくなっても、磨研土器よりもむしろ粗製土器が引き続いて関東地方に影響を及ぼしているのは、その理由はともかく現象として注目せざるをえない。

　西日本系無文粗製土器が関東地方に与えた影響について、とくにそれが強まる安行 3c 式期を中心として、西日本系土器が多量にみられるようになる特定の集落の存在と、西日本的な土器の装飾要素がどのように関東地方にみられるのか、という二つの面から考えてみたい。さらに、同時期に西日本に影響を与えた東日本の土器のあり方を検討する。

2　富士見台遺跡の西日本系土器

　千葉県富津市富士見台遺跡は、房総半島の富津岬の南に所在する。1967 年におこなわれた貝塚の調査で、加曾利 B 式から安行 3d 式までの土器が出土した〔椙山・金子 1972〕。

　金子裕之がおこなった口縁部約 450 個体分の分類と個体数計算の内訳は、安行 1 式＝約 28 個体、安行 2 式＝23 個体、安行 3a 式＝22 個体、姥山Ⅱ式＝30 個体、姥山Ⅲ・安行 3c 式＝67 個体、前浦式＝143 個体、大洞系＝12 個体である。前浦式の内訳は有文土器 69 個体と無文土器 74 個体である。前浦式は 1 式も 2 式もともに多く存在している（図 17）。大洞系土器は大洞

77

B–C式から大洞C₂式までで、大洞C₂式系の土器片は網目状撚糸文を施している。

　富士見台遺跡の粗製土器のなかで特異なのは、肩が「く」の字に屈曲する無文粗製の甕形土器である（図18）。屈曲部より上の口頸部は長く緩やかに外灣し、最大径は口縁部ないし胴部にある。全体の形がわかるものはないが、口頸部と同じくらいか、やや短いものと思われる。器面調整は、口頸部や胴部に砂粒の動きが明瞭な横方向のケズリを加えたり、粘土紐積み上げ痕をそのままにして、その上に調整を加えないことに特色がある。わずかではあるが、口頸部に指頭により強いナデを加えたものや二枚貝で条痕を施したものもみられる。粘土紐の最上段が短かったり、口縁端部を丸く調整することにより、口縁部外面に粘土のはみ出しをもつものが多数存在する。内面の調整は、板状の工具による横方向のケズリである。口縁部がほぼ直立する単純な砲弾形の深鉢も、二枚貝条痕以外はこれと同じ器面調整が多い。さらに、単純な形態の浅鉢形土器も、器面にケズリ調整痕を残したままが目立つ存在になっている（図19）。こうした特徴をもつ粗製土器は、黄味を帯びた褐色、くすんだ褐色や暗褐色のものが多く、胎土に細かい黒色の砂粒を多く含み、在地の精製土器と異なっている。

　報告者はこれらを前浦式土器のなかで理解している。出土量比からしても、さらに神奈川県横浜市杉田貝塚にも近似した類例が認められるように〔杉原・戸沢1963〕、安行3c式を中心とした時期とみなしてよいだろう。しかし、このうち肩に屈曲をもつ粗製土器を安行3a式の紐線文土器の系譜を引いた在地系統のものと理解している点については、時期的にも特徴的にも再検討を要す。明瞭な肩の屈曲、外灣する口頸部、ケズリ調整痕、粘土紐接合痕、口縁端部の粘土のはみ出しなど、あまりにも西日本の粗製土器の特徴が多いのである。

　こうした特徴をもつ粗製土器の類例をもっとも近いところに求めると、東海地方西部の稲荷山式土器に顕著であり、時期的にも符合する。単純な形態の浅鉢も稲荷山式以降、五貫森式に至るまでみられる。杉田貝塚や富士見台遺跡などの地理的な位置からみても、これらの土器そのもの、あるいは調整などの要素は東海道あるいは太平洋ルートで南関東地方の一角にもたらされ、定着した[6]とみなすべきであり、親元は東海地方西部が候補としてあげられよう。

　ただし、屈曲の著しい甕形土器は稲荷山式には顕著でない。富士見台遺跡のこの種の土器の頸部に文様を描くものがあるが（図18-10）、類例は滋賀里遺跡にある。しかし、屈曲のある無文土器の形態は篠原式や滋賀里IV式とは異なる。あるいはさらに西方、瀬戸内方面の黒土BI式との関係を視野に入れなくてはならないかもしれない[7]。

　いずれにしても、安行3c式における伊勢湾地方以西の影響はきわめて強いものがあり、奥東京湾地方などで顕著になる粘土紐接合痕をよく残す手法なども、その発生は在来のものであるかもしれないが、稲荷山式と連動して隆盛をみたとは言えないだろうか。

3　西北関東地方における西方系土器の要素

　安行3b～3c式併行期の西関東地方あるいは北関東地方に伊勢湾地方以西の土器の影響が、粗製土器の文様要素としてみられるようである。そのいくつかを拾い上げてみたい。

第4章 縄文晩期の東西交渉

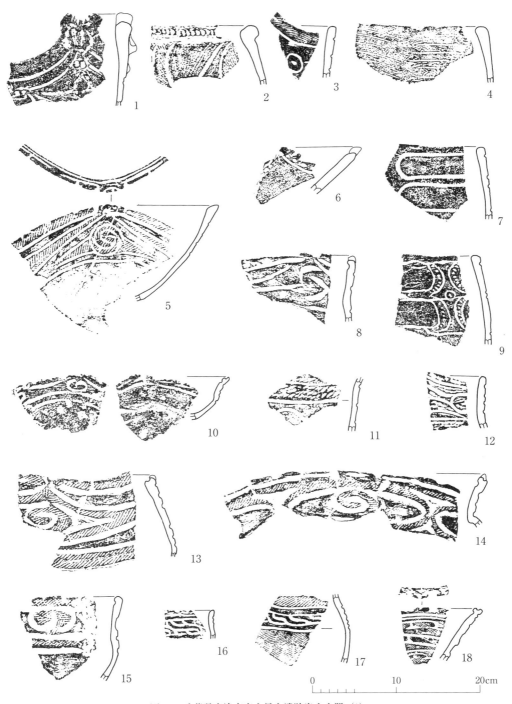

図17 千葉県富津市富士見台遺跡出土土器 (1)

第Ⅰ部　土器の様式編年と年代論

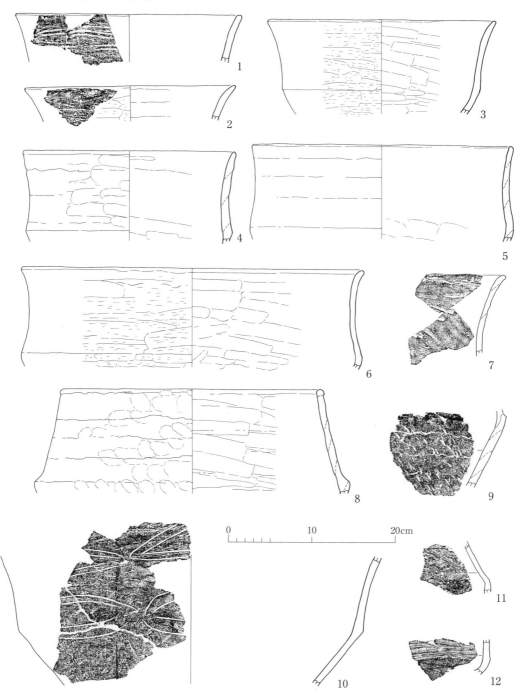

図18　千葉県富津市富士見台遺跡出土土器（2）

第4章 縄文晩期の東西交渉

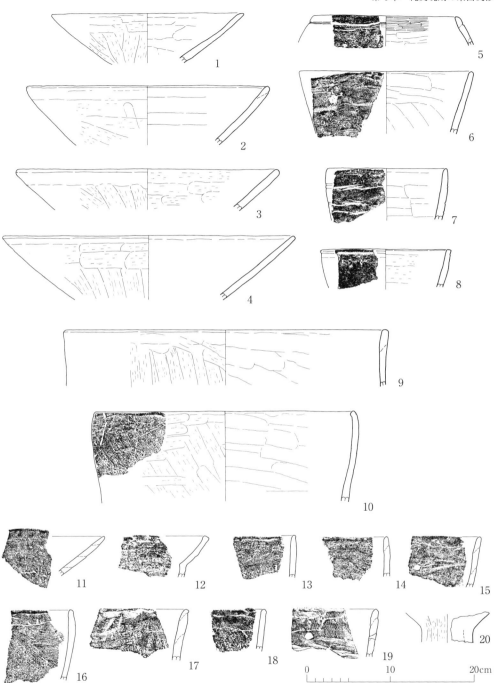

図19 千葉県富津市富士見台遺跡出土土器（3）

81

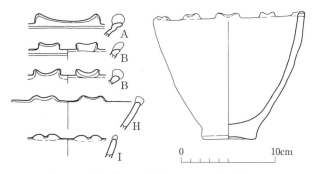

図20 滋賀県大津市滋賀里遺跡出土土器の突起（左）と東京都東村山市日向北遺跡出土土器（右）

まず、鞍状突起あるいはリボン状突起と呼ばれている装飾である。この装飾は精製の浅鉢形土器につけられる大振りな装飾が特徴的であるが、粗製深鉢や鉢に小振りなものも見受けられる。滋賀里遺跡の土器を分析した丹羽祐一によると、突起の形態はA〜Iの9タイプに分けられる。大振りのAを典型としたものを鞍状突起、小振りのBを典型とするものをリボン状突起とここでは呼び分けておきたい（図20）。滋賀里遺跡の分析では、A〜Hは西日本一帯に多くの類例がみられ、このうちリボン状突起は滋賀里Ⅱ式に出現するが、大半は滋賀里Ⅲ式に所属する。Iは東北・北陸系の土器との関係が推定できる大洞系土器の伝統を引いたいわゆるB突起であり、Hもそれに近いとする〔加藤・丹羽ほか 1973：22-23〕。鞍状突起である大振りのAは九州の縄文後期終末である大石式にすでに存在しているので[8]、リボン状突起は鞍状突起とB突起の影響を受けて縄文晩期初頭に成立したといえるかもしれない。

リボン状突起とB突起の区別だが、B突起がアルファベットのBを逆さにしたようなもので、山の外裾はなだらかであり山と山の間は小さな凹みをなすのに対して、リボン状突起は外裾は切り立ち、山と山の間はなでられて鞍状になっている（図20）。関東地方でもリボン状突起に近い例は、東京都東村山市日向北遺跡〔森 1982：第11図186〕、栃木県小山市井岡遺跡〔設楽 1980：第14図192〕に知られ、鞍状突起は埼玉県桶川市後谷遺跡で出土している[9]。いずれも無文粗製の深鉢や鉢形土器で、日向北遺跡と井岡遺跡例は安行3b〜3c式である。

波状口縁の無文粗製土器の波頂部に凹みを付けたものがある（図21-1・2）。栃木県小山市寺野東遺跡例は、頸部がややくびれて口縁が外反する形態である〔江原ほか 1998〕。これは、愛知県田原市伊川津貝塚の1984年度調査のⅢ層から出土した土器〔安井 1988〕との類似点が指摘できる。縄文晩期前半の元刈谷式に併行する土器であろう。

群馬県安中市天神原遺跡から、元刈谷式土器の粗製深鉢と類似した深鉢が出土している〔林 1994〕。頸部がくびれて短く外反する口縁がついた土器で、図12-4に近い。体部には二枚貝条痕と思われる調整がみられ、口唇部に押捺を連続させる（図21-4）。

寺野東遺跡には、頸部がくびれて短く外反する口縁が付いた深鉢の頸部に押捺突帯を巡らす例（図21-9）がある〔江原・猪瀬ほか 1998〕。これは群馬県板倉町板倉遺跡〔外山 1989〕や天神原遺跡〔大工原ほか 1994：第190図22・23など〕に類例があるように（図21-10〜13）、北関東地方に散見される。愛知県刈谷市本刈谷貝塚第4群土器〔加藤 1972〕のなかにかなりの量を伴い（図21-5〜8）、愛知県田原市吉胡貝塚でも晩期旧Bの有文、無文の壺形土器の頸部に押捺突帯を施

第 4 章 縄文晩期の東西交渉

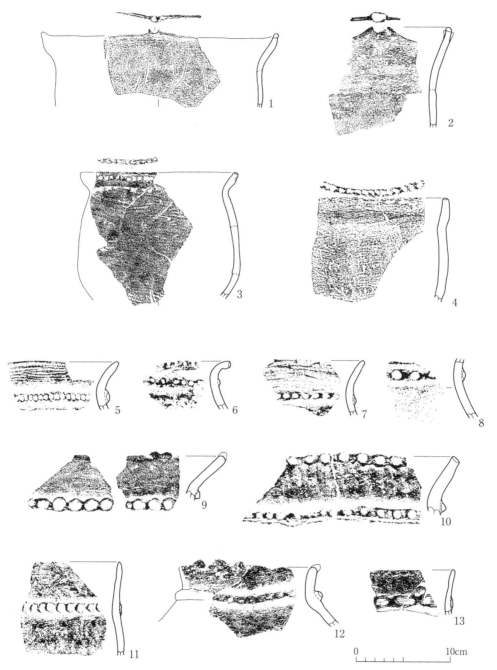

図21 東海西部と関連性のある関東地方の土器とそのモデル
1・3：愛知県田原市伊川津貝塚、2・9：栃木県小山市寺野東遺跡、4・12・13：群馬県安中市天神原遺跡、5～8：愛知県刈谷市本刈谷貝塚、10・11：群馬県板倉町板倉遺跡

したものが認められる〔山内 1952：第 45 図 7・8〕ように、晩期前半に三河地方から長野県を経て北関東地方に流入した文様要素であろう。

4 東日本系土器の西方展開

　関東地方における西方の土器の展開に対して、その逆はどのような様相だったのか。古くから近畿地方における亀ヶ岡系土器の流入は、さまざまな意味で問題になってきた。この問題に取り組んだ濱田竜彦は、滋賀里Ⅲa式の時期には近畿地方における東日本系の土器は滋賀県域と奈良県域にわずかに認められるにすぎないが、篠原式（滋賀里Ⅲb式）になると、大洞 B-C、C_1 式系土器を中心に大阪府域の多くの遺跡から出土するようになり、和歌山県域や兵庫県域にまで広がりを示すことを明らかにした〔濱田 1997〕。関東地方では、安行 3b〜3c 式期が土器の粗雑化現象をはじめとする西日本系土器の影響が強くみられる時期であることと一連のもので、相互の交流関係が活発化したことを示す現象と言えよう。

　この時期の東日本系土器の西方展開に対しては、亀ヶ岡系土器に焦点があてられ、安行系土器に対してはまだ蓄積されていない。すでにみてきたように、たとえば B 突起などはリボン状突起の成立にかかわる要素として、東西交流の重要な研究素材になると思われるし、伊勢湾地方や近畿地方に数多くみられる安行系土器は、橿原文様の東方展開とそれに続く粗製土器への影響との相互関係を考えるうえで欠くことのできない素材である。しかし、これは本章で扱える問題ではないので、意外に遠いところにまで安行系土器の影響がみられる事例をあげておくにとどめたい。

　徳島市三谷遺跡は突帯文土器と遠賀川系土器を主体にする遺跡である〔勝浦 1997〕。ここからはさまざまな外来系土器が出土している[10]が、そのなかに安行 3c 式系の土器がある（図 22）。砲弾形の小形の土器で、器面に縦方向のケズリ調整を施す。口縁部と下胴部を 2〜3 条の沈線で区画し、そのなかを文様帯とする。文様は 5 単位で、縦の沈線を 4 条施しその両側に 2〜3 条の沈線で 2 段に弧状文を施す。もちろん地元の土器ではないが、型式比定の決め手は口縁の刻目である。口縁端部に縦区画文の間の位置にだけ刻目を入れているが、この手法は、南関東地方の姥山Ⅱ〜Ⅲ式、安行 3c 式にみられる。とくにカーテン文と呼ばれる細線文の土器に顕著で、砲弾形の深鉢で縦に区画する文様をもつこの土器が、細線文土器の流れを汲んだものであることは間違いないだろう。沈線は粗く、文様帯は下方に拡大し、弧線を上

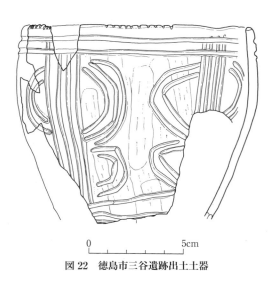

図22　徳島市三谷遺跡出土土器

第 4 章　縄文晩期の東西交渉

図 23　関東地方の突帯文系土器

1：群馬県みなかみ町役場遺跡、2：群馬県藤岡市谷地遺跡、3：群馬県明和町矢島遺跡、4：埼玉県桶川市後谷遺跡、5：埼玉県浦和市北宿西遺跡、6：千葉県大多喜町堀之内上の台遺跡、7：千葉県館山市安房神社洞窟（女鳥羽川式か）、8：東京都調布市下布田遺跡、9：東京都狛江市玖上遺跡、10：東京都町田市なすな原遺跡、11：東京都大島町下高洞遺跡、12：神奈川県横浜市杉田貝塚、13：神奈川県秦野市平沢同明遺跡

下に区画する横線も欠落し、調整も粗雑なこの土器は、栃木県小山市乙女不動原遺跡の安行3c式土器〔三沢ほか 1982：第89図2〕と比較できる資料で、その時期とみなしてよい。角閃石を含むので地元産だろうが、関東地方における西方の土器要素の展開に対応するように、関東地方の影響がこの時期にここまで及んでいたことを示す資料として重要である。

第3節　縄文晩期後半の東西交渉

1　縄文晩期後半の文化変動

安行式の終末である安行3d式になると、西日本系土器のあり方も様変わりする。それとともに、関東地方における西日本系土器のあり方や、東日本系土器の西日本への動きにも変化が生じた。

大洞C_1式に併行する篠原式までは近畿地方にまで活発に動いていた亀ヶ岡系土器やその技法が、大洞C_2式になるとまったくといってよいほどみられなくなる。東北地方の縄文晩期の文化に関しては、大洞C_2式を境とした前後で大きな差があることは、すでにさまざまな文化要素から指摘されている〔半田 1966〕が、それは土器にもあてはまる。縄文後期終末から発達した入組文が、彫刻的な手法を失って平板化していくのが大洞C_2式であり、東日本系の土器の西方への動きの変化には、そうした東日本における内在的な要因が反映している。

その一方、西日本においてそれまでの黒色磨研土器とは異なる土器群—突帯文土器—が成立したことが、土器の動態の変化の要因としてあげられよう。東西の日本で縄文後期以降連続性をもってゆるやかに形成されてきた、ものの動きのネットワークが変動をきたしたのだろう。

2　突帯文土器の東方展開

大洞C_2式の新段階にみられる土器の動きの大きな変化は、関東地方の西部のあちこちに突帯文土器が流入するようになることである（図23）。その動き方も、かつてなかったあり方をいくつか指摘することができる。

その一つは、とくに東京都調布市下布田遺跡〔長瀬ほか 1979、長瀬ほか 1981〕など南関東地方に顕著な傾向であるが、突帯文の甕形土器とともに精製の鉢形土器がセットで流入することである〔鈴木加 1985b〕。あるいは集団移動的なことがあったのかもしれない。

突帯文土器の特徴的な動態の二つ目として、こうした特定の集落を除くと流入する土器のほとんどは研磨された鉢形土器ではなく、粗製土器に属する甕形の突帯文土器だということである。通常、精製土器がよく動くのに、それと反対の現象にはどのような理由が考えられるだろうか。

それ以前の西日本系土器の影響は土器の粗雑化現象であったが、この時期にもそうした性格が引き継がれたことがまず考えられよう。時期は下がるが、三河地方にも南東北地方ないし北関東地方の千網式の深鉢が運ばれ、それが埋葬に使用されているように〔安井 1995〕、墓制とのかかわりを反映した可能性がある。関東地方の側では、群馬県藤岡市谷地遺跡の五貫森式土

器（図23-2）が埋葬に使用された甕形土器であった〔寺内ほか 1988〕。東日本の人々にとっては、刻目突帯文を施した甕が、西方の象徴的な器種としてとらえられていたのかもしれない。

　在地の土器のなかに、突帯文土器との折衷土器がみられない点も特徴的である。それ以前の在地系土器が西日本系土器の影響で形態変化をしたり、文様要素を取り入れたのと対照的で、縄文土器に一般的にみられた東西の交渉に構造的な変化が生じた可能性がある。

3　東日本系土器の広域移動

　このことと関連して注目すべき点は、大洞C_2式最終末以降、大洞A式段階の土器が、西日本においてそれまでとはまったく異なる分布を示すようになることである。福岡市雀居遺跡では、夜臼Ⅰ～Ⅱ式土器の層位から大洞C_2式最終末の壺形土器が出土した〔松村ほか 1995〕。赤漆塗りである。高知県土佐市居徳遺跡では夜臼式系土器とともに大洞A式古段階の壺が検出された〔高知県文化財団埋蔵文化財センター 1998〕。やはり赤漆塗りである。大分市植田市遺跡では、夜臼式単純期に併行する下黒野式土器とともに、大洞A式古段階のレンズ状浮帯文をもつ楕円形の鉢が出土した〔吉田 1993〕。鹿児島県東市来町市ノ原遺跡では夜臼Ⅰ式併行の土器に伴って大洞A式の古段階の特徴をもつ壺が出土した[11]。赤色塗彩されている。岡山市津島岡大遺跡からは、津島岡大式土器とともに大洞A式古段階の矢羽根状沈線をもつ鉢形土器が出土した〔山本ほか 1992、石川 1997〕。徳島市三谷遺跡からも大洞A式系の壺形土器などが出土している〔勝浦 1997〕。これらはいずれも特殊な土器であり、赤漆など塗りのものが多いという点が、東日本の側の象徴性を示している。

　近畿地方では大洞C_2式古段階の東日本系土器はまったく知られていない状況であり、大洞C_2式新段階になりわずかに認められ、A式以降数多く認められるようになる〔中村 1991、小林編 1999〕。東日本系土器が九州方面にまで展開するのと軌を一にした現象だろう。

　このように、きわめて限定された時期の、前後の時期にはない広域な土器の移動現象の背景に、水田稲作の開始という社会的な変動があることは間違いないが、生産経済とともに、異なる文化、社会の間のあらたな流通という側面からこの問題に取り組む必要がある。これらの土器はその特殊性からすると、交易品としての価値をもっていたように思われる。一方、青森県つがる市亀ヶ岡遺跡から出土した大洞A式のガラス小玉〔鈴木克 1974〕などは、その対価品としての役割を果たしたものだろう[12]。水田稲作開始期の東西日本の相互交流を考えるために、それらの土器がどの地方の系統のものなのか、明らかにすることなどは、これからの研究課題である。

おわりに

　大洞C_2式の変動期を経た大洞A式期は、東日本においてもそれまでの文化のあり方を大きく変えた時期としてきわめて重要な画期をなす。これまで検討してきたように、それ以前の縄

第Ⅰ部　土器の様式編年と年代論

文晩期前半には西日本系土器が土器の粗雑化現象を誘発し、関東地方に無文化、無縄文化の波が押し寄せたことを再確認した。本書の第5・6章で述べるように、大洞A式期には中部高地地方などでは突帯文土器の強い影響を受けて女鳥羽川式土器〔中沢 1993〕が成立し、西日本と連動した土器様式の形成に向かった。関東地方西部では女鳥羽川式の強い影響を受けて前窪式土器が成立し〔鈴木㎞ 1996〕、関東地方東部は南東北地方との関係を強め、大洞C_2式以降粗製土器の装飾に多用された撚糸文を採用した千網式を形成した。これは、それまでの土器の無文化、無縄文化傾向と相反する動向であり、東関東地方における東北地方の影響の強さを示している。

　しかし、いずれにしてもこれらは浮線網状文土器と汎称されるように共通した特徴をもって南東北地方から中部高地地方に及ぶきわめて広域な土器群であり、精製土器の浮線網状文は大洞A式とも関連した強い均質性を保つところに特徴がある。西日本や東北日本との相互交流の結果、安行文化圏における小地域性が弱まり、中部日本という固有の地域圏が形成されていった。そうした点からも縄文晩期後半、とくに突帯文土器成立期と大洞C_2式終末～大洞A式古段階は、かつてない大きな文化の変動期としてとらえることができよう。

　註
1　〔家根 1981〕は、深鉢の粗雑化現象を「粗製化」とし、そうしたつくりの土器を粗製土器とするが、前期中葉以降の縄文土器全般に精製土器に対応した概念として粗製土器があり、それは外面に縄文を施すなどの二次調整をおこなったものにも用いられるので、混乱をさけて二次調整を省略する現象を「粗雑化」としておく。
2　のちに篠原式と命名された〔家根 1994〕。
3　滋賀里Ⅰ式は、現在では縄文後期終末とする意見が強いことにしたがえば、これは「後期終末」と言い換えたほうがよいだろう。
4　林克彦は、これは正真の折り返し技法ではないので、「有段口縁」と呼んでいるが〔林 1994〕、土器づくりにおいて粘土紐や粘土帯を折り返して成形する技法自体まずなく、この名称は外見からの呼称にすぎないことは暗黙の了解があるので、定着している折り返し口縁の名称を用いたい。
5　馬場小室山第51号土壙の土器破片は、小倉均氏を通じて観察させていただいたが、図化する時間がなかったので、他の遺跡の図で代用しておく。
6　鈴木正博は、これらの無文粗製土器を西之山式系土器ととらえ、三浦半島から房総半島への伝播を考えている〔鈴木正博 1985b：384〕。とくに口唇部の特徴に注意を促した。
7　山口県早生町岩田遺跡出土土器（『縄文土器大成 4』講談社、123頁417番）など。
8　家根祥多氏ご教示。
9　橋本富夫氏のご厚意により実見させていただいた。
10　この遺跡の主体を占める土器は突帯文土器の後半であり、少なくとも突帯文土器以前すなわち黒色磨研土器の時期のものはない。しかし、縄文後期の滋賀里Ⅰ式や橿原文様の土器が出土している。安行系の土器も時期的に食い違っており、理解に苦しむ。
11　東和幸氏、森田郁朗氏のご配慮により実見させていただいた。
12　これらのなかには、後世の混入品の可能性を含んだ検討を要するものもある。

第5章　中部地方における弥生土器の成立過程

は じ め に

中部高地地方における縄文土器の終末と弥生土器の成立という問題に対しての研究は、永峯光一により「氷遺跡の調査とその研究」〔永峯 1969〕と題してまとめられた論文を基本的業績としてあげることができる。

この論文において永峯は、長野県小諸市氷遺跡出土土器の分析から、氷Ⅰ・Ⅱ式を設定した。そして各地における同じ型式学的特徴を有した土器との比較研究により、氷Ⅰ式土器の成立と編年的位置づけに論考を加えたのである。しかし、それ以降の研究情勢を顧みると、資料の増加にもかかわらず長野県域における該期土器群、とくに中・南信地方のそれに対して綿密な検討が十分になされてきたとはいえないのではあるまいか。

中部高地地方における縄文土器の終末に対する理解が、弥生文化の成立という問題の解明を志向するものであれば、中・南信地方におけるこの時期の研究が必須事項であることはおのずと明らかであろう。そして東海地方、あるいは以西の縄文土器から弥生土器への変化の過程に対する基本的な理解と、それが中部高地地方における弥生文化の成立に果たしていった役割を追究することが必要であることも。

本章ではそうした認識のもとに東海地方西部における縄文土器の終末と弥生土器の成立について、先学の業績を踏まえつつ考察をおこなったのちに、それとのかかわりにおいて展開した中部高地地方、とくに中・南信地方における土器群の変遷過程を概観した。この作業を進めるに際しては、都出比呂志の示した「小地域単位の編年を細かく進めつつ、地域編年相互の横の関係を把える」〔都出 1974：21〕という方法論を支えとして、中・南信地方を盆地ごとに、あるいはそれをさらに細かい地域に区分してそれぞれの地域の変遷を明らかにしようと試みたのである。

第1節　研究史素描

1　東海地方西部

最近、石川日出志により東海地方西部における弥生文化の成立に関する論考が発表された〔石川 1981a〕が、それは土器組成の変化、器種の消長を分析の中心にすえたものであり、馬見塚式一樫王式期を漸移的ではあるが重要な画期と評価した点もそうした分析方法から導き出され

第 I 部　土器の様式編年と年代論

た説得力をもつものと考える[1]。従来東海地方西部の土器研究においては土器組成の変化を様式論的にとらえようとする傾向が強く[2]、石川の論考もその延長上にあるといえる。

　東海地方西部の縄文晩期土器編年の大綱は、愛知県田原市吉胡貝塚の調査をおこなった山内清男により型式学的・層位学的所見にもとづき、晩期旧 A→晩期旧 B→晩期中→晩期新として示された〔山内 1952〕。大参義一、紅村弘は、吉胡晩期新に継続する縄文時代最終末の土器として「八劔式」〔大参 1955〕、「縄文式終末期 II」〔紅村 1956〕をそれぞれ設定し、縄文土器から弥生土器への変化をより精密に把握する基礎を築き、愛知県小坂井市樫王貝塚の調査を経てこの段階の土器に「樫王式」の名が与えられ、型式内容がより明確にされた〔紅村ほか 1961〕。

　杉原荘介・外山和夫は、三河地方の豊川下流域という限定された地域で編年を組み立て、稲荷山式→（大蚊里式）→五貫森式→樫王式→水神平式という推移を西日本・東日本の土器群との相互比較のなかでとらえ、それぞれの土器組成の内容を明らかにした〔杉原・外山 1964〕。一方、尾張地方においては増子康真により縄文晩期後半の土器型式の編年大綱が確立され〔増子 1965〕、その際設定された稲荷山式→西之山式→五貫森式→馬見塚式→樫王式→水神平式（弥生式土器）という編年[3]が本地方における今日の基準となっている。

　さらに大参は、一括性などに問題のあった資料を単純遺跡、遺跡のなかにおける地点ごとの単純相、単一包含層においてとらえなおし、一括性あるいは時期的な単純性の保証された一群の土器の変遷を、一宮市とその周辺という狭い地域のなかで器種の消長や技法の変化を通して明らかにするという、すぐれた方法論にもとづく分析をおこなった〔澄田ほか 1970、大参 1972〕。これは従来の東海地方西部における縄文晩期後半期土器の編年的研究に対する総括的論考であるといえよう。

　縄文晩期後半の土器編年とその内容の分析が比較的良好な一括資料を得て進められてきたのに対して、水神平式土器は紅村らによる努力にもかかわらず、それを主体とする遺跡のほとんどが墓地であり[4]、型式内容と変遷の把握[5]に大きな障害をみせている。

　久永春男によって愛知県豊川市水神平貝塚の資料にもとづいて設定された水神平式土器〔久永 1955〕は、その当初から細分された内容をもつものであった。ほぼ時を同じくして紅村は水神平式土器を 5 類に分かち、条痕文土器を第 1 類に、第 2・3 類を遠賀川式土器、朝日式土器とした〔紅村 1956〕。紅村はさらに愛知県春日井市貝殻山貝塚、同県名古屋市西志賀貝塚の調査所見により遠賀川式土器を貝殻山式と西志賀式に細分し、前者に縄文式終末期 II が、後者に水神平式土器が併行すると述べ、朝日式と水神平式の併行関係も明らかであるから、将来西志賀式と朝日式に併行するものとで水神平式を前後に分かちうることを示唆したのである。

　やがて朝日式に伴う条痕文土器に対して典型的水神平式[6]とは型式差があるため、「水神平亜式」という仮称が付され、「朝日式の後半の時期には水神平系文化は水神平亜式とした型式に移行する」という考え方が示された〔吉田・紅村 1958〕が、条痕文土器の壺において新相をもつものが朝日式の中ごろ以降に現れると述べられただけで、朝日式が細分できるのかという問題を含めて、両系統の新古の対応を明確に論証したうえでの見解ではなかった。この考え方が、

90

のちに水神平式をⅠ・Ⅱ・Ⅲに分離し、水神平Ⅰ式＝前期、水神平Ⅱ・Ⅲ式＝中期とした編年
観の基本になっているように思われる。しかし、

貝殻山式→西志賀式→朝日式

縄文式終末Ⅱ式→水神平式→水神平亜式

という併行関係を掲げているところをみると、この段階では水神平式の典型は西志賀式に併行
させて考えられていたようである。

　樫王貝塚から西志賀式を伴った水神平式が朝日式をまじえずに出土したため、またそれらが
典型的な水神平式を主体に包含していなかったため、これらを水神平1式として独立させた〔紅
村ほか1961〕。そして、水神平1式は壺に波文などないもの、水神平2式は壺に波文が現れ典
型化するもの、水神平3式は従来同亜式と呼んできた朝日式の新しい部分に併行するものとい
う規定がなされた。そしてその後、水神平1・2・3式を同Ⅰ・Ⅱ・Ⅲ式と改め、紅村の考
えるそれぞれの型式内容がほぼ明確にされ、土器組成もやや明白の度を加えた〔紅村1967〕が、
たとえば大型壺において「Ⅰは口縁内面無文、Ⅱは内面にも櫛描弧線やＴ字文が施される場
合があり、Ⅲでは口縁が上方に拡張され受け口状となる」〔紅村1979〕という説明がなされても、
それらがどういった器種と組み合わさって変化していくのか、またそうした組列の具体的な検
証といった分析が資料的制約も手伝って、小地域ごとの遺跡単位で必ずしも明確にされたわけ
ではないのである。

　このようななかにあって、立松宏により愛知県半田市岩滑遺跡の良好な資料が提示された
〔立松1968〕のは、特筆すべき事柄として付け加えておかなくてはならない。

2　中部高地地方

　縄文土器の終末に対する取り組みは、北信地方を中心に永峯により主体的になされた。永峯
は、長野県山ノ内町佐野遺跡の調査と出土土器の分析により、以前大洞C_1式に併行すると考
えていた粗大な工字文〔永峯1955〕が大洞C_2式の時期に該当する文様モチーフであることを指
摘し〔永峯1965〕、佐野Ⅰ・Ⅱ式を設定して後者を大洞C_2式に併行させた。それに後続するも
のとして、氷遺跡出土土器から氷Ⅰ・Ⅱ式を設定した〔永峯1965・1969〕。この段階の南信地方
には、五貫森式や水神平式に対比される一群の条痕文土器がその分布を主体的に広げている
と、漠然と考えられていたのである。

　山内清男が「所謂亀ヶ岡式土器の分布と縄紋式土器の終末」〔山内1930a〕において、「縄紋
式終末、従って弥生式上限が、中部以東奥羽に亘って甚だしく年代の差を持たぬことが暗示さ
れる」という結論を導かれる際に用いられたものの一つが、長野県岡谷市庄之畑遺跡の資料で
あった[7]。

　戦後、縄文晩期から弥生時代への移行の解明が主要な研究目的となり、三河・相模・北関東
地方で重要な遺跡が相次いで調査された。そうした学界の趨勢のなかで、層位学的な検証に重
きを置いた庄之畑遺跡の再調査〔戸沢1953〕は、十分評価できる結果をもたらした。断片的で

第Ⅰ部　土器の様式編年と年代論

はあったが型式を異にする粗製土器が層位を分けてとらえられ、それぞれに庄之畑上層式、同下層式という型式名を与え、前者を水神平貝塚、静岡市丸子遺跡、西志賀貝塚の貝田町層の土器に、後者を群馬県桐生市千網谷戸遺跡の土器に系譜を求めた[8]。この調査は試掘的なものであったために完全な層位学的調査は後に委ねられたが、1965年に再び調査がなされた〔藤森ほか1966〕。それにより得られた土器は、第1～4類に分類され、庄之畑下層式を第3類、同上層式を第4類と対比させ、第3類は大洞A式に併行させ、充実した内容の得られた第4類は明確な弥生土器編年上における庄之畑式土器であるという確認がおこなわれたのである。

　この調査と相前後して各地で重要な遺跡の調査がなされた。南信地方の飯田市林里遺跡〔神村1967〕、中信地方の松本市横山城遺跡〔藤沢1966〕、北信地方における長野市伊勢宮遺跡〔磯崎1959〕とそれに次ぐ同市新諏訪町遺跡〔笹沢1968・1976〕などがそれである。

　このような研究過程を経て、「弥生文化の東漸とその発展」と題するシンポジウムが開催された〔長野県考古学会1968〕。シンポジウム前半の争点となったのが、氷Ⅰ式土器の編年的位置づけと条痕文土器の展開過程にかかわるものであったが[9]、このなかで注意しておきたいのは、永峯により大洞A式は二つに分けられ[10]、網状文は大洞A式の新しい方に考えたいという発言のなされたことである。やがて永峯は氷式土器を詳細に分析し、これまでの総括をおこなったことは前述したが、この点に関しては第4節で再論したい。

　このようにみてくると、中部高地地方においては縄文土器研究の側と弥生土器研究の側からの、その終末と初現に対する議論は活発になされたが、縄文土器から弥生土器への移行に関しては、たとえば庄之畑遺跡の調査成果などにもとづいた議論が十分になされてきたとはいえないのである[11]。

第2節　東海地方西部における縄文土器の終末と弥生土器の成立

1　五貫森式土器

　東海地方西部の縄文後期末から晩期にかけての土器は、西日本の土器と歩調を合わせて変化する面が多いことは、しばしば指摘される[12]。大洞C_1式に併行するとされる稲荷山式土器〔杉原・外山1964〕にはよくその無文化傾向をうかがうことができ、次の西之山式[13]に至り、西日本的土器が型式の主要な部分に加わる〔増子1979〕。こうした過程を経て、東海地方西部にも突帯文土器という西日本一帯における広範な斉一性を有する土器群が成立してくる。五貫森式土器がそれであり、自然堤防上への進出と合わせて一つの画期を形成しているといえよう。

　五貫森式土器の基準資料としては、尾張地方においては愛知県一宮市馬見塚遺跡F地点の資料〔澄田ほか1970〕を、三河地方においては五貫森貝塚A・B貝塚貝層出土土器〔杉原・外山1964〕をおさえておくべきだろう。

　馬見塚遺跡F地点出土土器（図24）をもとに、器種別分類[14]を追認してみよう。

　甕A（1）：肩に段をもち、頸部がすぼまり口縁に至り広がる器形を甕とする。Aは突帯をも

第5章 中部地方における弥生土器の成立過程

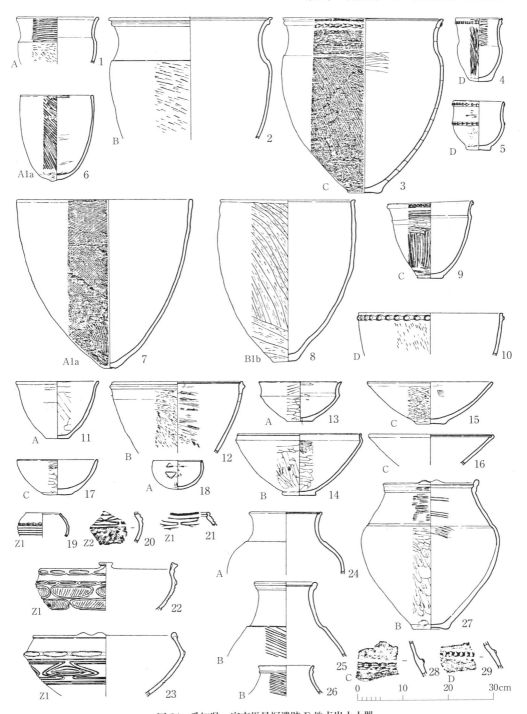

図24 愛知県一宮市馬見塚遺跡F地点出土土器

第Ⅰ部　土器の様式編年と年代論

たない。

甕B・C・D（2〜5）：口縁部と、ごくまれに胴部に突帯を有する。Bの突帯上は無文、Cは貝殻腹縁の、Dはヘラによる刻目をもつ。胴部にケズリ調整がみられるものにおいては底部→口縁部方向に削り、肩部付近を時計回りで水平方向に削るものが一般的なようだ。B・Cにはしばしば口縁内面に沈線や凹線が認められる。

深鉢A1（6・7）：直立ないしはやや外反する口縁で、右下がりの単斜方向の条痕調整を基本とする。条痕はほとんどが二枚貝腹縁で整っている。口縁端部には粘土のはみ出しのみられるものが多い。

深鉢B1（8）：ケズリ調整がなされるが、その方向は甕と同様のものが多い。

鉢A・B（11・12）：甕と対応した特徴を有す。

鉢Z1・Z2（19〜21）：形態・文様により細分した大洞系の文様をもつ鉢類。

浅鉢A・B（13・14）：西日本系の無文浅鉢であり、肩部に屈曲を有する。

浅鉢C（15〜17）：肩に屈曲のない類型で、全面削痕を残すものと、研磨され口縁内面に1条の沈線（まれに2〜3条）を有するものといったバリエーションがある。

浅鉢Z1（22・23）：文様を有する浅鉢で、分布的な面から鉢Z1と同じ系譜に属すると考えられる。

壺A〜D（24〜29）：甕と対応した類型区分がなされる。

個体数のタイプ別比率は算出しておらず明確なことはいえないが、口縁に突帯をもち肩に段を有する西日本系の甕、同様の特徴を有する壺、肩に段を有する西日本系無文浅鉢と条痕・削痕を有する単純な形態の深鉢がその組成主体となり、若干の有文土器群が伴う姿が尾張地方における五貫森式土器のあり方といえる。

深鉢A1には樫王式にみられる水平方向の条痕は定型化しておらず、口縁端も強くなでられてくぼみをもつようなb種は存在せず、丸みを帯びるa種が多い。色調は茶褐色〜黒褐色を呈するものが多く、胎土はいわゆる「東海系胎土」〔笹沢1977〕はまだ認められず、精選されたものがほとんどである。

近畿地方と共通する整形技法として、たとえば二枚貝調整や深鉢A1に多くみられる尖底は、滋賀里Ⅲ以降一般化するものであるし〔加藤ほか1973〕、甕のケズリ調整の方向など滋賀里遺跡において顕著な技法である[15]。しかしながら、壺や深鉢が高い比率を占めること[16]や、滋賀里Ⅳ・Ⅴにみられる突帯上の刻目はその多くがヘラで施されるのに対して、五貫森式のそれはほとんどが二枚貝腹縁によることなど、同じ突帯文土器分布圏に属しながらも明瞭な地方差がうかがえる。このようななかにあって、浅鉢Bは滋賀里遺跡においてはⅣ・Ⅴの段階に、北部九州地方の福岡市板付遺跡〔山崎1980〕、長崎県南島原市原山遺跡、雲仙市山の寺遺跡では山ノ寺―夜臼式の段階に九州地方から東海地方を連ねて特徴的に現れる器種といえる。

有文土器はひとくちに大洞系といっても飛騨地方を通じて北陸地方と関係をもっているらしい。たとえば21の形態と文様モチーフは岐阜県山県市九合洞窟〔澄田・大参1956〕、下呂市阿

94

弥陀堂遺跡〔大江 1965〕などに特徴的なものであり、19・22・23 は新潟県妙高市莅生遺跡〔中川ほか 1967〕や石川県白山市下野遺跡〔吉岡 1971〕などから検出されており、信濃地方や東海地方東部ではあまり見受けられないものなのである。

一方、三河地方における基準資料である五貫森貝塚出土資料と比較した場合、深鉢 A1 と浅鉢 A・B が組成の主体から欠落している点が指摘されており[17]、壺も組成比率が約 0.5 ％と圧倒的に少ない。

2 馬見塚式土器の評価

馬見塚式土器[18]は大参によって吟味され、「存在の可能性は大きい」が、「型式設定のためには十分（資料が）集積されているとはいいがたい」〔大参 1972：18〕とされた。

馬見塚遺跡 D 地点、愛知県一宮市下り松遺跡の土器組成においては甕 C が変形して残存するほかは欠落し、深鉢は C が欠落する。鉢・浅鉢・壺は Z 類を残してそのほとんどが欠落するようだ。甕 C の突帯は扁平となり、一単位が長い押捺を施す点に大きな特徴をもつ。深鉢は口縁端部を面取りしたものや、くぼませるほど強くなでたものが一般化し、条痕も口縁部分から単斜方向に施すものはみられず、横位のものが一般化するのは大きな変化としてよい[19]。

以上の様相は、突帯の特徴を除いては樫王式と変わるところがなく、土器組成は五貫森式との間にヒアタスをみせ、樫王式に近似する。刻目突帯がいわゆる馬見塚式になると痕跡的となり、消滅の方向に向かうようにみえるのに反して、樫王式のそれは丈の高い断面三角形突帯を大きく押捺することによりきわめて象徴的に表現され、型式学的にもやや連続性に疑問がある。いわゆる馬見塚式が三河地方以西に分布し、一部滋賀県域にまで進出している〔小林・藤岡・中村 1938〕のに対し、樫王式は尾張地方以東に分布し、中部高地地方においては馬見塚式のメルクマールとされる突帯はみられないという分布の偏差も指摘できる。

しかし、尾張地方という小地域のなかで単純な樫王式段階の遺跡がいくつか存在するところをみると二者の間の時期差は否定できないのであろうか[20]。また、二者を大きく隔てるのは壺の存否である。だが、いわゆる馬見塚式が一様式として画然と区別しうる内容をもったものでないことも重要な事実であり、あくまで馬見塚式は括弧付きで用いなくてはならないと考える[a]。

3 樫王式土器とその地域差

尾張地方 樫王式土器（図25）の基準資料としては、尾張地方においてはやはり愛知県名古屋市古沢町第 1・2 号溝〔吉田・和田 1971〕と大口町西浦遺跡〔大参 1972〕の土器をあげるべきだろう。

深鉢 A（1〜9）：A1・B1 のほかに新に口縁部の内湾する A2（8・9）が加わる。条痕には一見して二種類の存在が認められ、それはいささか感覚的な表現だが、粗々しく太い水平方向のものと、細く繊細な縦方向のものである。前者に半截竹管使用の条痕は認められず、多くは二枚

第Ⅰ部　土器の様式編年と年代論

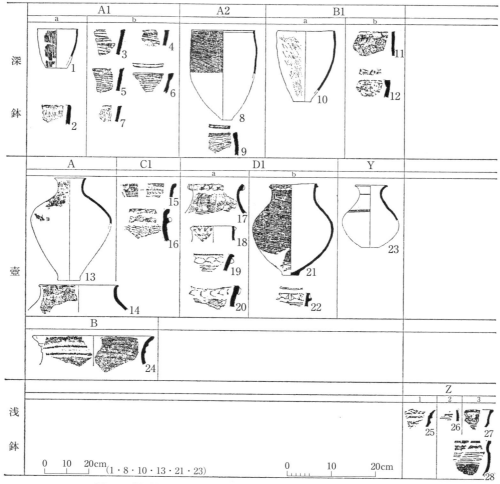

図25　愛知県大口町西浦遺跡・名古屋市古沢町遺跡出土土器の分類

貝腹縁やヘラだろう。口縁端部はa種とb種が認められ、水平方向の条痕は概してb種に多い。また、明瞭な羽状条痕は認められない。

　深鉢B（10～12）：口縁端部を強くなでているものが多く、接合帯を残した12などは特徴的である。

　壺A～D・Y：壺には五貫森式からの系譜を引くと思われるA（14）や、頸部の引き締まったA（13）、細密条痕[21]の施されたB（24）、そしてC・D（15～22）が認められるが、C・Dはともに口縁のほぼ直立する1類である。壺D1の突帯には指頭によると思われる大きな圧痕のあるa種とヘラで刻みつぶしたb種とが認められる。口縁端部はなでられて平坦にされるものが多い。西浦遺跡では畿内第Ⅰ様式中段階に相当する壺Yが伴う。

　浅鉢Z：浅鉢はZ類のみで、Z1（25）は阿弥陀堂遺跡に、Z3（27・28）は氷遺跡に典型的なものだ。

第5章　中部地方における弥生土器の成立過程

三河地方　三河地方においては、樫王貝塚の包含層出土土器〔紅村ほか 1961〕が夾雑物を含んだ集合の状態を呈するため、愛知県田原市伊川津貝塚A区第一トレンチ混土破砕貝層出土土器〔渥美町教育委員会 1972〕を基準資料とする[b]。

深鉢にはA1a・b種、B1a種がみられ、壺はB・C・D1が、浅鉢にはZが認められる。Zは中・南信地方に系譜がたどれるZ2のみによる。こうした組成は尾張地方とまったく変わりないが、そのほかに無頸壺が加わり、深鉢A1には口縁端部を意識して突出させたc種が認められる。そして、b種には口縁端部に連続押捺を施すものがある点が尾張地方と異なる。また、条痕はおおむね水平～斜方向で、ほとんどが貝殻腹縁を用いるようだが、明らかに半截竹管によるものが認められ、樫王貝塚の土器との関連において尾張地方には認められなかった地域差として注意される。明瞭な羽状条痕は、樫王貝塚にも認められない。

4　水神平式土器の検討

次に水神平式土器の検討に移ろう。水神平式の古いとされる段階はまとまった資料に欠けるが、新しい段階に関しては、器種構成の知られる単純遺跡が認められるため、これについて概観したのち樫王式とで上下を画された部分に検討を加えたい。

岩滑式土器　岩滑遺跡〔立松 1968〕の土器群（図26）は、溝状遺構から雑然と出土したものであるが、一様式とみなしうる。

壺：壺ではA・D・Y（1・2・6）に加えて、受け口状口縁を有するEが出現している。Eには大型のE1（3・4）と袋状口縁をなすE2（5）が存在する。これらの壺に特徴的な文様は、多段構成のいわゆる跳上げ文とE1の内面文様であり、波状文は一片も含まない。壺Z（8）には磨消縄文が施され、また大地型の壺（7）も存在する。

深鉢：深鉢は口縁端部に押し引き列点文、体部に縦位羽状条痕を有す。

鉢：新たに鉢D（13～15）が出現しているが、厚口鉢と呼ばれるきわめて特徴的な器種である。

条痕の原体は二枚貝腹縁であり、壺の文様は下段→上段方向に時計回りに施すのを常とする。明瞭な縦位羽状条痕が形成されており、壺の胴部にはその傾斜のきついもの（10）もみられる。構成器種が壺類に関しては多様になり、大型壺の分化、新たな鉢類の出現が認められる半面、深鉢類は統一されている点が注意される。

これらの土器群の編年的位置づけは、愛知県名古屋市・清須市朝日遺跡群〔愛知県教育委員会 1975〕や西志賀貝塚〔吉田・紅村 1958〕、名古屋市松ノ木遺跡〔田中 1956〕などにおいて、壺E1や鉢Dが搬入された状態で朝日式土器と共伴していることから明らかであろう。

三河地方においては、篠束遺跡〔紅村ほか 1960〕に壺D・E1および深鉢A3が認められるが、深鉢は岩滑遺跡のものと比較した場合、単斜方向の条痕が目立つ点朝日式の深鉢により近似しており、口縁内面にも条痕が施されるものが多い点や、口縁端部に押し引き列点文のほかに条痕が押し引きされるものが存在するなど、地域差がうかがえる[22]。愛知県岡崎市五本松遺跡〔藤

97

第Ⅰ部　土器の様式編年と年代論

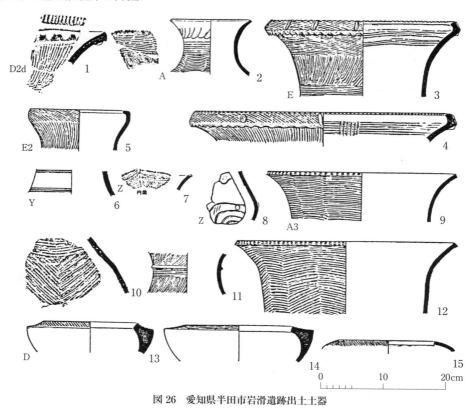

図26　愛知県半田市岩滑遺跡出土土器

島・紅村 1959〕は単純遺跡であり、壺A・E1、深鉢A3、鉢Dが認められ、尾張地方における主要器種を備えているが、やはり深鉢に地域差が認められる。

　この土器群に対し、最近では岩滑式という名称が与えられているが〔笹沢 1977〕、相対的に安定した器種構成と分布の広がりをもち、一様式として画されるのは妥当であろう。

　水神平式の細別　前節において、水神平式Ⅰ・Ⅱ・Ⅲ式の概念が成立してきた過程に触れ、型式内容や編年観に問題があることを指摘したが、基本的に認めてよい点も存在する。まず、樫王貝塚で樫王式と混在して検出された水神平式土器は、壺の口縁内面や頸・胴部に文様をもたない。そして岩滑式に顕著な跳上げ文の出自は、Ⅱ式のメルクマールとされる波状文に求められることは、愛知県西尾市清水遺跡〔紅村 1979〕などの過渡的文様の存在から明らかであり、壺の頸・胴部の文様をみる限りでは、無文→波状文→跳上げ文という三段階の変化を認めてよさそうだ。

　しかし、水神平Ⅱ式のメルクマールとされる波状文を有する土器が検出された遺跡は東海地方西部においては寡聞にして5遺跡しか見出しえなかったが、いずれもより古い水神平式や、まれに岩滑式土器と混在し、深鉢との組成も明確でなく、いわゆる水神平Ⅱ式の様式構造を明らかにするには至っていないのが現実である。したがって、水神平Ⅰ・Ⅱ式に関しては、これ

第5章 中部地方における弥生土器の成立過程

を一様式としてまとめ、なおそのなかに新古の様相をうかがうことができる[23]と指摘するにとどめ、「水神平式土器」としてとらえておくのが妥当だと考える。

満足のいく資料は少ないが、水神平式土器の内容を吟味しておきたい。三河地方における古段階の基準資料は、樫王貝塚純貝層、混土貝層から型式学的操作によって樫王式土器を除いたものである。壺 D1 から変化した D2、深鉢 A1 から変化した A3 を基本構成要素とするが、ともに口縁の外反度が前段階にくらべて強く、口縁端部に押し引き列点文が加えられている。壺は口縁内面や頸部に文様をもたない。条痕は二枚貝腹縁によるものも存在したであろうが、半截竹管によるものの比率が高まるようだ。半截竹管を使用した樫王、吉胡、水神平貝塚など古段階のもの（あるいは新段階も）はいずれもシャープでえぐりが深いという大きな特徴をもち、これは次の岩滑式段階には認められない点が注目される。また、羽状構成が明瞭になりつつあるが、傾斜はあまりきつくない[24]。口縁部内面に細密条痕を施した深鉢が注意される[25]。西志賀式の壺 Y、甕 Y が組成する[26]。

新段階の壺の特徴は、岩滑式を含まない水神平遺跡の資料[27]から古段階のものを引き算して考えれば、口縁内面の文様、頸部の T 字文風の条痕文、傾斜のきつい縦位羽状条痕、そして胴上部から頸部の多段にわたる波状文などが出現してくることがあげられる。条痕は下段→上段方向に、波状文は時計回りに施される点に、縄文晩期土器から岩滑式土器に至る技術の系譜の上にのっていることが確認できる[28]。水神平貝

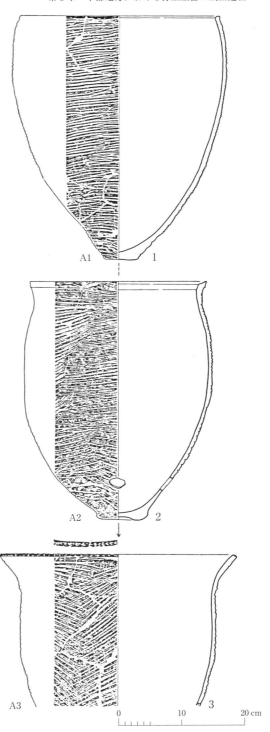

図27 愛知県豊川市水神平貝塚出土深鉢の型式変遷

99

第Ⅰ部　土器の様式編年と年代論

塚の土器は樫王式および水神平式古・新段階ともに存在するが、深鉢A3にも新古の二相が認められる（図27）。

　尾張地方においては提示された資料は西志賀貝塚〔杉原 1968〕などに若干みられるにすぎない。古段階の壺は三河地方と変わらないもの〔愛知県教育委員会 1972〕もみられるが、深鉢などで半截竹管を施文具に用いるものはまずみられないし、深鉢の施文テクニックも三河地方とは異なり、地域差を有すといえる。新段階の明瞭な資料は西志賀貝塚にみられるくらいできわめて乏しい。そもそも尾張地方においては水神平式土器を主体としている遺跡は存在せず、遠賀川式土器文化圏において共伴する条痕文土器や知多半島を中心とした岩滑式土器を有する集団の出現は、このような状況を踏まえてあらためてその意義を問わねばならない。

　水神平式と西志賀式の共伴関係は、貝殻山貝塚、西志賀貝塚、樫王貝塚、五貫森貝塚などにおいて何度も繰り返し確かめられているため、水神平式の古段階に関しては問題あるまいが、新段階に関して筆者は紅村と異なる考えをもっている。紅村は「朝日式土器の貝層では下位から水神平Ⅱ式、上位から同Ⅲ式が出土」したことを述べている〔紅村 1979：429-430〕が、これは1948年から50年までの西志賀貝塚の発掘調査によって得られた所見〔吉田・紅村 1958〕にもとづくものであろう。しかし、具体的事実には触れられず、資料も提示されていない。

　尾張地方で朝日式土器を主体とする朝日遺跡群、松ノ木遺跡、一宮市二タ子遺跡〔澄田ほか 1968〕などから検出されるのは岩滑式土器であり、水神平式新段階の土器は伴わないが、三河地方では水神平貝塚、五貫森貝塚〔紅村 1979〕、豊川市麻生田大橋遺跡〔豊川市教育委員会 1980〕、遠江の磐田市見性寺貝塚〔平野ほか 1974〕などにおいて水神平式古段階にそのしっぽのような混然とした状態で検出され、それに伴うのは朝日式土器ではなく、西志賀式土器に限られるのである。

　また、伴出関係の図示された西志賀貝塚の資料は遠賀川式土器と共伴している〔杉原・岡本 1961〕。したがって、水神平式新段階、波状文の出現は弥生前期にさかのぼる可能性がつよい[29]。

　東海地方西部における縄文土器から弥生土器への変化は、以上概観してきたように、条痕文系土器に関しては尾張・三河地方の間に地域差をみせながらも相似た道をたどることを知ることができた。そして土器群の組成変化から、そこには三つの画期を見出すことができるのである。

　まず、西之山式、五貫森式の段階に近畿地方との間に差異をみせながらも、汎西日本的な突帯文土器文化圏が形成される。

　そうした土器組成は、樫王式の段階に至って崩壊し、壺と深鉢を主要器種とする組成に変化する。弥生土器の成立である。これは畿内第Ⅰ様式中段階における出来事であり、その段階で畿内地方に弥生文化が定着し、尾張地方においても主体的に遠賀川式土器を用いた集落が営まれるようになったことと無縁になされたものではあるまい。しかし、刺激が外から与えられ土器組成が変化したとしても、土器の装飾手法や整形技法に内的発展をあとづけることができる。

　水神平式段階は壺の器種別分化が進行しておらず、厚口鉢も出現していないなど樫王式から

100

の本質的変化はあまりなく〔松井 1980〕、遺跡立地の継起性をあわせて考えてもその変化は漸移的であるといえるが、次の岩滑式との間には明瞭な器種構成の相違がうかがえ、ここに第三の画期を認めることができる。

　尾張平野において朝日式土器の成立の時期に弥生前期以来の農業生産力の発展の一つの画期があったことは、朝日遺跡群における寅ヶ島貝塚、検見塚貝塚地区の集落形成の開始や、方形周溝墓の出現[30]などから認めてよさそうである。そのような変化と呼応した段階において、朝日式土器を主体とする地域の外殻地帯に安定した器種構成を有する岩滑式土器が成立してくる点に意義を認めたい。三河地方においてもこの段階に生活の質的変化があったことは、遺跡立地の変化をとらえた中村友博の分析〔中村 1969〕によって保証されるであろう。

第3節　氷Ⅰ式土器をめぐって

1　氷Ⅰ・Ⅱ式土器の設定

　永峯は、氷遺跡の出土土器を3群に分類した。第1群―網状浮線文あるいは浮線網状文と呼ばれている、器面刳去による変形工字文[31]を描出した種類。第2群―沈線によって描いた種類。第3群―条痕文土器である。そして、第1群の「浅鉢 (5) 類 A（図 28-29・32・33・35・37・38）、深鉢（図 28-4）類 B（図 28-6・8）、壺 (1) 類（図 28-42〜45）」を指標に氷Ⅰ式土器を設定したが〔永峯 1969〕、変形工字文（浮線網状文＝筆者註）と大洞 A 式の規格的な工字文は、技法および発展の系列を違えた同時のものであり、型式学的前後関係に置きかえがたいことを技法の観察、東北地方南部まで含めた遺跡における両者のあり方により説明した。

　多様にみえる浮線網状文も一種類の基本形のバリエーションにすぎないことを想定し、従来浮線網状文が大洞 A 式に併行するもののなかではより後出的姿相であるとする考え方が説かれていたことに対しては、中部山地には大洞 A 式の古い部分といわれるものの広がりは認められないといった点から、氷Ⅰ式の細分は避けるべきだと結論して、大洞 A 式に併行させた。そして、東海地方の編年観との間には矛盾が存在することを指摘したのである。

　氷Ⅰ式土器の形成に関しては、佐野Ⅱ式がそのまま変化したのではなく、新たに大洞 A 式および西日本系土器の影響を受けて発達した形制であるとし、突帯文土器と対峙する、工字文・変形工字文の一地域圏として氷Ⅰ式土器の地域圏を千網式土器の地域圏と並べて理解した。

　氷Ⅱ式土器は図 28-34 などの存在から、これらとセットになる器種を型式学的に氷Ⅰ式から除いたもの[32]であり、深鉢においては口縁の外反度の大きさが重視されている。

2　氷Ⅰ・Ⅱ式土器の分類

　ここでは第1〜3群をまとめて器種別分類を新たに試み（図 28）、後節に備えておきたい。その際、氷遺跡に認められない類型もあわせて類別した。各器種に文様が施される場合には、文様帯として口縁部（口縁外帯）、口辺部、肩部にほぼ集約されるといってよい。そこでこれらを

第Ⅰ部　土器の様式編年と年代論

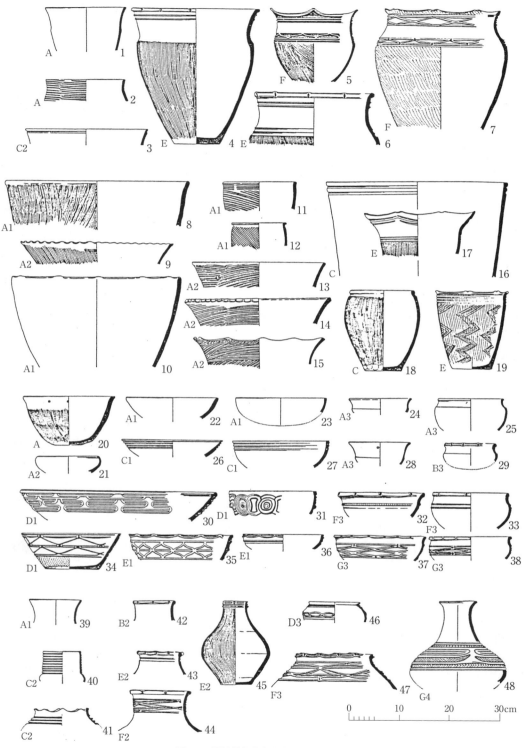

図28　長野県小諸市氷遺跡出土土器

第 5 章　中部地方における弥生土器の成立過程

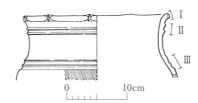

図 29　氷 I 式土器の文様帯区分（氷遺跡）

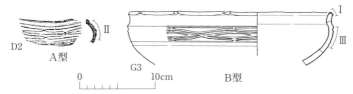

図 30　浮線網状文における二者（左は愛知県田原市伊川津貝塚、右は長野県茅野市御社宮司遺跡）

各々、I 文様帯、II 文様帯、III 文様帯と仮称しよう（図 29）。浅鉢には底部付近まで体部文様帯の施されるものもあるが、II 文様帯として一括しておく。II 文様帯、III 文様帯における a と b は、a が沈線、b が浮線網状文などそれ以外の文様である。また浮線網状文のモチーフにも A 型と B 型のあることを示しておく（図 30）。

　甕や深鉢、あるいは鉢には胴部に細密条痕の調整がされたもの、粗い研磨[33]の加えられたもの、条痕調整のなされたもの、まれに縄文や撚糸文の施されたものが存在する。甕の胴部は細密条痕による縦方向の調整が、深鉢は粗い研磨による調整が多い。

　甕 A（図 28-1・2）　文様をもたない。口縁端部に刻目などを有するものや、大きく外反する口縁を有するものを A2 とした。

　甕 B　I 文様帯のみを有する類型で、氷遺跡には認められない。

　甕 C　IIa 文様帯のみを有し、口縁内面にも凹線のめぐるものを C1、それがみられないものを C2（3）、凹線が 4 条以上に及ぶものを C3 とした。氷遺跡では C2 しか認められず、凹線の数は深鉢 C も含めて「2 条がもっとも多く、多くても 3 条」である。

　甕 D　IIb 文様帯を有する類型だが、氷遺跡には認められない。

　甕 E（4・6）　I 文様帯と IIb 文様帯を有するものおよび IIa 文様帯も有する類型。

　甕 F（5・7）　IIb 文様帯を有する類型。

　深鉢も甕と同様な基準にのっとれば、A1（8・10～12）・A2（9・13～15）・B・C（16・18）・E（17・19）が認められる。11～15 は条痕調整の深鉢であり、条痕には二枚貝腹縁によるものと、半截竹管などによる不揃いなものがあるらしい。

　鉢もやはり甕と同じ分類であるが、A（20）のみ認められた。

　浅鉢は A～D の甕の装飾と同様な基準をとるが、E は I・IIb もしくは I・IIa 文様帯を、F は I・IIa 文様帯を、G は I・IIb 文様帯を有する類型であり、A～G は形態的に三分される。1 類は口縁が直線的に、あるいはやや内湾しつつ外反、直立する形態で、2 類は口縁が内

103

第Ⅰ部　土器の様式編年と年代論

反する形態、3類は肩に段を有し頸部無文帯を有する形態とする。氷遺跡には、A1（22・23）・A2（21）・A3（24・25・28）・B3（29）・C1（26・27）・D1（30・31・34）・E1（35・36）・F3（32・33）・G3（37・38）が存在するが、文様帯を有する2類がみられない点に注意しておこう。さらにA型は3類以外の形態にわずかにみられるにすぎず（35）、ほとんどがB型で、それも3類に結びつく強い規制がうかがえる点は特筆すべきである。

　壺はA〜Dは同様な分類だが、EはⅠ・Ⅱa文様帯、FはⅠ・Ⅱb文様帯、GはⅠ・Ⅱb文様帯を有するものとし、形態的に1類—外反口縁、2類—直口縁、3類—短頸内湾口縁、4類—細頸壺とする。A1（39）・B2（42）・C2（40・41）・D3（46）・E2（43・45）・F2（44）・F3（47）・G4（48）が認められる。

　永峯の算出した器種別個体数を参考にすれば、氷遺跡の土器は甕E、深鉢A、浅鉢G3、壺A1を主体とし、条痕文の施された深鉢A、粗い研磨の加えられた甕A、深鉢C2、浅鉢A1・A2・B3・F3を高比率で組成する器種構成といえよう。

第4節　中・南信地方の土器群

　本節では、中・南信地方における縄文晩期終末から弥生時代初頭にわたる主要遺跡の出土土器を解説するが、条痕文系土器を第1群、それ以外を第2群とし、前者は東海地方西部における分類を、後者は氷式土器の分類を援用しつつ記述を進めることとする。

1　天竜川・伊那盆地南部[34]

網張・上ノ平遺跡〔長野県考古学会 1968〕　阿南町と天竜村に所在する。第1群はともに浅鉢Bが認められ[35]、さらに網張遺跡には甕B、上ノ平遺跡には甕A・C、深鉢A1b種、壺D1が認められ、第2群では上ノ平遺跡に大洞C1、大洞C2式に比定される浅鉢と粗大な工字文を有する浅鉢、さらに工字文により近似する浅鉢がみられるが、これらはいずれも1・2類に相当し、のちに中信地方で述べる女鳥羽川遺跡との関連において注意させられるものである。

満島南遺跡〔丸山 1966〕　阿南町に所在する。この遺跡も長野県最南端の天竜地域に所在し、飯田市付近とは地理的にも区別すべきかもしれない。出土土器は図31に示した。

①第1群

　甕D（1・2）：2の口縁内面の沈線は五貫森式にしばしば認められるところであるが、1は胴部にヘラ状工具による「D」字形の刻目をもつ突帯が施され、東海地方西部にも類例は多く認められず、より以西とのつながりを考慮すべきものかもしれない。いずれにしても樫王式には存在しない。

　深鉢はA1（10〜15・17・18）・A2（9・16）・B1（19〜23）が認められ、A1ではb種が主体をなし、条痕の方向は口縁部が水平方向に限られ、二枚貝腹縁によるものが多い。17・18は伊川津貝塚において認められたc種で、口縁端部を意識的に丸くおさめ、斜方向の整った二枚

104

第5章　中部地方における弥生土器の成立過程

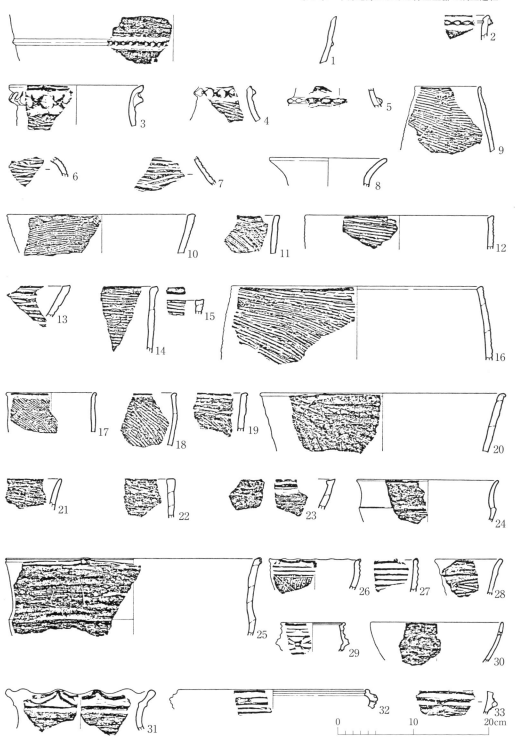

図31　長野県阿南町満島南遺跡出土土器

105

第 I 部　土器の様式編年と年代論

貝腹縁による条痕を施すもので、氷遺跡出土の図28-12と同様である。A2の16は半截竹管をつぶしたような工具による条痕だが、口縁端部の成形は西浦遺跡 (図25-8)、水神平貝塚 (図27-1) 出土土器と共通する。深鉢B1は粗いケズリが口縁部は時計回りに水平方向、以下左下がりに斜方向になされる点、東海地方西部―近畿地方と同一技法である。a 種にみられる口縁端部の粘土のはみ出し、b 種の存在、粘土紐の接合帯を明瞭に残す点は、五貫森―樫王式の特徴を兼ね備えている。

壺 D1 (3~5) の技法や東海系胎土、白褐色～茶褐色の焼き色など、樫王式の壺 D1a 種そのものといってよい。壺 Y (8) も注意すべき存在である。7は明らかに半截竹管を用いている。

浅鉢 A (24) は研磨が加えられている。樫王式に消滅する類型である。このほか、口縁内外に沈線を有する浅鉢 C も数点検出されているが、これは第2群 C1 と密接に結びつく。

②第2群

甕 B (25) は、氷遺跡には存在しない。

深鉢には C2 (26) と C3 (27) が存在する。

鉢 A (30)・D (28・29) が存在するが、28は B 型、29は第1群で美濃・飛騨地方に系譜の求められる Z1 として類別したものである。

浅鉢 D2 (32・33) は、氷遺跡には認められなかった肩部にレンズ状浮帯を有するもののみが認められ、やはり後述の女鳥羽川遺跡との関連において注目されるものである。

壺 B2 (31) は、加飾をもつ波状口縁の壺であり、内面の三角状刳去が特徴的で、大洞 C_2～A 式に顕著にみられる手法だが、南東北地方などでは大洞 A′式まで残存する〔石川町教育委員会 1971〕。

林里遺跡〔神村 1967〕　豊丘村に所在する。遺跡は伊那盆地のほぼ中央に位置している。出土土器を図32に示した。

①第1群

壺には A2 (1)・D2 (2・3)・Y (5・6)、細頸壺である F (7) が存在するが、2・3は明らかに東海地方西部における特徴がそのままに認められ、口縁内面文様のない樫王貝塚のあるものに対比できる。1にも口縁端部に押し引き列点文がみられる。7は8ともどもヘラ描沈線、形態的特徴、傾斜のきつい縦位羽状条痕といった要素により、庄之畑遺跡第4類に関連性を求めうる。5・6は畿内第 I 様式新段階の壺だが、5は西志賀式に特徴的な形態で暗赤褐色の焼き色を呈する、いわゆる赤焼の遠賀川式壺〔紅村 1956〕である[36]。条痕には二枚貝腹縁 (2) や半截竹管 (4) などがある。

深鉢は A1a 種 (14)・A1b 種 (12・13・15~17)・A2b 種 (18)・B2b 種 (19)・A3 (9~11・20・21) が認められる。17・18の口縁端部のレンズ状圧痕は、満島南遺跡にはみられなかった。18は A2 といっても東海地方西部との系譜関係は疑問である。19は内面に明瞭な接合痕を残す。9・10は半截竹管を用いたシャープで彫りの深い典型的な三河類型の縦位羽状条痕が施されるが、10は内面にびっしり細密条痕が施される点で9と異なる。11は5の遠賀川式土器にかぶさっ

106

第5章 中部地方における弥生土器の成立過程

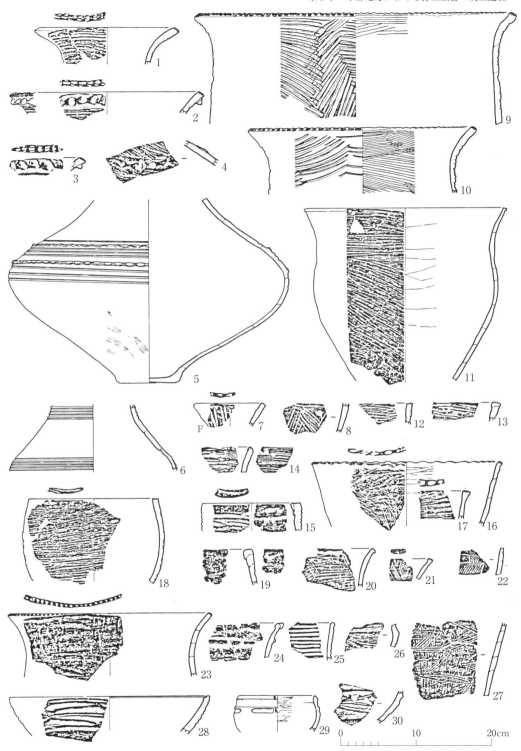

図32 長野県豊丘村林里遺跡出土土器

107

第Ⅰ部　土器の様式編年と年代論

て出土した深鉢で、やはり半截竹管を用い、それも時計回りに底部→口縁部方向に施されており、b種である点とともに東海地方西部との強い関連をうかがうことができるが、条痕の調子は軽く密であり、器形とともに東海地方西部にはみられず、本場の規範から逸脱した要素をもつ在地タイプと考えられる。深鉢の条痕はA1b種には二枚貝腹縁によるもの (12) もみられるが、9・10や11のタイプが大半を占める。20〜22は1・8などと組み合わさるものだろう。いずれも浅い調子の条痕で器壁が薄い。

②第2群

図示しえなかったが、甕 A1 の胴部があり、水平方向の細密条痕をもつ点に氷遺跡の甕との特徴的な差をみることができる。甕 A2 (23) の口縁端部には、第1群深鉢 A3 の手法を模倣した刻目が施され、その関連性が注意される。甕 E (24) は痕跡的な I 文様帯を有す。甕 C3 (25) がある。

浅鉢に D1 (28)・F3 (29)・G3 (30) が存在し、28 は A 型で 30 は B 型の浮線網状文を施す。

尾ノ島館遺跡〔伴 1974a〕　天竜地域の南信濃村に所在する。扱う資料は住居跡出土土器[37]であるが、実見する機会を得なかったので報告に沿って記述したい。

①第1群

壺 A の胴部には縦位羽状条痕を、胴上部から口縁部は横位と縦位の条痕を交互に施し、多段構成をとる点は岩滑式と共通するが、跳上げ文はみられない[38]。口縁端部には一般的に刻目が施される。条痕は深鉢のものより相対的に太く粗い。

深鉢 A3 には傾斜がきつく細かい単位の縦位羽状条痕を口縁部から胴部まで施したものや、半截竹管による粗い条痕を水平方向に施したものが認められ、口縁端部、とくに口唇部に刻目、押捺を加えたものが目立つ。深くシャープな条痕はみられないが、壺と深鉢に施す条痕の原体をそれぞれ変えている点は、林里の段階からの技法の連続であろう。

②第2群

岩滑式に認められた壺 Z と近似した、波状沈線による磨消縄文を有する壺[39]が認められる。

2　伊那盆地北部

うどん坂Ⅱ遺跡〔長野県教育委員会 1973a〕　飯島町に所在する。これも実見しえなかったために、報告を参考にしたい。これらは圧倒的多数の第1群とわずかな第2群によって構成されるようである。

①第1群

深鉢 A1 には a・b 種が認められるが、b 種が圧倒的である。条痕は二枚貝腹縁による比較的整ったものが多く、水平〜やや右下がりに斜行状態で施される。羽状構成はみられない。深鉢 B2 があるようだ。

壺 D1 とやや D2 に近いものがみられ、口縁端部は平坦になでられているが、突帯と刻目が狭小である。

第5章 中部地方における弥生土器の成立過程

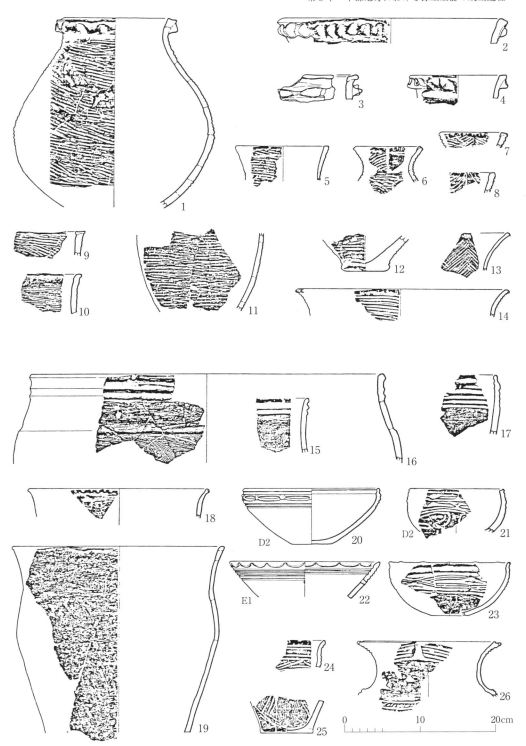

図33 長野県駒ヶ根市荒神沢遺跡出土土器

第 I 部　土器の様式編年と年代論

②第 2 群

甕 A・B・C2・C3 がある。I 文様帯は突起に近い。

深鉢 A2 は口縁端部や口唇部に丸棒状の工具による圧痕を有するものが認められ、直口縁を呈するものと大きく外反するものが存在する。

浅鉢 F3 があるが、浅鉢はきわめてわずかな存在らしい。

荒神沢遺跡〔気賀沢ほか 1979〕　駒ヶ根市に所在する。出土土器を図 33 に示した。

①第 1 群

深鉢には A1 (9・10)・A3 (13・14) がある。A1 には b 種と c 種が認められる。二枚貝腹縁による横走条痕や胎土などに東海地方西部ときわめて近似した様相がみられる。A3 は砂質で黄味がかった淡褐色を呈し、他の個体と異なる特徴を有す。

壺には A2 (5~8)・D1 (1~4) がある。6・7 などヘラ先により明瞭な羽状沈線を描く。1 は二枚貝腹縁による条痕で、羽状を構成しない。D1 はすべて口縁端部がなでられ突帯上の刻目が大きいなど特徴的で、とくに 1 は東海地方西部の特徴がそのままあらわれている。

②第 2 群

甕には A1 (19)・C1・C2 (15)・E (16) がある。19 は下半が縦方向のケズリ、上半は水平方向のナデ調整がされる。下半に細密条痕が施されたものもある。C2 が甕の主体をなす。E は氷遺跡の主体であるが、本遺跡では例外のようだ。

深鉢には A2 (18)・C・D (17) がある。18 は口縁端部に逆 D 字形の刻目を施す。D は例外的な存在で、深鉢もやはり C が主体になるのであろう。

浅鉢は A1・C1・D1・D2 (20・21)・E1 (22)・F3・G3 (23・24) がある。典型的な B 型文様 (23) もみられるが、大半は D1・D2・E1 に施された A 型文様で、氷遺跡と異なる。24 は沈線化している。

壺は G1 (26) がみられるが、いわゆる大地型の壺である。

苅谷原遺跡〔太田 1971〕　本遺跡は中川村に所在し、うどん坂 II 遺跡、荒神沢遺跡に近接している。ここで検討を加えるのは耕作の際に検出された完形土器を中心とする土器群であり (図 34)、狭い範囲からの出土で、報告者は「デポ的性格」を有した一括資料ととらえている。単一様式をなすものではあろうが、偶然の発見である点が惜しまれる。

①第 1 群

壺 (1) は口縁部と底部を欠いている。太い縦位羽状条痕を胴部に、その上に 3 段の波状文を施し、頸部にやや斜傾した条痕を施す。条痕は底部→口縁部方向に時計回りに描かれる。胎土、焼成、色調ともに東海地方西部のものに近似する。調整具はほかの個体と異なる棒状のものだろう。壺 Y (6) は 1956 年に発見された際の土器片のなかに 1 片だけ含まれていたものであるが、3 本以上の貼付突帯が認められ、暗褐色を呈し、よく研磨され滑沢をおびている。

深鉢 A3 (2・3) は条痕の傾斜は異なるが、相似た特徴をもつものが 2 例認められる。両者ともシャープな彫りの深い半截竹管による条痕で、2 は内面にも条痕が施される。深鉢 B2 (5)

第5章 中部地方における弥生土器の成立過程

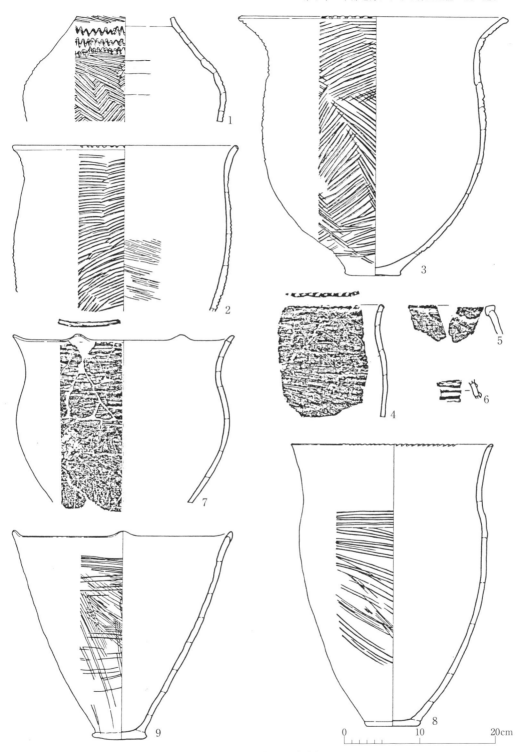

図34 長野県中川村苅谷原遺跡出土土器

第 I 部 　土器の様式編年と年代論

の口唇に粘土を貼って内側に肥厚させるのは特徴的である。

　②第 2 群

　甕 A2 (4・7・8) の 4・7 は、いずれも肩の段は痕跡的な稜となっているものの、頸部を水平あるいは斜方向に削り、胴部を 4 では水平方向になで、7 では縦方向に削っている。4 には口縁端部に刻目を施し、7 では強くなでて平坦にし、数個の突起を設けている。図示できなかったが、同類の甕 A2 で口縁端部に林里遺跡第 1 群深鉢 A1 にみられたレンズ状押捺を加えたものが存在する。8 は長胴で肩に段をもち、それより上をナデ、以下を半截竹管で水平→斜方向に調整し、口縁端部に斜傾する刻目を施す。8 のように口頸無文部に縦方向の条痕を部分的に密集して施す類例が存在するが、いずれも調整具は半截竹管による。

　深鉢 A2 (9) は直線的に大きく開く口縁を有し、口縁端部に 7 と同様の突起を配す。肩に相当する部分にわずかな稜が認められ、それより上をヨコナデで無文帯とし、以下に水平→斜方向の半截竹管による調整を施す点は甕と同巧である[40]。

3 　諏訪盆地・八ヶ岳南麓

新井南遺跡〔小松原ほか 1976〕　岡谷市に所在し、縄文晩期終末の土器をほぼ単純に包含する「土器集中地点」2 か所が確認された。出土土器を図 35 に示した。

　①第 1 群

　壺には、A (1・2・5)・D2 (3)・Y (4) がある。1 は軽い羽状条痕を二枚貝腹縁で施した、頸のやや細い壺である。3 は樫王、水神平式にみられたと同様の刻目突帯を有するが、明らかに当地方で製作されたもので、D2 だが口縁端部に文様はない。条痕は二枚貝腹縁と半截竹管があり、後者もかなりの量にのぼる点や、深くシャープなものが存在している点、1 が東海地方西部にみられないものであることと合わせて注意しておきたい。

　②第 2 群

　甕は A1 (9・10)・A2 (14)・C2・C3 (13)・E (11) がある。9・10 は肩に痕跡的な稜を、13 は口縁に沈線化した IIa 文様帯と突起を有す。11 には痕跡的な I 文様帯がみられる。

　深鉢は A2 (16・17)・D (15) がある。A2 には口縁の大きく外反するものが存在する。16・17 は 14 と同様な丸棒状工具による圧痕を有する。

　浅鉢は A3・B1 (20)・D1 (18)・E1・E2 (22)・F3 (19)・G3 (21) がある。22 は本来 A 型の文様が施されるべき器形だが、B 型が施されている点に注意したい。21 は氷遺跡の典型例に近い。ほかに沈線表現の文様をもつ浅鉢と壺が存在する。

　入の日影遺跡〔矢島・笹沢 1979〕　茅野市に存在するが、諏訪湖盆地周辺遺跡群の一つとしてとらえられている。約 10×10 m の範囲内に条痕文系土器が集中して出土し、それらは以下の特徴により一様式のものと認識される (図 36)。

　報告書の記載をもとに概説すると、壺 (1) はヘラ描沈線を縦に区切ったものが存在し、器面はよく研磨される。

第5章 中部地方における弥生土器の成立過程

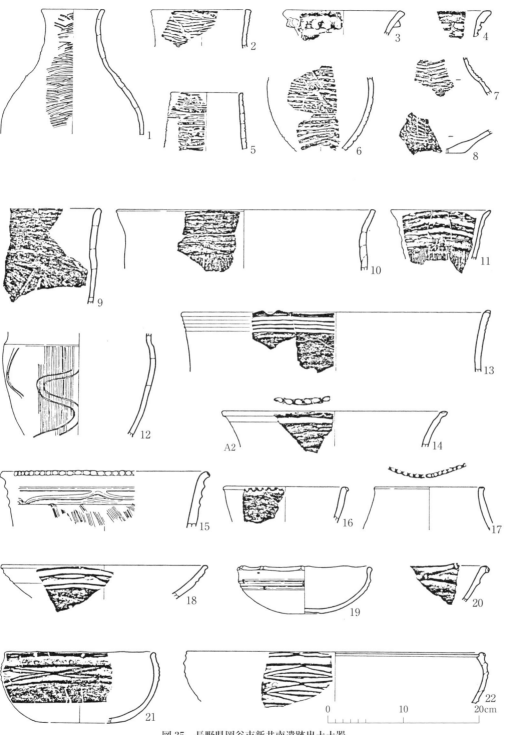

図35 長野県岡谷市新井南遺跡出土土器

113

第 I 部　土器の様式編年と年代論

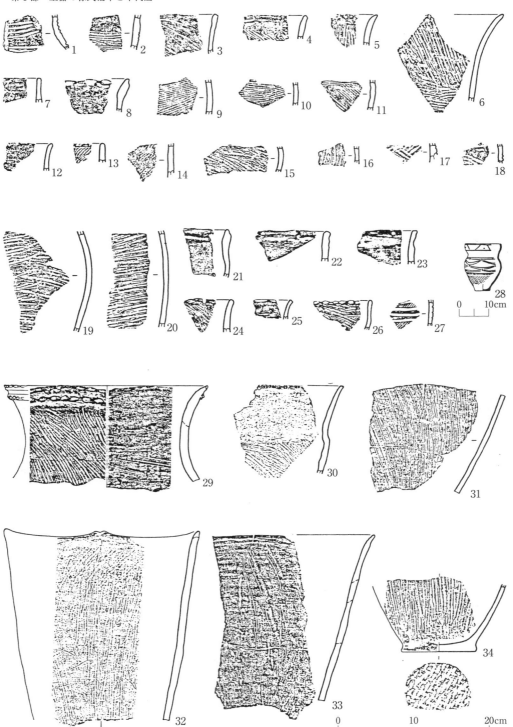

図36　長野県茅野市入の日影遺跡（1〜18）・富士見町籠畑遺跡（19〜27）・富士見町二ノ沢遺跡（28）・山梨県北杜市柳坪遺跡（29〜34）出土土器

114

甕 (2) は口頸部に研磨された無文部を残す氷Ⅰ式の系譜を引くものであるが、胴部は水平方向の細密条痕となっている。

深鉢 (4〜8・12・13) には条痕調整とケズリ調整がみられ、前者の調整具は細密条痕のものと半截竹管があるようだ。口唇に指頭圧痕をもつもの (5・6・8) や、口縁部に狭い無文帯を残しⅠ文様帯の名残とおぼしき施文のなされるもの (4) が認められる点は注意してよい。縄文を施すもの (13) やヘラ先による太い鋸歯状の沈線文のみられるもの (17) もある。そして浮線網状文が一片もみられないことを特記しておきたい。

庄之畑遺跡〔戸沢 1953、藤森ほか 1966〕 岡谷市に所在する。これも報告に沿って簡単にまとめておこう。

①第 1 群

壺には A・D2・F・G がある。口唇に刻目、胴部に太く粗い条痕の跳上げ文や斜・横の多段条痕、水平方向や傾斜のきつい羽状の条痕をもつ。ヘラにより胴部などに条痕文の模倣意識の強く感じられる三角状沈線文や羽状沈線文を描く G が加わっている。

深鉢には A3・B3 がある。形態的斉一性がみられ、口唇に刻目が施されるものや貝殻押引きをもつものがある。条痕は相対的に細かいが、原体にはバラエティがいくつかあるようだ。

鉢には D が認められる。

②第 2 群

第 3 類として第 4 類の下層から検出されたものには、甕 C3・E、深鉢 A2・C、浅鉢 G3 がみられ、浅鉢の文様は典型的な B 型で、組成ともども氷遺跡のあり方にきわめて近い。さらにその下層から A 型の文様を有する鉢が検出されている。第 4 類には磨消縄文を施した壺 Zが共伴する。

4　松本盆地

女鳥羽川遺跡〔原編 1972〕 本遺跡は、松本市に所在する女鳥羽川の河底の低湿性遺跡である。出土した土器群は縄文後期後半から数型式にわたり、それらは「約 20 cm 程度の包含層に雑然と検出」された[41]。報告書を通して概観しよう (図37)。

①第 1 群

条痕調整の土器 (1) は 2 片程度検出されただけで、きわめて少ない。しかし条痕は二枚貝腹縁によると思われる端正である点や、浅鉢に B タイプに近いもの (25)、さらにそれより古いタイプのもの (23) が存在している点[42]は、注目に値する。

②第 2 群

甕には C1 (3・5〜10)・C2 (8・10) がある。口縁下に削り出しによる一条の浮線に近い低突帯を作出したり、浮線を描く際の二条の凹線に重点が置かれるようになったものが主体となり、口縁内面に凹線をめぐらす C1 も少なからず存在する。

深鉢には C1 (13・15)・C2 (12・14) がある。口縁部に太い凹線をめぐらすものが大半である

第Ⅰ部　土器の様式編年と年代論

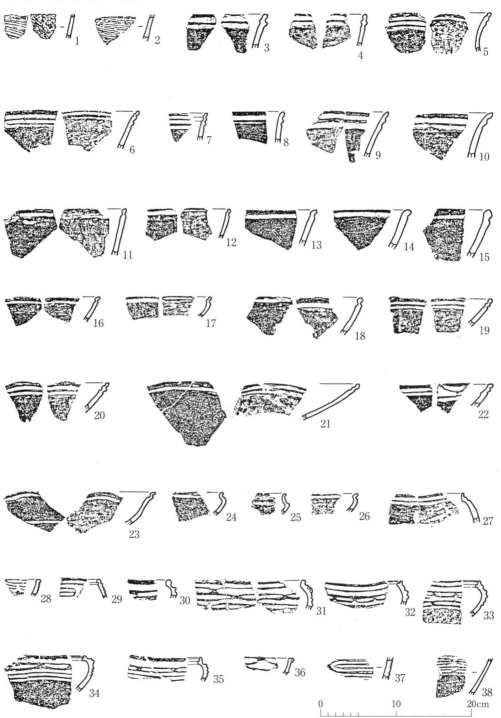

図37　長野県松本市女鳥羽川遺跡出土土器

第 5 章　中部地方における弥生土器の成立過程

が、内面にも凹線を施すものの存在が知られる。

　浅鉢には C1 (16〜21)・C2 (27)・D1 (28)・D2 (29〜35)・3 類 (36) がある。浅鉢は口縁内外に 1〜2 条の沈線の施される簡素な C1 が多い。D2 には図示されたものによる限りレンズ状浮帯、工字文、沈線文を施すものがほとんどで、入り組んだモチーフは認められない。形態と文様に強い規制の認められる類型で、満島南遺跡でも主体的にとらえられたものである。また、五貫森貝塚や馬見塚遺跡で検出された流水文に近い構図 (37) も存在する。浮線網状文は匹字文に連なる A 型が図示されているが (38)、胴部破片がわずかにみられるにすぎない。また、I 文様帯を有する破片が 1 例図示されているが (36)、F 類か G 類か判然としない。しかし、文様モチーフのみならず、土器組成の面においても氷遺跡の土器群との間に差異のあることは確かであろう。

　離山遺跡〔穂高町教育委員会 1972〕　離山遺跡は安曇野市に所在する。遺跡の形成は縄文後期後半と晩期終末との間で断絶があるため、晩期終末の土器群は他の土器群と分離した状態でとらえることができよう。出土土器を図 38 に示した。

①第 1 群

条痕は粗々しく女鳥羽川遺跡のものと異なる (1・2)。

②第 2 群

甕は女鳥羽川遺跡と同様、C 類が主体を占めるが、C1〜C3 にわたり認められる。

　深鉢は C2・D2 (7)・F が認められる。深鉢 D2 や F は女鳥羽川遺跡には認められなかったし、口縁部は欠失しているが、胴部に入り組んだ浮線網状文が多段にわたって施されるもの (14) が存在する。

　浅鉢には C1 (17)・D2 (20・22〜24)・E1 (19) がある。これらには入り組んだ浮線網状文が顕著に認められる点、女鳥羽川遺跡と大きく異なるが、F3・G3 類が図示されたもののなかには一切認められず、大半が 2 類で文様はすべて A 型である点が興味深い。

　トチガ原遺跡〔原田 1980〕　トチガ原遺跡は松本盆地の北辺、大町市に所在している。図 39 に示した土器群のみが竪穴住居跡の覆土および床面から検出された。報告書の挿図に沿って解説を加えよう。

①第 1 群

壺に D1 (1) が認められる。頸部に水平方向の条痕が施される。口縁端部は平坦にはされていないようだ。

②第 2 群

甕には C2 (4・6〜8・10・11)・E (9・13・14・17) がある。C1 は一切認められず、E の I 文様帯は痕跡的な突起となっている。胴部は縦方向の細密条痕もあるが (22)、水平方向も少なくない (23〜25)。さらに沈線による三角形の文様が描かれる例 (19) は、千葉県成田市荒海貝塚に存在する〔西村 1975〕。

　深鉢には A1 (17)・A2 (19〜21) がある。A2 には刻目を施した、大きく外反する口縁を有す

117

第 I 部　土器の様式編年と年代論

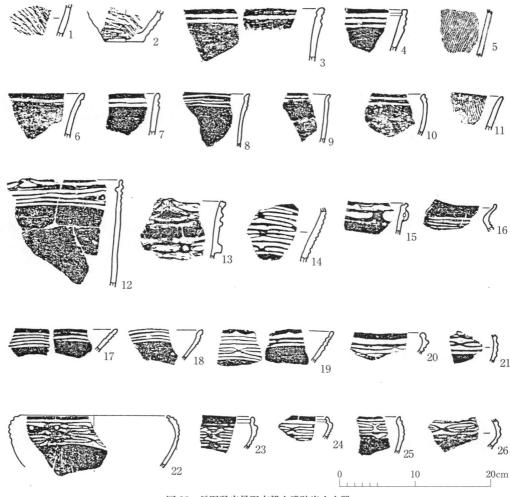

図 38　長野県安曇野市離山遺跡出土土器

るものが見受けられる。

　浅鉢にはF3 (29)・G3 (30〜36) がある。すべてB型浮線網状文である点、とくに注意される。

　横山城遺跡〔藤沢 1966〕　本遺跡は松本市に所在する。土器はトレンチ内および住居跡からの出土であるが、出土層位などが注記されたものは一部にとどまる。出土土器を図40に示した。

　①第1群

　壺にはA (2)・D (4)・F (1・3)・G (7・10) がある。いずれも貝殻条痕に似せた太い条痕およびヘラ描沈線を施す。4の突帯上の刻目は大ぶりな指頭圧痕ではなく、棒状工具による狭小なものである。6と同様の波状文は尾ノ島館遺跡にみられる。これは11と同類型の文様を有する破片と住居跡床面に共存していた。8や10は傾斜のきつい縦位羽状条痕を施す。

118

第5章　中部地方における弥生土器の成立過程

図39　長野県大町市トチガ原遺跡出土土器

119

第Ⅰ部　土器の様式編年と年代論

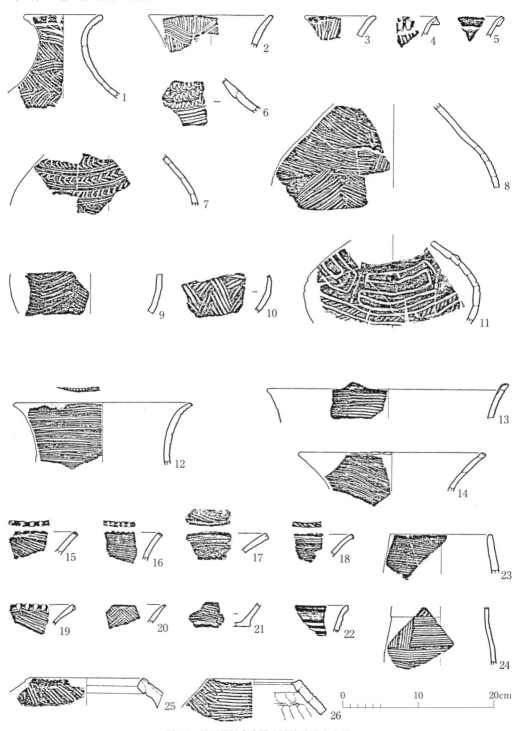

図40　長野県松本市横山城遺跡出土土器

深鉢は A2 (23・24)・A3 (12〜20) である。24 には口縁に複節の縄文が施され、体部に T 字文が施される。A3 には形態的斉一性が認められ、条痕は細密条痕に近いもので水平もしくは縦位羽状である。口縁端部や口唇部の刻目の技法は多様である。また口縁に突起を配するものも存在する (13)。

鉢 D (25・26) は岩滑式に認められた厚口鉢と胎土、焼成、色調とも非常に近似する。

②第 2 群

壺 Z がある (5・11)。縄文を回転させた折り返し口縁のものが認められる (5)。11 は胴部に縄文帯を配し、胴上部に沈線による変形工字文の崩れた文様を描く。

浅鉢 G3 (22) は沈線化した文様モチーフをもつ。

第 5 節　中・南信地方における弥生土器の成立過程

1　氷 I 式の細別と女鳥羽川遺跡の土器群の成立事情

浮線網状文の二者　前節において、中・南信地方における縄文時代終末とその直後の遺跡出土土器について述べてきたが、ここで得られた事実をもとに東海地方西部の事情を考慮しつつ、中・南信地方における縄文土器の終末と弥生土器の成立過程について、若干の考察をおこないたい。

満島南遺跡において、氷 I 式土器の名のもとに一括されがちな土器群には氷遺跡に顕著な B 型浮線網状文はわずか 1 片にとどまり、甕、深鉢類とともに氷遺跡の土器群とは異なる姿相を有することをうかがうことができた。荒神沢遺跡における第 2 群土器では総じて浮線が入り組み複雑なモチーフとなった文様が多く、満島南遺跡とは異なったあり方を示す面もあるが、その文様は A 型であり、浅鉢 E では口縁外帯も文様化しており、氷遺跡の浅鉢のあり方とは際立った対照をみせている。また、甕においてもその主体は E 類ではなく、I 文様帯を欠く C 類である点に注意が喚起される。これは、松本盆地における遺跡でもうかがうことのできた事実である。

表 6 は、縄文時代から弥生時代へ移行する過程にある、中・南信地方の遺跡における第 2 群土器の器種別組成を示したものである。b 文様帯を有する浅鉢 D・E・G において白抜きは A 型の文様が、黒くつぶしたものは B 型の文様が施されるものであり、D・E 類に A 型の文様が、G 類に B 型が施されるという強い規制を知ることができる。そして、松本盆地という一地域の内でも女鳥羽川、離山、松本市大村遺跡〔長野県企業局 1979〕のように A 型のみを有する遺跡と、トチガ原遺跡、松本市石行遺跡〔樋口 1973〕のように B 型のみで構成される遺跡が存在し、さらに伊那盆地北部においても南箕輪村南高根遺跡〔長野県教育委員会 1973b〕、高森町月夜平遺跡〔大沢ほか 1969〕、伊那市菖蒲沢遺跡〔根津 1973〕は A 型のみであることがわかる。

狭小な地域でこのように異なる二者のあり方をうかがうことができるが、それをただちに時間差と決めつけてしまうにはまだ問題があるため、さらに検討を加えよう。まず、A 型、B

第Ⅰ部　土器の様式編年と年代論

表6　長野県下の遺跡における氷Ⅰ式土器器種別分類表

		甕								深鉢				浅鉢								壺			
		A1	A2	B	C1	C2	C3	E	F	A1	A2	B	C	E	A	B3	C1	D1	D2	E1	F3	G3	A1	B2	E2	F2
	氷	○				(○)		○	●	○	○	○	○		○	○	○			○	○	●	○	○	○	●
松本	女鳥羽川			○	○							○	○			○	○									
	離　　山			○	(○)							○	○			○	○									
	大　　村	○		○	○					○		○					○	●				○				
	石　　行																					●				
	トチガ原																					●		○		
	緑　ヶ　丘			○	○							○		○												
諏訪	新井南	○	○							○		○	○				○	●				●				
	経　　塚	○	○	○						○		○	○				○	●				●	○			
	庄之畑				(○)							○	○									●				
	龍　　畑		○									○	○													
	入の日影											○	○													
	二の沢											○	○													
伊那北	月夜平				○							○						○								
	南高根											○														
	菖蒲沢											○														
	樋口五反田	○			○		(○)					○	○									●				
	荒神沢	○			(○)	(○)	(○)					○	○									●				
	北高根A	○	(○)									○										●				
	城　　平											○					●					●				
	うどん坂Ⅱ											○									(○)					
	苅谷原		○									○														
伊那南	上ノ平																	○							○	
	満島南		○		○							○					○								○	
	林　　里				○	○											○					●				

型の生成の問題であるが、それに一定の解答を与えてくれるのが、女鳥羽川遺跡における有文浅鉢類である。これらにみられる文様モチーフはほとんどがレンズ状浮帯を肩に残し、入り組み文を形成しない工字文である点でB型にくらべて古相を保っているといえよう。

　同地域の離山遺跡における文様のあり方をみた場合、この仮説は補強される。離山遺跡の浅鉢は、女鳥羽川遺跡と形態的に近いものが多いが、入組文化した浮線網状文が大半を占める点に女鳥羽川遺跡との時期的な差を読み取ることが可能であるし、離山遺跡の第1群土器の特徴が樫王式に近い点も女鳥羽川遺跡で出土した条痕文系土器との比較からそこに年代差をみることができ、松本盆地においては女鳥羽川遺跡→離山遺跡という変化を認めることができよう。

　そして、表6から明らかなとおり、この有文浅鉢に代表される文様モチーフの変化は、A型浮線網状文に限った生成発展の変化であったことがわかる。さらにまた、女鳥羽川遺跡において古相を保った工字文の施される浅鉢はあまねくD2類である点や、離山遺跡において入り組んだA型浮線網状文が主体的に椀形に近い形態のものに施される点は、上ノ平遺跡や小諸市石神遺跡〔永峯 1955〕、飯山市山ノ神遺跡〔大原 1981〕などにみられる粗大な工字文を有する浅鉢に、形態的にもその系譜をたどることができることを示している。それに対して氷遺跡で主体を占める浅鉢G3—Ⅰ文様帯と頸部無文帯、そしてⅢb文様帯としてのB型浮線網状文は佐野Ⅱ式に直接的な系譜関係をたどることができない。

　甕・深鉢の差異　それでは次に、これらの浅鉢類と組成する甕、深鉢について検討してみよ

122

第5章　中部地方における弥生土器の成立過程

う。女鳥羽川遺跡においては確実に甕が伴う[43]。甕類で問題にしたいのは、C類とE類である。表6よりC類は伊那盆地南部の数遺跡を除いたほとんどの遺跡にみられるが、細かくみるとそれは口縁内面に凹線をもたないC2タイプにいえることで、C1タイプとなると見出すことのできない遺跡がいくつも存在し、C1タイプを出土する遺跡ではE類を欠くことが多いという傾向を知りうる。それとは逆に、E類が認められる遺跡にはC1タイプは認められないという現象も指摘できる。前者は女鳥羽川遺跡に、後者は氷遺跡に代表される口縁内面の凹線と口縁外帯の有無の差であるが、小地域内でもこの傾向差は遺跡ごとにうかがうことができる。

　浅鉢、甕類の両者にみてとることのできたこの二分現象は、松本盆地では女鳥羽川遺跡・大村遺跡・離山遺跡と石行遺跡・トチガ原遺跡との相違、伊那盆地北部においては月夜平遺跡・南高根遺跡と北高根A遺跡・伊那市城ノ平遺跡〔宮沢1973〕との相違として顕現するものであり、女鳥羽川遺跡における浅鉢を考慮すれば、この二相を時間的な差としてとらえることが可能であると考える[44]。

　浮線網状文の二者の時期差と併存　しかし、注意しておかなくてはならないのは、A型→B型へ継起的に変化したのではない証拠をいくつもあげることができる点である。まず、表6でも明らかなとおり、浅鉢D1・E1においてもB型が、G3でもA型が認められ、文様要素の交換現象がみられる点や、各遺跡でA型とB型が混在して検出される場合が多い点である。また、各地の大洞A式にB型のみならずA型から変化した文様モチーフを認めることができる事実である[45]。そして、さらにA型、B型に分布の偏差がありそうな点にはとくに注意しなくてはならない[46]。

　したがって、A型とB型に併存する部分のあったことは確実であろうし、これは古沢町遺跡などにおけるZ2とZ3の伴出（図25）という事実と矛盾するものではない。だが、甕EとB型文様帯を有する浅鉢G3および壺という組成が地域的な偏りをみせて、氷I式のなかでも相対的に遅れて出現し、それにより氷I式に地域差が生じ、そしてトチガ原遺跡のようにB型はA型よりも後まで残存した可能性は高い。

　従来、中・南信地方において氷I式として一括されてきたものには少なくとも二段階程度の細かい変遷をみることのできることを主張したい[c]。

　女鳥羽川遺跡の土器の成立背景　氷I式の古相を呈する女鳥羽川遺跡の土器群の成立とその意義、編年的位置づけについて、ここで触れておかなくてはならない。

　女鳥羽川遺跡第2群の甕Cにみられる低突帯や2条の凹線は、肩に段を有する器形の出現とともに、五貫森式の甕Bの製作技法が関与していることを予想させる。口縁外面の突帯あるいは凹線と段違いになるように口縁の内面に凹線を施す手法は、五貫森式にしばしばみられた[47]。また、浅鉢C1は五貫森式に浅鉢Cとして主体的に存在していた器種である。五貫森貝塚の大洞系土器が大洞A式の前半に併行する時期のものであろうという指摘〔杉原・外山1964〕や、大参の年代観〔大参1972〕もほぼ矛盾なく理解でき、永峯の疑問〔永峯1969：51〕に答えうるものと思われる。

123

第Ⅰ部　土器の様式編年と年代論

　このように、女鳥羽川遺跡の土器群は、五貫森式土器の製作技法の影響を受けた肩に段を有
する甕と深鉢、そして文様は大洞系土器の体部文様を採用しているものもあるが、多くは簡素
な形態的多様性に乏しい浅鉢を基本的構成要素としている点、縄文施文の欠落、深鉢類の波状
口縁の衰退とともに、西日本突帯文土器群の影響を土器組成の面にも強く受けて成立した土器
型式といえよう。

　突帯文土器の影響　五貫森式土器は、天竜付近にまで浸透し、その甕類は石川県白山市下野遺
跡、小諸市石神遺跡、神奈川県横浜市杉田貝塚〔杉原・戸沢 1963〕、神奈川県秦野市平沢同明遺
跡〔杉山ほか 1981〕などにおいて検出され、活発な動きを知ることができる。これは尾張地方、
三河地方における突帯文土器文化の成立という一つの画期を反映するものであり、遺跡の低地
進出とともに女鳥羽川遺跡の土器群もその地方型としての意義を有するものとして評価でき
る。

　女鳥羽川遺跡の土器群が形成された段階では、中・南信地方と尾張地方との交流はむしろ一
方的で、尾張地方は飛騨―北陸方面と密接な相互交流をはかっていたことが、上ノ平遺跡、網
張遺跡の浅鉢 B、馬見塚遺跡 F 地点の Z 類や岐阜県可児市北裏遺跡〔大江ほか 1973〕、石川県
下野遺跡の土器群から知ることができる。そして、中・南信地方は三河地方と豊川、天竜川を
通じて盛んに相互の交流をおこなっていたようだ。女鳥羽川遺跡の土器群が五貫森式土器と
いっても馬見塚 F 地点よりも五貫森貝塚の土器組成に近い内容をもっている[48]のもそのあたり
に原因があるように思われる。氷 Ⅰ 式の新しい段階に至り、尾張地方とも相互の交流が展開さ
れたことは、下り松遺跡の深鉢や古沢町遺跡の Z 類にその一端を垣間見ることができる。

　五貫森式の段階では、天竜付近はすでに型式の主体をなすものが東海地方西部と変わりなく、
設楽町神田中向遺跡〔桜井・平野 1966〕、浜松市向市場遺跡〔向坂 1971〕など奥三河地方におけ
る状況と合わせて考えると、この地域が広義の突帯文土器文化に包括されていた可能性が高い。

2　弥生土器の成立過程

　南信地方における条痕文土器の影響と独自性の形成　満島南遺跡もこの段階から経営が開始される
が、東海地方西部に系譜の求められる土器は、その約束事がきちんと守られていることを観察
することができ、有文土器が約 3 ％の組成比率しかもたず、94 ％にのぼる圧倒的多数の条痕
文、無文土器群によって構成されていること〔丸山 1966〕は、様式的にも樫王式そのままといっ
てよい内容を有していることを知ることができた。

　林里遺跡では、壺に D1 がみられず、深鉢は A3 が登場しており、満島南遺跡で明瞭ではな
かった半截竹管が調整具の主体になっている点を指摘できる。つまり、壺においては D1→D2、
深鉢においては A3 の出現という満島南遺跡からの変化が認められるわけで、この変化は東海
地方西部の樫王式→水神平式の変化と等しい。

　満島南遺跡の土器群が樫王式そのままといってよい内容を有していたのに対し、林里遺跡の
段階では、東海地方西部ときわめて密接な関係を保ちながらも、明らかに当地方において独自

124

第5章　中部地方における弥生土器の成立過程

に製作されだした条痕文土器をみることができる。

　時計回りの条痕施文は東海―近畿地方の縄文晩期土器や水神平式土器の整形技法と通じた
ものであるし、半截竹管による条痕が深くシャープであるという特徴が東海地方西部において
限定された時期に現れることも指摘した。また、内面に細密条痕を施すのも半截竹管による
シャープな外面の条痕調整に伴う技法であることは、吉胡貝塚の例を引いて第2節で述べた
ところである。しかし、たとえば深鉢において図32-11のような当地域に独自な条痕文土器
や、口縁端部にレンズ状の押捺を有するものが出現することも在地化現象として評価したい。

　半截竹管などの調整具とその装飾手法などに東海地方西部との関連性を密接にもつ一方で、
縄文土器の伝統性を継承し、独自なものを製作していった姿と受けとめることができ、そこに
この地域の弥生土器が条痕文系土器とはいっても東海地方西部とはやや異なる形で展開してい
く出発点をみることができる。天竜地域においては、飯田市十原城神社前遺跡〔伴 1974b〕の
壺にそうした傾向が知られる。

　尾ノ島館遺跡においては、壺A・Zに岩滑遺跡や篠束遺跡の古い部分との対比が可能で、林
里遺跡からの組成変化は深鉢が形態的に統一されている点に東海地方西部の変化と抵触しない
ものがある。しかし、壺における器種別分化に関しては細頸壺の出現をみるが、第1群壺E
や大型壺の存在は不明であり、鉢にも明らかな相違がうかがわれる点に注意を払っておきたい。

　このようにしてみると、天竜・伊那盆地南部は、網張・満島南古→満島南新→林里→尾ノ島
館という東海地方西部の五貫森→（馬見塚式）・樫王式→水神平式→岩滑式という変化と呼応し
た比較的スムーズな変遷をたどりながら、ローカルな様式を形成していくようである。そして、
尾ノ島館遺跡の段階に相当する遺跡として林里遺跡が前段階から継続して営まれるほかに、天
竜地域では宮ノ前遺跡、切餅遺跡、塚本遺跡、上ノ原遺跡などが、飯田市周辺では座光寺原遺
跡、立野遺跡、竹の腰遺跡、城遺跡など多くが新たに居を構えるようになる事実は、とくに注
意すべきである。

　伊那盆地北部の荒神沢遺跡における第1群土器には東海地方西部の規制が強く働き、満島
南遺跡の新相ときわめて近似した様相を示している。しかし、満島南遺跡に存在していた深鉢
A1c種やA2は欠落しているし、満島南遺跡においては有文土器が3％に満たないことが指
摘されたが、本遺跡では氷I式土器が条痕文系土器を量的に圧倒しているという相違がうかが
える。これらの事実は、本遺跡が伊那盆地でも最北の、諏訪盆地に近接した地理的条件を反映
したものとも考えられようが、一方で同地域にうどん坂II遺跡のように、ほとんど第2群有
文土器を含まず条痕文系土器が圧倒的な遺跡も存在する事実は、地理的な理解のみで本地域の
土器群のあり方を説明することが無理なことを示しており、樫王式土器を主体にもつ集団が侵
入して、氷I式土器を主体とする遺跡に大きな影響を与えつつ互いに接触をおこなった姿を反
映している可能性を考えたい。

　苅谷原遺跡の第1群深鉢A3は、林里遺跡にきわめて近似した性格を示すものの存在をみた
し、深鉢B2や壺Yにも同様の型式学的特徴を示すものが認められた。また、第2群におい

125

第Ⅰ部　土器の様式編年と年代論

ても甕 A2 の口縁端部の刻目やレンズ状圧痕は、林里遺跡に特徴的なものである。したがって、第 1 群深鉢、壺、第 2 群甕を通じて両者に併行する時間のあることをうかがうことができよう。

　林里遺跡との併行関係の上に立って、あらためて注意されるのが第 1 群の壺（図 34-1）であり、それが水神平式新段階の特徴を有する点である。苅谷原遺跡のこれらの土器群は明確な一括性が保証されたものではないが、第 1・2 群ともに単純な様相をもっており、両群にみられる技法の共通性からも、一つの様式を形成する蓋然性は高い。第 2 群に対しては、甕 A2、深鉢 A2 において氷Ⅰ式に普遍的であった形態と技法が退化変形してはいるが踏襲されている点に、縄文土器の伝統が払拭されていない姿をみることができる。しかし、口縁端部にはやがて主流になる刻目や押捺が施され、縦方向の細密条痕が施されるべき胴部にはいずれも半截竹管を用いた水平→斜方向の調整が顕著になるなど、条痕文系土器群の技法が浸透している点を見逃すわけにはいかない。

　諏訪盆地の弥生土器の成立　諏訪盆地における変遷を追認してみよう。新井南遺跡では第 2 群の甕にⅠ文様帯を有するもの、小突起を有するものが認められるが、口縁内面に沈線を有する C1 類はみられない。深鉢においては、口縁端部あるいは口唇部に丸棒状の工具による圧痕あるいはレンズ状押捺を施す例が少なからず存在する。また、浅鉢の文様は B 型のみで構成され、E2 類に B 型文様が組み合わさる特異な現象も認められた。また、氷Ⅱ式の型式学的特徴とされる沈線表現が、甕、浅鉢、壺にわたって認められ、さらに第 1 群土器の壺 D は D2 タイプに近づき、シャープな半截竹管で調整される器種も加わっているなど、氷Ⅰ式でも相対的に新しい様相を占める特徴を列挙することができる。岡谷市経塚遺跡〔樋口ほか 1980〕もこの段階である。

　入の日影遺跡出土土器の大きな特徴は、浮線網状文の土器を 1 片も含まないことである。その土器が第 1 群ではなく第 2 群の系譜を引くものにより構成される点は、甕の存在、Ⅰ文様帯の残存、そして細密条痕から変化した調整、縄文の存在といった諸点から明らかである。その一方で、甕はわずかな比率にとどまり、その細密条痕が水平方向をとること、そして条痕に明らかに半截竹管が用いられているという特徴ももっている。深鉢の口唇部の刻目とあわせて、南信・苅谷原遺跡の土器群にこれらの特徴がそのまま認められることからすれば、この土器群もやはり条痕文系の土器の強い影響のもとに生成したものといえよう。

　新井南、経塚遺跡などの土器群と比較すると、浅鉢の欠落、甕の退化という土器組成に大きな変化がみられるが、いまだに定型化した壺が出現していない点も大きな特徴といえる。

　こうした土器群の類例を求めると、茅野市一の沢遺跡〔伴 1976〕、富士見町二ノ沢遺跡〔戸沢 1965〕、富士見町籠畑遺跡〔武藤 1968〕などが列挙され（図 36）、八ヶ岳南麓に分布するこれらの遺跡はいずれも浮線網状文土器を伴っておらず、相似た特徴を共有している。そして、いまだにこの地方の縄文土器の伝統を払拭しきれていない点や技法上の数々から、そして入の日影遺跡の土器に施される調整は庄之畑式とまったく異なるという指摘を支持して、苅谷原遺跡と併

126

第5章　中部地方における弥生土器の成立過程

表7　中部地方における縄文晩期終末〜弥生中期初頭の編年対比

尾張地方	三河地方	伊那盆地		諏訪盆地	松本盆地
馬見塚遺跡F地点	五貫森貝塚A・B貝塚	満島南遺跡	月夜平遺跡		女鳥羽川遺跡
下り松遺跡 古沢町遺跡第1、第2号溝・西浦遺跡	伊川津貝塚混土破砕貝層	満島南遺跡	荒神沢遺跡 うどん坂II遺跡	新井南遺跡	離山遺跡 トチガ原遺跡
西志賀貝塚	水神平貝塚	林里遺跡 十原城神社前遺跡	苅谷原遺跡	入の日影遺跡	
岩滑遺跡溝状遺構	五本松遺跡	尾ノ島館遺跡		庄之畑遺跡・十二の后遺跡	横山城遺跡

行する時期的な位置づけを考えたい。

　この土器群は、山梨県北杜市柳坪遺跡〔末木ほか1975〕、北杜市大豆生田遺跡〔蛭間1977〕と関連をもつものだろう（図36）。それらの土器群に影響を与えた水神平式土器は、庄之畑遺跡第4類の下層から出土しており〔戸沢1953〕、これらの土器群に後続して庄之畑、十二の后遺跡〔笹沢1976〕などの庄之畑式土器が位置づけられると思われるが、その変化は必ずしも漸移的なものではない点に重要な意味があると思われる。

　松本盆地の弥生土器の成立　松本盆地では早くから低地進出がおこなわれ、女鳥羽川→離山とスムーズな発展をみせるが、水神平式段階の遺跡が欠落しており、横山城遺跡における安定した内容をもつ庄之畑式土器の間に大きな落差のあることを知りうる。

　氷I式土器と樫王式土器が併行関係にあることは、伊川津貝塚、静岡県富士川町駿河山王遺跡〔稲垣ほか1975〕など各地の共伴例からその仮説の蓋然性が高いことを予察することができ、樫王式を主体とする満島南遺跡では水神平式は認められないが、浮線網状文土器が存在し、古沢町遺跡では樫王式土器と浮線網状文土器が溝内で共伴していたことから、両地域間のクロス・デーティングによりその確かさが検証できる。

　しかし、浮線網状文が水神平式にも残存するか否かは答えの出しにくい問題である。これは、林里遺跡第2群土器の帰属問題であり、松本盆地でこれともっとも深くかかわってくるのがトチガ原遺跡の土器群である。トチガ原遺跡は浅鉢G3の時期の単純遺跡で、この土器群ともっとも近似した内容を示すのが、林里遺跡第2群土器であり、氷I式のなかでももっとも新しい様相を有すると考えられるのである。トチガ原遺跡第1群の壺D1は樫王式に対比できる特徴をもつようだが、松本盆地に水神平式段階の壺の類例が認められないために、南信地方、東海地方の変遷と直接対比することは差し控えたい。

　入の日影遺跡などの遺物群には、甕や深鉢にトチガ原遺跡と近似した内容がみられるが、浮線網状文は欠落している。苅谷原遺跡の土器群には破片のなかにも氷I式土器は含まれなかったし、以前の発掘調査〔藤沢1955〕のなかにも見受けられない。林里遺跡における水神平式土器から浮線網状文土器が分離されるとすれば、第1群深鉢A1b種、A2などを伴うことも考

127

第Ⅰ部　土器の様式編年と年代論

えられるが、この問題は氷Ⅱ式の型式内容ともかかわり、北陸地方、南東北地方を考慮に入れなくてはならない[49]問題であるため、ここでは今後より確かな一括遺物のなかで検討しうる資料の増加にまつ必要があることを指摘しておくにとどめたい。

こうした地域的変遷を示したのが、表7である。

おわりに

東海地方西部に一つの画期をもって五貫森式土器が成立し、この段階に南信地方の一部を含めて汎西日本的に突帯文土器分布圏が形成される。その影響下に中信地方においても女鳥羽川遺跡の土器群が成立する。それが氷遺跡の土器群の母体となるものであり、従来中部高地地方が「亀ヶ岡式」土器の文化圏に包括して考えられてきたこと〔鎌木1965など〕は、再考する必要があろう。

氷Ⅰ式土器は地域性を内包しつつ、中・北信地方を中心に展開するが、土器組成などに五貫森式土器ときわめて近似した内容を有する。しかし、この段階はすでに伊那盆地中部まで含めた地域は、樫王式土器の成立という第二の画期を経て弥生土器の組成へと変化し、五貫森式土器の組成を棄却している。こうした食い違いは、中信地方を含めた地域の生活様式が五貫森式の階梯にとどまったため、土器組成を変化させずにそのなかで発展をおこない、氷遺跡など様式的に南信地方などと異なる土器群を成立せしめたものと考える。しかし、伊那盆地北部までは、水神平式の段階で東海地方西部との間に地域差をみせながらも、ほぼ条痕文系土器文化圏に包括されていったようだ。

中信地方においては、松本盆地にやや不明な点があるが、水神平式の段階に縄文文化は解体に向かっていった。しかしそれが依然として縄文文化の段階にとどまっていたであろうことは、土器組成の内容からおぼろげながらも知りえたのである。そうした土器組成や土器の形態的特徴がほぼ払拭されて、弥生土器としての様式が完成するのは庄之畑式土器の段階であり、南信地方においては東海地方西部の変遷と呼応したスムーズな土器組成の変化を、そして中信地方では急激な変化をおこなう。

庄之畑式土器が岩滑式土器との間に密接なつながりを有すること、そしてそれがとくに中信地方において前段階の土器群との間にヒアタスをみせながら成立してきたという事情を考えた時に、東海地方西部において岩滑式土器を成立せしめた社会的背景が、中・南信地方における庄之畑式土器の成立と無縁のものでないことは十分に考えられることである。

また、この段階に新たに居を構える遺跡が全県的に数多く出現することも指摘することができ、ここに中部高地地方においても東海地方西部と即応した大きな画期を認めることができるのである。そうした画期の中部高地地方における背後の事情については、遺跡立地の問題や生産用具の問題などを検討することにより、今後内的発展の問題を含めてとらえてゆきたいと思っている。

第5章　中部地方における弥生土器の成立過程

註

1　設定された型式の組列に対しては、さらに一括性などをもとに具体的に検証していく必要があろう〔田中 1978、加納 1981〕。なお、樫王式を弥生式ととらえる論考が目立つようになってきた〔紅村 1980、松井 1980〕が、石川は「予測として弥生時代といえる」〔石川 1981b〕と述べている。

2　「縄文晩期終末から弥生時代への転換は、条痕文であるとか大洞A式といった特定の型式を分離して論ずるより先に、系統的に把えねばならない。特定の型式は、遠賀川系・縄文晩期系両方に存在してゆくからである（筆者要約）」〔紅村 1956：1〕といった指摘が早くからなされていた。

3　増子が提示した資料は必ずしも十分な量ではなく、一括性という点にもやや難がある。

4　これは水神平式でも古い段階に通有の現象であり、いわゆる続水神平式の時期には後に述べる愛知県半田市岩滑遺跡や愛知県豊橋市篠束遺跡のように、日常生活において使用されたと考えられる土器組成がみられる。

5　東海地方西部の弥生文化は遠賀川式土器の直接的影響により生成し発展した、いわゆる条痕文系土器を一方の基本系列としており、それ以東の弥生文化の成立に大きく関与したのがこの系列の土器文化であることを考え、遠賀川式土器系列の問題については割愛した。したがって、これ以降水神平式土器の問題を主に扱うことになる。また、縄文時代から弥生時代への移行に対する社会的意義付けは紅村による論考に触れられるところが多いが、ここでは割愛し、編年的研究に主眼をおいて話をすすめよう。

6　壺に波文が現れる段階を水神平式の典型とみている〔紅村ほか 1961〕。

7　庄之畑遺跡は古くから学界に知られ、すでに「庄之畑式」という型式名が設定されていたが〔鳥居 1924〕、それは「中間土器」〔両角 1920〕の概念に近いものであった。

8　戸沢の掲げた図版によると、浮線網状文を有する浅鉢と羽状条痕や半截竹管によると思われる条痕を有する土器が共伴し、その下層からタイプの異なる工字文が出土しているが、その後なぜかこの層位的事実は無視されがちである。

9　フィールドの異なる研究者間での発言にかなり著しい食い違いのみられる部分もあったが、「樫王式土器がこちらで満島南遺跡、氷Ⅰ式土器と一線状に並ぶなら、それをどのように変化するか、限定された各地域においてその発展の形を遺跡の立地・土器型式のつながりを解明してつながりをつけることが必要だと思う」という紅村の指摘に耳を傾けるべきである。

10　杉原・外山の論文で、五貫森式と樫王式に伴う工字文がそれぞれ違うという見解〔杉原・外山 1964：96-97〕が一つのよりどころになっている。

11　東海地方の研究者によって、とくに南信地方における条痕文系土器の展開の仕方が研究されている〔紅村 1967・1979〕。

12　たとえば、縄文後期末においては静岡県浜松市蜆塚貝塚の蜆塚Ⅳ・同Ⅴなど宮瀧式土器の範疇に含まれるものがある点〔市原・大参 1965〕や、愛知県西尾市寺津町の枯木宮貝塚出土器を標識とする寺津下層式〔増子ほか 1975〕に多用される巻貝施文にうかがわれるし、晩期中葉に至って近畿地方において滋賀里Ⅲの段階に敷衍する二枚貝調整と無文化傾向の拡大〔加藤ほか 1973〕が東海地方西部でも顕著になるといった点である。

13　いわゆる西之山式は資料が少なく問題の多い型式〔大参 1972〕とされてきたが、愛知県豊川市五貫森貝塚では愛知県新城市大ノ木遺跡（西之山式標準遺跡）出土土器第2類がまったく認められないし、大ノ木遺跡出土器のなかに大宮式土器に続くものが認められないといわれ〔増子 1967〕、単純資料といえる（1類が五貫森式に編入される可能性はある）。また、岐阜県可児市北裏遺跡〔大江ほか 1973〕、愛知県名古屋市牛牧遺跡〔久永・田中 1961〕からも良好な資料が検出されて分布の広がりが認められる。この段階で遺跡の立地に変化がみられ、それと同時に近畿地方の土器に傾斜していくという増子の指摘は重要で、型式内容に多少の疑問は残るが、西之山式を認める立場で増子の論考を支持したい。

14　大参は馬見塚遺跡F地点の土器を精粗にもとづいて4類に区分しているが、もともと精粗の区分は相対的なもので厳密性を欠くため、ここでは一括して器種別分類をおこなった。精粗などにもとづく分類は、類型区分のうちフォルメン・レーレ〔中尾 1977〕と呼ばれる分類体系で科学性の低いものらしい。考古学ではどうしてもフォルメン・レーレの分類に頼らざるをえない面もある（そもそも器種別分類にしても大型壺と小型壺の区分などはフォルメン・レーレによる区分だ）が、ティペン・レーレ（より高次な厳密性の高い分類）などに近づくための方向性は、加納俊介が示唆している〔加納 1981〕。

15　牛牧遺跡出土器の観察によれば、これらの技法は東海地方ではすでに西之山式の段階に明瞭に認められる。

129

第 I 部　土器の様式編年と年代論

16　滋賀里IV・Vにおける壺と深鉢の比率はそれぞれ0.8％と0.9％と低い。しかしこの『湖西線関係遺跡調査報告書』における土器組成比率は無批判には採用しがたい。また、編年観に対しては、ことに大洞諸式との対比に疑問をさしはさまずにはいられない。たとえば大洞B-C式と滋賀里IV・Vを併行するととらえている部分などであり、そうした編年は最近でも目にすることができる（鈴木・林編 1981：135 は、船橋式を大洞C_1〜C_2式の間に併行させるという非常に微妙なものであるが、五貫森式との間に大きな段差を考えている）。早くからその矛盾を指摘していた外山和夫の論考〔外山 1967〕を重視すべきである。

17　これを増子、大参は地域差ととらえ〔増子 1965、大参 1972〕、石川日出志は時期差ととらえた〔石川 1981a〕。石川は吉胡貝塚と馬見塚遺跡F地点を同時期とみるわけだが、吉胡貝塚にしても浅鉢A〜Dはまれである。問題は南信地方の上ノ平遺跡や網張遺跡の資料の評価であろう。

18　馬見塚式土器は、馬見塚遺跡E地点の土器により増子が設定した型式である〔増子 1963・1965〕。E地点の土器がどれほど純粋性をもつものなのか、提示された資料が少ないので判断しかねる。

19　下り松遺跡出土の深鉢に施される条痕は、貝殻腹縁のほかに繊維の束でつけられたと思われるやわらかい感じのものが特徴的とされるが、これは後の古沢町遺跡第2号溝出土資料にもよく認められる。

20　滋賀県長浜市尾上湖底遺跡よりいわゆる馬見塚式に特徴的な突帯と口縁形態を有する甕が出土している〔鈴木・林編 1981：113〕。何よりも注目されるのは胴部以下のフォルムが奈良県田原本町唐古遺跡南方砂層出土の突帯を有した壺〔小林行 1943：図版第84〕のそれときわめて近似している点である。唐古遺跡出土の土器は船橋式土器であろう。したがって、船橋式といわゆる馬見塚式が相似した時間帯に位置する可能性がある。東海地方では畿内第I様式中段階に樫王式が併行していることは、貝殻山貝塚〔愛知県教育委員会 1972〕や大口町西浦遺跡〔大参 1972〕で確かめられつつある。三重県津市納所遺跡ではいわゆる馬見塚式土器が第I様式中段階および少量の先行型式の広口壺をまじえた弥生土器と伴出したという〔伊藤 1980〕。船橋式土器が畿内第I様式土器とどのようにかかわっているのか、知りたいところだ。

21　横山浩一のおこなったような施文原体に関する実験的観察〔横山 1978・79〕がなされていないし、ハケメとの系譜関係も不明であるため、のちに述べる氷I式土器の調整痕も含めて縄文時代におけるハケメ状の調整を横山の呼称どおり「細密条痕」と総称しておく。感じとしては、原体は板材そのものだろう。この点、東日本の初期弥生土器に施される同類型の調整手法に関しては詳細な実験観察がなされており〔阿久津 1979・80〕、板材によることが確かめられている。詳しく述べるいとまはないが、東日本の初期弥生土器に施されるハケメ状調整痕（細密条痕）は、氷I式土器の細密条痕に源流を求めることができる可能性も考えられるのであり、そこに東日本（関東地方以東）の初期弥生土器の性格が潜んでいるようにも思う。横山が指摘した系譜関係の問題を等閑視して、これを「刷毛目」と呼んでよいかはまた別問題である。

22　紅村は篠束遺跡出土の土器を「古い部分」と「主要な部分」に分類し、前者を水神平亜式に近いもの、後者を瓜郷式と併行するものとしたが、後者に編入された磨消縄文や沈線文を有する壺のあるものは前者と組成すると考える。

23　「新古の相が認められながら、なおはっきり分離できない様式にかんしては、それを一つの様式としてまとめておきたいとおもう。そしてそれをさらにこまかくみるばあいには、古い要素、新しい要素、あるいは両者の中間的要素をみきわめ、これにしたがって、一つの様式を（古）・（新）あるいは（古）・（中）・（新）に大別する便法を仮にとるのが適当であると考える」〔佐原 1967：742〕。

24　図27-2は古段階でも深鉢A3の初現的な段階のものだろう。口縁の外反度は小さく、端部に押し引き文がない。

25　やはり古段階の吉胡貝塚の第4号甕（壺）棺は半截竹管の彫りが深くシャープであり、内面に細密条痕による調整が観察された。

26　古段階の水神平式土器を出土する遺跡としては、ほかに水神平貝塚、五貫森貝塚〔杉原・外山 1964〕、愛知県豊川市稲荷山貝塚〔清野 1969〕などがあげられよう。

27　一宮町郷土館所蔵の資料を観察させていただいた。

28　この技術が縄文土器の系譜を引くものであることは、佐原真によって想定された〔佐原 1959a〕。こうした観察は、「土器の分類は、形態や文様に現れたうわべの現象をとらえるだけでなく、土器製作の技法にもとづくたしかな観察を必要とする」〔田辺・佐原 1966：108〕という提言のもとに、佐原らにより方法論化されたもので、中部高地地方においては笹沢浩がこれを継承し、櫛描文の系譜問題に考察を加えている〔笹沢 1978〕。

29　紅村のいわれる水神平II式は遠賀川式土器を伴うという考え方が、遠江の研究者から提示された〔向坂 1967、平野ほか 1974〕が、いずれも論拠が明らかにされたものではなかった。

第5章　中部地方における弥生土器の成立過程

30　尾張地方の方形周溝墓は四隅が切れる形態であり、畿内地方のものとはあり方が異なる。この段階はすでに畿内地方との同質的発展から離れ、緊密な結びつきを有しながらも独自な発展をはじめた時期として評価される。

31　永峯は、「変形工字文」と「網状浮線文」を同義に用いているが、筆者はこれ以降、「変形工字文」は文様帯ⅡとⅡcの合体した規格的な大洞A′式の文様（図28-34）とその系譜を引くもののみに用い、氷Ⅰ式の細隆線による入組文は「浮線網状文」の名で統一的に呼称する。

32　今後、小諸市周辺で氷Ⅰ式、あるいは氷Ⅱ式の単純遺跡の検出と、氷遺跡の土器群との対比が必要である。氷Ⅱ式土器に関しては、今回は触れえなかった。

33　氷Ⅰ式土器はいわゆる粗製土器でもあまねく粗い研磨が加えられ、削痕を残す土器はごくまれであり、東海地方の樫王式に伴う、いわゆる「削痕土器」とは明瞭に区別できる。

34　飯田市以南を伊那盆地南部、駒ヶ根市・伊那市周辺を北部としたが、便宜的なものである。

35　両遺跡に浅鉢Bが多量に存在する意義については、石川日出志が触れている〔石川 1981a〕。また、粗大工字文など興味深い問題が多く非常に重要な遺跡であるが、これらの問題を検討し、どれが型式主体になるかといったことは課題としたい。

36　神奈川県秦野市平沢同明遺跡から検出された壺棺も同様な焼き色で、文様モチーフも同じである。

37　第1号住居址は「床面の一部を残すのみ」で「多くの土器片が散布し、」第2号住居址は「覆土および床面から相当量の土器片が得られた」が、いずれの土器が住居のどの部分から出土したのか、明確な層位的記載はない。両住居址出土土器は共通の特徴を有し、きわめて近似する時期のものである。

38　波状文の施された破片が遺物包含層出土土器中に散見されるが、苅谷原遺跡の図34-1 などとは明らかに異なる。

39　弥生中期前半の阿島式の磨消縄文と異なる特徴をもつことは、報告者が述べるとおりである。

40　太田の報告にはこのほかに磨消縄文の土器破片が伴っていたことが述べられている〔太田 1965〕が、見出しえなかった。もし伴うとすれば、林里遺跡図32-22 のような構図の充填手法による単節LRの磨消縄文だろう。この土器が苅谷原―林里―畿内第Ⅰ様式新段階にさかのぼるか、いま少し確かな共伴例をまって検討したい。中村五郎は静岡県磐田市見性寺貝塚の例から伴うと考えている〔中村 1976〕が、根拠は判然としたものではない。

41　本章で問題とするのは報告書で第4類とされたものであり、それについて報告書ではその沈線、凹線のバラエティや工字文の様相などに詳細な検討が加えられ、「表裏面に沈線文のある種類」を問題に取り上げ、「今後型式設定の一基準となる予想」をおこなっている〔原編 1972〕。

42　神奈川県横浜市杉田貝塚でも検出され、大蚊里式あるいは奈良県橿原市橿原遺跡のあるものに対比している〔杉原・戸沢 1963〕。

43　実際には肩部に段を有する破片は報告書による限りでは見受けられないが、頸部の湾曲の度合いから少なからず存在する。

44　浅鉢G3、甕Eを有する遺跡をみると、氷遺跡、トチガ原遺跡、入の日影遺跡では口唇に刻目を有する口縁の外反度の強い深鉢A2が加わっているし、庄之畑遺跡では浅鉢G3が水神平式に伴って出土し、その下層からA型の文様を有する破片が出土したり〔戸沢 1953〕、横山城遺跡で沈線化した浅鉢Gが混在していた例に、その蓋然性が高いことを指摘できる。

45　東北地方の大洞A′式土器の影響により生成したもののほかに、B型から生成したものとしては東京都新島村田原遺跡第11群土器〔杉原ほか 1967〕をあげることができ、A型から生成したものは福島県下に顕著である。

46　これは永峯が群馬県桐生市千網谷戸遺跡〔薗田 1954〕、杉田貝塚、千葉県横芝光町山武姥山貝塚〔鈴木公 1963〕出土土器との比較から予察したもので、この差は中部高地方にも認めることができる。つまり、中・南信地方においてはA型文様をもつ浅鉢D・Eと甕Cを主体とする。これに対して北信地方においてはA型を主体的に見出すことができず、氷遺跡では強い規格性のもとにB型と密接に結びついた浅鉢G3と甕Eを製作しており、この規格性を踏襲している遺跡は松本盆地の石行遺跡、トチガ原遺跡、諏訪盆地などに主としてみられ、新井南遺跡の図35-22 などは分布の周辺化現象のように受けとめられる。したがって、群馬県域北部、新潟県域方面と北信地方との細かな関連性が問題になろう。

47　そもそもこの技法は、西日本における突帯文生成の重要な要素であったようだ〔外山 1967〕。

48　たとえば、女鳥羽川遺跡の土器群に壺類が欠落している点をあげることができる。

49　福島県喜多方市上野遺跡では、大洞A′式土器の技法的な影響を受けながらも、文様モチーフとしてはB

第Ⅰ部　土器の様式編年と年代論

型をほぼそのままの形で受け継いだ浅鉢が再葬墓から出土している〔古川 1979〕。磯崎正彦の考え〔磯崎 1957〕を想起してみる必要があるだろう。

補註

a　馬見塚式は存在する。

b　この資料における浮線網状文土器は2型式ほどに及び、樫王式に伴うものよりも古いので、この説は撤回する。

c　離山遺跡の土器は氷Ⅰ式に含まれないので、訂正が必要である。第6章を参照されたい。

第6章　浮線網状文土器の基準資料

は じ め に

　浮線網状文土器は、主として南東北地方から東海地方に分布する縄文時代晩期終末の土器である。この土器は、浮線網状文という独特の文様によって特徴づけられる土器とその仲間の土器の総称である。通常、浮線文土器あるいは浮線文系土器と呼ばれるが、その成立当初から終末期まで浮線網状文は認められることと、命名された時から浮線網状文土器ないし網状浮線文土器と呼ばれてきた学史的な経緯などから、浮線網状文土器の呼び方にしたがっておきたい。それぞれの地方で異なる型式が展開しているから、総称としては「浮線網状文土器群」といったほうが適切である。

　縄文時代晩期終末は言うまでもなく弥生時代の直前であるから、その時期の土器、すなわち浮線網状文土器を研究することは、いろいろな意味で縄文時代から弥生時代への移行を考えるうえで重要である。

　筆者はその観点から、長野県域を中心として浮線網状文土器の編年をおこなった〔設楽 1982〕。前章は、それを再録したものである。当時、長野県域の浮線網状文土器の型式としては氷Ｉ式土器が設定されていた。それは小諸市氷遺跡の優秀な資料にもとづく永峯光一の研究を基礎とするものであった〔永峯 1969〕が、氷遺跡以外にも複数の古い浮線網状文土器のまとまりがあることと、氷Ｉ式でも終末の土器が比較的単純に存在していることに気づいた。前者が松本市女鳥羽川遺跡、安曇野市離山遺跡、後者が大町市トチガ原遺跡であり、それぞれの遺跡の土器の特徴をとらえて編年したのであるが、当時は離山遺跡の土器群を氷Ｉ式のなかで理解するなど誤りが多かった。本章では長野県域を中心とする浮線網状文の基準資料を提示しつつ、あらためてその編年に触れてみたい。

　中村五郎は筆者の細別とほぼ同時に、やはり長野県域の土器を中心に浮線網状文土器を細別し〔中村 1982〕、石川日出志は型式学的な観点から長野県域の浮線網状文土器の系統的変遷をとらえ〔石川 1985〕、鈴木正博は千網式土器の細別と荒海１式土器の設定を通して浮線網状文土器の広域編年に取り組む〔鈴木正博 1985・2006（1985）〕など、当時この分野の研究が急速に進展していった。長野県域の浮線網状文土器は、中沢道彦が女鳥羽川式、離山式、氷Ｉ式古段階、中段階、新段階と型式名を付けながら５段階に細別したことによって、今日の編年のスタンダードが完成された〔中沢 1993・1998〕。

　浮線網状文土器の研究は、氷Ｉ式土器の設定をさかのぼってさまざまに展開していたが〔中

第Ⅰ部　土器の様式編年と年代論

沢 1991〕、その後埼玉県方面では前窪式土器の設定〔鈴木加 1996〕、新潟県方面では鳥屋式土器の細別〔石川 1988a〕、静岡県方面では御殿場市関屋塚遺跡の土器にもとづいた「関屋塚式」土器の設定〔中沢 2003・2010〕など研究が進み、浮線網状文土器の地域的な特色が明らかにされていった。

　長野県域における浮線網状文土器のタイプ・サイトは、いずれもすでに報告書が出版されているので、資料が共有されており議論の土台がしっかりしている。とくに氷Ⅰ式中段階を主体とする氷遺跡に関しては、永峯を中心とした國學院大學考古学研究室のメンバーによって再発掘がおこなわれ、かつての資料も再実測されて報告書が出版された。考古学に限らず学問にとって重要な、今日的な視点からの再吟味がおこなわれたわけであるが、筆者も同じような観点から各資料の全貌を自分の目で確かめておく必要にかられ、1990 年より女鳥羽川遺跡、離山遺跡、群馬県高崎市三ノ倉落合遺跡（氷Ⅰ式古段階のタイプ・サイト）、トチガ原遺跡から出土した土器の再実測を進めてきた。大半はすでに公表されている資料であるが、統一的な視点からそれらを基準資料として提示し、再吟味した。

第1節　基準資料をめぐって

1　単独基準資料

　土器は単独で用いられたわけではない。一つの集落における同時期の土器を取り上げれば、器種と呼ばれる用途に応じたさまざまな器形の組み合わせからなっていることがわかる。そのなかには変化の速い器種もあれば遅い器種もある。

　きめ細かな編年をおこなうには、できるだけ細かな変化をたどる必要があるので、そのためには変化が速いある特定の器種で編年の指標を代表させるのが一般的である。また、変化を追うには、文様というもっとも変化が激しく特徴的な要素のうち、ある特定の文様に代表させて分析することも一般的である。このように、編年などの操作をおこなうために、複合した文化の構成要素から選び出して分析の代表とする特定の資料を単独基準資料ないし単独標準型式とここでは呼ぶことにする。

　浮線網状文土器を例にとれば、この型式を代表する単独基準資料としては、浮線網状文のある精製の浅鉢形土器が取り上げられることが多く、石川の編年はまさにこの器種にもとづくものであった。

　変化の速い精製の器種は、同じような文様が広域に広がっている場合が予測されるのに対して、土着性の強い器種は概して変化が遅いが、地域色という編年に付随した重要な属性を判定するポイントになるので、変化が遅いからといって重要性が少ないとは言えない。中沢がおこなった「関屋塚式」土器の設定は、浅鉢形土器のほかに深鉢形土器に着目したものであった。

　単独基準資料は、古生物学では示準化石（leading fossil）あるいは標準化石（Leitfossilien）と呼ばれるものに相当しよう。標準化石は短期間に繁殖して広く分布する種属の化石であり、生存

134

期間が短いのでそれを含む地層の時代を同定するのに役立つ〔小林真 1954：1〕。

2　複合基準資料とその求め方

　土器は複数の器種を組み合わせて用いていたから、器種全体の構成や構造が問題になる。単独基準資料を含めたある地域のある時期を代表する資料のまとまりをここでは複合基準資料と呼んでおきたい。

　複合基準資料には、型式や様式の名前がつけられる。つまり、A 型式あるいは A 様式の設定の基準となるのが複合基準資料であり、その資料を出土した遺跡は通常、その型式の名祖（なおや）遺跡、タイプ・サイトなどと呼ばれる。

　縄文土器で型式といった場合、単独の器種や文様の系統に型式名を付す場合と、横断的な器種の組み合わせの全体像に付す場合の両者があるが、弥生土器の研究では、後者は様式という概念のもとに理解され、複合基準資料にもとづいて様式名がつけられる場合が多い（第 1 章）。また、弥生土器の様式論では複合基準資料のなかに他の様式を構成する型式の土器が混じっていてもそれを含めて様式として設定するが、本章でも複合基準資料を構成する要素には他の型式ないし様式に由来する土器を含めて扱う。

　それでは複合基準資料は、どのようにして求められるのであろうか。

　型式学と層位学が、考古学における基準資料の設定に重要な役割を果たしていることは言うまでもない。型式学的な分析によって抽出された資料のまとまりはそのままでは抽象的な概念であり、何らかの方法で具体化して型式学的分析の妥当性を担保しなくてはならない。その方法が、遺跡におけるあり方の検討であり、一括遺物や単純な層位資料の比較により型式学的配列の正しさを実態として吟味していくことである。逆に層位的変化の正しさを型式学によって検証していく反復作業も要求されるが、ともに単独基準資料ばかりでなく、複合基準資料の認定にも当てはまる方法である。

　型式学的な検討はいずれにしても必須課題であるが、単純な型式ないし様式の土器によって構成されていると判明した遺跡、つまり短期間営まれた遺跡であれば、一括遺物あるいは層位単位の資料ではなく、以下のように遺跡単位の資料で複合基準資料に認定される場合もある。

　浮線網状文土器以前の縄文時代後・晩期の遺跡では、連続したいくつかの土器型式が複合して検出される場合が多いのに対して、浮線網状文土器は単独で検出される遺跡が多い。これはその間に何らかの社会的なあるいは環境的な変動があって、集団の居住システムに短期居住を促すような大きな変化があったことを予測させる〔百瀬 1994：192-193〕。この問題はまた別に議論しなくてはならないが、先にあげた浮線網状文土器を出すいくつかの遺跡がそれぞれの時期の比較的単純な土器から成り立っているのは、編年をおこなううえで有利な点である。

　まず、出土土器を分類するが、前章とは異なる分類にもとづく。まず器種分類をおこない、器種ごとに形態的な特徴を A〜で表し、器形や文様構成による細分には a〜の記号を振った。それぞれの器形の消長を追い、時間的な細別が可能なものには、1〜の数字を振った。器種分

第Ⅰ部　土器の様式編年と年代論

類は、浅鉢・甕・深鉢・壺・その他であるが、浅鉢には鉢に分類すべき深めのものも含め、深鉢との区別は口径と深さが１：１あたりを基準とした。甕は頸部に屈曲をもつ深手の器種であり、深鉢は屈曲のない器種、壺は口縁部が縮約する器種である。

第2節　浮線網状文第1段階の基準資料

1　女鳥羽川遺跡の調査

　長野県松本市の女鳥羽川遺跡は、松本市街を流れる女鳥羽川の河床から発見された遺跡である。1970年に護岸工事に伴う発掘調査によって、縄文後・晩期の土器が出土した〔原編1972〕。発掘調査の地区は、河川の流路に沿うように20ｍ程離れて第1・第2地点が設定されて、それぞれトレンチ発掘がおこなわれた。縄文時代の遺物は、遺物包含層から層位的に区別できない状態で出土し、それぞれの地区での出土状態に変化はなかったとされる。

　出土した縄文土器は、縄文後・晩期のものであり、後期は加曾利B2式併行から中ノ沢式を主体として、晩期は佐野Ⅰ・Ⅱ式や大洞C₁式土器などのほかに、大洞A式に併行する晩期後半の土器がまとまって出土した。

2　女鳥羽川遺跡の出土土器(図41〜45)

① 浅鉢

浅鉢A　内湾する口縁の浅鉢。

　Aa1類（1〜8）　肩部文様帯としてレンズ状浮帯文をもつ。口頸部は沈線文がめぐるだけで短いもの。

　小型と大型（8）がある。

　口縁部と胴部文様帯の間の頸部には、1条の凹線を加えたもの（1〜3・5）と2条の凹線を加えたもの（4・6）があり、後者は条数が多い分だけ頸部が長くなり、浅鉢A2に近い。大型品を含めて、胴部文様帯の下端には3条の沈線を加えるのを基本とする。7のレンズ状浮帯文はまだしっかりと形づくられているが、浮帯文の上の浮線とつなぐように突起をつけて合体させており、第2段階のものに近くなっている。胴部文様帯は、工字文風に仕上げているものがある（4・7）。

　これらは口縁部に文様帯をもたない。1〜4は口縁の内面は肥厚させて1条の沈線を加えるが、沈線の下部を丸く隆起させて立体的に仕上げている（図41）。

　Ab1類（9〜12）　A1類の頸部が長くなったタイプである。肩部文様帯としてレンズ状浮帯文をもつ。

　口縁部に1条の沈線をもつものが多い。10〜12は肩部文様帯にレンズ状浮帯文を施すが、中間には丸い突起のアクセントを設けている。口縁端部に沈線を加えるが、内面に沈線をもつものはない。12は低い波状口縁で、口縁を1条の沈線で区画して外反させており、浅鉢Dに

第 6 章 浮線網状文土器の基準資料

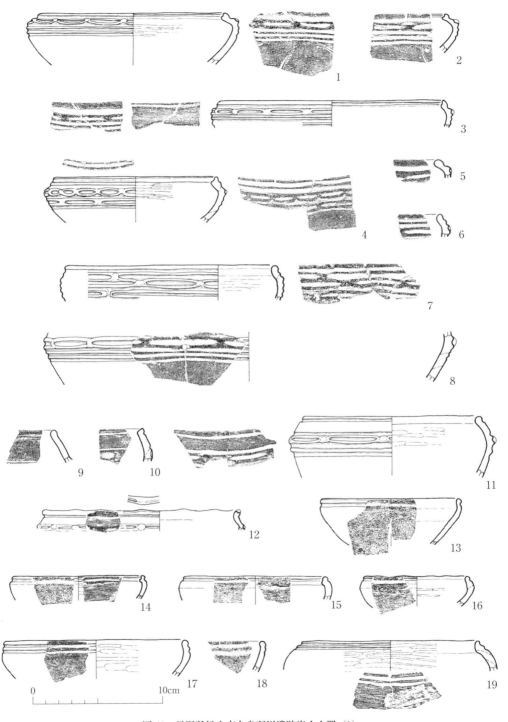

図 41 長野県松本市女鳥羽川遺跡出土土器（1）

第Ⅰ部　土器の様式編年と年代論

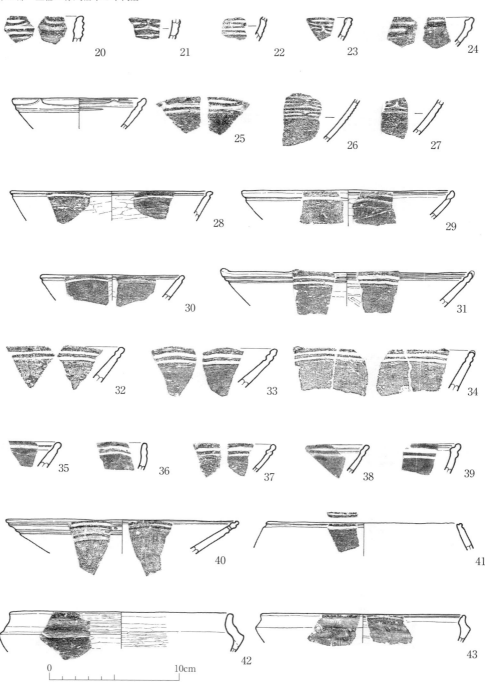

図42　長野県松本市女鳥羽川遺跡出土土器 (2)

第6章 浮線網状文土器の基準資料

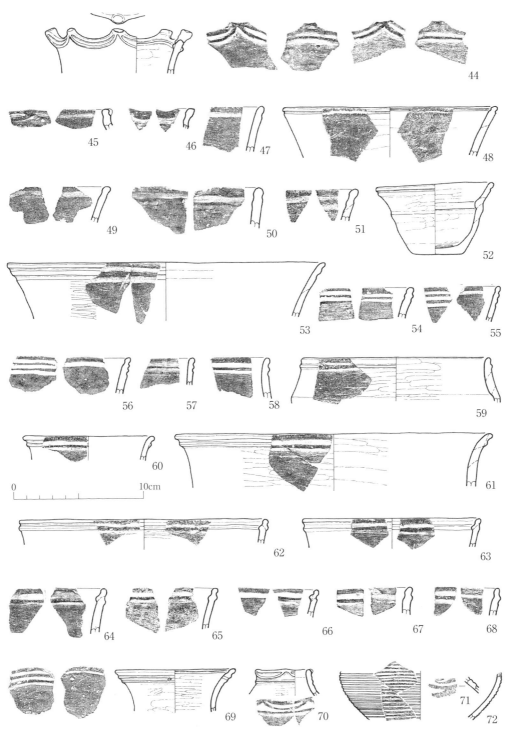

図43 長野県松本市女鳥羽川遺跡出土土器（3）

139

第Ⅰ部 土器の様式編年と年代論

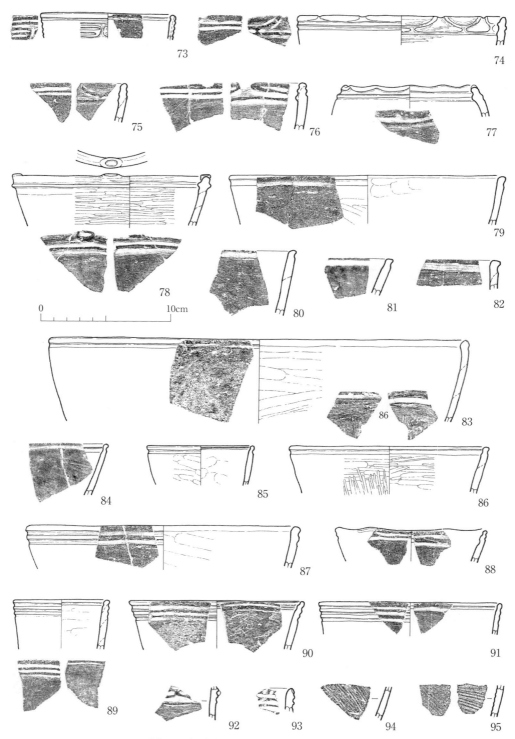

図44 長野県松本市女鳥羽川遺跡出土土器 (4)

第 6 章 浮線網状文土器の基準資料

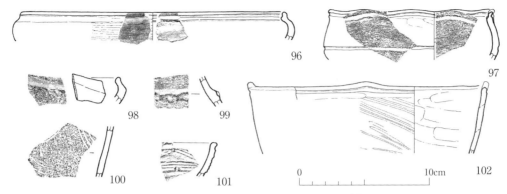

図 45 長野県松本市女鳥羽川遺跡出土土器 (5)

近い形態をなす。

これらも口縁部に文様帯をもたないが、口縁の内面に沈線を加えたものはない。

Ac 類 (13～19) 口縁に 1～2 条の沈直線文をもつ。

16 の肩に稜をもつ点は、浅鉢 D に近い。

a・b 類と同様に、口縁部に文様帯をもたない。14・15 の口縁部内面は、丸みを帯びた隆起帯に 1 条の沈線を加えた、浅鉢 Aa によくみられる立体的な方法で加飾している。

19 も器形の類似からここに加えたが、厚手であり別のグループを構成する。

浅鉢 B 直立気味の口縁をもつボウル状の浅鉢。

Ba1 類 (20～22) 工字文や浮線文系の文様をもつ。20 は口縁内外にレンズ状の浮線文を施す。隆線は丸く、浮線文的な手法による。21 は佐野Ⅱ式の粗大な工字文と関係が深い。

浅鉢 C 直線的に外反する口縁の浅鉢。

Ca1 類 (23～27) 工字文あるいはレンズ状文を施す。23・24 は工字文を施すが、23 の工字文は浅鉢 Aa 類の 7 に近い。浅鉢の胴部破片の 27 も単位文の会合部がえぐられて離れており 23 に近いが、26 の上位の文様は連結していて 3 線分岐の浮線網状文になっている。24 の隆線は、20 と同様に丸みをもった浮線文的な手法を強めている。25 は口縁部文様帯として、三叉状の抉りによる彫刻的な連弧文で構成する。

口縁内面は、23・24 のように 1 条の沈線を立体的に表現したものや、25 のようなレンズ状浮帯文を施したものがある。レンズ状浮帯文は狭長だが、しっかりしている。

Cb 類 (28～36) 浅鉢 Ac 類と同様に単純な沈直線文を施すもの。直線の数は、内外ともに 2 条までである。

外面の沈線が 1 条のものは内面に 2 条の沈線を加えたものもあるが、外面に 2 条の沈線をもつものは内面にも 2 条の沈線を加えたものが多い。

Cc 類 (37～40) 直線文であるが、突帯風に仕上げたもの。いずれも内面にも沈線を施すが、浅鉢 Aa 類などと共通した立体的なつくりである。この装飾手法が、突帯文と結びつきの強い

141

第 I 部　土器の様式編年と年代論

ことを物語っている。Cb 類の 29 もそのような傾向をもつ。40 は外面に 2 条の突帯を施すが、突帯の間を幅広く平坦に削って仕上げた特殊なつくりである。

浅鉢 D　くの字状に屈折する口縁の浅鉢。西日本の突帯文土器の系譜を引いている。

Da 類（41）　平縁で、内傾した口頸部が直線的に立ち上がる。口縁部と口縁端部に沈線文をもつ。

Db 類（42・43）　平縁で、口頸部が湾曲して立ち上がる。43 は内面に 1 条の細い沈線を施す。

②　甕

甕 A　波状口縁や内屈する平口縁の甕。浮線文などによる口縁部文様帯をもつ。

Aa1 類（44）　大ぶりな波状口縁であり、口縁に沿って 2 条の浮線による楕円枠線を弧状に配置する。内面にほぼ水平の突帯文をもつ。西日本の突帯文土器と関係の深い甕である。

Ab1 類（45・46）　45 はレンズ状の浮線文、46 は波状口縁で、彫刻的な連弧文をもつ。口縁内面に太い沈線を加える。

甕 B　外反あるいはまれに内傾する平口縁の単純な甕。口縁に 1〜2 条、まれに 3 条の沈直線文ないし突帯風の隆起線文をもつ。57 など深鉢と区別がつかないものも含めた。

Ba 類（47〜56）　口縁部文様帯に沈線文を施す。沈線は幅が広い。およそ半数が内面に沈線を加えるが、1 条に限る。沈線・凹線は突帯風ではなく扁平である。内外面ヘラナデで平滑にされる。

Bb 類（57〜69）　口縁部文様帯は、内外とも突帯風に仕上げる。突帯は 1 条を基本とする。69 は 2 条であるが、これも下側を削って下段の突帯を浮彫風に削り出している。

57〜61 は口縁内面に装飾をもたない。それ以外は、沈線文（67・68）や多くは突帯文（62〜66）をもつ。立体的につくられているのは、浅鉢などに散見される手法によるものである。西日本の突帯文土器の流れをくんだ手法を取り入れて、在地の沈線文を立体化させたものである。

③　深鉢

深鉢 A　バケツ状の深鉢。口縁が直立するものとやや外反するものがある。

Aa1 類（74〜76・78）　口縁部に直線の浮線文をもつ単純な装飾の深鉢。内面に浮線文系の文様をもつ。口縁は直立するもの（74）と外反するもの（75・76・78）がある。

78 は口縁部文様帯として彫刻的なレンズ状文を、76 は内面にレンズ状の浮帯文をもち、その下を区画する直線文や 74・75 の内面の三角形の浮線文は、突帯文に近い立体的な仕上げになっている。

いずれも簡素な文様である。

Ab1 類（73）　口縁部に大洞 A_1 式に近い工字文を施す。口縁は直立する。

Ac 類（79〜91）　口縁に 1〜2 条、まれに 3 条までの沈直線文をもつ。内面に多くは 1 条、まれに 2 条の沈線を施す。総じて簡素な文様構成である。口縁は多くは軽く外反しつつ直線的に立ち上がるが、なかにはやや内湾したものもある（83）。82 は 1 条の太い凹線状の沈線文をもつ。口縁内面に沈線はない。89 は外面の沈線が、90 は内面の沈線が突帯風であるが、ほか

142

はいずれも単純な沈線である。

深鉢 B　口縁が内湾した砲弾形の深鉢。

Ba1 類 (77)　口縁部文様帯として彫刻的な連弧文をもつ。口縁内面の沈直線文は立体的なつくりであり、A 類の 76 や浅鉢や甕のあるもの (1～3・37～39・62～66) と共通する突帯文風の仕上げになっている。簡素な文様であるのは、Aa1 類と共通する。

④　壺

壺 A　口縁が直立した口径の小さな壺。

A1 類 (70)　口縁に浅鉢や甕 (20・44) と共通した、しっかりした幅の広いレンズ状の連弧文をもつ。

72 は胴部に多条の沈線文をめぐらした壺だが、それ以外の文様構成はわからない。

以上が女鳥羽川遺跡出土の浮線網状文土器である。これらは総じて暗灰色で、白色の小さな砂を多く含むのが特徴である。浅鉢類のミガキはそれほど強くないが、66 や 78 は光沢が出るまでよく磨いている。光沢をもつほど磨いたものが少ないのは磨滅の進行のせいもあるが、後の氷 I 式のように徹底したものではなかったのであろう。甕や深鉢の胴部はナデ調整によっており、細密条痕や撚糸文は混入と思われる細密条痕の甕 1 点を除き一切認めることができない。

甕ないし深鉢の胴部破片である 95 は、内面が浅い二枚貝の条痕調整である。同様の調整の 94 とともに少し青みがかった灰色で白色の砂が多く他と異なっており、浅鉢 Cc 類とともに東海地方からの搬入品もしくは模倣品の可能性がある。27・28・72 は薄手で黒みが強く、大き目の砂を多く含むためか磨滅が著しいなど、他と異なる様相を呈するが、積極的に外来品と認めるだけの特徴はない。

93 は岐阜県下呂市阿弥陀堂遺跡など、飛騨地方に特有の甕ないし深鉢。

96～102 は女鳥羽川式土器とは違う時期の土器である。96 は口縁が内湾した浅鉢で、外面にヘラミガキが丁寧になされてミガキの稜線が水平に走る。黒色で光沢を帯びており、黒川式－稲荷山式に併行する西日本の黒色磨研土器の系統である。佐野 II 式土器に伴うのであろう。口縁内面沈線文の立体的な表現もその特徴を示しており、女鳥羽川式の各器種に認められる内面処理につながると思われるが、大洞式にも同様の手法があり、その系譜は議論を要するので、後に述べる。

97・98 は、波状口縁の浅鉢である。97 は口縁部内外と胴部に 1 条の沈線を施し、波状の数が多いのに対して、98 は大波状口縁であり、おそらく波状の単位は 4 単位であろう。肩部の屈曲も口縁に沿って波状をなすのは、西日本の大波状口縁の浅鉢と共通するようである。本類は近畿地方の口酒井式に併行すると思われ、佐野 II 式にさかのぼる可能性がある。

99～102 は、新しい浮線網状文 (101) や撚糸文 (100)、細密条痕 (102) をもつなど、離山式～氷 I 式に属する土器であり、砂が多くて黄色味を帯びるなど女鳥羽川式と特徴が異なる。

第Ⅰ部　土器の様式編年と年代論

第3節　浮線網状文第2段階の基準資料

1　離山遺跡の調査

離山遺跡は烏川扇状地の扇頂部に立地する。標高760m前後であり、安曇平が一望できる。この地にゴルフ場が建設されることになり、1971年に発掘調査された。

発掘されたのはおよそ500m²であり、そのなかから縄文後〜晩期を中心とする竪穴住居跡が数棟、大小の配石遺構が十数基検出された。

遺物は縄文中期から晩期にわたるが、とくに縄文後期中葉〜後半の土器が中心をなす。縄文晩期は終末の浮線網状文を中心に検出されたが、層位的な区別や地点的な集中など特別な出土状況は見出されなかったようである。

2　離山遺跡の出土土器(図46〜49)

① 浅鉢

浅鉢A　内湾する口縁の浅鉢。

Aa1類(1・2)　肩部文様帯にレンズ状浮帯文をもつ可能性のある浅鉢。砂がやや多く暗灰色で、隆線が太くて第1段階に近い。

Aa2類(3〜13)　A1類の特徴であったレンズ状浮帯文の退化が著しい。3〜5・8・12・13は口縁部と胴部文様帯の間に無文帯がやや幅広く残り第1段階に近いが、5のようにレンズ状浮帯文が長短の組み合わせになったり13のように扁平化して長くなるなど、その後に盛行する新しい傾向を見出すことができる。6・9〜11のように口縁部直下からいきなり浮線網状文が展開するのも新しい傾向である。

5にみられる長短の組み合わせによるレンズ状の浮帯文は、浅鉢C類や甕A類にも普及するようになり、氷Ⅰ式に典型的な文様モチーフの出現と展開の端緒として重要である。

胴部文様は重畳化した三分岐浮線文〔鈴木正博 2006 (1985)：54〕が展開するのが一般的である。第1段階では千鳥状に多段化したものはなく、1段であったが、文様帯の幅が広がるとともに千鳥格子の多段構成になる。14〜19は胴部破片である。15〜17は4線分岐と新しい傾向を帯びている。13は2線分岐で細長い単位の浮線文(一人子型〔鈴木正博 2006 (1985)：52〕)だが、18の匹字文とともに砂子田式あるいは大洞A₂式の影響を受けた可能性がある。19は別の器種(深鉢B)の胴部破片だが、複雑な構図で、岐阜県方面や長野県茅野市御社宮司遺跡などにある渦文土器のモチーフに近い。

口縁内面は、多くは膨らませて1条の沈線を加えた立体的なつくりであり、第1段階に共通するが、これを欠いて単純な仕上がりになるものもある。

14は沈線(陰刻の部分)もよくミガキを加えてその部分に光沢をもたせる新しい傾向をもつが、浮線の頂部には面があり、そのほかのものも丸く仕上げられ、陰刻部分は軽いナデ程度で

144

第6章 浮線網状文土器の基準資料

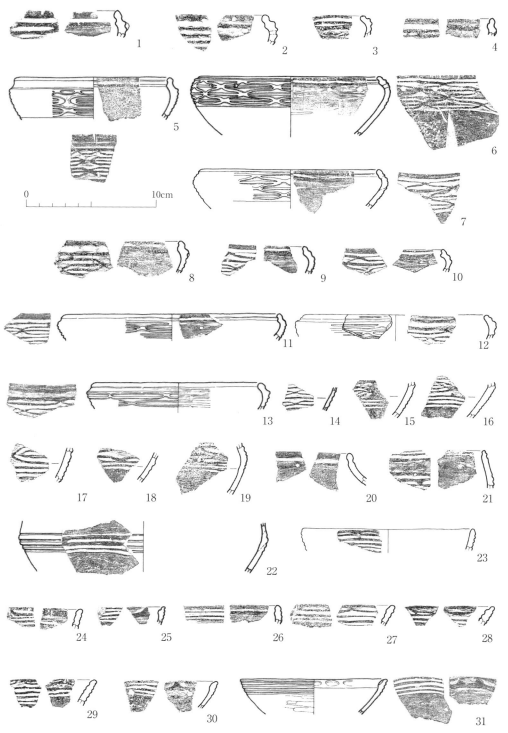

図46 長野県安曇野市離山遺跡出土土器（1）

145

第Ⅰ部　土器の様式編年と年代論

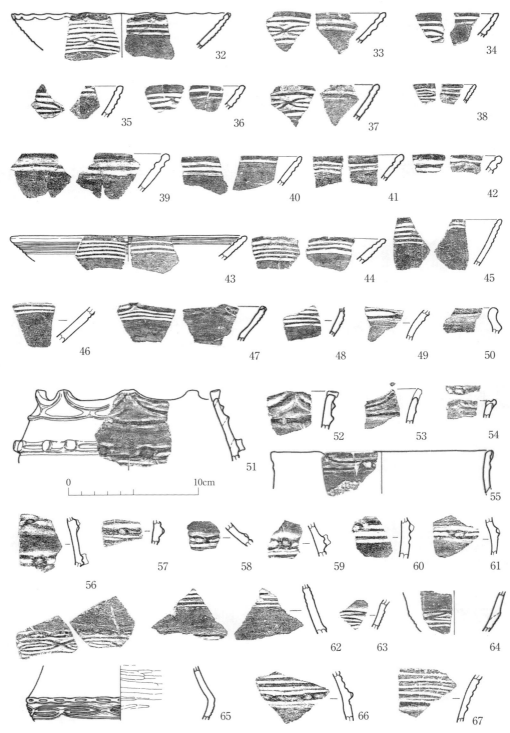

図47　長野県安曇野市離山遺跡出土土器（2）

第6章　浮線網状文土器の基準資料

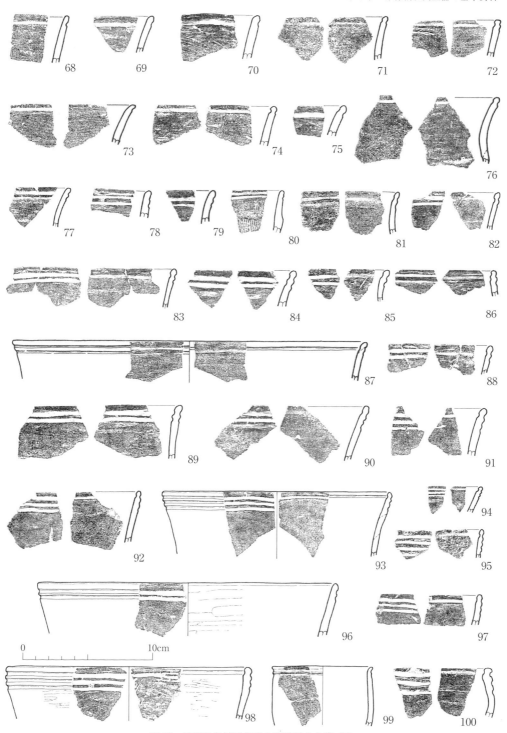

図48　長野県安曇野市離山遺跡出土土器（3）

第Ⅰ部　土器の様式編年と年代論

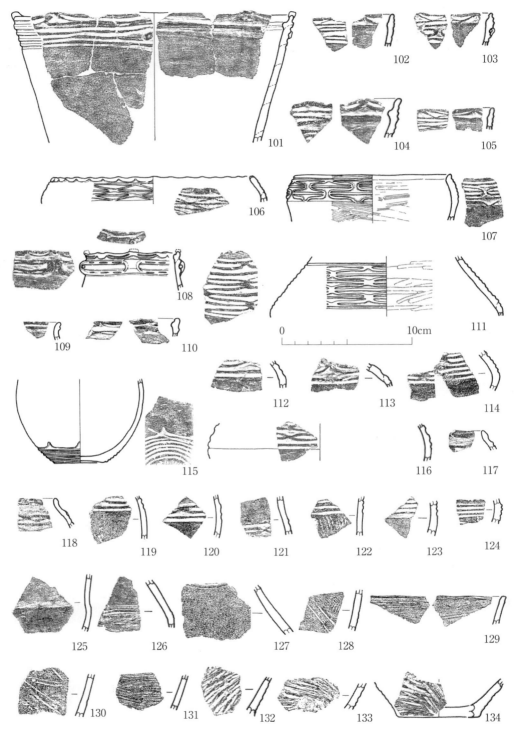

図49　長野県安曇野市離山遺跡出土土器（4）

148

ミガキは徹底しておらず、氷式の特徴がまだ稀薄である。

Ab2 類（20〜22）　A1 類の頸部が長くなったタイプ。肩部文様帯としてレンズ状浮帯文をもつ。

この類型は第 1 段階にあるが、21 はレンズ状浮帯文が扁平化して退化の兆しがあり、22 はその胴部でレンズ状浮帯文は浅鉢 Aa2 と同様に長くなってしまっている。20 も同じ仲間であろう。口縁は丸い突帯風になる。五貫森式に似たものがあるので、古い要素の残存かもしれない。

浅鉢 B　直立気味の口縁をもつボウル状の浅鉢。

Ba2 類（23〜26）　工字文や浮線文系の文様をもつ。23・24 は口縁部文様のレンズ状浮帯文が細く長くなっている。25 は単純な直線文ではないようだが、モチーフは不明である。内面には 31 と同じ文様がみられる。26 には単純な直線文がみられるが、ほかのような文様が展開する可能性もある。内面の沈線文は、立体的な表現の名残をとどめている。

浅鉢 C　直線的に外反する口縁の浅鉢。

Ca2 類（27〜31）　口縁部の外面に細く長くなったレンズ状文を施したり（27・29・30）、内面に長短の組み合わせによる隆起線文を施す（28・31）。胴部文様は多条の沈直線文が多い。内面の文様は 31 のように長・短のレンズ状浮帯文になっており、第 1 段階の Ca1 類の 20 や 26 のような立体的な彫刻に形骸化の兆しがある。

Cb 類（39〜46）　単純な沈直線文を施すもの。外面の直線の数は、1〜2 条は 3 個体であるのに対して、3 条が増加して 4〜5 条のものも出現し、3〜5 条が 6 個体になる。内面の沈線もそれに応じて増加し、外面が 5 条のものには内面の沈線が 3 条のものがみられるようになった。

Cc 類の突帯風に仕上げた沈線文はみあたらず、かろうじて 39 にその傾向をとどめているにすぎない。

Cd1 類（32〜38）　胴部文様に 3 線分岐の浮線網状文をもつ。32 は口縁部の内外に連弧状の彫刻文をもち、胴部文様は千鳥格子状に多段化した浮線網状文である。そのほかは鈴木正博が「荒海 J 型三分岐浮線文」〔鈴木正博　1985a：91〕と命名した 1 段の浮線網状文である。氷 I 式（古）段階の指標だが、ここに祖形のあることがわかる。これらはいずれも内面に沈直線文をもち、35〜37 のように女鳥羽川式浅鉢 Aa1 類に顕著だった立体的な手法をもつものも多い。

浅鉢 D（50）　くの字状口縁の浅鉢 Dc 類。1 個体だけ検出された。五貫森式からある器形だが、本例は馬見塚式に併行するのであろう。

浅鉢 E（47〜49）　第 1 段階の口縁がかるく湾曲して外反し、口縁と胴部の境目が少しくびれ、おそらく胴部がかるく膨らむ形の浅鉢。

口縁部文様帯の下を幅広い無文帯として、おそらく胴部文様帯をもつ型式。47 の内面下部には屈曲がみえるので、このような器形をとるのは間違いないだろう。49 は I 文様帯が段をなして浮彫りされ、18 と等しい匝字文と思われる文様がつけられているなど、大洞 A_2 式に通有の特異な形の鉢形土器と共通の点が多い。

149

第 I 部　土器の様式編年と年代論

② 甕

甕 A　内屈あるいは直立する口縁の甕。波状口縁と平縁がある。浮線文などによる口縁部文様帯と胴部文様帯をもつ。

Aa2 類 (51〜53)　波状口縁の甕。口縁部文様として、大洞 A 式と関係が深い三角形の浮線文をもつ。胴部には円形の突起を中心に長短の組み合わせによる浮線文がみられる。口縁部内面に文様をもたないのを基本とするようであり、それが第 1 段階の Ab1 類との違いである。

56〜61 はその類の胴部破片。62 には口縁内面に沈線がみられるが、多条化した新しい傾向を示す。

Ab2 類 (54・55)　平縁の甕。55 の口縁部文様は、胴部文様と同じ円形の凹みとそれをはさむ 2 条の浮線で構成される。第 1 段階の Aa1 類にあった内面の沈線を欠く。

63〜65 は胴部に浮線網状文をもつ甕形土器の破片。65 は第 1 段階にはみられない 4 線分岐の交互入り組み文である。三ノ倉落合遺跡の第 3 段階の図 50-21 に近い文様モチーフであり、鈴木正博による杉田 III 式 3 期の杉田型レンズ状浮線文である埼玉県嵐山町花見堂遺跡例と共通する〔鈴木正博 2006 (1985)：54〕。花見堂遺跡では 3 線分岐と 4 線分岐が共存し、大洞 A2 式に特有の口縁が湾曲した 47 に類する鉢が伴う。この段階が 4 線分岐交互入り組み文の出現期とおさえられる。

甕 B　外反ないしまれに内傾する平口縁の単純な甕。沈直線文ないし突帯風の隆線文をもつ。

Ba 類 (68〜76・78〜95)　口縁に 1〜4 条の沈線をもつ。1 条が 18 点、2 条が 22 点、3 条が 8 点、4 条が 1 点である。

1 条の沈線文の甕は過半数の 11 点に口縁内面にも 1 条の沈線をもつ。73 は内・外両面に横方向の浅く密な細密条痕があり、北陸方面からもたらされたものの可能性がある。多方面との交流が頻繁になったことのあらわれであろう。

2 条の沈線の甕は大半の 18 点に内面に沈線があるが、2 条が 3 片のほかは 1 条である。85 の胴部は縦方向の撚糸文であり、ほかにも胴部破片のなかに撚糸文がある。

3 条の沈線文の甕 8 点のうち 6 点に内面に 1 条の沈線文をもつ。4 条の沈線文は、95 の 1 点が確認された。

Bb 類 (77)　沈線文に挟まれた部分を突帯風に仕上げたものは 1 点認められただけで、89 やそのほか数点にその傾向をわずかにとどめているにすぎない。

甕 C (66・67)　外反ないし内傾する口縁の甕で、頸部に多条の沈線文をもつことから類を分けた。頸部に多数の沈線文を加えて、頸胴界に甕 Ab 類と同じような隆起線をもつ。淡黄褐色の明るい色で、砂が多く大粒の白色砂も含むという他と異なる特徴をもつ。第 3 段階の標識資料である三ノ倉落合遺跡に盛行するタイプであり、出現の時期がおさえられる。

③ 深鉢

深鉢 A　バケツ状の深鉢。口縁は直立ないしやや外反する。

Aa2 類 (101)　口縁部の内外に浮線文を施した深鉢。第 1 段階の Aa1 類にくらべて外面の

150

沈線文が多条化して、突帯気味の手法を失い、沈線化が著しい。その一方、口縁部内面の突帯はしっかりしているなど遺風をとどめる。

Ab2 類（102〜105）　内面の三角形の浮線文は維持されているが、浮線網状文が複雑化したり細くなるなど（102・104・105）、第1段階の Ab1 類にくらべて、矮小化の兆しがある（102・103・105）。104 の内面のレンズ状浮帯文はしっかりしていて、遺風をとどめる。

Ac 類（96〜98）　口縁部に1〜3条の沈直線文をもつ深鉢。

本類は甕に編入されているものもあるだろうが、第1段階にくらべて数が極端に少なくなっている。97・98 は内面に1条の沈線をもつ。

129 は文様を欠いた深鉢。条痕風の仕上げになっている。長竹式など北陸系か。

深鉢 B　内湾する口縁の深鉢。

Bb1 類（106・107）　千鳥格子状の浮線網状文が口縁部に展開する。106 は口縁に浅鉢にもみることのできた弧状の彫刻文を連ねる。浮線網状文は直線的な菱形であり、他のものがハンガーのような弧状をなすのに対して異質である。107 の体部は珍しく細密条痕で仕上げられる。会津方面からの搬入品であろうか。下り松式に伴う深鉢の類であり、編年上の位置関係を確認できる資料である。

Bc 類（99・100）　突帯文や沈直線文をもつ。100 には内面にも沈線がある。

④　壺

壺 A　口縁が直立した口径の小さな壺。

A2 類（108〜110）　108・110 はレンズ状浮帯文の細長い口縁部文様帯をもち、108 はその下に橋状把手のついた浮線文をめぐらす。浮線文の上にはレンズ状の沈線文が施されるが、110 と同じく横長で幅の狭いレンズ状浮帯文の名残りのような様相をみせて、第1段階の壺 A1 類から退化したことが明らかである。浮線文は尖っている点も、新しい傾向を帯びる。109 は、第1段階からの伝統である突帯風の隆起文を加えている。

壺 B　口縁が内傾した広口壺に近い器形をなす。

B1 類（117・118）　いずれも口縁部と肩部に文様をもつ。118 は胴部に浮線網状文が展開するのであろう。肩部はレンズ状浮帯文で古い要素をもつが、この土器は渦文土器の一種であり、渦文土器には古い要素が残るので、時間的にさかのぼるとは速断できない。赤褐色を呈し、砂質で薄く、異系統の土器の可能性がある。

そのほか、111〜116 が壺形土器ないし広口壺の胴部破片である。111・114 のしっかりした3分岐の浮線網状文は第1段階の浮線網状文の流れのなかにあるが、壺形土器が女鳥羽川式にはなかった器種であり、浮線網状文が新しい装いで展開することになったことを示す。壺がいろいろなかたちで組み合わさるようになるのは、第1段階との大きな違いである。

胴部破片　128・130 は撚糸文を地文とする甕ないし深鉢の胴部破片で、稲妻状沈線文が加わっている。第1段階にはなかった文様で、第2段階に出現した要素とわかるが、撚糸文自体が離山式に出現する要素であり、千網式と関係が深いことを物語っている。一方、細密条痕

151

第Ⅰ部　土器の様式編年と年代論

は系譜を異にするかもしれない 107 を除くと一切認められない。

　129・131〜134 は、条痕文を施した異系統の土器である。129 は内外面ともに細密条痕で、73 と同様北陸系の可能性があり、131 は二枚貝腹縁による浅く幅の広い整った条痕であり、他と異なる暗灰色であり、東海系であろうか。132〜134 はいずれも粗い条痕で、淡赤褐色で砂粒が大きく多い。いわゆる東海系胎土の土器である。同一個体の破片であり、馬見塚式の搬入品であろう。

　以上が離山式の基準資料である離山遺跡の土器群であるが、これらは茶褐色を基調に黒褐色、赤褐色、淡黄褐色と色調にバリエーションが多い。第 3 段階に顕著になる、磨かれて黒褐色で光沢を帯びたものなども 26 にみられるがまだ少なく、甕のミガキはまだ粗い。砂粒は比較的少なくて小さいが、66・67 は砂を多く含み、淡黄褐色で異質である。

第 4 節　浮線網状文第 3 段階の基準資料

1　三ノ倉落合遺跡の調査

　三ノ倉落合遺跡は、群馬県高崎市大字三ノ倉字落合に所在する。国道の拡張工事に伴い、1996 年に山武考古学研究所によって発掘調査された。

　遺跡は、榛名山の南麓を流れる烏川の下位段丘上に立地する。発掘調査はおよそ 80 m×8 m の範囲であり、縄文時代の遺構は検出されなかったが、遺物包含層がとらえられた。包含層の遺物は、縄文前期から後期の土器破片が 182 点のほかは縄文晩期終末の土器であり、完形に近い大型の破片を含めて 1022 点であった。

2　三ノ倉落合遺跡の出土土器(図 50〜53)

①　浅鉢

第 1・第 2 段階に典型的な浅鉢 A は消滅したと思われる。

浅鉢 B　直立気味の口縁をもつボウル状の浅鉢。

Ba3 類 (1〜5)　1・2 は、口縁部に削り出し彫刻によるレンズ状の口外帯をもつ。胴部文様に 3 分岐の浮線網状文を施す。1 は直線的な菱形文で、2 はハンガーを連ねた荒海 J 型三分岐浮線文であるが、この二者はすでに第 2 段階から認められ、前者が駿河・甲斐地方に、後者は群馬県方面から東に多く、地域差である。3〜5 は浮線によるレンズ状の浮帯文であるが、長く幅の狭い単位文様になって退化しており、3・5 は胴部文様帯と合体しているかもしれない。

　口縁内面の沈線を欠くのを基本とする。1 は口縁端部を斜めに削り、そこに沈線を加えて内面端部を少し膨らませているが、第 1・2 段階に顕著な立体的内面処理の最後の姿を示す。2 の口縁端部がやや内傾するのは 1 の沈線が省略されたものと思われる。浅鉢のほかの類も口縁端部は面取りされて平らになるのが多い。

152

第6章 浮線網状文土器の基準資料

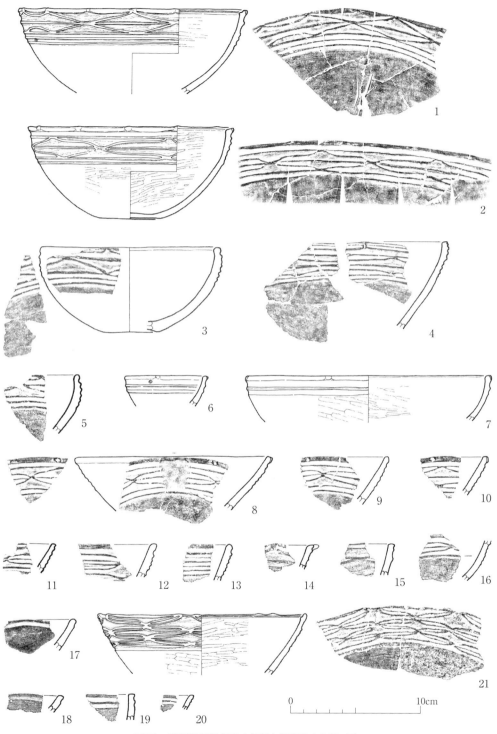

図50 群馬県高崎市三ノ倉落合遺跡出土土器（1）

第 I 部 土器の様式編年と年代論

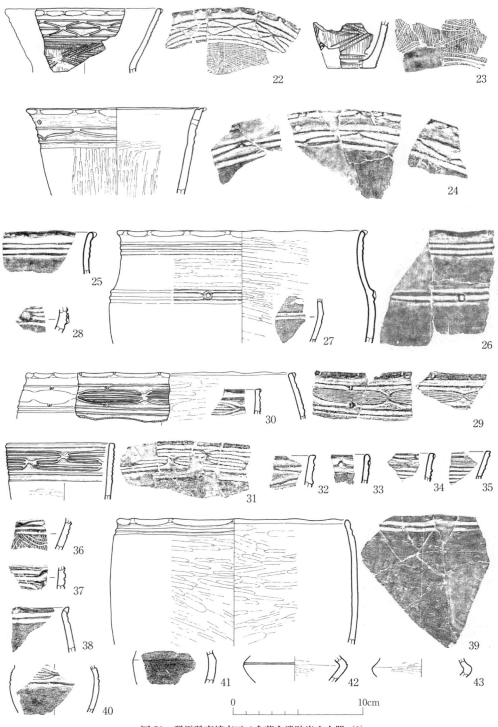

図 51 群馬県高崎市三ノ倉落合遺跡出土土器 (2)

第 6 章　浮線網状文土器の基準資料

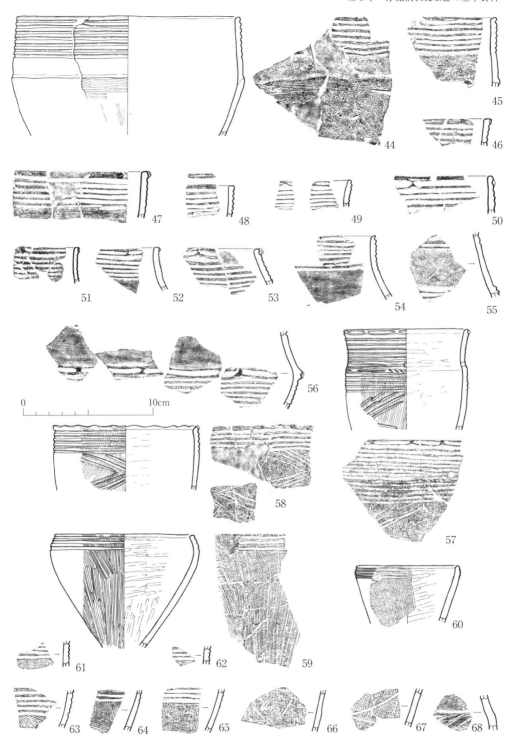

図 52　群馬県高崎市三ノ倉落合遺跡出土土器 (3)

第 I 部　土器の様式編年と年代論

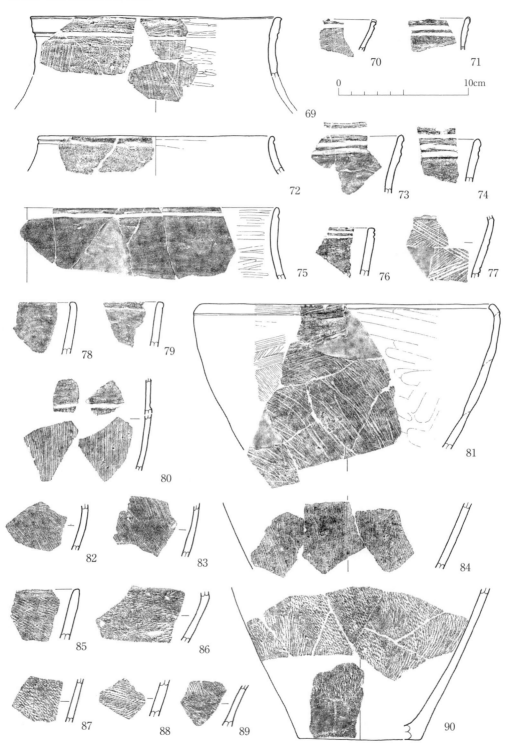

図 53　群馬県高崎市三ノ倉落合遺跡出土土器 (4)

156

Bb1 類（6・7） 胴部に単純な2条の浮線ないし1条の浮線文をもつ。口縁部に削り出し彫刻によるレンズ状の口外帯をもつ。口縁内面に沈線はない。この類は第2段階になかった新類型で、第4段階の氷遺跡によくみられ、さらに第5段階の主体をなすもので、その出現の時期がおさえられる。

Bc 類（19） 単純な沈直線文を施すもの。口縁内面に沈線はない。1例認められたにすぎない。

浅鉢C 直線的に外反する口縁の浅鉢。

Cb 類（17・18・20） 単純な沈直線文を施すもの。口縁内面に沈線はない。わずかに認められるだけである。

Cd2 類（8〜11・16） 胴部文様に荒海J型三分岐浮線文をもつ。第2段階のCd1類は文様帯下端に1条の沈線がめぐるだけだが、本類は1と同様に2条の浮線文をもつ。一見第2段階よりも複雑で古い様相を示すようだが、これは浮線化の進行に伴って沈線の下端が浮線化したものであり、主文様を含めて磨き込みによって浮線を尖らせて強調させるこの時期に本格化する新しい傾向にしたがった結果である。口縁部内面の沈線を欠くのも、第2段階との決定的な差である。千鳥格子に重畳するものもない。

Ce 類（12〜15・21） そのほかの文様をもつC類を一括した。21は千鳥格子状の3分岐、4分岐浮線文である。埼玉県花見堂遺跡の浅鉢も同様の文様モチーフであり、年代の指標になる。口縁内面は1と同じ手法による沈線がみられるのも、時期決定の決め手になる。

　これらの浅鉢に施された浮線網状文は、陰刻部がよく磨かれるようになり、浮線網状文は先端が尖り気味に処理されるようになる。

　② 甕

甕A 直立する口縁の甕。

Ab3 類（25・26） 平縁で、口縁部と胴部に文様をもつ。口縁部にはケズリ出し彫刻によるレンズ状の口外帯を有し、その下に3条の直線の浮線文を配す。第2段階のAb2類のような複雑な浮線文が直線文に整理されて、第3段階に顕著な尖った浮線を2〜3条めぐらす甕の祖形になる。胴部には円形で真ん中にくぼみのある浮線文をアクセントにした二条の浮線文を配す。胴部文様は、第2段階の胴部文様を引き継いでいる。

甕B 外反ないし直立あるいは内傾する平口縁の単純な甕。

Ba 類（69〜75） 口縁端部に文様をもたない。73・74は口縁に2条の沈線を加えた第1・2段階以来の伝統的な甕であるが、口縁内面には一切沈線文をもつことはない。また、70の胴部、73・74の口縁部のように、細密条痕がみられるようになる。2条の沈線に挟まれてできた隆起部分を尖らせて浮線表現としているのは、この段階全体の傾向にしたがったものである。離山式には1個しか認められなかった表現方法で、口縁端部の細密条痕とともに新しい傾向を示している。

　77・78はこれら細密条痕をもつ甕の胴部であり、77には稲妻状の沈線が認められる。69・

157

第Ⅰ部　土器の様式編年と年代論

72・75 は内傾ないし直立した口縁の甕だが、大型の広口壺に近い形態をとる。69 には粗い条痕が認められる。

甕 C（44～57）　外反ないし内傾する口縁の甕で、頸部に多条の沈線文をもつ。第 2 段階にわずかに認められた本類が、三ノ倉落合遺跡には主体をなすようになる。

44・49・51～53 は口縁部に浮線によるレンズ状浮帯文の名残をとどめているが、47 は甕 Ab3 類とおなじような削り出し彫刻によるレンズ状の口外帯をもつ。口縁部の沈線条数は、8 条まで数えられる。胴部文様帯にも多条の沈線が加えられ、56 は 6 条まで数えられる。この例は、肩部に浮線手法による長いレンズ状浮帯文をもつ。44 のように胴部文様を欠いたものもある。

57 は頸部の無文帯を欠くが、ここに含めた。頸部・胴部ともに 5～8 条の沈線を密に施している。口縁部文様帯にレンズ状の狭長な装飾をもち、古相を示す。頸胴界の装飾もきわめて細く長いレンズ状浮帯文の名残であり、アクセントに短斜線を連ねた風変わりなもの。胴部は細密条痕を地文とした上に稲妻状沈線を配す。

甕あるいは深鉢の胴部は細密条痕と撚糸文が相半ばするが、いずれも発達している。離山式に出現した稲妻状沈線が散見されるようになり、複数の器種、類型にわたって定着している様子がうかがえる。

甕 D（22～24）　口縁部文様帯として削り出し彫刻による連弧状文 (22) やレンズ状浮帯文 (24) をもち、その下に浮線網状文を施す。22 はやや直線化した荒海 J 型三分岐浮線文で、24 は 2 線分岐のハンガー状のモチーフである。いずれも陰刻部をよく磨き、浮線文は尖り気味となる。23 は体部が細密条痕で稲妻状沈線を施す。25 はその底部か。

23 の文様モチーフとともに、28 の口縁端部が内側に軽く傾斜して面取りした上に浅い凹線を加えているのは、浅鉢などにみられたテクニックであり、これらが一つのステージを形成していることを示している。

③　深鉢

深鉢 A　バケツ状の深鉢。口縁は直立ないしやや外反する。

Ab3 類（30・31）　いずれも直立する口縁の深鉢。浮線網状文をもつ。30 はレンズ状に削り出した土台の上に浮線網状文風に 5 条の沈線を描く。31 は千鳥格子状の 4～5 線分岐の浮線網状文で、北陸地方の糞置式（古）段階〔豆谷 1991：29〕から福島県域に至るまでしばしば目にする文様モチーフであり、時期の限定ができる。浅鉢の 21 とよく似た胎土と色調、調整方法であり、網状文の作出も似通っている。

Ac 類（76）　口縁部に 2 条の沈線を施す。

Ad 類（58）　口縁部に多条の沈線文を施す。58 は幅広く 5 条の沈線を密集して施しており、甕 C との類似性が指摘できる。撚糸文が地文で、3～4 条の稲妻状沈線を施している。小波状口縁は珍しい。

Ae 類（78・79）　無文の深鉢。ミガキを加えている。浮線網状文土器よりも古い土器と混在

158

していた女鳥羽川遺跡と離山遺跡では分離抽出できなかった類である。

Af類（85）　全面に撚糸文をもつ。

深鉢B　内湾する口縁の深鉢。

Ba2類（38・39）　口縁部に削り出し彫刻によるレンズ状の口外帯をもち、その下に浮帯文と一体化した2条の沈線文をめぐらす。第1段階のBa1類をよく継承しているが、内面の沈線文を欠く。この類は離山遺跡では出土しなかったが、継続している可能性がある。

Bb2類（29）　口縁部に削り出し彫刻によるレンズ状の口外帯をもち、その下に浮線網状文をもつ。二条の浮線の間に連続した紡錘形の土台を削り出し、その上に8条ほどの沈線文で浮線網状文を密に描いている。杉田型レンズ状浮線文a種〔鈴木正博 1985a：92-95〕である。30や40とともに、こうした文様モチーフは第2段階にはなかったものであり、出現の時期がおさえられる。

Bc類（59・60）　口縁部に3〜4条の沈線文を施したもの。細密条痕を地文とする。

Bd類（81）　折り返し口縁の深鉢。細密条痕を地文とする。福島県方面から西の土器で、搬入品の可能性がある。

④　壺

壺A（40・42・43）　いずれも精製の土器。40には6分岐の浮線網状文が、42は肩に1条の沈線がある。42・43はよく似た小型壺。

以上が三ノ倉落合遺跡の土器であるが、これらは胎土や色調、調整によって二つのグループに分けることができる。黒褐色〜灰褐色で、黒光りするほど磨き込み、砂粒の少ないのが通例のA系と、褐色、明褐色でミガキはない、あるいは軽いもので、3〜4mmくらいまでの不揃いな砂を多く含む傾向のあるB系である。この二者は、浅鉢、甕、深鉢を問わずに認められるが、類型によって顕著な違いも指摘できる。

A系は、浅鉢Ba3類の1〜5、Bb1類の6・7、浅鉢Bc類の19、浅鉢Cb類の17・18・20、Cd2類の8〜11、甕Ab3類の25・26、甕Baの71〜76、甕Cのうちの47・50・52、甕Dのうち24、深鉢Ab3類のうち30、深鉢Ba2類の38・39、深鉢Bb2類の29、壺Aの40・42・43である。

B系は浅鉢Ceの21、甕Cのうちの44〜46・48・49・51・53〜57などの大部分、深鉢Ab3類のうち31、深鉢Ad類の58、深鉢Ba類のうち70、深鉢Ba2類の38・39、深鉢Bc類の59・60、深鉢Bd類の81である。

女鳥羽川−離山式の系譜につながるもの、氷I式（中）段階に顕著になるミガキが徹底した光沢をもつ類へとつながるものがA系であり、糞置式に特徴的な浮線網状文をもつ類や、離山式にわずかに現れて卓越する多条沈線による甕D類や深鉢Ac類、甕D類などに顕著な撚糸文をもつ類、折り返し口縁の深鉢など福島県域や千網式に系譜が求められるものがB系である。

159

第Ⅰ部　土器の様式編年と年代論

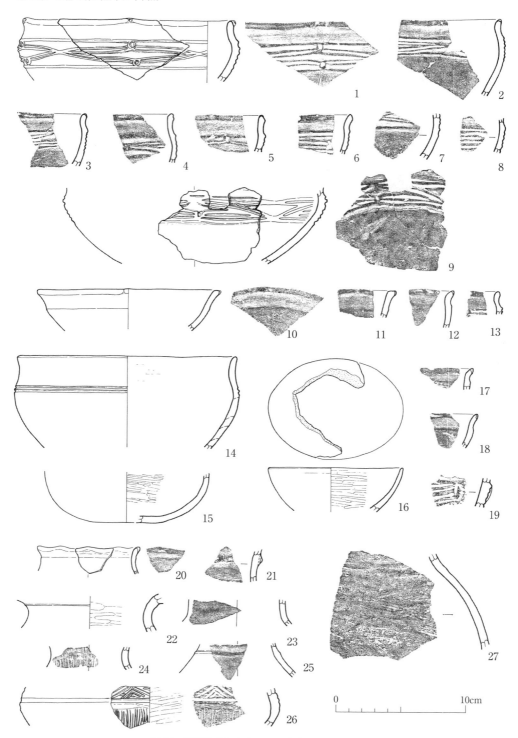

図54　長野県大町市トチガ原遺跡出土土器（1）

第6章 浮線網状文土器の基準資料

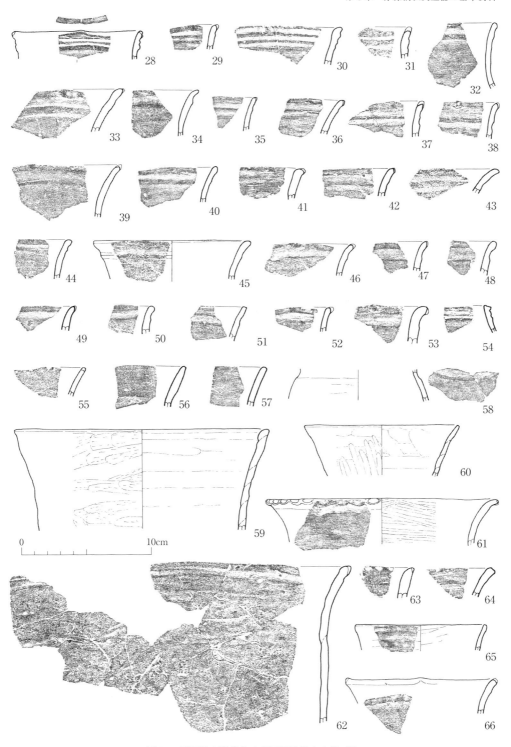

図55 長野県大町市トチガ原遺跡出土土器（2）

161

第Ⅰ部　土器の様式編年と年代論

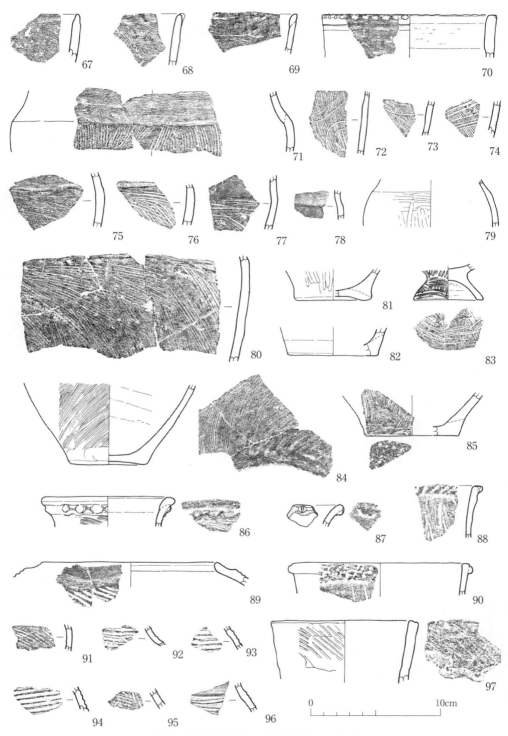

図56　長野県大町市トチガ原遺跡出土土器（3）

第6章　浮線網状文土器の基準資料

第5節　浮線網状文第5段階の基準資料

1　トチガ原遺跡の調査

トチガ原遺跡は、長野県大町市大字平借馬に所在する。

遺跡は、沖積池を望む段丘の先端に立地する。1979年に、河川改良工事に伴う発掘調査によっておよそ200 m²が調査された。発掘調査によって一辺9 mほどの方形ないし長方形の竪穴住居跡が検出され、その覆土から縄文時代晩期終末の土器が出土した〔原田1980〕。出土土器は、ほぼ単一の時期のものと思われるほどまとまりがよい。

2　トチガ原遺跡の出土土器（図54〜56）

①　浅鉢

浅鉢B　直立気味の口縁をもつボウル状の浅鉢。

Ba4類（1〜9）　第3段階のBa3類が、口縁部と胴部文様帯の間に無文帯をもつにしても、きわめて細いものであったのに対して、頸部に長い無文帯をもつようになる。口縁部に削り出し彫刻によるレンズ状の口外帯をもち、内面は丸みをもって一切の文様を欠き、口縁端部は尖り気味に処理されるという、著しい斉一性をもつようになる。胴部の文様は、1単位が長いX字状の浮線網状文とZ字状の浮線網状文の二者が主流になるように、画一化が進行している。標準型式としての浅鉢B類の画一化は、第4段階にすでに顕著であったが、この段階ではさらにそれが徹底されている。9は沈線化が進んでおり、在来のZ字状の浮線網状文を基礎に、三角形の抉りなどに大洞A′式の変形工字文の要素が取り込まれている。

Bb類（10〜14・17・18）　第4段階まで存在していたBb1類が姿を消して、幅広いなぞりだけになるBb2類に統一され、さらに口外帯を欠いたBb3類（14）も現れるなど、この類も画一化と退化が著しい。浅鉢C類は消滅している。

浅鉢F（16）　楕円形の浅鉢。第1ないし第2段階の舟の形の土製品から系譜がたどれる器種である。

②　甕

甕B　外反ないし直立あるいは内傾する平口縁の単純な甕。

Bb2類（28〜30）　口縁部に口外帯をもつ第4段階の甕Bbを継承している。甕Bb1類は、第3段階の甕Aにみられた口縁部のレンズ状口外帯とその下の浮線文を甕Bが取り込んで第4段階に成立した、口外帯がしっかりした器類であるが、本類は口外帯が退化してレンズ状浮帯文が不明確になったり、小突起に変化している。口縁に2〜3条の沈線文をもつが、29・30は尖る浮線手法の名残を留めるものの、28は沈線化が進んでいる。

Bb3類（31〜45）　口縁に2条のなぞりを加え、その間を浮線の先端を尖らせる手法による1条の浮線文としている。上下のなぞりは浅く、凹線状をなす。口外帯も明瞭ではなく、いずれ

163

第 I 部　土器の様式編年と年代論

も Bb1・2 類が退化した様相を示す。

Bb4 類（46〜53）　Bb3 類のなぞりが 1 条になり、たんなる浅い凹線となったもの。さらに退化が進んだのは、浅鉢 Bb2 類と同調した現象である。

Bc 類（55〜57・59〜66）　口縁部文様帯を欠くようになり、かろうじて口外帯の名残を残したもの（66）、まったくの無文（55〜57・59・60・62・64・65）や口縁にレンズ状の刻みを加えた新しい手法によるもの（61・63）がみられるようになる。口縁部の外反度が増しており、弥生土器に近づいている。

甕 C（48）　内傾する口縁の甕。

③　深鉢

深鉢 A　外反ないし直立する口縁の深鉢

Ae 類（67〜69）　無文の深鉢。

Af2 類（70）　第 4 段階に、甕の標準型式として Bb 類が成立するが、それは口縁部に口縁外帯とその下の 2〜3 条の尖る浮線手法による沈線文を指標としたものである（図 57-101）。その影響を受けて、深鉢にも同じ文様が取り込まれる。そのようにしてできた深鉢を、Af 類とする。第 4 段階の Af 類は口外帯と尖る手法の浮線文がしっかりしていた Af1 類を主体としていたが（図 57-103・104）、本類は 1 条の凹線に変化し、口外帯も刻目になるなど、甕 Bc 類と同調した著しい退化傾向を示す。

Ag 類（97）　条痕文系土器の深鉢。右下がりの粗い条痕文をもつ。口縁端部は面取りしてやや窪んでいるのは、樫王式土器の特徴を示す。

④　壺

壺 A（20・96）　96 は浮線網状文を施した壺。胴部の破片だけだが、浅鉢と共通した文様が施されているのがわかる。

壺 B（89）　内傾した口縁の無頸壺。第 2 段階の壺 B1 とは無関係に生じた条痕文系の壺であり、B2 類としておく。弥生前期終末の水神平式土器に成立する壺形土器であり、氷 II 式に併行するのかもしれない。

壺 C　口縁が直立ないし外反する条痕文系土器の壺。

Ca 類（86・87）　口縁部に刻目突帯文をもつ。口縁は丸く仕上げられ、86 はやや外反して 87 は大きく外反する。86 は樫王式の新しい段階の特徴を備えている。

Cb 類（88・90）　口縁に刻目突帯をもつが、縄文原体を押捺している。頸部には縦方向のヘラ先のような工具による条痕文が粗く施される。

⑤　台付鉢

台付鉢 A（83）　条痕文のある台付鉢の台部。氷遺跡には無文の台付土器の台部が出土しており、この器種は第 4 段階に出現した可能性がある。

第6節　浮線網状文土器の変遷

1　器類・器形・器種の消長

浮線網状文土器は5段階に細別されているが（図57）、そのうちの4段階の基準資料を提示した。各説で扱わなかった第4段階の氷遺跡の資料、そして長野県大町市一津遺跡や茅野市御社宮司遺跡の各段階の不足部分を埋める資料を補足的に加えた図57にもとづきながら、浅鉢と甕と深鉢という主要器類[1]の器形ごと器種ごとの推移を追う。その後に、器類・器形・器種の組み合わせである各段階の様式につき他の器類を含めて、他の地域の土器型式と比較し年代的位置づけに触れながら記述したい。なお、文章中の土器の個体番号は基本的に図57にもとづき、それ以外は図○-○として表示した。

①　浅鉢

浅鉢A類～C類は、浮線網状文の基準資料といえる。Aa1→Aa2→Ba3→Ba4という変遷は、浮線網状文土器の細別の基準として石川日出志が提示したものであり〔石川 1985：386〕、浮線網状文土器編年の基盤である。石川が浮線網状文の表出手法として取り上げた、大洞A式の隆線手法に対して陰刻部もミガキを強めて浮線を尖らせる手法を確立していく変化も重要である。第1・2段階では、隆線手法の影響によって丸みをもっていた浮線文が、第3段階にその後に継承される特徴的な先端が尖る浮線文を確立したように、浮線文にも手法に変遷があるので、後者をここでは尖浮線手法と呼んでおきたい。

浮線網状文のAa・Ab類（1～4）は口縁部が内湾して肩に軽い屈曲をもつ。大洞C₂式の新段階に成立してそれを引き継いだものであるが、五貫森式に併行する西日本の突帯文土器である浅鉢D類の影響という点も見逃せない[2]。Ac類（5・6）もそのようななかで生み出された器種だが、短命に終わるのは、突帯文土器の影響が短期間であったことに起因する[3]。

女鳥羽川遺跡のAa・Ab類にはレンズ状浮帯文があり浮線網状文は3分岐のそれがわずかに認められるにすぎないのに対して、離山遺跡ではAa類はレンズ状浮帯文を欠きAb類では形骸化する一方で、千鳥格子状になった3分岐浮線網状文が全盛になるという変化が認められる（16）。

浅鉢Ca類は第2段階に、外面の沈線の多条化や内面文の退化が認められるが（20）、浅鉢A類から取り込んだ千鳥格子の3線分岐の浮線網状文（21）を経て、単帯構成の荒海J型三分岐浮線文（22）のCd1類が成立するのは、その後につながる大きな動きであった。第2段階のCd1類は内面の沈線文が発達していたのに対して、第3段階にはそれがまったく認められなくなる（31）のは、A類ばかりでなく、他の器種にも指摘できる大きな変化といってよい。

単純な沈線文のみによるCb類は、沈線の数が第1段階では内外ともに1～2条にほぼ限られていたのが（9・10）、第2段階には3条以上が一般的になり、なかには5条にまで及ぶ多条化（23・24）が認められる（表8）。しかし浅鉢C類自体は、第3段階には衰退していく。2条の

165

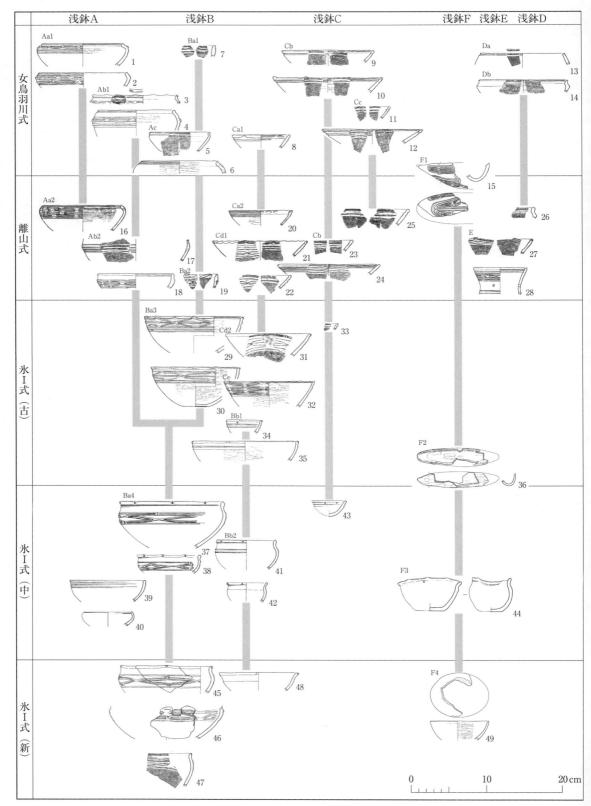

図57 中部高地地方を中心とする浮線網状文土器の編年

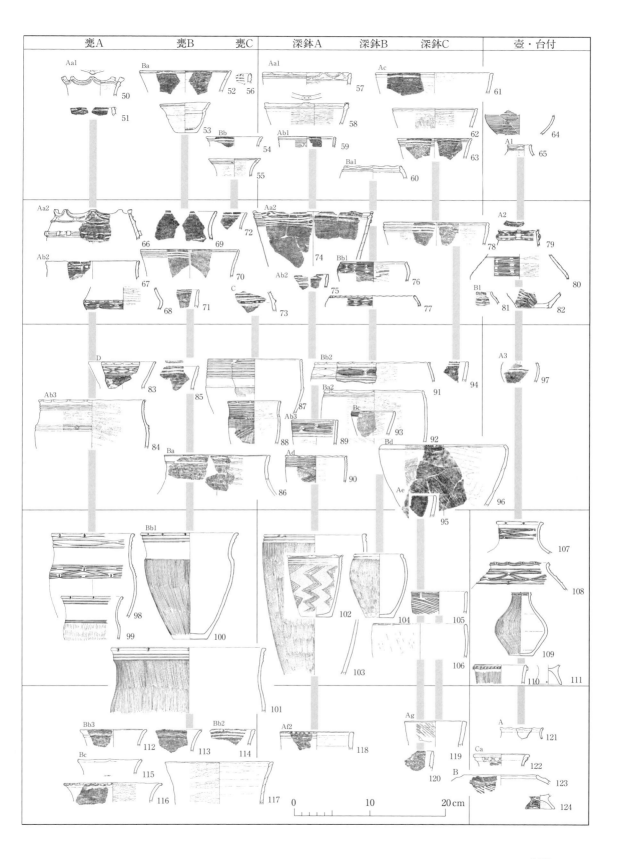

第Ⅰ部　土器の様式編年と年代論

表8　女鳥羽川遺跡と離山遺跡出土土器の口縁部沈線と突帯の本数

外面＼内面	1	1突	2	3	計
0	140	16	13	0	169
1	57	1	10	14	82
1突	5	15	0	0	20
2	1	4	16	0	21
計	203	36	39	14	292

外面＼内面	1	1突	2	3	4	5	計
0	8	1	6	2	1	0	18
1	11	0	16	9	1	0	37
2	1	0	4	1	0	1	7
3	0	0	0	0	0	2	2
計	20	1	26	12	2	3	64

1　女鳥羽川遺跡　　　　　　　　　　　　2　離山遺跡　　　　　　　　　　　（突は低突帯）

沈線に挟まれた部分が突帯化した突帯文土器の影響を受けた Cc 類 (11・12) が第2段階に早くも衰退していくのは、浅鉢 D 類 (13・14→26) の消長と一致している。

　第3段階では、A 類が消滅してそれにかわるようにして、Ba 類が主座を占めるようになるという大きな変化が認められる (29・30)。器形が A 類から B 類へと、すなわち口縁部の立ち上がりが強くなって内湾することがなくなるのに応じて口縁内面の沈線も上部へと移動していくが、内面の沈線の下がふくらんでいる (29) 点に A 類の処理の癖を残しており、A 類を継承した器種とみなしうる。しかし、口縁部に文様帯をもつのは大きな変化である。これは第1段階以来の浅鉢 B 類 (7・19) の装飾を器形ともども継承したものである。削り出し彫刻によるレンズ状口外帯が確立するが、それは第1段階以来のレンズ状浮線文 (7) が平板化したり、第1段階の深鉢 Ba1 類や第2段階の浅鉢 C にみられたカーテン状の装飾 (21) からの流れを汲んだものである。

　このように、口縁部の削り出し彫刻によるレンズ状口外帯の成立、尖浮線手法による単帯構成の荒海 J 型三分岐浮線文の確立、口縁内面の沈線文の急速な衰退という第4・5段階の Ba4 類 (37・38・45・47) に継承される基準資料としての浅鉢 Ba3 類は、それ以前の浮線網状文の諸要素を織り交ぜながら成立した革新的器種といってよく、新たな様式としての氷 I 式の成立の時点をここに求めることができよう。第3段階に新たに登場する簡素な文様による Bb1 類(34・35) もまたその後に引き継がれて第4・5段階の標準型式の座を獲得していく (41・42・48) のも、一連の動向としてとらえうる。

　ただし、第4段階の Ba4 類の成立については、たんなる継承ではないので吟味が必要である。中沢道彦はこの類の特徴である頸部無文帯の拡張に、本章で甕 Ba2 類とした第4段階の標準型式甕 (100) の影響を想定した〔中沢 1993：201〕。これまでみてきたように、標準型式の交替が器種を超えた各器類間の要素の選択や受容によってなされていることからすれば、この説は説得力がある。その一方で、第2段階にみられる頸部無文帯の長い浅鉢 (18＝一津遺跡) にも注意を払っておく必要があり、第3段階にこうした器種が存在しているのかどうか、今後の課題としたい。

　なお、第3段階には深鉢の 91 や壺の 97 など他の器類で、浮線文の分岐の数が著しく多くなっているものが散見された。それらは杉田型レンズ状浮線文であり、削り出しによってレン

168

ズ状の画面を浮き彫りにした上に沈線を引いて文様を描くものである。浅鉢でもこの段階に成立していたことは疑いない。Ce類の32は入り組んだ多段構成の浮線網状文であるが、すでに第2段階の68に認められる。北陸地方の糞置式に特徴的であると同時に福島県会津美里町下谷地平C遺跡では第2段階に併行する浅鉢にも認められ、文様帯の幅の拡張が顕著になった第2段階の傾向を引き継いでいる。このように、第3段階は、文様帯の幅の拡張という第2段階の傾向を維持すると同時に、それと相反する単帯構成や簡素化、文様帯の幅の狭隘化〔鈴木正博 1985a：91〕という第4・5段階に引き継がれる方向性を強めた段階といってよい。

② 甕

甕Aのうち波状口縁のAa類（50）は、外面の文様構成が縄文後期の中ノ沢式や佐野式にうり二つである。田多井用章は、女鳥羽川遺跡の縄文晩期終末の土器を再実測して報告した際にこれらを除外したが〔田多井 2000〕、それはこの点を考慮したからだと思われる。しかし、内面の突帯文は中ノ沢式にはない。外面の口縁下の突帯風の文様と合わせて、内外を突帯風に仕上げるのは深鉢の58と共通し、西日本の突帯文土器にもしばしばみられる装飾手法である。また、波状口縁で口縁に沿って弧状の突帯を貼り付けるのは第2段階にも継承されている（66）。したがって、50は第1段階に組成するとみて間違いないだろう。

第3段階には波状口縁のAa類がなくなり、Ab類の平縁に統一されるが、それは土器群全体に共通した動きである。口縁部文様帯としての削り出し彫刻によるレンズ状口外帯の確立という氷I式土器の成立と関係しており、胴部文様を取り去れば第4段階の甕の標準型式であるBa類（100）となるので、それが準備された状況をよく表している。

甕Bは第1・2段階の甕の標準型式であり、沈線の数は第1段階では外面は1～2条の沈線ないし1条の突帯が9割以上に限定されていたが、第2段階では1～2条が圧倒的である点は第1段階と変わらないものの、3条やまれに4条も現れるように、浅鉢と共通した傾向をみせるようになる（表8）。沈線の多条化は、土器群全体に及ぶ傾向を反映しているといってよい。

甕Bが第3段階に衰退していくのは、甕に口縁部文様帯を取り込んだA類や外来系のC類の増加にあずかるところが大きいのであろう。第4段階の甕Ba類は、削り出し彫刻によるレンズ状口外帯とその下の尖浮線手法による2～3条の浮線文を指標とする。甕Bの流れのなかにA類の影響が及ぶことで成立したのであり、これ以降、胴部文様帯をもつA類は急速に衰退した。第5段階には口縁部下の多条の浮線をもつものも継続するが（114）、沈線化し、あるいは浅鉢Bb2類（48）と共通した手法を採用した1条の低い痕跡的な浮線に変化したものが主体を占め（112・113）、無文化など退化傾向を増し、口縁部の外反度を強めながら氷II式に近づいていく。

甕C（87・88）は、胎土や色調、ミガキなどが第4段階に引き継がれていくA系とは異なるB系の特徴をもつ。第1・2段階にはほとんどみることのできなかった撚糸文や細密条痕が急速に数を増していくのが第3段階の特徴であるが、B系の土器群には撚糸文が顕著である。口頸部の多条沈線文や稲妻状の沈線文（88・90）が出現して数を増していくことや折り返し口縁

の深鉢 Bd 類 (96) の出現を含めて、それは群馬県方面の千網式土器あるいは福島県方面から
の影響によるのであろう。それでは、A 系を氷式として B 系は千網式ととらえるべきなので
あろうか。B 系の甕 C はわずかであるが、第 2 段階に認められる。また、甕 C には A 系もあ
るように在地化が進行しており、長野県茅野市御社宮司遺跡、大町市一津遺跡や長畑遺跡など
在地の土器のなかに定着している。したがって、これも在地の土器群のなかに含めて外来系と
して様式に含める弥生土器様式論の方法でとらえておきたい。

③　深鉢

口縁部文様帯をもつ外反ないし直立する口縁の深鉢 Aa 類と内湾する口縁の B 類は、いず
れも第 1 段階から第 2 段階へ文様帯の拡張と多段化などの変化がみられるが、第 2 段階では
千鳥格子状の複段の構成 (76・77) と比較的単調であったのが、第 3 段階になると単帯構成の
杉田型レンズ状浮線文 (91) や複段構成ながらも 4 分岐となる (89) など浅鉢と共通する変化
を遂げた。

第 1 段階の深鉢の標準型式であった Ac 類は、甕 B と同様の沈線の数の傾向性の変化を経
ながらも早くも第 2 段階に減少して第 3 段階に急速に衰退した。

2　浮線網状文土器変遷の一地域相

女鳥羽川式　長野県松本市女鳥羽川遺跡出土土器から、型式学的な分析によって抽出された
複合基準資料によって、中沢道彦により設定された型式である。浮線網状文土器の第 1 段階
に位置する。内湾する口縁の浅鉢 (Aa 類・Ab 類)、直線的に外反する口縁の単純な沈直線文を
もつ浅鉢 (Cb 類)、いずれも単純な直沈線文をもつ口縁の甕 (Ba 類) と深鉢 (Ac 類) を標準型
式とする。

浅鉢 A 類は、頸部が短い a 類、長い b 類、単純な沈直線文による c 類によって構成され、
a・b 類は肩にレンズ状浮帯文をもつことを特徴とする。c 類は女鳥羽川式に限られる。浅鉢
C 類は、直線文以外の文様をもつ a 類と、沈直線文による b 類、それが突帯風になった c 類
からなる。甕 B 類は直沈線文による a 類と突帯風になる b 類があり、浅鉢や深鉢 Ac 類とと
もに、沈線の条数は内外 1〜2 条に限定されている (表8)。

女鳥羽川式土器を通覧すると、沈線の条数が 1〜2 条に収まることから、次の離山式にくら
べてあっさりとした簡素な印象を受ける。3 分岐浮線文がわずかにみられる浮線網状文出現期
であり、57 の内面の三角形の浮線文を含めて大洞 A 式の工字文およびその影響を受けたもの
が多い。浅鉢 A 類の肩のレンズ状浮帯文との関連で、口縁部に施されたレンズ状浮帯文は、
しっかりとしている (8・50・65)。氷 I 式の標識になる削り出し彫刻による口外帯の祖形も出
現している (60)。

工字文に類する文様の存在から、大洞 A_1 式との併行関係は明らかであり、くの字状口縁の
浅鉢 D 類の存在から、五貫森式に併行することもまた明らかである。愛知県豊川市五貫森貝
塚からは、女鳥羽川式土器と特徴を共有した鉢が出土しており、交差編年によって五貫森式−

女鳥羽川式－大洞 A₁ 式の併行関係が検証できる。女鳥羽川式土器の出自については、大洞 A₁
式の強い影響を受けて成立したことは確かであるが、西日本の突帯文土器の影響もまた強いこ
とは、口縁内外にみられる沈線文を突帯風に仕上げた手法の出現と、それが単純な沈直線文や
突帯文を施した各器種を通じて 1 割内外にも及んでいること（表8）に認めることができよう。
甕形土器の屈曲が稜線をもつように明瞭になるのもその一環である。

　口縁部内面の処理として、沈線文の下がふくらむように立体的に仕上げられたものを特徴と
するが、これにしても黒色磨研土器から突帯文土器の手法の流れを汲んだものである可能性が
ある[4]。大洞 A₁ 式土器は、精製土器から縄文が消失していく傾向がある。女鳥羽川式をさかの
ぼる佐野 II 式終末にすでにみられる現象であるが、これも黒色磨研土器－突帯文土器の西日本
の影響であり、それが東北地方にまで及んだ結果であろう。

　離山式　長野県大町市長畑遺跡 1 号土坑や飯田市矢崎遺跡の出土土器、および安曇野市離山
遺跡の出土土器から型式学的分析によって抽出された複合基準資料によって、中沢道彦が設定
した型式〔中沢 1998：2-5〕。浮線網状文第 2 段階である。浅鉢 Aa 類、浅鉢 Cb 類、浮線網状文
をもつ浅鉢 Cd 類、甕 Ba 類を標準型式とする。

　女鳥羽川式の標準型式浅鉢 Aa 類からレンズ状浮帯文が退化したり消失する。浮線網状文は
3 分岐浮線文を中心に千鳥格子状の複段構成が、浅鉢、甕、深鉢、壺などあらゆる器種を通じ
て華々しく展開するのが特徴である。女鳥羽川式では千鳥状に多段化したものはなく、1 段で
あったが、群馬、福島県方面との広域な連動の結果、文様帯の幅が広がるとともに多段構成に
なっていくのであろう。

　これは、文様帯の幅の拡張であり、女鳥羽川式にみられなかった 3 条以上の沈線が各器種
にわたってみられるようになり、とくに標準型式の浅鉢 Cb 類では 5 条にまで及ぶものが現れ
た現象と合致する。

　レンズ状浮帯文をはじめとする大洞 A₁ 式の影響下にあった工字文系の文様の萎縮は、浮線
網状文という在地の型式が全盛期を迎えたことを意味する。女鳥羽川式を特徴づけていた突帯
文風の仕上げも影を潜めたが、それは浅鉢 D 類の衰退や甕類の突帯文の減少（表8）に象徴さ
れるように、突帯文土器の影響が退いていった。

　次の第 3 段階で発達する現象が現れている点はほかにもいくつか指摘できる。甕 C 類の出
現 (73)、浅鉢 Cd 類の荒海 J 型三分岐浮線文の出現 (22)、入り組んだ 4 分岐浮線文 (68) や直
線的な菱形の浮線網状文 (77)、細密条痕の出現 (76) などがあげられる。

　このような新しい現象の一方で、女鳥羽川式から引き継がれた様相も各所に認めることがで
きる。浅鉢 Aa 類をはじめとして、浅鉢 Cb 類、甕 Ba 類が標準型式の座を占めていることは、
複合基準資料としての様式構造に根本的な変化がなかったことを物語る一方、よその地域の影
響があらわれて、たんに沈線の数や配置が複雑になったばかりでなく、北陸地方や東北地方な
ど他地域の影響が強まることによって、女鳥羽川式よりもバリエーションが豊富になっていっ
たのだろう。

第Ⅰ部　土器の様式編年と年代論

離山式の編年上の位置については、離山式に出現して後に続かない器種として、浅鉢E類（27・28）がそれを考える手がかりになる。図46-23の文様モチーフは、山形県天童市砂子田遺跡の土器群を基準として設定された砂子田式〔森谷・黒坂 2003：205〕のなかによく似たものが認められる。胴部の破片である図47-48や49にみる匝字文と思われる破片を含めて、大洞A₂式と併行する可能性を考えたい。図46-18の浅鉢の文様手法は、こうした類を介して浮線網状文土器に導入されたテクニックと思われる。この時期には大洞系土器の直接的な搬入はないことから、むずかしい時期の併行関係をおさえる一つの手がかりになるだろう。

また、福島県会津美里町下谷ヶ地平C遺跡1号住居跡では鳥屋2a式土器に大洞A₂式のこの器形の浅鉢〔芳賀 1986：64の第10図8〕が伴い、栃木県矢板市板木原遺跡でも離山式に併行する浮線網状文土器が大洞A₂式土器といっしょに出土している。東海地方ではこの段階の浮線網状文が馬見塚式と共伴するので、馬見塚式－離山式－大洞A₂式という併行関係が押さえられる。

女鳥羽川式に五貫森式土器が伴っており、第5章で述べたように、五貫森式土器は関東地方の各地で見出すことができるのに対して、馬見塚式になると動きの鈍くなることが鈴木正博によって指摘されている。離山式土器の装飾などにおける突帯文土器の影響の衰退はそれを受けた現象であり、文様帯の多段化に象徴される変化は、逆に東方からの影響の強まり〔中沢 1998：5〕を受けた現象と理解すべきであろう。

氷Ⅰ式（古）段階　長野市聖川堤防地点SK10出土土器を基準資料として、中沢道彦が設定した型式である。群馬県高崎市三ノ倉落合遺跡E-4・5グリッドの出土土器も、氷Ⅰ式（古）段階の実在性を示す資料とされる〔中沢 1998：6〕。浮線網状文土器の第3段階に位置する。浅鉢Ba類、Cd類、甕C類、深鉢A・B類を標準型式とする。

浅鉢A類がほぼ消滅し、B類が主座を占めるようになる。内湾度の減少に伴って口縁内面の沈線も失われる傾向にあり、新たに出現して第4段階以降に主座を占めるBb類にもあてはまる。口縁内面の沈線の衰退は、浅鉢C類に共通した傾向であるとともに、全器類を通じての動きであり、この段階を画する現象といってよい。大洞式土器が弥生時代に至るまで口縁内面の沈線にこだわるのに対して、その放棄は在地系の土器群の確立を象徴する。

標準型式の浅鉢A類からB類への交替もそれを象徴するが、そこに施された文様は単帯の荒海J型三分岐浮線文（30・31）が主体になってくるのであり、それは離山式の浅鉢Cd1類を継承したものであろう。一方、杉田型レンズ状浮線文のように、多条の浮線ないし沈線文を構図のなかに描く文様構図も新しく生まれるなど、革新的な側面もうかがえる（91・97）。

甕B類、深鉢A類という、これまで標準型式をなしてきた甕・深鉢に大きな変化がみられるのも、この段階の特徴である。

甕A類から波状口縁が失われ、離山式にまでみられた深鉢（75）や壺（79）にみられた突起も失われ、平縁化が進行していくのも新しい現象である。それと連動して、削り出し彫刻によるレンズ状浮帯文が各器種にわたって認められるようになるのは、甕Ab類の84に典型的な

172

口縁外帯とその下の 3 条の浮線直線文の成立とともに、 第 4 段階における斉一的な様式構造、すなわち口縁外帯と頸部無文帯をもつ氷 I 式の成立の基盤となった。

甕 B にかわって台頭してくるのが、甕 C 類である。口頸部の多条の沈線にみる文様帯の拡張は、離山式からの流れのうえにあるが、この器類は外来系である。撚糸文や細密条痕、あるいはその上に施された稲妻状の沈線文が盛んになるのも、群馬県方面や福島県方面からの影響であろう。一方、口縁部文様帯のない甕 B 類が衰退してく。

このように、氷 I 式（古）段階は、標準型式の交替、平縁化、単帯の文様帯と各種浮線網状文の構図の採用による多様化、尖浮線手法の定着〔中沢 1998：7〕、削り出し彫刻によるレンズ状の口外帯の普及、細密条痕と撚糸文の採用、口頸部に多数の沈線をもつ甕の隆盛にみるように、第 1・2 段階の浮線網状文からさまざまな面で革新を遂げた様式といってよく、まさに氷 I 式土器の成立として大きな画期をなしている。

しかし、三ノ倉落合遺跡が長野県域に比較的近いといっても群馬県域に位置していることが、果たしてこの土器群を氷 I 式（古）段階の標識資料としてよいのか、といった疑問も浮かぶ〔中沢 1998：6-8〕。B 系がかなりの数を占めていることもその疑念をぬぐえないのだが、これほど年代的なまとまりとしての純粋性をもつこの段階の単純な資料は長野県域ではあまり見受けられないのと、三ノ倉落合遺跡でもみられたが、御社宮司遺跡や一津遺跡などで異系統土器が在地化して溶け込んでいることから、とりあえず B 系も同じ様式の範囲に収めて新たな資料の出現を待ちたい。

三重県津市納所遺跡は、氷 I 式（古）段階と馬見塚式が共存しており、大洞 A₂ 式との文様構図や手法などの一致から、馬見塚式 - 氷 I 式（古）段階 - 大洞 A₂ 式という併行関係が導かれる。

氷 I 式（中）段階　氷 I 式は、長野県小諸市氷遺跡の出土土器によって、氷 II 式を差し引いた基準資料が、永峯光一によって提示されて設定された。その後、鈴木正博は氷 I 式土器が細分できることを述べ、中沢道彦が氷 I 式を三段階に分けて氷遺跡の多くは（中）段階に相当することを論じた。浅鉢 Ba 類、甕 Ba 類、深鉢 A 類、壺 A 類を標準型式とする。

浅鉢は、氷 I 式（中）段階で標準型式であった Ba 類に、甕 Ba 類の頸部無文帯の要素が加わって成立するとされている。器種間あるいは器類間の要素の互換性は、甕の標準型式の成立にも大いに関係しており、胴部文様帯を欠いた甕 Ba1 類を基礎にして、胴部文様帯をもつ甕 Ab3 類 (84) の口頸部の特徴が組み合わさり、氷 I 式（中）段階の標準型式である甕 Ba2 類 (100) が成立した点にそのことがよく表れている。

浅鉢の胴部文様は比較的規格的になり、胴部文様帯をもつ甕 A 類は客体的になり、削り出し彫刻によるレンズ状の口外帯が各器種にわたって定着していく。東部地域からの外来系土器の影響にも選択が生じ、撚糸文は衰退して細密条痕が浅鉢以外の調整手法の主体をなすようになる。

それ以前に一旦退いていた東海地方の影響が強まり、樫王式土器が影響を強める。口外帯と

第Ⅰ部　土器の様式編年と年代論

浮線網状文からなる在地の壺形土器が、比率は少ないものの標準型式の器種に加わるのも、壺形土器を中心として流入した樫王式およびその変容壺の影響によるものであろう。東海地方で樫王式に伴うのが氷Ⅰ式（中）段階であり、この併行関係は交差編年で検証されている。大洞系土器との併行関係は微妙だが、福島県郡山市滝ノ口遺跡Ⅰ区ＳＩ01の在地的な大洞Ａ式土器の共存〔中沢 1991：447-448〕を認めて、樫王式−氷Ⅰ式（中）段階−大洞Ａ式という併行関係をとらえておきたい。

　氷Ⅰ式（新）段階　氷Ⅰ式（新）段階は、長野県松本市石行遺跡の資料により、中沢道彦が設定した型式である〔中沢 1998：13-17〕。石行遺跡の土器群は単純な時期のすぐれた資料であり、量も多く全体像を把握するのに適しているが、それ以前の発掘調査によるトチガ原遺跡の資料も単純性という点ではすぐれており、もう一つの基準資料として提示した。

　氷Ⅰ式（中）段階に、全器種にわたって画一化が進行したが、それを引き継ぎながら、さらに画一化と衰退の現象を顕著に示す。

　浅鉢は、（中）段階の標準型式を引き継ぐBa4類とBb2類に統一され、文様モチーフも単帯構成の２種類にほぼ限られる。甕もまた（中）段階の標準型式であったBb1類を基本的には引き継ぐが、口外帯とその下の尖浮線手法による数条の浮線文の退化が著しく、１条の浮線となったり、たんなる１条の凹線に変化し、無文のものも目立つように変化していく。浅鉢Bb2類と同調した衰退傾向といってよい。深鉢も同じ歩調で退化した。

　壺は、（中）段階の傾向であった条痕文系の影響の増大を引き継ぎ、在地系のＡにかわるようにして、新しい段階の樫王式土器や在地化した条痕文系土器が増加するようである。

　浅鉢の文様には、大洞Ａ式の技法やモチーフが認められるので、樫王式新−氷Ⅰ式（新）段階−大洞Ａ式という併行関係が設定される。

　表3（53頁）にこの併行関係を反映させた。

おわりに

　第6章では、浮線網状文の構図に新古の相があることを手がかりにして、女鳥羽川遺跡と離山遺跡、トチガ原遺跡の浮線網状文土器に三段階の変遷を認めたものの、浮線網状文土器をすべて氷Ⅰ式ととらえた点に誤りがあった。氷遺跡のなかに第1段階の土器が含まれていないことから、鈴木正博や中沢道彦らのその後の研究によって正しい理解が進んだように、浮線網状文土器は、氷Ⅰ式の前に女鳥羽川式−離山式を置き、そして氷Ⅰ式土器にさらに3段階の変化があるとする中沢編年を本章の分析で追証した。

　本章では、第1段階の女鳥羽川式土器の成立は、大洞A₁式土器が強い影響を及ぼした結果であることに疑いないが、突帯文土器の影響も著しかったことを述べた。これは、前章での主張を追証したものである。西からの強い波に押されるようにして、女鳥羽川式土器は駿河地方や関東地方にまで広がった。中沢が仮称「関屋塚式」として設定した静岡県御殿場市関屋塚遺

第 6 章　浮線網状文土器の基準資料

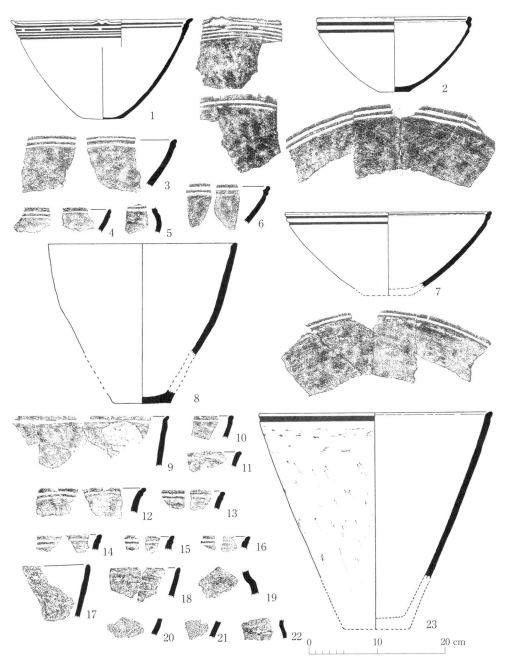

図 58　静岡県御殿場市関屋塚遺跡出土土器

175

第Ⅰ部　土器の様式編年と年代論

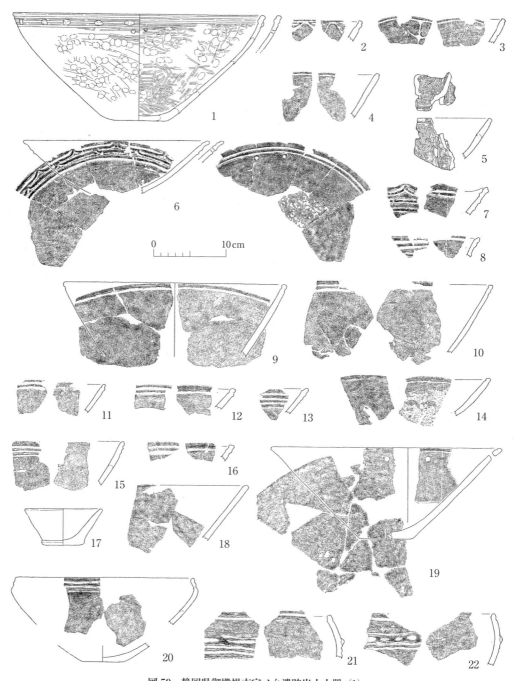

図59　静岡県御殿場市宮ノ台遺跡出土土器 (1)

第 6 章　浮線網状文土器の基準資料

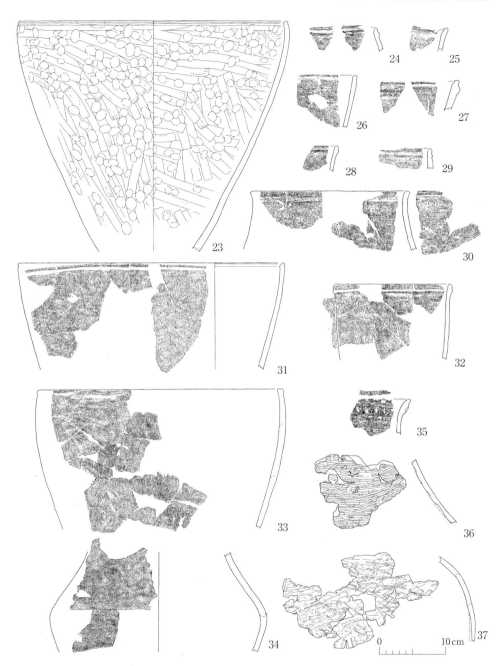

図60　静岡県御殿場市宮ノ台遺跡出土土器（2）

177

第Ⅰ部　土器の様式編年と年代論

跡の土器群（図58）は、近隣の宮ノ台遺跡の土器群（図59・60）とともに女鳥羽川式の範疇に含まれるのではないかとした点〔設楽2015〕も、前窪式の成立に影響を与え、千葉県館山市安房神社洞穴〔松嶋2010〕にまで分布している[5]ように、佐野Ⅱ式までの地域色を払拭して広域に斉一性を帯びた土器様式としての女鳥羽川式の広がりに時代の画期を求めたからである。さらに、女鳥羽川式土器の様式構造の変化は、大洞 A_1 式土器にも突帯文土器の影響が及んでいる可能性を踏まえて、この時期の東北地方の土器が北部九州地方にまでもたらされている現象と一体的に理解していく必要があることを示唆している。

　離山式になるとその影響が微弱になることはすでに指摘されているが、その現象に対応するかのように、氷Ⅰ式（古）段階を含めて群馬県域や福島県方面からの影響の増加によって土器型式の構造に変化がもたらされたことを論じた。これは、突帯文土器の影響がもたらした影響が、大きくはあるものの一過性のものであったことが推察され、その揺り戻しのような振り子運動がその後の動向として推測できるのである。

　氷Ⅰ式土器の成立と展開には、自律的な側面が強調されている。在来の土器の器種間、器類間の相互交渉から新たな様式の確立にはそのような自立性もうかがえる。しかし、（中）段階以降（新）段階を経た氷Ⅰ式の衰退現象の背後には、壺形土器の増加や、浮線網状文の画一化と衰退、甕形土器の簡素化や口縁の外反度の増加など、樫王式土器から水神平式土器と、氷Ⅰ式から氷Ⅱ式へと、徐々にその影響の強さを増していくとみるのが妥当と思われる。

　土器にみられるこうした地域間関係の推移が、文化全体の変化とどのような関係をもっていたのか、とくに農耕の導入との相関関係については、次の第8・9章で論じることにしたい。

註
1　器類は、大型壺、小型壺といった器種をまとめた壺類という分類レベルの呼称であり、加納俊介が近藤義郎の用いた「親器種」にかえて設けた分類概念である〔加納1981：36〕。
2　家根祥多は、愛知県馬見塚遺跡の例などから、大洞 C_2 式新段階の肩に屈曲をもつ浅鉢を、突帯文土器の浅鉢の影響によるものとみなした。
3　6などはあるいは佐野Ⅱb式にさかのぼるかもしれない。
4　口縁内面の立体的な沈線文は大洞 C_2 式には顕著に認められるが、大洞 B_1 式には認められないようである。一方、北部九州地方方面では黒川式のいわゆる玉縁状口縁に1条沈線が加わることによって立体的につくられたものが多いが、これは曽谷式の影響による口縁内面処理にさかのぼる手法の伝統を引いたものである。したがって、女鳥羽川式の口縁内面の立体的な沈線文の出自は、図45-96などの西日本系土器の影響によるものか、大洞 A_1 式土器からの影響によるのか、今後の課題としたい。
　口縁部内外を突帯文風に仕上げた図43-66・67は、奈良県橿原市橿原遺跡の突帯文土器に近い。これは口酒井式すなわち馬見塚F地点式段階に属すので、大洞 C_2 式新段階併行期の可能性が高く、女鳥羽川式よりも古い型式に属していることもありうる。66・67などを女鳥羽川式からはずすのか、この手法が女鳥羽川式にまで継続しているのかは今後の検討課題として、ここでは女鳥羽川式の仲間に加えておく。
5　安房神社洞穴の土器はミガキが発達しているので、駿河地方からの搬入品であろう。

178

第Ⅱ部　生業論

第7章　食糧生産の本格化と食糧獲得技術の伝統

は じ め に

　弥生時代は、日本列島で最初に本格的な農耕を開始し、経済が食糧獲得から食糧生産へと移行した時代である。縄文時代にも、いろいろな農耕が存在していた証拠があがっている。中国大陸の農耕文化の影響を受けた朝鮮半島南部には、日本列島に先立って本格的な農耕文化が成立しており、弥生時代の農耕文化との関係がさまざまに論じられてきた。縄文文化の農耕の実態、東アジア世界の農耕文化の状況を明らかにし、それと比較しつつ弥生文化の農耕にはどのような特質があったのか、考えていかなくてはならない。

　縄文時代の生業体系の基本は、堅果類など植物採集と動物の捕獲、すなわち採集狩猟であった。それは弥生文化に継承されたが、縄文文化の性格が弥生文化にそのまま引き継がれていたのか、農耕文化によって性格が変化していることはないのか、興味をそそられる。また、漁撈集団や狩猟集団と農耕集団とのかかわり、およびそれぞれのかかわりあい方の違いも問題である。動物飼育もまた同様である。縄文文化との関係性の追跡から、弥生時代の食糧生産と獲得の多様性と個性を探る必要があろう。

第1節　農耕のはじまりと植物採集の役割

1　縄文時代の農耕

縄文時代の栽培植物の嗜好品的性格　農耕を辞書的に定義すれば、植物を栽培することである。植物栽培を農耕と呼ぶならば、縄文時代に農耕があったことは確実である。小林行雄がはやく「問題は縄文式時代にいかなる程度の農耕も行われなかったか否かということではなく、当時の文化を性格づけたものが、いかなる生産形態であったかということであろう」と指摘したが〔小林 1951：269-271〕、縄文時代の農耕は、それがあったかなかったかという議論の段階を脱し、どのような存在形態であったのか、という方向で研究が進んでいる。

　都出比呂志は「採集狩猟の生業と協働しているような植物と栽培の候補（縄文農耕）になっている植物というのが、エゴマであったり、シソ科のものであったりして、嗜好食品的なものが多いというのは何か理由があるのでしょうか？」と問う〔佐々木ほか 2000：36〕。それに対して、佐々木高明は北海道函館市ハマナス野遺跡や臼尻 B 遺跡のヒエ、岡山県の縄文中・後期の土器の胎土中にイネが存在していることを引いて、今後はイネ科の非常に小さな種子やプラ

181

第Ⅱ部　生業論

ント・オパールなどが発見される可能性が大きいと答えた〔佐々木ほか 2000：36-37〕。いまだそれが明らかでないのは調査技術の問題だというのであり、縄文時代には主食となりうる穀物類が多く利用されていた、と考えている。そうであろうか。

縄文早期にさかのぼる土器の内面にアサがこびりついていた例がある〔辻・南木 2007〕。縄文早期から、ヒョウタンやエゴマなどに加えてアサを栽培ないし管理していたのは確実であるが、これもやはり嗜好品的種類の植物である。問題は、主食となりうる穀物とマメ類の存在形態である。

イネの問題　中沢道彦は丑野毅や松谷暁子とともに、土器に付着した圧痕のレプリカを顕微鏡で観察する方法を用いて縄文時代や初期弥生時代の圧痕を分析した。土器型式の認定の見直しを含めて、これまで縄文晩期以前の稲籾圧痕とされていた資料に以下のような評価を下した。熊本県大津町ワクド石遺跡の「籾状圧痕」とされていた縄文後期の土器の圧痕は、稲籾以外の種子の圧痕である〔中沢・丑野 2005：30〕。岡山県倉敷市福田貝塚の縄文後期の土器の圧痕は、顆粒状組織の有無が判定できず、稲籾と断定はできない〔中沢・丑野 2009：38〕。山崎純男がレプリカ法によって提示した熊本県本渡市大矢遺跡の縄文中期、阿高式土器と、熊本市石の本遺跡の縄文後期、鳥居原式土器についた籾状の圧痕〔山崎 2005〕のうち、大矢遺跡例は籾に特有の顆粒状組織が明確ではないとされ、山崎もそれを保留したが、石の本遺跡例はイネである可能性は否定できないという〔中沢ほか 2009：38〕。岡山県総社市南溝手遺跡の縄文後期の福田KⅡ式とされる籾痕土器は、のちに接合破片が見つかって壺形土器であることが判明し、縄文晩期終末の突帯文期の可能性が高まった〔中沢 2005〕。北部九州地方に縄文後期以前にさかのぼる資料が存在する可能性はあるものの、現在もっとも古いと考えられる確実な籾圧痕をもつ土器は、島根県飯南町板屋Ⅲ遺跡の突帯文期初頭、前池式併行期である〔中沢・丑野 2009：37〕。

問題は、青森県八戸市風張遺跡である。縄文後期末〜晩期の竪穴住居の覆土からコメ7粒とアワ・キビ1粒ずつが土壌の水洗選別によって得られたが、その古さと出土地域に加えて一つの遺構から3種類以上の穀物が出土した、縄文時代には稀有な遺跡だからだ。A・ダンドレアが2粒の炭化米の AMS 炭素14年代を測定し、2540±240 B.P.と2810±270 B.P.という結果が出ている〔D' Andrea, *et al*. 1995：150〕。古いほうの測定値は、実年代でおよそ前1000年前後であるが、誤差が大きいので板屋Ⅲ遺跡例よりも確実に古いか、あるいは後期にさかのぼるか、答えを出せない。さらに同じ住居跡から出土した別の炭化米を国立歴史民俗博物館が AMS法により炭素14年代を測定したところ、きわめて新しい値が出ており、これらを縄文時代の資料と断定するには再検討が必要になった〔小林謙 2009：64〕。

雑穀とマメ類の問題　縄文時代の遺跡から出土した雑穀類には、福岡市四箇遺跡の後期特殊泥炭層出土のオオムギ・ヒエ・アズキ、長崎県国見町筏遺跡の後期包含層出土のコムギ、熊本市石の本遺跡の後期後半の住居跡出土のオオムギ、長崎県野母崎町脇岬遺跡出土の晩期のオオムギ、熊本市上ノ原遺跡出土の晩期のオオムギなどが知られているが〔小畑 2005：88〕、これらは年代測定を要する。滋賀県安土町竜ケ崎A遺跡からは、内面にキビが多量に付着した土器が

出土したが、この土器は突帯文期の長原式土器であり〔宮田ほか2007：258〕、弥生前期の遠賀川式土器と同時期である可能性が高い。ワクド石遺跡の晩期の土器に認められる種子圧痕は、レプリカ法による分析の結果、アワであるとされる〔山崎2005〕。

　北海道南西部から東北地方では縄文時代早期末ころからヒエと人間の関係が密接化し、原初的な栽培が始まっていたことを吉崎昌一が主張していたが〔吉崎1997：344〕、西本豊弘らは縄文中期に東北地方でイヌビエを意図的に栽培していたとして、吉崎説を追認している〔西本ほか2007〕。

　中山誠二の分析によって中部高地地方の縄文中期にダイズがかなり広く栽培されていたことがわかった〔中山ほか2008〕。小畑弘己は熊本県域の縄文後・晩期にダイズが栽培されていたことを明らかにしている〔小畑ほか2007〕。まだ、時期も地域も離れたところで問題提起された段階であり、縄文時代におけるマメ科植物栽培の普遍性の解明は、今後の課題である。

　このような現状を総合的にとらえれば、縄文農耕およびその研究の現状には以下の特色が指摘できる。①栽培植物のうち主食的な種類はマメ類を除けば縄文後期以降北部九州地方を中心に散発する程度であり、全体的傾向としては嗜好品的植物が多い。②灌漑技術を伴うような、集約的な穀物栽培は認められない。③一つの遺跡で、栽培穀物が多量に出土することはない。④一つの遺跡で、複数種類の栽培穀物が出土することはまれである。⑤それらの穀物の資料は、圧痕の場合はレプリカ法による厳密な同定を、炭化種実の場合は種の同定とともに年代測定を必要とする[1]。

2　集約的な穀物栽培の開始と雑穀栽培

集約的な穀物栽培の上限　確実な穀物栽培の開始は、弥生早期ないし晩期後半の突帯文期をさかのぼらないとみてよい。突帯文期といっても、各地で突帯文土器の成立に時期差があるが、もっとも早いのは山陰地方であり、その時期に籾痕土器がすでに存在している。だが、籾痕が単体で検出されるだけであり、炭化米や他の穀物が多種多数検出されたわけではない。突帯文期以前の一つの遺跡や遺構から、炭化した穀物類の種子が多量に見つかった例はいまだかつてない〔安藤2007：439〕。これは、縄文時代の農耕の実態を考えるうえで、きわめて重要な事実である。

　これに対して、佐賀県唐津市菜畑遺跡では、弥生早期の土層から炭化米を中心として、アワの炭化穀物種子とゴボウ、アズキ、シソ、マクワウリ（メロン）、ヒョウタンなど蔬菜類や果樹の炭化種子が検出され、コナギ、オモダカ、ホタルイなどの水田雑草種子とともに、ミゾソバなど田畑共通雑草種子、ハコベやタデなどの畑雑草種子も伴っていた。

　したがって、集約的穀物栽培が確実に始まったといえるのは、北部九州地方の突帯文期である。それは朝鮮半島から水田と畑を伴う体系的な農業が導入された時期であり、北部九州地方以外の地域で突帯文期以降に水田稲作が開始されるのも、北部九州地方で始まった農耕の影響を受けた結果だといってよい。

183

第Ⅱ部　生業論

畠の存在　菜畑遺跡からは雑穀が出土しているが、その生産の場である弥生時代の畠跡が調査例を増している。福岡県小郡市三沢蓬ヶ浦遺跡からは、弥生前期後半～中期初頭の畠が検出された〔片岡ほか 2004：123-131〕。畠は畝立てされており、畝は等間隔で 10 列以上に及び、面積は概略 350 m²である。弥生前期の畠跡は、徳島市庄・蔵本遺跡や三重県松阪市筋違遺跡などから検出されているが、いずれも畝が幾筋も並列した形態をなす。静岡市手越向山遺跡からは、弥生中期後半の方形周溝墓の下に耕作痕らしい溝が幾筋か検出された。弥生中期初頭と推測されている[2]〔静岡大学考古学研究室 2008〕。

　このように、弥生時代の畠は各地の弥生文化形成期の段階からみられ、早くから一定の広がりをもっていることがわかる[3]。三沢蓬ヶ浦遺跡の畠跡からは炭化米やイネのプラント・オパールが検出され、イネが栽培されていたとされている。菜畑遺跡では、イネに加えてアワなどが複合的に栽培されているので、弥生文化の初期の段階から畠では雑穀が栽培されていたことがわかる。神奈川県大井町中屋敷遺跡の土坑から出土した弥生前期の炭化種実は、イネのほかにアワやキビの類であった〔佐々木由 2008：179〕。したがって、イネは谷水田で栽培されたか、畠でアワやキビに加えて栽培されていたのであろう。いずれにしても、弥生文化の初期の段階から、水田稲作と並んで雑穀栽培が本格的におこなわれていたのである。

3　渡来系農耕文化の評価

　そこで問題になるのが、朝鮮半島の初期農耕の実態である。

　朝鮮半島南部における無文土器前期（前期青銅器時代＝縄文晩期前半併行期）の水田跡は、慶尚南道蔚山市玉峴遺跡をはじめとして、琴川里遺跡、也音洞遺跡など数多く検出されている。それらは灌漑用水路を備えており、小規模な河川から水を得やすい丘陵緩斜面の末端に設けられている。小区画水田と階段式水田からなる〔李 2002：7-8〕。弥生時代の水田の特徴は「自然微傾斜利用の灌漑型小区画水田」であり、明らかに朝鮮半島南部からの技術的な影響による〔安藤 2007：438-440〕。

　朝鮮半島南部の農耕の特質は、水田稲作と畠作が併存していることであり、むしろ畠作が主体をなしている可能性がある点である〔後藤 2006：311〕。階段式水田は、畠作と結びついて成立した朝鮮半島固有の旱地農法による水田との見方もある〔田崎 2002：75-76〕。畠跡は、慶尚南道晋州市大坪里遺跡の魚隠地区や玉房地区で多数検出されている。細長い畝が、数百 m にわたって何本も連なって展開している大規模な畠跡も多い。無文土器前期の畠作物として、アワ・キビ・オオムギ・コムギ・マメ類があげられる〔安 2007：314〕。

　縄文時代にも、マメ類や嗜好食品を中心に農耕がおこなわれていたから、その技術的な伝統が農耕文化複合の導入と運用基盤として大いに役立ったことは疑いない。しかし、水田稲作の開始とほぼ同時に雑穀類と畠が日本列島に拡散していくことからすれば、日本列島における集約的な穀物栽培の成立背景は、縄文文化からの継承よりも、大陸からの体系的な農耕技術の導入を大きく評価しなくてはならない。中屋敷遺跡で明らかになった複合的農耕は、在地におけ

184

る縄文農耕から直接生まれたと考えるのではなく、朝鮮半島の複合的農耕の流れに連なるとみなすべきであろう。

したがって、日本列島における農耕文化複合の形成は、革新的になされたといえる。農耕の技術に加えて、土器製作技術、環壕集落、松菊里型住居の定着から、渡来系の人々の果たした役割を高く評価することができる。

その一方で、①集落が渡来系の人々の植民地的様相を帯びておらず、旧来の文化が否定されたものではなかったことに加えて、新たに用いられるようになった土器や木製農具などに独自色が強い点や、②日本列島内の農耕文化複合の普遍化は長期間を要し、地域色が強く認められる点から、日本列島全体における本格的な農耕文化の形成は、外部の力による革命的なものではなかったことも強調しておかなくてはならない。

4 堅果植物利用をめぐって

弥生時代にも縄文時代の堅果類の水さらし場と類似する遺構が検出されている。福岡県北九州市長野小西田遺跡の弥生前～中期の例は、その典型である。水さらし場遺構は、①導水路、②木枠組遺構、③井堰、④護岸矢板列、⑤堅果類ピット、⑥堅果類の集積からなる。水さらしされた堅果類はアカガシである。堅果類はまとまっている場合が多く、籠などに収納されていたと考えられている〔前田・佐藤 2001〕。このように、縄文文化の水さらし場とそれに伴う技術をまったくそのまま継承しているといってよい。

問題は、これが飢饉のときの非常食であったのか主食確保の目的であったのか、ということである。弥生時代における縄文文化を継承した堅果類利用の程度は、弥生時代のコメの生産力に関して早くから問題にされていた点である。この遺跡からは木製農具や石庖丁も数多く出土しているので、堅果類だけを主食にしていたわけではなく、救荒用の意味も多分にもっていると思われる。しかし、木枠組遺構が 15 基も連接しているのは、縄文時代の遺跡にはみられない。京都府弥栄町奈具谷遺跡の弥生Ⅳ期の水さらし場遺構も、頑丈な施設と多量のトチノキの種実の存在から、臨時的な処理場とはいえないという〔広瀬 1997：125〕。一般化は慎重にすべきだが、弥生中期までのコメの相対的生産量の低さ、不安定さを示すものかもしれない〔寺沢 1986b：344-350、甲元 2000：176〕。

縄文時代の堅果類の水さらし処理は、湧水点→導水路→取水施設→水さらし場→堰→排水路という流れである。一方、灌漑を伴う水田稲作は河川→導（用）水路→井堰→水田→堰→排水路という流れであり、きわめて類似している〔設楽 2005c：6-9〕。灌漑水田稲作が縄文文化の諸技術から隔絶して高い技術によっているわけではない。縄文文化は複雑化した採集狩猟民（complex hunter gatherer）の文化であり、堅果類のアク抜き技術などはその真骨頂といえ、両者の違いは技術レベルの高低ではないのである。

もちろん、一方は食糧加工であり、一方は食糧生産という違いはある。しかし、技術運用の点で両者はきわめて近似しているし、両者とも同じ食糧確保という役割をもつ。では、堅果類

185

第Ⅱ部　生業論

の水さらしと灌漑水田稲作では、何がもっとも大きく違うのだろうか。上述のシステムで、収量を上げようと思えば水田は同時期操業の必要があるので耕地を拡大せざるをえないのに対して、堅果類処理は時間をかければすむのでその必要のないことである。水稲耕作の場合、増収するには集約的な労働力が必要であり、労働力が耕地の拡大と生産量の増大につながり、人口の増加を招く。それが拡大再生産を基盤とする灌漑型農耕社会の仕組みであり、採集狩猟社会では拡大再生産は社会崩壊につながる仕組みとして抑制される傾向にあった。

　長野小西田遺跡の水さらし場遺構の規模が縄文時代のそれとくらべて規模が大きいのは、縄文文化を継承しながらも、その性格が拡大再生産につながる弥生文化—農耕文化—の特徴を備えるように変貌しているからではないだろうか。弥生時代には食糧獲得にも、農耕文化的な変容が認められるのである。

第2節　農耕文化複合論

1　網羅型生業体系と選別型生業体系

二つの農耕文化複合類型　日本列島の初期農耕文化に二つの類型があったことは、甲元眞之が指摘している〔甲元 1991〕。菜畑遺跡の水田に関連する遺構は板付Ⅰ式に降る可能性が説かれているが、突帯文期にさかのぼって水田稲作がおこなわれていたことは認めてよい。先に紹介したように、この遺跡ではコメとアワの穀物、各種の蔬菜類と果樹の種子、水田雑草とともに畠雑草の種子が検出されている。また、堅果類が豊富で、サメ、エイ、マイワシ、ボラ、マグロ、クロダイなど魚骨、ノウサギ、イノシシ、ニホンジカ、ムササビ、タヌキ、イルカなど狩猟による動物骨もたくさんの種類が出土している。これに対して、福岡市板付遺跡の花粉分析の結果は水田雑草に集中する。大阪府和泉市・泉大津市池上曽根遺跡では、栽培植物の種類は5種類を数え、採集植物の種類は32種を数えるほど豊富であるものの、コメとヤマモモ、マクワウリが他を圧倒している。魚類も多種あるなかでマダイが突出し、狩猟動物ではイノシシがシカやタヌキなど他を圧倒している。甲元は、二つの弥生農耕文化複合類型を、網羅的経済類型と選別的経済類型と呼び分けた〔甲元 1991：31-32〕。

　西アジアでは、紀元前17000年にすでに網羅型生業体系の存在が確認されている。イスラエルのオハロⅡ遺跡における続旧石器時代、前期ケバラン文化では、野生オオムギやコムギ、果実など30種類以上の植物が利用され、動物ではガゼル、シカ、トリ、キツネの骨や、多量の魚骨が検出された〔西秋 1997：51〕。定住的採集狩猟民文化であり、穀物利用の比重を高めたナトゥーフ文化を経て、前10000年ころにPPNA、すなわち前期先土器新石器時代へと移行する。先土器新石器時代の開始とほぼ時を同じくして始められた穀物栽培は、PPNB期、すなわち後期先土器新石器時代に確立され、その後半に家畜飼育も始まった。数ある野生植物、穀物のなかからムギ類を選択し、数ある野生動物のなかからヒツジとヤギを選択した。もちろん、タンパク質の補給としてマメ類が栽培され、ベリー類などが採集されたし、初期のころに

186

はガゼルが狩猟されたように、利用した動植物は非常に多様性に富むが、基幹食糧をいくつか
に絞って栽培・家畜化したのが、新石器時代に確立する農耕体系の特徴であった[4]。農耕化は、
多様な植物利用から限定された植物への依存への移行である〔常木 1999：18〕。

　採集狩猟民が農耕を開始する前提条件として、K・フラナリーは広範囲生業（Broad spectrum
subsistence）、すなわち網羅型生業体系の存在を提唱したが〔Flannery 1965・1969：77-79〕、日本
列島では縄文文化の生業体系が網羅型の典型であって、西アジアの続旧石器文化のそれに相当
し、PPNA 期の本格的な農耕の始まりによって選別型生業体系へ移行していく過程が、縄文
時代から弥生時代への生業体系の移行に相当しよう。貝殻や魚骨、獣骨などさまざまな食糧残
滓がうずたかく積もった貝塚は、縄文時代の網羅的生業体系の象徴であり、弥生時代にそれが
一般的でなくなるのは、その体系に変化が訪れたことを意味する。

　網羅型生業体系の由来　では、弥生文化の農耕における二つの類型のうちの網羅型は、縄文農
耕の系譜を引いたものであったのだろうか。そう結論づける前に、日本農耕文化の母体をなす
中国大陸と朝鮮半島の初期農耕文化のあり方を問題にしなくてはならない。

　中国大陸の新石器文化は、長江中・下流域と黄河流域で異なる類型が認められるが、それは
異なる食糧生産・獲得戦略が大きく作用している。長江流域は水稲栽培とブタ飼育、淡水魚漁
撈に特化した選別型生業体系であり、黄河流域はアワ・キビを中心としてブタ、イヌ、ウシな
ど数種類の家畜を飼育し、狩猟動物も数種類に及ぶ多角的生業体系である〔甲元 2008b：52〕。

　朝鮮半島はどうだろうか。かつて、欣岩里遺跡と松菊里遺跡の二者の栽培穀物と立地の差か
ら、前者がイネと数種類の雑穀を取り込んだ網羅的農耕であり、菜畑遺跡の類型の母体となっ
たのに対して、後者がイネに特化した類型であり、板付遺跡や池上曽根遺跡の母体になったと
考えられてきた。しかし、朝鮮半島では種子の同定の見直し作業が進み、南部の無文土器前期
（青銅器時代前期）の作物組成は、イネ＋雑穀（アワ・キビ）＋ムギ類（オオムギ・コムギ）＋マメ類
（ダイズ）という共通する様相を示し、無文土器中期（青銅器時代後期）の作物組成も基本的に無
文土器前期と類似し、イネが中心となるなかでムギ類、雑穀とマメ類も栽培されていたのであ
り、松菊里類型がイネに特化していたのではないことが明らかにされた〔安 2007：314-315〕。

　選別型経済類型が農耕民に典型的に認められることは、西アジアや華中・華南地方などの事
例から世界史的傾向として認知できる。一方、華北地方では雑穀栽培が展開する。畑での雑穀
栽培は、輪作障害を回避するために多種の作物をレパートリーにそろえておかなくてはならな
い〔甲元 2008a：39〕。寒冷と乾燥という地理的な条件に規定された作物の性格が、採集狩猟民
に典型的な網羅型生業体系の一種として網羅型という農耕文化類型の形成を促したのである。
日本列島の農耕文化複合の直接の母体となった朝鮮半島南部の地域では、稲作に特化すること
はなくむしろ畑作による雑穀栽培を主体的に推し進めており、基本的には華北型の農耕文化類
型が基盤をなしていたのであろう。動物の選別化である家畜化も顕著ではない。

187

第Ⅱ部　生業論

2　弥生農耕文化の特色

　このようにみてくると、弥生農耕文化の二つの類型のうちの網羅型に関しては、縄文文化という採集狩猟文化の伝統を受け継ぎながら、水田稲作と畠作を複合させた朝鮮半島南部の農耕文化複合を取り込んだ結果だ、と結論づけることができる。弥生農耕文化には選別型も存在しているのであり、中国大陸の南北それぞれに顕著な二つの類型が共存している点に、弥生農耕文化のもう一つの特色がある。弥生時代の遺跡から出土するイネと雑穀類の比率は圧倒的にイネが上回っている〔寺沢・寺沢 1981〕。これは西日本を中心とする傾向であるが、西日本の弥生文化は朝鮮半島よりも水田稲作、イネへの志向性が強いことも重要だ。

　弥生時代の農耕の特色は、先に指摘した縄文農耕の特色の対極を行くものであり、①コメをはじめとする穀物、主食的食糧が生産される。②一つの遺跡で、多量に栽培穀物が出土する場合がある。③一つの遺跡で、複数の栽培穀物が出土する場合がある。④拡大再生産の性格を内在させた灌漑型の水田稲作を基軸としたうえに、畠作と雑穀栽培を取り込んだ農耕文化複合が、地域的変異をもちながら展開したことである。

　弥生文化の農耕は、「農耕文化複合」という概念によって縄文文化のそれと区別することができる。「農耕文化複合」の概念は、植物学者の中尾佐助によって提唱された。中尾は「全体性をもった文化のうち、農業に関係した要素」があるが、それらは「かなり異質なものが必ず集まって、相互に絡み合った一つのかたまり」をなしている。それを「農耕文化複合」と呼ぶ〔中尾 1966：12-13〕。

　通常いうところの「農耕文化」は、農耕が社会経済の基底的な役割を果たしている必要がある。つまり、農耕社会の文化を農耕文化というのであり、縄文文化総体を指して、農耕文化とはいわない。農耕社会の文化は、社会を構成する文化要素の多くが農耕とのかかわりのなかから生み出され、あるいは農耕のために互いに関連しあって存在している〔設楽 2001a〕。

　水田稲作は、灌漑技術を伴って、指導者層の出現やさまざまな紛争の激化、その調停など政治的社会の形成を促した。人と人、集落と集落、地域と地域との間のあらゆる社会的関係を縄文文化から根本的に変えていった。たんにコメを食べるようになったという食文化が重要だというだけでなく、生業体系が社会の基本構造を序列づけるのに大きな意味をもっているから重要なのである。

　農耕が生業の基盤になっても、タンパク質確保のための動物利用、すなわち狩猟・漁撈は当然継続した。しかし、農耕文化複合は、狩猟・漁撈もそれまでの採集狩猟民の活動と相当異なる側面を生み出していく。耕地を荒らす動物駆除が、耕地を一種の罠とする猟の生起を促し〔西谷 2003、設楽 2005b：132-133〕、水田を漁場とする内水面漁撈が発達するなど、他の生業が農耕に取り込まれていくこと、すなわち農耕に内部化したマイナー・サブシステンスへと変化していくことなどは、その一例である。農耕文化複合の複合たるゆえんであるが、それは次節で述べることにしよう。

3 日本列島における農耕開始の要因

　では、日本列島における農耕文化複合のはじまりは、いかなる要因によっていたのであろうか。

　西アジアでは、中石器時代のナトゥーフ文化後期の紀元前9000年ころに生じた寒の戻り、いわゆるヤンガードリアスが引き金となって乾燥化が進み、湿潤な疎林という好適な環境を求めて人口がレヴァント回廊へ集中した。そこで生じた資源ストレスの高まりに対処するため、定住や集約的穀物利用という新しい居住形態と生業システム化が促進されて、農耕が始まったという仮説[5]が提示された〔Bar-Yosef and Meadow 1995：68-69〕。

　日本列島にはヒエを除くと野生穀物はない。したがって、穀物栽培農耕の始まりは、H・ヒッグスやM・ジャーマンらが構想した人間と植物との長い共生の結果という進化論的立場からの論証〔常木 1999：10-11〕を適用するのはむずかしいので、バー—ヨセフらが唱えるいわゆるストレスモデルが魅力的である。

　日本列島における水田稲作農耕の源流は、山東半島の東沿岸部から遼東半島に求められることが、木製農具や磨製石斧のあり方などから論じられている〔宮本 2008：40-42〕。気候変動による農耕開始のストレスモデルを横目でみれば、山東半島からさらに朝鮮半島を南下した水田稲作が朝鮮半島南部で飽和状態になるか、寒冷化のあおりを受けて海峡を越えて南下し、日本列島にもたらされたという仮説〔宮本 2006：15〕が注目できる。北部九州地方や山陰地方などの日本海沿岸部では寒冷化によって砂丘の形成が活発化し、そこに出現した後背湿地あるいは沖積低地の湿地帯が初期水田稲作にもっとも適した環境であったことも〔甲元 2004：22〕、農耕の始まりと自然環境への適応の関係を考えるうえで注目できる。

　一方で、北部九州地方では縄文晩期前半に孔列文土器や石庖丁などを受容しており、すでに本格的な農耕文化に移行しつつあった朝鮮半島との間に、遅くともそのころには灌漑水田稲作を受容するパイプを築くようになった。したがって、その段階にもある程度の農耕は開始されていた可能性がある。

　日本列島の農耕の開始は、人類の自然環境への適応という普遍的な視点と、東アジアの歴史、縄文文化終末の日本列島の歴史という固有性の双方から分析されなくてはならない。

第3節　陸獣狩猟と動物飼育

1 洞穴／岩陰の狩猟集団

　食糧獲得技術の伝統という問題のうち、漁撈集団と農耕集団の関係性については第9章で詳述するので、ここでは狩猟と動物飼育の問題に焦点をあててみたい。

　狩猟を主要な生業とする縄文時代の人々にとって、洞穴／岩陰は旧石器時代以来の重要なキャンプサイトであった。弥生時代の洞穴／岩陰は、再葬墓など葬制・墓制の研究で取り上げられることが多いが、本来の目的である狩猟の基地としての役割について深められてこなかっ

第Ⅱ部　生業論

た。山内利秋はこうした現状に鑑み、長野県高山村湯倉洞穴における弥生時代の洞穴の利用形
態を、狩猟基地の視点から分析した〔山内 1995〕。その際の分析は、民族誌を通した生業活動
の季節的スケジュールと、自然環境と動物の生態を比較しながらとらえていく方法であるが、
これは、旧石器時代や縄文時代の生業研究に盛んに用いられている方法を弥生時代の研究に応
用したものであり、弥生時代の生業研究にとって斬新であった。

　湯倉洞穴から出土する動物遺存体は、ニホンジカが最多を占め、カモシカ・クマがそれに続
き、イノシシがもっとも少ない。田口洋美のマタギの調査結果から、山内はイノシシが里山狩
猟であるのに対して、クマ・カモシカは奥山の狩猟であり、ニホンジカもそこに位置づけられ
るとする。そして、新生児・胎児骨が多いという湯倉洞穴のニホンジカの年齢構成〔金子 1988：
149〕と、ニホンジカの出産の生態から、春〜初夏の狩猟活動を推測した。通常の狩猟シーズ
ンである秋〜春から逸脱するこの狩猟は、柔らかい毛皮を得る目的のほかに農耕儀礼に理由が
あるという〔山内 1995：90〕。シカの新生児や胎児を得ることが農耕儀礼とどのように結びつい
ているのか不明だが、農耕集落においてシカの骨が卜骨に用いられ、剣把として利用されるな
ど、農耕儀礼の目的を含めた農耕民との間の共生関係が、奥山の狩猟活動を促したことは確か
である。

　一方、弥生時代には平野に大規模な農耕集落がいくつも出現したことによって山と海が分断
され、狩猟の比重が急速に低下することにより、漁業が専門的に発達したとされる〔甲元 1983：
23〕。狩猟の比重低下の理由は何だろうか。弥生時代には漁撈集団が農耕集団との間に緊密な
共生関係を結んでいくが、それは大陸との交通においてとくに重要性を増してきた渡海活動
が、漁撈民ならではのものであった点に起因する。弥生時代の狩猟民も、遠隔地間の交易活動
に従事していた証拠はあがっているが、そうした活動を漁撈民より組織的におこなっていたわ
けではない。つまり、農耕集団にとって交易活動の点で利用価値が相対的に低かった点に、狩
猟集団の存在意義と狩猟自体の比重の低下の理由があるのではないだろうか。

2　動物飼育の問題

　弥生時代における狩猟の低下の一方で、陸獣に対する別の動きがみられる。家畜化であり、
それがさらに狩猟を押し下げる働きをした。

　弥生時代におけるイノシシの飼育に関する研究は、伊豆七島の弥生時代の遺跡から出土する
イノシシの歯が小さいことから、弥生時代にブタがいたという直良信夫の研究によって先鞭が
つけられた。金子浩昌・牛沢百合子は、大阪府和泉市・泉大津市池上曽根遺跡から出土した弥
生中期のイノシシの歯の萌出、摩耗の進行状態から、若年の個体が多いことを突き止め、中国
新石器時代の家猪との比較から、飼養がおこなわれていたことを論じた〔金子・牛沢 1980：22-
25〕。だが、イノシシの若年の個体の特別な扱いについては、縄文時代にすでにそうした傾向
のあることが指摘されていたので〔加藤 1980：47-48〕、弥生時代のイノシシ飼育問題はその延長
上に位置づけられたにとどまった。

190

第7章 食糧生産の本格化と食糧獲得技術の伝統

　西本豊弘は、大分県下郡桑苗遺跡から出土したイノシシとされる個体の歯に歯槽膿漏が認められること、上顎骨後部が前方へ張り出し、吻部が幅広で短くなる、口蓋骨後端部がⅤ字形をなすといった骨学的な特性を見出して、これが家畜化された個体であるとし〔西本 1989〕、さらに佐賀県吉野ヶ里町吉野ヶ里遺跡、大阪府池上曽根遺跡、奈良県田原本町唐古・鍵遺跡や神奈川県逗子市池子遺跡の例から、弥生時代の西日本を中心に関東地方にまで広くブタが存在していたのではないか、と問題提起した〔西本 1991b〕。弥生ブタの系統は、縄文時代から飼育されていたイノシシが継続しているのではなく、弥生時代に新たに大陸から渡来したとしている〔西本 1991b：186〕。

　その一方で、小澤智生は現代のイノシシとブタと弥生時代のブタとされる資料の DNA 分析をおこなったところ、中国や韓国のブタの DNA 配列とニホンイノシシのそれは違い、いわゆる弥生ブタはニホンイノシシの配列と一致した。そこで、小澤は、いわゆる弥生ブタは大陸から日本列島に移入された家畜ではなく、ニホンイノシシそのものである、と結論づけた〔小澤 2000：21〕。

　小澤は DNA 解析にあたり、mtDNA コントロール領域の 255bp の塩基配列を決定して系統解析をおこない、その結果、502 番目がニホンイノシシと大陸系家畜ブタを区別する重要な塩基置換部位と位置づけたのだが、石黒直隆によればそればかりではなく、242 番、303 番、693 番が重要だという〔石黒 2009：108〕。つまり、一塩基の置換でイノシシ属の系統や由来を判断するのではなく、数か所の塩基置換をもとにした系統解析が重要だというのである。断片的な DNA の破片をつないで長い遺伝子配列を解析する手法を開発し、あらためて弥生時代のイノシシの骨の mtDNA 分析をおこなったところ、愛知県朝日遺跡、愛媛県今治市阿方遺跡、大分県下郡桑苗遺跡の 6 例はニホンイノシシであるが、阿方遺跡、愛媛県宮前川遺跡、長崎県富江町宮下貝塚の 4 例は大陸系の遺伝的背景をもつ、ヒトにより持ち込まれた家畜ブタである可能性が高いとの結論に至った〔渡部ほか 2003：12〕。DNA 分析の進化によって、議論が新たな方向に動いていることがわかる。

　福岡県小郡市三沢蓬ヶ浦遺跡や福岡市雀居遺跡では円形のピット列が検出され、家畜小屋ではないかとされている〔片岡ほか 2004：59-61〕。三沢蓬ヶ浦遺跡では、この遺構は畠跡から 20 m ほどのところで検出されている。今後、こうした遺構の土壌の分析などをさらに進めれば、施肥の問題を議論する手がかりが得られるかもしれない。

3　食物禁忌のはじまり

　縄文時代には、特定の食物が禁忌されていた事実は明らかにされていない。弥生時代になると、その問題が動物飼育の問題を伴って浮上してくる。

　春成秀爾は、弥生時代の動物遺体と土器や銅鐸に描かれた絵画を体系的に考察し、弥生時代の西日本地域ではシカが神聖視されていたことを論じた〔春成 1991a〕。そのうちの出土骨の分析では、イノシシに比べてシカの比率が低下することを根拠とした。つまり、シカの狩猟比率

191

が低下したことから、食物禁忌のストレスがシカにかかったというのである。

　銅鐸や土器の絵画から、弥生時代の西日本地域でシカが神聖視されていたことは事実である。しかし、シカ猟の低下説は問題がないとはいえない。なぜならば、春成が集計した動物骨のうちのイノシシのなかには、飼育されたブタが多数含まれているのでそれを仕分けする必要があるからである。これはすでに春成自身が指摘していたことだが〔春成 1991a：465〕、ブタを除くと野生のシカとイノシシの比率は同程度なのである〔西本 2009：219〕。

　第9章で述べるように、シカが弥生時代の絵画に多く描かれていることや、古典の記述からも神聖視が弥生時代にさかのぼることは充分考えられてよいが、弥生時代の食物禁忌を問題にするならば、むしろ鳥に注目すべきである。

　弥生時代の造形品に土製のニワトリが存在しており、ニワトリの飼育は予想されていたが、愛知県朝日遺跡の出土動物骨からそれが明らかにされた〔西本ほか 1992〕。金子浩昌によれば、大阪府池上曽根遺跡など弥生時代の遺跡で鳥獣骨は一般的にきわめて乏しいことから、鳥に対する狩猟規制が存在していた可能性があるという〔金子 1988：146〕。新美倫子も弥生時代の鳥骨の出土量の少なさから、のちの時代の神話にある常世の長鳴き鳥のように、弥生時代の鳥に食用以外の祭祀的な役割があったと論じている〔新美 2009：237〕。

　鳥はシカと並んで弥生絵画の主役をなし、木製品も製作された。また、近年、西日本各地の弥生前期の遺跡で頭部に隆起のある人頭形土製品の出土が相次いでいる。頭部の隆起はサギなどがもつ冠羽の表現であり、弥生土器の絵画にみられる鳥に扮する人物の立体的な表現ではないだろうか。鳥が神聖視されるのは、空を飛ぶことから穀霊を運搬する役割を果たしていたとみなされたからであり〔佐原 1973：51 など〕、農耕儀礼と深いかかわりをもつ。

　網羅型生業体系から選別型生業体系への移行、あるいは後者に高い比重をかけることが、弥生時代の生業体系の特質であることを述べたが、食物禁忌の発生もまた、選別型生業の一環として位置づけることができる。そして、食物禁忌が農耕儀礼とかかわりをもちながら現れた点に、採集狩猟と異なった農耕の生業体系―複合性―のあり方をうかがい知ることができよう。

第4節　課題——資料の見直しと新たな方法——

　弥生時代の食生活の問題を、植物食と動物食を中心に思いつくままに論じてきたが、方法上の問題に関する課題をいくつか指摘して、締めくくることにしよう。

　中山誠二・外山秀一は、稲作農耕の存在を直接的に実証しうる植物遺体資料を第一次資料群、水田など稲作農耕の技術面での存在を示す資料を第二次資料群、その波及の結果として誘引された人びとの生活様式の変化を示す資料を第三次資料群と位置づけた〔中山・外山 1991：24〕。このうち、直接稲作の実在を示す資料としては、①水田、②種子、③籾痕、④プラント・オパールなどがあげられるが、それぞれに問題を含む。

　たとえば、①は、大阪府茨木市牟礼遺跡が突帯文期の水田関連施設とされていたが、杭の年

代測定の結果、弥生前期まで下降することが明らかにされた〔国立歴史民俗博物館 2005：配布資料〕。

　②は沖縄県伊江村ナガラ原東貝塚で、みた目では攪乱のない遺物包含層から出土したイネは当初6〜8世紀とされていたが、状態のよい3点を AMS 炭素14年代測定にかけたところ、現代のものであるとの結果が出た。これに対してさまざまな検討が加えられ、根成孔隙など複数の非人為的な攪乱が原因とされ、包含層出土の微細遺物は常にコンタミネーションを意識しなくてはならないことが明らかにされた〔木下 2003〕。先に紹介した青森県風張遺跡の炭化米や、寺沢薫・寺沢知子による弥生時代の植物食料の集成資料〔寺沢・寺沢 1981〕についても、問題になりそうな資料は年代測定を進める必要がある。

　一般論として、炭化米など穀物は粒が小さいのでコンタミネーションの恐れが払拭できず、穀物自体の年代測定が必須だが、土器に残る圧痕は土器の年代とほぼ同時に穀物が存在していた証拠になる。だが、ここにも問題はある。つまり、圧痕の種類と土器の年代である。

　③について、土器の表面に偶然ついた種々の物体の圧痕をモデリングなどによって陽像に復元することがその時代の研究上重要であることは、古く山内清男によって指摘されていた〔山内 1925→1967：207〕。この作業は、丑野毅によって本格的に始められた〔丑野・田川 1991〕。筆者は山梨県韮崎市中道遺跡の縄文晩期終末の土器に付着した圧痕を、籾痕として報告したが〔設楽ほか 1989〕、中沢道彦と丑野がレプリカ法によって試料化して松谷暁子が同定した結果、オオムギであることが明らかにされ〔中沢・丑野 1998、中沢ほか 2002〕、これをきっかけにレプリカ法による検証が進んだ。

　種子圧痕が付着した土器の年代の見直しについては、先に紹介した岡山県南溝手遺跡出土の籾痕土器が好例である。

　④のプラント・オパール分析につきまとうのは、攪乱による混入の問題であろう。イネのプラント・オパールが、黄砂とともに稲作先進地帯から舞ってくるのもありえないことではない。包含層の上が貝層であった場合とシルト質土壌であった場合とでは評価が異なる。土器の胎土中のプラント・オパールでは、実験室内の汚染は論外として、土器のひびにプラント・オパールが侵入してくることも予想されるので、資料を採集した部分の土器の状態を事前にチェックしておくことが重要である。

　このように、①〜④は農耕の存在を証明する直接的な資料だけに、その性格と時代の特定には厳密さが強く求められている。

　人骨に含まれる炭素13と窒素15の同位体組成と、食物の同位体分布の比較による食性分析も進展をみている〔南川 2000、米田 2010〕。AMS 法による炭素14年代測定が急速に進歩しているが、その副産物として炭素13の比率が植物の種類によって異なるのではないか、ということも問題にされている。アワ・ヒエなどいわゆる C4 植物は、通常の炭素13比よりも値が大きくなるとされ、土器に付着した炭化物が雑穀であった可能性を探る方法が検討されている。濃尾平野の弥生土器では、外面に付着した炭化物に含まれる炭素13比の値が通常より大きな事例が頻出しており〔西本編 2009：322–327〕、雑穀の葉や茎などを燃料にしていた可能性も

第Ⅱ部　生業論

考えられている。DNA 分析ともども、生業の研究に理化学的な分析方法による新たな方向が模索されている。

　理化学的な分析方法は、既存の資料の年代や性格などを確実なものとすることへとつながっていく。それに期待がかかると同時に、多方面の関連諸科学と考古学の共同研究のあり方が、今後ますます問われることになるだろう。そして、新しい資料の獲得もさることながら、むしろ既存の資料の確実性の検証を理化学的分析の力を借りつつ進める必要がある。

註
1　イネやアワ・キビで縄文時代とされてきた資料は、時期の決定や種の同定に問題を含むものが多い。その検証には⑤を必要とするが、まだ検証がなされていないものも存在しているので、「現状」ということで③・④を加えてある。
2　この遺構については、畠ではないとの批判もある〔安藤 2014：438-440〕。
3　北海道千歳市美々貝塚北遺跡例は、縄文時代の畠跡だとされる事例だが、評価が分かれることに加えて縄文前期であり、その後に継続していくのか否か不明である。
4　シリアのテル・アブ・フレイラ遺跡のナトゥーフ文化期と PPNB 期の層位では、前者に野生イネ科植物が 30 種類以上、野生マメ類が 21 種類以上であったのに対して、後者では栽培植物が 5 種類、栽培マメ類が 3〜4 種類と激減している〔常木 1999：17〕。
5　西アジアでは AMS 法による炭素 14 年代測定の精密化の結果や遺跡の発掘調査の進展によって、植物栽培が開始されたとこれまで考えられていた先土器新石器時代 A（PPNA）期にその確実な証拠はなくなり、長期にわたる植物への取り組みのなかから農耕が達成されたとする考えや、祖先祭祀をうかがわせる巨大な建造物が農耕発生以前に存在していることから農耕が儀礼とのかかわりのなかから生まれてきたのではないかという説が出されている〔常木 2009〕。このように、単純なストレスモデルでは西アジア地域の農耕成立を説明できないことが説かれているが、モデルそのものを全面的に棄却しなくてはならないのかどうかは議論の余地がある。

194

第8章　中部・関東地方の初期農耕

は じ め に

縄文文化と弥生文化の差は、本格的な、あるいは体系的な農耕の有無である。しかし、本格的なということをどのようにして確かめればよいのか、それは縄文時代の農耕の特質を理解するうえにおいても、また弥生時代の始まりをどこに求めるのかという点でも容易に解決できない問題であった。このことは、縄文農耕をめぐる問題が早くから学界の争点になっているにもかかわらず、いまだにさまざまな議論がたたかわされている現状からも明らかであろう。

灌漑による水田稲作の開始は、技術的な面でも労働力の集約的な投下という点でも、体系的であり本格的な農耕の始まりの一つの指標となる。しかし、水田跡は条件の整った調査であってもたやすく検出できるものではなく、運よく発見されたとしてもその年代を確定する困難を伴う。炭化米など穀物種実の検出も偶発的な発見による場合が多く、年代を測定してみると後世の遺物の混入だったという結果がよくあることを考えれば、炭化種実からただちに穀物とその栽培の存在を認めてしまうことにも問題がある。土壌中のプラント・オパールや花粉化石もコンタミネーションの問題を考えると決定的な判断材料になるとは思えないし、土器の胎土中のプラント・オパールもタフォノミーの観点からその由来についてまだ議論を重ねる必要があろう。

こうしたなかで近年実践されてデータが蓄積されつつある、土器に残された植物種実の圧痕をシリコンを用いた型取りによって試料化し、走査型電子顕微鏡（SEM）で観察して種を同定するレプリカ法による分析は、きわめて有効な判断の方法の一つということができるだろう。混入がありえないことから土器の年代がその穀物の年代とほぼ等しいこと、土器は普遍的な資料であることから試料数をいくらでも増加させることが可能であり、偶発性を回避して悉皆的な調査によって、穀物など栽培植物の出現と普及の実態に近づくことが可能であること、シリコンの性格からきわめて鮮明な映像によって細胞組織の微細な点にまで議論を及ぼすことができることなど、その有効性は顕著である。

圧痕自体が劣化しているなどの理由で同定に不確実性が生じること、無文土器の型式比定の問題、土器の生産と流通の面からすれば穀物の圧痕の存在がただちにその周辺でそれが栽培されていたことにはならないことや、通常の土器生産では考えにくいほど多数の穀物圧痕が存在している個体がある[1]といった圧痕の由来の問題など、議論しなくてはならないさまざまな問題をかかえていることも事実である。しかし、この方法を用いた調査研究が急速に実践されて

第Ⅱ部　生業論

いるのは、有効性が支持された結果であろう。それがただちに「本格的な」農耕を証明するものとはなりえないが、この問題を実証的に議論するうえで、栽培穀物の確かなデータが得られる点ではすぐれた分析方法といってよい。

　本章では、西関東地方に焦点をあてて、縄文晩期〜弥生中期における土器の種実圧痕をレプリカ法により試料化し、その種実を同定したうえで、本地域の穀物栽培の開始を明らかにする手がかりを得ることにしたい。

　農耕は、穀物だけで成り立つものではない。植物を栽培し、収穫した穀物などを調理するなどのためには、それに適したさまざまな道具が必要になる。そこで、農具としての石器と什器としての土器を取り上げる。具体的には、前者は土掘り具としてのいわゆる打製石斧を[2]、後者は貯蔵に適した壺形土器を扱うが、それぞれ穀物栽培の進展とどのようなかかわり合いをもちながら変化を遂げていくのか中部高地地方のデータもまじえながら分析することによって、中部・関東地方の初期農耕文化の実態とその性格を文化複合の視点からとらえることを目指す。

第1節　栽培植物の様相

1　レプリカ法による土器の圧痕の調査

　まず、レプリカ法を用いた土器の圧痕の分析であるが、対象としたのは群馬県、埼玉県、神奈川県の3県である。この地域を選んだのは、弥生時代初期に再葬墓という独自な墓制を営み、それが初期的農耕の展開と密接な関係をもっていることが予想されることに加えて、神奈川県大井町中屋敷遺跡で弥生前期の土坑から炭化した穀物種実が検出されていることによる〔小泉ほか編 2008〕。

　群馬県は前橋市西新井遺跡（縄文後期後半〜晩期）、安中市中野谷原遺跡（弥生中期前半）、埼玉県は深谷市上敷免遺跡（縄文晩期終末）、美里町如来堂A・B・C遺跡（弥生前期）、神奈川県は川崎市下原遺跡（縄文晩期後半）、秦野市中里遺跡（縄文晩期終末）、大井町矢頭遺跡（縄文晩期終末〜弥生前期）、秦野市下大槻峯遺跡（縄文晩期終末〜弥生前期）、清川村北原遺跡（弥生前期）、清川村下村遺跡（縄文晩期終末〜弥生前期）である。遺跡の概要と選択の理由を記し、観察および分析した試料を報告書にもとづいて一覧表（表9）にして提示する[3]。

　①群馬県西新井遺跡

　前橋市上沖町西新井に所在する。前橋低地に存在しており、周辺の縄文時代の遺跡が台地上に存在しているのに対して特異な立地を示す。1962年に耕地整理に伴って発見され、縄文後・晩期の遺物が採集された〔設楽 1984〕。それは称名寺Ⅰ式〜千網式であるが、主体をなすのは安行1式〜天神原式である。採集された土器片は数百片と多量であるが、晩期終末の千網式土器はわずか3片にすぎない。2014年に西北の地点が発掘調査されたが、その結果によれば、遺物を採集した地点も河川の氾濫原に立地していることが推測できる。

196

第 8 章　中部・関東地方の初期農耕

表 9　土器圧痕分析試料作成のための素材一覧

遺跡名〔報告書〕	肉眼観察資料　（　）内は未見	時期	レプリカ製作資料	SEM 観察試料
群馬県中野谷原遺跡〔井上ほか 2004〕	竪穴住居跡：第 106 図 1〜43(5)、第 107 図 1〜33(27)、第 108 図 1〜19、第 109 図 1〜41(17・21・23・25)、第 110 図 1〜16、第 111 図 1〜23(10・12・16)	弥生中期前半	第 106 図 6・10・17・23・28・35・42、第 107 図 15・18・30、第 108 図 3・10、第 109 図 20・24・31、第 110 図 3・10、第 111 図 15・17・18	第 106 図 6・10・17、第 109 図 20、第 111 図 17
	土坑・埋設土器：第 111 図 24〜32、第 112 図 1、第 113 図 1〜4、第 114 図 1〜8、第 115 図 1〜11(7)、第 116 図 1〜23(14〜16)、第 117 図 1〜25(10・22〜24)、第 118 図 1〜38、第 119 図 1〜5(2)、第 120 図 1〜7、第 121 図 1〜3	弥生中期前半	第 112 図 1、第 113 図 1(A・B)、第 114 図 1・2・3(A〜Q)・5・7(A・B)、第 115 図 5・11(A〜H)、第 116 図 3・17、第 117 図 4・8・25、第 118 図 1(A〜G)・2(A〜G)・11・12(A・B)・23(A・B)・32・34 ・38、第 119 図 1(A〜D)、第 120 図 1(A〜K)・2(A・B)・3・4・5・7(A・B)、第 121 図 2or3(A〜S)	第 113 図 1B、第 114 図 1・3(B〜E・G・I〜L・N〜Q)・7(A・B)、第 116 図 3、第 118 図 1(B・E・F)・2(A〜C・E・F)・12(A・B)・23(A・B)・34、第 120 図 1(A・G・I・J)・2B・7(A・B)、第 121 図 2or3(O・R・S)
	第 122 図 1〜8、第 123 図 1〜38(8〜13)	弥生中期前半	第 122 図 1(A・B)・3(A・B)・6(A〜D)・7・8(A・B)、第 123 図 2(A〜C)・4・14・17・20・28	第 122 図 1A、第 123 図 2(A〜C)・4・14・17・28
埼玉県上敷免遺跡〔滝瀬・山本編 1993〕	谷：第 27 図〜第 52 図(第 34 図 4・5、第 35 図 4、第 38 図 4、第 41 図 4・7、第 44 図 1、第 46 図 3、第 47 図 16・17)第 54 図〜第 66 図	縄文後期初頭〜晩期終末（称名寺式〜千網式）	第 28 図 1・2・4、第 30 図 1(A〜C)・3・4・5、第 31 図 2、第 32 図 1(A〜D)、第 33 図 1、第 35 図 1・2、第 36 図 2・4・6(A〜C)、第 37 図 1・3・4(A〜C)・5、第 38 図 2・6、第 39 図 2・10、第 41 図 2・3・5、第 42 図 5、第 43 図 2、第 44 図 5、第 45 図 2(A・B)・3、第 46 図 2、第 47 図 10(A・B)、第 48 図 5(A・B)、第 49 図 15・28、第 50 図 1(A・B)・3、第 54 図 37、第 55 図 17・18、第 57 図 6・11・47、第 58 図 8(A・B)、第 59 図 9、第 60 図 32、第 61 図 1・27(A・B)・35・40、第 62 図 17、第 63 図 1・3・5・10・12、第 64 図 16・21、第 65 図 11・19・20・21・22・27(A・B)・33、第 66 図 20・23	第 35 図 2、第 37 図 3、第 37 図 4A、第 39 図 2、第 39 図 10、第 41 図 3、第 50 図 1A、第 63 図 1・3、第 64 図 21、第 65 図 11
	グリッド：第 67 図〜第 81 図(第 75 図 11、第 78 図 45)	縄文後期初頭〜弥生前期（称名寺Ⅰ式〜如来堂式）	第 67 図 1、第 68 図 10・15(A・B)、17(A〜C)、第 69 図 4・32、第 70 図 45、第 71 図 27、第 73 図 18・25、第 74 図 6・20・44、第 75 図 10、第 76 図 3・13・42・44、第 77 図 23・32、第 78 図 25・40、第 79 図 16、第 80 図 5・10・12、第 81 図 5	第 78 図 25、第 79 図 16
埼玉県如来堂 A 遺跡〔宮崎ほか 1980a〕	第 80 図 6〜26	弥生前期（如来堂式）	第 80 図 6・15・21・25(A・B)・26	第 80 図 15・21・25A・B・26
埼玉県如来堂 B 遺跡〔宮崎ほか 1980b〕	第 99 図 1〜12・15〜20(17)	弥生前期（如来堂式）	第 99 図 2・5・7・15	
埼玉県如来堂 C 遺跡〔増田ほか 1980〕	第 127 図 1〜5(2・4)、第 128 図〜第 134 図 1〜132(7・15〜17・23・28・31・35・37〜40・43・50・51・57・58・60・61・68・72・76・86・92・98・101〜105・108〜110・114・116・117・123〜126)	弥生前期（如来堂式）	第 128 図 1・4(A・B・C)・8、第 129 図 30・34・42・49、第 130 図 55・59、第 131 図 63・65・70・71、第 132 図 71・88・89・97、第 133 図 106・107・111・113、第 134 図 129・130	第 128 図 1・4(A・B・C)・8、第 129 図 30・34・42・49、第 130 図 55・59、第 131 図 63・65・70・71、第 132 図 88・89、第 133 図 106・107・111・113、第 134 図 129・130

第Ⅱ部　生業論

遺跡名〔報告書〕	肉眼観察資料　（　）内は未見	時期	レプリカ製作資料	SEM 観察試料
神奈川県下原遺跡〔浜田編 2000〕	第 2 号住居跡：第 17 図～第 39 図 1～533（195・200・515）	縄文後期前半～晩期中葉（堀之内 1 式～安行 3d 式）	第 17 図 25・40、第 18 図 45・49、第 19 図 68・84（A・B）、第 20 図 106（A・B）・第 21 図 117（A・B）・118・119（A・B）・123・124・128（A・B）・133・139、第 22 図 151・158（A・B）・160（A・B）、第 23 図 174・176・180、第 24 図 196・205・207・208、第 25 図 211（A～C）・214・225、第 26 図 248、第 27 図 275・276（A～E）・294（A・B）、第 28 図 308・309（A・B）、第 29 図 335（A・B）・339・345、第 30 図 387・392、第 31 図 407（A～C）、第 32 図 439、第 33 図 454・474、第 34 図 478（A～C）・479A・B・480・481（A～D）・482（A～D）、第 35 図 483・484・487（A～D）・490（A～E）、第 36 図 494・498（A～C）、第 37 図 501（A～E）・502、第 38 図 511・514（A・B）・518（A～C）・521、第 39 図 524	第 21 図 128B、第 37 図 501C
	土壙：第 85 図～第 88 図 1～31（26・31）	縄文晩期中葉（安行 3c・3d 式）	第 3 号 A 土壙：第 85 図 1、第 20 号土壙：第 86 図 15、第 24 号 B 土壙：第 87 図 21A・22、第 27 号土壙：第 87 図 24A～H、第 32 号土壙：第 88 図 30	第 87 図 21B
神奈川県下原遺跡Ⅱ〔浜田・折茂編 2001〕	第 7 図～第 33 図 1～623（238・323・345～380・385・386・499・501・545）	縄文後期初頭～晩期中葉（称名寺Ⅰ式～安行 3d 式）	第 7 図 8・12・16、第 8 図 28、第 9 図 60・61・69・78、第 10 図 91・100・104、第 11 図 119、第 12 図 131・132・138、第 13 図 143・153・156・158（A・B）・159・167、第 14 図 179、第 15 図 187・188・189・199、第 17 図 236（A・B）、第 18 図 272、第 19 図 284・287・295・301・306、第 20 図 308・309・310・316（A・B）・317・321・333（A・B）・340（A・B）、第 23 図 396・405、第 24 図 407・410・411（A・B）・422・433、第 25 図 435・453、第 26 図 454（A～D）・456・460・462・473、第 27 図 479・484・489・491・493、第 28 図 503・529、第 29 図 533、第 30 図 562（A・B）・563（A・B）・568、第 31 図 575（A～D）・582（A・B）・583、第 32 図 584・585・587・588・591・593（A～C）・595（A・B）・597、第 33 図 609・618	第 21 図 333 B、第 28 図 529、第 32 図 591
神奈川県中里遺跡〔吉垣・村上編 1997〕	遺構外：第 132 図 1～15（15）	縄文晩期終末～弥生前期	第 132 図 1・2（A～C）・3（A～D）	第 132 図 3B
神奈川県矢頭遺跡〔西川・天野編 1997〕	遺物包含層：第 216・217 図 1～15	縄文晩期終末～弥生前期	第 216 図 1（A～C）・3	第 216 図 1C
神奈川県下大槻峯遺跡〔大上ほか 1997〕	YSK050：第 40 図 1	弥生前期	なし	なし
	遺構外：第 41 図～第 43 図 1～27	縄文晩期終末～弥生前期	第 42 図 10・16（A・B）、第 43 図 20・21・27（A・B）	第 43 図 27A
神奈川県北原遺跡〔市川・恩田編 1994〕	Y 焼土址：第 10 図～第 11 図 1～27（1）	縄文晩期終末～弥生前期	第 10 図 2（A～D）・5・16（A～C）、第 11 図 27	第 10 図 2A～C

第 8 章　中部・関東地方の初期農耕

遺跡名〔報告書〕	肉眼観察資料　（　）内は未見	時期	レプリカ製作資料	SEM 観察試料
	遺構外：第12図〜第21図1〜129(6·10·33·68·114)	縄文晩期後半〜弥生前期	第12図1(A〜C)·2、第14図16·18·20(A〜C)·21、第15図23、第16図25(A·B)·26(A〜E)·38、第17図42(A·B)·43·44·48·49·55·56·61、第18図65·67·71(A·B)·76、第19図80·85·88·92(A·B)·96·97(A·B)、第20図100·106·112、第21図123(A〜C)、失敗：125(A·B)	第14図21A、第16図38、第17図48、第18図76
神奈川県上村遺跡〔鈴木·坂口 1990〕	遺構外：第54図〜第56図1〜31	縄文晩期終末〜弥生前期	第54図1(A〜I)·2(A〜C)、第55図4(A·B)·5(A〜D)、第56図12·13·29(A〜C)	第54図1F

　千網式土器がわずかに含まれる他は後・晩期の土器であり、純粋な縄文時代の遺跡といってよいことや、低地に立地することから分析の対象とした。28点のレプリカを製作し、肉眼観察を経てそのうち1点を顕微鏡で観察した。

②群馬県中野谷原遺跡　（図 61-13〜16・図 62）

　安中市中野谷字原に所在する。碓井川を見下ろす河岸段丘の縁に立地する。安中市教育委員会が、土地改良工事のために 1999〜2000 年におよそ 11000 m²を発掘調査した。その結果、弥生中期前半の竪穴住居跡 15 基と土坑 10 基をはじめとする遺構が検出され、当該期の集落遺跡であることが確認された〔井上ほか 2004〕。

　出土した土器は多量であり、弥生前期の土器を 1 片含むが大半は中期前半である。石器は大型の石鍬と横刃形石器がいずれも 100 点近く出土している。

　この遺跡は関東地方ではまれな弥生中期前半の比較的大型の集落であり、まとまった時期の土器がかなり多量に出土した。さらに高瀬克範によって横刃形石器の使用痕分析がなされ、いくつかに B 型ポリッシュというイネ科の植物に働きかけた時などに生じる特有の使用痕が観察された〔高瀬 2004a〕ことから、試料採集遺跡に選んだ。

　報告書の挿図の土器 358 点のうち 333 点を肉眼観察した結果、そのうち 62 点の土器から 149個の圧痕のレプリカを作成した。そのうちの 57 個の圧痕レプリカを顕微鏡で観察した。遺構別の細かい数字は表を参照されたい。

③埼玉県上敷免遺跡　（図 61-1・2）

　深谷市大字上敷免字入枝に所在する。利根川の支流である小山川と福川に挟まれた自然堤防上に立地する。かつて弥生中期前半（II期後半）の再葬墓が検出され、多量の当該期の土器が出土したことで知られている。

　1985〜87 年に、道路建設に伴い財団法人埼玉県埋蔵文化財調査事業団が発掘調査した。第5 発掘区で谷状の落ち込みが検出され、縄文晩期安行 3a・3b 式を中心とした土器が多量に出土した。千網式の鉢や深鉢も多量に出土しており、遠賀川式土器が 1 片それに伴った。同じ地点のグリッドからもほぼ同じ時期の土器が出土しているが、ここでは弥生前期に属する在地型の突帯文壺形土器を含み、沈線化傾向のある如来堂式土器が検出された〔滝瀬・山本編 1993〕。

第Ⅱ部 生業論

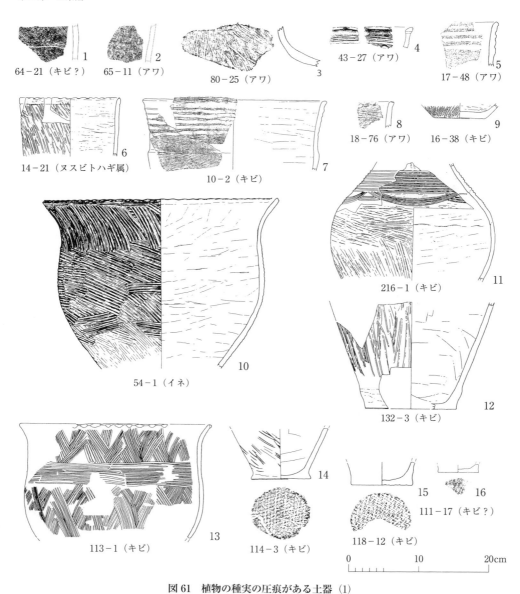

図 61 植物の種実の圧痕がある土器 (1)

(1・2：埼玉・上敷免、3：埼玉・如来堂 A、4：神奈川・下大槻峯、5～9：神奈川・北原、10：神奈川・上村、11：神奈川・矢頭、12：神奈川・中里、13～16：群馬・中野谷原)

200

第8章 中部・関東地方の初期農耕

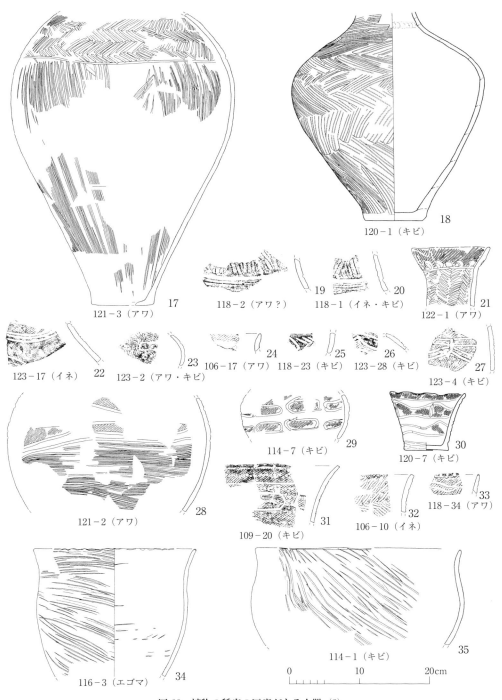

図62 植物の種実の圧痕がある土器（2）
（群馬・中野谷原）

第Ⅱ部　生業論

谷およびグリッド出土土器で、図示された 1210 点のうち 1198 点を肉眼観察し、102 点の土器に 116 個の圧痕を確認してレプリカを作成した。このうち 13 個を顕微鏡観察した。

谷から出土した土器はほぼ縄文晩期終末の千網式までであり、中段階の遠賀川式土器を 1 片含む。グリッド出土土器はもっとも古い弥生土器の如来堂式土器を若干含んでいるものの、千網式土器を主体としている。したがって、縄文晩期終末の様相を知るうえで重要である。また、次に取り上げる如来堂遺跡群が丘陵上に立地するのに対して低地に立地しており、谷から出土した縄文晩期終末～弥生前期土器との間には断絶があるものの、近隣のいくつかの遺跡とともに弥生中期前半に引き継がれ、あるいは埼玉県熊谷市池上遺跡のように水田稲作をおこなう遺跡へと継続する地域のなかに存在している点からも注目すべき遺跡である。ただ、土器の磨滅が顕著であり、圧痕の状態は必ずしも良好ではなかった。

④埼玉県如来堂 A 遺跡　（図 61-3）

児玉郡美里村にある甘粕山遺跡群の一つであり、水田面からの比高が 20 m ほどの丘陵上にある。関越自動車道の建設に伴う土取り場として、如来堂 B・C 遺跡とともに 1976 年に発掘調査された。遺構は検出されず、縄文早期から中期の土器にまじって、弥生前期の土器が検出された。それらは工字文や匹字文をもつ鉢形土器と細密条痕を施した深鉢からなる。細密条痕を施した大型壺も存在している〔宮崎ほか 1980a〕。

報告書に掲載された土器 21 点のうち圧痕が確認されたのは 5 点に 6 個であり、そのうち 6 個レプリカを作成し、5 個を顕微鏡で観察した。

⑤埼玉県如来堂 B 遺跡

如来堂 A 遺跡から 100 m ほど西のほぼ同じ標高の狭い丘陵上に立地する。縄文早期の土器とともに、縄文晩期終末～弥生前期の土器が十片ほど検出された。浮線網状文をもつ鉢と変形工字文、沈線文をもつ鉢および細密条痕を施した深鉢である〔宮崎ほか 1980b〕。

4 点の土器に圧痕が 4 個確認されたが、顕微鏡観察はおこなわなかった。

⑥埼玉県如来堂 C 遺跡

如来堂 B 遺跡から北西に 70 m ほどの、ほぼ同じ標高の丘陵上に立地する。舌状をなす丘陵平坦面の西端から、縄文晩期終末～弥生前期の土器片がまとまって出土した。破片の数は 100 片を超え、壺、深鉢、鉢、高杯など多彩な器種からなっている。浮線網状文土器もわずかに含まれるがほとんどが変形工字文の大洞 A′式土器に併行するものであり、水神平式に類する条痕文系の壺形土器も検出された。報告者の増田逸朗によって、千網式に後続し、岩櫃山式よりも古い弥生前期末の型式である如来堂式として型式設定された〔増田ほか 1980〕。

報告書に図示された 137 点の土器のうち観察できたのが 96 点であり、そのうちの 23 点に 25 個の圧痕が観察された。そのうち 25 個のレプリカを作成し、23 個を顕微鏡で観察した。

上述の三つの遺跡の土器は浮線網状文をわずかにまじえるが、その他はすべてほぼ同じ時期の土器として非常にまとまりがよい。とくに如来堂 C 遺跡の土器は如来堂式として設定されたように、本地域の弥生時代初頭の土器として重要な位置を占める。変形工字文をはじめとし

202

た沈線文は彫りが深くてシャープで整っており、変形工字文の会合部に粘土の塊をもつものもあり、匹字状のえぐりなどには大洞 A_2 式の名残がうかがえる。深鉢の細密条痕は軽快である。これらは群馬県藤岡市沖Ⅱ遺跡の土器よりも明らかに古い位置におくことができ、本地域最古の再葬墓である群馬県渋川市南大塚遺跡や第 19 章で取り上げる甘楽町天引狐崎遺跡の土器群と共通する編年的位置が与えられる。供伴する条痕文系土器は、水神平式でも古い段階に併行するものであろう。このように如来堂遺跡群の土器は、北関東地方最古の弥生土器として分析に値する。

⑦神奈川県下原遺跡

川崎市多摩区長尾字 下原 に所在する。多摩川の右岸、多摩丘陵の台地上に立地する。遺跡の標高は 60 m 弱であり、水田面との比高差は 40 m 前後である。和島誠一らによって 1965 年3 月より 1966 年 5 月まで 3 次にわたり発掘調査がおこなわれた。整理作業は川崎市市民ミュージアムが引き継ぎ、報告書は浜田晋介が編集して川崎市市民ミュージアムから刊行された〔浜田編 2000、浜田・折茂編 2001〕。

報告された遺構は竪穴住居跡が 2 基、土坑が 54 基である。いずれも安行 3a 式〜3d 式、すなわち縄文晩期前半〜後半に位置づけられる。出土した土器は縄文後期初頭の称名寺 1 式〜縄文晩期中葉の安行 3d 式に及び、大洞 A´式土器は数点確認されるが浮線網状文土器は一片も含まれていない。

圧痕の有無を観察したのは 2 号住居跡出土土器（報告書第 17 図〜第 39 図 1〜533：堀之内 1 式〜安行 3d 式であり、安行 3c・3d 式が中心）530 点[4]と土壙出土土器（報告書第 85 図〜第 88 図 1〜31：安行 3c 式〜3d 式）29 点〔浜田編 2000〕、補遺編（下原遺跡Ⅱ）の出土土器（報告書第 7〜第 33 図 1〜623：称名寺Ⅰ式〜安行 3d 式）580 点〔浜田・折茂編 2001〕の合計 1139 点である。そのうち 147 点に何らかの圧痕が 215 個観察されレプリカを作成し、肉眼観察の選別を経て 6 個を顕微鏡で観察した。

本遺跡を調査の対象としたのは、浮線網状文土器は一切含まれておらず、純粋な縄文後期〜晩期の土器群ということに加えて、これらの土器のうち 10 点の胎土中からイネのプラント・オパールが検出されている〔外山 2001〕からである。その内訳は安行 3c 式土器 3 点、安行 3d 式土器 5 点、前浦式土器 1 点、大洞 C_2 式土器 1 点である。大洞 C_2 式土器はもっとも古い段階のものである。

⑧神奈川県中里遺跡 （図 61-12）

秦野市上大槻字芦沢に所在する。金目川左岸の台地上に立地する。遺跡の標高はおよそ 80 m であり、水田面との比高差はおよそ 25 m である。

自動車道の改築に伴う発掘調査が 1991〜92 年に財団法人かながわ考古学財団によっておこなわれ、1997 年に報告された〔吉垣・村上編 1997〕。弥生時代初頭を前後する時期の遺構は検出されなかったが、遺物包含層などから縄文晩期終末の氷Ⅰ式古段階〜弥生時代初頭の土器が総数 25 点出土した。

圧痕の有無を観察したのはそのうちの 14 点である。そのうち氷Ⅰ式古段階の鉢形土器と氷

第Ⅱ部　生業論

Ⅰ式新段階と思われる底部端を横方向に削った深鉢、さらにその段階ないし直後と考えられる壺形土器の合計 3 点に圧痕が 8 個観察されレプリカを作成した。それらを肉眼観察して選別し、深鉢の圧痕レプリカ 1 個を顕微鏡で観察した。

⑨神奈川県矢頭遺跡　（図 61-11）

足柄上郡大井町大字柳字下矢頭に所在する。酒匂川左岸、足柄平野を見下ろす丘陵上に立地する。遺跡の標高は 185 m ほどであり、水田面との比高差は 150 m 近くにもおよぶが、後背地に湧水点を控えた日当たりのよい高燥な地勢であり、集落形成の適地とされる。

自動車道の改築に伴う発掘調査が 1992〜93 年に財団法人かながわ考古学財団によっておこなわれ、1997 年に報告された〔谷口 1997〕。遺構は炉跡 1 基と土坑 2 基、ピット 1 基であり、縄文晩期終末〜弥生時代初頭の土器は遺構の周辺から出土した。このなかには浮線網状文のモチーフが形骸化した鉢や全面ミガキ調整の深鉢、谷口肇によって、浮線が沈線化のきざしをみせる矢頭式〔谷口 1997：350〕とされた壺形土器を含む。氷Ⅰ式直後に位置する。

圧痕が観察されたのは図示された 15 点のうちの 2 点で圧痕は 4 個であり、レプリカを作成した。このうち壺形土器の圧痕レプリカ 1 個の顕微鏡観察をおこなった。

⑩神奈川県下大槻峯遺跡　（図 61-4）

秦野市下大槻に所在する。金目川を望む北金目台地の一部である低位段丘の西端に立地する。遺跡の標高は 60 m 前後である。

自動車道の改築に伴う発掘調査が 1991〜94 年に財団法人かながわ考古学財団によっておこなわれ、1997 年に報告された〔大上ほか編 1997〕。検出された弥生時代の遺構は土坑 1 基であり、遺構外を含めて縄文晩期終末〜弥生前期の土器片が 167 点出土した。もっとも古いのは氷Ⅰ式新段階の鉢形土器であり、それ以外のものは弥生前期の条痕文系土器に縄文を地文とした三角連繋文のある深鉢や沖式土器と同じ時期の深鉢などである。

観察した 28 点のうち圧痕が観察されたのは、浮線網状文の鉢形土器を含む 5 点であり、圧痕は 7 個検出されレプリカを作成した。そのうちの鉢形土器の圧痕レプリカ 1 個を顕微鏡で観察した。

⑪神奈川県北原遺跡　（図 61-5〜9）

愛甲郡清川村宮ヶ瀬字北原に所在する。宮ヶ瀬遺跡群の一角にある北原 No.9 遺跡である。東丹沢の山間部に位置する。東丹沢の北側を流れる中津川流域の河成段丘上に立地する。遺跡の標高は 250 m 前後である。

1986 年と 1989〜91 年に宮ヶ瀬ダム建設に伴う発掘調査が神奈川県埋蔵文化財センターによっておこなわれ、1994 年に報告された〔市川・恩田編 1994〕。遺構は焼土跡が 19 基検出された。焼土跡に伴う土器は、氷Ⅰ式直後の土器群である。遺構外から出土した土器は 2 時期あり、古い段階は五貫森式とそれに伴う女鳥羽川式併行の深鉢と鉢であるがわずかであり、大半は氷Ⅰ式直後の深鉢である。氷Ⅰ式新段階に併行すると思われる深鉢もあるが、それに伴うべき浮線網状文の浅鉢は一切ないので、やはり矢頭遺跡の出土土器と同じく浮線網状文直後の矢

頭段階に位置づけられよう。

　観察したのは焼土跡出土土器 26 点と遺構外出土土器 124 点であり、焼土跡出土土器の 4 点から 9 個、遺構外出土の土器 32 点から 47 個の圧痕が観察され、レプリカを作成した。顕微鏡で観察したのは、焼土跡出土土器の圧痕レプリカ 3 個と遺構外出土土器の圧痕レプリカ 4 個である。

　⑫神奈川県上村遺跡　（図 61-10）

　愛甲郡清川村大字宮ヶ瀬字上村に所在する宮ヶ瀬遺跡群の一角にある。丹沢山塊の山間部、中津川が形成した河成段丘上に立地する。遺跡の標高は 230～240 m、沖積面との比高差は 15 m ほどである。

　宮ヶ瀬ダム建設に伴う発掘調査が神奈川県埋蔵文化財センターによって 1986～87 年におこなわれ、1990 年に報告された〔鈴木・坂口編 1990〕。土器は谷地形を呈する窪地にかけて集中して出土したが、2 時期あり、古い時期は縄文晩期後半の氷 I 式古段階の浮線網状文土器であり、新しい時期は条痕文系の弥生前期終末、堂山 I 式である。前者が 22 点に対して後者が 653 点と弥生前期終末の土器が圧倒的に多い。

　図化された 31 点の土器のうち圧痕が観察されたのは 7 点であり、圧痕自体は 23 個認められレプリカを作成した。　このうち弥生前期末の深鉢の圧痕レプリカ 1 個を顕微鏡で観察した。これはすでに稲籾圧痕と判明していた試料である。

　中里遺跡以下の 5 つの遺跡はいずれも浮線網状文段階の縄文晩期終末～弥生前期の短期間に営まれた遺跡である。在地の浮線網状文系土器が終焉を迎える段階を中心として条痕文系土器の影響を受けた土器群によって構成されている。鈴木正博の田原 1・2 式編年を踏まえた谷口による田原 1 式→矢頭式→田原 2 式という編年のなかにほぼおさまるように編年的位置づけも明確であり、中屋敷遺跡とおおむね同じ時期の土器を含んでいることから、比較資料としても分析に値する。すでに上村遺跡の弥生前期末に位置する深鉢に稲籾の圧痕が観察されていたことからも、他の資料を含めて穀物の存在状況を総合的に分析する必要があった。

　以下、検出された穀物の圧痕を種類ごとにみていくことにしよう。

2　穀物の圧痕とその傾向

　イネ　イネの圧痕は、2 遺跡で検出された。神奈川県上村遺跡で 1 点（写真 4-8）と群馬県中野谷原遺跡で 3 片の土器片から 3 点（写真 1-2・1-6・3-7）の、合計 4 点である。上村遺跡の土器は、条痕文系の弥生前期終末の甕形土器である（図 61-10）。中野谷原遺跡の土器は、壺形土器 2 点と甕形土器 1 点であり、弥生中期前半である（図 62-20・22・32）。20 の土器にはキビの圧痕も認められ、さらに同一個体と思われる破片（図 62-19）にはアワの圧痕が認められた。

　アワ　アワの圧痕は、不確かなものを含めると 5 遺跡で 12 個体の土器から 17 点の圧痕が検出された。埼玉県上敷免遺跡では細密条痕のある縄文晩期終末の土器 1 個体から圧痕が 1 点（図 61-2）、埼玉県如来堂 A 遺跡では細密条痕のある弥生前期の壺形土器 1 個体から圧痕が 1 点（図

第Ⅱ部　生業論

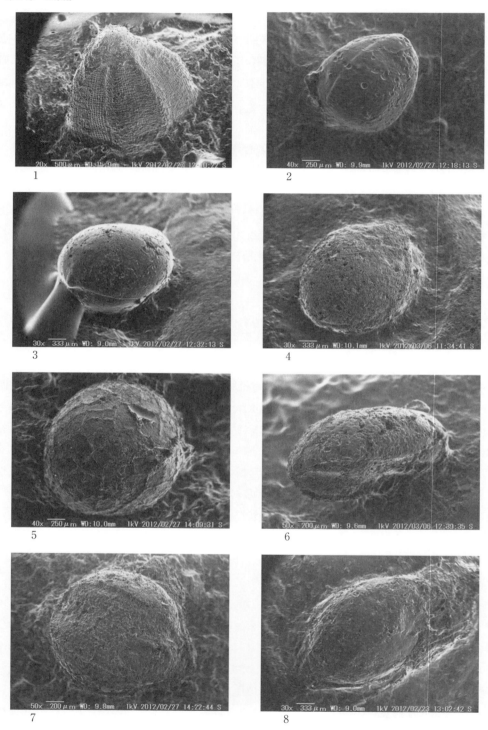

写真1　植物種実圧痕のSEM写真（1）

第 8 章　中部・関東地方の初期農耕

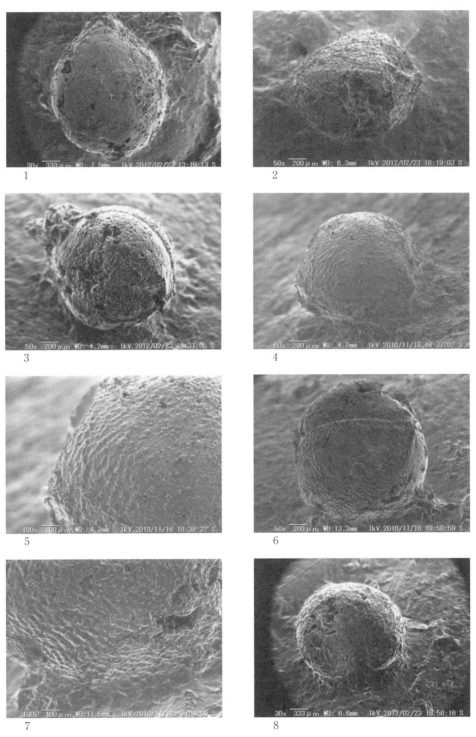

写真 2　植物種実圧痕の SEM 写真（2）

第Ⅱ部　生業論

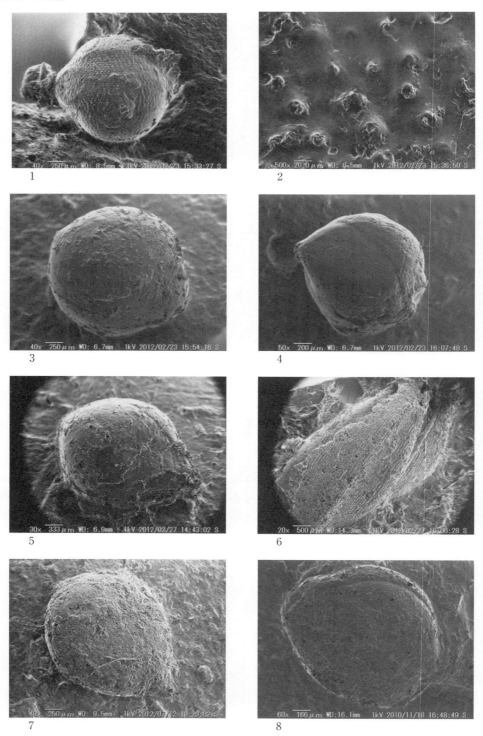

写真3　植物種実圧痕のSEM写真（3）

第 8 章　中部・関東地方の初期農耕

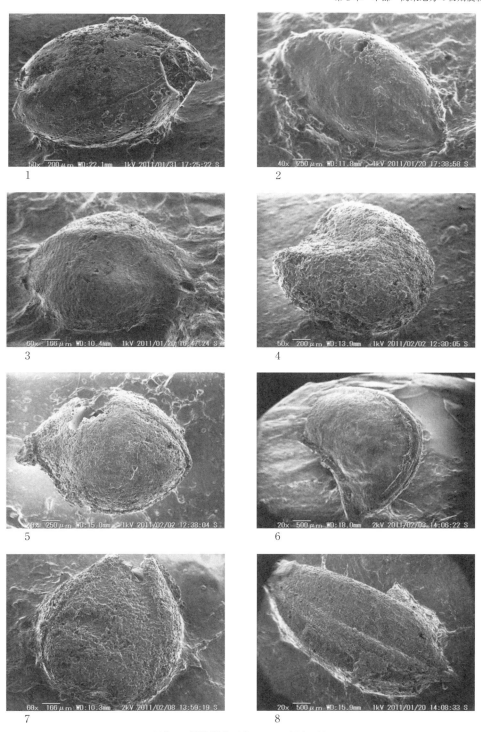

写真 4　植物種実圧痕の SEM 写真（4）

第Ⅱ部　生業論

61-3)、神奈川県下大槻峯遺跡では氷Ⅰ式（中）段階の浅鉢1個体から圧痕1点（図61-4）、神奈川県北原遺跡では弥生前期終末の氷Ⅱ式の甕形土器と細密条痕のある深鉢の2個体から各1点の圧痕が（図61-5・8）、群馬県中野谷原遺跡では弥生中期前半の壺形土器5個体から10点、甕形土器2個体から2点の圧痕が検出された（図62-17・19・21・23・24・28・33）。

　キビ　キビの圧痕は、不確かなものを含めると5遺跡で18個体の土器から32点の圧痕が検出された。埼玉県上敷免遺跡では細密条痕のある縄文晩期終末の土器1個体から圧痕が1点（図61-1)、神奈川県矢頭遺跡では縄文晩期終末～弥生前期の矢頭式の壺形土器1個体から圧痕が1点（図61-11）、神奈川県中里遺跡では同様な時期の甕形土器1個体から圧痕が1点（図61-12）、神奈川県北原遺跡では弥生前期の氷Ⅱ式の甕や同時期の鉢など2個体から4点（図61-7・9）、群馬県中野谷原遺跡では弥生中期前半の壺形土器6個体から7点、甕形土器5個体から14点、鉢形土器1個体から2点と器種不明な2個体から2点の圧痕が検出された（図61-13～16、図62-18・20・23・25～27・29～31・35）。

　栽培植物の傾向　今回分析の対象とした西関東地方で栽培植物の圧痕が検出されたのは縄文晩期終末以降の土器である。群馬県西新井遺跡の大部分や埼玉県上敷免遺跡の安行系土器、神奈川県下原遺跡のすべての資料は、安行3d式、すなわち大洞C_2式以前であるが、そこからいっさい穀物圧痕は検出されなかった。下原遺跡の安行3c・3d式土器の胎土からは、イネのプラント・オパールが検出されているのに対するこの状況をどう評価すればよいのか、さらなる分析事例の積み重ねが要求されよう。

　摘出された栽培植物の圧痕は、アワ・キビが49点に対してイネは4点であり、圧倒的に雑穀類が多い（表10）。そのほかの栽培植物の圧痕はまったくといってよいほど見つかっていないので（表11）、縄文晩期終末以降に雑穀栽培を中心とする農耕が開始された可能性が考えられる。

　もっとも古いのは神奈川県下大槻峯遺跡や中里遺跡の縄文晩期終末の氷Ⅰ式新段階の土器であり、いずれもアワ・キビの圧痕である。埼玉県上敷免遺跡の資料は、氷Ⅰ式以前にさかのぼる可能性もある。長野県域では、氷Ⅰ式土器におけるアワ・キビの圧痕の事例が増加している〔遠藤・高瀬 2011、中沢 2012〕。氷Ⅰ式土器は埼玉県や神奈川県域にも分布するので、その後半には土器型式の広がりとともに雑穀栽培も西関東地方や一部北関東地方に広まっていたのであろう。

　それに続く弥生前期後半の試料でも、神奈川県域の複数の遺跡や埼玉県如来堂A遺跡でアワ・キビが検出された。群馬県藤岡市沖Ⅱ遺跡でも、弥生前期～中期初頭の土器からアワ・キビなどが検出されており〔遠藤 2011：421〕、雑穀栽培の広がりがうかがえる。弥生中期前半の中野谷原遺跡では、アワが12点、キビが25点と依然として雑穀が多いが、イネが3点検出された。イネの出現は、雑穀にやや遅れるのであろう。

　同一の土器に複数の穀物圧痕がある場合は、中野谷原遺跡の114-3、118-2や北原遺跡の10-2のようにキビないしアワの一種類に限られる場合が多い。114-3は底面に多量のキビの圧痕

210

第 8 章　中部・関東地方の初期農耕

表 10　レプリカ法による植物種実圧痕の同定結果一覧（1）

遺跡	標本番号	時期	圧痕の由来物質	写真
群馬・中野谷原	106-6A	弥生中期前半	同定不能	
群馬・中野谷原	106-10A	弥生中期前半	イネ籾	1-1
群馬・中野谷原	106-17A	弥生中期前半	アワ有ふ果	1-2
群馬・中野谷原	109-20A	弥生中期前半	キビ有ふ果	1-3
群馬・中野谷原	111-17A	弥生中期前半	キビ種子？	
群馬・中野谷原	113-1B	弥生中期前半	キビ種子？	
群馬・中野谷原	114-1A	弥生中期前半	キビ有ふ果	
群馬・中野谷原	114-3B	弥生中期前半	不明	
群馬・中野谷原	114-3C	弥生中期前半	キビ有ふ果	
群馬・中野谷原	114-3D	弥生中期前半	キビ有ふ果	
群馬・中野谷原	114-3E	弥生中期前半	キビ有ふ果？	
群馬・中野谷原	114-3G	弥生中期前半	キビ有ふ果	
群馬・中野谷原	114-3I	弥生中期前半	同定不能	
群馬・中野谷原	114-3J	弥生中期前半	キビ有ふ果	
群馬・中野谷原	114-3K	弥生中期前半	キビ種子？	
群馬・中野谷原	114-3L	弥生中期前半	キビ種子？	
群馬・中野谷原	114-3N	弥生中期前半	キビ有ふ果	1-4
群馬・中野谷原	114-3O	弥生中期前半	キビ有ふ果？	
群馬・中野谷原	114-3P	弥生中期前半	キビ有ふ果？	
群馬・中野谷原	114-3Q	弥生中期前半	同定不能	
群馬・中野谷原	114-7A	弥生中期前半	キビ有ふ果	
群馬・中野谷原	114-7B	弥生中期前半	マメ科種子？	
群馬・中野谷原	116-3A	弥生中期前半	エゴマ果実	1-5
群馬・中野谷原	118-1B	弥生中期前半	不明	
群馬・中野谷原	118-1E	弥生中期前半	イネ籾	1-6
群馬・中野谷原	118-1F	弥生中期前半	キビ有ふ果	
群馬・中野谷原	118-2A	弥生中期前半	不明	
群馬・中野谷原	118-2B	弥生中期前半	アワ有ふ果？	
群馬・中野谷原	118-2C	弥生中期前半	アワ種子？	
群馬・中野谷原	118-2E	弥生中期前半	不明	
群馬・中野谷原	118-2F	弥生中期前半	アワ有ふ果？	
群馬・中野谷原	118-12A	弥生中期前半	同定不能	
群馬・中野谷原	118-12B	弥生中期前半	キビ有ふ果	
群馬・中野谷原	118-23A	弥生中期前半	キビ有ふ果	
群馬・中野谷原	118-23B	弥生中期前半	キビ有ふ果？	
群馬・中野谷原	118-34A	弥生中期前半	アワ有ふ果	1-7
群馬・中野谷原	120-1A	弥生中期前半	キビ有ふ果付種子	
群馬・中野谷原	120-1G	弥生中期前半	不明	
群馬・中野谷原	120-1I	弥生中期前半	同定不能	
群馬・中野谷原	120-1J	弥生中期前半	不明	
群馬・中野谷原	120-2B	弥生中期前半	不明	
群馬・中野谷原	120-7A	弥生中期前半	キビ有ふ果	1-8
群馬・中野谷原	120-7B	弥生中期前半	キビ有ふ果	2-1
群馬・中野谷原	121-2 or 3O	弥生中期前半	アワ有ふ果	2-2
群馬・中野谷原	121-2 or 3R	弥生中期前半	アワ有ふ果	2-3
群馬・中野谷原	121-2 or 3S	弥生中期前半	同定不能	
群馬・中野谷原	121-3A	弥生中期前半	アワ有ふ果	2-4・5
群馬・中野谷原	121-3C	弥生中期前半	アワ有ふ果	2-6・7
群馬・中野谷原	122-1A	弥生中期前半	アワ種子	2-8
群馬・中野谷原	122-2B	弥生中期前半	不明	
群馬・中野谷原	123-2A	弥生中期前半	アワ有ふ果	3-1・2
群馬・中野谷原	123-2B	弥生中期前半	キビ有ふ果	3-3
群馬・中野谷原	123-2C	弥生中期前半	アワ有ふ果	3-4
群馬・中野谷原	123-4A	弥生中期前半	キビ有ふ果	3-5
群馬・中野谷原	123-14A	弥生中期前半	不明	
群馬・中野谷原	123-17A	弥生中期前半	イネ籾	3-6
群馬・中野谷原	123-28A	弥生中期前半	キビ種子	
埼玉・上敷免	35-2	縄文晩期～弥生前期	不明	
埼玉・上敷免	37-3	縄文晩期～弥生前期	サナエタデ－オイヌタデ果実	3-7
埼玉・上敷免	37-4A	縄文晩期～弥生前期	同定不能	
埼玉・上敷免	39-2	縄文晩期～弥生前期	不明	
埼玉・上敷免	39-10	縄文晩期～弥生前期	不明	
埼玉・上敷免	41-3	縄文晩期～弥生前期	同定不能	
埼玉・上敷免	50-1-A	弥生前期	不明	
埼玉・上敷免	63-1	縄文晩期～弥生前期	不明	
埼玉・上敷免	63-3	縄文晩期～弥生前期	不明	
埼玉・上敷免	64-21	縄文晩期～弥生前期	キビ有ふ果？	
埼玉・上敷免	65-11	縄文晩期～弥生前期	アワ有ふ果	
埼玉・上敷免	78-25	縄文晩期～弥生前期	不明	
埼玉・上敷免	79-16	縄文晩期～弥生前期	不明	
埼玉・如来堂Ⅱ	80-25 右	弥生前期	アワ有ふ果	3-8
神奈川・下原	128B	縄文晩期	不明	
神奈川・下原	501C	縄文晩期	不明	
神奈川・下原(土坑)	87 図-21B	縄文晩期	不明	
神奈川・下原Ⅱ	333B	縄文晩期	不明	
神奈川・下原Ⅱ	529	縄文晩期	不明	
神奈川・下原Ⅱ	591	縄文晩期	不明	
神奈川・中里	132-3B	縄文晩期終末～弥生前期	キビ有ふ果	4-1
神奈川・矢頭	216-1C	縄文晩期終末～弥生前期	キビ有ふ果	4-2
神奈川・下大槻峰	S43-27A	縄文晩期終末	アワ有ふ果	4-3
神奈川・北原	10-2A	弥生前期	キビ種子	4-4
神奈川・北原	10-2B	弥生前期	キビ有ふ果	4-5
神奈川・北原	10-2C	弥生前期	キビ種子	
神奈川・北原	14-21A	弥生前期	ヌスビトハギ属果実	4-6
神奈川・北原	16-38A-2	弥生前期	キビ有ふ果付種子	
神奈川・北原	17-48A	弥生前期	アワ有ふ果	
神奈川・北原	18-76A	弥生前期	アワ有ふ果	4-7
神奈川・上村	54-1F	弥生前期	イネ籾	4-8

第Ⅱ部　生業論

表11　レプリカ法による植物種実圧痕の同定結果一覧（2）

遺跡名		レプリカ作成資料の時期	レプリカ作成圧痕数	SEM観察実施レプリカ数	イネ（籾）	アワ（有ふ果）	アワ（種子）	キビ（有ふ果）	キビ（種子）	エゴマ果実	マメ科ヌスビトハギ属果実	マメ科果実	サナエタデーオオイヌタデ果実	同定不能・不明
神奈川県	下原	縄文後～晩期中葉	104	2										2
神奈川県	下原Ⅱ	縄文後～晩期中葉	98	3										3
神奈川県	下原土坑	縄文晩期中葉	13	1										1
群馬県	西新井	縄文後～晩期終末	28	0										
埼玉県	上敷免	縄文晩期～弥生前期	116	13		1		1(1)					1	10
神奈川県	下大槻峰	縄文晩期終末～弥生前期	7	1		1								
神奈川県	矢頭	縄文晩期終末～弥生前期	4	1				1						
神奈川県	中里	縄文晩期終末～弥生前期	8	1				1						
神奈川県	北原	縄文晩期終末～弥生前期	56	7		2		2	2		1			
神奈川県	上村	縄文晩期終末～弥生前期	23	1				1						
埼玉県	如来堂A	弥生前期	6	5		1								4
埼玉県	如来堂B	弥生前期	4	0										
埼玉県	如来堂C	弥生前期	25	23										23
群馬県	中野谷原	弥生中期前半	149	57	3	10(2)	2(1)	20(4)	5(3)	1		1(1)		15
合計			641	115	4	15(2)	2(1)	25(5)	7(3)	1	1	1(1)	1	58

（　）は同定が確定しない標本の内数。植物の種の同定は高瀬克範と佐々木由香による。

がついていた。キビが散乱した状態のなかで、土器を底面から製作していったことを物語るのであろう。中野谷原遺跡118-1、123-2のようにイネとキビ、アワとキビが同一の土器に認められる場合もあり、同時に複数種の穀物が存在していた状況がうかがえる。

　このように、西関東地方も中部高地地方と同様、アワ・キビの雑穀栽培から弥生時代の農耕が開始された可能性が指摘できる。弥生前期終末～中期初頭の群馬県沖Ⅱ遺跡に続いて、中期前半の中野谷原遺跡という同じ領域でイネよりもアワ・キビにウェイトをおいていることが判明したのも重要である。そして、圧痕の出現比率は弥生前期から中期への移行に応じて高まっていることにも注目したい。

第2節　打製土掘具の大型化

1　分析の対象と視点

　関東地方では、縄文時代の終末から弥生時代の始まりにかけて、雑穀栽培を中心に農耕が展開していくことをみてきた。遺跡がおもに丘陵、台地や河岸段丘であることも、雑穀栽培に適した立地条件といってよい。これに見合う農具はどのようなものであり、時期を追った変化にどのような傾向をうかがうことができるのであろうか。まだ穀物栽培をおこなっていない縄文晩期と開始期の弥生前期、展開期の弥生中期、発展期の弥生後期の打製土掘具を取り上げて、

第 8 章　中部・関東地方の初期農耕

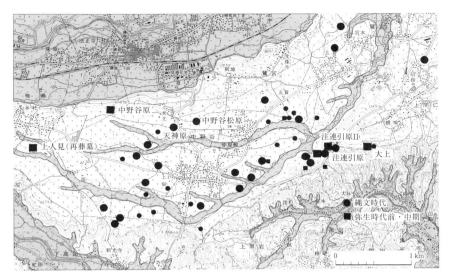

図 63　群馬県安中市域の遺跡分布
印の大小は規模の大小を表す。中野谷松原といった縄文時代の大集落が台地の中心よりに位置するのに対して、中野谷原、注連引原、大上といった弥生時代の集落は台地の縁に立地する。中野谷原遺跡のおよそ一キロ南西にある松井田町上人見遺跡からは弥生前期の再葬墓が見つかった。

変化を追った。

　分析の対象にする地域は、レプリカ法による分析の中心であった西関東地方の西北、群馬県西部地域に定めた。縄文晩期の対象遺跡として藤岡市谷地遺跡、弥生前期は藤岡市沖Ⅱ遺跡、弥生中期は安中市中野谷原遺跡、弥生後期は東吾妻町諏訪前遺跡である。中野谷原遺跡は前節で取り上げたレプリカ法による土器圧痕の調査をおこなった遺跡であり、沖Ⅱ遺跡は遠藤英子によってレプリカ法の調査がおこなわれている。

　発掘調査の面積が異なり、量的な傾向を追うことはむずかしいので、打製土掘具の大きさの変化に注目して分析した。使用によって欠損した個体も多いが、縦方向に割れたものは少ないので、刃部の幅を計測して比較する。また、中野谷原遺跡では、高瀬克範によって横刃形石器の分析がおこなわれているので、その結果を踏まえながら農具としての石器の性格に視点をあてて記述を進めることにしよう。

2　群馬県地域の打製土掘具

①藤岡市谷地遺跡

　群馬県藤岡市大字中栗須に所在する。遺跡は藤岡台地北縁部の台地上から、烏川による氾濫原の沖積低地にかけて立地する。

　藤岡市教育委員会により、河川改修を目的に 1981〜82 年におよそ 4000 ㎡が発掘調査された。その結果、縄文後〜晩期の 11 基の配石遺構、7 基の土坑、33 基の埋設土器が検出された。遺物包含層から出土した土器は、若干の縄文前期後半と中期後半を含むが、大半は後期前半の

213

第Ⅱ部　生業論

堀之内1式から晩期後半の千網式までのものである。千網式に併行する五貫森式土器とそれを用いた埋設土器も出土している〔寺内ほか 1988〕。レプリカ調査はおこなっていない。

　出土した石器は、石鏃・石錐・打製土掘具・スクレイパー・磨製石斧・石錘・磨石類・石皿・石剣・石棒類であり、縄文時代の通有の石器で占められている。このうちの打製土掘具には大きく分けて分銅形と短冊形、撥形の三種類があるが、弥生時代に分銅形打製石斧は消えていくので、ここでは後二者のみ取り上げた (図64-1～8)。

　打製土掘具の出土数は、短冊形が147点、撥形が85点である。図示されて石材と法量が一覧表にのっているのは、短冊形が32点、撥形が33点と一部であるが、ある程度の傾向性はうかがうことができる。それによると、短冊形は頁岩22・ホルンフェルス4・砂岩2・結晶片岩2・緑泥片岩1・安山岩1、撥形が頁岩23・安山岩4・結晶片岩3・ホルンフェルス2・珪質頁岩1であり、いずれも頁岩が7割ほどを占める。刃部の幅は短冊形が2.7～9.5cmの幅のなかにおさまり、4～5cmに21点が集中するのに対して、撥形は4.15～10.7cmの幅のなかにあり、6～8cmに22点が集中する (図66)。形態に応じて撥形が短冊形よりも刃部幅が大きくつくられていることがわかる。

　②藤岡市沖Ⅱ遺跡

　群馬県藤岡市立石字沖に所在する。この地域には烏川の支流である鏑川、さらにその支流である鮎川によって形成された氾濫原と自然堤防が展開するが、遺跡はこれらの河川の南に形成された自然堤防の南端に立地する。

　藤岡市教育委員会により、中学校の建設に伴う発掘調査を1983年におこなった。発掘調査面積は7000㎡であり、弥生前期終末を中心に一部中期に及ぶ27基の土器埋設土坑が検出された。これらは壺形土器を中心に埋設された再葬墓と考えられている〔荒巻ほか 1986〕。

　同時期の遺物包含層もとらえられており、石器は石鏃・石槍・石錐・楔形石器・スクレイパー・打製土掘具・円盤状石器・磨製石斧・磨石・凹石・敲石・砥石・石皿・石剣・環状石器・独鈷石などであり、縄文時代に通有の石器組成である。

　打製土掘具は126点であり、完形品や形態が判別された44点が石材と法量が一覧表で示され図示されている。44点のうち短冊形は3点で、残りは撥形と圧倒的多数が撥形に変化している(図64-9～16)。石材は短冊形が凝灰岩と安山岩と砂岩であり、撥形は凝灰岩26・安山岩13・輝緑凝灰岩1・凝灰質泥岩1である。石材はおよそ6割強が凝灰岩になり、谷地遺跡で圧倒的多数を占めていた頁岩にかわって新たな素材によって占められるという変化が認められる。刃部の幅は、短冊形が4.6～6.8cmであり、撥形のうち刃部幅が明確な37点が5.1～10.2cmの間に分布し、6～8cmの間に30点とおよそ8割が集中している (図66)。

　③安中市中野谷原遺跡

　中野谷原遺跡の概略は、前節を参照されたい。出土した石器は、石鏃・石錐・楔形石器・スクレイパー・打製土掘具・磨製石斧・磨石・石皿・砥石と縄文時代の系譜を引いた石器によって構成される。

214

第 8 章　中部・関東地方の初期農耕

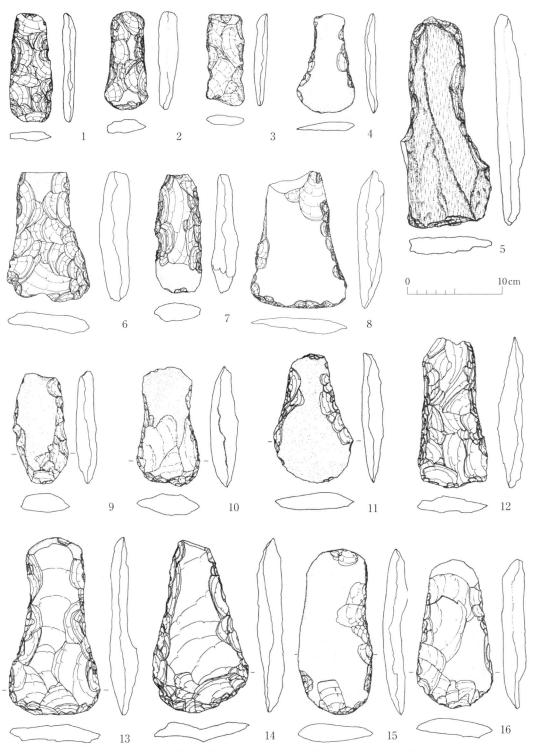

図 64　群馬県藤岡市谷地遺跡（1〜8）・沖Ⅱ遺跡（9〜16）出土石器

215

第Ⅱ部 生業論

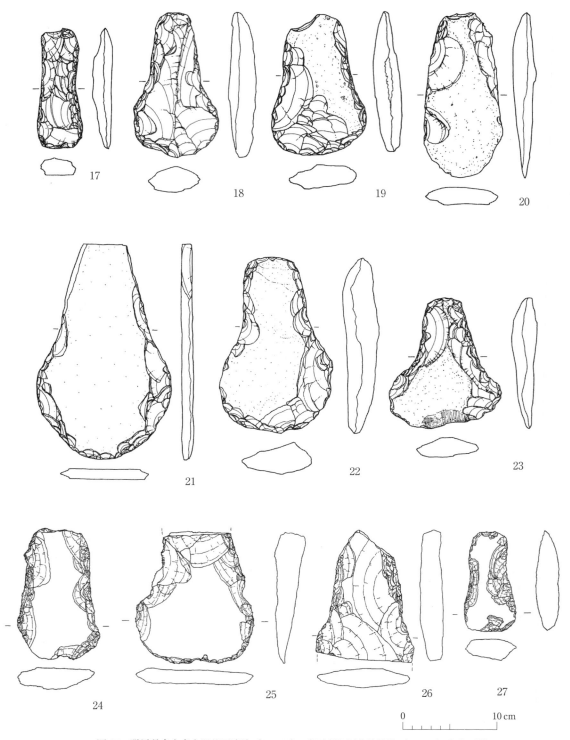

図65 群馬県安中市中野谷原遺跡 (17〜23)・東吾妻町諏訪前遺跡 (24〜27) 出土石器

出土した石器でもっとも特徴的なのは、大型の打製土掘具がたくさん出土していることである。これは通常石鍬と呼ばれている。刃部が幅広い撥形、西洋梨形が多い（図65-17～23）。そのうち刃部の幅が計測できる15個の平均的な大きさは、最大幅がおよそ10cmである。縄文後・晩期の藤岡市谷地遺跡から出土した撥形打製土掘具の刃部幅の平均値がおよそ7.5cmであるから、かなり大型化しているといえる（図66）。21が粘板岩製で、他は安山岩が多い。

④東吾妻町諏訪前遺跡

諏訪前遺跡は、群馬県東吾妻町大字原町字諏訪前に所在する。利根川水系である吾妻川中流域の左岸河岸段丘上に立地する。温泉センターと駐車場の建設に伴い、1994年に吾妻町教育委員会が発掘調査した。調査面積はおよそ5500㎡であり、弥生後期の竪穴住居跡を7棟検出した〔高橋編 2003〕。

石器は竪穴住居跡および遺構外から23点出土し、内訳は磨石・敲石・打製土掘具などである。縄文時代の石器組成からは大きく変化しているが、そのなかで打製土掘具が10点と半分近くを占めるのが継続性の点で注目される。

打製土掘具は短冊形1点と撥形9点である（図65-24～27）。短冊形はホルンフェルス製で、刃部は欠損するが、幅は4.7cmで刃部の幅も大きく変わらないであろう。撥形には小型と大型があり、小型の2点はいずれもホルンフェルス製で、刃部の幅は5.6cmと6.3cmである。大型は7点で、いずれも雲母片岩とされる。刃部の幅は9.0cm～12.8cmであり、刃部を欠損した2点も8cm以上と10cm以上と大型である（図64）。そして、これらはいずれも長さや幅の大きさに比較して薄くつくられている。

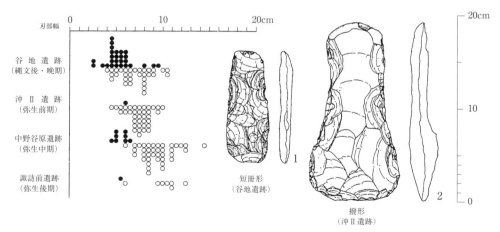

図66 打製土掘具の刃部幅の変化

群馬県の遺跡を例に、縄文後・晩期～弥生後期にわたる打製土掘具のうち、短冊形（●）と撥形（○）の刃部幅の変化を示した。弥生時代には短冊形打製土掘具が激減し撥形打製土掘具が主体になる。縄文時代の撥形打製土掘具は大きさがまちまちだったが、弥生前期に大型に統一され、中期に刃部幅が10cm以上の特大品が加わり、後期にそれが一般的になる様子がわかる。

第Ⅱ部　生業論

3　打製土掘具の変化と農耕の関係

　大工原豊は、群馬県地域の打製土掘具が縄文早期から弥生時代へとどのように移り変わったのか分析している〔大工原 2002〕。それによると、弥生中期に向けて弥生前期に大型化を始めるとともに、形も短冊形や分銅形から撥形に変化している。

　図 66 をみると、短冊形は刃部幅が変わらずに推移しているのに対して、撥形は時期を追うごとに大型化が顕著にうかがえる。大型化ばかりではなく、石材の変化も重要だ。縄文時代には短冊形も撥形も頁岩を筆頭にホルンフェルスを用いており、短冊形にホルンフェルスを用いる傾向は弥生後期に至ってもあまり変わらないのに対して、撥形は弥生時代になると凝灰岩へと主体が移り、中期には安山岩やなかには薄い素材がとれる粘板岩（図 65-21）を用いるようになって、後期には雲母片岩に収れんするようになる。この石材は、薄くはがれ、大型でありながら薄い素材を確保するのに適している。それはこの地域の弥生時代の打製土掘具が、大型で幅の広い刃部を必要としていたことを意味している。石鍬という名称がふさわしい。つまり、弥生時代には短冊形の不変に対して撥形の大型化という二極化が顕著になるのである。

　大型の雲母片岩製の石鍬と小型のホルンフェルス製の短冊形土掘具の組み合わせは、諏訪前遺跡のように弥生後期になっても続いている。このことは、二者の間に石材に応じて使い道に差があったことと、弥生時代になると前者の比重が大きくなったことをうかがわせる。短冊形の土掘具に対しては、使用痕が刃に垂直についているものが多いことや、磨滅の仕方から身と同じ方向に柄をつけて垂直に地面に穴を掘るために使ったことが想定されており、今村啓爾はたとえば自然薯のような根茎類の採集活動に用いたことを考えている〔今村 1989：74〕。これに対して、大型の石鍬は地面を掘り、掻くような動作に適している。

　長野県諏訪地方や伊那谷では、弥生後期になっても石鍬が盛んに用いられている。岡谷市橋原遺跡もそうした遺跡で、ここからは多量の炭化米とともにキビ、アワなどが出土した。中国や朝鮮半島の新石器時代に、石鏟と呼ばれる同じような大型の石鍬が出土するが、キビやアワなどの栽培植物やそれを製粉する磨盤と磨棒が伴うことから、乾燥した台地で雑穀栽培に使われた農具だとされている。こうした脈絡からすると、大型石鍬は短冊形の根茎類の採集とは別の用途、おそらく高燥な台地を耕すのに適した農具の可能性が高い。第 7 章で述べたように、検討の余地はあるが、静岡市手越向山遺跡では畑の畝跡とされる遺構が検出されている。畑の畝立ては、攪拌によって酸素を供給し、栄養分の吸収を促すので、刃部の幅が広くなった石鍬はそのための機能を強化した可能性がある。

　中野谷原遺跡からは、横刃形の石器が多数見つかっている。これは、横長の剥片の長辺に細かな打撃を加えて刃をつけたり、剥片の鋭い割れ口をそのまま刃として利用した刃器である。高瀬克範は中野谷原遺跡から出土した横刃形石器の刃の部分を顕微鏡で観察し、使用による磨滅痕を観察した。およそ 50 点観察した結果、6 点にイネ科の植物の穂を刈り取るときなどにできる特徴的な B 型ポリッシュを見出した（図 67）。

　中野谷原遺跡が立地する段丘上には、安中市注連引原遺跡や同市大上遺跡など、弥生前期～

218

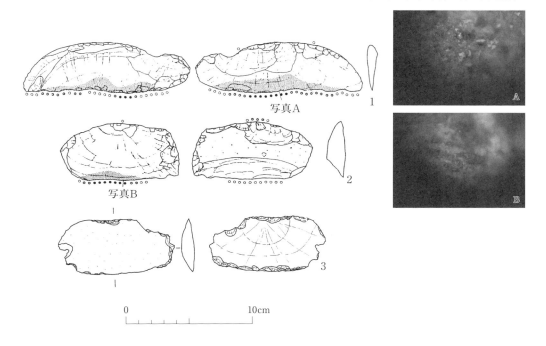

図67　横刃形石器の形態と使用痕
1〜3は長辺に刃がついた横刃形石器。200倍の顕微鏡で刃の部分を観察したところ、光沢が見出された（1〜2の○は使用痕が観察された範囲で、●はそれが顕著な部分。右はその写真）。この種の使用痕は木を切ったりイネ科の植物を刈り取ったときにあらわれるパターンであることが、実験で確認されている。横刃形石器には短辺に挟りが入るものもある(3)。1・2は群馬県安中市中野谷原遺跡出土。3は松本市石行遺跡出土。

中期の小さな集落が点々と存在している（図63）。これらの遺跡から畠は検出されていない。しかし、レプリカ法で明らかにされたアワ・キビを中心とする穀物と立地条件、石器組成と穂摘具の使用痕などから、この時期の小集落は雑穀栽培をおこなっていた可能性が高い。丘陵の縁の日当たりがよい斜面を畠として開墾するためには、ネザサの根を断ち切る必要があった。土を掻く目的をもった大型の鋭い刃をもつ重い石鍬には、そうした用途もあったことを大工原は推測している〔大工原 2002〕。

中野谷原遺跡から出土した石皿は、ドングリ類を磨り潰したとされる縄文時代の石皿のように磨り面が深く凹むものではなく平端である。それは、世界各地の雑穀栽培に伴う磨り臼の磨盤と類似する。長軸方向に磨面をもつ磨石も伴う。横刃形石器で摘み取った穀物は、磨面が平らな石皿の上で磨石を用いて製粉されたのではなかろうか。

丘陵上の小集落は、地味の低下などを考慮しながら移動していた切り替え畠のような農耕形態をもつ集団が残した集落であった可能性を考えたい。レプリカ法による雑穀の検出比率が、弥生前期から中期へと増加している現象と、撥形の打製土掘具の大型化がシンクロしているのはその辺の事情を物語るものではないだろうか[5]。

第Ⅱ部　生業論

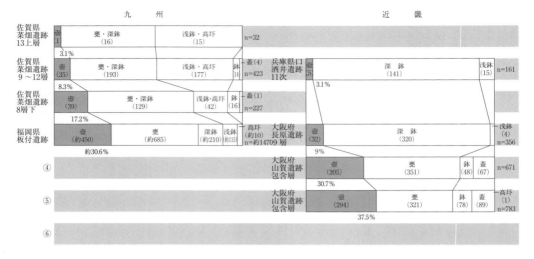

図68　関東地方以西における縄文晩期終末〜弥生中期の土器組成の変化（①〜⑤は53頁表3の①〜⑤に対応）

第3節　条痕文土器の影響と壺形土器の増加

1　壺形土器の比率の増加

　弥生中期前半の中野谷原遺跡から出土した土器は、大小の壺・甕・鉢などからなる。次の段階、すなわち弥生中期中葉には低地で灌漑による水田稲作をおこなう本格的な農耕集落が成立したが、それを代表する埼玉県熊谷市池上・小敷田遺跡では、土器のおよそ5割が壺である。壺は縄文時代からあるが、とくに高さ30 cmを超える大型壺は弥生時代にならないと定着しないとも言われている。それでは、関東・中部地方で大型壺が成立し、池上・小敷田遺跡のように約半数が壺形土器になるまでにはどのような歴史があったのだろうか。またその壺の生い立ちはどのようなものであったのか。西日本の状況と比較しながら考えていってみたい。

　図68は、九州地方から関東地方における土器全体のなかで壺形土器の占める比率を時期ごとに追ったグラフである。壺形土器が5％未満の縄文晩期から3割以上になる段階までを示した。

　まず、灌漑型の水田稲作が導入された北部九州地方の状況に目を通してみよう。導入直前の晩期終末、黒川式には壺は3％ときわめて少ない。佐賀県唐津市菜畑遺跡は日本列島でも早い段階に水田稲作を始めた遺跡である。弥生早期の山ノ寺式土器を含む9〜12層で壺はおよそ8％、それに続く夜臼Ⅱa式の8層下部ではおよそ17％と増加している。そして福岡市板付遺跡の弥生前期である板付Ⅰ式になるとおよそ30％に達した。弥生前期の西日本は板付Ⅱ式以降遠賀川系土器という比較的斉一的な土器に覆われる。環濠集落、方形周溝墓、灌漑型水田がそれとともに西日本一帯に広まった。大阪府東大阪市山賀遺跡、愛知県名古屋市高蔵遺跡などはそうした遠賀川文化の集落だが、いずれも壺が30％ほどと板付Ⅰ式同様安定している。

220

第8章　中部・関東地方の初期農耕

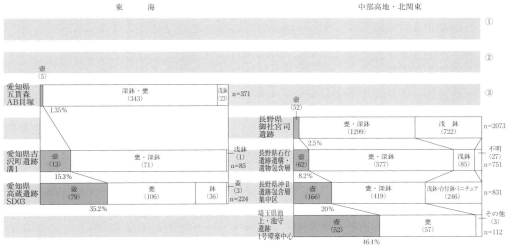

　縄文晩期後半の氷Ⅰ式古段階〜中段階の浮線網状文土器を主体とする長野県茅野市御社宮司遺跡では、壺は 2.5 % とわずかだが、それに続く氷Ⅰ式新段階の松本市石行遺跡ではおよそ 8 % になり、弥生前期終末になると長野県塩尻市福沢遺跡でおよそ 18 %、群馬県沖Ⅱ遺跡でおよそ 20 % とぐんと増えている。さらに水田稲作が定着した弥生中期中葉の池上・小敷田遺跡では、46 % とおよそ半数が壺で占められるようになった。沖Ⅱ遺跡の壺の比率は、北部九州地方では弥生早期に相当する値だが、それでも前段階にくらべて格段に増加していることと、それが本格的な灌漑水田稲作の導入以前であることが注目できる。

　図 68 をみると、地域間でタイムラグはあるものの、土器 1 型式ごとに似たような増加傾向を各地で示すことがわかる。北部九州地方では、弥生時代の開始を突帯文土器前半期の夜臼Ⅰ式とすれば、壺の比率はおよそ 8 % であり、問題の中部・関東地方では長野県松本市石行遺跡のおよそ 8 % が、壺形土器の比率からみると縄文時代と弥生時代の境目に位置しよう。近畿地方の長原遺跡ではおよそ 9 % になっており、壺形土器の比率だけでは心もとないが、長原式は弥生時代に編入される可能性を視野に入れるべきであろう[6]。

2　条痕文文化の影響

壺形土器の系譜　沖Ⅱ遺跡の壺はどのようにして成立したのだろうか。図 69 にもとづいてみていこう。これらの壺には二種類ある。一つは肩がなだらかな壺 (16・17) と、頸と胴の境に屈曲のある壺 (19) である。後者は東北地方の大洞 A′式の流れを汲んだ壺 (20) の影響を受けたものである。前者が圧倒的多数で、それは口縁部に刻み目のある突帯をもち、器表面全体が棒を束ねたような工具で粗く引っ掻いた状態である。こうした特徴は、三河地方など東海地方西部の条痕文土器と呼ばれる弥生土器の影響を受けたものである。

　東海地方の土器は縄文晩期終末から弥生時代に向けて、馬見塚F地点式→五貫森式土器→

221

第Ⅱ部　生業論

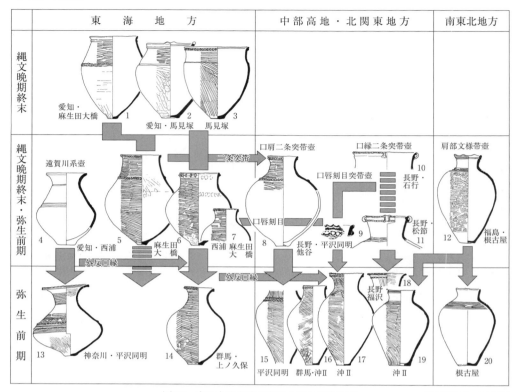

図69　東日本弥生時代壺形土器の形成過程　　　　　　（縮尺不同、3は甕）

馬見塚式土器→樫王式土器→水神平式土器と変遷するが、愛知県名古屋市古沢町遺跡では条痕文で装飾された樫王式の壺形土器がおよそ15％に達しており、その段階から弥生土器と考えられている。馬見塚F地点式（3）が、北部九州地方の弥生早期である夜臼Ⅰ式に併行するだろう。五貫森式土器は西日本一帯に広がる、口縁部と胴部に刻目突帯をもち、胴部に条痕を施した甕を特徴とする突帯文土器の東端に位置する土器型式である。樫王式（5・6）あるいは水神平式（14）などの条痕文土器は、五貫森式土器すなわち突帯文土器の流れのなかに位置づけられ、壺形土器も突帯文土器を母体として遠賀川式土器（4・13）との交渉によって生まれたものであり、いわば縄文系の弥生土器といえよう。

　長野県方面では、第5章で述べたように、突帯文土器である五貫森式の影響によって女鳥羽川式土器が成立するが、その段階はまだ壺形土器の比率は低い。縄文晩期終末の氷Ⅰ式になると、樫王式を模倣した壺形土器（8・9）と在地の甕形土器を母体とした壺（10・11）が製作されて継承された（18）。突帯文土器の末端に位置する樫王式の影響を受けて中部高地で成立したことから、中部高地型突帯文壺などと呼んでいる。沖Ⅱ遺跡では水神平式の壺が伴う。水神平式土器の影響を加えつつ中部高地型突帯文土器を下敷きにして、条痕文系と大洞系の流れを汲んだ壺が一定の割合で土器組成の重要な部分を占めるようになったのが、沖Ⅱ遺跡の沖式土

222

器である。

条痕文文化が果たした役割　中部高地・関東地方の壺形土器の形成に強い影響を与えた条痕文文化は、どのような性格をもっていたのだろうか。石川日出志は条痕文集団の遺跡立地と石器を取り上げ、台地部を根城とする条痕文集団は石鏃と打製土掘具という縄文晩期後半に発達させた石器群を継承していることから、これを台地型石器組成と呼び、生業形態としては畑作の一種を想定した〔石川 1988b〕。その一方、尾張平野には樫王式の段階で遠賀川文化の集団が定着する。この集団は、環壕集落や大陸系の磨製石器、磨かれた簡素な文様の壺と甕をもつ、水田稲作農耕を特徴的な生業とする集団であった。遠賀川文化の集落から樫王式や水神平式などの条痕文土器が出土することと、条痕文系統の土器は弥生中期中葉まで推移していることから、紅村弘は、条痕文文化は遠賀川文化に影響されながらも、主体性を保ちつつ拮抗して独自な弥生文化を形成していったとした〔紅村 1956・1980〕。すなわちこの地域には農耕文化の二重構造が形成されたわけだが、在来系の人々の土器は縄文土器以来の伝統的な手法を条痕文として発達させ、簡素な磨かれた遠賀川系土器に対して自己主張しているというのである。

　ただし、紅村や石川が指摘するように、文化の相互交流にも目を向けなくてはならない。互いの集落のなかに一定程度のそれぞれの集団が特徴的にもつ土器や石器が含まれているのが常態であり、必ずしも対立的な側面ばかりではない。とくに条痕文集団が農耕技術を獲得するにあたっては、遠賀川集団との交渉なくしてはなしえなかったであろう。樫王式や水神平式土器からは、籾痕土器も見つかる。条痕文土器は自己主張が強い一方、口縁部がだんだん開いてくるのは遠賀川系土器の影響による。つまり、条痕文文化は突帯文文化を受け継いでいるが、遠賀川文化の影響によって変質を遂げているのである[7]。

　関東地方の弥生前期～中期前半の遺跡は、沖II遺跡のように低地に立地するものもあるが、中野谷原遺跡のように台地や丘陵に立地する場合が多い。壺形土器には条痕文系土器の流れを汲んだものが多く認められ、石器組成は台地型である。遠賀川系土器は客体にすぎない。このように、関東地方のこの時期の土器や石器は遠賀川文化と大きく異なり、条痕文文化と親和的である。条痕文文化は貝塚も残すが、豊川をさかのぼって内陸に小集落を残しつつ北上した。伊那谷の長野県高森町大宿遺跡や深山田遺跡などでは、氷I式の最終末に樫王式やその模倣土器が壺・甕ともにかなりの比率を占めるようになり、条痕文文化が浸透してく様子がよくわかる。条痕文文化は、おそらく畑作や狩猟に重きをおいた生業にたずさわる小規模集団によってその範囲を広げていったのであろう。

第4節　中部・関東地方の農耕文化の始原

　条痕文文化は自己主張の強いものではあるが、遠賀川文化に対して敵対的、排他的ではないとすれば、どこにその二重構造形成の要因を求めたらよいのだろうか。東日本の縄文晩期以来の小集団は、灌漑型の水田稲作という生産革命によって飛躍的な発展を望むには小規模すぎた。

第Ⅱ部　生業論

水田稲作を一部導入するが、小集団でそれを維持拡大することは困難であり、小集団向きの移動性の強い畠作と従来型の狩猟採集を組み合わせることで縄文文化からの脱皮を図ったのである。

　縄文文化の伝統である台地型の石器組成を採用し、畠作に適応した農具としての機能を高めていったことなどに、よくその農耕文化の性格があらわれている。縄文晩期終末の東海地方西部には浮線網状文土器が濃密に分布するように、中部高地地方との相互交流が緊密化していた。また、後の章で述べるように、両地域は焼骨葬などを伴う再葬や土偶を媒介とする儀礼的なつながりも強い。浮線網状文土器分布圏に山がちな地域の小集団としての性格をもつ条痕文文化が浸透していくのは、そうした縄文時代の緊密なつながりを背景として、それを母体とした文化変化が受け入れられたからにほかならない。

　概括すれば、中部高地・関東地方の弥生前・中期前半は、縄文晩期終末に始まる農耕化への変容を縄文的な文化を改変することによって成し遂げようとした時期であったといえる。低地への進出と河岸段丘の小規模な水田、台地上の畠作など多様な生産の場の開拓、壺形土器の導入、農具としての打製石器の改良、土偶形容器や弥生再葬墓など儀礼的装置の農耕文化適応など、改革は個別文化要素にとどまらず総体的なものである。その意味では試行錯誤の模索期といえども、農耕文化複合への転換を指向していたことは明らかである。

　そうした組み合わせが顕著になるのは浮線網状文土器の終末期であり、完成をみるのは氷Ⅱ式や沖式の段階、すなわち弥生前期である。弥生中期初頭には関東地方の弥生土器に磨消縄文が目立つようになる。いったん突帯文土器という文様の乏しい土器の影響によって器面から衰退した磨消縄文が東北地方南部から中部高地地方で復活した結果である。こうした縄文的な文化のゆり戻し現象は、この地域の農耕文化が西日本からの一方的な文化要素の受容によってのみ形成されていったものではないことをよく物語っている。

　林謙作は、このように縄文的な文化にてこ入れすることによって農耕生活に移行した段階の文化を、国づくりへと向かう原理が希薄であったことからエピ縄紋文化と呼び〔林 1987〕、藤尾慎一郎も同様の意見を発表している〔藤尾 1999aなど〕。しかし、弥生文化が日本列島で始めて農耕文化複合を形成した文化である、と定義すれば、条痕文系文化も農耕文化複合、すなわち弥生文化とみなしうる。農耕文化複合には諸形態があり、国の形成に向かわない農耕文化複合もそのうちの一つであった。国づくりに向かうための生産基盤になった灌漑型水田稲作をおこない、地域の統合を促す戦争を象徴的にあらわす環壕集落をもつような、大陸から受容した大陸系文化要素を基軸に展開した弥生文化を大陸的弥生文化とすれば、これら縄文系文化要素の改変による弥生文化は縄文的弥生文化といってよい。

　それはまがりなりにも、縄文文化から脱皮しようとした浮線網状文文化や条痕文系文化の人々の試行錯誤、模索の結果である。浮線網状文文化はまだ土器の組み合わせなどの点で縄文文化的要素が強いが、条痕文文化を受容した氷Ⅱ式あるいは沖式、すなわち弥生前期終末から、中部高地・関東地方も弥生文化の時代に入った。しかし、そこには縄文文化の仕組みを利用す

224

第8章 中部・関東地方の初期農耕

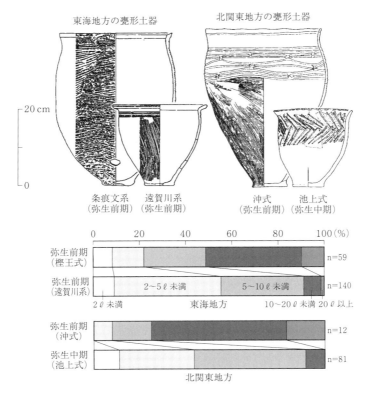

図70 甕形土器の容量の変化
　佐藤由紀男による甕形土器の容量変化の研究から、東海地方の条痕文文化と遠賀川文化（ともに弥生前期）における甕形土器の容量の差と、北関東地方の弥生前期から中期中葉への変化は似たような傾向を示すことがあきらかになった。北関東地方では、弥生中期中葉に遠賀川文化的な煮炊きの生活が開始されたことがわかる。それは遠賀川文化に連なる近畿・東海系の文化が北関東に導入された時期、すなわち本格的な水田稲作の開始期と合致している。

る点において、それが小規模集団のままで生きていく可能性はもちえても、拡大再生産によって人口の維持や増殖をはかるうえでは限界があった。
　こうしてみると、中部・関東地方の縄文晩期終末・弥生前期の文化変化は農耕文化への転換を指向する様相がうかがえるとはいうものの、小規模集団による畠作や、一部で水田稲作などをおこなうものであって、人口の増加にはおのずと限界があったことを認識しておかなくてはならない。そうした限界を打ち破ったのが、弥生中期中葉の灌漑型農耕など大陸的弥生文化の導入であった。

註
1　佐原真は土器の混和剤として、穀物を粘土に混ぜ込む民族例を紹介している〔佐原 1970b：503-504〕。
2　使用痕分析によると、いわゆる打製石斧には土掘り以外に樹木の伐採などにも用いられたものがある可能性が指摘されているが、ここではその可能性も認めたうえで、便宜的にいわゆる打製石斧を打製土掘具として一括しておく。

225

第Ⅱ部　生業論

3　一覧表には、観察した土器の報告書挿図 NO を記入した。番号の後に A・B…とあるのは、圧痕が一個体に複数あった場合それぞれにつけた記号である。この一覧表は、追検証が可能なように作成したものである。そのためにはすべてにわたって圧痕の位置やそれが表面か裏面か破断面かも記入すべきであるが、煩雑になるために控えた。レプリカ試料とともに手元に保管してある報告書コピーにはそれが記入されている。

4　復元された土器 1 個体も 1 点として数えた。

5　佐藤由紀男は甕形土器の容量を調べ、遠賀川文化とそれ以前とでは容量に大きな差があることを確かめた。大容量の縄文土器はドングリのアク抜きに、小容量の弥生土器はコメの煮沸に用いたことを推測した〔佐藤 1999〕。弥生前期終末の沖Ⅱ遺跡の甕はまだ大容量の縄文的なあり方で、中期前半に徐々に小型化して、水田稲作が定着する弥生中期中葉に遠賀川的な甕形土器の小型化が達成された（図70）というのは、弥生中期中葉以前の関東地方の農耕のあり方を土器の用途から説明するものであろう。安中市域の打製土掘具の石材に関しては、井上慎也氏のご教示を得た。

6　大阪府四条畷市讃良郡条里遺跡は、遠賀川式土器と長原式土器が共存する遺跡であり、レプリカ法による土器の穀物圧痕の調査結果は、遠賀川式土器にイネ籾の圧痕が圧倒的で、長原式土器にアワが圧倒的であるという結果が出た〔設楽ほか 2016〕。長原式に穀物栽培が浸透していたことと、系統の異なる土器で穀物栽培の状況に差のあることがわかった。この点は、ほかのレプリカ法による調査結果と合わせて別途報告したい。

7　註 6 と関連するが、長原式と遠賀川式の集団の関係は、樫王式と遠賀川式の集団の関係と類似している。後に述べるように、中部・関東地方の雑穀栽培文化は樫王式などの条痕文文化の強い影響によるのである。長原式も雑穀を主要な穀物としており、馬見塚式に強い影響を与えるような相互交流をしており、長原式－馬見塚式→樫王式→沖式という遠賀川文化と対峙した突帯文→条痕文→条痕文系文化の連動性が注目される。一方、長原式に取り入れられた雑穀栽培は、縄文後期からあるようなものではない可能性が、レプリカ調査の結果高まりつつある。稲作を含む穀物栽培は、縄文晩期終末に朝鮮半島から穀物コンプレックスとして受容され、突帯文文化や遠賀川文化によって近畿地方にもたらされて採用していったものであり、遠賀川文化と突帯文文化の相互交流の結果だといってよい。この時期から比率を高める壺形土器もまた遠賀川文化の影響による。

第9章　側面索孔燕形銛頭考

は じ め に

　長谷部言人によって名づけられた燕形銛頭は、縄文時代の漁撈活動に伴う技術の粋を集めた漁撈具である。それは鉄の素材に置きかわって今日に受け継がれているが、基本形はすでに縄文晩期に完成していた。したがって、弥生時代にもそれは継続して用いられている。ことに、神奈川県三浦半島の海蝕洞穴で多くの出土例が知られており、弥生文化における生業形態や農耕とのかかわりなどを考えるうえで、他の遺物との関係や海蝕洞穴の性格ともども古くから議論の素材になってきた。また、縄文時代にはまったくといってよいほど類例が知られていなかった北海道で、続縄文文化の恵山式期になると、にわかに出土するようになる。それはオホーツク文化にも継承されて、アイヌのキテの成立ともいくぶん関係を有しているようである。さらに北方の狩猟漁撈民にも古くから、そして現在に至るまで燕形銛頭は用いられており、その系統的な関係性についてはさまざまな議論がおこなわれてきた。

　本章では、おもに弥生時代と続縄文文化の燕形銛頭を取り上げ、それがどのように縄文時代から変化し、拡散してきたのか論じ、燕形銛頭を用いた漁撈活動にどのような特色があったのか考える。そして、三浦半島周辺の燕形銛頭の出自と系譜を世界的な視野から考えたうえで、農耕文化のなかに漁撈集団がどのようにかかわっていたのか、という課題に対して、東日本の他の沿岸地域における弥生集落との関係性や、縄文時代の貝塚の内容、西日本の弥生時代における漁撈文化の性格とも比較しつつ考察を加える。それによって、東日本における農耕文化の生業集団編成のあり方や、異文化交流がそれに果たした役割をうかがう手がかりとしたい。

第1節　縄文時代の燕形銛頭

1　燕形銛頭の形態と機能

　銛の定義と分類　燕形銛頭について述べる前に、銛の定義と分類に触れておきたい。清野謙次は、銛が他の狩猟具と区別されるのは、離頭・有紐という特徴にあるとして、それを離頭有紐利器と呼び〔清野 1944：45-49〕、佐藤達夫もそれを批判的に継承したが〔佐藤 1953→1983：350〕[1]、この定義からすると、回転式離頭銛などという名でよく使われる「離頭銛」は重箱読みのように説明が重複してしまう〔金子 1980a：113〕。しかし、清野は現代の紀州型捕鯨銛はすべて銛頭と柄は固定して一体となっていて、離頭性のないことも紹介しており〔清野 1944：83〕、銛が離頭

第Ⅱ部　生業論

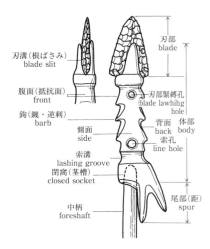

図71　燕形銛頭の部分名称

銛と固定銛とに区別される〔長谷部 1926b：306〕のも理由のないことではない。

そうなると、今度は固定銛と䉩の区別があいまいな点が問題になる。投擲具を銛、手持ちのツキンボを䉩と区別したところで、具体的な使用方法がわかる民族・民俗資料はともかく、出土が銛先にほぼ限られた考古資料に有効とは思えない。まして、先端部分だけ出土した場合には、銛と䉩の区別は絶望的である。ここでは銛と䉩をめぐっては定義のうえで混乱があることを前提に、なかには固定性のものもあるが、多くは離頭性があり、銛頭と柄を結ぶ銛縄装着のための索孔や索溝、索肩をもつ漁撈具を銛と呼んでおく。

銛頭は、おもに中柄とどのように組み合わせるかによって、分類されてきた。イヌイット（エスキモー）の銛頭を分類したルロア・グーランの雄形・雌形〔Leroi-Gourhan, A., 1946：7〕は銛頭の基本的な分類に据えられるが〔山浦 1980b：10〕、これは有茎、無茎としたほうが他の考古遺物との整合性がとれる。無茎については長谷部が早く茎溝をもつものと茎槽をもつものとに区分し〔長谷部 1926c：471〕、いわゆる茎溝式と茎槽式と呼ばれるようになったが、茎孔と茎溝が同じ発音のこともあって混乱している〔瀧川 1998：94〕。コリンズは Open socket と Closed socket と呼び分け〔Collins, H.B., 1937：99〕、清野がそれに開窩、閉窩の名を与えたが〔清野 1944：62〕、これがもっとも混乱がないように思われる。

燕形銛頭の形態と機能　燕形銛頭は図71に示したような形態と部分名称をもつ[2]。燕形銛頭の名づけ親である長谷部は、「長楕円形にして柄頭を貫入すべき茎槽を有する鹿角製銛頭のうち、少々縦に彎曲してその凹彎する側を背面とし、側方からみるとその端の背側に突出した逆鉤は燕の尾のごとく分岐し、体の腹面にあたる逆鉤はそのくちばしに例えることができる。これを便宜的に燕形銛頭と名づける」と要を得た解説をしており〔長谷部 1926a：141〕、本章でもそれにしたがい、この型式の銛頭を燕形銛頭と呼ぶことにする[3]。

燕形銛頭は、先端に鏃がつけられ、体部には鉤が彫られ、銛縄を通す索孔が穿たれ、距をつけるなどさまざまな工夫が凝らされている。長谷部は、ベーリング海峡バロウ岬付近に住むイヌイット（エスキモー）の銛の変遷をたどったG・マードックの業績から、①索孔と尾・側鉤が直交する最古の開窩式、②それが閉窩式になったもの、③刃溝に石鏃をはさむようになるが、石鏃による傷口と銛縄とが直交しており摩擦が大きいので、索孔と並行するように石鏃を取りつけた型式、④捕鯨用の大銛では依然として石鏃と索孔が直交する型式が保守的におこなわれた、という変遷をとらえている〔長谷部 1926a：143-144〕。鏃や銛縄の摩擦が銛頭に及ぶ力をどのように按配するか、という視点は燕形銛頭の変遷における各部位の位置関係の変化にいかなる意味があるのか、考えるうえで重要である。

228

コリンズは索孔と尾（距）が並行するものを y、直交するものを x としたが〔Collins, H.B., 1937：99-100〕、前者は背腹索孔で、後者は後に問題にする側面索孔である。日本では背腹索孔が側面索孔より古いので、前者を 1、後者を 2 とする。もう一つの問題である鏃と索孔の位置関係だが、直交するものを＋、並行なものを－とするとわかりやすい。その組み合わせで刃溝と索孔の関係を 4 象現で表すと、＋1 型は刃溝や鉤が背腹索孔に直交する、＋2 型は刃溝や鉤が側面索孔に直交する、－1 型は刃溝や鉤が背腹索孔に並行する、－2 型は刃溝や鉤が側面索孔に並行する型式になる[4]。

　前田潮は銛の基本的な機能として、①刺突機能、②離頭機能、③抵抗機能、④繋留機能の四つをあげ、抵抗機能を銛がもつ重要な機能としている〔前田 1974：3〕。銛頭の多くは、獲物に刺さってから銛縄で引っ張られた時に抜け落ちないようにするため、銛頭が獲物の体内で抵抗機能を発揮させる工夫がなされている。日本でもっとも早くこの点に注目した分類をおこなったのは馬場脩であり、銛を「アゲ引き法」と「キテ式引き法」に区分した〔馬場 1937：298-299〕。アゲ引き法は体側につけられた鉤によって引っ掛かりをもつのに対して、キテ式引き法である回転式は 90 度回転して抵抗機能を発揮する。燕形銛頭は左右非対象を特徴づける長い尾を特色とするもので、回転による抵抗機能を備えた回転式であることは疑いない[5]。獲物に貫入した部分の面積に比べて、体内で横になった銛頭の貫入孔に対する面積が格段に増すことから、抵抗機能の点で回転式は鉤引式よりもすぐれているといえ、容易に抜け落ちない工夫が凝らされているのである。

　銛の回転性については、日本では稲生典太郎がアイヌのキテに回転性があることを指摘したのが学史としては古く、銛縄を手繰り寄せる時に銛頭にかかる抵抗機能で説明したのは注目される〔稲生 1936：275〕。名取武光は離頭銛をハナレと総称し、それに Simple harpoon と Toggle-headed harpoon があり、それぞれに鉤引式と回転式の訳を与えた。回転式の用語としては先駆であろう〔名取 1939→1972：180〕。

2　燕形銛頭の用途

内水域での燕形銛頭　類例の少ない縄文前・中期の資料を除いて、確立した型式として燕形銛頭が登場するのは縄文後期前半の堀之内 2 式である。岩手県花泉町貝鳥貝塚からはこの時期の燕形銛頭が出土しており、それに匹敵する時期のあるいはそれに続く宮城県名取市金剛寺貝塚や気仙沼市田柄貝塚の燕形銛頭は、沼津貝塚など縄文晩期のものと比較すると、細くて華奢なものが目に付く。田柄貝塚からは 200 点を超える燕形銛頭が出土しているが、イワシ類とサバが他の魚種に比べて抜群に多いのに比べて外洋性回遊魚が少ない〔新庄 1986：526〕。貝鳥貝塚は内陸の淡水貝塚で、そのような所から燕形銛頭が出土するのは驚きだという〔金子 1971：209-214〕。

　現行の民俗例ではあるが、新潟県三面川流域で 2〜4 叉に分かれたそれぞれの柄の先端に燕形銛頭をつけた「カサヤス」と呼ばれる銛がサケ漁に用いられたように[6]、内水域でも燕形銛

229

第Ⅱ部　生業論

頭を使っていたことが知られている〔後藤 1992：196〕。初期の小型で華奢な燕形銛頭について
は、捕獲対象物を外洋性魚種に特定する必要もないように思われ、必ずしも大型の獲物ばかり
が燕形銛頭の対象でなかったことも注意をしておく必要がある。

　　回転式銛頭の捕獲対象　　しかし元来、離頭銛は陸海ともに大型動物捕獲用とされている〔清野
1944：60〕。またそれは船の上などから使用する投擲具であるから、海の中層や海底に生息する
タイ類やヒラメなどに用いるには不向きで、表層を泳ぐマグロ、カジキ、サメやイルカや海獣
に適している。回転性をもつ銛頭は、それら暴れる外洋性の大型魚類や哺乳類に効果を発揮し
たことは、前田が述べる通りである。回転式銛頭と捕獲対象物との関係を具体的にみていくこ
とにしよう。

　　北海道では縄文早期以来、道東の釧路市東釧路貝塚や内浦湾の伊達市北黄金貝塚、八雲町コ
タン温泉遺跡、虻田町入江貝塚などから、オットセイをはじめとして、トド、イルカなどの海
獣の骨が多量に出土するが〔西本 1984：2-3〕、それと同時に開窩回転式銛頭が出土する。銛頭
が開窩式から閉窩式にかわっても、海獣狩猟は伊達市南有珠6遺跡など続縄文文化に引き継
がれた。このことから、回転式銛頭が海獣を中心とした狩猟、漁撈活動に用いられたことは疑
いない。

　　これに対して江坂輝弥は、青森県大間町ドウマンチャ貝塚では海獣が多出するにもかかわら
ず燕形銛頭は出土しない反面、岩手県大船渡市大洞貝塚など三陸海岸の燕形銛頭を多出する遺
跡ではマグロの出土が顕著なことから、燕形銛頭はマグロ漁用[7]との見方を示し、渡辺誠もそ
れを支持した〔渡辺 1969：219・233〕。金子浩昌や西本豊弘は、燕形銛頭の対象はオットセイ、
トド、アシカだった可能性があるとして海獣狩猟に対する銛頭の有効性を認めつつも、燕形銛
頭をもつ貝塚での海獣骨の出土量がごくわずかであることから、銛猟は海獣に限らず、イルカ、
ウミガメ、カジキやマグロなどが対象だったとしている〔金子 1968：184、西本 1993：24〕。

　　燕形銛頭の捕獲対象と生態系とのかかわり　　実際に燕形銛頭を出土する遺跡における魚類、海棲
哺乳類の傾向をみてみよう。

　　福島県いわき市寺脇貝塚の縄文後期、加曾利B2〜安行1式のB地区貝層では、脊椎骨の数
はマダイ73、ホオジロザメ9、アオザメ9、カツオ6、マグロ4で、後期中葉〜晩期中葉のA
地区貝層では、クロダイ・マダイ159、マグロ32、アオザメ27、ホオジロザメ22の順である。
大洞C₂式単純のC地区貝層では、ホオジロザメ11、マダイ10、アオザメ3、マイルカ1と
なっている。B地区からA地区へとマグロが増加しており、渡辺誠はそれを晩期前半〜中葉
の傾向として重視し、結合釣針や回転式銛頭の出現背景とした〔渡辺 1966：44〕。確かに、B地
区からA地区へとサメは19％から23％へと微増であるのに対して、マグロは4％から11％
へと大きく増えている。ただし、C地区でのサメ類の多さにも注目せざるをえないから、晩期
に増加する回転式銛頭はサメやカジキ、マグロなどの大・中型の中〜表層遊泳魚を対象に発達
したという見解が妥当である〔馬目 1966：169-177〕。

　　燕形銛頭を多出する宮城県石巻市沼津貝塚から出土した自然遺物のなかに、マグロやマダイ、

230

クロダイ、ニシン類などの魚類に加えて、両生類としてウミガメ、哺乳類としてクジラ、イルカ、トド、オキゴンドウ、オットセイがいるのが注目される〔三塚ほか 1976：25〕。

縄文後期末葉以降大型化する燕形銛頭の特性は、大型動物が捕獲時に暴れることに対する抵抗機能を高めたことであり、基本的に表・中層の大型魚類と哺乳動物に適用された。したがって、渡辺らの主張はある意味では正鵠を射ているものの、燕形銛頭の用途はマグロに限定されたものではなく、オットセイやトドなど寒海系の海獣類〔馬目 1988：43〕も含まれるし、暖海系のサメ類やウミガメ〔馬目 1969〕も格好の獲物といえる。三陸沖は親潮寒流と黒潮暖流がぶつかる世界でも有数の漁場であり、磐城沿岸がその南端にあたることと、これらの地域が縄文晩期における燕形銛頭の主体的分布域であることは無関係ではない〔馬目 1988：45〕。

燕形銛頭は、それぞれの地域の環境や生態系に応じて対象を選び用いる、汎用性の高い漁具である。このことは、後に述べる弥生時代の漁撈活動における燕形銛頭の採用やその用途を考えるうえで、重要な点である。

第2節　側面索孔燕形銛頭の起源と系譜

1　縄文時代の側面索孔燕形銛頭

燕形銛頭の索孔に、腹背方向と側面方向の二種類あることは、長谷部が指摘している。長谷部は、北海道室蘭市本輪西貝塚出土の燕形銛頭が側面索孔であったことに対して、東北地方の縄文時代のそれがことごとく背腹索孔であり、側面索孔は絶無といってよいとした〔長谷部 1926c：471〕。その後の調査によって、縄文時代にも側面索孔型が存在していることが知られるようになったのはこれから述べるとおりであるが、縄文時代の燕形銛頭は背腹索孔を原則とすることが早々と指摘されたのは、特筆すべき点であろう。

田柄貝塚の燕形銛頭221点のうち、12点が側面索孔である。報告者は、海面質が多く残る場合、索孔を穿つ方向によっては索孔の強度を大きく左右することにもなるので、側面索孔については索孔の強度を意識した結果と考えられると述べている〔新庄ほか 1986：45〕。索孔周辺は銛縄の牽引による銛頭の破壊をもたらす可能性をはらんでいるが[8]、索孔は銛頭の全体成形が終わった後に穿たれるであろうから、索孔の位置が背腹方向でほぼ厳格に規制されているからには、鹿角の素材からどのように銛頭を彫り出すかはデザインの際に索孔の位置関係も見定めてなされたことであろう。したがって、側面索孔は素材の形態に規定されてやむなくそのようなデザインになってしまった場合のような、縄文時代の燕形銛頭のなかにあってはあくまでもイレギュラーなものであり、比率の低さがそれを物語っている。

2　弥生時代における側面索孔燕形銛頭の展開

弥生時代の側面索孔燕形銛頭　長谷部の研究は、続縄文文化と縄文文化の銛頭に違いのあることを指摘していた点でも注目すべきである。しかし、長谷部が側面索孔燕形銛頭に注目した段

第II部　生業論

階では、それが弥生時代に顕著なものであることはまだわからなかったし、続縄文文化の概念
も明確ではなかった。索孔が弥生・続縄文時代以降 90 度転換することを指摘したのは、佐藤
達夫〔佐藤 1953→1983：356-357〕と赤星直忠〔赤星 1953：96〕である。

　佐藤は本輪西上層式期（恵山文化期）と弥生時代の燕形銛頭の索孔が等しく側面であり、前代
の習慣が改められているという共通性を明らかにしたが、両者の関係が不明確としたのは、前
者がやや複雑かつ線刻による特徴的な文様を備えているのに対して、後者が単純という違いも
存在していることに気づいていたからであろう。

　赤星は弥生時代の燕形銛頭と現在のマグロ漁に用いる鉄製銛頭との共通性を指摘した。索孔
の 90 度回転についてはその後、渡辺誠〔渡辺 1973：197〕、山浦清〔山浦 1980a：5〕、馬目順一〔馬
目 1983：211〕、前田潮〔前田 2000：19〕ら銛頭専門家の話題となっていった。

　三浦半島燕形銛頭の出自と系譜　弥生時代における三浦半島の燕形銛頭は、雨崎、大浦山、間
口、毘沙門 B、毘沙門 C、海外第 1 洞穴の海蝕洞穴と逗子市池子遺跡から出土しており、13
点が知られている[9]（表 12）。それらは弥生中期後半〜後期であり、未成品以外すべて側面索孔
の 2 型である（図 72）。縄文晩期の燕形銛頭は、磐城沿岸を境にして南には極端に少なく、千
葉県銚子市余山貝塚に 1 例知られているのみである〔Kishinouye, K., 1911：340〕。したがって、
三浦半島海蝕洞穴の燕形銛頭は、縄文晩期からの漸次的発展によって増加したことはありえず、
どこかからもたらされたと考えざるをえない。それを明らかにするためには、まず弥生・続縄
文時代でもっとも古い側面索孔銛頭を確定し、その拡散状況を追う必要がある（図 73）。

　弥生時代でもっとも古い側面索孔燕形銛頭は、宮城県七ヶ浜町鳳寿寺（宮東）貝塚出土のも
のであり（図 72-1）、福浦島下層式に伴うとされている〔金子 1980a：120〕。馬目はこれが体部に
鉤のない尖頭素体である点に大浦山洞穴例との相似を認め、間口洞穴の銛頭（図 72-2・7）[10]に索
溝があることを引き合いに出して、縄文晩期の寺脇型やその系譜を引く福島県いわき市薄磯貝
塚例（図 73-4）と一致していると指摘した〔馬目 1988：47〕。薄磯貝塚の燕形銛頭は弥生中期中
葉の龍門寺式土器に伴うもので、これも三浦半島の例より古い。刃溝をもつが、こうした特徴
も三浦半島洞穴遺跡例の一部（図 72-2・3・8）に認められるので、馬目の指摘する通り、三浦半
島の燕形銛頭は、松島湾、磐城海域と型式的なつながりが深く、時期的なつながりもよい。こ
れらはいずれも 2 型である。

　山浦も石巻・松島湾から磐城海域を基点とした燕形銛頭の伝播[11]を想定しているようであり
〔山浦 1996：552〕、馬目案に近い。前田はいわき地方、三浦半島などの弥生時代の燕形銛頭は、
恵山文化のそれと同様に三陸沿岸の影響下に出現したとみて、恵山文化ならびに弥生文化の燕
形銛頭がいっせいに索孔を 90 度ずらすことは、共通の母体を三陸沿岸に求めること、すなわ
ち一元的な伝播で理解しやすくなるとした〔前田 2000：18-19〕。しかし、三陸沿岸の初期弥生文
化における燕形銛頭はまったく知られていないのが難点である。

　このように微妙な違いはあるが、東北地方中、南部からの伝播によって、三浦半島の燕形銛
頭が出現した、というのが共通の理解である。とくに側面索孔、刃溝、索溝、無鉤尖頭素体と

232

表 12 続縄文文化・弥生時代の燕形銛頭

遺跡名	所在地	時期	刃溝型式	索孔型式	目釘穴	刃部緊縛孔型式	索溝	体鉤	尾鉤	尾数	全長	遺存度など	文献	図面No.
木輪西貝塚1	北海道室蘭市	恵山式	×	2	×	×	○	○	×	3	(7.5 cm)	先端・尾部欠失	佐藤1983：383頁	―
木輪西貝塚2	北海道室蘭市	恵山式	×	2	×	×	○	○	×	1	7.2 cm	完全	佐藤1983：383頁	―
木輪西貝塚3	北海道室蘭市	恵山式	○	?	?	?	○	○	?	?	(3.6 cm)	体鉤部付近	佐藤1983：383頁	―
木輪西貝塚4	北海道室蘭市	恵山式	×	2	×	×	○	○	?	1	(4.2 cm)	体鉤部付近	佐藤1983：384頁	―
松津貝塚1	北海道室蘭市	恵山式	×	2	×	×	×	○	×	1	(8 cm)	先端欠失	大場ほか1962：31・33頁	―
松津貝塚2	北海道室蘭市	恵山式	×	2	×	×	×	○	○	2	12.5 cm	完全	大場ほか1962：31・33頁	―
松津貝塚3	北海道室蘭市	恵山式	×	2	×	×	×	○	○	2	7.3 cm	完全	大場ほか1962：31・33頁	―
南有珠6遺跡1	北海道伊達市	恵山式	×	2	×	×	×	○	○	2	10.3 cm	完全	三橋ほか1983：37・38頁	―
南有珠6遺跡2	北海道伊達市	恵山式	+	2	×	×	×	○	○	3	6.5 cm	腹面先端・尾1欠失	三橋編1983：37・38頁	図73-1
有珠モシリ遺跡1	北海道伊達市	恵山式	−	2	×	×	×	○	○	2	7.6 cm	尾1欠失	高橋2001：107頁	―
有珠モシリ遺跡2	北海道伊達市	恵山式	(+)	2	?	×	×	○	○	?	(6.8 cm)	尾部欠失	高橋2001：109頁	―
有珠モシリ遺跡3	北海道伊達市	恵山式	(+)	2	×	×	×	○	○	2	8.4 cm	完全	高橋2001：109頁	―
有珠モシリ遺跡4	北海道伊達市	恵山式	(−)	2	?	×	×	○	○	?	10.3 cm	尾1欠失	高橋2001：109頁	―
有珠モシリ遺跡5	北海道伊達市	恵山式	(+)	2	×	×	×	○	○	3	(7.0 cm)	先端欠失	高橋2001：109頁	―
有珠モシリ遺跡6	北海道伊達市	恵山式	(−)	2	?	×	×	○	○	?	10.6 cm	完全	高橋2001：109頁	―
有珠モシリ遺跡7	北海道伊達市	恵山式	?	2	?	×	×	○	○	?	10.0 cm	完全	高橋2001：109頁	―
有珠モシリ遺跡8	北海道伊達市	恵山式	?	2	?	×	×	○	○	?	7.8 cm	完全	高橋2001：110頁	―
有珠モシリ遺跡9	北海道伊達市	恵山式	?	2	?	×	×	○	○	?	10.8 cm	完全	高橋2001：110頁	―
有珠モシリ遺跡10	北海道伊達市	恵山式	?	2	?	×	×	○	○	?	(10.4 cm)	未成品	高橋2001：113頁	―
有珠善光寺遺跡	北海道伊達市	恵山式	?	2	×	×	×	○	○	?	8.8 cm	先端欠失	高橋2001：113頁	―
札文貝塚	北海道豊浦町	恵山式	?	2	×	×	×	○	○	?	(7.0 cm)	体鉤上半欠失	菅原ほか1952	―
臼台内貝塚	北海道森町	恵山式	(+)	2	×	×	×	○	○	?	7.6 cm	完全	佐藤1983：357頁	―
恵山貝塚1	北海道恵山町	恵山式	?	2	×	×	×	○	○	?	8.4 cm	腹面上半欠失	佐藤・五十嵐1996：3頁	―
恵山貝塚2	北海道恵山町	恵山式	?	2	×	×	×	○	○	?	(10.0 cm)	先端部	佐藤・五十嵐1996：3頁	―
恵山貝塚3	北海道恵山町	恵山式	?	2	?	?	?	○	○	?	(4.2 cm)	尾部	佐藤・五十嵐1996：3頁	―
フゴッペ洞窟	北海道余市町	続縄文後半	×	2	×	×	×	○	○	4	(5.0 cm)	完全	佐藤・五十嵐1996：3頁	―
鳳寿寺（東釧?）貝塚	宮城県七ヶ浜町	中期前葉	×	2	×	×	×	○	○	?	8.2 cm	完全	渡辺1973：196頁	―
薄磯貝塚1	福島県いわき市	龍門寺式	+	2	×	○	○	○	○	3	8.9 cm	刃部欠損・尾2欠失	金子1980a：117頁	図72-1
薄磯貝塚2	福島県いわき市	龍門寺式	+	2	×	○	○	○	○	3	7.9 cm	尾2欠失	猪狩1988：302・304頁	図73-4
大浦山洞穴1	神奈川県三浦市	宮ノ台式	×	2	×	?	×	○	○	3	7.7 cm	完全	猪狩1988：302・304頁	―
大浦山洞穴2	神奈川県三浦市	宮ノ台式	×	2	×	×	×	○	○	1	5.8 cm	先端小欠・腹部下半欠	赤星1967：94頁	図72-13
間口1A洞穴1	神奈川県三浦市	久ヶ原式	+	2	○	?	?	○	○	2	(5.7 cm)	完全	赤星1967：93頁	図72-14
間口1A洞穴2	神奈川県三浦市	後期	?	2	×	?	?	○	○	?	8.2 cm	刃部半欠	赤星1953：81頁	図72-7
間口1A洞穴3	神奈川県三浦市	後期	?	2	○	○	?	○	○	2	6.8 cm	完全	神沢1973b：27頁	図72-8
間口1A洞穴4	神奈川県三浦市	後期	×	2	×	×	×	○	○	2	6.6 cm	先端欠失	神沢1973b：27頁	図72-3
毘沙門B洞穴	神奈川県三浦市	久ヶ原・弥生町式	×	2	○	○	?	○	○	3	(5.9 cm)	尾部先端欠	神沢1974：33頁	図72-2
毘沙門C洞穴	神奈川県三浦市	久ヶ原式	−	2	×	×	×	○	○	3	(6.1 cm)	先端欠失	赤星1953：96頁	図72-10
雨崎洞穴	神奈川県三浦市	久ヶ原式	−	2	×	×	×	○	○	1	(4.6 cm)	尾1欠失	赤星1953：109頁	―
外海篠1洞穴	神奈川県三浦市	後期?	−	2	×	?	×	○	○	?	(6.6 cm)	先端欠失	赤星1972	―
池子遺跡1	神奈川県逗子市	宮ノ台式	?	2	×	×	×	○	○	?	7.9 cm	完全	海外洞穴遺跡発掘調査団1983：12頁	図72-11
池子遺跡2	神奈川県逗子市	宮ノ台式	?	2	×	×	×	○	○	?	7.9 cm	完全	かながわ考古学財団1999b：397頁	図73-7
石川II遺跡	静岡県静岡市	後期？～古墳前期	−	2	有	×	?	○	○	?	(5.8 cm)	未成品	かながわ考古学財団1999b：431頁	―
白浜遺跡1	三重県鳥羽市	中期後半？	?	1	×	×	×	○	○	?	4.9 cm	完全	渡辺2000：5頁	図72-15
白浜遺跡2	三重県鳥羽市	中期後半？	○	2	×	×	×	○	○	?	6.6 cm	完全	渡辺2000：5頁	―
											(3.7 cm)	先端部	渡辺2000：5頁	図73-11

刃溝型式の（ ）は溝ではなく、片側をそいだ型式。○は型式明、×は型式不明。+は索孔方向と直交したもの、−は並行したもの。続縄文文化の銛頭集成は（高橋2001）を参照した。

索孔型式の1型は背腹索孔で、2型は側面索孔。尾鈎は尾部先端内側につけられた鈎。

第Ⅱ部　生業論

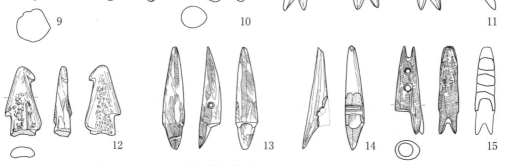

図72　弥生時代の燕形銛頭とその他の骨角器

1. 宮城・鳳寿寺貝塚　2〜9・12. 神奈川・間口A洞穴　10. 神奈川・毘沙門B洞穴　11. 神奈川・海外第1洞穴　13・14. 神奈川・大浦山洞穴　15. 静岡・石川Ⅱ遺跡

第9章 側面索孔燕形銛頭考

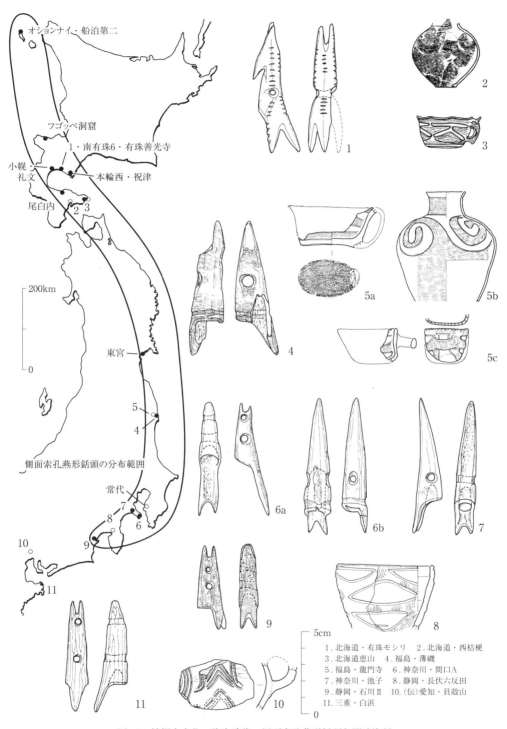

図73 続縄文文化・弥生時代の側面索孔燕形銛頭と関連資料
(●燕形銛頭出土遺跡、▲白浜遺跡、○恵山式・龍門寺式およびその系統の土器出土遺跡、土器は縮尺不同)

235

第II部　生業論

いう型式的な特徴からすれば、松島湾、磐城海域が故地としてまず考えられる。また、薄磯貝塚からはイノシシの牙でつくった鏃が出土しており、燕形銛頭の銛先とされているが、三浦半島でも間口洞穴からサメの歯やアワビ製の鏃[12]が出土しており、銛頭型式の一致ばかりでなく、構造的な関連性もうかがわせている。したがって、東北地方と三浦半島との関係が、たんに銛頭の型式の伝播にとどまるものなのかどうか、さらに深めなくてはならない。この点に関しては三浦半島海蝕洞穴遺跡の由来が問題になるので次節に譲ることにして、弥生時代の燕形銛頭をさらに西に追いかけることにしよう。

駿河湾、伊勢湾地方への伝播　弥生時代の燕形銛頭は、静岡市石川II遺跡に認められる（図72-15）。弥生中期後半の有東式である。刃溝とその下に刃部緊縛孔をもった馬目が言う素体複孔であり〔馬目1967〕、2尾の-2型である。尾部は短いものの、全体的に間口洞穴例（図72-3）に近似しており、この地方から伝播したものであることは疑いない。

弥生時代の燕形銛頭の西端は、三重県鳥羽市白浜遺跡にまで達している。1点は、刃溝をもち単尾で石川II遺跡の例と類似する（図73-11）。弥生中期後半であることから、中部・南東北—三浦半島の系列のもとにある可能性が高く、伝播経路からしても太平洋岸を西漸したものと考えざるをえない。しかし、山浦や安斎正人が指摘するように、背腹索孔である点が決定的な違いである〔山浦1996：546、安斎1997：70〕。山浦は縄文時代にすでにこの地に燕形銛頭が伝播していた可能性を指摘するが、そうすると白浜例までの継続性に問題を残すことになるし、上述の系統関係からしても考えにくい。先祖がえりとみなすしかないだろう。

もう1点の銛頭は体部に索孔をもつことから、おそらく燕形銛頭であろう。刃溝をもつが、先端部がふくらんでおり、こうした例は三浦半島になく薄磯貝塚にある。したがって、これら燕形銛頭の技術的な情報源は磐城海域の可能性が考えられる。

岡山県郡貝塚の銛頭〔鎌木ほか1962：75〕は閉窩であることは確かだが、先端部のみで、燕形か否か不明である。燕形だとすれば、鉤をもつ点から三浦半島の洞穴例と軌を一にする〔金子1980b：96〕と単純には考えがたく、恵山式に伴う型式に類例を求めるべきであろうが、三浦半島では鉤のつく猟ないし固定銛頭は継続して用いられていたから（図72-12）、それらとの合成型式である可能性もある。ただし、恵山式土器に関係をもつとされる土器[13]が愛知県清須市貝殻山貝塚から出土している（図73-10）ので、北方文化の南下も考えられなくはない。

3　続縄文文化と北方の側面索孔燕形銛頭

恵山文化の側面索孔燕形銛頭　高橋健の集成によると、恵山文化の燕形銛頭は33例[14]あるが、それらはいずれも側面索孔である（表12）。恵山文化の燕形銛頭を三段階に細分した高橋は、最古の南有珠6遺跡VI層段階を南川III群に、最新の有珠モシリ4号墓段階ないしそれより新しい豊浦町礼文華貝塚例を南川IV群すなわち恵山文化後半[15]に位置づけた〔高橋2001：111〕。

大竹憲治は恵山文化の燕形銛頭は本州から北進したものだと考え〔大竹1991：67〕、前田は恵山文化の双尾式燕形銛頭が三浦半島と同じく三陸沿岸からの影響で出現し、それをもとに先端

第 9 章　側面索孔燕形銛頭考

に有茎銛先鏃をつけるためのヒ面をつくったタイプや先端を鋭く尖らせたタイプが発達し、それが礼文町浜中 2 遺跡など礼文島にも影響を与えたと考えた〔前田 2000：18-19〕。大島直行は恵山文化の燕形銛頭を形態的に細分し、二尾あるいは三尾のものが見つかったことなどから、先端を尖らせたタイプのものや刃溝をもつものは東北地方の影響によって出現し発展すると、佐藤、前田の説に与している〔大島 1988：30〕。一方、金子浩昌は索孔の方向や巨大な尾鉤、銛縄固定の溝の存在といった縄文文化のそれとの違いを重視して、古コリヤーク文化の閉窩式銛頭との共通性から、北方系の系譜のなかで理解した〔金子 1980a：119〕。

　これに対して、木村英明は恵山文化の燕形銛頭は縄文系と北方系両者の共通の技術基盤から生まれた恵山期独特のものである、という両者の折衷的な見解を示した〔木村 1982：161〕。それぞれの地域の銛頭に特徴があることから、木村案が妥当であろうが、問題は恵山文化期に千島列島、アリューシャン列島やベーリング海域など北海道以北で、同じような特徴をもった燕形銛頭が存在していたかどうかである。

　北海道以北の側面索孔燕形銛頭　日本列島の北に広がる地域の燕形銛頭について、山浦の論文〔山浦 1980a〕に目を通しておこう。

　沿海州では開窩式銛頭がいくつか知られているが、燕形銛頭はまだ明確でなく[16]、かろうじて閉窩式銛頭と思われるものがスンガリー川上流嫩江岸におけるシデミ文化（前 1 千年紀）の墓から見つかっているにすぎない〔山浦 1980a：7〕。

　樺太では全般にオホーツク文化、アイヌのキテとの類似が認められるようであり、そのうちの背腹幅が狭い型式の閉窩式燕形銛頭は、尾部先端に鉤のある恵山文化の伝統を引いたものである。装飾にベーリング海のプヌーク文化（6 世紀頃）からの影響があると言う。

　北千島・カムチャツカ半島の閉窩式燕形銛頭はいずれも側面索孔型であり、千島列島の銛頭は北海道方面との関係で説明できると言う。側面索孔はアリューシャン列島の民族例にも引き継がれており〔Jochelson, W., 1925：91〕、側面索孔がいかに重要なものとして認識されていたかわかる。ヴァシリエフスキーによるオホーツク海北岸地域・チュクチ半島の資料では回転式銛頭が開窩、閉窩ともにみられるが、閉窩式燕形銛頭には側面索孔と背腹索孔の 2 種類があり、6 世紀のサヴィアロヴァ期から 16 世紀以降にまで伝統的に用いられていたようである〔山浦 1980a：8〕。これと同様のものはチュクチ半島の民族資料中にも認められるが、いずれも側面索孔型である。

　ベーリング海峡におけるセント・ローレンス島ガムベルで発掘したコリンズは、開窩式銛頭を型式分類し、古ベーリング海期から現代まで 7 型式の変遷を提示した〔Collins, H.B., 1937：Fig. 24〕。これらはいずれも燕形であり、開窩式ではあるが側面索孔が最古期からある。それは鉄鏃をはさむ刃溝を有している。ラーセンとレイニーは古ベーリング海期を 3〜5 世紀ころに位置づけている〔Larsen, H. and Reiny, F., 1948：155〕。

　オホーツク海北岸では閉窩式燕形銛頭に先んじて開窩式銛頭が存在するが、それらはアラスカ・イヌイット（エスキモー）最古とされるノートン文化のものに近いから〔山浦 1980a：13〕、

237

第Ⅱ部　生業論

この地域の閉窩式燕形銛頭の年代は、前4世紀以降であろう。イヌイット（エスキモー）文化にみられる閉窩式銛頭の最古期はイピウタック期であるが、ラーセンとレイニーによれば、起源前にはさかのぼらない〔Larsen, H. and Rainey, F., 1948：155〕。恵山文化前半よりも新しい年代である。

　さらに興味深いのは、北千島の側面索孔燕形銛頭と北西アラスカの資料〔山浦 1984〕の類似である。山浦が報告したアラスカのクリギタヴィク遺跡出土回転式銛頭には、開窩式も含めて側面索孔燕形銛頭が多数存在している。7～8世紀なので、山浦は、これは当然アリューシャン列島を通じて影響を与えたものとしている〔山浦 1980a：12〕。

　このように、北海道以北の千島、アリューシャン列島、ベーリング海やアラスカにおける側面索孔燕形銛頭は恵山文化をそれほどさかのぼるとは思えないし、この地域に通じる道東地方に燕形銛頭がみられない〔設楽 2003a：33〕（図73）のは、金子説に不利である。恵山文化の燕形銛頭は独自性をもっているものの、前田のいうようにやはり本州北太平洋岸との交渉のなかから生まれたと考えるのが妥当であり、北方文化の影響によるとはみなしがたい。むしろ、続縄文文化からオホーツク文化に至り、北海道各地に側面索孔燕形銛頭が拡散したのを受けて、より北方にその分布を広げた可能性が考えられよう。しかし、そのことが燕形銛頭に北方系の性格がないことを意味するものではない。

日本列島における燕形銛頭の性格　世界の燕形銛頭と関連資料を渉猟したルロア・グーランや佐藤達夫によれば、その分布はせいぜい日本の太平洋沿岸とアメリカ北西海岸のカリフォルニア北部どまりであり、環太平洋を視野にすればその北半にのみ位置する。

　南太平洋アンダマン島のネグリト族は離頭銛を用いてジュゴン、ウミガメ、イルカや大型の魚を捕獲するが、その離頭銛は小さな鉄片を二つ対称形に合わせて中柄をつけたもので、鉤引式であって回転式ではない〔清野 1944：58-59〕。南米のネイティブの銛、南米最南端のヤーガンがアザラシや捕鯨用に用いる銛に鉤引式があり、ポリネシア、ニュージーランドには南境型の回転銛はあるが〔後藤 1992：201〕、燕形は見当たらないようである。離頭銛は環太平洋文化の一つの現れであり、とくにそのなかのある型式がオホーツク海文化圏で発達した〔清野 1944：45〕と言うのが正鵠を射ているのであって、ある型式とはすなわち回転式銛頭であった。その点では燕形銛頭をはじめとする回転式銛頭は北方系を代表する銛頭と言ってよい。

　燕形銛頭が縄文文化ではマグロ漁主体に用いられたことから、北方系漁撈具としての評価に慎重になるむきもある。また、後藤明が指摘するように、環太平洋地域には暖かい海にまで広く銛猟が広がっており、「銛は北」という固定観念は捨てねばならない〔後藤 1992：214〕。しかし、厳しい環境における生態系に対峙した北方の漁撈活動は、漁撈技術の複雑化[17]の点でも、漁撈具にみる精神的な側面〔設楽 1999b：90-91〕においても、南海の漁撈活動とはやはり相当違うのではないだろうか。環太平洋に広がる数ある銛頭のなかでも、暴れまくる大型の表層魚類や海獣類を対象とした漁撈活動に伴う漁具として、回転式の一種である燕形銛頭は技術的複雑化の頂点に立つ北方系の一亜種と位置づけるのがふさわしいように思われる。

238

燕形銛頭の出現に関しては諸説あるが、海獣を主な狩猟対象にした北海道における縄文後期の開窩式回転銛頭である船泊型との形態的近似性が注目される[18]。したがって、燕形銛頭にはそもそも北方系狩猟具の性格が備わっていた可能性がある。三浦半島の燕形銛頭については東北地方からの伝播によって成立することは確かなので、このような点からすれば三浦半島の弥生文化は北方系の影響を強く受けていた点は動かない。

側面索孔 90 度転換の理由　それでは、なぜこのように広い地域で、いっせいに索孔が 90 度転換するのだろうか。実際に、弥生・続縄文時代の燕形銛頭においてどの程度の比率で側面索孔が現れるかを示したのが、表 12 である。これによれば、ほぼ 100 ％を占める（索孔型式の欄）。あらためて強調するまでもなく常識化していることであるが、これはもはや縄文時代の側面索孔燕形銛頭に考えられたデザイン上のやむをえない措置とはいえず、何らかの規制がかかっての一斉転換であることは疑う余地がない。

問題は、その転換が何を契機に生じたのか、ということである。山浦は索孔にループ状の綱を通してから一本の引き綱としたためであり、さらに続縄文時代後半になると余市町フゴッペ洞窟例のように、背面寄りに索孔を移動させて索孔付近にかかる力を緩和するのを促したとみなす〔山浦 1980a：5〕。確かにそう考えれば、銛頭が柄から離れて銛綱に引っ張られたときの回転が、背腹索孔形よりもスムーズにいくと思われる。しかし、そのようなことを縄文晩期の人々が思いつかなかったとも思われないし、刃部の表裏面が回転方向に直交する＋1 式や−2 式などは、刃部の抵抗が大きくて回転に不利だと考えられる。このように、銛頭の形態決定と変遷はマードックなどが考えた機能主義的側面ばかりでは解決することのできない文化的伝統や流行など、非合理的な側面ももっているようだ。

第3節　弥生時代における漁撈文化の二類型

1　三浦半島海蝕洞穴漁撈集団出現の背景

海蝕洞穴民の漁撈活動の出自と系譜　前節で、三浦半島の弥生時代洞穴出土側面索孔燕形銛頭を取り上げ、松島湾や磐城海域の系譜を引いていることを確認した。ここでは、その他の漁撈具や漁撈活動の内容、土器の移動などから、東北地方沿岸の漁撈集落と三浦半島の洞穴遺跡との関係がたんに燕形銛頭の伝播にとどまらず、漁撈集団の成立自体に深いかかわりをもっている可能性を探ってみたい。

三浦半島の海蝕洞穴から出土する弥生時代の漁撈具は、釣針、銛頭、猟、鏃、アワビオコシなどであり、このうちの燕形銛頭、アワビオコシは、本来三浦半島の縄文時代に系譜を求めることはできない。燕形銛頭は漁撈具全体の 12 ％を占める。その対象だが、三浦半島の海蝕洞穴の魚種を調査した剣持輝久によると〔剣持 1972：19〕、19 種類の魚類のうちネズミザメ科、カツオ、クロダイ、マダイが多く出土し、燕形銛頭は表層性のネズミザメ科を対象に用いられたことがわかる（表 13）。また、三浦半島の縄文中・後期の貝塚からはアワビが出土すること

第Ⅱ部　生業論

表13　三浦半島の諸遺跡と愛知県名古屋市・清須市朝日遺跡出土魚類遺存体

主たる生息環境		種類	縄文 間口東洞穴	大浦山洞穴	間口A洞穴	毘沙門B洞穴	毘沙門C洞穴	西ノ浜洞穴	歌舞島B洞穴	海外洞穴	池子No.1-A	池子No.1-A	朝日
外洋	中～表層	ネズミザメ科	(+)	++		+	+			+	+		
外洋	中～表層	他のサメ類	(+)	+			+	+		+	++	(+)	(+)
外洋	中～表層	カジキ類					+	+		+	+		
外洋	中～表層	マグロ属		+						+			
外洋	中～表層	カツオ		++	+			+		++	++	(++)	
外洋	中～表層	ムロアジ	(+)										
外洋	中～表層	ブリ属										(+)	
外洋→沿岸	中～表層	マアジ／アジ科	(++)						(+)			(+)	(+)
外洋→沿岸	中～表層	サバ属	(++)						(+)		+	(++)	(+)
外洋→沿岸	中～表層	マイワシ／ニシン科	(++)						(++)			(+)	(++)
外洋→沿岸	中～表層	カタクチイワシ							(++)			(++)	
外洋沿岸	岩礁	ウツボ科	(++)			+	++		(+)	++	+		
外洋沿岸	岩礁	ハタ科		+					(+)				
外洋沿岸	岩礁	コショウダイ属					+						
外洋沿岸	岩礁	イシダイ属	(+)	+						+			
外洋沿岸	岩礁	タカノハダイ	(+)										
外洋沿岸	岩礁	コブダイ	(+)	++	+	+	+		+	+			
外洋沿岸	岩礁	ベラ科	(+)					++					
外洋沿岸	岩礁	ブダイ		+		+		+	(++)	+			
外洋沿岸	岩礁	ハリセンボン科							+				
外洋沿岸	岩礁	ハコフグ科	(+)						(+)				
外洋沿岸～内湾	岩礁	フサカサゴ科	(+)					+	(+)	+		(+)	
外洋沿岸	底層	マダイ	(++)	++	+		+	+	(++)	++	+		
外洋沿岸	底層	アンコウ科	(+)	+									
外洋沿岸～内湾	底層	アナゴ属	(+)					+					
外洋沿岸	中～底層	カワハギ科	(+)						(+)				
外洋沿岸～内湾	中～底層	フグ科		+				+	(+)	+			
外洋沿岸～内湾	砂底	トビエイ科									(+)		
外洋沿岸～内湾	砂底	コチ科	(+)					+			(+)		
外洋沿岸～内湾	砂底	ヒラメ科									(+)		
外洋沿岸～内湾	砂底	カレイ科	(+)					+					(+)
外洋沿岸～内湾	砂底	ササウシノシタ亜目										+	
外洋沿岸～内湾	砂底	キス科											(+)
内湾		サヨリ属									(+)		
内湾		スズキ属			+			+	(+)		(+)		(+)
内湾		ボラ科	(+)	+	+			+		+	(+)		
内湾		クロダイ属	(+)	+			++	(+)		+	(+)		(+)
(内湾～汽水)		ハゼ科									(+)		(+)
淡水～汽水		アユ											(+)
淡水～汽水		ウグイ属											(+)
淡水～汽水		フナ属											(++)
淡水～汽水		コイ／コイ科									(+)		(+)
淡水～汽水		ドジョウ科											(++)
淡水～汽水		ウナギ											(++)

＋＋は多い、＋はあり。（　）は水洗選別、それ以外は現場での回収。

はまれであるのに対して、海蝕洞穴からはアワビが出土するようになり、それも最大長が20cm 以上の大型のものが多い〔剣持・西本 1986：36〕。アワビオコシ（図72-9）がみられるようになるのも、アワビの捕獲が活発化したことを物語っている。間口洞穴の 8・10 層（弥生中・後期）は炭酸カルシウムを含む灰層が 20 cmの厚さで堆積しており、製塩をおこなっていた可能性が指摘されている〔神沢 1973a：150〕。大浦山洞穴も似たような状況にあるが〔赤星 1970：183〕、製塩の跡だとすればこれもまた縄文時代のこの地域にはなかった生業活動である。

　それでは、三浦半島の燕形銛頭の故地である松島湾や磐城海域ではどのような生業活動が展開していたのだろうか。弥生時代でもっとも古い中期前半の側面索孔燕形銛頭が出土した宮城県鳳寿寺貝塚は、魚類ではサメ類、クロダイ、マダイ、スズキ、マグロなど、獣類はシカ、イノシシを主体とした漁撈・狩猟とともに、製塩活動をおこなっている〔金子 1980b：127-128〕。松島湾における製塩活動は縄文晩期にさかのぼる。大洞 A・A′式期になると小さな貝塚がたくさん出現し（図74-1）、ほとんどが製塩関係の遺物を伴出するが、その傾向は弥生時代に引き継がれる〔後藤 1990：332〕。

　弥生中期中葉の薄磯貝塚には、燕形銛頭に加えて結合釣針や単式釣針、固定銛などが存在しており、マダイ、マグロ、サメなどの回遊魚やアシカ、ウミガメ、サカマタ、クジラなどの捕獲がおこなわれ、アワビ、クボガイなどの貝層が形成されていることなどから縄文晩期の対象魚種や海獣などが弥生時代になっても捕獲できる環境にあり、漁撈活動の継続性が重視されている〔大竹 1985・1987・1988、山崎 1988：519〕。縄文晩期の貝層からはアワビオコシが出土しており、近隣の寺脇貝塚では晩期終末まで用いられている〔猪刈 1988：347〕。

　このように、東北地方中南部沿岸では地域によって違いはあるが、マダイなどの釣漁に加えてサメ類やウミガメなどを対象とした銛漁、アワビオコシを用いたアワビ捕獲といった縄文時代に伝統的な漁業に加えて製塩がおこなわれており、三浦半島の漁撈を中心とした生業活動の原型をそこにみることができる。東北地方からの漁撈活動の影響はたんに燕形銛頭にとどまらず、もっと包括的なものであったことが予想される。

　その一方で、三浦半島では東北地方とはまた異なる漁撈活動の特色がみられる。東北地方の漁撈集落が縄文文化の伝統を保持してマグロ漁をおこなっていたと思われるのに対して、表13 からうかがえるように、三浦半島の海蝕洞穴でそれは不活発である。漁撈活動の主たる対象はサメ類とカツオ、カジキであり、在地集団の選択が働いたのであろう。先述のように燕形銛頭が、生態的条件や目的によって対象物を臨機応変にかえる汎用性に富んでいた結果である。

　漁撈集団出現の時期と背景　三浦半島の海蝕洞穴の利用は、縄文後期にさかのぼるが、縄文時代の利用は微々たるものであり、これが本格化し始めるのは、弥生中期中葉である。三浦市雨崎洞穴[19]からは、一定量のこの時期の土器が見つかっている〔神奈川県 1979：図版487〕。海蝕洞穴では雨崎洞穴の他に間口東洞穴からこの時期の土器が出土しており、これもまた洞穴利用の活発化の兆しを示す。

　弥生中期中葉といえば、東日本各地で本格的な灌漑農耕集落が出現し、土器の移動が活発化

241

第Ⅱ部　生業論

するが〔石川 2001：88-89〕、いわき地方で大陸系磨製石器 3 種が出現し、伐採斧では閃緑岩、ヒン岩、ホルンフェルスを用いた石器製作体系が整備され、茨城方面などよその地域に搬出されるなど〔杉山 2004：50〕、人や物の動きが活発化する時期に相当する。このことは、三浦半島海蝕洞穴の漁撈集団出現背景を考えるうえで看過できない点である。

　いわき周辺で製作された弥生中期中葉の龍門寺式土器は、埼玉県行田市・熊谷市池上・池守遺跡など内陸の他に、太平洋岸に沿って運ばれており、静岡県三島市長伏六反田遺跡（図73-9）にまで及んでいる〔石川 2001：74〕。側面索孔燕形銛頭をはじめとする東北南部の漁撈文化が、三浦半島はもとより静岡市石川Ⅱ遺跡にまで広がるのは、このような龍門寺式土器の分布を背景に理解することはできないだろうか（図73）。雨崎洞穴の出土土器のなかに、この系統の土器が含まれている可能性も含めて、今後の要注意事項である。

　伊豆諸島の東京都三宅村ココマノコシ遺跡でも弥生中期中葉に大型のサメ類やウミガメ類を捕獲しており、三浦半島と同じく積極的な外洋性漁撈活動がこの時期に太平洋岸に広まったとされている点は、注目に値する〔金子 1980b：126-128〕。間口洞穴からはカエシが内側についた釣針が出土している。磐城海域の釣針は寺脇貝塚などのように縄文晩期には内鉤が皆無であったのが、薄磯貝塚で認められるのは石巻・松島湾など北方からの影響とされており〔馬目 1988：46〕、間口洞穴の釣針はさらにそれが南下した可能性がある。アワビ、サメ歯製の銛先を装着した燕形銛頭やアワビオコシの系譜ともども、注目しておきたい。

2　農耕社会における漁撈集団編成の一類型

地域社会における農耕集団と漁撈集団　松島湾沿岸、磐城海域と三浦半島先端という三つの地域を取り上げて、弥生時代の漁撈活動を中心とした生業の共通性を指摘した。この地域の平野には、同時に農耕集団が存在していたが、それとの関係を踏まえて、地域のなかにおける海蝕洞穴や貝塚の位相を整理しておこう。

　①　いわき周辺の平低地（図74-2）は夏井川などが形成した三角洲低地からなる。龍門寺遺跡は、三角洲低地の南端を流れる滑津川が平野を形成し始める、奥まった所にある。この遺跡からは在地化しているものの太型蛤刃石斧、石庖丁、扁平片刃石斧、柱状石斧など大陸系磨製石器がそろって出土し、籾痕のある土器も報告されている〔猪狩ほか 1985〕。こうした遺物組成や湿地を望む台地縁辺という立地条件からすれば、付近に水田をもつ農耕集落とみなして間違いない。

　薄磯貝塚は平低地が海岸に面する南端にあり、北端には地引洞穴がある。薄磯貝塚からは籾痕のある土器が出土しており、龍門寺遺跡など農耕集落とかかわりがあったことは間違いない。地引洞穴からは大洞 A′式ないしその直後の土器と弥生中・後期の土器が出土し、骨角器は有角式刺突具（逆刺式固定銛）、先端研磨角器などが出土した〔福島県教育委員会 1991〕。縄文晩期終末ないし弥生前期から利用されている点に注目したい。

　龍門寺遺跡と地引洞穴と薄磯貝塚はそれぞれ 8〜12km ほど離れて平低地を取り囲む三角形

242

の頂点に位置し、その内側に台地に沿って大洞C_2式〜弥生前期の久保ノ作洞窟、縄文時代直後の沼之内遺跡や、砂畑、永井、妻など龍門寺式土器を出土する遺跡が点在している。

② 仙台平野（図74-1）では、弥生中期前半に仙台市船戸前遺跡などが平野の奥に出現し、中期中葉と時期が下るにしたがって、仙台市南小泉遺跡や仙台市高田B遺跡など、より低いところに向かって農耕集落が拡大していく。そこから10〜20km北上した松島湾周辺には、鳳寿寺貝塚や多賀城市桝形囲遺跡、東松島市寺下囲遺跡などの貝塚や製塩集落が営まれる。これらの集落から籾痕のある土器や石庖丁などが出土しており、農耕集落と関係が深かったことはいうまでもない。

古墳時代中期の燕形銛頭が出土した塩竈市崎山囲洞穴は、貝層は形成しないものの、大洞A式から利用を開始する点にも注目したい〔金子 1980b：132〕。松島湾は丘陵が間近に迫り平野が狭いので、平低地のように背後に農耕集落を控えることはない。しかし、松島湾の集落が農耕集落と関係を保っていることからすると、南部の仙台平野と松島湾との関係性は、分離してはいるが基本的に平低地と同じ三角形構造をなしていると言ってよい。

③ 三浦半島（図74-3）であるが、先端部に展開する海蝕洞穴遺跡と関係が深いと思われる農耕集落は、5km以内の距離にある弥生中期後半の宮ノ台式の三浦市赤坂遺跡や後期の才京込遺跡であろう。赤坂遺跡では、5a号大型住居跡から銛ないし鏃の先と考えられる骨角器が出土しており、海蝕洞穴との距離関係という立地条件からすれば、漁撈集団との関係性を抜きにしてこの骨角器を評価することはできない。赤坂遺跡の西にも湾はあるが、洞穴や貝塚はない。

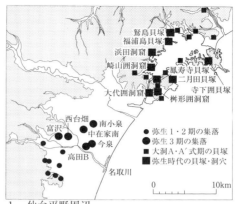

1．仙台平野周辺

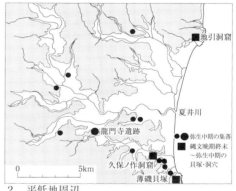

2．平低地周辺

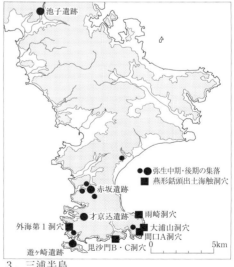

3．三浦半島

図74　弥生時代の農耕集落と貝塚・洞穴の位置

第Ⅱ部　生業論

　そこで赤坂遺跡と海蝕洞穴との関係を積極的に考えれば、やはりそれらの間に描くことのでき
る遺跡配置（サイト・フォーメーション）は、仙台平野や平低地と一致していることが注意される。

　この三者にある程度共通したフォーメーションは、狩猟場の台地を控えるとともに、水田稲
作の技術的な未熟さから三角形の平野の奥などに位置した農耕集落と、沿岸部の洞穴や貝塚と
の間に形成された、5〜20km四方という資源獲得領域（キャッチメント・エリア）に収まる三角
形構造を基本としたものである。

　三浦半島の海蝕洞穴における漁撈集団の専門性　上述の各地において、農耕集団と漁撈集団が密
接に結びついていた可能性を指摘したが、その依存関係はどのようなものだったのか。岡本勇
は三浦半島の弥生時代の集落間関係について、台地上の赤坂遺跡などが拠点で、海蝕洞穴遺跡
がその分岐集団だ、とした〔岡本ほか 1977：1-2〕。海蝕洞穴の集団の性格を明らかにするために、
これは重要な問題なのでこの点から議論していくことにしよう。

　大浦山洞穴の第1次調査資料（1959年）を整理した金子浩昌によると、宮ノ台式の第Ⅵ層で
は魚類ではサメ類、哺乳類はウサギが出土し、特殊なもののみ増えていることが明らかにされ
た〔金子 1967：438〕。大浦山洞穴の最近の調査でも、マダイについでカツオ・サメが多く、ツ
ノザメ、アオブダイ、アンコウ科は三浦半島の縄文貝塚では出土しないことが指摘されており
〔剣持 1997a：82〕、カツオも縄文時代の間口東洞穴からは出土していないことが表13からわか
る〔剣持 1997b：70〕。

　海蝕洞穴から出土した漁骨を分析した剣持輝久は、漁撈の中心が春から夏の農繁期と重なる
外洋性のカツオやマダイであり、漁具もそれに見合った釣針や回転銛など外洋に出かけて本格
的におこなう操業形態を推測させ、台地上の集落と海蝕洞穴とはそれぞれ別の集団であるとし
た〔剣持 1996：64〕。三浦半島の海蝕洞穴では鳥類の狩猟が盛んにおこなわれたが、それらはア
ホウドリ科、ミズナギドリ科、ウ科、カモメ科であり、冬に飛来する鳥が多い〔剣持 1990：32〕。
農繁期には重ならないが、それを含めて通年で洞穴利用がおこなわれていたことがわかる。

　三浦半島の海蝕洞穴から出土するアワビやサザエの殻はきわめて大量で、かつ大型のものが
多く、交易品としての可能性が指摘されている〔金子 1980b：125〕。間口洞穴や大浦山洞穴の厚
い灰層が製塩活動にかかわるものであれば、塩が交易品として生産されていた可能性がある。
また、大浦山洞穴でイノシシやシカなど弥生時代の獣骨の量が、縄文時代の貝塚と比べて著し
く少ないこと[20]や〔赤星 1953：129・132、金子 1967：438〕、鹿角は出土するが骨が出土しないとい
う傾向が間口洞穴でも指摘されてきた〔神沢 1973a：151〕。洞穴遺跡からは鹿角製の骨角器やシ
カの肩甲骨などを用いた卜骨が多量に出土するが、これらの素材は、狩猟場を背後にひかえた
台地部の集落を介して手に入れたのであろう。毘沙門C洞穴から出土した弥生後期の甕形土
器には籾の圧痕があり、土器も台地部の集落との交易によって手に入れたことを物語っている。

　三浦半島の海蝕洞穴からは、アワビでつくった貝庖丁が多量に出土する。これについては、
稲の穂摘みに用いたものだとする見解〔赤星 1953：97、神沢 1973a：150-151〕が一般的であった
が、神沢勇一はその後岩場の海藻類の採集や処理に用いられた可能性を説くに至り〔神沢 1979：

244

40〕、谷口肇も製塩の際にできた塩をこそげ落とすなどした可能性を考え、穂摘具説を否定した〔谷口 1995：94〕。赤星はそれを海蝕洞穴の人々が用いたというよりも、交易品として製作したと考えているので、海蝕洞穴集団の農耕へのかかわりを低く見積もる点では一致している。

　このようにみてくると、三浦半島の海蝕洞穴集団は、通年の操業によって得た大型魚類、アワビ、塩、鳥など特産物を農耕集団にもたらし、その見返りに農耕生産品や土器などさまざまな物や情報を得て交易をおこなっていたと考えられる。したがって、洞穴民は専業的な漁撈集団であると考えるのが妥当だろう[21]。この専業性はマグロ漁の発展にみる漁業の季節性の強化などに典型的に示されるように、すでに縄文後期終末から晩期の東北地方太平洋岸で準備されていたのであり〔渡辺 1973：205〕、燕形銛頭の南下は専業化傾向の拡大ともいえる。アワビ捕りは縄文時代の東北ですでに交易の一環としておこなわれており、前項で検討した太平洋岸における燕形銛頭の系統関係の確かさを補強している。

　池子遺跡の漁撈活動　逗子市池子遺跡は逗子湾から2〜3km内陸に入った弥生Ⅳ期の農耕集落だが（図74-3）、そこからも燕形銛頭が出土している。

　この遺跡の魚類遺体を分析した樋泉岳二は、サメ類・カツオなど、相模湾沖での表層の外洋性回遊魚を対象にした漁撈が発達しており、回転式銛頭は、サメ類やカツオなどの外洋性漁業に用いられたと考えている。その一方、クロダイ・マダイ・ヒラメなどを対象にした内彎性沿岸漁業は不活発で、コイなどの内水面漁業はほとんどやっていなかったことが確認されており、外洋性魚種に特化した選択的な漁撈活動がおこなわれていた。

　樋泉によれば、漁撈活動の季節が水田稲作などの農繁期と重なっていることや、魚骨が遺跡のなかでかたよって出土することから、「漁労民と農耕民が、生業組織としてはそれぞれ独立した集団を保持しつつ、一つの集落内で共生系を成していた可能性」が指摘できるという〔樋泉 1999：336〕。農耕集落のなかに漁撈集団が存在するあり方は、三浦半島の海蝕洞穴と異なる農耕集団との共生形態といえよう。この遺跡からは大型の石錘も多量に出土しており、洞穴遺跡ではおこなっていなかった網魚が発達していた。

　農耕集団と漁撈集団の取り結ぶ関係　農耕集団と漁撈集団の共生があったとすれば、漁撈集団の出自が問題になる。果たしてこれら漁撈集団は農耕集団のなかから析出していったのか、部外者だったのか。都出比呂志は、漁撈集団が農業生産物を他の共同体にまったく依存していたか、一部依存であったかは、①製塩集団・漁業集団として自立し、農業生産物との交易関係を保っている、②農業集団のなかに取り込まれつつ、製塩・漁業に従事している、という差があり、これはその集団が、Ａ縄文時代以来の海浜集団のうち、農業に転換できなかったものから成立してくるか、Ｂ海浜に近い農業集団が自らの内部で漁業・製塩に従事するグループを析出させるか、の二つのコースの差である、とした〔都出 1968：134〕。

　前項において考察した三浦半島の海蝕洞穴における漁撈集団のあり方は、①である。松島湾周辺や平低地の沿岸集団も同様だろう。それに対して、池子遺跡の漁撈集団のあり方は②であり、農耕集落に寄留していた。池子遺跡の漁撈集団と海蝕洞穴のそれとの間には、前者がソウ

第II部　生業論

ダガツオ、メジマグロ、イナダなどを欠いている違いが指摘されている。池子の漁撈集団が雑魚は狙わず、もっぱらサメ、カツオなどの大物ねらいというリスクを背負った操業をおこなっていたのに対して、洞穴漁撈集団はマダイ、クロダイなども捕獲しているのは〔樋泉 1999：333〕、前者が農耕集団に寄留していたからなしえた選択であったろう。

　海蝕洞穴漁撈集団は、すでに弥生III期に北方系漁撈民の関与によって成立していたのに対して、池子はIV期の集落だから、海蝕洞穴の専業的漁撈集団の一部が池子で農耕集団に寄留するようになったものと思われる。したがって、海蝕洞穴の漁撈集団は台地の農耕集団からの分岐集団であるという岡本の見解とは逆に、海蝕洞穴からの別れが池子の漁撈集団であると理解すべきである[22]。

　それら漁撈集団の出自に関しては、農業に転換できなかったか否かは判断困難だが、漁撈具の系譜や漁撈具と捕獲対称動物との間に長い間にわたって築かれた相対関係などからみて、いずれも都出の言うAであり、農業集団のなかからこのように専門的な漁撈技術がにわかに出現したとは考えられない。Bについてはまた別系譜の漁撈集団のあり方が問題になるので、それを次に考えてみたい。

3　もう一つの弥生文化漁撈類型

海民的漁撈と農民的漁撈　渡辺誠は、農村型漁業という類型を設けた〔渡辺 1988：19〕。農村型漁業とは河川や湖沼ばかりでなく、水田や用水路で筌や簗を使う漁法を指す。大野左千夫もまた弥生時代の漁業を、農民漁業を特徴とすると理解した。農民漁業とは、釣漁法と刺突漁法に習熟した三浦半島の海蝕洞穴集団がおこなうような海民漁業に対して、錘の存在によって推測される地先海域を漁場とする網漁業をもっぱらとするものである。さらに、2〜5月の農閑期に操業するイイダコ漁や筌や簗など集落近傍の河川や沼などでおこなう受身的な漁法の発達も、その特徴とする〔大野 1992：19〕[23]。わかりやすいのだが、農民、海民という用語は規定的なので、農民的漁撈、海民的漁撈としておく。

　弥生中〜後期の愛知県清須市・名古屋市朝日遺跡ではコイ・フナ・ナマズ類といった淡水魚が出土した。環壕の底には簗が、大阪府東大阪市山賀遺跡、福岡県北九州市辻田遺跡では筌がしかけられており、大阪府池上曽根遺跡、静岡県浜松市角江遺跡などで出土したタモで、これらの淡水魚をすくい取ったものと思われる。要するにそれは罠漁である。

　弥生中期の愛知県豊橋市瓜郷遺跡の動物遺存体は、縄文時代の動物相とほとんどかわらない様相を示すという〔金子 1980b：114〕。これも、縄文系の漁撈なのか、農民的漁撈に縄文系の漁撈具が用いられた結果なのか、慎重に見極める必要があろう。

　大阪府池上曽根遺跡では、環壕の内部で漁撈具の分布が均質であることから、農耕とともに漁撈活動にも従事していたとされ、漁撈の専業性は認められないと言う〔秋山・後藤 1999：80〕。すなわち、池子遺跡のような専業的漁撈集団の存在は認めがたい。池上曽根遺跡を含む大阪府の海浜部集落で共通してみられる漁撈具が、タコ壺、石錘、土錘、タモ枠など、網漁と内水面

246

漁業を主体とするもので、縄文系の本格的な漁具を伴わないこともその傾向と関係する。

　兵庫県神戸市桜ヶ丘神岡5号銅鐸などに、水辺や田園の数々の生き物とともに描かれた漁撈風景は、水田に遡上して産卵する淡水魚を水路などで捕獲する内水面漁撈を背景に描かれたものである。水田の出現が、そうした水辺環境とそれを餌場とした動物、そしてそれを捕食した人々との関係を変化させた〔根木1991：98〕。弥生時代には水田開発によって形成された環境のなかに、漁撈の施設や漁場という生業活動の場そのものを取り込んでいく行為、すなわち他の生業を農業のなかに内部化すること〔安室1998〕が、近畿地方や濃尾平野など、巨大環壕集落を擁する低地帯に認められる。漁場が水田付近なので遠出する必要はなく、漁撈活動は農繁期でもおこなえ、高度な技術はいらないので分業の必要もない。そこには専業的な漁撈民は存在せず、農耕民が漁撈をおこなったのであろう。

　農民的漁撈の系譜　内水面漁撈は、画像石〔八幡1959：23〕や明器から推して弥生時代の大陸にも認められる。この漁法は縄文時代にもあったであろうが、水田とそれに関連する浅場水域が開発され、その結果としてそこが漁場として利用されるようになるということ、すなわち漁撈活動を農業という生業に内部化していったのは、縄文文化とは根本的に仕組みの違う漁撈活動として展開していったことを示す。

　そうした漁法は、たとえば大阪湾岸や濃尾平野の低地帯において水田稲作を推し進めた環壕集落という、大陸的な文化要素の強い集落にとくに顕著に認められる。したがって、その系譜については、弥生文化で自生したとみなす余地もあるが、農耕文化複合の一要素として大陸から伝えられた可能性が高いのではないだろうか。

第4節　東日本弥生文化における生業集団編成の性格

　農耕民的漁撈集団との差　東日本における弥生時代の生業集団編成のあり方は、西日本の低地部における環壕集落の弥生文化や縄文時代のそれと引き比べて、どのような特質をもっているのであろうか。

　池子遺跡の漁撈集団は海蝕洞穴の漁撈集団とは異なり、大型の石錘を利用した網漁をおこなっていた。規模の大きな網漁は縄文文化の伝統というよりは、網漁法を中心とする西日本の弥生文化からの影響とみるのが妥当であり、池子遺跡における異系統集団の編成には、農業の労働力確保とともに漁撈活動でも労働力を確保する役割があったと思われる。タモ網を用いた内水面漁撈も、西日本弥生文化の系譜であろう。

　しかし、池子遺跡の生業活動に西日本の弥生文化の特徴が認められる一方で、漁撈の操業方法の点では洞穴遺跡の漁撈集団と同じく縄文文化の伝統をよく残しており、漁撈専業集団の存在がうかがえる。こうした異系統集団の共生は、大阪湾沿岸などの水稲農耕集落のあり方と大いに異なっている。

　先述のように、大阪湾沿岸や濃尾平野の水田稲作を基盤にした環壕集落では農耕民的漁撈を

第Ⅱ部　生業論

おこなっており、漁撈専業集団の存在は希薄である。かりにそこに漁撈集団を認めたとしても、その出自を縄文系と断定することはできず、自立的な傾向も弱いと評価せざるをえない。それに対して、池子遺跡の漁撈集団や海蝕洞穴の漁撈集団は北方の漁撈集団に出自をもつ縄文的な色彩を濃厚にもち、ことに洞穴遺跡の漁撈集団は一年の内のかなりの期間をそこで過ごすような自立的傾向を示すことが、大きな違いである。すなわち、農耕集団と共生しつつも専業度を高めた漁撈集団の一定の自立性[24]が認められるのである。

　　縄文時代の漁撈との差　そうであれば、池子遺跡や三浦半島の海蝕洞穴などと、それ以前、すなわち縄文時代の漁撈活動に比重を置いた集落との性格の違いが問題になる。なぜならば、縄文後期以降の集落は、それぞれに個性的な特徴によって役割を分担し、ある種の社会的分業の単位として機能しているとの説があるからである。だが、そこにも違いを認めることができる。

　縄文時代の場合には、どのような貝塚でも寡多の違いはあれ、漁撈具ばかりでなく、磨石や石皿など植物加工の道具や石鏃など狩猟具も出土するのが一般的である。すなわち、基本を網羅的な生業戦略において、その上で役割分担をおこなっているわけで、特定の活動への特化の度合いが低い。これに対して、三浦半島の海蝕洞穴の漁撈集団は漁撈への専業度が高く、すでに縄文時代の漁撈集団からはその性格を大きく変化させていると言わざるをえない。

　しかしこの自立的傾向は、洞穴遺跡の文化要素のなかに、農耕集団から持ち込まれたさまざまなものがあることから、農業集団との共生において初めて可能なことであることは疑いなく、漁撈集団としての一定の自立性も交易活動などを通じた共生体系のなかで保たれていた。これもまた、弥生文化の漁撈集団が、縄文時代のそれと大きく異なる質的展開を遂げていたことを示すものであって、渡辺誠が指摘するように、縄文時代の伝統を再編成して専業化が進んだことが弥生時代における漁業の特徴の一つであると言えよう〔渡辺 1988：19〕。

　　異系統文化の関与　平低地や仙台平野周辺では農耕という生業体系を基軸にした集団と伝統的な漁撈集団という、生業の違いによる集団が専門性の度合いを強めて分化しつつも互いに依存し合う共生関係を結んだ。三浦半島においては、北方系の漁撈文化の関与のもとに在来の集団を基盤として成立した漁撈集団が、台地上や内陸の農耕集落と共生関係を結んでいった。このように、生業集団の編成が在来の集団にとっては異文化集団の関与によってなされているところに、東日本初期農耕文化の生業集団編成の特色がある。一方では縄文系の漁撈文化が色濃い北海道と連絡し、一方では本格的な農耕文化と連絡する東西の接点である関東地方やいわき地方、仙台湾周辺で、弥生中期中葉〜後葉という社会変動が顕著な時期により強くこうした現象が生じていることは、注目に値する。

　近畿地方など西日本でも、三重県鳥羽市白浜遺跡にみられるように場所によっては縄文系の漁撈集団が一定の自立性をもっており、専業的な漁撈集団が農耕集団と分離して、後の海人集団へ移行していく要素を多分にもっている。北部九州地方や山陰地方[25]にもそうした自立的な漁撈集団が認められる〔下條 1989a〕。相対的に自立した漁撈民と農耕民との共生関係は東日本だけに認められるわけではなく、縄文系の漁撈集団が農耕集団との共生によって専業度を高め

ていくのは、東西を問わず弥生時代における生業集団編成の一つのあり方である。そうした生業編成は、水田稲作を主たる生業とし、農民的漁撈をおこなう環壕集落の生業編成との間に大きな差がある、というのが適切であろう。

第5節　結論

北方系漁撈文化の南下　三浦半島の海蝕洞穴の燕形銛頭を取り上げ、とくに側面索孔が100％を占めるという型式学的特徴などから、それが磐城海域や松島湾からの影響によることを、土器の移動や生業の内容とも絡めて論じた。

　この三つの地域は、5～20km程の範囲のなかに農耕集落と洞穴や貝塚といった漁撈集落をもつ。松島湾や平低地では、縄文晩期から貝塚が引き続き営まれ、縄文晩期終末の大洞A式期に洞穴の利用が始まるが、弥生前期以降、内陸に農耕集落が出現し展開すると、それらの間に共生関係が結ばれていったようである[26]。三浦半島の海蝕洞穴利用の開始は、こうした東北中、南部の太平洋沿岸漁撈民の関与によっている可能性が高いが、それは燕形銛頭を伝えたような漁撈民の渡海活動にとどまるものではなく、内陸の農耕集団との間に築いた共生関係も合わせもつ体系的な行動の結果であったことが、三地域に共通した遺跡配置や生業、農耕集団とのかかわり方から窺うことができる。

　松島湾や磐城海域における弥生時代の漁撈集団は、漁撈や製塩活動など直接縄文時代の生業活動を継承しているから、三浦半島の海蝕洞穴の漁撈集団は関東地方からみれば北方に展開した縄文系の漁撈文化を受け入れて成立したわけである。そもそも回転式銛頭は世界的にみて北方系の暴れる海獣や大型漁の表層漁撈に用いられたものである。燕形銛頭は、黒潮と寒流のぶつかる所で開窩回転式銛頭が採用されて成立したのであり、生態系に応じて選択されて形成された汎用性の高い漁具である。したがって、三浦半島の漁撈文化は大・中型魚ではサメとカツオ、カジキという暖海性の魚類に特化しているものの、それは環境的要因などによって選択されたものであり、本質的には北方系漁撈の色彩を帯びた文化と言ってよい。東日本における弥生時代漁撈集団の成立に北方系文化の様相を色濃くもつ集団が関与していたことは、東日本の弥生文化が西日本からの影響によって成立する、という図式がこれまでとくに強調されていた点に再考を促すものである[27]。

弥生文化がもつ多様性の背景　三浦半島の海蝕洞穴の漁撈集団は、専業性の強い漁撈活動をおこなっている。弥生時代には平野に大規模な農耕集落がいくつも出現したことによって山と海が分断され、狩猟の比重が急速に低下することにより、漁業が専門的に発達したという指摘〔甲元 1983：23・1992、渡辺 1988：20〕は、弥生時代の漁撈集団専業化の要因を考えるうえで重要である。

　本章ではその専業性の高さが、一つには農耕集団と交易などを通じて相互依存するようになる共生の結果であることを論じた。農耕集団との共生の仕方にも、洞穴民のように一定の相対

第Ⅱ部　生業論

的自立性を保っている場合と、池子遺跡のように農業集団のなかに取り込まれるような形で寄留している場合がある。後者の場合、農業集団にとっては、農耕とともに漁撈活動においても網漁などの労働力を確保する効果を含んでいたであろう。

　弥生時代の漁撈には、こうした縄文系の漁撈文化が自立性を保ちつつ農耕文化と共生している海民的漁撈を中心とする漁撈文化類型と、完全に農耕のなかに内部化された漁撈活動をおこなっている農耕民的漁撈文化の二類型があることを、先学の業績を踏まえて論じた。農耕民的漁撈は農耕民自らの漁撈であり、そのなかに外洋漁業などの専門的な技術をもつ本格的な漁撈集団は存在していなかった可能性がある。この点こそが、海民的漁撈を主軸とした東日本に顕著な弥生時代生業集団編成との大きな差である。

　農耕民的漁撈の系譜的追究は今後の課題とせざるをえないが、大陸起源であるとすれば、そうした漁法と縄文文化とのかかわりは希薄であるとすることができよう。これに対して、内陸の農耕集団と沿岸の漁撈集団が相互に依存関係を結んでいく生業集団編成のあり方は、縄文文化の弥生的変容ととらえることができる。したがって、弥生文化における生業集団編成にも、大陸に起源をもつ文化と縄文系文化とのかかわりの強弱や有無によって、異なる類型が生じていると指摘できる。東日本の弥生時代の漁撈文化には、もちろん縄文時代からの技術の継承はあるが、農耕集団との共生というコミュニティーの変化、それによってもたらされた生業の特化や文化変容をおこなって生活様式の変化を経験しているのであり、それをたんに伝統という一言ですますことはできない。それぞれの文化要素や文化複合の由来や変化の様子を、現象面にとどまらずその性格にまで踏み込んで、より深く掘り下げていくことが求められよう。

　相対的に自立した漁撈集団と農耕集団の共生は、あらかじめ漁撈文化を内在させていた可能性の高い西日本環壕集落の生業集団編成と根本的に異なる。とはいえ、西日本にも至る所に海民的漁撈集団が認められるし、東日本の農耕集団にも、西日本の弥生文化の影響によって、網漁などの農耕民的漁撈を積極的におこなうようになるものもある。

　このように、弥生時代の漁撈集団の編成方法は、縄文系の漁撈文化という伝統やそれぞれの地域の環境や生態系に応じた操業形態、大陸系の弥生文化に内在する農耕文化と漁撈文化などに規定され、あるいはそれら異文化が交流するなかで、多様に展開していった。このような伝統と新来の文化の複合性、それによる伝統の変容は、漁撈活動ばかりでなくさまざまな文化要素にもうかがえる。弥生文化が地域によって個性が豊かな理由の一端は、そうした文化の多様性にあるのであろう。

　　註
1　→は、原典にあたれなかった左側の文献の引用を右側に示した記号。
2　部分名称については、おもに〔長谷部 1926a〕、〔清野 1944〕、〔佐藤 1953→1983：350〕および馬目順一の名称を参考にし、採用したものの別称を（　）で示した。
3　福島県いわき市寺脇貝塚を標識とする「寺脇型」閉窩式銛頭は、索溝など燕形銛頭との関係は深いものの、三つの尾（距）がそれぞれ同じ長さなので、長谷部の定義に照らせば燕形銛頭に加えることはできない。閉窩式銛頭はすべて燕形銛頭であるとは言えず、閉窩式に寺脇型と燕形があるとみるべきだろう。

250

第 9 章　側面索孔燕形銛頭考

4　馬目順一は、燕形銛頭を刃溝と索孔の方向の組み合わせで四つに分類した。これは銛先の獲物への貫入時にかかる抵抗の加わり方による分類で、本章でも基本的にそれにならう。すなわち、－1 型は馬目順一の縄文類型、－2 型は弥生類型、＋2 型は続縄文類型、＋1 型はアイヌ類型である〔馬目 1983：211〕。ただし、三浦半島の海蝕洞穴の燕形銛頭は－2 型と＋2 型が半々であり、続縄文文化でも偏らないので（表12）、－2 型、＋2 型だけを弥生類型、続縄文類型とするわけにはいかない。

5　一方で、銛はすべて命中度合いで回転機能をもつから、形態のみからでは回転式か否かは決めがたい、という意見もある〔金子 1984：93〕。トンプソンは、索孔の位置によっては鉤引き式銛頭も回転式銛頭のような運動をおこなう場合がみられるとする〔Thompson, 1954：193-211→山浦 1980b：12〕。

6　例示された銛頭の長さは 6 cm である。縄文時代末期の銛頭 49 例の大きさを計測した佐藤達夫によると、全長は 5 cm から 13 cm に及び、6 cm は小さいほうである〔佐藤 1953→1983：355〕。

7　江坂輝弥による「縄文時代における漁労技術の変遷」と題した、1960 年の日本考古学会例会における発表。キテの使用方法をアイヌの漁撈活動にもとづいて分析した名取武光によると、アザラシ、オットセイ、クジラのように皮膚が強靭な獲物は銛頭が体内で回転して引っ張られた時に、側面積が小さくても皮膚が破れる心配がないが、メカジキのような柔らかな皮膚をもつ魚類は体内に突入することが容易な反面、筋肉や皮膚が破れる恐れがあるので、側面積が大きくなければならないという〔名取 1972：194-195〕。燕形銛頭の多用がマグロ漁の活発化と相関関係にある、という説に都合がよい。

8　実際に燕形銛頭には、腹面下部の索孔周辺が破損したものが多く、民族例によりその破損が中柄の回転によることが確かめられている〔甲野 1941：244〕。図72-14 の大浦山洞穴例も、その一つである。穿孔しかけて途中でやめている孔は、腹部側に偏って穿たれており、そのままでは抵抗によって腹部から壊れることが必至であったために新たに中央よりに穿ったのである。抵抗が銛体にかかる力と孔との関係を充分意識してデザインがおこなわれたことを知ることのできる例である。

9　佐藤達夫はこのほかに、おそらく〔赤星 1952〕を参照して「また洞」出土としているが〔佐藤 1953→1983：357〕、これは間口洞穴のことである。

10　図72-2 は索溝が幅広く平坦で、体部と段をなして削られており、尾部側面が軽く湾曲し、尾部背面に稜をもち、尾部の先が尖り、中央の尾部がやや長いといった点に、擦文文化の開窩回転式銛頭との類似性がうかがえる。

11　本章で使う伝播の概念は、たんに物が移動して伝わるだけでなく、情報の伝播や文化人類学でいう、刺激伝播といった概念を含む。

12　関東地方の縄文晩期にも、イノシシ牙製の鏃は見つかっているが、弥生時代との間に断絶がある。間口洞穴出土燕形銛頭の一点（図72-8）の刃溝下端とサメ歯製鏃（図72-6）の下端をそろえると、お互いの目釘孔の位置と大きさが一致する。この例は偶然の一致かもしれないが、サメ歯製の鏃やアワビ貝製の鏃が弓矢以外に燕形銛頭の銛先であった可能性のあることを示しており、この技法が伝播して、在地の素材で継承されたことを考えさせる。

13　すでに指摘したように、この土器は恵山系と言ってよいか、問題も含んでいる〔設楽 2003a：39〕。

14　33 例のうち、開窩銛頭の可能性が考えられるものおよびオホーツク文化のものは表12 では省いた。

15　南川Ⅲ群は、青森県の田舎館式の新しい段階、Ⅳ群は念仏間式に併行し、それぞれ弥生Ⅲ期、Ⅳ期に併行する。

16　小畑弘己の著した『シベリア先史考古学』にも燕形銛頭は見当たらない〔小畑 2001〕。

17　回転銛頭が、銛頭の製作技術だけでなくさまざまな装備を伴う複合性という点で発達した技術をもつことは、〔山浦 1980b〕を参照されたい。

18　燕形銛頭の出現に関しては、縄文前期初頭の宮城県柴田町上川名貝塚例〔馬目 1983：216-217〕、前期中葉の宮城県七ヶ浜町大木囲貝塚例〔佐藤 1953→1983：352-353〕、あるいは前期後半の宮城県東松島市川下響貝塚例〔馬目 1983：216-217〕など、縄文前期からの系統的発展を考える案と、中期後半に石巻・松島湾で出現した南境型などいわゆる古式離頭銛からの発達を考える〔渡辺 1973：169〕二案があるが、最近別の案として北海道の縄文後期の船泊型開窩式銛頭に燕形銛頭を受け入れる地盤ができていた可能性が示唆されている〔富田 2004：27〕。

　　馬目らのあげた縄文前・中期の燕形の祖形になるという銛頭は実例が少なく、燕形との間をつなぐのに資料不足の点は否めない。沼津型と燕形の間に系統的連続性は見出しがたい〔安斎 1997：65〕。この点については、山浦清が早く指摘している〔山浦 1974：10〕。有孔有茎銛頭の南境型離頭銛には回転性があるだろうが、南境型の体部が伸びて鉤が複数になった沼津型は鉤引式であり〔種市 1998：5〕、むしろ回転性

第Ⅱ部　生業論

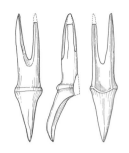

図75　船泊型開窩回転式銛頭
北海道船泊遺跡出土（長さ約10.5 cm）

は南境式に比べて劣っているようである。
　船泊型は図75から明らかなように刃溝をつけるため体部が厚く、側面が燕形銛頭によく似た形態であり、時期的にも接点をもつ。しかし、燕形銛頭は閉窩であるのに対して船泊型は開窩であるのが決定的な違いである。長谷部は燕形銛頭が開窩銛頭から生まれたと考えたが〔長谷部 1926a：143-144〕、甲野勇や佐藤達夫は開窩から閉窩への変化については、過渡的なものがないことを理由に、長谷部案を退けた〔甲野 1947：87、佐藤 1952：342〕。船泊型は刃溝をもつのに対して、初期の燕形は素体であることも、大きな違いである。このように、いずれの案も問題を含んでいるが、馬目案が資料不足とはいえ今のところもっとも説得力があると考える。
　ただし、船泊型が間接的に影響を及ぼしていた可能性も捨てがたい。というのは、縄文晩期の岩手県陸前高田市籔沢貝塚に刃溝をもつ開窩式銛頭が現れること〔金子 1980a：118〕、燕形銛頭の尾の発達が、開窩式の影響の可能性があること〔山浦 1980a：5〕、晩期の磐城海域における燕形銛頭に認められる索溝が、北海道方面の抉りが入った開窩式銛頭と関係すること〔金子 1980a：118〕などが指摘されているからである。逆に、北海道上磯町久根別遺跡の大洞C_2式の開窩式銛頭は三尾であることから燕形銛頭との関係が考えられており〔金子 1980a：116〕、北海道方面での開窩式銛頭と燕形銛頭の接点もなくはない。船泊型開窩式銛頭は分布が礼文島にほぼ限られるなど、地理的に閉窩銛頭との接触も考えにくいのが難点であったが、噴火湾の虻田町入江貝塚から16点出土し〔大島ほか 1994：49-53〕、この点はやや解消された。起源問題はおいておくとしても、縄文晩期に北海道と本州太平洋岸で相互交渉があった可能性は考慮しておく必要があるだろう。

19　雨崎洞穴からは燕形銛頭が出土しており注目される。弥生中期中葉なのかそれ以降なのか、はっきりしなかったが、報告書の刊行により、弥生中期前半であることが明らかになった〔赤星直忠博士文化財資料館・雨崎洞穴刊行会編 2015〕。

20　一方、雨崎洞穴と海外第一洞穴は、ともにイノシシとニホンジカの骨や角が多く出土し、未成品もあって、洞穴で解体処理をおこなっていたことが推測されている〔剣持 1996：62〕。必ずしも洞穴すべてにわたり獣骨の出土が少ないわけではない。

21　東京湾東岸でも同じような現象が認められる。千葉県市川市木戸口貝塚の弥生中期中葉の池上式の竪穴住居に残された貝塚を分析した鈴木正博は、出土土器に伊豆地方の大里東式や北関東地方の野沢2式など異系統土器が含まれていることから、弥生時代におけるある種の貝塚の専業的な性格と非定着性を踏まえて、漁撈資源を供給する集団と理解した〔鈴木正博 2000b：37〕。

22　これに対して神沢は洞穴遺跡が墓地として利用されていることから、たんに台地上の集落民の季節的利用とは考えられないとし〔神沢 1979：47〕、剣持は漁期が農繁期と重なり、海蝕洞穴の人々が銛や釣針を中心とするのに対して、台地上のそれは網漁法であるという漁法の違いから、両者は別集団とみなすなど〔剣持 1996：64〕、この問題をめぐっては議論がある。

23　弥生時代のこうした漁法については、〔根木ほか 1992、高橋 1996〕などを参照されたい。

24　小林行雄が弥生時代漁撈集団を「独立の傾向」があるととらえたことに対して、山浦が批判しているが〔山浦 2001：16〕、ここでいう自立性は独立性とは異なる。農耕集団と漁撈集団の関係については、山浦論文を参照されたい。

25　鳥取市青谷上寺地遺跡など。青谷上寺地遺跡では長崎県壱岐市原の辻遺跡例と同様な特異な形態の銛頭が出土しており、原の辻遺跡例と恵山型銛頭との関係が議論されている〔山浦 1999〕。島根県雲南市加茂岩倉遺跡や青谷上寺地遺跡では、銅鐸や土器にウミガメやサメのような動物絵画が描かれ、近畿系文物にこの地域の特性が織り込まれており、興味深い〔設楽 2003b：122〕。北部九州地方や山陰地方の弥生時代の海民的漁撈については、樋泉岳二氏の御教示を得た。

26　佐藤達夫が指摘しているように、弥生時代以降の燕形銛頭がいずれも洞穴遺跡から出土しているのは、偶然ではない〔佐藤 1953→1983：358〕。

27　弥生時代に先立つ北方系文化の南下の問題、とくに大洞C_2・A式期の意義については、〔鈴木正博 1998〕が示唆的である。

第10章　動物に対する儀礼の変化

は じ め に

　考古学の役割の一つは、遺跡から出土した遺構（施設の跡）や遺物から、当時の人々の生活を推測することにある。土器の製作技術の復元など、物質から直接読み取ることのできる情報にもとづく物質文化の研究が、考古学の得意とする分野である。これに対して、思想や宗教など人々の考え方、つまり精神生活を推測するのは、あまり得意ではない。文字のない時代にあっては、物質資料から当時の人々の思想を直接読み取ることはできないからである。しかし、遺構にしろ遺物にしろ、人々はある考えにもとづいてそれらをつくり使ったはずだから、形而上学的な側面を推測していく手がかりは、やはり物質資料のなかに存在しているに違いない。

　縄文時代の貝塚はたんなるごみ捨て場ではなく、当時の人々の食料、すなわち動物などに対する考えが反映しているという意見がある。動物の骨が、規則的に配置されて出土する場合があるからである。縄文時代には、イヌが猟犬として飼われていた。イヌの骨は貝塚からバラバラになった状態で出土することはまれで、ていねいに埋葬された場合が多い。イノシシが飼育されていたのではないか、という説もあるが、それはイノシシの遺骨の出土状況にもとづいている。非貝塚地帯でも、獣骨が出土する場合がある。多くは焼けた骨になっており、祭祀的行為の結果と考えられている。このような動物の遺骨の出土状況を分析することによって、縄文時代の動物観に接近する方法がある。

　弥生時代の遺跡からも動物の骨が出土する場合があるが、縄文時代の動物骨との種別の割合を比較して、そこに何らかの違いが見出すことができれば、縄文時代と弥生時代の動物に対する扱い方の違いに迫ることが期待できよう。

　縄文時代には、粘土や石で偶像をつくることが一般化した。ヒトの形象としては、土偶がよく知られている。動物も粘土でつくられた。なかには特徴をよくとらえており、ある程度動物の種類を特定できる例がある。土器の表面に粘土を貼りつけて、動物意匠を装飾としたものもある。また、動物の骨や角を用いて装身具などにしている。縄文時代の動物観に接近する方法の一つは、このような動物の造形品や動物の骨でつくった造形品にもとづく。

　弥生時代になると立体的な造形品は少なくなり、土器や銅鐸の表面に線刻で描かれるようになる。弥生時代の動物観の考察は、絵画が有力な素材となる。

　本章は、動物骨と造形品という二つの素材からの分析を基本とし、そのなかにいくつかのトピックスを設けて、縄文時代と弥生時代の動物観に迫り、その違いに焦点をあてることにした

253

第Ⅱ部　生業論

い。ただ、動物がからむさまざまな儀礼的痕跡や遺物の役割が、狩猟儀礼であったのか、通過儀礼であったのか、あるいは葬送儀礼であったのか、細部にわたって明らかにできる事例はきわめて乏しいといわざるをえず、推理を働かせても解き明かすことができない場合が多い〔西本1983：52〕。そこで、何らかの形で動物が関与した儀礼を、ここでは「動物儀礼」と包括しておく。

第1節　縄文人の動物観

1　動物儀礼の痕跡

縄文人と貝塚　貝塚はたんなるごみ捨て場ではなく、当時の人々の動物に対する考えが反映している場であるという意見に触れた。その根拠として、貝塚から動物の骨が規則的な配列をもって出土することが指摘されている。

　西本豊弘は、貝塚と出土遺物から縄文時代の人々の思惟を探る時の研究者のスタンスには、①貝塚の存在そのものが儀礼的行為の結果であると考える場合、②貝塚や遺跡内で少し動物骨がまとまって出土したのを儀礼的配置と考える場合、③動物の頭蓋が何らかの人為的加工をされたり、配石などの遺構を伴って明らかに人為的配慮が加えられていると認める時に儀礼に伴うと考える場合、の3通りがあるとした〔西本 1983：36〕。西本は、③の立場に立つ。

　貝塚における動物骨の人為的な配列例として、しばしば取り上げられる北海道釧路市東釧路貝塚のイルカの頭蓋骨は、③の条件を満たす好例である。イルカの頭蓋骨を6個ほど、口を中心に向けて放射状に配列している。縄文前期の例である。イルカが一つの場所に寄り集まることを願った配列だ、という解釈はともかく、食料残滓をたんに棄てただけではこのような出土の仕方はしない。イルカの骨が大量に出土した縄文前期の石川県能登町真脇遺跡では、骨の間から、彫刻を施した大きな柱状木製品が出土した。動物骨とのかかわりという場の状況からすれば、狩猟儀礼の精神的シンボルであったと考えてよい。福島県いわき市大畑貝塚の縄文中期の貝層では、大型のアワビを選んで敷きつめており、報告者は「アワビ送り」の存在を示唆している。

　大畑貝塚の場合、儀礼の対象はアワビであったが、地域や遺跡あるいは時期によって対象は異なる。縄文晩期の福島県いわき市薄磯貝塚では、シカとイノシシの送り行為があったことが指摘されている。同様に、カキにも特殊な扱いが認められる場合があるという。前田潮は関東地方の縄文前期における廃絶された竪穴住居の床面にカキが敷きつめられている状況を複数例あげ、大畑貝塚の大型アワビの扱いに類似していると指摘した〔前田 1983：75-76〕。小池裕子は千葉県松戸市幸田貝塚における廃屋内貝層堆積の季節推定をおこない、掘り込みの深い407号住居跡では春の後半から貝の堆積が始まり、その年の秋の後半に終わったことをつきとめた〔小池 1981〕。この結果から、前田は掘り込みの深い竪穴住居が北方狩猟民にみられる「冬の家」である可能性を考え、貝殻の投棄を冬の家を去るにあたっての送りの行為とする面白い考えを述べている。

254

写真5　土坑埋土に堆積した貝殻（千葉県松戸市下水遺跡）

　縄文時代の人々が、食料残滓としての貝殻をたんなるごみとして処理する現代人的感覚をもっていなかった証拠として、次のような事例がある。千葉県松戸市下水遺跡からは、縄文後期前半の土坑が多数発見されている〔峰村 2004〕。そのうちのいくつかには堆積土中に貝が投棄されている。そのなかに、ラグビーボール状の堆積を認めることができる（写真5）。網のようなものにくるんで投棄した結果である。関東地方の貝塚には、同じような例が散見される。食料残滓の貝殻をなにも網にくるんで棄てなくともよさそうなくらいの丁寧さである。縄文時代の人々が貝殻に特別な想いを抱いていた可能性、あるいは「送り」に類するような行為を物語る一例といえよう。

　獣骨を焼く儀礼　動物の骨を焼いて、配石遺構などに撒いたり埋めたりする儀礼についても、送りという視点からその役割が論じられている。獣骨を焼く儀礼は、縄文前期の長野県域で発生し、縄文後〜晩期に関東、東北地方の内陸各地に広まった動物儀礼の代表例である。高山純は、焼けた獣骨に対して、アイヌ民族のイヨマンテ―物送り―と同様の役割を考えた〔高山 1976・1977：65-67〕。

　焼獣骨が内陸で縄文後〜晩期に顕著になるのは、狩猟が縄文後〜晩期に活発化したことと関係がある。したがって、焼獣骨は動物儀礼のなかでも狩猟儀礼とのかかわりを推測させる。

　獣骨を焼くのは、動物の再生を願うためという説がまず思い浮かぶ。ところが、民族学で火葬に下された解釈は、遺体の徹底的な破壊である。縄文時代の基本的な信仰体系がアニミズムであるという立場にたてば、人々はシカやイノシシなどの動物にも霊魂の存在を認めているわけで、動物がよみがえって人間に災いをもたらさないようにするため、骨の徹底的な破壊をおこなったとみることも可能である。そうした説によれば、動物骨を焼く行為は再生祈願説とは逆に、動物の再生迷奔を防ぐための措置であったことになる。

　この問題を解く手がかりを、人骨を焼く儀礼に求めてみよう。人骨を焼く儀礼は縄文後期〜

第Ⅱ部　生業論

弥生時代に中部高地地方を中心に発達したが、その場合、焼人骨にしばしば焼獣骨が伴う。弥生時代の関東・南東北地方では、遺体をいったん骨にして、再び葬る再葬が発達した。弥生時代の再葬は、遺骨の破壊をおこなう一方、壺に骨の一部を納めて保存している。つまり、一方で再生を願い、他方で再生を恐れるという一見矛盾した思惟がその背後に推測できるのである。

　20世紀初頭、人類学者のロベール・エルツは、カリマンタンのダヤク族における再葬制の分析を通じて、死の習俗や観念を時間的な儀礼の過程のなかに探ろうとした。エルツは、この葬儀の過程に、①「肉体的な死」を出発点として、②遺体の腐敗が進んでいる「中間の時期」、③骨化が完了する「最終の儀式」の3つの段階があることを予見する。②の期間、死者の霊魂は生活空間にとどまって生者をおびやかすため、生者はそれに対応して喪に服すように危機的な状況下にある。しかし、その状態を脱して③の儀式である洗骨を経て納骨をおこなうことで死者は他界に安住し、生者は日常生活に戻れる、ととらえた。つまり、葬儀の過程が、死とその直後→中間の段階→最終の儀式の3段階からなっている、というのだ。ファン・ヘネップは、そうした儀礼を通過儀礼としてとらえなおし、さまざまな通過儀礼を比較して、そこに共通する3段階の過程を、分離→過渡→統合と整理した。

　エルツの分析で明らかなように、死霊は不安定な長い時期を過ごしており、その間が人に災いをなす危機的な期間なのである。人間の再葬制においては、骨化に要する長い期間にさまざまな儀礼がおこなわれて祖先への統合に多大な注意が払われるが、それは分離・過渡の期間における慎重な死霊慰撫の手続きを示しているのであって、相反するようにみえる行為も決して矛盾ではない。つまり、焼骨葬は完全な死を遂げさせるための通過儀礼とみなすことができる。動物の場合も、再生への願いが根源的にあり、そこに至る期間、すなわち言ってみれば確実な死をとげて浄化されるまでの間に、人への災いを防ぐため獣骨を焼く儀礼がおこなわれたのであろう。

2　動物の飼育・狩猟と儀礼

　イヌと縄文人　縄文時代にイヌが存在していたことは、E・S・モースが東京都品川区・大田区にある大森貝塚の発掘調査で明らかにしたことであったが、飼育されていた可能性については、長谷部言人が食用としての飼育を論じたのが最初である〔長谷部1921〕。その後、長谷部によって縄文時代のイヌは埋葬された可能性が指摘され〔長谷部1925〕、その用途が狩猟の補助、すなわち猟犬であったことは山内清男が提唱して〔山内1942〕、定説となった。この説は、イヌが成人男性の埋葬区や埋葬人骨に伴う例が圧倒的に多いことから支持しうる。

　一方、女性の埋葬人骨にイヌの埋葬が伴う場合のあることに注意を向けた山田康弘は、宮城県気仙沼市前浜貝塚における16歳程度の経産婦の頭部にイヌがかぶせられていた例や、女性を中心とした十数体もの人骨を一つにまとめた集骨をとりまいてイヌが埋葬されている愛知県田原市伊川津貝塚の例などから、縄文時代のイヌが女性にかかわる呪術的な役割をもっていたことを示唆している〔山田1997a：44-47〕。縄文犬＝猟犬という固定観念に再考を促した。

256

イノシシの飼育と儀礼　北海道島の縄文時代の遺跡からイノシシの骨が出土することは、そう珍しいことではない。これらが自生していたのか、それとも本州地方から持ち込まれたのか、さらにそれらが飼育されていたのかをめぐっては、議論がある。直良信夫は戦前、北海道室蘭市本輪西貝塚の発掘調査によって得られたイノシシの骨から、それらいくつかの可能性の検討を促した〔直良 1939〕。

　加藤晋平は縄文時代にイノシシの自然分布範囲を越えて東北地方や北海道島、あるいは離島からイノシシの骨が出土することに注目し、幼児と同様にイノシシの幼獣の埋葬された例が縄文前・中期から存在すること、それらには頭骨を欠いた例が多いことから、供犠に利用されたと考える。さらに後期になると、飼育による歯溝の単化という家畜種とみられるほどの変形が認められるという。イノシシ形土製品は縄文後・晩期に増加し、北海道函館市日ノ浜遺跡から出土したウリボウの土製品のように津軽海峡を越えて存在するようになる。以上より、縄文前期にはイノシシの半飼育が始まり、後期には交配や去勢も含めた飼育の段階に達した、という仮説を発表した〔加藤 1980〕。

　これに対して西本豊弘は、北海道島における縄文時代のイノシシは若獣が少ない点と、日ノ浜遺跡のウリボウ形土製品も幼獣の持ち込みと解釈できることから加藤説に疑問を呈した。北海道島の先史時代でイノシシが出土するのは縄文後期から続縄文期に限られるので、自生は考えられず、本土から持ち込まれたものと考えた〔西本 1985：146〕。さらに乙部町三ツ谷貝塚のイノシシの部位を調べ、頭骨に大きなウェイトがおかれていることを明らかにし、千歳市ママチ遺跡や白老町社台１遺跡などで埋葬に伴う場合のあることから、頭骨を中心としたイノシシの持ち込みの理由として埋葬儀礼を考えた。本州地方では、縄文晩期の山梨県北杜市金生遺跡などでイノシシの幼獣の下顎骨を焼く儀礼が報告されており、北海道島におけるイノシシの普及を、そうした儀礼の広まりの結果ととらえたのである〔西本 1985：146–149〕。ただし、本州では遺跡による差はあるものの、若幼獣が多い傾向が指摘できる遺跡もあり、あるいは幼獣が儀礼に使われる例もあるので、飼育の存在は否定できない、とも述べている〔西本 1985：149–150〕。

　加藤は、縄文前・中期は動物儀礼のための飼育であり、それが後・晩期になると食用重視へと大きく変化していく方向を考えている。しかし、金生遺跡の事例は晩期だが、幼獣骨を用いた儀礼を盛んにおこなっている様子がうかがえる。あるいは動物飼育の円滑化を側面から支えた儀礼であったかもしれないので、それをもって加藤の理解を否定するに至らないのは西本の指摘どおりである。いずれにしても狩猟、飼育を問わず、そこに動物儀礼が伴っていたことを重視しておきたい。

装身具にみる動物儀礼　縄文時代の人々は採集狩猟民であるだけに、動物の骨や牙、角などを装身具にした。しばしば見つかるのは、牙のついた下顎骨や牙そのものに孔をあけた装身具である。滋賀県大津市石山貝塚や長野県北相木村栃原岩陰遺跡から出土したツキノワグマの牙に孔をあけた飾りのように、すでに縄文早期にみることができる。その後、晩期に至るまでクマのほかにもオオカミやイノシシ、イヌ、あるいはアシカやゴンドウクジラなどの歯牙、牙のつ

257

第Ⅱ部　生業論

いた下顎骨に孔をあけたペンダントが盛んにつくられた。近代の狩猟をなりわいとした狩人も
オオカミやクマの牙がついた下顎骨に孔をあけ、煙草入れや印籠の根付にして下げた。山の神
あるいはその眷族であり、狩人にとって畏敬の対象でもあるそれらの動物の一部、とくに牙に
狩猟にかかわる呪力を見出していたことは明らかで、縄文時代の人々が下げたペンダントの用
途を推測する手がかりとなっている。

　かれらは、シカの角にも呪力を見出していた。木の枝のように股分かれしたシカの角は、釣
針や銛など漁撈具の素材に利用されるばかりでなく、呪具の素材としても多用された。シカの
角に孔をあけてつくった腰飾りがその代表例である。岡山県笠岡市津雲貝塚では鉤形の鹿角製
品が、大正期に人骨の腰の付近から発見されたために、腰飾りであることが早くからわかって
いた。腰飾りは縄文中期にあらわれて、後〜晩期に発達したが、ほとんどが男性人骨に伴うの
で、男性がおもに使用した呪具であった。春成秀爾はこれを集成して研究し、シカの角に特有の
Y字形、鉤形の形態に意味があり、魂を引っ掛けて身にとどめておくための目的があったと
している〔春成 1985b：53〕。男性特有の装身具であることからすれば、狩猟という危険に身をさ
らす生活のなかで、自らの魂が容易に獣や悪霊にもっていかれないようにしていたのであろう。

　サメの歯に孔をあけてペンダントや耳飾りにすることにも、同じような意義があったのだろ
う。日本列島から出土したサメの歯の加工品は、北海道域から沖縄県域まで50遺跡以上にも
及び、縄文早期に始まり、後・晩期に増加する〔長沼 1984〕。孔をあけたサメの歯は、福岡県
芦屋町山鹿貝塚から出土した女性人骨の耳飾りに使用されていたが、この女性は胸に硬玉製大
珠を下げ、腕に貝輪を多数はめた、特殊な身分の者であった。内陸から出土することや民族例
から、サメの力を帯びた呪術的な装身具としての役割が各地へと普及したことがわかる。

　新潟県佐渡市堂の貝塚の縄文中期の人骨は、壮〜熟年の男性で、頭の脇に13本もの石鏃が
束ねて副葬され、胸にイタチザメと考えられるサメ歯製のペンダントをしていた。腕のよい狩
人だったのだろう。サメの歯の装身具は、山鹿貝塚例のような呪術者の装身具の場合もあれば、
「猟者のトロフィー」〔金子 1982〕としての性格をもつ場合もあったであろう。

3　造形品からみた縄文人の動物観

再生とアニミズム的世界観　土器などに動物を表現することは、およそ5500年前、縄文前期後
半に始まる。この時期の関東地方から中部高地地方では、波を打った口縁が大きく開く深鉢形
土器がつくられたが、その波頂部にしばしば動物の頭が表現された。吊り上がった眼とブタの
ような鼻から、イノシシを表現したとみて間違いない。およそ5000年前の縄文中期になると、
長野県域など中部高地地方では、装飾性豊かな土器が多数つくられた。そこにはしばしば、動
物の装飾が認められる。イノシシ、ヘビ、カエルが主要なモチーフである。縄文土器の装飾は、
呪術的な意味をもっていた。

　まずイノシシであるが、縄文前期から中期を通じて土器の口縁部の装飾である把手として立
体的にアレンジされた。縄文中期の土器の口縁部についた同じような装飾としては、ヒトの顔

面把手が知られる。顔面把手の顔は、土偶と同じ表現である。土偶は基本的に成熟した女性を
かたどったものだから、顔面把手も母性を表現したとみてよい。土器は煮炊きによって、生の
食料を食べられるものへと加工する役割をもつ。つまり、土器はあらたなものを生み出す力が
あると信じられた。女性が子どもを産む機能をもつ意味では、ヒトの生産と直結する。イノシ
シは、縄文時代において肉獣の最右翼であったと同時に、他の生物にくらべて多産で生命力が
強いことが特別視された。土器という生産機能をもつ器にイノシシを表現し、その生命力を吹
き込んだのも、多産―豊饒―の意義をイノシシに見出した結果であろう。

　カエルやヘビは変態や脱皮する。脱皮したヘビの抜け殻は、死体であり、脱皮後の生命体は
新たに産まれた姿とみなしうる。そうした自然の姿を目のあたりにした縄文時代の人々の思想
の底流には、死んで生まれ変わるという再生観があったのではないだろうか。縄文時代の後半
に発達した抜歯儀礼は、成人式などにおこなわれた通過儀礼である。これは死に匹敵する痛み
を伴う儀礼を経て、大人社会すなわち違う社会に属する人格として生まれかわる再生の儀礼と
いってもよい。底部内面にトカゲのような生物を貼りつけた土器が、縄文後期の東北地方に広
く分布している。これらを観察した井上洋一は、尾が断ち切られたように表現されていること
に気づき、トカゲが再生の象徴として貼付されたのではないかと考えている[1]。ものを生み出
す土器の内面に表現されているのも、意味深長である。

　はじめは具象的に表現されていた動物像も、土器づくりが伝承されていくなかで、本来の意
味を失い、抽象化された装飾や、得体のしれない想像上の動物へと変化していった。たとえば、
ヘビがカエルをとらえた姿をリアルに表現した土器がある。その後に登場した土器では、カエ
ルとヘビは分離し、カエルの眼は巨大化して突起となった。その突起が身体から離れて把手に
なり、それにかわって頭がついて、やがてカメのようなヒトのような表現が生まれた (図76)。
あたかも精霊の誕生のストーリーを追っているようであり、縄文時代の人々が動物に抱いた神
秘的な感情を映し出している。

　図77は、装飾のついた棒状の石製品である。長さ30cm程で、重さはおよそ1kgである。
飛騨地方で出土したらしい。先端は本体から段差をもってふくらみ、牙のあるイノシシの頭部
を表現している。逆の末端はややふくらんですっぽ抜けないようにしているところをみると、
この石器は重い頭部で何かに打撃を加えるために用いた石槌であろう。

　岐阜県域の縄文晩期の遺跡からは、御物石器や石冠など、用途不明な石製品が数多く出土す
る。この石槌もその一種である。比較の対象として興味深いのは、19～20世紀初頭に採集さ
れたアメリカ北西海岸のネイティヴの人工物である。御物石器と瓜二つの石製品や、ズー・モ
フォロフィックとよばれる動物の顔を表現した石製品などがあるが、それらは木を切るために
楔を打ち込む際のかけやであるとか、簗づくりの杭を打ち込む槌として用いられた。したがっ
て、それらの石製品の一部には打撃でできた傷が観察される。

　伝飛騨地方の石鎚の頭部にそうした打撃痕はないが、北西海岸ネイティヴは、精霊がすむ恐
ろしい森に入って狩猟をする際、罠にかかった動物を殺すのに、入念に動物の彫刻が加えられ

第Ⅱ部 生業論

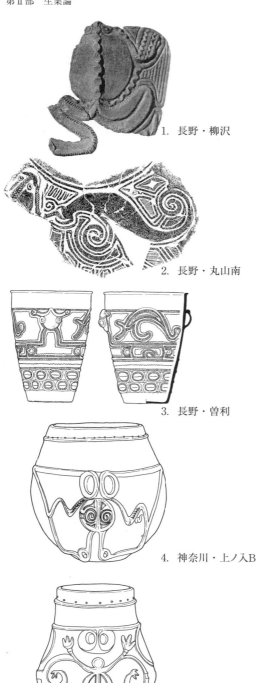

1. 長野・柳沢
2. 長野・丸山南
3. 長野・曽利
4. 神奈川・上ノ入B
5. 長野・藤内

図76 動物絵画の変遷 （縮尺不同）

た棍棒を用いるという。遡上したサケを捕獲し、息の根を止めるのに木製のサケ叩き棒を用いるが、それらにもちょうど伝飛騨地方の石鎚のような装飾が施される場合がある。呪的装飾があり、ある程度の重量があって、握りやすいこの石鎚も、そうした用途があったのではないだろうか〔設楽1998b〕。動物の装飾は、アニミズム的世界観の表現であり、自然界にすむ精霊やカミとヒトとの間を取り持つために必要であったのだろう。

サルと縄文人 サルは人間に近い動物で、縄文時代の人々もそれを意識していた形跡がある。宮城県丸森町岩ノ入遺跡からは、ひょっとこのような口をした土偶が出土している。類例は多く、東日本一円に広がる。人間をかたどったものかもしれないが、そうではない。埼玉県さいたま市真福寺貝塚の例は全体像がわかり、明らかに四足の動物である。尻だこが表現されているので、サルである。青森県弘前市十面沢遺跡出土のサル形土製品は、もっとも写実的にサルを表現したものである。尻だこと短い尾も、サルの特徴を上手に表現している。この表現が真福寺例や沼津貝塚例に受け継がれて四足の半身半獣が生まれた（写真6）。

十面沢遺跡例は、土偶でいえば屈折土偶に分類される。屈折土偶は足を90度ないし胸につくくらいまで折り曲げたもので、出産シーンすなわち座産を表現したとされている〔藤沼1997：83、吉本2000：65〕。藤森栄一は、縄文中期の同様なスタイルの土偶に対して、出産を表現したと早くに指摘した〔藤森1973：16〕。腕を後ろに回し、はちきれそうな下腹部から今にも子どもが出

第 10 章　動物に対する儀礼の変化

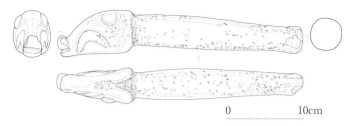

図 77　イノシシの装飾がついた石槌（伝岐阜県出土）

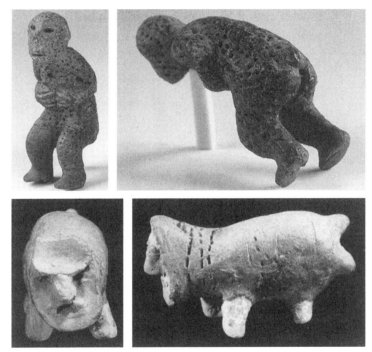

写真 6　サルをかたどった土製品（上：複製、青森県十面沢遺跡、下：宮城県沼津貝塚）

てきそうな屈折土偶もある。青森県南部町下比良遺跡の土偶は、同じ腕の形をした屈折土偶である（写真 7）。腕を後ろに回すのが出産時のポーズだったのだろう。下比良遺跡の土偶は、サルのような顔をしている。サルのような赤い顔が出産時に力む妊婦の姿態と同一視されたのではあるまいか〔小杉 2005〕。

　愛知県田原市吉胡貝塚では、埋葬人骨の耳部付近からサルの橈骨でつくった耳飾りが出土した。サルの橈骨製の耳飾りは岩手県から愛知県と比較的広い範囲に分布するが、計 9〜10 個見つかっているにすぎず、珍しい。また、それを装着していた人物の半数は、叉状研歯という前歯に刻みを入れた特殊な立場にある、限られた人物であった〔春成 1997：98〕。彼らがサルにこだわったのは、サルが老人によく似た、どこか人の祖先を思わせる特異な動物だったからではないかとされている〔春成 1997：98〕。そういえば、愛知県付近から出土する縄文晩期終末の

261

第Ⅱ部 生業論

写真7 サルに似た土製品（青森県下比良遺跡）

黥面土偶は、サルに似ている。黥、すなわち顔にイレズミを入れた土偶の仲間だが、サルの表情と融合したのかも知れない。愛知県田原市伊川津貝塚では1体分まとまってサルの骨が出土しており、橈骨製の耳飾りとあわせて、サルを特別視していたことをうかがわせる〔山内 1942：6〕。

サルは人に近い形相から、縄文時代に呪術的な役割を帯びた動物と考えられていたことがわかる。しかし、関東地方の縄文後・晩期の貝塚からはサルの骨が比較的頻繁に出土する。それは、サルが食料に供されていたことを物語っている。江戸期において、東日本と西日本のマタギの間では、サルの捕獲に対する意識が違っていたという。西日本はマタギが単独で山に入ることが多かったので、哲学的な瞑想状態になり、仕留めたあと赤い顔がサーッと青くなることを気味悪がって、あまり捕獲しなかった。これに対して集団猟をおこなう東日本のマタギは、団体行動の前にそのような思索にふける余地が与えられておらず、西日本のような観念は育たなかったとされる〔千葉 1975：80-82〕。縄文後・晩期の関東地方では、狩猟が大いに発達した。それは集団猟の発達をも促したのではないだろうか。

イノシシ形土製品の意味 縄文中期後半になると、土器につけられていた動物意匠は独立し、立体的な動物表現が生まれた。先に紹介したサルの土製品も含めて、動物形土製品と呼んでいる。動物形土製品は、とくに縄文後・晩期に盛んにつくられた。1996年の集計では、動物形土製品は174例あり、動物の種類の内訳と数は、イノシシ89、クマ9、サル9、トリ9、イヌ6、シカ3、カメ3、貝11、サカナ1、ウニ1、不明33である〔設楽 1996a：92〕。これらの種類は、動物の特徴をとらえて分類したものだが、とくに背中に逆立つミノ毛の表現によってイノシシと判明するものが圧倒的多数を占める[2]。

それでは、イノシシ形土製品は、なぜ数多くつくられたのだろうか。アメリカン・ネイティヴのズニ族は、狩猟に出かける前に動物像の背中に矢尻をくくりつけ、目標に命中させる祈願の狩猟儀礼をおこなっていたことが知られている〔甲野 1964：173-174〕。多摩ニュータウン南八王寺地区NO.17遺跡から出土した動物形土製品は、イノシシをかたどったものである。この遺跡は、丘陵上の緩斜面に立地している。発掘調査された面積は931 m²と狭いとはいえないのに、検出された遺構は縄文早期の炉跡のほかは陥し穴が15基にすぎない。また、遺物もイノシシ形土製品のほかには小さな土器片が5点出土したにすぎない。この遺跡は集落ではなく、狩猟場だったのではないだろうか。集落でもめったに見つかることのない動物形土製品があるということと、狩猟場という状況を重ね合わせれば、イノシシの狩猟の成就を祈願してこの土製品を陥し穴の傍らに置いた可能性を考えたくなる。イノシシ形土製品をはじめとする動

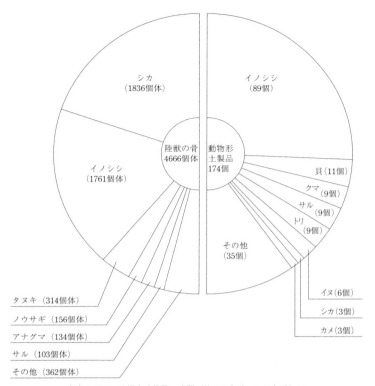

右半のグラフは縄文時代後・晩期（約4000年前～2400年前）の、日本全国から出土した動物形土製品の種類別個数の比較。左半のグラフ（西本1991aより作成）は縄文時代早期から晩期まで（約11500年前～2400年前）の、日本全国45遺跡から出土した骨による陸獣の種類別固体数の比率。

図78　縄文時代の狩猟動物と造形動物の種類の比率

物形土製品は、縄文後・晩期に増加する。この時期に狩猟が活発化することも、イノシシ形土製品が数を増した理由の一端を示している〔土肥 1985：55-56〕。

　しかし、狩猟儀礼ですべて割り切れるわけではない。図78は、1996年に集成した縄文時代の動物形土製品に、西本が調査した縄文時代の狩猟動物の比率〔西本1991a：128〕を加えた図である。この図をみると、イノシシが狩猟動物の筆頭であると同時に、ニホンジカもほぼ同じ割合で狩猟していることがわかる。しかし、シカをかたどった土製品はきわめてまれである。動物形土製品が狩猟儀礼の役割をもっていたとすれば、シカの土製品ももっと多くてしかるべきではないだろうか。これにはいくつかの理由が推測される。まず、牡シカの角が土製品としては表現しにくかった点と、シカの角で腰飾りなど各種の呪術的な道具がつくられたので、土製品にする必要はなかった点である。

　それよりもなお注目したいのは、イノシシとシカにみる生物学上の性格の違いである。イノシシは一度に8頭の子どもを産む場合があるのに対して、シカは少産である。また、イノシ

263

第Ⅱ部　生業論

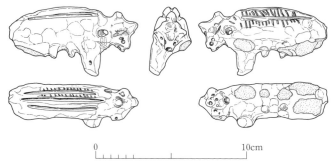

図79　乳房の表現があるイノシシ形土製品（栃木市後藤遺跡）

シは多少傷を負っても死なないのに対し、シカはわずかな傷により、あるいは驚かしただけで死んでしまうことすらある。つまり、イノシシはシカにくらべて圧倒的に多産で生命力が強いのであり、縄文時代の人々は、そこに豊饒のシンボルとしての価値を見出したのではないだろうか〔水野 1974〕。イノシシ形土製品には、青森県弘前市十腰内遺跡出土例のように土偶と同じような文様を施してリアルにつくられたものがある。生誕の象徴としての土偶と同じ機能がイノシシ形土製品に与えられていたのであろう。

　もう一点、イノシシ形土製品が狩猟儀礼以外の目的で多数つくられた背景として考えておかなくてはならないのが、先に触れたイノシシ飼育の問題である。

　栃木市後藤遺跡のイノシシ形土製品には、4個の乳房が表現されている（図79）。狩猟儀礼用につくられたのであれば、この表現は不要である。乳房の数も実際に近く表現しているのは、十腰内遺跡例と同様、確かな観察にもとづいたのであり、日常生活においてイノシシと接する機会が頻繁であったことを物語っているかのようである。縄文後期の土器や土偶のつくり手が女性であれば、イノシシ形土製品も女性によってつくられた可能性があり、観察者が女性であったことを推測させる。永峯光一は、女性がイノシシの特徴を明瞭に表現できたのは、幼獣の飼養が女性の役割だったからだと述べている〔永峯 1977：169〕。イノシシの飼育の問題はまだ決着がついていないが、これらイノシシ形土製品が語るところは、少なくとも縄文時代の人々がイノシシをたんなる狩猟動物としてとらえていたばかりではない点である。

第2節　弥生時代の動物観

1　農耕の祭りと動物

　社会を統合する重要な祭りは、生産にかかわるものであるとされる〔金関 1986：286〕。それを認めれば、農耕社会である弥生社会の中心をなす祭りは農耕の祭りということになる。

　遺物のなかで、儀礼に使われたと考えられるものはさまざまあるが、農耕儀礼となると、限られてくる。その双璧は銅鐸と土器であり、とくにそれらに描かれた絵画によって農耕儀礼とのかかわりが推察されてきた。そのことにもっとも早く注目したのは、森本六爾である。森本

第 10 章　動物に対する儀礼の変化

は藤森栄一が読み取った銅鐸絵画の農耕文化的色彩〔藤森 1933〕や、その母体となる直良信夫の分析〔直良 1933：114〕を踏まえ、銅鐸は「一種の儀礼的生活を営んだ農業民の銅器」であり、絵画自体が儀礼的意味をもつと述べた〔森本 1934d：71〕。春成秀爾は、1930 年代に提示されたこれらの考えは、小林行雄の総括〔小林行 1938：247-248〕を経て、戦後における銅鐸を用いた弥生農耕儀礼の理解〔小林行 1959a：51-53、佐原 1960：104、三品 1968〕の根幹をなしたと見通している〔春成 1987：1-3〕。小林や佐原真、あるいは三品彰英が弥生儀礼論の基軸にすえたのは銅鐸という考古資料であったが、儀礼の解釈に『古事記』や『日本書紀』、あるいは『風土記』など、日本の古典の記述を利用したのも大きな特徴であった。

　紀元前にさかのぼる事象の理解・解釈に、成立が 8 世紀に下る古典を用いることについては、賛否両論というよりむしろ、警戒感が強い。しかし、弥生時代の農耕儀礼を示す絵画と日本神話には、これから述べるようにさまざまな類似が認められる。弥生時代の農耕儀礼が、天皇の即位式である大嘗祭あるいは宮中でまつられる秋の収穫の儀式である新嘗祭のような天皇や首長が主宰する農耕祭祀として形を整えた王権儀礼に成長してくるまでには長い年月の経過とそれに伴うさまざまな政治的意図にもとづく付加的要素あるいは要素の脱落、変容などを考慮しなくてはならないことはもちろんであるが、それら神話のもとになる要素が、弥生時代に何らかの形で醸成されつつあったとみなすのは、荒唐無稽とはいえない。その類似が意味のあるものであるとすれば、日本神話にあらわれる農耕儀礼的要素は現代に通じているものが多いので、近・現代の民俗例も弥生時代の農耕儀礼の参照枠として有効だということになる。

　考古学を主体としてこの問題を明らかにしようとする限り、優先されるのは考古学的資料にもとづく分析と解釈であることは言うまでもなく、銅鐸や土器などに描かれた絵画を集成して分析し、一つの器物に描かれた絵画の組み合わせのなかから約束事などを見出していくことが、絵画の意味や意図を考えるうえで基本的な作業となる。しかし、考古学的資料だけで宗教的内実を理解するのは不可能であるという状況が現実的にはある〔ルロワ＝グーラン 1985：2-9〕。

　そこで、『古事記』・『日本書紀』・『風土記』など日本神話、古典の記述や民俗例を、理解や解釈の補助あるいは構造の類似を比較する材料として、考古学的資料との間に矛盾がないか否かという照らし合わせの作業をおこないながら、支障のない限り利用すべきである。こうした制約つきで他分野の成果を利用することは考古学の放棄にはならないであろうし、実際にそうした方向で研究が進められ、ゆたかな弥生時代の農耕儀礼が描き出されている。それは、同時代の日本列島外における同時代の文献資料の利用についてもあてはまることである。

2　絵画と鳥形木製品からみた弥生時代の農耕儀礼

銅鐸・弥生土器絵画の画題　春成秀爾が 1989 年に集成したところによれば、銅鐸に描いた絵画の数は、上位からシカ 135 頭（32.9 ％）、人物 59 人（15.2 ％）、魚 40 匹（10.3 ％）、鳥 27 羽（6.9 ％）、イノシシ 23 頭（5.9 ％）である。建物はわずか 2 棟（0.5 ％）にすぎない〔春成 1991a：445〕。動物のうち、魚とイノシシは一つの銅鐸に数多く描いたものがあり、それが比率を押し上げてい

265

第Ⅱ部　生業論

るので、動物絵画のある銅鐸の数として圧倒的なのは、シカ（63.4 ％）と鳥（43.9 ％）を描いたものとされる。イノシシを描いた銅鐸の数は、4 個（9.8 ％）にすぎない。

　弥生土器の絵画では、シカ 88 頭（41.1 ％）、建物 46 棟（21.5 ％）、人物 26 人（12.1 ％）、龍 14 匹（6.5 ％）、鳥 13 羽（6.1 ％）である。イノシシはわずか 1 頭（0.5 ％）にすぎない〔春成 1991b：453〕。

　その後、橋本裕行が集成した弥生土器絵画の画題数は、上位からシカ 105 頭、建物 50 棟、人物 26 人、鳥 20 羽、龍 16 匹である。人物の数を除けば、いずれも 7 年間で類例が増えているが、順位は変わらず、いくら弥生絵画土器の出土例が増えようとも、シカが画題のもっとも重要な位置を占めるのは変わらない、と橋本はいう〔橋本 1996：16〕。

　地霊としてのシカ　銅鐸・弥生土器ともにシカがもっとも多く描かれる。シカの特別視はいつ、どのようにして始まったのだろうか。

　前節で明らかにしたように、縄文時代の動物形土製品は、イノシシが約半数を占め、突出している。縄文人が利用した陸獣はイノシシとシカが双璧だが、シカは土製品としてほとんどつくられていない。縄文人は多産で生命力の強いイノシシを、ヒトの再生産の象徴である土偶に通じる儀礼の対象として重視した結果である。

　逆に、弥生時代にはイノシシが絵画の画題の下位に転落し、首位をシカに譲った。また、銅鐸や弥生土器のシカの絵画には、素手でシカの角をつかむ狩人や、矢を受けても倒れもせずに立っているシカが描かれており、佐原〔佐原 1973：48-49〕や春成〔春成 1991a：448・486-473〕、井上洋一〔井上 1990：33-34〕はその奇異さに注目し、『豊後国風土記』大分郡頸ノ峰の条に、田を荒らすシカが人にとらえられた時に田を荒らさない誓いを立てて降伏した記事を参考に、実際の狩猟の風景ではなく、すぐれて神話的な表現とみなした。これは、古代史の分野で早くこの記事に注目して、播種祭におけるシカの供犠に関する説話であるとした横田健一の理解〔横田 1951：78〕を受けたものであった。

　イノシシからシカへと象徴体系が変化したのが縄文時代から弥生時代への移行に伴うものであれば、その背景を考えるうえで農業の始まりという生産の変化が生じていることに注目しないわけにはいかない。なぜ、農業の始まりとともにイノシシからシカへと象徴体系が変化したのか。古代における農業とシカの深いかかわりは、ニホンジカとイネの成長のアナロジーによって説明されている。ニホンジカの発情の季節は、稲穂が実を結ぶ 10、11 月である。ニホンジカの出産期は 5 月で、それは稲種が苗代で発芽再生する季節である。4 歳以後枝分かれした角をもつようになるが、角は初夏のころやわらかい鹿茸を生じ、夏の間に成長し、初冬～厳冬に脱落する。このように、イネとシカの生命のサイクルは見事に一致している〔岡田 1988：139、野本 1966：53-54〕。

　仁徳陵を築こうとする際、飛び出してきて死んだシカの耳からモズが飛び出した『日本書紀』の説話から、小林行雄は古代にシカは天皇に服従する土地の精霊とみなされていたと考え〔小林行 1959a：5-6〕、『播磨国風土記』讃容郡の条にある、シカをとらえて腹を裂き、その血にイ

266

第10章　動物に対する儀礼の変化

ネを浸して蒔いたところ、一夜にして苗が生えたという記述もまた、シカの地霊としての象徴性を反映したものとして、弥生時代のシカの性格を考える一助にされてきた〔佐原 1973：48-49、井上 1990：

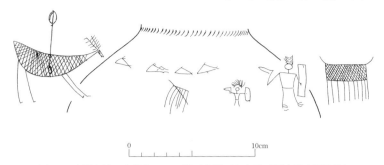

図 80　武器を持つ人物とシカの絵画土器（奈良県天理市清水風遺跡）

34-35、春成 1991a：469-471〕。イネとシカの角の成長が同一視されたことからすれば、角の母体となるシカの体が土地と同一視されたこと、そしてシカが地霊として信仰の対象になったことは合理的に理解できよう。

　奈良県天理市清水風遺跡の盾と戈をもつ人物絵画のうち、大型の方は足を大きく描いている（図80）。三品彰英は『日本書紀』の記述から、地を踏み鳴らすのが大地の神霊を鎮め和める呪儀であると考え〔三品 1968：369〕、早くに古代史の側からこの問題に取り組んだ。辰巳和弘は5世紀の京都市黄金塚2号墳の埴輪に描かれた人物像の足が太く大きく描かれていることから、現在でもおこなわれている反閇（へんばい）という地霊に働きかける悪霊退散の儀礼をそこに見出した〔辰巳 2004：370-372〕。清水風遺跡の人物の足も、地面を踏みしだき活性化させる儀礼にかかわる強調表現とみてよい。この人物がシカに対峙してその害を諫めようとしている、という桑原久男の理解〔桑原 1997：77-78〕が妥当であれば、その姿態はシカのもつ地霊としての役割を活性化させる儀礼を示すものとみなすことができよう。

　鳥装の人物と鳥形木製品　弥生時代の人物絵画には、頭飾りの表現がよくみられる。鳥取県米子市稲吉角田遺跡から出土した舟をこぐ人物の頭飾りは頭よりも大きく描いており、重要な装身表現だったことをうかがわせる（図81）。頭飾りは、中国の青銅器や画像石に描いた羽根を生やした羽人（鳥人）に表現されているところから、鳥装の一種だとされている。島根県松江市西川津遺跡から、頭頂部に隆起帯状の装飾のある人頭のついた土器が出土している（図131-2）。稲吉角田遺跡例のような、頭飾りを立体的に表現したものと思われる。奈良県田原本町唐古・鍵遺跡から出土した鶏形土製品や、大阪府八尾市亀井北遺跡の鳥形木製品は頭に同じような隆起帯があるので、西川津遺跡例は鳥の羽冠ないしは鶏冠を表現した可能性は高い。

　鳥は銅鐸・土器の絵画の題材として、ともに上位を占める。弥生時代にシカと同じく鳥に対する信仰があったとすれば、羽人はその信仰を表現する祭りをつかさどる人物だったろう。清水風遺跡の土器には3人の人物が描かれているが、羽人はひときわ大きい。祭りの中心人物であり、鳥装の司祭者―シャマン―と考えられている〔甲元 2004：251〕。シカを胸に描いており、地霊とのかかわりが推察される。奈良県田原本町唐古・鍵遺跡出土土器に描かれた性器を露出した羽人からすると、鳥の羽を肩につけた人物は女性であった。

267

第Ⅱ部　生業論

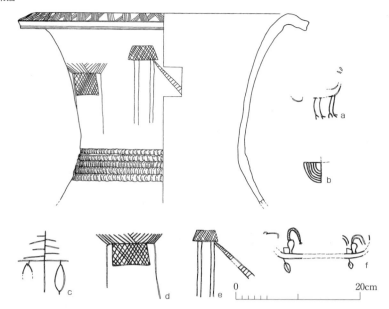

図81　農耕儀礼の絵画土器（鳥取県米子市稲吉角田遺跡）

　弥生時代に出現した祭祀的性格をもつ木製品として、鳥形木製品がある。弥生前期中葉に出現し、佐賀県域から静岡県域に至る広い範囲に普及したもので、2003年時点で12遺跡で20余例が発見されていたが〔金関 2003：663〕、石川県小松市八日市地方遺跡から大量に出土したこともあって、現在はおよそ90例に増加した。佐賀県の例は置くタイプだが、それ以外は腹部にほぞ穴を穿っている例が多く、棒の先に取りつけた木製品である。金関恕は朝鮮半島の歴史学、民俗学的知見から、弥生時代の鳥形木製品の起源が朝鮮半島にあることを指摘し、日本の古典の記述とあわせてその意義を論じた〔金関 1975・1976・1982a・1982b・1984・1986 ほか〕。そのなかで鳥形木製品は木偶と密接な関係にあることが類推されている。詳細は金関の一連の論文に譲り、要点だけを述べておく。
　杆頭に木彫りの鳥をつけて立てる習俗が、現代の朝鮮半島から東アジアに広く分布することは、秋葉隆などが類例を渉猟して確かめており、それがしばしば男女一対の木偶とセットになることも述べている〔秋葉 1954：147-154〕。地方によってさまざまだが、鳥杆は蘇塗―（솟대）ソッテ（sottai）あるいは水殺杆―スサルテー（susal-tai）、木偶は長生標―（장승）チャンスン（chun-sung）と呼ばれることが多い。
　問題はこの習俗がどこまでさかのぼるかだが、『魏書』東夷伝馬韓の条に「蘇塗」を立てるという記載があり、金関は孫晋泰の説〔孫 1932：248-250〕を引いて、蘇塗がソッテすなわち鳥杆であろうとし、この習俗が3世紀にさかのぼる可能性を考えた。さらに韓国大田市付近発見とされる無文土器時代の青銅製小板に描いた樹上の鳥の図柄から、蘇塗には鳥がつけられていた可能性を補強するとともに、朝鮮半島ではこの習俗が紀元前にまでさかのぼるであろうと

推測した〔金関恕 1976：217-219〕。

　馬韓の条における蘇塗は、この国でおこなわれていた民間の祭りを記した文脈のなかで語られているので、その習俗自体が祭りと深くかかわっていることは容易に推察できる。5月に種を蒔き、10月に収穫するという記載や、馬韓の地理的位置と当時の生産形態から、金関はその祭りが稲作に伴うもの[3]とする〔金関 1982b：72-73〕。

　鳥と農耕儀礼　鳥は弥生時代の農耕儀礼のなかでどのような役割を担っていたのだろうか。このことに早く触れたのは、佐原真である。佐原は日本神話のなかで神の使者・霊を運ぶものとして、鳥が大きな役割を果たしているとみなした〔佐原 1973：51〕。春成は鳥形木製品と土器や銅鐸の鳥の絵画を分析し、弥生時代においても稲魂の到来と逃亡のモチーフが春から秋に至る稲作の儀礼に認められるとした。すなわち、稲吉角田遺跡の土器絵画にみられる鳥装の人物が船を漕いで鳥を迎えにいき、祭場には鳥を招くための高い柱の祠が建てられ、鳥の依り代である鳥形木製品が納められた。そして、鳥の姿をとって帰ってきた稲魂は逃亡しないように、袈裟襷文や鋸歯文、あるいは辟邪視文の描かれた銅鐸に繋ぎとめられた、と理解して〔春成 1987：21-22〕、金関が提示した、弥生時代の鳥が穀霊運搬者であったとの見解〔金関 1985：15〕に裏づけを加えた。

　佐原や春成が鳥に穀霊運搬者としての役割があると認めたのは、『豊後国風土記』や『山城国風土記』逸文にある、餅を的にして矢を射たところ、餅は白鳥になって飛び去ってしまったという説話によっているが、それは大林太良による穂落とし神話の研究を参照したうえでのことである。大林は、鳥が穂を落としたところに穀物が稔るという、世界中に広がるいわゆる穂落とし神話を渉猟し、穂落神のモチーフの本質は、鳥が穀物ことに稲を人間世界にもたらした稲作起源神話であることをつきとめた。『日本書紀』の出雲神話に登場するさざきの羽を衣にして船にのって海上にあらわれたスクナヒコナを穂落神と認め、穂落神の伝承は古く『記・紀』の時代にまでさかのぼり、西日本へは水稲耕作とともに伝来したと推測したのである〔大林 1964：211〕。

　男女像と鳥形木製品とのかかわり　鳥形木製品と並んで縄文時代に系譜を求めることのできない弥生時代の木製品が、木偶である。木偶については第17章で述べるので、ここでは鳥形木製品とのかかわりについて論じておきたい。ただし、この関係性を考える時に問題にしなくてはならないのが、木偶が男女一対の姿をとることである。

　三品彰英は、朝鮮半島や東南アジアの文献や民族誌を博捜し、収穫を出産とみなして穀霊が憑依した稲米を嬰児と考え、出誕の前提条件として母稲と父稲の結婚と母稲の妊娠が儀礼行為によって表現される場合が多々あることを論じた〔三品 1973：82-87〕。

　『日向国風土記』逸文に瑞穂の国の稲穂を成熟させる稲魂・穀霊として天下ったヒコホノニニギが真床追衾に包まれた誕生したばかりの嬰児の姿をとって描かれており、日本列島における稲作神話の根幹にも穀祖と穀童という人間の再生産構造と稲の誕生のアナロジーが認められるところに三品の探索の出発点があったように〔三品 1973：31-36〕、この問題の原点は弥生時代

第Ⅱ部　生業論

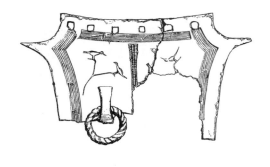

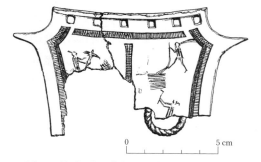

図82　絵画のある青銅小板（伝韓国大田付近）

の木偶が男女一対をなすことにさかのぼり、さらには縄文時代の土偶の性格との差にまで問題は波及する。

　縄文時代の土偶はすべて女性像というわけではないが明確に男性をかたどったものがほとんどない。土偶が基本的に女性をかたどった呪具であったのに対して、男性を象徴化した呪具は男根を表現した石棒であった。縄文時代の基本的な生業は狩猟・漁撈と植物・貝類の採集活動である。したがって、縄文時代の労働や儀礼という生活の根幹部分での集団活動は、性別に編成されていたと考えられる。

　これに対して、農業は男女の協業的な営みである。農業の個別的労働では男女別分業が貫徹していたであろうが、協業によって収穫物をえるのは縄文時代の生業とは基本構造を異にする。縄文土偶から弥生木偶へ、すなわち女性像から男女像への変化は、農耕文化が作用していたと考えられる（第17章）。

　先述の韓国大田付近出土とされる青銅小板（図82）には、弥生時代の農耕儀礼を髣髴させる絵画がある。その絵画は頭飾りをつけた鳥装の司祭者が鍬と鋤で田や畠を耕し、種籾を納めたであろう壺をかたわらに置き、背面に描いた木には鳥がとまってそれを見守っている。播種儀礼を描いたのは明らかで、画題や絵画の特徴は弥生時代の絵画と重なっている。

　司祭者は男根を露出した男性であり、男性の活力が大地という女性格に働きかけている構図と理解すべきであろう。弥生時代には男根形木製品があり、大阪府和泉市・泉大津市池上曽根遺跡では4点とも溝から出土している。平安時代の『古語拾遺』には田に水を張るための溝の水口に男根形木製品を立て牛の肉を供える予祝儀礼が記述されている。これも水田という大地の女性格に男性が働きかける呪術であり、そうした儀礼は、弥生時代に朝鮮半島から日本列島にもたらされたのだろう。

　木偶が祖先の像であり、日本列島における農耕文化複合の親元である朝鮮半島に系譜が求められるという解釈が妥当なものであるとすれば、木偶は農耕儀礼と密接に結びついていたことが推測できる。鳥形木製品が同じような経緯で日本列島に導入され、木偶と親和性が強いことからすると、農耕儀礼に用いられたという意見がもっとも適切であろう。鳥の絵画が銅鐸に数多く認められるのも、銅鐸が農耕儀礼の道具であるという解釈を踏まえた時にさらに理解が深まるのである。そこで、銅鐸および土器におけるシカとトリを中心とした動物の位相を、春成

秀爾の研究にもとづいて整理しておきたい。

弥生絵画の季節的象徴性　春成が注目したのは、稲の生育から実りまでの一連の儀礼であった。いわば農事暦が土器や銅鐸に描かれているわけである。とくにシカの角の有無に注目し、銅鐸と土器では前者に角のないシカが圧倒的に多く（無角：有角＝131：7）、後者には角のあるシカが多い（有角：無角＝54：32）。春成は牡シカが角を生やしていない季節（初夏）が農事始めの重要な季節である事実と、風土記のシカにまつわる儀礼がその時期であることなどを根拠として、銅鐸のシカは初夏のシカを描き、角をもつシカを描いた土器の多くは、秋につくり秋の特別な時にのみ使用したと推定した〔春成　1991a：448-454・470〕。

銅鐸に描いた建物の絵画は2例しかない。菱環鈕2式の福井県坂井市井向2号鐸と扁平鈕式の伝香川銅鐸である。建物は、銅鐸絵画が盛行する時期にまったく描いていない。銅鐸に建物を描く約束は、基本的にはなかったのだろう。いずれにしても、銅鐸には穀倉としての建物の絵画がきわめて少ない一方、角のない春の牡シカを多く描くことなどから、銅鐸が春から初夏にかけての予祝儀礼に用いられた可能性は高い。

銅鐸に反して弥生土器には建物を数多く描く。土器に描いた建物絵画の多くは高床建物であり、秋に収穫された穀物を納めた倉庫と考えられている。これらには庇に渦巻きの表現をもつ例が多く、たんなる倉庫というよりは新穀を納めるような儀礼的性格の強い建物とみるべきであろう。それに伴って描いたシカは角をもつ秋の牡シカが多い。兵庫県太子町川島川床遺跡、大阪府茨木市東奈良遺跡、清水風遺跡の建物と一緒に描いたシカは、いずれも角のある秋の牡シカである。角をもつ牡シカや建物を描いた土器は壺が多く、それらは秋に収穫した稲籾を入れた収穫儀礼の性格を帯びた土器であった〔春成　1991a：472〕。

このように、銅鐸には春〜初夏の予祝儀礼が、土器には予祝儀礼に加えて秋の収穫儀礼が多く描かれた。日本の水稲栽培による稲作儀礼は、①予祝儀礼、②播種儀礼、③田植儀礼、④虫送りや雨乞いなどの呪術儀礼、⑤収穫儀礼という五つの要素からなる〔伊藤　1974：23〕。このうち播種と収穫の二度が、絶対的に重要な機会であり、日照りや水害、風外を避けるために栽培の途中でおこなう祭りなどは、明らかに二義的である〔小島　1999：42〕。弥生時代の絵画を代表する鳥とシカ、人物、建物には、穀霊と地霊を招き鎮め、そして収穫を祝うという象徴的役割が付与され、播種と収穫という農事暦における二つの大きな機会のそれぞれに用いられる代表的儀礼道具である銅鐸と土器に描かれたのである。

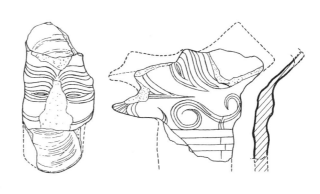

図83　龍をかたどった土器（岡山県倉敷市矢部遺跡）

第Ⅱ部 生業論

3 龍と井戸と雨乞い儀礼

龍の性格 岡山県倉敷市矢部遺跡から、粘土でつくった龍の頭（図83）が出土している〔春成2000：18〕。弥生後期の土器であるが、細く裂けた口、その周りや細い目を縁取る線、額の段といった特徴は、いずれも中国漢代の画像石に描いた龍の図像との共通性が指摘できる。画像石の龍の胴体はしばしばＳ字状にうねって表現されているが、矢部の龍はＳ字状の文様を描いている。この土製品が龍をかたどったものであることは間違いないだろう。頭部が残っているだけだが、中空で口が開口し、筒状の頭部も開口した容器の一部と考えられている。おそらく頭部から液体を入れて胴部にたくわえ、口から注いだのだろう。細い頸からすれば、壺形土器とみるのが妥当である。

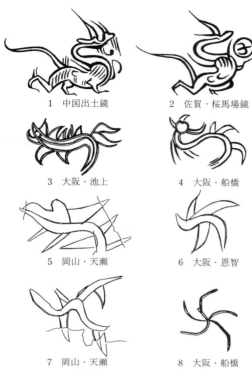

図84　龍の絵画の変化

2世紀に編纂された中国の辞書である『説文解字』には、龍は鱗のある動物の王であると書かれている〔東・許 1985：582〕。前2世紀の『淮南子』には、龍は霧を呼んで動き回り、雲に乗って空に上がる、あるいは春分に天に昇り、秋分に淵に潜む、という記述がある。さらにさかのぼる戦国時代の『山海経』には、白い龍が中国の南にいて、天上に帰れなくなったためにそこが日照りになった。そして日照りの時にはこの龍の似姿を土でつくると雨をもたらす、という記述がある。龍は戦国から漢代に、雨乞いの神として信仰されていた〔林巳 1993：46-47〕。

龍の意匠と弧帯文　弥生時代の龍のモチーフは、絵画として多数知られている。新の王莽鏡である方格規矩鏡の図像（図84-1）が、弥生時代の人々が知ることのできた龍のモチーフの原型である。佐賀県唐津市桜馬場遺跡から出土した方格規矩鏡の龍は、なかに鳥のいる太陽をモチーフとした玉を前脚で抱えて遊んでいる（図84-2）。おそらくこうした本場の龍のモチーフを模倣して土器の絵画に写したのであり、龍の絵画が中国からの影響が強まる弥生後期以降にあらわれることも素直に理解できる。

　もっとも原型に近い龍の絵画は、大阪府池上曽根遺跡の土器に描かれたものである（写真8）。原型の龍とこの絵画との対比については春成秀爾の解説〔春成 1991b：26〕に詳しいのでそれに譲るが、原型からの乖離が著しい一方、構成要素の原則はよくこれを模倣しているといえよう。この観点からすれば、大阪府八尾市八尾南遺跡の土器絵画も鰭や角、脚、尾を描いているので、

第 10 章 動物に対する儀礼の変化

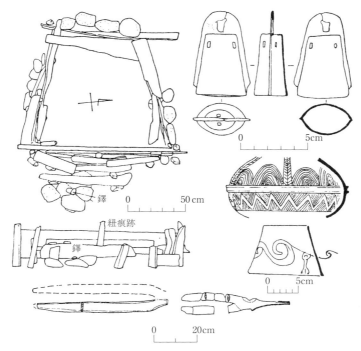

図 85　井戸とその出土遺物（岡山県真庭市下市瀬遺跡）

比較的原型に近いとみてよい。前脚付近にある円形の沈線文は、玉であろう。描き手は玉のもつ意味までは知らなくとも、龍にかかわる何が重要なものなのか、理解していた可能性がある。岡山県真庭市下市瀬遺跡から出土した高杯の脚部には、S字状の龍とそれを棒のようなもので操っている人物が描かれている（図85）。そのセット関係は、龍を操る人物を描いた画像石の絵画を彷彿させる。これも、龍がたんなる珍奇な絵画のモチーフとして理解されていたのではない証拠といえよう。

　龍となじみ深いものに璧がある。これは古代中国の経済のシンボルとしての宝器であり、璧の孔を龍がうねりながらもぐり絡み合う「交龍穿璧」というモチーフの漢代の画像石も知られている。あるいは複数の龍が絡みあい、胴部がS字状をなしたモチーフも多い（図86）。伏羲と女媧や蟠螭文などに象徴されるように、絡みあいわだかまる文様モチーフは深遠な中国の古代思想の表現形態である。日本列島でも福岡県糸島市三雲南小路遺跡などでガラス璧が出土している。

　弥生時代の絡みあう帯のモチーフといえば、吉備地方で発達した特殊器台などにみられる弧帯文が思い浮かぶ。春成は、弧帯文は龍をモチーフにしたのではないか、と推測している[4]。岡山県倉敷市楯築墳丘墓に置かれていた人面のついた弧帯石は、丸い輪をくぐりながら展開する帯で縛られたような装飾を全面に施している（図87）。人体をこのような帯でがんじがらめにして邪気を防いだ、という説があるが、中国には人首龍身を描いた画像石（図86）や漆器も

273

第Ⅱ部 生業論

写真8　井戸から出土した龍の絵のある土器複製品
（大阪府和泉市・泉大津市池上曽根遺跡）

知られているので、むしろそれとのかかわりを考えたい〔春成 2000：36-38〕。岡山市加茂A遺跡から出土した土器の絵画（写真9）は、体部に有軸羽状文をもちS字状の体部をもつ人首龍身を描いたものであった。中国河南省信陽から出土した漆器に描いた人首龍身は、龍と一体化した皇帝を表現したもので、権力とのつながりを考えさせる〔設楽 2005b：20〕。

　雨乞い儀礼と龍　弥生時代には、なぜ龍がこのように土器などに数多く描かれるようになったのだろうか。龍を描いた絵画資料の出土状況から、この問題を考えてみたい。

　先に取り上げた下市瀬遺跡の龍を描いた高杯は、井戸から出土した。池上曽根遺跡の龍を描いた長頸壺（写真8）も、やはり井戸から出土している。唐古遺跡から弥生後期の長頸壺など、壺を中心として土器が多量に投げ込まれていた井戸も検出されている。下市瀬遺跡の井戸枠の傍らから銅鐸が出土しているが、おそらく井戸を覆う屋根の軒先に吊るしていたのであろう（図85）。佐賀県千代田町詫田西分遺跡の井戸からも銅鐸形土製品が出土した。そこからは鳥形木製品も出土している。このように非日常的遺物が多く出土し、池上曽根遺跡のように大型化する場合もある弥生時代の井戸は、たんに飲料水の供給という機能だけではなく、祭りの対象や施設になっていたことを推測することができる。

274

第 10 章 動物に対する儀礼の変化

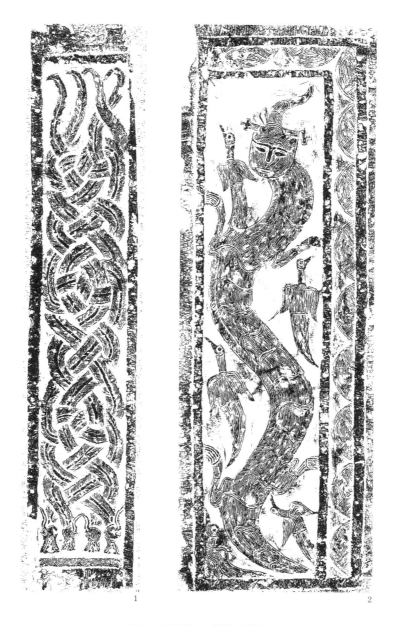

図 86 龍を描いた漢代の画像石

　先述のように、銅鐸は農耕儀礼にかかわる道具であった。鳥形木製品は、それを立てること
で鳥があの世とこの世を往還し、祖霊や穀霊をこの世へともたらすと信じられていた。また、
農業の成立から定着に向けて壺形土器がその比率を増していくのは、黴や湿気、虫を嫌う穀物
の貯蔵に適した形態の土器の発達として世界各地の一般法則であり、弥生文化にもあてはまる。
したがって、こうした遺物を出土する井戸をめぐる儀礼の本質は、水田稲作の農耕儀礼であっ

275

第Ⅱ部　生業論

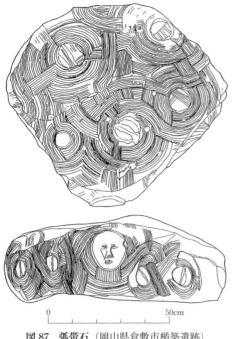

図87　弧帯石（岡山県倉敷市楯築遺跡）

写真9　人頭龍身の絵画土器（岡山市加茂遺跡）

たとみなしてよい。井戸はいうまでもなく水にかかわる施設であり、水が農耕にとって不可欠な要素であることが、井戸に農耕儀礼的要素を付加させた一つの理由であろう。

　龍を描いた土器は、ほとんどが破片となって何の変哲もない遺跡の一画から出土する場合が多い。しかし、池上曽根遺跡など数は少ないが井戸から出土する事例があることに注目しないわけにはいかない。そして長頸壺など、壺形土器に描かれることが多いことも注目させられる。そこで中国での龍の性格を振り返った時、水にかかわる空想状の生物であることや、日照りの時に雨乞いの対象になっていたことが重要な事実として浮かび上がってくる。『山海経』に記された土龍であるが、矢部遺跡の龍をかたどった壺は、農耕儀礼にかかわる聖なる水を貯蔵した土龍に類する遺物と考えてよいのではないだろうか。

　東和幸は、鹿児島県域における龍の絵画を描いた土器を分析し、弥生後期にこの地域に頻繁に起こる洪水との関係から、龍の絵画が導入されたのではないかと推測している〔東2006：344-347〕。中国で龍は日照りの際に雨乞い儀礼に用いられたと同時に、鱗をもつ生物の王としておそらく水を制御する役割も期待されたと考えられる。弥生後期は寒冷湿潤化という気候変動によって、各地で洪水が多発した。弥生中期の大集落解体の一因とも考えられている洪水を制御することを、龍の絵画を描いた器物にたくした可能性は考えられてよい。

　中国で龍は皇帝と交わり人首龍身というモチーフが生まれたように、権威のシンボルでもあった。吉備地方で首長クラスの墳丘墓にしか認められない特殊器台や弧帯石に、龍のモチーフが導入されたのも権力とのかかわりという点を指摘しないわけにはいかない。このことは、水という農業の根幹をなす原資とそれを管理する役割も、古墳時代前夜になると首長層に集中していった可能性を示唆する。

第3節　縄文時代と弥生時代の動物儀礼

　縄文時代と弥生時代の動物に対する儀礼的な行為をそれぞれ叙述してきた。最後にそれを摘要し、その違いを明らかにしたうえで、違いが生み出された背景を推測してみたい。

　縄文後期の土器に、弓矢をつがえた先に動物を貼りつけた文様をもつものがある。動物はクマだとされており、これなどは明らかに狩猟を対象とした儀礼の存在を物語っている。縄文晩期になって、とくに東北地方でクマの土製品が増えるようになるのも、飼育動物とは考えられないから手強い狩猟の対象として、なかば畏敬の念を込めて製作されたことが推測できる。写実的につくられたものが多いのは、狩猟の対象の特性を熟知して、それを立体的にとらえる必要からのことであろう。

　しかし、縄文時代の動物形土製品の製作目的は狩猟儀礼のためばかりではない。縄文時代の動物形土製品でもっとも好まれて造形の対象になったのは、イノシシである。狩猟動物の双璧の一つであるシカが造形の対象として振るわないのは、狩猟成就以外の目的をイノシシ形土製品がもっていた一つの証拠である。本章ではその目的を、母体に見立てた土器の口縁に母親の顔を表現した顔面把手と同じ部位にイノシシが表現されることや、乳房をもつイノシシの土製品の存在などから、子どもの誕生や生育という場面で生命力が増強されることに期待を込めた呪術・儀礼に求めた。

　縄文時代の人々の動物に対する思惟は、E・B・タイラーが提唱したアニミズムの観念によってもっともよく理解することができよう。山梨県笛吹市上黒駒遺跡のヤマネコと人が合体したかのような土偶は、それを端的に物語る。しかし、そのようなステレオタイプの思想、あるいはたんに採集狩猟文化＝狩猟儀礼というだけで縄文文化の動物観を説明することはできない。狩猟の対象として、生命観の象徴として動物に対する観念は多様であり、また複雑化したものであったことをうかがわせるに充分である。その背景には、イヌばかりでなくイノシシにもその可能性が指摘されている動物飼育の存在に象徴されるような、単純な採集狩猟文化の枠組みにおさまらない問題を含んでいる。これは、縄文文化が採集狩猟文化のなかでも高度化した複雑採集狩猟民の性格を帯びているからであり、縄文文化の動物観の多様性も、採集狩猟民の枠組みのなかで複雑化したものであったからにほかならない。

　縄文時代の動物の造形は立体的であり、絵画が少ない。また、イノシシが造形品のトップに存在しているが、そのほかの動物形土製品の種類も豊富である。これは、森からさまざまな獲物を得ていた縄文時代の網羅型の生業体系に根差しているのではないだろうか。これに対して、弥生人の造形は絵画を中心とした平板な性格をもつ。これは水田を切り開き、森から離れた平板的な生活空間を主にしたことに原因が求められよう。また、画題もシカとトリに収れんするが、それは農耕儀礼にそれらの動物が役割を果たしたからであろう。つまり、銅鐸を使うような地域の弥生人は、生業のうちの稲作に特化して儀礼の動物を位置づけるようになったのであ

第Ⅱ部　生業論

り、これは大陸由来の選別型の思想に根差す。龍の信仰も大陸からもたらされた新たな思想に
もとづくものである。生業の転換が、縄文時代から弥生時代への動物観の変遷に如実に表れて
いる。

　　註
1　井上洋一氏ご教示。
2　その後、『東北民俗学研究』に東北地方における縄文時代の動物意匠の特集が組まれ、この数字は大幅に
　改訂する必要があるが〔東北学院大学民俗学OB会編 1998〕、イノシシが突出した傾向は変わることがな
　い。
3　川副武胤は蘇塗の習俗が農耕儀礼と結びつくという説には否定的であり〔川副 1979：13～14〕、蘇塗は
　東北アジアのシャマニズムが根底にあると考えている。これに対して金関は、鳥霊信仰の源流は殷時代の
　中国にあり、それが山東半島から長山列島を経て朝鮮半島に流入するという、有力な水田稲作伝播ルート
　説と一致した動きを示すことを重視しており、春成秀爾は銅鐸絵画や日本の古典における鳥の役割を重視
　して、鳥と農耕儀礼とのかかわりを積極的に評価する〔春成 1987 など〕。鳥が死者の魂を運搬するという
　思想は広く分布しているように、確かに農耕とばかり結びつくものではなく、むずかしい問題をはらんで
　いる。ここでは鳥に関する多様な思想的役割の一つとして、農耕儀礼とも結びつく場合があると考え、金
　関らの学説に依拠しておく。仮にその説が認められないとしても、鳥形木製品や木偶が本格的な稲作文化
　の始まる弥生時代に至って、西日本の大陸系弥生文化〔設楽 2000c〕に顕著に確認されるようになること
　は動かない。そして、朝鮮半島から伝えられたという点に関しては、鳥形木製品や木偶が北方シャマニズ
　ムと関連するものであるとしても、農耕文化複合の一貫として流入した点を重視せざるをえないと思う。
4　弧帯文はその起源を近畿地方の土器文様に求める説もあるが、そこからのつながりは悪く、むしろ突如
　出現したかの感が強い。絡みあう龍のモチーフを起源とするS字状の櫛状文が漢代の画像石にみられるが、
　こうした龍にかかわるモチーフがもっとも古い特殊器台である立坂型の文様モチーフの祖形であろうとい
　う春成の説〔春成 2000：35-38〕は注目に値する。

第Ⅲ部　社会変動と祖先祭祀

第11章　再葬の社会的背景
―――気候変動との対応関係―――

は じ め に

　葬法の基本的な区分は、葬儀が1回で終わる単葬と、2回以上におよぶ再葬である[1]〔大林
1965：33-35〕。再葬は、いったん遺体を骨にして再び葬る葬法であり、民俗・民族学では洗骨
葬、複葬、二次葬などと呼んでいる。筆者はかつて縄文時代の再葬例を集成し、その特徴に考
察を加えた〔設楽 1993a〕。縄文時代の再葬例は、1993年時点の集成で80遺跡例におよんだが、
そのなかでもとくに限られた時期に制度として発達したのは、以下の3群である。

　まず、縄文中期終末から後期前半に、青森県域を中心に土器に遺骨を納めた再葬[2]が発達し
た。二番目に縄文中期終末から後期前半における千葉・茨城県域の房総地方に、遺骨を数体か
ら時には百体以上寄せ集めた多人数集骨葬が展開した。三番目にあげられるのは、縄文中期に
長野県域で出現し、晩期に発達するとともに近畿地方や北陸地方にまで拡散した、骨を焼いて
再葬する焼人骨葬である。東日本の弥生時代前半には、大型の壺形土器に人骨を納めて埋納し
た再葬が発達したが、焼人骨はこの再葬墓にもしばしば伴っている。

　縄文中期終末から後期へ、縄文晩期から弥生時代の始まりへ、それらはいずれも列島規模で、
文化や社会が大きく転換した時期や時代であった。その歴史の節目に再葬が発達することは何
を意味するのだろうか。それを考える前に、それぞれの再葬に簡単に目を通しておきたい。

第1節　縄文中期終末～後期前半の再葬

1　東北地方北部の土器再葬

　東北地方北部では、縄文中期終末から後期前半に、土器に人骨を納めた再葬が顕著に認めら
れる。土器は再葬専用につくられた大型の壺を基本とする特殊なものである。この葬制を研究
した葛西励によれば、再葬土器は青森県域を中心に、秋田、岩手、北海道渡島半島に及ぶ49
遺跡で発見されている〔葛西 1998〕。その出現は縄文中期終末の大木10式ごろとみなされてお
り、後期前半の十腰内I式期前後に発達した（図88-1）。青森市山野峠遺跡のように再葬の土器
に付随して腕や脚の散乱骨が入った石棺墓が発掘される遺跡もあり、葛西はそれが一次葬の場
所であると考えた〔葛西 1983：274〕。この考えが正しいとすると、一次葬を石棺でおこなって
骨化を待ち、土器を用いて骨を再葬するという、制度的に組織化された再葬の存在が想定でき
る。さらに、青森市小牧野遺跡のような大規模配石遺構に再葬の土器が伴うこともあり、そう

第Ⅲ部　社会変動と祖先祭祀

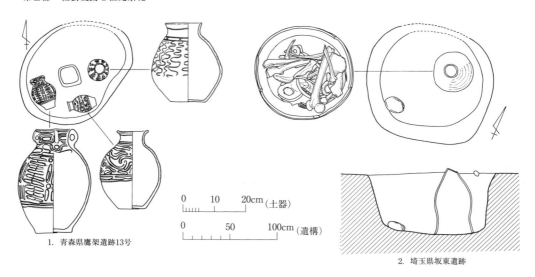

図88　縄文後期の再葬墓

した施設で再葬墓が何らかの役割を果たしていた可能性が考えられる。

　土器のなかから人骨が確認されたのは14遺跡で、鑑定されたのは8遺跡。男性が5遺跡、女性が4遺跡。18～19歳の女性が1例あるほかは、成人～熟年である。子どもの骨が出土した例はないが、葛西は大木10式に突然現れ、十腰内Ⅰ式とともに消滅する、蓋のついた小型の壺形土器が赤ん坊用の蔵骨器だったのではないかと考えている。六ヶ所村薬師前遺跡では一つの土坑から三つの土器が出土し、そのうちの二つにそれぞれ壮年の男女の人骨が納められていた。一つの土器に一体の人骨を納めるのを原則とするが、一つの土坑や石榔状遺構に2～3個体の土器を納めた例があるので、一つの施設には合葬の機能をもつものがあったといえよう。

　薬師前遺跡の第1号土器の被葬者は壮年男性で、骨はほぼ全身に及び、椎骨を横たえその上に頭蓋骨を置き、上下肢の長骨を側方に斜めに立てかけており、蹲踞姿勢を復元したように配置されていた。第3号は壮年女性で、やはり蹲踞姿勢をとる。似たような例は数件報告されているので、偶然の結果ではない。蹲踞姿勢をとることについては、森本岩太郎が東南アジアの民族例を踏まえて再生を願ったものと解釈している〔森本 1988：74〕。

2　関東地方中・北部の土器再葬

　埼玉県入間市坂東山遺跡から、十腰内Ⅰ式に発達した再葬にきわめてよく似た事例があがっている〔並木・小片 1973：118-119〕。たらいのような形の土坑の底に頭蓋骨を置き、その上に肋骨や寛骨を積み、上下肢骨を立てかけ、底部を欠いた土器を逆さにかぶせたものである（図88-2）。土器は縄文後期初頭の称名寺Ⅰ式であり、人骨は熟年の男性であった。全身の骨を用いている点とその配置方法は、東北地方北部の例と合致している。さらに土器を倒立させて人骨にかぶせている点も薬師前例などと共通している。後期初頭という東北地方北部で土器を用い

た再葬が発達しようとする時期からも、坂東山例と東北地方の再葬との間には影響関係があったとみなしうる。

同様な土器を用いた再葬は、群馬県板倉町板倉遺跡でも報告されている〔外山ほか 1989：307・410-411〕。縄文中期後半の加曾利EⅢ式である。人骨は頭蓋骨だけであるが、他の骨は消失してしまった可能性がある。深鉢を逆位にして人骨にかぶせており、坂東山例との共通性がうかがえ、こうした例が中期後半にまでさかのぼることを示している〔花輪 1999：123〕。

3　房総地方の多人数集骨葬

京葉地方には、一つの小竪穴に多数の遺体を合葬した多人数合葬が葬法として確立しており、さらに利根川沿いや外房地方にも分布をのばしている。複数の遺体を一箇所に葬ったものを合葬というが、これにも一次葬遺体の集積である単葬と、人骨の寄せ集めによって形成された再葬とがある。筆者は、明らかに人の手が加わって集積された再葬人骨を集骨と呼んでいるので、再葬された多人数合葬を多人数集骨葬と呼ぶ〔設楽 1993a：11〕[3]。

多人数集骨葬の多くは円形あるいは楕円形の土坑を掘り、そのなかに再葬人骨を集積したものであるが、頭蓋骨を土坑の壁に沿って配列したり、長管骨を束ねて積み上げたりしたものが多い。

房総地方の多人数集骨葬は、千葉県市川市権現原貝塚で18体、船橋市古作貝塚で14体、千葉市誉田高田貝塚で28体以上、市原市祇園原貝塚で5体以上のものが2基認められた。茨城県取手市中妻貝塚では一つの土坑に100体以上の人骨が納められていた（図89-4）。最近では、千葉県茂原市下太田遺跡で3基の多人数集骨葬が見つかったが、そのうちの1基には40体近くの人骨が納められており、合計で80体以上と見積もられている。また、本来は単葬人骨の集合であるが、そのなかに再葬や二次的に動かされた骨を含んだ多人数合葬が2例知られている。船橋市宮本台遺跡では再葬された集骨や動かされた人骨を含んだ13体の多人数合葬が、祇園原貝塚では、これも一部の骨に動かされた形跡のある6〜7体の多人数合葬が見つかっている。

これらの集骨葬を中心とする多人数合葬には、どのような特徴が認められるだろうか。この点はすでに渡辺新や山田康弘によってまとめられているが〔渡辺 1991、山田 1995〕、その後明らかになった事例を含めて再整理しておこう。

出現の時期に関して、今のところもっとも古い例は権現原例である。権現原貝塚は縄文中期終末の加曾利EⅣ式新段階から後期前半の堀之内1式終末ないし2式初頭に及ぶ環状集落である〔渡辺 2001：65〕。渡辺はこの遺跡の多人数集骨は、加曾利EⅣ式の2群に分かれた土坑の埋葬人骨を、後期初頭の称名寺1式期に一つの土坑に再葬して成立したと考えている。そのほかのものは、古作貝塚例が縄文後期中葉の加曾利B1式期まで継続する可能性があるが〔設楽 2001c：58-60〕、それ以外のものは大半が堀之内1、2式期である。誉田高田貝塚は堀之内1式から始まる集落で、多人数集骨葬は集落開設後間もないころの集骨である。中妻貝塚は称名寺

283

第Ⅲ部　社会変動と祖先祭祀

Ⅱ式期に開設された集落だが、加曾利 B1 式で隆盛を迎えるので、堀之内 2 式とされる集骨は
集落隆盛以前のものといえる。下太田遺跡は加曾利 EⅡ式から加曾利 B1 式までの墓地で〔萩
原・菅谷 1999：541〕[4]、称名寺～堀之内 1 式期は乳幼児の土器棺しか見出されていないことから、
この時期の人骨をまとめて再葬した可能性がある。多人数集骨は、集落開設から間もない段階
や集落が隆盛する前段階、あるいは墓地構成の大きな転換期に形成されていることがわかる。

　多人数集骨葬には、集落のなかあるいは墓地のなかで特別な位置に設けられるものがある。
権現原例は環状集落のほぼ中央に位置し、2 群からなる激しく重複した堀之内 1 式の建物跡群
それぞれに近接して、多人数集骨土坑と焼人骨一体分を納めた土坑が設けられている（図 89-1）。
この建物跡を渡辺は祭祀建物跡と性格づけている〔渡辺 1991：34-41〕。祇園原例は二つの集骨葬
が対になるようなかたちで、環状集落の広場の部分に位置していた。このうちの 1 例はほか
の埋葬とは異なる竪穴住居に接近した位置を占め、もう 1 例はほかの埋葬人骨が弧状に取り
巻くような状況である。古作例も、ほかの埋葬人骨が取り囲んでおり、多人数集骨が埋葬の中
心を占めている。中妻例は、集落の入り口付近に設けられている。下太田例は、伸展葬人骨が
集合して構成されたいくつかの方形区画に挟まれた地点に存在している。

　多人数集骨は土坑に埋葬されているが、なかには竪穴住居状の土坑で、上屋構造あるいは目
印を想定させる施設をもつものがある。権現原例は土坑の真中に深い柱の穴があり、それに対
応する上部には人骨が円形に空白になっており、おそらく木柱が立てられていたのであろう。
その周りに人骨が四角形の盤状をなすように配置されている（図 89-2）。祇園原の 2 例はいず
れも土坑のなかに柱の穴があり、そのうちの 1 例は土坑の周囲を柱の穴が取り巻き、小屋
がけされていたと思われる（図 89-3）。誉田高田例も復元すると直径 4 m ほどの円形をなす竪穴
住居状の掘り込みになる。宮本台遺跡例の土坑の周りには柱の穴のようなピット列が認められ
る。方形の竪穴から出土した祇園原例に対して米田耕之助は上屋の存在を考えており、遺体は
埋められずに露出していて、追葬によって集積された可能性もあるとしており〔米田 1980：35〕、
その際に頭骨を中心に片寄せ行為をおこなったのであろう。

　権現原、中妻、古作の多人数集骨は、おそらく別に埋葬された乳児を除くあらゆる性と年齢
の構成から成り立っている。男女の比率をみてみよう。権現原例の性のわかる 16 体の内訳は、
男性 9 体、女性 7 体とほぼ釣り合いがとれており、夫婦を含む複数世帯の集合からなるとさ
れる〔渡辺 1991：69-72〕。これに対して中妻例は男性：女性がおよそ 2：1、古作例は 3：1 と男
性が圧倒的である。松村博文は中妻貝塚の人骨で分析に耐えうる 29 例の歯冠を計測し、血縁
関係が強い二つのグループを抽出した〔松村・西本 1996〕。歯冠計測を経た同一個体 21 体を含
む 29 体のミトコンドリア DNA 解析の結果は、17 体が同一のハプロタイプをもつことが確認
され、分析資料は血縁関係の強いことが示された〔篠田ほか 1998〕。古作例は、男性を中心とし
た多人数集骨を多くの女性と少数の男性が取り巻いており、墓地全体が世帯の集合体をなして
いるようにみえる〔設楽 2001c：58-61〕。

284

第11章 再葬の社会的背景

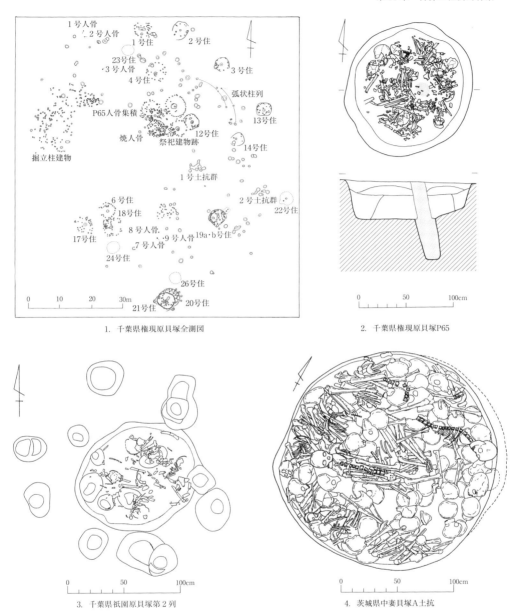

図89 縄文後期の多人数集骨墓

第2節 縄文晩期〜弥生時代の再葬

1 縄文晩期の焼人骨葬

　人の骨を焼いて埋葬する葬法を、焼人骨葬[5]と呼んでいる〔設楽 1993a：28〕。もっとも古い焼人骨葬としては、岡山市彦崎貝塚に縄文前期の例が認められ、それ以降中期、後期を通じて散

285

第Ⅲ部　社会変動と祖先祭祀

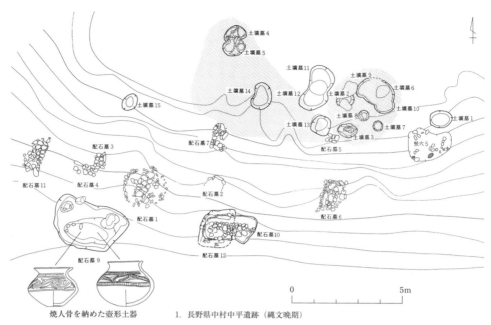

図90-1　縄文時代と弥生時代の焼人骨土坑を伴う再葬墓（1）

発的にみられるが、葬法として定着するのは縄文晩期の長野県域を中心とした地域である。長野県伊那市野口遺跡、飯田市中村中平遺跡、大桑村大明神遺跡、山梨県北杜市長坂上条遺跡、新潟県糸魚川市寺地遺跡、奈良県吉野町宮滝遺跡、橿原市橿原遺跡などが縄文晩期前半〜中葉であり、長野県木曽町芝垣外遺跡、茅野市御社宮司遺跡、山梨県北杜市金生遺跡などが晩期終末である。これら諸例のうち、芝垣外と御社宮司、橿原例以外は、いずれも配石遺構あるいは組石遺構に伴った〔設楽 1993a：28〕。

　野口遺跡は長さ2mにも及ぶ長方形の石組みのなかに7群の配石があり、各配石に合計で少なくとも32体の細片化した焼人骨が入れられていた。中村中平遺跡では不整台形の9号配石墓に細片化した焼人骨がおよそ30kg含まれていた。そこからは焼人骨が数十グラム入った小型壺2個体も出土している〔馬場 1994：47〕。大明神遺跡では円形配石の集合体に12体以上の故意に砕かれて細片化した焼人骨が層をなしており、焼けた獣骨も伴った。寺地遺跡は円形の炉状配石をもつ土坑中に11体以上の細片化した焼人骨が焼けた獣骨とともに納められている。中村中平遺跡ではほかにも焼人骨を出土する土坑が認められているが、それらのなかにあって9号配石墓は多量の焼人骨や蔵骨土器を納めたひときわ目立つ存在である。付随するいくつかの配石墓には人骨が伴わないので、そこが一次葬の場であり、ほぼそれに見合った数の土坑に再葬人骨を埋納し、残りの焼人骨を9号配石墓に埋納した可能性がある（図90-1）。野口遺跡は石組み遺構だけが調査されており、周辺の状況はわからないが、中村中平9号墓と同じく墓地の中心をなす施設だろう。

286

第11章　再葬の社会的背景

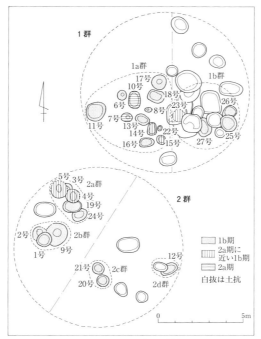

2. 群馬県沖Ⅱ遺跡（弥生前期）

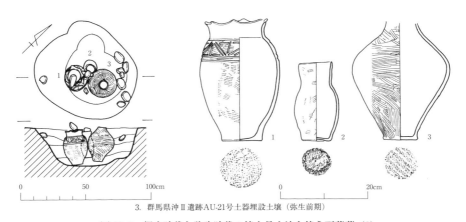

3. 群馬県沖Ⅱ遺跡AU-21号土器埋設土壙（弥生前期）

図90-2　縄文時代と弥生時代の焼人骨土坑を伴う再葬墓（2）

　このように、焼人骨葬は多人数の遺骨をまとめて埋葬している点に特色があり〔永峯 1984：22、石川 1988c：100〕、墓地の中心をなす施設として存在しているのが注意を引く。全身の骨が確認される場合が多いが、細片化した焼骨という性格上男女の性別はわからないことが多い。年齢も正確にはわからないが、野口遺跡は熟年、壮年を中心に若年を含み、大明神遺跡2号配石は成人以上の高齢者、寺地遺跡は未成人1個体を含むがおおむね成人であるとされており、成人以上に偏っていることがわかる。しかし、分析資料の性格から明確とはいいがたい。

287

第Ⅲ部　社会変動と祖先祭祀

2　縄文晩期終末〜弥生時代の再葬

　弥生時代には再葬が各地で見出されているが、もっとも発達したのは弥生時代前半すなわち弥生前期〜中期中葉の東日本である〔設楽 2008a〕。蔵骨器に大型の壺を多く用いており、一つの土坑にもっとも多い場合で 10 個体を超える複数の土器を埋納することに特色がある。こうした特色をもつ再葬墓を、筆者は弥生再葬墓と呼んでいる。これまでに 100 を超える弥生再葬墓が発見されているが、それにみあう集落跡はきわめて限られている。

　かつて東日本の弥生時代が中期からはじまると考えられていたころには、もっとも古い弥生時代の遺跡が再葬墓遺跡であることや、各地の再葬墓遺跡で愛知県方面の壺形土器が蔵骨器に用いられていることに注目して、西方からの農耕の伝播とともに成立した葬墓制であると理解されていた〔星田 1976：37〕。しかし、最古の弥生再葬墓は霊山町根古屋遺跡など福島県下の縄文晩期終末にさかのぼり、用いられている蔵骨器はその地方の縄文時代終末の大洞 A′式土器を主体としたものであることが判明し〔大竹編 1986〕、在地的な縄文時代の伝統を踏まえてその起源を考え直す必要が生じた。

　根古屋遺跡の土器と人骨にみる抜歯型式は、在地的な伝統と中部高地からの影響が強くうかがえる〔設楽 1991〕。出土した人骨は推定 100〜200 体にのぼるがすべて焼けており、長野県域を中心に縄文晩期に発達し、晩期終末まで継続する集団的な焼人骨葬の流れを汲んでいる。弧状の墓地はそのなかが埋葬小群と呼ばれるいくつかの墓坑群によって構成されており、その構造の分析から筆者は縄文時代の環状墓域と同じ原理をもつことを明らかにした〔設楽 1993b：34
–36〕。手足の指の骨や臼歯に穿孔した垂飾が、焼人骨に混じって 23 点見つかっている。岩手県大船渡市大洞貝塚で縄文晩期前半の穿孔人歯が見つかり、この習俗が東北地方北部の縄文時代にさかのぼることが判明した。

　弥生再葬墓の蔵骨器はまれに全身の骨を納めているが、四肢骨など部分的な骨が認められる例や骨粉のみの場合が多く、部分的な骨を納めた部分骨再葬が通例らしく、残りは焼いて遺棄された。長野市宮崎遺跡では縄文晩期終末の土器の下に成人の下顎骨が再葬されていたので、部分骨再葬の原形は、このあたりに求められよう。群馬県みなかみ町八束脛岩陰遺跡では最少 34 体に及ぶように、岩陰から多量に焼人骨が見つかる場合がある。遺体ないし遺骨処理の場であろう。群馬県藤岡市沖Ⅱ遺跡では弥生再葬墓のほかに焼人骨を多数入れた石敷きの土坑が見出されており（図90-2）、中村中平遺跡の 9 号配石墓との類似が注意を引く。

　これらの遺構群から、縄文晩期終末以降の再葬には、①土葬あるいは風葬によって一次葬をおこない、②遺骨の一部を土器に納めて埋葬したり穿孔してペンダントにし、③残りの骨を岩陰などで焼き、④それらをそのまま岩陰に残したり、土坑に埋納した、という葬儀の過程が復元できる。細部の違いはあるが、こうした葬儀の原形は縄文晩期前半の中村中平遺跡にみることができる。

　弥生再葬墓の特徴は、複数の土器が一つの土坑に納められることであり、なかには 10 個体以上に及ぶものもある。土器がすべて蔵骨器であったかは問題で、副葬品や玉類を納めた容器

として副葬されたものもあった〔設楽 1993b：26-27〕。しかし、一つの土坑に埋葬された複数の土器から複数人の遺骨が見つかった例も、一つの土器のなかに複数人の遺骨が納められた例もないことはないので、再葬にはある種の合葬の意味があったことは確かであろう。

　蔵骨器や岩陰あるいは包含層に残された骨は男女ともにみられるが、蔵骨器のそれには少年以下の若年例のものが少ないのに対して、根古屋の包含層や八束脛岩陰の焼人骨は胎児から老年まで各年齢層のものが認められる〔設楽 1993b：17-18〕。蔵骨器の人骨事例が少ないことや、性、年齢の細かい同定が困難な現状では明言しかねるが、縄文晩期の焼人骨のあり方を踏まえると、骨を焼く習俗は縄文時代に成人以上のものを中心におこなっていたものが、その終末から弥生時代にはあらゆる年齢層に拡大した一方、土器に納めるのはほぼ成人以上に限定されるようになった、という仮説を提示しておく。

　ここまで、制度的に発達した再葬の特徴を事例に即して述べてきた。縄文時代から弥生時代を通じて、再葬墓の形成には二つの時期のあることがわかる。すなわち、縄文中期終末～後期前半と、縄文晩期終末～弥生中期である。前者が東北地方北部と関東地方に、後者が中部高地地方に始まり、東日本に広くみられた。時期や地域に分断された傾向のある再葬の展開に対して、どのような社会的背景が考えられるのだろうか。まずは、集落の消長という点から分析してみることにしたい。

第3節　集落の消長と環境変動

1　東北地方北部における縄文中期終末の集落動態

　青森市三内丸山遺跡は、縄文前・中期に発達した巨大集落として知られているが、この集落は中期終末に衰退した。東北地方北部における縄文中期終末から後期初頭は、大規模集落は減少し、小型化、分散化の傾向を示すとともに、尾根筋や谷などへ進出する立地の変化をみてとることができるという〔岡田康 1998：35〕。縄文前・中期を通じて形成された円筒土器というこの地域固有の土器型式が途絶え、後期には異なる土器文化が形成されるようになる。ある意味では、東北地方北部の縄文中期から後期への移行期は、文化的再編成の時期であったといえよう。その後、十腰内Ⅰ式期になると集落は活況を呈するようになる。これは集落数が増加した関東地方の堀之内Ⅰ式期に併行し、中期終末から後期前半にかけての集落の衰退と再生は、地域を超えてよく一致した動向を示す。

　縄文中期の大規模な拠点集落が途絶える一方で、後期になると小牧野遺跡や秋田県鹿角市大湯遺跡に方形あるいは円形の列石が出現してくる。これらの列石は、径あるいは辺が40～50mと巨大である。小牧野遺跡の列石の性格は明確ではないが、そのなかの二箇所で再葬の土器が検出されていることからすると、葬墓祭制にかかわる大規模配石記念物〔小杉 1995a：141〕とみなすことは許されよう。その規模や配石の状態からすると、とても一つの集落によって構築されたものとは考えがたく、地域集団の協業によることは多くの研究者が認めるところであ

第Ⅲ部　社会変動と祖先祭祀

る。

　小林克は秋田県内の縄文晩期の墓制を分析し、由利本荘市湯出野遺跡などでは頭位方向が東西の群と南北の群の二つに分かれていることに注目して、系譜を異にする二つの居住集団の存在を想定した。つまり縄文中期後半に集中して居住していた集団が、後期以来分散居住するようになり、それが晩期にも引き継がれた結果であり、分散居住している居住集団が共同の墓地を形成する場合に、各集団の社会的な関係が頭位方向に反映されたのだ、と解釈した〔小林克1995〕。そして、分散居住の要因を気候の寒冷化などに求めている〔小林克 1997：281-282〕。

　三内丸山遺跡など、縄文前・中期に頂点を迎えた東北地方北部の集落は中期終末になると解体し、後期には小規模集落へ変貌していく。それに引き換え、墓地はあいからわらず大きなものがあることや、さらに小牧野遺跡や大湯遺跡のような巨大な葬祭記念物が構築されるようになる点、また山野峠遺跡の石棺墓が縄文中期の列状墓の伝統を引いていることからすると、巨大な集落が解体してからも、なおも人びとを結びつける絆は、墓地あるいは葬祭記念物の建造および利用のなかに維持されていた〔岡田康 1998：35〕。さらに、小牧野遺跡には再葬墓が伴い、大湯遺跡も再葬墓の可能性があるという指摘〔林 1991：106-107〕を肯定すれば、大規模葬祭と再葬の密接な関係もうかがえる。分散居住をした後も小集団の結集の原点が墓であったという小林説は肯定できるし、再葬という死者儀礼がそれを媒介していた可能性もある。

2　関東地方における縄文中期以降の竪穴住居数の変動

　南関東地方では、縄文前期終末に激減した遺跡数は中期に入ってから上昇し、中期中葉の勝坂、加曾利ＥⅠ・Ⅱ式に頂点を迎えるが、後半の加曾利ＥⅢ式から終末の加曾利ＥⅣ式に集落の規模は縮小したり数が減ったりするといわれている。縄文後期初頭の称名寺式期に遺跡数減少のピークがあり、後期前半の堀之内1式には東京湾岸で再び大遺跡群を展開するようになるともいわれる〔今村 1977：132〕。後期後半から晩期に遺跡数が減少するのは定説化している。こうした遺跡数の変動がただちに人口の増減と結びつくものでなく、今村啓爾は竪穴住居跡の数の変動を人口の増減を類推する手がかりとした。西南関東地方で発見された竪穴住居跡の数の変動グラフ（図91）〔今村 1997：49〕は、上述の遺跡数の変動とよく一致している。多人数集骨葬が展開する千葉県下で、こうした変動を具体的な数字として示した例は寡聞にして知らないので、資料にもとづいて集計した。

　表15・図92は多人数集骨葬が発達する東京湾東岸の京葉地方、船橋・市川・松戸・鎌ヶ谷・千葉・市原市における縄文時代の竪穴住居跡数の移り変わりを示した表およびグラフである[6]。

　縄文前期では前半の関山式にピークがあり、その後減少に転じ、終末には0棟と壊滅状態になる。中期初頭はまだ低い水準だが、中葉の阿玉台・勝坂式期から急上昇し、加曾利ＥⅡ式期で頂点に達した。加曾利ＥⅢ式は高水準を保っているが、ＥⅣ式に激減して後期初頭の称名寺式期にその前後では最低になる。堀之内1式で再び急増して全期間を通じてもっとも竪穴

290

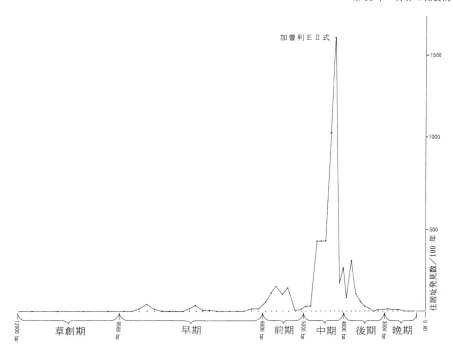

図91 西南関東地方における土器型式ごとの竪穴住居跡数（100年あたりの軒数に換算）

住居棟数の多い時期になるが堀之内2式で急減し、それ以降晩期終末に至るまで低水準を保つ。加曾利EⅡ式にピークを迎え、称名寺式期に減少し、堀之内1式に再び増加するというこれまで西南関東地方でいわれてきた動態が京葉地方でも実態として裏づけられたことになる[7]。

しかし、細別された土器型式の継続年数は一定とは限らないので、ここに示した数字も短期間における棟数なのか長期間の累積の結果なのかわからない。そこでAMS法による炭素14年代測定とその暦年較正の結果にもとづく細別土器型式継続年の概数[8]（表16-②）から割り出した土器型式存続年数の比率（表16-③）にもとづいて、各土器型式ごとの竪穴住居跡数の比率を求めた（表16-④）。その結果が表16・図93である。加曾利EⅡ式が最高水準であることは変わらないが、EⅢ式に顕著な減少が指摘できる一方、EⅣ式の落ち込みがうちわになっている。称名寺式期がこの前後でもっとも低水準であることも変わらないが、堀之内1式の増加が控えめになっている。

こうした変更が正しいとすれば、見かけの竪穴住居数でその消長を議論することは危険なことを示している。竪穴住居数の変動と人口の増減の関係については、AMS法による年代測定を含めて今後の研究の深化を待つほかないが、図92と図93に共通する傾向として、加曾利EⅡ式に増加のピークがあり、称名寺式でもっとも低水準になり、堀之内1式で再び増加することが読み取れる。

以上の結果にもとづいて、称名寺式期と堀之内1式期の傾向について多少触れておきたい。

291

第Ⅲ部　社会変動と祖先祭祀

表14　東京湾東岸（船橋・市川・松戸・鎌ヶ谷・千葉・市原市）の縄文時代遺跡数

時期	草創期	早期	前期	中期	後期	晩期
土器型式		井草　夏島　稲荷台　花輪台　三戸　子母口　田戸下層・上層　鵜ヶ島台　野島　茅山下層・上層	花積下層　関山　黒浜　諸磯a・b・c　諸磯d・十三菩提　浮島・興津	五領ヶ台　勝坂　中峠　阿玉台・下小野　加曽利EⅠ EⅡ EⅢ EⅣ	称名寺Ⅰ・Ⅱ　堀之内1 2　堀之内　加曽利B1 B2 B3　加曽利B　曽谷　安行1 2	安行3a 3b 3c 3d　安行・前浦Ⅰ　安行・前浦Ⅱ　千網　荒海
竪穴住居跡数	0	20 27 33 6 12 34 10 12 20 227	25 71 160 56 163 60 13	47 245 13 138 309 184 85	113 254 100 168 114 72 15 77 50	23 14 8 1 3 7

表15　東京湾東岸（船橋・市川・松戸・鎌ヶ谷・千葉・市原市）の縄文時代竪穴住居跡数

時期	草創期	早期	前期	中期	後期	晩期
土器型式		井草　夏島　稲荷台　花輪台　三戸　子母口　田戸下層・上層　鵜ヶ島台　野島　茅山下層・上層	花積下層　関山　黒浜　諸磯a・b・c　諸磯d・十三菩提　浮島・興津	五領ヶ台　勝坂　中峠　阿玉台・下小野　加曽利EⅠ EⅡ EⅢ EⅣ	称名寺Ⅰ・Ⅱ　堀之内1 2　堀之内　加曽利B1 B2 B3　加曽利B　曽谷　安行1 2	安行3a 3b 3c 3d　安行・前浦Ⅰ　安行・前浦Ⅱ　千網　荒海
竪穴住居跡数	0	5 2 8 1 12.5 6 30 0 15.5 33	35 284 133.5 27.5 53 11 0	7 265 80.5 382 514 469 222	162 518.5 63.5 34 54 31 23.5 28 19	43.5 8.5 1 4 0 0

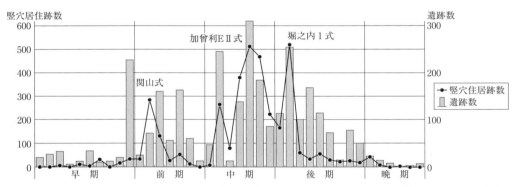

図92　東京湾東岸（船橋・市川・松戸・鎌ヶ谷・千葉・市原市）の縄文時代の遺跡数と竪穴住居跡数の変動

　称名寺式期の集落は規模が小さいものの多いことが指摘されており、その傾向は下総台地にも当てはまることからすると、称名寺式期には集落の分散が強まって規模が小さくなり、人口も激減したという予測〔今村 1977：132〕は妥当なものであろう。また、称名寺式土器が加曽利EⅣ式を母体としながらも、西方の中津Ⅰ式系統の侵入という特異な状況下で形成されてきたこと〔今村 1977：131〕や、柄鏡形の住居形態や石棒が加曽利EⅣ式〜称名寺Ⅰ式に西関東地方という外部から導入されたこと〔渡辺 1995：57-58〕も、縄文中期後半に顕著になる人口激減とそれに伴う文化衰退を背景とした特徴と理解することができる。

　堀之内1式の竪穴住居数の増加は見かけより割り引いて考えなくてはならないが、称名寺式期の分散的小規模集落の傾向からくらべると、集落規模の拡大はやはり顕著な現象として指摘できる。継続期間にくらべて土器型式の変化がうちわになることは、それだけ安定した社会生活が営まれた可能性も考えさせる。この時期の竪穴住居数の見かけの多さは、土器型式継続年数の長さと同時に竪穴住居数の増加からうかがえる人口の増加という二つの側面から説明し

表16　東京湾東岸（船橋・市川・松戸・鎌ヶ谷・千葉・市原市）の縄文中期以降の土器型式別竪穴住居跡数の比率

時期		中期					後期							晩期			
	土器型式	五領ヶ台	阿玉台・勝坂・中峠	加曾利EⅠ	加曾利EⅡ	加曾利EⅢ	加曾利EⅣ	称名寺Ⅰ・Ⅱ	堀之内1	堀之内2	加曾利B1	加曾利B2	加曾利B3	曽谷・安行1	安行2	安行3a	安行3b	安行3c・前浦Ⅰ	安行3d・前浦Ⅱ
①	竪穴住居跡数	7	345.5	382	514	469	222	518.5	63.5	34	54	31	51.5	19	19	43.5	8.5	1	4
②	暦年較正年代幅（年）	90	480	90	100	190	100	180	290	260	50	140	100	150	130	140	80	100	100
③	暦年較正年代幅比率	3.25	17.33	3.25	3.61	6.86	3.61	6.5	10.47	9.39	1.81	5.05	3.61	5.42	4.69	5.05	2.89	3.61	3.61
④	竪穴住居跡数比率（①÷③）	2.15	19.94	117.53	142.38	68.37	61.5	24.92	49.52	6.76	18.78	10.69	8.59	9.5	4.05	8.61	2.94	0.28	1.11

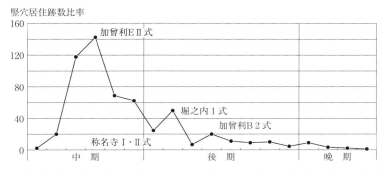

図93　東京湾東岸（船橋・市川・松戸・鎌ヶ谷・千葉・市原市）の縄文中期以降の竪穴住居跡数比率の変動

なくてはならないのであろう。

　竪穴住居数の変動の要因としては、どのようなことが考えられるのだろうか。食料事情に限ってみても、一般論としてたとえば製塩やそれを含む食料交換、あるいは狩猟漁撈の道具の改良など、人間が生み出す文化がもたらした経済的効果という内的要因によって人口が増大し、遺跡の数が増える場合がまずあげられる。一方、採集狩猟を基本的な生業としている縄文時代においては、集落を取り巻く自然環境の変動に食料の寡多などが左右されることもまた当然である。次の節では、多少長くなるがこのうちの環境変動という外的要因に焦点をあてて、関東地方における集落の消長の背景を探ってみたい。

3　遺跡の消長と気候変動

二つの気候変動期　阪口豊による先進的な研究方法によって、完新世の気候寒冷期がいくつかあることが知られ、それに正しい年代が付与されたことを第4章で論じた。それによると、寒冷期や気湿の変動期は縄文前期と中期、縄文中期と後期、縄文後期終末から弥生中期初頭にかけてである（図7）。図92の遺跡の消長にそれを重ねれば、いずれも遺跡や竪穴住居の減少する時期に相当することがわかる。遺跡の数、とくに竪穴住居の数が人口の動態と関係しているとすれば、寒冷化などの気候変動が人口の減少の大きな要因になっていた可能性が指摘できる。

　阪口とは別の研究により、本章にかかわる縄文晩期から弥生時代にかけての小海退と縄文中

第Ⅲ部　社会変動と祖先祭祀

期から後期にかけての海面の上昇とに関して補足しておきたい。

太田陽子らは、縄文海進以降に二つの小さな海面低下期あるいは海面停滞期を認めた〔太田ほか 1982：139〕。それは① 5000～4000 年前と② 3000～2000 年前であり、①は「縄文中期の小海退」と呼ばれた。埼玉県川口市赤山陣屋遺跡で確認された縄文中期初頭の明瞭な浅谷の形成〔辻 1989：166〕は、①の海退の痕跡であるが、これらは同一地点で②の谷によって削られてしまうなどして、それまで確認が困難だったという。それでは②の谷の性格はどのようなものだろうか。

いわゆる弥生小海退の開始年代　井関弘太郎は、現在の海水準面下に弥生時代の海岸浸食によって形成された浅い谷が埋もれていること、すなわち埋積浅谷の存在を愛知県豊橋市瓜郷遺跡周辺地形のボーリング調査によってつきとめた〔井関 1950〕。当時の水面が現海水面よりも低かったことは、瓜郷遺跡の弥生中期の竪穴住居跡床面が現海水面とほぼ同じレベルにあり、満潮時には浸水してしまうことや、2000 B.P.頃の年代が測定されている富山湾の埋没林の存在、ほぼ同じ年代を示す北陸地方の旧期クロスナ層と呼ばれる腐植土層が海面下に広がることなどからも裏づけられている〔井関 1985：180〕。その低下は、現海水面よりも 2～3 m 低かったとされ、弥生中～後期頃から埋積が進んだと考えられている〔井関 1985：184-185〕。

古川博恭はこれを「弥生の小海退」と呼んだが〔古川 1972〕、その海面低下現象は縄文後・晩期から弥生時代にかけて生じたと考えられているので〔井関 1985：180〕、この時期の海退の一面をとらえた言葉といえよう。問題は、この小海退の始まる時期である。赤山陣屋遺跡では、縄文後期以降堆積した木本質泥炭の上に広範囲のゆるやかな切れ込みがあり、この面を境に草本質の泥炭にがらりと変わる。その境に堆積したテフラの年代は 3000 B.P.を示す。辻誠一郎は、上位の谷の形成を縄文晩期終末から弥生時代初頭としているが〔辻 1989：161〕、これは縄文晩期終末ではなく縄文後期終末ないし晩期初頭ではないだろうか。石狩地方と尾瀬の泥炭層における花粉を分析した阪口豊は、3000 年前頃を境にして気候が急変したとしており〔阪口 1961：264-265〕、遠藤邦雄・小杉正人は関東平野の潮間帯にすむ貝類と植物遺体の炭素 14 年代測定から相対的海水準の変動を割り出した結果、5000～4000 年前と、3000～2000 年前とに海水準の小規模な低下があったと推定している〔遠藤・小杉 1989：142〕。いわゆる弥生小海退の開始は、3000 B.P.すなわち縄文後期終末～晩期初頭に求めるのが妥当だろう。

縄文後期前半の小海進　もう一つの問題は、縄文中期の小海退と、いわゆる弥生の小海退の間に、海水準が上昇する時期、すなわち小海進があったかどうか、という点である。遠藤らは直接的データを欠くものの上昇した根拠は見当たらず、むしろ海水準は段階的に低下していったとしたほうが沖積層の発達過程を説明しやすいとする〔遠藤・小杉 1989：142〕。一方、堀之内式期に急激な海進があったことを指摘した酒詰仲男〔酒詰 1961：320-321〕や、千葉県九十九里地方で後期に海進があったとする中野尊正の指摘〔中野 1952：62〕などを踏まえて、小野田正樹は縄文海進以降の海退は、海岸線が後退する一方であったという従来の見解に疑問を投げた〔小野田 1982：154-155〕。前田保夫らは愛知県南知多町下別所遺跡や同町林ノ峰遺跡など縄文後期

294

の貝塚が、中期の同町乙福谷遺跡よりも高所にあることなどから、縄文後期に小規模な海面上昇があったことを想定している〔前田ほか 1983：220〕。

長野県八島ヶ原湿原では、4900年前以降2800年前までの間にミズナラは2回ほどの増減を繰り返すので〔金井ほか 1968〕、寒冷と温暖の小さな繰り返しによって最寒冷期に向かっていることが花粉変遷グラフ（図94）から読み取れる[9]。東京都中野区北江古田遺跡では、縄文中期の小海退によって形成された谷の上には堀之内式土器が足の踏み場もないほど堆積していた〔辻ほか 1987：411〕。縄文後期に小海進があったとすれば、その開始は、中期海退により谷が形成され、それが埋積されるようになる堀之内式期であろう。関東地方でこの時期に集落や竪穴住居の数が増加する現象は、こうした気候の一時的回復を反映したものではないだろうか。

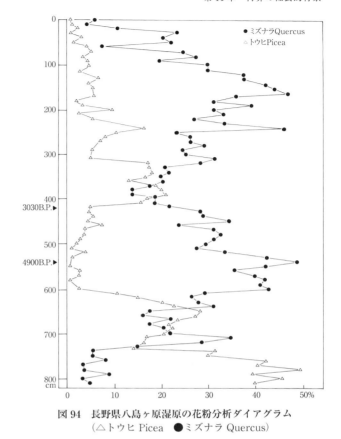

図94　長野県八島ヶ原湿原の花粉分析ダイアグラム
（△トウヒ Picea　●ミズナラ Quercus）

気候変動と遺跡の消長　南関東地方で遺跡数がもっとも落ち込む縄文前期終末から中期初頭が、急速な寒冷化の始まりである。寒冷化は中期を通じて進行したようだが、中期中葉は文化的な上昇期であり、遺跡数が急増した。安田喜憲はこの状況を、縄文前期以来の内彎性集落が気候変動によって衰退したかわりに内陸部でおもに植物食に依存する集落が発展したためと説明する〔安田 1990：185〕。この解釈が正しければ、気候の寒冷化と文化の衰退が結びつくとは限らない一つの例となりうる。

しかし、遺跡の消長と気候変動には相関関係も大いに認められる。縄文中期末から後期初頭がそれ以来の最寒冷期であり、ついに耐え切れず中部高地では壊滅的な崩壊を引き起こして遺跡が激減する〔安田 1990：185〕が、小海進がある後期前半には南関東地方では遺跡が増加して大規模化し、再び強い寒冷化現象がおとずれる晩期は集落・竪穴住居の激減期である、というように。

第Ⅲ部　社会変動と祖先祭祀

第4節　再葬の背景

1　祖先祭祀としての再葬

　再葬がとくに制度として発達したのは、縄文中期終末～後期前半の東北地方北部および房総地方と、縄文晩期～弥生時代前半の中部日本であった。これらの時期に共通するのは、海面変動や花粉分析などからわかるように、いずれも気候変動期、相対的な寒冷期に相当していることである。それはまた、遺跡や住居跡の数が減少する時期であった。気候の寒冷化と遺跡や竪穴住居の減少、再葬の発達には、地域や時期を超えた因果関係が想定される。

　権現原貝塚の多人数集骨葬を分析した渡辺新は、18体の人々は歯の型式から二つのグループに分かれることをつきとめた。そして、一つの集落のなかで墓所を異にしていた出自の異なる二つの集団の子孫が、生活に弊害をもたらす排他的な関係を撤廃するための決意表明としてつくりあげた記念碑的存在が多人数集骨墓であるとして、それが集落の中心に位置することから、環状集落を形づくったのはいわば集落の始祖である、と結んでいる〔渡辺 1991：72〕。さらに、権現原例をきっかけに多人数集骨葬が広まっていくと考えた〔渡辺新 1994：16〕。山田康弘は、加曾利EⅢ式期に大型集落は終焉を迎え、加曾利EⅣ式から称名寺式期に小規模集落が形成されるという関東地方の集落の消長をもとに、堀之内1式期に多発する多人数集骨葬は、小規模集落が集まって大型の集落を開設したときに祖先の骨を持ち寄ってつくったモニュメントであり、祖先崇拝[10]のあらわれとみた〔山田 1995：64-65〕。

　縄文後期終末の福島県相馬市三貫地貝塚の多人数集骨葬も、それを中心としてまわりに埋葬が展開していたが（図95）、林謙作はそれら先葬者とその後の埋葬をおこなった人々とのつながりが、「集団の始祖、祖霊といった形でとらえられていた可能性」を指摘しており〔林 1977：231〕、渡辺・山田の考えの先駆とみなすことができる。渡辺の分析した権現原例は、社会的な変動期における再葬墓出現のメカニズムを解明する仮説を提示できた稀有な例である。第1節で述べたように、それを含めた多人数集骨葬の集落や墓地のなかでの位置や構造から、それが集落の子孫たちにとって埋葬の中心となる象徴的な機能を果たしていたことは疑うことができないので、そこに祖先祭祀[11]のための記念碑的施設、という性格を認めることができよう。

　東北地方北部で再葬が出現、発達する縄文中期終末～後期前半は、大規模集落が解体し、小規模分散化するようになることが指摘されている。縄文前・中期に肥大化した集落は、寒冷化や人口の増大による領域の資源枯渇を、集団の分散化とそれに伴う相対的な生活領域の拡大という方法によって回避しようとしたのであろう。

　しかし、墓地にはなおも大規模なものがあり、複数の居住集団が一つの墓地を造営していることなどから、分散居住するようになった人びとを結びつけていた原点は墓地だったといえる〔小林克 1995：70、設楽 1995b：90-91〕。京葉地方の同じ時期に、集落の減少化傾向があることは今回の遺跡集計データによってあらためて裏づけることができた。また、山田の分析からも明

296

らかなように、この時期には集落の小規模、分散化傾向が東北地方北部と同様に指摘できる。埼玉県坂東山遺跡の再葬例は、東北地方北部と関東地方という広域かつ遠隔地でほぼ同時に生じた二つの現象の間につながりのあったことを知る手がかりになるものであり、この時期の再葬の発達が広域的に因果関係をもった現象であることを示している。

縄文中期には海面低下が広域に認められるが、それは中期末から後期初頭を頂点とするものであった可能性が高い。広い範囲で襲った気候の寒冷化現象が、人口の減少を導くとともに集落の小規模分散化をもたらし、それまでの人びとの結集を象徴的に再現したりする装置である祖先祭祀の中心的存在として再葬墓が地域を越えて発達した。

この装置の出現の背景は気候寒冷化にあるが、ひとたび制度として定着すれば集落の人びとの結合を強化し円滑化する機能を強めるので、上昇期における堀之内1式期に発達して加曾利B式期まで継続したことも納得することができる。

縄文晩期は再び気候の寒冷化が進行した時期であった。縄文晩期から弥生時代前半にかけて再葬が発達するが、やはり気候変動との関連性に注意が向けられる。弥生時代の中部日本では、再葬墓が数多く検出されるのに対して、それに見合う集落はきわめて限られることが指摘されている。石川日出志はこの点に関して、分散化している小集団が集まってつくった再葬墓はいわば共同墓地であり、再葬は同族意識を確認する儀式だと理解している〔石川1999：175〕。今後集落の発見が再葬墓なみになされるとも思えないので、この考えは妥当だろう。

分散化した集落とそれに見合わない墓地の大きさと再葬の発達は、東北地方北部の縄文後期前半

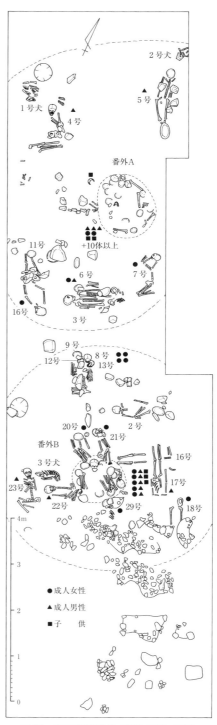

図95　福島県相馬市三貫地貝塚の埋葬

第Ⅲ部　社会変動と祖先祭祀

のあり方と共通する。縄文晩期の中部日本は集落や竪穴住居の数が激減する時期で、人口が急減したことは想像にかたくない。それとともに再葬が焼人骨葬や部分骨再葬あるいは穿孔人歯骨の着装など数々の儀礼を発達させて頂点を迎えており、気候変動と再葬の展開に時代を超えた因果関係のあることが確認できる。

　この時期の海面変動は世界的なものであるから、気候の寒冷化も広範囲で生じたものだろう。それにもかかわらず東北地方では集落の数は中部日本ほどに落ち込んでおらず、再葬もみられない。気候変動が必ずしもすべての地域の文化に等しい変化を与えたものでないことの証であり、そこに自然環境に対応した地域ごとの個性をうかがうこともできるのである。

2　合葬の意味

　東北地方北部の縄文後期の再葬では、土器に成人の遺骨を納めるにあたり、全身の骨を集めている。さらに生前の姿に近づけた蹲踞姿勢で再葬している点からは、再生あるいは母体回帰といった意図がうかがえる。房総地方の再葬がこうした再生観を伴うか否か不明だが、両地方の再葬は合葬を目的とした点に共通性があり、とく房総地方のそれは出自集団としての血縁関係を重視した世帯構成員の合葬という点に再葬の目的があるように思われる。権現原貝塚例などは被葬者の関係のみならず、合葬の具体的な契機を知りうる可能性をもったきわめて貴重な例であろう。そこでもう少し、多人数集骨葬の起源と合葬の内容について検討しておくことにしたい。

　多人数集骨出現以前、すなわち縄文中期の京葉地方では、廃屋の床などに遺体を葬る廃屋墓[12]が展開しており、縄文後期中葉まで続いた。廃屋に葬る遺体の数は1、2体が多いが、4体以上最高9体に及ぶ。4体以上のものは成人男女と子どもの組み合わせが多いことを考えると、かつてその住居に居住していた夫婦と子どもを核とした世帯構成員の可能性が高く〔春成1981：191-192〕、山田はそれを形質学的に明らかにしている〔山田 1995：62-64〕。

　権現原貝塚や祇園原貝塚例のような多人数集骨成立期における人員構成や上屋構造の存在などからすれば、多人数集骨は廃屋墓の被葬者である世帯構成員を1セットあるいは数セット再葬したものか、または廃屋墓を象徴的に表現した形で成立した可能性が高い〔春成 1980：333〕。渡辺は千葉県市原市草刈貝塚の廃屋墓の一つに、4本の柱の間に頭位方向をそれぞれ変えて四角形になるように葬った例と、権現原貝塚の盤状集骨状の人骨配置の形態的類似を指摘している〔渡辺新 1994：16〕。千葉県市川市向台遺跡の22号住居跡の廃屋墓では、壁際の柱穴の間に8体が葬られており（図96）、土坑の中央を空間として壁際に頭を寄せたり向けたりする葬法に多人数集骨葬との類似点が見出せる。高橋龍三郎は、草刈貝塚における縄文中期後半以降の環状集落の住居が内側に向かってむしろ居住スペースを狭めるように形成されていくのは、外側に設けられた縄文中期中葉の廃屋墓を祖先として意識した結果、重複を慎んで外側に拡張しなかったからではないかと推測しており〔高橋 1991：61-62〕、祖先祭祀の面からもその連続性がうかがえよう。

298

縄文後期になると、千葉県松戸市貝の花貝塚や市原市西広貝塚では廃屋墓からオープン・スペースに遺体が埋葬されるようになるが、なおも同時期の竪穴住居周辺に埋葬されている。すでに東北地方などがある程度竪穴から自立して埋葬を集中させた墓域を形成しているにもかかわらず、京葉地方では依然として竪穴住居へのこだわりを強くみせている。また、貝の花貝塚などには抜歯と無抜歯の合葬がみられ、夫婦合葬もおこなわれていたようである。それは世帯の自立化傾向、つまり婚入者を含みこんだ竪穴住居構成員の結束が京葉地方で根強かったことを示すものであり、世帯原理が優先していたのであろう。そこに祖先祭祀の意義をもつ多人数集骨が、世帯構成員を軸として成立する要因があった。

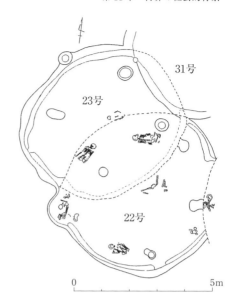

図96　千葉県市川市向台遺跡の廃屋墓

このように、多人数集骨葬は基本的には世帯構成員からなっているが、中妻貝塚例や古作貝塚例などの性の偏りからすると、その後半には世帯構成員の一部が排除されていた可能性がある。排除された者が婚入者を中心としているとすれば、多人数合葬は世帯構成員全体から血縁関係を中心に構成されるように推移した可能性が考えられ、縄文後期中葉以降、出自と世帯の相反する原理〔春成 1983：51〕をかかえた千葉市姥山貝塚 M 地点などの墓地[13]へとつながる。

その場合の排除された者に関しては、中妻貝塚と古作貝塚の多人数集骨がともに男性が圧倒的であることと、中妻貝塚の分析資料に血縁関係が強く認められることからすると、夫方居住婚を適用して中妻に婚入した女性の多くは古作貝塚例のように多人数集骨葬の周りに埋葬されているか、出身集落に帰葬されたと考えるとその現象を理解しやすい。しかし、ミトコンドリア DNA が母系に遺伝することからすると、分析例は母系の血縁関係を強く示唆しており、それに対して男性が多いという矛盾をはらんで問題を複雑にしている。この点に関しては、次の章で深めることにしよう。

世帯別原理が優先していた縄文中期の墓制から、世帯を統合した性格をもつ多人数集骨葬が後期初頭に出現し、後期中葉に墓域が成立してくるという流れは、縄文中期後半まで屋内祭祀を主体とした石棒祭祀が、中期末・後期初頭を境に徐々に屋外石棒祭祀へと移行していくという流れ〔山本 1983：177〕と一致する。山本暉久は、この個別竪穴成員祭祀→集落共同体成員祭祀への移行が、縄文中期末・後期初頭を画期とした個別化の方向性の崩壊＝集落共同体成員間の紐帯の再編・強化を意味すると考えたが、それを促した要因の一つとしてすでに述べたように気候変動が想定できる。

縄文晩期から弥生時代には、蔵骨器に再葬する遺骨保存の意図が一貫してみられる一方、焼

第Ⅲ部　社会変動と祖先祭祀

人骨葬という遺骨破壊の習俗が新たに加わり定着した。遺骨破壊の背景として、焼獣骨の共存などから再生の意図を推測することも可能だが、死という通過儀礼最大の集団的危機をもたらすどっちつかずの境界的状況下〔ターナー 1976：191〕において蘇りやたたりを恐れるという相反する意図も想定できるので、この決着は容易ではない。しかし、遺骨から歯や指を取り出して穿孔、着装し、再葬の儀式期間の終了とともに廃棄するといった行為をはじめとして、再葬の儀礼が一段と複雑化し、さまざまな手続きを踏んでおこなわれるようになったことは確実である。

　埋設土器はすべて蔵骨器と認められないものの、複数の土器を一つの土坑に埋納していることからすれば、ある種の合葬がおこなわれていた可能性は高いものとみるべきだろう。遺骨のほとんどは焼かれて土器に納められた骨はほんの一部分であるので、合葬の内容はまったくといってよいほど不明である。しかし、世帯ごとに設けた埋葬小群が集まって弧状をなすという縄文時代特有の墓域構成を弥生再葬墓は継承していることからすると、出自規制が働いた世帯構成員の合葬という縄文晩期以来のあり方が、集合した蔵骨器に合葬されている人々の関係に反映しているのではないだろうか。

3　通過儀礼としての再葬

　それにしても、なぜ再葬しなくてはならないのか、という疑問がつきまとう。確かに権現原貝塚例に対する渡辺の解釈は再葬の理由を説明しうるすぐれた仮説であるが、ひとたび制度として定着すれば、再葬せずとも共同のモニュメントを設けてそこに次々と葬ればよいではないか。事実、縄文後期前半には多人数合葬が出現して、一つの墓坑に単葬遺体を追葬していく様式に変化しているのである。

　人類学では、死や葬儀は死者が先祖になる前に必ず通過しなければならないものだが、それ自身、祖先としての身分を付与するものではなく、先祖になるためには特別の儀礼が必要だとされる〔フォーテス 1980：141-142〕。

　琉球・奄美諸島などの南島で、洗骨葬という一種の再葬が発達したことはよく知られている。加計呂麻島では埋めてから7年目に洗骨をおこなった。徳之島では3年ないし7年後に掘り出して洗骨した。沖永良部島では埋葬後3年（肥満は5、6年）、与論島は普通3、4年であった。洗骨の目的は浄めであるとされる。霊は生まれかわるか昇天するが、骨はかわらずに残るものであるから、その骨に汚染が残っていては霊も神の仲間入りができないというのである〔名嘉真・恵原 1979〕。とくに頭骨が重視され、墓のなかに真綿にくるまれて置かれたり、厨子甕という蔵骨器の一番上に置かれたりした。

　奄美本島では、死者の供養は1・3・5・7・13・25・33回忌で終わる。与論島では改葬後に骨を海辺の砂地の墓地に埋めておくが、33回忌がすむとこの白骨をギシという洞穴に納めた。奄美諸島では墓を媒介としたさまざまな祭りがおこなわれ、墓が祖先崇拝の拠点であり、祖先崇拝がもっとも深い信仰になっているとされる〔赤田 1980〕。死者の供養、祖先の仲間入りを

させるために、実にさまざまで長い手続きが踏まれている。その際の遺骨処理方法の基本は一連の再葬制であり、その本質は祖先の仲間入りをするための祖先祭祀であることが注目されよう。洗骨葬は、死→骨化→祖先への仲間入りという、通過儀礼に一般的にみられるとされる分離期、過渡期、統合期という推移〔ヘネップ 1977：9〕をたどる。洗骨葬には、祖先になるための通過儀礼という特別な儀礼としての役割、意味があったと考えられる。

　洗骨の際、骨に肉がついていることを忌む南島の洗骨葬には穢れをはらう観念が色濃くうかがわれ、洗骨までに長い期間をあてるのが通例である。これに対して軟部がついていたり椎骨が連結していたりする縄文・弥生時代の再葬に穢れの意識は見受けられず、骨あげの期間も相当短い場合があった。また、頭骨を特別視するようなこともない。したがって、南島の洗骨葬との間には観念的な相違も大きく単純に比較することはできないが、これまで述べてきた多人数集骨葬の祖先祭祀の可能性と、縄文晩期～弥生時代の再葬に複雑な儀礼的手続きがあったことからすると、通過儀礼と祖先祭祀が死者儀礼の原点になっているという共通性を見出すことも可能ではないだろうか。

　縄文晩期には、さらに抜歯や土製耳飾りをはじめとする各種の通過儀礼が発達した。ターナーは、複雑な加入儀式などは形式ばった組織を形成するとし、儀礼をおこなう頻度は社会的な葛藤の増大に対応して増える場合があることを指摘している〔ターナー 1976：15・279-280〕。悪化する自然環境のもとで、とくに縄文時代の晩期社会が地域的に通過儀礼をはじめとするさまざまな儀礼を発達させたが、それを理解するうえで有効な指摘といえよう。

ま　と　め

　縄文・弥生時代で再葬が制度として成立し、定着するのは、縄文中期末～後期前半の東北地方北部と房総地方、縄文晩期～弥生時代前半の中部日本である。それらはいずれも列島規模で文化や社会が大きく転換した時期であり、時代であった。そこに共通するのは、集落が小規模化し分散化するということである。その背景には、日本列島の広い範囲を襲った寒冷化現象を伴う気候変動があり、それが人口の減少を導くとともに集落の小規模分散化をもたらした。

　集落の分散化、小規模化の一方で、なおも墓地は大規模な場合がある。そして、シンボリックな記念碑的存在として、土器に再葬した墓や多人数集骨墓などが複数の地域で成立した。これは、祖先あるいは始祖の世帯を中心とした集団を、その後継者たちが合葬した墓である。悪い環境に陥った時に、小規模化し分散化した集落あるいは集団の結束を固めるための手段として、それまでの人びとの結集を象徴的に再現した再葬墓が、時代や地域を超えて祖先祭祀の中心的存在として成立したのである。ひとたび定着した再葬は、集落の規模などが回復してからもなお社会を統合する装置として継続発展する場合があった。このことは、京葉地方の再葬墓が示している。

　本章では集落の衰退期に制度として成立した再葬の背景を、寒冷化現象という自然環境的要

第Ⅲ部　社会変動と祖先祭祀

因から説明した。しかしこれはたんなる環境決定論ではない。集落を小規模化分散化させた集団編成や祖先祭祀を強化することによって結合を維持するという、むしろ自然環境の変動に立ち向かうための社会的文化的な装置としての働きという技術的側面が強く作用している点を評価しなくてはならない。また、数ある再葬の背景が自然環境の変動だけに帰されるものでないことはいうまでもない。

　琉球・奄美諸島でおこなわれていた洗骨葬の本質は、祖先祭祀を機軸とした通過儀礼である。時代や地域を超えた文化を一概に比較はできないが、この類似性は縄文後期から弥生時代にかけて発達した再葬を理解するうえで参考になる。本章で分析した縄文・弥生時代の再葬は、基本的に世帯構成員あるいは血縁関係を重視した親族組織を中心になされたものであり、子孫が近い祖先に対しておこなった、祖先祭祀の性格をもつ死者儀礼であった。祖先祭祀とそれに伴う通過儀礼は、いわば危機を乗り切るための縄文時代の人びとが発達させた一つの技術であるといえよう。中部日本における縄文晩期の再葬は、死者を祖先の仲間入りさせるための複雑な通過儀礼をますます発達させた。弥生時代の同地方にこれが継承されているのは、その地域文化の性格を物語っている。

　　註
1　ドイツの人類学者、ヴァルデマール・シュテーアの分類。大林太良は単葬と複葬とに区分している。
2　これまで、土器のなかに再葬人骨を納めて葬る葬法を土器棺再葬と呼び、大型壺を多用するようになった弥生時代のそれを壺棺再葬と呼んだ。しかし、白石太一郎の教示によると棺は遺体を納める施設であり、遺骨を納めたものには普通使わない。遺骨を納める器は蔵骨器、あるいは骨蔵器というのが一般的である。したがって、土器棺再葬あるいは壺棺再葬という名称は不適当である。筆者もこれらの用語を用いていたが、弥生再葬墓と改めた。
3　多人数集骨葬と少人数のそれとの境は、4体合葬はあまりなく、5体合葬以上のものに同じ類型のものが認められるので、一応5体以上を多人数集骨葬としている。ただし、3体あるいは4体の集骨にも多人数集骨葬と同じような合葬の契機と意味をもつものがあるかもしれない。
4　萩原らは、堀之内2式期と加曾利B1式期の多人数集骨葬と単葬を、集団間の区別や社会的要請にもとづいて同時期におこなわれた遺骸の取り扱いの差とみなしており、筆者の想定とは異なる。
5　火葬は一般的に遺体を焼くことであるが、縄文・弥生時代の焼けた骨は軟部がついている場合があるものの、おおむね骨化してから焼かれたものが大半であり、火葬と区別する必要があるのでこのように呼んでいる。
6　表15・図92の集計に用いたデータは、手元にある発掘調査報告書からの引用に加えて、各地の研究者の教示を得て作成した。集計に用いた京葉地方東京湾岸の時期がわかる竪穴住居跡が報告された遺跡の数は378遺跡、竪穴住居跡総数は3587棟である。すでに発掘調査を終えているが、整理が進んでいない遺跡のデータははずした。また、細別した土器型式レベルでの時期がわからないもの、たとえば加曾利Ｅ式としかわからない住居跡数は、ＥⅠ～ＥⅣ式までに細別できた棟数の比率に応じて比例配分してそれに加えた。
7　この地域の遺跡数を遺跡分布地図〔千葉県 1997・1999〕から集計し（表14）、遺跡数の変動も棒グラフで示した（図92）が、加曾利Ｂ式の遺跡数と竪穴住居跡数の比率には著しい差があることからもわかるように、遺跡の数から単純に集落人口を類推することは危険である。ただし、堀之内2式以降、大型竪穴建物が登場するので、単純に竪穴の数から人口を類推することにも問題を残している。大型竪穴の推定居住人数あるいは竪穴の役割自体も明らかにしなくてはならないなど、さまざまな問題を含んでいるが、今後の課題とした。
8　小林謙一氏ご教示。
9　このグラフを細かくみると、さらにいくつかの増減が認められる。それぞれの小さなピークの年代が、

第 11 章　再葬の社会的背景

縄文中期前半から晩期前半のどの土器型式に相当するのかは明らかでないが、ミズナラの増減（図 94）と集落数や竪穴住居の増減（図 92・93）とが対応している可能性も考えてみる必要はあるだろう。

10　考古学的な証拠から祖先を崇拝しているといえるもの以外は、祖先崇拝という言葉はさけるべきだろう。

11　再葬人骨のなかには椎骨が連結しているものがみられることや、中妻貝塚例の再葬人骨に傷がついたものがあまりなく、一次葬の場所を覚えていて慎重に遺骨を掘り起こしたためという山田康弘の所見などからすると、この場合の祖先は遠い祖先ではなく近い先祖を想定したほうがよい。多人数集骨を「祖先」として意識していたか否かは、小杉康が長野県明科町北村遺跡の配石墓などの事例からおこなったような実証的分析〔小杉 1995a〕が必要とされ、それを経ずに「祖先」の問題を軽々に論じるべきではないが、権現原貝塚や中妻貝塚の考古学的、人類学的なデータからすると、集骨をおこなったのはそれらの子孫であり、その集骨には血縁関係が認められるので、再葬されたのはやはり再葬実行者にとっての祖先とみるのが妥当だろう。祖先祭祀とは、生きている集団の成員が死んだ成員に対して交流を図る一連の儀礼〔新谷 1998：326〕と理解しておく。

12　廃屋墓の概念規定をめぐってはさまざまな議論があるが、ここでは死者が出ると遺体を置き去りにして家を放棄し、その家の床面や埋まっていく土の上に新たに出た死者を追葬していくものを典型例としておく。

13　林謙作は、墓域とはそのなかがあらかじめ何らかの原理によって分割されたものであるとされ、その意味では姥山貝塚 M 地点の埋葬は墓域成立直前だとしている〔林 1980：276〕。

第12章　縄文・弥生時代の親族組織と祖先祭祀

は じ め に

　祖先祭祀は親族組織と強い結びつきをもつ。したがって、ある社会の親族組織のあり方を探求するには、その社会における祖先祭祀の内容を吟味するのが一つの有効な手段となる。考古学的な事象のなかから祖先祭祀を抽出するのは容易ではないが、祖先祭祀が満たす要件と考古学的にとらえうる現象の間に合致する項目が数多く指摘できれば、その現象が祖先祭祀の性格をもつ可能性を浮かび上がらせることができよう[1]。

　本章では、まず文化人類学の成果に照らして祖先祭祀の要件を列挙したうえで、再葬のうちのあるものにそれが当てはまることを論じる。第11章で述べたように、日本先史時代の再葬は、縄文後期前半と縄文晩期〜弥生時代前半の東日本の一角に顕著に認められる。前者の代表が房総地方の多人数集骨葬であるが、茨城県取手市中妻貝塚の例は100体以上の遺骨を集積した、合葬の一種である。人骨の歯冠計測とミトコンドリアDNAの分析を組み合わせることによって、母系の出自規定のあったことが想定されているが、他の例を加えた多人数集骨の祖先祭祀のあり方などからその考えを批判して、別の考えを提示する。

　後者の代表はいわゆる弥生再葬墓であり、千葉県佐倉市天神前遺跡の弥生中期前半の再葬墓のように、男女を合葬した例がある。それが親子、キョウダイなどの血縁原理によるのか夫婦原理によるのか、問題である。初期の弥生再葬墓は、縄文時代の環状墓地の構造を踏襲している場合が多い。そこで、縄文時代の環状墓地の埋葬の構成原理を考察したうえで、弥生再葬墓にそれが継承されている可能性を踏まえつつ、男女合葬の社会組織上の原理を論じる。

第1節　祖先祭祀の要件と再葬

1　祖先祭祀の要件

親族組織　祖先祭祀は、死を媒介にした儀礼であり、墓と密接な関係をもつ場合が多い。したがって、祖先祭祀は生者であるまつる人と死者であるまつられる人との関係性のなかで執りおこなわれる。両者の社会的な関係性は、基本的に親族関係である。つまり、祖先祭祀は親族組織を基本単位とする。

世代深度と系譜　祖先は死者の累積の上に成り立つものであり、祖先が祖先であるためにはある程度の世代の深度が必要である。無文字社会では10代以上さかのぼって祖先をたどる例

第Ⅲ部　社会変動と祖先祭祀

があるのはざらであり、埼玉県行田市稲荷山古墳の辛亥年銘鉄剣には、8代の父系の系譜が記してあった。

　A・ラドクリフ＝ブラウンは、祖先祭祀のメンバーはもっぱら同一の祖先、もしくは祖先たちから一線をたどる出自集団の成員からなっており、通常出自は男系をたどる父系リネージであると述べている〔ラドクリフ＝ブラウン 1975：224-225〕。

　記念物と特別な儀礼　したがって、特定の親族組織上の系譜を遡及して死者を祖先の仲間に加える手続きが必要になる。墓に墓石があり、納骨堂の前で手を合わせるように、祖先祭祀には記念碑や記念する施設など、祖霊が宿る記念物[2]を必要とする場合が多い。そして、祖霊に対する供養、供犠などの特別な儀礼[3]を必要とし、それはしばしば特別な施設でおこなわれる。

2　再葬の祖先祭祀的性格

　多人数集骨葬　房総地方には、4体以上の人骨を一つの土坑に再葬した、多人数集骨が顕著にみられる。縄文後期初頭に現れ、後期中葉まで続く。これは合葬の一類型である。

　千葉県市川市権現原貝塚 P65 の多人数集骨は、18体の再葬人骨からなる。これらの人骨を分析した渡辺新は、臼歯の形態に第5咬頭と第6咬頭の2系統あることから、集落を開設した二つの家系の世帯構成員を合葬した墓とみなした〔渡辺 1991：72〕。山田康弘は、異なる咬頭の出現が遺伝的に固定されたものでないことから渡辺の理解に疑問を呈しながらも、多人数集骨のなかに血縁関係にある人々が含まれていることは認めている〔山田 2008：196-197〕。茨城県取手市中妻貝塚の A 土壙は、100体以上もの遺骨を納めた多人数集骨墓である。ミトコンドリア DNA 分析の結果、人骨に血縁関係の強いことが明らかにされている〔篠田ほか 1998〕。

　これらのことから、多人数集骨は血縁にもとづく親族組織の一断片であることがうかがえる。多人数集骨の構成員は3世代以内とされるが〔山田 2008：197〕、埋葬執行者世代の存在や、さらにその子孫が墓地を経営していくことを考えれば、まつられる者の世代の深度はある程度深いとみなすことができる。

　千葉県船橋市古作貝塚や福島県相馬市三貫地貝塚の多人数集骨は墓地の中心に位置し、周りを単葬などの人骨が取り囲む（図97）。多人数集骨墓は、権現原貝塚例や千葉県市原市祇園原貝塚例のように、柱が土坑のなかや周りに設けられ、屋根があり常時中をみることのできる状態であったようだ。また、集落の特別な場所に位置する場合が多い（第11章）。

　これらの多人数集骨は、特定集団への帰属意識を高めるための記念物である〔渡辺 1991：72、山田 1995：64-65〕。また、多人数集骨は葬送儀礼の執行者にとってある程度の世代的深度をもった「祖先」であり、複雑な遺体と遺骨の処理という特別な儀礼を経ている。したがって、そうした多人数集骨は一種の「祖先祭祀」的性格をもつと認めてよい〔林 1977：231〕。

　弥生再葬　東日本の東北地方南部から三河地方にかけて、弥生時代の前半に再葬墓が展開した。これを弥生再葬墓と呼んでいるが、その特徴は、一つの土坑に壺を主とする複数の土器を納める場合が多いことである。これは合葬の一種であり、人々の生前の社会的な関係が表現さ

306

第12章　縄文・弥生時代の親族組織と祖先祭祀

弥生再葬墓には、多人数の遺体を処理した多人数集骨墓が伴う場合がある。また、蔵骨器が地表面から頸を出して埋設された例や、土坑が埋められずに蔵骨器が追葬されていった例もある。つまり弥生再葬墓は、一種の記念物的な存在であった。弥生再葬墓はいくつかの土坑が群集して単位をなし、しばしばそれらが環状に配置されて累積的な墓地を構成することがあり、世代の深度の深さがうかがえる。

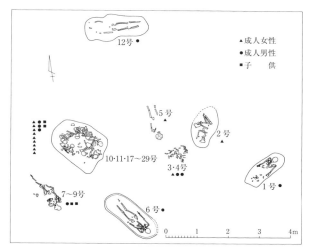

図97　千葉県船橋市古作貝塚の墓地

弥生再葬墓のもう一つの特徴は、遺骨を火にかける儀礼や、頭骨や指骨、歯など遺骨の一部を取り出し、孔をあけてペンダントにするといった、各種の儀礼が発達していることである。

したがって、弥生再葬墓には被葬者の生前の関係性を祖先への仲間入りという形態で再構築する、祖先祭祀的性格のあったことがわかる〔設楽 1994b：417〕。

弥生再葬墓は、数十から百数十の蔵骨器で構成される規模の大きなものがある。それにもかかわらず、居住域は判然としない場合が多い。この不均衡は、再葬墓を造営したのが分散居住した小規模な集団で、再葬墓はそれら分散小集団の共同墓地であり、同族集団の結合関係を再確認するための祖先祭祀施設であると考えることで説明がつく〔石川 1999：175〕。

このように、日本先史時代の再葬は、祖先祭祀の一般的な要件に照らして十分それを満たしている場合があり、再葬のあるものには祖先祭祀の役割があったことを推測することができる。では、再葬された人々の社会的な関係性はいかなるものであったのだろうか。

第2節　再葬と親族組織

1　縄文後期の多人数集骨葬と親族組織

多人数集骨の人的構成　房総地方における縄文時代の多人数集骨のうち、検討に耐える数の人骨の性別が明らかにされているのは権現原貝塚（後期初頭）、中妻貝塚（後期前半堀之内2式期）、古作貝塚（後期前半堀之内2式～加曾利B1式期）の3例である。

権現原貝塚例は、この種の葬法が出現した段階の墓である。18体が再葬されていたが、このうち15歳以上の成人で性別がわかる者は、男性6体に対して女性が4体と3：2の男女の比率である。それに続く中妻貝塚A土壙の成人の性比は、男性41体に対して女性が22体と

307

第Ⅲ部　社会変動と祖先祭祀

ほぼ2：1である。3例のなかでもっとも新しい古作貝塚例は、成人男性9体に対して成人女性が3体、つまり男女比が3：1と圧倒的に男性が多い。権現原貝塚例が、二つの世帯の構成員をほぼ偏りなく再葬しているのだとすれば、中妻貝塚と古作貝塚例[4]には明らかに選択が働いている。

中国新石器時代の多人数集骨葬　多人数集骨葬の性比と出自の関係を分析した例として注目できるのが、中国新石器時代の多人数集骨葬（多体二次合葬）である。

陝西省華県元君廟遺跡は、仰韶文化の代表的な埋葬遺跡であり、多人数集骨葬が多数検出された。性別がわかる144体の内訳は、男性84体に対して女性60体である。個々の多人数集骨墓で男性と女性の数が2倍以上に開く例は13例のうち8例に達し、なかには圧倒的に男性の多い場合もある。

こうした傾向に対して、厳文明らは多人数集骨葬が婚姻関係による家族ではなく氏族の男女比を反映しているとし〔厳 1989：298-301〕、父系制の萌芽を指摘した〔王 1982：48〕。今村佳子はこの時期に土製・石製の男根が出現することから、父系的集団編成原理が台頭してくると述べ〔今村 1998：29-30〕、宮本一夫は、何世代にもわたる血縁系譜の確認が祖先祭祀に結びついていったと考えた〔宮本 2005：124〕。

多人数集骨葬に祖先祭祀の役割があり、その墓が埋葬小群の中核をなしていることからすれば、男性が多数の場合は男性が自集落出身者である可能性を高めている。つまり、夫方居住優勢であり、父系出自の傾向が考えられる。古作貝塚例の男女比の不均衡も、父系的傾向の表れとしてうまく説明できそうである。

中妻貝塚の多人数集骨と mtDNA 分析をめぐって　しかし、中妻貝塚の多人数集骨の頭骨 29 体（成人男性24体、成人女性5体）のミトコンドリア DNA を篠田謙一が分析した結果は、この考えに抵触するようにみえる〔篠田ほか 1998〕。

29体のミトコンドリア DNA は、9種類のハプロタイプに区別される。このうち、17体がハプロタイプ1に集中し、タイプ3が5体、それ以外が1体ずつであった。21体は歯冠計測をおこなっており、五つのクラスターに分かれる〔松村・西本 1996：3〕（図98左）。歯冠計測で区分されたクラスターのうち、大型の No.4 と No.1 にはそれぞれハプロタイプ1と3があり、二つの家系が存在していたことを示すとされる（図98右）。五つのクラスターにはいずれもハプロタイプ1の人骨が存在している。これらの人々は血縁関係の強いことがわかる。

ミトコンドリア DNA は母系で遺伝する。篠田らは中妻貝塚の多人数集骨の大部分が母系の集団であったと解釈し、ハプロタイプ1の17体のうち多くを占めるのが男性であることから、彼らを母系の婚入者としている〔篠田ほか 1998：17〕。西本豊弘は、ハプロタイプ1以外のハプロタイプは大部分が男性であるので、男性が婚入してきたと考え〔西本 2008：38〕、高橋龍三郎も母系制社会とみなし、中妻から婚出した男性を出身集落に帰葬したと考える〔高橋 1999：58〕。

一つの居住集団に同一のハプロタイプの男性がこれほどいれば、一人の母親から生まれたものとは考えにくいので複数の母親を想定しなくてはならず、複数の母が血縁関係にあることに

308

第12章　縄文・弥生時代の親族組織と祖先祭祀

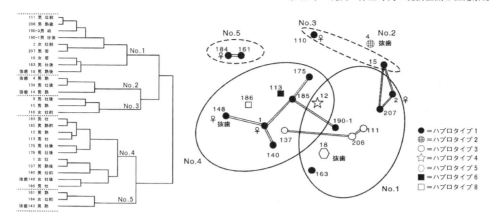

図98　茨城県取手市中妻貝塚出土人骨の歯冠計測（左）とDNA分析（右）の結果

なるので妻方居住婚説が有利にみえる。この説を認めれば、多人数集骨葬が男性中心に構成されている場合は夫方居住婚を基盤とした父系出自集団を中心に形成された、と単純に理解することができなくなってしまう。

成人女性の行方　分析された29体の人骨は、成人男性24体に対して成人女性が5体と、女性がきわめて少ない。そもそも、中妻貝塚における多人数集骨の成人性比は、男性41体に対して女性が22体である。男性に釣り合う数の残りの女性は、どこに行ってしまったのだろうか。

分析資料のうちの成人男性は、大半が壮年と熟年であり、結婚適齢期以降である。彼らに血縁関係が強く認められることに加えて、多人数集骨が墓域や集落の記念碑的存在であり、祖先祭祀の中核的な性格をもつことからすれば、彼らは婚入者と考えるよりも中妻の出身者とみなすほうが妥当だとの仮説が成り立つ。mtDNAは母系遺伝なのでハプロタイプの多様性は母系の多様性を示しており、男性のそれが多様なことは、西本の理解と異なり、夫方居住婚の傾向を示す。

すなわち、中妻の多人数集骨の男性の婚後居住規定は、夫方居住である可能性が考えられる。一方、5体の壮年女性がいずれもハプロタイプ1に含まれるように、女性相互でも、また男性とも血縁関係が強いのだから、彼女らも中妻に出自するのだろう。したがって、中妻貝塚の集団は、夫方居住婚の傾向を強めつつもまだ選択居住婚の傾向を合わせもっていたと考えられる。

そもそも、ハプロタイプ1が男性に集中することが、母系制をとることの根拠になるのだろうか。篠田らは次のようにも述べている。「一定のハプロタイプが多数を占めたことが、そのまま、集団の密接な血縁関係を反映しない場合もある。この多数を占めたハプロタイプが周辺の集団でも多数を占めるタイプであった場合である」〔篠田ほか1998：6-7〕。この考えにもとづいて、中妻貝塚の多人数集骨のミトコンドリアDNA分析と歯冠計測分析の結果から親族組織をシミュレーションしたのが図99である。夫方居住優勢の選択居住婚で、構成できる。

夫方居住は男が生まれた場にとどまるシステムであるから、父系を通じて財産や地位などを

309

第Ⅲ部　社会変動と祖先祭祀

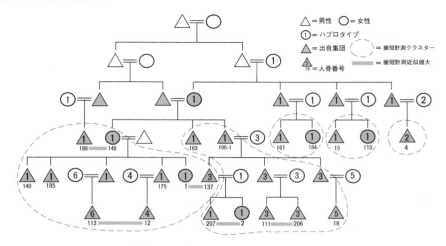

図99　中妻貝塚土壙 A 人骨の親族組織シミュレーション

継承する父系制と親和的な関係にある[5]。とすれば、中妻貝塚の親族組織は父系制的傾向の強い双系出自規制にもとづいているといえよう。中妻貝塚の多人数集骨は出自集団を中心に形成された合葬墓であり、婚入者は古作貝塚のように多人数集骨の周りや別の場所に埋葬された可能性が高いのではないだろうか。

　　多人数集骨の形成と婚後居住既定の変化　多人数集骨葬出現以前、縄文中期の房総地方を中心とする南関東地方には、廃屋の床や覆土に遺体を安置あるいは埋葬する廃屋墓が展開する。
　そのうちの一つである千葉県市川市姥山貝塚 B9 号住居跡から出土した 5 体の人骨の形質人類学的分析結果から、5 名に家族的なつながりのあったことが指摘されている〔諏訪・佐宗 2006：79〕。山田康弘は、親である 3 号成人男性が婚入者としての形質をもつことから、妻方居住婚を推定し、縄文中期前半の関東・中部高地地方が母系的社会[6]であったという説〔山本 1996：73〕との整合性を見出している。
　縄文中期の廃屋墓の人的構成に姻族を含むことからわかるように、房総地方の中期社会の埋葬は世帯原理[7]が強い〔設楽 2001c：64〕。多人数集骨墓が、廃屋墓を一つないし複数集合させることで成立したものならば〔春成 1980：333〕、成立当初の権現原貝塚例はまだ廃屋墓の世帯原理を強くもっていたが、縄文後期前半の社会になるとそれが出自原理によって編成されていくようになったといえよう〔春成 1983：51、設楽 2008a：161〕。
　出自という概念は「祖先に基礎をおく血族のカテゴリー」で、「自系」と「他系」を区別することができ、始祖からの一系性が重視されることにより、超世代的な団体による「祖先崇拝」の単位となりうる〔村武 1981：282-283〕。したがって、祖先祭祀の性格をもつ多人数集骨葬は、個人に基礎をおく双系親族原理ではなくて、夫方居住婚が優勢な単系出自集団の原理がより強く作用しつつあったとみてよい。中妻貝塚例や古作貝塚例がいずれも双系的傾向をもつとはいえ、母系制的傾向から父系制的傾向へ移行していくのは、山田康弘がいうように〔山田 2008：318

310

-319〕、縄文後期のうちに比較的急速になされたのではないだろうか。

2　弥生再葬墓と親族組織

弥生再葬墓の合葬原理　弥生再葬墓の複数の土器を納めた土坑には、基本的に複数体の人骨が合葬されたとみてよい。合葬された者が赤の他人同士でなければ、考えられるのは年齢集団〔田中 1991：115-117〕か出自集団、あるいは配偶者を含む集団のいずれかである。年齢集団は、男女別に構成されるのが基本である。ところが、弥生再葬墓には千葉県佐倉市天神前遺跡のように男女で合葬された例や、福島県霊山町根古屋遺跡のように成人と小児が合葬された例があるので、年齢階梯的な同世代同性集団の可能性は薄い〔春成 1993：78〕。

　一つの土坑に複数埋納された蔵骨器としての土器は、まれに1型式、ごくまれに2型式ほどの時期差のある場合もあるが、概して時期差がない。これは、蔵骨器が比較的短期間で集積されたのちに一括埋納される場合が多かったことを物語る。ある程度の世代の深度はあるが、まったく顔も姿もみたことのない先祖の骨を合葬しているのではない。

　したがって、合葬の原理は世代的に大きな開きのない出自集団ないし世帯ということになるが、その場合の集団の範囲とそのなかに夫婦が含まれるのかどうかが問題になる。

弥生再葬墓の墓地構成と埋葬小群の内実　根古屋遺跡や福島県石川町鳥内遺跡はもっとも古い弥生再葬墓である。墓地全体が弧状をなし、そのなかがいくつかのグループに分かれ、各グループは古い時期から新しい時期の墓坑によって構成されている。

　縄文時代の墓地は環状墓地に代表されるように、いくつかの墓坑群によって構成される分節構造をなす場合がある〔谷口 2005：6-9〕。各分節は、埋葬小群と呼ばれる。水野正好は秋田県鹿角市大湯環状列石の埋葬小群が竪穴住居を構成する小群と対応することから、墓地と居住域の基本的構造が一致すると主張した〔水野 1968：262〕。林謙作、春成秀爾もそれを踏襲して、埋葬小群は集落内の特定の場所に何世代にもわたって建てなおされた1棟の竪穴住居＝1世帯の歴史の一部に対応するととらえた〔林 1979：10、春成 1980：331〕。埋葬小群内の人骨の頭蓋形態小変異の分析は、百々幸雄、山田康弘によっておこなわれているが〔百々 1981、山田 1995：62-94〕、いずれも優位な類似結果が出ており、埋葬小群には血縁関係のある人々が含まれていることがわかる。

　つまり、埋葬小群は時代を重ねた世帯構成員の墓群に相当する。それを認めれば、根古屋遺跡や鳥内遺跡の墓群は埋葬小群であり、世帯ないし世帯群の死者の累積とみなしうる。

弥生再葬墓造営集団の組織　先に、弥生再葬墓の居住域は不明確であると述べたが、ないわけではなく、その多くは1〜2棟ほどの竪穴住居から構成される、移動性の強い小集落だった〔小林ほか 2003〕。これは、縄文時代の草創期以来の集落の基本単位と等しい、血縁によって結びついていた集団である。その規模からは、R・M・キージングの親族集団居住形態区分によるタイプ1ないし2に相当しよう（図100＝タイプ2）。つまり、単一の出自集団（リネージ）とその配偶者で構成されている集団である〔キージング 1982：73-79〕。

311

第Ⅲ部　社会変動と祖先祭祀

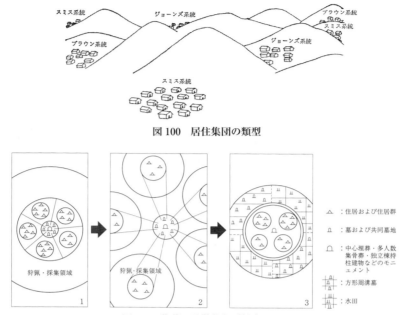

図100　居住集団の類型

図101　集落の分散化と再統合モデル

　縄文晩期は世界的な気候寒冷化の時期であり、地域によっては集落数や人口が激減した。弥生再葬墓を形成した地域もその影響を免れず、集落は資源枯渇を回避するために、リネージを基礎とする世帯ないし世帯群を単位に[8]分散、小規模化していった〔設楽 2008a：237-244〕。したがって、弥生再葬墓を造営した分散居住集団は、地縁的な結合によって結びついているというよりは、かつて共通の祖先のもとで生活を共にしていた親族組織が分解したものとみなしうる（図101-1・2）。

　共通の祖先をまつるいくつかの集団によって弥生再葬墓が形成されているとの説に依って立てば、弥生再葬墓を造営した居住集団群は、一定の領域に散在する単一出自集団群であるか、擬制的な血縁関係によって祖先を等しくするとみなされた氏族[9]的な結合体、すなわち居住集団を横断的に結びつける社会集団の一単位であるソダリティー〔サーヴィス 1979：10-12〕と考えるのが妥当である。

第3節　縄文・弥生時代の夫婦の位相

1　縄文晩期の男女合葬

　抜歯出自表示批判をめぐって　婚姻は人類の営みにとって欠くことはできないが、権威や地位や狩猟場の用益権などの財産がリネージを通じて継承されていくシステムが形成されたならば、居住集団に別の血統が入ることは社会を不安定にさせかねない矛盾を抱えるので、婚入者にはさまざまな禁忌が課せられるようになる。

312

縄文晩期の東海地方では、埋葬小群が4I系の抜歯と2C系の抜歯の小群によって分割される場合がある。春成秀爾は縄文時代の合葬の原理を分析し、4I系抜歯の人物と2C系のそれと合葬されることは皆無であることを突き止めた〔春成 1980：322〕。春成は抜歯型式と装身具のあり方から、東海地方の縄文晩期に4I系抜歯は自集団出身の印であり、2C系抜歯は婚入者であることを表すとした〔春成 1979・2002：93〕。

この学説には、形質人類学からいくつかの補強や反証があげられている。その逐一は別稿〔設楽 2008b〕に譲るが、ここでは田中良之の批判について触れておきたい。

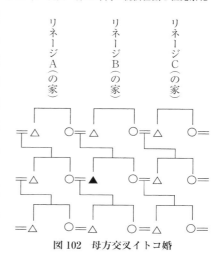

図102　母方交叉イトコ婚

田中は、春成説に対してキージングの出自集団と居住形態の関係性モデルから、縄文後・晩期は一つの集落が複数の出自集団に分割されており、そうであれば抜歯の4I系と2C系という二つの出自表示だけでは族表示は足りなくなるとして、抜歯出自表示論を批判した〔田中 1998：9〕。

伊川津貝塚出土多人数集骨の歯冠計測分析結果の解釈　愛知県田原市伊川津貝塚6号墓は、13体の人骨が集積されていた。田中らは歯冠計測分析の結果、これら合葬人骨が何らかの血縁関係を有しているとの結論を導いた〔田中・土肥 1988〕。8体は2C型抜歯であり、春成仮説によれば婚入者表示である。

田中らは、春成説が成り立ちうる二つのケースをあげている。その一つは、2C型抜歯の人が同じ集落から婚入した場合である。春成は三河地方あるいはそれを超えた範囲が通婚圏だとすれば考えにくいと、その仮説を棄却したが〔春成 1988：444-445〕、中妻貝塚例を念頭に置けばありえない話ではない。つまり、伊川津貝塚に恒常的に配偶者を出す集落が存在していたと考えた場合である。

たとえばインドのプルム族やビルマ北部のカチン族など、世界中の多くの民族にみられる、一方的に妻を与える集団ともらう集団による母方交叉イトコ婚、すなわちC・レヴィ＝ストロースのいう一般交換[10]を想定するのである（図102）。

伊川津生え抜きの男性にとって、結婚相手である父の姉妹の娘または母の兄弟の娘は別の氏族に属する〔内堀 1975：142〕。したがって、氏族外婚制度にもとづき血族関係を断ち切って婚出した女性ないし男性の娘だから、抜歯規制では2C型になる[11]。

こうした考えに、縄文晩期の合葬には出自原理にもとづく生前の親族組織上のつながりを再現する目的があったという理解を加えれば、伊川津貝塚の多人数集骨は、ある時期に伊川津貝塚の出自集団と婚姻関係が結ばれていた別氏族の婚入者集団の埋葬小群の一つであり、合葬の形をとること、歯冠計測値が近似すること、2C型抜歯であることを説明できる。

313

第Ⅲ部　社会変動と祖先祭祀

抜歯出自表示と縄文時代の婚姻関係　では、族表示の問題はどうだろうか。縄文時代に4I系と2C系の抜歯が普遍的に認められるのは、三河地方以西である。岡山県笠岡市津雲貝塚もその一つだが、この地方の集落の規模を分析した山田康弘によれば、せいぜい2〜3棟の竪穴住居からなる単一リネージ程度の小さな単位にすぎない。したがって、居住集団が、キージングの3ないし4タイプになることはなく、1・2タイプを基本としていたと考えてよい〔山田 2009：39〕。三河地方でもさしたる差はないだろう。関東地方の縄文中期には、双分組織を疑わせる集落があり、その場合には出自表示とともに族表示が問題になるが、中国地方の集落で半族は抽出できないので〔山田 2008：315〕、その限りではない。

　春成は「自・他氏族を区別する方法を見出した縄文人のうちに、複数の他氏族をさらに区別しようとする意識がついに萌芽しなかった」と述べている〔春成 1973b：43〕。そこから逆に、縄文時代の西日本のような小規模な集団に族表示を複雑化させる契機があったのであろうか、という疑問がわく。血縁集団にとってもっとも大事なことは、血縁関係にあるか否かの区別だから、社会を分割する原理が出自集団構成員と婚入者との区別だけでよく、婚入者の出自までは問わない集団関係であった可能性—ムラが出自集団の単位となる—も、西日本のような小規模集団を念頭に置いた場合、まったくないとはいえないだろう。

　血縁関係にもとづく縄文社会における親族組織上の根幹は、出自集団の出身者と婚入者の二元的区分であった。それに加えて、西日本の居住集団は規模が小さかったことからすれば、社会人類学でいうところの2セクション体系〔キージング 1982：141〕に近い組織原理を想定することにより、春成の抜歯理論の二元性はうまく説明できる[12]。

　したがって、春成が4I系と2C系の抜歯にもとづいて組み立てた親族構造の仮説は、整合性をもつ。そうであれば、縄文晩期の東海地方では4I系抜歯人骨と2C系抜歯人骨の合葬が認められないのだから、夫婦の合葬が禁忌されていたという理解が妥当だろう。天神前遺跡の男女合葬も夫婦以外の親族組織原理にもとづいていると、一応は考えられる。

2　弥生時代の男女対偶葬

弥生時代における男女像の形成　第17章で詳述するが、弥生前期の東海地方で生まれ、弥生再葬墓分布地域に広がった土偶形容器は、子どもの骨を入れた再葬の蔵骨器であり、男女一対を基本とした偶像である（図162）。縄文時代の土偶に男性像は皆無に近い。弥生時代の木偶も男女像であるから、土偶形容器は縄文時代の土偶を基礎にしながらも、木偶の影響によって性格が変化していったと考えられる。その背景には、男女の社会的位置づけの変化が考えられる。

　縄文時代は採集狩猟をおもな生業としていた。そのような社会では、生業は性別に分担される性別分業を基礎とする。一方、農耕に男女協業の傾向が強いことは、各方面から明らかにされている。生活の根幹にかかわる生業の変化は、労働組織の変化と密接に関係し、それは男女の集団編成のあり方や生産に対する呪術のあり方を大きく左右した。土偶は女性を基盤としたヒトの再生産構造にかかわる呪具であったが、土偶形容器は男女協業の比重の高まりを反映し

314

て、農耕文化的変容を遂げて誕生した〔設楽 2007〕。

男女対偶葬をめぐる議論　弥生時代における男女間の社会的関係の変化は、墓制にもうかがえる。弥生時代の墓地における男女並葬が親族組織と絡めて問題にされたのは、大阪府東大阪市瓜生堂遺跡 2 号方形周溝墓であった。田代克己は夫婦三世代の埋葬ととらえ〔田代 1982：380〕、春成秀爾〔春成 1982：364〕や都出比呂志〔都出 1989：338〕も男女のペアを夫婦とみなした。しかし、弥生時代の男女並葬を夫婦とみなす見解に対しては、形質人類学的分析から批判が寄せられている〔田中 1995〕。

表21（453頁）は弥生時代の合葬〔本間 1993〕をまとめたもので、弥生Ⅱ期以降、成人同性合葬の A 類がほとんどなくなる。したがって、表の上から 3〜6 番目の時期が不確かな事例は、いずれも弥生Ⅰ期以前の可能性が高い。つまり、弥生Ⅰ期には縄文時代の伝統として残っていた同性合葬が、弥生中期以降衰退したことを示している。それに対して、B・D 類の男女合葬は、各時期でほぼ満遍なく認められる。同性合葬が下火になるからには、血族の男女合葬も下火になるのを免れなかったであろう。したがって、弥生中期以降の男女合葬は、夫婦関係が多かったことになる。

男女を並葬した事例は、縄文時代にはまず存在しない〔春成 1982：363〕。血縁関係を重視した縄文時代の合葬原理になかった事例が登場したわけだから、血縁以外の原理、すなわち夫婦合葬が理論的に考えられてよいし、弥生時代の合葬例や並葬人骨の分析からも、その可能性を考慮する余地がある。ヒトの再生産構造の象徴としての男女像が成立した原因は、農耕文化の浸透を背景とした親族組織における夫婦原理の台頭を考えることで、理解が容易になる。

弥生時代の夫婦葬　春成によれば、河内地方では、男性が墳丘墓の中心に埋葬される傾向が弥生Ⅲ期に萌芽的に現れ、Ⅴ期に顕著になり、世帯の長ないし世帯共同体の長が男性によって独占されるという〔春成 1985a：35〕。都出は、中国の戦国秦漢期や朝鮮半島の墓制の影響を受けて夫婦並葬が出現した可能性を指摘し〔都出 1989：336-338〕、日本古代社会において上位階層は渡来集団系譜の集団の比重が高いとして、父系原理の強い親族組織を想定した〔都出 1989：453〕。田中が分析に用いた資料は、階層的に上位の者ではないので〔春成 2002：461〕、階層によって埋葬の形態が異なっていた可能性がある。

北部九州地方の弥生中期社会は基本的に双系制社会であるものの、男性労働の比重の高まりが父系的傾向を生み、それが墓の副葬品などに反映している〔田中 2000：140-142〕。佐賀県神埼市・吉野ヶ里町吉野ヶ里遺跡の墳丘墓では、銅剣を副葬した中期前半の甕棺が中央にあり、銅剣などを副葬した中期中葉の甕棺がそれを取り巻き、副葬品をもたない甕棺がほぼ同数伴う。一際大きな中央の甕棺をはじめとする銅剣を副葬した甕棺の被葬者が男性で、副葬品のない甕棺の被葬者が女性であろう。弥生中期の北部九州地方では、階層的に上位の集団が父系制をとるようになったのである。

第Ⅲ部　社会変動と祖先祭祀

第4節　弥生再葬墓から方形周溝墓へ──祖先祭祀の行方──

大型農耕集落の形成過程　神奈川県小田原市中里遺跡は、沖積微高地に立地した弥生中期中葉の農耕集落である。100棟ほどの竪穴住居跡が検出されており、それ以前の関東地方にはまったく存在しなかった巨大集落である（図103）。

　弥生前期末〜中期前半の集落は台地の縁に散在しており、中里遺跡成立前後にほとんどが廃絶する。中里遺跡の居住域は数棟の竪穴住居からなる数群に分かれ、そのうちのいくつかは環状をなす。図式的にいえば再葬墓遺跡を中核として散在する集落が中里遺跡に結集したが、各集落ごとに集住していたことになる（図101-3）。結集の目的の一つに協業を必要とする灌漑水田稲作があったことは疑いない。中里遺跡からは、近畿地方に系譜が求められる外来系土器が4％も出土し、農耕集落の形成は近畿地方の助けを借りておこなわれた。

　地縁的結合の進行と弥生再葬墓の終焉　それでは、中核の柱であった再葬墓はどうなったのか。中里遺跡の墓域は、方形周溝墓である。そこには再葬墓の要素はほとんどない。そこで注目できるのが、居住域の住居小群の中心をなす位置に建てられた独立棟持柱建物である。それが再葬墓にかわる集団統合の象徴であり、祖先祭祀を引き継ぐ施設であった〔小林青 2003：69-70〕。

　独立棟持柱建物は、2棟以上ある。2棟が同時に存在したと仮定して、一つの独立棟持柱建物を取り巻く居住集団に一つのリネージないし氏族が対応するとすれば、複数の氏族が結集したこと、つまり地縁的結合がすでに認められるのかもしれない。結論は集落継続期間の分析を待つほかないが、これほどの規模の集落が突然出現したのだから、その可能性がある。

　近畿地方などの方形周溝墓は環壕集落に付随する場合が多く、環壕によって居住域と墓域が隔てられるのを基本とする。中里遺跡も環壕は明瞭ではないが、居住域と墓域が区別されている。原始・古代の農耕社会では人間の霊と穀霊は融即しており、死者の霊祭りは穀霊祭儀と共通におこなわれるのが一般的だとされる〔三品 1973：227〕。したがって、近畿地方などの弥生時代の祖先祭祀の場は墓域ではなく、農耕儀礼をおこなう居住域だったのであろう。銅鐸とそこに描かれた高床倉庫や独立棟持柱建物が、穀霊と祖霊をまつる道具や場であった。

　弥生再葬墓は、散在している親族集団の紐帯を維持するために機能していた。それらが集結し、集住することによって、もはや分節集団を統合させる機能を再葬墓という共同墓地に求める必要はなくなった。そして、祖先祭祀を居住域でおこなう原理が近畿地方から関東地方に導入され、弥生再葬墓は終焉を迎えた〔設楽 2008a：283-288〕。

第5節　結論

　祖先祭祀の機能をもつ再葬が発達した縄文中期から後期へ、縄文晩期から弥生時代へ、これらの時期はいずれも大型の集落が解体して、小規模分散化が生じた時期である。居住集団が分

第12章 縄文・弥生時代の親族組織と祖先祭祀

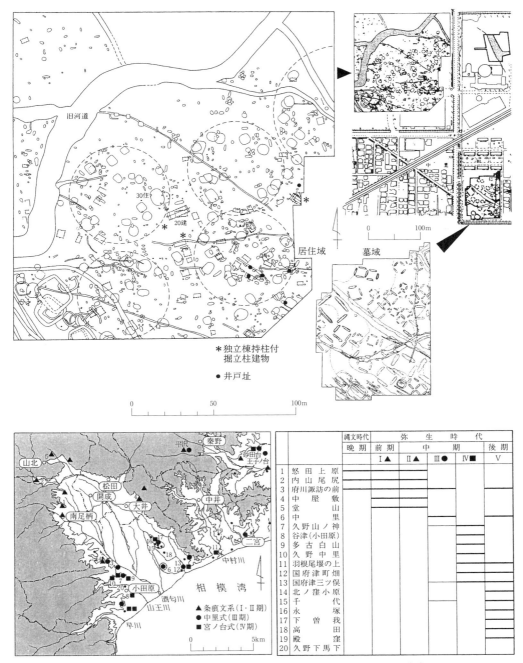

図103 神奈川県小田原市中里遺跡と足柄平野周辺の弥生時代主要遺跡

第Ⅲ部　社会変動と祖先祭祀

散化する場合、数個の世帯を一つの基本単位として移動するのが一般的だ、という解釈がある〔林 2004：46-48〕。弥生再葬墓の居住集団が想起される。そうすると、世帯の自立化が表面に出てきて、血縁社会の統合原理と齟齬をきたし、それを抑制するために何らかのかたちで集団統合を果たす必要が生じる〔谷口 2005a：248〕。それが、かつて祖先を共有していた分散リネージによる祖先祭祀の発達を促した要因の一つである。

　縄文中期前半の中部・関東地方が母系社会を基本にしていたとすれば、集落が分散化する中期末から後期初頭に、選択居住婚を基礎にした組織が一時的に形成された可能性が考えられる[13]。しかし、墓地を異にしていた二つの出自集団の子孫が、生活に弊害をもたらす排他的関係を撤廃するために二つの家系の祖先を合葬して記念碑をつくりあげた、という権現原貝塚の分析〔渡辺 1991：72〕を踏まえてそのような社会変動が縄文中期から後期に一般的であったとすれば、集落はあらたな婚姻体系を模索してふたたび統合の機会を迎えたと理解してよい（図101）。再統合の際、その中核をなしたのがそれぞれの祖先の合葬であった。

　多人数集骨葬が発達する縄文後期前半は、再び自然環境に回復がみられ、集落の規模も大型化していった時期に相当する。千葉県域の東京湾沿岸などでは、いわゆる拠点集落を基軸として、分散化した小集落が点滅状に分布し、狩猟場や貝採集の場を共有する状況もあらたに生じた。その際、集落相互の領有圏の所有権の問題を解決し、紛争を未然に防ぐ役割を果たしたのが、リネージを通じて祖先の系譜をたどり、自他の所属と共に財産の継承を明確にする出自規制であった〔設楽 2006：125〕。それは、隣接する別の氏族との間の調停にも有効性を発揮したであろう。

　縄文中期から後期へと、世帯の原理よりも出自の原理が重視されていったのは、単系出自集団を構成しやすい父系化の傾向が強まったからであり、それは房総地方の多人数集骨の人的構成の変化からうかがうことができる。社会人類学の成果に照らしても、祖先祭祀の強まりと単系出自集団形成への動きは連動しているとみてよい。

　ではなぜ、縄文中期から後・晩期へと、母系制に戻らずに父系的傾向を強めるに至ったのだろうか。いくつかの要因が考えられようが、その一つとして、関東・中部高地地方の中期から後・晩期へと、生業において狩猟の比重が高まっていくことが想起される。狩猟場の継承などは、父系を通じてなされたと考えられるからである。

　縄文晩期に至り、出自原理を重視する社会は三河地方などで抜歯によって婚姻体系を明示することになったが、それとともに夫婦の合葬を禁忌するに及んだ。東北地方の縄文晩期には男女別の墓制が認められるので、おそらく東日本では父系の単系出自原理が台頭していったのであろう。初期の弥生再葬墓が、埋葬小群によって墓地が分節化しているという、縄文時代の墓域構造を引き継いでいることからすれば、埋葬原理も受けつがれた可能性は高い。そこから、弥生再葬墓の男女合葬は、キョウダイなどの血縁原理にもとづいていたとの考えが導かれる。

　一方、弥生中期の北部九州地方では上位階層の者に男女対偶葬が認められるとともに、父系制的傾向が顕著になる。弥生時代の男女合葬から、対偶葬の男女は夫婦である可能性が指摘で

第12章　縄文・弥生時代の親族組織と祖先祭祀

きる。夫婦並葬や父系原理は、大陸から北部九州地方を経て、近畿地方に及んだのではないだろうか。縄文時代にはなかった男女像の影響を受けて、再葬墓地帯では男女一対の蔵骨器、土偶形容器が誕生した。男女一対という新たな原理が東日本に及んだ結果である。したがって、再葬墓における合葬された男女に血縁関係を想定したが、夫婦合葬の可能性もまったくは否定できない。

　弥生中期中葉になると、近畿地方などから本格的な灌漑農耕が南関東地方に導入された。それは分散集団を集結させるとともに、居住域と墓域を区別して集落を設計し、農耕のまつりとしての祖先祭祀を居住域でおこなうことを促した。祖先祭祀を通じて親族組織上の紐帯を維持していた弥生再葬墓は、集住と近畿地方的生活様式の導入によりその機能を喪失した。それは、縄文時代に重視されていたリネージを通じた社会の統合が、地縁的結合の進行によって薄らいでいく過程を示しているのではないだろうか。

註

1　考古学の文献で、しばしば「祖先崇拝」あるいは「祖霊崇拝」という用語を目にするが、死霊や祖霊に対する崇拝は、死霊が生者に託宣的助言を与えるに至って成立するものであり、たんなる供養（feeding）は崇拝（worship）とはいえない〔Hopkins 1923：79〕。また、「祖先崇拝」は ancestor worship の訳語として明治以降定着したものであるが、キリスト教徒の神・聖者に対しての崇拝観が念頭にあるので〔藤井1993：542-543〕、先史時代の事象に用いるのは適切ではない。したがって、崇拝の存在や内容がよくわからない考古学的な事例を扱う場合には、「祖先祭祀」や「祖霊祭祀」としたほうが無難だろう。
　　親族は、現代の民法では6親等以内の血族と配偶者、および3親等以内の姻族を指す。親族の範囲は地域と歴史によって異なるが、構成要素は普遍的と考えてよい。
2　小杉康は、縄文時代の配石遺構について、「間接的経験的観念的祖先観」による祖先との深度をもつ祖先祭祀、すなわち「直接的臨機的死の儀礼」から発展した、累世的死者祭祀である恒常的な死者儀礼が祖先祭祀であり〔桜井 1974〕、そのための集団統合の記念碑的機能をもった葬墓祭制空間が、大規模配石施設として形成される〔小杉 1995a：141-145〕と述べている。
3　父系制を敷いたアフリカのタレンシ族を分析したM・フォーテスはこのことを力説し、とくに親に対する子の孝行が祖先祭祀の基軸となる特別な儀礼であるとした〔フォーテス 1980：118〕。供養など特別な儀礼の中身を考古学的にとらえることは困難だが、弥生中期の北部九州地方における墓に伴う祭祀土器が飲食物の供献を示すものであるように、供養の実態を推測する手がかりとなる例もある。
4　古作貝塚の多人数集骨を取り巻く人骨は、成人男性が3体に対して成人女性が6体と、逆に女性が倍の数を占める。したがって、全体の埋葬人骨は4：3と男性が少し多いものの、権現原貝塚例と同様、性比がほぼ釣り合う〔設楽 2001c：59〕。多人数集骨とそれを取り巻く埋葬全体が埋葬小群で、そのなかから多人数集骨が選別されたと考えられる。
5　一方、ニューギニア東北のトロブリアンド島民は母系制だが夫方居住であり〔マリノウスキー 1971：16-17〕、出自規定と婚後居住既定の関係は単純に限定できるものではないことも、注意を要する。
6　母系社会は、相当規模の大きな居住集団（コミュニティ）に群居している場合が多い。そして、どの居住集団にも、分節化したいくつかの異なる母系リネージないし母系クランが集住する、R・M・キージングの親族集団区分におけるタイプ3ないし4のいずれかの特徴をもつ場合が多いという〔キージング 1982：116-117〕。これに対して、佐々木藤雄は埋甕の系統性から、縄文中期後半の中部高地地方が父系外婚・夫方居住をとっていたと主張している〔佐々木藤 2008：110 など〕。土器の文様の退嬰化、土偶の変化と大型石棒の増加など、父系的傾向を示唆する現象が縄文中期後半に生じていることと相即的である。
7　親族は、大きくは血族と姻族に区分される。それぞれは、始祖からの系譜関係にもとづく出自（descent）の原理と、自己を中心に親子関係の連鎖によって関係を規定するフィリエイション（filiation）の原理によってまとめられている〔田中 1982：84-85〕。したがって、ここでは「フィリエイションの原理」というのが

319

第Ⅲ部　社会変動と祖先祭祀

正確であろうが、房総地方の縄文中期社会は廃絶した竪穴住居に埋葬したり、その後も竪穴住居を強く意識して墓域が形成されるなど、竪穴住居という世帯構成員の一部が日常生活を送る場とのかかわりが強烈なので、世帯原理としておく。

8　林謙作は、アイヌが災害や気候変動など、悪化した条件のもとで別の土地に移動・移住する場合には、コタンの全世帯で移動するのではなく、2～3世帯を単位としたいくつかの集団にわかれて移動することを、縄文時代における資源管理の一手段としての移動の比較材料としており、参考になる〔林 2004：46-48〕。

9　単系出自集団（リネージ）が、特定固有の始祖をたどることのできるメンバーであるのに対して、氏族（クラン）は、不明瞭ながらも始祖を共有すると仮想される、リネージの集合体である。

10　C・レヴィ＝ストロースは結婚を集団間の女性の交換としてとらえ、そこに二つの異なる交換形態があることを指摘した。限定交換と一般交換で、限定交換が女性を直接やり取りするのに対して、一般交換は自己の集団、自己の集団に妻を与える集団、自己の集団から妻をもらう集団からなる交換形態である〔戸川 1982：117〕。

11　甲元眞之は、交叉イトコ婚の人たちの DNA を分析すれば、近親者集団の集合と仮想されやすいことに注意を促している〔甲元 2003：648〕。

12　2 セクション体系は、ドラヴィダ型という親族分類のカテゴリーであり、自己の親族を二つのクラス、すなわち「われわれの種類」ないし血族と、「他の種類」ないし姻族に分ける体系で、南インド、セイロン、北アメリカ、南アメリカ、南太平洋など広範な地域に散在する〔キージング 1982：141〕。大型の縄文集落が複数の氏族によって形成され、族表示が必要になるのであれば、イレズミや装身具など他の方法によったと考えることもできる。縄文晩期の 4I 系と 2C 系抜歯の意味については、半族やソダリティーの表示として説明する見解があったが〔田中 1998：10-15、舟橋 2009：21〕、近年、春成は腰飾りの分析をもとに 4I 系と 2C 系抜歯の二元性と埋葬小群のあり方を半族の表示や世帯単位によるものと理解し、東三河地方の縄文晩期には半族からなる双分組織が存在したと考えている〔春成 2013〕。ただし、埋葬小群については、愛知県稲荷山貝塚出土人骨の炭素 14 年代測定によって、4I 型と 2C 型の抜歯人骨に年代の差のあることが指摘されており〔山田ほか 2016〕、再検討する必要がある。

13　人口の少ない小集団は、出自の連続性を保つのがむずかしいので、食料不足のときなどは父方母方どちらでも有利な集団に移ることのできる双系性の親族組織をもつことが多いとされる〔佐々木 1991：182〕。

第13章　独立棟持柱建物と祖霊祭祀
——弥生時代における祖先祭祀の諸形態——

第1節　視点

　独立棟持柱をもつ掘立柱建物が注目されたのは、1991年、弥生時代の掘立柱建物をテーマとした埋蔵文化財研究集会において、宮本長二郎がその性格を叙述したことに端を発する。宮本はそのなかで、神社建築との類似性、弥生土器や銅鐸に描かれていることなどから、この建築物が特殊な性格をもった建物であることを指摘した〔宮本 1991〕。

　その後、大阪府和泉市・泉大津市池上曽根遺跡の発掘調査で巨大な掘立柱建物がこの種の建築様式をもっていることがわかり、その一つの柱の伐採年代が年輪年代測定によって紀元前52年であることも確認された。それが弥生時代の年代観の見直しに貢献したこととあいまって、独立棟持柱建物の特異性が広く認識されるようになった。金関恕や広瀬和雄は、この建築物が神殿であるとの説を提示したが、それについては岡田精司らによる反論もあり決着はついていない。独立棟持柱建物の性格をめぐっては、多方面から追究していかなくてはならない。

　1991年の研究集会では、集落における掘立柱建物と竪穴住居の共存関係に注意が払われた。この視点は、独立棟持柱建物の性格を理解するうえで継承すべきである。さらに、見過ごされがちなのは墓との関係性である。広瀬和雄は弥生時代の墓の上に築かれたこの種の建物を取り上げ、前方後円墳とのつながりを論じた。独立棟持柱建物を神殿とみなす広瀬は、墳墓上のこの建物が亡き首長を神と化すための施設であるとする〔広瀬 2008：14〕。

　小林青樹と筆者は南関東地方の独立棟持柱建物導入の経緯を分析し、この建物がそれ以前に営まれていた再葬墓の伝統を引いていた可能性を論じた〔小林青 2003、設楽 2004c〕。つまり、南関東地方ではこの種の建物は墓とかかわりをもっていることを予察した。本章ではこれらの論考を踏まえ、さらに目を近畿地方から九州地方、中国大陸に広げて、独立棟持柱建物の性格をとらえ直す。

第2節　分類

1　分類の方法

　まず、独立棟持柱建物の名称と定義だが、通常、「独立棟持柱をもつ掘立柱建物」と呼称される。しかし、文中繰り返し出てくるので煩雑であることと、分析の対象を掘立柱建物に限ることから、「独立棟持柱建物」と略称しておく。

第Ⅲ部　社会変動と祖先祭祀

　棟持柱とは、「建物の妻側側面から離れて柱を立てて切妻屋根先端の棟木を地面から直接支持する」ものである〔宮本 1991 : 45〕。棟持柱には、両方の妻側柱筋から外に大きく飛び出た独立棟持柱のほかに、片側だけにあるものや、妻側中央に柱 1〜2 本分ほど外にはずれた「近接棟持柱」と呼ばれる構造のものがある。宮本長二郎が指摘するように、出雲大社本殿は近接棟持柱構造であり、神社建築とのかかわりからすればこれも重要であることは疑いないが〔前掲 :47〕、通常の掘立柱建物でたまたま棟持柱の位置がややずれているものとの区別がつきにくい。そこで本章では、両側に棟持柱をもち、その掘り方が梁のラインよりもかなり外に飛び出た典型的な独立棟持柱建物だけを扱うことにする。

　独立棟持柱をもつ掘立柱建物の集落におけるあり方を分類すると、

　Ⅰ類）居住域に存在しているのか

　Ⅱ類）墓域あるいは墓に存在しているのか

で、大きく二分される。

　居住域に存在しているものでも、他の遺構とのかかわりをみた場合、

　A 類）竪穴住居と混在している

　B 類）他の掘立柱建物とともに、あるいは単独で竪穴住居群から独立して存在している

　C 類）方形区画のなかや外側に区画と隣接して存在している

という、三つのパターンをとっている。B・C 類の場合、非日常的な空間を構成している可能性もあるので、単純に居住域とはいえないかもしれないが、墓域に伴わないことを重視してここに入れておく。

　墓域あるいは墓に存在している場合では、

　A 類）墓域の一角に建っている場合

　B 類）墓の上に築かれている場合

の二つが指摘できる。それぞれについて代表的な事例に目を通していく。詳しい内容は一覧表（表17）を参照願うことにする。古墳時代に入れる立場のある庄内式期と、それに併行する時期の独立棟持柱建物の集成は不十分である。

2　居住域に存在する場合

① A 類

神奈川県小田原市中里遺跡（図104-1）　弥生中期中葉。竪穴住居数棟を単位としたいくつかの住居群からなる集落で、住居群の間に独立棟持柱建物が 2 棟建てられている。その建物のうち 1 棟は 7 × 2 間、46.2 m² と大型に近く、もう 1 棟も完全に発掘されていないがそれに匹敵する大きさをもつ。いずれも同一地点で 2 回建て替えられている。

徳島県阿波町桜ノ岡遺跡（図104-2）　弥生中期後半。竪穴住居数棟に囲まれた箇所に位置する 1 × 1 間の小型独立棟持柱建物。別の掘立柱建物 1 棟と並存している。柱穴 4 本には、柱抜き取りの後、多量の土器破片を積み重ねており、廃屋祭祀の痕が明瞭である。

322

鳥取県名和町茶畑第1遺跡　弥生中期後半。6×2間、30 m²の中型独立棟持柱建物が、竪穴住居が取り巻くなかに1棟存在している。この空間には掘立柱建物が集中するが、そのなかでもひときわ大きい。弥生中期後半〜終末には、別の独立棟持柱建物が建てられた。布掘り桁であり、前者とは趣を異にしているが、同じ掘立柱建物集中区の片隅に位置する。

兵庫県三田市有鼻遺跡（図104-3）　弥生中期後半。竪穴住居からなる高地性集落で、竪穴住居に囲まれたもっとも標高の高い位置に独立棟持柱建物が位置する。小型の掘立柱建物と重複する。

三重県嬉野町筋違遺跡　弥生前期前半。環壕集落。環壕の内側の壕付近に独立棟持柱建物が存在している。4×2間で7.8 m²の小型。同時期の竪穴住居と同時に営まれている。

三重県四日市市菟上遺跡（図104-4）　弥生中期後半。居住域と墓域からなる丘陵上の集落。竪穴住居は大きく西群と東群に分かれ、それぞれに掘立柱建物が共存するが、掘立柱建物の比率は東群のほうが高い。独立棟持柱建物は4棟あり、いずれも梁間1間で桁行は4〜7間、30〜80 m²の大型建物である。そのうちの一つは布掘り桁である。1棟が集落の中央にあり、そのほかは東群に集中する。これらの3棟は竪穴住居に囲まれた中央空間に集中し、他の掘立柱建物と激しく重複する。密集する掘立柱建物群は、他の掘立柱に比較して大型が多く、さらに床面積134 m²の超大型竪穴住居が隣接する。

埼玉県熊谷市北島遺跡（図104-5）　弥生中期後半。竪穴住居2群からなる。そのうちの一方に4×2間、およそ35 m²の掘立柱建物が建つ。これは、竪穴住居に囲まれた、その付近でもっとも標高の高いところに位置している。

徳島県阿波市西長峰遺跡　弥生中期後半〜後期初頭。4×1間、60 m²以上の大型独立棟持柱建物を中心として、そのまわりを小型掘立柱建物、竪穴住居が取り囲む。独立棟持柱建物は、2棟の掘立柱建物と重複する。柱を抜き取った際に土器を埋納しており、祭祀行為がうかがえる。

鹿児島県鹿屋市前畑遺跡（図105-1）　弥生中期終末。梁間3間、面積15 m²の小型独立棟持柱建物2棟が、棟筋を横方向にそろえて並列される。このうちの1棟は別の掘立柱建物と重複する。竪穴住居2棟と近接しており、他に1棟の掘立柱建物が同時期とされる。

三重県松阪市村竹コノ遺跡　弥生後期後半〜古墳前期。居住域と墓域を環壕で画した集落。6×1間と5間以上×1間の独立棟持柱建物が2棟検出された。竪穴住居の途切れた空間に、棟筋を同じくして2棟が並列していた。

②B類

大阪府守口市八雲遺跡（図105-2）　弥生中期初頭。3ないし4間×2間、面積20〜22 m²の小型に近い中型独立棟持柱建物が、南北の竪穴住居群に挟まれた箇所に存在している。その箇所は掘立柱建物だけで構成されているが、調査範囲が狭いので竪穴住居が混在する可能性も否定できない。独立棟持柱建物は他の掘立柱建物と激しく重複しており、都合5回の建て替えがおこなわれた。独立棟持柱建物自体も、1回建て替えられている。

大阪府和泉市・泉大津市池上曽根遺跡（図105-3）　弥生中期後半。環壕集落のほぼ中央に、10×

第Ⅲ部　社会変動と祖先祭祀

表 17-1　弥生時代の独立棟持柱建物一覧（1）―庄内式期を含む―

番号	遺跡名	所在地	類型	遺構 NO	時期	構造・規模（桁行×梁間：面積）
1	王子遺跡	鹿児島県鹿屋市王子町	Ⅰ A	1 号	中期終末〜後期初頭（Ⅳ〜Ⅴ期）	2×2 間（3.25×3.1m：10.1m²）
				2 号	中期終末〜後期初頭（Ⅳ〜Ⅴ期）	4×3 間（4.8×3.75m：18.0m²）
				5 号	中期終末〜後期初頭（Ⅳ〜Ⅴ期）	3×3 間（3.0×2.4m：18.0m²）
				6 号	中期終末〜後期初頭（Ⅳ〜Ⅴ期）	4×3 間（4.45×3.8m：16.9m²）
2	前畑遺跡	鹿児島県鹿屋市郷之原町	Ⅰ A	1 号	中期終末（Ⅳ期）	4×3 間（4.7×3.3m：15m²）
				3 号	中期終末（Ⅳ期）	2 間以上×3 間（?×2.95m：9m²以上）
3	上野原遺跡	鹿児島県国分市大字川内字上野原	Ⅰ A	1 号	中期終末（Ⅳ期）	3×3 間（4.44×3.60m：15.98m²）
				2 号	中期終末（Ⅳ期）	3×3 間（4.61×3.50m：16m²）
				H6 区 1 号		2×1 間（3.3×2.5〜2.7m：8.58m²）
4	下大五郎遺跡	宮崎県都城市丸谷町下大五郎	Ⅰ A		後期（Ⅴ期）	4×3 間
5	立野遺跡	佐賀県久保泉町大字上和泉字徳永	Ⅰ A	SB015	中期中葉（Ⅲ期）	1×1 間（2.75×2.5m：7m²）
				SB018	中期	4×3 間（4.07〜4.18×3.4〜3.69m：13m²）
				SB023	中期中葉（Ⅲ期）	4×3 間（3.89〜4.0×3.36m：12m²）
6	平林遺跡	佐賀県三養基郡北茂安町	Ⅰ B	SB1748	中期終末〜後期初頭（Ⅳ〜Ⅴ期）	2×1 間（3.98×3.04m：12.0m²）
				SB1749	中期中葉（Ⅲ期）	2×1 間（4.0×3.2m：12.9m²）
				SB1754	中期後半（Ⅳ期）	2×1 間（4.62×2.96m：13.8m²）
7	平原遺跡	福岡県前原市大字有田字平原	Ⅱ B	1 号墓	後期	3×2 間（
8	田村遺跡	高知県南国市篠原	Ⅰ A	Loc.25SB1	前期（Ⅰ期）	5×3 間（8.2×4.1m：33.6m²）
				L3SB322	中期	3×1 間（10×3.2m：32m²）
9	西長峰遺跡	徳島県阿波市字西長峰	Ⅰ A	SB01	中期後半〜後期（Ⅲ期新〜Ⅴ期初頭）	4×1 間（12.1×5.5m：65m²）
10	桜ノ岡遺跡	徳島県阿波市桜ノ岡	Ⅰ A	SA2001	中期後半（Ⅲ期後半）	1×1 間（3.0×3.0m：9.0m²）・中心柱をもつ
11	旧練兵場遺跡	香川県善通寺市西仙遊町			中期後半	3×1 間
12	茶畑山道遺跡	鳥取県西伯郡名和町大字押平	Ⅰ C	SB05	中期後半（Ⅲ期後半）	①4×1 間（8.6×3.0m：25.80m²）②同一地点で建て替え
13	茶畑第 1 遺跡	鳥取県西伯郡名和町大字押平字小坂平	Ⅰ A	掘立柱建物 1	中期後半	6×2 間（8.3×3.7m：30.5m²）
				掘立柱建物 10	中期後半〜終末期	1（布掘り桁）×1 間（8.2×最大3.2m：26.2m²）
14	梅田萱峯遺跡	鳥取県東伯郡琴浦町大字梅田	Ⅰ A	SB1	中期後半	3×1 間（7.1×2.75m）
15	大山池遺跡	鳥取県関金町	Ⅰ B	9 号	中期後半（Ⅳ期）?	3×1 間（5.8×3.3m：19.0m²）
				2 号	中期	3×1 間（5.8×3.6m：20.9m²）
16	唐古・鍵遺跡	奈良県磯城郡田原本町	Ⅰ	第 74 次大型掘立柱建物	中期前半（Ⅱ期）	5 間以上×2 間（11.4m 以上×7.0m：80m² 以上）
17	能登遺跡	奈良県桜井市大字河西	Ⅰ A	SB02	後期終末（庄内式期）	3×2 間（7.0×4.7m：32.9m²）
18	ホケノ山遺跡	奈良県桜井市大字箸中	Ⅱ B	石囲い木槨	後期終末（庄内式期）	1×1 間（3.1×1.86m：5.77m²）
19	南山高屋遺跡	兵庫県龍野市揖西町南山	Ⅰ A	SB14	中期後半（Ⅳ期）	6×2 間（9.2〜9.5×4.4〜4.9m：43.2m²）、屋内棟持柱 1
20	楠・荒田町遺跡	兵庫県神戸市兵庫区荒田町	Ⅰ B	SB09	中期後半（Ⅳ期）	8×1 間（8.5×3.8m：32.3m²）、屋内棟持柱 2
21	武庫庄遺跡	兵庫県尼崎市武庫之荘本町 2 丁目	Ⅰ C	SB6	中期後半（Ⅳ 1〜2 期）	4 間以上×1 間（9.76m 以上×8.6m：65m² 以上）、屋内棟持柱 2
				SB4	中期後半（Ⅳ 1〜2 期）	6間以上×1 間（14.2m以上×2.8m：18m² 以上）、中央屋内棟持柱 1
22	玉津田中遺跡	兵庫県神戸市西区宮ノ下	Ⅰ A	SB46001	中期後半（Ⅳ期）	4×1 間（4.56〜4.71×3.27〜3.42m：15.2m²）
23	有鼻遺跡	兵庫県三田市けやき台	Ⅰ A	建物 6	中期後半（Ⅳ期）	4×1 間（7.5×4.0m：30m²）
24	養久山・前地遺跡	兵庫県龍野市揖西町	Ⅰ A	481 掘立柱建物	中期終末（Ⅳ期）	4×2 間（5.2×3.8m 以上：20m²）
25	平方遺跡	兵庫県		SB1	中期後半	3×1 間（5.5×3.0m：17m²）
26	八雲遺跡	大阪府守口市八雲北町ほか	Ⅰ B	柱穴群 1	中期前半（Ⅱ期）	①5×1間（6.5×3.3〜3.5m：22m²）②6×2間（9.0×3.3m：20m²）
27	上の山遺跡	大阪府枚方市茄子作南町	Ⅰ B	掘立柱建物 11	中期前半（Ⅱ期後半〜Ⅲ期前半）	5×1 間（8.6×4.45〜4.60m：39m²）
28	池上曽根遺跡	大阪府	Ⅰ B	SB1	中期後半（Ⅲ期後半〜Ⅳ期前半）	①大型建物 1：10×1 間（19.3×6.9×22.0m：135.0m²）、屋内棟持柱 2　②大型建物B：8×1間（15.2×7.2m：109m²）、屋内棟持柱 2　③大型建物 A：7×1 間（13.2×6.6m：87m²）、屋内棟持柱 2
29	尺度遺跡	大阪府羽曳野市尺度地内	Ⅰ C	建物 A	庄内式新段階	3×1 間（6.4×4.4m：28.16m²）、屋内棟持柱 2
				建物 B	庄内式新段階	3×1 間（5.7〜5.8×4.5m：25.65〜26.1m²）、屋内棟持柱 2

遺構の位置	出土遺物	備考	文献
4棟は間隔をあけて存在			鹿児島県 1985
〃			〃
〃			〃
〃			〃
竪穴2棟と掘立柱建物3棟集中、3号と横に並列		地床炉をもつ平地式	新東ほか 1990：114-119
他の掘立柱建物と重複、1号と横に並列			〃 ：126-127
竪穴住居5棟と掘立柱建物2棟以上共存			冨田 1991・長野 1988
〃			〃
竪穴住居12棟と掘立柱建物1棟			中村・池畑 2003
竪穴住居跡と群在			山田 1991
			福田 1989：6
〃			〃 ：7
〃			〃 ：7-8
掘立柱建物だけが群在する箇所に存在。鍵状の溝が付近にある		区画溝を付近に伴うＩＣ類の可能性あり	武谷・岡 1999：22-26
〃			〃
墓坑直上		方形周溝墓	原田 1991：96・97・102
竪穴住居と群在		棟持柱は1本削平されている	高知県 1986：168・210
			前田・坂本 2006：68・69
2棟の掘立柱建物と重複	柱抜き取りの際に土器を埋納		柴田 1991
竪穴住居に囲まれる	廃絶後の柱穴に土器片を多量に詰め込む		湯浅・菅原 1993：70-73
			森下 2001：27
竪穴住居を伴わない。大型掘立柱建物が東西に離れて並列。赤彩土器・瀬戸内系土器を伴う集積土坑・土器だまりが存在	周辺で分銅形土製品、石器生産道具、漁撈具、銅鐸形土製品が出土	1回建て替え。柵列で区画するとされるが、〔濱田 2006：51〕は否定的	辻ほか編 1999：16
竪穴住居が取り巻く掘立柱集中区		掘立柱建物のなかではもっとも大きい	西川編 2004：40-41
〃		3回建て替え	〃 ：106-108
竪穴住居と混在		別の掘立柱建物と重複	湯村 2007：56・57
居住域のなかの竪穴住居と離れた掘立柱建物集中区。大型掘立柱建物付近にある			景山・田中 1985：22-23
			〃
狭い調査区のなかに竪穴住居はない		総柱型。全体像不明	豆谷 2000
竪穴住居と混在、重複する			清水 1997：32
墓坑直上		墳丘墓	樋口ほか 2001：18
竪穴住居と並存			岸本・古本 1997：71-75
掘立柱建物だけの区域、群集する掘立柱建物のなかで最大			黒田・阿部 1995：58-59
区画溝が並走、同時期の竪穴住居はない			半澤・三輪 1999：50-53
大型掘立柱建物と重複			〃 ：56
竪穴住居と並存			甲斐ほか 1996：30
丘陵頂部にあり、周りを竪穴住居が取り囲む。小型掘立柱建物と重複		丘陵性集落	菅原ほか 1996
竪穴住居と並存	傍らから独立棟持柱建物描く絵画土器など壺・甕・器台		岸本 1995：50-53
竪穴住居にはさまれた掘立柱建物単独区域。6棟の掘立柱建物が重複、うち2棟が独立棟持柱建物			大阪府教育委員会 1987：15
遺跡の最高所に立地。竪穴住居はない			森井ほか 2007：66-69
同一地点で4回の建て替え、そのうち3棟が独立棟持柱建物。大型井戸が正面に敷設		①の柱根の1本の伐採年が前52年上限。環壕集落	秋山 2007：392-399
方形区画内に2棟並列、掘立柱建物2棟と重複		柱抜き取り痕	三宮・川端 1999：117・118
〃		〃	

表17-2 弥生時代の独立棟持柱建物一覧 (2) ―庄内式期を含む―

番号	遺跡名	所在地	類型	遺構NO	時期	構造・規模（桁行×梁間：面積）
30	下之郷遺跡	滋賀県犬上郡甲良町下之郷	ⅠC	B・C棟	中期後半（Ⅳ期）	①B棟：6×1間（14.2×3.9m：55.4m²） ②C棟：4×1間（9.4×4.2m：39.48m²）
31	針江川北遺跡	滋賀県高島市新旭町	ⅠC	SB12	後期後半	3×1間（4.6×3.4m：15.64m²）
				SB14	後期後半	3×1間（4.5×4.4m：19.8m²）
32	伊勢遺跡	滋賀県守山市伊勢町中東浦	ⅠC	SB（4）	後期中葉	2×1間（3.2×3.6m：約11m²）
				SB4	後期後半	5×1間（9.0×4.6m：41.4m²）
				SB5	後期後半	5×1間（8.6×4.6m：39.56m²）、屋内棟持柱？1
				SB7	後期中葉ないし後半	5×1間（8.7×5.1m：44.37m²）
				SB8	後期後半	5×1間（9×4.5m：40.5m²）
				SB9	後期後半	5×1間（9×4.5m：40.5m²）
				SB12	後期後半	6×1間（10×4.5m：約52.5m²）
				SB-A	後期後半	2間以上×1間（2.4m以上×3.0m：7m²以上）
33	下鈎遺跡	滋賀県栗東市下鈎・苅原	ⅠB	1992SB1	後期後半	5×1間布掘り桁（8.8×5.4m：48m²）
				1997SB1	後期後半	4×2間（7.6×5.05m：40m²）、屋内棟持柱1
34	大塚遺跡	滋賀県長浜市西上坂町・新栄町			後期後半	布掘り桁×1間：5.2×4.2m：22m²）
35	中兵庫遺跡	滋賀県草津市北山田町・木川町	ⅠA	第1号掘立柱建物	後期後半	2×1間（4×3.6m：14.58m²）
36	下長遺跡	滋賀県守山市古高町	ⅠC	SB1	後期後半～終末	3×1間（7.9×4.6m：36m²）
参2	黒田遺跡	滋賀県坂田郡近江町	ⅠC	SB02	庄内式新段階	3×2間（4.95×4.4m：21.78m²）
37	筋違遺跡	三重県一志郡嬉野町新屋庄字榎・下榎・筋違	ⅠA	SB290	前期前半	4×2間（4.1×1.9m：7.79m²）
38	長遺跡	三重県津市河辺町字池尻・石立	ⅠB	SB142	中期後半	2×1間（4.0×2.6m：10m²）
39	菟上遺跡	三重県四日市市伊坂町字菟上・牛谷	ⅠA	SB223	中期後半（Ⅳ期）	7×1間（9.8×3.2m：31.4m²）、屋内棟持柱数箇所
				SB240	中期後半（Ⅳ期）	4×1間（10.4×4.4m：45.8m²）
				SB284	中期後半（Ⅳ期）	6×1間（9.6×3.5m：33.6m²）
				SB311	中期後半（Ⅳ期）	1（布掘り桁）×1間（17.7×4.6m：81.4m²）
40	小谷赤坂遺跡	三重県一志郡嬉野町天花寺字小谷・赤坂	ⅠA	SB292	後期前半	3×1間（3.96×3.0m：11.88m²）、片側は近接棟持柱
41	村竹コノ遺跡	三重県松阪市上川町	ⅠA	掘立柱建物1	後期後半～古墳前期	6×1間
				掘立柱建物2	後期後半～古墳前期	5以上×1間
42	志賀公園遺跡	愛知県名古屋市北区中丸町3丁目	ⅡA	SB19	中期中葉（Ⅲ期）以降	5×1間（9.5×4m：38.0m²）
43	一色青海遺跡	愛知県中島郡平和町須ヶ谷	ⅠA	SB77	中期後半	3×1間（7.6×3.6m：27m²）
44	寺田遺跡	岐阜県岐阜市日野	Ⅰ	SB14	中期中葉（Ⅲ期）	3×1間（5.9×3.0m：17m²）
45	東原田遺跡	静岡県小笠郡小笠町下平川地内	ⅠA	SH10	中期後半	5×1間（10.75×4.5m：48m²）
46	登呂遺跡	静岡県静岡市登呂	ⅠA	SB2001	後期	3×1間（6.9×3.8m：26.22m²）
参3	汐入遺跡	静岡県静岡市宮竹	ⅠC	SB01・02	庄内式新段階併行期	①2×1間（6.6×4.2m：27.72m²）②3×1間（8.0×4.2m：33.6m²）
47	尾立遺跡	新潟県長岡市富岡町		第1号建物	中期前半（Ⅱ期）	2×1間（5.5×2.8m：15m²）
48	蔵王遺跡	新潟県佐渡市新穂村	ⅠA	6号掘立柱建物		3×1間
49	中里遺跡	神奈川県小田原市中里	ⅠA		中期中葉（Ⅲ期）	7×1間（10.5×4.4m：48m²）、屋内棟持柱2
					中期中葉（Ⅲ期）	6×1間（7.2×3.0m：22m²）
50	常代遺跡	千葉県君津市常代字五反歩	ⅡA	SZ119 上ピット列	中期中葉（Ⅲ期）	12？×1間（9.0×6.0m：54.0m²）、屋内棟持柱
51	北島遺跡	埼玉県熊谷市大字上川上	ⅠA	第60号掘立柱建物	中期後半（Ⅳ期）	4×2間（7.8～8.7×4.2～4.7m：34m²）

第 13 章　独立棟持柱建物と祖霊祭祀

遺構の位置	出土遺物	備考	文献
方形区画西北端の特定空間。掘立柱建物と重複し 5 回建替え		環壕集落	近藤 2003
竪穴住居を含む居住域中の特定空間。SB13 の壁心棟持柱掘立柱建物と対とされる		建物の 1 期。環壕集落	清水ほか 1992：126
竪穴住居を含む居住域中の特定空間。板塀の円形に区画された掘立柱建物 SB15 と対とされる		建物の 2 期。環壕集落	〃　　　　　：184–185
方形区画内に掘立柱建物と共存		建物の 1 期	近藤 2003
方形区画の周囲に環状に配列された建物の一つ。SB5 と同時に並列の可能性あり		建物の 4 期。この時期に方形区画内の掘立柱建物は廃絶し、大型竪穴住居が進出	〃
方形区画の周囲に環状に配列された建物の一つ。SB4 と同時に並列の可能性あり	稲籾	〃	〃
方形区画の周囲に環状に配列された建物の一つ		建物の 1 ないし 2 期	〃
〃		建物の 3 期	〃
〃		建物の 3 期。方形区画内掘立柱建物と同時期	〃
〃		妻側にテラス状の露台あり。建物の 3〜4 期	〃
〃		建物の 3〜4 期	〃
竪穴住居と共存しない特定空間。小型掘立柱建物と並存	柱穴から高杯形土器と水晶片	柱の年輪年代は 69 年 +	佐伯 2001・近藤 2003
竪穴住居と共存しない特定空間。直角の位置に別の大型掘立柱建物			
			丸山編 1996：46（詳細は未報告）
散在した掘立柱建物だけで構成される			中村ほか 2001：101・108
竪穴住居を伴わず、掘立柱建物だけで構成される。古墳時代初頭の重複した独立棟持柱掘立柱建物 2 棟が隣接			伴野 2001：7
竪穴住居は伴わず、掘立柱建物だけで構成される。2 棟 1 対。1 棟は重複			宮崎 1994：47–52
竪穴住居と近接して同時に建てられている		環壕集落	水谷ほか 2007：19・22
竪穴住居群から離れた斜面下方に独立存在		ほかに 3 棟ほど独立棟持柱をもつ掘立柱建物があるとされるが、棟が桁と平行しない。高地性集落	池端 2000：97
竪穴住居が取り巻く掘立柱建物集中区。比較的大型の竪穴住居と掘立柱建物がある東群に位置する。他の掘立柱建物と重複		丘陵性集落	穂積・角正 2005：64
居住域中の特定空間　中央に位置する	磨製石鏃	〃	〃　　　　：65
竪穴住居が取り巻く掘立柱建物集中区。比較的大型の竪穴住居と掘立柱建物がある東群に位置する。他の掘立柱建物と重複		掘立柱建物のうち最大、丘陵性集落	〃　　　　：67
竪穴住居と共存		環壕集落	木野本・川崎 2000：20–22
居住域　混在型　竪穴住居と共存だが、2 棟の周りにはない		環壕集落	三重県 2005
〃		〃	〃
方形周溝墓と共存するが、墓を切る			永井編 2001：11・17
大型竪穴住居に囲まれる。大型掘立柱建物伴う			樋上 2004：9・10
竪穴住居はない。掘立柱建物群の中央。建物のなかでも大型			橋詰ほか 1987：45・61
竪穴住居密集区に竪穴住居と混在		1・2 号柱根の AMS 炭素 14 年代：160calBC〜calAD50（1σ）	新堀 2001：145・146
竪穴住居群の付近で竪穴住居がない地帯		棟持柱は浅いのが 1 箇所確認されたが、汐入の所見から、独立棟持柱建物と判断	岡村 2004：30–31
同一地点で重複。掘立柱建物のみ。円形の周溝で囲郭。周囲は直線の溝によって区画される		②の棟持柱の 1 つに礎板が残る	岡村 2004：9–10
		独立棟持柱建物か明確ではない	寺崎ほか 1977：19–21
竪穴住居と混在			小川忠明 1998「「新穂村蔵王古墳集落遺跡」調査報告」新潟県考古学会第 10 回大会（新堀 2001『東原田遺跡』から）
竪穴住居と混在。他の掘立柱建物と重複			戸田 1999
〃			〃
方形周溝墓と重複			甲斐ほか 1996：256–258
竪穴住居に囲まれたもっとも標高の高い地点		屋内棟持柱 2 の 4×1 間の可能性あり	吉田ほか 2003：303・304

第Ⅲ部　社会変動と祖先祭祀

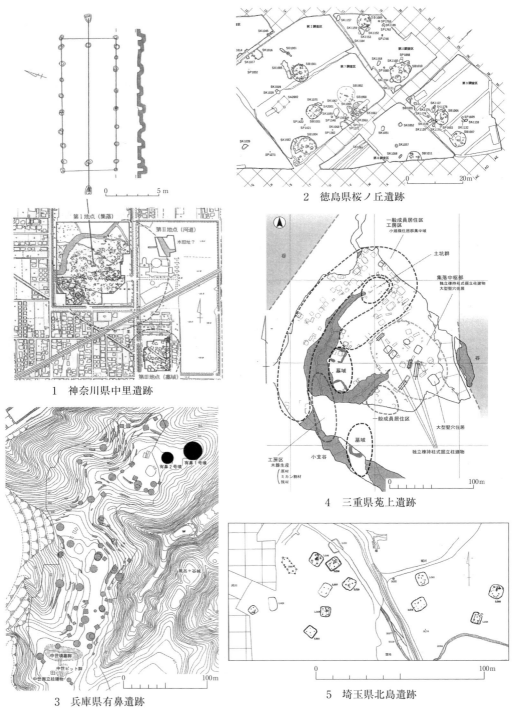

1　神奈川県中里遺跡
2　徳島県桜ノ丘遺跡
3　兵庫県有鼻遺跡
4　三重県菟上遺跡
5　埼玉県北島遺跡

図104　弥生時代の独立棟持柱建物（1）

第 13 章　独立棟持柱建物と祖霊祭祀

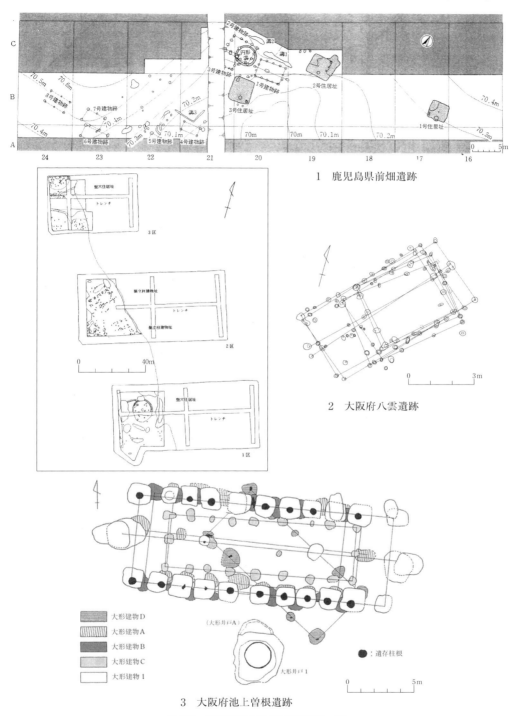

1　鹿児島県前畑遺跡

2　大阪府八雲遺跡

3　大阪府池上曽根遺跡

図 105　弥生時代の独立棟持柱建物 (2)

第Ⅲ部　社会変動と祖先祭祀

1間、135㎡を最大として同一地点で4回建て替えられた独立棟持柱建物が存在する（SB1）。これらは、D→A→B→C→1の順に建て替えられており、いずれも面積が50㎡を超える大型であるが、独立棟持柱をもつA・B・1がそれをもたないC・Dよりも大きい。この建物の南正面には内径約2mのクスノキ製大型井戸が敷設されていた。

　この建物の東南には、それと直角に梁間1間の大型建物が一棟建っている（SB2）。棟持柱の間隔は30m以上に及ぶ。この建物は、独立棟持柱がほぼ同一地点に2本ずつあるので、建て替えられたことは確実である。古い遺構は、桁柱が16〜17本ほどになるとの見方もあるが、新しい遺構は桁が2列の溝になっている。これらがどのような建物になるのか、まだ確定していないが、布掘り桁であれば、似たような構造の建物は鳥取県名和町茶畑第1遺跡や滋賀県栗東市下鈎遺跡、三重県四日市市菟上遺跡などに類例がある。

　ただ、SB1を中心としてSB2を西に折り返した地点に建物が建ち、全体でコ字形の四合院型式風の建物になる、あるいはそれを囲む大きな方形の区画が存在しているという復元は疑問視されている。また、周辺の蛸壺や石器の埋納遺構についても、大型建物と関連付けて祭祀的性格を主張する意見とそれに対する批判がある。

　兵庫県神戸市楠・荒田町遺跡（図106-1）　弥生中期後半。4×2間、約60㎡の大型建物である。調査区のなかの建物は掘立柱建物だけによって構成される。掘立柱建物は全部で9棟あり、主軸方向をそろえたり、ほぼ直角に配置するなど、規則性が認められる。独立棟持柱建物以外は重複が著しいが、独立棟持柱建物は他とやや離れて独立して存在している。他の建物よりも大きい。

　鳥取県関金町大山池遺跡（だいせんいけ）（図106-2）　弥生中期後半。3×1間、19㎡の小型建物である。竪穴住居跡から遠く離れた掘立柱建物だけによって構成される空間に位置する。そのなかでも、4×3間の総柱大型掘立柱建物に隣接している。

　三重県津市長遺跡　弥生中期後半。高地性集落。2×1間、10㎡ほどの小型建物が、竪穴住居群から離れた北の斜面に単独で位置する。

　滋賀県栗東市下鈎遺跡（しもまがり）（図106-3）　弥生後期後半。蛇行する河川に沿って、南北に1棟ずつ5×1間と4×2間の独立棟持柱建物が建っていた。48㎡、40㎡といずれも大型に近い大きさである。前者は布掘り桁をもち、柱穴から高杯形土器と水晶片が出土した。小さな掘立柱建物が付随する。後者には、それと直角に大型掘立柱建物が建つ。ここは、板塀で囲まれていたとの所見もあり、C類に編入される可能性がある。調査区全域に竪穴住居は認められなかった。

　滋賀県近江町黒田遺跡（図106-4）　古墳時代の可能性がある庄内式新段階の例である。2棟の同じ規模の建物が棟筋を平行させて並列している。まわりにはほかに施設はない。2棟のうち片方が独立棟持柱建物で、3×2間、約22㎡の小型に近い中型建物。もう1棟は1回建て替えられており、重複する。そのうちの古い建物は、布掘り桁である。

　③C類

　鳥取県名和町茶畑山道遺跡（図106-5）　弥生中期中葉〜後半。4×1間、約26㎡の中型独立棟

330

第13章 独立棟持柱建物と祖霊祭祀

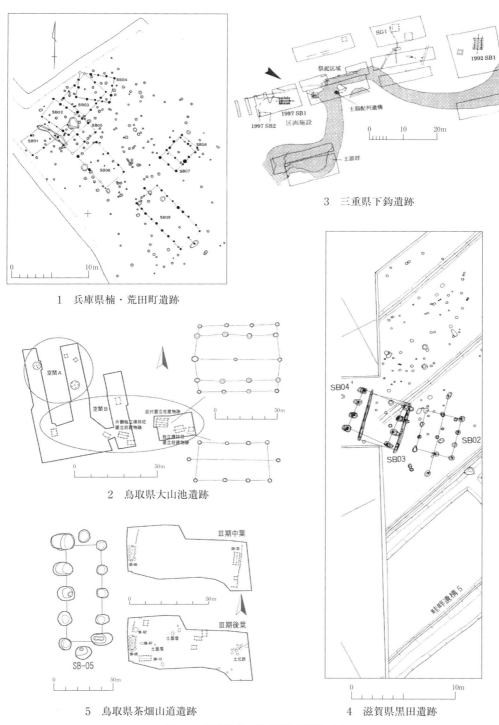

1 兵庫県楠・荒田町遺跡
2 鳥取県大山池遺跡
3 三重県下鈎遺跡
4 滋賀県黒田遺跡
5 鳥取県茶畑山道遺跡

図106 弥生時代の独立棟持柱建物（3）

第Ⅲ部　社会変動と祖先祭祀

持柱建物が1棟検出された。それと棟筋を並行させて2棟の掘立柱建物が存在する。これら
は軸の方向を同じくする柵によって囲まれていたとされるが、疑問もある〔濱田 2006：51〕。同
時期の竪穴住居はない。それに続く時期に柵はなくなるが、独立棟持柱建物は同一地点で建て
替えられており、それに対して直角に別の掘立柱建物が建てられ、他にも数棟の掘立柱建物で
構成されるようになる。やはり同時期の竪穴住居はない。建物の周辺からは、分銅形土製品や
銅鐸形土製品など特殊な遺物が出土した。

　兵庫県尼崎市武庫庄遺跡（図107-1）　弥生中期後半。独立棟持柱建物が2棟、棟の軸と平行し
て走る直線的区画溝をはさんで検出された。建物はいずれも未完掘であるが、東は4間以上
×1間、現状で80 m²以上の100 m²を越す超大型建物である。小型のほうはそれと相似形の大
型掘立柱建物と重複している。調査区に同時期の竪穴住居はないが、狭い範囲なので建物配置
の全体像は不明である。

　滋賀県甲良町下之郷遺跡（図107-2）　弥生中期後半。多重の溝に囲まれた環壕集落のほぼ中央に
コの字状の区画溝があり、その北西端から独立棟持柱建物が検出された。建物は同一地点で激
しく重複し、5回にわたって建て替えられており、そのうち2回が独立棟持柱建物であった。
B棟がもっとも大きく6×1間、およそ55 m²と大型である。C棟がそれに次ぐ大きさで、独
立棟持柱をもたない掘立柱建物はそれらより小型である。コの字状の区画溝の内側には大型の
掘立柱建物が建っており、数回の建て替えが推測されている。ただ、この溝は調査区の一部で
検出されているにすぎず、全体がどのような構造になっているのか、明らかではない。

　滋賀県守山市伊勢遺跡（図107-3）　弥生後期中葉〜後半。集落の中心に柵や溝で方形の区画を
設け、そのまわりに独立棟持柱建物を主とした大型建物を環状に配列する。方形区画のなかに
も1棟、独立棟持柱建物が認められる。これらの建物の時期は大きく弥生後期中葉と後半に
区分され、さらにそれぞれが2期の4期に区分される。

　1期に中心部の建物が成立するが、近接棟持柱建物をもつ45 m²の大型掘立柱建物を含む3
棟からなり、このなかに2×1間、約11 m²の小型独立棟持柱建物が配置される。環状にめぐ
る独立棟持柱建物は、方形区画の中心建物からおよそ50 m離れた地点に建てられ、弥生後期
後半の3期に北東に2棟並列して、3〜4期にその西に2棟並列して、4期に中心の南西に2
棟並列して建てられる。

　このように環状にめぐる独立棟持柱建物は2棟1対で建てられていく。いずれも5ないし6
間×1間、40〜50 m²以上と大型ないしそれに近い大きさである。1期の中心建物には、床面積
185 m²に及ぶ超大型竪穴建物が存在するが、そこには焼き床や壁際にレンガ状の建築材を認め
ることができる。

　滋賀県高島市針江川北遺跡（図107-4）弥生後期後半。環壕集落の中央に掘立柱建物群を建て、
その周囲に竪穴住居を配し、環壕の外側に墓域を設定する。掘立柱建物群のうち、まず掘立柱
建物と独立棟持柱建物が主軸を直角にして配置され、その後建物を切るように楕円形の矢板列
の溝がめぐらされ、その中心に掘立柱建物が、外側に独立棟持柱建物が建てられた。独立棟持

332

第13章　独立棟持柱建物と祖霊祭祀

1　兵庫県武庫庄遺跡

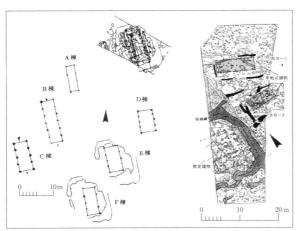

2　滋賀県下之郷遺跡

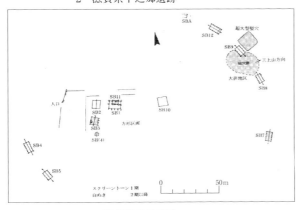

3　滋賀県伊勢遺跡

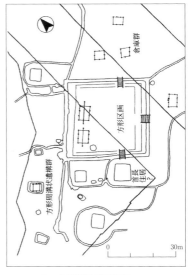

4　滋賀県針江北川遺跡

5　大阪府尺度遺跡

図107　弥生時代の独立棟持柱建物 (4)

333

第Ⅲ部　社会変動と祖先祭祀

柱建物はいずれも 3 × 1 間で、約 16 m² と 20 m² の小型である。

滋賀県守山市下長遺跡　弥生後期後半～終末。伊勢遺跡に続く核集落。3 × 2 間、36 m² の大型独立棟持柱建物が存在する。その後の庄内式新段階に、隣接地点に独立棟持柱建物が重複して 2 棟築かれたが、いずれも 20 m² と小型化している。この地点の西方およそ 200 m に、直角に曲がった区画溝を伴う大型掘立建物が位置する。露台のついた総柱建物であり、首長の居館とされる〔岩崎 2002〕。

大阪府羽曳野市尺度遺跡（図 107-5）　古墳時代の可能性が指摘される庄内式新段階だが、C 類の典型例として参考にあげておく。竪穴住居に囲まれた一角に、外側で 36 × 37 m のほぼ正方形の区画溝が設けられる。北西溝に沿って、棟筋を一致させて並列したほぼ同じ規模の 2 棟の掘立柱建物が、3 時期にわたって同一地点に築かれる。独立棟持柱をもつのはもっとも古い段階である。いずれも 3 × 1 間で、26～28 m² と小型に近い中型である。

3　墓域・墓に存在する場合

① A 類

愛知県名古屋市志賀公園遺跡（図 108-1）　弥生中期中葉以降。方形周溝墓の密集区の傍らに、5 × 1 間、38 m² の中型独立棟持柱建物が存在する。Ⅱ～Ⅲ期の方形周溝墓の上に建てられ、付近の大型方形周溝墓がⅡ～Ⅲ期に位置づけられることと、柱穴内からⅡ～Ⅲ期の土器が出土していることから、これらの方形周溝墓造営の直後に建てられた建物である。あるいは居住域に伴う建物かもしれない。

千葉県君津市常代遺跡（図 108-2）　弥生中期中葉。方形周溝墓が群集する墓域は二つの群からなっているが、そのうちの南に位置する墓域 B に独立棟持柱建物が存在している。及川良彦は、この建物は居住域に伴う施設である可能性を示唆している〔及川 2002：118-119〕。四隅の切れた大型方形周溝墓の溝に囲まれた部分に、溝と 45 度の角度をなして建てられる。12 × 1 間、54 m² の大型建物である。建物の柱穴からは中期中葉の土器片が出土している。建物の大きさの割には柱穴が浅いが、報告者は方形周溝墓の墳丘から打ち込まれた柱だから、削平によって浅くなっているとする。しかし、方形周溝墓の時期は中期後半であり、時期が前後している。

② B 類

福岡県糸島市平原遺跡 1 号墓（図 108-3）　弥生後期の方形周溝墓。2 段に掘り込まれた墓坑をめぐって、3 × 2 間、18.5 m² の独立棟持柱建物が建てられる。棟の軸は墓坑の長軸と一致しており、墓坑のほぼ中心に棟筋が通る。埋葬主体部は木棺であり、棟筋よりややずれるが、主軸は棟筋に平行している。埋葬主体部からは素環頭大刀や各種の玉類が、外側の墓坑からは鏡が 39 面出土した。時期についてはさまざまな意見があるが、2 世紀と考えられる。

奈良県桜井市ホケノ山墳丘墓（図 108-4）　弥生後期終末、庄内式期の全長約 80 m の前方後円形墳丘墓。後円部は 2 ないし 3 段築成である。石囲木槨墓の内側に埋設された木棺を取り囲むように、1 × 1 間、5.8 m² の独立棟持柱建物が構築されている。梁・桁の 4 本は木槨の内側を

334

第13章　独立棟持柱建物と祖霊祭祀

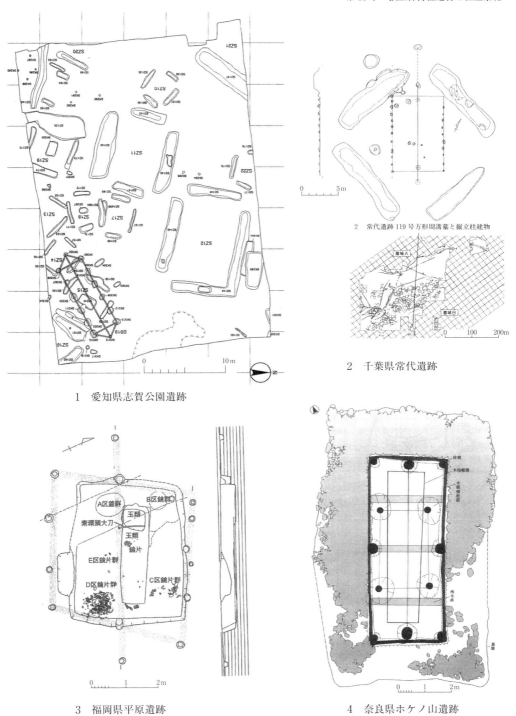

1　愛知県志賀公園遺跡

2　千葉県常代遺跡

3　福岡県平原遺跡

4　奈良県ホケノ山遺跡

図108　弥生時代の独立棟持柱建物（5）

第Ⅲ部　社会変動と祖先祭祀

押さえている6本の柱よりもやや内側に打ち込まれ、棟持柱は木槨の内面に接して打ち込まれる。

　長野県木島平村の根塚遺跡は弥生後期の墳墓遺跡であり、渦巻き装飾のある伽耶系の鉄剣が出土したことで知られているが、この鉄剣が出土した地点の北側から検出された7号木棺墓を取り巻いて柱穴が確認された。墓坑は長軸220cm、短軸107cmの小判形であり、それを取り囲んで8本の柱穴が独立棟持柱建物状に設置されている。さらにそれを二重に取り巻く何本もの柱穴が認められ、特殊な墓であることがうかがえる〔吉原編2002〕。

第3節　特質

1　構造と地域色と系譜

　以上、居住域と墓域に分けて、独立棟持柱建物の典型的な事例に目を通してきた。このうち、居住域に伴うⅠ類の類例に即して、構造、大きさ、地域色、出現の時期と系譜、集落における位置、出土遺物、他の遺構や絵画との関係などに焦点をあてつつ、その特質を整理しておきたい。

　表17の構造の欄をみて気づくのは、本州地方と九州・四国地方では大きな違いのあることである。本州地方は、梁間が1ないし2間に限られるが、九州・四国地方では梁間3間の建物が主流をなす。この違いはすでに岸本道昭や広瀬和雄が指摘している〔岸本1998：89、広瀬1998a：336〕。広瀬は後者を梁間3間型としているが、地域が偏ることを重視して、前者を本州型、後者を九州・四国型とする。また、本州型では池上曽根遺跡、大阪府尺度遺跡、滋賀県伊勢遺跡、同・下鈎遺跡、三重県菟上遺跡、神奈川県中里遺跡、千葉県常代遺跡などで屋内棟持柱をもつ建物がある一方、九州・四国型に一切それを欠いており、その点でも上屋構造に大きな違いのあることがわかる。

　高知県南国市田村遺跡は弥生前期の九州・四国型であり、三重県筋違遺跡は弥生前期の本州型である。西は九州地方、東は関東地方にまで本州型は拡散するが、大阪府泉南市氏の松遺跡の弥生前期の片側独立棟持柱建物を含めて考えると、本州型が近畿地方で生まれて東西にひろがったことは認めてよいであろう。九州・四国型については、田村遺跡例がその起源になったのかどうか、類例が少ないので判断はむずかしい。

　では、独立棟持柱建物は、弥生文化に独自に生まれたのか、縄文文化に系譜が求められるのか、あるいは大陸に起源があるのだろうか。朝鮮半島では、京畿道河南市美沙里遺跡で数棟検出されている〔高麗大学校発掘調査団1994〕ほかに数例知られているにすぎない。時期は、中島式Ⅱ・Ⅲ期、瓦質土器の初期であるから、3世紀と新しく、これが弥生文化に影響を及ぼしたとは考えられないので考慮の外におくことができる。

　それでは、縄文文化からの系譜はどうだろうか。弥生時代の独立棟持柱建物は、東日本縄文時代晩期まで継続する掘立柱建物の一形態と等しい。宮本長二郎は両者の系譜関係を考えてお

336

第13章　独立棟持柱建物と祖霊祭祀

表18　類型別時期別独立棟持柱建物出土遺跡と建物棟数

	弥生前期	弥生中期前半	弥生中期中葉	弥生中期後半	弥生中期後半～後期	弥生後期
ⅠA	2 (2)		2 (4)	13 (18)	3 (6)	5 (6)
ⅠB		2 (2)	1 (1)	5 (5)	1 (1)	1 (2)
ⅠC				3 (4)		3 (11)
ⅡA			2 (2)			
ⅡB						2 (2)

遺跡数（　）は建物の数、ただし重複建て替えは数に入っていない

り〔宮本 1998：264〕、村上恭通はそれを肯定し〔村上 2000b：190-193〕、小林青樹はより積極的に主張している〔小林青 2003：70・2004：35〕。たとえば新潟県新発田市青田遺跡など、縄文晩期の新潟県域にこの種の建物が多く認められる。新潟県域はいわゆる浮線網状文土器の分布圏である。浮線網状文土器は東海地方の長原式土器と関係が深く、近畿地方では滋賀県域や三重県域にかなり浸透し、大阪府域や兵庫県域にまで達する。そうした点からすると、小林らの説も検討に値する。ただ、中間地域の様相がよくわからない点と、新潟県域などではごく一般的な建物であり、特別な建物として採用されるにはどのような経緯があったのかまだわからない点が多いことから、断定することはできない[1]。

2　類型の変遷と規模の変化

先におこなった居住域における独立棟持柱建物のあり方の分類（表18）では、A類がもっとも多く53遺跡中28遺跡であり、B類10遺跡、C類9遺跡となっている。A類は弥生前期に成立して後期にまで継続するので（表17）、これが集落における基本形態なのであろう。A類でも埼玉県北島遺跡例のように、数棟の竪穴住居に1棟の独立棟持柱建物からなるのが一つの原初的なあり方のように思われる。

A類は集落のなかで竪穴住居と渾然一体となっている場合もあるが、徳島県桜ノ岡遺跡、鳥取県茶畑第1遺跡、兵庫県有鼻遺跡、三重県莵上遺跡、埼玉県北島遺跡のように、竪穴住居に囲まれ、なかには有鼻遺跡や北島遺跡のように標高の一番高い場所に占地するなど、居住域の特別な場所におかれた場合がある。

図109・110は独立棟持柱建物の桁行と梁間による建物の規模とその変遷を示したものだが、それによれば3群にまとまる。20 m²以下を小型、20～50 m²未満を中型、50 m²以上を大型とする[2]。独立棟持柱建物は、奈良県田原本町唐古・鍵遺跡例の80 m²以上が示すように、弥生中期前半という初期の段階から大型化したものがある。したがって、無区画・竪穴住居に囲まれた中央志向・大型を伴うという点から、独立棟持柱建物は居住集団全体の絆と直結する建物として出発したといえよう。

中里遺跡のように、複数の居住集団が独立棟持柱建物をもつ場合もある。中里遺跡では居住

337

第Ⅲ部　社会変動と祖先祭祀

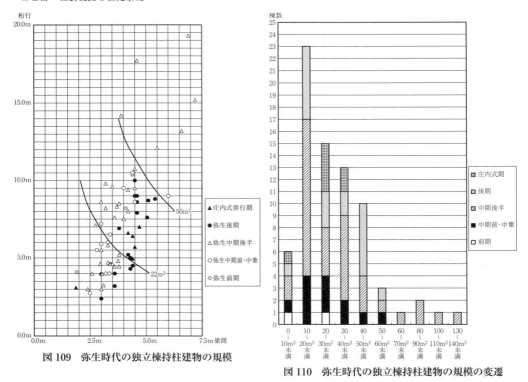

図109　弥生時代の独立棟持柱建物の規模

図110　弥生時代の独立棟持柱建物の規模の変遷

　集団どうしの格差は明瞭ではないが、莵上遺跡はまた異なる様相を示す。莵上遺跡は二つの居住単位によって構成され、そのうちの一方に掘立柱建物が多く、さらにそのなかでも大型竪穴住居をもつ特定の区域に独立棟持柱建物を含む数種類の大型掘立柱建物が集中していた。これは、集団のなかに格差が生まれ、特定の集団が析出してきたことを示す。集中した数種類の掘立柱建物が竪穴住居から分離して特定の区画を占めるようになるのがＢ類であり、それがＣ類になると溝などで区画されたり、区画溝に付随するようになる。表18から明らかなように、Ａ・Ｂ類は弥生後期に至ると数を減らすがＣ類は変わらず、尺度遺跡で典型的な姿をみせて兵庫県神戸市松野遺跡など古墳時代の首長居館へと数を増しつつつながっていく。したがって、Ａ類（中里）→Ａ類（莵上）→Ｂ類→Ｃ類という流れは、独立棟持柱建物が共同体全体の管理から首長層の台頭とともに特定集団への独占的管理へと移っていったことを示す。

　最初から大型のものがあった独立棟持柱建物は、135㎡をはかる池上曽根遺跡の建物のように、類例が増加する弥生中期後半に巨大化の頂点を迎えた。下鈎遺跡や伊勢遺跡のように、40㎡クラスの大型に近い建物は弥生後期に継続するが、伊勢遺跡の方形区画内の独立棟持柱建物は、11㎡と小型化していた。区画溝のなかにある独立棟持柱建物は後期終末に小型化の傾向を強め、尺度遺跡や古墳中期の松野遺跡など、40㎡未満の中型あるいは小型が大勢を占めるようになる。弥生中期後半は、集落の規模が増大する時期である。それとともに人口も増加したであろう。独立棟持柱建物の大型化と小型化の流れは、弥生中期後半までは集落の肥大化

第13章　独立棟持柱建物と祖霊祭祀

と建物の大型化が同時進行であるが、弥生後期後半以降、首長の独占管理体制に入ると小型化
し、首長個人あるいは特定階層集団の建物へと性格を変化させた。

3　他の遺構とのかかわり、絵画資料と出土遺物をめぐって

　三重県長遺跡や埼玉県北島遺跡のように、独立棟持柱建物が1棟だけ建っているのは例外
であり、大半は複数の掘立柱建物によって構成されている。その場合も、異なる種類や大きさ
の掘立柱建物からなっているので、掘立柱建物群は異なる役割をもつ建物の集合体であったと
予想される。伊勢遺跡の方形区画における大型・中型掘立柱建物と小型の独立棟持柱建物の組
み合わせなどがその典型的な例であるように、特定区域から方形区画の形成、すなわちIC類
における掘立柱建物の動向がとくに注目される。

　滋賀県下之郷遺跡や下鈎遺跡は集落のなかに方形の区画が設けられるとされる〔近藤 2003・
2006〕。全体像はもとより、方形か否かも不明瞭だが、兵庫県摂津市加茂遺跡の方形区画の存
在を認めれば[3]、弥生中期後半に集落のなかの特定範囲を区画することがはじまったとみてよ
い。

　池上曽根遺跡では、環壕集落の中央にL字形に大型建物が建てられている。この建物の配
置をめぐっては、四合院型式風のコの字形に建てられていたのではないかとする推測もあった
が、その後の調査によってもう一方の側に建物はなく、L字形の2棟も時期が異なることが指
摘されている〔豆谷 2004：315〕。しかし、茶畑山道遺跡に同様なL字形の建物配置がある点は
注目できる。なぜならば、兵庫県武庫庄遺跡で区画溝と軸を一致させて建物が配置されており、
古墳時代の首長居館における方形区画に沿った建物配置の先駆け的な様相を、弥生中期後半に
認めることができるからである。

　滋賀県針江川北遺跡は、独立棟持柱建物が別の種類の掘立柱建物と2棟一対で建て替えら
れていたが、いずれも軒や梁の方向を平行あるいは直角にしている。また、独立棟持柱建物2
棟が棟筋をそろえ、近接して並列されるのは、鹿児島県前畑遺跡、滋賀県伊勢遺跡、三重県村
竹コノ遺跡、大阪府尺度遺跡にみることができ、複数の建物の規格的配置として注目できる。
建物の並列あるいはL字形の配置は、方形区画を意識した結果であるといえよう。

　だが、池上曽根遺跡でそのような建物配置をとりながらもまだ溝で区画することはなく、建
物は大型である。このことから、首長の取り仕切る空間が萌芽している可能性がある一方、集
落あるいは地域共同体の全体性のなかに大型建物が埋没している段階として、近畿地方の中期
後半という時代を評価しなくてはならない[4]。それは、首長層の墳墓が群集する方形周溝墓の
なかに埋没していることと相即的である。

　独立棟持柱建物を含む複数の建物が同時に建てられていたことは、土器絵画からも推測する
ことができる。兵庫県龍野市養久山・前地遺跡の壺形土器には独立棟持柱をもつ寄棟造りの建
物が2棟描かれ、鳥取県米子市稲吉角田遺跡の壺形土器には、柱と梯子が異常に高い建物と
切妻造りの屋根の建物が並べて描かれている。また、建物を描いた土器絵画には、軒の先端に

339

第Ⅲ部　社会変動と祖先祭祀

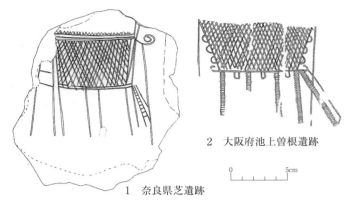

1　奈良県芝遺跡　　2　大阪府池上曽根遺跡

図111　屋根に飾りをもつ独立棟持柱建物の土器絵画

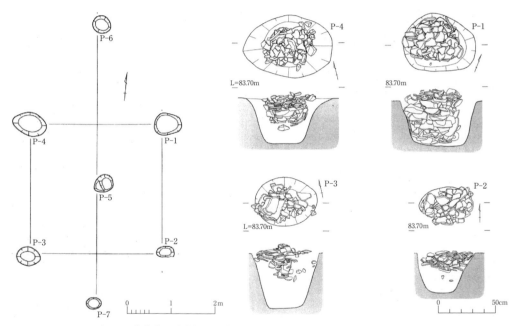

図112　徳島県阿波市桜ノ岡遺跡の独立棟持柱建物と柱穴の遺物出土状況

渦巻状の装飾を描き加えるなどの装飾をもつ例が散見され（図111）、この種の建物の性格を考えるヒントになる。

　伊勢遺跡や針江川北遺跡では、独立棟持柱建物は別の箇所に建て替えられている。近接して建て替えられる場合もあれば、方形区画を中心とした環状のライン上で建て替えられるなど、先行の建物を意識していることは明らかである。さらに徳島県西長峰遺跡や大阪府池上曽根遺跡、八雲遺跡、尺度遺跡、滋賀県下之郷遺跡など、同一地点で3〜5回の建て替えによって激しく重複している例がある。独立棟持柱建物を含む特殊な掘立柱建物の建て替えについては、伊勢神宮などの遷宮に類するとの意見〔辰巳 1990：162〕や、首長の代替わりごとになされたと

いう解釈がある〔禰冝田 2000：39-40〕。

出土遺物にはどのような特徴があるだろうか。柱穴から多量の土器が詰め込まれて出土した桜ノ岡遺跡は、建物の廃絶に伴う儀礼のおこなわれたことが明らかである（図112）。西長峰遺跡でも柱の抜き取りに際して土器を埋納していたとされ、下鈎遺跡では柱穴から高杯形土器と水晶片が出土し、廃絶に際して地鎮祭がおこなわれたと解釈されている。

4　独立棟持柱建物の特質

弥生後期から古墳時代に、独立棟持柱建物は首長居館に取り込まれていくことから、首長にかかわる建物であることを推測した。また、上に述べたようにさまざまな点から祭儀にかかわる建物であることも推測できる。こうした点は、すでに多くの論文で述べられている。

たとえば金関恕や広瀬和雄は、このような建物はもともと基本的には稲倉であり、木偶が納められた農耕祭祀の「神殿」である、と考えている〔金関 1985：73、広瀬 1996：112〕。これに対して、佐原真や春成秀爾は、神殿に納める神像に相当するものが弥生時代にないことから、何らかの祭儀に使用された建物であることは認めつつも、神殿説には否定的である〔佐原 1996：8、春成 1996：17〕。古代史・宗教史の岡田精司は、古代日本の祭祀では建物は必要とせず、社殿の成立は7世紀後半以降になるとこれも神殿説に否定的であり、集会所の可能性はないかとしている〔岡田 1999：50〕。

秋山浩三は、池上曽根遺跡の大型建物を分析し、同一地点に建て替えられた5棟の建物のうち大型のものに限って棟持柱が存在していることから、重い軒を支える実利的な面を強調する〔秋山 2007：416〕。下之郷遺跡の6棟もやはり大型の2棟が棟持柱をもっており、秋山説に有利である。

だが、独立棟持柱をもつ大型建物は、弥生後期を経て古墳時代に小型化の傾向にある。それでもなお、首長居館のなかにおいて独立棟持柱で支えられているのは、実利的な面からだけでは説明がつかない。特定の遺跡に限って大量に出土する弥生土器絵画に祭祀的な意味を認める立場に立てば、そこに描かれた画題にもそれが反映しているとみることは許されよう。さらに、軒に渦巻状の装飾をつけた独立棟持柱建物の絵画は（図111）、この種の建物が何らかの祭儀に使われていたことを証明している。池上曽根遺跡の大型建物の正面にしつらえられた大型の井戸も、秋山のように実利的な面ばかりでなく、水にかかわる儀礼に用いられた可能性を考えたい。古墳時代の首長居館では、群馬県三ツ寺遺跡に典型的なように、水の儀礼がそのなかでおこなわれていた。弥生中期～後期に萌芽した首長の営為にかかわる空間に祭儀的な空間が取り込まれていったと推測することができる。

このように、独立棟持柱建物は集落において特別な建物であることは疑いない。したがって、独立棟持柱建物は共同体の祭儀にかかわり、のちにそれが首長の祭儀にかかわる建築物になったことは、やはり動かないのではないだろうか。問題は、祭儀の中身である。

第Ⅲ部　社会変動と祖先祭祀

第4節　墓とのかかわり

1　木槨墓の系譜と平原遺跡の墓

そこで、もう少しその性格を突きつめるため、墓とのかかわりを問題にする。独立棟持柱を
もつ掘立柱建物が墓に伴うのは、北部九州地方、近畿地方と南関東地方である。北部九州地方
では、福岡県平原遺跡〔原田 1991：23〕、近畿地方では奈良県ホケノ山遺跡であり〔広瀬 2008〕、
いずれも墳墓の埋葬主体部の上に建物が築かれた B 類である。

ホケノ山墳丘墓の埋葬施設は石囲木槨墓とされており、平原遺跡の木棺を埋葬主体とする 2
段掘りの土坑も、棺外に鏡を大量に納めている点は木槨墓と通じるところがある。木槨墓は日
本列島で自生したものではない。弥生時代の木槨を論じた田中清美によれば、日本列島でもっ
とも早く木槨がみられるのは北部九州地方であり、福岡県穂波町スダレ遺跡など弥生中期初頭
にさかのぼる。それは、春秋戦国時代の箱形木槨に近いとされる〔田中 1997：123〕。

弥生後期になると木槨墓は北部九州地方では衰退する一方、島根県出雲市西谷 3 号墓や岡
山県倉敷市楯築墳丘墓など島根県域や鳥取県域および岡山県域と広島県域の中国地方に現れ、
弥生後期終末にはさらに京都府城陽市芝ヶ原 12 号墓や兵庫県神戸市西神 3 号墓など近畿地方
の外縁に認められるようになる。これらは楽浪郡の木槨墓に祖形が求められ、朝鮮半島を通じ
て中国大陸の木槨墓につながることを、田中は論じた〔前掲：125〕。

原三国時代の墓制の流れを整理し、楽浪郡と弥生文化を比較した高久健二によると、1 世紀
後半〜2 世紀中葉に楽浪郡の木棺墓が導入され、韓国慶尚南道良洞里 7 号墓のような木槨墓が
形成されると同時に、楯築墳丘墓に木槨墓が認められる〔高久 2001：56〕。良洞里古墳群では、
2 世紀後半〜3 世紀中葉に木槨墓の大型化と副葬品の多量化が進行するが、それは楽浪郡の大
型木槨墓の要素を導入していた可能性が高く、ホケノ山墳丘墓や前期古墳との共通性が認めら
れるという。つまり、楽浪墳墓の影響によって墓の変遷に画期が認められ、その画期が三韓地
域と日本列島で共通していたのである〔前掲：59〕

西谷 3 号墓にしても楯築墳丘墓にしても、埋葬主体部に多量の水銀朱が使用されており、
先の木槨墓の系譜とともに中国墓制の影響とみなすのが妥当である。日本列島でもっとも早く
個人を埋葬した高い墳丘が築かれたのが中国地方である。そして、弥生後期後半に至り墳丘墓
が丹後地方など近畿地方北部に現れ、それらの地方では副葬品も豊富になった。中国地方では、
島根県松江市田和山遺跡で楽浪系の硯〔岡崎 2005〕や、鳥取市青谷上寺地遺跡からジョッキ形
の土器、島根県出雲市姫原西遺跡からは弩形木製品〔足立編 1999〕が出土している。これらは
水銀朱と同様、いずれも弥生中期後半〜後期に日本海を通じて朝鮮半島から漢文化が影響を及
ぼすようになった結果出現したのであろう。

平原遺跡が存在していた一帯は伊都国の領域であり、平原 1 号墓は伊都国王墓との見方が
強い。その築造年代を 2 世紀とすれば、107 年に後漢に使者を送った倭国王帥升の墓の可能性

も否定できない。そのことと、墓の上に建物が建っていることは関係ないのであろうか。

　中国で王墓の上に建物を建てるのは、春秋戦国時代に一般的になる。戦国時代の墓である河北省中山王墓から『兆域図』という銅版が出土しているが、そこには王墓の上に築かれた堂の平面図が描かれている〔傳 1980：99〕。これと漢代の陵寝制を比較した楊寛によると、堂は漢代の「寝」すなわち墓主の魂が憩い、日常生活を送る場所に相当するという〔楊 1981：44〕。墳丘は３段に築成され、墳頂には瓦が堆積しており、建築物の存在が裏づけられる。春秋時代の陝西省秦公１号墓も墓坑上に瓦が堆積しており、戦国時代の河南省魏王陵も方形の墳丘の上に建築跡があった。墓上の建築物は殷墟婦好墓に認められるように、殷代にさかのぼる。祖先祭祀が殷代に盛行したことは青銅器の銘文から明らかであり、犠牲獣や殉葬遺体の出土もそれを裏づけている。墓上に建てられた建築物は、死者の霊をまつる施設にほかならない。そして、墓上の建築物は、秦・漢代以降まで認められるらしい〔王 1992：189〕。

　平原遺跡を発掘した原田大六は、墓上建築物を殯屋とした〔原田 1991：22-24〕。しかし、殯は個人の死が確定するのを待つための期間であり、完全な死を求めるための儀式である〔和田 1969：653〕。複葬制を分析したR・エルツは、葬儀が死とその直後、中間の段階、最終の儀式の３段階からなっていることを明らかにした。骨化が完了しないことには死者の霊魂は生活空間にとどまって生者をおびやかすのである〔エルツ 1980：48〕。つまり、肉体的な死は本当の死ではないのだから、殯屋は墓に設けられることなどない。

　平原遺跡１号墓の木槨墓に類する埋葬主体部や副葬品が漢文化の影響を受けているとすれば、墓上建築も死者の霊を慰撫する施設として導入された可能性がある。では、それが独立棟持柱建築をとっていることはどのように考えればよいのだろうか。その前に、階層的に上位の死者の霊に対する扱いが北部九州地方ではどのようなものであったのか、みておくことにしたい。

2　北部九州地方の墓と大型建物

　北部九州地方では、弥生中期初頭に副葬品を多量にもつ墓が出現し、中期後半にかけて墳丘を築き、区画をもつ特定個人墓を生み出すなど、日本列島内で他にない独自性を発揮した。これは朝鮮半島南部を通じて、あるいは楽浪郡の影響によって生まれた北部九州地方ならではの墓制の特質である〔高久 2001〕。

　遺構の配置にも漢文化の影響が認められる。七田忠昭は、北部九州地方では特定墳墓群と大型建物、あるいは祭祀施設が一体となっている場合があり、大型建物が祭祀（祖霊祭祀）に深いかかわりをもっていたと主張している〔七田 2003：36〕。

　佐賀県鳥栖市柚比本村遺跡は、弥生中期初頭〜前半の木棺墓・甕棺墓群46基が形成されたあと、中期後半になるとそこから50ｍ北に面積が167㎡に及ぶ超大型掘立柱建物が構築される。この大型建物は、同一地点で複数回建て替えがおこなわれたので、遺構は激しく重複している。建物の背後には、祭祀土器を伴った土坑群が多数存在する。これらの施設は、直線の軸

第Ⅲ部　社会変動と祖先祭祀

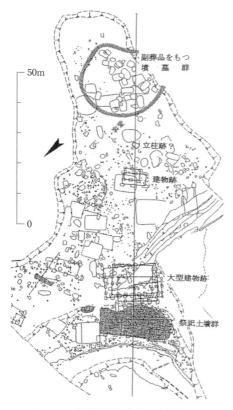

図113　佐賀県鳥栖市柚比本村遺跡

上に配列されているところに特徴がある（図113）〔七田 1994：20〕。

それは同県神埼市・吉野ヶ里町吉野ヶ里遺跡にも認められる〔前掲：20〕。吉野ヶ里遺跡は弥生後期終末になると、北内郭に3×3間、面積は156m²で総柱の超大型建物が建てられるが、建物の中軸線上には北に向かって弥生中期の甕棺墓が列をなしている。約100m北に小規模な掘立柱建物があり、さらに北10mには銅剣を副葬していた複数の甕棺墓からなる弥生中期前半の墳丘墓が存在している。大型建物で折り返した軸線上の最南端には弥生中期前半に形成され後期にまで維持された盛土遺構があるが、ここから祭祀土器が多量に出土し、祭壇とされている。

福岡市吉武高木遺跡の多量の副葬品を伴う墓域に近接した121m²の超大型建物や同市久保園遺跡の超大型建物も、特定の墳墓群とかかわりをもつとされる。久保園遺跡には建物の付近に丹塗りの祭祀遺物を伴う溝や土坑がある。

七田は吉野ヶ里遺跡にみられる郭の鍵状の出入り口や張り出しに設けられた物見櫓などに中国の影響を認め、集落の空間設計なども含めて区画の方形志向や大型建物の出現の契機が自然発生的なものではなく、中国や楽浪郡・帯方郡との外交が契機になったことを推測している〔前掲：38-39〕。軸線上に墓や大型建物、祭祀施設が配置されるのも、漢文化の影響といってよい〔金関 2001：302〕。

春秋戦国時代に墓の上に建てられていた寝殿は、秦・前漢に受け継がれたが、後漢時代には陵のそばに「寝」をおこし、陵の傍らに祖先の霊をまつる「廟」を建てる「陵側起寝」・「陵傍立廟」の制度、すなわち陵寝制度が確立した。宗廟は祖先祭や宗族の儀式をおこなうところであるほか、政治上の重要な儀式をおこない、決定した命令を布告するところでもあった〔楊 1981：50-51〕。北部九州地方の墳墓群が大型建物よりも時期がさかのぼることからすれば、まつりの対象となるのは大型建物を築いたものにとっての祖先である。赤色に塗彩された高杯や器台など特殊な土器を用いた祭祀土坑が大型建物や甕棺墓に伴うのも北部九州地方の葬送儀礼の特徴であり、祖先との飲食儀礼が墳墓やそれに伴う大型建物でおこなわれたことを示す。北部九州地方では祖先の霊をまつる行為が、墓群と対をなす大型建物でおこなわれていたのだろう。

このように、北部九州地方では漢文化の影響によって中期から墳墓群に伴う大型建物で祖霊

344

祭祀がおこなわれるようになり〔小田 1994：167〕、それが平原遺跡の墓上建築につながっていったと思われる。

　しかし、ここで疑問が生じる。中国では墓坑上の建物から墳墓の傍へと寝あるいは廟が移っていったのに対して、北部九州地方では逆の過程を歩むことである。この現象をどのように解釈すればよいのだろうか。

　中国では早くから王権が確立しており、陵寝制度は皇帝陵を中心に展開した。また、陵における魂をまつる施設の移動は、墓の構造が槨から室へ変化していくことと符合する。これに対して北部九州地方ではまつりの対象は特定の個人ではなく集団である。墓群全体をまつるには、墓域の傍に祠堂を建てる必要があった。それが、ようやく王墓、平原遺跡 1 号墓の段階になって個人の墓が祭祀の対象となった。そして、墓の構造がいまだに木槨墓に類する構造であったので、中国の古い制度が踏襲されたのではあるまいか。つまり、日本列島の王権の位相および墓の構造に規定されて、中国とは反対の流れをたどったと推測される。

3　近畿地方の方形周溝墓と祖霊祭祀

　それでは、近畿地方で独立棟持柱建物は墓とどのような関係にあるのだろうか。近畿地方でこの建物が墓に伴う例は、古墳時代にさしかかったホケノ山墳丘墓を除いて一切ない。近畿地方の弥生時代の主流な墓は方形周溝墓だが、独立棟持柱建物を含めて建物が伴っていた例も二、三のそれらしきものを除けば、聞かれない。

　近畿地方の方形周溝墓を北部九州地方の墓制と比較した場合の特質として、副葬品をもつ例が極端に少ない点と、比較的高い墳丘を築く例が二、三を除いて明確でない点があげられる。墓に多量の副葬品を納めるのとそうでないのとでは、「あの墓には多く副葬品を入れた人をまつってある」という感覚が沸き起こるかそうでないかの点で、大きな差がある。それに墳丘をもつともたないという差が加われば、なおのことであろう。甕棺墓の列の先に副葬品を多く納めた墳丘墓が存在し、権威をもった祖先へと人々がつながっていく様子が吉野ヶ里遺跡などからうかがえるのに対して、近畿地方の方形周溝墓は連結して築かれる場合はあるものの、それがつながっていくべき副葬品をもった特定の墳墓を欠いている。大型の方形周溝墓も墳丘をもつことはあっても、小型のそれを睥睨して墓域のなかで際立っているといった様子はない。

　それは、社会のなかにおける死者の立場を墳墓によって表現する差異化意識〔高木 2003：174〕の違いを映し出しているが、それと同時に祖先に対する意識のありようともかかわっている。河内地方の方形周溝墓は、群構成のあり方からして、何世代にもわたり長期継続的に造営されたのではなく、せいぜい 2 世代程度であると指摘されている。大型墓も短期間で終わり、上位階層集団のなかでも明確な系譜意識が読み取れない〔大庭 2007：67-68〕。近畿地方の方形周溝墓が家長の死と権限の継承を契機として墓の区画が更新されていくのに対して、北部九州地方の甕棺墓は墓域が踏襲されていることから、近畿地方では直系家族がより強く意識されて世代ごとの自立性が強いのに対して、北部九州地方では累世的であるという〔寺沢 1990：27〕。溝口

第Ⅲ部　社会変動と祖先祭祀

孝司は、弥生中期後半の福岡県甘木市栗山遺跡Ｃ群墓域の分析を通じて、北部九州地方では甕棺墓を数世代にわたって意識して重複させることにより、葬送執行者などが自らの社会的地位を特定祖霊との関係によって象徴的に表示するようになる場合のあることを論じた〔溝口1995b：88〕。

中国では殷代以降、王権の正当性を祖先とのつながりによって証明する必要があり、それが宗廟の祭祀の発達を招いた〔都出 2000：172〕。王権の形成への動きが早く、中国王朝との関係のなかでそれが展開した北部九州地方とそうした動きが緩慢な近畿地方とでは、祖霊に対する意識がたんに血縁的結合の強化という意味だけでなく、政治的に利用していく方法の点でも大いに異なっていたといわねばならない。

このように、近畿地方の方形周溝墓は、祖先の霊をまつる意識が北部九州地方と大きく違う。それは、政治的社会の形成へ向けての動きに質的な差があったからである。弥生時代のある時点までは、王権の形成が北部九州地方に比べて未熟な近畿地方で、独立棟持柱建物を含む大型建物が墓に伴わない点に、方形周溝墓における祖霊に対する意識のありようがあらわれている。

4　南関東地方の独立棟持柱建物の性格と系譜

独立棟持柱建物は、関東地方では中里遺跡や常代遺跡で弥生中期中葉に出現する。中里遺跡の独立棟持柱建物の成立過程と性格に関しては、それ以前の集落との関係からみていく必要がある。二者の間には、以下のような関係がある〔設楽 2004c〕。

① 中里遺跡は足柄平野の真ん中に位置する相対的に規模の大きな農耕集落である。それ以前の集落は台地の縁に展開するが、それは中屋敷遺跡に代表される再葬墓を営む小規模な集落群である。

② 台地の縁の集落がおおむね弥生中期前半で廃絶するのに対応するように、中里集落が弥生中期中葉に成立する。

③ 中屋敷遺跡と中里遺跡で、集団の象徴的器物である土偶形容器が出土している。

④ 中里遺跡の居住域はいくつかの群からなっており、それらには縄文文化の伝統を引いて竪穴住居が環状をなす群が含まれている。

こうした関係性からすると、中里の集落は台地の縁に展開していた小集落が結集することによって成立した可能性が高く、その目的は灌漑という協業を要する水田稲作農耕にあったことは疑いない。

弥生再葬墓は居住域から離れ、独立して営まれる場合が多いが、周辺居住集団の共同墓地と性格づけられている〔星田 1976：46-47、石川 1999：175〕。縄文時代の環状集落は中央に墓域を有する場合が多い。縄文中期の環状集落は、縄文後期になると気候寒冷化などによって分散化していく傾向がある。それに伴い墓域が居住域から独立するが、墓域が依然として大型であるのは、分散化した居住集団の精神的紐帯を維持するモニュメント的性格をもっていたからである。精神的紐帯とは、祖先祭祀を中核としたものであろう〔設楽 2008a：262-265〕。弥生再葬墓も、

346

分散化した小集団の祖霊祭祀施設としての役割をもっていた。居住域からは独立しているものの、理念としては居住集団の中核に位置する墓地の性格を引き継いでいるといってよい。

中里遺跡はそれらの分散小集団が結集して形成された集落であるが、かつて分散居住に伴って必要とされていた紐帯強化のための再葬墓は、結集によって必要性を失った。それにかわって登場したのが居住集団の中央に位置する独立棟持柱建物であった。独立棟持柱建物は、中里遺跡の居住域の中心に建っており、あたかも再葬墓が形をかえて集落の中心施設になったかのようである〔小林青 2003：69-70〕。

土器などからすると中里遺跡は近畿地方からの影響が強く、独立棟持柱建物も近畿地方から導入されたのだろう。次節で述べるように、近畿地方の独立棟持柱建物には祖霊祭祀の役割があり、その役割もともに近畿地方から南関東地方に導入された可能性が考えられるが、その背景には上述のような地域固有の動向があった。

常代遺跡では、方形周溝墓の上にこの種の建物が築かれている。出土した遺物によれば建物のほうが方形周溝墓よりも古いが、図108-2にみるように規格的な両者の関係性からすると、柱穴から出土した遺物は古い時期のものが混入した疑いもあるので、報告者が言うように建物が墳丘上に建てられていた可能性を考えたくなる。常道にしたがって出土遺物を優先せざるをえないが、そうであっても弥生中期中葉にこの付近には墓が展開していたのだから、独立棟持柱建物が墓域に伴う建物であることは十分考えられるのである。この建物を意識して、大型方形周溝墓がそれを壊した上に築かれた可能性もある。

関東地方の弥生中期後半の環壕集落では、大型方形周溝墓が1基だけ環壕の内側に築かれた例が群馬県高崎市高崎城三の丸遺跡や千葉県佐倉市大崎台遺跡などにある。これが、中里遺跡や常代遺跡の独立棟持柱建物の性格を考えるうえで有効である。居住域のほぼ中央に設けられている点は、弥生再葬墓の地域集団の中核施設としての性格を髣髴させると同時に、中里遺跡の独立棟持柱建物との共通性を考えさせる。常代遺跡では、大型方形周溝墓と独立棟持柱建物が一体化していた点に、この二者の密接な結びつきがうかがえよう。

環壕集落の中央にある方形周溝墓が地域社会の中心的首長の析出を反映したものであるとすれば〔安藤 1996：55〕、居住域の中心に存在するという同じ状況の独立棟持柱建物は、祖霊祭祀にかかわる性格をもっていたと考える余地がある。方形周溝墓に弥生再葬の祖先祭祀的性格が受け継がれ、それが居住域での集団結集の原点として祖霊祭祀の役割を帯びた農耕祭祀の施設である独立棟持柱建物へと転化したのである〔設楽 2008a：285〕。

南関東地方では、平原遺跡1号墓と同じく独立棟持柱建物が祖霊祭祀に関係していた。その傾向がない近畿地方をはさんだ二つの地域で建物に同じ性格がみられるのは、それを発現させた母体が、縄文文化と中国大陸とそれぞれで異なっていたことによる。東海地方にⅡ類がみられるのは、南関東地方と東海地方が文化的につながりの強いことによるのだろう。

第Ⅲ部　社会変動と祖先祭祀

第5節　独立棟持柱建物の役割

1　農耕儀礼と祖霊祭祀

　弥生時代に近畿地方で祖先の霊をまつることはおこなわれていなかったのかといえば、そうではないだろう。

　3世紀の『魏書』東夷伝高句麗の条のうち、高句麗五族の一つである涓奴部についての部分には、「居所の左右に大屋を立て、鬼神を祭り、また霊星、社稷を祀る」という記述と対になるように「宗廟を立て霊星社稷を祀る」とある。中国で社稷の社とは地に内在する力の化身、すなわち土地の神であり、稷は穀物をあらわし〔松本 1922：112・125〕、古くから地神と穀神が「社稷」と呼ばれて併祭された〔三品 1973：232〕。霊星、鬼神は祖先の霊であり、社稷とは農耕神のことである。つまり、地神・穀神をまつる際、祖先霊もまつっているのである。

　金関恕は川副武胤の説〔川副 1979：4-5〕を受けて、宗廟のまつりと鬼神のまつりとが対応していること、すなわち鬼神のまつりが祖霊神のまつりである、と説いた〔金関 1982b：73〕。社稷すなわち農耕神が祖霊とともにまつられていることにいかなる意味があるのだろうか。

　三品彰英は、東南アジアなどの農耕儀礼では、結婚式や幼児の命名式が収穫祭に随伴しておこなわなければならないという点に、穀物と人間の生命とが互換的に観念されていることを見出した。そこから必然的に考えられることは、穀物の収穫祭が祖霊祭としての側面をもっていることである〔三品 1973：91-92〕。つまり、原始・古代の社会では人間霊と穀霊は融即的に取り扱われ、死者の霊まつりは穀霊祭儀の姿をとるのが一般的なので、予祝祭と収穫祭は死者の霊まつりを兼ねもつ点で広い社会的機能をもっているというのである〔三品 1973：227〕。祖霊に新穀を供えるのが収穫祭の一般的方式であるのは、そのような理由がある。

　唐代の『周書』異域伝高麗の条に、2棟の祭殿に祖神である男女2体の像を木でつくりまつっている記述がある。また、3世紀の『魏書』韓伝馬韓の条に5月の播種のあと「鬼神を祭る」という記述があることから、金関は3世紀の鬼神は男女の木像で表現されていたのではないかと類推し、弥生時代の木偶の原型が朝鮮半島にあるとみた〔金関 1985：72-73〕。さらに、鳥取県米子市稲吉角田遺跡の絵画土器に描かれた一対の銅鐸と一対の高床倉庫に注目して、それらは高麗の祠堂と同じく、それぞれ男女の祖霊を対象にしたものと考えた〔金関 1986：296〕。

　縄文時代になかった鳥形木製品が弥生時代に出現するのも、イネや祖先の霊の乗り物としての役割を鳥に認めるようになったからだという意見はすでに定着している〔金関 1982a、春成 1987〕。銅鐸にはしばしば鳥が描かれるが、鳥はイネの魂を運ぶものであるので、銅鐸にはそれをつなぎとめる役割があったと考えるのが自然である〔春成 1987：22〕。伝島根県出土銅鐸に人面と鳥が描かれているのは、祖先とイネの魂の結びつきを示す。

　そうしたことからすれば、銅鐸、鳥形木製品、木偶、高床倉庫の絵画が集中する近畿地方の

348

第13章　独立棟持柱建物と祖霊祭祀

弥生農耕社会では、穀霊祭祀と融即した祖霊祭祀が展開していたと考えなくてはならない。

　方形周溝墓での祖霊祭祀は希薄だったから、近畿地方で祖霊祭祀はおもに居住域でおこなわれたと考えるのが妥当だろう。平原遺跡1号墓の独立棟持柱建物をみて気づくのは、九州型が主流をなす地域でありながら、本州・四国型であることである。近畿地方から導入されたのだろう。平原遺跡1号墓の独立棟持柱建物に祖霊祭祀の役割があったと考えることが許されるならば、導入元である近畿地方のこの種の建物に、祖霊祭祀の役割があったと考えなくてはならない。導入元でこの役割がなかったら、墓に導入する意味はないからである[5]。

2　古文献・絵画にみる建築物と独立棟持柱建物の相関

　『魏書』東夷伝高句麗条にある大屋が宗廟を指している説を紹介した。大屋は居所の左右に建てられ、霊星と社稷をまつっていると記している。周～秦・漢代の儒家の書である『礼記』は、諸侯が国の神霊をまつる位置を定めるときには、社稷は公宮の右側に、宗廟が左側に建てられると記している〔竹内 1977：729〕。独立棟持柱建物は当初から大型のものを含み、しばしば独立棟持柱建物同士あるいは別の掘立柱建物と2棟一組で建てられる場合があった。

　弥生土器の絵画に2棟一組で高床建物を描く場合があるのは、金関が注目した点である〔金関 1985：69〕。辰巳和弘は、伊勢遺跡の2棟一組の独立棟持柱建物を高句麗条の記述と重ね合わせて、2棟の役割の違いを推測する手がかりとしている〔佐伯編 2001：97〕。

　したがって、弥生時代の掘立柱建物の役割は、互いに関連しながらも多様であることが推測できるし、独立棟持柱建物の役割も一つとは限定できない。しかし、先に分析した墓と独立棟持柱建物とのかかわりを念頭におけば、これらの書物の記述を独立棟持柱建物にそのまま投影することはできないにしても、祖霊の祭りの場である寝あるいは宗廟に類する性格をこの建物に求めても、違和感はない。

　二里頭後期末ないし二里岡初期の河南省鄭州偃師殷故城遺跡や春秋時代の陝西省馬家荘3号建築跡、あるいは二里岡期の湖北省盤龍城F1の平面が日の字形をした大型建築跡（図114）は、甲骨文字や文献から宗廟とされている〔飯島 2003：196-198〕。盤龍城F1などは約40×12mの500㎡近くの巨大な建造物である。宗廟がかくも大きな建物である理由は墓主の身分に応じたものでもあるが、そこで祖先に飲食物を捧げ、その霊魂を慰撫する目的があったからである〔小南 2001：67〕。戦国時代の青銅器や漢代の画像石の多くには、大きな建物のなかで飲酒が盛大におこなわれている儀礼の様子が描かれている（図115）。秦・漢時代の皇帝の主権の正当性は礼的秩序によって形成され、礼的秩序は祖先神の神前でおこなわれる共同飲酒の儀礼によって保たれた〔西嶋 1983：33-35〕。

　池上曽根遺跡など、弥生中期後半の大型集落は多くの人口を擁していたであろう。この時期の独立棟持柱建物の巨大化と集落の肥大化と人口の増加が相関関係にあるとすれば、独立棟持柱のなかに入るのも大人数であった可能性があり、そこで繰り広げられたのは祖先に飲食物を供じ、祖先とともにおこなう宴だったのではないだろうか。西周の酒宴の意味は、まつられる

349

第Ⅲ部　社会変動と祖先祭祀

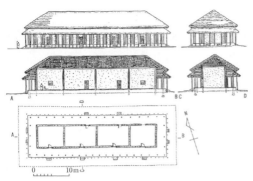

図114　湖北省盤龍城 F1 大型建物復元図

図115　北京故宮博物院蔵青銅器の絵画

祖先を媒介として生きている人間同士の結びつきを強めることにあり〔竹内 2003：209〕、共同体内での序列関係を正す飲酒儀礼の意義は、後漢の経学者鄭玄が記すように、それが日本列島に導入されたであろう漢代にも脈々と受け継がれている〔小南 2001：66〕。近畿地方では実例に乏しいが、同じ性格をもつと考えられる北部九州地方の超大型掘立柱建物に共同飲食に用いたと考えられる儀礼的性格の土器が伴うことは、そのわずかな傍証である。

一方、独立棟持柱建物の絵画は、伝香川銅鐸に代表されるようにしばしば高床建物として描かれており、穀物倉庫としての機能を否定することはできない[6]。池上曽根遺跡の独立棟持柱建物周辺からイネのプラント・オパールが大量に検出され〔秋山 2007：416〕、伊勢遺跡の SB5 の柱穴から稲籾が出土した〔近藤 2006：26〕のは、穀物倉庫であることを裏づける別の考古学的な証拠である。しかし、そのことと宗廟的な性格とが互いに矛盾するものでないことは、前項で祖霊祭祀と穀霊祭祀が融即している古代農耕儀礼のあり方を論じたように、もはや説明する必要はない。宗廟にはそもそも祖霊祭祀と絡んだ政治的性格があった。東南アジアの米倉は、部族の男子集会舎あるいは政治を議する会議所としての機能をもっている場合が少なくないのである〔三品 1973：397-398〕。

つまり、弥生時代の独立棟持柱建物、とくにまだ首長に独占されていない段階の A・B 類は、祖霊祭祀にかかわると同時に、穀物倉庫であり集会所であったという、多機能の性格をもっていた可能性が考えられる。

3　平原からホケノ山へ

共同体のまつりの場として大型独立棟持柱建物が機能していた段階には、祖霊祭祀の役割はあったとしても、まだそれは秘儀的色彩を帯びてはいなかった。しかし、B 類を経て C 類が確立してくる弥生後期、とくにその後半から終末を経て古墳時代になると、独立棟持柱建物は小型化して溝や柵に囲まれるなど、秘儀的色彩を帯びてくる。

『魏志』倭人伝によれば、卑弥呼は鬼道に通じていた。鬼道とは、祖先の霊をまつるシャマニズム的宗教行為であるとされる〔山尾 1972：207〕。卑弥呼は衆目の前には姿をみせず、秘儀

をおこなっていたことも記されており、集落の中央における建物群の区画や、京都府向日市中海道遺跡や鳥取県羽合町長瀬高浜遺跡のような特殊建物の区画の形成とも通じた動向といえる。

　山尾幸久は、中国では『晋書』武帝記泰始 2 年（266）に、天をまつる南郊の円丘と地をまつる北郊の方丘を合体させるよう郊祀制度が改変されたとして、それが前方後円墳の起源になったことを論じたが〔山尾 1972：149-156〕、金子修一によって批判されて〔金子修 1979：1533-1534〕撤回した。　ホケノ山など前方後円形墳墓が 3 世紀前半にまでさかのぼることが判明した現在、266 年をその契機とするのは無理がある。しかし、後円部を天壇のように 3 段に築成し、遺体を北枕にし、水銀朱を多量に用い〔都出 2005：340-354〕、あるいは木槨を導入するなど、3 世紀の墳墓に郊祀制度や漢代墓制の影響を否定することはできない。

　後漢末から三国時代初期にかけて、南郊を中心とする郊祀や一部の宗廟祭祀（告祭）が一斉におこなわれるようになった。後漢末の分裂状態のなかで、郊祀・宗廟を中心とする皇帝祭祀が、有力者による政治的アピールとして積極的に活用されるようになるのであり〔金子 2006：204〕、弥生後期終末における畿内地方の墳丘墓出現の契機をうかがわせる。

　平原遺跡 1 号墓や西谷 3 号墓などの木槨墓、あるいはそれに類する施設と副葬品をもった首長墓に限って墓坑に上屋をもつ。これも居住域における首長の隔絶化と同様、祖霊祭祀が首長にまつわる個人的な祭祀として権威を帯びてきたことを物語る。吉備地方や丹後地方の墳墓の影響によって畿内地方に墳丘墓が導入され、槨をもつ墓坑をつくり、副葬品を多種納めるようになるのは 2 世紀終末〜3 世紀初頭のことである。ようやくその段階に至り、北部九州地方の弥生中期後半と同じような王権形成への動きが畿内地方にも認められるようになった。こうした動きは、平原遺跡に導入された近畿地方の独立棟持柱建物が、今度は墓の施設として近畿地方へといわば逆輸入される、すなわち祖霊祭祀を墓でおこなうようになった 3 世紀前半のホケノ山墳丘墓の成立とも重なり合う[7]。

第 6 節　成果と課題

1　弥生時代における祖先祭祀の諸形態と系譜

　第 11 章から 13 章で、日本列島の弥生時代における祖先祭祀のあり方を分析して、以下の四つのタイプがあることを論じた。

① 　再葬墓の墓域における祖先祭祀＝東日本の弥生時代前半期
② 　居住域における建物を用いた祖霊祭祀＝近畿地方や関東地方の方形周溝墓の時代
③ 　墓域における建物を用いた祖先祭祀＝九州の甕棺墓の時代
④ 　墓の上における建物を用いた祖先祭祀＝弥生後期後半の有力首長層の墳丘墓など

351

第Ⅲ部　社会変動と祖先祭祀

　①が縄文文化の祖先祭祀のあり方を継承した類型であることは、時期的地域的にみても疑いがないのに対して、②〜④は大陸の影響を受けた結果である。

　しかし、②と③には祭祀の場が居住域であるか墓域であるかという違いが生じている。③が中国の影響のもとに成立したことは、その内容から考えても妥当であり、展開した地域が北部九州地方であり、吉野ヶ里遺跡から戦国時代の青銅器が出土していることもそれを補強している。おそらく、日本列島の本格的な農耕を営む地域では、『魏志』高句麗伝や韓伝に記されたような、祖先を中心とした農耕儀礼をおこなっていたのであろう。それは、中国に端を発した祖霊祭祀が、日本列島にも及んだことを示している。ただ、その影響がよく現れているのは北部九州地方までである。北部九州地方では、墓に伴う大型建物の出現は弥生中期初頭にさかのぼる。武末純一が言うように、これが中国の影響を受けた結果であれば〔武末 2001：106〕、楽浪郡設置のはるか以前、戦国時代にそれが及んだと考えざるをえない[8]。

　それに続く④にもやはり中国の影響を考えたいのであるが、それは④が各地域を代表する首長墓である点と無関係ではない。

　中国で宗廟は祖先祭祀や宗族の儀式をおこなう場であるが、そこは政治上の重要な決定が下される場でもあった〔楊 1981：50-51〕。地域の統合のための祭祀が、銅鐸や銅矛などの青銅器祭祀から墳丘墓を核とする個人的な祭祀に移行しつつあった日本列島の政治勢力にとって、墳墓上の祖先祭祀の形成と展開は、王権の正統性を祖先とのつながりによって証明するという中国流の方式に重きを置くようになったことのあらわれではないだろうか。2世紀に北部九州地方や山陰地方で成立した④が、3世紀になると畿内地方や北陸地方に広がっていくのは首長墓としての墳丘墓の広がりと一致しており、奈良県桜井市纒向遺跡で検出された特殊な建物の軸線上の配置などを含めて、畿内地方が急速に政治的社会の形成に向かったことと軌を一にしている点も見逃せない。

　そこで近畿地方を中心に展開した②であるが、居住域と墓域を明確に区分するという大陸的な意識のもとに成立しながらも、大陸の影響が比較的明瞭な③・④とは一線を画すものであった。近畿地方では、墓で祖霊祭祀をおこなう北部九州地方のような風習が希薄であり、居住域に祖先の霊を招いてまつっていた。この独自性の要因を、稲を中心とする農耕儀礼と祖霊祭祀が融即したことに求めたい。

　祖霊に新穀を供えるのが収穫祭の一般的な方式であるが、それは予祝祭と収穫祭という穀物祭祀が死者の霊まつりを兼ね備えていることに理由がある〔三品 1973：227〕。近畿地方における首長墓としての墳丘墓成立以前の独立棟持柱建物が墓と分離しているのは、穀霊祭祀の聖性にもとづいて死の儀礼から祖霊祭祀を分離すること、すなわち墓と距離を置いて居住域の建物に祖霊祭祀の場を設けた結果と考えられよう。

　この場合の祖霊は、柳田國男が日本人の祖先観の特質として指摘したように、一定の年月を過ごした祖霊が個性を捨てて融合して一体になったものである。したがって、②は系譜関係の明確化を重視する祖先祭祀ではない。そして、①と③が特定の集団をまつる祭祀であり、④が

352

特定の個人をまつる祭祀であったのに対して、集団全体にかかわる祭祀であった。墓ではなく居住域で執りおこなわれた共同体全体にかかわる農耕儀礼、それが近畿地方の独立棟持柱建物による祖霊祭祀がもっていた系譜関係の確認以上に重要な意義だったのではないだろうか。

南関東地方では中国の影響とは別に、①である縄文文化の伝統により再葬墓でおこなっていた祖先の祭りの役割を、近畿地方における②の影響を受けることによって独立棟持柱建物が継承した。

以上、弥生時代の祖先祭祀は、①縄文文化の伝統的な要素、②弥生文化で固有に形成された要素、③大陸〔中国〕から導入された要素によって構成されていることを論じた。

2　独立棟持柱建物の性格に対する今後の課題

弥生時代における独立棟持柱建物のありようは、建物の類型の違いや系譜、墓とのかかわり合いなどからしても一様ではない。さらに、類型の変遷過程や規模の変化、相互交流や漢文化の影響の分析にもとづいて、独立棟持柱建物の性格の変化が共同体的な性格から首長の秘儀的性格へという流れのなかにあることを明らかにし、墳丘墓の形成や王権の形成と重なり合うことを論じた。

本章は、広瀬和雄によって墓に伴う独立棟持柱建物が明らかにされたことを参考にして執筆した。広瀬はそれを祖霊祭祀にかかわる建物ととらえたが、独立棟持柱建物を類型化して変遷をあとづけた結果、独立棟持柱建物の役割の一つは祖霊祭祀機能であった、という考えを補強することができた。

役割の一つ、という意味は、独立棟持柱建物には並列して建てられた例もあるので、その機能が一つに限定できるかどうか、慎重に検討する必要があるからである。祖霊祭祀的役割を考えるのはよいとしても、次のような問題もある。漢代の宗廟制度では、宗廟には木主という祖先の霊が宿る位牌のようなものが置かれた〔金子修 1979：1500〕。独立棟持柱建物が漢文化の影響によって宗廟的性格を強めたとすれば、木主に類するものが必要になる。金関はそれを木偶に求めたが、春成の批判の対称になった〔春成 1996：17〕。

稲吉角田遺跡の土器絵画は、独立棟持柱建物ではないが、高床建物を含む2棟の建物の傍らに樹木を配し、枝に二つ何かを吊り下げた様子を描く。吊り下げられたものが銅鐸であるとの考えはすでに提示されており、この絵画が全体として祭儀にかかわる情景を描いたとする点も間違いないのであれば、常時建物に入れられていた銅鐸が、祭儀のときに取り出され、打ち鳴らされたとするのも一案である。

弥生時代の掘立柱建物が集中する区域には、独立棟持柱建物のほかに、別の種類の掘立柱建物が伴う例が多い。祖先霊をまつる建物以外にも、あるいは天・地霊をまつる建物が存在していたかもしれない。別の角度からそれぞれの建物の役割を明らかにしていくこともまた、今後の課題である。

第Ⅲ部　社会変動と祖先祭祀

註

1　本章の結論とも関係することだが、この建物は、岩手県紫波町西田遺跡や秋田県鹿角市大湯遺跡のように、墓域において埋葬施設を取り巻くように建っている。この点からすると、弥生時代に継承されたと考えられないこともないが、弥生時代最古の独立棟持柱建物のある近畿地方や東海地方の縄文晩期終末にこの種の建物構造が東日本から伝播しているのか否か、調べることができなかったので保留とせざるをえない。ただ、独立棟持柱建物が近畿地方で弥生Ⅳ期に盛行するのは弥生Ⅲ期の南関東地方から影響を受けた結果だとする理解〔小林青 2004：35〕については、近畿地方に弥生前期・中期初頭の実例があるので可能性が低い。

2　宮本長二郎は、弥生時代の掘立柱建物の主流を占める高床建築では 20 m²以上を大型とし〔宮本 1991：40〕、高倉洋彰は 40 m²以上を大型、100 m²を超えるようなものを超大型としている〔高倉 1994：2〕。ここでは、独立棟持柱建物のデータにもとづいて区分した。図 109 をみると全体の分布では一つながりになっているが、時期ごとに分解すると、小・中・大の間に空白のあることがみて取れる。小型と中型の境界は、厳密には 22 m²である。

3　加茂遺跡や伊勢遺跡の方形区画の認定については、疑問を呈するむきもある〔豆谷 2004：317〜321〕。

4　森岡秀人は縄文時代から古墳時代にかけての社会進化を新進化主義学説も参照しつつ見通し、集団的共同労働によって建てられた超大型建物の存在している弥生中期段階は、首長がまだ共同体を疎外するまでには至っていない部族社会的段階であり、それを断ち切って首長制社会に移行するのが弥生後期であるとする〔森岡 2006：139-141〕。近畿地方社会をそのようにみることに関しては、のちに述べる王権の形成と墳墓における祖霊祭祀の関係からしても妥当である。

5　そうなると、帥升の墓の可能性がある平原 1 号墓が伊都国にあり、伊都国は世々女王国すなわち邪馬台国に属すという『魏志』倭人伝の記述と、本州型独立棟持柱建物の動向が、邪馬台国の位置問題と関係をもってくるのだが、この点の考察はまた別の機会に譲りたい。

6　金関や春成、辰巳は八幡一郎のほこら＝穂倉説〔八幡 1978：47〕を引用しつつ、描かれた穀倉がたんなる倉ではなくて、秋のイネの象徴〔春成 1991a：67〕であり、のちの王権儀礼において新嘗儀礼などをおこなうタカドノ〔辰巳 1990：227-228〕あるいは神の宿る場としての役割を見出している〔金関 1985：72-73〕。

7　ホケノ山墳丘墓の鏡もばらばらな状態で、木槨上の高い位置に置かれていた可能性が指摘されている〔岡林 2001：40〕。平原遺跡 1 号墓と通じるところがある。

8　一直線上に墓と建物を配置するようになる弥生中期後半に、漢文化の影響を推測するのはよいが、それ以前における宗廟的性格の大型建物成立の契機については、自生説を含めて検討する必要があろう。

354

第Ⅳ部　縄文系の弥生文化要素

第14章　板付I式土器成立における亀ヶ岡系土器の関与

はじめに

　理化学的な年代測定によって、考古学上の資料に年代を与えていく作業の一方で、考古学的方法によって年代を明らかにしていく作業は不断に推し進められなければならない。そのための素材としては土器がもっとも有効であり、とくに相対編年を広域にわたって確立していく際には、在地の土器における異系統の土器の関与のあり方が問われることになる。筆者の手元に、佐賀県教育委員会からある情報がもたらされ、それを発端として北部九州地方を中心とした弥生土器の形成に亀ヶ岡系土器[1]が関与していたことが、具体的に明らかにされるに至った。

　ある情報とは、佐賀県唐津市大江前遺跡から出土した1片の土器の写真であった。赤漆で彩色され、細い粘土隆線の文様がついているので、在来の土器ではなく東日本に系統が求められる土器であることは予測できたが、2次元情報の写真では、本来どのような形をしていたのか、さらに正確な系統を判断する鍵となる文様モチーフがどのような構成をとるのかなど不明であったので、現地におもむき、手にとって観察した。その結果、壺形土器の肩部であり、文様は上下を隆線で区画した文様帯に2条一対の隆線文が弧状に展開するモチーフであることが確認でき、高知県土佐市居徳遺跡の亀ヶ岡系壺形土器と関係が深いものと認識するに至った。大江前遺跡からはもう1片、隆線文がついた土器破片が出土しているが、それは居徳遺跡の壺形土器と同じ文様構成であることも判明した。大江前遺跡の資料を通じて、亀ヶ岡系土器が佐賀県域にまで及んでいることに加えて、すでにそこにバリエーションが生じていることが確かめられたのである。

　1990年代後半から、北部九州地方や土佐地方など、弥生土器がいちはやく形成された、いわば弥生文化のメッカの地で、亀ヶ岡系土器が続々と見出されるようになった。そこに、どのような意味があるのだろうか。本章では、大江前遺跡の亀ヶ岡系土器を手がかりとして、とくに文様モチーフに焦点をあてて、板付I式土器から遠賀川式土器にみられるある種の文様の形成に亀ヶ岡系土器が深く関与していたことを明らかにし、たんに遠隔地から縄文土器がもたらされているだけではなかったことを論じる。本論に移る前に、弥生土器がどのようにして形成されたのか、という問題にかかわる学史をふり返っておく。

357

第Ⅳ部　縄文系の弥生文化要素

第1節　北部九州地方における弥生土器形成過程の諸論

1　縄文系か朝鮮半島系か

　最初の弥生土器がどこで生み出されたのか、という点もいくつかの議論がある。ここでは内容を複雑にするのを避けて、とりあえず北部九州地方に限定して弥生土器の成立過程にかかわる学史的整理をおこなう。筆者は北部九州地方など日本列島の一角という限定つきで弥生早期を認める立場に立っているので、板付Ⅰ式土器は最初の弥生土器と認識してはいない。しかし、板付Ⅰ式土器の成立問題は、弥生土器の性格を理解するうえで重大な論点であるのに加えて、この地方の土器に亀ヶ岡系土器が関与しているのが板付Ⅰ式土器直前の夜臼Ⅱa式期を中心とする時期であり、その関与による影響が具現化するのが板付Ⅰ式期であるので、板付Ⅰ式土器にまで広げて、上述の作業をおこなうことにしよう。

　弥生土器の成立に先だって、縄文晩期の土器が展開していたのは北部九州地方も例外ではない。したがって、縄文晩期の土器が弥生土器の成立にどのようなかかわり方をしていたのか、という点にこれまでの議論は集中していた。縄文土器の伝統を重んじる立場を代表するのは、森貞次郎の見解である。これはまだ弥生早期が問題になる以前に板付Ⅰ式土器の成立を論じたものだが、森は次のように見通した。弥生土器の祖形を朝鮮半島南部の無文土器に求めることは困難であり、祖形は縄文晩期の土器に求められ、さらにそれは縄文後期末の土器型式にさかのぼるように、縄文土器が弥生土器の母体となった、というのである。しかし、弥生土器は「焼成・製作技術においては、縄文晩期の土器にくらべてすこぶる進んでいるという点で、大陸文化の影響」も否定してはいない〔森 1966：39〕。

　これに対して、朝鮮半島の咸鏡北道会寧五洞遺跡の土器〔西谷 1968：6-8〕や可楽洞式土器〔金 1972：104〕が弥生土器と非常に関係が深いと認める立場があらわれた。これら弥生土器朝鮮半島起源説というべき考案は、地域に隔たりがある点や型式学的差異から顧みられなかったが、春成秀爾は装いを変えてこれを主張した。

　福岡市板付遺跡の各種遺構において夜臼式土器と板付Ⅰ式土器の共存が確認されたが、春成はそれぞれが系統を異にする土器型式であって、板付Ⅰ式土器こそが、土器における移住者集団の存在を示すものと考えた〔春成 1973a：14-15〕。すなわち、朝鮮半島での土器編年および弥生土器の祖形探索のいずれも不備である点を指摘して、金海式甕棺＝板付Ⅱ式土器の母体となる土器群であること、すなわち板付Ⅰ式の母体が南朝鮮に存在することを予測したのである〔春成 1973a：16〕。

　春成の考えは土器編年と乖離しているとの批判を浴び、大勢は「現段階では、朝鮮無文土器と共通するものは弥生文化成立期にみられる外来要素の一つととらえられているにすぎず、弥生土器を生み出す母体そのものであるとの結論は導き出しがたい」という縄文土器主体の起源論に傾いていった〔田崎 1986：49〕。春成の論文以降明らかになったのは、板付Ⅰ式土器以前に

358

突帯文土器単純段階があったことであり、板付Ⅰ式土器も突帯文土器すなわち山ノ寺式や夜臼Ⅰ式土器からの継続性を含めて議論しなくてはならなくなったことである。

しかし、突帯文土器と板付Ⅰ式土器が各器種に及ぶまで異なった製作手法や特徴をお互いがもっている点、一つの遺跡における二者の量的な割合や、時代が下ると逆に突帯文系土器の特徴が復活するように見受けられる点からすれば、たんに突帯文系土器が板付Ⅰ式土器の成立をもって退化の方向に進んでいったというのではなく、この二者はやはり系統を異にする土器群であって、板付Ⅰ式土器は特殊な事情によって成立した土器だと考えないわけにはいかない。朝鮮半島南部における土器編年がほぼ確立し、弥生文化の始まりが板付Ⅰ式期をさかのぼった現在、春成の推測はあたらなかったといわざるをえないが、違う系統の土器が共存している事実を踏まえたうえで板付Ⅰ式の成立事情をどのように理解するかについては、依然として解決していない課題なのである。

春成の発想と問題提起の本質は、朝鮮半島系の磨製石器や渡来系形質の人骨の存在によって推測できる移住者集団が弥生文化の形成に果たした役割の大きさからして、弥生時代のはじまりは縄文文化の側の主体的条件によるといった生ぬるいものではなく、朝鮮半島からの移住者集団の主体性と縄文文化のそれとの激突を経過することなしには生じなかった〔春成 1973a：5〕と考えた点にある。

この考え方は板付Ⅰ式土器をさかのぼる、山ノ寺式、夜臼式土器という弥生早期土器の成立問題として家根祥多が継承した。家根は 1978 年ころに、遠賀川式土器には幅広い粘土板を外側に低く内側に高く接合させたもの、すなわち外傾接合でつくられた土器が多い、という深澤芳樹の示唆をヒントにして韓国の土器を観察した結果、幅広い粘土板の外傾接合に加えてハケメが多用されているのを慶尚南道晋州の大坪里遺跡で確認し、西北部九州の一部でこの技術が単純な器形の深鉢に導入され、弥生土器の甕が生まれたと考えた〔家根 1984・1987〕。山ノ寺式の段階に少数の朝鮮半島南部からの移住者が北部九州地方の一角に持ち込んだ無文土器とその技術によって遠賀川式土器が成立したとして、弥生土器朝鮮半島南部起源説を高く評価した。そして、周辺地域の縄文人が縄文土器製作技術を放棄することにより、板付Ⅰb式期に朝鮮無文土器の系譜を引く弥生土器単独の組成になったとして〔家根 1997：39・53-54〕、弥生土器の縄文土器起源説を一掃しようとしたのである。

家根の一連の研究は波紋を広げ、これまで丹塗磨研壺の一部にのみ無文土器の影響をみてきた研究者も、うわべだけの特徴ではなくみえない部分の製作技術にかかわる変化の追跡によって、その背後に人的交流を含む大きな革新が存在していることを裏づけた研究として、高く評価するようになった。しかし、その技術導入に対する理解には賛意を表したものの、それは縄文土器づくりの規制のなかで徐々に技術が置きかわっていくのであって、縄文土器が変化の主体であったという意見も根強く〔田崎 1994a：70-71〕、無文土器の割合をそのまま移住者の割合に置きかえる方法に問題がないこともない。

しかし、家根の問題提起はこれまでの弥生土器の形成問題が、縄文人と移住者の主体性の問

第Ⅳ部　縄文系の弥生文化要素

題〔田崎 1986：48、大阪府立弥生文化博物館編 1995〕に束縛され、さらに国民国家論に根ざす帰属意識に絡めとられる危うい方向性をもった議論へと導かれていることに警鐘を鳴らすものであり、大いに自覚を促されたことは確かである。本章も弥生土器の形成に縄文土器が大きく関与していたことを論じるが、そのことを取り上げて縄文人の主体性を主張するつもりはない。これまでの弥生土器成立論が、東日本系晩期縄文土器の役割という視点を欠いた、単方向に傾きがちな点に批判を加えることを目的としたものである。

2　亀ヶ岡系土器の関与をめぐる議論

　本論で取り扱う壺形土器の成立問題についていえば、縄文晩期の黒川式土器に壺がほとんどないことをどのように考えるかが焦点になる。その際、比較の対象として問題になるのが、初源期の弥生時代壺形土器と形態的によく似ている亀ヶ岡式の壺形土器である。

　岡本勇は、弥生土器の大型壺出現の背景を問題にしたなかで、近畿地方の滋賀里遺跡の晩期土器に壺がないことに注意を向ける一方、亀ヶ岡式土器に精製された各種の壺が見出されることを問題にした。しかし板付Ⅰ式土器の壺が高さ30 cm 以上の大型壺が多いのに対して、亀ヶ岡式土器のそれは10〜20 cm の比較的小型ものもがほとんどであることから、弥生土器の大型壺は、西日本の晩期土器からも、亀ヶ岡式土器からも脈絡をたどることが困難で、突如出現した器形である、と結んでいる〔岡本 1966：435〕。

　この問題は、早い時期に杉原荘介によって取り上げられた経緯がある。杉原は「立屋敷式・唐古式土器の壺形土器における口辺部わずか外方に広がり、頸部が直斜し、段をもって胴部へ広がる形態は、弥生式土器の場合は一般に器形が大型となる傾向があるとはいえ、これら縄文式土器のことに是川式土器以後の壺形土器にみる強い特徴であって、両者の類似に驚かされる。」と述べた〔杉原 1950：10〕。しかし、すでに森本六爾によって提示されていた、弥生文化と縄文文化との間の明瞭な一線は土器においても同断であり、遠賀川式土器がもつ古さは、縄文土器との関係づけにおいて縄文土器の側から与えられるべきではなく、弥生土器の様式研究のなかで与えるべきこと〔森本 1934b：27〕、すなわち弥生土器は縄文土器と無縁の状態で誕生したといわんばかりの言説が弥生土器研究を規定しており、杉原の問題提起も研究者に引き継がれることはなかった。

　これをふたたび議論の俎上に載せた豆谷和之は、縄文文化から弥生文化への移行にあたり、土器の影響が西から東へという視点でのみ語られてきた傾向に疑問を呈した。つまり、愛知県一宮市馬見塚遺跡 F 地点の壺形土器を取り上げ、それは亀ヶ岡式土器の壺形土器が影響を与えて形成されたという見解を導いた。

　豆谷論は、完成された土器の類似からすれば馬見塚 F 地点型壺形土器と西北部九州突帯文壺形土器とは識別が困難だが、製作技法に着目すると両者は異なり、馬見塚 F 地点型壺形土器と亀ヶ岡式土器のそれとが一致していることを根拠としたものである。とくに、頸部と胴部の境界における段と沈線の手法の違い、すなわち西北部九州壺形土器は頸胴間の接合痕を成形

360

した段のほかに工具を用いてかき取って段と沈線をつくり、その際の工具は胴器面に対し横方向からあてられるのに対して、馬見塚F地点型壺形土器は接合痕と無関係に段・沈線を施し、その際の工具は器面に対し縦方向からあてられるのを基本としていることをその大きな違いと認識した〔豆谷 1994：376〕。1993 年には、前期弥生土器の段につながる夜臼式壺形土器の段が、亀ヶ岡文化や馬見塚遺跡F地点の壺形土器の影響を受けて生み出された〔豆谷 1993：34〕、として夜臼式土器の壺も亀ヶ岡式土器の影響下にあったことを論じていたことからすれば、考えを改めたものと推量される。

　壺形土器形成の背景に対して豆谷は、突帯文土器単純期に広い範囲で生業が農耕に転じたことによって貯蔵形態の壺形土器が求められていったという内在的要因を想定し、突帯文土器の分布圏の両端において、身近な壺を祖形としてそれぞれの地域で壺形土器が成立したという事情を明らかにした。これが豆谷 1994 論文の骨子である。つまり、西北部九州の壺形土器の祖形を朝鮮半島に求め、東海地方西部のそれを東日本の壺形土器に求めたのである。製作技術とその系譜という、土器のうわべにあらわれた特徴だけではない観点から「農耕文化＝西日本から」という固定観念を打ち破った点に、豆谷論文の意義がある。

　しかし、これとは異なる考えが家根によって示されているように、西北部九州壺形土器の祖形が朝鮮半島に求められるという説は、詳細な観察にもとづいて製作技法の異同から導かれるべきであった。家根は朝鮮無文土器の壺に、①無文土器の初期には口頸部に対して横方向の研磨が存在していたのが、休岩里式ないし館山里式、すなわち山ノ寺式併行期には縦方向になっていること、②朝鮮無文土器にみられない頸胴界の段や沈線が、弥生早期土器に特徴的にみられることから、「夜臼Ⅱ式に続く板付Ⅰa式における壺の有文化と段の成立は、北部九州地方が西部瀬戸内地方と関係を深め、この地域の深鉢に残る文様や浅鉢の段、沈線を採用したことによるものであり、同時にこの交流を通じて西部瀬戸内の縄文集団が弥生化を遂げ、翻っては弥生早期文化の瀬戸内地方への波及を契機として板付Ⅰa式土器が成立した事実を示している」〔家根 1997：57〕、とした。

　家根はすでに 1993 年に「夜臼Ⅱ式、板付Ⅰ式の壺に認められる文様のうち、複数の沈線によるジグザグ文は瀬戸内地方では深鉢に認められ」、「北部九州にみられた複合的土器組成が夜臼Ⅱ式段階に周防灘沿岸部まで波及し、両地方の関係の密接化を通じて瀬戸内地方の深鉢、浅鉢の文様要素を壺が取り込み、北部九州の壺が段階的に文様と段を獲得した」と述べていた〔家根 1993：309–310〕。取り上げた文様は一種類のみであったが、少なくともその系譜が明確にされており、瀬戸内地方という特定の当否は別としても、弥生土器に東方の縄文土器の要素が付加されていたことを論じたのは意義深かった。

3　文様研究の意義

　北部九州地方の弥生土器研究者は総じて製作技術や組成問題には力を注ぐが、編年研究においてさえも文様の問題は等閑視する傾向がうかがえる〔田崎 1994a、吉留 1994〕。文様の出自、

第IV部　縄文系の弥生文化要素

系譜を明らかにすることは、土器の由来を追究するうえで欠くことのできない作業である。田崎博之が示した弥生土器成立過程の土器編年の③式、すなわち夜臼式新段階の壺に施された文様は、どこに系譜が求められるのか。⑤式の板付I式新段階の壺には有軸羽状文、複線山形文、重弧文、直線文などが多彩に施されており、④式にすでにその萌芽が認められるが、ではいったいそれらのモチーフはどこに出自が求められるのか。このような疑問に答えてくれていない。

　そのなかで、縄文土器研究を土台にして弥生土器成立問題を議論した山崎純男の論文は、文様モチーフの系譜を扱った数少ない研究の代表例である。板付I式には突然彩文と沈線文が現れるが、文様のない黒川式土器にその起源は追えない。そこで山崎は、彩文から彩文＋沈線文へ変化しそして沈線文のみになるという変遷過程を示すとともに、沈線文の起源は彩文にありとした〔山崎 1980：163〕。それ以前に文様がない以上、彩文の起源もどこか別の場所に求めねばならない。山崎は日本列島以外を考えているが〔前出：164〕、それを列島外に措定してしまったところに問題があった。福岡県志摩町新町遺跡の支石墓に副葬された小型壺形土器を分析した橋口達也は、板付I式の壺形土器も文様の変化があることを論じた〔橋口 1987：108〕。これは後述のように、本章で問題とする重弧文の系譜に関する研究でもあるため、看過しえない。

　文様モチーフの系譜となると、俄然注目されるのが東日本に展開している縄文晩期土器である。この問題に先鞭をつけたのは中村五郎である。中村は板付I式や遠賀川式土器にみられるいくつかの文様モチーフを取り上げ、その起源が東北地方の縄文晩期終末の土器や関東地方の安行式土器に求められることを論じた〔中村 1982・1988〕。遠賀川式土器の弧線文および貼り付け双頭渦文が安行3c式に顕著な胴下半の弧線文に起源するのではないか、というのはその一例であるが、総じて「まったく異質の文化に属するはずの遠賀川式と大洞式の間には意外にも隠されたつながりがあり、互いの文物が影響しあっている」と興味深い見解を提示した〔中村 1988：184〕。この重要な問題提起は、北部九州地方の研究者などに真剣に受け止められたようにはみえない。それは一つには実証性にやや難がある点、すなわち母体となる東日本系土器そのものが北部九州地方からは見つかっていないという状況で立てられた予察にとどまるものであったためであり、それに対する反応も無理からぬところであった。

　ところが、1990年代後半以降、亀ヶ岡系土器が北部九州地方を含む西日本一帯で続々と確認されるようになり、この問題は急展開をみせた。それ以前、すでに中村は福岡市藤崎遺跡から出土した彩文によって工字文を描いた夜臼式の壺形土器を取り上げ、これが東日本の工字文の影響によることを示唆していた[2]〔中村 1993：88-89〕。豆谷も藤崎遺跡の壺形土器に施された彩文による流水文は、東日本からの情報伝達、あるいは有機質に施文された流水文が西日本にも広く分布しており、それが北部九州地方の土器に表出された縄文と弥生の連続性を示す事例とする意見を公表していたが〔豆谷 1993：39〕、石川日出志は西日本に広がる亀ヶ岡系土器に注意を向け、それらを介することによって藤崎遺跡の工字文風彩文や遠賀川式土器の壺の肩部などにみられる段の形成も視界に入ってくると述べて〔石川 1995：68〕、中村や豆谷の見解に根拠を与えた。鈴木正博も夜臼式土器の羽状文が北陸地方の乾式土器などの母体となる日本海型文

362

第 14 章　板付 I 式土器成立における亀ヶ岡系土器の関与

様帯に求められることを積極的に論じた〔鈴木正博 2003a：20・2003b〕。これらの見解は、夜臼式
土器や板付 I 式土器の文様の母体とされる工字文などをもつ亀ヶ岡系土器が北部九州地方で見
出されたわけではない点で中村論と同根の問題を抱えてはいたが、今回、それを補うような実
例が登場したことによって、議論はさらに具体性を帯びてきたといえる。

第 2 節　隆線重弧文の型式学的変遷と板付 I 式の沈線文形成

1　隆線重弧文の類例

　冒頭に取り上げた大江前遺跡の土器を含めて、同じ文様モチーフの土器がいくつか知られて
いる。以下、「二条隆線」が弧状に貼り付けられた文様モチーフを「隆線重弧文」と呼び[3]、そ
の類例を拾い上げて特徴を明らかにしていくことからはじめたい。

　佐賀県唐津市大江前遺跡　佐賀県唐津市浜玉町に所在する低地の集落遺跡である。隆線重弧文
のある壺形土器（図 116-17）は、水田関連の導水路である SD01 溝の埋土下層から出土した〔小
松ほか 2006：22-26〕。頸部から胴部上半にかけての破片である。内傾接合の痕跡を一部認めるこ
とができる。頸部と胴部の境界のやや下に横走する一条の隆線をもち、この横走隆線の下に二
条の隆線重弧文がある。隆線は頂部がやや尖り気味であり、隆線の側縁はナデによりわずかに
くぼむ。隆線の付近は細かい横方向のミガキが密になされている。隆線間、および隆線の脇に
赤色顔料が残る。赤色顔料は、隆線上と隆線から離れた胴部にも痕跡が残っており、胴部の広
い範囲に塗っていた可能性がある。胎土は精緻であり、雲母などが含まれる。色調は内面は灰
白色、外面は暗黒褐色を呈する。

　この土層からは、ほかにも亀ヶ岡系の隆線文をもつ壺形土器（図 116-16）が出土している。
壺形土器の胴部の破片である。横方向の二条の隆線をもち、その上に隆帯が加えられるが、途
中で折れ曲がって上方にのびていく。

　これらの土器が出土した遺構下層の出土土器には明確な板付 I 式土器はなく、突帯文の二条
甕や原山式の甕、板付 I 式祖型甕などがあり（図 116-10〜15）、上層に明確な板付 I 式壺や如意
状口縁の甕、長脚の高杯がある（図 116-1〜9）。したがって、この遺跡の隆線重弧文土器は、夜
臼 IIa 式期に比定される可能性があるが、すでに板付 I 式土器が出現している時期の可能性も
否定できない。

　佐賀県佐賀市久保泉丸山遺跡　佐賀市久保泉町川久保に所在する台地上の墓地遺跡。118 基の
支石墓が検出されたが、それらは山ノ寺式から板付 II 式期に及ぶ。隆線重弧文のある壺形土器
（図 117-1）は、遺構から出土したものではない。頸部から胴部にかけての破片であり、胴径 20.0
cm の大きさである。頸部と肩部の境に浅い沈線を施した段をもち、頸部はやや内傾して立ち
上がる。肩が強く張り、もっとも張り出したところに 1 条の隆線を貼り付け、肩部に 2 条一
対の弧状隆線を貼り付ける。復元によると、弧線の単位は 6〜7 個とされる。褐色で砂が多い。

　全体的に、他の無文の山ノ寺式土器ないし夜臼式土器と近似した形態をなすが、とくに肩部

363

第Ⅳ部　縄文系の弥生文化要素

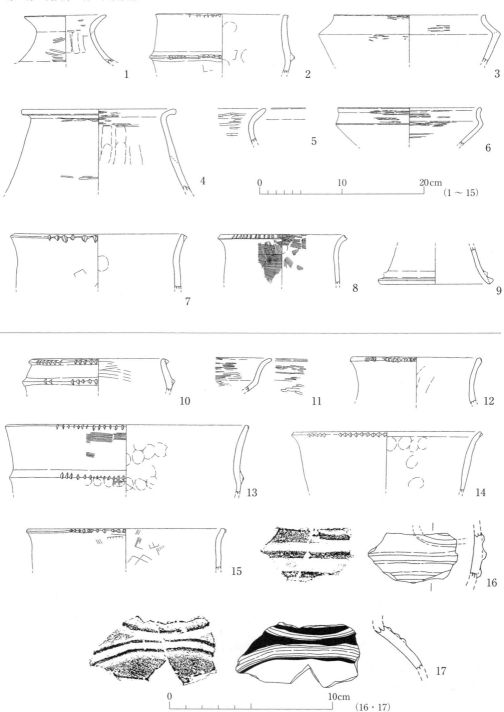

図116　佐賀県唐津市大江前遺跡SD01溝埋土出土土器（1～9：上層、10～17：下層）

364

第14章 板付Ⅰ式土器成立における亀ヶ岡系土器の関与

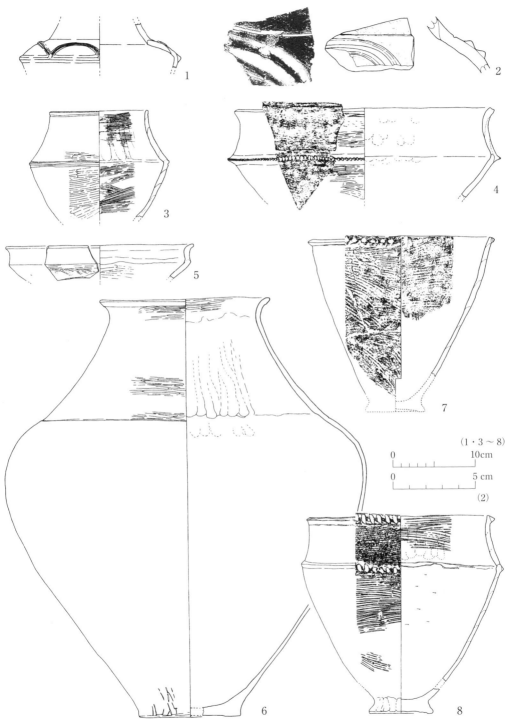

図117 佐賀市久保泉丸山遺跡（1）と福岡市板付遺跡 SC-01（2～8）出土土器

第Ⅳ部　縄文系の弥生文化要素

が強く張り出す器形は SA026 号支石墓出土の壺形土器と近似しており、そうした特徴を加味して調査報告者の東中川忠美は、この土器を山ノ寺式から板付Ⅱ式までを 7 期に分けた久保泉丸山編年のⅡa 期においている。Ⅱ期は夜臼Ⅰ式からⅡa 式に相当するので、そのうちでも古い部分に相当するとみなしていることになる〔東中川 1986：411-412〕。

　福岡県福岡市板付遺跡　福岡市博多区板付に所在する台地および低地に立地する、弥生時代最初頭の集落遺跡。第 60 次調査の際に、隆線重弧文土器（図 117-2）は円形竪穴住居 SC-01 から出土した[4]。この土器は壺形土器胴部の破片であり、胴部に並走する 2 条の重弧文を隆線で表現している。隆線は頂部がやや尖り気味である。頸部との間に沈線を加えて、文様帯上端を区画している。伴出した土器は夜臼Ⅱa 式土器で、壺、甕、深鉢、鉢、浅鉢などからなる（図 117-3〜8）。板付Ⅰ式土器の混入はない〔二宮 1995：35〕。

　福岡県福岡市雀居遺跡　福岡市博多区雀居に所在する微高地に立地する、弥生時代最初頭の集落遺跡。隆線重弧文土器の破片は以下に記述する A〜E の総数 5 個体出土しているが、すべて壺形土器である。これらにはやや類型の異なる 2 種類の隆線重弧文がある[5]。

　第 1 種は 4 個体であるが、SK124 出土土器（図 118-1）[6]がもっとも状態がよいので、これで代表させて解説する。A）胴部最大径 33.2 cm の壺形土器。胴径に比して高さが低い、つぶれた形である。最大径は肩部の高い位置にあり、肩がよく張っている。頸部との境界には隆線は設けず、細い沈線によって区画している。胴下部に 2 条の隆線をめぐらし、頸胴界との間にやはり 2 条の隆線で弧線文を配している。弧線どうしは間隔が開いており、総数はおそらく 7 個になる。弧線の上端は頸胴界に接するばかりであり、板付遺跡例と等しい。器面はよく磨かれて青黒い光沢を帯びている。内面は灰色で、頸部と胴部の接合時の粘土のはみだしが顕著であり、内傾接合である。その部分から下胴部に至るまで、ヨコハケが観察される。

　夜臼Ⅱa 式の壺、鉢、突帯文二条甕、砲弾型一条甕、板付Ⅰ式祖形甕を共伴するが、板付Ⅰ式は一切含まない（図 118-2〜8）。他の 3 片はいずれも「二条隆線」をもつ壺形土器の肩部であり、B）第Ⅲ面遺構検出面出土土器（図 118-9）、C）第Ⅱ面掘り下げ時出土土器（図 118-10）、D）160 号ピット出土土器（図 118-11）である〔力武ほか 2003a・2003b〕。B のみ、頸胴間に沈線文を加えて文様帯を区画している。

　第 2 種は 1 個体で、第Ⅱ面遺構検出面で出土した。壺形土器胴分下半である（図 118-12）。第 1 種と同じく隆線を貼り付けて文様としているが、隆線の幅は広く断面が台形をなし、隆線というよりは隆帯といったほうがふさわしい。文様帯を画す下端の隆帯と、そこから直線的に上へと延びる二条隆帯が一部残っている。この隆帯はやや右に傾いているので、あるいは大きな弧状をなすかもしれない。

2　隆線重弧文から沈線重弧文へ

　隆線重弧文の概略　隆線重弧文土器は、福岡県域と佐賀県域に認められる。すべて壺形土器であることが特徴の一つである。その年代であるが、板付遺跡と雀居遺跡で共伴土器から年代が

366

第14章 板付Ⅰ式土器成立における亀ヶ岡系土器の関与

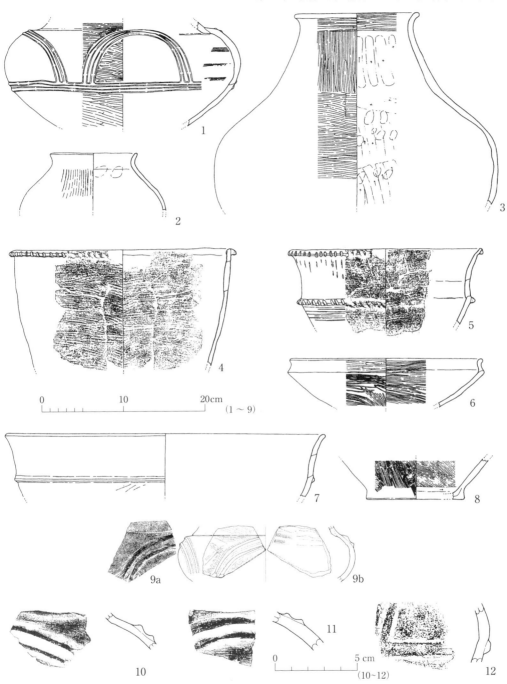

図118 福岡市雀居遺跡出土土器
(1~8：SK1244、9：第Ⅲ面遺構検出面、10：第Ⅱ面掘り下げ時、11：160号ピット、12：第Ⅱ面遺構検出面)

第Ⅳ部　縄文系の弥生文化要素

明確なものはいずれも夜臼Ⅱa式期である。久保泉丸山遺跡例は夜臼Ⅰ式期の可能性が指摘されている。確かに器形は山ノ寺・夜臼Ⅰ式の壺にみられる体部が算盤球状をなす形態に近く、文様帯下端も胴部最大径の位置にあるのに対して、雀居遺跡のＡは文様帯下端が胴部下半に及びそれに応じて文様帯の幅が広くなっているが、算盤球状の器形は板付Ⅰ式ないしそれ以降にも引き継がれるし、大江前遺跡例と雀居遺跡Ｂ例は文様帯上端を画する隆線文や沈線文が加わっている以外に他のものと型式学的な差を見出しがたい。大江前遺跡例は共伴土器から夜臼Ⅱa式期か板付Ⅰ式期か判断が困難である。したがって、これらは夜臼Ⅱa式期に位置づけられるものが多いが、その前後にまで及ぶかどうかこれだけでは明確ではない。個体数にするとわずか8個体であるが、雀居遺跡例にみるように文様モチーフのバリエーションもあり、分布も佐賀県域と福岡県域と複数箇所にまたがる。では、隆線重弧文土器は在地の土器に何の影響も与えずに消え去ってしまったのだろうか。

　沈線重弧文の成立　通常、西日本の弥生土器で重弧文といえば沈線重弧文を指し、いわゆる遠賀川式土器に通有の文様モチーフである。たくさんの重弧文を連ねたのが一般的なあり方として思い浮かぶ。ところが、単位数が少なく上下に長い沈線重弧文が存在している。雀居遺跡169号土坑出土の壺形土器（図119-5）は、上下に長い沈線重弧文を、器面一周9単位で描く。2個体あるが、いずれも特徴的なのは、胴下位に最大径があってその部分が屈曲しており、上部が長い算盤球形をしている点である。したがって文様帯も幅広い。文様帯は上下を沈線文で区画する。下端沈線は2条であり、上端は欠失しているために何条になるか不明だが、おそらく1〜2条である。重弧文の沈線の条数は3条である。この上下端を区画した文様帯に大ぶりな沈線重弧文をやや離して展開させた類型を、仮に沈線重弧文雀居類型と名づけておく。

　沈線重弧文雀居類型と隆線重弧文の関係が問題になる。①雀居遺跡169号土坑の共伴土器は夜臼Ⅱb式を含む、板付Ⅰ式でも古い段階である。算盤球形という古い器形を採用した沈線重弧文でももっとも古い類型といってよいだろう。②文様帯を幅広くとり、③大ぶりな重弧文どうしをやや離して単位数少なくめぐらす特徴は、隆線重弧文と共通する。そして、④重弧文の沈線の条数が3条とあらかじめ多条から出発するのは、隆線重弧文が2条であり、それに隆線間の凹み状沈線を含めた、隆線＋沈線＋隆線というパターンをすべて沈線に置きかえたためと思われる。⑤文様帯の下端区画が共通している。上端の区画は隆線や沈線が大江前遺跡や板付遺跡などの隆線重弧文土器にあり、雀居遺跡Ａ例では段がその役割を果たしており、これを沈線に置きかえて継承している。⑥福岡市野多目遺跡水路1・2上層出土の壺形土器〔山崎 1987：84-85〕に、沈線重弧文の一部を描いた試作品的な資料がある（図119-1）。以上の6点を主眼として、沈線重弧文雀居類型は、隆線重弧文をもとにして夜臼Ⅱa式期に試作され、板付Ⅰ式期に完成したと考える。

　沈線重弧文の展開　沈線重弧文雀居類型は、板付Ⅰ式期のうちに急速に変化をはじめる。突帯文土器と共伴しない板付Ⅰ式新段階に属する雀居遺跡SK-188出土資料（図119-6・7）は雀居類型だが、球胴化して文様帯も胴上位にせり上がっている。しかし、重弧文どうしは離れており

368

第14章　板付Ⅰ式土器成立における亀ヶ岡系土器の関与

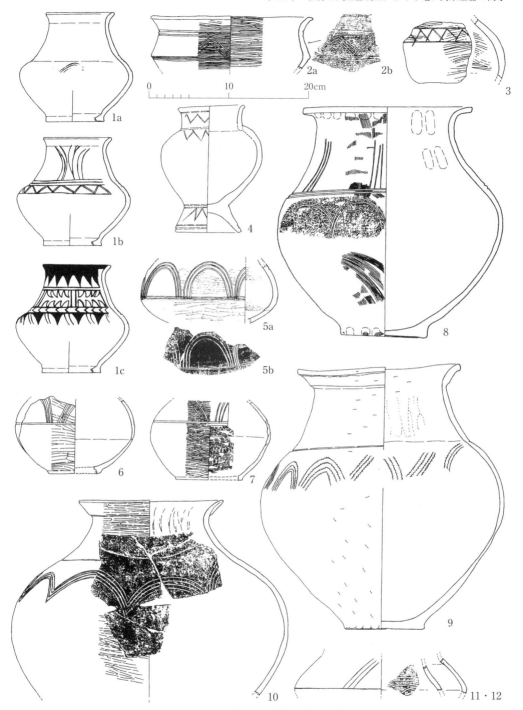

図119　夜臼Ⅱa式〜板付Ⅰ式の鋸歯文・複線山形文と弧状文および沈線重弧文
(1：野多目遺跡、2・5〜7・11・12：雀居遺跡、3：東那珂遺跡、4：江津湖遺跡、8：津古土取遺跡、9：那珂遺跡、10：比恵遺跡)

369

第Ⅳ部　縄文系の弥生文化要素

原則的であるのに、板付Ⅱ式の福岡県小郡市津古土取遺跡 28 号貯蔵穴出土例（図 119-8）は重弧文の形態は雀居例をよく踏襲しているものの、単位文どうしが重なり合い、下端沈線も失われているようである。

　一方、板付Ⅰ式新段階の福岡県津屋崎町今川遺跡 V 字溝中層出土資料（図 120-1・3）となると、区画された胴上部文様帯に位置するという原則を引きながらも、条数が増えると同時に単位数も増えて、弧線どうしが連結するなど隆線重弧文からの逸脱が著しく、雀居系列とはいえても雀居類型の仲間に加えてよいか疑問ですらある。同じ V 字溝中層や福岡市比恵遺跡 SU-007 には文様帯下端の区画線がとれた例（図 120-2・4、図 119-10）があり、すでに板付Ⅰ式期にそのような変化もあったようだ。これらはまだ単位文が大ぶりだが、板付Ⅱa 式になると福岡市那珂遺跡第 1 号土壙例（図 119-9）のように、小さな単位文を多数連続させる類型へと変化している。

　那珂遺跡例は胴部上半に沈線重弧文を施す雀居類型の文様帯のあり方を踏襲しているし、単位文が離れる古い形態を保っているので、雀居類型の変化系列にのるものとして祖形を隆線重弧文に求めるのが妥当のようにみえるが、沈線重弧文がすべて隆線重弧文を母体とした雀居類型の系列に属するわけではない。そこで次に、板付Ⅰ式土器の沈線重弧文の変異と沈線文の多様な生い立ちを問題にする。

3　板付Ⅰ式土器における沈線重弧文の変異と沈線文の多様性

複線山形文の成立をめぐって　沈線重弧文雀居類型の祖形が隆線重弧文だったと考えた。しかし、沈線重弧文の出現、祖形には別の有力な仮説がある。それは、沈線重弧文の祖形は鋸歯文だ、という理解である。

　前節で山崎純男と橋口達也の文様分析研究を取り上げた。山崎の場合、文章では述べられていないが、図 121 の左列をみて判断すると、板付Ⅱa 式土器の沈線重弧文は、板付Ⅰ式土器の複線山形文の流れを引いたハの字形弧線文に起源があるとみなしているようである〔山崎 1980：165〕。新町遺跡の分析から、橋口も同じように胴部に直線的な複線山形文を描いたものが古く、やや丸みを帯びた複線山形文を経て、沈線重弧文が成立すると考え、山形文→重弧文という推移（図 122-23→44→49）を示した〔橋口 1987：108〕。口縁の外反度という器形の点からもそのことは追証できるうえに、今川遺跡で V 字溝下層・中層の壺が山形文を施し、中層になると重弧文を施すようになる（図 120）、という層位的な分析結果〔伊崎 1981：82〕や山崎の分析とも相即的であり、貴重な文様分析の結果であるといえよう。

　では、複線山形文の起源はどこに求められるだろうか。板付Ⅰ式期における縄文系の鉢に複線山形文が認められることは、この文様が縄文系統である可能性を高めている（図 119-2）。すでに述べたように、家根祥多は野多目遺跡の水路 1・2 上層の鋸歯文が施された夜臼Ⅱa 式壺形土器（図 119-1）を取り上げ、夜臼Ⅱa 式以降みられる壺の文様の系譜を瀬戸内地方に求めた。福岡市東那珂 4 遺跡（図 119-3）や新町遺跡（図 122-23）、熊本市江津湖遺跡（図 119-4）でも夜臼

370

第14章 板付Ⅰ式土器成立における亀ヶ岡系土器の関与

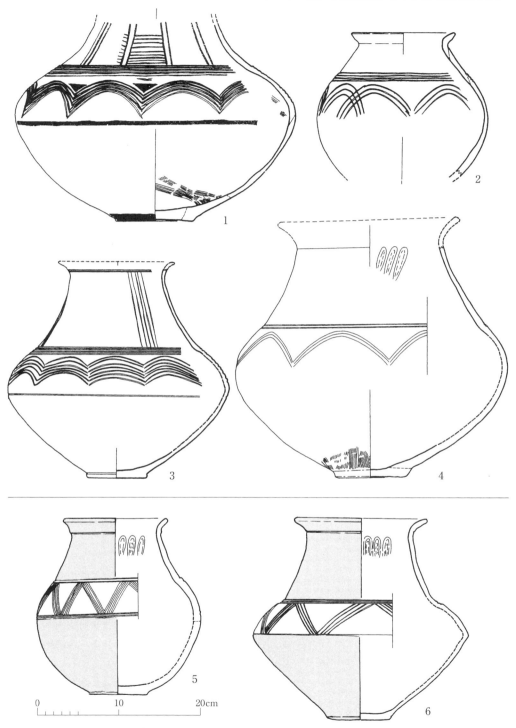

図120 福岡県福津市今川遺跡Ｖ字溝出土土器（1〜4：中層、5・6：下層・中層）

371

第Ⅳ部　縄文系の弥生文化要素

図121　山崎純男による板付式文様の成立過程

Ⅱa式期の鋸歯文のある壺形土器が出土しているので、野多目遺跡例が特殊であったわけではない。この文様は朝鮮半島に起源を求めることはできないし、在地の黒川式土器、山ノ寺式土器、夜臼Ⅰ式土器にないので、家根のいうように瀬戸内地方の突帯文土器からの影響を考えるべきであろう。

確かに板付Ⅰ式古段階の資料には、やや弧状に描く複線山形文を施した肩に丸みをもつ算盤球形の壺が多く、夜臼Ⅱa式期の鋸歯文を祖形として板付Ⅰ式古段階の直線的複線山形文、弧状の複線山形文を経て板付Ⅰ式新段階に沈線重弧文が成立するという型式変化は、一つの道筋を示しているようである。しかし、隆線重弧文のモチーフをそのまま沈線に置きかえた、沈線重弧文雀居類型が板付Ⅰ式古段階に存在することも無視できない。雀居遺跡SK007では、板付Ⅰ式古段階に沈線重弧文と弧状複線山形文をもつ土器が共存しており、同時に存在していたことを示している（図119-11・12）。橋口も問題にしているように、新町遺跡や今川遺跡が福岡平野から東西にはずれていることからすると、隆線重弧文から沈線重弧文への変化は、夜臼Ⅱa式から板付Ⅰ式期にかけて福岡平野で生じ、やや遅れて東西に波及したと考えるのが妥当ではないだろうか。つまり、沈線重弧文の成立と展開には隆線重弧文や複線山形文など、いくつかの文様系統の関与が考えられるのである。

複線山形文と重弧文の同居が示すもの　こうした二重性、つまり鋸歯文・複線山形文と重弧文とは前者から後者へと変化した側面をもつ一方、別系譜のモチーフとして展開していたことを示すのが、新町遺跡48号墓副葬壺（図123-1）、北九州市寺内遺跡第6地点（図123-4）の壺にこの二者が同居していることである。さらに佐賀県唐津市菜畑遺跡の壺（図123-3）のように胴上部文様帯に複線山形文を、頸部に重弧文を彩文で施すという同居の仕方も認められる。橋口は新町遺跡22号墓副葬壺（図122-22）における二者の融合現象から、この土器が板付Ⅰ式でも古い段階にはおけないように考えているが〔橋口1987：108〕、体部が算盤球形で張りが強く古い形態であるのに加えて、墓坑が弥生早期の区域に属し、古い。主文様に伝統的な複線山形文を採用し、従属文様としてことさら下位に重弧文を描いたかのようであり、板付Ⅰ式古段階に、この地方に沈線重弧文が伝わった初期の姿を示すものと考えたい。

菜畑遺跡例も板付Ⅰ式期に属するので、山形文と重弧文の融合は、文様帯の位置関係をめぐる緊張をはらみながら、意外と急速に展開したのであろう。那珂遺跡第1号土壙（図119-9）は板付Ⅱ式に同居が継続していた例である。なお、菜畑遺跡例には重弧文の間に縦区画沈線文があり、高知県南国市田村遺跡の壺が、隆線重弧文の正しい文様帯の位置に沈線でそれを施した

第14章 板付Ⅰ式土器成立における亀ヶ岡系土器の関与

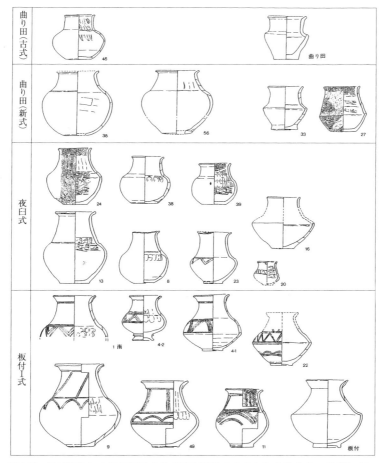

図122 橋口達也による福岡県糸島市新町遺跡を中心とした弥生早〜前期初頭の土器編年

例である（図123-2）。

沈線重弧文の多元的なあり方 次に、沈線重弧文の多元的なあり方に考察を及ぼすが、それを理解するうえで注目できるのが、再三取り上げている野多目遺跡水路1・2上層の夜臼Ⅱa式壺形土器に彩文で描いた連続弧線文（図119-1）である。単位文末端が接続しているのは、鈴木正博が指摘するように、このモチーフが東北地方の大洞A_1式のT字形三叉文を母体にしたものであるからかもしれない。比恵遺跡包含層から出土した板付Ⅱ式土器の矢羽根状沈線文帯下端区画の下に連続して描かれた沈線重弧文（図123-5）は、このモチーフから変化したものと考えられる。したがって、単位数が多く単位文が接続する沈線重弧文は、隆線重弧文とはまた別の系譜とみるべきだろう。野多目遺跡の土器は沈線重弧文と複線山形文、そして彩文の弧線文がその順に描かれており、系統を異にする文様の重なり具合がきわめて興味深い。

隆線重弧文から沈線重弧文への初期的変化を示したのが図124であり、それをまじえて複

373

第Ⅳ部　縄文系の弥生文化要素

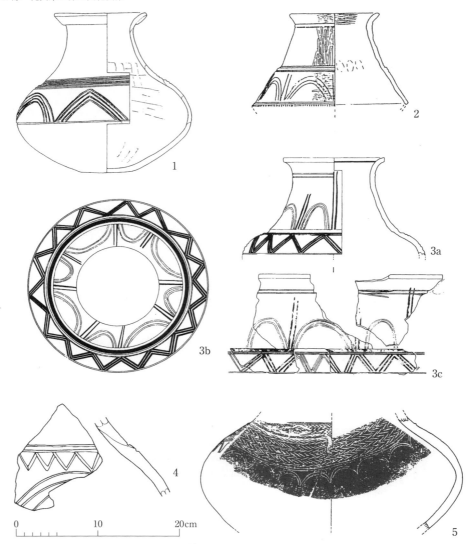

図123　沈線重弧文と他の沈線文・彩文の融合
（1：新町遺跡、2：田村遺跡、3：菜畑遺跡、4：寺内遺跡、5：比恵遺跡）

線山形文と沈線重弧文の系統関係を示したのが図125である。このように、板付Ⅰ式土器の沈線文は、大洞 A_2 式系統の流れを汲んだ有軸・無軸羽状文〔鈴木正博 2003a〕を含めて、他地域の影響により多元的に成立し、融合や変異現象を経て、多彩に展開したのである。その一つの祖形として、隆線重弧文は大きな役割を果たした。そこで、次に問題になるのが、隆線重弧文の系譜である。

第14章 板付Ⅰ式土器成立における亀ヶ岡系土器の関与

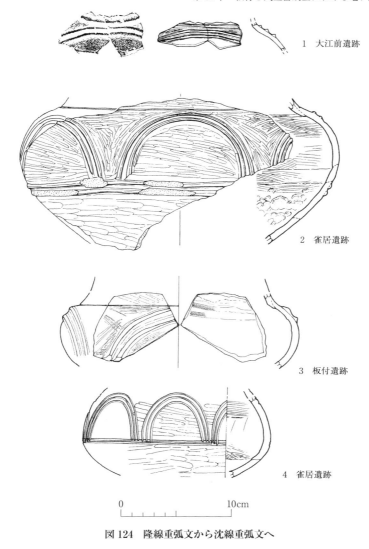

図124 隆線重弧文から沈線重弧文へ

第3節 隆線重弧文と隆線連子文の系譜

1 隆線重弧文の祖形は九州に求められるか

　隆線重弧文の祖形の候補となる資料を、まず九州内部で検索すると熊本市江津湖遺跡例がある。江津湖遺跡は熊本市水源に所在する台地上の墓地遺跡である。隆線弧文のついた土器は、42号土坑から副葬品として出土した〔金田 2005：78〕。この土器は高さ8.1cmの小型壺で、口縁は外反している。体部が算盤球状という独特な器形である。頸部のもっともくびれた部分と胴部のもっとも張り出した部分に隆線を貼り、その上に竹管状工具で刺突文を施す。それには

375

第Ⅳ部　縄文系の弥生文化要素

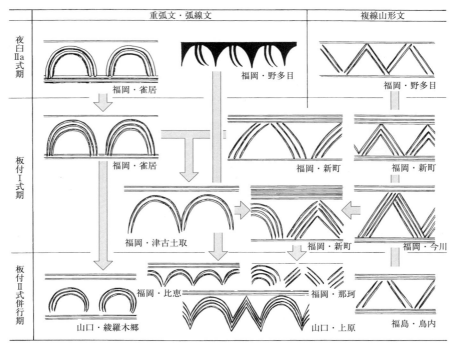

図 125　弥生早・前期土器の沈線文の諸系列（夜臼Ⅱa式期の雀居例は隆線文。沈線条数の変化は必ずしも年代序列を示すものではない）

さまれた頸部に1条の隆線による弧文を5個配するが、その上にも同じ刺突文が施されている。赤色塗彩を口縁部と頸部におこない、帯状に塗り分けている。墓坑にはもう一つ土器を副葬しているが、それは口縁がやや内傾した平底の小壺である。夜臼Ⅱa式段階の資料と考えられる。

　本例のほかに、隆線表現による重弧文の祖形となりうるものは、九州内部ではみあたらない。突帯文土器、黒川式土器のいずれにも存在しないので[7]、隆線表現による重弧文の祖形は他地域に求めざるをえない。そこでやはり注目しなくてはならないのは、東日本に展開した亀ヶ岡系土器である。

2　隆線連子文とその系譜

　視点を変えて文様モチーフではなく、隆線表現の系譜を問題にしてみよう。先に触れたように、大江前遺跡からは隆線重弧文をもつ壺のほかに、もう一点、隆線文をもつ壺形土器（図 116-16）が出土している。すでに解説したように、この土器は壺形土器の胴部破片であり、横走する太い二条隆線があり、その上にクランク状に曲がる隆線がある。本例は、高知県土佐市居徳遺跡〔曽我ほか編 2002〕出土の隆線文をもつ壺形土器（図 126）と非常によく類似している。これらは口縁部と胴部の破片からなり、胴部には水平方向とそれに接続する縦方向の隆線を施すことによって縦長の長方形のパネル文様を形成している。文様全体が寺院や茶室によくみられ

第14章　板付Ⅰ式土器成立における亀ヶ岡系土器の関与

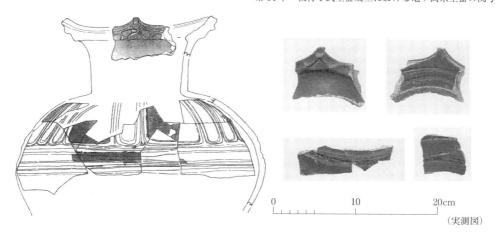

図126　高知県土佐市居徳遺跡の隆線連子文の土器

る「連子窓（れんじまど）」に似ていることから「隆線連子文」としておきたい[8]。居徳遺跡の例は、隆線連子文であることは間違いない。そして重要なのは、隆線重弧文と隆線連子文がともに二条隆線という独特の手法によって文様を構成している点である。

　居徳遺跡の壺形土器は、口縁に王冠状の突起をもつ。頂部の三角形の隆線や段をもつ内面の処理の仕方など、大洞A_1式土器そのものといってよい。この種の土器は岩手県名川町、北上市九年橋遺跡や宮城県栗原市山王囲遺跡などに典型的なものがあり、岩手県域と宮城県域に多く、青森県域と山形県域に散見され、東北地方中部に集中している[9]。東北地方南部から中部地方における浮線網状文土器の分布圏では、石川県能都町波並西の上遺跡や神奈川県横浜市杉田貝塚でそれぞれ1個体確認されているにすぎず、西北部九州や土佐地方という遠く離れた地域で出土する異常さが際立っている。とくに居徳遺跡の例は文様構成の確かさに加えて、赤漆が全面にわたっててていねいに施されており、おそらく東北地方中部から持ち運ばれてきたと考えられる。

　雀居遺跡の隆線文の技法に2種類あることを述べたが、そのうちの第1種はこれらと通有の技法によるが、小林青樹が注目したように、これと異なる平たく太い隆線の第2種は山形県村山市作野遺跡にも存在している。これもまた、東北地方中部域と北部九州地方との間に深い関係のあった証拠である。

　このようにみてくると、隆線重弧文の文様モチーフの系譜を特定することはむずかしいが、隆線連子文は明らかに亀ヶ岡式土器に求めることができる。そして、二条隆線という同じ手法をとることから、隆線重弧文もその系譜を亀ヶ岡式土器―大洞A_1式土器―に求めざるをえない。

　これまで板付Ⅰ式土器は、在地の突帯文土器に朝鮮半島の土器および西部瀬戸内の縄文土器が強弱の影響を与えて成立したと考えられてきたが、そこに亀ヶ岡系土器が一定の関与をしていたことを明らかにした。次節ではこの成果を踏まえて西日本にさらに広く分布する東日本系

377

第Ⅳ部　縄文系の弥生文化要素

土器と土器以外の文化事象を分析することにより、北部九州地方において弥生土器成立における亀ヶ岡系土器のもつ意義を吟味するとともに、逆に東北地方に北部九州地方の文化が影響を与えることはなかったのか考える。

第4節　板付Ⅰ式土器成立期における亀ヶ岡系文化の関与

1　東日本系文化西漸の状況

東日本系土器の西漸　1988年に大分市植田市遺跡から、1993年に福岡市雀居遺跡から亀ヶ岡系土器が検出されたことに端を発して、北部九州地方を中心に亀ヶ岡系土器の類例は続々と増えていった。こうした例に触れ、東日本の研究者を中心に西日本から出土した亀ヶ岡系土器およびその文化的背景についての考察が相次いだ。

鈴木正博は植田市遺跡出土の大洞 C_2 式系土器を取り上げて、大洞 C_2 式系集団による弥生式早期への適応状況はより積極的に双方向の文化伝達がおこなわれたと考えるべきであり、九州まで活動した大洞 C_2 式系集団の情報は亀ヶ岡式文化圏にまで到達していたとみなし〔鈴木正博 1993a：7-8〕、筆者もまた、西日本に展開する縄文晩期後半の東日本系土器が大洞 C_2 式新段階からA式古段階に限定できることと、それ以前の東日本系土器の分布を大きく逸脱していることから、これが北部九州地方で水田稲作が開始されたという特殊事情に促された現象であり、東日本への農耕文化の伝播は西日本からの一方通行ではなく、相互交流にもとづくものであった可能性を考えた〔設楽 1995a：257-258〕。すでに触れたように石川日出志は弥生前期土器や木器の流水文の祖形として東日本縄文系の工字文を取り上げ、九州における弥生早期土器の工字文風彩文や遠賀川式土器の段の成立にも、東日本系土器がかかわっていたことが直接的に説明できる資料として、北部九州地方などで出土した亀ヶ岡系土器を位置づけた〔石川 1995：68〕。

さらにその後、居徳遺跡などで亀ヶ岡系土器の類例が増えたことを受けて、小林青樹は西日本一円の東日本系土器を集成し、亀ヶ岡系土器の分布の変動に考察を加え〔小林編 1999：62-67〕、石川は東日本系土器といっても九州にまで動く大洞系と浮線文土器のようにそうでない土器が存在するといった系統による分布の差を指摘した〔石川 2000：1232-1236〕。これが、近年急速に数を増した縄文～弥生移行期における西日本出土東日本系土器に対する研究者の取り組みのあらましである。

図127は、小林青樹によって明確になった、その後明らかになった資料を含む亀ヶ岡系土器を中心とした東日本系土器の西日本における分布である〔小林青 2000：1211を改変〕。

大洞B-C式併行期に西日本では亀ヶ岡系土器の出土例が増加し、大洞 C_1 式併行期、すなわち近畿地方における滋賀里Ⅲb～篠原式の段階にもっとも例数が増加する〔大野 1997：68、濱田 1997：7-10〕。しかし、大洞 C_2 式併行期になると、西日本では前段階における緊密な関係性は急速にくずれ、亀ヶ岡系土器が大量に出土する遺跡はなくなる。西日本における大洞 C_2 式前半～後半古段階併行の土器の出土例としては、京都市高倉宮下層出土土器〔石川 2000：1223〕

378

と和歌山市川辺遺跡出土土器〔松下1995：256〕程度とごく少数である。

ところが夜臼Ⅱa式〜板付Ⅰ式段階―大洞C_2/A式〜大洞A_1式段階になると、亀ヶ岡系土器を中心とする東日本系土器の西漸が勃発し、亀ヶ岡系土器の分布範囲は鹿児島県域の奄美大島にまで及んでいることが明らかにされてきた〔小林青2006a：26-29〕。前述の隆線文土器はその典型であるが、それ以外にもいくつかの系統の東日本系の土器が、この時期の西日本一帯に展開している。それらは、亀ヶ岡系、浮線網状文系、北陸系、三田谷系という四つの系統に分けられる。亀ヶ岡系土器は、東北地方中・北部地域の大洞C_2/A式〜A_1式土器であり、浮線網状文系は中部・関東地方の浮線網状文系土器、北陸系は北陸中部以南を中心に展開する長竹式土器である。

三田谷系の文様は次章で詳しく述べるが、北陸地方の縄文晩期土器に類似した文様をもつ一群の土器であり、濱田竜彦は東日本との交流を通じて中・四国地方で生成されたとみる〔濱田 2006：14-15〕。三田谷文様をもつ土器は、西日本の非常に広い範囲で出土するので（図134（403頁））、亀ヶ岡系土器の西漸と弥生文化成立との関係を考えるうえで重要である〔設楽 2004a：201-203〕。三田谷文様は、刳り込み表現による三叉文を上下左右に対向させて配置し、なかには対向する三叉文を連結させて「Ⅰ」の

第14章 板付Ⅰ式土器成立における亀ヶ岡系土器の関与

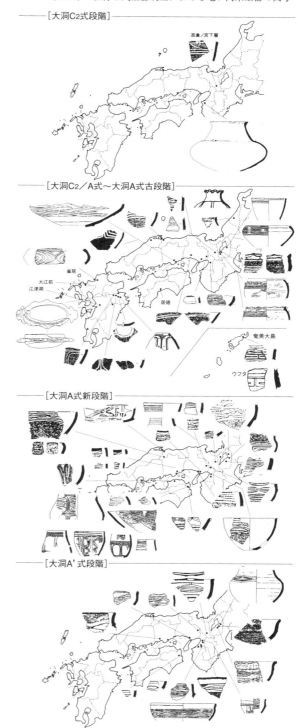

図127 西日本における縄文晩期後半〜終末の東日本系土器

第Ⅳ部　縄文系の弥生文化要素

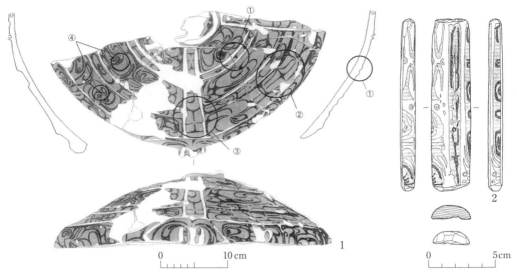

図128　高知県土佐市居徳遺跡の木胎漆器（1）と福岡市雀居遺跡の漆塗り飾り弓（2）

字状を呈するものもある。こうした三田谷文様は主として鉢の体部に展開するが、縦に文様を区画する縦走沈線によるモチーフは、隆線連子文とまったく無関係ではない。壺と鉢で器種は異なるが、縦走する沈線・隆線を好みによって選択している点が指摘できる。

　この4系統の外来系土器のうち、石川が注目するように浮線網状文系土器は北部九州地方に達していない。したがって、この時期に北部九州地方という農耕文化発祥の地と直接的に接触をもったのは、東北地方中・北部と北陸地方に由来する文化だといえる。大洞 A_2 式期になると、九州地域への土器の西漸はほとんどみられなくなり、近畿地方から中・四国地域に分布範囲が縮小する。それも北陸系、浮線網状文系、三田谷系にほぼ限られるようになり、とくに大洞 A_2 式土器は隣接する浮線文土器の分布圏にすら動かなくなってしまった。

　漆技術の西漸　隆線連子文をもつ壺に代表される亀ヶ岡文化の西漸は、土器だけにおさまらない。注目すべきは、漆塗りの木製品である。雀居遺跡からは漆塗り飾り弓の破片が出土している（図128-2）。それには黒漆地に赤漆で朱点を伴った自由な文様が描かれている〔松村ほか1995：180〕。そこで注目したいのが、居徳遺跡出土の蓋状の木胎漆器（図128-1）である。

　この木胎漆器の出自を中国大陸に求める説もあるが〔永嶋 2006：93〕、漆器に彫りこまれた隆線には二条隆線による区画（①）が認められ、この特徴から隆線連子文の壺との関係が浮上する。三田谷文様と関連した北陸系の文様モチーフ（②）（③）が描かれており、朱点（④）を伴うのは雀居遺跡の飾り弓と共通している。このような特徴を等しくする漆製品が福岡県域と高知県域という離れたところで出土することからしても、中国大陸からもたらされたとは考えがたい。これらの遺跡には亀ヶ岡系土器がともに関与していることからしても、やはり東北地方の影響によって製作された製品とみなすべきだろう。二条隆線とそれに類似した文様表出技法は、雀居遺跡から出土したほかの木製品にも認められる。

2 板付Ⅰ式土器成立における亀ヶ岡系土器の関与とその位相

　西北部九州地方において、弥生土器は他地域のさまざまな要素を結合させて成立したが、そのなかに亀ヶ岡土器の要素が含まれていたことを前節において論じた。亀ヶ岡系土器は西北部九州地方に点在していたが、隆線重弧文から沈線重弧文雀居類型の形成と沈線重弧文の周辺への段階的拡散にみるように、亀ヶ岡系土器が関与して板付Ⅰ式壺形土器を生み出し、周辺に影響を与えたのは福岡平野であった。これは藤尾慎一郎が、板付Ⅰ式土器における如意状口縁の甕形土器の創出は板付遺跡でなされたとみなしたこと〔藤尾 1999b：68〕に通じる[10]。

　これらの亀ヶ岡系土器には、雀居遺跡 SD003 出土例や居徳遺跡の隆線連子文土器のように持ち込み品と思われるものがある。小林が明らかにしたように、隆線連子文のなかには、東北地方で確認できた２種類の文様の変異がそのまま含まれている。また在地の人々が、亀ヶ岡系土器の影響によって新たな文様モチーフを創出したと考えざるをえないものもある。隆線重弧文がそれであり、類似資料が東北地方で見つからない点と雀居遺跡の隆線重弧文土器の内面にハケメが施されている点が、在地で創出されたことを如実に示している。こうした隆線文土器の年代と変異が示す土着化と一定期間の亀ヶ岡系土器の関与、そののちにそれが沈線文へと変化していった事実は、板付Ⅰ式という大変革を経て成立した真の弥生土器の形成に亀ヶ岡系土器が参画していた事実として見逃すことはできない。そればかりでなく、亀ヶ岡系文様は壺形土器という集団表象にかかわるアイデンティティー表出要素を多分に含む器種に取り込まれ、さらにそれが沈線重弧文のように遠賀川式土器で隆盛を極める文様モチーフに発展していったのであり、このことは、弥生土器形成にかかわる亀ヶ岡系土器の関与の意義を示して余りある。

　弥生土器が成立する以前から西日本で奢侈工芸品として位置づけられていた亀ヶ岡系土器は、漆製品とともに優れた工芸製作品であったため、板付Ⅰ式土器が成立していく過程でその文様が取り入れられていったのであろう。まったくといってよいほど文様を欠いていた突帯文土器のなかに亀ヶ岡系土器が関与していったとき、どのようなリアクションが生じて文様が選択され変化していったのか、という問題も興味をそそられる。

　一例を示すと、大洞 C_2/A 式期の独自性、すなわち変化する文化のなかの必然性から文様の選択が生じたという歴史的な見方ができる。どういうことかというと、この時期に西北部九州地方や土佐地方などに出現する亀ヶ岡系土器には変異が多かったが、出自の不明瞭なものや直接の祖形が見つかっていないものを含めて列挙すると、雀居遺跡 SD003 出土のＣ字文、隆線連子文、隆線重弧文、羽状文[11]、工字文、三田谷文様、鋸歯文、複線山形文などである。このうち弥生土器に採用されなかった文様モチーフはＣ字文である。これは複雑な文様モチーフである。逆にいえば採用されたのは簡素な文様モチーフであり、亀ヶ岡文化特有の入り組んだ文様は敬遠されたのであろう。口縁部の立体的な装飾や波状口縁も、一切取り入れられなかった。雀居遺跡の隆線重弧文の土器もおそらく通有の夜臼式土器のような外反する簡素な平口縁をなすだろう。隆線文もすぐに沈線文に置きかえられた。縄文は伝来していなかった可能性も

第Ⅳ部　縄文系の弥生文化要素

あるが、一切採用されなかった。こうした動向は、朝鮮半島の無文土器やほとんど文様をもたない突帯文土器製作者側の選択の結果であり、その意味では在地の規制が働いたのである。

3　農耕文化の東方伝達と相互交流の役割

大洞 C_2/A 式〜 A_1 式期というなかば限定された時期に、北部九州地方を中心に亀ヶ岡系土器が多様な展開をみせることを論じた。それ以前の大洞 C_2 式前半期には、C_1 式期よりもその分布を縮小させていることにも触れた。それでは、なぜ亀ヶ岡系土器がこの時期に、大洞 C_1 式期の分布域をはるかに越えて北部九州地方にまで分布を拡大したのだろうか。また、その移動現象の結果、文化が東北地方に逆輸入されることはなかったのか。

北部九州地方のこの時期は弥生早期であり、渡来人の関与も受けつつ水田稲作をはじめとする渡来系の文化を定着させようとした、日本列島の有史以来におけるおそらく最大の文化変動期に相当する。それと符合したように東日本、とくに亀ヶ岡文化という縄文晩期において他の地域に多大な影響を及ぼした文化圏の土器の分布が収縮・拡大をみせるのは、偶然の一致とは考えられない。とくに北部九州地方の亀ヶ岡系土器が東北地方中・北部から持ち込まれた土器をはじめとして、在地で変容した類型をまじえて展開するなど多様なあり方を示すと同時に、板付Ⅰ式土器の創生にも関与していることは、北部九州地方で生じた新たな文化の胎動における亀ヶ岡文化の位相を知るうえで、重大な事象といわなくてはならない。その際、重要なのはこの文化変動に関与していったのが、土器からみれば東北中・北部と北陸地方の系統であり、関東地方や中部高地地方の土器は認められない点である。この事実が、その後における東北地方中・北部の水田稲作農耕文化指向に対する理解の方向性を決定づけるように思われる。

遠賀川系土器が東北地方一円に存在していることが認められるようになったのは、1980 年代半ば以降であった。東北地方における遠賀川系土器の展開は弥生前期末、すなわち板付Ⅱc式併行の砂沢式期以降活発化することと、馬淵川流域など東北地方北部や日本海側の遠賀川系土器が西日本のものに近いことから、日本海経由で一気に東北地方北部にまでその情報がもたらされたとみなす見解は、多くの研究者が注目している点である。

第 19 章で述べるように、関東・中部高地地方の遠賀川系土器が壺の搬入品を主体に少数認められるのに対して、東北地方の遠賀川系土器は壺・甕がともに土器組成の主要な要素として構成される。小林正史や佐藤由紀男は、土器の容量の変化がどのような文化的、社会的変化を反映しているのか研究を進めている〔小林正 1992、佐藤 2002 など〕。佐藤によれば、東北地方北部の弥生前期終末である砂沢式の甕形土器の容量はそれ以前とくらべて少なくなり、西日本の弥生土器と同じような小型化傾向があるという〔佐藤 2002：10-11〕。つまり、弥生時代の開始とともに土器が農耕文化に適したものへと構造的に変化したのである。砂沢式期には砂沢遺跡で水路を伴う水田が形成され、籾痕土器も関東地方などと比較した場合格段に多く認められるほどに稲作が広範囲に展開したようであり、大陸系の管玉が出土し、青森県八戸市荒谷遺跡でもみごとな抉入柱状片刃石斧が出土した。これも関東・中部高地地方にはみられなかった現象で

382

第14章　板付I式土器成立における亀ヶ岡系土器の関与

ある。

　このように西日本的農耕文化の要素は、東北地方中・北部が圧倒的に関東・中部高地地方を
凌駕している。こうした農耕文化の受容のあり方からすれば、文化が西から徐々に伝わったの
ではないことに加えて、東北地方北部の弥生文化が大陸起源の西日本的弥生文化に求めたもの
がいかに大きかったかわかるであろう。東北地方の人々を引き寄せた力は農耕文化の側にあり、
亀ヶ岡文化が引き寄せられたのだろうが、動いていったのは東北地方の側である。そうした意
志が、北部九州地方などあらたな文化を創出した地域における亀ヶ岡系土器の出現となってあ
らわれた。また、農耕文化が日本海を通じて東北地方北部にまでもたらされる過程で、亀ヶ岡
系土器西漸にともに関与していた北陸系の人々が果たした役割も、大きなものと推察される。

　大洞C_2式の後半に東日本ではさまざまな文化の変化が生じていることは、半田純子がいち
早く体系的に指摘したとおりである〔半田 1966〕。大洞C_2式後半～A_1式に生じた土器の変化を
指摘すれば、磨消縄文の単調化と消失、縄文の衰退傾向、文様モチーフの直線化、文様帯の狭
小化[12]、鉢形土器がくの字形に屈曲する傾向を強めることなどをあげることができる。一方、
砂沢式～弥生中期になると磨消縄文の復活、変形工字文など文様モチーフの流線化、複雑化、
文様帯の拡大傾向など、どれも先にあげた傾向の反動のような現象が生じている。水田稲作を
希求する一方で、かつての縄文土器への復古的な回帰現象が生じている点に、東北地方中・北
部の農耕文化への移行に対する一様ではない複雑な内実を推察することができる[13]。

　東北地方中・北部が西日本の弥生文化を単純に取り入れたのではなかった点については、そ
れに加えて以下の現象が注目される。遠賀川式土器が砂沢式土器の分布圏に直接持ち込まれて、
土器の構造的な変化を促したのではない、ということが研究結果から明らかにされている。ま
た水田稲作をおこなうために遠賀川文化では通有の道具であった大陸系磨製石器を、道具組成
として受け入れてはいない。それらは単体で認められるだけであり、石器組成の構造的変化は
生じていない。亀ヶ岡系土器の西漸に後続する東北地方への農耕文化の流入は、もっと構造的
になされてしかるべきであるのにそうではない。また西日本的な農耕文化の関与によって生じ
たこれら文化の変化は大洞A_1式期に継起して生じたものではなく、土器2型式を隔てた砂沢
式期にならないと活発化しなかった。

　しかし、文化の伝達が中部日本を飛び越して生じたものであることは、東北地方中・北部を
中心に圧倒的影響力をもちえた亀ヶ岡文化が、農耕文化という新たな文化に対する情報収集な
ど積極的な働きかけを示した結果である点は動かないと考えられる。ここではそれを指摘する
にとどめて、東北地方的な農耕文化の特質がどのような歴史的条件のもとに惹起されたのかと
いった課題については、終章で改めて論じることにしたいが、前述の農耕文化受容の時間的懸
隔については、ひとこと触れておかなくてはならない。

　設楽と小林青樹は、かつて東日本に展開する突帯文土器を集成した〔設楽・小林 1993〕。突帯
文土器の東方への展開は、さほど顕著ではないものの、東海東部～関東地方の各地に認めるこ
とができる。たとえば、静岡県沼津市雌鹿塚遺跡出土の波状口縁浅鉢（図129-2）は注目できる

383

第Ⅳ部　縄文系の弥生文化要素

資料である〔設楽 1994a：23〕。この遺跡からは、1段階古いリボン状突起をもつ土器も出土しており（図129-1）西日本との交渉の緊密さを示しており興味深い。また、千葉県富津市富士見台遺跡〔椙山・金子 1972〕の頸部が屈曲する無文の粗製土器（図18-3～12）は、共伴した土器の特定がむずかしく、稲荷山式～西之山式期に東海の影響を受けた土器であると想定していたが〔設楽・小林 1993：224〕、口縁部の内傾の具合や肩で屈折する深鉢の器形は、中国地方の黒土 B1 式土器の特徴に非常に類似しており、直接的な関係を想定できる可能性がある〔設楽 2000a：1180〕。宮城県域では、時期は不明であるがおそらく朝鮮半島から北部九州地方などに系譜が求められる縞模様のある磨製石剣が出土していることは第 19 章で述べる。これらの事例は、いずれも太平洋沿岸の遺跡ばかりである点が気にかかる。

　1993 年当時、突帯文系土器は関東地方にまでしか知られていなかったが、その後宮城県栗原市山王囲遺跡に突帯文系土器が存在していることを小林とともに確認した[14]。明確な伴出土器を特定するのは今後の分析にゆだねるほかないが、大洞 C_2/A～A_1 式土器の層から発掘されたようである。先に問題にした広域編年の条件である交差年代法に照らして編年を確定する糸口を見出すことができた。それとともに、この遺跡からは大洞 A 式期の竪杵や弥生前期の環壕が検出されていること〔須藤 1998：16〕と、居徳遺跡や大江前遺跡の隆線連子文土器は宮城県域にひとつの中心があることをあわせて考えると、興味深い事実が焦点を結ぶように思われる。大洞 C_2 式新段階以降の壺のなかには、地文の縄文を省略すれば、夜臼式、もしくは板付Ⅰ式の壺と非常に類似するものが多い。頸部と胴部の境の段も、亀ヶ岡式土器には大洞 C_2 式以前からみられる。

　このような事実を踏まえれば、山王囲遺跡の突帯文系土器が北部九州系であり、さらに両地域で相互交流がなされていたとの仮定に立ったうえでのことではあるが、西北部九州地方と東北地方で在地の土器に伴って双方の土器が見出されたことは広域編年に資するばかりでなく、東北地方の水田稲作の開始問題にも波及するし、逆に西北部九州地方における弥生土器、板付Ⅰ式土器の成立に亀ヶ岡系土器がさらに大きな影響を与えていた可能性も考えていかなくてはならなくなる。大洞 C_2/A～A_1 式期における亀ヶ岡系土器の西漸とその反射作用による農耕文化の流入は、日本海経由とはまた別の道筋、すなわちそれ以前から築かれていた太平洋を通じた西日本との交流に乗じてなされた可能性が指摘できるのであり、それが砂沢式期の弥生文化形成の下地になったことをも推測させる。

おわりに

　本章は、北部九州地方など弥生文化の発祥の地において、出現期の弥生土器に隆線重弧文をもつ壺が伴うことを取り上げ、類似資料とともにこの土器の由来や在地の土器における役割を明らかにしてきた。そこで得られた結論は、隆線文土器が亀ヶ岡系土器に起源が求められ、その文様要素が夜臼Ⅱa 式に取り込まれることによって、板付Ⅰ式土器の成立にも深く関与して

384

第 14 章　板付 I 式土器成立における亀ヶ岡系土器の関与

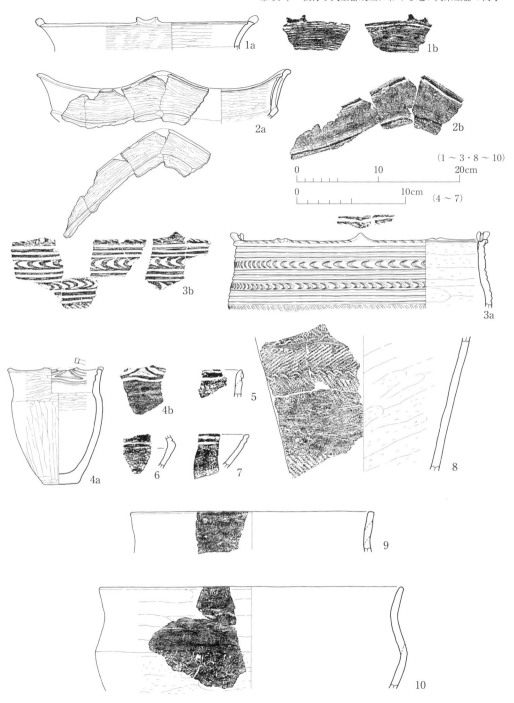

図 129　静岡県沼津市雌鹿塚遺跡出土土器

385

第Ⅳ部　縄文系の弥生文化要素

いたということである。

　さらに、亀ヶ岡系土器が弥生文化成立期に北部九州地方などにあらわれた要因を、東北地方中・北部が北部九州地方などにおける農耕文化という異文化への胎動に触発されたものとみなした。そして、それは一方通行の文化の流れではなく、新たな文化が東北地方にもたらされる契機となったこと、すなわち東北地方における砂沢式期の弥生文化成立の下地が弥生文化成立期の文化の相互交流によってはぐくまれたことを予察した。

　1980年代半ば以降、亀ヶ岡系土器が西日本で続々と発見されるようになった。なかでもとくに西北部九州地方や土佐地方でその現象が顕著であることがわかってきたのは、そこが弥生文化成立という日本列島をゆるがした文化変動の要衝であるだけに、ただたんに東北地方の土器が存在していたというにとどまらない。西日本における弥生土器や文化の形成に東日本の縄文土器文化が果たした役割や、逆にそれが東日本に与えた影響の実態を解き明かすための有力な手がかりが提供されるようになったといえよう。

　　註

1　亀ヶ岡式土器とは、東北地方に起源をもち、北海道、北陸、関東、中部、近畿地方にまで広がる東北系の縄文晩期土器の総称であり、1925年、長谷部言人と山内清男による岩手県大船渡市大洞貝塚の発掘調査において、地点別に得られた資料によって大洞諸型式として細別された〔山内 1930a：141〕。本章では、主として北部九州地方など西日本に広がる同系土器を問題にするために、総称としての「亀ヶ岡式土器」の呼称にしたがい、それと同じ系統の土器という意味で、「亀ヶ岡系土器」の名称を用いる。

2　豆谷和之は奈良県唐古遺跡の長方形区画文と石川県下の工字文や長方形区画文との比較のなかで藤崎の土器文様を取り上げているが、中村の考えに対して、東日本系の文様とは無関係との立場をとっていた〔豆谷 1992：39〕。

3　小林青樹とともに命名した。

4　この土器は、小林青樹が報告書から探索した。

5　この二種類の文様に気づいたのは、小林青樹である。小林はさらに山形県村山市作野遺跡からもこの二種類の隆線文が出土していることに気づいた。

6　この土器も小林青樹が報告書から探索したものであり、板付Ⅰ式土器の沈線重弧文の型式学的変遷のかなめとなる資料である。

7　この点に関しては、鈴木正博の批判がある〔鈴木正博 2008：93〕。

8　四角の窓枠に縦に細い格子（連子子：れんじこ）をはめたもの。この文様の呼称は、小林青樹による。

9　小林青樹の探索による。

10　藤尾は板付Ⅰ式における如意状口縁甕形土器の成立地を板付遺跡に限定するが、沈線重弧文壺形土器の形成という点からすれば、雀居遺跡もそれに含まれる。板付遺跡からも隆線重弧文は出土しており、古式の沈線重弧文雀居類型も出土しているので、沈線重弧文の創出は雀居遺跡や板付遺跡周辺でなされた可能性を考えておきたい。しかし、如意状口縁の甕の創出が板付遺跡に限定されるという藤尾の分析を否定するものではない。

11　鈴木正博は帯状綾杉文（本章の羽状文）を取り上げて、「極めて希少かつ限定された管理に従っている」とし、隆線連子文の文様帯にも同じ価値を措定して太平洋を南下して西日本に達する意義を導き出している〔鈴木正博 2003a：18-19〕。福島県喜多方市沢口遺跡からは二条隆線と羽状文をともにもつ壺が出土しており、二条隆線の西北部九州地方における展開からすれば、遠賀川式土器の羽状文に亀ヶ岡式の文様帯が関与していたという鈴木の分析はきわめて興味深い。

12　文様帯の狭小化が荒海1式-大洞A_2式期に顕著であることは、山内清男の観察にもとづいて鈴木正博が指摘している〔鈴木 1985a：91〕。

13　この意見は、小林青樹と共有している考えにもとづく。

14 この論文を執筆するために、明治大学が所蔵している宮城県一迫町山王遺跡の土器を実見させていただいた。この遺跡からは、隆線連子文土器が出土していたので、その類例がないか探索したのだが、それは見出せなかったものの、口縁が丸みをもった胴部の屈曲する無文の鉢形土器や口縁が外反する内傾口系の壺形土器を確認した。これらはいずれも内面に沈線をもたない。色調や胎土など東海地方西部の土器よりもむしろ夜臼式系土器に近似しているようにも見受けられる。また内面に沈線をもちながらも、夜臼式や板付Ⅰ式によく類似している壺形土器の存在に、改めて問題が深いことを感じた。石川日出志氏に図面をつけて公表することをお薦めいただいたが、整理途上の資料であることから、これ以上のご好意に甘んじるわけにもいかないので、註で触れさせていただいた。

第15章　遠賀川系土器における浮線網状文土器の影響

は じ め に

　弥生文化成立の母体となった大陸伝来の文化は、農耕文化である。もう一つの母体である縄文文化[1]は採集狩猟文化であり、二者は異なる性格の文化である。近年、二つの系統の文化が一定期間共存、共生しつつ変化していくことを類型的に追究したり〔藤田 1992、森岡 1995 など〕、石棒、土偶といった縄文系の文化要素に着目して、それが遠賀川文化のなかにどのように取り込まれているのか、あるいは遠賀川文化と対峙する文化のなかでどのように変容しているのか考察する〔秋山 2002a、小林青編 2000〕という、文化変容の視点にたった研究が目を引くようになってきた。こうした研究は、日本列島における農耕社会の形成過程を明らかにする、という個別的な研究の方向性をもつと同時に、新しい文化が受容されたときに在来、新来の文化にどのような変化が生じるのか、あるいは二者の間にどのような相互関係が生じるのかという異文化交渉の過程を探るうえでの普遍的なモデルケースになりうるものである。いずれにしてもそれは歴史の問題として、具体的な素材を用いて実証的に分析される必要がある。

　弥生文化の成立過程に対する研究のなかで、弥生土器がどのようにして成立してくるのか、という問題は古くから注目を集めてきた。この研究は、それに先立つ縄文時代の土器との関係を問いながら進められてきた。それは土器が普遍的であると同時に個性的な道具であり、その変化の速さから編年の目盛りをつくるのに適しているばかりでなく、技術的文化的な伝統の連続性、非連続性、影響関係を探ることで、異なる系統の文化間の交渉を歴史的に明らかにしうる可能性をもっているからである。このことは土器が上述の研究目的にかなう、すぐれた研究素材の一つであることも意味する。

　この路線に沿った研究成果は、たとえば本格的な弥生土器である遠賀川系土器における木葉文や流水文といった文様が縄文系統のものであるという理解などに反映されている。本章では、島根県松江市西川津遺跡から出土した、一風変わった流水文をもつ遠賀川系土器を取り上げて、文様の出自を縄文晩期終末の中部日本[2]に展開する浮線網状文土器に求め、合わせて木葉文との関連性について考える。遠賀川系土器と浮線網状文土器の影響関係を探ることにより、日本列島における農耕文化形成期の異文化交流のあり方を知る手がかりとしたい。

第Ⅳ部　縄文系の弥生文化要素

第1節　木葉文と流水文の出自をめぐって

　遠賀川系土器の文様モチーフの一つである流水文や、同時期の木器につけられた流水文に、縄文土器の影響があることをはじめて指摘したのは杉原荘介である〔杉原 1950：11〕[3]。水野正好は流水文と並んで木葉文にもその可能生を考え〔水野 1953〕、江坂輝弥も木器の流水文は大洞A・A′式の文様が、木葉文は「大洞A′式の網状浮線文」が変化したものである〔江坂 1957：50-51〕と論じた。

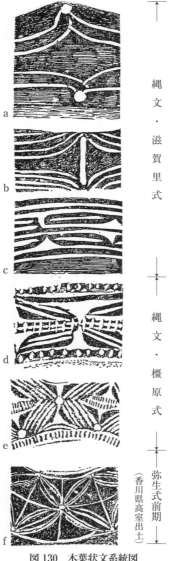

図130　木葉状文系統図

（縄文・滋賀里式：a, b／縄文・橿原式：c, d, e／弥生式前期（香川県高室出土）：f）

　坪井清足は、流水文も木葉文も北陸地方や近畿地方の工字文風の文様（図130-c～e）[4]に源流があることを述べたが〔坪井 1962：136-138〕、それらが縄文晩期前半であることから、晩期後半の近畿地方はすでに弥生文化に入っていたと考える点でほかの研究者の意見とは食い違っており、それにもとづく木葉文橿原式文様起源論は、後に大塚達朗の批判を受けることになる。

　大塚は坪井の研究に代表される、木葉文が縄文晩期の橿原式の文様モチーフから直接的に形成される学説を「直接的系譜論」と呼んだ〔大塚 1995：82〕。はじめて木葉文の集成的研究をおこなった工楽善通は、橿原式と遠賀川系土器の時間差に言及しつつも木葉文の起源に関しては直接的系譜論にしたがっている〔工楽 1983：57〕。

　大塚が「間接的系譜論」〔大塚 1995：90〕に分類した研究とは、木葉文の起源を縄文文化に認めながらも、橿原式文様から直接つながることに疑問を向けたものである。藤田憲司〔藤田 1982〕、亀谷尚子〔亀谷 1984〕、高橋護〔高橋 1986〕らが提示した直接的系譜論に対する疑問は、橿原式文様と木葉文の年代的な開きや文様表出手法の違いをよりどころにしたもので、後者は亀谷の提案した木葉文の祖形の一つを弥生土器の彩文に求める案とともに深澤芳樹の研究〔深澤 1989〕に受け継がれた。

　深澤は緻密な分析によって、陽刻木葉文（橿原式文様）と陰刻木葉文（遠賀川系の木葉文）では、道具の使い方から割付法に至るまでことごとく異なっていること〔深澤 1989：45〕から木葉文の直接的起源を橿原式文様に求める考えを排し、遠賀川系土器の彩色表現の木葉文がより橿原式文様

に近いこと〔深澤 1989：42〕から、弥生人は橿原式文様を手本にしてまず彩色表現でこれを土器やヒョウタンに写し取り、さらにヘラ状施文具で土器に写すことによってヘラ描きの木葉文が成立するという過程を復元した〔深澤 1989：46〕。大塚は深澤の分析を高く評価する一方、橿原式文様を縄文後期終末から晩期初頭の短い期間に出現した文様モチーフであることを丹念に論証したうえで、橿原式文様と木葉文の間にある編年的空白は埋めようがないことから、間接的系譜論も成立しなくなる可能性を示唆した〔大塚 1995：93〕。

　深澤論文は完成度が高かったため、90 年代に入ると木葉文に対する研究は下火になる。一方、流水文の起源については、杉原が先鞭をつけた縄文晩期終末の東北地方における大洞 A 式の工字文に求める案に大きな対立意見をみないままにきた。これは橿原式文様と異なり、遠賀川式に近い時期の東日本における縄文土器のなかにその祖形と目される文様が存在していることによる。しかし、近畿地方で流水文が出現するのは弥生前期後半すなわち大洞 A′式ないしその直後で、すでに工字文が消滅していた時期であり、木葉文と同じ問題は多少なりとも含まれていた。

　中村五郎は、彩文により工字文を描いた福岡市藤崎遺跡の夜臼式の壺を取り上げ、これが東日本の工字文の影響によることを示唆した[5]〔中村 1993：88-89〕。石川日出志は、流水文の成立について奈良県田原本町唐古遺跡から出土した弥生前期後半の筒形木製品に焦点をあて、この源流を東北地方の大洞 A 式古段階の工字文に絞り込んだ。しかし、年代的に遠賀川式土器の成立よりもさかのぼるため、流水文の原形は遠賀川式成立以前に近畿地方に存在していたと考えることで解決をはかった〔石川 1995〕。

　この頃から大洞 C_2 式後半〜A_1 式系土器が西日本の各地で報告されるようになったが、石川の論文はこの状況を背景にした立論でもあった。先に紹介した中村論文では、藤崎の夜臼式彩文が板付 I 式よりも東日本の工字文に近似していることに対して、夜臼式のほうが板付 I 式よりも東日本からの影響が強かったからだ、とまで言っている。これはまだ東日本系土器の広域分布が判明する以前の見解であり、卓見だった。

　縄文晩期終末の東日本系土器の西日本各地における広域分布の確認が学界に与えた影響はきわめて大きなものであり、新たな研究を促した。鳥取市古海遺跡の東日本系土器を問題にし、木葉文の起源を求めた飯塚博和〔飯塚 1998〕、西日本における縄文晩期終末〜弥生前期の東日本系を集成し、その動態を論じた小林青樹〔小林青 2000〕、同じ問題を扱い、東日本系土器の受容の地域差を論じた石川〔石川 2000〕、東西相互関連資料を渉猟し、文様帯が様式をこえて新たに展開・定着するという視点から東西の土器の文様帯の関係性を追究した鈴木正博〔鈴木正博 2000a・2003〕らの論文が注目できる。いずれも木葉文や工字文の形成を考えるうえで重要な視点を提供している[6]。

　遠賀川系土器の成立と拡散の問題は、弥生土器の系譜を理解するうえで等しく研究者の興味を掻き立て、水田稲作の成立と合致していないことがわかってからもなおその研究上に大きな位置を占めてきた。研究史を振り返ると、遠賀川系土器に東日本の縄文土器が関係している

第Ⅳ部　縄文系の弥生文化要素

ことは東西を問わず研究者共通の関心ごとだったが、最近では、東日本の研究者を中心にそれ
に取り組むという偏りが生じてしまっているように見受けられる[7]。学問の細分化がそうした
一種の偏りをまねいているのであろうが、西日本の研究者にとって東日本は弥生文化の一方的
な伝播の地であるという旧来の考え方がまだ支配しているからだとすれば、それは問題である。
なぜならば、近畿地方の縄文文化はそれと接する東海、中部、北陸地方を通じるなどしてそれ
以東の世界と深いかかわりをもっており、その延長線上に弥生文化が成立しているからである。
実際に、遠賀川系土器に東日本の土器が関与していたことを、実例によって示していきたい。

第2節　島根県西川津遺跡の遠賀川系土器

　西川津遺跡は出雲半島の付け根、宍道湖と中海にはさまれた松江市に所在する。2 kmほど
離れた至近距離にある同市タテチョウ遺跡と並んで、弥生前期から継続する山陰地方屈指の集
落遺跡である。

　ここで取り上げる遠賀川系土器は、1999年にⅤ-4-2区から出土した〔岩橋 2001：15〕。土器
は口縁部を欠失した高さが現状で 18.4 cm、最大径 16.6 cm の中型の壺である（図 131-1）。頸
部に2条の削り出し突帯をもつ。肩部に幅の広い文様帯をもつが、上端を2条、下端を3条
の沈線文で区画し、そのなかに3本の沈線を加えることによってできた4段の空間に単位文
を配置する。単位文は4本の沈線を基本とした紡錘形の構図で、あたかも木葉文の単位のよ
うである。1段につき8個めぐらされる。単位文どうしは離れているものが多いが、なかには
連結したものもある。最下段の単位文連結部分の下、三角形の部分に一箇所だけ沈線を加えて
いる。各段の単位文は千鳥状に配され、全体として流水文の構成になっている。西川津流水文
と呼んでおこう。

　この土器は段をもたないことと、頸部の削り出し突帯の特徴や沈線の本数、ずんぐりした器
形などから、遠賀川系土器の中段階に位置づけられる。『弥生土器の様式と編年』〔松本 1992〕
では、出雲・隠岐地域の前期土器を四つに分けているが、そのうちのⅠ-2ないし3様式に相
当する。

　流水文の横線は一般的に直線をなしており、本例のように単位文が弧状で紡錘形になること
はない。その理由は、流水文の手本が縄文晩期終末の工字文であることによる。したがって、
西川津流水文の手本は工字文ではなかった可能性がまず考えられる。単位文が紡錘形をなし、
上下で互い違いになり千鳥状をなす。こうした文様モチーフで思い浮かぶのが、中部日本の縄
文晩期終末に広域に分布した浮線網状文である。

　浮線網状文にも数段階の変遷があり、また地域性がある。本例はいかなる段階の文様モチー
フの影響を受けていたのか、あるいはどこのものを手本にしたのか、次節以下、浮線網状文の
編年と地域性を追うことでその問題を考えてみることにしよう。

392

第15章　遠賀川系土器における浮線網状文土器の影響

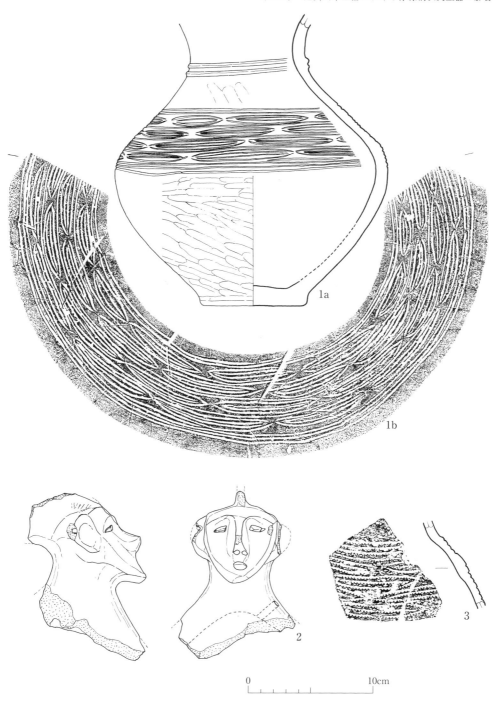

図131　島根県松江市西川津遺跡（1・2）、タテチョウ遺跡（3）出土土器

第Ⅳ部　縄文系の弥生文化要素

第3節　中部地方における浮線網状文土器の編年

　永峯光一が設定した氷Ⅰ式〔永峯 1969〕は、中部高地地方を中心に広がる縄文晩期終末の土器型式である。主要な文様モチーフは細い隆帯を網の目のようにめぐらしていることから、浮線網状文と呼ばれており、その形成母体になる文様とともに浮線文と総称されることもある。浮線網状文土器は、東日本における弥生土器の成立過程を探るうえで欠くことのできない土器であることから、中村五郎、吉川國男、筆者らは 1980 年代の前半に期せずして細分に着手し〔中村 1982、吉川 1982、設楽 1982〕、長野県域では松本市女鳥羽川遺跡の土器群→安曇野市離山遺跡の土器群→大町市トチガ原遺跡の土器群という序列を見出した。石川日出志は長野県茅野市御社宮司遺跡の調査成果〔百瀬ほか 1982〕などを踏まえ、浮線網状文の表出手法や文様帯の変遷から、鉢形土器を基準にした型式組列を提示し〔石川 1985〕、鈴木正博は千葉県成田市荒海貝塚、神奈川県横浜市杉田貝塚、長野県小諸市氷遺跡などの土器を基礎にして、浮線網状文の細別と系列化をはかった〔鈴木正博 1985a〕。

　その後、浮線網状文土器を吟味した中沢道彦は、前半の土器群を女鳥羽川式〔中沢 1993〕、離山式〔中沢 1998 : 18〕と型式設定した。トチガ原遺跡の土器群は氷Ⅰ式のなかでも新しいものであるが、さらに長野県松本市石行遺跡〔竹原ほか 1987〕のような良好な遺跡が発掘されてこの段階の資料が充実するとともに、群馬県高崎市三ノ倉落合遺跡〔大越ほか 1997〕、山梨県長坂町健康村遺跡〔小林青ほか 1994〕という、氷遺跡でわずかに認められるにすぎない氷Ⅰ式でも古い段階の良好な遺跡の発見にあずかって、氷Ⅰ式が 3 段階に細別され〔小林青・宇佐美 1998 : 163–165、中沢 1998 : 5–17〕、中部地方の浮線網状文土器群は、女鳥羽川式→離山式→氷Ⅰ式（古）→氷Ⅰ式（中）→氷Ⅰ式（新）という 5 段階細別が一般化しつつある。

　ここでは、第 6 章で述べた中部高地地方の浮線網状文土器編年の基軸である鉢形土器の文様モチーフの変化を、型式ごとに確認しておくことにしたい。

　女鳥羽川式　女鳥羽川式は、内彎する口縁内側のふくらんだ部分に沈線文をもつ鉢が標準的な器形である。口縁直下に沈線を加え、その下にⅡc 文様帯としてレンズ状浮帯文を施し、その下のⅡ文様帯に数条の沈線を施すが、場合によっては区切り文や会合部が角張った浮線網状文を採用する（図 41–4）。浮線網状文は大洞 A1 式と関係が深い鳥屋 1 式とのつながりのなかから生まれてきたものであろう。五貫森式併行。

　離山式　鉢形土器の標準器形は女鳥羽川式と変化ないが、文様モチーフではレンズ状浮帯文が退化して、ⅡとⅡc 文様帯が合体した部分に短い楕円を残すだけになる。Ⅱ文様帯は浮線網状文が発達し、会合部も丸みが強くなって、ハンガーを重ねたような構図が主流となり、なかには直線的なものも現れる。単位文の会合部の浮線は 3 分岐を基本とする（図 46–6）。大洞 A2 式、馬見塚式の古い段階に併行するものと思われる。

　氷Ⅰ式（古）段階　内彎度合が弱まった単純な口縁の鉢に基準器形が変化すると同時に、口縁

394

内面の沈線がなくなったりせり上がっていく。口縁部には中に沈線文を加えた長いレンズ状の彫刻的な I 文様帯が多くなり、削って磨いただけのシャープな口縁外帯も現れる。II 文様帯との間に幅の狭い無文帯を形成する。II 文様帯の浮線網状文は 1 段ないし千鳥状に複段に入り組んで構成されるものがあり、前者には文様帯下端に 2 ないし 3 条の沈線文あるいは凹線文が加えられる場合がある。後者にもまれにそれがあるが、文様帯を区切る沈線が 1 条加えられるだけのものが多い。単位文は直線化が著しく、会合部は 3 分岐浮線が基本であるが（図 50 –2）、いわゆる杉田型レンズ状浮線文〔鈴木正博 1985a：92〕という、浮線の輪郭線を紡錘形に浮き彫りにしてそのなかに沈線文や浮線文を加える文様モチーフには、4 分岐やさらに多条化した沈線文がみられる（図 51–29）。浮線網状文の凹部を磨きこむことで突部との境なく調整し、突部頂部が尖り気味になる尖浮線手法がこの段階で確立していく。大洞 A₂ 式と馬見塚式の新しい段階に併行するものと思われる。

　氷 I 式（中）段階　口縁部がやや外反し、I 文様帯と II 文様帯の間の無文部である頸部が長くなり、体部が丸みをもつ鉢が標準器形になる。I 文様帯は立体的な彫刻手法が少なくなり、たんに削って磨いただけの口縁外帯が多くなる。II 文様帯は X 字状浮線網状文の連鎖あるいはその上下交互連鎖のモチーフ（図 57–37）が一般化するが、文様表出手法は前段階の尖浮線手法を踏襲している。複段になるものでは上下が連結せずに千鳥状に配置された紡錘形の浮線網状文も顕著になるが、隣り合う単位文は連結したものが一般的である。この文様モチーフは、氷 I 式（古）段階に出現する（図 133–2）。II 文様帯最下段は 1 条の浮線ないし沈線で処理されるものが多く、2 条以上の沈線が加えられることは多くない。大洞 A′ 式、樫王式の古い部分と併行する。

　氷 I 式（新）段階　浅鉢が激減する。II 文様帯の構図は前段階と変わらないものも多いが、沈線化が進行する。II 文様帯を欠いたものが目立つようになり、I 文様帯を欠いたものもある。大洞 A′ 式、樫王式の新しい部分と併行する。

　もちろん、これ以外にもさまざまな文様モチーフがさまざまな器形のバリエーションのなかで展開しているが、これからの議論に最低限必要な事柄だけを抄録した[8]。

第4節　西川津流水文の出自

　石川県小松市八日市地方遺跡の長竹式後半段階ないし柴山出村式に属する鉢形土器〔福海 2003：14・48〕の II 文様帯は、西川津流水文そのものである（図 132–1）。文様帯の上を 1 条、下を 4 条の沈線で区画し、間に 1 条の沈線を入れ、その上下に紡錘形の単位文様を連結させたり接近させたりして描く。単位文は千鳥状に配して流水文を構成している。西川津例と異なる点は、上下の沈線文の数と単位文の沈線の数だが、その差はわずかであり、むしろ下端の沈線が 3 条以上といずれも多条であることに注意を払っておきたい。単位文の会合部に上下から三角形の抉りを加え、その部分だけ紡錘形の端を浮き立たせている。西川津例の最下段の同じ

第Ⅳ部　縄文系の弥生文化要素

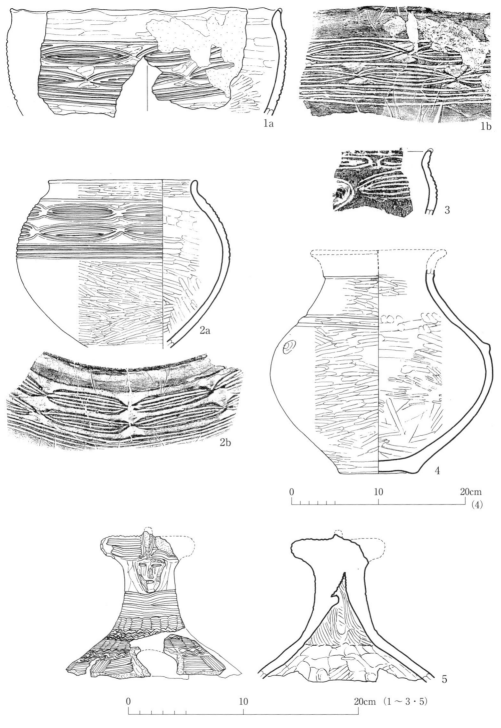

図 132　石川県小松市八日市地方遺跡出土土器

部分に一箇所だけ沈線文が加えられるのは、この装飾が簡略化されたためかもしれない。

八日市地方例は、口縁が若干内彎して外反する比較的深めの鉢である。Ⅰ文様帯はレンズ状に浅く削ったあとにヘラで調整しており、丸みを帯び痕跡的になっている。Ⅱ文様帯との間に幅の広い無文帯をもつ。単位文の会合部の上下に加えた三角形の抉りは紡錘形の外側の沈線にそっており、本来単位文全体を浮き立たせて装飾画面を用意するための処理であったのが形骸化したものである。この遺跡からはもう一つ、近似したⅡ文様帯をもつ鉢が出土している（図132-2）。こちらは単位文のベース全体を浮き彫りにし、隣り合う単位文は完全に連結している。

横に連結した紡錘形の単位文を千鳥状に重畳させた構図の原形は、どこに求められるのだろうか。単位文一つを取り出せば、杉田型レンズ状浮線文があげられる。千葉県四街道市御山遺跡例（図133-1）〔渡辺修 1994：50〕や福島県三島町銭森遺跡例〔小柴ほか 1975〕などもそうだが、単位文のベースを紡錘形に陽刻し、そのなかに文様を沈線で描いている。沈線の数は4条以上と西川津流水文と共通しているので、4分岐浮線文を沈線化したものであることは明らかだ。したがって、単位文自体は浮線網状文土器の分布圏に広域に認められる氷Ⅰ式（古）ないし（中）段階の手法といえる。

千鳥状に多段化したモチーフの系譜は、別に求めなくてはならない。前節で取り上げたもののなかに連結する単位文を千鳥状に配した例があり、静岡県富士川町駿河山王遺跡〔笹津ほか1975〕ではそれがよくまとまっている（図133-2）[9]。しかし、それらと西川津流水文との間には、文様帯の各段を上下に区画する線の有無という違いがある。新潟県長岡市藤橋遺跡の鳥屋2a式の鉢〔品田 1991：42〕や千葉県成田市殿台遺跡〔藤下ほか 1984b：16〕の壺形土器（図133-3）[10]に、上下に配置された紡錘形の単位文帯を区切る隆線が認められる。東京都新島本村田原遺跡〔杉原ほか 1967：56〕には区画線は取れて簡略化されているが、これとよく似た壺を認めることができ（図133-6）、単位文のモチーフは八日市地方の2例に近い。

北陸地方で類例を探ってみると、石川県鳥越村下吉谷遺跡の長竹式後半[11]とされる段階〔久田 1991：64〕に認められる（図133-4・5）。単体の紡錘形単位文を横に連結させた鉢とそれが千鳥状に重なる鉢だが、前者には文様帯下端に多条の沈線が加えられ、後者には上限の文様の間を区画する沈線がみられる。文様モチーフとしては浮線網状文のそれであるが、いずれも沈線で表現されている。北陸地方では、それ以前の長竹式前半段階に、Ⅱ文様帯の文様連結部上下を三角形状に抉るものがあり、八日市地方1例にまで継承されている。

このように、浮線網状文が沈線化し、単位文の会合部に三角形の抉りこみをもった紡錘形文様帯が、上下を分ける区画線をもって千鳥状に配置される八日市地方例は、浮線網状文鉢形土器の単位文と文様帯の構成を基軸に沈線化傾向を著しく強めながら形成されていった。長竹式浮線網状文系土器[12]という在地の土器、といえる。殿台遺跡や田原遺跡など関東地方にも散見されるこのモチーフは、北陸地方からの影響によって出現したのであろう。これが西川津流水文の形成母体であり、西川津例はこの影響を強く受けて成立した。

八日市地方例は、Ⅱ文様帯が杉田型レンズ状浮線文と同一手法とみなしうることや文様帯下

第Ⅳ部　縄文系の弥生文化要素

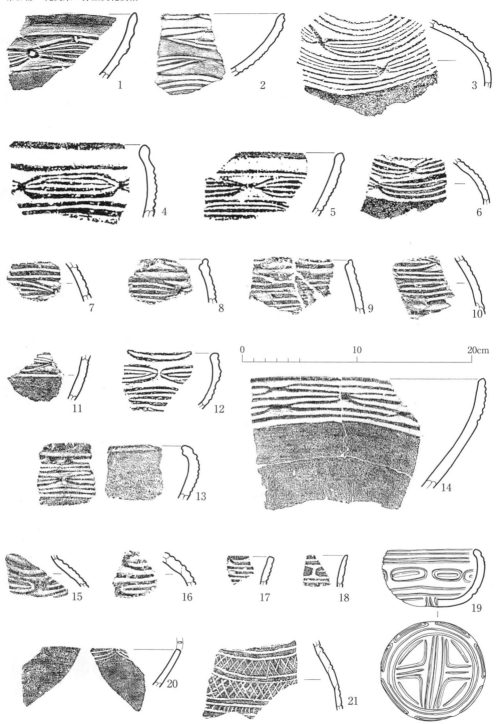

図133　浮線網状文土器と関連資料
1：千葉・御山、2：静岡・駿河山王、3：千葉・殿台、4：東京・田原、5・6：石川・下吉谷、7〜11：滋賀・烏丸崎、12：大阪・東奈良、13〜21：鳥取・智頭枕田

端の沈線の数、類例が長竹式後半段階に求められることなどから、氷Ⅰ式（古）段階と考える
が、ⅠのⅠ文様帯は形骸化しており、頸部無文帯が広いことからすると、より新しい氷Ⅰ式（中）
段階の要素をもっていることも指摘しておきたい[13]。これらの鉢が口縁部に段をもつ遠賀川系
土器（図132-4）とほぼ同じ層位で出土したことも、微妙ではあるが矛盾しない共伴関係といえ
よう。これを氷Ⅰ式（古）段階とみるならば、西川津例はこれより若干新しいことになる。八
日市地方例の単位文様は、それ以降柴山出村式土器に受けつがれるように（図132-3）、一過性
のものではない、北陸地方の在地に根づいたものであった。

第5節　遠賀川系土器と浮線網状文土器の交流

　逆に、遠賀川系土器から八日市地方例への影響はないだろうか。八日市地方例の三角形の抉
りは、西川津例からは消えている。彫刻的手法を伴わない遠賀川系土器のなかで、沈線化がいっ
そう進行したためである。逆に、八日市地方例の沈線化は、遠賀川系土器の影響と考えられる
し、Ⅰ文様帯が形骸化していくのも、立体的な加飾のない平口縁が一般的な遠賀川系土器の影
響が、他の地方より早く北陸地方で顕著になったからではないだろうか。文様帯最下段の沈線
が多条なのは、浮線網状文土器の古い段階や大洞系土器の特徴であるが、遠賀川式中段階以降
に顕著になる区画文から帯状文への変化に伴う沈線の数の増加とかかわりをもつことも、一応
考慮しておくべきだろう。

　氷Ⅰ式の鉢形土器はミガキの稜線がわからなくなるほど徹底的に磨かれることが一般的だ
が、八日市地方例は遠賀川系土器ほど幅広ではないにしても、ミガキの一本一本がはっきりし
ている点にもその影響をうかがうことができる。

　このようにしてみると、西川津流水文とそれに伴う技法は、東西の土器が影響しあいながら
北陸地方と山陰地方の間で形成されたことがわかる。

　片方は壺、片方は鉢と器種がまったく異なっているが、無文をなす頸部の下に胴部文様帯と
して文様を帯状に描く点は一致している。すなわち、両者ともに胴部文様帯として西川津流水
文を採用しているのであり、異なる器種であっても文様帯の配置原理は等しい[14]。いずれもそ
れぞれが属す土器群のなかで、もっとも装飾性の高い器種である点では共通しており、象徴的
な土器間の交流といえる。

　西川津流水文にみる交流関係は、山陰地方と北陸地方の一角だけに限られた特殊な現象だっ
たのだろうか。空間的にこれらの間をつなぐ資料はないのだろうか。また、この構図は流水文
のなかでは特殊なものだが、孤立した例なのだろうか。さらに単位文が木葉文に類似している
ことはどのような意味をもつのかなど、さまざまな疑問がわいてくる。

　滋賀県草津市烏丸崎遺跡から西川津流水文の沈線文をめぐらした壺や深鉢が出土している
（図133-7～10）。7は壺であり、4本の沈線によって紡錘形のモチーフを形成する。単位文の会
合部に刻みを加え、紡錘形の輪郭に沿って上下に三角形の抉りを加える。二本の沈線文をはさ

399

第Ⅳ部　縄文系の弥生文化要素

んで、その上に対称的に三角形の抉りこみの下端がみえる。10も同じようなモチーフの壺、ないし鉢だが、紡錘形の単位文が千鳥状に配置されているようである。8・9は深鉢である。口縁が内湾する器形およびⅠ文様帯と口縁内面の沈線からすると、北陸地方ないし飛騨地方の系統の土器であろう。これらはいずれも遠賀川系土器とはいえないが、白褐色の色調で砂粒が多く、砂粒の周辺はひび割れ、遠賀川系土器と共通しており、関係は深い。

　この遺跡から出土した浮線網状文土器は女鳥羽川式段階からあるが、11は氷Ⅰ式（中）ないし（新）段階の鉢形土器であり、沈線化した半月形の浮線網状文をもち、単位文の会合部には刻みを加え、その上下に三角形の抉りを加えて単位文を浮き彫りにしている。紡錘形の単位文と会合部の上下の抉りは浮線網状文の描出に伴う措置であり、7・10は壺形土器に紡錘形の単位文とともにそれが加えられたものである。これらは八日市地方遺跡と西川津遺跡それぞれに特徴的な土器が一つの遺跡でとらえられた例であり、浮線網状文土器と遠賀川系土器の交流を示す具体的な資料である。

　兵庫県伊丹市口酒井遺跡の浮線網状文土器[15]にみられる弧状沈線の会合部に加えられた三角形の文様も、由来は同じであろう。大阪府茨木市東奈良遺跡の浮線網状文土器は、沈線化した紡錘形の単位文をやや離して横に並べるとともに千鳥状に多段化させたものであり、長竹式後半段階の影響を強く受けた土器である（図133-12）。

　このように、近畿地方には浮線網状文の紡錘形単位文会合部の上下に三角形の抉りを加えた北陸系の鉢と、それを壺に転写して沈線化した土器が広がりをみせている。八日市地方遺跡例と西川津遺跡例から推し量ることのできた北陸地方と山陰地方の関係、すなわち浮線網状文の鉢形土器が遠賀川系土器に類する壺形土器に影響を与えると同時に、逆に遠賀川系土器が浮線網状文土器の沈線化を促す、という動向は山陰地方から北陸地方に特異なものではなく、近畿地方にも類似現象が認められるのである。そうした相互交流の一方の鍵的な存在が、北陸地方における浮線網状文系土器の長竹式であった。

　出雲地方と北陸地方との交流関係に戻ると、その間にある鳥取県智頭町智頭枕田遺跡から出土した浮線網状文土器が注目できる（図133-13〜17）。智頭枕田遺跡は鳥取市から千代川をおよそ25kmさかのぼった内陸に位置する、縄文中期末葉〜後期前半と晩期終末〜弥生前期を主体とする遺跡である〔智頭町教育委員会2003：9〕。出土した浮線網状文土器は鉢形土器と壺形土器である。離山式併行で、いずれも搬入品と思われ、14などは北陸地方経由の可能性はあるが長野県域北部から直接持ち込まれたものと判断してよい。17は大洞A_2式の匹字文をもつ。19の丸底の鉢は底部に十字形の沈線文を施したもので、レンズ状浮帯文が退化した長竹式後半であろう。その他に、口縁内面に弧状の沈線文を施した鉢（20）、橿原式文様そのものといえる文様をもつ鉢（21）などがある。これらは、大洞A_2式に併行するものであり、西川津流水文よりも古いが、それに先立つ時期に北陸地方や中部高地地方と山陰地方との間に交流があったことと、そうした交流関係が西川津流水文成立の前提になっている点が重要である。

　大洞C_2式終末〜A_1式の東北系土器は九州地方まで広い分布圏を形成し、それらの地域には

その模倣土器が認められるのに対して、西日本における浮線網状文土器の分布圏はそれ以前の大洞系土器のそれとさほど変わらず模倣されることも少ない、という違いが指摘されている〔石川 2000：1234〕。確かに大洞 C_2 式後半～A_1 式土器はきわめて広域な動きを示すし、浮線網状文土器は西日本にそのままの姿で受け容れられることが多く模倣されることが少ないのは指摘どおりだが、浮線網状文土器の分布に関しては、智頭枕田遺跡例や近年報告された宮崎県高千穂町神殿遺跡例〔中沢・丑野・松谷 2002：106〕を含めて大洞 A_1 式土器の動きを受け継ぐようにその範囲を拡大している[16]し、烏丸崎遺跡などでも確認された浮線網状文の文様モチーフの壺への導入など、西日本の土器との間に築かれた相互の影響関係からしても、これまでの理解は若干軌道修正される必要がある。浮線網状文土器が山陰地方の遠賀川系土器に影響を与えたのは、大洞 A_1 式期に開拓された地理的な条件が受け継がれたからであった。

　山陰地方と北陸地方とのつながりは、土器だけにとどまらない。西川津遺跡からは、おそらく弥生前期に属する人頭付土器が出土しているが、それは土器の蓋ないしは注口土器の頭部に口縁をふさぐように人頭を取りつけた、非常に特殊な土器である（図131-2）、類例は弥生中期中葉と下るものの八日市地方遺跡からも出土しており（図132-5）、両地域のつながりを証明するもう一つの事例である。

　次に問題になるのが、遠賀川系土器の流水文のなかで西川津流水文は特殊なものであったのか、という点である。松江市タテチョウ遺跡〔柳浦ほか 1988〕から、これに類似した流水文をもつ遠賀川系土器の破片が出土している（図131-3）。文様は貝殻腹縁で描いており、上下の文様を区分する線は消えている。西川津流水文が在来の手法によってさらに簡略化されながら受け容れられていることを示す。この場合も、単位文は木葉文の要素と共通性があることを指摘しておきたい。管見に触れた例はこれだけであるが、西川津流水文が孤立した特殊例ではないことがわかる。近畿地方における弥生前期の流水文成立の条件は、口酒井式から船橋式に至る時期に用意されたとみるのが妥当とされている〔石川 1995：68〕。ならば、浮線網状文を原形とする流水文は、流水文のバリエーションの一つとして追加されたとみるのが妥当だろう。

第6節　木葉文の起源と浮線網状文

　最後に問題にしたいのが、西川津流水文の単位文と木葉文のそれとの類似である。工楽善通が言うように、橿原式文様と木葉文の古相は交点の刺突などを含めて似ている（図130）。しかし、近年の編年研究の成果は、橿原式文様はほぼ滋賀里Ⅲa式までで終わり〔家根 1994：127〕、それはかつてのように大洞 C_1 式併行ではなく、大洞 B 式という古い時期のものとして、ますます木葉文との間隔を大きくしている。仮に沈線文を彩色に置きかえて木葉文の原型ができたとする深澤芳樹の理解に立ったとしても、その転換にきわめて長い期間を要したことになる。こうした点からすると、橿原式文様は木葉文の直接の祖形とはなりえない。それでは木葉文はいかなる文様から出現したのだろうか。

第Ⅳ部　縄文系の弥生文化要素

　深澤は橿原式文様との類似性から、単位文の輪郭線が閉じない彩文とその流れにある木葉文を古くみたが、木葉文の単位文ではなくそれをつくるときの三角形の構図に注目すると新たな展望が開ける。つまり、縦の区画線と横の区画線の四方に彎曲した三角形の構図を配置したときの空間に生じるのが木葉文である、という鳥取市古海遺跡例（図134-5）をもとに飯塚博和が提示した見解〔飯塚 1998：17-19〕である。

　そこで注目されるのが、大洞 C_2 式終末〜 A_1 式系土器や浮線網状文土器の西日本へのひろがりが確認されるのに伴って注意にのぼりつつある、三田谷文様である。島根県出雲市三田谷Ⅰ遺跡の土器を分析した岡田憲一は、波状口縁屈曲鉢の文様に北陸系と橿原式文様の両方の要素がみられるとしているが、それらと三田谷例の年代の開きを問題にするとともに、古海遺跡例の三角形刻り込み文とそれが従位・横位に連結した文様（図134-1 など）を取り上げて大洞 A 式後半に併行する古海式との関連を指摘し、これら類「北陸系」文様を、「三田谷文様」と呼んだ〔岡田 2000：83〕。

　三角形刻り込み手法は大洞 C_2 式の終末に補助的単位文として現れ、 A_1 式前葉に主単位文として展開する手法で、北陸地方の長竹式や愛知県一宮市馬見塚 F 地点の浅鉢の体部文様に顕著に認められる「重菱形連携文」に付随、発達するとされる〔鈴木正博 2000a：18-19〕。石川県松任市乾遺跡〔岡本ほか 2001〕などでも多数確認され、北陸地方に形成拠点の一つがあるようにも見受けられる。徳島市三谷遺跡〔勝浦 1997：40〕では突帯文土器に伴って三田谷文様をもつ鉢形土器が出土している（図134-18）が、縄文後期終末の八日市新保式土器の文様モチーフに瓜二つである。

　北陸地方で 500 年後に文様があたかも復活するようなこの現象は、三田谷文様あるいはそれを構成するもとになる三角形刻り込み文がこの地方にゆかりの深いことを示すものであろう。三谷遺跡や智頭枕田遺跡では内面に弧状の沈線文をもつ鉢形土器も出土しており（図134-15）、これも北陸地方に系譜が求められる。飛騨地方の浮線網状文系土器群には北陸地方の影響が色濃くうかがえる。近畿地方の浮線網状文系土器にも、たとえば滋賀県守山市赤野井湾遺跡や同市小津浜遺跡、長浜市十里町遺跡の土器には長竹式あるいは糞置式などの影響が認められるし、大阪府堺市小阪遺跡の土器には北陸系ないし飛騨地方の阿弥陀堂式の影響がある[17]。山陰地方の遠賀川式土器に影響を与えたのが北陸地方の浮線網状文系土器であることや、遠く東京都田原遺跡の土器〔杉原ほか 1967：59〕にも北陸系の文様が多々みられることとあわせて、北陸地方の土器のこの時期における影響力の大きさには目を見張るものがある[18]。

　秋田県増田町平鹿遺跡〔児玉ほか 1983：242〕の壺の胴部文様（図134-20）は、横位の文様帯に縦の区画を加え、その間に三角形刻り込み文を四方に配して X 状の浮き彫りを構成しており、まさに木葉文の原形というにふさわしい。しかし、これを含めて三田谷文様は陽刻であるうえに橿原式文様よりもなお木葉文と隔たりが大きいので、やはり木葉文は三田谷文様や三角形刻り込み文を直接の起源としているのではなく、これが彩色に置きかえられて陰刻表現の木葉文が成立した、と考える飯塚の見解を支持したい。その点では深澤の見解を踏襲するものでもあ

第15章 遠賀川系土器における浮線網状文土器の影響

る。愛媛県今治市阿方遺跡から三田谷文様であるⅠ字の三叉文を彩色で表現した鉢形土器〔小林青編 1999：43〕が出土していることも、それを裏づける。古海式は大洞Ａ式後半に併行し、三田谷例は大洞Ａ式前半に位置づけられている〔岡田 2000：83〕ので、橿原式文様に木葉文の原形を求める不合理は一応回避されたと考える[19]。

　それでは、木葉文の単位文が西川津流水文の単位文に類似することはどのように評価できるだろうか。彩文表現による木葉文の原形に沈線表現の浮線網状文がはめ込まれて木葉文が完成されたかどうかであるが、浮線網状文の沈線化の初現は氷Ⅰ式（古）段階であることからすると、遠賀川系土器の古・中段階にさかのぼるとされる木葉文発生時に、すでに浮線網状文の沈線化が生じていた可能性は高いのではないだろうか。したがって、これを木葉文の単位文原形モチーフとみなすこともありえないことではない。遠賀川系土器古・中段階の編年上の再編成に伴う木葉文出現の時期的問題や、木葉文と浮線網状文の編年的な関係などに、今後注意を払っていきたい。

おわりに

　島根県西川津遺跡から出土した風変わりな流水文の遠賀川系土器を取り上げ、西川津流水文と名づけた文様の原形が、石川県八日市地方遺跡など北陸地方の浮線網状文系土器にあること

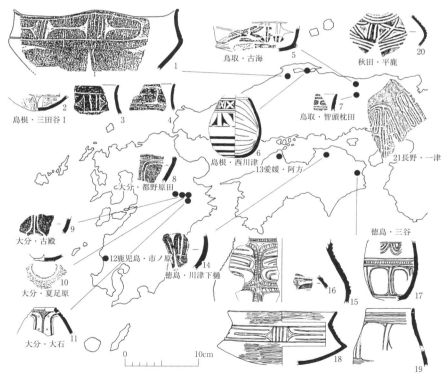

図134　中国地方以西の三田谷文様と関連資料

403

第Ⅳ部 縄文系の弥生文化要素

を論じた。

八日市地方遺跡の鉢形土器は、氷Ⅰ式（古）〜（中）段階の鉢形土器の単位文と文様帯構成を基軸としながら沈線化を著しく強めつつ形成された、北陸地方在来の浮線網状文系土器である。それが山陰地方の遠賀川系土器に影響を与えたわけだが、逆に遠賀川系土器から八日市地方例への影響も、沈線化やミガキ手法、口縁部の加飾が形骸化していくといった点にうかがえた。これは、異文化間における象徴的な土器の間でおこなわれた文様帯や文様モチーフ、手法の交流である。この交流は山陰地方—北陸地方間にとどまらず、近畿地方に及んでいる可能性が指摘できる。また、西川津流水文は流水文のなかでは傍流であっても、山陰地方の他の遺跡で認められるようにまったく特殊なものではない。

さらに西川津流水文の単位文が木葉文の単位文と類似していることも注意される。木葉文の原形については種々の議論があるが、三角形刳り込み文を基調とした三田谷文様とその仲間に祖形を求め、それが彩文に転化されることで成立した、との考えにしたがった。その単位文として浮線網状文系の文様が採用された可能性はあるが、時期的な問題など解決しなくてはならない課題が残されている。いずれにしても、北陸地方が西川津流水文や木葉文の祖形を形成する重要な役割を担っていたことを指摘しておきたい。

長野県松本市石行遺跡では氷Ⅰ式（新）段階の土器に伴って、北部九州地方に顕著な有柄式と考えられる縞模様のある磨製石剣の切っ先が出土している。壺形土器などに焼成前に赤彩する技法は、突帯文土器の段階に北部九州地方から北陸地方へと伝播し、浮線網状文の段階に長野県域に及んだ。第19章で述べるが、浮線網状文土器の段階における新たな文物の東日本への流入経路である北部九州地方から北陸地方を経て中部高地地方に至るルートは、東日本における弥生文化の成立を論じるうえでも、さらに長野県上田市上田原遺跡の鉄矛や木島平村根塚遺跡の伽耶系の鉄剣などにみるその後の弥生文化の展開を理解するうえでも、あらためて問題にする必要があろう。

もとより本章は流水文形成の全貌を明らかにしたものでなく、流水文のなかでは傍流ともいえる文様の起源を明らかにしたにとどまる。今回分析した例は流水文では最古のものとはいえないし、本流の起源が明らかにされたわけではない。しかし、流水文の直接の祖形の一つが縄文晩期終末の浮線網状文の流れを汲んだ文様に求められることを明らかにした点は、一歩前進したように思う。それが縄文土器に系譜が求められる文様であったことは、流水文の起源に関するこれまでの想定を裏づけるとともに、縄文系土器と遠賀川系土器の相互交流の様態、ひいては両者の文化交流を明らかにしうる可能性を高めたといえる。そして、それがかなり西に寄った地域で生じていたという点や、山陰地方と北陸地方との交渉にとどまらず近畿地方にも同じ現象が生じていたことも確かめることができ、東西の相互交流のあり方を広範囲にわたって点検する必要がますます高まったといえよう。

ともすれば、新しい文化が古い文化を駆逐していくかのような印象で語られることの多い、弥生文化の形成過程において、逆に東日本系の土器が遠賀川系土器に影響を与えていたことを

わずかではあるが具体的に確かめることができた。

　註

1　研究者により縄紋文化と表記したり、文様／紋様、木葉文／木葉紋と表記に違いがあるが、本章では直接の引用を除いては縄文、文様、木葉文というように統一して表記する。

2　本論では中部・北陸・関東・南東北地方を便宜的に中部日本と呼称しておく。

3　杉原は遠賀川系土器に施された流水文を「工字文」としているが、工字文は縄文晩期の土器文様に限り、遠賀川系土器のそれは流水文と呼び分ける佐原真の用法〔佐原 1959b：1027〕にしたがっておく。石川日出志はそのなかでもとくに工字文に近いモチーフを「工字状流水文」と呼んでいる〔石川 1995：63〕。なお、山内清男は、1947 年（昭和 22）に日本人類学会例会でおこなった講演において、唐古遺跡などの弥生時代の遺跡に突帯文土器が遺存するという話の内容を杉原が聞き、〔杉原 1950〕に似たような意見を発表したとしているが〔山内 1952：123〕、それが流水文のことを指しているのかは不明である。

4　丹羽佑一は奈良県橿原市橿原遺跡を標識として、これらの文様を「橿原式文様」と呼んだ〔丹羽 1973：21〕。

5　豆谷和之は唐古遺跡の土器の長方形区画文と石川県下の土器の工字文や長方形区画文との比較のなかで藤崎の土器文様を取り上げているが、東日本系の文様とは無関係との立場である〔豆谷 1992：39〕。

6　木葉文、流水文以外にも、中村や鈴木、芳賀英一のように、遠賀川系土器にみる渦文や底部の文様などに東日本の土器の影響を考える案〔中村 1982：3-6・1986：143-146・1993：88-90、鈴木正博 1985b：394-397　芳賀 1987〕や、板付Ⅰ式における頸胴間の段はそれに先立つ夜臼式に東日本の縄文土器が与えた影響であるという豆谷の案〔豆谷 1993：34〕が提出されているが、それは山内清男が戦後まもなく残した、西日本の弥生土器の成立に東日本の縄文土器が関与しているのではないか、という課題〔山内 1952：123〕を受けたものであった。

7　『突帯文と遠賀川』（2000）の諸論文を瞥見した感想。

8　抄録につき、文様などの名称の出典はほとんど割愛した。第 5・6 章を参照されたい。

9　このうちⅠ文様帯が彫刻的で、頸部無文帯があまり発達しなく、文様帯下端に 2 条の沈線があるものは、氷Ⅰ式（古）段階ないし（中）段階初頭に位置づけられる。東京都新島本村田原遺跡〔杉原ほか 1967：56 第 10 図 8〕もほぼ同じ段階の資料であり、氷Ⅰ式（新）段階にはこれと同じモチーフを沈線で描き、文様帯下端の線を失った同遺跡例〔杉原ほか 1967：57 第 11 図 1・2〕へと変化する。さらに神奈川県横浜市境木遺跡の甕変容壺のⅡ文様帯〔山内編 1967：45〕へと続く。

10　この土器の文様モチーフは浮線網状文系だが、原形は大洞 A_2 式の壺形土器である。文様帯下端の沈線の数も 2 条で等しい。

11　久田正弘は、明言はしていないが、その後この土器を長竹式前半段階に置いているようである〔久田 1998：111-114〕。

12　下吉谷遺跡や八日市地方遺跡の浮線文土器は、いわゆる浮線網状文とは異なっているので、浮線網状文系土器と呼ぶべきであろう。適宜この名称を用いる。

13　北陸地方の土器は、石川県白山市八田中遺跡〔久田ほか 1988：67〕のようにレンズ状浮帯文や文様帯下端の多条沈線など、古い要素が形骸化しながらも柴山出村式まで残るとされている〔久田 1991：64〕ので、遠賀川系中段階の壺が出土している下吉谷遺跡の浮線網状文系土器も、編年上の位置づけは微妙である。

14　鈴木正博は、縄文晩期以来発達した文様帯互換現象として、「器種を交差しながら文様帯を受容し、新たな文様帯として変容させていく、こうした広域における現象が「文様帯クロス」の典型である〔鈴木正博 2003a：15〕としている。

15　以下、近畿地方の浮線網状文系土器の出典は、〔小林青編 1999〕を参照されたい。

16　これは、中部日本への突帯文文化や遠賀川文化、さらに農耕文化の要素の受容に際しては、たんなる西日本からの伝播ではなくて、東日本の側からの働きかけもあったことを論じるうえでの有力な証拠になるが、そうした問題については別の機会に取り上げたい。

17　近畿地方の浮線網状文系土器の系譜については、〔石川 2000：1228〕を参照されたい。

18　板付Ⅰ式の彩文が「乾式」の「綾杉文様帯系土器群」に由来するという説〔鈴木正博 2003b：60〕も興味深い。

405

第IV部　縄文系の弥生文化要素

19　その一方、橿原式文様やそれと関係する文様そのものをもつ土器が、三谷遺跡や智頭枕田遺跡など縄文晩期終末の外来系土器が目立つ遺跡で出土し始めたこと〔岡田 2000：84〕は、昔の文様への回帰現象〔小林青編 1999：67〕あるいは古い土器を拾ってモチーフとするような行為〔佐原 1979：49〕として理解できるかもしれず、直接的系譜論が生き残る余地はある。

第 16 章　銅鐸文様の起源

は じ め に

　銅鐸の起源に関しては、年代や系譜などさまざまな方向から議論が進められてきた。共伴した遺物にもとづく年代論、銅鐸に施された文様の分析などがそのおもだったものだが、いずれも問題含みである。伝世された銅鐸の場合、共伴した遺物の年代が銅鐸のつくられた年代を示すわけではない。また、銅鐸文様の起源を土器の文様に求めた場合、土器の文様の年代が必ずしも銅鐸の年代と一致するわけではないことが問題になる。なぜならば、土器の文様が木器などに転写される一方で、土器ではその文様が廃止されたのちに、木器の文様から銅鐸に取り入れられた場合が考えられるからである。

　銅鐸の起源を探るうえで、大阪府茨木市東奈良遺跡から 1999 年に出土した銅鐸〔奥井・横山編 2003：101〕は、注目に値する。この銅鐸を分析した森田克行は、最古の銅鐸ではないかと考えている〔森田 2002〕。しかし、この銅鐸は上に述べたようないろいろな点で扱いがむずかしく、その考えに否定的な意見も目立つ。筆者は森田説を支持する立場から、東奈良銅鐸について若干の考察を加えたことがある〔設楽 2009a：197-199・2009c：89-93・2013b〕。

　そこで、その後の筆者の観察もまじえながら東奈良銅鐸の特徴を整理し、森田の観察結果と考えをまとめたうえでそれに対する研究者の見解を見渡す。そして、この銅鐸の文様の祖形を縄文土器の文様に求めて東奈良銅鐸の製作年代を論じ、東奈良銅鐸を含む古い銅鐸の文様と土器の文様を比較しながら、そこにどのような継承関係と歴史的な意義があるのか考えてみたい。

第 1 節　東奈良銅鐸をめぐって

1　東奈良銅鐸の特徴

　東奈良銅鐸(図 135)は、最大高 14.5 cm、身の高さ 12.0 cm で、鈕の高さが 2.5 cm である。総高に対する鈕高の係数（鈕高÷総高×100）は 17.2 である。朝鮮式銅鈴[1]が 13.7〜18.5 であるのに対して、菱環鈕式銅鐸が 18.0〜25.63 であるので、鈕高係数からすれば朝鮮式銅鈴の範囲に入っている。あわせ目の甲張りはない。

　鈕の断面は楕円形をなしている。舞は鈕をはさんで両側ともに傾斜している。型持孔は舞と身にあるが、いずれも中央に位置する。表面にあいた鐸身の型持孔は片面に認められるだけだが、反対側の内面を観察すると湯が回らずに貫通しなかった方形の型持の存在を観察すること

407

第Ⅳ部　縄文系の弥生文化要素

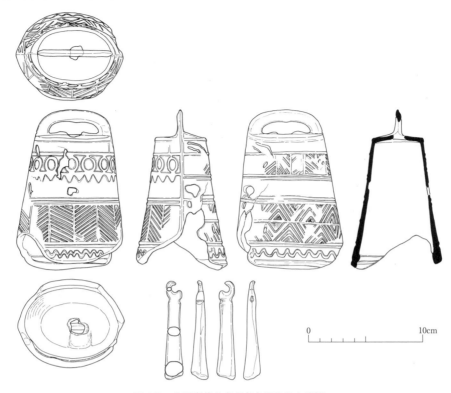

図135　大阪府茨木市東奈良遺跡出土銅鐸

ができる[2]。内面の下位に突帯があるが、裾の部分よりやや上に位置する。突帯の上端部はすり減って、平坦になっている。突帯の下部の方が上部よりもよく減っており、磨滅は突帯の下側の裾端に及んでいる。これは、舌のあたる回数が多かったこと、すなわち使用が長期にわたったことを推測させる。

　文様はすべて横帯文であるが、両面とも型持孔のある無文帯をはさんで上下に分かれている。A面[3]は、上段が縦方向の有軸羽状文、下段が重三角文を交互に2段に配した文様帯で、上下は半単位ずらしているので重菱形文のようになっている。B面は、上段が楕円文で文様帯の下に下向きの三角文を並べている。下段は縦方向の有軸羽状文である。いずれの面も、下辺横帯に陰刻の波状文を配置する。文様の突線は太く、楕円文や三角文などが浮彫り風に面をなしているのが特徴である。

　東奈良遺跡は弥生前期の溝を中心とした集落であるが、銅鐸が出土した第1調査区のSD-5という溝は、弥生中期中葉から後半とされている。銅鐸は溝の底から、鐸身を上にして横になった状態で出土した。銅鐸のなかには、長さ8.9cmの舌が伴っていた。

408

第 16 章　銅鐸文様の起源

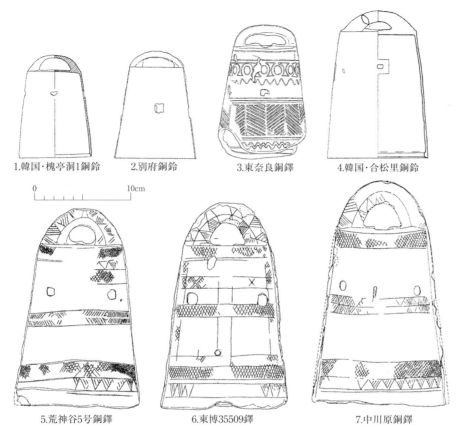

1.韓国・槐亭洞1銅鈴　2.別府銅鈴　3.東奈良銅鐸　4.韓国・合松里銅鈴

5.荒神谷5号銅鐸　6.東博35509鐸　7.中川原銅鐸

図136　朝鮮式銅鈴と楕円環鈕式銅鐸・菱環鈕1式銅鐸

2　森田克行の見解

　森田の東奈良銅鐸の年代と製作地に対する結論は、摂津第Ⅰ様式期に摂津の三島地方で製作された、というものである〔森田 2002：175-176〕。この結論は、おもに文様の分析から導かれた。東奈良銅鐸にみる形態的特徴を朝鮮式銅鈴や菱環鈕式銅鐸と比較した森田の分析結果は、以下のとおりである。朝鮮式銅鈴はすべて無文であるのに対して菱環鈕式銅鐸はすべて有文なので、まずは形態と製作技法の点から整理していくことにしよう。

　図136は、朝鮮式銅鈴と東奈良銅鐸、菱環鈕1式銅鐸を、縮尺を統一して並べたものである。朝鮮式銅鈴と菱環鈕1式銅鐸を比較した場合の大きな違いは、文様の有無を除くと、まず型持孔の位置と数があげられる。朝鮮式銅鈴の鐸身の型持孔は両面の中央に1孔だが、銅鐸は2孔並んでいる。朝鮮式銅鈴で側面に存在している孔は銅鐸にはない。

　全体の大きさと、それに対する鈕の高さの違いも顕著である。菱環鈕1式銅鐸に比して朝鮮式銅鈴は総じて小さく、総高に対して鈕の高さが低い。東奈良銅鐸は、菱環鈕1式銅鐸のいずれよりもひとまわり小さく、朝鮮式銅鈴のうち韓国忠清南道扶余郡の合松里銅鈴（図136-

409

第Ⅳ部　縄文系の弥生文化要素

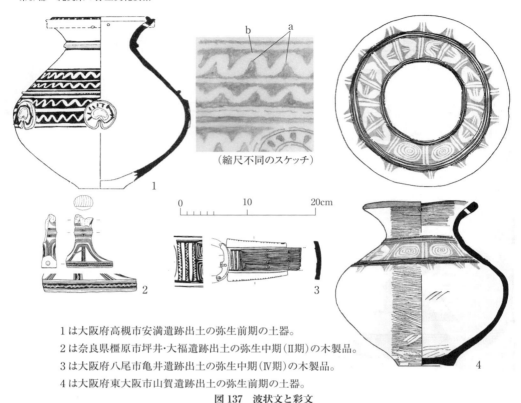

1は大阪府高槻市安満遺跡出土の弥生前期の土器。
2は奈良県橿原市坪井・大福遺跡出土の弥生中期(Ⅱ期)の木製品。
3は大阪府八尾市亀井遺跡出土の弥生中期(Ⅳ期)の木製品。
4は大阪府東大阪市山賀遺跡出土の弥生前期の土器。
図137　波状文と彩文

4)を除いたいずれよりも大きいが、総高と鈕幅に対する鈕高の比率が著しく小さく、朝鮮式銅鈴と近似している。

　そのほか、東奈良銅鐸が菱環鈕1式銅鐸よりも朝鮮式銅鈴に近似しているのは、鈕の断面形が楕円形であることや、側縁部に甲張りが一切なく鰭を欠いていること、内面突帯は下端のやや上位にあり、菱環鈕式銅鐸(図141)よりも朝鮮式銅鈴の位置に近いことなどである。

　これらはいずれも、東奈良銅鐸が朝鮮式銅鈴と菱環鈕式銅鐸の中間的特徴をもっていることを示している。森田は宇野隆夫の朝鮮式銅鈴の分類〔宇野 1982〕にもとづいてⅠa類、Ⅰb類、Ⅱa類、Ⅱb類に区別し、その順に変化すると考えているが、東奈良銅鐸と近いのはⅡa類の韓国慶尚北道慶州市の入室里銅鈴や大分県宇佐市別府銅鈴(図136-2)であり、Ⅰb類の合松里銅鈴が東奈良銅鐸よりも古いと積極的にいえない点のあることから、東奈良銅鐸は韓国忠清南道大田市の槐亭洞銅鈴(図136-1)に代表される朝鮮式銅鈴Ⅰa類を親とするⅠb・Ⅱ類と二卵性双生児の関係にあるとの見方を示した。そして、菱環鈕式銅鐸に先立つ銅鐸の型式名称として、「楕円環鈕式銅鐸」を提唱した。

　文様に対する考えは、以下のとおりである。

　菱環鈕式銅鐸は、どれもみな鈕に文様があるが、東奈良銅鐸はそれを欠いている。菱環鈕式銅鐸の文様は直線を基調としていて東奈良銅鐸も直線文はみられるが、曲線を基調とした文様

410

は東奈良銅鐸に限られる。問題は曲線を基調とする文様の祖形がどこに求められるかであるが、森田はそれを弥生土器の文様を写したものと考えた。

そのうちの一つ、陰刻波状文は大阪府高槻市安満遺跡のⅠ-2様式、つまり弥生前期の土器の陰画波状文を構成する、朱彩によって上下交互に施した連続山形文（図137-1）がもとになっているとみなした。これが、東奈良銅鐸の製作年代を弥生前期後半にさかのぼらせた理由である。土器の陰画波状文は三島地方に限られるので、この地方が東奈良銅鐸の製作地だとみなした。

もう一つの曲線文である連続楕円文は弥生土器に適当な資料がなく、出自については保留せざるをえないとしている。

朝鮮式銅鈴と菱環鈕1式銅鐸の大きさ、総高に対する鈕の高さなどに注目すれば、森田が分析したように、東奈良銅鐸を介在させた朝鮮式銅鈴の最古型式である槐亭洞銅鈴と菱環鈕式銅鐸の最古型式である島根県出雲市荒神谷5号銅鐸の形態と製作技術的な連続性は明快である。菱環鈕式銅鐸の型持孔が独自化したのも側縁の型持孔を失念したためであり、形がいびつで文様の割り付けが甘いことも含めて、未熟な段階に製作された銅鐸、まさに最古の銅鐸という位置づけは森田の分析のとおりだと考えてよい。

3　森田説批判

森田説をもっともつよく批判したのは、寺沢薫である。東奈良銅鐸は、総高や鈕高係数、鈕の断面形態、型持孔の位置などいずれも朝鮮式銅鈴の範疇に属する一方、内面突帯の位置は菱環鈕式以降の銅鐸の範囲内であり、東奈良銅鐸が菱環鈕式の先行形態とは言いがたいことを指摘した〔寺沢 2010：244-245〕。銅鐸の祖形である朝鮮式小銅鈴は、宇野のⅠ類ばかりでなくⅡ類も射程に入れるべきだから、弥生後期にそれを模倣する機会は存在していたので、模倣を前期にさかのぼらせる前提が崩れているという。

しかし、東奈良銅鐸が朝鮮式銅鈴と菱環鈕1式銅鐸の両者の特徴をあわせもっていることは重視すべきであろう。内面突帯も菱環鈕1式銅鐸よりは下がった位置にあり、過渡的な様相を示す。さらに寺沢が反論としてあげた文様描出や割り付けの未熟も、森田が指摘するように最古の銅鐸ならではの特徴と言えるのではないだろうか。菱環鈕1式銅鐸の文様構成にスムーズにつながらないのは、菱環鈕1式の最古型式である荒神谷5号鐸がかりに弥生中期初頭であるとすれば、それに至るまでまだ間に数個体介在している可能性が理由として考えられよう。

井上洋一は、東奈良銅鐸は「舞の肩が下がり、側面からみた身の内反り、そして横帯文系の文様で飾られるという点などは銅鐸の特徴を備えたものであって、そこから菱環鈕式（Ⅰ式）への型式的変遷には問題が残り、これをにわかに銅鐸の祖形とするわけにはいかない。」として、朝鮮式銅鈴の範疇に入れて理解している〔井上 2011：232〕。難波洋三も、身の反り具合が菱環鈕2式以前とは考えられないとした〔難波 2006〕。あらためて実測をしてみると、側面図

第Ⅳ部　縄文系の弥生文化要素

で裾の開きが最古段階の菱環鈕式銅鐸よりは強いものの、身の反り具合は公表されている実測図よりも弱いようである（図135）。また、福岡県津屋崎町勝浦高原遺跡や熊本市ハノ坪遺跡から出土した鋳型のように、朝鮮式銅鈴にも舞に傾斜をもつ例があり〔春成 2008：69〕、舞の平らな神庭荒神谷5号銅鐸や東博35009号銅鐸などとは別に、舞が傾斜した中川原銅鐸のような製作系列が存在している可能性もある。ただ、寺沢が指摘した朝鮮式銅鈴との比較などを含めて、形態的、技術的な特徴から銅鐸祖形論を展開するのはまだ解決すべき問題があるといってよいだろう。

　文様の面からも、寺沢が批判を加えている。安満遺跡の弥生第Ⅰ–2様式土器の文様に類例を求めた陰刻波状文も、弥生中期初頭（Ⅱ期）の奈良県橿原市坪井・大福遺跡（図137-2）や中期後半（Ⅳ期）の大阪府八尾市亀井遺跡の木製品の文様（図137-3）に類例があることや、弥生中期後半（Ⅳ期）に盛行期のある外縁付鈕1式の井向1号銅鐸に陰刻波状文が引き継がれていることなどから、東奈良銅鐸はもとより銅鐸の鋳造自体が前期にさかのぼることはないとした〔寺沢 2010：246–248〕。

第2節　東奈良銅鐸文様の祖形

　森田が問題にした安満遺跡の土器の文様（図137-1）を観察した結果、東奈良銅鐸の陰刻波状文と同じテクニックで描かれていることを確認した。そのことから述べていきたい。続いて、楕円文と有軸羽状文について論じる。

1　波状文 （図135・137）

　安満遺跡の土器の波状文は、赤彩により鋸歯文あるいは三角文を交互に描いているので、そのなかの塗り残した部分が結果的に波状になっている（図137-1右）。三角文の頭はとがる場合もあれば少し丸みをもたせる場合もあるが、三角文の頭に対向する部分、すなわち三角文と三角文の間は丸くカーブをもたせており（b）、コンパスによって連続して描かれた弧線に近いのが特徴である。これらの特徴は、まさに東奈良銅鐸の波状文と一致している。銅鐸では陰刻の波状文となっているが、土器では三角文を強調して赤く塗られたので陰画波状文になっているのである。鋳型に文様を彫り込むときに、赤く塗られた三角部分が意識されて彫られた結果であろう。

　この文様が弥生中期初頭（Ⅱ期）あるいは中期後半（Ⅳ期）の木器に引き継がれているのは、寺沢が指摘したとおりかもしれない。しかし、それらはもはや委縮した飾りにすぎず（図137-2・3）、上でみた原則的な部分が弥生前期の土器の文様と一致しているのは、東奈良銅鐸の文様の古さを物語っている。

　先端がとがり、土台の部分が丸くなる文様モチーフは、安満遺跡の例を含めて弥生前期の土器や木器にしばしばみられるベンガラなどで描かれた彩文に認められるが（図137-4）、それら

直線と弧線からなる文様は、後に述べる木葉文の原形としての三田谷文様あるいは東北地方の縄文晩期の土器文様に由来する。

三田谷文様は、島根県出雲市三田谷Ⅰ遺跡から出土した土器によって名づけられた意匠である〔岡田 2000：83〕。三田谷文様と共通の文様モチーフは、亀ヶ岡式土器に特徴的な三叉文の分布範囲の外郭である北陸地方で縄文後期終末～晩期前半の八日市新保Ⅰ式や御経塚式1～2式土器に流行した文様であったが、第15章で述べたように、なぜか縄文晩期終末に復活し、西日本一帯に広まった（図134）〔設楽 2004a：202-203〕。

2　楕円文 (図138・139)

問題は森田が系譜を棚上げした楕円文である。筆者は、この元になる文様を東日本の縄文系土器の文様に求めた〔設楽 2009a：198・2009c：91-92〕。それは、浮線渦巻文土器と呼ばれる一群の土器の文様である（図138）。

浮線渦巻文土器は、長野県域から愛知県域、石川県域など中部地方の縄文晩期終末～弥生前期にみられる土器である。その起源となるのは東北地方の縄文晩期、亀ヶ岡式土器の大洞A_1式の文様である（図138-1）。それが新潟県域や長野県域で改作され、大洞A_1式の後半にあたる時期に浮線渦巻文土器として成立する（図138-2）。長野県域の南部や愛知県域、石川県域には大洞A_2式になってから広がるようである（図138-3）。この時期は、遠賀川式土器がすでに

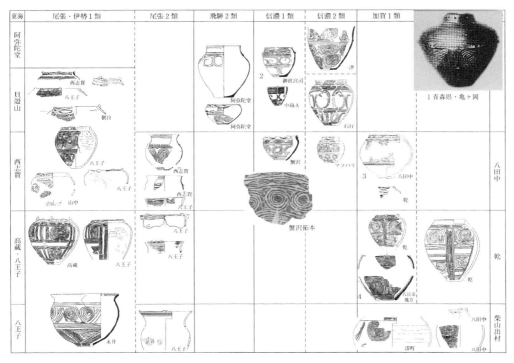

図138　浮線渦巻文土器の編年

第Ⅳ部　縄文系の弥生文化要素

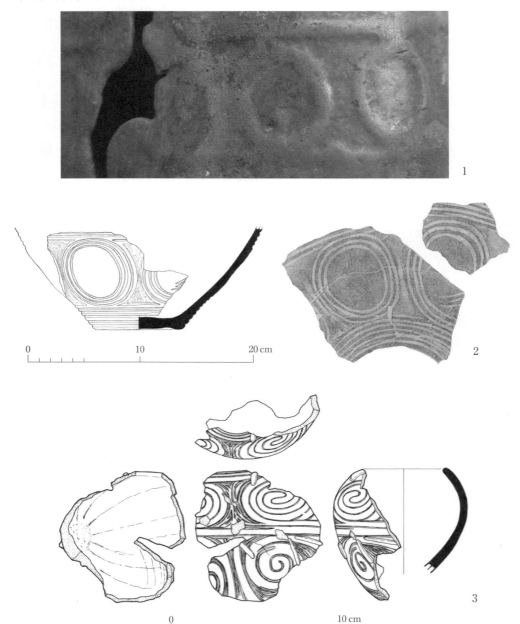

1は東奈良銅鐸。2は石川県小松市八日市地方遺跡出土土器。
3は愛知県春日井市松河戸遺跡出土の彩文のあるヒョウタン。
図139　楕円文（1・2）と渦巻文（2・3）

近畿地方や東海地方に定着して、東日本の縄文土器あるいは縄文文化の系譜を引いた弥生土器と接触交流する時期であった（表3）。

浮線渦巻文土器も長い変遷をたどって刻々と変化しているようであるが、渦巻文あるいは楕円文を横に連ねていくスタイルは終始一貫している。古い段階では渦巻文が何重にも巻いていたが、終末に近づくと渦巻は形骸化して二重程度の単純な楕円文になる。石川県小松市八日市地方遺跡の渦巻文―楕円文土器（図138-4、図139-2）は、一部に渦を残すその段階のもので編年的な位置づけは、おそらく遠賀川式土器の中段階～新段階の古い部分に相当すると思われる〔湯尻 2011：22〕。

東奈良銅鐸の楕円文（図139-1）と八日市地方遺跡の楕円文（図139-2）を比較してみよう。東奈良銅鐸の楕円文の特徴は、①楕円は上下に長い、②横帯で区画されたなかに横に連続して施される、③楕円文は上下の区画線に接する、④楕円文どうしはやや離れて配置される、⑤楕円の縁どりはたんなる線ではなく、幅の広い突線である、⑥楕円文と楕円文の間は、幅の広いI字形の彫り込みになっている、という点である。いずれも八日市地方遺跡の楕円文土器の文様の特徴に合致している。

このうちの⑥は、土器の方ではしつこく何度もヘラで引いたり、なでつけてえぐり込むようにしている。この構図と技術は三田谷文様と共通し、愛知県春日井市松河戸遺跡のヒョウタンに施された渦巻文（図139-3）とも合致している。

3　有軸羽状文（図135・140）

八日市地方遺跡の土器には、有軸羽状文を縦に配置した文様もみられる（図140-2）。これは北陸地方の弥生前期後半の柴山出村式土器の特徴であり、それに先立つ縄文晩期終末の乾式土器に定着していた文様である（図140-3）。これが、北部九州地方の弥生早期の夜臼式土器の文様と関係があるのではないかという鈴木正博の意見がある〔鈴木正博 2003a：20〕。八日市地方遺跡の土器の軸線は2条だが、福岡市藤崎遺跡の板付I式土器の軸線も2条であるのは（図140-1）、鈴木の理解を補強する材料であろう。

東奈良銅鐸の有軸羽状文は、縦に施されている。そのために文様帯の幅は広く、銅鐸の一般的な文様帯のあり方と大きく異なっている。八日市地方遺跡の柴山出村式土器の有軸羽状文が縦位であることを考えると、こうした文様が元になっている可能性が高い。銅鐸通有の文様から外れることと、それが縄文土器の文様の影響を受けたものであることから、この文様の古さがわかる。

4　重菱形文（図135・141）

東奈良銅鐸A面の重菱形文に類似した文様は、交互に連なる重三角文を上下に反転させて出来上がったものであるが、反転部の線を取り去れば重菱形文となる。重菱形文は、東博35509号銅鐸の上位（図141-f）および愛知県清須市・名古屋市朝日遺跡から出土した銅鐸の鋳型に認

第Ⅳ部　縄文系の弥生文化要素

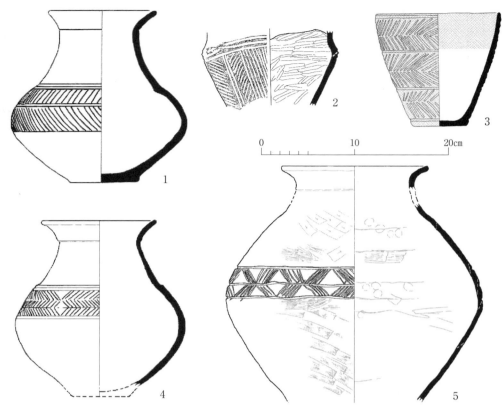

1は福岡県藤崎遺跡の板付Ⅰ式土器。2は石川県八日市地方遺跡の柴山出村式土器。3は石川県乾遺跡の乾式土器。4は山口県綾羅木郷遺跡の綾羅木1式土器。5は青森県畑内遺跡の大洞A′式土器。
3・5は縄文晩期終末で、他は弥生前期。

図140　羽状文をもつ土器

められる。

　朝日遺跡の銅鐸鋳型の出土を契機として重四角文の祖形解明に取り組んだ春成秀爾は、八日市地方遺跡から出土した木製杵に施された重菱形文を祖形とみなした〔春成 2008：71〕。朝日遺跡の銅鐸鋳型は小さいこともあって欠損部以外が不明であるが、線刻は立体的ではなく製品の仕上がりも扁平な線で構成されることが予想される。それに対して東博35509号銅鐸は四角形に挟まれた三角形の部分が抉られており、eにもその手法が確認できる。これは東奈良銅鐸の重菱形文の三角形部分と同じテクニックによるものである。東奈良銅鐸のモチーフは重菱形文の間を貫いて1本の横線があることと文様を構成する線の数が東博35509号銅鐸よりも数本多くより複雑であることなど、型式学的にみてより古いといえよう。

　重菱形文は東奈良銅鐸を祖形として朝日遺跡の銅鐸鋳型まで継承された文様モチーフであり、その過程で木器にも施されたのではないだろうか。神庭荒神谷遺跡5号銅鐸の羽状文の反転部分も重四角文の中央部と同じ構成になるが、やはり抉られていて古相を示す（図141-c・

416

第16章　銅鐸文様の起源

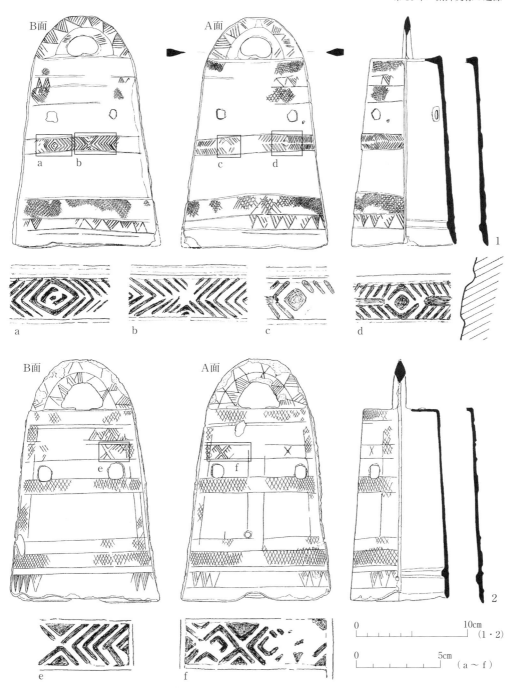

図141　菱環鈕1式銅鐸（1：島根県出雲市神庭荒神谷5号銅鐸、2：東博35509号銅鐸）

417

d)。朝日遺跡の銅鐸鋳型の時期である弥生中期前半までの間に重菱形文が大きな変化を重ねたことを物語っているようであり、このモチーフが弥生前期にまでさかのぼる可能性は否定できない。

第3節　銅鐸の文様と土器の文様

前節で、東奈良銅鐸の楕円文と印刻波状文を中心にその起源と系譜を考えたが、次に初期の銅鐸に見られる文様の起源と系譜について論じてみよう。その文様は、斜格子文、羽状文である。また、初期の銅鐸にはみられないが、木葉文と流水文についても触れることにする。さらにそれらの文様帯のあり方や文様表出技法を論じたうえで、銅鐸の製作が弥生前期にさかのぼる蓋然性を補強し、次節で東奈良銅鐸に施された楕円文などの問題を再び取り上げながら、それらの文様がもつ歴史的な意義について触れることにしたい。

1　斜格子文（図142）

斜格子文は最古段階の銅鐸である神庭荒神谷5号銅鐸、東博35509号銅鐸、中川原銅鐸や朝日遺跡の銅鐸鋳型など、菱環鈕1式銅鐸すべてにわたって認められる文様である。銅鐸の本体を緊縛した帯を表現したという説もあるが、遠賀川式土器に認められる文様モチーフであることも見逃せない（図142-4）。

遠賀川式土器のこの文様が、韓国の土器や青銅器にあまりみられないとすれば、独自に生み出されたか縄文土器の文様からの流れを受けたものと考えられるが、鳥取県智頭町智頭枕田遺跡の土器（図142-3）に認められる点に注目したい。智頭枕田遺跡の土器の時期は当地方の遠賀川式土器出現期にほぼ限定されるが、ほかに三田谷文様と関連した縄文晩期前半の北陸系土器

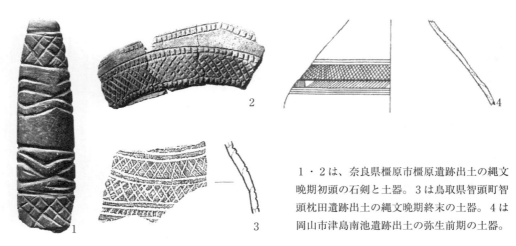

1・2は、奈良県橿原市橿原遺跡出土の縄文晩期初頭の石剣と土器。3は鳥取県智頭町智頭枕田遺跡出土の縄文晩期終末の土器。4は岡山市津島南池遺跡出土の弥生前期の土器。

図142　斜格子目文（縮尺不同）

の文様モチーフと関係の深いものがある。斜格子文も滋賀里Ⅱ式に顕著な文様であるので（図142-1・2）、これもまた三田谷文様と同様、北陸系の古い文様モチーフの復活とみなすことができよう。

2　羽状文 （図140）

羽状文は神庭荒神谷5号銅鐸にみられる（図141-1）。無軸の羽状文で、途中2か所で方向を変えている。文様があいまいな右側にもその箇所があるだろうから、中心のX状の反転部1か所と重菱形状の反転部が2か所となる。遠賀川式土器の羽状文は日本海側で発達するが、このような反転部をもつ羽状文もしばしば認められる（図140-4）。その影響は青森県八戸市畑内遺跡にまで達している（図140-5）が、日本海を経由して津軽海峡を回り込み伝播したモチーフと考えられる。

遠賀川式土器の羽状文が、北陸地方の乾式土器という縄文晩期終末の土器の文様モチーフを祖形とするのではないかという鈴木正博の考えは、上述したとおりである。

3　木葉文

木葉文を施した銅鐸でもっとも古いのは、福井県坂井市井向遺跡の外縁付鈕1式銅鐸である。土器の木葉文は弥生中期に消え去るので、外縁付鈕1式銅鐸が弥生中期初頭に位置するとすれば弥生前期末の木葉文との継承関係はかろうじて保たれるが、後述する近年の銅鐸成立年代論との関係からむずかしい問題をはらんでいる。銅鐸の木葉文の出現経緯は今後の課題として、土器と銅鐸の木葉文に継承関係を認める立場からその由来を問題にしたい。

遠賀川式土器の木葉文が縄文土器の影響であることをはじめに論じたのは水野正好であるが〔水野 1953〕、坪井清足も同じ立場から滋賀里―橿原式の文様モチーフに起源のあることを図解した（図130）〔坪井 1962：136-138〕。橿原式土器と遠賀川式土器の間には開きのあることから、深澤芳樹はその間を消滅しやすいヒョウタンなどに施された彩文によって埋めた〔深澤 1989：46〕。しかし、橿原文様が晩期前半の限られた時期のものであることから、深澤の間接的影響論も成り立ちがたい可能性が大塚達朗によって指摘されている〔大塚 1995：93〕。

飯塚和博は鳥取市古海遺跡の縄文晩期終末の東日本系土器（図143-1）を取り上げ、遠賀川式土器の木葉文の起源をそこに求めた〔飯塚 1998〕。橿原式との時間的な落差は依然として埋められず、その復活の様相を呈する三田谷文様がまた新たな課題をもたらしたが、飯塚の見解は木葉文の起源のもっとも有力な仮説といえよう（図143-2〜5）。

4　流水文

流水文も、菱環鈕式銅鐸には認められず、外縁付鈕1式銅鐸に施されたのがもっとも古い。銅鐸の流水文が畿内第Ⅱ様式の土器に施された櫛描文に由来することは、佐原真が詳細に論じている〔佐原 1960：99・1972：21-22〕。佐原がこのなかで取り上げたように、土器の流水文は弥

第Ⅳ部　縄文系の弥生文化要素

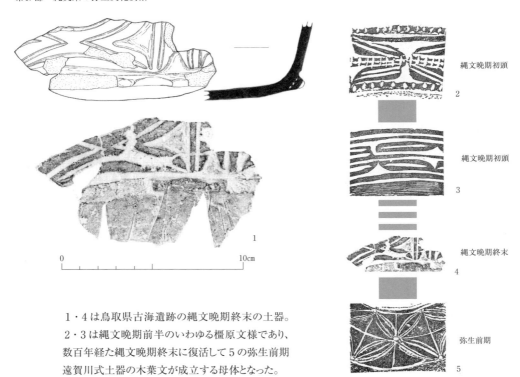

1・4は鳥取県古海遺跡の縄文晩期終末の土器。
2・3は縄文晩期前半のいわゆる橿原文様であり、
数百年経た縄文晩期終末に復活して5の弥生前期
遠賀川式土器の木葉文が成立する母体となった。

図143　木葉文の成立過程（2～5は縮尺不同）

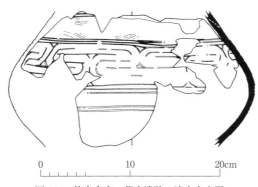

図144　徳島市庄・蔵本遺跡の流水文土器

生前期にさかのぼり、同様の文様モチーフは、木製品や骨角器などさまざまなものを飾っている。

　流水文に縄文土器の影響があることをはじめて指摘したのは、杉原荘介である〔杉原1950：11〕。遠賀川式土器の流水文の祖形である工字文が東北地方の大洞A式土器に由来することは確かだが、三田谷文様に系譜が求められる可能性のある資料も存在している。徳島市庄・蔵本遺跡は遠賀川式の集落であり、弥生前期前半の土坑SK02から遠賀川式土器がまとまって出土したが、流水文は壺形土器に描かれていた（図144）。大洞A式の工字文を模倣した弥生前期の流水文は反転部を幅広くえぐっているが、この資料は細い沈線によるⅠ字形の反転部を構成していて三田谷文様に近い。報告した中村豊は同市三谷遺跡などに多くみられる縄文系の文様とのかかわりを指摘している〔中村編2010：16-17〕。

5　銅鐸文様の起源

　このように、銅鐸文様の起源の多くは弥生前期の遠賀川式土器の文様に求めることができる。銅鐸の文様と遠賀川式土器の文様に著しい近似性のあることは、すでに戦前小林行雄が指摘したところである〔小林 1941：9-12〕。問題は遠賀川式土器の文様の由来であるが、そこに三田谷文様という縄文系の文様が大きく関与していたこともうかがえた。つまり、銅鐸文様の多くは間接的に縄文系の文様からの系譜をひいていることが指摘できる。

　そのなかにあって、東奈良銅鐸の文様は直接縄文土器あるいは縄文系土器の文様を取り込んでいるのであり、銅鐸の製作開始年代や集団関係を考えるうえできわめて重要な情報を提供しているといえよう。

　菱環鈕1式銅鐸の文様は、横帯を基本とする。最古の銅鐸とされる東博 35509 号銅鐸は四区袈裟襷文であり、菱環鈕1式銅鐸のなかでは異例の縦の区画をもつ。このような菱環鈕1式の文様帯構成の傾向は、横帯を基調としながら横帯間をつなぐ縦線や縦の帯状表現が散見されるという遠賀川式土器の文様帯構成と通じるところがある。

　菱環鈕1式銅鐸の三つは、いずれも横帯を浮き彫り風に仕上げており（図 141-1・2）、神庭荒神谷5号銅鐸の段差が約2mmともっとも顕著で、東博 35509 号銅鐸がそれに次ぐほとんど同じ高さで中川原銅鐸がもっとも微弱であることから、神庭荒神谷5号銅鐸→東博 30559 号銅鐸→中川原銅鐸の順に変化した可能性が示唆されるのであり、高さもその順に大きくなっていく。

　一方、春成が言うように鈕の厚さからすれば東博 30559 銅鐸の方が神庭荒神谷5号銅鐸よりも格段に分厚く古い様相を示す。また重菱形文で述べたように、東奈良銅鐸との継承関係もスムーズであることは、神庭荒神谷5号銅鐸の方が東博 35509 号銅鐸よりも古いとばかりは言えないことを示しており、この二者はほぼ同時につくられた系列の違う銅鐸の可能性を考えさせる。いずれにしても東奈良銅鐸の突線が幅広く高く作出されているのは、菱環鈕1式銅鐸に継承された技法といってよい。

　では、この表現の元はどこに求められるのだろうか。荒神谷5号銅鐸や東博 35509 号銅鐸の表現方法を観察すると、段の際の溝状の掘り込みによって段が強調されるが、段の際が急傾斜でその反対側の溝の立ち上がりは緩やかである（図 141-a）。この技法は遠賀川式土器の中段階に特徴的で新段階の古い部分に残る、いわゆる削り出し突帯の技法[4]と共通している。東奈良銅鐸の中央部に間隔の狭い2条の突線が認められるが、これなどは遠賀川式土器中段階の壺の頸部にしばしばみられる削り出し突帯に類似する。

第4節　銅鐸文様の起源論とその歴史的意義

1　銅鐸起源年代論

本章では小林行雄の銅鐸文様遠賀川式土器起源説を再確認し、さらに文様帯や文様表出技法

421

第Ⅳ部　縄文系の弥生文化要素

にまでそれが及んでいるのではないかと考えた。

　菱環鈕1式のもっとも新しい段階に位置する朝日遺跡の銅鐸鋳型が、弥生中期前半で初頭にまでは達しない土器と共伴したという事実から、銅鐸製作の開始時期を弥生中期初めころとする春成の見解がある〔春成 2007b：146〕。しかし、朝日遺跡の銅鐸の鋳型が菱環鈕1式でも3番目に位置することと、それが中期前半であるという定点が設定されたにとどまるのであって、菱環鈕1式銅鐸の製作の上限を示すものではない。これだけ多くの文様モチーフが遠賀川式土器に由来していることや、文様表出技法にもその影響を認めてよければ、遠賀川式土器の製作者集団と銅鐸製作集団の交流―深いつながりが考えられると同時に、銅鐸の生産が弥生前期にさかのぼる可能性は否定できない。

　しかし、弥生中期初頭にさかのぼりえない外縁付鈕1式銅鐸に、中期の土器にはすでに消失している木葉文が描かれていることからすると、彩文や木器などに転写された木葉文が銅鐸に採用されるという深澤の考え方を採用しない限りその復活をうまく説明することはできない。したがって、遠賀川式土器の文様によって銅鐸前期遡上説を保証することもできないのである。

　このような問題はあるが、遠賀川式土器の文様との類似度の大きさや重菱形文のように東奈良銅鐸から朝日遺跡の銅鐸鋳型までに何段階かの変化がたどれることなどに加え、和歌山県御坊市堅田遺跡の弥生前期にさかのぼる可能性のある青銅製鉇の鋳型の存在は、銅鐸生産の開始が弥生前期にさかのぼることの傍証である。古い段階の銅鐸は、新しい段階の銅鐸と共伴することがよくある。また、東奈良銅鐸の内面突帯は、裾の端部ともども舌で叩かれ著しいすり減りが認められ（図135）、長い間伝世して用いられていたことをうかがわせる。縄文晩期の土器の文様から菱環鈕1式銅鐸の文様への継承は遠賀川式土器を介して間接的になされたが、東奈良銅鐸の文様は直接的な継承によるもので、そのことから東奈良銅鐸を菱環鈕1式銅鐸よりもさかのぼる年代をもった、より縄文系集団との接触が濃い銅鐸と位置づけることができよう。東奈良銅鐸の製作年代が弥生前期にさかのぼる可能性は、依然として高いのではないだろうか。

2　銅鐸文様起源論の歴史的意義

　銅鐸製作集団と遠賀川式土器製作集団のかかわりは、たんに時代的な問題にとどまるものではない。それらを構成する文様の多くが縄文晩期の文化に系譜を求めることができることは春成も認めるところであるが〔春成 2007b：150〕、本論で強調したのは縄文晩期終末〜弥生時代初頭の西日本一帯に広がる三田谷文様という北陸系の文様モチーフを多く採用していることである。

　北陸系の縄文後期末〜晩期前半の土器の文様が、なぜ500年も経て復活するのか、その意味はよくわからない。ただ、三田谷文様のテクニックを取り込んだ浮線渦巻文―楕円文土器の分布圏の東端が北陸地方―伊勢湾地方であり、このラインは銅鐸の生産を開始した地域のライ

第 16 章　銅鐸文様の起源

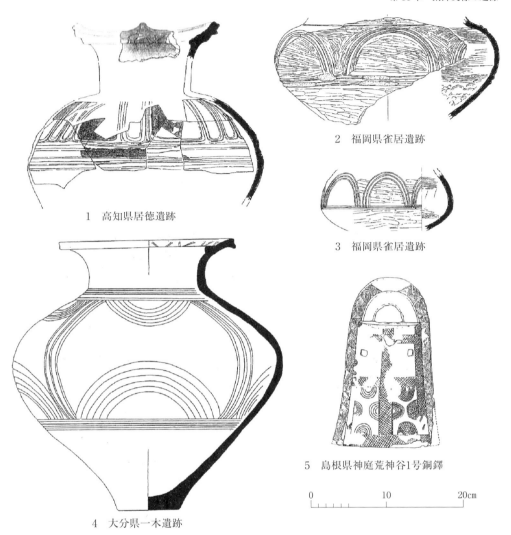

1　高知県居徳遺跡
2　福岡県雀居遺跡
3　福岡県雀居遺跡
4　大分県一木遺跡
5　島根県神庭荒神谷1号銅鐸

1は東北地方の縄文晩期亀ヶ岡式土器。九州に影響を及ぼして、2の隆線重弧文が成立。沈線になって3の板付I式土器（前期）や4の下城式土器（中期）へと続き、5の銅鐸文様に取り込まれた。

図 145　重弧文

ン〔春成 2007b：146〕と合致していることが注意されよう。浮線渦巻文土器は、愛知県一宮市八王子遺跡のように一つの遺跡から多数出土する場合もあるが、多くは1〜2個体に限られており、それも地域の中核をなすような遺跡から出土することが多い。これは銅鐸のあり方と共通する点であり、集団や地域のアイデンティティーを表出すべく銅鐸の文様に縄文系の特殊な土器の文様を採用した結果を示しているのではないだろうか〔設楽 2009c：92〕。渦巻文は松河戸遺跡のように、ヒョウタンという特殊な器物に施される場合もある。

423

第Ⅳ部　縄文系の弥生文化要素

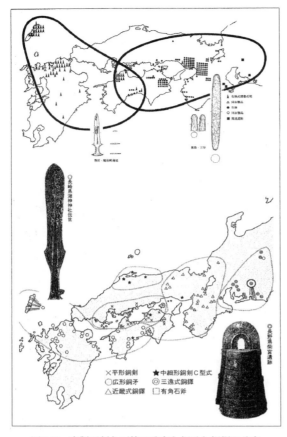

図146　磨製石剣と石棒の分布と銅矛と銅鐸の分布

木葉文にしても羽状文にしても、一方は伊勢湾地方から福島県域に、一方は日本海から津軽海峡を経由して青森県域の太平洋岸にまで運ばれたり影響を与えたように、遠賀川式土器の象徴的な文様モチーフといってよい。ヒョウタンの文様や工字文―流水文の遡源としての三田谷文様やそれと関係する楕円文など北陸―伊勢湾地方の縄文系の文様が、朝鮮式銅鈴とはまったく異なるアイデンティティーの表明として銅鐸に採用されたのである。

第14章で論じたように、遠賀川式土器の源流である夜臼Ⅱa式土器の文様モチーフに東北地方の大洞式土器の文様要素が取り込まれ、板付Ⅰ式土器の沈線重弧文が成立したのであるが〔設楽・小林 2007〕、同じような現象が青銅器にも生じていたことは、縄文系文化の関与が多方面にわたっていたことを示す現象として注目に値する。沈線重弧文は弥生中期の下城式土器に華々しく展開し、神庭荒神谷1号銅鐸に採用されたように、シンボルとしての継承が土器から銅鐸へとなされたのであり、その源流は大洞系土器にたどることができる（図145）〔設楽 2013b：66-67〕。

山内清男は弥生文化のなかに大陸系の要素、固有の要素とともに縄文系の要素があることを指摘した〔山内 1932f：48〕。弥生文化といえば、青銅器をはじめとした大陸に起源が求められ、政治的な役割をもつなど革新的な部分が評価の対象になり、縄文系の文化要素に対する研究はあまり深められてこなかった。もちろん革新的な部分は重視しなくてはならないが、大陸から伝来しその後の弥生文化の地域集団の統合に大きな役割を果たした銅鐸の性格を考えた場合、そのなかに縄文系の文化が大きく作用していたことは、弥生文化形成の多元性などその歴史的な性格を考えていくうえで示唆するところが大きい。

第16章　銅鐸文様の起源

おわりに

　銅鐸は北部九州地方でも生産されていたが、近畿地方を中心に生産、配布されていたことは動かない。北部九州地方は銅矛など青銅製の武器を象徴的な器物として位置づけていたのであり、ある意味で対立的な構図がそれぞれの祭器の分布の背景に存在していた可能性はこれまでも説かれてきたところである。

　問題は、どこまでその対立的な分布の差異がさかのぼるのかであるが、難波洋三は銅鐸の祭祀が成立する前に、初期の銅鐸分布圏が何らかの共通の祭祀によってまとまっていた可能性を指摘した〔難波 2000〕。中村豊はそれを受けて、弥生前期に近畿地方から四国地方で石棒が増加する一方、北部九州地方から四国地方西部の有柄磨製石剣の分布圏と重なり合いながらも対峙している状況から（図146）、それが青銅祭器の対立的な分布と重なっているのではないかという問題提起をしている〔中村 2004：37-38〕。

　銅鐸に縄文文化の影響が認められる一方で、有柄磨製石剣や青銅製武器には縄文文化の名残を認めることはむずかしい。それは、九州地方と近畿地方という朝鮮半島への近さという地理的な条件も含めて、朝鮮半島からの文化の影響を強く受けて縄文文化には存在していなかった専門の武器を取り込んでいった地域とそれが希薄な地域の差が反映している可能性が考えられる。そのことが、一方で土器の無文化をおし進めていく地域と前期よりも中期に土器の文様が複雑さを増してくる地域の差になっているのではないだろうか。

　日本列島の青銅器の導入における地域差やそれを取り巻く文化の差—弥生文化の地域差は、西日本においても大陸の文化の受け入れの状況とともに縄文文化とのかかわりという視点から深めていくことが望まれる。

　註
1　春成秀爾は朝鮮式小銅鐸の起源を中国の銅鈴に求めたうえで、朝鮮式銅鈴と呼んでいる。朝鮮式小銅鐸という呼び名には、日本列島に本源があるかのような日帝時代のイメージがまとわりついていることからあらためた〔春成 2008：55〕。筆者もそれにならって朝鮮式銅鈴と呼ぶことにする。
2　森田克行氏のご教示により観察した結果である。
3　A面B面の呼称は〔森田 2002〕にならう。
4　佐原 1967 第3図参照。

425

第17章　弥生時代の男女像

は じ め に

　土偶形容器は弥生時代前半の東日本にみられる、頭頂部が開口した、中空で脚のない粘土製立像であり、縄文時代の土偶にその系譜が求められる。土偶形容器には大小一対の例があり、顔や頭部も微妙につくり分けられている。結論からいうとこれは男女像であり、縄文時代にはなかった男女一対の偶像が、弥生時代に出現することの意味が問われる。

　土偶形容器における男女の問題は、発見の当初から意識されており〔大野 1905〕、それはイレズミや耳飾りなど土偶にみられる縄文時代の装身の問題が、明治時代、そして大正時代に至っても大いに論じられたことと無関係ではない。この問題が当時盛んに議論された背景には、いわゆる「石器時代人民」の理解に対する素朴な風俗史的観点があり、もう一つには過去の風俗から「先住民族」あるいは「日本民族」の由来を探るという民族・人種論的観点があった。しかし戦後、土偶形容器に本格的な論考を加えた研究者は、男女の問題について論究することはなくなっていく。これは大正時代に学問に厳密な科学的方法が導入されたこと、すなわち長谷部言人や清野謙次らによる統計学的手法を駆使した人骨のデータ解析による自然科学的民族・人種論の展開に加えて、昭和初期のいわゆる型式学派の台頭によって、遺物から風俗を安易に類推する方法が退けられていったこと〔甲野 1928・32〕などがもとになっていると思われる。

　抜歯や装身具などの研究を風俗史的な観点にとどめることなく、先史時代の社会組織や制度を追究する手段として利用した春成秀爾の一連の研究〔春成 2002〕は、戦後のこれらの遺物や習俗に対する研究方向を大きく転換させたといってよい。本章において古く議論の対象になった男女問題を取り上げた目的も、一つには風俗史的観点を超えて、それを先史時代の社会組織の分析に役立てることにある。

　縄文文化の伝統が根強い東日本において、弥生時代に土偶という呪的形象が継承されている点は、大変興味深い。文化伝播や文化的伝統の問題の追究もさることながら、より重要なのはたんに伝統ということですますだけでなく、それがどのように継承され変容しているのか、という問題への接近である。つまり性格の変化とその背景を明らかにすることであり、そのためにはそれを引き起こした社会的諸関係、すなわち生業における男女の集団編成や、埋葬における男女のあり方など、男女をめぐる諸環境にまで踏み込んで検討を進める必要がある。

　本章は、土偶形容器を手始めに弥生時代の偶像の男女問題を取り上げ、縄文時代の土偶などと比較しつつ、なぜ弥生時代になると男女像が生まれたのか、男女像が成立する背景に考察を

第Ⅳ部　縄文系の弥生文化要素

加え、縄文時代から弥生時代へと男女の関係性がどのように変化したのか、という社会的な問題に迫りたい。

第1節　男女像としての土偶形容器

1　土偶形容器とは

土偶形容器は 1905 年（明治 38）、大野雲外が学界に紹介〔大野 1905〕して以来、40 例ほどが知られており、長野・山梨県域を中心に東は福島県域から西は滋賀県域あるいは兵庫県域[1]にまで及ぶ。この地域で土偶が消滅する前後の、弥生時代前期終末から中期中葉に集中してつくられた。

土偶形容器は高さ 30 cm ほどの大型品が多く、胴下半部は大きくふくらみ、底面は一般的に扁平である。ほぼ同じ時期に、顔壺と呼ばれる人面付土器がある。人面付土器の多くは壺の口縁部に顔のパーツを貼り付けた技法によりつくられているが、土偶形容器はあらかじめ仮面状につくった顔面を頭部前面にあけた空間に嵌め込む技法によっている〔設楽 1999a：115〕。胴部や裾部の断面が楕円形をなし、簡略化されているが腕を表現しているのは土偶との関係の深さをうかがわせ、人面付土器と区別される点である。

頬や口のまわりに 2〜数条の線刻を施した例、目のまわりを線で囲み口の両脇に弧線を加えた例など、顔面表現にいくつかの種類があり、系統的な分類が可能で、系統ごとに変遷過程を追うことができる。以下、顔面表現を中心に土偶形容器の変遷をたどり、検討を加えるが、本章は土偶形容器を網羅的に集成してその系統関係などを論究するものではないので、良好な出土状況と遺存状態のものを中心に述べることとする[2]。

2　土偶形容器の変遷

黥面土偶の諸系列　土偶形容器の顔面表現は、それに先立つ黥面土偶から継承された表現である。黥面土偶の顔面線刻表現や頭部形態にはいくつかの類型があり、それぞれ組列をなして系列を形成する。黥面土偶と同様、土偶形容器の顔面表現にもいくつかの系列がある。したがって、土偶形容器の変遷を考えるには黥面土偶の変遷を考慮しなくてはならないが、その系統関係は別稿〔設楽 1998a〕に譲り、土偶形容器だけを取り上げて系列を整理しておく。

土偶形容器の顔面表現の主要な系列は、図 147 に示した通り、A 類（後藤系列）、B 類（大蚊里系列）、C 類（石行系列）、D 類（下橋下系列）、E 類（矢作川系列）、F 類（池花南系列）である。このうち、とくに問題にしたいのが変遷のよくわかる B 類の大蚊里系列である。

大蚊里系列は目の下に数条の横位沈線を施し、鼻の両脇から口のまわりを三角形の沈線で囲んだ表現系列である。黥面土偶後藤系列（図147-1・2）と頬に「ハ」の字状沈線を施した春日系列の要素を取り込んでつくられた。

大蚊里系列の B1 類は愛知県豊橋市大蚊里遺跡例（図147-5）のように、目の下に数条の横位

428

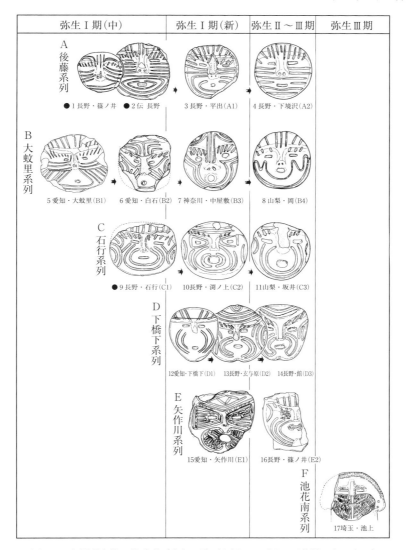

図147　土偶形容器の諸系列（●印は顥面土偶およびその可能性のあるもの）

沈線を施し、口のまわりを三角形の沈線で囲み、頬に数条の「ハ」の字状沈線を施した類型。沈線は顥面土偶の古い段階同様、細い。

　B2類は愛知県豊橋市白石遺跡例（図147-6）のように、目の下の沈線が1条になり、他の2条は頬の線と合体して頬の端の弧線になった類型。額の線もT字形に変化している。目の下と頬の線の融合と顎の下の沈線数が減少するなどの融合略化にあわせて、沈線が太くなっているが、条数が多いので密である。

　B3類の神奈川県足柄上郡大井町中屋敷遺跡例（図147-7）は、頬の両端の弧線がなくなり、口のまわりを取り巻く頬にかけての2条の弧線が屈折してそのまま目の下の弧線につながっ

429

第Ⅳ部　縄文系の弥生文化要素

た例である。額の装飾はB2類を変化させながら受け継いでいる。

B4類の山梨県東八代郡八代町岡遺跡例 (図147-8) は、額の線に古い型式を採用しているが、目の下の弧線と口のまわりの線が連結して一筆描きできるように、さらに簡略化されている。

土偶形容器の年代　共伴した土器や遺跡の年代、体部の文様などから、土偶形容器諸系列の年代に検討を加える。

土偶形容器の顔面表現が、黥面土偶と関連することに異論はない。したがって、もっとも古い黥面土偶に近似した例を古く、それから隔たった例を新しくみることは許されよう。この観点からすれば、大蚊里例のB1類が黥面土偶に類似した、もっとも古い土偶形容器といえる。沈線が細いのも、古いことをうかがわせる〔設楽 1998a：158〕。大蚊里系列は、型式学的にB1類→B2類→B3類→B4類という組列を形成することを推定したが、さらにそれぞれの型式の年代が比較的よくわかっており、土偶形容器の年代の基準となる。

B1類の大蚊里遺跡例は集落の年代からすると、条痕文文化である樫王式期 (弥生前期) の可能性が考えられる。

B2類の白石遺跡例は、工事中の出土で共伴遺物は不明だが〔贅 1976〕、遠賀川式土器の中段階を主体とする遺跡からの出土であり〔贅ほか 1993〕、この類型の年代を暗示している。降っても水神平式期であろう。

B3類の中屋敷遺跡例は体部に浮帯磨消縄文をもつが、この手法は南東北地方から中部地方の大洞A´式期直後、すなわち弥生前期後半から中期初頭にみられる。中屋敷遺跡例と共伴したとされる壺形土器が、この文様をもつと考えられる。近年の中屋敷遺跡発掘調査出土土器をみると、弥生中期初頭まで下がる土器はごくわずかであることに加え、類似した文様モチーフの土器との比較などから、中屋敷遺跡例は弥生前期末に位置づけられる〔設楽 2005c〕。

B4類の岡遺跡例は、後述する長野県上田市渕ノ上遺跡例の肩の隆線が沈線化して退化の様相を示すとともに、背面の渦巻文も大洞A´式土偶の要素を強く残す中屋敷遺跡例よりも簡略化の度合いが強い。胴部につけられたコの字状の沈線文は弥生中期前半の長野市篠ノ井遺跡や群馬県多野郡吉井町神保富士塚遺跡の土器の文様に近いが、共伴した土器などからしてそれよりは若干古いと考えておきたい。

したがって、大蚊里系列は、B1類 (弥生前期中葉) →B2類 (弥生前期中葉～後半) →B3類 (弥生前期終末) →B4類 (弥生中期初頭) と編年される。

大半の系列が弥生中期初頭までに終焉を迎えるのに対して、池花南系列 (F類) の埼玉県熊谷市池上遺跡例 (図147-17) は遺跡の年代から中期中葉に位置づけられ、神奈川県小田原市中里遺跡からも同じ時期の同様な例が出土している。

B類を中心とした土偶形容器の型式組列と年代観によって、B1類は弥生前期に出現し、その時期のうちにB2類へと変化する一方、A1・C1類を生成し、弥生前期終末にB3・C2類へ変化するとともに、D1・E1類を生み出し、弥生中期初頭にA2・B4・C3・D2・D3・E2類へと変化して中部地方ではほぼいっせいに終わりを迎えるが、関東地方では弥生中期中葉に新た

430

にF類が生まれた、という諸系列の変遷が考えられる（図147）。

3　男女像としての土偶形容器

男女一対の像　土偶形容器には、2体一対で出土したものが2例ある。渕ノ上遺跡例（図148）は「地下三尺の所に二体並列して発見された」〔甲野 1939：549〕とされる。より古い文献〔和田 1917〕によれば並列していたか否かはっきりしないが、近い場所から出土したことは確かだろう。岡遺跡例（図149）〔森 1975：292〕も2体が並列していたのか明確ではないが、2体を比較すると頭部を除いた部分がきわめて類似しており、胎土や焼成、色調からしても、ほぼ同時につくり使われたとみてよいだろう。

土偶形容器が男女像ではないかということは、渕ノ上遺跡例が発見された時にすでに気づかれていたことである〔和田 1917：177、小山 1922：116〕。以下、その説を論証してみよう。

岡遺跡例のA（図149-1）は高さ27.0 cm、B（図149-2）は23.0 cmで、明らかに大小につくり分けられている。渕ノ上遺跡のB（図148-2）は頭部が欠失しているが、その状態で完形のA（図148-1）よりも大きいので、これも大きさを違えてつくっていることがわかる。岡遺跡例はともに乳房をもたないが、頭部の形態はそれぞれ異なっており、大型のAは筒状につくるのに対して、小型のBは後頭部を左右に張り出してつくり、髷を結ったように仕上げている。中屋敷遺跡例（図150）の後頭部は、髪の分け目の線を三叉状抉りこみで表現している。渕ノ上遺跡の大型のBには乳房があるが、小型のAにはない。Bの頭部形態は不明だが、Aは筒状である。頭部の形態と乳房の有無という視点から他の例をみると、髷を結ったような頭部形態の中屋敷遺跡例は乳房をもつのに対して、筒状の愛知県安城市下橋下遺跡例は乳房をもたない。中屋敷遺跡例と同じ型式である顔面表現B3類の長野県岡谷市海戸遺跡例が筒状の頭であることからも、やはりつくり分けられていたことがわかる。

このように一対の土偶形容器は大きさばかりでなく、頭部を明らかにつくり分けており、これが男女のつくり分けであることは間違いないだろう。つまり、男性は頭部を筒状につくり乳房をもたず、女性は頭部を髷状につくり乳房を表現したのである。単独で出土した土偶形容器にもこの法則は当てはまるので、土偶形容器は、男女一対を基本とする偶像であった可能性が高い。渕ノ上遺跡B例は、髷状の頭部をもっていたのではないだろうか。

男女像の変貌　こうしてみると、渕ノ上遺跡例は女性像Bを大きくつくっているのに対して、岡遺跡例は男性像Aのほうを大きくつくっていることになる。また、岡遺跡例は2体とも乳房の表現を欠いており、山梨県韮崎市坂井遺跡例〔鳥居 1924：206〕は髷状の頭部である女性像であるにもかかわらず、やはり乳房を表現していない。池上遺跡例も頭部は女性像のそれだが、乳房を欠いている。それがどのような意味をもつのかを考えるには、これらの年代が手がかりになる。

先の検討によって、渕ノ上遺跡例は弥生前期終末に、岡遺跡と坂井遺跡例は弥生中期初頭に位置づけられ、筒状の頭で乳房のない下橋下遺跡例と髷状の表現で乳房をもつ中屋敷遺跡例は

431

第Ⅳ部 縄文系の弥生文化要素

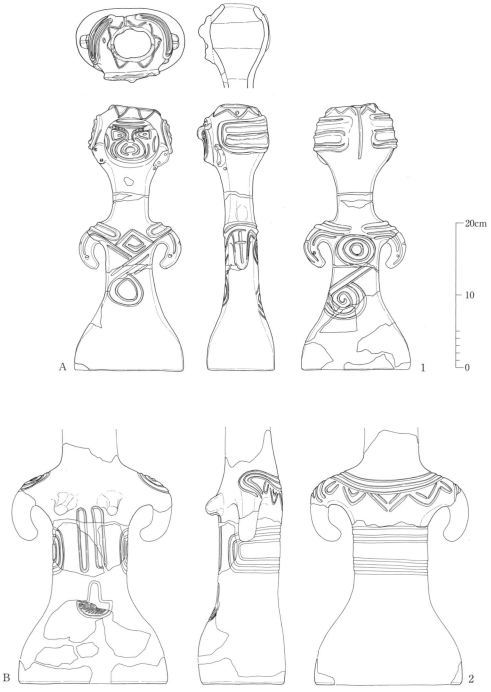

図148 長野県上田市渕ノ上遺跡の土偶形容器

第 17 章　弥生時代の男女像

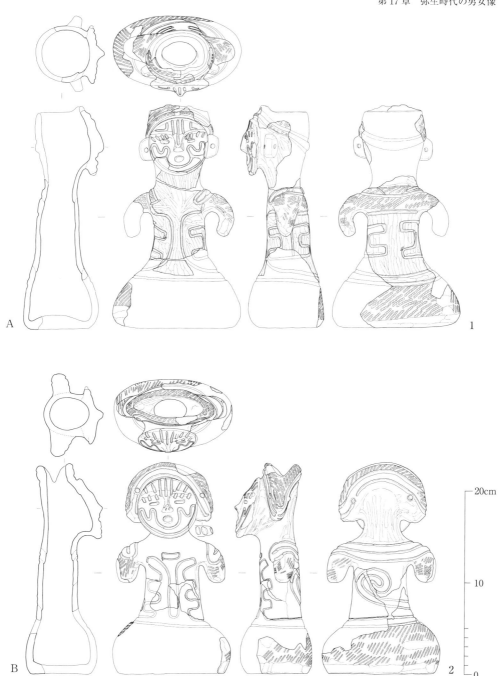

図 149　山梨県笛吹市岡遺跡の土偶形容器

第Ⅳ部　縄文系の弥生文化要素

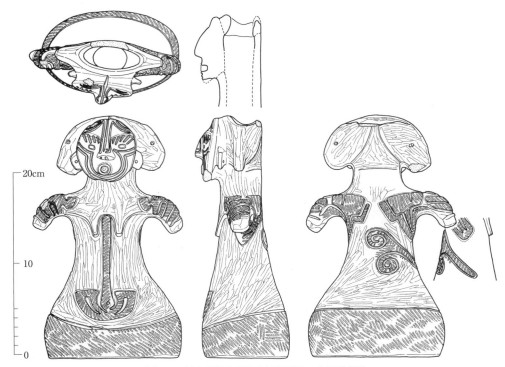

図150　神奈川県大井町中屋敷遺跡の土偶形容器

前期終末、髷状の頭で乳房のない池上遺跡例は中期中葉であることがわかった。すなわち、土偶形容器の古い段階では女性像が大きく、乳房を表現していたのに対して、新しくなると男性像が大きくつくられ、女性像の乳房が欠落していくのである。したがって、当初女性原理が勝っていたのが、男性原理が台頭してくるように、性格が変化している可能性が考えられよう。

こうした理解は正しいのだろうか。それを考える前に、土偶形容器にみられる男女一対の観念がどのようにして生まれてきたのか、探ってみる。

第2節　男女像の系譜

1　土偶の性と石棒類との関係

土偶の性と役割　石川日出志は土偶形容器など弥生時代の偶像に、女性表現が欠落していくことを指摘し、そこに土偶の本質的変化を予測している〔石川 1982：102〕。その要因を解き明かすのは、縄文時代の土偶の基本的性格をどのように理解するかにかかってくる。そのために、土偶と石棒類という縄文時代の儀礼道具を代表する二者を取り上げ、性にかかわる象徴的な意味の関連性について考えてみたい。そして、土偶形容器以外の弥生時代の偶像を整理したうえで、男女像の形成の背景について考察を加えることにしよう。

第 17 章　弥生時代の男女像

　土偶は縄文草創期に出現するが、すでに大きな乳房を表現している。早期の土偶も大きな乳房とくびれた腰、よく張った臀部を表現した例が多い。頭部の表現もなく、乳房だけで人体を象徴的にあらわした場合もあり、土偶は成立の当初から成熟した女性をあらわしていたことに異論はない。縄文中期以降の土偶には腹を膨らませて、妊娠した状態を表現した例も少なくなく、かつて男性土偶ではないかといわれた中部高地地方のある類型の土偶〔永峯 1951〕や後期以降のいわゆる屈折土偶は、座産を中心とする出産の場面を表現した土偶だと解釈されている〔藤沼 1997：83、吉本 2000〕。類例は少ないが、乳児を背負ったり、抱いて乳を与えるなど育児の状況をかたどった土偶もある。

　これに対して、小林達雄はヒト形を前提として土偶を女性像と決めつける従来のみかたに反省を促している〔小林達 2000：140-142〕。能登健は、筒形土偶は男根を模したうえに女性性徴が表現されていることから、男性原理と女性原理をあわせもつことを指摘した〔能登 1983：83〕。顔や手をヤマネコのように表現した山梨県笛吹市上黒駒遺跡の縄文中期の土偶に、乳房は表現されていない。長野県上伊那郡辰野町泉水遺跡出土の土偶は仮面をつけたような表現をとるが、そうした土偶にも乳房の表現を欠いた例がある。精霊、あるいは仮面をつけて祖先が憑依した人物をかたどった、性を超越した存在に性の区別はいらないのであるとすれば、中性的な土偶の存在も考えられないことではない。

　しかし、もっと重要なことは、1万点以上知られている土偶のなかで成熟した女性を表現した例は枚挙に暇がないほどであるのに対して、明らかに男性を表現した土偶はきわめて限られていることである[3]。土偶は各時期の社会状況に応じて形態的にさまざまな、また役割も異なると思われるものがつくられたが、縄文晩期終末まで多くの土偶が乳房を表現しており、基本的に女性の産む能力とそれにからむ機能〔水野 1974：310・1983：55-57、桐原 1978：242〕といった、成熟した女性原理にもとづく象徴性をほぼ一貫して保持していたことが推測でき〔永峯 1977：169〕、そこに男性土偶が入り込む余地はほとんどなかった[4]。

　縄文時代の土偶の出土状況として注目すべき特徴は、北海道などの後期終末以降と中部〜南東北地方の晩期終末以降の例を除くと、人の埋葬に伴う土偶は皆無に等しいことである〔設楽 1996b：12〕。縄文時代の土偶は壊されたりそれ自体埋められることはあっても、副葬されることがほとんどなかった。それは土偶が人の死に対するよりも生に対する呪術的な役割を演じていたことをうかがわせるのであり、そこからも女性原理がつよく働いていたことを推察することができる。

土偶と石棒の象徴性　石棒、石剣、石刀などのいわゆる石棒類は、男性を象徴的に表現した石製品である[5]。縄文時代の土偶に男性像があらわれないことと対応するように、石棒類と対になる女性器をかたどった製品もまた皆無に近い。このことから、縄文時代には男女を一対で表現した普遍的な遺物はないと断定してよい。

　埼玉県鴻巣市赤城遺跡〔新屋ほか 1988：401〕や後谷遺跡[6]では、土偶と石棒類が一定の範囲のなかで共存している。このことから土偶と石棒類は対になるという意見が出されるかもしれな

435

第Ⅳ部　縄文系の弥生文化要素

い。しかし、それは儀礼のあとに廃棄されたものであって、実際の儀礼がどのようにおこなわれていたのか、かならずしも明らかなわけではない。また、土版、岩版、土製耳飾りなどほかの儀礼道具もともに廃棄された状態で出土する場合が多く、これらの道具を用いた儀礼が存在していたことを暗示するものではあっても、土偶と石棒類が男女一対の儀礼道具として構造化されていたことを証明するものではない。むしろ、長野県飯田市中村中平遺跡の配石址１のように〔馬場ほか 1994：28〕、男性にかかわると考えられる儀礼道具と女性にかかわるであろうそれらとがわかれて出土したことの方が、儀礼における男女のあり方を考えるうえで示唆に富んでいる[7]。

　石棒類は、山梨県北巨摩郡大泉町金生遺跡〔新津ほか 1989：85-86〕のように配石墓の一角に立てたりする場合、青森市玉清水遺跡〔小杉 1988：64〕や神奈川県南足柄市馬場遺跡〔杉山・神沢 1969：12-15〕のように配石墓の素材として用いる場合や、大阪市長原遺跡などのように墓域のなかのピットに納める場合〔松尾ほか 1983：81、森井 1995：83〕がある。墓に立てた長い自然礫も、これらと関連するであろう。また、群馬県北群馬郡榛東村下新井遺跡〔榛東村教育委員会 1985：20〕、金生遺跡〔新津ほか 1989：107〕、長野県飯田市野口遺跡〔林・本田 1962：394〕のように配石墓に副葬したり、北海道上磯郡木古内町札苅遺跡〔平川ほか 1976：28〕、北海道恵庭市柏木Ｂ遺跡〔木村ほか 1981〕、栃木県小山市乙女不動原北浦遺跡〔三沢ほか 1982：125〕長野県岡谷市梨久保遺跡〔長崎ほか 1986：370-371〕、和歌山県日高郡みなみ部町徳蔵遺跡〔渋谷 2002：87〕のように土坑墓に副葬したり覆土の上に立てたり置いたりする場合がある。

　土偶も縄文後期以降配石に伴う例が増えてくるので一概にはいえないが、埋葬とのかかわりは石棒類が土偶よりも格段に親和的だといわざるをえない。石棒類が副葬品として用いられることも、土偶とは対照的である。

　素材の面からいうと、縄文時代の偶像の大半が土器と同じく土でつくられる一方、男性のシンボルを粘土でかたどった例はきわめてまれで、石器と同様かたい石でつくられた。縄文時代の偶像には岩偶があるが、それは縄文晩期のごく限られた時期のもので、分布も馬渕川流域を中心とする東北地方北部に限られる〔稲野 1983：91〕。さらに、これらは凝灰岩質泥岩というきわめてやわらかい石でつくられており、装飾の点からしても土偶と同じ土製品に含めた方が適切なくらいである。

　このようにみてくると、土偶と石棒類はそれぞれ女性原理と男性原理を象徴する、別系譜の儀礼道具と考えた方がよい[8]。水野正好がいうように、石棒を用いた男性のマツリと土偶を用いた女性のマツリが分かれてとりおこなわれていたのか否か不明とはいうものの、少なくとも土偶と石棒類は男女一対であった証拠はなく、男女一対の原理よりもむしろ対立的な原理が働いているように思われる〔水野 1983：34〕。その性象徴の構図は、次のように整理することができる〔設楽 1996b：24-25〕。

436

第 17 章　弥生時代の男女像

　　土偶―土でつくられる―人の誕生と生育を表現し、墓とは疎遠である―女性原理の象徴

　　　　　　　　　　　　　　　　　　↕

　　石棒類―石でつくられる―墓と関係が深い―男性原理の象徴

　縄文時代の土偶と石棒類という、儀礼の中心的な道具が性別の原理で編成されていることは注目に値する。そもそもこの二者は性格が違う遺物ととらえたほうがよいのかもしれない[9]。弥生前期になると、この原理に反する事例が本州の土偶に認められるようになるので、次にそれを問題にしたい。

2　男性土偶の出現

麻生田大橋遺跡の土偶　愛知県豊川市麻生田大橋遺跡では、縄文晩期後葉の西之山式期から弥生中期中葉の嶺田式期にわたる総数 238 基の土器棺墓が調査された〔安井ほか 1991、前田ほか 1993〕。そのうちもっとも多いのは縄文晩期終末の馬見塚式期の 160 基で、ついで弥生前期の条痕文文化である樫王式期の 33 基である。土器棺を伴わない土坑は、60 基以上である。樫王式期の土坑は墓域のほぼ中央にある 1 基だけだが、SK125 と呼ばれるこの土坑からは骨片が出土しているので、おそらく墓坑とみてよいであろう。

　SK125 からは、土偶が 2 体（図 151-下）出土した〔前田ほか 1993：17-18〕。1 は顔に線刻のある黥面土偶で、2 に線刻はないが同時期の土偶である。1 と 2 ではほかにもいろいろと異なる点がある。1 は高さ 16.8 cm で、2 は 8.7 cm とほぼ半分の大きさである。1 は乳房があるが 2 にはない。頭部の形態が異なる。1 には肩に隆帯があるが、2 にはない。1 は頭、胴、手足が割れて、墓坑の底付近から離れて出土したが、2 は墓坑上面から完全な形で出土した。前田清彦はこの差を男女の差とみる〔前田ほか 1993：67-68〕。一方、鈴木正博は装飾性の強い大型と無文の小型という差を指摘している〔鈴木正博 1993b：341〕。

　たんに 2 が 1 を小さくしたのでないことや 2 が粗製品でないことは、頭部が明瞭につくり分けられており、2 は小さくはあるが 1 と調整に差がないことなどから推定できる。そして、この直後に頭部をつくり分けた男女像である土偶形容器が同じ地域で出現することを考えると、乳房の有無に象徴される土偶のつくり分けは、男女差と考えるのが妥当だろう。2 だけが破片になっているのは、前田が指摘するように、土偶に伝統的な破壊行為が縄文時代に普遍的であった女性の土偶にだけなされたため〔前田ほか 1993：68〕と理解できるかもしれない。

　もう一つ、これが男女像であるとする根拠を加えておきたい。SK104 は馬見塚式期の土坑で、底部付近から石剣が、土坑検出面上位の遺物包含層から土偶の破片が出土した（図 151-上）。出土状況から土偶が土坑に伴わない疑いもあるとされるが、土坑の掘り込み面が黒色土の中にあって正確にとらえきることができなかった可能性がある[10]。この土偶には乳房が表現されているので、石剣と対になる男女の組み合わせであり、1 段階新しい SK125 出土土偶の組み合わせの原型とみなせる〔設楽 1995c：63-64〕。

第Ⅳ部　縄文系の弥生文化要素

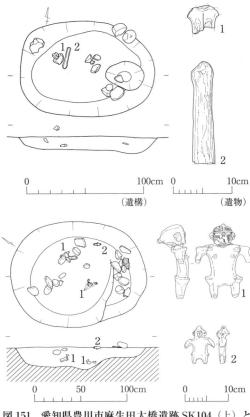

図151　愛知県豊川市麻生田大橋遺跡 SK104（上）と SK125（下）土坑とその出土遺物

このように考えてよければ、男女像の大きさの差が問題になる。土偶形容器を検討した際、古い例は女性のほうが大きかったのに対して、新しい例ではその差が逆転していることを指摘した。土偶はかつてほぼすべて女性像であった。土偶は女性原理を象徴する形象であったために、男女像が出現した際にはまだ伝統的に女性像が大きくつくられたのだろう。そうした意味でも、また時期的にも地域的にも SK125 の 1 と 2 は土偶形容器に直接つながる原理をもって成立したことに気づかされるのである。

この時期の男女一対の土偶はわずか 1 例であるが、土偶形容器との脈絡という点で重視しないわけにはいかない。樫王式期以前の縄文晩期にも乳房を欠いた土偶は数多くあり、あるいは男性土偶かもしれないが、今のところ確実に対になる男女像は弥生前期に成立すると考えておき、資料の増加を待つことにする。

　　北海道の男女像　北海道千歳市ウサクマイ遺跡から出土した土偶（写真10）には、陰茎と陰嚢が表現されており、明らかに男性をかたどっている〔大場 1965：295、高橋 1995：55〕。扁平で短い O 脚の、縄文晩期終末から続縄文時代初頭に特有の土偶である。これと同じ時期で同じ型式の土偶は北海道江別市大麻 3 遺跡から出土しているが〔高橋ほか 1986：6-8〕、出土状況が興味深い。小判形をした 2.2 × 1.2 m の土坑の縁に、2 体が折り重なっていた（図152）。土偶には大小があり、大きい方は高さ 15.4 cm、小さい方は 13.3 cm である。いずれも乳房や陰茎など性の表現を欠いているが、小さい方が腰の括れを強く意識してつくられており、出土状況やウサクマイ例を考慮すれば、男女を表現したものとみてさしつかえないだろう。

　このように、北海道地域では縄文晩期終末〜続縄文時代初頭に男性土偶が出現し、男女一対と考えられる土偶も存在した。時期的には麻生田大橋遺跡例の直後であり、地域はかけ離れているが無関係とは考えがたい。墓に副葬されたという点でも共通性を指摘できる。土偶が墓に副葬される要因についてはまだ不明な点が多いというものの、一応縄文晩期以降における北海道方面からの副葬習俗の影響という動向のなかで理解できる〔設楽 1996b：20〕。しかし、男女一対の偶像はその出現の契機を含めて、縄文時代の文化に系譜をたどることはできない。そこ

第17章 弥生時代の男女像

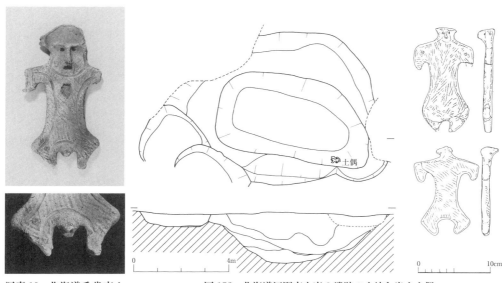

写真10 北海道千歳市ウ
サクマイ遺跡出
土土偶

図152 北海道江別市大麻3遺跡の土坑と出土土偶

で次に、弥生時代の偶像について論究し、その手がかりを求めることにしよう。

3 西日本における弥生時代の偶像とその系譜

弥生時代の木偶 弥生時代には木偶という木を削ってつくった偶像があり、濱修が集成した時点では10例であったが〔濱 1993〕、その後の出土例を加えれば15例ほどには達しているであろう。木偶は、縄文時代には認められない。大阪府東大阪市山賀遺跡出土の木偶がもっとも古く、弥生前期中葉にさかのぼる〔森井ほか 1983：27、春成 1992a：108〕。8例が滋賀県域に集中するが、西は徳島県域、鳥取県域から東は愛知県域に及んでいる[11]ので、弥生時代の古い段階から西日本にある程度普及していた偶像だと考えられる。

金関恕は滋賀県近江八幡市大中の湖南遺跡から出土した木偶（図154-1・2）を、男女一対の像とみなした〔金関 1982b：78、1984：29〕。その後、滋賀県野洲市湯ノ部遺跡の1号と2号木偶（図153-3・4）という、一対で出土する例が加わった〔濱ほか 1995：152〕。大中の湖南遺跡例は出土状況が不明だが、湯ノ部遺跡例は方形周溝墓と考えられる溝のなかから2体がおよそ1mと接近した状態で出土しており、本来対になって用いられていた可能性が考えられる[12]。

湯ノ部遺跡1号例には肩から腰にかけて襷状の彫り込みがあり、濱はこれが埴輪の巫女の像と共通することから女性を表現した木偶であり、2号を男性像と考えている〔濱 1993：19〕。1号は腰がくびれ、臀部が張っており、それに比較して2号は腰のくびれが少なく、濱の指摘は正しいだろう。1号が2号の約半分の大きさである。

大中の湖南遺跡の2体にも大小の差がある。大型の方（図154-1）はずん胴で、小型の方（図154-2）は腰がくびれている。後者の腰には穴が貫通している。これが女性器を表現したのであ

439

第Ⅳ部　縄文系の弥生文化要素

るならば、後述の山ノ口遺跡の石偶にみる男性が大きく女性が小さいというあり方を踏まえて、前者を男性、後者を女性とみなすことができる。大小の関係も湯ノ部遺跡例と矛盾しない。

　湯ノ部遺跡３号（図153-2）と４号（図153-1）は、１・２号と同じ溝内から５ｍ以上離れて出土した。４号が３号よりわずかに大きい。４号のくびれた腰のやや下には穴があいており、そこに先端を尖らせた棒が突き刺さったまま出土した。濱はこれを男性器をもつ男性像とみているが、別のみかたもできる。春成は腰のくびれが強いことから女性像であり、刺さっているのは男性器だと考える〔春成 2007a：114〕。一対のうちの大型を男性像、小型を女性像とみなしておく。

　木偶の系譜　金関は『魏書』の馬韓の条や東夷伝高句麗の条から鬼神の祭りが祖霊神の祭りであることを、そして『周書』異域伝高麗の条に神殿を２棟つくり祖神である男女二神の像を木でつくってまつっている記載のみえることから、３世紀の祖霊像である鬼神もまた男女の木像で表現されていたのではないかと類推し、そこに弥生時代の木偶の原型を求めている〔金関 1985：72-73〕。

　弥生時代には、縄文時代に系譜が求められない木偶と並んで鳥形木製品が数多く出土することは第10章で述べた。金関は、韓国で現在はムラの境界などに立てられる祖先をあらわした男女一対の木偶であるチャンスンと、神の国と人の世を仲立ちする使者である鳥を差した杆のソッテという祭具の組み合わせは紀元前の古い時代にさかのぼり、農耕儀礼の中心をなしていた、そして、弥生時代の鳥形木製品と木偶という二者のセットは、農耕文化複合の一環として朝鮮半島から日本列島にもたらされた、と考えた。

　韓国慶尚南道の光州市新昌洞遺跡から、紀元前２世紀ころの水田稲作に用いた杭列や木製農具が発掘されたが、それとともに鳥形木製品が出土し〔趙ほか 1997：89〕、木偶と鳥形木製品のセットのうち片方は少なくとも弥生時代併行期に朝鮮半島に存在していたことが考古学的にも確かめられ、弥生時代の木偶と鳥形木製品の起源が朝鮮半島に求められる説の蓋然性が高まった。山賀遺跡では弥生前期の溝から鳥形木製品と木偶がそろって出土した。この事例は、弥生時代の早い段階でこれらがセットで出現したことを示すばかりでなく、同じ祭りの場で用いられていた可能性をも示唆する。

　こうしたことからすれば、縄文時代に系譜が求められず、朝鮮半島に起源が求められる鳥形木製品と親和性の強い木偶は、やはり朝鮮半島起源とみなすのが妥当であろう。

　弥生時代の石偶と土偶類　鹿児島県肝属郡錦江町山ノ口遺跡から出土した軽石製の偶像も大小一対であり、乳房の有無によって男女につくり分けているのは明らかである（図154-1・2）。1958年、この地で砂鉄の採集がおこなわれた際にこの遺跡は発見されたが、石偶はこの時見つかった〔河口 1961：178-179〕。大型の方は高さ35.8 cm、小型の方は26.2 cmである。時期は弥生中期後半である。石偶は２体が接近した地点から出土したようだが〔河口 1978：55〕、詳細は不明である。しかし、つくりがきわめてよく似ているので、一対で用いられていたと推測される。この遺跡からは男性器と女性器をかたどったとされる軽石製品も出土している〔河口 1978：57〕

440

第 17 章　弥生時代の男女像

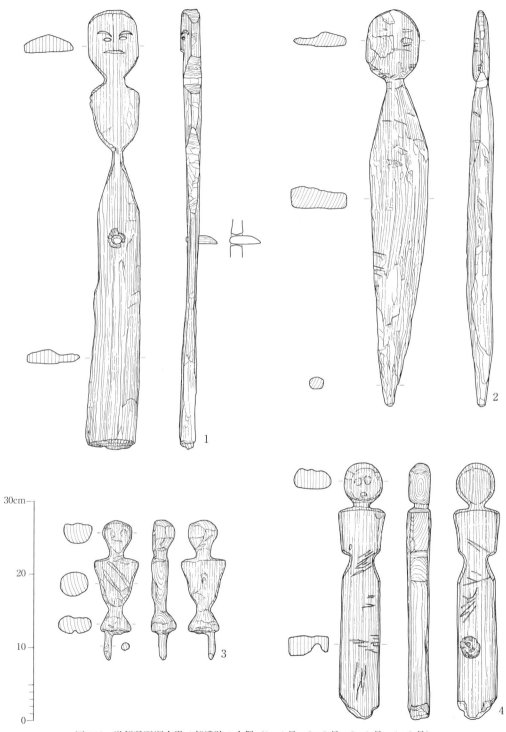

図 153　滋賀県野洲市湯ノ部遺跡の木偶（1：4 号、2：3 号、3：1 号、4：2 号）

441

第IV部　縄文系の弥生文化要素

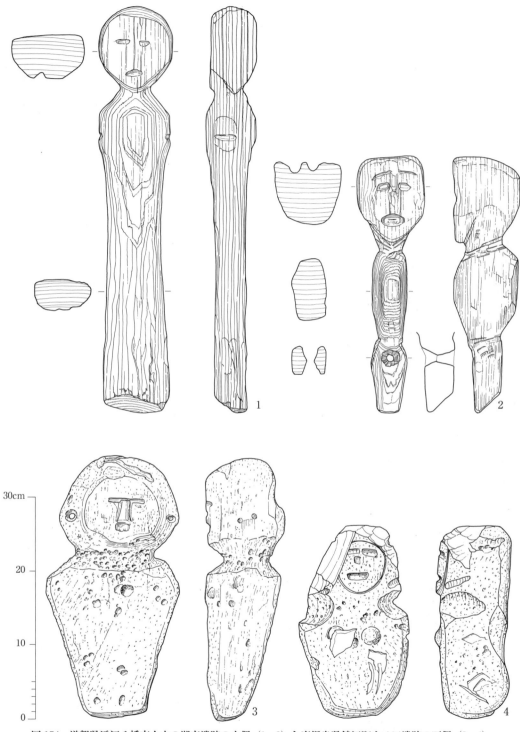

図154　滋賀県近江八幡市大中の湖南遺跡の木偶（1・2）と鹿児島県錦江町山ノ口遺跡の石偶（3・4）

が、石棒は「一見家屋にも類似している」とされており〔河口 1961：179〕、女性器をかたどっ
たとされる軽石と離れて出土しているので、石偶ほど明確に男女一対といえるわけではない[13]。

　分銅形土製品は人体を表現した扁平な土製品である。いくつか顔面表現のある分銅形土製品
が知られているが、いずれも柔和な顔立ちで、岡山市津寺遺跡など弥生後期の人形土製品にま
れにみられるようなイレズミの線刻はまったくない。分銅形土製品の祖形になる土偶は、兵庫
県姫路市丁・柳ヶ瀬遺跡に弥生前期後半の例があり、分銅形土製品は形態的にも縄文時代から
系譜を引いていることが予想されていた〔石川 1987：70〕。角南総一郎〔角南 2000：79-80〕や小
林青樹〔小林 2002〕は、岡山県総社市真壁遺跡の弥生前期の分銅形土製品などにもとづいてそ
れを論証している。それらによると分銅形土製品の起源は、近畿地方の縄文晩期終末における
長原型の台式土偶だという。台式土偶は乳房をつけた例が多いので〔大野 2000〕、おそらく女
性を表現した土偶であり、分銅形土製品は女性像の伝統を引いているのであろう。

　弥生時代の西日本には人形土製品がある。近藤義郎らは岡山県勝田郡奈義町福田池尻遺跡例
を弥生土偶として報告した〔近藤・高村 1957〕。頭部が扇形で平面形態は分銅形土製品とよく似
ているが、扁平でなくふくらみをもっている。その流れを汲んだものかどうかわからないが、
後期には全身像の人形土製品が知られている。岡山市百間川兼基遺跡のそれはこけし状で、脚
部末端が丸いので自立しないが、岡山市上伊福定国前遺跡例は底部が平坦で自立する。これら
の顔面に線刻はみられず、百間川兼基例は柔和な顔立ちで女性を表現したものと思われる。

　一方、ほぼ同じ時期の津寺遺跡の土偶には、顔面に線刻がある。類例は絵画資料として多数
見出されている〔設楽 2001b〕。それでは、同じ時期の土偶にイレズミ様の表現のある例とない
例とがあるのは、どのように解釈すればよいのだろうか。

　3 世紀の倭を記した『魏書』東夷伝倭人条は、「男子皆大小となく黥面文身す」と書き、イ
レズミが男子の習俗であったと述べている。つまり、顔面線刻の有無は男女の違いを反映して
いるのであり、中国地方では弥生後期になると女性像のなかに男性を表現した像が加わったと
みなすことができるのである。

　上伊福定国前遺跡例のような脚部底面が平らな自立土偶として、九州地方から四国地方で男
女の集団を表現した土偶が報告されている。これらは古墳前期に属し、手びねりで、小さな腕
のついた土偶が多い。福岡県糸島市御床松原遺跡の土偶は表面採集品で、時期は明確ではない
が総数 10 体であり、1 体がとくに大きくつくられるほかは、ほぼ同じくらいの大きさである。
このうち 1 体に男性器が表現され、4 体に女性器が表現される。2 体の頭部には男性器の表現
がみられ、両性具有の状況がうかがえる。福岡県糸島市三雲屋敷遺跡[14]では、4 世紀の古墳前
期の住居跡からこの種の土偶が 2 体見つかった（図 155）。この 2 体は男女を表現している。

　香川県高松市空港跡地遺跡では弥生後期から古墳前期（2〜4 世紀）の溝のなかより 6 体の土
偶が出土した。1 体が大きく高さ 6.9 cm で、3 体が中くらいで高さ 5.6 cm ほどであり、2 体
が小さく高さ 3.5 cm 以上である。大型と小型の土偶には男性器が表現され、中型の土偶 2 体
は女性器を表現する。男性器をもつ例が頭部に鍔状の粘土隆起を表現しているのに対して、そ

第Ⅳ部　縄文系の弥生文化要素

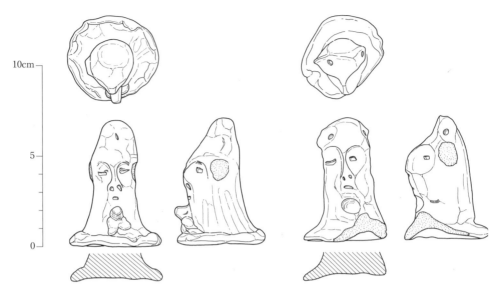

図155　福岡県糸島市三雲屋敷遺跡の土偶

れ以外は丸頭につくられている[15]。男性が大きくつくられていることと、男女で頭部につくり分けがなされている点は、土偶形容器と一致した傾向といえよう。

4　東日本における男女像の成立

縄文晩期〜弥生前期の東西交渉　縄文晩期終末から弥生前期の土偶を検討し、そこに男性土偶の参入による男女像の形成と副葬という二つの新たな展開がみられることを指摘した。そのうちの一方、すなわち男女像の要素は縄文社会に内在するものではない。金関が強調するように、弥生時代の木偶や石偶などが男女一対である、あるいはセットになることを重視すれば、縄文土偶に男性像が加わり、一対の男女像が成立して土偶形容器になるという過程は、木偶や石偶など弥生時代の西日本における偶像のもつ意味が縄文土偶に取り込まれ変容を示したとみるのが、もっとも妥当なように思われる。その源流は朝鮮半島にあると推定され、男女一対の観念は農耕文化複合の一貫として日本列島にもたらされたのであろう。

　それでは、この観念が東日本にまで影響を及ぼした契機はどのように考えられるのだろうか。
　第14章で述べたことであるが、縄文晩期前半には近畿地方にまで東北地方の大洞 B–C〜C_1 式土器が北陸地方を通じて強い影響を与えており、類似した土器がつくられたり持ち込まれたりしていた。ところが、それに続く大洞 C_2 式の前半に至ると、関西地方には大洞系の土器はほとんどみられなくなる。日本列島における本格的な水田稲作はこの時期に北部九州地方で開始されたが、こうした状況下で大洞 C_2 式終末から大洞 A_1 式の系統の土器が再び、今度はより分布を広げて瀬戸内地方や九州地方にまでみられるようになる〔小林編 1999：62-64〕。これと

連動して、中部地方の縄文晩期終末の浮線網状文系土器も瀬戸内地方、徳島県域、島根県域にまで分布する〔設楽 2004a〕。香川県さぬき市鴨部川田遺跡では、遠賀川系土器を主体とする環壕から土偶の頭部が出土したが、これは顔面に線刻のある東日本の黥面土偶の影響を受けたものであった〔設楽 1999c：189〕。

東日本における男女像形成の契機　このように、縄文時代の終末から弥生時代の初期においては、西日本に展開する水田稲作社会のなかに東日本の縄文系という異系統の文化要素が目立ってみられるようになるのであり、それは土器ばかりでなく精神文化を反映した土偶も含んでいる。こうした動向は、東日本の縄文社会が西日本の新しい文化に反応し、その情報摂取に動き出したことを示すものにほかならず、それは精神文化の面にも及ぶものであった。このことは鴨部川田遺跡の弥生土偶や兵庫県神戸市大歳山遺跡の土偶形容器が物語っており[16]、さらにそれらのなかには東日本系と西日本系の要素の融合現象が認められる例もある。

　土器の動きからすれば、東日本系の人々が西日本において大陸起源の農耕文化と会合する機会はしばしばあったとみるべきであり、偶像を男女一対でつくるという思想は、当時西日本にまで張られた東日本の情報網を通じて東海地方西部にもたらされ、東日本の土偶は変容していったと考えられる。

　社会を統合する重要な祭りは、生産にかかわるものであるとされる〔金関 1986：286〕。ここにおいて、男女一対の観念と農耕文化とがいかなるかかわりをもつのか、逆にいえば縄文社会という採集狩猟を基盤とする社会においては、なぜそのような観念が育たなかったのか、ということが問題になる。春成秀爾がすでにアウトラインを示しているが〔春成 1986〕、それを踏まえたうえで、縄文時代と弥生時代の生業における男女の性別分業のあり方の違いと、墓地における男女の関係からみた社会組織の違いの一端をみていくことにしよう。

第3節　縄文・弥生時代の男女の社会的関係とその変化

1　性別分業の変遷

性別分業とは　分業、すなわち労働の分割の概念は、以下のように整理されている〔原 1975：22-33〕。分業には大別して作業場内分業と社会内分業があり、社会内分業は自然発生的分業と社会的分業によって成り立っている。社会的分業は自然発生的分業を基礎として、余剰生産物の交換によって起こるとされている。

　このうち、性や年齢などに応じて成立したのが自然発生的分業であり、これはいわゆる性別分業とされるものを含んだ概念である。交易は男性が中心になってかかわる場合が多いことが民族誌などに照らして明らかなので、性差は共同体間分業〔都出 1968：134-136〕などの社会的分業にも影を落としているといえよう。

　図156は民族誌にもとづいて、アメリカの人類学者であるG・P・マードックがおこなった、各種の労働における男女の分担の度合い〔Murdock 1937〕を都出比呂志が整理したものである

445

第Ⅳ部　縄文系の弥生文化要素

〔都出 1982b：9〕。都出は労働を、①男性優位の比率が 70 ％を超え、女性優位の比率が 20 ％未満のもの、②女性優位の比率が 70 ％を超え、男性優位の比率が 20 ％前後あるいはそれ以下のもの、③男女どちらかが他を圧倒しているとはいいがたいもの、の三つに区分した。①は労働種目の 1〜19 までで男性優位労働、②は 34〜46 までで女性優位労働、③は 20〜33 までで中間形態、と呼び分けた。

性別分業は、社会の生産基盤や出自規定、労働の専業化の進行具合、性的な差別など、社会と切り離して論じられる危険性を常にはらんでいるとされる[17]。都出はそうした危険性を考慮したうえでも、なお抽出できる一般的な傾向を指摘している。

男性優位労働は、狩猟や漁撈、それに必要な道具の製作、耕地開墾、木材切り出し、金属器の生産、戦争、交易など筋肉労働・重労働が要求され、遠隔地に出かける必要のある労働が多くを占め、女性優位労働は、調理、衣類づくり、採集など、筋肉労働・重労働の要求度が小さく、遠隔地に遠征する度合いの小さい労働が主軸となっている。都出は、女性に備わった出産という生理的な機能およびそれに付随する授乳など育児労働が、女性を居住地にとどめさせる大きな要因であると考える。それとともに、男女における筋力の差が人類史の初期から必然的に備わっていることに目を向け、この二つの主要因が性別分業のあり方を規定していったとみる〔都出 1989：273〕。

こうした一般的傾向は、社会の変動によって変化する。たとえば、芋栽培と穀類栽培では生産過程と消費過程ともに女性の占める位置が異なっているといった点である〔小野 1975：67-69、Ember 1983：288-290〕。この点も考慮しつつ、労働の性別分業の図に即して、縄文時代と弥生時代の性別分業について考えてみたい。

縄文時代の性別分業　縄文時代の性別分業についての論考は決して多くない。これにかかわる議論をまとめた菱田（藤村）淳子によれば〔菱田（藤村）2000：84-87〕、小笠原好彦が生業における男女の役割分担から〔小笠原 1990〕、阿部芳郎が石器の保有の観点から〔阿部 1995：50〕縄文時代の性別分業に踏み込んだ発言をしている。しかし、その参照枠は民族誌である場合が多く、都出の整理にしても民族誌や一般論から導かれたものであって、具体的な考古資料を操作した議論ではない。このようななかで、千葉県新田野貝塚の発掘調査と赤澤威による整理結果の分析は、興味深い事実を提示している〔赤澤 1983〕。

新田野貝塚は千葉県いすみ市大原町にあり、太平洋にそそぐ夷隅川の河口をおよそ 10 km さかのぼった微高地に立地する（図157）。縄文前期初頭の花積下層式期の貝層と中期初頭の五領ヶ台式期の貝層データから、赤澤らは以下のような結果を導き出した。魚類に関しては、前期と中期の貝層を通じてスズキが第 1 位を占め、常に 40 ％台と安定した捕獲対象になっている。2 位と 3 位のボラとクロダイにしても、前者が 20 ％台から 30 ％になり、後者が 30〜20 数％から 15 ％ほどになるというように、前期から中期へ多少の変化はあるものの、ほぼ安定しているといってよい。一方、二枚貝種では前期に第 1 位を占めたのが汽水域に生息するオキシジミで約 46 ％であるが、約 42 ％の第 2 位であった河川、潮間帯の淡水、汽水域に生息

446

第17章 弥生時代の男女像

するヤマトシジミが、中期になると100％近くになっている（表19）。

すなわち、前期から中期へと捕獲する魚種に大きな変化はないが、二枚貝に大きな変化が生じたのである。この変化は、漁撈活動のうえで二枚貝の採集に必然的に変化を及ぼすような事態が生じたか、新田野貝塚の人々の嗜好が変わったかのいずれである。赤澤は、内湾汽水域に生息するスズキやボラ、クロダイが捕獲できる環境として縄文海進によって形成された古夷隅湾を想定し、前期から中期へと海退によって内湾が徐々に遠のいていったが、魚の漁撈活動に対しては遠征を企てることによって捕獲魚種の維持をはかる一方、貝の採集活動に対してはそのまま居住地付近での採集をおこなったために貝種

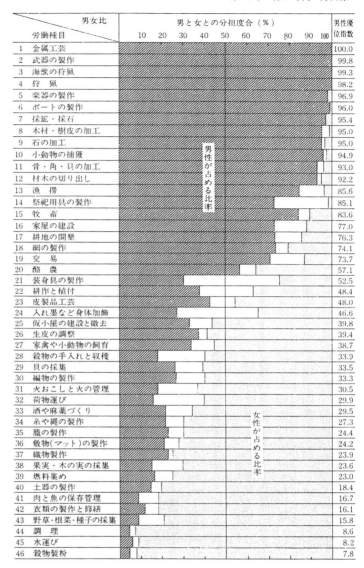

図156　前近代社会における男女の労働比

が変化した、と前者の要因でこの現象を理解した。その変化の背景として、赤澤は貝採集と魚捕りが男女別々の集団によっておこなわれていた可能性を提示した〔赤澤 1983：69-73〕。

文化人類学は、さまざまな社会のジェンダー体系から女性と家事的領域との結びつきを明らかにしているが〔Rosaldo and Lamphere 1974〕、そうした女性の役割の専門化は、究極的には生殖機能という自然にもとづくもので、優劣によるものではない〔タキエ・スギヤマ 1984：25-26〕。もちろん、出産した女性が全員授乳し子どもの世話をする必然性はないが〔出口 1984：85〕、基本的に女性が生業にたずさわれるかどうかは、作業場が住居に近いこと、休めることなど育児

447

第Ⅳ部　縄文系の弥生文化要素

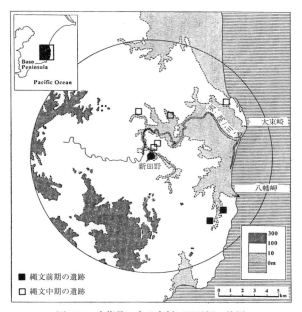

図157　千葉県いすみ市新田野貝塚の位置

表19　千葉県いすみ市新田野貝塚出土自然遺物の時期別構成

との両立にかかっている。これに対して男性は身軽であり、その移動力を駆使して狩猟などに参加する〔Brown 1970 : 1075-1076〕。民族誌によると、遠隔地遠征労働は男性優位の労働である。

縄文時代の基本的生業活動は、自然の生産物の採集と捕獲であった〔鈴木公 1984 : 83〕。そのうちの遠征的漁撈活動については、上述のように男性優位の労働である可能性が指摘でき、同じく男性優位の労働である石器原料の獲得や石器生産などを考え合わせれば居住域を離れておこなう狩猟、漁撈活動にも、それは当てはまるだろう。つまり、縄文時代においては、男性が家庭を離れて狩猟、漁撈活動に主体的にかかわり、女性が集落からそう遠くない活動領域での採集や家庭内における火の管理、炊事に主に従事することはほぼ認めてよい。子どもを含む性別の編成原理[18]は、とくに労働という経済活動において有効に機能したであろう[19]。したがって、縄文時代の基本的な生業において男女の役割は補完関係にあるとはいえ、労働は基本的には性によって分割されており、協業は前面に出てこない。

縄文時代の植物栽培から弥生時代の植物栽培へ　一方、古くからの考古学的な課題として、縄文時代にも栽培植物があり、農耕がおこなわれていた、との議論がある。しかし、灌漑水田稲作をおこなう北部九州地方の

第17章　弥生時代の男女像

突帯文文化を弥生時代とする限り、現在まで縄文時代の灌漑水田は見つかっていない。すなわち、縄文時代に本格的な農耕をおこなっていたとは思えず、植物栽培は初歩的であり、あくまでも採集狩猟を基礎とする生業の補助的一部門をなしていたとみなすのが妥当だろう。

　イモ類栽培のいわゆる原始農耕民では、畠仕事は基本的に女性の仕事である。男性は畠をつくるときの重労働部分である開墾を受けもつ。一度開墾すればあとはさして重労働を伴わないので、植え付けから収穫、あるいはその後の管理や調理に至るまで女性が深くかかわる。これに対して、穀物栽培では男性が開墾だけでなく農耕に全面的に関与し、栽培体系全体でみれば男女協業的な側面が強くなってくる。さらに、灌漑型の穀物栽培は通年にわたって重労働を強いるので、男性の役割が大きくなる。古代には収穫や脱穀、調理といった面ばかりでなく、アワ・ムギなどの畠作に女性がかかわる場合があったことも知られており、女性の役割は高く役割分担がされているものの〔服藤 1982：77-79〕、犁農耕では女性が補助になるとされ〔小野 1975：69〕、灌漑農耕や畜耕など筋力を使う重労働の比重の高まりに応じて、女性の農業への貢献度の低下が認められるという〔Murdock 1973〕。

　C・R・エンバーは、集約農業（intensive agriculture）における女性の貢献度がすべての農耕にかかわる要素において低いというG・P・マードックの一般論〔前出：212〕には批判的である〔Ember 1983：286〕。すなわち、産業革命以前の社会では分業において、集約農業が園耕（horticulture）よりも格段に時間を要する穀物の加工など家庭内での作業が多くなることから、女性が家庭内の農作業に付随する仕事[20]に従事する率が高くなるように、園耕から集約農業へと移行するに際しては、女性の活躍の場が変化したにすぎないというのである。

　一方で、そのことが公共的な場への女性の進出を阻止し、政治的な地位を得る機会を失わせ、男性にリーダーシップを譲ることになった〔前出：300〕。農業を通じた社会における権威の伸張は、労働の比重の高まり具合も重要だが、公共的政治的場面への参加の度合いに大きく左右されるのである。

　韓国大田市付近で出土したという青銅器時代の青銅小板には鋤で耕起する人物が描かれているが、それは男根を露出した男性であった（図82）。韓国青銅器時代における農耕の実質的な労働主体としての男性の役割を描くと同時に、祭祀における男性の役割の高まりを示しているのであろう。農業をめぐる各種利害関係の調停手段として、戦争という公共事業の必要性が高まるのが弥生社会である。戦争をおこない、それを指揮するのは男性であったろうから、政治的な社会における男性の発言権が強まるのも合理的である。

　縄文時代の植物栽培がイモ類栽培に近い段階であったとすれば、それが弥生時代の灌漑を伴う水田稲作という本格的な植物栽培に移行する過程で、女性中心の労働から男女協業の労働へ、さらには男性優位な労働へと変化した可能性〔春成 1986：410〕は、以上の諸見解から理論的に十分考えられる。

　考古資料にみる男女関係の変化　男性土偶が出現し、男女一対の像がつくられるようになった当初は女性像の方が男性像の2倍ほどの大きさだったのが、土偶形容器の終末に近い弥生中

449

第Ⅳ部　縄文系の弥生文化要素

図158　兵庫県神戸市桜ヶ丘神岡5号銅鐸の絵画

期前半には逆転して男性像が女性像より大きくつくられるようになった。木偶や石偶、あるいは弥生時代終末から古墳時代の土偶は、いずれも男性が相対的に大きく表現されている。このことに関連して、都出比呂志が兵庫県神戸市桜ヶ丘神岡5号銅鐸の絵画のなかで、男性が女性を取り押さえている構図（図158）では男性像が女性像の1.2倍の大きさに描かれていることを指摘し、小林行雄が説いた桜ヶ丘銅鐸の一連の構図は弱肉強食の世界をあらわすとの説にしたがって、大人の男性がすべての生物のなかでもっとも優位にたつとの考え〔都出 1989：282〕を示したのが注目される[21]。

　秋山浩三によると、遠賀川系土器と共存する長原式後半の時期から遠賀川系土器単独の時期に向けて、近畿地方の石棒は92個体から44個体とおよそ半分に減少するのに対して、土偶は14個体から4個体と三分の一以下に減少するという。秋山は本格的な農耕経済が成立する生業の転換期に男性原理が突出し、女性原理が消滅する方向へ向かったと理解することで、石棒類の減少がゆるやかなことを説明した〔秋山 2002b：62〕。

　男女像や男女の絵画において男性が若干大きく表現されているのは、平均的には男性の方が女性よりも若干身長が高いという関係をそのまま表現したのかもしれないが、男性像が出現した当初は女性像が大きくつくられていたことからすると、それは考えにくい。やがて男性像が大きくなるという逆転関係からすれば、たんに生理的な大きさというよりはその背後に農業という基幹産業をめぐる力関係が存在していた可能性を考えるのも、このようにまったく理由がないわけではない[22]。

2　埋葬からみた男女の関係性

縄文時代の合葬　山田康弘がおこなった縄文時代人骨集成から、累積した世帯の墓の場合が多いと考えられる多人数集骨と廃屋墓を除く合葬例を拾い出すと、122例にのぼる〔山田 2002〕。

　合葬にもいくつかの種類があるが、ここで問題にしている性別を中心に17歳以上を成人として分類すると、A1類＝同性の成人、A2類＝同性の成人と子ども、B1類＝成人男女のペア、B2類＝成人男女のペアと子ども、C類＝成人1人と子ども、D類＝成人男女複数、E類＝子ども同士となる。問題はそのうちの男女合葬が夫婦か否かであるから、B類と、複婚の可能性〔春成 1981〕も考えられるD類に焦点があたる。

　表20は縄文時代の合葬型式の例数を時期ごと地域ごとに集計したものであるが、それによればB類とD類については以下の点が指摘できる。北海道・東北地方にはほぼ一貫して男女

合葬がない。また、九州地方では中期以降まったくなくなる。後期になると千葉県域に5例、長野県域に8例と目立つようになるが、千葉県域は廃屋墓や多人数集骨葬などにみるように世帯の紐帯が強いので、その一環として夫婦合葬が認められるのかもしれない。長野県域の例は東筑摩郡明科町北村遺跡であるが、これも千葉県域との関係性から同じような理由が考えられる。

　合葬型式が明らかな後期43例のうち、年齢差が著しく夫婦と考えにくい2例を除けば、夫婦合葬の可能性をもつ例は13例である。晩期には愛知県で10例と際立つが、そのうち1例は母子合葬の可能性がある。他に同一抜歯型式の合葬が2例あるので、それらを除けば晩期38例中夫婦合葬の可能性をもつ例は9例（およそ2.5割）である。これだけでも、夫婦の可能性をもつ合葬例の比率は低いことがわかる。さらに同性合葬のA類や父子あるいは母子合葬の可能性をもつC類など、血縁関係の可能性をもつ合葬がそれをしのぐ比率を示す（合計でおよそ7割）ことは、男女合葬のなかにキョウダイなど血縁関係にもとづく例も多数含まれている可能性があり、ますます夫婦合葬の比率は下がるとみなすべきだろう。

　春成秀爾は、東海地方西部では愛知県田原市伊川津貝塚や同県豊川市小坂井町稲荷山貝塚など晩期の例から4I系と2C系抜歯人骨は合葬されず、4I系と2C系抜歯の人骨群がそれぞれ違う埋葬小群を構成しており、4I系は居住集団の身内の表示であり2C系は婚入者集団の表示であるから、東海地方西部では縄文晩期に夫婦関係を含む身内と婚入者を合葬することは、おそらく禁忌されていた、と考えた[23]。近畿地方でも大阪府東大阪市日下遺跡で抜歯型式を同じくするもの同士が近接して埋葬されていたり、滋賀県大津市滋賀里遺跡では男女の規則的な並葬は認められないなど、東海地方西部と似たような傾向が認められる〔春成 1985a：36-40〕。

　このように、縄文時代にはほぼ一貫して男女合葬を認めていない地域がある。また縄文晩期の合葬には男女を含むがその例は同性の組み合わせよりも低い。4I系抜歯が身内であり、2C系抜歯が婚入者集団の表示か否かは評価が分かれるが、抜歯の2系列に何らかの出自表示の意味があるとする仮説を支持すれば、東海地方西部や近畿地方の縄文晩期において夫婦合葬の禁忌が取り入れられていった可能性は認めてよいのではないだろうか。血縁関係を重視する縄文時代の社会組織の一端があらわれているのであろう。

　さらに、男女を並葬した事例は縄文時代にはまず存在しない〔春成 1982：363〕。これに対して、弥生時代になると男女並葬がかなりの頻度でみられるようになる。

弥生時代の男女合葬および並葬　弥生時代の合葬は、本間元樹が集成している〔本間 1993〕。集成から多人数集骨を除くと、種子島までの西日本における合葬例は72例あるが、「I～III期」のように時期が特定できない例が多い（表21）。しかし、II期以降にA類がまったくといってよいほどみられないのは大きな特徴といえる。その一方、I期あるいはその可能性のあるものにA類が7例もみられ、先I期は2例ともA1類であるのも注意を引く。A類、すなわち同性の成人の合葬という、縄文時代に顕著に認められた合葬が古い時期に認められるのは偶然ではなく、縄文時代の血縁的紐帯を重視した合葬の伝統が弥生前期までは根強く残っていたこと

第Ⅳ部　縄文系の弥生文化要素

表20　縄文時代における合葬の型式別地域別例数の変化

時期	例数（型式明確例数）	A1		A2		B1		B2		C		D		E	
		例数	地域別例数	例数	地域別例数	例数	地域別例数	例数	地域別例数	例数	地域別例数	例数	地域別例数	例数	地域別例数
早期	5（3）	0		1	愛媛(1)	0		1	大分(1)	1	大分(1)	0		0	
前期	9（5）	2	岡山(1)・大分(1)	2	栃木(1)・岡山(1)	1	熊本(1)	0		0		0		0	
中期	11（11）	3	東京(1)・広島(2)	0		2	千葉(1)・広島(1)	1	広島(1)	4	宮城(1)・茨城(1)・千葉(2)	1	岩手(1)	0	
後期	50（43）	5	千葉(1)・長野(1)・熊本(1)・大分(1)	3	宮城(1)・千葉(1)・福岡(1)	10	千葉(3)・長野(5)・静岡(1)・大阪(1)	1	千葉(1)	18	北海道(3)・千葉(5)・神奈川(1)・長野(3)・広島(1)・山口(1)・福岡(3)・大分(1)	4	千葉(1)・長野(3)	2	宮城(1)・大分(1)
晩期	47（38）	12	岩手(2)・宮城(1)・福島(2)・愛知(7)	3	愛知(3)	8	福島(1)・愛知(7)	1	広島(11)	11	北海道(1)・岩手(1)・宮城(1)・福島(1)・愛知(6)・熊本(1)	3	愛知(3)	0	
合計	122（100）	22		9		21		4		34		8		2	

　の証拠であり、逆に同性の成人合葬は弥生中期以降急速に減少したことを意味する。

　その一方で、Ｂ類あるいはＤ類という異性の成人合葬は、Ⅱ期以降も継続して認められる。Ａ類の同性合葬という夫婦以外すなわち血縁集団の合葬が衰退したことは、Ｂ・Ｄ類である異性合葬のなかでも血縁集団の合葬が衰退したとみなすのが妥当である。それにもかかわらずに相変わらずＢ類の合葬がⅡ期以降に認められるのは、それらのなかに血縁関係以外、すなわち夫婦合葬が多く含まれているからではないだろうか。弥生時代になると合葬の原理が、血縁関係主軸から夫婦関係主軸へと変化したのであろう。

　大阪府東大阪市瓜生堂遺跡２号方形周溝墓は、墳丘上に成人男女３組を並葬した墓である（図159）。この男女のペアをめぐって、田代克己は夫婦三世代の埋葬ととらえ〔田代 1982：380〕、春成はそれに福岡県小郡市北牟田遺跡や同県鞍手郡若宮町・宮田町汐井掛遺跡、岡山県小田郡矢掛町芋岡山遺跡などの２基一対の木棺例を含めて夫婦関係の墓とみなした〔春成 1982：364〕。春成はさらに瓜生堂遺跡例を含む近畿地方の方形墳丘墓[24]を分析して、弥生Ⅱ期に１墳丘１被葬者であったのが、Ⅲ期には男女２棺の夫妻関係を核とする世帯のまとまりを強化した埋葬に変化することを論じた〔春成 1985a：30〕。また、河内地方では男性が墳丘墓の中心に埋葬される傾向がⅢ期に萌芽的にあらわれⅤ期に顕著になり、世帯の長ないし世帯共同体の長が男性

452

第 17 章　弥生時代の男女像

表 21　弥生時代における合葬の型式別地域別例数の変化

時期	例数 (型式明確例)	合葬型式							地域別例数
		A1	A2	B1	B2	C	D	E	
先 I 期	2(2)	2	0	0	0	0	0	0	福岡(2)
I 期	12(11)	2	1	1	0	3	3	1	山口(8)・長崎(3)・佐賀(1)
I 期～	5(5)	1	0	2	0	1	1	0	山口(5)
I ～ II 期	3(3)	0	0	2	0	1	0	0	長崎(3)
I ～ III 期	11(11)	2	0	3	2	2	2	0	山口(11)
I ～ IV 期	8(7)	1	0	4	0	2	0	0	佐賀(8)
II 期	6(5)	0	0	2	0	2	1	0	長崎(5)
II 期～	1(1)	0	0	0	0	0	1	0	佐賀(1)
III 期	11(10)	0	0	5	0	3	2	0	山口(9)・福岡(1)・佐賀(1)
III ～ IV 期	2(2)	0	0	1	1	0	0	0	大阪(1)・長崎(1)
IV 期	3(3)	0	0	1	0	1	0	1	広島(2)・長崎(1)
V 期	4(3)	0	0	1	0	1	0	1	広島(1)・山口(1)・鹿児島(2)
V 期～	3(3)	0	0	2	0	1	0	0	山口(1)・長崎(1)・鹿児島(1)
VI 期	1(1)	1	0	0	0	0	0	0	岡山(1)
計	72(67)	9	1	24	5	15	12	1	

　によって独占されていることが想定できるという〔春成 1985a：35〕。

　都出比呂志は、瓜生堂遺跡 2 号方形周溝墓のうち成人女性が葬られた 5 号木棺は他の木棺と違う型式であることから、福永伸哉の研究〔福永 1985〕にもとづいて、この少数派の木棺を婚入者のものと推定した。また、他地域産の土器が、供献されたり土器棺として乳幼児埋葬に使われたりしていることから、これも墳丘墓に血縁関係にない婚入者が含まれていることの証拠と考え、男女のペアを春成や田代の見解を参考に夫婦とみなし、それを補強した。さらに楽浪木棺墓の夫婦合葬のあり方〔斎藤 1961：283〕から、弥生時代の畿内地域の葬法は中国の戦国秦漢時代や朝鮮半島の墓制の影響を受けた可能性を指摘している〔都出 1989：336-338〕。

　中国において夫婦合葬は西周時代にあらわれ、春秋時代から戦国時代を通じて増加し、漢代には大勢を占めるようになることが、太田侑子によって指摘されている〔太田 1980・1991〕。西周の時代にあらわれるのは男女並葬の並穴合葬墓であり、それが夫婦合葬であることは『礼記』からも推察できるばかりでなく〔太田 1991：201〕、陝西省茹家庄 1・2 号の並穴合葬墓から出土した青銅器の銘文からも明確である〔太田 1980：422〕。

　柳田康雄によれば、墓坑底面掘り込み方式の木棺墓と木棺を納める室をもつ木槨墓はすでに弥生早期に出現しており、その系譜は中国に求められるという〔柳田 2003：138-140〕。弥生早期

第Ⅳ部　縄文系の弥生文化要素

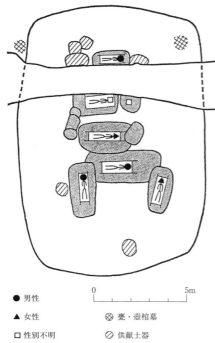

● 男性
▲ 女性
□ 性別不明
⊗ 甕・壺棺墓
⊘ 供献土器

図159　大阪府東大阪市瓜生堂遺跡第2号方形周溝墓

や前期前半にさかのぼるほど古い男女並葬は日本列島にまだみられないが、その傾向は弥生前期後半～中期初頭の山口県下関市土井ヶ浜遺跡や福岡市吉武高木遺跡（図160）に認められる。柳田がいうように弥生時代の始まりとともに中国の葬法の影響が届いていたとすれば、それにかかわる作法を弥生時代の人びとは、はやくから知っていた可能性があるだろう。

埋葬における性別原理の変遷　近畿地方の方形周溝墓の埋葬施設は、弥生前期から中期前半では1基を基本とする〔大庭 1999：171〕が、弥生中期中葉以降になると墳丘の上に多数埋葬施設をもつ例が現れる。清家章は、それらの埋葬施設のうちで、たとえば大阪市加美遺跡 Y1 号墓では女性被葬者すべてが副葬品をもつことや、例数は少ないものの方形周溝墓の中心埋葬には男性が葬られていることから、男性首長の突出した権威が副葬品に現れていないという寺沢知子の見解〔寺沢 2000：249〕に異論を唱え[25]、弥生中期には男性が指導的役割を果たしていると考えて、その背景として戦争が本格化し緊張状態が高まった社会的な状況を推測した〔清家 2000：80〕。

北部九州地方の弥生中期中葉における二行配列甕棺が選択居住婚をとることも、妻方居住婚から夫方居住婚への移行過程にあることの反映であって、装身具や副葬品にゴホウラや青銅製、鉄製武器の卓越など男性への偏りが顕在化してくることと相即的だという〔春成 1984：22〕。都出の絵画分析や男女像の大きさの変化とも整合する。

北部九州地方では、吉武高木遺跡や福岡県糸島市三雲南小路遺跡などの宝器を有する埋葬を男女並葬ないしは男女ペアの埋葬の例とすれば、階層的に上位の者に関しては、埋葬において近畿地方と同様すでに縄文時代的な傾向を払拭しつつあり、男女を対にする埋葬が顕著になったとみることができよう[26]。

吉武高木遺跡の墓域のうち、木棺墓という大陸系の墓に銅剣を含む多量の副葬品が認められるのは（図160）、男権の増大とともに被葬者が渡来系の人々の可能性を強く示唆している。佐賀県神埼市神埼町・吉野ヶ里町吉野ヶ里遺跡 ST1001 墳丘墓では、中心にひときわ大きな掘り方をもつ弥生中期前半の甕棺墓 J1006 が据えられ、同時期および中期中葉の甕棺がそれを取り巻く〔七田ほか編 1994：582〕（図161）。総数14基の甕棺墓には、J1006 をはじめとして銅剣を副葬した墓が8基認められ、男系の権威継承の萌芽が認められる。日本古代社会において上位階層には渡来系譜の集団の比重が高く、彼らが父系原理の強い親族組織を有していた〔都出

第 17 章　弥生時代の男女像

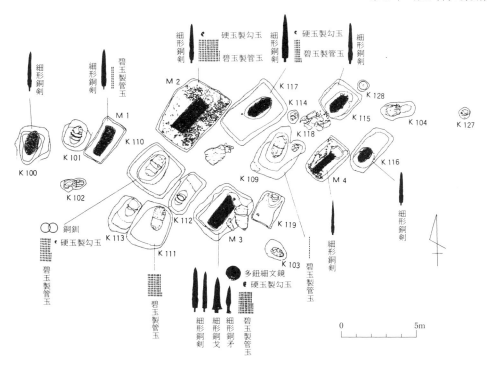

図 160　福岡市吉武高木遺跡の墓域（黒塗の墓は武器副葬墓）

1989：453〕とするならば、そうした階層の人々が大陸文化とのつながりを強くもちえたとみなすことも可能であろう。

　このように、弥生時代には集落や地域のなかで傑出した大型方形周溝墓や墳丘墓に葬られる階層的に上位クラスの人々に男性優位の傾向[27]が認められるとともに、縄文時代にはまれであった男女並葬や対を意識した埋葬方法が近畿地方でも北部九州地方でも一般化するようになる。その場合の一対の男女は夫婦だった、というのが考古学の一般的な理解であった。

　これに対して男女並葬の場合、その関係が夫婦とはいえないとする形質人類学からの批判がある[28]。しかし、弥生時代の並葬された男女の形質学的な分析の事例は少なく、とくに畿内地域のそれがなされていない段階ではこれを夫婦並葬とみなす説にしたがっておきたい。あるいはキョウダイ原理によるものかもしれないが、そうであるとしても縄文時代に一般的ではなかった男女並葬が弥生時代に格段に事例を増す背後には、男女の関係性に対する考えのうえで何らかの変化があったものと考えてよい。それよりむしろ、日本先史時代の合葬の歴史からは、夫婦合葬が顕著でなかった縄文晩期から弥生中期以降に夫婦合葬の可能性が高まるという、弥生時代の合葬例の分析から支持しうる変化を強調すべきではないだろうか。

455

第Ⅳ部　縄文系の弥生文化要素

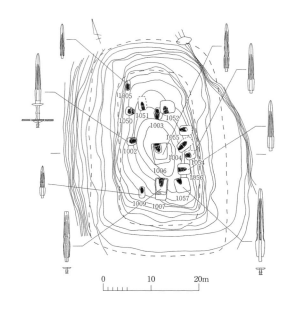

図161　佐賀県神埼市・吉野ヶ里町吉野ヶ里遺跡 ST1001 墳丘墓

第4節　男女像形成の背景

　以上述べてきたことを要約したうえで、縄文時代から弥生時代に男女の関係性が変化したことの社会的背景について論じ、土偶形容器が男女像であることの意味について述べて結論としたい。
　土偶と石棒は縄文時代を代表する儀礼の道具であり、それぞれ女性と男性を象徴的に表現しているが、縄文時代の土偶に男女一対でつくられたものもなければ、石棒と組み合わさる女性表象もない。縄文時代に、基本的に男女一対の像はなかったといえる。
　縄文時代は採集狩猟を主要な経済としている。その社会における生業にかかわる労働集団は、男女別に編成されているらしい。血縁関係を重視して、墓地を世帯と血縁という矛盾する二つの原理によって編成した埋葬小群成立以後、すなわち遅くとも縄文後期中葉以降には地域によっては夫婦合葬が禁忌されていた可能性が指摘されている。こうした縄文時代における夫婦間のあり方は、性別の分業が貫徹していたところに由来していた〔春成 1986：411〕。縄文時代の生業における労働の性別編成や埋葬における夫婦関係の理解が妥当なものだとすれば、縄文時代の性別原理は補完関係にありながらもむしろ分割の原理、男女別原理が働いていた可能性のほうが高い。それと男女一対の像が縄文時代にみられないこととは相即的である。
　これに対して、弥生時代になると男女一対あるいはそれを基本とした偶像が散見されるようになる。弥生前期から中期中葉の東日本にみられる土偶形容器は、一対の男女像を基本とする。

土偶形容器のもっとも古いものの一つが東海地方西部にあることと、その地域の弥生時代開始期の土偶のなかに男女一対でつくられたものがあることからすると、土偶形容器はこの地域で土偶が男女像に変容することによって成立した可能性がある。

　弥生前期の西日本にはすでに木偶が出現しており、弥生中期後半にはつくり方の違うペアで出土する木偶もあり、男女像とされている。さらに時期は降るが男女一対の石偶や土偶も西日本の弥生時代に存在している[29]。したがって、縄文時代の土偶のあり方を考慮すれば、東海西部地方の弥生時代前期に土偶が男女像に変容した背景としては、西日本の弥生文化の影響を考えるのがもっとも妥当だろう。縄文晩期終末の東日本系の文物が、西日本で確認されていることからすると、その受容は東西の相互交渉のなかから生じたと考えられる。

　灌漑稲作など本格的な農耕において、むろん性別分業は個々の農作業の間で貫徹しているが、農耕全体を俯瞰すれば、それにより新たな生産物を生み出すという作業は、男女協業の営みである。すなわち、農耕全体は採集狩猟などと比較した場合、男女協業の側面が圧倒的に強い。また、埋葬のなかに男女並葬が目立つようになるのは、縄文時代になかった弥生時代特有の傾向である。

　このように、偶像や石棒類などの分析、性別分業のあり方や男女並葬の顕在化からすると、縄文時代の性別原理が弥生時代になるとことごとく変化していることがわかる。

　春成秀爾は、夫婦の強い結合関係は、弥生農耕社会においてはじめて実現したとする〔春成1985a：42〕。義江明子は、男女ペアの神話における意味は、豊饒の祈りに欠かせない共同体レベルの男女の模擬的性的結合とみる〔義江 1996：7〕。人間の再生産における男女交合の役割は、農耕社会非農耕社会を問わず根源的なものであるが、食糧生産の面における豊饒の祈りに男女結合の意味合いが投影されているのは、そこに農耕文化が介在しているからであろう。現代に至るまで農耕祭祀に男女の性的結合を模倣した祭りが多いのも、そうした脈絡のなかで意味をもってくる。

　縄文時代から弥生時代への男女の関係性に対する変化は、農業という生業における男女の協業の高まりに由来する。偶像や絵画にみる男女一対の観念の萌芽、あるいは畿内地域の方形周溝墓や吉野ヶ里遺跡の墳丘墓における中心埋葬にみる男権の伸張は、本格的な灌漑農業の始まりと相即不離であり、大陸由来の農耕文化に起源するものとして、縄文時代の性別原理が転換した背景を農耕文化の導入によって合理的に説明できる。夫婦並葬の習俗もまた体系的農業と同様、大陸からもたらされたのではないだろうか。すなわち、弥生時代に男女像が生まれた背景として、採集狩猟文化から農耕文化への転換を考えると理解しやすいのである。

　また、土偶形容器は当初、男女像出現期の土偶にみられる女性が大きく男性が小さいという関係を踏襲しているが、やがてその大きさは逆転した。西日本の男女像は基本的に男性が大きくつくられていることからすれば、本格的な農耕文化に伴う男女の関係性を反映したものと考えられる（図162）。

　本章ではこのような理解にもとづいて、土偶形容器の男女像という性格の形成要因を西日本

第Ⅳ部　縄文系の弥生文化要素

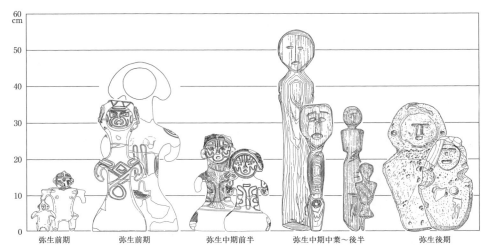

図 162　弥生時代における男女像の変遷（左：男性、右：女性）

の農耕文化に求め、さらにその源流を大陸の農耕文化に求めたが、それにしても問題がないわけではない。

　まず、東日本で男女像が成立するのが東海地方西部の条痕文文化においてであり、展開するのが中部〜南東北地方の弥生中期前半であることについてである。この時期の農耕文化は本格的な水田稲作が定着する以前であり、陸耕に比重をかけながら縄文時代的な生業基盤へのてこ入れが始まった段階である。そのような本格的な農耕受け入れ以前の段階で、農耕文化を背景とした男女像形成という、すぐれて観念的な変化がなぜ起こり得たのであろうか。

　縄文時代の土偶は女性原理の象徴として、人の再生産に深くかかわっていた。縄文晩期以降、東海地方にまで土偶を副葬する習俗が広がる。当時、東日本西部で流行しつつあったのが再葬である。それは広い意味での通過儀礼であり、再生や祖先の仲間入りの手続きが厳しくなったことを背景とした習俗である〔設楽 1994b：417〕。再葬の容器として用いられた土偶形容器は、こうした再生産構造の一環として、農耕における再生産の役割を仮託された男女一対の観念を受けて男女像として成立したのではなかろうか。そうしたことからすれば、土偶形容器を祖先の像とみなすことも妥当である。

　その後、西日本弥生文化のさらなる影響によって埋葬とは離れた性格をもつ顔面付土器、すなわち顔のついた壺が本格的な農耕文化形成期である弥生中期後半にあらわれ、後期まで用いられた〔設楽 1999d：196〕。顔面付土器に男女の区別は希薄である。土偶という身体的な表現よりもむしろ壺という貯蔵にかかわる儀礼的機能に重きをおくようになったのであろう。

　土偶形容器は、東日本の初期弥生文化において農耕の再生産構造に端を発する男女像の形をとった祖先の像である。これまで議論してきた土偶形容器の特徴をそれに続く顔面付土器との形態や性格の違いに照らせば、土偶形容器は本格的な農耕文化成立以前の文化変容期において、縄文文化の土偶を土台としながらも、農耕文化という新たな文化によって男女像へと変貌した

第 17 章　弥生時代の男女像

呪的形象ということができよう。そこには縄文時代から弥生時代へと、経済や社会組織の変化に伴う男女原理の変化が反映していた。

　かつて山内清男は弥生文化が渡来系、縄文系、固有の三要素が組み合わさって成り立っていることを指摘し、佐原真は弥生文化を構成している個々の文化要素をその三要素に区分した[30]。さらに求められるのは、本書の冒頭でも述べたように、固有の要素がどのような生い立ちであるのか、あるいはそれぞれの要素が時代の推移とともにどのように変化していくのかという問題を、その歴史的、社会的背景にまで考察を進めつつ、きめ細かく掘り下げていく作業であろう。

　本章は、男女像の形成という視点からこの問題に接近した。東日本では縄文晩期終末から弥生時代前半という変動期に再葬が発達するが、それ自体は縄文文化の強い伝統を引いた葬制であった。再葬の蔵骨器として用いられる土偶形容器も縄文文化の土偶に系譜が求められるが、その一方で西日本の農耕文化の影響を受けて男女像になるという、縄文時代の土偶に通有の原理が弛緩しつつ文化変容の生じていることがうかがえる。縄文系、渡来系の要素の相互交渉とそれによって固有の要素がどのように成立してくるのか明らかにするには、個々の文化要素の形態変化ばかりでなく、その性格の変化に迫る研究が要請されることを指摘して、本章を閉じたい。

　　註

1　兵庫県神戸市大蔵山遺跡の顔面のついた容器は黥面ではなく在地化しているが、頸部ないしは胴部の破片は断面が長方形をなしており、土偶形容器の特徴と一致する〔渡辺 1986〕。弥生前期終末。

2　土偶形容器は宮下健司による集成的研究があるので〔宮下 1983〕、参照されたい。この遺物に対しては、大きく分けて三つの呼び名がある。鳥居龍蔵は台式土偶と呼んだ〔鳥居 1924：205〕。宮下は容器型土偶と呼んでいるが、甲野勇は土偶型容器〔甲野 1940：10〕、石川日出志は土偶形容器〔石川 1982：99〕と呼ぶ。初生児の再葬骨を納めた容器としての機能を強調したためであろう。筆者はかつてそれまでの通例にしたがって容器形土偶と呼んでいた〔荒巻・設楽 1985：13〕。しかし、石川の用語が妥当だろう。

3　縄文時代にもわずかながら男性土偶あるいは男性を表現した人体文がみられるので、触れておかなくてはならない。土偶には 3 例、男性器を表現したものがある。秋田県花巻市東和町石鳩岡遺跡から出土した後期の土偶〔瀬川 1996：24-27〕と、おそらく東北地方で出土したと思われる遺跡不明の晩期のもの〔島 1992：79-82〕は、2 例とも屈折土偶であるが、石鳩岡遺跡例は腹部がふくらんでおり、座産を表現したとされる屈折土偶に男性器がついていて、理解に苦しむ。3 例目は北海道の縄文晩期終末～続縄文時代初期のものだが、これについては後述する。人体像を貼りつけた土器のなかに、男女を対で表現したものがある。新潟県糸魚川市井ノ上遺跡例は縄文中期で、埼玉県さいたま市馬場小室山遺跡例は縄文晩期である。男女像のついた土器は、縄文中期の土器の口縁部に女性を象徴したとされるイノシシと男性を象徴したとされるヘビが対峙するようにつけられたものと関係があるものかもしれない。そうであるならば、土器が食物を生み出すということ、すなわち生産という意味と、男女から子どもが生まれることのアナロジーから、土器に男女の像がつけられたと考えられないだろうか。いずれにしても、これらは縄文時代の男女の関係について知るうえで重要なものであるが散発的であり、これから述べる土偶のように、土偶形容器へとつながるものではない。

4　ジェンダー論の立場からは、土偶に女性性、母性性を強調することはできないという意見がある〔松本 2004：151〕。しかし、女性器を表現した土偶は数多く存在している一方、男性器を表現したものは皆無に等しいのが事実であり、この説ににわかにしたがうことはできない。一方、井川史子は土偶の生産と製塩や植物食採集など女性を中心とした経済の発達の関係に焦点をあてる研究を望む〔Ikawa-Smith. 2000：352

459

第Ⅳ部　縄文系の弥生文化要素

−353〕。土偶研究のあらたな方向性を示唆するものとして、注目しておきたい。

5　縄文前期から発達する石棒と、後・晩期に新たに加わる石剣・石刀は性格の異なるものだという意見があるが、関連性もないことはない。性格の吟味は今後の課題とし、ここでは一括しておく。

6　発掘担当者である橋本富夫氏のご教示。

7　この遺構は、特殊遺構ないし住居跡と考えられている。出土遺物は、北群が石棒・打製石斧・敲石・打製石器などで、南群が土偶・磨石・砥石・丸石などである。耳飾り・磨製石斧は両群に伴う。馬場保之は、「女性的な空間と男性的な空間が分かれて存在した」と述べている〔馬場ほか 1994：261〕。

8　北陸地方で発達する石冠には、男性器と女性器の交合を表現したものがあり〔能登 1981：126、春成 1996：89−90〕、石冠はそもそもそうした状態を表現することに起源があるのかもしれない。しかし、能登健は、それらは断片的であり土偶は石棒と対峙するものでなく、土偶はそれのみで一つの系譜をたどるものであり、石棒は多孔石（蜂の巣石）と対になったもうひとつの系譜だ、と言っている〔能登 1983：84〕。石棒と多孔石あるいは石皿との関係の追究は今後に残された大きな課題だが、土偶が石棒と対になるものではないという指摘は、本質をついている。泉拓良は滋賀県大津市穴太遺跡出土の縄文後期の木製品に、男性器と女性器をかたどったものがあると述べているが〔泉 1985：68〕、実見したところ男根形木製品はよいとしても、もう一方は不確かであった。

9　石棒の機能はしばしば生産と豊饒にかかわるものだとされるが、谷口康浩は土偶の出現と石棒の出現が数千年もずれることから、土偶と同様の機能をもつとすることに批判的である。石棒は親族社会秩序と結びついて、環状集落の発達などと相即的な祖先祭祀にかかわるものという立場をとる〔谷口 2005b：31〕。石棒類が墓と親和性が強いことからも、谷口の見解は妥当である。

10　発掘担当者である前田清彦氏のご教示。

11　このほか、福岡県古賀市鹿部山遺跡から木偶の可能性のある木製品が出土している〔佐田ほか 1973：207−208〕。

12　この木偶を実見したところ、同じ木からつくられたもののように観察された。

13　山口県下関市綾羅木郷遺跡からも男性器と女性器をかたどったとされる石製品が数点出土している〔水島 1981：400−402〕。女性器を表現したとされるものについては堅果類を加工する凹石と区別のつかないものを含み、女性器をかたどったものか否か判断がむずかしい。

14　牟田華代子氏ご教示。

15　想像をたくましくすれば、ひとりの夫に対して3人の妻と子どもからなる複婚世帯を表現した可能性も考えられる。

16　近畿・東海地方西部の台式土偶や頭頂部に隆起のある土偶が東日本に影響を与えた点も、これに加えることができる。鈴木正博は、底部が平らになる立像としての群馬県藤岡市沖Ⅱ遺跡における黥面土偶の形態に、近畿、東海地方の長原式土偶など台式土偶からの影響をみる〔鈴木正博 1993c：53〕。頭頂部に隆起のある土偶は縄文晩期終末〜弥生前期の近畿地方から長野県地方にまで広がるが、筆者はそれが島根県松江市西川津遺跡などの人頭土製品が表現した鳥の扮装に起源があるのではないか、という案を示した〔設楽 1999c〕。なお、台式土偶の平らな脚やそりかえった側面形という特徴は、それ以前の土偶にはない。前4000年紀のボイスマン文化の西浦項遺跡〔大貫 1998：108〕や前2000年紀の新石器時代後半の虎谷遺跡〔金 1982：24〕などに類似資料があるので、朝鮮半島方面からの影響を考えたいが、年代的な落差や地理的な懸隔をうめる資料が不足している。甲元眞之は、西浦項など朝鮮半島東北地方の新石器時代後期の偶像が男女一対であることに注目し、それ以前の一体の祖霊から相対する祖霊、両性具有の表現を経て男女・雌雄の構成へと変化し、この段階に生命の誕生という観念を備えるようになったと論じている〔甲元 1997：403〕。

17　女性が狩猟活動をおこなわないわけではない。たとえば、アフリカのイトゥリのムブティは網を用いたネット・ハンティングをおこなうが、女性が勢子として参加する〔市川 1982：63〕。カラハリのサン族は男性だけで狩猟をおこなうが、捕獲量は圧倒的にムブティの方が多く、これは狩猟に注がれる労力の多さを反映しており、女性の参加もそれに貢献しているとされる〔市川 1982：66〕。また、サン族の女性は小鳥や小さな哺乳類を棒で仕留めたり、カメやアリの採集を植物採集と一連のものとしておこなっている〔田中 1990：116〕。このように狩猟における女性の果たす役割もマイナーな部分で無視できないが、サン族では弓矢や槍は決して女性は持つことはない事実〔田中 1990：116〕やマードックの調査からしても、やはり狩猟に占める男性の役割は圧倒的なものがある。

18　乳離れした幼児期以降の子どもは社会のなかにおける役割を身につけるために、それぞれの役割を担う

460

集団―基本的には性によって分割された―に付属して学習をはじめると考えられる。その年齢（およそ2歳過ぎ）に達した子どもが乳飲み子と社会的に区別された存在であったことは、土器棺葬から他の葬法への変化、装身具着装の開始などからうかがうことができる〔山田 1997b：18〕。

19 もちろん、経済的な面以外にも、家庭を離れてより広い社会のネットワークとかかわりをもつようになる男性に付与される威信が男女の性差を規定するといった文化的側面も考えなくてはならないが、経済的要因が男女の性別編成とその差異を決定づける一つの重要な因子であったことは論理的に理解されよう。

20 前近代に女性がおもに生業のなかでも家庭に近く危険の少ないところで、比較的単調で集中力がなくてもできるような作業に従事するようになったのは、子どもの世話が女性の役割である傾向性が高いことに起因するという、J・K・ブラウンの指摘も見逃せない〔Brown 1970：1074〕。

21 藤田三郎は並列的構図をもつ絵画や記号文には左右の描き分けがあり、右側は人間界あるいは男性を、左側は自然界あるいは女性という二元的世界観を表出していると考え〔藤田 1982〕、寺沢薫は、絵画全体の統計的傾向からも、弥生絵画の原理を自然の営みと人間の営みの二元的な対峙と調和とみなす〔寺沢 1987：118〕。さらに藤田は清水風遺跡の鳥装の人物と盾と戈を持つ人物の絵画の共存から、男女のシャマンが祭りに介在していることを考えている〔藤田 1997：25〕。縄文時代に顕著ではなかった、弥生時代における男女一対の観念の顕在化を考えるうえで、注目すべき見解であるといえよう。

22 ユーラシア北方の新石器文化であるアナウ第2期文化の土偶は地母神とされる女性土偶だが、それに続くナマースガ第3期文化に男性土偶が現れる。ナマースガ第3期は、原初的灌漑農耕、畜産など家父長的大家族出現を背景とした農耕の発展がうかがえるので、男性土偶の出現はこの時期の生産活動における男性優位の結果かとされており、比較資料として注目できる〔三上 1962：27〕。

23 ただしそれは各地で埋葬小群が成立してくる時期以降のことであって、それ以前すなわち墓域を出自で区分する原理が働く以前は、夫婦合葬などの出自集団を異にするものどうしの合葬もありえた、と春成は考えている。すなわち、おもに生業にかかわる生前の労働集団が、必ずしも埋葬から推し量ることのできる死後の関係に反映していないのである。それは、縄文中期の関東地方に廃屋墓のような、竪穴住居に居住していた者すなわち婚入者を含んだ者たちの世帯墓が発達している点からもうなずける。

24 春成は、いわゆる方形周溝墓は周溝をもたないものがある一方で、盛土をもつことから、このように呼称している〔春成 1985a：1〕。

25 寺沢は「副葬品が威信財としての社会的ステイタスをそのままに反映しておらず、男性首長の突出した「権威」を威信財には見いだせない」としているのであり〔寺沢 2000：249〕、男性首長の相対的地位については論じていない。一方、北部九州地方の例ではあるが、熾烈な戦闘がはじめられた初期の時期には、女性の地位は共同体内において一時的に埋没すると論じており〔前出：247〕、したがって清家の首長と必ずしも相容れないわけではない。この場合の男権の伸張はあくまでも萌芽的なものであり、古墳時代に至っても男系世襲王権が確立するような父系原理が貫徹した社会ではないという指摘〔岩崎 1996：48〕を重視しておきたい。

26 ところが、春成は北部九州地方においては近畿地方のような男女並葬はまったく認められず、甕棺に現れる二列の区分を出自の違いとみなし、それぞれの列に男女が認められることは弥生中期に至っても選択居住婚が一般的であって、すでに父系制へと傾いている近畿地方とは異なる親族構造をなしていたという〔春成 1984：22、1985：44-45〕。そうであるならば、男女像の形成も近畿地方でまず起こり、東へと広まった点までは認められるが、北部九州地方にまで敷衍することは慎重を期す必要があることになる。

27 男権伸張の萌芽は、父系出自への転換と密接な結びつきをもつが、父系出自の形成は後述のようにむずかしい問題をはらんでいる。B・マリノウスキーの観察したトロブリアンド島人は母系であるが男権が勝った社会をなしており〔マリノウスキー 1971：16-17〕、出自関係と力関係は一致したものではないことも注意しなくてはならない。男権の伸張とはいっても相対的なもので、奈良県天理市清水風遺跡、同県田原本町唐古・鍵遺跡、石川県小松市八日市地方遺跡などで出土した司祭者と考えられる絵画や偶像の多くが女性であることは、政祭の役割における男女の分担をうかがわせる。

28 田中良之・土肥直美は伊川津貝塚出土縄文人骨の歯冠計測分析をおこない、春成が婚入者とする集団に血縁関係があることを認めて春成説を批判し、弥生時代の親族組織論についてもやはり歯冠計測分析によって、夫婦の合葬は6世紀以降であるとして、弥生時代夫婦並葬論を批判している〔田中・土肥 1988、田中 1995〕。田中らの説を支持する立場と批判する立場があり、さらに別の角度からも議論はさまざまに展開されているが、形質人類学の問題は別途論じるべきであり、本章ではこれに深入りすることは避けた。田中説にもまだ反論の余地があり、本章の主旨はそれによってくつがえるものではないことだけを記しておき、

第Ⅳ部　縄文系の弥生文化要素

その点については別稿に譲ることにしたい。

29　このように、今のところ西日本には弥生前期にさかのぼる、すなわち東日本の土偶や土偶形容器に匹敵するような古さの男女像は認められない。今後の発見に期待したい。

30　筆者はそのうちの縄文系文化要素に着目して、そうした要素が多分な弥生文化を縄文系弥生文化という概念で理解した〔設楽　2000c〕。これは、国家形成へと向かうような政治的性格を強くおびた大陸的弥生文化に対して、そうではない弥生文化も存在していることを強調するためであったが、弥生文化の全体枠に適合させようとするあまり、二者択一的な性格の否めない議論になってしまい、批判を浴びた。この概念は、文化全体の枠組みに通用するものなのかどうかさらなる検討が必要だが、すくなくともたとえば本章で取り上げたような個別の文化要素や、弥生前期から中期前半に東日本西部に広がる条痕文文化など、ある時期の特定地域における文化の考察には有効な分析概念だと考えている。

第Ⅴ部　交流と新たな社会の創造

第18章　弥生時代の交通と交易

は じ め に

『広辞苑』によると、「交易」は互いに品物を交換して商いすることを指す。したがって、交易が成立していることは相互に交換された物品が判明していることを前提とするが、考古学的にこの相互性を証明することは、ほとんどできない。しかし、自家消費を上回る特定物品の生産とか、希少価値をもつものが遠隔地に運ばれているような状況から、場合によってはそれが交易を目的としたもの、あるいはその結果であることを推測することはできる。本章では、こうした推測にもとづいて弥生時代の交易の問題を考えるが、多くは交通、交流を論じるレベルにとどまることは、資料的な制約によりやむをえないであろう。こうした関係から、交易の基礎となる生産と流通のシステムに重きをおいた内容になることを、おことわりしておきたい。

第1節　海人集団の動向

1　南海産貝輪の交易

北海道伊達市有珠モシリ遺跡から出土した、続縄文時代のイモガイなどの南海産貝輪〔大島1989〕は、日本海北半の伝統的な物資流通路に、西日本の弥生文化の海上交通路が結合して、一時的にせよ広大な交通路が成立したことを示す。そうした海上交通をになう集団としての漁撈民の動向は、弥生時代を通じて注目する必要がある。このことを、ゴホウラやイモガイなどの南海産貝輪の交易を素材に考えてみよう。

木下尚子によれば、弥生時代に本土に運ばれ生産された南海産貝輪は530個にも達するという〔木下 1989〕。北部九州地方での莫大な貝輪の出土量、一定の流通経路の長期にわたる存在、沖縄本島と周辺離島におけるゴホウラやイモガイなどの出荷前の集積跡、集積跡を中心に弥生系土器が出土することや、各地の遺跡からその見返り品と思われる大陸系や弥生系の遺物が出土していること、沖縄県読谷村木綿原遺跡におけるゴホウラの運搬にかかわっていたと推測される人の埋葬跡などからすると、弥生人と南島人の間で交易がおこなわれていたことを想定するのが妥当だろう。

本土で南海産貝輪をいち早く入手したのが、佐賀県の松浦半島や五島列島など、弥生早期～前期後半の西北部九州地方の集団であった。西北部九州地方の縄文文化は前期以降独自色を強めていくが、その特徴の一つは朝鮮半島の有文土器文化と交流しつつ形成された、漁撈文化に

第Ⅴ部　交流と新たな社会の創造

ある〔渡辺 1985〕。とくに注目できるのは、それが外洋性漁撈文化だということだ。漁具を代表するのが、西北九州型結合釣針と石鋸をつかった鋸である。ともに朝鮮半島で新石器時代早～前期に出現し、その影響により西北部九州地方で成立した漁具であり、それを用いてマグロなどを捕獲したと考えられている。西北九州型結合釣針は弥生中期中葉～中期後半まで用いられた。

　こうした伝統的な海の生業を営む集団を海人と呼べば、九州における弥生早期～中期中葉の南海産貝輪の分布と特徴的漁具の分布の重なり具合から、南島との交易活動は、縄文時代の漁撈民の末裔である西北部九州地方の海人が担ったとする見解は、妥当性が高い。

　弥生前期末以降、南海産貝輪は北部九州地方一帯に分布を広げ、さらに山陰地方や瀬戸内地方にも伝わった。木下は、その分布が青銅器、とくに細形銅剣の分布と近似する点に注目したが〔木下 1989〕、それに結合釣針を加えることができるし、さらに弥生中期後半になると九州型石錘という外海釣漁用の漁具も類似した分布をするようになる〔下條 1986〕。東方に伝播する貝輪や銅剣は北部九州地方からの交易品の可能性があり、漁具はそれを運んだ集団の性格を表わすものであろう。

2　交易の組織化と首長層

　それでは、彼らはどのようなシステムに支えられて交易活動にあたったのだろうか。初期の段階ではそれを考える手がかりはあまりないが、弥生前期末以降の流通の様相は、示唆に富んでいる。木下は弥生前期末～中期初頭に貝輪の流通の大きな画期を見出した。それは、内陸で貝輪生産が開始され、福岡平野が最大の消費地になったことと、中期初頭に諸岡型と呼ばれるゴホウラを縦に切った貝輪がこの地域で生産され、北部九州地方の各地や山陰地方、瀬戸内地方に及んだことである。重要なのは、福岡平野の人々が西北部九州地方の海人による南海産貝の交易に注目し、それを利用して自らの元に集め、貝輪にして流通させたという指摘である〔木下 1989〕。

　弥生前期末から中期初頭は、弥生時代の大きな転換期である。朝鮮半島の無文土器文化との相互交流を通じて北部九州地方に本格的な青銅器文化が生まれ、鉄の地金が導入されるようになる。こうした対外交流の新たな展開、木製農具の改良による耕地の開発と拡大、集落の拡大などがこの時期を特徴づけている。

　急速に進む社会的変革は、福岡市吉武高木遺跡の墓にみるような首長層の台頭と不可分の関係にある。南海産貝輪の使用は限られた階層の者に独占されていったのであり、弥生前期末から中期初頭に南海産貝輪の流通にみられた変化も、首長層の海人集団への関与を抜きにしては理解できない。一方、漁撈民は伝統的なネットワークを利用して特産品の輸送に力を注ぐことにより、農耕社会と共生する方向へシフトしていった〔甲元 1992〕。農村と漁村との間に社会的な分業関係が成立していったことが、海人集団の役割を理解するうえで重要である。北部九州地方を例にとり、下條信行の業績〔下條 1989a〕によりつつ、農村と漁村の具体的な交通関係

466

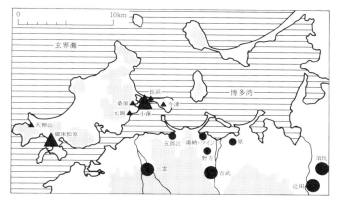

図163　九州型石錘を出す玄界灘沿岸の弥生集落
●：農村型集落　●：半農半漁村型集落　▲：漁村型集落　▲：貝塚

をみていこう。

　福岡県志摩町御床松原遺跡のムラは、唐津湾に面したかつての島嶼部に、弥生前期末に出現した。生活道具は漁具を中心とする典型的な漁村である。島の東にも福岡市小苒遺跡のような漁村があり、それに対面する内陸の平野部には、吉武高木遺跡という首長層が起居する農村がある。その中間である当時の浜堤背後のラグーンに面して、農具も漁具も同じように出土する半農半漁のムラが存在している（図163）。このように、内陸の農村を核として海岸域の先端部に漁村が点在する扇形の構造の小文化圏が北部九州地方の平野単位に成立するのが弥生前期末とされている。海から里へもたらされたものは、下條が言うように魚介類や大陸の青銅器、鉄素材や貝輪素材などであり、里から海へは、米や国産青銅器、鉄器、里の背後にひろがる山から得た石器素材や完成した石器などであったろう。

　里と海との恒常的交通関係が活発になるのは弥生中期中葉である。長崎県対馬市シゲノダン遺跡の出土遺物をはじめとする対馬における中国、朝鮮半島系の青銅器、御床松原遺跡から出土した半両銭や貨泉、鉄素材、朝鮮無文土器などは、弥生中期中葉〜後半以降、海人が壱岐・対馬を経て大陸と交通していた、のちの魏志倭人伝が伝える「南北市糴」の様子を彷彿させる。玄界灘に面する漁村では、弥生中期中葉に西北部九州地方の影響によって九州型大形石錘と呼ばれる外洋性の漁具が発達し、東は山陰地方から若狭湾地方、南は有明海地方から鹿児島方面にまで分布を広げるが、海人は内陸の農村にも九州型大形石錘をもたらした。彼らがたんに漁撈活動ばかりでなく、対外的な運輸にもかかわり、農村と結合していたことは、このことからも推測できる。

　福岡市須玖岡本遺跡など北部九州地方の弥生中期中葉における特定の農村では、楽浪郡を通じた交渉の結果、大量の前漢の文物がもたらされ、特定の個人の墓に副葬された。弥生前期末から中期初頭の舶載青銅器は西日本に散らばるかたちで分布しているので、縄文時代以来の漁撈民のネットワークが存続していたと考えられるのに対して、弥生中期中葉以降のそれは北部

467

第Ⅴ部　交流と新たな社会の創造

九州地方に留め置かれた様相がみられることから、北部九州地方の首長層が交易組織にテコ入れしたと考えられている〔甲元 1990〕。

　北部九州地方の平野勢力間の力関係は均等なものではない。その強弱関係は、舶載品の保有量の差が示しており、それをもたらした一つの要因は交通関係の掌握だった。大陸や南島との対外交流を有利なものへと導くため、海人集団と関係を結ぶことが、諸勢力の重要な政策になっていったと思われる。この時期の海人集団の活発な動きの背後には、そうした政治的な動向が想定されよう。

第2節　社会的分業と流通のシステム

1　北部九州地方の産業と流通

青銅器の生産と流通　前節で、南海産貝輪の交易や対外交通などをになった海人が、農村との間に分業関係を取り結ぶことによって、漁撈・交易の専業化の道を歩んでいったことを述べた。ここでは農村における社会的な分業のあり方を、もう少しみていくことにしよう。一つは青銅器生産という縄文社会にはなかった産業と、もう一つは縄文時代からの伝統である石器生産であり、北部九州地方と近畿地方という弥生文化の中心地の様相をみた後に、その生産と流通のあり方を比較してみたい。

　北部九州地方における青銅器生産の展開過程は、鋳型が興味深い事実を伝える。鋳型によって知ることのできる青銅器生産の開始は今のところ弥生中期初頭で、細形の銅矛・銅戈・銅剣などの武器から始まった。その段階の鋳型は、北部九州地方、春日丘陵や背振山南・東麓の筑紫平野の比較的広い範囲の遺跡から出土する〔片岡 1993〕。これらの生産者集団は背振山南麓にやや集中するものの、概して小規模分散的であり、広域への供給を目的とした生産体制は考えられない〔平田 1993〕。

　こうした状況は、弥生中期中葉に一変する。筑紫平野の青銅器生産は、鳥栖市本行遺跡や同市安永田遺跡など朝倉地方に移るが、かつての分散状態から集約的な傾向をおびてくる。それと同時に、須玖遺跡群が存在する福岡平野の春日丘陵周辺に一大生産センターが成立した。平田定幸によると、1993年の段階で福岡平野の鋳型出土数は140点以上であり、筑紫平野の36点をはるかに上回る。なかでも春日丘陵にはその7割が集中する。生産されたのは、矛・戈・剣・鏃・鏡・釧・鐸・鋤先などである。

　須玖遺跡の村むらで青銅器生産がはじまる弥生中期中葉の段階は、丘陵上の岡本遺跡や大谷遺跡などが生産拠点であり、赤井出遺跡では鉄器の生産もおこなっていた。弥生中期後半になると丘陵先端の低地部に、須玖坂本遺跡、須玖永田遺跡、須玖五反田遺跡など冶金工房が集中する。工房の証拠として、鋳型ばかりでなく、中子、鞴の羽口、取瓶、銅滓など鋳造関係資料も多数出土し、さらに須玖坂本遺跡と須玖永田遺跡からは溝で囲まれた掘立柱建物が検出され、溝などから鋳造関係資料が多数出土した。須玖坂本遺跡の銅矛の中子の数は、300片以上に及

468

ぶという〔吉田 1994〕。弥生中期後半から後期には、これらのムラにガラス工房も営まれた。鋳型や鋳造関係資料の朝倉地方をしのぐ集中は、金属器が福岡平野を越えて消費集団に供給されたことを物語る。弥生後期には、北部九州地方の祭祀を特徴づける広形銅矛もここを中心に生産され、それは広く対馬や四国地方にもたらされた。

このように、須玖の勢力は弥生中期中葉以降、青銅器や鉄器生産といった特殊産業をなかば独占して営み、その製品の配付や交易に強い権限をもっていったと思われる。渡来系の工人や、背振山南麓の工人をも抱え込んで、金属器生産を集中的に推し進めた結果であろう。とくに弥生中期後半以降のそれはムラの一角に官営の工房といってよいような集中性をみせる。青銅器や鉄器、ガラス生産という特殊産業の技術や原料は大陸に求めていたので、須玖遺跡群における生産の集中化は、この地域の勢力が対外交通権を掌握していたことをも示す。その際、海人集団との間に取り結ばれた分業関係が、有効に働いたであろう。

石器の生産と流通　次に石器の生産と流通を瞥見しておきたい。福岡県唐津市今山遺跡は玄武岩製太型蛤刃石斧を、飯塚市立岩遺跡は輝緑凝灰岩製石庖丁を、原石から製品へと一貫生産していた遺跡として知られている。いずれも大正時代末から昭和初期、中山平次郎が紹介した。中山は石器の専業生産と製品の広域分布をとらえて、生産地と消費地とのあいだの分業と交通を考える手がかりとした〔中山 1924a・1924b・1934〕。

その後の本格的な発掘調査を経て、数々の事実が明らかにされた。まず、今山遺跡の磨製石斧は生産の各段階の資料が出土するが、粗割・打裂・敲打の段階のものが大半であり、最終仕上げの琢磨は消費先に任されていたらしいこと、その生産が弥生前期初頭に始まることと、生産が本格化するのが前期末であること、そしておもに中期初頭以降各地に搬出されるようになり、その範囲は糸島、早良、福岡平野から筑前、筑後、豊前、宇土半島までの広い地域に及び、およそ 100 km 離れたところにも運ばれていることなどである。これらの地域には、在地産のものをまったく使用していないところもあり、朝倉、八女、早良、粕屋、久留米、嘉穂地方はいずれも 90 ％を超える供給率を示す〔下條 1975〕。

立岩産石庖丁は、遺跡の西北にある笠木山を原産地とする原石を立岩に運び、粗割・打裂・琢磨を加え、製品化した。立岩遺跡周辺では 10 あまりの石器製造所の小集落が知られており、それぞれの集落で石庖丁をはじめ、石鎌、石戈、石剣などが生産されたが、このうち石庖丁が圧倒的に多い。弥生前期末に生産が開始され、中期初頭に製品が他地域に運ばれ、供給は中期中葉いっぱい続いた。製品の流通範囲は、糸島平野、佐賀平野、筑後平野、日田盆地、豊前地方の一帯で、立岩遺跡からの距離は最大 60 km である。筑後地方が供給率が高く、在地産の石庖丁をしのいでおり、他の地域は 30～50 ％の供給率である〔下條 1977b〕。供給率の低い地域や供給を受けていない地域の集団は、近隣の石材産地から個別に確保して生産しているので、北部九州地方の石器生産は基本的には個別生産であり、立岩遺跡や今山遺跡などが特殊なあり方を示すという指摘〔酒井 1974〕も重要である。

今山、笠木山産石材による石器生産体制に対しては、今山は複数の共同体によって入会地の

第Ⅴ部　交流と新たな社会の創造

ように利用されたのではないかとする疑問〔田辺 1975〕や、玄武岩、輝緑凝灰岩の産地はこの二者だけではないので、今山産、立岩産と限定してその分布圏を即交易圏とすることはできず、それらの分布は縄文時代の黒曜石と同等で、今山、立岩の石器生産と流通は縄文時代と同じだとする反論がある〔中島 1980〕。

　北部九州地方では、平野を単位とする地域は弥生中期中葉になると首長によって統轄され、政治的、経済的なまとまりを形成していると考えられるので、そうしたところに他集団が入ってきてテリトリーを侵害することはおいそれとはできなかったであろう。また、今山遺跡の製品が規格的であること〔下條 1989b〕からも、各地の消費者が出向いて生産して持ち帰ったとは考えにくい。一方、縄文時代の石器生産体制との比較だが、縄文時代にも地域や時期を限れば自家消費を上回る石器生産をおこなっている事例もある[1]ので、弥生時代のそれとの質的な差の追究が必要だが、それは置いておくとしても、今山遺跡と立岩遺跡の位置する糸島地方、嘉穂地方は、北部九州地方のなかでも相対的に優れた勢力圏となっていったことを率直に評価したい。

　問題は、それが社会的な分業といえるのかどうか、ということである[2]。石器を製品にして流通させるという一貫生産の開始は、弥生前期末～中期初頭である。それと青銅器の専業生産と流通の開始とが軌を一にしている点は、この問題を考えるうえで重要であろう。甘粕健は、鉄器や青銅器の専業生産が石器の専業生産を促したとみる〔甘粕 1986〕。今山遺跡や立岩遺跡の石器生産は専業であったかどうか議論がわかれるが、一貫生産体制の成立に対しては、青銅器生産からの影響という理解が問題の核心をついているように思われる。

　そうした点からすると、縄文時代の石器生産体制とはその契機において、やはり質的に異なるものと評価せざるをえないが、その一方、石器という鉄器や青銅器などとくらべると価値が低いものの分業における意義は、たとえば嘉穂地方に中国製の副葬品をもつ墓を築いた勢力が石器の生産と流通だけで支えられていた、という結論を導くほどには過大評価することもできない。糸島地方は対外交渉が、そして嘉穂地方は東の大分方面や、西の福岡平野、朝倉盆地などの中間に位置し、さらに瀬戸内地方へと向かう際の交通の要衝である〔下條 1989b〕という石器生産に加えた複合的な条件が、これらの地方を優位な勢力にのし上げた理由であろう。石器生産集団をフルタイムスペシャリストと考える必要はないが、他地域の消費者のために製品を供給するという意味でやはり一種の共同体間分業といえる、とする都出比呂志の見解〔都出 1989〕が妥当だろう。

2　畿内地方の産業と流通

青銅器の生産と流通　近畿地方における青銅器の鋳型は、播磨灘から摂津にかけての瀬戸内東岸、河内潟周辺、大和盆地、そして淀川水系から琵琶湖南岸地域にかけて分布している〔三好 1993〕。このうち、河内潟周辺の遺跡に注目すると、尼崎市田能遺跡、茨木市東奈良遺跡、高槻市芝生遺跡、東大阪市鬼虎川遺跡、同市瓜生堂遺跡、八尾市亀井遺跡から銅鐸、銅剣、銅戈、

470

銅釧などの鋳型が出土している。これらの遺跡の多くから鞴の羽口や取瓶と思われる溶解土器が出土しているので、生産をおこなっていたことがわかる。共伴土器によって時期が決定できるものは少ないが、おそくとも弥生中期初頭に鋳造が開始された可能性が高く、弥生後期には続かない。

これらの遺跡の大半は、河内潟を河川で少しさかのぼったところに位置し、弥生前期にムラを構えて以来存続するそれぞれの地域の拠点集落である（図164）。とくに東奈良遺跡の青銅器の鋳型は、銅鐸を中心にその出土量は図抜けている。また、ここではガラス勾玉も生産していた。鬼虎川遺跡で出土した銅釧は連鋳式の円環形である。縄文時代の木製腕輪の系譜を引くものでなければ、楽浪の腕輪

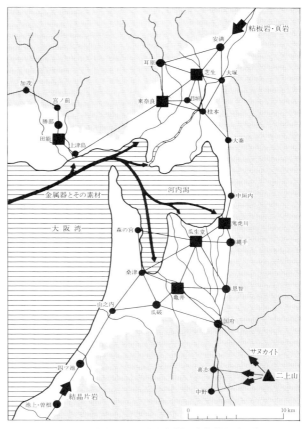

図164　河内潟周辺の弥生中期拠点集落と流通網

と関連性をもつものと考えられており、この地方にまれに見受けられる朝鮮無文土器の影響を受けた土器とともに、朝鮮半島からの渡来者集団の存在を想定させる〔中西 1987〕。

瀬戸内地方を通じてもたらされた青銅器の原料は、河内潟沿岸の拠点集落に水揚げされ、そこにかかえられたおそらく渡来系の人々を中心とする技術者集団によって製品にされ、各地へ流通したのだろう。入江の近辺の河川付近に成立したムラが拠点集落へと変貌をとげたのは、農業生産力の向上ばかりでなく、海上交通の要衝をおさえたことに大きな理由があったと思われる。

銅鐸生産工人は、ある特定の場所に定着して生産に従事していた、という定着工人説をとる春成秀爾は、現在出土している鋳型によって製作された銅鐸群と、まだ知られていない鋳型による銅鐸群の分布などを分析し、弥生中期初頭～中期中葉の畿内産の銅鐸は東奈良遺跡など北摂津地方と、たとえば瓜生堂遺跡などを想定しうる中河内地方の一、二の拠点集落で生産され、各地へ流通した[3]と考えた〔春成 1992b〕。そうであるならば東奈良遺跡一極生産ではなくて、河内潟周辺という狭い地域でも、生産拠点は複数あったことがわかる。

石器と土器の生産と流通　酒井龍一は、石庖丁を素材にして、畿内地方の石器生産システムを

第Ⅴ部　交流と新たな社会の創造

明らかにした〔酒井 1974〕。畿内地方では弥生前期の安山岩から、中期初頭以降に粘板岩と結晶片岩へと供給石材の転換がはかられ、畿内地方南部に紀ノ川流域の結晶片岩製石庖丁が、畿内地方北部に滋賀県高島の粘板岩製石庖丁が、播磨地方以西の瀬戸内沿岸地方に二上山系のサヌカイト製打製石庖丁が分布するようになる。各地の遺跡から未製品や石器製作用の道具が出土することから、石器素材や半製品を搬入し、各村で消費分を仕上げていたことがわかった。

　それでは、石器素材の流通のしかたはどのように考えられているのだろうか。畿内地方の磨製石庖丁は石材によって南北にわかれるが、西摂地方は二者が混じりあっている。このことから、都出は西摂の人が南北二箇所の産地に出かけて石材を入手したというより、二つの仲介者集団から石材供給を受けた可能性の方が高いと考える〔都出 1979〕。

　ここに想定された仲介者集団に関して、蜂屋晴美は興味深い指摘をおこなっている。畿内地方の諸遺跡からは、サヌカイト製打製石器の未製品や剥片が多量に出土するが、原石の出土は稀だという。したがって、原石からの加工は、まず二上山付近でおこなわれた。二上山西麓の大阪府羽曳野市喜志遺跡や富田林市中野遺跡ではサヌカイト製石器の未製品や剥片、石核が多く出土し、製品ではとくに石槍や打製石戈などの打製尖頭器と石鏃といった武器が畿内地方のほかの遺跡とはくらべものにならないほど高い比率で出土するので、ここに原石を加工した剥片が持ち込まれ、打製石器の生産が集中しておこなわれた。生産された石器は、石器素材としての剥片とともにその北にある藤井寺市船橋遺跡や国府遺跡という拠点集落に集約され、そこから大和川などを通じて各消費者集団に流通した。各消費集団は、完成品を受け取るとともに、打製石器を自家生産したというのが、蜂屋の示した石器流通の一つのモデルケースである〔蜂屋 1983〕。

　蜂屋によれば、弥生中期中葉に出現する喜志遺跡などの石器生産者集落は、船橋遺跡や国府遺跡によって生み出された分村的性格をもつとされ、石材産地を独占していた証拠はないという。つまり、産地は消費者によって共有されていた可能性が高い〔酒井 1974〕。縄文時代の石器流通のあり方と、基本的には変わらない。

　拠点集落が物品を集約し、他の集落に供給する体制は土器にもみられる。森岡秀人は西摂山地の小集落から出土する河内系の土器は、そこに直接運ばれるのではなく、西摂の拠点集落を介して流通したものと考えている〔森岡 1982b〕。土器も石器と同じく拠点集落が流通のかなめをなしており、畿内地方の弥生中期中葉にはそうした拠点集落を軸とした流通体制が確立したといえよう[4]。

　畿内地方の生産と流通の特質　集落間の交流に共同体間分業の要素を指摘することはできるだろうか。

　石器に関しては、国府遺跡や船橋遺跡などがサヌカイト剥片を多量に出土するのに対して、瓜生堂遺跡や東奈良遺跡、田能遺跡といった拠点集落には、未製品や製作工程を示すものは少ない。木製品では、和泉市・泉大津市池上曽根遺跡や高槻市安満遺跡や東奈良遺跡は製品とともに原木や未製品を出土するが、瓜生堂では原木、未製品は皆無といってよく、伐採のための

472

太型蛤刃石斧も少ない。つまり、石器や木器などを生産する集落と、それを供給された集落のあることが推測できる。瓜生堂遺跡は木器や石器は受け入れる一方だが、摂津地方に運ばれる中河内地方の土器がこのあたりで生産されていたとすれば、瓜生堂遺跡も特殊な集落でなく、交換体系のなかに組み込まれていたといえよう〔酒井 1982〕。

　河内潟周辺の集落を、こうした専門生産の視点から分析した田代克己は、河内潟北岸の三島地域には北から石器と木器を生産する安満遺跡、青銅器や鉄器をつくる芝生遺跡、潟に面した高槻市柱本遺跡の集落が、摂津地域には北から木器生産をおこなったであろう茨木市耳原遺跡、青銅器生産をおこなった東奈良遺跡、潟に面した同市目垣遺跡の集落が展開することに着目し、役割を異にした集落のネットワークが南北方向に形成され、それが二つ並列しており、さらにそれぞれの地域が河内潟の南岸の二つの地域と、青銅器の鋳型の石材を等しくすることにあらわれるような相互の結びつきをもっていることを指摘した〔田代 1986〕。

　それぞれの集落は地の利を活かし、山に近いムラは石や木を手に入れて道具を生産し、潟に面したムラは水運を利用して物資を運搬し、川をさかのぼったムラに青銅器や鉄器の原料を供給していたことがわかる（図164）。河内潟を中心にみた大阪平野の海—平野—山という同心円状の空間は、役割を異にする集団どうしの垂直方向の交通関係のほかに、役割を等しくする、平野どうし山の手どうしという水平方向の情報交換の交通関係も、よりスムーズに形成されるような地理的関係にあった。これは、北部九州地方でみたような自己完結的な平野がいくつか集まった構造をなしている、と理解できる。

　土器や石器、青銅器の流通のあり方からすると、それぞれの集落で生産された物資が分業のかなめをなす拠点集落に集約され、拠点集落どうしの間を中心として流通していた。酒井龍一は畿内地方の拠点集落が、5km前後の間隔で、大河川や海岸線にそった交通路上に並ぶこと（図164）を指摘した〔酒井 1984〕。拠点集落は物資の移動や交易など、交通の結節点として、大きな役割を果たしていたのである。

3　社会的分業と流通システムの地方差

生産と流通の二つの型　鉄器や青銅器の生産という特殊産業の発達と、その原料や製品を大陸から入手するための対外交通の整備は、地域勢力にとっての懸案事項であった。北部九州地方の場合、青銅器生産とおそらく鉄器生産は、弥生中期中葉には春日丘陵を中心とする特定勢力のもとに集中していった。彼らは金属器の素材流通ルートを整備し、工人を特定の場所に抱え込んで生産を掌握した。畿内地方でも、拠点集落に青銅器生産は集中しており、それは瀬戸内海などを通じた北部九州方面との交通の要衝をおさえた勢力がなしえたことであった。しかし、北部九州地方とは異なり、生産の拠点が一極に集中することはない。

　都出は弥生時代の青銅器製作工人の性格をヨーロッパの青銅器時代ならびに初期鉄器時代のそれ[5]と比較して、そのいずれとも異なる第三のタイプの工人としている〔都出 1989〕が、それは畿内地方の工人の性格に当てはまるもので、春日丘陵における金属器生産工房の集中的なあ

第Ⅴ部　交流と新たな社会の創造

り方は、ヨーロッパ初期鉄器時代の段階に近いものであったとみるべきではなかろうか。

　北部九州地方の石器生産と流通のあり方は、基本的には近接した石材産出地をそれぞれの集団が個別的に利用していたのに対して、畿内地方のそれは石材産地や石材搬入手段など、製作過程の多くを諸集団が共有している。その差は、「生産諸手段の個別的所有」と「生産諸手段の一部共有」というモデルの違いによって示される〔酒井 1974〕。さらに北部九州地方では今山遺跡や立岩遺跡のように、自家消費をこえる石器の一貫生産を発達させたムラのあったことが特徴的であり、有力勢力の形成の一つの要因をなしている。そして、それは金属器生産にみる一貫生産と製品の流通という、共同体間分業に規定されていた。

　共同体間分業の発達という点では、北部九州地方も畿内地方も同様に、平野や河川単位で金属器生産をおこなう農村を中心として、その周囲に石器生産集団や海上交通にかかわるムラなどを配置した結合体をかたちづくり、独自な生産手段を利用しあっている。しかし、より広い範囲でみた場合には、生産手段の利用のしかたは、この二つの地域は互いに異なっている。北部九州地方は、平野を単位とする自己完結型の社会を発展させたのに対して、畿内地方は拠点集落間の交通を北部九州地方以上に発達させることにより、流通の大きなネットワークを築いた〔酒井 1978：64-65〕。石器生産体制を例にとれば、畿内地方は 1 個の製品をつくるまでに複数の集団の手を経ていた場合が多く、分業生産というよりも協業生産の側面がつよい。

　生産と流通の違いの背景　この違いを生みだしたものは、何だろう。北部九州地方の勢力圏が丘陵によって隔てられた独立空間をもつ平野単位ごとに成立しているのに対して、畿内地方のたとえば河内・摂津地方の大集落は河内潟を中心とした広大な平野というオープンな空間に展開している。北部九州地方の平野は生活に必要な資源をみずからの領域でほとんど調達できるのに対して、河内潟周辺はみずからの資源だけではたちゆかない〔酒井 1978〕。そうした地理的な条件の違いが、拠点集落間の交通関係や生産の分担関係に大きな違いをもたらした一つの要因である。

　それと絡んでさらに重要なのは、特定勢力やその首長にどの程度の権限が集中していたかである。自己完結型の北部九州地方では弥生中期中葉以降、地域勢力とくに首長は、社会的分業にもとづく特殊産業を統轄し、海人集団とのかかわりなどを通じて交通を掌握することにより、資源の集積と再分配の中心としての権威をますます高めていった。大陸の情勢を身近に知ることができた点にも、階級社会への傾斜を強めていった原因があろう。

　一方、弥生中期中葉～後半の畿内地方には、大平野の諸勢力を統轄しうる一元的な勢力がまだ存在していない。中期中葉～後半を通じて激化する集落間の戦いは、統治機構を生みだすための試金石であったが、それがまだ存在しないうちは、特定勢力に富が集中しないように、お互いの勢力関係を均等に保っておくような機構が働かないと、資源や生産手段を利用しあっている畿内地方は共倒れに終わってしまう危険があった。つまり、この段階の畿内地方の諸集団は、まだ互恵的な縄文時代の社会システムを維持していたのである〔酒井 1984〕。

474

第3節　戦いと交通

1　弥生中期後半の戦いと交通関係

　戦争は、正常な交通の一形態とされる。実際の戦乱だけでなく、同盟関係、あるいは武器の流通など、戦争に付随するさまざまな事情を通じて、交通関係は活性化する場合がある。先に紹介した蜂屋の研究によれば、喜志遺跡、中野遺跡など打製石器を大量に生産している集落では、その石器の多くが石鏃と大形尖頭器といった武器であり、それが畿内地方南部を中心とした消費者集団に出回るわけだから、戦いが生産と流通を促し、交通を活発化させていたことがわかる。この節では、弥生時代の集団どうしの戦いが、このような交通関係に果たした役割を考えてみたい。

　森岡秀人は高地性集落の展開を5段階にわけた〔森岡 1996〕。第1段階の高地性集落はとくに弥生中期後半に発達し、瀬戸内海沿岸から大阪湾岸にかけて認められる。第2段階は中期終末のⅣ期末から後期初頭で、さらに紀伊中・北部、和泉北部、東摂、大和南部へと分布を広げている。

　こうした状況と連動するような、興味深い文化現象が指摘できる。西日本の弥生土器は、弥生中期初頭から中葉に地域色を強めるが、Ⅳ期の中期後半に様相を大きく変化させた。それは、内面ヘラケズリ技法の中国地方から近畿地方北部をへて東海地方に及ぶ普及と、凹線文の中国地方から東海地方へのひろがりである〔深澤 1986〕。高地性集落の第1段階のひろがりと軌を一にした現象だろう。銅鏡や銭貨、漢式三翼鏃など、大陸から将来された文物が九州圏の東方地域にもたらされるようになるのが、Ⅳ期末〜後期初頭であるという〔寺沢 1985〕。兵庫県神戸市夢野遺跡出土の壺に入ったゴホウラ製腕輪〔濱田 1921〕も、この時期のものである。第2段階の高地性集落の時期に相当する。

　高地性集落は見晴らしがきくところに立地していることや、頂上付近の斜面部に底の焼けた小穴のある例があることから、のろしを焚いた見張り所といった情報伝達機能が考えられている〔都出 1974〕。この時期、瀬戸内海を取り巻く地域の戦乱が活発化したことがわかる。それでは、この戦乱は畿内地方と瀬戸内地方といった地方間でおこなわれたものであろうか。また、上述の土器の技術的なつながりは、戦乱が瀬戸内地方から伊勢湾地方にまで及ぶ、ある程度の政治的な統合をもたらすようなものだったのだろうか。

　弥生中期中葉〜後半の石製武器を分析した松木武彦によると、打製石鏃の形態は岡山平野、讃岐平野、畿内地方、伊勢湾沿岸地方でそれぞれ異なっており、異系統石鏃の交流はほとんどみられないし、軍事的遠征を可能にするような社会組織が成立していたとは考えられないので、抗争の多くは地域内にとどまるものであった〔松木 1989〕。ただし、これらの地域では打製石鏃と打製尖頭器という共通の武器をもちいており、北部九州地方と比較すると地域間の意志疎通や情報交換などの緊密度は高い。したがって、高地性集落のひろがりも、そのひろがり全体

第Ⅴ部　交流と新たな社会の創造

を巻き込むような大抗争を示すものではなく、武器の類似性と同じレベルの文化現象と考えられる。

　松木が指摘するように、弥生後期における墳墓や土器の地域相互の独自性からすると、それ以前に地域間の統合がなされた可能性は少ないとみてよい。弥生中期中葉〜後半の抗争は地域内のまとまりの達成という点に意義があり、それを果たしえたからこそ、地域間の交通関係がさらに緊密化して、共通の土器製作技術の広域化や舶載文物の流入をみたという指摘も妥当である。畿内地方では鉄器の普及が弥生中期後半に本格化し、後期前半には石器がほぼ消滅する〔禰宜田 1992〕。鉄器や鉄素材の畿内地方への供給ルートをどのように考えるのかむずかしい問題だが、瀬戸内海沿岸に多発する高地性集落が示すような弥生中期後半から後期初頭の抗争が、瀬戸内海航路の成立による鉄資源の畿内地方への流通に一役買っていたことは確かであり、それが東日本一帯に及ぶことは、こうした広い範囲に鉄器をはじめとする物資を行き渡らせるような流通構造が早くから形成されていたことを示す〔松木 1995〕。

2　倭国乱の評価

背景としての鉄器流通の問題提起　魏志倭人伝にある「倭国乱」を、考古学的に証明することはむずかしい。文献史学の側からも、かろうじてそれが2世紀後半にあったことが推測できるだけで、乱の範囲、形態、当事者は推定することも困難である。しかし、倭国乱が歴史的な事実であるという前提のもとに、考古学の側からいくつかの解釈が試みられてきた。最近では、倭国乱とその意義を交通関係とからめて理解する新たな研究が注意を引く。

　小林行雄は、古墳時代の鉄の配給機構が畿内政権による統治機構と一致しなければ、平和は保たれないと述べた〔小林 1959a〕。中村五郎は藤間生大や井上光貞らによる古代史の業績を踏まえたうえで、小林の問題提起を弥生時代にさかのぼって考えた〔中村 1962〕。以下、その主旨を述べておこう。

　倭国乱によって北部九州地方の流通機構は打撃を受けたが、弥生社会内の鉄需要に対する脅威を回避し、鉄供給の義務を遂行するために畿内共同体首長は瀬戸内共同体首長と協力して、朝鮮半島南部からの鉄輸入に成功した。全国的な鉄配分機構をつくる中心的役割を果たした大和、南山背の首長たちは、鉄の配分を独占することにより、広い地域に対する支配権を確立した。そして、首長による共同体に対する鉄の配分が、朝鮮半島南部からの鉄の直接の入手を原因として、全国的規模の配分機構に成長するとき、首長層は前方後円墳の被葬者の地位を得たとする。倭国乱の意義を鉄の流通機構の確立と結びつけ、古墳時代の統治と流通機構の密接な関係をもたらしたものが鉄の供給の問題であったとする経済史的視点は、今みても新鮮である。しかし、1962年当時ではこの問題を深めるための考古学的資料はそろっておらず、それ以降しばらくの間この視点は顧みられることがなかった。

　古代史の分野では山尾幸久が、倭国乱の史的意義のひとつは畿内中枢地域の勢力が北部九州地方の勢力から対外交通の伝統を継承し鉄の供給源を独占することにあったとし〔山尾 1983〕、

歴史学界に大きな影響を与えた。考古学の側からも、遺物のあり方などを通じてこの問題に考察が加えられた。

　たとえば岩崎卓也は、方格規矩四神鏡と長宜子孫内行花文鏡の分布の差、すなわち前者が北部九州地方を中心に分布するのに対して、後者が北部九州地方と畿内地方がなかばする分布へと変化している点から、長宜子孫内行花文鏡が渡来したころに、畿内勢力による鏡の直接入手、すなわち朝鮮半島との主体的な交渉が開始されたとみる。弥生後期は朝鮮半島に依存した鉄の流通網が広域に整っていった時期である。鉄をはじめとする交易・流通機構のヘゲモニーが畿内勢力の手中に帰した時期を鏡のありようが変化した時期に求め、2世紀末の倭国乱は畿内勢力が対外交易権を奪取するに至る過程だと評価した。したがって、畿内勢力がそうした交易の結果得た鏡などを地方首長に配付する行為の裏には、小林行雄が重視した神性のほかに地方首長が交易組織へ加入したあかしとしての、すぐれて現実的な意味があるという〔岩崎 1979〕。地方における首長が前方後円墳を築きえた問題に対して、畿内政権との間に結ばれた政治的関係という従来の視点とは別に、畿内勢力との交通関係の締結、すなわち鉄や鏡をはじめとする交易のネットワークへの参加を背景にするという視点から解釈を試みたのである[6]。

　土器の流通形態の変化　日本列島における鏡や鉄などの文物の流通のあり方は、2世紀末を境に大きく変化するが、土器の動態はこれとどのようにかかわっているだろうか。置田雅昭は3世紀に大和地方に搬入される中河内産の庄内式甕を、大和盆地の大古墳づくりに動員された人がもたらしたものと考えた〔置田 1974〕。この考えは、時期的な問題[7]や、大和ばかりでなく諸地域に搬入されているという点から否定された〔都出 1974〕。さらにその後の研究により、庄内式並行期には土器の移動が全国的に活発化することが明らかにされた。庄内式並行期の北部九州地方には、畿内地方の土器が相当量搬入されているのに対して、その逆はほとんどない。奈良県桜井市纒向遺跡を中心とする大和地方は、遠隔地を含む他地方の土器の流入がとくに著しく、纒向遺跡の場合は出土土器全体の15％が外来系の土器である。そして、そこは箸墓古墳に代表される前方後円墳発祥の地でもある。長野県地方では善光寺平南部が、外来系土器の多い地方で、ここには森将軍塚をはじめとする、三角縁神獣鏡をそえた古式前方後円墳が存在する。千葉県市原市付近には畿内地方、東海地方、北陸地方などの外来系の土器が多くみられ、神門5・4・3号墓に代表される前方後円形墳丘墓が築かれる、といった点が指摘されている。外来系土器の多いところは、各地の情報や人の動きの結節点的な場であり、庄内式期併行期ににわかに活発になる土器の交流の背景に、大和を中心とした広域にわたる流通機構の再編成が想定できる〔岩崎 1984〕。

　地域の統合に果たした流通の役割　流通、交易の視点から遺物をとらえなおした場合、当然問題になるのが、大和地方との間にそうした関係性を取り結んだ在地勢力の評価である。庄内式期の大半をカバーする3世紀～4世紀前半には、新しいタイプの方格規矩鏡や、獣帯鏡、画文帯神獣鏡、夔鳳鏡などの三角縁神獣鏡以前の後漢末～三国初頭に製作された鏡を1面ずつ副葬した墳墓が広い範囲にみられる。岩崎は、この段階の大陸とのパイプの窓口の役割はこうし

477

第Ⅴ部　交流と新たな社会の創造

た墳墓の被葬者が果たしていたと考え、交易者としての在地勢力の主体性を論じた〔岩崎 1994〕。
こうなると、濃尾地方を中心に東日本の古墳前期にひろくみられる前方後方形の墳墓も、従来
のように身分秩序の序列として墳形をとらえる以外に、交易者グループの自己主張を示したも
のという見方もできるかもしれないという。そして、未熟な政治組織しかない段階における国
どうしの統合は、軍事的制圧ばかりでなく、交易権の確立という視点を加えることで説明がつ
くのではないかと述べる。

　丹後地方の京都府久美浜町函石浜遺跡から多くの銅鏃や貨泉が出土することは、朝鮮半島や
北部九州地方と畿内地方を結ぶ日本海経由のルートとして、古くから問題にされていた。京都
府弥栄町奈具岡遺跡などで大量の鉄器や鉄片の出土が報告され、弥生中期後半に鉄器生産がこ
の地方で盛んにおこなわれていたことが確かめられつつある。また、この地方からは青龍三年
銘の方格規矩四神鏡や双頭龍文鏡、景初四年銘盤龍鏡などを出土する墳丘墓や古墳が相次いで
みつかっており、鉄剣や鉄刀を出土した3世紀の墳丘墓も著しく数を増している[8]。日本海と
畿内地方をつなぐ地方に、このように鉄や舶載文物が多く出土するのは、実際の交易にたずさ
わり、それを差配した人物が直接、あるいは畿内地方からの配付によって手に入れた、まさに
交易のあかしとして理解することはできないだろうか。

　畿内地方が流通機構のヘゲモニーを北部九州地方から奪取したのが倭国乱であるとすれば、
その背景にはどのようなメカニズムが考えられるだろうか。まずは、2～3世紀の北部九州地
方の勢力関係からみてみよう。考古学の立場からは、福岡平野の特定個人墓が前1世紀の須
玖岡本遺跡の甕棺よりあとに続かないのに対して、糸島平野ではそれが前1世紀の三雲南小
路遺跡から1世紀の井原鑓溝遺跡を経て、2世紀の平原遺跡の方形周溝墓へ続いていくことが
指摘できる。文献からは糸島平野に存在したと考えられる伊都国にのみ王がおり、107年に後
漢に朝貢した帥升は伊都国の王であったと考えられていること、伊都国に大陸との交易品を
チェックする一大率がおかれ、人々が恐れていたことなどがわかっている。北部九州地方の外
交の窓口は2世紀には春日丘陵から、糸島平野の勢力へ移行したと考えられている。つまり、
57年から107年の間に、北部九州地方で何らかの政治的変動があったのであり、不安定な状
態だったといえる。こうした政権の不安定さは、北部九州地方における物資の生産と流通が首
長を頂点とした一極に集中するシステムをとっており、地域相互の連繋がはかれなかったこと
が禍したものと思われる。

　都出によると、畿内地方の桂川流域や淀川右岸の場合、首長系譜の1単位の首長層古墳群
は、弥生中期・後期の拠点的大集落を核とする農業共同体的結合の単位と密接な関係を有して
いる。つまり、古墳時代前期の首長は弥生時代以来の農業共同体の領有圏の1単位を基礎と
しており、かつ領有圏の範囲が古墳時代にも継続していることがわかるという〔都出 1989〕。
そうであるならば、古墳時代の首長間交易ネットワークには、弥生中・後期の拠点集落を中心
とした流通のネットワークを母体とするものがあったことを示していよう。

　弥生後期になると、畿内地方のそれまでの拠点集落の多くは廃絶したり、規模を縮小してい

478

第18章　弥生時代の交通と交易

く。したがって、弥生中期後半まで機能した拠点集落間を中心とする流通のネットワークがそのままのかたちで機能していたとはとうてい思えない。しかし、それが鉄器や鉄素材の流通に見合うようなかたちに再編成されたにせよ、弥生中期後半までに築いた勢力間連繋のシステム自体は崩壊しなかったのではないだろうか。倭国乱に際して機能した軍事組織は、こうした連繋をより広域の範囲に広げた連合組織である可能性がある。北部九州地方の弥生社会は分業や生産、流通において首長の権限を強めるシステムをかたちづくっていたのに対して、畿内地方はそれが抑制される横方向の連繋システムが発達した。そうした弥生中期の畿内地方を中心に形成された流通や交通のネットワークの特質が、前方後円墳の成立に深い影響を及ぼしたという仮説は、検討に値する。

註

1　縄文中期の南関東地方などで、自家消費を上回る磨製石斧や打製土掘具の生産をおこなっていた証拠はあがっている〔鈴木次 1985〕し、他にもそうした例はあるが、その実態は今山、立岩の石器生産と流通ほどには明らかになっていない。

2　この問題は、北部九州地方の石器生産が戦後再び取り上げられたときから、議論の対象であった。これらの石器生産を専業生産としてとらえ、共同体間分業として積極的に評価する立場と、石器専業集団の存在を疑問視し、社会的分業と認めることに批判的な立場とがある。

3　畿内地方産の銅鐸は、山陰地方にも運ばれた。佐原真は、畿内地方と山陰地方を結ぶルートが加古川と由良川をつなぐコースであることを、銅剣形石剣の分布から明らかにし、それが銅鐸を運んだルートでもあることをつきとめた〔佐原 1970a〕。陸上の交通路が、考古学的な遺物の分布から推測された例である。

4　摂津地方から出土する河内地方の美しい壺形土器は、土器自体のあるいは内容物の交易の結果だと佐原は考えた〔佐原 1970a〕。その説を発展させた都出は、逆に淀川水系からも河内地方に壺形土器が運ばれていることに注目し、土器の移動のしかたを類型化したうえで、貯蔵形態の土器が相互に移動する場合は、内容物の交流を意味する可能性が高いとする〔都出 1979〕。河内地方の土器に入れられた交易品の具体的な内容としては、二上山系のサヌカイト原石や研磨材としての金剛砂を想定した〔都出 1974〕。

5　ヨーロッパ青銅器時代の工人は、集落間を巡回する移動工人で、初期鉄器時代のそれは個々の大集落に工房をもち、生産にたずさわる大集落内の定着工人集団である。

6　弥生後期の北部九州地方における鉄器の出土量が圧倒的であり、畿内地方は乏しいことから、畿内地方の勢力が北部九州地方から鉄資源のルートを奪取したという倭国乱の結末の評価は再考しなくてはならない〔村上 2000b など〕が、倭国乱が流通機構の再編成とかかわりをもつという評価は、銅鏡の分布の変動などから動かないと思われる。

7　奈良県桜井市の外山茶臼山古墳付近の外山下田地区からは、古墳造営にかかわるとみられる木製道具と、野営地での生活を示すような土器の捨て場が検出されたが、出土土器は布留1式並行期の尾張系の土器を中心に山陰系など外来系の土器が多く、甕が圧倒的であるという（清水真一氏ご教示）。置田説も再浮上してくると思われる。

8　京都府宮津市籠神社は海人の神をまつる神社で、ここに内行花文昭明鏡と長宜子孫内行化文鏡が伝世しているのも注目される。

479

第 19 章　関東地方の遠賀川系土器とその周辺

第 1 節　問題の所在

　1932 年（昭和 7）、中山平次郎が「第二系有紋弥生式土器」と呼んだ、福岡県遠賀川の河床に
ある、立屋敷遺跡出土の弥生土器〔中山 1932b〕は、小林行雄によって「遠賀川式土器」と名づ
けられ、西から東（北部九州地方から播磨地方）へと、その伝播の方向性が確かめられた〔小林 1932
c〕。遠賀川式土器が若干変容した遠賀川系土器として、畿内地方においてはすでに安満 B 類
土器が指摘されており〔小林 1932b〕、さらに愛知県名古屋市西志賀貝塚によって、その分布の
東限が伊勢湾地方にまで及んでいることが確かめられたのも、それから間もなくのことであっ
た〔吉田 1934a・b、藤沢・小林 1934〕。そして、森本六爾の弥生時代の三期区分〔森本 1935〕など
を経て、遠賀川式土器は、西日本の前期弥生土器の総称〔小林 1959b〕として定着していった。

　以来、遠賀川式土器の東限は伊勢湾沿岸地方であるとの見方が、学界では支配的であった。
もっとも、1934 年（昭和 9）の段階で、遠賀川式土器は三河地方にまで分布することがすでに
知られており〔藤沢・小林 1934〕、さらに 1951 年（昭和 26）には、長野県の下伊那地方にまで達
していることも明らかにされてはいた〔矢沢 1951〕。しかし、それが在来の文化とどのように
かかわっていたのかということに関しては、あまり深く追究されずにいた。それは、杉原荘介
の説に代表されるように、関東地方以東への弥生文化の波及は、櫛目文土器の弥生中期以降で
あるという考え〔杉原 1955：18-19〕が学界の常識となって、暗に規制を加えていたことにもよ
る。

　こうした動向に対して、中村五郎は東日本の弥生土器は、畿内第 I 様式併行期にさかのぼる
のではないかという考えを表明した〔中村 1976・1982〕。1984 年には、青森県八戸市松石橋遺跡
で遠賀川系土器の出土が報ぜられ〔市川・木村 1984〕、東北地方の弥生前期（I 期）併行期の問題
が、伊東信雄によっても指摘された〔伊東 1985〕。そして、東北地方各地に遠賀川系土器が、
予想以上に多く分布していることが、佐原真によって明らかにされ、詳細な観察と遠賀川式土
器との比較によって、東北地方の弥生前期に関する理解が、遠賀川系土器の伝播という方向か
ら深められた〔佐原 1987〕。さらに、青森県弘前市砂沢遺跡の水田遺構の検出によって、もは
や東北地方北部に関しては、弥生時代の開始は中期以降であるとする束縛から、解放されたと
いってよい。

　視点を関東地方に移せば、弥生前期の問題に対しては、埼玉県美里町如来堂遺跡や群馬県藤
岡市沖 II 遺跡など、縄文時代から弥生時代への移行の問題を解く手がかりとなる遺跡の発掘調

第Ⅴ部　交流と新たな社会の創造

査例が増加し、それにもとづく研究が進行している〔増田ほか 1980〕。それら弥生前期に併行する土器群には、東北地方の大洞系土器の影響と、東海地方西部に起源する条痕文系土器の強い影響が認められ、在来系の土器群に大きな変化がみられることが判明しつつある。そして、それらの土器に、若干ではあるが遠賀川系土器が伴う場合がある。

　遠賀川系土器の存在だけで、弥生時代の開始を決定することができないのは言うまでもない。しかし、農耕社会の土器である遠賀川式土器の動態を追究することが、東日本における弥生時代の開始を考えるうえで意義深いことは、冒頭の研究史素描でも明らかである。

　そこで、本章では、関東地方に分布する遠賀川系土器を取り上げ、当地方における弥生前期の土器の存在と細別、その地域的な性格などに考察を加える。

第2節　関東地方における遠賀川系土器の事例

1　関東地方北西部[1]

押出遺跡　群馬県渋川市北牧に所在する。1983～84 年に子持村教育委員会により発掘調査された。弥生再葬墓と考えられる土坑から、大型壺1・壺2・鉢1が検出された〔石井 1985〕。

　壺のうちの1個が遠賀川系土器である（図165-1）。現存高 30.3 cm、腹径 26.1 cm、底径 8.6 cm をはかる。高さに比して腹径が小さいが、よく張った球胴を呈す。口縁部は直立するが、上半を欠失する。図のように、急激に外反すると考えられる。器壁は5～7 mm と薄く、底部も6 mm と薄いつくりである。区分文様は、口頸区分文様として段を、頸胴区分文様として2条の箆描き直線文を施す。段とはいっても、沈線に近い痕跡的なものである。その間の頸部には、3単位のハの字状の細沈線文が施される。器面は縦・斜め方向のハケメを施し、その上に横方向のヘラミガキを施している。下胴部はとくにミガキが密で、ハケメを消しているが、それ以外、とくに底部付近にはミガキが及ばず、タテハケがよく残っている。内面の頸部付近の調整は、横方向のヘラミガキである。胎土は2 mm くらいまでの白色礫がやや多く、器表面に露出している。焼成は堅緻で、淡く、くすんだ桃褐色を呈す。胴中位に黒斑をもつ。この土器の胴部にはイネ籾の圧痕がある〔小島 1988〕。

　図165-2 は、共伴した条痕文系土器である。突帯をもたない単純な口縁で、口縁端部はナデによってくぼむ。胴部に縦位の羽状条痕が施される。

上敷免遺跡　埼玉県深谷市大字上敷免に所在する。1985～87 年に埼玉県埋蔵文化財調査事業団により発掘調査された〔瀧瀬・山本編 1993〕。遠賀川系土器は壺が1片、谷状の落ち込みから縄文後期前半～晩期終末の土器にまじって出土した。千網式土器に伴うと思われる。

　遠賀川系土器（報告書 68 頁第 52 図 8）は壺形土器の肩部である。肩の上に1条の沈線をもち、胴部の張りが弱い、中段階の資料である。

天引狐崎遺跡　群馬県甘楽町に所在する。遠賀川系土器は壺の口縁部が1点確認された。遠賀川系の壺形土器は口縁がゆるやかに外反し、やや太い頸をもつ。口縁の外反度は強くない。

482

第 19 章　関東地方の遠賀川系土器とその周辺

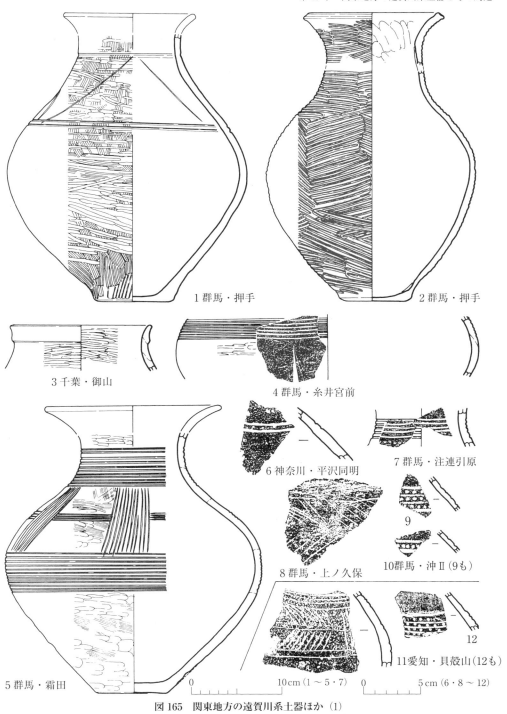

図 165　関東地方の遠賀川系土器ほか (1)

第Ⅴ部　交流と新たな社会の創造

口縁端部は面とりされているが、下端がふくれ気味に調整されることで、端面が若干凹む特徴をもつ。外面には３本一対の棒をたばねたような工具で口縁端から縦に沈線を引き、頸部に同じ工具で、縦線をまたいで横走する沈線を施している。内面には、口縁部に同じ工具で弧状文をつける。やや大きい長石を多く含んでおり、黄褐色を呈す。

　ほかの出土土器にも興味深いものがあり、とくに弥生前期土器の細別に有効な資料であるので、のちに再び取り上げたい。

　糸井宮前遺跡　群馬県利根郡昭和村大字糸井字大貫原・外原に所在する。1981～83年に群馬県埋蔵文化財調査事業団によって発掘調査された。一片の遠賀川系土器を含む、二十数片の弥生前期併行期の土器が出土したが、それらが遺構に伴うか否かは確認できなかった〔石塚 1987〕。

　遠賀川系土器は壺である（図165-4）。胴部のもっとも張ったところの破片であり、復元径32.8cmをはかる。器高に比較して胴の張りの強い形態になると考えられる。胴上部には６条以上の箆描き直線文がめぐらされる。器面はあれているが、胴部にはかすかに横方向のヘラミガキのあとが認められる。内面は多少剥落している。焼成はよい。くすんだ茶褐色を呈する。

　共伴した土器（図167）には、細密条痕や縄文の施された甕、胴部に文様をもつ甕、変形工字文の施された鉢、内面に沈線をもつ鉢などがある。

　霜田遺跡　群馬県吾妻郡東吾妻町大戸霜田に所在する。住宅の整地の際、偶然出土した。ほぼ完形の土器が４点あり、そのうちの１点が遠賀川系土器である[2]。これらはほぼ同じ場所から、斜めに傾いて出土したというが[3]、他の３点は弥生中期初頭から中葉の土器であり、共伴関係は不明である。

　遠賀川系土器（図165-5）は壺である。現存高28.6cm、腹径27.8cm、底径7.7cmをはかる。口縁部を欠失する。胴部はよく張っている。頸部と同中央部に、それぞれ11本・12本の箆描き直線文を施したのち、その間に8～11本の縦方向の箆描き直線文を４か所に加える。そしてその間に横方向の４本の箆描き直線文を施して、それらをつないでいる。肩部・下胴部にはハケメが認められ、その上を横方向にヘラミガキしている。ハケメ・ヘラミガキはいずれも繊細で、遠賀川式土器の通例のようにはっきりしたものではないが、よく磨かれ、部分的に滑沢を帯びるのは遠賀川式土器に近い。内面はていねいになでられているが、胴中部から下半にかけて、斑点状の剥落が著しい。胴部の２か所に黒斑が認められる。細かい砂粒を含み、焼成は良好である。赤みを帯びた、くすんだ褐色を呈す。

2　関東地方西南部

　平沢同明遺跡　神奈川県秦野市平沢に所在する。杉山博久らにより、1966年以来６次にわたる調査がおこなわれた。図示したもののうちの小さな破片（図165-6）は、1968年の調査で遺物包含層から出土したものである。ａとする。完形の遠賀川系土器（図166-3）と頸部から上の破片（図166-4）は、1967年の４次調査の際に、それぞれ土坑から出土した〔日野ほか 1985、平野 1985〕。ｂ・ｃとする。

484

第19章 関東地方の遠賀川系土器とその周辺

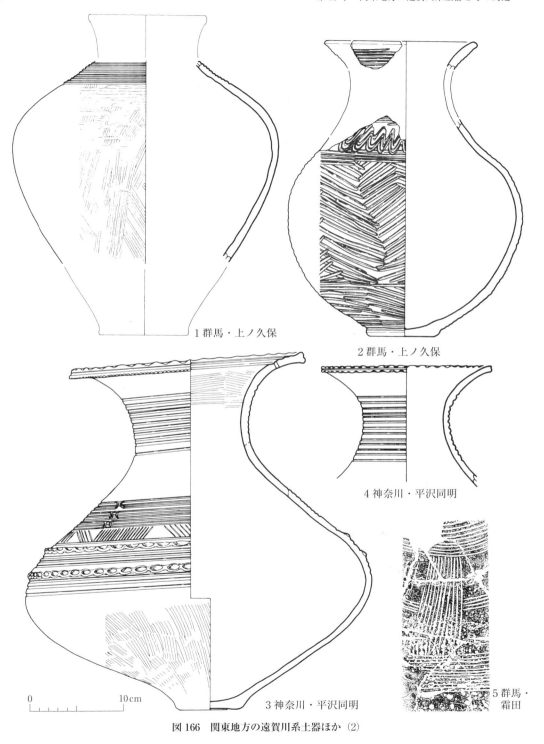

図166 関東地方の遠賀川系土器ほか（2）

第V部　交流と新たな社会の創造

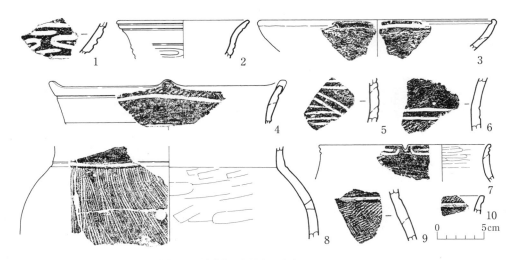

図167　群馬県昭和村糸井宮前遺跡出土土器

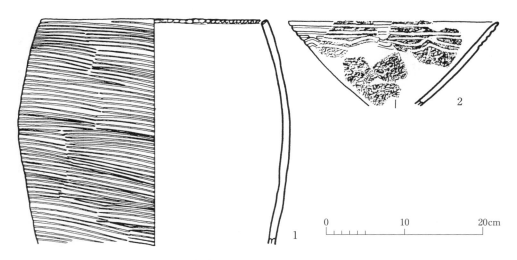

図168　神奈川県秦野市平沢同明遺跡出土土器

　aは壺である。頸胴間の破片であり、2条の篦描き直線文が鋭く、深く描かれている。表面はよく磨かれており、内面は器壁が剥落している。1mm大の砂が多く含まれ、赤褐色を呈し、一部に黒斑が認められる。同一の層位からいっしょに出土したのは縄文後・晩期の土器であり、確かな共存関係を知ることのできる土器はない。

　bは壺である。器高38.7cm、腹径37cm、底径6.8cmをはかり、胴部がきわめて強く張る器形である。口縁端部は上下から押捺が加えられ、さざ波状をなす。口縁内面に数条の凹線を施す。頸部・肩部・胴上部にはそれぞれ11本、9本、7本の篦描き直線文を施すが、肩部のそれは4か所を3段の向かい合う弧線で区切っている。胴上部の沈線の間には、押捺をもつ突帯をめぐらす。肩部と胴部の間には、数本の篦描き沈線によるハの字状文が配される。胴

486

下半はハケメがはっきりと残るが、そのほかの部分は磨かれて光沢をもつ。赤褐色を呈する。

　cも壺形土器であり、頸部以下を欠失している。口径 18 cm をはかる。bと同様、口縁端部はさざ波状をなし、頸部に 13 本の箆描き直線文を施している。図 168 はこれと土坑内で共伴した土器である[4]。

3　関連資料

沖Ⅱ遺跡　群馬県藤岡市立石字沖に所在する。1983 年に藤岡市教育委員会によって発掘調査された。弥生再葬墓 27 基などが検出された。遺物包含層から多量の土器や石器などが発掘された〔荒巻ほか 1986〕。

　遠賀川系か否か判断しにくいが、壺形土器で箆描き直線文に刺突文を加えたものがある（図165-9・10）。9は胴上部の破片で、4本の箆描き直線文をめぐらし、その間に1列ずつ棒状工具による刺突文を施している。暗褐色を呈する。10も胴上部の破片で、2条の箆描き直線文の間に2列の竹管による刺突文を配している。内面に炭化物が付着している。茶褐色を呈する。いずれも器厚が4mmと薄い。

注連引原Ⅱ遺跡　群馬県安中市中野字注連引原に所在する。1986 年に安中市教育委員会により発掘調査された。弥生時代初頭の住居跡 1 棟、弥生再葬墓などが検出された〔大工原ほか 1988〕。

　遠賀川系土器とは断定できないが、住居跡覆土の土器にそれらしいものが1片含まれていた（図165-7）。壺形土器の頸部の破片である。5条の箆描き直線文がめぐらされ、その直下に竹管による刺突文が1列配されている。胎土は精選されており、淡黄褐色を呈し、緻密な焼成で、出土した他の土器と変わらない。

殿台遺跡　千葉県成田市郷部に所在する。1981 年から 84 年にわたって、成田市教育委員会によって発掘調査された〔藤下ほか 1984a・b〕。遠賀川系土器の関連資料は、遺物包含層から縄文晩期の土器とともに出土した。

　双頭渦文〔小林 1943a〕の系統とされる文様をもつ甕形土器が2点出土している（図169-4・5）このほかに、頸部に数条の平行沈線文を加え、その下に押捺をめぐらした土器が出土している〔藤下ほか 1984b：第 11 図 76〕。鈴木正博は、この土器と畿内第Ⅰ様式との関連を指摘した〔鈴木正博 1985b〕。実見した結果、これは浮線網状文土器に伴う甕形土器であり、平行沈線文も押捺も畿内第Ⅰ様式の影響によるものではないと判断した[5]。

第3節　遠賀川系土器とそれに伴う土器の様相

1　遠賀川系土器の器種と器形

　遠賀川系土器の文様が採用されたとされる殿台遺跡の甕 1 例を除いて、すべて壺形土器である。また、いずれも腹径が 30 cm 内外の大きさの壺であり、小型壺・大型壺はない。

　小林行雄は、奈良県田原本町唐古遺跡の第Ⅰ様式壺形土器を分類し、小型の壺を除いたそれ

第V部　交流と新たな社会の創造

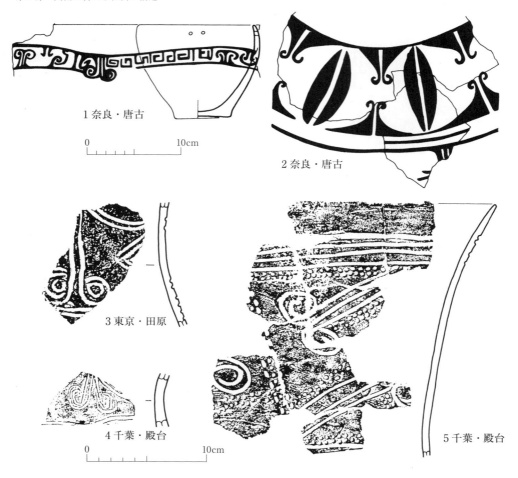

図169　双頭渦文のある土器

らを大きさにより三つに分けた〔小林 1943a：49–50〕。佐原真はそれを、A）腹径が器高よりも1、2割小さく、高さ20〜30 cm、口径15 cm内外のもの。B）腹径が器高よりわずかに大きく、全体がやや平たい感じで、Aとほぼ同じ大きさのもの。C）より大型で、高さ・腹径が35〜45 cm、口径が25 cm内外で、口縁が大きく開いたものとした〔佐原 1967〕。すでに小林によって指摘されていたことであるが、佐原はA・B類とC類とでは、年代に差異のあることを確認している。

前節でみてきたもののうち、押手例や天引狐崎例は唐古遺跡出土の壺A類に近似した形態をとる。平沢同明b・c例、そしておそらく糸井宮前例はC類である。霜田例は、口縁が大きく開く器形になるだろう。器高に比して腹径が小さいが、唐古遺跡の第85号竪穴出土のC類（実測図番号23）と形態は近似している。

488

2　遠賀川系土器の時期と出土状況

時期　佐原は、北部九州地方の板付式に起源する壺形土器の区分文様が、畿内地方においてどのように変化しているかという視点から、畿内第Ⅰ様式土器を細別した〔佐原 1967〕。その大要は、区分文様から帯状文様への変化である。つまり、区分文様としての段の使用が盛んだが、まだ削り出し突帯が出現していない段階を古段階、区分文様として段を用いるほか、削り出し突帯が出現した段階を中段階、貼り付け突帯が現れ、箆描き直線文が多条化し、区分文様が帯状文様に変質した段階を新段階とした。

佐原の細別案に対しては、いくつかの批判が寄せられているが[6]、唐古遺跡出土の中段階以降の壺形土器の分類によって得られた、①段・削り出し突帯第Ⅱ種少条・少条の箆描き直線文・区分文様のないもの、というグループと、②削り出し突帯第Ⅱ種多条・多条の箆描き直線文・貼り付け突帯文、というグループとの区別は、貼り付け突帯少条出現の①グループへの遡及〔井藤 1981〕といった部分的な変更はあるものの、いまだに有効性をもっている。

関東地方の遠賀川系土器も、二つの時期に分けることができる。器形上のA類とC類の区別もそれを裏づける。古い段階は、段・少条沈線によって特徴づけられる、押手・上敷免・平沢同明a例であり、畿内第Ⅰ様式中段階に併行する。新しい段階は、多条沈線によって特徴づけられる、糸井宮前・霜田・平沢同明b・c例であり、第Ⅰ様式新段階に併行する。平沢同明b・c例は口縁端部がさざ波状にされており、畿内第Ⅱ様式併行の朝日式にもっとも近づいたものである。霜田例も、畿内第Ⅱ様式の丈の高い壺に近づいている。ともに箆描き直線文は、10条をこえる。

伴出する土器も、遠賀川系土器の二大別と関連したあり方を示す。押手例と墓坑で共伴した条痕文系土器は、口縁端部などに樫王式の壺の要素を多分に残した、頸が太く、胴の張りの弱いもので、上ノ久保遺跡の水神平式土器よりも古い[7]。群馬県渋川市南大塚遺跡〔大塚 1985〕も押手例と同じ段階の再葬墓遺跡であり、共伴した変形工字文の鉢は、平沢同明遺跡の例（図168-2）よりも古い。押手遺跡や南大塚遺跡は、茨城県筑西市女方遺跡の変形工字文〔田中 1944〕の時期であり、北関東地方に壺を中心とした再葬墓が出現するのはまさにこの時期と考えられる。

出土状況　関東地方の遠賀川系土器は、遺物包含層から散漫に出土するもの以外は、すべて墓から出土している。このうち、押手例が再葬墓から出土したものであり、霜田例もその可能性が高い。平沢同明b例は土坑から単独で出土している。遠賀川系土器が弥生再葬墓から出土する例は、長野県松本市針塚遺跡〔神沢 1983〕で知られているが、詳細は不明である。見取り図からすると、遠賀川系土器は単独出土であり、長野県豊丘村林里遺跡（図170-3）〔神村 1967〕と同じく単独の壺棺かもしれない。

関東地方の遠賀川系土器の壺の多くに、再葬の蔵骨器あるいは壺棺の役割が多かったとすれば、それは信濃地方からの影響によっていたのかもしれない。この時期に壺を蔵骨器の主体とする再葬墓が成立してくることと、これらの地域が遠賀川系土器の壺を受容したことは密接な

第Ⅴ部　交流と新たな社会の創造

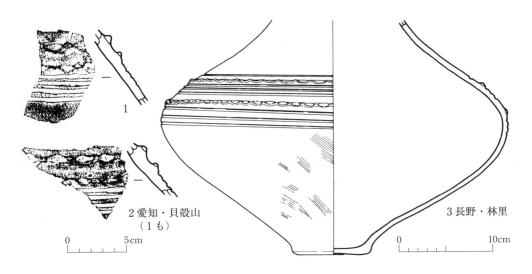

図170　遠賀川式・遠賀川系土器

関連性をもっている。数ある土器の器種のなかで、なぜこの地域が壺を選択的に受容したのか、その理由の一つがここに求められるのではないだろうか。

3　弥生前期土器の細別

北西関東地方の前期弥生土器に対する認識　東日本の弥生前期土器に関しては、まず中村五郎がその存在に注目した。それはおもに遠賀川式土器の編年と、東日本の土器編年の併行関係を吟味して、これまで弥生中期とされてきた東日本の土器のなかに、前期にまでさかのぼるものがある、という提言であった〔中村 1978・1982〕。その後、増田逸朗は埼玉県美里村如来堂Ｃ遺跡でまとまって出土した弥生土器に対して、系譜と編年的位置づけを検討し、弥生前期末にさかのぼる土器として如来堂式を設定した〔増田ほか 1980〕。さらに、1983年には群馬県藤岡市沖Ⅱ遺跡が発掘調査され、質量ともに豊富な土器群が報告された〔荒巻ほか 1986〕。

こうした過程をへて、鈴木正博は北西関東地方の縄文晩期終末から弥生中期に至る土器編年の細別のなかで、縄文土器から弥生土器への移行を示すものとして、如来堂式→沖Ⅱ式という編年を立てている〔鈴木正博編 1991〕。筆者も、北西関東地方の弥生前期土器の細別を考えたことがあり、如来堂Ｃ遺跡や群馬県渋川市南大塚遺跡などの土器群が、群馬県倉渕村上ノ久保遺跡などの土器群に先行するものと位置づけた〔設楽 1983〕。若狭徹も同様の立場で、土器群を編年している〔若狭 1992〕。

縄文土器から弥生土器への変化の認識はさまざまだが、如来堂Ｃ遺跡や沖Ⅱ遺跡の土器群が、それをとらえるうえで重要な役割を果たしていることは言うまでもない。

二者を比較した場合の編年上のもっとも大きな特徴は、如来堂Ｃ遺跡には大洞Aʼ式に併行する土器、あるいはそのものがみられるのに対して、沖Ⅱ遺跡にはそれがほとんどない、とい

う点である。ただし、如来堂C遺跡の土器のなかには、鈴木が指摘するように短い羽状沈線文をもつものが含まれていたり、磨消縄文をもつものがあるなど、わずかに新しい時期のものも含んでいる。また、沖Ⅱ遺跡の土器には大洞A′式の変形工字文をもつ鉢が1個体だけ含まれている。

しかし、こうしたわずかな資料をのぞけば、基本的には鈴木の編年のとおり、如来堂C→沖Ⅱという序列は認められよう。そして、沖Ⅱ遺跡の土器群は文様の沈線文化が進行し、沈線以外の平坦面が器面に占める割合がきわめて大きくなるという、大洞A′式直後の青木畑式と同じ特徴をもっており、伴出する東海系の土器は水神平式に限られるので、その編年的位置づけは明確である。

天引狐崎遺跡出土弥生前期土器の系譜と編年的位置づけ　ここでは、天引狐崎遺跡の弥生前期の土器（図171・172）を取り上げて、如来堂C遺跡や沖Ⅱ遺跡の土器群をまじえながら、その系譜と編年上の位置について考えてみたい。

壺形土器は、遠賀川式の影響を受けたもの（A類＝図171-1）、東海地方の条痕文土器そのもの（B類＝図171-2・3）と、その影響を受けて地元で発達したもの（C類＝図171-4〜6）の三種類からなる。

A類の1はすでに触れたように、頸の太さにしては口縁の開きが強くない点など前期の新段階でも古いと言えよう。B・C類はいずれも愛知県方面の条痕文土器の影響を受けて成立した土器によって構成されており、前期中段階から新段階でも古い時期、すなわち東海編年の樫王式から水神平式にかけて（1・2・4）と、前期新段階ないし中期初頭、すなわち水神平式併行あるいはその直後（3）という2時期の土器が認められる。C類の4の口縁を面取り気味に仕上げるのは樫王式の特徴だが、口縁の外反度や面取りの形状などにやや新しい要素がうかがえる。

如来堂C遺跡の東海系の壺形土器の編年的な位置づけをめぐっては議論があるが〔鈴木正博1983：3〕、型式学的にみて鈴木が指摘するように、樫王式から水神平式にかけてという編年的位置づけが妥当なものと思われる。樫王式土器には氷Ⅰ式土器が伴出するのが常であるが、如来堂C遺跡に浮線網状文土器が皆無に近いということも、その編年的位置づけを支持するものであろう。天引狐崎の古い段階の条痕文土器にも、そうした位置づけが与えられよう。

甕形土器は、南東北地方の系統のもの（A類＝図171-7）、在来の系譜を引きつつ、文様に南東北地方の要素をとりこんだもの（B類＝図171-8〜11）、東海地方の影響を受けたもの（C類＝図171-14）、そして北部九州地方の影響を受けて出現したもの（D類＝図171-13）からなる。

A類の7は形態、地文、胴部文様から、福島県郡山市一人子遺跡〔馬目・古川1970〕の短頸甕形土器との共通点を指摘できる。太く深い沈線文で文様を描く点も等しい。一人子例の変形工字文には菱形の文様があり、その部分の縄文が磨り消されており、さらに文様帯の幅が7より広いことが予想できるという点で新しい特徴をもつが、7は南奥地方の土器の影響を強く受けたものといえよう。したがって、7は大洞A′式に比定できる。

第V部 交流と新たな社会の創造

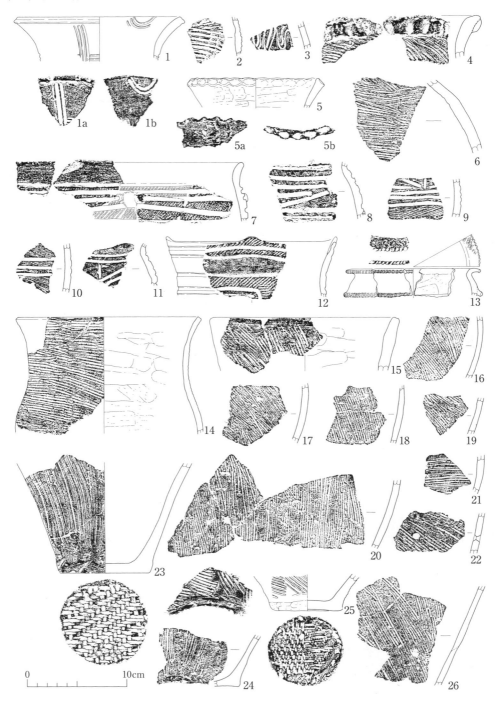

図171 群馬県甘楽町天引狐崎遺跡出土弥生前期土器（1）

B類は、縄文晩期終末の浮線網状文土器の甕形土器に直接系譜が求められるが、文様に南東北地方の影響が強く加わることによって成立した甕である。B類は胴上部に沈線文をもつが、太い沈線によって関東型の変形工字文〔馬目・古川 1970〕をしっかりと描いたB1類 (8) とそれよりも浅く細い沈線で描いたB2類 (9〜11) の区別がある。B1類の8は変形工字文であり、A類の7と同様大洞A′式に併行する。抉り部分がおそらく深く、大きく削られると思われるが、それは荒海式に特有のテクニックである。そして、この文様モチーフは沖Ⅱ遺跡にまったくみることができない。

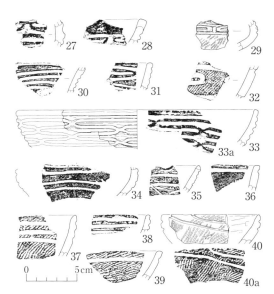

図172　群馬県甘楽町天引狐崎遺跡出土弥生前期土器 (2)

　これに対して、B2類の9〜11は沖Ⅱ遺跡に典型的な三角連繋文である。A・B1類と比較した場合、立体感や彫刻的要素を欠いており、両者の間に時間的な前後関係を指摘することができる。したがって、三角連繋文は、7のような変形工字文に縦区画沈線を入れ、反転や粘土粒などを省略し、簡略化することによって成立したと考えるのが妥当だろう。

　沖Ⅱ遺跡の三角連繋文をみると、それを構成する上下の横沈線文の数に、著しい差のあることに気づく。天引狐崎の7は、上の沈線の数しかわからないが、補助線もいれると3本である。これは、本場の変形工字文と同じ数〔馬目・古川 1970〕で、規範的である。そして、その直上がケズリによって肩の段になっており、7はそれが沈線を引く工具と同じもので成形されているために、あたかも沈線のようになっている。

　沖Ⅱ遺跡の三角連繋文は、包含層出土206のように肩に段をもち、補助線を入れて3本の横沈線で構成されるものがもっとも古い。斜線も1本である。肩の段が沈線に置きかわり、4本の沈線になったもの (204)、さらに5本になったもの (219)、段がつくられずに3本の沈線になり、補助線も1本につながってしまったもの (220)、そしてさらに補助線が自由な図形を描くようになったもの(229)という変化が指摘できる。したがって、天引狐崎の甕も9が古く、10・11は新しいので、7…8→9→10・11という変化をたどったことがわかる。

　D類の13は、口縁部をL字形に屈折させ、端部と胴部に貼った突帯に刻目を施す。口縁部の水平な部分には単節LR縄文を施す。関東地方のこの時期の土器のなかに類例を探すことができない。また、前後に時期を広げても、類例は見つからない[8]。他の地方に類例を求めなければならないとすれば、もっとも可能性が高いのは、北部九州地方の弥生前期後半の二条突帯

第Ⅴ部　交流と新たな社会の創造

をもつ甕である。

　北部九州地方の弥生前期の甕形土器は、如意状口縁をもつ板付系、縄文土器の系譜を引く刻目突帯文系、その二者の特徴をミックスした折衷系からなる〔藤尾 1984〕。本例は口縁に板付系の特徴をもつ外反口縁、胴部に刻目突帯系の特徴である刻目突帯をもつタイプであるが、折衷系のなかには極端に口縁が外反するものがあり、まさに本例と同じ特徴をもっている[9]。もっとも似通った形態的な技術的特徴をもつのは、板付Ⅱa式の折衷甕であり、前期終末にまでは下らない。一方、この甕が北部九州地方からの搬入品でないことは、口縁上面に縄文を施していることからわかる。

　鉢形土器は、太い隆線で匹字文を立体的に描いた鉢（A類＝図172-27）、彫刻的な工字文を描く鉢（B類＝図172-28・29）、沈線による変形工字文やそれに類する文様を描いた鉢（C類＝図172-30～32）、浮線網状文に類する文様モチーフをもつ鉢（D類＝図172-33・34）、比較的単純な直線的構図の沈線文を施した鉢（E類＝図172-35～40）よりなる。

　A類の27は、大洞A′式でも古い段階にまでさかのぼる可能性のある土器で、大洞A′式の隆線的な手法をよくとどめている。こうした土器は、沖Ⅱ遺跡にはもちろん、如来堂遺跡にもない。

　B類は大洞A′式に併行する土器で、28は反転部に粘土粒がない点は東北地方のものとやや異なるが、その直接的な影響がうかがえる資料である。こうした小波状口縁の鉢は、如来堂C遺跡にあり沖Ⅱ遺跡にはない。29は茨城県日立市大沼遺跡や筑西市女方遺跡に類例が求められ、荒海貝塚にも同様な鉢があり、反転部の抉りに共通するものがある。これも沖Ⅱ遺跡にはない。

　C類の30は如来堂C遺跡に特徴的にみられるものである。本例は胎土、焼成や色調、文様のつけ方などから、東北地方の大洞A′式に比定でき、搬入品と考えてよいものである。31は文様の単位数に違いはあるが、沖Ⅱ遺跡にただ1点存在している鉢と同類である。これも大洞A′式後半に比定できるものであり、沖Ⅱ遺跡にもわずかにそうした時期のものが含まれていることがわかる。32の文様モチーフはどのようなものかわからないが、甕A類と同じ沈線文のテクニックは、その古さを示すものであろう。

　D類は沖Ⅱ型変形工字文〔鈴木正博 1987〕に特有のテクニックをもつものである。変形工字文の抉りを伴った隆線反転部分に対して、それは上下から抉りを入れたりつまんだりして隆線を会合させている。この文様モチーフは、浮線網状文からの変化で理解できるが、如来堂B・C遺跡に2線分岐の浮線網状文土器が存在しており、D類の直接の祖形がそうした土器であることを物語っている。本例の沈線部分が隆線部分よりも幅が広いのは、浮線網状文の名残であり、会合部の処理のしかたとともに、沖Ⅱ例よりも古いことを示すものであろう。福島県域では大洞A′式でも新しい段階の根古屋遺跡16号墓坑出土の鉢形土器と比較できる古さのものである。つまり33は沖式以前、浮線網状文直後で、34は沖式に比定できる。

　E類の35は荒海式の深鉢に同様な口縁処理方法のものがあり、乱雑だがシャープな文様と

494

ともに、大洞A′式までさかのぼる可能性を考えさせる。36 は埼玉県深谷市四十坂遺跡や如来堂C遺跡に特徴的な鉢。沖Ⅱ遺跡にはない。37 は如来堂C遺跡に類似例があり、ともに黄褐色で東北地方南部方面からの搬入品かもしれない。

　このように、鉢形土器は東北地方の大洞A′式の影響を多分に受けたもの（A～C類、E類の一部）、在地の浮線網状文土器の系譜を引いたもの（D類）、新たに出現するもの（E類）によって構成されている。東北系の土器は、東北地方南部の大洞A′式の影響を受けた荒海式や女方式などの変形工字文の形成と連動した顕著な動きをみることができ、在来系の土器は当地方の浮線網状文土器から直接導くことができる文様モチーフをもつ。これらの大半は大洞A′式に併行する時期のものあるいはそのものであり、そのうちにはA類の27 のように如来堂C遺跡にみられないくらい古い特徴をもつものもあるが、B類やC類の多くは類例をあげることができたり、同じ古さと考えられるものであった。これらは沖Ⅱ遺跡にはほとんどみられない。このことは、当遺跡の弥生前期の土器が大洞A′式に併行する古い段階を主体としていることを示す。

第4節　遠賀川系土器の系譜と伝播の経路

1　系譜

　これらの遠賀川系土器の系譜であるが、胎土分析などを経てからでなくては明確な答えは出しにくい。肉眼観察では、これらには赤みを帯びたものが目立つ。近畿地方の遠賀川式土器には赤みを帯びたものは少ないが、伊勢湾周辺には、いわゆる赤焼の遠賀川式とされる、赤褐色に焼けた遠賀川式土器の分布が知られている〔紅村 1956〕。また、信濃地方に分布する遠賀川系土器も、その傾向が強い[10]。押手例も赤みがかかった淡褐色であるが、桃色の色合いは、畿内地方にもしばしば認められる。平沢同明例は、いずれも赤褐色を呈する。bの貼り付け突帯にはレンズ状をした横長の押捺文を施すが、これと同じ特徴をもつ壺は、伊勢湾地方を中心に分布するようである（図170–1・2）。

　沖Ⅱ例や注連引原例の箆描き直線文と組み合わさった刺突文は、遠賀川式には中・新段階を通じて認められるもので、伊勢湾地方にも分布している（図165–12）。しかし、たとえば沖Ⅱ例はきわめて薄手であり、注連引原例の特徴は在地の土器と変わらない。この箆描き直線文と組み合わさる竹管などの刺突文は、信濃地方の弥生中期初頭にしばしば認められ〔矢口ほか 1986 など〕、注連引原例はこれとのかかわりも重視しなくてはならない。刺突文は、砂沢式や茨城県稲敷市殿内遺跡に認められ〔杉原ほか 1969〕、下っては中期中葉の土器に盛んに用いられるように広範囲にわたる文様なので、すべて遠賀川式土器の影響であるか検討する必要があろう。

　また、天引狐崎例や霜田例のように、縦の区画文が横帯文を分断する文様構成は遠賀川式には例をみない。天引狐崎例の口縁内面の弧状沈線文は、水神平式土器の影響を受けたものかもしれない。霜田例には黒斑が対照的にみられ、赤褐色を呈するように、伊勢湾地方の遠賀川式

第Ⅴ部　交流と新たな社会の創造

土器の影響を受けていることは間違いないが、これらは在地でつくられたものと認めてよいだろう。

　中村五郎は、東京都新島田原遺跡〔杉原ほか 1967〕の双頭渦文を、畿内第Ⅰ様式の彩文による双頭渦文と同一系統とした〔中村 1982〕。鈴木正博は、殿台遺跡の双頭渦文を新段階とした〔鈴木正博 1985b〕。殿台遺跡の双頭渦文は、田原遺跡を介して畿内第Ⅰ様式と連絡することは鈴木の指摘するとおりだが、唐古、田原のもの（図 169-1～3）が、壺や鉢に描かれるのに対して、殿台例は甕に描かれる。これは荒海式以降、甕の頸部全面に雑描文といわれる沈線文が頻繁に描かれることと関連するのであろう。そうした甕の類例は、田原遺跡にもある。殿台遺跡の双頭渦文は、畿内地方と直結するのではなく、田原遺跡などとの交流を通じてもたらされたものと考える[11]。

　以上、遠賀川系土器といっても、遠賀川式土器にきわめて近いもの、在地において製作した模倣品、あるいは文様や製作技術の要素のみ取り入れたものなど、さまざまな種類があるが、いずれにしても伊勢湾地方とそこから伝播した信濃地方や駿河地方の影響の強いことが指摘できる。

2　伝播と受容の地域的特性

関東地方の遠賀川系土器の系譜　ここで少し目を広げて、東日本における遠賀川系土器の要素の伝播のなかで、関東地方がどのような位置にあるのか検討しよう。

　図 173 は、遠賀川系土器の段階別の出土遺跡を拾った地図である[12]。駿河地方にはいくつかの遠賀川系土器の出土遺跡が知られており、平沢同明遺跡はその延長線上にある。東京都新島の田原遺跡からは、中段階から新段階にわたる遠賀川式・遠賀川系土器が多量に出土している。駿河地方にはこのように遠賀川系土器を多量に、しかも中段階から出土する遺跡はほかにないので、田原遺跡の遠賀川式・遠賀川系土器は、おそらく伊勢湾地方から直接伝播したと考えられる。その場合は、海路によった可能性もあるだろう。

　遠賀川系土器は天竜川をさかのぼり、伊那谷・諏訪盆地・松本平から善光寺平を経て、新潟県域に至る間に点々と出土する。関東地方西部には、信濃地方から碓氷峠などを経由してもたらされたり、土器づくりの情報が何らかの形で伝えられたに違いない。福島県三島町荒屋敷遺跡〔小柴 1987〕や会津若松市墓料遺跡〔中村 1982〕などの遠賀川系土器[13]は、本場の遠賀川式土器に近い。荒屋敷例は赤褐色を呈し、伊勢湾地方と関連すると思われ、関東地方西部ないしは北陸地方を経由して伝播したと考えられる。

東北地方の遠賀川系土器の地域性　冒頭でも述べたように、東北地方北部にも遠賀川系土器の分布することが明らかになった。それは木目状列点文、木目沈線文という、特徴的な文様の分布などから、日本海経由で伝播したことが確認された〔佐原 1987〕。また、木目列点文は南下するにしたがい、ヘラによる木目のない列点文に変わっていくことも指摘されている[14]。東北地方北部の青森県八戸市是川遺跡などの遠賀川系の甕が、宮城県域や福島県域などのそれより

496

第 19 章　関東地方の遠賀川系土器とその周辺

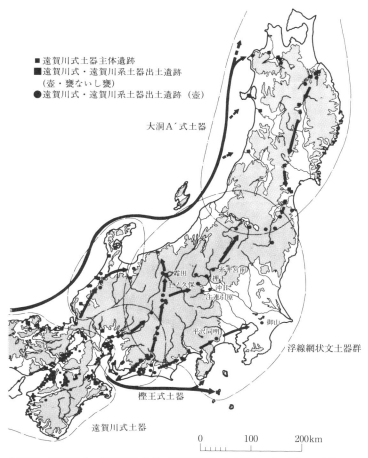

図 173　遠賀川式・遠賀川系土器の器種別分布と土器ないし情報の伝播経路

もより遠賀川式に近いことは、遠賀川系土器の情報は、まず本州最北端に伝播し、在来の土器文化圏のなかを南下して東北地方南部にまで広まっていった可能性を考えさせる。

　これらの東北地方で成立した遠賀川系土器が、壺だけではなく甕も伴っているという事実は、男女ともに集団で移動した可能性、そして水田稲作を伴った可能性を予測させるものであった〔佐原 1987〕。弥生中期中葉の枡形式土器は、こうした遠賀川系土器の特徴がとくに甕に顕著に引き継がれていることを示している[15]。枡形式土器の及ぶ範囲が、先にみた北回りの遠賀川系土器、それも甕も伴う地域の分布範囲と一致しているのも注目せざるをえない。その背景として、東北地方における遠賀川系土器の形成時における地域圏の問題があると考える。

　縄文晩期終末の東北地方は、大きく浮線網状文土器の分布圏と、大洞A´式土器の分布圏とに分かれ、その境界線は互いに交わりつつも、おおむね福島県の北部付近に引くことができる。福島県域の遠賀川系土器は壺に限られ、甕も組み合わさる東北地方北部と異なる点が、まず指摘できる。また、壺のなかにも純粋な遠賀川式土器に近いものと、東北地方北部に系譜の求められるものとが混在する。前者は荒屋敷遺跡例のように浮線網状文土器群の地域圏のなかを、

497

第Ⅴ部　交流と新たな社会の創造

伊勢湾地方の条痕文土器との交流を通じて北上してきたグループであり、後者は本州最北端からの要素が南下して成立したグループである。土器の情報を含めたこうした動きを、図173のなかに矢印で示した。

お わ り に

　関東地方に分布する遠賀川系土器に、畿内第Ⅰ様式中段階と新段階に併行する2段階があり、そのいずれも壺形土器に限られ、数もわずかであることをみてきた。遠賀川系土器ばかりでなく、この期間の土器群全体が新古に細別されることを、天引狐崎遺跡の弥生前期の土器を例にとって述べた。このうちの前半段階には、甕や鉢の一部に如来堂遺跡にみられないものを含んでいた。これらは、如来堂式以前という評価が下せるかも知れないが、甕形土器に撚糸文が一片もないことや、甕B1類は三角連繋文にスムーズにつながる点、女方遺跡の大洞A′式土器に類似すること、鈴木正博の荒海3式〔鈴木正博 1991〕に近似した点などから、如来堂式の内容がより一層明らかになったものと考えて、如来堂式で理解したい。ただし、鉢Aなどはさらにさかのぼる可能性が多分にある。

　北部九州系の二条突帯甕形土器は板付Ⅱa式ともっとも近いので、前半段階に伴うものであろう。後半は乏しい資料だが、沖式土器に比定できる。

　この土器群の前に、関東地方では埼玉県深谷市上敷免遺跡の千網式土器〔村田ほか 1993〕が位置づけられることは、本遺跡の鉢や甕に浮線網状文直後の資料がみられたことや、大洞A′式土器の細分と関東地方の土器編年の対応関係から、間接的に了解できる。浮線網状文土器は、西日本の突帯文土器の影響や東北地方の大洞A式の影響を受けながらも、在来の土器群のなかから主体的に形成された縄文晩期土器の最終末に位置づけられる土器群であった。こうした土器群が、急速に崩壊するのは、東海地方からの遠賀川系土器を含む条痕文土器の直接的、あるいは信濃地方を通じた間接的な影響と、東北地方の土器の直接的な影響によってであった。如来堂C遺跡の土器にもかつてそうした評価を加えた〔設楽 1983〕。さらに、天引狐崎遺跡では、北部九州地方の系譜を引いた土器が出土しており、まったく新しい生産様式を基盤にした、大陸文化に接する社会の情報がもたらされるようになったことは重要である。

　このような交流の活発化が、新たな土器を生み出した。東海地方と南東北地方の影響をそれまで以上に強く受けて形成された土器群が、その後の関東地方における弥生土器の様式構造の基盤になったことを考えると、如来堂式の成立は、大きなエポックであった。

　第8章で述べたように、この地域における穀物栽培の開始は如来堂式期ないしその直前である。集落の継続という点でも、浮線網状文期で集落はとだえるものが多く、新たに居を構えた集落は、天引狐崎遺跡や沖Ⅱ遺跡など、少なくとも弥生中期初頭まで継続する場合が多い。また、弥生再葬墓という南奥地方の縄文晩期終末に成立した墓制が、群馬県渋川市南大塚遺跡をはじめとして関東、中部地方に分布するようになるのも、如来堂式期の大きな画期である。

498

このような変化を重視して、如来堂式土器を関東地方北西部でもっとも古い弥生土器と考えておきたい。

　関東地方では、東北地方北部のように遠賀川系土器がその後の土器組成に大きな影響を与えるには至らなかった。それは、土器の組み合わせから知られたように、遠賀川式土器を壺・甕ともにたずさえた集団の移動、ないしは情報の伝播が関東地方にはなかったためであろう。また、関東地方に強い影響を及ぼしたのが条痕文土器だったという事情もあるだろうが、遠賀川系土器の壺に蔵骨器としての役割を求めたことが、この地域で遠賀川系土器が壺に限って受容された最大の理由だったのではないだろうか。

　遠賀川式土器の主体的分布範囲の東限は三河地方であるが、そこでは条痕文土器が壺・甕ともに遠賀川式土器と共存する。それは、この二系統の文化の集団間交流が密接であったことを物語る。三河地方以東や以北へと、この二者の文化が連動して影響を与えた可能性があり、遠賀川系土器が関東地方東南部よりも西北部に多く認められるのも、条痕文土器の動態と関連している。

　遠賀川系土器の動態はこのように複雑であり、在来の地域圏と結びついたあり方を示す。関東地方の遠賀川系土器が壺のみによって構成されているのは、東北地方北部と異なり、東北地方南部の福島県域のあり方に近い。これは、両者が浮線網状文土器分布圏に属しているからであろう。その背景には、東北地方北部で成立した砂沢式土器が、より遠賀川式土器を体系的に受け入れていることと、弥生前期の段階から水田を経営し、弥生中期中葉に至って水田の面積を拡大するような水田稲作志向の文化であったのに対して、関東地方や福島県域などは弥生前期においては水田よりも畠作を志向していったという農耕形態の差異があるが、その点については第Ⅱ部の第8章で述べたとおりである。

　註
1　関東地方を北西部（上野・武蔵北部地方）、北東部（下野・常陸地方）、西南部（武蔵南部・相模地方）、東南部（房総地方）に区分するが、歴史的なまとまりとしての地域区分を意図したものではない。
2　橋爪努氏蔵、群馬県立歴史博物館保管。
3　橋爪努氏ご教示。
4　このほか、当初千葉県四街道市御山遺跡の土器を加えていたが（図165-3）、荒海式土器であるとの鈴木正博の見解にしたがって保留した。
5　このほか、当初群馬県高崎市上ノ久保遺跡の土器を関連資料に加えていたが（図166-1）、大洞Ａ′式の系統を引いた土器の可能性が強いので除外しておく。箆描き直線文や細密条痕とその上にヘラミガキを加える手法は遠賀川式土器の影響を受けたものか大洞系土器の系譜か判断がむずかしい。
6　古段階に対しては、石野博信〔石野 1973〕、寺沢薫〔寺沢 1981〕らによって、畿内地方では古段階の遺構一括品は未検出であることが指摘されていたが、近年大阪府讃良郡条里遺跡などで、板付Ⅱa式に併行する古段階の遠賀川式土器がまとまって出土している。
　中段階と新段階の区分の問題として、削り出し突帯第Ⅱ種多条の位置づけが定まらないと井藤曉子が指摘している〔井藤 1981〕。井藤は、前期をⅠとⅡの二つに分け、削り出し突帯第Ⅱ種多条をⅠのなかに便宜的に入れる。これは、寺沢の「文様帯部分の多条化こそが壺・甕の変遷の最も基本的な指標となりうる」〔寺沢 1981〕という指摘とは相いれない。佐原による唐古遺跡出土壺形土器の分類では、これは新しい一群に含められたものである。畿内の周辺地域ではあるが、愛知県高蔵遺跡 SD03 においては、新段階に段・削り

第Ⅴ部　交流と新たな社会の創造

出し突帯第Ⅱ種多条の壺が、かなりの量存在している〔重松ほか編 1987〕。
　また、大和地方では、箆描き直線文の多条化の時期は第Ⅱ様式として評価されるが〔藤田・松本 1989〕、周辺地域とのかかわり合いが注目されよう。

7　福島県会津若松市墓料遺跡では、大洞A′式ないしその直後の御代田式の古い段階の土器と共存した土器のなかから、樫王式土器が出土したとされている〔小滝ほか 1981〕。樫王式は氷Ⅰ式と併行関係にあり、氷Ⅰ式はどんなに下がっても大洞A′式よりは下がらない。石川日出志がその扱いに苦慮した〔石川 1984〕のはそのズレのためであり、佐藤由紀男は、この条痕文土器が樫王式であるとの断定を避けた〔佐藤 1985〕。
　高蔵遺跡SD03では、水神平式段階に樫王式の特徴をもつ壺が、1点ではあるが残っている。これは、第Ⅰ様式新段階の古い部分である。筆者は、墓料遺跡の問題の条痕文土器は、この段階の樫王式系の壺ではないか、そしてそれは押手遺跡の段階の条痕文系土器ではないかと推測している。

8　弥生後期の吉ケ谷式土器には文様要素として刻目突帯があるにはあるが、吉ケ谷式にはこのような甕は報告されていない。口縁端部と胴部に刻目を施す甕としては、南関東地方の弥生後期の土器が知られているが、胴部のそれは輪積みの隆起上を刻むものであるし、形態的にもまったく異なる。

9　藤尾慎一郎氏ご教示。

10　関連する土器として、長野市新諏訪町遺跡、伊勢宮遺跡、長野県豊丘村林里遺跡出土土器などを実見した。

11　さらに鈴木は、畿内第Ⅰ様式と関連のある資料として殿台遺跡出土の壺（図174-1）をあげ、それと新潟県阿賀野市六野瀬遺跡の壺〔杉原 1968〕との関連性を指摘した。類例は荒海貝塚にもある（図174-2）。大洞系の壺形土器との系譜関係も問題にしなくてはならないと思われ、畿内第Ⅰ様式との関連性については判断を保留したい。

12　みちのくの遠賀川系土器は中段階併行とされるが〔佐原 1987〕、同じような文様構成でありながら、明らかに弥生中期初頭あるいはそれ以降に下るものも存在する。これは、伝播の時期とその文様構成に原因がある。つまり、東北地方北部に遠賀川系土器あるいはその情報が伝播したのは中段階の少条沈線の段階であり、それ以降多条沈線や貼り付け突帯の段階には伝播をみなかったと考えられている〔鈴木正博 1987〕。この地方の壺の型式組列の追究は今後の課題であり、どの遺跡がどの段階のものか、判断は後に委ねて、みちのく遠賀川の時期は細別せずに一括してマッピングした。また、遠賀川式土器の主体的分布圏内の遺跡も、段階分けせずにマッピングした。

13　墓料遺跡には木葉文の土器が認められるが、その故地は明らかではない。なお、福島県霊山町根古屋遺跡の木葉文をもつ遠賀川系土器とされる土器〔梅宮 1982〕の文様は、木葉文と認定できない向きの意見が出されているので〔工楽 1983：61、大塚達朗の1985年第128回土曜考古学回例会での発言〕、実見したところ、遠賀川系土器ではなく大塚の指摘通り、縄文後期の瘤付土器と考えられた。

14　日本考古学協会昭和61年度大会における、佐原真の基調講演「縄紋／弥生－東北地方における遠賀川系土器の分布の意味するもの－」における発言。

15　遠賀川系土器の甕の影響は、弥生中期後半には福島県域にまで及ぶ。

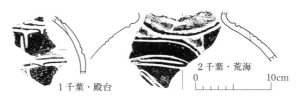

図174　特殊な壺形土器

第20章　木目状縞模様のある磨製石剣

は じ め に

　日本考古学で石剣という場合、二義ある。一つは縄文時代の石剣[1]、もう一つは弥生時代の石剣であり、後者は普通磨製石剣と呼んで縄文時代のそれと区別している。

　縄文時代の石剣は、男性器をかたどった石棒から派生した。大陸の青銅刀子の影響を受けて出現したといわれることのある石刀と同じく刃が側面につけられているので、石剣にも大陸の影響が及んでいる可能性もあるかもしれないが、不確かである。これに対して、弥生時代の石剣、すなわち磨製石剣は朝鮮半島の磨製石剣がもたらされたり、これを模倣して製作されたもので、明らかに大陸文化の影響を受けている。また石剣は呪術的、儀器的な側面が強く、人を殺傷するための専用の武器ではないのに対して、磨製石剣の多くは武器としてつくり、使われた。

　自然物採集経済とそれを支えた呪術体系が、新たな文化によってどのように変容し、あるいは消滅していくのか、という問題ははなはだ興味深い。それを探るにあたっては、縄文文化が抱えた内在的な矛盾と変化の様相を明らかにする一方、新来の文化要素の入り方やそれが与えた影響を考察する、二重の方法をとる必要がある。

　本章ではおもに後者の視点から、農耕社会に生じた本格的な争いを象徴する武器を取り上げ、それが東日本に入り込む一コマを素描してみたい。具体的には磨製石剣、それもそのうちのごく限られたものを扱うにすぎないが、東日本の弥生時代の開始を多角的に掘り下げる一助にはなるだろう。

第1節　石行遺跡の磨製石剣

　石行遺跡は、長野県松本市大字寿に所在する赤木山丘陵の北西斜面に立地した赤木山遺跡群のなかにある。約8000 m²の東西に長い区画が、1985年に松本市教育委員会によって発掘調査された〔竹原ほか 1987〕。

　出土した土器は、ほんのわずかな縄文後期前半と晩期中葉の土器、弥生前期の水神平式土器と中期の庄ノ畑式土器を除くと、縄文晩期終末の氷Ⅰ式およびそれに続く時期の土器であり、整理用コンテナ100箱に及ぶ多量のものである。総数854点の石器が出土しているが、その内訳は打製土掘具391点、石鏃238点、石錐84点、凹石81点などが目立ったところであり、

第Ⅴ部　交流と新たな社会の創造

左右にわずかな抉りを入れた横刃形石器も少数ながら検出されている。土偶は顰面土偶を中心に 32 点出土した。これが石行遺跡からの主な出土遺物である。

　問題の磨製石剣（図175-1）は、土器集中区 7 とされるもっとも大量にかつ広範囲に土器を包含していた地点から出土した。切先の部分の破片であり、片面には下半に剥落がある。すべて現存の寸法だが、全長 3.7 cm、最大幅 2.8 cm、厚さ 0.7 cm、復元推定の厚さ 0.9 cm である。両側面には鋭い刃がつくり出され、切先の先端はやや丸いが側面から続く鋭い刃が研ぎ出されている。中央部分に 1 cm の長さにわたり鎬（身の中央を縦に通った稜線）が走るが、断面はゆるいカーブを描いて凸レンズ状になり、割れ口に近い部分や切先の付近は鎬がみられない。石材は通称千枚岩といわれる堆積岩であり、白色を地に、青灰色や黒の細い縞模様が交互に重なっている。左右に刃を研ぎ出すことにより、縞模様が木目のように左右対称に浮き出ているのが大きな特徴である。幅に対して薄手であること、鋭利な刃を研ぎ出していること、とくに後述の縞模様が、石剣ではなくて磨製石剣であることを何よりも雄弁に物語っている。

　この磨製石剣の時期であるが、出土したのが氷Ⅰ式あるいはその直後の土器が集中していた地点であるので、一応その時期を磨製石剣の年代にあてておきたい[2]。氷Ⅰ式土器は縄文晩期終末に南東北地方から中部高地地方におもに分布する、いわゆる浮線網状文土器群のうちでもその最終末の土器である。

　もう少し立ちいって、共伴する土器について述べておこう（図176）。長野県大町市トチガ原遺跡の土器と共通した特徴をもつ石行遺跡の浮線網状文土器が、氷Ⅰ式の標識遺跡である長野県小諸市氷遺跡の土器〔永峯 1969〕よりも新しい傾向をもつことは、第 6 章でみたとおりである。地元の土器にまじって、東海地方の系統の土器が認められるが、それは樫王式系土器を中心とする。樫王式土器は弥生前期の畿内第Ⅰ様式中段階に併行する、伊勢湾地方でもっとも古い弥生土器である。

第 2 節　木目状縞模様のある磨製石剣

1　分布と石材と時期

　ある種の石の性質を利用して、石器に故意に木目状の縞模様を浮き出させることは、縄文時代にはなかった。装飾的な意図を多分にもつこうした手法は、朝鮮半島の磨製石剣に顕著にみられる[3]。朝鮮半島の磨製石剣は、朝鮮半島の北部と南部とでその形態に差があることが指摘されている〔有光 1958：38-42〕。北部にはおもに樋（身の両側の溝）のあるものを含んだ有茎式が分布し、南部には主として有柄式と鉄剣形が分布する。問題にしている木目状縞模様が入るものは樋のある石剣にはなく、樋のない有柄式が圧倒的である。つまり、朝鮮半島南部に顕著に認めることができるのである〔西口 1986：102〕。有光教一の『磨製石剣の研究』によると、この特徴をもつ磨製石剣は錦江流域や慶尚南道発見の有柄式磨製石剣のなかに散見される。そのほかにも、忠清南道松菊里遺跡、釜山市槐亭二洞遺跡、慶尚南道鎮東利遺跡、釜山直轄市社稷

502

第 20 章　木目状縞模様のある磨製石剣

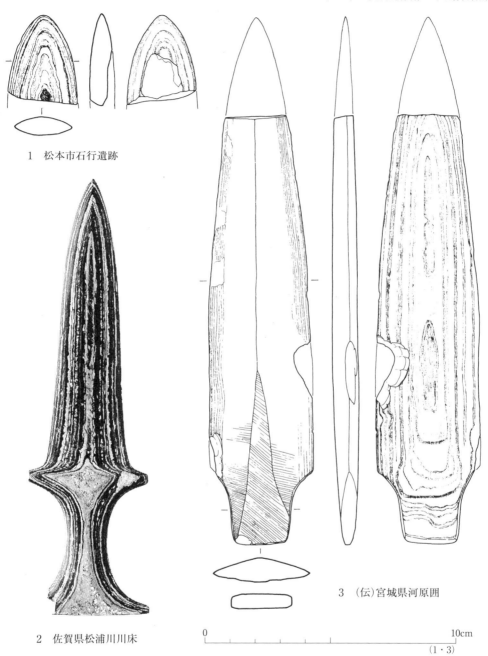

1　松本市石行遺跡

2　佐賀県松浦川川床

3　(伝)宮城県河原囲

図 175　木目状縞模様のある磨製石剣

503

第Ⅴ部　交流と新たな社会の創造

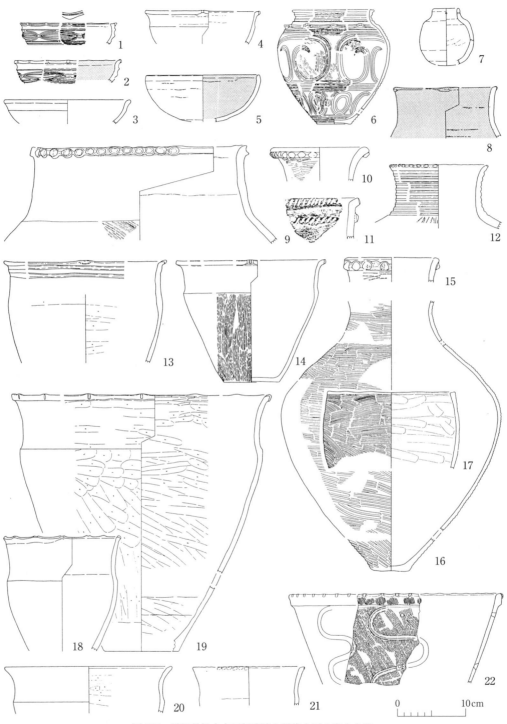

図176　長野県松本市石行遺跡土器集中区7出土土器

洞遺跡などで代表的なものが出土している。

　日本列島で出土した磨製石剣にも木目状縞模様をもつ例が多くみられるのは、こうした朝鮮半島における分布の偏差が作用しており、北部九州地方を中心に有柄式磨製石剣が数多く分布していることもそれと密接な関連性をもつ。

　木目状縞模様のある有柄式磨製石剣は、いま手元にある資料でいえば、福岡県福津市今川遺跡、福岡県糸島市曲り田遺跡、福岡県朝倉市馬田遺跡、福岡市金隈遺跡、佐賀県唐津市菜畑遺跡8～7下層、佐賀県吉野ヶ里町吉野ヶ里遺跡、佐賀県松浦川川底（図175-2）、長崎県対馬市金幕遺跡、愛媛県松山市持田遺跡、香川県高松市庵治海底など枚挙にいとまがない。

　特徴的な縞模様は、有柄式に限らない。たとえば福岡県小郡市津古内畑遺跡や長崎県平戸市里田原遺跡の有茎式磨製石剣にも認められる。さらにまた、磨製石剣ばかりでなく今川遺跡、持田遺跡、福岡県中間市垣生遺跡などの磨製石鏃や、福岡県二丈町出土の磨製石戈にも認められており、一部石庖丁にまで及び、装飾の目的のためだけでなく、この石材が広く利用されていたことを物語っている。磨製石剣のなかには、朝鮮半島から舶載されたものを含む可能性が指摘されている〔下條 1977a：185〕。

　左右対称の木目状縞模様をつくるには、石の性質をよく知り、磨製石剣の形態と石目の関係を把握していることが要求される[4]。石行遺跡の磨製石剣の材質を、通称千枚岩としたが、正式には層灰岩（tuffite）という堆積岩と思われる[5]。層灰岩は、火山灰などの火山細屑と粘土や泥のような水成岩屑が混合して層状をなす堆積岩である〔益富 1955：76〕。火山灰の混入によって比重は軽く、頁岩と凝灰岩の中間をなすやわらかい石である。こうした層理状の薄い縞模様をもつ岩石には、ほかにも堆積岩の頁岩や火成岩の流紋岩が知られている。磨製石剣は武器としての性格上、硬質の頁岩や流紋岩に類する素材でつくられたものが多いと思われるが、比較的やわらかく加工しやすい層灰岩製と思われるものも見受けられる。

　西口陽一は、縞模様のある磨製石剣の石材供給地を対馬の若田に求めた〔西口 1986〕。硯の原料でもある通称若田石と呼ばれるこの硬質の頁岩は、風化すると白っぽくなり、石理の黒色との交互のコントラストが強くなる。若田を中心に半径350 kmほどの範囲に、縞模様のある磨製石剣の分布がほぼ収まるので興味深い仮説であるが、この石材は「韓国や北九州の地下一帯に分布」しているようであり、西口も指摘するように製品個別の石材鑑定、露頭や転石との対比、蛍光X線分析、若田石の現地調査などによって石材産地の問題は解決していかなくてはならないだろう。

　有柄式磨製石剣とこの手の縞模様との間に関係が密接であることを述べたが、あらためてそれぞれの年代と分布を問題にしよう。有柄式磨製石剣の時期は弥生早期～前期である。鉄剣形磨製石剣は北部九州地方では弥生早期～中期後半、近畿地方で中期後半～後期前半とされるが、木目状縞模様をもつものはほぼ前期までに限られるのではないだろうか。すなわち、有柄式磨製石剣の年代とほぼ一致しているように思われる。

　日本列島出土の有柄式磨製石剣は、武末純一の集成〔武末 1982：389〕に長沼孝が追加資料を

第Ⅴ部　交流と新たな社会の創造

加えた 61 例〔長沼 1986：46〕が知られているが、1995 年現在では 70 例に近いと思われる。分布は、対馬、北部九州地方を中心として、愛媛県域にもまとまって知られ、断片的には大分県域、熊本県域、宮崎県域の九州中南部から香川県域、高知県域、大阪府域、愛知県域、福井県域にまで達している。九州地方を除いては、沿岸部の遺跡から出土する傾向がある。

　一方、木目状縞模様を研ぎ出す手法は、山陽道筋では香川県庵治海底にまでみられる。日本海側では、島根県出雲市原山遺跡[6]〔前島 1985：68〕、京都府京丹後市函石浜遺跡〔横山・佐原 1960：188〕にまで及ぶ。有柄式磨製石剣と同様、沿海部に集中している。北陸地方と同一の地域圏を形成する丹後地方を除くと、愛知県地方を含む近畿地方一円には認められない。時期は下がるが、近畿地方を中心に銅剣形磨製石剣という型式が広がりをもっており〔種定 1990：34〕、鉄剣形石剣とともにスレートや高島石などの粘板岩を多用するという、西方に対して独自な地域圏を形成していくことが、その背景にあると思われる。こうした地域圏を飛び越して長野県域に木目状縞模様のある磨製石剣がみられる現象が注目されるのである。

2　宮城県伝河原囲出土の磨製石剣

　宮城県域にも同様な特徴をもつ磨製石剣が知られているので、取り上げなくてはならない。それは、丸森町河原囲出土と伝えられる有茎式磨製石剣である（図175-3）。この磨製石剣は偶然発見されたもので、子どもが所持していたものが東北大学に持ち込まれたのである〔伊東 1950：445-446〕。丘陵の急斜面から単独で出土したというが、追跡調査でも共伴遺物はない。あるいは集落から離れたところに埋納されたものかもしれないが、鎬の部分に鉄分が付着しているので低地出土の可能性もあり、さらに検討が必要だろう。

　現存長 17.9 cm で最大幅 4.2 cm だが、切先を欠いている。欠損面は摩滅しておらず、石理の縞が断面の長軸に対して水平に走っている。身の片面には鎬が明瞭に通るが、もう片面は不明瞭である。鎬のある面は縁の近くに数条の縞がみられるにすぎないが、反対側の面は木目状の縞模様の摂理が著しい。側縁には鋭い刃がつけられている。関（柄が取りつく身の下端部分）から柄にかけての側面は磨かれて面取りされ、ゆるいカーブを描く。柄の付近には整形の際の擦痕とともに、黒色の変色部分が認められるが、着柄痕であろうか。全体に淡い青白色で、縞は灰黒色であるが、欠損面は暗青色で、縞模様ははっきりしていない。表面が現在白っぽくなっているのは風化したためである。硬質である。

　河原囲は、阿武隈山系北端の割山層という粘板岩の産出地にある。福島県域の阿武隈山系東側にある南相馬市天神沢遺跡などは石庖丁の生産地であり、周辺に供給していた。これらの石庖丁にも縞模様が観察されるが、石材の色調は黒色や青灰色を基本としており、この磨製石剣のように風化が進んで白っぽくなったものはみられないので、両者は石材を異にしているようである。また、これらの石庖丁に木目状摂理を意識して仕上げたものはない。形態的にも搬入品の可能性を捨てがたい。詳細は石材鑑定の結果を待って結論付けたほうがよいだろうが、河原囲出土という仮定に立って搬入品だとすると、その供給元はやはり縞模様のある磨製石剣の

506

広がる地域、あるいはそれと交渉をもった地域が対象になることは言うまでもない[7]。

第3節　磨製石剣の流入の契機と意義

1　石行遺跡の磨製石剣流入の経路

　石行遺跡の磨製石剣は、浮線網状文土器である氷Ⅰ式土器の時期と推定した。浮線網状文土器は、それまで長野県域にみられた佐野Ⅱ式、関東地方の安行3d式、北陸地方の中屋式～下野式、北越・南奥地方の大洞C₂式といった地域色をほぼ払拭して広域に成立した土器様式である。第5・6章で述べたように、その特徴は、深鉢と浅鉢を中心に構成され、波状口縁はほとんどなくなり、文様は浅鉢と深鉢の一部に網目のような単純なパターンの浮線網状文が施され、縄文は東部地域で撚糸文が施されるほかはほぼ消滅し、深鉢は肩が屈曲するものが定着するなど、西日本に広がる突帯文土器の影響を大きく受けて成立した土器様式といえる。浮線網状文土器の変遷はおよそ3段階に区分されているが〔石川 1985：389-393〕、氷Ⅰ式はその終わりの第3段階に相当する。

　第7・8章で述べたように、中部高地地方では氷Ⅰ式をさかのぼる女鳥羽川式土器にイネの圧痕が認められ、女鳥羽川式や離山式の段階でアワ・キビといった雑穀が出現し、氷Ⅰ式にそれが普及した。この地域ではイネよりもアワ・キビの雑穀が多く栽培されたことがレプリカ法による土器の圧痕の調査によってわかっている。

　氷Ⅰ式ないしその直後の穀物栽培に関する情報の流入は、伊勢湾地方の樫王式の動向と深いつながりがある。女鳥羽川遺跡や離山遺跡では、樫王式をさかのぼる条痕文系土器である五貫森式土器や馬見塚式土器がわずかながら伴うが、それが顕著になるのが氷Ⅰ式―樫王式期であり、それは土器に残された穀物圧痕の比率の飛躍的な増加と連動しているのである。

　愛知県からは有柄式磨製石剣も出土していることからすれば、石行遺跡の磨製石剣は雑穀を中心とした穀物と条痕文土器に伴うように伊勢湾地方からもたらされたと一応は考えられる。しかし、木目状縞模様という特徴は、愛知県域はもとより畿内地方にもまったく認められないことが気にかかる。そこで、もう一つの流入経路として北陸地方経由という可能性を検討してみたい。

　すでに述べたように、有柄式磨製石剣や木目状縞模様のある磨製石剣は、瀬戸内沿いに伊予地方や讃岐の海底など、海岸伝いに検出されている。日本海側でも、有柄式は若狭湾東岸の敦賀市まで達しており、木目状縞模様のある磨製石剣は有茎式、あるいは型式不明だが出雲地方の原山遺跡や丹後地方の函石浜遺跡などから検出されている。これも海岸沿いの遺跡である。

　種定淳介は、銅剣形磨製石剣を分析して、その最古型式は畿内地方にあるが、それに匹敵するものが若狭湾から能登半島の日本海沿岸の地方にあることを重視し、畿内地方からの影響とは別に、北部九州地方からの文物流入のルートを想定することも可能であるとして、模倣の対象の銅剣がそうしたルートを通じて北部九州地方からもたらされた可能性を示唆している〔種

第Ⅴ部　交流と新たな社会の創造

定 1990：35〕。

　北陸地方の弥生前期の柴山出村式土器には、焼成の前に赤色塗彩を施した壺形土器が知られている〔久田 1991：57〕。この技術は浮線網状文第1段階にさかのぼって、石川県野々市町御経塚遺跡の壺や鉢にも用いられている。さらにそれは石行遺跡にも認められる。東海地方などにない〔久田 1992：41-46〕点は、とくに注目される。土器を焼く前に色を塗るのは縄文前期の北白川下層式や諸磯ｂ式土器などにみられるが、その後ほとんどみられない。それが再び定着するのは夜臼Ⅰ式土器であり、壺形土器の外面と口縁内面の見込みの部分を赤く塗ったものが多く、水田稲作開始期における壺形土器の増加とともに目立つようになる。この技術は、朝鮮半島の赤色磨研土器の系譜と考えてよいだろう。近畿地方や東海地方の縄文晩期には認められないので、北部九州地方から北陸地方に、日本海経由でもたらされた技術と思われる。

2　北陸地方と北部九州地方を結ぶもの

　弥生前期を前後する時期、北陸地方を含むこの地域が北部九州地方と結びついていたとすれば、それはなぜだろうか。高倉洋彰は、その理由をヒスイに求める。ヒスイの産地は日本列島全域にいくつか知られているが、おもだった製品はほとんど新潟県の糸魚川産であることが、蛍光Ｘ線分析によって確かめられている。縄文時代のヒスイ製品の分布は、東日本を中心に列島内の各地に及んでいるが、弥生時代前期末〜中期になると、良質のものはそのほとんどが北部九州地方に運ばれるという。たとえば、福岡市吉武高木遺跡や佐賀県唐津市宇木汲田遺跡の甕棺のように、階層的にトップクラスのものに副葬された。逆に、ゴホウラやイモガイなど南海産の貝製腕輪が北海道伊達市有珠モシリ遺跡から出土している。そうした状況から高倉は、ヒスイを西に動かし、貝輪を北上させる流通のネットワークを想定した〔高倉 1988〕。

　こうした広域に及ぶ交易は陸路も想定できるが、海路がまず考えられよう。木下尚子は南海産の貝が北部九州地方に運ばれるにあたっては、西北九州沿岸の人々がその交易を担ったとした〔木下 1988〕。甲元眞之は、そうした成果や縄文時代の漁具の分布とゴホウラ製腕輪や甕棺の分布を重ね合わせることによって、縄文後期に成立した西北部九州地方を中心とする漁撈民のネットワークが、弥生時代には特産品の輸送というかたちで農耕社会と共生するようにシフトしていったと考え、それがいわゆる「倭の水人」と呼ばれた集団だという大変興味深い説を提示した〔甲元 1992〕。下條信行も漂海民的な動きをする集団の動向に注目している〔下條 1984〕。こうした集団がヒスイの交易を担ったとすれば、ヒスイの勾玉が福岡平野の中心部ではなく、西北部九州地方に片寄った地域で出土することにも意味があるように思われ、有柄式磨製石剣や木目状縞模様のある磨製石剣の多くが、海岸沿いの遺跡から出土していることも注意を引く。

　実際にこの段階のヒスイの攻玉集落としては、浮線網状文第1・2段階にまで及ぶ長野県大町市一津遺跡〔島田ほか 1990：88〕や、中段階の遠賀川式土器や浮線網状文土器、その直後の土器が出土した新潟県糸魚川市大塚遺跡〔田中ほか 1988〕が知られている。一津遺跡はヒスイ玉造集団としてはもっとも南に位置する集落であり、その時期ともども注目されよう。大塚遺跡

508

では焼成前の赤色塗彩土器も出土している。石行遺跡の磨製石剣がこのような事情によってもたらされたものだとすれば、さらに浮線網状文土器分布圏の内部において、日本海に偏した攻玉集団との間で何らかの交換が生じてのことだろう。

　小林行雄は宇木汲田遺跡の縄文系のヒスイ勾玉について、一つの推論と断りながら「東日本の縄文時代人が製作した勾玉を、はるばる北九州地方まで運んだものだとすると、その間に、畿内地方の弥生時代人が介在したことを考える余地が出てくるであろう。すなわち畿内地方の人びとは、銅鐸の原料とする輸入青銅利器を入手するために、北九州地方の人々が要求する硬玉製勾玉を、苦心して探しあつめて送りとどけたという可能性を考えてみたいのである」と述べた〔小林行 1967：222〕。

　確かに瀬戸内海を通じた北部九州地方と畿内地方の交流は、貝製品などの動きからも否定できないし、有柄式磨製石剣などの分布は、その後に形成される瀬戸内を通じた九州地方と畿内地方との太いパイプの初期的な様相の一端を示している。しかし、その一方、弥生時代に始まる列島内を横断するほどの規模の交通と、それを担った集団が日本海沿岸に遠賀川系土器とその情報を東北地方にまでもたらした可能性、その行き着いた先を暗示するものが北海道の有珠モシリ遺跡から出土した南海産の貝製腕輪であり、そうした日本海沿いの交易品の一つとしてヒスイがあった可能性を考える余地はないだろうか。

3　日本海を通じた相互交流

　西日本から中部高地地方へのものの動きは多様な経路をたどるが、日本海を通じた動きは以下のように重要である。長野県域からは、佐久市社宮司遺跡の多鈕細文鏡の破片でつくったペンダント、岡谷市海戸遺跡の貨泉、上田市上の平遺跡の巴形銅器や鉄矛、伝・戸倉町若宮箭塚の細形銅剣、大町市海ノ口神社に伝世している銅戈、長野市松節遺跡の中広形の銅剣ないしは銅矛といった、北部九州地方や朝鮮半島に源流が求められる青銅製品〔寺沢 1985、永峯 1988〕が出土している（図177）。いずれも弥生中期後半以降に下る。青銅器の多くが北信・東信地方に集中していることからすると、これらには畿内地方を介さず、北部九州―北陸地方というラインから流入した可能性の上に立って、再検討すべきものを含んでいるのではないだろうか。

　近年、北部九州地方で縄文晩期終末の東日本系の土器が相次いで検出された。大分市植田市遺跡のレンズ状浮帯文がついた楕円形の鉢形土器、同じく大分市古殿遺跡の鉢形土器、大分県大野町夏足原遺跡の壺ないし鉢形土器、福岡市雀居遺跡の漆塗りの壺形土器などである。植田市遺跡例の出自の判断はむずかしいが、浮線網状文系土器かあるいは大洞系土器であり、大洞C_2式～A式に併行するもので、夜臼Ⅱ式併行の下黒野式土器と共伴している〔吉田 1993〕。

　古殿遺跡、夏足原遺跡例のうち、底部付近に三叉状彫り込み文をもつものは、愛知県一宮市馬見塚遺跡F地点にあり、坂本嘉弘はそれとの類似性を指摘している〔坂本 1994：24〕が、長野県安曇野市離山遺跡にもあり〔穂高町教育委員会 1972：53〕、他の鉢形土器も長野県大町市一津遺跡出土土器などとの類似度が強く、浮線網状文第1～第2段階の女鳥羽川式、離山式に系譜

第Ⅴ部　交流と新たな社会の創造

1　伝・小谷村
　　（銅戈）
2　大町市一津遺跡
　　（ヒスイ玉造遺跡）
3　長野市松節遺跡
　　（中広形銅剣？銅矛？）
4　伝・戸倉町若宮箭塚
　　（細形銅剣）
5　上田市上の平遺跡
　　（巴形銅器）
6　佐久市社宮司遺跡
　　（多鈕細文鏡）
7　松本市石行遺跡
　　（磨製石剣）
8　岡谷市海戸遺跡
　　（貨泉）

図177　長野県域の北部九州系ないし近畿系の青銅器出土遺跡など

が求められる。北陸方面の長竹式などとの関連性も問題になるだろう。大洞 A_1 式に併行する。雀居遺跡例は、第14章で扱ったように、青森県つがる市亀ヶ岡遺跡などからも出土する、大洞 C_2 式の最終末～A 式にかけての大洞系土器であり、おそらく搬入品である。夜臼Ⅱ式と共伴している。

　これらはいずれも確実に日本海側に出自があるというわけではなく、上述の仮説を裏づける決定打にはならない。しかし、そのうちのいくつかは特殊な性格の土器であり交易品とみることも可能であることと、大洞 C_2 式の新段階から A_1 式にほぼ限定でき、それ以前の大洞系など東日本系土器の分布を大きく逸脱していることが重要である。そして、それが北部九州地方で水田稲作が開始された直後であり、その時期に東日本に穀物栽培の情報がもたらされたことを考えあわせると、東日本の農耕文化の形成は西日本からの一方通行的な文化伝播によってではなく、相互交流によってなされた可能性[8]も生まれてくる。そうした延長線上に、石行遺跡の磨製石剣のもつ意義を位置づけることはできないか、と思うのである。

　それでは、伝河原囲出土の磨製石剣に対しては、どのような流入の契機を考えればよいだろうか。縄文晩期終末～弥生中期前半の宮城県地方には、弥生再葬墓が展開する。弥生再葬墓は、浮線網状文土器の分布圏にほぼ重なる。弥生再葬墓は小地域ごとに異なる様相をみせるが〔須藤 1979〕、その分布域の一角に流入した磨製石剣が、地域間の交渉を通じて宮城県域にまでもたらされたと考えておきたい。

510

第 20 章　木目状縞模様のある磨製石剣

おわりに

　縄文時代の石剣は、刃がついているといってもなまくらである。そうしたところに、鋭い刃をもった美しい縞模様の見慣れぬものが入ってきた状況を想像すると、縄文人が受けたであろう異文化に対する大きな衝撃に思いを致さないわけにはいかない。

　磨製石剣と思われる資料は、離山遺跡でも 3 点ほど出土しており、やはり鋭い刃をつけている。浮線網状文土器第 2 段階であるから、石行遺跡よりもさかのぼり、弥生文化の要素が予想以上に早くこの地域に受容されていた可能性がある。これらの専用の武器とともに、戦闘やそれにまつわる思想も流入していたのかどうかになると、資料も少なくて不明であるといわざるをえない。しかし、長野県域では弥生中期以降、青銅製武器や武器形祭器が流入しており（図 177）、武器か否か再検討が必要だが、磨製石鏃が発達する。さらに、関東地方から東北地方に及ぶ広い範囲で、青銅器や石製武器を模倣した武器形の石製品[9]が多くみられるようになる。青銅器、あるいは石製武器に対する要求という新たな動向の先駆けとして、石行遺跡の磨製石剣は重要なターニングポイントとしての意義をもつといえよう。

　中部高地地方や東海、関東地方では、弥生中期に至るまで、縄文系の石剣が一部でつくり続けられる。これらは一見したところ縄文時代のそれと変わらないが、すでに本格的な武器を知っていたのであるから、その意味も同じであり続けたのかどうか。答えを出すのが大変であるが、縄文文化の変容を考えるうえでは興味ある課題だといえよう。

　註

1　縄文時代の石剣もすべて磨製だが、慣例でたんに石剣と呼んでいる〔小林 1959e〕。

2　若干ではあるがそれに続く水神平式土器も含んでいるので、畿内第 I 様式新段階併行期まで下る可能性もまったくは否定できない。

3　日本列島の磨製石剣に関しては、一般的に有光教一のおこなった朝鮮半島の磨製石剣の分類〔有光 1958〕が援用されることが多い。それは有茎式、有柄式、無柄無茎式、柳葉式、鉄剣形である。しかし柄や茎に着目するのであれば、有茎式、有柄式、無柄無茎式の三分類で事足りるので、柳葉式は分類体系にあいまいさを持ち込んでおり、無柄無茎式のなかの一形態である柳葉形としたほうがよいだろう。鉄剣形もまた、有茎式のなかの特別な形態とみなすべきであろう。日本列島に限って出土する、銅剣を模倣した樋のある磨製石剣は銅剣形石剣と呼ばれており、これもまた鉄剣形と同じく有茎式の一形態である。

4　つまり、鎬を中心にきちんと左右対称に木目状縞模様を浮き出させようとすれば、石目である摂理面と磨製石剣断面の長軸面とを平行に保たねばならない。

5　あるいは、硬質の頁岩である若田石が風化したものかもしれない。詳しい石材鑑定を要する。

6　この磨製石剣に木目状縞模様があることは、春成秀爾氏のご教示による。

7　小林行雄は、この磨製石剣が朝鮮半島からもたらされたのではないかというコメントを残している。須藤隆氏ご教示。

8　こうした広域な交易の可能性や相互交流における東からの視点に関しては、中村五郎や鈴木正博の論文が示唆的である〔中村 1990、鈴木正博 1993a〕。鈴木は、大洞 C_1 式、C_2 式系土器が九州まで及んでいることを重視する。そのなかには古く『史前学雑誌』に紹介された大洞 C_1 式土器を含んでいるが、これはあまり動かない台付鉢形土器であり、再検討の必要がある。また、鹿児島県鹿屋市榎木原遺跡の出土土器は、みたところ黒川式土器のバリエーションで理解できるようである。

511

第Ｖ部　交流と新たな社会の創造

9　長野県域から群馬県域にわたって、有樋磨製石戈が分布する。これには近畿地方から持ち込まれたものもある。難波洋三は、これらのうち切先を関に平行に研ぎ落したものが、有角石器の成立に関与した可能性を示唆しており〔難波 1986：121〕、石川日出志は有角石器が有孔石剣を介して石戈から転化したという坪井清足の説を支持している〔石川 1992a〕。有角石器も、模倣の対象は武器だったのだろう。

第21章　信濃地方と北部九州地方の文化交流

はじめに

　弥生時代の継続年数は各地によって差はあるが、1000年以上続いた地域もある。したがって、その歴史も平板ではなく、いくつもの画期を経て古墳時代へと移行していった。関東地方の弥生時代も例外ではなく、はじめからいわゆる農耕社会のイメージでその社会を描くことはできない。大きな画期は弥生中期中葉におとずれた。それが真の農耕社会の形成と考えられるが、それ以前を農耕社会ということはおろか弥生文化とすら認めない意見もあるほど弥生文化は多様である。東北地方北部は、また別の歴史をたどって続縄文文化との関係を深めていった。

　本章は主に関東地方と中部高地地方の弥生文化に焦点をあて[1]、弥生中期中葉以前も弥生文化と認める立場に立ち、東日本の弥生時代社会の特質を探ることを目的とする。

　仮に弥生中期中葉以前を弥生時代の前半期、以降を後半期とするが、弥生時代後半期の社会の変化を特徴づけるのは、西日本の弥生文化との関係性の高まりである。関東地方では、神奈川県小田原市中里遺跡に代表されるような本格的な農耕集落の形成をみたが、長野県域では中野市柳沢遺跡のように西日本と同じような青銅器祭祀をおこなっていたことが明らかとなった。本章では弥生時代後半期に焦点をあてて、なぜ柳沢遺跡にそのような文化が形成されたのか、またそれが社会の変化にどのような影響を及ぼしたのか、考えてみることにしたい。

　前章において、弥生前期における中部高地地方と北部九州地方の日本海を通じた交流を論じたが、本章はそれに続く弥生中期から後期の状況を論じることにする。

第1節　交流の活性化と社会の変貌

1　北・東信地方と北部九州地方との交流

　長野県地方は弥生中期〜後期に、数こそ多くはないがたくさんの種類の青銅器や鉄器が分布することで知られていたのは前章で述べたとおりである。大町市伝小谷村出土の大阪湾型銅戈、長野市松節遺跡の細形銅剣、上田市上田原遺跡の巴形銅器や鉄矛などの鉄器、佐久市社宮司遺跡の多鈕無文鏡片、塩尻市柴宮遺跡の三遠式銅鐸などがそのおもなものである。筆者はこれらが主として北・東信地域に分布することとそれらの系譜から、三遠式銅鐸や有孔銅鏃など中信地方以南に分布する青銅器を除けば、北部九州地方との交通関係によってもたらされたものではないかと考えた[1]〔設楽 1995a：263-264〕。小林行雄は北部九州地方で出土する弥生時代のヒス

513

第Ⅴ部　交流と新たな社会の創造

イ製勾玉などが姫川産の原石を用いていることから、北陸地方と北部九州地方との交通関係に早くから注目していたが、そうした理解も踏まえた考えであった。

　その後、木島平村根塚遺跡出土の蕨手柄頭鉄剣も加わり、間接的であるかもしれないが、さらに伽耶地方までも視野に入れなくてはならなくなった。柳沢遺跡から出土した8本の銅戈のなかに1本だけではあるが、北部九州産の中細形銅戈が加わっていたのも、北部九州地方と北信地方の交通関係のなかで理解すべき現象だといえよう。その他の銅戈や銅鐸が近畿地方産であるから、中細形銅戈もそれに加えて柳沢遺跡へ運んだとの考えも成り立たないではないが、北部九州地方に系譜を求められる青銅器や鉄器が北・東信地方に集中し、そのなかに近畿地方にみられないものを含んでいることからすれば、柳沢遺跡の中細形銅戈も畿内地方経由ではない流通経路によって北信地方にもたらされたと考えなくてはならない。

2　スリップ焼成技法

　北部九州地方との文化的交流を物語る資料はほかにもいろいろあるが、ここで取り上げたいのは土器の焼成前赤彩、いわゆるスリップ焼成技法である。スリップ焼成は縄文前期の事例を除けば縄文時代には希薄であるが、弥生時代になると定着する土器製作技法である〔山内 1958：282・1964：151〕。弥生時代のスリップ焼成には、日本列島の各地でそれぞれ盛行する時期がある。たとえば九州の中期後半の須玖Ⅱ式土器、伊勢湾地方の後期の山中式土器のいわゆるパレススタイルの壺、長野県域の後期の箱清水式土器などは、その顕著な例である。長野県域でその技法が定着・普及するのは弥生中期後半の栗林Ⅱ式土器である〔神村 1988：218〕。

　具体的な資料にもとづいて、石川日出志の栗林式土器の1～3式細別〔石川 2002〕に照らしながら栗林式土器におけるスリップ焼成の出現と展開を素描すると、以下のとおりである。

　栗林1式土器の指標は長野市牟礼バイパス遺跡D地点や同市聖川堤防遺跡14号住居跡出土土器であるが、牟礼バイパス遺跡ではSB12やD地点1号土坑など指標となる遺構の出土土器には赤彩土器はない。2号住居跡も数百片のなかで赤彩をもつものはきわめて少ない。聖川堤防遺跡14号住居跡出土土器は、破片に至るまですべてに目を通したが、赤彩土器は一片も含まれていなかった。そもそも栗林1式土器には、赤彩の対象となる鉢形土器自体が少ない[2]。

　これに対して、栗林2式古段階の聖川堤防遺跡10号住居跡出土土器には、多量のスリップ焼成土器が伴う。それらは無文小型土器を基本として、内外を真っ赤に塗彩したものが登場している。竪穴覆土出土土器の総量13044g中、スリップ焼成土器の重量は1155gであり、およそ9％を占める。同じく栗林2式土器の標識である長野市本掘遺跡7号住居跡出土土器も、スリップ焼成が目立つようになる。栗林1式土器の器種には、無頸壺・蓋・浅鉢・鉢・片口鉢・高杯・甑など研磨された小型土器群が定型化するとされているが〔石川 2002：61-62〕、①口縁が水平に大きく張り出す鉢、②小型壺、③注口のついた小型壺、④小型鉢形土器、⑤口縁が内湾する鉢形土器とそれに伴う蓋、⑥胴部と脚部の間に隆帯を加えた台付鉢などの急増とともに、①～⑤はスリップ焼成を基本とすることが1式から2式への変化といってよい。

514

それではスリップ焼成技法の定着は、どこに系譜が求められるのであろうか。石川によれば栗林式土器の出自は北陸地方の小松式土器にその一端が求められる〔石川 2002：71-75〕。確かに口縁が内湾した鉢は、小松式土器にある。しかし、口縁が鍔状に張り出す鉢形土器や注口土器は、その起源を小松式土器に求めることはできない。小型土器の類例はさらに広域にわたって渉猟することが可能であり、とくに鍔状の口縁は須玖Ⅱ式土器の形態に近いものがある。注口土器も類例は少ないが、須玖Ⅱ式土器に存在している（図178）。無文土器の器種の増加とともにスリップ焼成が栗林2式期に突如として盛行することと、近畿・東海地方はもとより北陸・山陰地方にこれの盛行する地域がないことからすると、信濃地方における弥生中期後半のこの技術の隆盛は、ほぼ同じ時期にスリップ焼成による各種の無文土器が発達した須玖Ⅱ式土器の影響を考えるのが妥当であろう[3]。

3　磨製石器の生産と流通

　栗林2式期はスリップ焼成土器が急増することを一つの特徴とするが、それとともに縄文的な土器づくりが弛緩して新たな器種が増加するようになり、磨製石器の生産の体制整備、集落の拡大などさまざまな現象が生じていることが指摘されている。このうち、磨製石器の生産体制が北部九州地方の影響のもとに進行したことも、スリップ焼成技術の隆盛を北部九州地方からの影響と考えることの妥当性を裏書きしているのではないだろうか。

　長野市榎田遺跡は、太型蛤刃石斧や扁平片刃石斧などの大陸系磨製石器を集中的に生産した遺跡である。遺跡から500ｍ離れた裏山に産する玄武岩あるいは変輝緑岩という硬質な火山岩を用いている。ここで半製品にして近隣の松原遺跡に送り、製品に仕上げるというシステムが成立していた。生産された太型蛤刃石斧は、大きいもので長さ20ｃｍ、重さ1400ｇを超えており、定型化した榎田産磨製石斧はブランド品といってよい。50ｋｍ離れた遺跡でも、榎田産太型蛤刃石斧の比率は9割近くであり、その分布範囲は直線距離で200ｋｍを超えて千葉県域や静岡県域にまで達している。

　福岡市今山遺跡は太型蛤刃石斧を中心とした石器生産遺跡であり、遺跡のある今山で産出した玄武岩を用いて長さ20ｃｍ、重さ1500ｇに達する太型蛤刃石斧を生産した。製品の流通範囲は100ｋｍを超え、遠隔地でも今山産製品の比率が高い。北部九州地方の今山遺跡と北信地方の榎田─松原遺跡における石器の生産と流通形態は、こうした原産地直下型の生産体制と、玄武岩という共通の石材を用いてほぼ似た規格の製品を仕上げることや、その製作技法から工程管理の点に至るまできわめてよく合致している〔下條 2008：322-327、町田 2010：46-47〕。北部九州地方と北信地方の間には、このような類似性をもつ石器生産遺跡は存在していないことからすれば、榎田─松原遺跡における石器の生産と流通体制が今山遺跡のそれを介さずに成立したとは考えにくい。

　西日本各地の弥生中期の拠点集落は、大型のものであるほどそのなかにさまざまな産業を抱えている場合が多い。石器生産、木器生産、金属器生産、玉生産などがその代表であり、それ

第Ⅴ部 交流と新たな社会の創造

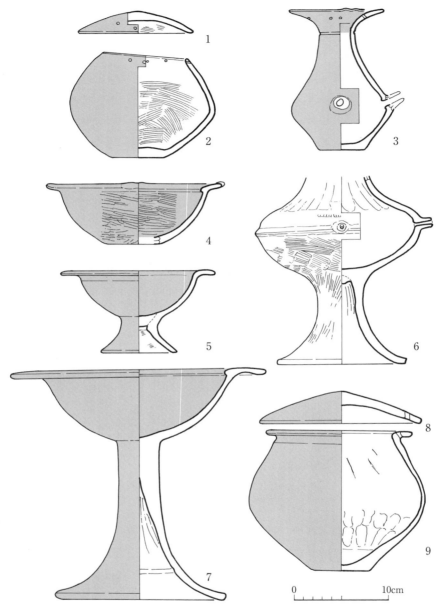

図178 弥生中期後半の赤彩土器と注口土器
1～5：長野県松原遺跡 6：佐賀県吉野ヶ里遺跡 7～9：福岡県三雲八反田遺跡

らのすべてあるいはいくつかの生産を集落のなかでおこなっており、各種の産業の専門家が集住したいわば多角的産業複合体としての性格をもっている。

　産業複合化は自己完結的な要因や目的によるものではなく、外部から物資を取り込んだり、また製品を流通させる生産と流通のセンター的機能を働かせるために生じていた点に特色がある。つまり、この時期の拠点集落の機能は「集団関係における結節点としての機能」を有して

516

いる〔小澤 2008：32〕。九州地方の福岡市比恵・那珂遺跡群、四国地方の愛媛県松山市文京遺跡、近畿地方の奈良県田原本町唐古・鍵遺跡や大阪府和泉市・泉大津市池上曽根遺跡、中部地方の愛知県清須市・名古屋市朝日遺跡、北陸地方の石川県小松市八日市地方遺跡などがその代表的な遺跡であり、松原―榎田遺跡もその一端に位置づけられよう。

4　柳沢遺跡青銅器群の背景

　柳沢遺跡に銅鐸や銅戈が集積され埋納されたのも、弥生中期である。それでは、柳沢遺跡に青銅器が集積された背景には、どのような仕組みが考えられるだろうか。それを解くために、この遺跡の墓に注目したい。

　柳沢遺跡では青銅器が出土した地点の西、6区から礫床木棺墓群が検出されたが、そのうちの1号礫床木棺墓は、主体部の周辺に大振りな川原石をかなり広い範囲にわたり長方形に敷き詰めてひときわ大きくつくられている。複数の礫床木棺墓がそれを二重に取り巻く構造をなすように、明らかに卓越した中心埋葬をなす。100点近くの管玉が出土するなど、副葬品も秀でている。佐賀県吉野ヶ里町吉野ヶ里遺跡 ST1001 号墳丘墓は、大型の墳丘墓の中心に青銅器を副葬した大型の甕棺があり、その周りを甕棺が取り巻いているが、柳沢遺跡の6区礫床木棺墓は、畿内地方でも大型の墳丘墓とされる大阪市加美遺跡 Y1 号墓などよりは、よほど吉野ヶ里遺跡の墳丘墓に近い〔設楽 2011：112〕（図179）。

　柳沢遺跡は千曲川に面しているが、すぐ裏は高社山という山が迫っており、可耕地は少なく決して農耕の生産力は豊かだとはいえない。それに引き換え、同時期の至近距離にある松原遺跡は巨大な農耕集落である。ところが、松原遺跡からも礫床木棺墓が検出されているが、柳沢遺跡のように卓越した中心埋葬をもたない。大型の集落であるから秀でた首長がいるとは限らないのである。柳沢遺跡に中心埋葬のある傑出した人物がいたことと、青銅器の集積と埋納がそこでおこなわれたことには重要な関連性がある。

　この関連性、すなわち柳沢遺跡の墓と青銅器の埋納を考えるうえで、岩崎卓也によるシリアのエル・ルージュ盆地の調査結果と洞察が手がかりを与えてくれるので、簡単に触れておこう。

　エル・ルージュは新石器時代に大いに栄えた肥沃な盆地であるが、国家形成期になると没落してしまう。岩崎はこのことについて、次のように分析している。エル・ルージュは農耕の生産力からすると、順調にいけば国家を形成するほどの豊かさを備えていたが、やがて台頭してくる周りの集落と異なる点があった。それはハラフ土器という商品価値があるほど優れた装飾の土器を欠いていたことである。岩崎は没落の原因を新しい社会の動きに乗り遅れたことに求めたが、新しい社会の動きとは流通網の形成である。つまり、交易によって周辺の地域が情報や文物の刷新をはかっていったのに対して、自給自足に甘んじていたエル・ルージュは没落していったというのである。

　これまで、国家の形成といえば農耕の生産力や征服戦争が主たる要因であったとされてきたが、経済活動の諸段階が国家形成過程をたどる指標になるという考えのもとにC・レンフ

第V部　交流と新たな社会の創造

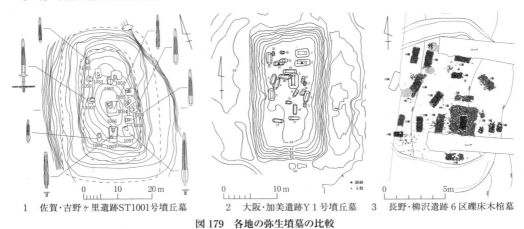

1　佐賀・吉野ヶ里遺跡ST1001号墳丘墓　　2　大阪・加美遺跡Y1号墳丘墓　　3　長野・柳沢遺跡6区礫床木棺墓
図179　各地の弥生墳墓の比較

リューが提示した交換の進化モデルを参照しながら、交易など情報獲得戦略が国家形成に大きな鍵を握っている場合のあることを岩崎は指摘したのである〔岩崎 1994：81-83〕。

そこで柳沢遺跡の位置に注目すると、信濃地方と北陸地方との玄関口に相当し、栗林式土器を主体とするが小松式土器の分布圏にも近い場所に位置していることに気づく。柳沢遺跡に青銅器をもたらしたのは、北陸地方と信濃地方を結びつけ、さらに北部九州地方と交流関係を構築する役割を果たした首長であり、その人物が礫床木棺墓の中心に葬られたのではないだろうか。柳沢遺跡の礫床木棺墓が吉野ヶ里遺跡の墳丘墓に近い状況を呈しているのは、青銅器をはじめ、スリップ焼成技術や石器の生産と流通の仕組みも導入する媒介としての役割を、この首長が演じていたことを推測させる。

第2節　文化と社会

1　部族社会から首長制社会へ

関東地方の弥生文化における大きな画期は、神奈川県小田原市中里遺跡に代表されるような、大型農耕集落の出現である。それは農耕社会の成立と読み替えてもよい。弥生中期中葉がその時期であり、出現の背景として注目されているのが畿内系の土器が多数伴出することである。つまり、西日本のある意味で先進的な地域との連携強化によって、東日本の農耕社会が生み出された点である。

長野県域における栗林式期の大型集落である松原遺跡が産業を複雑化させているのは、弥生中期という時代の画期において、八日市地方遺跡など北陸地方や近畿地方との地域間の連携を強化させた結果といえる。弥生中期の拠点集落が、連鎖したように多角的産業複合体という特徴を共有していることは、こうした連携の反映である。北信地方の場合にはさらに北部九州地方との連携という、その先にある大陸ともつながる連携がはかられたこと、つまり遠距離交通によって首長権が伸長したことが、この地方に西日本でも数少ない青銅器の大量保有と埋納が

可能な地位を獲得し、墓域の中心に埋葬されるに至った理由ではないだろうか[4]。

　農耕のための集住、拡大再生産システム、人口増加、長距離交易や共同体の利害調整をになった首長権の強化、威信財の集積、青銅器祭祀によって特徴づけられる典型的な「農耕社会」は弥生中期後半の栗林2式期に形成されたのであり、北信地方におけるいわゆる部族社会から首長制社会への転換は、この段階になされたと推察しうる。

2　農耕文化複合と農耕社会

　これまで本書で論じてきたように、弥生前半期の社会を上述の性格をもつ農耕社会の範疇に含めるには、集落の規模や組織形態、政治的な階層化が稀薄であるといった点で無理がある。しかし、たんに縄文文化が農耕を一部取り入れていっただけではすまない、大きな構造的変化が認められることも事実であり、これは一種の「農耕文化複合」といってよい。縄文時代の農耕は文化要素の一つにすぎないのに対して、弥生時代のそれは文化全体を規定する生業経済となっている点が重要な差である。

　一方、北部九州地方において地縁的結合にもとづくいわゆる農業共同体の形成は弥生前期末〜中期初頭である〔後藤 1986：155〕という見解を踏まえれば、農耕社会の形成は弥生時代の当初からと即断することはできない。AMS法による炭素14年代測定とその較正の結果、弥生早〜前期の年代幅は著しく間延びした。それにしたがえば、真の農耕社会の形成は弥生時代の半ば以降ということになる。縄文農耕と弥生農耕の特質を峻別したうえで、政治的社会の形成と農耕の始まりを切り分けるとなれば、農耕文化複合の形成が縄文文化と弥生文化を分ける大きな分水嶺となるのではないだろうか。

　中部高地地方や関東地方の弥生時代は弥生前期の農耕文化複合の形成によって始まり、中期中葉以降、政治的社会である農耕社会の形成を経て古墳時代へ移行するととらえるのが妥当だと考える。

註

1　小山岳夫も栗林式土器文化圏にもたらされた朝鮮・九州系の金属器を重視し、さらに榎田遺跡の磨製石斧生産を福岡県今山遺跡の磨製石斧生産と関連づけて、西日本か朝鮮半島から長野県域への集団移動を考えている〔小山 1998：55-58〕。ただし、スリップ焼成は須玖Ⅱ式土器の影響以前の弥生中期中葉の阿島式にあり、前章で述べたようにこの技術は縄文晩期終末〜弥生前期に西日本から北陸地方を経て信濃地方に伝播した。したがって、北部九州地方からの影響は、この技法に拍車をかけた点にある。

2　そのなかにあって、17号住居跡には床面直上から完全な形を保ったスリップ焼成の鉢形土器が2個体出土しており、注目できる。いずれも無文で、そのうちの一つの口縁には一対の小孔があり、蓋が伴っていたことを考えさせる。栗林2式には、蓋を伴うスリップ焼成の内湾口縁の鉢形土器があり、須玖Ⅱ式の鉢形土器と瓜二つのものもある。管玉などをおさめたデポと思われる出土状況を呈する事例が報告されているが、北部九州地方との間の交易を示す事例かもしれない。今後の研究課題としたい。

3　長野県域における弥生土器へとつながるスリップ焼成技術の出現は、縄文晩期終末にさかのぼる。スリップ焼成は、松本市石行遺跡出土の深鉢形土器に確認できるが、北陸地方の石川県御経塚遺跡や富山市北代遺跡で晩期終末の突帯文土器併行期に認められるように、北陸地方から流入した技法である。さらにその系譜は夜臼式土器を経て朝鮮半島の青銅器時代赤色磨研土器に求められる。長野県域ではその後、弥生中

519

第Ⅴ部　交流と新たな社会の創造

期前半にも認められるように、ある程度継続的に推移してきたようである。栗林1式にすでにスリップ焼
成の鉢形土器が登場していることは、在地の技術系統を考慮する余地があるかもしれない。また、口縁が
鍔状に張り出す器種は鉢形土器であり、須玖Ⅱ式に一般的な脚の高い高杯は松原遺跡に類似した資料があ
るが〔青木編 1998：図版45-527〕一般的ではないこと、それら鉢形土器の口縁には突起があり、注口土器
も同じ形態のものは須玖Ⅱ式に求められないなど、須玖Ⅱ式との差異も大きく、ある日突然伝播して定着
したものではなさそうな点も注意しておく必要はあろう。

4　その一方で、青銅器を墓に副葬することがないのは、北部九州地方ではなく近畿地方のやり方にしたがっ
た結果であり、長野県地域の位相の複雑さを示している。

第22章　弥生中期という時代

は じ め に

　弥生時代を独立した時代としてとらえるようになるまでには、多くの年数と研究の蓄積、議論を要した。それは、日本の石器時代にもいくつかの階梯があるという認識から生じた取り組みであった。蒔田鎗次郎は弥生式土器（弥生土器）を日本の歴史のなかに正しく位置づけた明治期の天才考古学者であったが、弥生式土器と石器の関係に関心を示している。鍵谷徳三郎により愛知県名古屋市熱田貝塚において弥生式土器と磨製石器が共伴していることが報告され、高橋健自がその事実を認めたことで、弥生式土器の使われた時代は石器時代であったことが確定する。その一方、九州方面で弥生式土器に青銅器が伴う事実が複数明らかになり、中山平次郎は金石併用時代という欧州の時代区分を適用して時代認識を深めていった。

　磨製石器が金属器と併存していた点に、縄文時代から古墳時代への移行期としての弥生時代のいかにも弥生時代らしさがある。灌漑水田稲作や金属器生産など渡来系の文化を採用する一方で、縄文系の生産技術と流通機構を融合させるという二相の比重のかかりかたによって、日本列島のなかにさまざまな地域的農耕文化と社会が展開した。生産と流通の基点となる環壕をめぐらした拠点的集落の形成が汎列島的に進行した弥生中期は、まだ金属器が支配的ではない、いわば真正の弥生時代〔森岡 2003〕といってよい。

　本書はこれまで、縄文晩期終末から弥生前期に焦点をあてて、縄文系の文化要素の果たした役割を論じてきた。本章では、縄文系の要素が大きく後退して大陸的な文化要素が徐々に広く日本列島を覆うようになる弥生中期の歴史的意義に触れる。弥生中期の文化と社会に関する検討課題はたくさんあるが、ここでは以下の問題を抽出した。

　　1　拠点的集落の性格―構成単位と生産・流通の拠点
　　2　磨製石器の生産・流通と鉄器と首長権―北部九州地方と近畿地方の地域差
　　3　弥生都市論をめぐって―首長の役割と相対的地位
　　4　大陸との交通―農耕民と海民の関係・金属器導入における渡来人の役割
　　5　中期的弥生文化の拡大―環境の変動と農業生産力の増大およびその地理的拡大

第Ⅴ部　交流と新たな社会の創造

第1節　拠点的集落の性格

1　拠点的集落の構成単位

　弥生中期という時代は、巨大な集落が築かれ、その多くに環壕が伴っていることに特徴の一つがある。環壕集落は、弥生中期に東日本に及ぶ。なぜ、そのような集落が広域にわたって生まれたのか。また、中期後半には環壕集落にも巨大なものが現れるとされ、首長の権威の拡大や都市化といった問題も提起されている。後期になると環壕集落の多くは解体し、新たな地点に居を営んだり、分散化した小集落に変貌する場合もある。それも日本列島内で共通した傾向をみせる。そこに、列島内の広域にわたる共通の要因があるように推測できる。巨大な環壕集落の機能はなんだったのだろうか。それを考える前に巨大集落の中身を問題にしないとならない。どのような集団からなっているのだろうか。

　奈良県田原本町唐古・鍵遺跡は弥生Ⅰ期〜Ⅱ期に三つの集団があったが、Ⅲ期にそれらが環壕によって囲まれて一体化した〔藤田 1990：51-53〕。いわゆる集団の統合がなされたわけだが、統合の過程を考えるうえで神奈川県小田原市中里遺跡は注目できる〔戸田 1999、河合 2000〕。

　中里遺跡は足柄平野の微高地上に営まれた100棟以上の竪穴建物からなる大型集落だが、数棟の竪穴住居を単位とした住居群がいくつか集まり、独立棟持柱建物を中心に成り立っている。集落の時期は弥生Ⅲ期前半であるが、弥生Ⅱ期以前は台地の縁辺に縄文時代以来の小規模な集落が点在していた。個々の集落は、分散居住をしながらも血縁関係によってかたく結びついていた単位集団であったろう。それらが消滅するのとほぼ同時に突如として出現した中里遺跡の竪穴住居群は、その規模や遺構の配置状況をみると、台地上の単位集団が結集した集落と考えるのがもっとも理解しやすい[1]。低地に立地することからすれば、結集の理由が灌漑農耕を基軸とした新たな生活スタイルの模索にあったことは疑いない〔設楽 2006：133〕。

　北部九州地方でも似たような動きが弥生前期末〜中期初頭の福岡県筑紫野市隈西小田遺跡などに認められる。結集の要因は不明であり、低地から丘陵へと結集していく点は中里遺跡と異なるものの、これらの集落が祖先祭祀という共同性を体現した区画墓と列状墓によって結びついている〔溝口 1995a：186、小澤 2008：24〕点は、独立棟持柱建物によって結びついた中里遺跡の集団の紐帯が血縁原理を基礎にしていた状況と一致する。

　若林邦彦は大阪平野の弥生中期の集落を取り上げ、大規模集落・拠点集落といわれてきた領域は、径100〜200 mの居住域に20〜50棟程度の建物が建ち、それに方形周溝墓が付随した構造体を基礎としてそれが結合した複合体であるととらえ〔若林 2001：43〕、基礎的な構造体を「基礎集団」とよんだ〔若林 2001：45-46〕。基礎集団はこれまで単位集団・世帯共同体とされた集団と同じ概念でありながら、数倍以上の規模になるとして齟齬があることを指摘している。しかし、中里遺跡の集落は、全体として一つの居住域と一つの墓域が結びついた単位集団的な構成をとりながらも、居住域の内部は複数の単位集団とみられる小群から成り立っており、い

522

わゆる農業共同体の概念でとらえることのできる構造体とみなしうる。中里遺跡が若林のいう基礎集団に相当するのであれば、基礎集団は農業共同体と一致した概念でとらえることができる。若林が分析困難とした農業共同体を構成する単位集団〔若林 2001 : 46〕を、中里遺跡では集落のなかに複数の居住集団が分割されながらも集合している姿でとらえることができた、ということではないだろうか。基礎集団が血縁関係を結合原理としていたこと〔若林 2001 : 46〕も、中里遺跡の結合原理と矛盾するものではない。

2　多角的産業複合体の形成と意義

　弥生時代の拠点的な集落は、すべて農業を媒介にして結びついた集団といってよいのだろうか。西日本各地の弥生中期の拠点的集落は、大型のものであるほどそのなかにさまざまな産業を抱えている場合が多い。石器生産、木器生産、金属器生産、玉生産などがその代表である。九州地方の福岡市比恵・那珂遺跡群、四国地方の愛媛県松山市文京遺跡、近畿地方の奈良県唐古・鍵遺跡や大阪府和泉市・泉大津市池上曽根遺跡、中部地方の愛知県名古屋市・清須市朝日遺跡、北陸地方の石川県小松市八日市地方遺跡など、いずれもそれらのすべてあるいはいくつかの生産を集落のなかでおこなっており、各種の産業の専門家が集住していわば多角的産業複合体としての性格をみせている。

　産業複合化が生じたのは、自己完結的な要因や目的によるものではなく、外部から物資を取り込んだり、製品を流通させる生産と流通のセンター的機能を働かせることを目的としていた点に特色がある。つまり、この時期の拠点的集落の機能は「集団関係における結節点としての機能」を有している点が、まず指摘できる〔小澤 2008 : 32〕。

　産業の分化は、集落のなかで自然発生的に生まれてきたのか、あるいは既存の技術者集団を編成した結果なのだろうか。これを考えるうえで問題になるのは、各種の産業が自然発生的なものか取り込み行為によって成り立っているのかをどのように判断していけばよいのか、その考古学的な方法である。

　そもそも中里遺跡の灌漑農耕は、雑穀栽培に従事していたり採集狩猟に多くを頼っていた台地上の集団から自然発生的に生じたことはありえない。中里遺跡から出土した土器の数パーセントは近畿地方など外来系の土器からなっているが、そうした外来系集団の関与からすれば、その集団が水田稲作の情報を伝達したり、実際に指導することによって遺跡の形成のはじまったことが明らかである。

　朝日遺跡は、朝鮮半島系の松菊里型住居をもち、青銅器生産の可能性や玉づくりという縄文時代にはなかった要素をもつ一方、石棒と鹿角製短剣や狩猟・漁撈という縄文文化を継承しているような多くの系統が錯綜する。こうした状況から、この遺跡は血縁的に異なる異質な系譜の集団が共存して成立しており〔石黒 2008 : 181〕、八日市地方遺跡では従事する産業によって集団が区分されている様子がうかがえる〔下濱 2009 : 132–133〕。神奈川県逗子市池子遺跡は灌漑農耕集落であるが、出土した遺物のなかに燕形銛頭など縄文系の技術による漁撈具を含んでい

523

第Ⅴ部　交流と新たな社会の創造

る（第9章）。これを用いた漁撈活動は農耕民が見よう見まねでできるものではないので、専門的漁撈集団が共生していたと考えざるをえない〔樋泉 2009：192〕。このように、技術の系譜や異質な集団の共住や移住の痕跡を考えるのが課題である。縄文時代の研究ではこうした各種の社会的活動が集中したムラを多機能ムラと名づけてその性格と役割が論じられており〔阿部 2003：95〕、比較研究する価値があろう。

　弥生中期の拠点的集落の多くが生産と流通の拠点的機能をもつに至った理由を探るのはむずかしいが、それらが周辺集落の利益を代表する構造体であり、物資や人の集中拠点になっている点をどのように評価するのか、また大型建物を配した中枢域が集落の内部に成立してくることによってうかがうことのできる政治的・宗教的な拠点性の獲得という弥生Ⅳ期の新たな動きを、どのように評価するのかが問題になる。

　広瀬和雄は、拠点的集落が周辺の集落の利益を一身に引き受けて膨張した存在であることを重視したうえで、物と情報と人が集中する集落の都市的な性格と、そのための利害調停に果たした首長の役割を強調している〔広瀬 1998b：48〕。地域のなかで産業を分散化せておくよりは、流通機構を整備して一か所で統括すれば、管理的な側面や効率の点でより有効であろう。それを通じて首長の権威が拡大していくという道筋も合理的ではある。

　そこで、拠点的集落の機能であった生産と流通のあり方と、それが首長の役割とどのようにつながっているのか、磨製石器を中心に整理しておこう。

第2節　生産・流通と首長権

1　北部九州地方の磨製石器の生産と流通

　第18章において、北部九州地方と近畿地方の磨製石器の生産と流通のあり方を比較しながら、それぞれの特質を論じたが、ここでは多少補足しながらまとめておきたい。

　福岡県唐津市今山遺跡は玄武岩製太型蛤刃石斧を、飯塚市立岩下の方遺跡は輝緑凝灰岩製石庖丁を、原石から製品へと一貫生産していた遺跡として知られている。いずれも弥生前期末に生産が本格化し、中期初頭以降各地へ製品が搬出されるようになった。今山産の石斧はおよそ100 km、立岩産の石庖丁はおよそ60 km の遠隔地まで運ばれ、とくに今山産の石斧は北部九州地方の各平野で90％以上の供給率を占める〔下條 1975：11〕。

　今山遺跡や立岩下の方遺跡は各遺跡の近辺に石器石材の原産地があり、生産遺跡は原産地直下に設けられている。後に触れる長野市榎田遺跡を含めて、広域の流通と原産地直下型生産がこれら石器専業生産遺跡の特徴の一つである。縄文時代前〜中期の富山県朝日町境 A 遺跡も近辺の海岸で原石はとり放題であり、原産地直下型といえ、そこで生産された磨製石斧の分布範囲は100 km 以上先まで及ぶ〔山本 2010：36〕。今山遺跡などの石器の生産と流通体制は、縄文時代の黒曜石製石器と変わらないとの意見もある〔中島 1980：85〕。それでは、縄文時代の石器の生産・流通と、弥生時代の今山、立岩下の方などの生産・流通とは同じ性格だったのだろ

524

うか。

　下條信行は、境Ａ遺跡や縄文中期の神奈川県山北町尾崎遺跡の磨製石斧は円礫の自然面を最大限に利用していることから礫の大きさに規制されて規格性が乏しくなるのに対して、今山産の太型蛤刃石斧は、①重く固い素材を産する原産地生産である点、②複雑でありながら合理的な専業体制を確立している点、③規格的なブランド品を多数つくり、広域に流通させる生産・流通体制を独自に獲得していくようになる新しい動向が生み出された点に、縄文時代の石器の生産と流通の仕組みと、今山遺跡のそれとの違いを指摘した〔下條 2008〕。

　立岩産石庖丁については、今山産石斧とくらべてその生産加工の技術と労力の点において比較にならないことから違う評価を与えなくてはならず、それがのちに玄界灘と飯塚盆地の首長の副葬品の差となって現れてくるのであろうが、立岩産石庖丁の占有率が遠隔の遺跡においても高いものがある点は、縄文的な石器の流通と大いに異なっている。

　これも下條が指摘していることであるが、特定の磨製石器の生産と流通の管理によって首長・首長層が台頭してきたことと、そのような仕組みが社会のなかにできあがってきたことが、弥生時代の新たな動向である。今山遺跡の生産者集団は背後にある糸島平野の勢力とセットにして、立岩下の方遺跡は掘田地区の多量に副葬品を有する甕棺墓の被葬者とセットにして考えねばならない。縄文時代にも物資の生産と流通を管理する仕組みはあったであろうが、特定の人物や階層に富や権力が集中しないような互酬的抑制作用が働いていたことが、今山や立岩下の方の石器生産・流通との大きな違いである。

　「魏志」倭人伝にみられる北部九州地方の勢力圏は、大陸につづく海に面し農耕の生産力が豊かな三角洲あるいは内陸の盆地という、食糧や日常生活品に加えて威信財を調達できる世界を形成し、その勢力圏が丘陵によって隔てられながら並列しているところに特徴がある。とくに須玖遺跡群のある春日丘陵では、弥生Ⅰ期末〜Ⅱ期に筑紫平野に散在していた青銅器の生産拠点を抱え込み、弥生Ⅲ期以降になると青銅器や鉄器生産という特殊産業をなかば独占して営み、製品の配布や交易に強い権限をもつに至った。とくに弥生Ⅳ期以降、金属器生産の場はムラの一角に官営の工房といってよいような集中性をみせる。支配者的性格を強めた首長が、覇権闘争に向かっていく動機をもった自己完結的社会を形成している点に、この地域の独自性がある（第18章）。

2　畿内地方の縄文的互酬的性格

　畿内地方ではこのような仕組みがみられない。畿内地方では弥生中期になると南部に紀ノ川流域の結晶片岩製石庖丁が、北部に粘板岩製石庖丁が、西部に二上山系サヌカイト製打製石庖丁が分布するようになるが、各遺跡から未製品や石器生産の道具が出土するので、各集落で石器素材や半製品を搬入して仕上げていたことがわかる〔酒井 1974：30〕。二上山系サヌカイト製の打製石器は、原石の加工を二上山付近でおこなったのち中継地点の大阪府羽曳野市喜志遺跡や富田林市中野遺跡で石器に仕上げ、大阪府藤井寺市船橋遺跡や国府遺跡など拠点的集落で集

第V部　交流と新たな社会の創造

積されて各集落に分配された〔蜂谷 1983：68-70〕。

　寺前直人は、製作途上品が生産品の 10 倍以上を占め、石器組成に石斧の未製品が 5 割以上を占めるような生産拠点遺跡を重点生産型集落とよんだが、今山遺跡や榎田遺跡のような典型的な重点生産型集落は、近畿地方では見出すことができないという〔寺前 2010a：74〕。近畿地方のこうした石器生産と流通のシステムは、縄文時代のそれとたいして変わらない。

　剥片石器や石器の未製品がほとんど出土しないことから石器については一方的に受け入れる側であったと考えられる大阪府茨木市東奈良遺跡も、木器の原木や未製品は出土するのであり、それが出土しない東大阪市瓜生堂遺跡などに木器を搬出していた可能性が考えられ、河内潟周辺の集落は石器や木器の生産など役割を異にした集落のネットワークによって相互に結びついていることがわかる〔田代 1986：103-104〕。ネットワークの中心には青銅器生産をおこなう大拠点集落の瓜生堂遺跡や東奈良遺跡などが位置しているが、重要なのは大拠点集落が河内潟周辺に山などで分断されることなくほぼ等間隔に並列している点である（図 164）。

　このようにみてくると、石器の生産と流通は、北部九州地方では各集団が個別的におこなっていたのに対して、畿内地方では一つの製品を仕上げるまで各集団で連帯しておこなっているという違いが指摘できる。金属器の生産においても、北部九州地方が拠点的な集落を中心に自己完結的であったのに対して、畿内地方は拠点的な集落の間をつなぐような大きなネットワークのもとで生産と流通を組織化した〔酒井 1978：64-65〕。

　特定の勢力や首長への権限の集中度合いの差をもたらした点で、この集団関係の差は歴史的な意義をもつ。すなわち、自己完結型の北部九州地方は弥生Ⅲ期以降、首長層が社会的分業にもとづく特殊産業を統括し、後に述べるように海人集団を使って大陸との交流を切り開き、資源の集積と再分配の中心に成長したのに対して、畿内地方は首長の成長が未熟なままであるという差をもたらした。こうした差が生まれたのは、畿内地方の大平野の諸勢力は資源や生産手段を利用し合い、互いに連携することによる等質な流通システムに支えられていたからであり、そうした段階には特定の勢力に財が集中しないように、勢力関係を均等に保っておく機構が働いていたからである（第 18 章）。

　この理論を導いた酒井龍一の総括〔酒井 1984：49〕は、畿内地方の弥生中期の集団関係や首長の成長度合いと北部九州地方のそれとの差異を考えるうえで、四半世紀を過ぎてなおきわめて大きな意義がある[2]。

3　伊勢湾地方の動向

　伊勢湾地方西岸の弥生中期環壕集落の環壕の機能は弥生Ⅲ期の櫛描文期にピークがあるが、Ⅳ期の凹線文の時期になると、それまで壕を埋めていた逆茂木の衰退に顕著に示されるように、中心性を象徴する機能を喪失するような変化をたどることになる〔石黒 2009：331-332〕。弥生Ⅲ期の朝日遺跡に代表される集住傾向が強くて突出した規模をもつ拠点的な集落は、Ⅳ期になると三重県津市長遺跡のように、ある程度規模の大きさを維持しつつも丘陵上の他の遺跡とあま

526

り格差のない横並びの状態になってくる〔石井 2010：111-112〕。

　弥生Ⅲ期とⅣ期の間の大きな変化は、木製品や漁撈具にもみて取れる。木製品ではⅣ期に遺跡間の分業が発達してくる現象があり〔樋上 2010b：84-86〕、漁撈具もⅡ〜Ⅲ期では朝日遺跡に一極集中するかのように各種のものがそろっていたのが、Ⅳ期から遺跡ごとに個性が目立つようになるという〔川添 2010：201-202〕。こうした変化は、朝日遺跡に代表される大型集落が生産と流通の拠点性を一身に集めていた状況から、周辺集落との間に分業体制を取り結ぶことによりネットワークを強化する方向に進んでいったとみることができる。

　若林は、基礎集団が複数集まって形成された大規模集落を「複合型集落」とよんだ。そして各基礎集団間には機能分化傾向と基礎集団相互の経済的依存関係が認められるとした〔若林 2001：49〕が、それはまさに酒井が指摘した互酬社会的畿内大社会ネットワークの特質であり、弥生Ⅳ期になるとそれと同じ動きが伊勢湾地方にも認められるようになるということであろう。伊勢湾地方の凹線文土器が近畿地方からの影響が強まることによって形成されたのであれば、生産と物流の拠点性から等質性への変化もまた近畿地方の生産と流通機構の影響と考える余地があるのではないだろうか。この変化が、首長墓の突出性を抑制していく動きと深くかかわっているのであるが、それはまた次の節で扱うことにしたい。

　北部九州地方と近畿地方の磨製石器の生産と流通機構を中心としてその問題点を整理し、前者に首長権を伸長させていく動きがみられたのに対して、後者にそれを抑制するメカニズムが働いていたことをみてきた。それが、広瀬和雄らが提起した弥生都市論とどのようにつながっていくのであろうか。

第3節　弥生都市論をめぐって

1　池上曽根遺跡の評価

　M・ウェーバーやK・マルクスは、都市の要件として商業や工業などの第2次産業にたずさわる人々が、自主性にもとづいて農民から自立して定住していることをあげた。これに対して、日本を含むアジアの古代社会では、専制君主が支配していることや都市と農村が明確に分離していないことが指摘されている。これを重視すると、日本古代の都城でさえ都市とみなすのはできないことになるが、ヨーロッパの事情にもとづいた理論を風土や歴史的な諸条件が異なる東洋、あるいは日本にそのまま適応するのは無理だという考え方も強い。

　そこで、都市の普遍性を基礎として地域性を重視することが必要になってくる。都市の普遍性としては、①第2次産業が発達していること、②そのための分業を支える流通センターとしての役割が強化されていること、③それらが相互に作用した結果として、食糧や手に入りにくいものを自給ではなく外部につよく依存していることが指摘されている。それを考慮したうえで農村との分離は完全ではないもののそれ以前との間に格段の差をもつようになること、そしてそれが首長の権力によってなしとげられていくという、アジア独自の実態に即して歴史的

第Ⅴ部　交流と新たな社会の創造

にとらえていくこと。これが日本の都市の形成を考える前提である。

　金関恕によれば、イスラエルやエジプト考古学で遺跡を都市と認める要件は、

① 　ある程度の広さと人口が集中している

② 　農業共同体から分離している

③ 　社会的な分業と階層性が存在している

④ 　街区が整備されている

⑤ 　行政・宗教の中心として王宮・神殿をもっている

⑥ 　手工業や商業の集中をなす

⑦ 　市場がある

⑧ 　役所・倉庫のような公共の建物がある

⑨ 　防御施設をもつ

などがあげられるという〔金関 1998：64-65〕。これは歴史学や社会学の分野での都市の特徴を加味したもので、日本の都市の成立を考えるうえでも重要なポイントを含んでおり、参考になる。

　弥生時代の環壕集落を、弥生環壕都市と位置づける議論があるが、その際に議論の要になったのが、大阪府池上曽根遺跡の発掘調査とその成果にもとづくこの遺跡の性格の理解であった。池上曽根遺跡の実態を上の諸条件に照らして考えてみよう。

　池上曽根遺跡では、金属器生産が大規模におこなわれた確証がない。土錘や石錘など漁撈民にかかわる遺物が集中して出土するとされていたが、それらは実際には集落内から散漫に出土することが指摘されている。石器の集積やタコ壺の埋納坑に祭祀的性格をあたえて、それが整然と配置されているとするのも都市性を強調するために加えられた解釈の側面が強い。各種の手工業が農業から分離し、それに携わる人々が独立して居住するという、第2次産業の第1次産業からの分離独立という都市の重要な要素が過剰に評価された。市場の存在も不明である。

　街区の整備状況だが、祭殿とされる大型掘立柱建物を中心としてコの字形の建物配置を描く意見もあった。しかし、調査の結果そこに建物はなく、またL字形の建物も同時に建っていたのではないことが明らかにされた。それを含めて 100 m 四方以上に及ぶ方形の区画が描かれていたが、直角に折れた溝がわずかな範囲でとらえられているにすぎない。

　池上曽根遺跡を都市という議論のまないたの上にのせるには、曖昧な部分や未解明の部分が多い〔秋山 2007：620-622〕。

　池上曽根遺跡の周辺から水田はまだ見つかっていないが、あったに違いない。都市はそもそも農村と対比されるものであり、自然発生的な集住ではなく強権による集住によってはじまることが説かれているが〔藤田 1993：58-61〕、主食や道具などの生活必需品をよその共同体からまかなうこと、つまり外部依存の問題が都市の定義にとって重要であるという視点〔都出 1997：43〕に立てば、拠点的集落が農業共同体的な結集によって成立したという点において、あるいはそうではなく何らかの目的で各種産業従事者が結集した集住であるとしても農業を基幹産業に据

528

えて食料の多くをみずから生産・獲得してまかなっている限りにおいて、いかに巨大であろうともそれはむしろ農村の範疇で理解した方がよいように思われる。複合型集落の居住原理が血縁関係にもとづいていることもまた、政治的・経済的契機によってそれとは違う原理で成立する都市と根本的に異なる点である〔若林 2001：49〕。

しかし、唐の長安城もそうだがアジア的都市は農耕地帯を背景・基盤としていることからすれば、そのことにより都市の概念からはずれるという議論も冒頭の理解からすれば成り立たない。そこで、もう一つのアジア的都市を左右する条件である、首長権力のあり方が問題になる。

2　環壕内の区画

北部九州地方や近畿地方の弥生中期の拠点的集落をみると、都市化に類する動きは断片的ながら至るところに認められる。なかには都市の多くの要件を備えた福岡市比恵・那珂遺跡群、佐賀県吉野ヶ里町吉野ヶ里遺跡など、巨大な集落も形成される。池上曽根遺跡もその一つである。古代都市形成のメカニズムとある程度共通した要因のもとに、社会進化が進行していた証である。そのとき、行政・宗教の中心としての王宮・神殿と役所のような施設の形成と、そこに首長がどのように介在しているのか、問われることになる。

武末純一によれば、弥生Ⅳ期に始まる首長権力の確立過程は、環壕と方形区画の関係をめぐる三つのモデルによって示すことができるという〔武末 1998：98〕。A 類型は、福岡県比恵遺跡や兵庫県川西市加茂遺跡、滋賀県守山市伊勢遺跡のように、円形の環壕のなかに方形の区画を設け、そのなかに大型の掘立柱建物などを配置するものである。B 類型は、福岡市野方中原遺跡を代表とする、円形の環壕の外に方形の区画が飛び出して併存している段階である。C 類型は、方形の区画が環壕を伴わずに単独で存在するものであり、佐賀県基山町千塔山遺跡などに代表される。

B 類型の存在を認めない意見や、千塔山遺跡は環壕で囲まれているのではないか〔寺沢 1998：110〕、との異論もあるが、各地で発掘されている古墳時代の独立した首長居宅である方形の豪族居館の時代には環壕集落がいっさいなくなっていることを想い起こせば、B 類型から C 類型へと移行するモデルは有効性が高い。大阪府羽曳野市尺度遺跡や京都府向日市中海道遺跡などの小規模な方形区画が首長空間の確かな例であり、弥生終末期、すなわち 3 世紀の庄内式期に、首長居宅と目される C 類型の方形区画が成立してくるとみるのが妥当だろう。

ここでの問題は、加茂遺跡や伊勢遺跡など近畿地方を中心とする集落で、弥生中期後半に A 類型が出現してくる点である。方形区画を認定することに疑問を呈するむきもあり、慎重に扱う必要があるが〔豆谷 2004：317-321〕、宗教的特殊性をおびた独立棟持柱をもつ大型建物の西日本から関東地方への普及が弥生Ⅲ～Ⅳ期に認められることは動かせないので〔設楽 2009b：79-80〕、弥生中期後半に特定の集落における政治的・宗教的な中枢の形成が日本列島の広い範囲で生じていた可能性は捨てがたい。

集落に中心区画ができつつあるのは、中国も含む大陸との交通をある程度まで反映している

529

第Ⅴ部　交流と新たな社会の創造

と理解した方がよい。唐古・鍵遺跡からは弥生Ⅳ期の土器に２階以上の高層建物の絵画が描かれており、楼閣あるいは城門とされている。屋根に鳥がとまっているところまで、漢代の画像石の絵画と共通しているのであり、漢帝国からのたんなる珍奇な文物の流入以上のものがあった可能性を示しているのではないだろうか。

3　生産・流通機構と首長墓との関係

　ただし、それが首長権の形成を反映したものであるか否かは、慎重に考えたほうがよい。つまり、特殊建物には共同体の家屋としての役割も当然考えられるからである。首長権の伸長の度合いは、まずは墓によって推し量るのが妥当であろう。

　権力者個人を葬る古墳を一方の対極に置き、もう一方に縄文時代の墓地を置いて比較すれば、墳丘の規模、一般の墓からの隔絶性、埋葬の数と中心埋葬の隔絶性、副葬品の質と量が問題になる。

　北部九州地方では、高倉洋彰の示した首長墓進化の道筋が現在でも理解の基本である〔高倉1973〕。その後の資料を加えると、吉武高木遺跡の発掘調査によって弥生Ⅱ期に副葬品の隔絶性が顕著になり、一般の墓から抜きんでる様相が明らかになったが、まだ個人の隔絶には至らない。弥生Ⅲ期の吉野ヶ里遺跡のST1001墳丘墓は墳丘の規模が大きくなり、銅剣をもつ有力者の一族を埋葬するが、男性の中心埋葬のまわりに副葬品の卓越した男性の埋葬が展開しているように、たんなる家族墓からは逸脱している。弥生Ⅳ期になると、漢帝国によって北部九州地方における地域共同体の王とみなされた福岡市須玖岡本遺跡や糸島市三雲南小路遺跡の墓のような、隔絶性が顕著な特定有力者の個人墓が登場する。

　これに対して近畿地方や中・四国地方では、弥生Ⅳ期の墓は副葬品がとにかく貧弱である。確かに大阪府東大阪市瓜生堂遺跡第２号墓や大阪市加美遺跡Y1号墓の墳丘はかなり大型である。また、東大阪市巨摩廃寺遺跡の方形周溝墓A〜E地区では、A地区の密集度が高く墳丘が大型であるのに対してD地区の墳丘が小規模であり、格差が指摘されており〔若林2001：39〕、近畿地方全体についても墳丘の規模、区画内での埋葬の配置、赤色顔料の有無といった三つの点において階層分化した関係が認められるという〔大庭1999：176〕。加美遺跡Y1号墓や兵庫県尼崎市田能遺跡３号墓のように多量の副葬品をもつ墓を小共同体の域を越えた河内中枢地域などの首長墓とみなす意見もあるが〔寺沢1998：120〕、それは有力世帯の家族墓であり、中心埋葬の隔絶性が顕著ではない。北部九州地方で盛んであった武器の副葬がまったくといってよいほどないこと〔寺前2010b：129–130〕を含めて、威信財としての副葬品の集中も顕著ではない。

　こうした近畿地方における弥生中期後半の墳丘墓を同時期の北部九州地方と比較すれば、首長の階級的な成長はおろか、複雑な階層序列の形成も未熟といわざるをえない〔寺沢1998：128〕。池上曽根遺跡など拠点的な集落の首長は、流通システムを管理していたとして首長の権限を重視する広瀬らの意見もあるが、弥生中期の近畿地方には大平野の諸勢力を統括しうる一元的な勢力がまだ存在しておらず、等質な集団によって構成された社会であるという評価が支持され

530

ているのも、忘れることはできない。富の互酬的なあり方は、石器の生産と流通のあり方と即応しているのである。

伊勢湾地方の弥生Ⅲ期からⅣ期にかけて、物流が一極集中型からネットワーク型へと変化していくことを述べた。朝日遺跡の方形周溝墓で最大のものは弥生Ⅱ～Ⅲ期に認められ、Ⅳ期には大型墓が維持されるものの、かつてのような隔絶性は影をひそめて中心的な墓域が消失していく〔宮腰 2010：101〕。朝日遺跡においてⅡ～Ⅲ期に生産と物流の管理を担って強化された首長権が、Ⅳ期の物流システムの平準化の進行に伴って衰退していく姿を映し出しているとみることができる。古墳時代に向かって首長権の伸長が突き進んでいくという単純な進化論とは逆の変化が、地域間交流にあったことも推測できるのである[3]。

このように、弥生中期の首長層の台頭は、北部九州地方に著しく、近畿・東海地方に認めにくい。こうした弥生中期の近畿・東海地方の首長権の未熟なあり方からすれば、アジア的な都市の成立が首長権の拡大と不可分のものであるという理解に照らして、この地域の弥生環壕集落は原都市であっても、都市ではなかったとみなさざるをえない。また、律令期の都市との断絶からすれば、それがそのまま古代都市へと成長したわけではなかった[4]。

一方、威信財を一代限りのものとして埋めてしまうことからうかがえる王統を形成しない状態や、古墳時代の三角縁神獣鏡の配布のように再分配システムを政治に利用することがない点などからみれば、北部九州地方の首長権も相対的には未熟である〔田中 1991：104-108、野島 2009：260〕。甕棺墓も囲郭はあるものの、墳丘墓あるいは古墳のように他の社会構成員との間に際立った視覚的な差をみせつけるには至っていない。また、平野を違えればほぼ遜色のない内容の副葬品をもつ墓があちこちに存在していることにもその未熟さは露呈している。

しかし、下條や中園聡の甕棺墓の分析にあるように、北部九州地方の諸勢力の求心構造はすでに生まれており〔下條 1991、中園 1991〕、たとえそれが漢帝国―原三国時代の統治の仕組みまでは到達できていないにしても、それを手本にして首長が小世界（クニ）の利益の代表として表に立つ姿を顕在化させていることは評価しなくてはならないだろう。つまり、北部九州地方の弥生中期社会を近畿地方と比較した場合、縄文的な互恵社会から脱皮している点において、その進化の度合いに歴然とした差をうかがうことができるのである。

次に、そのような大陸との交渉関係がどのように進行したのか、またそれを担った集団間の関係はどのようなものであったのか、渡来人の役割をまじえつつ、問題点を抽出しよう。

第4節　大陸との交流

1　渡来人との交流の役割

弥生早期に灌漑を伴う水田稲作が導入されたのは、渡来系の人々の働きが大きかったが、その後の顕著な渡来系文化の動向として、弥生前期末～中期初頭の渡来系土器の増加と朝鮮半島における弥生土器の出現があげられる。それとほぼ同時期に日本列島で鉄器が出現し、青銅器

第Ⅴ部　交流と新たな社会の創造

の使用が本格化するのも、この時期の渡来人の動きをはじめとする朝鮮半島との交流の活発化を示すものであろう。

片岡宏二が描いた九州地方における弥生後期前半の朝鮮系無文土器の分布地図によれば、集中して分布する地域が四つあげられる。まず、壱岐であり、つづいて博多湾から糸島地域、そして筑後川流域と宇土半島の付け根である〔片岡 1999：83〕。片岡はこれらの遺跡にみられる朝鮮系無文土器のあり方を、集落における偏在性や継続期間などの特徴から諸岡タイプと土生タイプに区分し、その違いを弥生前期末の渡来第一世代による短期的渡来現象と前期末～中期前半の数世代長期的渡来現象の結果であるとした。そして、北部九州地方における初期青銅器生産は土生タイプの渡来人集落と結びついていることを明らかにしている〔片岡 1996：112-119〕。

北部九州地方における青銅器の鋳型の分布をみると、玄界灘沿岸ではなく背振山脈南麓と筑後川流域に集中している〔片岡 2006：30〕。弥生前期末～中期中葉の舶載鋳造鉄器の破片もまた、筑前の中枢地域よりも周辺の小郡・朝倉地域という北部九州地方内陸部に分布する傾向がある〔野島 2009：234〕。片岡は、日本列島の青銅器生産が佐賀平野ではじまった理由を、福岡平野のように青銅器を直接入手することができなかった地理的要因に求めている〔片岡 2006：31〕。それもあるだろうが、熊本市八ノ坪遺跡が代表するように、熊本平野の白川や緑川流域も早い段階から渡来人を受け入れて青銅器の生産を開始していた点を重視したい。そこに無文土器後期前半の朝鮮系無文土器が伴っていることからすると、有明海を交通の窓口とする諸勢力が、対抗勢力の割拠する玄界灘の沿岸を避けつつ朝鮮半島との交通関係を築いていった可能性もあるのではないだろうか。近年、朝鮮半島で中九州地方の弥生土器も発見されつつあるのは、そうした動向を物語るものであろう。

その一方で、朝鮮半島南部の釜山市にある莱城遺跡や慶尚南道泗川市の勒島遺跡における弥生Ⅱ期～Ⅲ期の弥生系土器からは、量的比率や模倣率などの面でそれぞれ違うパターンの出土状況がうかがえ、朝鮮半島から日本列島への渡来系土器の様相の違いに対応するかのようである。こうした相互交流によって、日本列島に鉄器などをもたらす交通関係が形成された。日本列島における鉄器使用の開始は弥生前期末[5]、あるいは弥生中期をさかのぼらない可能性〔春成 2005：21〕が高くなった現在、弥生中期の始まりが青銅器や鉄器の本格的使用の開始時期および渡来系土器が日韓の双方で顕著になる時期とほぼ重なっており、さらに吉武高木遺跡などの渡来系の副葬品をもつ首長墓の形成の時期とも重なることを重視すれば、弥生中期は弥生後期に中国との冊封関係を通じて倭が東アジア世界に参入し、国家形成へと歩みを進めるきっかけとなる、きわめて大きな変革期だと断じてよい。

弥生時代の武器の歴史を丹念に探った寺前直人によると、弥生早・前期が灌漑農耕を営みながらも武威支配の兆しの弱い社会であったのに対して、弥生中期は朝鮮半島系譜の武器形青銅器の入手と副葬により厚葬墓を営みはじめることを契機として階層分化を顕在化させた時代と評価することができるという〔寺前 2010b：288-290〕。渡来人との間に築かれたパイプがこのような変革の原動力の一つであったことを考えれば、この時期の渡来人との交渉が果たした日本

532

歴史の上での役割の大きさを、あらためて評価していく必要があろう。

したがって、弥生中期は歴史区分のうえではむしろ弥生時代の始まりよりも大きな画期をなす時期であった。

2　海人集団の意義

日本列島における初期鉄器の見直し作業によって、中国の燕系の二条節帯をもつ鋳造鉄斧破片の再利用が顕著なことが確認されている〔野島 1992、村上 1992〕。燕系の鉄斧は朝鮮半島西部にはほとんどみられない。白井克也はこれらの鉄斧が燕の滅亡後に衛氏朝鮮から日本列島にもたらされたとしたが〔白井 1996：45〕、あらたな弥生年代を容れれば山東地方や遼寧地方など燕の領域から直接もたらされた可能性は否定できない。

都出比呂志は、弥生時代前半の鉄器は戦国時代の「富商大賈」が大規模な製鉄業をおこない東アジア各地に販路を広げ、その一貫として商人がやってきた可能性を考えたが〔都出 1991：34〕、注目すべき見解であろう。これに対しては、弥生時代前半期の鉄器はすべて中国製であるか確証がないという村上恭通の批判がある〔村上 1992：473〕。これらの鉄器が中国からの一方的な通行によってもたらされたのか、『漢書』地理志に記された倭人の活動の前提である弥生前期末～中期初頭にさかのぼる倭の海人の活動の結果として、朝鮮半島南部ばかりでなくその行動範囲を広げて注視する必要があるのか、これからの検討課題である。

農耕集落の形成は、漁撈や狩猟など特定の経済に依存する既存の集団のあり方を変えていったが、とくに海民は農耕集団とのかかわりを特殊な方向に強めていくことになった。それは海民が航海技術をもっていたためであり、伝統的なネットワークを利用して特産品の輸送に力を注ぐことで農耕集団と共生する方向へシフトしていった〔甲元 1992：4-5〕。その一方で、農耕集団はそれを利用して自己の利益を増大させた。

第8章で述べたように、弥生時代における農耕集団と海人集団との共生関係は、日本列島の至るところにみられるが、海人集団の性格と農耕集団との関係性を考えるには、以下の点が重要である。①三角洲などの内陸に核となる農耕集団がおり、そこから遠くないところの海岸付近に漁撈集団が点在する、扇形の地理的世界を築いている。②漁撈集団は遠洋漁業も含む漁撈や製塩に従事する専門的漁撈集団であった。③彼らの技術には燕形銛頭など縄文系の漁撈技術が活かされている。④海を通じた広大なネットワークないしは活動の痕跡がうかがえる。⑤この共生態は弥生Ⅲ期にとくに顕在化する。

弥生Ⅰ期末からⅡ期の舶載青銅器は西日本に散らばる形で分布しているので、縄文時代以来の漁撈民のネットワークが存続していたと考えられるのに対して、弥生Ⅲ期以降のそれが北部九州地方にとどめ置かれたのは、北部九州地方の首長層が交易組織にテコ入れした結果だと考えられている〔甲元 1990：60-63〕。青銅器や鉄器、ガラス生産という特殊産業の技術や原料は大陸に求めていたので、弥生Ⅲ～Ⅳ期における須玖遺跡群へのこれらの生産の集中化は、この地域の勢力が対外交渉権を掌握していたことを示す〔後藤 1979：523〕。その際、海人集団との間

533

第Ⅴ部　交流と新たな社会の創造

に取り結ばれた分業関係が有効に働き、農耕集落の首長層が海人組織を管理するに及んだことが推察される。

『漢書』地理志に記されるように、前1世紀の弥生中期後半にはすでに倭人の首長層が季節ごとに貢物をもって楽浪郡に使節を派遣していたのであり、それを無事に送り届けて戻ってくる役目は倭の海人によって果たされたことであろう。農耕集団がたんに日常品の交易活動に海人集団を活用するだけにとどまらず、文明圏との交渉に利用するに至った点に、共生関係が政治性をおびるようになったことをみて取ることができるが、墳墓の副葬品からすればそれが各地の勢力間で対等には進行しなかったことも明らかである[6]。

副葬品のあり方からすると、北部九州地方の平野勢力の間の力関係も対等なものではなかったが、それをもたらした一つの要因は海外と交通をおこなうための海人集団の掌握だった。大陸との交流を有利に導くために、海人集団との関係をいかに結んでいくかが諸勢力の重要な政策になっていったと思われ、弥生中期後半に海人集団の動きが活発化することがその間の動向を示している。そして糸島地域に存在したとされる伊都国に一大率が常置されたことも、海人集団と権力との関係のその後の行方を示している。

壱岐の原の辻遺跡からは、弥生中期後半の糸島地域の土器とともに勒島式土器が出土するが、白井克也は原の辻遺跡を中継拠点として展開された朝鮮半島との交易を「原の辻貿易」と呼んで評価した〔白井 2001：170〕。ただし、この時期の海外との交易活動は北部九州地方の海人によって一元的になされたものでないことにも注意を払う必要がある。弥生中期終末の鳥取市青谷上寺地遺跡は良質の木製品を多量に生産している遺跡であるが、そこからは木製品の製作にも用いたであろう多量の鉄器が出土している。これらの鉄器には、北部九州地方に認められない製品も存在しており、大陸との独自な交通ルートの存在が説かれている。弥生前期末以降、朝鮮半島から山陰地方にまで広がる結合式釣針や石錘から北部九州地方の海人の動向が注目されてきたが〔下條 1984〕、この遺跡からは遠洋漁業に用いた離頭銛などの漁撈具やサメ類を描いた絵画土器も出土しており、この遺跡を中心とする山陰地方の海人が鉄器の流通に果たした役割を、北部九州地方の勢力とはまた別の視点から評価しなくてはならない。

3　冊封体制参入への歩み

弥生後期を迎えるとまもなく漢帝国との間に冊封関係が結ばれるまでに至るが、上に述べたような弥生中期の海外との交通関係をめぐる動向は、東アジアの文明圏のなかで自らの位置をどのように高めていくかという、倭人の社会の方向性を指し示すものにほかならない。楽浪郡の設置が紀元前108年で、後漢との冊封体制の始まりであるとされる57年（建武中元2）までは、弥生中期後半から後期初頭である。その時期に中国との関係が急速に深まっていくのも、弥生中期から後期にかけての倭人社会のなかでの激動と関係してくるであろう。

楽浪郡の設置以降、漢文化や朝鮮半島の影響が日増しに強まった。山口・広島・愛媛県地域では弥生中期後半に板状鉄斧や複雑なつくりの袋状鉄斧、鉄製鋤鍬先も用いられるようになる

534

が、これらの地域における九州地方に匹敵する鉄器の充実ぶり〔村上 1998：75〕も、大陸との交通が広範囲に活性化した状況を物語っていよう。日本海沿岸の集落である島根県松江市田和山遺跡、出雲市姫原西遺跡や青谷上寺地遺跡からは、楽浪郡で使っていたものと同じような硯、武器である弩の模倣品や、楽浪郡の漆器を模した把手付の木製容器などが弥生中期から後期にわたって出土した。

　丹後地方では弥生後期に首長墓である墳丘墓が盛大に築かれるが、そこから出土する鉄剣の量は、北部九州地方をのぞけば、列島内で群を抜いている。京都府与謝町大風呂南遺跡のガラス製腕輪なども、大陸との交通関係が広域化した結果もたらされたのだろう。楽浪郡には前1世紀の大楽浪郡の形成と3世紀の公孫氏の覇権形成という二度の発展の画期が認められるという。山陰地方から丹後地方にかけての楽浪郡との直接の、あるいは間接的な交通と、それをになった首長権力の形成は、後者の段階のものとみなすことができようが、それに先立つ弥生中期後半の、楽浪郡と山陰地方の勢力との独自な交渉が、この地方の弥生後期に墳丘墓の形成をもたらしたとみなすことができる。

4　鉄器の流通と首長権の変化

　都市の形成要因の一つに、物資の外部依存があった。それは流通をコントロールする首長の相対的権威の高まりと大いに関係している。

　物資の外部依存は流通を差配する首長の地位の相対的な上昇を引き起こし、階層分化を促した。流通における首長の権威は、石器の生産と流通のネットワークのような等質的、横並びの集落間関係が維持されているうちはあまり問題にならないが、石器にかわって鉄器が道具の主流になると、話は別である。石器が対内的な贈与交換によって賄いうるのに対して、鉄素材や鉄器は中国や朝鮮半島など大陸からの獲得を必要とするからである〔野島 2009：240〕。

　レンフリューの交換モードを応用した野島永の弥生中期から後期にかけての鉄器の流通のあり方の分析によれば、中期後半に朝鮮半島や北部九州地方から距離が遠い摂津地方や丹後地方に鉄器の量的な突出がみられ、互恵的な交易から拠点的な交易へと変化している兆しがみられ、鉄素材や鉄器の入手のための交換形態の変化を示しているという〔野島 2009：243-244〕。

　対内的流通と対外的流通をコントロールする管理主体の役割の違いは厳然としており、それが管理主体のヘゲモニーを格段に強める働きをしたという点において、弥生中期後半までの首長と後期以降のそれとは性格を異にすることが予想される。従来の横並びのつながりを崩壊させるような、場合によっては遠方にまで及ぶ新たな流通関係の編成をまかされることによって、首長は権力の成長をなしとげ、その結果が吉備地方や丹後地方などにおける墳丘墓の形成へとつながっていくのである。近畿地方においては、首長権の伸張は鉄器の流通に代表されるような海外にまで及ぶ遠隔地交流が本格化する弥生後期以降に浮上してくる問題であろう〔森岡 1993：37-38〕。

　そのことが近畿地方における集落間の横並びの均衡を打ち破り、それまでの拠点的集落の

第V部　交流と新たな社会の創造

ネットワークを崩壊させて集落の再編成を導いたという、弥生中期から後期への集落の変化を流通機構の変化で説明する仮説〔松木 1995：41〕や、石器の流通にかかわっていた首長が没落して、鉄器の流通の掌握に乗り換えた首長が弥生後期に台頭してくるという首長交代劇の仮説〔禰冝田 1998：93〕は、近畿地方の弥生後期における相対的な鉄器の供給量や鍛冶工房の数の問題〔村上 2007：296-297〕を含めて今後の検証課題である。

第5節　中期的弥生文化の盛衰

1　農業生産力の向上と弥生中期の画期

　下條信行は大陸系磨製石器の数々を分析し、集中生産と形態などの質的な変化の始まりから、弥生前期末〜中期にかけて画期を設けた〔下條 1977a：192〕。弥生前期末は今山遺跡の近隣にある今津遺跡や呑山遺跡の石器生産がごくわずかにとどまっている状況からすれば、今山での集中生産の開始は中期初頭とみてよい。弥生前期の石器生産は個別集落における自己消費的生産を主流にする一方、おもに中期になって今山産石斧の生産量が飛躍的に増加するとともに分布が拡大することもそれを裏づける重要な現象である。これらの磨製石器が農業生産と直結する用途を主としたものであることからすれば、大型化やバリエーションの豊富化、専業生産の開始により需要と供給の増大にこたえて、よりいっそう農業生産力が高まったと推察される。

　生産に直結するものだけではなく、武器も有柄磨製石剣のようにこれまで副葬品として形態の変化もなく受け入れていたものが、鉄剣形石剣のような独自の型式をもつようになったのは、戦争の激化を背景にした可能性があり、これもまた農業生産の展開過程における利害調整の方法と無縁のものではない。このような磨製石器の質的転換が、青銅器・鉄器がはじめて本格的に現れ受容された時期—前期末ないし中期初頭—と重なることも、きわめて大きな問題といわねばならない。

　ただし、各地に認められる集落の増加—人口の増加—が、弥生前期末に起点があるのに対して、農耕の生産力上昇に重要な環境の好適化は中期中葉以降にあるというズレについては、前期末の発展的様相と農耕の生産力の増大がただちにつながるものでなかったことを示す現象として注意を要する[7]。

　弥生前期から中期初頭に洪水があり、それが集落に断絶や盛衰をもたらしている例が大阪湾岸の遺跡や朝日遺跡、八日市地方遺跡などで指摘されている〔今村・設楽 2011：57〕。弥生中期の集落が大規模化していくのは弥生Ⅱ期ではなく、Ⅲ期であるのもⅡ期はまだ弥生前期から引き続く寒冷な時期であり、Ⅲ期に環境の温暖化や安定化があることを物語っているようである。洪水は頻繁であったにしても、壊滅的なものでなければ自然堤防の形成をうながし、後背地に肥沃な土壌が堆積して灌漑農耕にはむしろ有利である。弥生Ⅱ〜Ⅳ期の浅谷の埋積も安定した温暖な時期の現象であり、そのことが可耕地の増加をもたらし、さらに稲作は浅谷部の湿地にとらわれることなく灌漑施設による水位の操作によって周辺の三角洲堆積面に拡大され、乾田

536

地域へと可耕地が展開する基礎をつくった。こうした地形変化に対する稲作技術のうえでの大きな発達が弥生中期にあったことが指摘されている〔井関 1985：185-186〕。これが弥生中期の農耕生産力拡大の前提であった。

　木製農具は弥生前期にほぼその種類が出揃っており、技術的な開発はすでにその時期に達成されていた〔田崎 1994b：306〕。伊勢湾地方の木製農具では弥生前期にみられた泥除けが中期に消失するが、それは水田が湿田から乾田・半乾田を指向するようになる動きを示すものととらえられている〔樋上 2010a：11〕。必ずしも木製農具の技術的な開発や改良が弥生中期になされて、それにより農耕の生産力が著しく発展したわけではない。農具などの選択の幅が広く用意されていたという農耕成立当初からの技術的多様性を背景として、それに環境要因としての後背湿地の形成などが促進されたことにより可耕地が増え、弥生中期に技術の集約化や土地条件に応じた木製農具の取捨選択〔田崎 1994b：307〕がはかられたことが農耕の生産力発展の背景である。耕地の拡大や生産性にすぐれた場所への立地とそれに伴う生産力の増大、人口の急激な増加、集落の肥大化現象は、気候の安定や温暖化をまってなしとげられたのであろう。

2　中期的な社会の拡大

　このような弥生Ⅲ期における変化は西日本にとどまらず、東日本にも及んだ。冒頭に触れた中里遺跡の本格的農耕集落の形成、それと同時期に千葉県君津市常代遺跡や埼玉県熊谷市池上遺跡などで、微高地に広大な水田を設営して灌漑稲作をおこなっていくようになるのがまさにこの時期である。中里遺跡ばかりではなく、これらの遺跡の多くには近畿地方西部や伊勢湾地方など西日本系の土器が入りこんでおり、水田稲作技術の展開がそれらの地域とのかかわりのなかで進行していったことが明らかである。一方、この時期の東日本系の土器が和歌山県域や島根県域にまで動いているのは、交流が一方的なものでなく、物や情報の相互交流の存在を示す。東北地方の土器や北海道の恵山式土器とそれに伴う文物も関東地方に認められるのであり、この時期の社会の変化は日本列島を巻き込むほどの大きな交流や変動の結果であった〔石川 2001：88-89〕。

　弥生Ⅲ期に仙台平野を中心とする集団は、華麗な様式美をもつ斉一性、ミガキ調整と縄文土器以来の沈線文を多用したみごとな装飾によって土器の画一化をはかり、大陸系磨製石斧各種をそろえて木製農具を多量に生産して灌漑水田稲作を展開し、製塩業などを複合化させた生業体系からなる文化を築き上げていった。墓制も縄文時代以来の土坑墓や土器棺墓を新たに定着させ、南東北地方の伝統的な墓制である弥生再葬墓を解体した〔須藤 2010：657-659〕。

　東北地方には、西日本に顕著な戦争を伴う激しい抗争による統合や階層分化は認められないが、上述の動きは静かながらも発展的な農耕社会―もう一つの正真弥生文化―の定着とみなすべきものであり、こうした点からも弥生中期は大きな歴史上の画期ととらえることができよう。

　それは西日本の画期とも連動しており、広域にわたる水田稲作農耕文化の発展的様相が東北地方北部にまで及んだことは、青森県田舎館村垂柳遺跡の平坦な地形における水田の開発と水

第Ｖ部　交流と新たな社会の創造

田耕地面積の拡大によって示されるところである。そこには東北地方南部の南御山式土器と木製農具の未製品が伴っており、弥生前期の砂沢遺跡で明らかになった緩傾斜地の地形勾配に合わせた土地で在来の石器などを用いて僅かな面積を耕すスタイルの農耕と大きく異なった、西日本的灌漑稲作スタイルの採用がもろもろの変化を伴って南東北地方からの影響のもとに生じたのである。

　弥生Ⅲ期からⅣ期にかけて、仙台平野を中心とした集落は農耕を展開するうえで必要な磨製石器を生産する体制を相馬地域との間に結び、いわき地域でも石器専業生産と流通の整備を那珂川流域との間で進めていった〔杉山 2010：78〕。東北地方南部の太平洋岸における石器生産と流通の体制は、この点で北部九州地方や北信地方のそれと似通っているのに対して、東北地方北部はその限りではない。しかし、東北地方北部における農耕の発展的展開もまた弥生Ⅲ期のできごとであり、水田稲作に適した温暖な気候条件とそれに伴う稲作前線の北上を抜きにしては考えがたい。これもまた、弥生中期的な現象のなかで理解しなくてはならない。

3　北信地方の動向と中期的社会の解体

　弥生Ⅲ期に認められる如上の変化は広域な文化交流に支えられているが、この交流は日本列島の各地において生じた真正弥生文化を特徴づける磨製石器を中心とする石器生産と流通の広域化に即応したものである。

　北信地方には長野市榎田遺跡という、流通範囲が半径 200 km に及ぶ太型蛤刃石斧を中心としたブランド品的磨製石器の生産と流通機構を発達させた集落が登場するが、原産地直下型の生産体制とその製作技法から工程管理の点まで北部九州地方の今山遺跡と類似しており、比較検討する価値がある〔下條 2008：322-327、町田 2010：46-47〕。榎田遺跡は仕上げ直前段階の石器未成品を松原遺跡に供給しているように、松原遺跡という大型農耕集落と対にしてはじめてその意義が理解できるが、北部九州地方に対比させれば松原遺跡が糸島平野の権力中枢である三雲遺跡群などに相当しよう。しかし、松原遺跡の木棺礫床墓をみる限り、首長権力の存在を見出すことはむずかしい。

　この点については、大量の青銅器埋納遺構が検出された長野県中野市柳沢遺跡の礫床木棺墓を取り上げて、前章で論じたところである。

　柳沢遺跡の銅戈には北部九州産の中細形銅戈が含まれている。長野県小谷村の銅戈は近畿型（大阪湾型）銅戈の特徴である樋の先端が離れる特徴をもつが、和歌山県山路遺跡の銅戈も含めて北部九州地方との関係が深い。小谷銅戈は吉田広によって中部高地型と類別できる可能性も指摘されており〔吉田編 2001：9〕。小林青樹はさらに鉄戈の影響を想定している〔小林青 2006c：90〕。それが認められるとすれば、北信地方の各種の外来系文物のなかに北部九州地方と関係の深いものが集中していること〔設楽 1995a：263-264〕とあわせて考えると、青銅器祭祀は石器生産と流通の仕組みともども日本海経由で直接伝来し、中期の巨大集落の形成を促した可能性が指摘できよう。

538

柳沢遺跡の100点に近い管玉を有するひときわ大きな礫床墓は、首長墓とみなしてもよい。個人の隔絶性の点において弥生後期の墳丘墓とは比べることはできないが、吉野ヶ里遺跡の北墳丘墓との類似性を指摘できる。加美遺跡Y1号墓とも類似するが、青銅器と関連させれば、北部九州地方とのつながりによって生じた現象と理解することができよう。

野島永は神奈川県秦野市砂田台遺跡の刃関双孔の鉄剣を加工した鉄斧は、北部九州地方と交流をおこなった近畿地方や北陸地方あるいは中部高地地方のいずれかからもたらされたと考えている。栗林式土器や榎田型石斧の分布圏と重なることからも、北陸―北信を経由してもたらされた可能性が高い。小さな鉄製円環や銅製円環の近畿地方北部における分布については、臼居直之の分割論〔臼居 2000：33-34〕をもとに中部高地地方からもたらされたと述べている。これらの諸論は、中部高地地方の北部九州地方とのつながりや独自的展開を評価するうえで注目できる〔野島 2009：72-75〕。埼玉県朝霞市向山遺跡における二条節帯をもつ鋳造鉄斧も、榎田型の磨製石斧の分布範囲との関係のなかで理解していく必要が出てこよう。いずれにしても、青銅器や鉄器の東日本への流入に近畿―東海ルートを無条件に当てはめるのは慎重になるべきであることを、これらの事例は物語っている。

先に弥生中期社会のネットワークの解体要因の一つが、石器の流通機構から鉄器の流通機構への変化にあるという説に触れたが、その仮説は近畿地方の社会だけに適応できるものではない。中部、関東地方においても弥生中期には榎田産の緑石磨製石斧の流通を背景として栗林式土器が広範囲に分布して地域間の交流を活性化していたのに対して、弥生後期になると閉鎖的小地域化が著しくなる現象も、近畿地方と同様に磨製石器の流通圏の瓦解によって説明することができるかもしれない。

おわりに

弥生時代は、大陸との交流が活発になった時代である。そのきっかけは弥生早期の水田稲作の導入に求められようが、大きな飛躍は弥生前期末〜中期前半の朝鮮半島との本格的な交流の開始にあった。そして武帝の時代には楽浪郡を通じて中国との間に朝貢関係を築きながら漢帝国を頂点とする東アジア世界の国際的秩序に組み込まれ、光武帝の時代における冊封体制への参入へと雪崩を打つように動いていった〔西嶋 1994：162〕。したがって、日本列島の歴史を東アジア世界のなかにすえたとき、弥生中期という時代は倭人にとって、外的権威をまといつつ東アジア社会のなかで自らの立場を模索していったきわめて大きな歴史的画期だったといえよう。

この動きが顕著であったのは北部九州地方であるが、石器の生産と流通システムを畿内地方のそれと比較すると、前者が首長権力を高める性格をおびていたのに対して、後者は個人への富の集中を抑制するあり方を示し、それは首長墓への副葬品の集中度の差と通底するものであった。同じ青銅器をもつ地域でありながら、北部九州地方においては青銅製武器が個人の墓

539

第Ⅴ部　交流と新たな社会の創造

に副葬されるという大陸と歩調を合わせる動きをみせるのに対して、近畿地方では祭器である
銅鐸を中心に墓とは関係なく埋納されるという扱いの違いをみせる。北部九州地方にも青銅製
武器の埋納はあるが、青銅器の扱いの差は大きい。朝鮮半島の銅鈴がまったく文様をもたない
のに対して、銅鐸は文様で飾られる。弥生中期の土器も北部九州地方が朝鮮無文土器に習うよ
うにして無文化を推し進めていったのに対して、近畿地方のそれは櫛描文を中心に飾り立てて
いくようになる。

　以上は、弥生中期文化の地域差のほんの一例である。こうした地域差は、大陸からの距離と
関係の深さの違いがもたらしたことは確かである。しかし、畿内地方の磨製石器の生産と流通
に互恵社会である縄文文化的あり方が潜んでいるとすれば、地域差のもう一つの要因として縄
文文化的社会の仕組みの温存ないしは回帰現象を考慮する余地があるのではないだろうか。近
畿地方の縄文晩期の土器は無文化傾向が強いので復古運動と単純に決することもできないし縄
文文化そのものが維持されていたとはいえないまでも、第16章でみてきたように、銅鐸の文
様の母体に工字文や三叉文の仲間である三田谷文様、あるいは特殊壺に施された縄文晩期の土
器の文様があることを想起すれば、大陸との関係性のありようと同時に縄文文化との関係を視
野に入れながら弥生中期文化の分析を進めていくことが、今後の課題と思われる。

　註
1　台地上のムラが消えていく弥生Ⅱ期終末～Ⅲ期初頭段階に、足柄平野とそれをとりまく地域に集落の断
　絶期間があり、すでに低地に進出している可能性も考えられる。足柄平野全体の集落の消長と中里遺跡の
　詳細が明らかになれば、あるいは中里集落出現の突然性をそれほど強調することはできなくなるかもしれ
　ない。弥生中期の大阪府高槻市安満遺跡が弥生後期になると背後の丘陵に分散化していくのは〔都出 1989：
　226〕、中里遺跡形成の逆の動きを示しているようにみえる。
2　安藤広道は、弥生中期後半の環壕集落が同一の構造と居住域面積をもつ定型性を志向する背景に、個々
　の集落を構成する親族集団間の経済的不均衡の拡大を抑制し、相互依存関係にもとづく地域社会のまとま
　りを維持した状況を考えている〔安藤 2008：66〕。
3　伊勢湾地方ではこの時期、三重県倉谷1号墓のような副葬品を多くもつ墳丘墓も築かれるが、これは山
　陰地方からの外部的影響によって出現した例外的な存在であり、内在的には方形周溝墓の縮小をまず評価
　するべきであろう。
4　奈良県桜井市纏向遺跡は街区の整備などまだその全容がわからないが、2世紀後半に突如として出現する
　ことや、大型建物の軸線上の配列、外来系土器の豊富なことからうかがえる流通のセンター的機能、水を
　用いた祭りを挙行するなどにこの集落を出現せしめた政治勢力の存在がうかがえ、そのことは大型墳丘墓
　の存在からも想定できる。これを基点に箸墓などの大型前方後円墳が築造され、ヤマト政権が政治的成熟
　度を深めながら支配構造を確立し、やがて古代都市が大和の地に形成されていくといった継起性などの点
　から、日本古代都市の原点をここに見出す山尾幸久や寺沢薫らの意見は注目に値する。
5　愛媛県西条市大久保遺跡の戦国時代にさかのぼる二条節帯をもつ鋳造鉄斧から、日本列島の鉄器使用が
　弥生前期終末に食い込む可能性は依然として残されている〔村上 2007：12〕。日本列島への朝鮮半島系の
　無文土器の流入が弥生前期終末にさかのぼるが、すでにこの時期に朝鮮半島では鉄器が出現している〔李
　2010：86〕こととも関係してこよう。
6　ただし、海人集団が形成した遺跡と考えられる長崎県対馬市ガヤノキ遺跡やシゲノダン遺跡など弥生中
　期後半～後期前半の対馬にも中国や朝鮮半島の青銅製品が豊富にみられ、さらに福岡県糸島市御床松原遺
　跡に半両銭や貨泉、鉄素材などが認められることは、海人集団が農耕集団に徹底的に搾取されるようなも
　のではなったと考えられる。そのことは古代に至っても海人集団の首長が政権を左右するほどの位置にい
　たことにもあらわれている。

540

7　弥生前期末〜中期初頭が寒冷期であることからすれば、朝鮮半島からの人々の南下の一つの要因が気候変動にあり、それによって青銅器や鉄器がもたらされ、渡来人の関与によって前期末〜中期初頭の集落や人口の増加が導かれたという仮説も検証の価値がある。

終章　農耕文化複合と弥生文化

は じ め に

　弥生文化は「日本で食糧生産が始まってから前方後円墳が出現するまでの時代の文化」である〔佐原・金関 1975：23〕。経済史的な時代区分にもとづく佐原真と金関恕によるこの定義は、広く一般化していた。ところが、近年この定義を見直して、弥生文化の範囲をきわめて狭いものにしようとする意見がみられるようになった〔藤尾 1999a〕。それは、弥生文化を大陸系のイデオロギーにもとづく社会的・政治的統合が萌芽し、やがて達成される社会の文化であると規定するものである。

　筆者は佐原・金関の定義にしたがう立場であったので、序章で述べたように、この新しい見解に対しては「縄文系弥生文化」という概念を用い、政治的支配体制を築くに至った西日本の弥生文化を偏重した歴史観に対する批判的な認識〔春成 1999〕を踏まえて、弥生文化の多様性を主張した〔設楽 2000c〕。この見解は、東日本の初期弥生文化を弥生文化の範疇で理解するという学史を尊重した意見でもあったが、なぜ弥生文化に包摂するのかという説明が不十分なまま提示した面があった。

　その後、縄文系弥生文化を再考するうえで重要な研究と調査がおこなわれるようになった。それは第8章で論じたレプリカ法による土器表面の種子圧痕の同定作業、および初期農耕集落の実態の解明が期待できる遺跡の発掘調査である。

　本章では、東日本の初期弥生文化がどのように理解されてきたのか、政治的な性格を弥生文化の基本原理と考える立場と照合したうえで、新たな研究の展開を踏まえて縄文系弥生文化を再考する。その結果、弥生文化は「農耕文化複合」の視点からとらえるのが適切だと判断した。この理解は、弥生時代を経済史的、文化史的時代区分にもとづいて把握したものであるが、弥生文化を「農耕社会」の文化とする学説についての論評もおこないつつ、これまでに述べてきたことを振り返りながら、本書の締めくくりとしたい。

第1節　弥生文化の描き方

1　二つの弥生文化観

山内清男と森本六爾の弥生式文化観　向ヶ岡貝塚から出土した土器が蒋田鏘次郎によって弥生式土器と命名され、弥生式土器に焼け米と金属器が伴うことが明らかになるにつれて、縄文土器

終章　農耕文化複合と弥生文化

と弥生式土器は時代的に区別されるのではないかということも、漠然とではあるが意識にのぼるようになった。その差を時代差ととらえて、その違いの背景が農耕の有無であることを明示したのは、山内清男である。

山内は1932年（昭和7）の「日本遠古の文化」で次のように述べている。「日本内地に於ける住民の文化は大きく二つに区別し得るであろう。第一は大陸との交渉が著明でなく、農業の痕跡のない期間、第二は大陸との著明な交渉を持ち、農業の一般化した期間である。前者は縄紋土器の文化に相当し、後者の最初の段階が弥生式の文化である」として、特筆すべき事項に①大陸との交渉と②農業による新生活手段の二点をあげた〔山内 1932c：85〕。

これとほぼ同時に森本六爾が弥生式文化について発表した。弥生式の文化は農業を伴うもので、水稲を主とする農業は紀元前1・2世紀ころから紀元前後にかけて九州島に伝播したと論じ、山内と同様に弥生式の農業は生産性も低く、狩猟採集をおこなっていたと考えていたが〔森本 1938：4〕、その後、弥生式文化は農業が支配的であると考えるようになった。これに対して山内は、弥生式の農耕を Hackbau ＝褥耕民の農耕段階として、弥生式を農業社会ととらえて支配的な生産手段が農業であったという森本の考えを批判した〔山内 1937a：277〕。

弥生式文化に対する先駆的な業績は山内にあり、森本が典拠を示さず追従したのに対して、弥生式の農耕の程度の評価については森本が正鵠を射ていたという、皮肉な結果であった。

弥生文化の社会的側面　山内が指摘した弥生文化を構成している三要素、すなわち①大陸系の要素、②伝統的要素、③固有の要素のうち、青銅器が象徴する大陸系の文化だけを強調し、漢代文化の伝播により成立した青銅器時代という文化の型の存在を主張する森本の理解〔森本 1929：3〕に対して、山内は次のように述べている。「弥生式の時代を青銅器時代と僭称しようとする意見もあるが、同時に鉄器があることからも、青銅器自身が一般的でなく、民衆の生活から稍々遊離した存在であることから云っても、深く反省すべきであろう」〔山内 1932e：63〕。その一方で古墳時代という用語は使っているから、弥生式文化は階級の分化がまだ未明なので民衆生活史の視点から論じることを促しているのであろう。

縄文文化とは質的に異なる弥生文化の社会的側面を強調する見解は、戦後しばらくたってから再浮上してくるが、文化人類学者の佐々木高明がその論理をわかりやすくまとめているので引用すると、「先端的な生産技術である水田稲作と非日常的で象徴的な外来の文化要素が相互に結びついて、それらを統合のシンボルとする新たな社会的・政治的統合が、西日本を中心に生み出されてきたことが重要である。（日本列島に渡来した人々は、）新しい社会の編成原理や旧来のそれとは異なった新しい信仰や世界観などを同時にもちこんできたに違いない。新しい生産技術と新しい思想がセットになって、土着の縄文社会をゆるがし、水田稲作に基礎をおく新たな社会的・政治的統合は、各地で共同体のまとまりを強化し、その連合体をつくり、やがては小国家群を生みだすに至ったと考えられるのである」〔佐々木 1991：338–339 要約〕。

社会組織の変化や社会的・政治的な統合が、縄文文化と弥生文化の違いであるという考え方は、多くの研究者が潜在的に抱いている理解であろう。しかし、この点を強調した論考の多く

544

終章　農耕文化複合と弥生文化

は東日本の初期弥生文化を弥生文化と認めながら、政治的未成熟性についての評価は棚上げする傾向がある。それは、こうした基準に照らせばこれまで一般化してきた、関東地方などの弥生中期前半までを弥生文化に含めるという理解を変更しなくてはならなくなるからにほかならない。

　この問題については、岡本孝之が東日本における縄文文化と弥生文化の間の長期にわたる空白あるいは異質性を両文化の対立としてとらえ直し〔岡本 1974〕、林謙作が東日本の弥生文化前半期に代表される文化を「続縄紋」という文化概念を設けて、縄文文化でも弥生文化でもなく、たんに稲作を始めた縄文人の文化とみなし、生産や社会関係の転換を意味するものではないという解決方法を示している〔林 1987：55〕。

2　近年の動向

　イネのイデオロギー　林と似た立場の藤尾慎一郎は、水田稲作をたんに経済史的側面で評価することから脱し、環壕集落の形成などにみられる社会的側面の転換に加えて、木偶や鳥形木製品を用いた祭祀をおこなうというイデオロギーの質的転換がイネに加えられたことを重視する〔藤尾 2003・2011〕。したがって、イネの質的転換が認められない東北地方北部の水田稲作や、関東地方などの弥生中期中葉以前の文化は弥生文化と認めない。東日本まで含めて議論することによって、これまで弥生文化の社会的側面を重視する論者がうすうす気づいていた矛盾を鋭く突いたものと評価できよう。

　しかし、時代区分の指標は時代性を反映していると同時に単純でわかりやすいことが求められる。水田稲作という同じ現象に「目的」や「目指すもの」の違いという価値判断を要求する指標は、客観的で誰にでもわかる基準とはいいがたい。したがって、筆者は弥生文化の定義は基本的には佐原と金関のものでよいと考えるが、誰もが認める縄文文化と弥生文化の違いは、農耕とのかかわり方の違いであることを踏まえたうえで、①佐原らの定義で「食糧」という字に込めたメジャーフードあるいは「本格的な農耕」としての栽培植物のとらえ方、②それが縄文時代の農耕とどのような質的な差があるのか、ということを問題にしなくてはならない[1]。

　縄文系弥生文化の再評価　筆者は遠賀川文化や宮ノ台式以降の文化など、大陸に系譜の求められる農耕文化要素を主軸として構成された弥生文化を「大陸系弥生文化」と呼んだ。それに対して、条痕文系文化など、縄文的な文化要素が多く認められる政治的社会化現象が希薄な弥生文化を「縄文系弥生文化」と呼んだ（序章）。これは山内の指摘である弥生文化の三要素のとらえ方を支持した結果である[2]。

　しかしそれはたんに山内の説にしたがっただけでも、従来の時代区分にそのまま乗ったわけでもない。弥生文化という農耕文化が縄文文化を変容させ、また縄文系文化の農耕文化との共生のありようがきわめて多様であるという弥生農耕文化のダイナミズムの根源を知りたかったからである。それはとくに東日本でより顕著であった。

終章　農耕文化複合と弥生文化

第2節　東日本の弥生文化

1　弥生再葬墓と社会

再葬墓の時代　弥生文化の研究の黎明期において、東京府下では弥生式土器とともに竪穴住居跡が発見されていた。その後も久ケ原遺跡で多数の竪穴住居跡が中根君郎らによって調査されるなど〔中根・徳富 1929〕、東日本の弥生文化の生活史は、いろいろな方面から明らかにされていた。ところがそれは弥生後期の現象であり、前半期となると最近まで「東日本における最初の農耕文化の内容は、じつはこの再葬墓を通じて知ることができるだけで、生活のあとをたどれるような集落など「生きた文化」の実態は、まだよくわかっていない」〔佐原・金関 1975：39-40〕というのが実態であった[3]。

東日本の初期弥生文化に、複数の大型の壺を納めた土坑の出土する遺跡があるのは戦前から知られていた。その一つである茨城県筑西市女方遺跡は、発掘をおこなった田中国男によって農耕祭祀に関係があるのではないかとされていた〔田中 1944〕。こうした遺構が再葬墓だと判明したのは戦後のことであるが、女方遺跡の土器は山内清男によって縄文土器編年に接続され、関東地方最古の弥生土器の編年的位置が与えられている。

しかし、これらの土器群が弥生土器であること、すなわちそれらが使用されたのが弥生時代であることの証明は、大型壺の増加という点を主たる論拠としており、集落の実態がわからないことにはそれも予断にすぎなかった。また、東北地方中部以北にくらべても籾痕土器の数などは皆無に近い状態で、弥生文化とみなすうえでの根本的な指標を欠いていた。再葬墓＝弥生文化という、いわば自明とされた論理が独り歩きしていたのが1970年代までの研究状況であった。したがって、再葬墓が弥生時代の文化であることを問い直す必要に迫られていたのである。

再葬とその背景　1980年代になると、この問題を考えるうえで重要な遺跡の調査と研究がおこなわれた。1981年、群馬県藤岡市沖Ⅱ遺跡から再葬墓とともに遺物包含層が検出され、大型壺を含む数多くの壺形土器が多数の大型の打製石鍬とともに検出された〔荒巻・若狭ほか 1986〕。ほぼ同じころ、中村五郎によって東北地方南部にまで遠賀川式土器とそれに併行する弥生土器の存在していることが確認され〔中村 1982〕、沖Ⅱ遺跡の土器も弥生前期にさかのぼるので、これまでの自明の論理に照らして、関東地方にも弥生前期が存在していることがようやく明らかになった。

竪穴住居などを伴う集落遺跡がほとんど検出できないことにかわりはなかったが、何らかの社会状況によって分散居住を余儀なくされた小集団が祖先祭祀のために築いた共同の墓地であり祭祀の場が再葬墓だ、と石川日出志が論じたのは大きな進展であった〔石川 1999〕。つまり、再葬墓はそれを取り巻く当時の社会状況が生み出した産物であるととらえることによって、問題の核心に近づいたのである。

546

終章　農耕文化複合と弥生文化

　分散居住現象と再葬の発達が関連しているらしい同じような状況は、縄文中期末から後期初頭にも見出せる。その時期の再葬は、房総地方と東北地方北部という離れた地域で認められる。このような同時多発的、あるいは時代を隔てて繰り返す現象の共通の要因として、筆者は気候変動を想定した。中部高地地方から南東北地方に分布する大型壺を多用した弥生時代の再葬墓を弥生再葬と名づけたが、そこにみられる文化要素の多くが縄文晩期の中部高地地方に求められることにより、分散居住を促した社会的な要因の一つが縄文晩期以来の寒冷化であり、再葬墓は分散居住に伴う集団の結合の弛緩を未然に防ぐために機能したのではないかと考えた（第 11 章）。

　弥生再葬墓と生業経済の問題　　したがって、弥生再葬墓およびその制度の役割を通じてみた集団間の関係からすれば、弥生再葬墓の社会は祖先祭祀によって緊密に結びついた分散小集団という縄文時代晩期の集団関係、社会関係をほぼそのままに維持しているといってよい。

　それでは、弥生再葬墓とその時代の文化は縄文時代の文化と比較して何がどのように変化しているのであろうか。小林青樹は分散居住の背景に居住域の移動を想定し、その原因を焼畑農耕の採用に求めた〔小林青ほか 2003：47〕。この仮説を検証するためには、具体的な資料の分析が求められるところであるが、沖Ⅱ遺跡を加えた遺跡の近年の発掘調査によって問題の解明が進んだ。

　まず土器の組成であるが、沖Ⅱ遺跡の遺物包含層では、壺形土器が全体の 20 ％に達している。現在この地方でもっとも古い弥生土器とされているのは、沖式直前の如来堂式であるが、そこにも一定量の壺形土器が存在している。縄文晩期終末の氷Ⅰ式土器が出土する長野県茅野市御社宮司遺跡では、壺形土器の比率が 2.5 ％にすぎない。詳細な分析は今後の課題とせざるをえないが、沖Ⅱ遺跡の壺形土器の比率の増加は大きな変化といえるだろう。その比率は北部九州地方でいえば佐賀県菜畑遺跡 8 層下の板付Ⅰ式に、近畿地方では遠賀川式土器の初期の段階ころに、東海地方では弥生前期の樫王式といった具合に、各地における弥生時代の壺形土器の開始期の比率とほぼ一致している（図 68）。

　かつて、弥生時代は「弥生式土器の時代」とされていたが、佐原は縄文土器と弥生土器が製陶技術の上から截然と区別できないことにより、その定義を排した[4]。「農耕が本格化した時代」とあらためて定義したのだが、それによって土器の時代区分に果たす役割の重要性が失われたわけではない。穀物貯蔵の大型壺を弥生時代の指標とする意見もあるし〔岡本 1966：434-435、中村 1988：8-11〕、各種の壺形土器を伴う土器の組成内容の変化が生活の変化を反映しているのではないかという推測が重要だからである（第 8 章）。

　沖Ⅱ遺跡からは大型の石鏃が多量に出土した。石鏃は、それに続く弥生中期前半の群馬県安中市中野谷原遺跡からも多量に出土しているし、弥生後期にも大型の石鏃が出土する。長野県域の伊那谷で弥生後期に石鏃が多量に用いられており、陸耕と結びつけられて考察されたのは周知のことである〔松島 1964〕。

　沖Ⅱ遺跡と中野谷原遺跡の打製土掘具に、縄文後・晩期の群馬県藤岡市谷地遺跡と弥生後期

終章　農耕文化複合と弥生文化

の群馬県東吾妻町諏訪前遺跡の例を加えて分析したところ、短冊形の打製土掘具は刃の幅を変えずに激減するのに対して、撥形のそれは増加傾向に加えて石材を頁岩やホルンフェルス（谷地）から凝灰岩（沖Ⅱ）、そして粘板岩や片岩（中野谷原・諏訪前）へと扁平な素材を取りやすいように変化させつつ大型化していく傾向を見出した（図66）。中野谷原遺跡から出土した横刃形石器を顕微鏡観察した高瀬克範によって、イネ科植物の切断などによってできる特徴的なBタイプポリッシュが検出されたこと〔高瀬 2004a〕も、打製土掘具の変化が穀物栽培による可能性を高めている（第8章）。

　初期弥生時代の東日本では、土偶の性格が変化していることも重要である。土偶の大半が成熟した女性像であることと縄文晩期以前はほとんど墓に伴わないことから、その役割は生命の誕生を担うものであったことが推察される。これに対して、弥生時代になると墓に副葬されたり土偶形容器という蔵骨器として再葬墓に納められるようになる。土偶形容器は男女一対の偶像であることを基本としているが、これは男女協業という農耕社会の生業体系に起因するものと考えられる。土偶の性格が、農耕文化の影響によって変化したのであろう（第17章）。

　弥生再葬墓地帯では、集落の規模やそれを支える農耕の生産性の低さに規定されて、縄文晩期以来の社会状況にとどまりながらも、そのなかで弥生文化への転換を経験していったのであり、低地において大規模な協業を必要とし、規模の大きな拡大再生産を可能とする灌漑を伴う水田稲作よりも、河岸段丘上などの小規模な水田耕作も加えた畑作を選択していったのではないだろうか〔設楽 2008a：301〕。これは、東日本で畑作を主な生業とする文化が成立する一つの仮説である。

2　西関東地方の農耕の実態

中屋敷遺跡の発掘調査　では、この仮説にとって肝心の穀物の検出状況はどうなっているのだろうか。これについて大きな進展が二つあるが、一つは神奈川県大井町中屋敷遺跡の発掘調査であり、もう一つはレプリカ法により土器の表面における穀物圧痕の同定が進展したことである。

　足柄平野を望む台地にある中屋敷遺跡は、土偶形容器が出土した遺跡として早くから知られていた。足柄平野との比高は50mをはかる。1999年から2004年に昭和女子大学によって発掘調査され、土坑が17基検出された〔小泉ほか編 2008〕。土坑のほとんどが弥生前期後半であり、そのうちの8・9号土坑から穀物の炭化種実が検出された。

　穀物の炭化種実はとくに9号土坑から多量に出土したが、それらの種類と個体数はアワの炭化胚乳が重量換算で2000点弱、イネの炭化胚乳が393点、キビの炭化胚乳が26点であった。縄文後・晩期に利用率が高まるトチノキの炭化種皮やサルナシの炭化種子も伴出しており、他の土坑ではクリの炭化材が出土しているので、クリの果実の食用としての利用も想定されている〔佐々木由 2008〕。中屋敷遺跡の土器群は壺形土器が一定量加わっているが、それを含めて東海地方の条痕文系土器の影響が強く及んでいるのが特徴である。

548

終章　農耕文化複合と弥生文化

　レプリカ法による種子圧痕の同定　土器の表面に認められる圧痕を型取りして種を同定する研究は、土器の破片の表面を詳細に観察して種子の疑いのある圧痕をすべて粘土で型取りし、顕微鏡で観察して農学者が同定するという徹底した方法を用いて 1940 年代のデンマークで実践された。これにより、蔬菜類を含む農作物の歴史を克明に描く実証的な研究が進展した〔佐原 1975：122〕。日本では、山内清男が 1920 年代に土器の表面の圧痕を型取りし、農学者によってそれがイネと同定されたが〔山内 1967〕、これは世界的にみても先駆的な例であろう。

　この研究は、丑野毅が土器の製作における技術の解明に応用するべく、シリコンという新たな印象剤を用いておこなうレプリカ法で再開された〔丑野・田川 1991〕。中沢道彦は東日本への農耕文化の波及という問題の解明に向けて、丑野とともに農学者の松谷暁子を加えた共同研究で、山梨県韮崎市中道遺跡の縄文晩期終末の土器の圧痕分析をおこなったが、それをきっかけとして先史日本における植物利用の歴史的解明は新たな段階を迎えたといってよい〔中沢・丑野 1998、中沢ほか 2002〕。その後、レプリカ法を用いた先史時代の植物利用のあり方を探る分析は、地域や時期を問わず進展が著しい〔小畑 2011、中沢 2014、中山 2010、山崎 2005 など〕。

　筆者らは弥生再葬墓地帯の文化変容が農耕化に起因する仮説を立てたが、それを検証するために高瀬克範とともにレプリカ法を用いた土器圧痕の分析をおこなって穀物の有無を調査した。対象は北西関東地方であり、群馬県の 2 遺跡、埼玉県の 2 遺跡、神奈川県の 6 遺跡である（第 8 章）。まだ分析した遺跡の数は少ないが、結果と課題を摘要したうえで現状での理解を再度示しておこう。

　調査の対象は、縄文晩期後半～弥生中期前半の資料である。摘出された穀物の圧痕は、アワ、キビがほとんどであり、イネはきわめて少ない。もっとも古いのは神奈川県秦野市下大槻峯遺跡や同市中里遺跡の縄文晩期終末の氷 I 式新段階の土器であり、アワ、キビの圧痕が検出された。神奈川県域や埼玉県域の弥生前期後半の資料からもアワ、キビが検出された。石鍬や横刃形石器を観察し、農耕に使用したと推定した弥生中期前半の中野谷原遺跡では、アワが 4 点、キビが 9 点、イネが 3 点検出された。一方、神奈川県川崎市下原遺跡など安行 3d 式以前、すなわち大洞 C_2 式以前の資料からはいっさい穀物圧痕は検出されなかった。

　下原遺跡の安行 3c・3d 式土器の胎土からは、イネのプラント・オパールが検出されている。これに対してイネを含む穀物の圧痕はまったく認められなかったのをどのように考えればよいのか、今後分析事例を増やしていくとともに、圧痕がいかにして形成されるのかをタフォノミーの視点から研究していく必要があろう。

　長野県域において、縄文晩期終末の氷 I 式土器からアワ、キビの圧痕が確認された事例が増加しているが〔遠藤・高瀬 2011、中沢 2012〕、神奈川県域にも広がりをみせ、氷 I 式の分布圏では雑穀栽培が普及していたことが推測できる[5]。弥生前期でも沖 II 遺跡でアワ、キビなどの圧痕が検出されており〔遠藤 2011：421〕、神奈川県域や埼玉県美里村如来堂 A 遺跡で同様の結果が出た。

　以上を総括すれば、縄文晩期終末から弥生中期前半の北西関東地方ではアワ、キビによる畑

549

終章　農耕文化複合と弥生文化

作がおこなわれていた可能性が高い。それに若干のイネが伴うが、稲作が水田でおこなわれていたのか陸稲として栽培されたのか不明である。山梨県韮崎市宮ノ前遺跡の弥生前期の水田跡を積極的に評価すれば[6]、段丘あるいは谷での小規模な水田稲作も組み合わされていた可能性があろう。

　　北西関東地方における穀物の由来　では、これらの穀物はどのようにして出現したのであろうか。まず、日本列島全域で、イネ、アワ、キビの出現の時期をみてみよう。イネについては、熊本県本渡市大矢遺跡の縄文中期終末の阿高式土器と、熊本市石の本遺跡の縄文後期の鳥居原式土器についた籾状の圧痕が古い例として報告されている〔山崎 2005〕。しかし中沢道彦は、大矢遺跡例は籾に特有の顆粒状組織が明確ではないとし、石の本遺跡例はイネである可能性は否定できないが判断を保留している〔中沢・丑野 2009：38〕。確実な籾圧痕をもつ土器は、島根県飯南町板屋Ⅲ遺跡の突帯文期初頭の夜臼Ⅰ式をさかのぼる前池式併行期がもっとも古い[7]〔中沢・丑野 2009：37〕。

　　東日本でもっとも古いイネの資料は、長野県飯田市石行遺跡の女鳥羽川式土器に残された籾圧痕である〔中沢・丑野 1998：13〕。女鳥羽川式は 5 段階に区分される浮線網状文土器の第 1 段階、東北地方では大洞 A$_1$ 式、近畿地方では船橋式に併行する[8]。それに次ぐ時期のイネの資料は同じ石行遺跡の氷Ⅰ式〜Ⅱ式とされた微妙な時期のものがあるにすぎず〔遠藤・高瀬 2011〕、弥生前期を待たねばならない〔中沢 2012：88〕。

　　雑穀のうちアワは確実なところでは、鹿児島県曽於市上中段遺跡の夜臼Ⅱa 式併行期の突帯文土器の圧痕資料とされる〔中沢 2012：80〕。キビは滋賀県安土町竜ケ崎 A 遺跡、突帯文期の長原式土器の内面に付着した炭化種実がもっとも古く〔宮田ほか 2007：258〕、弥生前期の遠賀川式土器と同時期である可能性が高いとされていたが、近年、愛知県豊橋市大西貝塚や東京都新島村田原遺跡で五貫森式、桂台式という夜臼Ⅱa 式―大洞 A$_1$ 式併行期にさかのぼる圧痕資料が確認された〔中沢 2012：78-79〕。

　　アワは、浮線網状文土器第 3 段階である氷Ⅰ式中段階の長野県駒ヶ根市荒神沢遺跡の種実圧痕例がもっとも古い〔中沢 2012：80〕。キビは前述のように東日本の例がもっとも古いが、鳥取県智頭町智頭枕田遺跡では、それに続く段階の圧痕資料が出土している。

　　このように、突帯文土器期をさかのぼる穀物の実例は、確実な資料ではいまのところ確認することができない。イネの出現時期が雑穀より若干さかのぼるものの、これらはほぼ一斉に日本列島に登場したとみてよい。とくにアワとキビは夜臼Ⅰ式以降となるので、このような穀物複合は、水田稲作の導入や土器様式の変化を含めて朝鮮半島との関係のなかから生じたのであろう。東日本における穀物資料はキビを除けば西日本よりも出現が遅れる。したがって、北西関東地方における穀物は、朝鮮半島からの体系的な農耕の導入の影響によって出現したのであり、在地における縄文農耕の系譜を引いたものではないことが指摘できる。

　　筆者は、かつて浮線網状文土器が突帯文土器と密接な関係のなかから生まれた土器様式であることを論じた（第 5 章）。浮線網状文第 2 段階の離山式土器は、東海地方から北陸地方に至る

550

まで長野県域ときわめてよく似た特徴をもつ土器として分布を広げる。氷Ⅰ式古段階の土器を含めて、近畿地方では長原式土器や馬見塚式土器とは様式の構造をまったく異にするものの、しばしば共伴するように親和性が強い。大阪府寝屋川市讃良郡条里遺跡では初期の遠賀川式土器に長原式土器が伴って出土したが、これらの土器の圧痕をレプリカ法で調査した結果、遠賀川式土器にはイネ籾圧痕が圧倒的に多いのに対して、長原式土器にはアワが圧倒的に多いことが確認された[9]。アワ、キビの雑穀栽培は、縄文系の土器様式の地域間の関係性にもとづいて、弥生前期の段階に近畿地方の突帯文土器文化から東海地方の条痕文土器文化を経て中部高地地方や、さらに北西関東地方にまでもたらされたのであろう。

3　東北地方北部の農耕文化

北部九州地方との交流　筆者は小林青樹とともに、板付Ⅰ式土器の成立に東北地方中〜北部の亀ヶ岡式土器が影響を及ぼしていることを論じた（第14章）。それは夜臼Ⅱa式と大洞C₂/A₁式の交流であるが、その前後に浮線網状文土器がそれまでの分布圏を打ち破るように西日本一円に広がることは、すでに小林が明らかにしていたことである〔小林青編 1999〕。この移動現象は、当時縄文文化を高度に発達させていた亀ヶ岡文化など東日本の文化圏が、農耕化という北部九州地方などで生じた新たな文化の動きに敏感に反応した結果にほかならない。そのリアクションが、弥生前期の砂沢式期における青森県域への水田の波及や抉入片刃石斧、管玉や炭化米の出現、籾痕土器の増加など、関東地方ではみることのできない水田稲作や西方系文物の導入となってあらわれたのではないだろうか[10]。

　いずれにしても、中部高地地方、関東地方における初期弥生文化とはおよそ異なる東北地方北部の稲作文化への志向の高さをどのように評価していくのかは、今後の大きな研究課題である。要因の一つとして、先に指摘した、縄文晩期終末に北部九州地方へ直接移動した土器から推測できる異文化接触とそのリアクションが考えられるが、そこに時間差がありすぎる[11]とすれば、砂沢式期に壺甕ともに遠賀川式土器に近いという、土器組成の成立に果たした日本海ルートの文物の動き（第19章）に再び注目する必要がある。

集落の再編成と拡大再生産の動き　その一環として、高瀬が秋田市地蔵田遺跡の集落を分析して論じたような、集落の再編成の動きは注目される〔高瀬 2004b：144-213〕。つまり、弥生再葬墓地帯の初期弥生文化は小規模分散化したままで畠作を取り入れていったように、社会組織の改変は希薄なのに対して、東北地方北部では社会組織の改変をもはかり、水田稲作を取り込んでいった可能性がある。

　青森県弘前市砂沢遺跡の弥生前期の水田が、緩傾斜地の地形勾配にあわせて築かれたのに対して、青森市垂柳遺跡の弥生中期中葉の水田域は、平坦な地形面で広い耕地を確保できるようになっている。垂柳遺跡の耕地面積が広いのは、このような土地条件を選択したからであろう。水路跡からは木製鍬の未成品や盾と思われる板とともに、搬入された南御山2式系の壺形土器が出土している。南御山2式土器は会津地方を中心に分布し、仙台平野にまで影響を及ぼ

終章　農耕文化複合と弥生文化

した土器である。垂柳遺跡でこの時期に大規模な水田が造営された背景には、南東北〜中東北地方という水田稲作先進地帯からの技術的な関与のあったことがうかがえるのである。これは、とりもなおさず拡大再生産を志向する農耕に踏み出していたことをうかがわせる。

もう一つの弥生文化　このようにみてくると、東北地方北部でも北部九州地方に端を発する農耕文化形成の現象を受けて、農耕化の道を歩んでいったことがわかる。さらにそれが中部高地地方、関東地方とは異なる道を歩んでいったことも、列島内の農耕文化形成の多様性や独自性をうかがううえで重要である。

その一方で、弥生中期中葉の温暖な気候に支えられて、南東北〜中東北地方の先進的農耕技術を取り入れつつ農耕生産の発展をはかっていく方式は、当時の西日本における集落の肥大化や東日本の各地にみられる遠隔地との交通関係を整えつつ低地の農耕集落を整備していった状況〔石川 2001〕と連動している。

このように、東北地方北部は独自性を発揮する一方で、日本列島で広域に連動した文化変化と共通の動きも認められるのであり〔設楽 1995b：82・2000b：181-182〕、これは弥生文化という大きな枠のなかでの同調性といわざるをえない〔設楽 2000b：181-182〕。東北地方北部が弥生後期に続縄文文化と関係を深めていったのは、寒冷化という気候変動による外的な変化のためであり、それ以前に弥生文化と同調した内的な動きのあったことを評価するべきであろう。

第3節　「農耕文化複合」としての弥生文化論

1　縄文農耕と弥生農耕文化の違い

縄文農耕の特質　前節で、北西関東地方を中心とした農耕文化の形成過程を述べてきた。そこではアワ、キビの雑穀をおもに栽培していることと、それに規定されるかのように文化要素の多くが農耕文化的変容をきたしていることを論じた。文化要素の農耕文化的変容が総体的に生じていることが重要であるが、そのことを議論する前に、縄文時代の農耕と弥生時代の農耕の違いに触れておきたい。

縄文時代の栽培植物は、早期にすでにアサ、エゴマ、ヒョウタンなどが知られているが、嗜好品的種類の植物が多い。問題は主食としてまかなえる穀物類とマメ類、とくに穀物の存在と様態である。前節で整理した確実な穀物および圧痕資料にもとづき農耕の様態も含めていうと、縄文農耕には以下の特色が指摘できる。

①全体的な傾向としては嗜好品的植物が多い。②主食をまかないうる栽培植物のうちマメ類とヒエは存在するが、主要な穀物の出現は縄文晩期終末の突帯文土器期をさかのぼらない。③一つの遺跡で、栽培穀物が多量に出土することはない。④一つの遺跡で、複数種類の栽培穀物が出土することはまれである。⑤灌漑技術を伴うような、集約的な穀物栽培は認められない（第7章）。クリやトチノキの管理で手いっぱいであり、手間隙のかかる集約的な穀物栽培に積極的に乗り出すわけにはいかなかったのであろう。

552

終章　農耕文化複合と弥生文化

　文化要素の総体的な変化　これに対して弥生文化の農耕は、水田稲作とアワ、キビの雑穀栽培からなる体系的なものであり、それに応じて他の文化要素が農耕文化的な変容をとげている。つまり、弥生文化はさまざまな文化要素が連鎖的に農耕と関係している「農耕文化複合」といってよい。現象的には、①食糧に農作物が多くなる、②石器や木器に農具が多くあらわれる、③農具をつくるための石器が増える、④大型壺を含む各種の壺形土器の比率が増える、⑤灌漑施設を伴う水田や畠がつくられ、⑥それにより狩猟や漁撈の比重が減ったり専業化していく、⑦生産の儀礼が農耕儀礼を基軸に展開するなど、生活のすみずみに農耕文化の影響があらわれてくる。農耕が文化のごく一部をなすにすぎない縄文文化と対照的である。

　農耕文化複合という概念は文化人類学で提起されたものであり、一連の、あるいは多数の文化要素が集まって構成されている全体を指す〔大林 1987：672〕。中尾佐助は次のように説明している。「生きていくうえでの技術や習慣、規範などが総合された"文化"のうち、農業に関係するものだけでも、作物の品種・栽培技術・加工技術・宗教儀礼・農地制度など異質のものが必ず集まって、それらが相互に絡み合った一つのかたまりとみられる。それを"農耕文化複合"と呼ぶ習慣になっている」〔中尾 1966：11–13〕。これは J・スチュワードが提起した「文化核心」（culture core）の概念に近い〔Steward 1955：37〕。文化核心とは、「その文化のもつ主要な生業活動を中心にして、相互に機能的に連関しあった一群の社会的・政治的・宗教的特色が、重要な機能を演ずるもの」である〔佐々木 1971：16–17〕。文化人類学のフィールドで観察できるような複合性を考古資料から満足に摘出することは困難かと思われるが、縄文農耕と弥生農耕文化を区別するうえでも文化総体として分析し、理解する努力を注ぐ必要があろう。

　弥生文化が農耕文化複合であるという見解は、古くからみられた。森本六爾は、日本古代文化の構造を、ある部分が他の部分と関係しているエンジンにたとえ、日本列島の農業の起源を文化要素の複合 cultural assemblage として理解しようとした〔森本 1935：1〕。都出比呂志によると、この考え方の芽生えはこのころすでにヨーロッパで遺物や遺跡の諸型式の複合によって、文化を考古学的にとらえようとする考えが定着しはじめていたことに加えて、赤堀英三が文化人類学の「文化複合」概念をウィスラーの Man and Culture（1923）の翻訳を通して、日本に紹介したことをきっかけにしているのではないかと推測している〔都出 1988：137–138〕。

　さらに、「弥生文化を特徴づけるさまざまな要素はすべて農耕生活と関連し、それに支えられて存在し、また変化発達した」〔近藤 1962：158〕というのは極論にしても、「支石墓や織布、ある場合には籾などが大陸から伝えられたのは、すでに縄文晩期であったが、それらが部分としてではなく、一定の秩序をもった組織的な農耕文化として定着したときに、日本人が米作民族として歩む方向が決まった」〔和島 1974：138〕という理解は、言葉こそ用いていないが弥生文化を「農耕文化複合」ととらえる理解が定着していたことを物語っている。

　このような視点に照らせば、前節で論じたように、北西関東地方では縄文晩期終末から弥生前期に農耕文化の影響を受けて生業、墓制、精神文化などに多大な変動をきたし、縄文文化の範囲におさまりきらない文化へと変容していることに注目せざるをえない〔設楽 1995b：81〕。

553

終章　農耕文化複合と弥生文化

中部高地方や北西関東地方の場合、氷Ⅰ式あるいは離山式の段階にアワ、キビの土器圧痕が報告されているが、まだこの段階は壺形土器の比率が低く（第8章）、石鍬も大型化をとげていない。アワ、キビの栽培はきたるべき弥生文化の「先駆け」〔佐原 1995：111-112〕ととらえて、壺形土器が1〜2割程度になるとともに東海地方の条痕文系土器の影響が強まり、石鍬が大型化し、土偶形容器が成立する氷Ⅱ式、如来堂式の段階から弥生文化の時代と認識したいが、大型壺が出現し、壺形土器の割合が1割弱の弥生早期である夜臼Ⅰ式とほぼ等しくなるなど土器組成が変化する氷Ⅰ式の終末〔中沢 2012：87〕が微妙なところであろう。

2　北西関東地方の弥生農耕文化複合

弥生農耕文化複合の多様性とその由来　弥生時代の農耕文化複合も、けっして単一ではない。日本列島の初期農耕文化の生業体系をみると、そこに二つの類型の存在を指摘することができる。

佐賀県唐津市菜畑遺跡では、水田関連遺構[12]、イネとアワの穀物、各種の蔬菜類と果樹の種子、水田雑草とともに畠雑草の種子が検出されている。一方、堅果類が豊富に検出され、魚骨もサメ、エイ、マイワシ、ボラ、マグロ、クロダイなど、獣骨もノウサギ、イノシシ、ニホンジカ、ムササビ、タヌキ、イルカなど多くの種類が出土している。

これに対して、福岡市板付遺跡の雑草の花粉は水田雑草に集中する。大阪府和泉市・泉大津市池上曽根遺跡では、5種類の栽培植物と32種類の採集植物が検出されている。しかし、種類は豊富であるものの、イネとヤマモモ、マクワウリが他を圧倒している。魚類もマダイが突出し、狩猟動物ではイノシシが圧倒的に多い。

甲元眞之は、二つの弥生農耕文化複合類型を、「網羅的経済類型」と「選別的経済類型」と呼び分けた[13]〔甲元 1991：31-32〕。縄文文化の生業体系は、網羅型の典型である。では、弥生文化の農耕における網羅型は、縄文文化の系譜を引いたものだったのだろうか。その答えは、菜畑遺跡の農耕文化の故地である朝鮮半島南部における農耕のあり方のなかにある。朝鮮半島南部の農耕の特質は、水田稲作と畠作が併存していることであり、むしろ畠作が主体をなしている可能性が指摘されている〔後藤 2006：311〕。畠跡は、慶尚南道晋州市大坪里遺跡の魚隠地区や玉房地区で多数検出されており、細長い畝が何本も連なる大規模な畠跡も多い。無文土器前期の畠作物としては、アワ、キビ、オオムギ、コムギ、マメ類があげられる〔安 2007：314〕。

水稲耕作を主体とした華中・華南では、農耕民に一般的である選別型経済類型をとるのに対して、華北では雑穀栽培が展開し、動物の選別化である家畜化も顕著ではない。網羅型をとるのは、畠での雑穀栽培の際、連作障害を回避するために作物のレパートリーを豊富にしておかなくてはならないからだとされる〔甲元 2008a：39〕。朝鮮半島南部の地域では、稲作に特化することはなく、畠作による雑穀栽培を推し進める華北型の農耕文化類型が基盤をなしていたのであろう。

このようにみてくると、弥生農耕文化の母体となった朝鮮半島南部の農耕文化類型は、華中・華南型と華北型という二つの類型の複合型であることが指摘できる。これは弥生文化における

554

終章　農耕文化複合と弥生文化

農耕受容の選択の幅があらかじめ広かったことを物語るものであり、菜畑と板付という二つの類型が所与のものとして弥生文化成立当初から存在していたことがうかがえる。このうちの網羅型は、縄文文化という採集狩猟文化の伝統を受け継ぎながら、水田稲作と畑作を複合させた朝鮮半島南部の農耕文化複合を取り込んだ結果だ、と結論づけることができよう。

　　条痕文文化と畑作をめぐって　中部高地地方や西北関東地方の初期農耕文化において畑作を選択したのも、こうした多様性、選択の幅の広さを背景としている〔中沢 2012〕。中屋敷遺跡の穀物にアワやイネを主体としてキビが加わっているのは、畑の連作障害を回避するために網羅的生業類型の農耕を選択した結果であろう。またトチノキの種実の利用や食糧としてクリが利用されていた可能性を含めて、縄文文化の伝統的な食糧をレパートリーに加えているのも、縄文文化的生業形態を温存しながら栽培にシフトしていった環境適応を如実に物語っている〔佐々木 2009：140〕。

　弥生前期の畑の跡は福岡県小郡市三沢蓬ヶ浦遺跡、徳島市庄・蔵本遺跡や三重県松阪市筋違遺跡などから検出されているが、いずれも畝が幾筋も並列した形態をなす。中部高地地方や西北関東地方の農耕文化複合の形成を考えるうえで、筋違遺跡から畑跡が検出されているのは重要である。それはこの遺跡が伊勢湾沿岸の一角に位置し、畑の時期をさかのぼるものの、離山式土器や氷Ⅰ式古段階と関係の深い条痕文土器である馬見塚式土器も検出されているからである。東海地方では、馬見塚式〜樫王式の土器からキビの圧痕が確認されている〔遠藤 2012：9〕。

　かつて石川日出志は条痕文文化の石器組成を台地型として〔石川 1988b〕、それを参考に関東地方の打製土掘具を農具と考え、関東台地の弥生前半期の農耕は陸耕が水田耕作をしのぐほど本格化していたとした〔石川 1992b：80〕。氷Ⅰ式に形成された壺形土器は、在来の深鉢を変容させたものに加えて、樫王式土器の影響を強く受けたものが認められる。それを手始めに、関東地方にも壺形土器が弥生前期にかけて増加の一途をたどることはすでに述べたが、そこにも樫王式や水神平式土器の影響が如実に認められる（図69）。土偶形容器も条痕文系土器文化で誕生した（第17章）。条痕文文化における農耕の様態を考えれば、中部高地・関東地方の農耕文化複合は、条痕文文化の強い影響のもとに形成されたといってよい。

　東海地方では、条痕文土器は遠賀川式土器の集落から一定量出土する。また、壺形土器や甕形土器の口縁部が外反の度合いを強めていくのは、遠賀川式土器との接触変容にほかならない。条痕文系土器はあらい条痕によって器面を調整するという、およそ遠賀川式土器とは異なる方法を用いてアイデンティティーを主張しながらも、ともに農耕文化を受容し農耕化をとげていった文化である。したがって、条痕文文化も弥生文化といってよい。その影響下に農耕化を進めた中部高地・北西関東地方の初期弥生文化もまた弥生文化に包摂されるのであり、それは東北地方北部の農耕文化ともども、大陸の農耕文化に淵源をもつ農耕文化複合の汎列島的連鎖によって形成された。つまり、これらの変化の重要性は、それが大陸から体系的な農耕文化が導入されたという歴史の大転換を起点として生じた文化変容であって、縄文文化のなかから自然に生まれたものではない点にある。

555

終章　農耕文化複合と弥生文化

　レプリカ法による種子圧痕の調査はまだ途についたばかりであり、今後組織的な調査を要する。また、遺構の覆土、とくに焼土のフローテーションも積極的に導入していくべきであり、予断が許される状況ではないが、近年蓄積されているデータからすると、北西関東地方の弥生時代の初期農耕は雑穀栽培を主体としていた可能性が高い（第8章）。中沢道彦が夙に指摘しているように、朝鮮半島の農耕文化複合のうちの、アワ、キビの雑穀栽培を集団関係の状況に応じて間接的、選択的に受容した結果ではないだろうか。

　都出比呂志は、群馬県渋川市有馬遺跡のような畠と水田とを隣接してもち有機的に組み合わせた農法を「水田・畑結合型」と仮称し、長野県の伊那盆地や大分県の大野川流域の台地など、弥生後期の畠の開発が水田とともに進展したケースを「畑卓越型」と仮称した〔都出 1984：129-130〕。弥生時代における畠の高度な技術力と重要性を認めたうえでの理解といえよう。また安藤広道は、南関東地方の弥生時代における栽培植物種子を分析して、台地の上で畠が大規模に展開していたという評価に警鐘を鳴らしているが、それは宮ノ台式以降のことであって、それ以前の畠作を否定しているわけではもちろんないし、宮ノ台式期にも小規模な耕地を多数点在させ、それを頻繁に切り替え、移動する畠作経営の姿をイメージしている〔安藤 2002：51〕。宮ノ台式期以前の畠作もそのような状況だったのだろう。

　金関恕は佐原真とおこなった弥生文化の定義にある「食糧生産に基礎をおく生活」を「水稲耕作を主たる生業とする生活」と改めてよいとした〔金関 1989：8〕。確かに弥生中期中葉以降、イネの栽培が卓越していく状況を踏まえれば一理ある。しかし初期の段階の雑穀栽培のありようから農耕文化複合の多様性と選択性を重視し、その後も列島内の至るところに畠の卓越する文化が存在していることを重視する立場からは、にわかに賛成することはできない。

3　農耕文化と農耕社会

農耕社会の成立　では、第1節で取り上げた佐々木の意見に代表される政治的統合のメカニズムを有した文化を弥生文化と認めようという立場と、これまでの議論とはどのように関係し合うのであろうか。たとえばこれを関東地方にあてはめてみると、弥生中期前半までの縄文時代の社会的関係をそのままに維持している社会は、林流にいえば続縄紋であって、弥生文化は弥生中期中葉の神奈川県小田原市中里遺跡などで分散小集落が統合して農業共同体を築いた時点に始まるとせざるをえないことになる[14]。

　しかし、北部九州地方の農耕社会の形成過程を分析した後藤直によれば、核となる集落や集団が中心となり、地域内諸集団間の地縁的結合関係が創出される農耕社会の成立は弥生前期後半のことであり、それまでは縄文時代以来の小規模集団が、他の集団との間に耕地や水利などの緊密な関係を結ぶことなくゆるい集団関係のなかで、小規模な農業経営をつづけていたという〔後藤 1986：155〕。

政治的社会と階級的関係の形成　弥生前期末～中期初頭は、あらゆる面で弥生文化の政治的成熟へ向けての画期であった〔禰冝田 2003：26-27〕。大型集落や人口の増加、農耕社会の成立もそ

556

終章　農耕文化複合と弥生文化

うであるが、青銅器の本格的な導入と鉄器の受容により、いわゆる大陸系弥生文化が列島規模で大型の集落を形成していく時期である。とくに北部九州地方では渡来人の関与が、弥生文化成立期とは異なるかたちで顕著にうかがえるのであり、青銅器を副葬した個人の台頭から古墳時代へ向けての階級的関係の形成の起点はここに求めることができよう（第22章）。

近藤義郎は日本の時代区分原理の展開を振り返ったなかで、技術の変化、経済の変化、政治体制の変化、さらに最後に社会構成体の変化という段階順序を追ってなされているとしたことと同じく、弥生文化は経済の変化によってはじまり、政治体制の変化によって古墳時代へと引き継がれるとした〔近藤 1986：21〕。

AMS法による炭素14年代の較正によって、弥生早・前期が間延びし、それを受けた鉄器流入の時期の再検討によって、それが大幅に遅れることが議論にのぼっている（第2章）。それを認めれば縄文的な集団関係が弥生時代の半分は続いていたのであり、弥生時代は時間的にも地域的にも多様で大きな変化を経ながら古墳時代へと移行していったとみなすべきで、激動の時代を評価するのに政治史的な視点を唯一の指標として論じることには無理がある〔石川2010：75-76〕。弥生時代の始まりは農耕文化複合の形成という経済史的区分で縄文時代と区切り、政治史的区分で古墳時代と区切るのが望ましい。

伝統的文化の継承と伝統的社会との共生　藤尾は東北地方北部における弥生時代前半期の石器供給体制が、縄文時代以来のそれを変えていないことを重視して、弥生文化的な生産と流通の成立という社会システムの整備を重視する〔藤尾 2011：169〕。しかし、松木武彦が述べるように、西日本でも弥生前期の石器生産と流通は縄文時代のそれとの間に質的な差異はなく、福岡県今山遺跡のような原産地直下型でブランド品を生産し、製品が半径100km以上に及ぶような専業生産が展開され、それが首長の権威の飛躍的増大に寄与するようになるのは弥生前期末以降を待たねばならない〔松木 2011：156-157〕。

長原式を園耕民と位置づけて、その後半には遠賀川文化と共存していながらも、たがいに異質の文化であるとすることについても再検討の余地がある。長原式はアワの栽培を含む複合農耕をおこなっていた可能性が高く（第8章註）、大型壺を含む壺形土器の形成は弥生文化の影響によったものである。伝統的縄文文化の系譜を引き、また住み分けをしているとはいっても、遠賀川文化のなかに石棒祭祀を持ち込んでいるなど共生共存関係は明らかである〔藤尾 2011：160〕。遠賀川式文化と接触する長原式後半期は弥生文化に包摂して考えるべきかもしれない。

神奈川県三浦半島の先端には、間口洞窟や毘沙門洞窟など漁撈民の集団が生活していた。その技術体系は明らかに縄文系であり、半農半漁ではない通年の漁撈活動をおこなっていた。農耕集落に取り込まれた農民的漁撈に従事する集団とはまったく異なった技術系統に属する。しかし、彼らも農耕民から手に入れた弥生土器を用い、卜骨で占いをおこない、明らかに農耕民との間に共生関係を結んで暮らしている（第9章）。環壕ももたないし、階級社会を形成しているわけでもないが、これらを弥生文化に含まないものは誰もいない。

557

終章　農耕文化複合と弥生文化

おわりに

　日本列島で朝鮮半島南部から受容して形成された農耕文化複合は、地域に応じて可変性に富むものであり、東日本で形成された条痕文文化、弥生再葬墓の文化、砂沢式文化などはいずれも遠賀川文化と同じ弥生文化ととらえてよいか疑問視されるほどである。しかし、条痕文土器は遠賀川式土器との交渉の結果として生まれ、中部・関東地方の初期弥生土器は条痕文土器の強い影響によって形成されたし、砂沢式土器は遠賀川式土器の影響を受けながら形成されたという成立事情を考えたとき、この動向は続縄文文化と弥生文化の間の交渉のような異文化交渉とは一線を画すのであり、遠賀川文化と直接、間接の緊密な交渉の結果として生まれた土器であり文化であることを重視したい。

　こうした弥生文化の理解の仕方は、通説とさほど変わるところがない。一方、イネのもつイデオロギー的側面、社会性を弥生文化の指標として重視する意見では、これまで弥生文化としてくくられてきた文化の多くをその埒外に追い出すこととなる。それは、これまでの弥生文化自体の枠組みの大きな変更であるのだから、もはや弥生文化という用語を使うことはできないのではないだろうか。したがって、「板付文化」といった新たな名前を冠するのが筋だろう。

　これは、本書が従来の弥生文化論の正統な継承者であることを主張するものではなく、弥生文化の概念の大きな改編をおこないながらもこれまでの弥生文化と同じ名称で論を進めれば、著しい混乱を招くと危惧するからにほかならない。古墳時代の前史としての、弥生時代における政治的社会化の重要性を認めつつ、こうした危惧を回避するには、弥生文化の農耕の様態を縄文文化の農耕と区別したうえで、全体枠を生活文化史的・経済史的視点から「農耕文化複合」ととらえ、その後に階層分化にもとづく政治的社会の形成—農耕社会の成立—をすえる二段構えで弥生文化を理解したほうがよいのではないだろうか。

　そのような消極的な理由ばかりではなく、東日本の弥生時代前半もやはり弥生文化に包摂すべきだという上述の論理が成立する理由を、これまでの議論を要約しながら説明して、本書を閉じることにしたい。

　まず、中部高地地方や関東地方の初期弥生文化の生業は、雑穀栽培を中心としていたが、さまざまな文化要素が農耕を基軸に展開するようになった点が縄文文化との違いとして指摘できる。これは、「農耕文化複合」ととらえるべきものであるが、縄文文化には基本的に認められず、かろうじてその終末になって導入された穀物栽培という生業形態を基幹産業に位置づけた点が画期的であった。そこには雑穀ばかりでなくイネも伴っており、穀物コンプレックスが登場したのであるが、それは、縄文農耕のなかから生じたものではなく、弥生早期に朝鮮半島から北部九州地方に体系的に受容された農耕を受け継いだものである。

　穀物栽培は先に指摘したように、東海地方までの遠賀川文化とその影響によって成立した条痕文文化、さらにそれに影響を受けた弥生再葬墓文化、そして遠賀川文化とより親密な関係を

558

終章　農耕文化複合と弥生文化

もつ砂沢文化の成立基盤となったものであり、この諸文化は朝鮮半島からの文化的な刺激という弥生文化形成の起点をなす出来事の汎列島的な連鎖反応で成立したという点が重要である。

　中部高地地方や関東地方が雑穀栽培を選択したのは、縄文晩期終末までの気候変動などさまざまな要因によって集落や集団の規模が著しく小さくなってしまっていたことに起因する。逆にいえば、小規模集団に適した生業形態を採用し、文化変容をおこなったという臨機的で積極的な行動が評価されよう。雑穀栽培は簡便な農耕とされてきたが、複雑で手間のかかる栽培形態であるという見解[15]にしたがえば、それを基幹産業に位置づけたのは縄文文化から逸脱した行為だといってよい。

　東北地方北部が、水田稲作をはじめとするイネを希求した生業を志向し、様式構造の点で遠賀川系土器に近づけた砂沢式土器を用い、弥生前期から中期へと稲作先進地の技術を導入しながら拡大再生産路線を引き、集団の再編成までうかがっていた。実年代にすれば、およそ300年間にわたる、この稲作に特化しようとした生業の組み替えを中心とする試行錯誤をどうとらえるかであるが、結局寒冷化という不可抗力によって立ち行かなくなったといっても、むしろ関東地方などよりも積極的に大陸系弥生文化に近づこうとした、長期にわたる営為を評価しないわけにはいかないのではないだろうか。

　第22章で弥生中期が日本歴史の上で、むしろ弥生時代の始まりよりも重要な転換点であったことを指摘したが、AMS法による炭素14年代測定の精緻化と較正の向上によって、弥生早期から中期までの実年代がこれまでの倍の期間になったことも、重要である。弥生時代のおよそ半分の期間は、まだ政治的な社会や真の農耕社会が整わずに、縄文的な生活が尾を引いた状態だったとされる点は看過できないからである。

　したがって、弥生文化全体は政治性よりも経済的、文化史的な区分によってまずその全体をとらえ、その後半に政治性を強めていくととらえたい。日本列島で農耕文化複合が形成されてから前方後円墳が出現するまでの時代を弥生時代と呼び、その文化を弥生文化という。これが本書の結論である。

　註
1　その追究にも価値判断が伴うので、時代区分と歴史的評価、歴史叙述はある程度切り分けることも必要かと思うが、この点についての歴史理論に照らした説明は今後の課題としたい。
2　「縄文系弥生文化」の概念については、さまざまな批判を頂戴した。その批判に逐一こたえるのは本書の趣旨ではないので、いずれあらためて論じることにするが、一言触れておかねばならないのは「系」のもつ意味についてである。「系」にはいくつも意味があるが、筆者としては「系譜」ではなく「体系」の意味で用いた。しかし、文化の系統性を扱うことの多い考古学では、系はやはり系譜の意味で用いられることが多く、そのことの説明をいちいちしないと誤解されてしまうので、一部で用いられている「縄文的弥生文化」の方が適切であろう。
3　これは関東地方から東北地方南部の実態であり、東北地方中部から北部については、伊東信雄によって炭化米や籾痕土器などが抽出されて、生活実態の解明が早くから進んでいた。
4　佐原も「しかし、基本的な器種の成り立ちを比較すると、差異を指摘することができそうである」〔佐原1975：121〕として、食糧生産民の土器は壺・甕・鉢など数器種から成り立っていることなどをあげて、土器のもつ文化特性としての重要性に配慮をみせている。

559

終章　農耕文化複合と弥生文化

5　千網式の分布圏での様相が今後の課題となる。国立歴史民俗博物館が1989・1990年におこなった千葉県成田市荒海貝塚の千網・荒海式土器の圧痕を分析しているが、結果は近刊の報告書に譲る。

6　水田跡であることに否定的な意見もある。

7　鹿児島県さつま市水天向遺跡の縄文後期終末とされる土器の籾痕資料〔小畑・真邉 2011〕は、土器の時期の特定が困難だという意見もある。

8　青森県八戸市風張遺跡の縄文後期末～晩期にさかのぼるとされた炭化米の2粒をA.ダンドレアがAMS炭素14年代測定し、2540±240 B.P.と2810±270 B.P.という結果を出している〔D' Andrea, et al. 1995：150〕。古い方は実年代で前1000年前後だが、誤差が大きい。前述の神奈川県下原遺跡のイネのプラント・オパールが検出された安行3c式土器は、突帯文土器をさかのぼる時期であり、判断を保留せざるをえない。

9　2013～2015年度におこなった科学研究費補助金基盤研究（A）「植物・土器・人骨の分析を中心とした日本列島農耕文化複合の形成に関する基礎的研究」による。詳細は後の報告に譲る。

10　これに先立つリアクションが、すでに大洞A₁～A₂式に生じていたのではないかという予断のもとに宮城県山王囲遺跡の該期の土器を点検し、夜臼式の影響を指摘したが〔設楽・小林 2007：100〕、石川日出志の批判がある〔石川 2009〕。山王囲遺跡で出土していた竪杵も視野に入れての調査であったが、竪杵は出現が縄文前期にさかのぼる搗き杵であることが指摘され〔名久井 2007：41-42〕、この遺跡の土器破片の圧痕を調査した高瀬克範によると、穀物の圧痕は皆無である。ただし、大洞A式土器に対する夜臼式土器の影響は直接的なものではなかったにしても、その可能性は今後も追跡していきたい。

11　大洞A₁式と砂沢式との間は、実年代にして200年間はある。

12　菜畑遺跡の水田に関連する遺構は板付Ⅰ式に降る可能性が指摘されているが、突帯文期にさかのぼって水田稲作がおこなわれていたことは認めてよい。

13　これはK・フラナリーが提唱した「広範囲生業」(Broad spectrum subsistence)〔Flannery 1965：67〕と、C・ボーダンやD・ミッチェルのいう少数の資源に対して労力を集中させる「焦点経済」(Focal economy)〔Borden 1970、Mitchell 1991〕に対応する。焦点経済は、通常少数で非常に生産的な資源に焦点を絞る一方、それ以外の広範囲の食料の獲得も続ける。

14　この時期以来、関東地方からも雑穀栽培よりもイネの栽培が卓越していく。弥生時代の遺跡から出土するイネと雑穀類の比率は圧倒的にイネが上回っており〔寺沢・寺沢 1981〕、弥生文化は朝鮮半島よりも水田稲作、イネへの志向性が強いこともこの現象と関係していよう。

15　農耕文化複合の諸段階にとっての雑穀栽培の重要性は、文化人類学の福井勝義の理解にもとづいている。福井は雑穀栽培が始まると除草だけでなく害獣からの防御などに労力を割かざるをえなくなり、従来のワラビやクズなど費用対効果の悪い植物が見放されていくようになって、採集狩猟が二次的な位置に置かれるなど、雑穀栽培は本格的な農耕と位置づけられることを指摘している〔福井 1983：264-265〕。

あ と が き

　本書にかかわる著作として、私はこれまで『弥生再葬墓と社会』（塙書房 2008 年）と『縄文社会と弥生社会』（敬文舎 2014 年）という 2 冊を上梓いたしました。いずれも東日本、とくに信濃地方と関東地方を中心として、弥生文化の成立にはどのような地域相があったのか考えたものです。本書を含めた 3 冊は重複する箇所が多いのですが、とくに後者と本書は構成がほとんど同じです。これまでの私の構想と論考をまとめたいと思っていたときに、敬文舎の柳町敬直さんのおすすめで一般向けに書いたのが後者であるのに対して、本書はその原著論文からなるもので、性格の違う一対の書物です。前回に引き続きお世話になりご迷惑もおかけしました塙書房の寺島正行さんと、柳町さんにお礼を申し上げます。

　各章の初出論文を、以下に示しました。

序　　章　縄文系弥生文化の構想

　　　　　設楽博己 2000「縄文系弥生文化の構想」『考古学研究』第 47 巻第 1 号、88〜100 頁、考古学研究会

第 1 章　弥生土器の様式論

　　　　　設楽博己 1996「弥生土器の様式論」『考古学雑誌』第 82 巻第 2 号、248〜266 頁、日本考古学会

第 2 章　弥生時代の実年代をめぐって

　　　　　第 1〜第 4 節　設楽博己 2004「AMS 炭素年代測定による弥生時代の開始年代をめぐって」『揺らぐ考古学の常識─前・中期旧石器捏造問題と弥生開始年代─』歴史研究の最前線 1、97〜129 頁、吉川弘文館

　　　　　第 5 節　設楽博己・小林謙一 2004「縄文晩期からの視点」『弥生時代の始まり』季刊考古学第 88 号、60〜66 頁、雄山閣

第 3 章　弥生改訂年代と気候変動──SAKAGUCHI 1982 論文の再評価──

　　　　　設楽博己 2006「弥生時代改訂年代と気候変動─SAKAGUCHI 1982 論文をめぐって─」『駒沢史学』第 67 号、129〜154 頁、駒沢史学会

第 4 章　縄文晩期の東西交渉

　　　　　設楽博己 2000「縄文晩期の東西交渉」『突帯文と遠賀川』1165〜1190 頁、土器持寄会論文集刊行会

第 5 章　中部地方における弥生土器の成立過程

　　　　　設楽博己 1982「中部地方における弥生土器の成立過程」『信濃』第 34 巻第 4 号、335〜377 頁、信濃史学会

あ と が き

第 6 章　浮線網状文土器の基準資料

新稿

第 7 章　食糧生産の本格化と食糧獲得技術の伝統

設楽博己 2009「食糧生産の本格化と食糧獲得技術の伝統」『食糧の獲得と生産』弥生時代の考古学 5、3〜22 頁、同成社

第 8 章　中部・関東地方の初期農耕

第 1 節　設楽博己・高瀬克範 2014「西関東地方における穀物栽培の開始」『国立歴史民俗博物館研究報告』第 185 集、511〜530 頁、国立歴史民俗博物館

第 2〜第 4 節　新稿（設楽博己 2005「東日本農耕文化の形成と北方文化」『稲作伝来』先史日本を復元する 4、113〜163 頁、岩波書店を基礎にして）

第 9 章　側面索孔燕形銛頭考

設楽博己 2005「側面索孔燕形銛頭考—東日本弥生文化における生業集団のあり方をめぐって—」『海と考古学』299〜330 頁、六一書房

第 10 章　動物に対する儀礼の変化

設楽博己 2008「縄文人の動物観」『動物の考古学』人と動物の日本史 1、10〜34 頁、吉川弘文館

第 11 章　再葬の社会的背景——気候変動との対応関係——

設楽博己 2004「再葬の背景—縄文・弥生時代における環境変動との対応関係—」『国立歴史民俗博物館研究報告』第 112 集、357〜380 頁、国立歴史民俗博物館

第 12 章　縄文・弥生時代の親族組織と祖先祭祀

設楽博己 2009「縄文・弥生時代の祖先祭祀と親族組織」『考古学研究』第 56 巻第 2 号、28〜43 頁、考古学研究会

第 13 章　独立棟持柱建物と祖霊祭祀——弥生時代における祖先祭祀の諸形態——

設楽博己 2009「独立棟持柱建物と祖霊祭祀」『国立歴史民俗博物館研究報告』第 149 集、55〜90 頁、国立歴史民俗博物館

第 14 章　板付 I 式土器成立における亀ヶ岡系土器の関与

設楽博己・小林青樹 2007「板付 I 式土器成立における亀ヶ岡式土器の関与」『縄文時代から弥生時代へ』新弥生時代の始まり 2、66〜107 頁、雄山閣

第 15 章　遠賀川系土器における浮線網状文土器の影響

設楽博己 2004「遠賀川系土器における浮線文土器の影響」『島根考古学会誌』第 20・21 集合併号、189〜209 頁、島根考古学会

第 16 章　銅鐸文様の起源

設楽博己 2014「銅鐸文様の起源」『東京大学考古学研究室研究紀要』第 28 号、109〜130 頁、東京大学大学院人文社会系研究科・文学部考古学研究室

第 17 章　弥生時代の男女像

あとがき

設楽博己 2007「弥生時代の男女像―日本先史時代における男女の関係性の変化とその社会的背景―」『考古学雑誌』第 91 巻第 2 号、136～184 頁、日本考古学会

第 18 章　弥生時代の交通と交易

設楽博己 1997「弥生時代の交易・交通」『交易と交通』考古学による日本歴史 9、41～58 頁、雄山閣

第 19 章　関東地方の遠賀川系土器とその周辺

設楽博己 1991「関東地方の遠賀川系土器」『古文化談叢』児島隆人先生喜寿記念論集、17～48 頁、児島隆人先生喜寿記念論集（第 3 節に－設楽博己 1996「弥生前期土器とその細別」『天引狐崎遺跡 II〈A 本文編〉』（財）群馬県埋蔵文化財事業団発掘報告第 211 集・関越自動車道（上越線）地域埋蔵文化財発掘調査報告書第 39 集、256～265 頁、（財）群馬県埋蔵文化財調査事業団－を含む）

第 20 章　木目状縞模様のある磨製石剣

設楽博己 1995「木目状縞模様のある磨製石剣」『信濃』第 47 巻第 4 号、247～265 頁、信濃史学会

第 21 章　信濃地方と北部九州地方の文化交流

設楽博己 2013「東日本の弥生社会」『弥生時代政治社会構造論』柳田康雄古稀記念論文集、275～289 頁、雄山閣

第 22 章　弥生中期という時代

設楽博己 2011「弥生中期という時代」『多様化する弥生文化』弥生時代の考古学 3、3～24 頁、同成社

終　　章　農耕文化複合と弥生文化

設楽博己 2014「農耕文化複合と弥生文化」『国立歴史民俗博物館研究報告』第 185 集、449～470 頁、国立歴史民俗博物館

　私は修士論文で信濃地方を中心とする弥生土器の成立過程を扱い、岩崎卓也先生と桐原健さんのおすすめによって、『信濃』に論文の一部を発表することができました。その後も長野県に長期にわたって滞在し、土器の拓本や実測図をとり続けたのですが、ロッカーにしまったままにしておりました。今回の機会に、修士論文を補う形で公表することができました。既発表の資料がほとんどですが、なにかの役に立つならば望外の喜びです。

　これは、それぞれ本書の第 5 章と第 6 章です。第 5 章は 35 年も前の論文の再録ですが、明らかな誤りや言い回しをあらため、いくつかの図面は修士論文に用いたものの方がきれいだったので取りかえた以外、ほとんどもとのままで掲載しました。しかし、浮線網状文土器の編年については誤りが多く、前述のいきさつもありますので、第 6 章にあらためて書き下ろしました。

　第 2 章第 5 節は小林謙一さんとの連名の論文、第 8 章第 1 節は高瀬克範さんとの連名の論

563

あとがき

文、第14章は小林青樹さんとの連名の論文です。それぞれご許可をいただき、できるだけ私が書いた部分だけを取り出して仕上げるようにしました。それ以外は単著の論文です。なお、遺跡の所在地はできる限り現在の地名を用いましたが、場合によっては旧地名で表記したことをお断りします。

　序にも書いたことですが、国立歴史民俗博物館に勤めていたとき以来の藤尾慎一郎さんとの議論が本書の土台になっています。議論は、1999年におこなった「新 弥生紀行」の展示プロジェクトによる準備以来、いまでも継続中ですので、20年近くにわたることになります。藤尾さんとのやり取りがなかったら、本書はもとより私の構想自体ありえなかったでしょう。深く感謝申し上げます。本書の英文要旨の校閲は、国際教養大学の根岸洋さんにお願いいたしました。参考文献のチェック、索引の作成にあたっては、東京大学大学院博士課程の山下優介さん、修士課程の太田圭さん、増子義彬さんにお手伝いいただきました。

　学生時代の市原壽文先生・藤田等先生・原秀三郎先生（静岡大学）、故増田精一先生・岩崎卓也先生・加藤晋平先生・前田潮先生（筑波大学大学院）、就職してからは白石太一郎先生・春成秀爾先生をはじめとする諸先生（国立歴史民俗博物館）、飯島武次先生・酒井清治先生（駒澤大学）、大貫静夫先生・佐藤宏之先生（東京大学）と職場をかえながらも、つねにそれぞれの先生や先輩、同僚、後輩に導かれ、励まし合って切磋琢磨することができました。また松戸市を中心に集まる東京教育大学の諸先輩にも、常日頃さまざまな啓発を受けたこと、さらにいろいろなところでお世話になった方々との交流の結果が本書であります。そのことに深く思いをいたしつつ、すべての方のお名前をあげることはできませんけれども、この場をお借りしてお礼を述べさせていただきます。どうもありがとうございました。

　最後になりますが、いつも私を励ましてくれている、妻のまゆみに感謝を申し上げて、一里塚としての本書を閉じることにいたします。

　なお、本刊行物は、独立行政法人日本学術振興会のJSPS科研費JP16HP5104の助成を受けたものです。

2016年10月23日

設 楽 博 己

参 考 文 献

（日本語文献）

あ

愛知県教育委員会 1972 『貝殻山貝塚調査報告』

愛知県教育委員会 1975 『朝日遺跡群第一次調査報告』

青木一男編 1998 『松原遺跡　弥生・総論4　弥生中期・土器図版』長野県埋蔵文化財センター発掘調査報告書36、
　　　　　日本道路公団・長野県教育委員会・長野県埋蔵文化残センター

青木義侑・岩井重雄・小倉　均 1983 『馬場（小室山）遺跡（第5次）』浦和市東部遺跡群発掘調査報告書第3集、
　　　　　浦和市教育委員会

赤澤　威 1983 『採集狩猟民の考古学　その生態学的アプローチ』鳴海社

赤田光男 1980 『葬儀習俗の研究』日本民俗学研究叢書、弘文堂

赤星直忠 1952 「金石併用時代の漁民」『漁民と対馬』60〜82頁、関書院

赤星直忠 1953 「海食洞穴―三浦半島に於ける弥生式遺跡」『神奈川県文化財調査報告』20、53〜143頁、神奈川
　　　　　県教育委員会

赤星直忠 1967 「三浦半島の洞穴遺跡」『日本の洞穴遺跡』91〜102頁、平凡社

赤星直忠 1970 『穴の考古学』学生社

赤星直忠 1972 「雨崎洞穴調査概報」『日本考古学年報』20、129〜130頁、日本考古学協会

赤星直忠博士文化財資料館・雨崎洞穴刊行会編 2015 『雨崎洞穴―三浦半島最古の弥生時代海蝕洞穴遺跡―』

秋葉　隆 1954 『朝鮮民俗誌』六三書院

秋山浩三 1995 「吉備―縄文系ムラと共存した弥生系ムラ」『弥生文化の成立　大変革の主体は「縄紋人」だった』
　　　　　141〜151頁、角川書店

秋山浩三 2002a 「弥生開始以降における石棒類の意味」『環瀬戸内海の考古学』197〜224頁、古代吉備研究会

秋山浩三 2002b 「弥生開始期における土偶の意味―近畿縄文「終末期」土偶を中心素材として―」『大阪文化財
　　　　　論集Ⅱ』49〜68頁、財団法人大阪府文化財センター

秋山浩三 2007 『弥生大形農耕集落の研究』青木書店

秋山浩三・後藤理加 1999 「巨大環壕集落における漁撈専業度と"船着場"―池上曽根遺跡の漁撈関連様相と弥
　　　　　生「都市」論のかかわりをめぐって―」『みずほ』第28号、65〜85頁、大和弥生文化の会

秋山進午 1969 「中国東北地方の初期金属器文化の様相（下）―考古資料、とくに青銅短剣を中心として―」『考
　　　　　古学雑誌』第54巻第4号、311〜337頁、日本考古学会

阿久津　久 1979 「大宮町小野天神前遺跡の分析」『茨城県歴史館報』第6号、26〜54頁、茨城県歴史館

阿久津　久 1980 「大宮町小野天神前遺跡の分析（2）」『茨城県歴史館報』第7号、1〜20頁、茨城県歴史館

足立克己編 1999 『姫原西遺跡』一般国道9号出雲バイパス建設予定地内埋蔵文化財発掘調査報告1、建設省松
　　　　　江国道事務所・島根県教育委員会

渥美町教育委員会 1972 『伊川津貝塚』

阿部芳郎 1995 「縄文時代の生業―生産組織と社会構造―」『展望考古学　考古学研究会10周年記念論集』47〜55
　　　　　頁、考古学研究会

阿部芳郎 2003 「遺跡群と生業活動からみた縄文後期の地域社会」『縄文社会を探る』74〜100頁、学生社

甘粕　健 1986 「総論―生産力発展の諸段階」『生産と流通』岩波講座日本考古3、1〜31頁、岩波書店

新屋雅明ほか 1988 『赤城遺跡　川里工業団地関係埋蔵文化財発掘調査報告』埼玉県埋蔵文化財調査事業団報告書
　　　　　第74集、埼玉県埋蔵文化財調査事業団

荒巻　実・設楽博己 1985 「有脚土偶小考」『考古学雑誌』第71巻第1号、1〜22頁、日本考古学会

荒巻　実・若狭　徹ほか 1986 『C11　沖Ⅱ遺跡　藤岡市立北中学校校舎・体育館建設に伴う埋蔵文化財発掘調査
　　　　　報告書』藤岡教育委員会

参 考 文 献

有光教一 1958『朝鮮磨製石剣の研究』京都大学文学部考古学叢書第2冊、京都大学文学部考古学教室内考古学談話会

安　承模（小畑弘己訳）2007「作物遺体を中心にみた朝鮮半島の先史農耕」『日本考古学協会2007年熊本大会研究発表資料集』311〜326頁、日本考古学協会2007年度熊本大会実行委員会

安斎正人 1997「回転式銛頭の系統分類－佐藤達夫の業績に基づいて－」『東京大学考古学研究室研究紀要』第15号、39〜80頁、東京大学大学院人文社会系研究科・文学部考古学研究室

安藤広道 1996「大型方形周溝墓から見た南関東の弥生時代中期社会」『みずほ』第18号、48〜57頁、大和弥生文化の会

安藤広道 2002「異説弥生畑作考－南関東地方を対象として－」『西相模考古』第11号、1〜56頁、西相模考古学研究会

安藤広道 2007「東アジア的視点からみた縄文時代・弥生時代の農耕」『日本考古学協会2007年度熊本大会研究発表資料集』432〜451頁、日本考古学協会2007年度熊本大会実行委員会

安藤広道 2008「「移住」・「移動」と社会の変化」『集落からよむ弥生社会』弥生時代の考古学8、58〜73頁、同成社

安藤広道 2014「「水田中心史観批判」の功罪」『国立歴史民俗博物館研究報告』第185集、405〜445頁、国立歴史民俗博物館

い

李　昌熙 2010「粘土帯土器の実年代－細形銅剣文化の成立と鉄器の出現年代」『文化財』第43巻第3号、50〜100頁、国立文化財研究所

李　相吉（後藤直訳）2002「韓国の水稲と畠作」『生業』東アジアと日本の考古学Ⅳ、3〜32頁、同成社

飯島武次 2003『中国考古学概論』同成社

飯塚博和 1998「古海式二題」『異貌』第16号、12〜21頁、共同体研究会

猪刈みち子 1988「骨角器」『薄磯貝塚』いわき市埋蔵文化財調査報告第19冊、292〜366頁、いわき市教育委員会

池端清行 2000『一般国道23号中勢道路（9工区）建設事業に伴う長遺跡発掘調査報告』三重県埋蔵文化財調査報告115-9、三重県埋蔵文化財センター

伊崎俊秋 1981「弥生土器について」『今川遺跡』津屋崎町文化財調査報告書第4集、81〜85頁、津屋崎町教育委員会

石井克己 1985「押手遺跡」『弥生文化と日高遺跡 第20回企画展－米づくりが社会を変えた－』62頁、熊県立歴史博物館

石井智大 2010「伊勢湾西岸地域における凹線紋系土器期集落の様相」『大規模集落と弥生社会 伊勢湾岸弥生社会シンポジウム・中期編』107〜114頁、伊勢湾岸弥生社会シンポジウムプロジェクト

石川町教育委員会 1971『鳥内遺跡発掘調査概報』

石川日出志 1981a「三河・尾張における弥生文化の成立－水神平式土器の成立過程について－」『駿台史学』第52号、39〜72頁、駿台史学会

石川日出志 1981b「東海地方西部の樫王・水神平式期をめぐる問題」『考古学研究』第28巻第1号、115〜117頁、考古学研究会

石川日出志 1982「村尻遺跡のヒト形土器」『村尻遺跡Ⅰ』新発田市埋蔵文化財調査報告第4、99〜103頁、新発田市教育委員会

石川日出志 1984「岩尾遺跡出土資料の編年的位置と特色」『史館』第16号、71〜84頁、弘文社

石川日出志 1985「中部地方以西の縄文晩期浮線文土器」『信濃』第37巻第4号、384〜401頁、信濃史学会

石川日出志 1987「人面付土器」『季刊考古学』第19号、70〜74頁、雄山閣

石川日出志 1988a「鳥屋式土器の構成と意義」『豊栄市史 資料編1 考古編』335〜352頁、豊栄市

石川日出志 1988b「伊勢湾沿岸地方における縄文時代晩期・弥生時代の石器組成」『〈条痕文系土器〉文化をめぐる諸問題－縄文から弥生－資料編Ⅱ・研究編』117〜124頁、愛知考古学談話会

石川日出志 1988c「縄文・弥生時代の焼人骨」『駿台史学』第74号、84〜110頁、駿台史学会

参考文献

石川日出志 1992a「スコットランド王立博物館所蔵 NG マンロー資料中の「有孔石剣」と「石包丁」」『考古学雑誌』第 78 巻第 1 号、118～125 頁、日本考古学会

石川日出志 1992b「関東台地の農耕村落」『関東』新版古代の日本第 8 巻、73～94 頁、角川書店

石川日出志 1995「工字文から流水文へ」『みずほ』第 15 号、62～69 頁、大和弥生文化の会

石川日出志 1996「弥生時代をどのように描くか」『国府台』6、1～7 頁、和洋女子大学文化資料館

石川日出志 1997「岡山県内出土刻目突帯文期の東日本系土器」『古代吉備』第 19 集、29～39 頁、古代吉備研究会

石川日出志 1998「関東地方における宮ノ台期の 4 地域の併存」『駿台史学』第 102 号、83～108 頁、駿台史学会

石川日出志 1999「東日本弥生墓制の特質」『新 弥生紀行』175～176 頁、朝日新聞社

石川日出志 2000「突帯文期・遠賀川期の東日本系土器」『突帯文と遠賀川』1221～1240 頁、土器持寄会論文集刊行会

石川日出志 2001「関東地方弥生時代中期中葉の社会変動」『駿台史学』第 113 号、57～93 頁、駿台史学会

石川日出志 2002「栗林式土器の形成過程」『長野県考古学会誌』99・100 号、54～80 頁、長野県考古学会

石川日出志 2005「縄文晩期の彫刻手法から弥生土器の磨消縄文へ」『地域と文化の考古学Ⅰ』305～318 頁、六一書房

石川日出志 2009「宮城県山王（囲）遺跡の「突帯文系土器」」『考古学集刊』第 5 号、98 頁、明治大学文学部考古学研究室

石川日出志 2010『農耕社会の成立』シリーズ日本古代史①、岩波新書（新赤版）1271、岩波書店

石黒立人 1992「鈴鹿・信楽山地周辺の土器―イメージとしての山―」『古代文化』第 44 巻第 8 号、31～39 頁、財団法人古代学協会

石黒立人 2008「弥生集落の諸相 伊勢湾沿岸」『集落からよむ弥生社会』弥生時代の考古学 8、176～194 頁、雄山閣

石黒立人 2009「凹線紋系土器期の伊勢湾沿岸地域」『中部の弥生時代研究』297～338 頁、中部の弥生時代研究刊行会

石黒直隆 2009「DNA 分析による弥生ブタ問題」『食料の獲得と生産』弥生時代の考古学 5、104～116 頁、同成社

石塚久則 1987「弥生時代以降遺物」『糸井宮前遺跡Ⅱ』関越自動車道（新潟線）地域埋蔵文化財発掘調査報告書第 14 集、223 頁、群馬県教育委員会

石野博信 1973「大和の弥生時代」『考古学論攷』橿原考古学研究所紀要第 2 冊、1～92 頁、奈良県橿原考古学研究所

石野博信 1979a「奈良県纒向石塚古墳と纒向式土器の評価―木下正史氏の批判に答える―」『考古学雑誌』第 64 巻第 4 号、83～89 頁、日本考古学会

石野博信 1979b「大和唐古・鍵遺跡とその周辺」『橿原考古学研究所論集』第 4、17～38 頁、吉川弘文館

石野博信 1983「畿内」『三世紀の日本列島』三世紀の考古学下巻、339～368 頁、学生社

泉 拓良 1985「縄文時代」『図説発掘が語る日本史第 4 巻 近畿編』49～83 頁、新人物往来社

井関弘太郎 1950「初期米作集落の立地環境―愛知県瓜郷遺跡の場合」『資源科学研究所彙報』16 号、6～10 頁、資源科学研究所

井関弘太郎 1985「弥生時代以降の環境」『人間と環境』岩波講座日本考古学 2、165～211 頁、岩波書店

磯崎正彦 1957「新潟県鳥屋の晩期縄文式土器（予報）」『石器時代』第 4 号、22～35 頁、石器時代文化研究会

磯崎正彦 1959「長野県篠井市伊勢宮遺跡の古式弥生式土器」『信濃』第 11 巻第 6 号、217～230 頁、信濃史学会

市川金丸・木村鉄次郎 1984「青森県松石橋遺跡から出土した弥生時代前期の土器」『考古学雑誌』第 69 巻第 3 号、98～106 頁、日本考古学会

市川正史・恩田 勇編 1994『宮ヶ瀬遺跡群Ⅳ』神奈川県埋蔵文化財センター調査報告 21、神奈川県文化財協会

市川光雄 1982『森の狩猟民 ムブティ・ピグミーの生活』人文書院

市原寿文・大参義一 1965「東海」『縄文時代』日本の考古学Ⅱ、174～192 頁、河出書房

井藤暁子 1981「入門講座・弥生土器―近畿 1―」『考古学ジャーナル』第 195 号、8～14 頁、ニュー・サイエンス社

567

参 考 文 献

伊藤幹治 1974『稲作儀礼の研究』而立書房

伊藤晋祐・増田　修・高橋　哲 1978『群馬県桐生市千網谷戸遺跡発掘調査報告』桐生市文化財調査報告書第 3
　　　　集、桐生市教育委員会

伊東信雄 1950「東北地方の弥生文化」『文化』第 8 号、408〜451 頁、東北大学文学会

伊東信雄 1985「東北地方における稲作農耕の成立」『日本史の黎明　八幡一郎先生頌寿記念考古学論集』335〜365
　　　　頁、六興出版

伊東信雄・須藤　隆編 1985『山王囲遺跡調査図録』宮城県一迫町教育委員会

伊藤久嗣 1980「遺物・遺構の考察」『納所遺跡―遺構と遺物―』三重県埋蔵文化財調査報告 35-1、75〜91 頁、
　　　　三重県教育委員会

稲垣甲子郎ほか 1975『駿河山王』富士川町教育委員会

稲野裕介 1983「岩偶」『縄文人の精神文化』縄文文化の研究第 9 巻、86〜94 頁、雄山閣

井上慎也ほか 2004『中野谷地区遺跡群 2―県営畑地帯総合整備事業横野平地区に伴う埋蔵文化財発掘調査報告
　　　　書―』群馬県安中市教育委員会

井上洋一 1990「イノシシからシカへ―動物意匠からみた縄文社会から弥生社会への変化―」『國學院大學考古学
　　　　資料館紀要』第 6 輯、27〜39 頁、國學院大學考古学資料館

井上洋一 2011「銅鐸」『弥生時代（下）』講座日本の考古学 6、223〜272 頁、青木書店

稲生典太郎 1936「『アイヌの人形』その他」『ミネルヴァ』第 1 巻第 7 号、269〜276 頁、翰林書房

今里幾次 1942「畿内遠賀川式土器の細別に就て―河内西瓜破遺跡水門西地点調査概報―」『古代文化』第 13 巻
　　　　第 8 号、428〜448 頁、日本古代文化学会

今村啓爾 1977「称名寺式土器の研究（下）」『考古学雑誌』第 63 巻第 2 号、110〜148 頁、日本考古学会

今村啓爾 1989「群集貯蔵穴と打製石斧」『考古学と民族誌　渡辺仁教授古稀記念論文集』61〜94 頁、六興出版

今村啓爾 1997「縄文時代の住居址数と人口の変動」『住の考古学』45〜60 頁、同成社

今村峯雄 2000「考古学による 14C 年代測定　高精度化と信頼性に関する諸問題」『考古学と科学をむすぶ』55〜
　　　　82 頁、東京大学出版会

今村峯雄 2001「縄文〜弥生時代移行期の年代を考える―問題と展望」『第四紀研究』第 40 巻第 6 号、509〜516
　　　　頁、日本第四紀学会

今村峯雄 2004「年代研究の最先端―AMS 炭素年代法による第二革命」『揺らぐ考古学の常識―前・中期旧石器
　　　　捏造問題と弥生開始年代―』歴史研究の最前線 vol.1、34〜56 頁、総研大日本歴史研究専攻・国
　　　　立歴史民俗博物館

今村峯雄・設楽博己 2011「炭素 14 年の記録から見た自然環境―弥生中期―」『多様化する弥生文化』弥生時代
　　　　の考古学 3、48〜69 頁、雄山閣

今村佳子 1998「中国新石器時代の土器棺葬」『古代学研究』第 144 号、18〜40 頁、古代学研究会

岩崎　茂 2002「琵琶湖湖南の一素描―下長遺跡・古墳時代前期の情景―」『平成 14 年秋季特別展　王の居館を探
　　　　る』大阪府立弥生文化博物館図録 25、44〜49 頁、大阪府立弥生文化博物館

岩崎卓也 1979「古墳と地域社会」『日本考古学を学ぶ 3』142〜155 頁、有斐閣

岩崎卓也 1984「古墳出現期の一考察」『中部高地の考古学Ⅳ　長野県考古学会 30 周年記念論文集』237〜252 頁、
　　　　長野県考古学会

岩崎卓也 1994「土器のひろがりと古墳の出現」『長野県考古学会誌』71・72 号併号、75〜98 頁、長野県考古学
　　　　会

岩崎卓也 1996「古墳と家族・親族」『家族と住まい』考古学による日本歴史 15、41〜54 頁、雄山閣

岩永省三 1989「土器から見た弥生時代社会の動態―北部九州地方の後期を中心として―」『生産と流通の考古学
　　　　横山浩一先生退官記念論文集 1』43〜105 頁、横山浩一先生退官記念事業会

岩橋孝典 2001「弥生土器」『島根県松江市西川津町所在　西川津遺跡Ⅷ』朝酌川広域河川改修事業に伴う埋蔵文
　　　　化財発掘調査報告書第 13 冊、14〜17 頁、島根県教育委員会ほか

う

丑野　毅・田川裕美 1991「レプリカ法による土器圧痕の観察」『考古学と自然科学』24 号、13〜36 頁、日本文

化財科学会

臼居直之 2000「再生される銅釧－帯状円環型銅釧に関する一視点－」『長野県埋蔵文化財センター紀要』8、22
　　　　～38頁、長野県埋蔵文化財センター

内堀基光 1975「妻と妹」『母権制の謎』129～164頁、評論社

宇野隆夫 1982「銅鐸のはじまり」『考古学論考』845～871頁、平凡社

海外洞穴遺跡発掘調査団 1983「三浦市海外洞穴調査の概略」『横須賀考古学会年報』56、横須賀考古学会

梅宮　茂 1982「霊山根古屋遺跡出土の「木葉状文」土器片」『福島考古』第23号、1～2頁、福島考古学会

え

エイトケン, M（浜田達二訳）1965『物理学と考古学』みすず書房

江坂輝弥 1957「縄文文化の終末」『先史時代（Ⅱ）』考古学ノート、46～52頁、日本評論新社

エヌ・ジー・モンロー 1982『PREHISUTORIC JAPAN』第一書房

荏原　淳・諸墨知義 1985「土器」『東北原遺跡－第6次調査－』大宮市遺跡調査会報告別冊1、13～76頁、大宮
　　　　市遺跡調査会

江原　英・猪瀬美奈子ほか 1998『寺野東遺跡Ⅳ』栃木県埋蔵文化財調査報告第208集、栃木県教育委員会ほか

エルツ, R（吉田禎吾・内藤莞爾・板橋作美訳）1980『右手の優越』垣内出版株式会社

遠藤英子 2011「レプリカ法による、群馬県沖Ⅱ遺跡の植物利用の分析」『古代文化』第63巻第3号、122～132
　　　　頁、財団法人古代学協会

遠藤英子 2012「レプリカ法からみた東海地方縄文弥生移行期の植物利用」『第19回考古学研究会東海例会　縄文
　　　　／弥生移行期の植物資料と農耕関連資料』7～14頁、第19回考古学研究会東海例会事務局

遠藤英子・高瀬克範 2011「伊那盆地における縄文時代晩期の雑穀」『考古学研究』第58巻第2号、74～85頁、
　　　　考古学研究会

遠藤邦彦・小杉正人 1989「地形環境」『弥生人とその環境』弥生文化の研究第1巻、131～147頁、雄山閣

お

大江　甲1965「阿弥陀堂遺跡」『飛騨の考古学Ⅰ　益田川流域の縄文遺跡』19～28頁、福応寺文庫

大江　甲・紅村　弘ほか 1973『北裏遺跡』可児町北裏遺跡調査団

大上周三・飯塚美穂・大塚健一編 1997『下大槻峯遺跡（No.30）第一東海自動車道厚木・大井松田間改築事業に
　　　　伴う調査報告2』神奈川考古学財団調査報告24、財団法人かながわ考古学財団

大越直樹ほか 1997『群馬県群馬郡倉渕村　三ノ倉落合遺跡』山武考古学研究所

大阪府教育委員会 1987『府営八雲北住宅建替工事に伴う八雲遺跡発掘調査概要・Ⅰ－守口市八雲北町所在－』

大阪府立弥生文化博物館編 1995『弥生文化の成立　大変革の主体は「縄紋人」だった』角川書店

大沢和夫ほか 1969『月夜平－第1次調査報告書』高森町教育委員会

大澤正己 2000「弥生時代の初期鉄器〈可炭鋳鉄製品〉－金属学的調査からのアプローチ」『たたら研究会創立
　　　　40周年記念　製鉄史論文集』513～552頁、たたら研究会

大島直行 1988「続縄文時代恵山式銛頭の系譜」『季刊考古学』第25号、26～30頁、雄山閣

大島直行 1989「北海道出土の貝輪について」『考古学ジャーナル』第311号、19～24頁、ニュー・サイエンス
　　　　社

大島直行ほか 1994『入江貝塚出土の遺物』虻田町文化財調査報告第4集、北海道虻田町教育委員会

太田　保 1965「弥生時代の上伊那」『上伊那郡誌（2）歴史編』上伊那郡誌編纂会

太田　保 1971「長野県上伊那郡中川村片桐苅谷原遺跡の一括出土土器について」『長野県考古学会誌』10号、1
　　　　～6頁、長野県考古学会

太田侑子 1980「古代中国における夫婦合葬墓」『史学』第49巻第4号、421～434頁、三田史学会

太田侑子 1991「中国古代における夫婦合葬－その発生と展開および家族制度との関わり－」『中国の歴史と民俗』
　　　　197～221頁、第一書房

太田陽子・松島義章・森脇　広 1982「日本における完新世海面変化に関する研究の現状と問題」『第四紀研究』
　　　　第21巻第3号、133～143頁、日本第四紀学会

参 考 文 献

大竹憲治 1985「東北地方南部出土の弥生時代骨角製品」『古代文化』第 37 巻第 5 号、230〜234 頁、財団法人古
　　　　代学協会
大竹憲治 1987「いわき周辺弥生時代の骨角器」『月刊文化財』11 月号、31〜34 頁、文化庁文化財保護部
大竹憲治 1988「いわき地方の釣針と銛」『季刊考古学』第 25 号、31〜35 頁、雄山閣
大竹憲治 1991「弥生時代における閉窩式銛頭の南進と北進」『十勝考古学とともに』63〜69 頁、十勝考古学研
　　　　究所
大竹憲治編 1986『霊山根古屋遺跡の研究』霊山根古屋遺跡調査団
大塚達朗 1995「橿原式紋様論」『東京大学文学部考古学研究室紀要』第 13 号、79〜141 頁、東京大学文学部考
　　　　古学研究室
大塚達朗 1996「土器―山内型式論の再検討より―」『考古学雑誌』第 82 巻第 2 号、197〜211 頁、日本考古学会
大塚昌彦 1985「南大塚遺跡」『弥生文化と日高遺跡　第 20 回企画展―米づくりが社会を変えた―』60 頁、群馬
　　　　県立歴史博物館
大貫静夫 1998『東北アジアの考古学』世界の考古学 9、同成社
大野雲外 1902a「埴瓮土器の種類に就て」『東京人類学会雑誌』第 17 巻第 190 号、170〜172 頁、東京人類学会
大野雲外 1902b「埴瓮土器に就て」『東京人類学会雑誌』第 17 巻第 192 号、239〜244 頁、東京人類学会
大野雲外 1905「口絵説明」『東京人類学会雑誌』第 20 巻第 226 号、215 頁、東京人類学会
大野　薫 1997「河内周辺の大洞式系土器」『堅田直先生古希記念論文集』57〜71 頁、堅田直先生古希記念論文
　　　　集刊行会、
大野　薫 2000「近畿地方の終末期土偶」『土偶研究の地平』「土偶とその情報」研究論集（4）、215〜246 頁、勉
　　　　誠出版
大野左千夫 1992「弥生時代の漁具と漁撈生活」『考古学ジャーナル』第 344 号、15〜19 頁、ニュー・サイエン
　　　　ス社
大庭重信 1999「方形周溝墓制からみた畿内弥生時代中期の階層構造」『国家形成期の考古学　大阪大学考古学研
　　　　究室 10 周年記念論集』169〜183 頁、大阪大学考古学研究室
大庭重信 2007「方形周溝墓の埋葬原理とその変遷―河内地域を中心に―」『墓制から弥生社会を考える』考古学
　　　　リーダー 10、53〜70 頁、六一書房
大場利夫 1965「男性土偶について」『考古学雑誌』第 50 巻第 4 号、294〜298 頁、日本考古学会
大場利夫ほか 1962『室蘭遺跡』室蘭市教育委員会ほか
大林太良 1964「穂落神―日本の穀物起源傳承の一形式について―」『東洋文化研究所紀要』第 32 冊、43〜149
　　　　頁、東京大学東洋文化研究所
大林太良 1965『葬制の起源』角川書店
大林太良 1987「ぶんかふくごう　文化複合」『文化人類学事典』672〜673 頁、弘文堂
大原正義 1981「北信山ノ神遺跡出土の土器について」『信濃』第 33 巻第 4 号、367〜387 頁、信濃史学会
大参義一 1955「愛知県大地遺跡」『古代学研究』第 11 号、1〜8 頁、古代学研究会
大参義一 1972「縄文式土器から弥生式土器へ―東海地方西部の場合―」『名古屋大学文学部研究論集』56、159
　　　　〜194 頁、名古屋大学文学部
大村　直 1983「弥生土器・土師器編年の細別とその有効性」『史館』第 14 号、33〜46 頁、弘文社
岡内三眞 1982「朝鮮における銅剣の始源と終焉」『考古学論考　小林行雄博士古稀記念論文集』787〜844 頁、平
　　　　凡社
岡内三眞 1989「東アジアの青銅器文化」『弥生人の造形』古代史復元 5、57〜63 頁、講談社
岡崎　敬 1971「日本考古学の方法―古代史の基礎的条件―」『古代の日本』第 9 巻、30〜53 頁、角川書店
岡崎雄二郎 2005「環壕内出土石板状石製品について」『田和山遺跡』田和山遺跡群発掘調査報告 1、305〜313 頁、
　　　　松江市教育委員会
小笠原好彦 1990「国家形成期の女性」『日本女性生活史　第 1 巻原始・古代』35〜67 頁、東京大学出版会
岡田憲一 1998『秋篠・山陵遺跡』奈良大学文学部考古学研究室発掘調査報告書第 17 集、奈良大学文学部考古学
　　　　研究室ほか
岡田憲一 2000「三田谷 I 遺跡出土土器をめぐる問題」『三田谷 I 遺跡 vol.3』斐伊川放水路建設予定地内埋蔵文

570

参 考 文 献

化財発掘調査報告書Ⅸ、81〜84頁、島根県教育委員会ほか

岡田精司 1988「古代伝承の鹿―大王祭祀復元の試み―」『古代史論集 上』125〜151頁、塙書房

岡田精司 1999「神社建築の源流」『考古学研究』第46巻第2号、36〜52頁、考古学研究会

岡田康博 1998「東日本の縄文文化」『季刊考古学』第64号、31〜35頁、雄山閣

岡林孝作 2001「遺物の出土状況」『ホケノ山古墳調査概報』大和の前期古墳Ⅳ、39〜40頁、学生社

岡本　勇 1966「弥生文化における諸問題―弥生文化の成立―」『弥生時代』日本の考古学Ⅲ、424〜441頁、河出書房新社

岡本　勇ほか 1977『三浦市赤坂遺跡』赤坂遺跡調査団

岡本恭一ほか 2001『松任市乾遺跡発掘調査報告書 A・C区下層編』（財）石川県埋蔵文化財センター

岡本孝之　1974「東日本先史時代末期の評価⑴〜⑸」『考古学ジャーナル』第97号10〜15頁・第98号14〜20頁・第99号16〜23頁・第101号18〜20頁・第102号21〜23頁、ニュー・サイエンス社

置田雅昭 1974「大和における古式土師器の実態」『古代文化』第26巻第2号、59〜87頁、財団法人古代学協会

奥井哲秀・横山成己編 2003『東奈良―東奈良土地区画整理事業に伴う発掘調査概要報告―』茨木市教育委員会

小澤智生 2000「縄文・弥生時代に豚は飼われていたか？」『季刊考古学』第73号、17〜22頁、雄山閣

小澤佳憲 2008「弥生集団論の新展開 集落と集団1―九州―」『集落から読む弥生社会』弥生時代の考古学8、17〜35頁、同成社

小田富士雄 1994「吉野ヶ里遺跡の源流と弥生社会」『吉野ヶ里遺跡―「魏志倭人伝」の世界』日本の古代遺跡を掘る2、131〜206頁、読売新聞社

小野明子 1975「未開社会における女性の地位」『母権制の謎 未開社会の女』世界の女性史2、53〜90頁、評論社

小野田正樹 1982「海進・海退（Ⅱ）」『縄文人とその環境』縄文文化の研究第1巻、143〜162頁、雄山閣

小畑弘己 2001『シベリア先史考古学』中国書店

小畑弘己 2005「考古学からみた極東地方の麦類の伝播について」『極東先史古代の穀物 日本学術振興会平成16年度科学研究費補助金（基盤研究B-2）雑穀資料からみた極東地域における農耕需要と拡散過程の実証的研究』81〜101頁、熊本大学埋蔵文化財調査室

小畑弘己 2011『東北アジア古民族植物学と縄文農耕』同成社

小畑弘己・佐々木由香・仙波靖子 2007「土器圧痕からみた九州縄文時代後・晩期におけるマメ栽培」『第4回九州古代種子研究会』51〜54頁、椎葉民俗芸能博物館

小畑弘己・真邉　彩 2011「レプリカ法による水天向遺跡出土土器の圧痕とその意義」『水天向遺跡（鹿児島県薩摩郡さつま町柏原水天向）』鹿児島県薩摩郡さつま町埋蔵文化財発掘調査報告書（4）、126〜129頁、鹿児島県さつま町教育委員会

及川良彦 2002「住居と掘立柱建物跡（関東）―関東地方の弥生時代集落の様相―」『静岡県考古学会シンポジウム資料集 静岡県における弥生時代集落の変遷』110〜114頁、静岡県考古学会

か

甲斐昭光ほか 1996『神戸市西区玉津田中遺跡―第5分冊―』兵庫県文化財調査報告第135-5冊、兵庫県教育委員会

甲斐博幸ほか 1996『千葉県君津市常代遺跡群第1分冊』財団法人君津郡市文化財センター発掘調査報告書第112集、君津市常代土地区画整理組合・財団法人君津郡市文化財センター

景山和雄・田中史郎 1985『大山池遺跡（上野辺地区）・大坪塚古墳発掘調査報告書』金関町文化財調査報告書第6集、鳥取県東伯郡金関町教育委員会

鹿児島県教育委員会 1985『王子遺跡 一般国道220号線鹿屋バイパスに伴う発掘調査報告書（Ⅰ）』鹿児島県埋蔵文化財発掘調査報告書34

葛西　励 1983「縄文時代中期、後期、晩期（葬制の変遷）」『青森県の考古学』212〜300頁、青森大学出版局

葛西　励 1998『再葬土器棺墓の研究 縄文時代の洗骨葬』『再葬土器棺墓の研究』刊行会

片岡宏二 1993「筑紫平野における初期鋳型の諸問題」『考古学ジャーナル』第359号、2〜9頁、ニュー・サイエンス社

571

参 考 文 献

片岡宏二 1996「渡来人と青銅器生産―佐賀平野の渡来人集落を中心として―」『古代』第102号、106～127頁、
　　　　　早稲田大学考古学会

片岡宏二 1999『弥生時代 渡来人と土器・青銅器』考古学選書、雄山閣

片岡宏二 2006『弥生時代 渡来人から倭人社会へ』考古学選書、雄山閣

片岡宏二・杉本岳史・山崎頼人 2004『三沢蓬ヶ浦遺跡3地点―県種畜場土地区画整理事業関係埋蔵文化財調査
　　　　　報告書―4―』小郡市文化財調査報告書第194集、小郡市教育委員会

勝浦康守 1997『三谷遺跡』徳島市埋蔵文化財発掘調査委員会

加藤岩蔵 1972「土器・土製品・陶器」『本刈谷貝塚』33～68頁、刈谷市教育委員会

加藤　修・丹羽祐一ほか 1973『湖西線関係遺跡調査報告書』湖西線関係遺跡発掘調査団

加藤晋平 1980「縄文人の動物飼育―とくにイノシシの問題について―」『歴史公論』第6巻第5号、45～50頁、
　　　　　雄山閣

金井典美・岩田英経 1968「長野県霧ケ峰高原の旧石器文化の環境とC14年代」『考古学ジャーナル』第23号、
　　　　　16～20頁、ニュー・サイエンス社

神奈川県県史編集室 1979『神奈川県史 考古資料』資料編20、神奈川県

かながわ考古学財団 1999a『池子遺跡群Ⅸ』かながわ考古学財団調査報告45

かながわ考古学財団 1999b『池子遺跡群Ⅹ』かながわ考古学財団調査報告46

金関丈夫 1955「人種の問題」『弥生文化』日本考古学講座第4巻、238～252頁、河出書房

金関丈夫 1976『日本民族の起源』法政大学出版局

金関　恕 1975「弥生人の精神生活」『稲作の始まり』古代史発掘4、80～86頁、講談社。

金関　恕 1976「弥生時代の宗教」『宗教研究』第49巻第3輯、213～222頁、日本宗教学会

金関　恕 1982a「神を招く鳥」『考古学論考 小林行雄博士古稀記念論文集』281～303頁、平凡社

金関　恕 1982b「祖霊信仰から首長霊信仰へ」『歴史公論』第8巻第9号、72～78頁、雄山閣

金関　恕 1984「弥生次代の祭祀と稲作」『考古学ジャーナル』第228号、26～30頁、ニュー・サイエンス社

金関　恕 1985「弥生土器絵画における家屋の表現」『国立歴史民俗博物館研究報告』第7集、63～77頁、国立
　　　　　歴史民俗博物館

金関　恕 1986「呪術と祭」『集落と祭祀』岩波講座日本考古学4、269～306頁、岩波書店

金関　恕 1989「総論」『弥生人とその環境』弥生文化の研究第1巻、5～10頁、雄山閣

金関　恕 1998「都市の出現」『都市と工業と流通』古代史の論点3、63～80頁、小学館

金関　恕 2001「弥生時代集落分析の視点」『弥生時代の集落』295～305頁、学生社

金関　恕 2003「鳥形木製品」『日本考古学事典』663頁、三省堂

金関　恕・佐原　真 1988「集成図・実測図のうつりかわり」『研究の歩み』弥生文化の研究第10巻、PL.3、雄
　　　　　山閣

金子修一 1979「魏晋より隋唐に至る郊祀・宗廟の制度について」『史学雑誌』第88編第10号、1498～1539頁、
　　　　　史学会

金子修一 2006『中国古代皇帝祭祀の研究』岩波書店

金子浩昌 1967「洞穴遺跡出土の動物遺存体」『日本の洞穴遺跡』424～451頁、平凡社

金子浩昌 1968「縄文石器時代貝塚出土のアシカ科海獣類の遺骸について―宮城県大木囲貝塚の出土例を中心と
　　　　　して―」『仙台湾周辺の考古学的研究』160～190頁、宝文堂

金子浩昌 1971「動物遺骸」『貝鳥貝塚―第4次調査報告―』209～214頁、岩手県花泉町教育委員会ほか

金子浩昌 1980a「銛頭の変遷」『歴史公論』第6巻第5号、113～121頁、雄山閣

金子浩昌 1980b「弥生時代の貝塚と動物遺存体」『三世紀の考古学』86～141頁、学生社

金子浩昌 1982『縄文時代Ⅱ（中期）』日本の美術190、至文堂

金子浩昌 1984「骨角器の分析」『考古学調査研究ハンドブックス』第2巻、92～97頁、雄山閣

金子浩昌 1988「狩猟」『生業』弥生文化の研究第2巻、141～152頁、雄山閣

金子浩昌・牛沢百合子 1980「池上遺跡の動物遺存体」『池上遺跡・四ツ池遺跡発掘調査報告書 第6分冊自然遺
　　　　　物編』9～32頁、財団法人大阪文化財センター

金子裕之 1979「茨城県広畑貝塚出土の後・晩期縄文式土器」『考古学雑誌』第65巻第1号、17～71頁、日本考

572

古学会

金子裕之 1981「関東の土器」『縄文土器Ⅱ』縄文文化の研究第4巻、227～237頁、雄山閣

金田一精 2005『江津湖遺跡群Ⅰ－江津湖遺跡群第9次調査区発掘調査報告書－』熊本市教育委員会

加納俊介 1981「弥生土器研究のための覚書－比田井氏の論文に接して－」『考古学基礎論』3、29～45頁、考古学談話会

加納俊介 1985「土器の交流－東日本－」『考古学ジャーナル』第252号、11～15頁、ニュー・サイエンス社

加納俊介 1987「用語に関する二、三の問題」『欠山式土器とその前後 研究・報告編』73～80頁、東海埋蔵文化財研究会

加納俊介 1990「S字甕とS字甕もどき－土器分類雑考（2）－」『マージナル』NO.10、19～28頁、愛知考古学談話会

加納俊介 1991a「土師器の編年 4 東海」『土師器と須恵器』古墳時代の研究第6巻、59～70頁、雄山閣

加納俊介 1991b「東日本における後期弥生土器研究の現状と課題」『東海系土器の移動からみた東日本の後期弥生土器』1～18頁、東海埋蔵文化財研究会

鎌木義昌 1965「縄文文化の概観」『縄文時代』日本の考古学Ⅱ、1～28頁、河出書房

鎌木義昌ほか 1962『岡山市史 古代編』岡山市

神村　透 1967「豊岡村林里遺跡」『長野県考古学会誌』4号、9～17頁、長野県考古学会

神村　透 1998「弥生土器」『長野県史 考古資料編全1巻（4）遺構・遺物』207～224頁、長野県史刊行会

亀谷尚子 1984「木葉文土器の考察」『西部瀬戸内における弥生文化の研究』山口大学人文学部考古学研究室研究報告第3集、101～112頁、山口大学人文学部考古学研究室

萱場敏郎ほか 1952「豊浦町遺跡の調査報告」『噴火湾沿岸の縄文文化遺跡』48～50頁、伊達高校郷土研究部

河合英夫 2000「小田原市中里遺跡」『公開セミナー 弥生時代の幕開け－縄文から弥生への移行期の様相を探る－』14～19頁、（財）神奈川考古学財団ほか

河口貞徳 1961「鹿児島県山ノ口遺跡の調査」『古代学』第9巻第3号、169～179頁、財団法人古代学協会

河口貞徳 1978「弥生時代の祭祀遺跡 大隈半島山ノ口遺跡」『えとのす』第10号、52～57頁、新日本教育図書

川越哲志編 2000『弥生時代鉄器総覧 東アジア出土鉄器地名表Ⅱ』電子印刷株式会社

川添和暁 2010「弥生大規模集落における狩猟具・漁具の保有と特質」『大規模集落と弥生社会 伊勢湾岸弥生社会シンポジウム・中期編』189～204頁、伊勢湾岸弥生社会シンポジウムプロジェクト

川副武胤 1979「三世紀極東諸民の宗教と祭式－倭人伝宗教習俗の位相－」『日本歴史』第378号、1～17頁、吉川弘文館

神沢昌二郎 1983「針塚遺跡」『長野県史 考古資料編（中信）』184～189頁、長野県史刊行会

神沢勇一 1973a「神奈川県間口遺跡」『日本考古学年報』24、148～151頁、日本考古学協会

神沢勇一 1973b『間口洞窟遺跡（本文編）』神奈川県立博物館発掘調査報告書第7号、神奈川県立博物館

神沢勇一 1974『間口洞窟遺跡（2）』神奈川県立博物館発掘調査報告書第8号、神奈川県立博物館

神沢勇一 1979「南関東地方弥生時代の葬制」『どるめん』23号、35～47頁、JIC出版

き

キージング, R・M（小川正恭・笠原政治・河合利光訳）1982『親族集団と社会構造』未来社

木越邦彦 1977「放射性炭素による年代測定」『日本の第四紀研究』37～46頁、東京大学出版会

岸本道昭 1995『龍野市揖西町前地所在 養久山・前地遺跡－揖龍広域ごみ処理施設建設に伴う埋蔵文化財発掘調査報告書－』龍野市教育委員会

岸本道昭 1998「掘立柱建物からみた弥生集落と首長－兵庫県と周辺の事例から－」『考古学研究』第44巻第4号、79～91頁、考古学研究会

岸本道昭・古本　寛 1997『南山古墳群 南山高屋遺跡－土師・南山土地区画整理事業南山土地区画整理事業に伴う埋蔵文化財発掘調査報告書－』龍野市文化財調査報告17、龍野市教育委員会

木下尚子 1988「南海産貝製腕輪はじまりへの予察」『日本民族・文化の生成1 永井昌文教授退官記念論文集』519～545頁、六興出版

木下尚子 1989「南海産貝輪交易考」『生産と流通の考古学 横山浩一先生退官記念論文集Ⅰ』203～249頁、横山

参 考 文 献

　　　　　　　　　浩一先生退官記念事業会

木下尚子 2003「遺物包含層における現代イネ混入の検討」『先史琉球の生業と交易―奄美・沖縄の発掘調査から
　　　　　―改訂版』229～236 頁、熊本大学文学部木下研究室

木下正史 1978「書評 奈良県『纏向』」『考古学雑誌』第 64 巻第 1 号、83～87 頁、日本考古学会

木野本和之・川崎志乃 2000『天花寺丘陵内遺跡群発掘調査報告Ⅳ』三重県埋蔵文化財調査報告 201、三重県埋
　　　　　蔵文化財センター

金　用玕・黄　基徳 1967「紀元前 1000 年紀前半期の古朝鮮文化」『考古民俗』1967 年 2 号

金　元龍 1982「韓国先史時代の神像」『えとのす』第 19 号、21～28 頁、新日本教育図書株式会社

金　廷鶴 1972「無文土器文化」『韓国の考古学』68～105 頁、河出書房新社

木村英明 1982「骨角器」『続縄文・南島文化』縄文文化の研究第 6 巻、143～165 頁、雄山閣

木村英明ほか 1981『北海道恵庭市柏木 B 遺跡発掘調査報告書』柏木 B 遺跡発掘調査会

清野謙次 1944「環太平洋文化としての離頭有紐利器、特に日本及びベーリング海に於ける此の利器の発達」『太
　　　　　平洋に於ける民族文化の交流』43～94 頁、創元社

清野謙次 1949『古代人骨の研究に基づく日本人種論』岩波書店

清野謙次 1969『日本貝塚の研究』岩波書店

桐原　健 1978「土偶祭祀私見―信濃における中期土偶の出土状態―」『信濃』第 30 巻第 4 号、241～255 頁、信
　　　　　濃史学会

く

工楽善通 1983「遠賀川式土器における木葉文の展開」『文化財論叢』奈良国立文化財研究所創立 30 周年記念論
　　　　　文集、39～62 頁、同朋社出版

黒田恭正・阿部敬生 1995「楠・荒田町遺跡第 11 次調査」『平成 4 年度神戸市埋蔵文化財年報』55～66 頁、神戸
　　　　　市教育委員会文化財課

桑原久男 1997「戦士と鹿―清水風遺跡の弥生絵画を読む―」『宗教と考古学』65～87 頁、勉誠社

け

気賀沢　進ほか 1979『荒神沢遺跡』駒ヶ根市教育委員会

剣持輝久 1972「三浦半島における弥生時代の漁撈について」『物質文化』19、11～22 頁、物質文化研究会

剣持輝久 1990「三浦半島の海蝕洞穴遺跡における弥生時代の鳥猟について」『横須賀考古学会年報』28、27～34
　　　　　頁、横須賀考古学会

剣持輝久 1996「三浦半島南部の海食洞穴遺跡とその周辺の遺跡について」『考古論叢神奈河』第 5 集、51～66
　　　　　頁、神奈川県考古学会

剣持輝久 1997a「自然遺物」『大浦山洞穴』三浦市埋蔵文化財調査報告書第 4 集、77～86 頁、三浦市教育委員会

剣持輝久 1997b「脊椎動物門」『間口東洞穴遺跡』65～74 頁、松輪間口東海蝕洞穴遺跡調査団

剣持輝久・西本豊弘 1986「狩猟・漁撈対象物」『季刊考古学』第 14 号、36～40 頁、雄山閣

こ

小井川和夫 1980「宮戸島台囲貝塚出土の縄文後期末・晩期初頭の土器」『宮城史学』7 号、9～21 頁、宮城教育
　　　　　大学歴史研究会

小池裕子 1981「遺跡の貝殻からさぐる生活暦」『科学朝日』第 41 巻第 6 号、56～59 頁、朝日新聞社

小泉玲子ほか編 2008『神奈川県足柄上郡大井町中屋敷遺跡発掘調査報告書 南西関東における初期弥生時代遺跡
　　　　　の調査』昭和女子大学人間科学部歴史文化学科

高知県教育委員会 1986『田村遺跡群第 2 分冊 本文Ⅱ 高知空港拡張整備事業に伴う埋蔵文化財発掘調査報告書』

高知県文化財団埋蔵文化財センター 1998『居徳遺跡群 平成 9 年度現地説明会資料』

甲野　勇 1928「日本石器時代土偶概説」杉山寿栄男編『日本原始工芸概説』231～251 頁、工芸美術研究会

甲野　勇 1932「日本石器時代に文身の風習があったらうか」『ドルメン』第 1 巻第 5 号、40～43 頁、岡書院

甲野　勇 1939「容器的特徴を有する特殊土偶」『人類学雑誌』第 54 巻第 12 号、545～551 頁、東京人類学会

甲野　勇 1940「土偶型容器に関する一二の考察」『人類学雑誌』第 55 巻第 1 号、10～13 頁、東京人類学会

甲野　勇 1941「燕形銛頭雑録」『古代文化』第 12 巻第 5 号、243～245 頁、日本古代文化学会

甲野　勇 1947『図解先史考古学入門』山岡書店

甲野　勇 1964「先史時代の生活と芸術」『土偶・装身具』日本原始美術 2、163～174 頁、講談社

紅村　弘 1956「愛知県における前期弥生式土器と終末期縄文式土器との関係―土器型式の分類とその編年―」『古代学研究』第 13 号、1～9 頁、古代学研究会

紅村　弘 1967「水神平式土器とその周辺」『信濃』第 19 巻第 4 号、257～268 頁、信濃史学会

紅村　弘 1979「水神平式土器の諸問題」『東海先史文化の諸段階　資料編 II』425～437 頁

紅村　弘 1980「条痕文土器の問題点について」『岐阜県八百津町南森遺跡発掘調査報告』八百津町教育委員会

紅村　弘 1995「様式・型式における状況の理論と弥生文化成立の新課題」『王朝の考古学　大川清博士古稀記念論文集』32～55 頁、雄山閣

紅村　弘ほか 1960『篠束―第一次調査報告』愛知県小坂井町教育委員会

紅村　弘ほか 1961『篠束―第二次、樫王併行期調査報告』愛知県小坂井町教育委員会

紅村　弘・増子康真・山口　克 1981『東海先史文化の諸段階　本文編・補足改訂版』

甲元眞之 1983「海と山と里の文化」『えとのす』第 22 号、21～25 頁、新日本教育図書株式会社

甲元眞之 1989「大陸文化との出合い」『弥生人の造形』古代史復元 5、28～48 頁、講談社

甲元眞之 1990「大陸文化と玄界灘―考古学からみた対外交流―」『玄界灘の島々』海と列島文化第 3 巻、45～67 頁、小学館

甲元眞之 1991「弥生農耕の展開」『季刊考古学』第 37 号、29～35 頁、雄山閣

甲元眞之 1992「海と山と里の形成」『考古学ジャーナル』第 344 号、2～9 頁、ニュー・サイエンス社

甲元眞之 1997「朝鮮先史時代の土偶と石偶」『宗教と考古学』385～406 頁、勉誠社

甲元眞之 2000「弥生時代の食糧事情」『環境と食料生産』古代史の論点 1、167～182 頁、小学館

甲元眞之 2003「紹介　春成秀爾著『縄文社会論究』」『古代文化』第 55 巻第 11 号、647～648 頁、財団法人古代学協会

甲元眞之 2004『日本の初期農耕文化と社会』同成社

甲元眞之 2008a「東北アジア先史時代の生業活動」『青驪』伍、34～41 頁

甲元眞之 2008b「稲作農業と家畜飼育」『青驪』伍、52～54 頁

国立歴史民俗博物館編 1999『新　弥生紀行』朝日新聞社

国立歴史民俗博物館 2005『学術創成研究　弥生農耕の起源と東アジア―炭素年代測定による高精度編年体系の構築―大阪現地研究会資料集』

小柴吉男 1987「大沼郡三島町荒屋敷遺跡の畿内第 I 様式の壺」『福島考古』第 28 号、61～62 頁、福島県考古学会

小柴吉男ほか 1975「銭森遺跡・荒屋敷遺跡」『三島町埋蔵文化財発掘調査報告書 II』三島町教育委員会

小島敦子 1988「関東地方における稲作農耕の開始と発展」『日本における稲作農耕の起源と展開』347～386 頁、日本考古学協会

小島纓禮 1999『太陽と稲の神殿　伊勢神宮の稲作儀礼』白水社

小杉嘉四蔵 1988『小杉嘉四蔵蒐集考古学資料写真集』青森縄文文化を探る会

小杉　康 1995a「縄文時代後半期における大規模配石記念物の成立―「葬墓祭制」の構造と機能―」『駿台史学』第 93 号、101～149 頁、駿台史学会

小杉　康 1995b「土器型式と土器様式」『駿台史学』第 94 号、58～131 頁、駿台史学会

小杉　康 2005「子生みの造形・鼻曲りの造形」『地域と文化の考古学 I』589～620 頁、六一書房

小滝利意ほか 1981「昭和 54 年度の会津若松市での調査」『福島考古』第 22 号、61～64 頁、福島考古学会

児玉　準ほか 1983『平鹿遺跡発掘調査報告書』秋田県文化財調査報告書第 101 集、秋田県埋蔵文化財振興会

後藤　明 1992「銛魚―環太平洋的視点―」『海から見た日本文化』海と列島文化第 10 巻、189～220 頁、小学館

後藤勝彦 1960「宮城県名取市高館金剛寺貝塚出土縄文式土器の研究―陸前地方後期縄文式文化の編年的研究―」『宮城県の地理と歴史』第 9-10 輯、109～122 頁、東北出版株式会社（1982『宮城県の地理と歴史 III』国書刊行会として復刊）

参 考 文 献

後藤勝彦 1990『仙台湾貝塚の基礎的研究』東北プリント

後藤　直 1979「朝鮮系無文土器」『三上次男博士頌寿記念東洋史・考古学論集』485〜529頁、三上次男博士頌
　　　　寿記念論集編集委員会

後藤　直 1982「朝鮮の青銅器と土器」『森貞次郎博士古稀記念古文化論集　上巻』243〜296頁、森貞次郎博士古
　　　　稀記念論文集刊行会

後藤　直 1986「農耕社会の成立」『変化と画期』岩波講座日本考古学6、119〜169頁、岩波書店

後藤　直 2006『朝鮮半島初期農耕社会の研究』同成社

小林圭一 1999「東北地方 後期（瘤付土器）」『縄文時代』第10号、149〜177頁、縄文時代文化研究会

小林謙一 2004a「AMS年代測定の考古学への応用」『揺らぐ考古学の常識―前・中期旧石器捏造問題と弥生開始
　　　　年代―』歴史研究の最前線 vol.1、57〜62頁、総研大日本歴史研究専攻・国立歴史民俗博物館

小林謙一 2004b『縄紋社会研究の新視点―炭素14年代測定の利用―』六一書房

小林謙一 2009「近畿地方以東の地域への拡散」『弥生農耕のはじまりとその年代』新弥生時代のはじまり第4巻、
　　　　55〜82頁、雄山閣

小林青樹 1998「弥生時代早・前期の津島岡大遺跡とその周辺」『津島岡大遺跡10』岡山大学構内遺跡発掘調査
　　　　報告書14、117〜124頁、岡山大学埋蔵文化財調査研究センター

小林青樹 2000「東日本系土器からみた縄文・弥生広域交流序論」『突帯文と遠賀川』1193〜1219頁、土器持寄
　　　　会論文集刊行会

小林青樹 2002「分銅形土製品の起源―岡山県総社市真壁遺跡出土の分銅形土製品からの出発―」『環瀬戸内海の
　　　　考古学』19〜31頁、古代吉備研究会

小林青樹 2003「縄文から弥生への祭祀と墓制の変容」『第4回大学合同考古学シンポジウム　縄文と弥生―多様
　　　　な東アジア世界のなかで―』67〜72頁、大学合同考古学シンポジウム実行委員会

小林青樹 2004「弥生時代の祭場 東海以東」『季刊考古学』第86号、32〜35頁、雄山閣

小林青樹 2006a「縄文から弥生への転換」『第53回歴博フォーラム　弥生の始まりと東アジア』26〜29頁、国立
　　　　歴史民俗博物館

小林青樹 2006b「東日本弥生時代研究の諸問題」『研究紀要』第14号、61〜68頁、財団法人栃木県生涯学習文
　　　　化財団埋蔵文化財センター

小林青樹 2006c「弥生祭祀における戈とその源流」『栃木史学』第20号、87〜107頁、國學院大學栃木短期大学
　　　　史学会

小林青樹編 1999『縄文・弥生移行期の東日本系土器』考古学資料集9、平成10年度文部省科学研究費補助金特
　　　　定研究A（1）『日本人および日本文化の起源に関する学際的研究　考古学研究成果報告書』国立
　　　　歴史民俗博物館春成研究室

小林青樹編 2000『縄文・弥生移行期の石製呪術具1』考古学資料集12、平成11年度文部省科学研究費補助金特
　　　　定研究A（1）『日本人および日本文化の起源に関する学際的研究　考古学研究成果報告書』国立
　　　　歴史民俗博物館春成研究室

小林青樹・宇佐美哲也 1998「氷式土器の研究」『長野県小諸市氷遺跡発掘調査資料図譜』第2冊、128〜169頁、
　　　　氷遺跡発掘調査資料図譜刊行会

小林青樹・大工原　豊・井上慎也 2003「群馬県安中市注連引原遺跡群における弥生時代前期集落の研究」『日本
　　　　考古学協会第69回総会研究発表要旨』45〜48頁、日本考古学協会

小林青樹ほか 1994『山梨県北巨摩郡長坂町　健康村遺跡』新宿区区民健康村遺跡調査団

小林真一 1954「総論」『古生物学　上巻』1〜8頁、朝倉書店

小林達雄 2000『縄文人追跡』日本経済新聞社

小林正史 1992「器種組成からみた縄文土器から弥生土器への変化」『北越考古学』第5号、1〜34頁、北越考古
　　　　学研究会

小林　克 1995「葬制からみた亀ヶ岡文化」『縄文発信 シンポジウム亀ヶ岡文化の北と南』岩手県立博物館調査
　　　　研究報告書第11冊、66〜70頁、岩手県立博物館

小林行雄 1929a「摂津国神戸市篠原遺跡に就いて（1）」『史前学雑誌』第1巻第4号、297〜304頁、史前学会

小林行雄 1929b「摂津国神戸市篠原遺跡に就いて（2）」『史前学雑誌』第1巻第5号、372〜376頁、史前学会

小林行雄 1930「弥生式土器に於ける櫛目式文様の研究」『考古学』第 1 巻第 5・6 号、382〜391 頁、東京考古学会

小林行雄 1931「弥生式土器に於ける 櫛目式文様の研究 （二）」『考古学』第 2 巻第 5・6 号、137〜147 頁、東京考古学会

小林行雄 1932a「櫛目式文様の分布─弥生式土器に於ける櫛目式文様の研究 完─」『考古学』第 3 巻第 1 号、10〜21 頁、東京考古学会

小林行雄 1932b「安満 B 類土器考─北九州第二系弥生式土器への関連を論ず─」『考古学』第 3 巻第 4 号、111〜120 頁、東京考古学会

小林行雄 1932c「吉田土器および遠賀川土器とその伝播」『考古学』第 3 巻第 5 号、21〜27 頁、東京考古学会

小林行雄 1933a「畿内弥生式土器の一二相」『考古学』第 4 巻第 1 号、2〜6 頁、東京考古学会

小林行雄 1933b「神戸市東山遺跡弥生式土器研究一」『考古学』第 4 巻第 4 号、95〜102 頁、東京考古学会

小林行雄 1933c「先史考古学に於ける様式問題」『考古学』第 4 巻第 8 号、223〜238 頁、東京考古学会

小林行雄 1934「一の伝播変移現象─遠賀川系土器の場合─」『考古学』第 5 巻第 1 号、9〜16 頁、東京考古学会

小林行雄 1935a「小型丸底土器小考」『考古学』第 6 巻第 1 号、1〜6 頁、東京考古学会

小林行雄 1935b「神戸市布引丸山の弥生式土器」『考古学』第 6 巻第 4 号、161〜165 頁、東京考古学会

小林行雄 1938「弥生式文化」『日本文化史大系』214〜253 頁、誠文堂新光社

小林行雄 1941「銅鐸年代論」『考古学』第 12 巻第 1 号、1〜12 頁、東京考古学会

小林行雄 1943a「第一様式弥生式土器」『大和唐古弥生式遺跡の研究』京都帝国大学文学部考古学研究報告第 16 冊、43〜57 頁、京都帝国大学

小林行雄 1943b「弥生式土器細論」『大和唐古弥生式遺跡の研究』京都帝国大学文学部考古学研究報告第 16 冊、95〜14 頁、京都帝国大学

小林行雄 1951『日本考古学概説』東京創元社

小林行雄 1959a『古墳の話』岩波書店

小林行雄 1959b「おんががわしき─どき 遠賀川式土器」『図解考古学辞典』134 頁、東京創元社

小林行雄 1959c「けいしき 形式・型式」『図解考古学辞典』296〜297 頁、東京創元社

小林行雄 1959e「せっーけん 石剣」『図解考古学辞典』568〜569 頁、東京創元社

小林行雄 1967『女王国の出現』国民の歴史 1、文英堂

小林行雄 1971「解説 三 弥生式土器論」『考古学』論集日本文化の起源第 1 巻、27〜40 頁、平凡社

小林行雄・杉原荘介編 1964『弥生式土器集成 本編 1・2』東京堂出版、『資料編』弥生式土器集成刊行会

小林行雄・藤岡謙二郎・中村春壽 1938「近江坂田郡春照村杉沢遺跡」『考古学』第 9 巻第 5 号、221〜235 頁、東京考古学会

小林行雄・森本六爾 1938『弥生式土器聚成図録 正編』東京考古学会学報第 1 冊、東京考古学会

小松 譲ほか 2006『大江前遺跡 西九州自動車道建設に係る文化財調査報告書 (3)』佐賀県文化財調査報告書第 167 集、佐賀県教育委員会

小松原義人・山田瑞穂ほか 1976「新井南遺跡」『長野県中央道埋蔵文化財包蔵地発掘調査報告書─岡谷市その 3』日本道路公団名古屋建設局・長野県教育委員会

小南一郎 2001「飲酒礼と裸礼」『中国の礼制と礼学』京都大学人文科学研究所研究報告、65〜99 頁、朋友書店

小山岳夫 1998「巨大集落の出現─中部高地の弥生中期・栗林期に何が起こったか─」『長野県考古学会誌』86 号、50〜62 頁、長野県考古学会

小山眞夫 1922「先史時代」『小縣郡史』103〜123 頁、小縣時報局

近藤喬一 1984「日・朝青銅器の諸問題」『東アジア世界における日本古代史講座』第 2 巻、264〜309 頁、学生社

近藤 広 2003「滋賀県（下之郷遺跡・伊勢遺跡・下鈎遺跡）」『日本考古学協会 2003 年度滋賀大会研究発表資料』3〜14 頁、日本考古学協会 2003 年度滋賀大会実行委員会

近藤 広 2006「近江における弥生集落と大型建物」『日本考古学協会 2003 年度滋賀大会シンポジウム 1 弥生大型建物とその展開』11〜27 頁、サンライズ出版株式会社

近藤義郎 1962「弥生文化論」『原始および古代 1』岩波講座日本歴史 1、139〜188 頁、岩波書店

参 考 文 献

近藤義郎 1976「原始史料論」『日本史研究の方法』岩波講座日本歴史第 25 巻別巻 (2)、9～36 頁、岩波書店
近藤義郎 1986「総論―変化・画期・時代区分―」『変化と画期』岩波講座日本考古学 6、1～24 頁、岩波書店
近藤義郎・高村継夫 1957「弥生土偶について」『私たちの考古学』第 3 巻第 4 号、22～24 頁、考古学研究会

さ

サーヴィス, E（松園万亀雄訳）1979『未開の社会組織―進化論的考察―』人類学ゼミナール 12、弘文堂
崔　夢龍 1989「青銅器時代」『韓国の考古学』65～76 頁、講談社
斎藤　忠 1961『日本古墳の研究』吉川弘文館
佐伯英樹 2001「下鈎遺跡の大型掘立柱建物」『埋蔵文化財シンポジウム　邪馬台国時代の大型建物―下鈎遺跡、
　　　　伊勢遺跡の謎に迫る―記録集』27～32 頁、東栗町教育委員会・（財）東栗町文化体育振興事業団
佐伯英樹編 2001『埋蔵文化財シンポジウム　邪馬台国時代の大型建物―下鈎遺跡、伊勢遺跡の謎に迫る―記録集』
　　　　栗東町教育委員会・（財）栗東文化体育振興事業団
酒井龍一 1974「石包丁の生産と消費をめぐる二つのモデル」『考古学研究』第 21 巻第 2 号、23～36 頁、考古学
　　　　研究会
酒井龍一 1978「弥生中期社会の形成―畿内社会の形成とその構造―」『歴史公論』第 4 巻第 3 号、57～65 頁、
　　　　雄山閣
酒井龍一 1982「畿内大社会の理論的様相―大阪湾沿岸における調査から―」『亀井遺跡　寝屋川南部流域下水道
　　　　事業長吉ポンプ場築造工事関連埋蔵文化財発掘調査報告書Ⅱ』239～251 頁、財団法人大阪文化
　　　　財センター
酒井龍一 1984「弥生時代中期・畿内社会の構造とセトルメントシステム」『文化財学報』第 3 集、新井清先生送
　　　　別記念論集、37～51 頁、奈良大学文学部文化財学科
酒井龍一 1996「考古学的社会変成過程観察モデル」『文化財学報』第 14 集、53～62 頁、奈良大学文学部文化財
　　　　学科
坂口　隆 1996「刻目突帯文土器の成立」『先史考古学研究』第 6 号、71～115 頁、阿佐ヶ谷先史学研究会
阪口　豊 1961「北日本の完新世の気候変化」『地理学評論』第 34 巻第 5 号、259～268 頁、日本地理学会
阪口　豊 1984「日本の先史・歴史時代の気候―尾瀬ヶ原に過去 7600 年の気候変化の歴史を探る―」『自然』第
　　　　39 巻第 5 号、18～36 頁、中央公論社
阪口　豊 1989『尾瀬ヶ原の自然史　景観の秘密をさぐる』中公新書 928、中央公論社
阪口　豊 1993「過去 8000 年の気候変化と人間の歴史」『専修人文論集』第 51 号、79～113 頁、専修大学出版局
阪口　豊 1995「過去 1 万 3000 年間の気候の変化と人間の歴史」『歴史と気候』講座文明と環境 6、1～12 頁、朝
　　　　倉書店
酒詰仲男 1961「編年上より観たる食品について」『日本縄文石器時代食料総説』318～321 頁、土曜会
坂本嘉弘 1994「埋甕から甕棺へ―九州縄文埋甕考―」『古文化談叢』第 32 集、1～28 頁、九州古文化研究会
桜井清彦・平野吾郎 1966「愛知県設楽町神田中向遺跡の調査」『古代』第 47 号、14～30 頁、早稲田大学考古学
　　　　会
桜井徳太郎 1974「柳田国男の祖先観　上」『季刊柳田国男研究』第 7 号、79～96 頁、白鯨社
佐々木高明 1971『稲作以前』NHK ブックス 147、日本出版協会
佐々木高明 1991『日本史誕生』日本の歴史 1、集英社
佐々木高明ほか 2000「巻頭座談会　環境と食料生産」『環境と食料生産』古代史の論点 1、5～68 頁、小学館
佐々木藤雄 2008「婚姻と家族」『人と社会―人骨情報と社会組織―』縄文時代の考古学 10、99～114 頁、同成社
佐々木由香 2008「中屋敷遺跡の植物利用」『神奈川県足柄上郡大井町　中屋敷遺跡発掘調査報告書　南西関東にお
　　　　ける初期弥生時代遺跡の調査』179～181 頁、昭和女子大学人間科学部歴史文化学科
佐々木由香 2009「縄文から弥生変動期の自然環境の変化と植物利用」『季刊東北学』第 19 号、124～144 頁、東
　　　　北芸術工科大学東北文化研究センター
笹沢　浩 1968「善光寺平における栗林式土器直前の土器」『信濃』第 20 巻第 4 号、283～291 頁、信濃史学会
笹沢　浩 1976「弥生式時代」『上水内郡誌歴史編』82～115 頁、上水内郡誌編集会
笹沢　浩 1977「入門講座・弥生土器―中部高地 1」『考古学ジャーナル』第 131 号、16～23 頁、ニュー・サイエ

参 考 文 献

ンス社

笹沢　浩 1978「中部高地型櫛描文の系譜」『中部高地の考古学 長野県考古学会 15 周年記念論文集』159～169
　　　　頁、長野県考古学会

笹沢　浩ほか 1976「十二の后遺跡」『長野県中央道埋蔵文化財包蔵地発掘調査報告書―諏訪市その 4―』68～230
　　　　頁、日本道路公団名古屋建設局・長野県教育委員会

笹津海祥ほか 1975『駿河山王 静岡県富士川町山王遺跡群調査報告書』富士川町教育委員会

佐田　茂ほか 1973『鹿部山遺跡―福岡県粕屋郡古賀町所在遺跡群の調査報告―』日本住宅公社

佐藤達夫 1952「セント・ローレンス島出土の銛について」『古代学』第 1 巻第 4 号、338～348 頁、古代学協会

佐藤達夫 1974「縄紋式土器」『日本考古学の現状と課題』60～102 頁、吉川弘文館

佐藤達夫 1983「我が国に於ける回転式銛頭について」『東アジアの先史文化と日本』349～414 頁、六興出版

佐藤智男・五十嵐貴久 1996「能登川コレクションの骨角器について」『市立函館博物館研究紀要』第 6 号、1～
　　　　32 頁、市立函館博物館

佐藤由紀男 1985「静岡県三ケ日町殿畑遺跡出土の土器について（下）」『古代文化』第 37 巻第 1 号、17～26 頁、
　　　　財団法人古代学協会

佐藤由紀男 1999『縄文移行期の土器と石器』雄山閣

佐藤由紀男 2002「煮炊き用土器の容量変化からみた本州北部の縄文／弥生」『日本考古学』第 13 号、1～18 頁、
　　　　日本考古学協会

佐藤由紀男 2006「紀元前、灌漑型水稲農耕はなぜ津軽平野までしか波及しなかったのか」『考古学の諸相 II 坂
　　　　詰秀一先生古稀記念論文集』999～1018 頁、坂詰秀一先生古稀記念会

佐原　真 1959a「弥生式土器製作技術に関する二三の考察―櫛描文と回転台をめぐって―」『私たちの考古学』
　　　　第 5 巻第 4 号、2～11 頁、考古学研究会

佐原　眞 1959b「りゅうすい―もん 流水文」『図解考古学辞典』1027～1028 頁、東京創元社

佐原　真 1960「銅鐸の鋳造」『日本 II 弥生時代』世界考古学大系第 2 巻、92～104 頁、平凡社

佐原　真 1964「弥生式土器」『紫雲出』21～69 頁、詫間町文化財保護委員会

佐原　真 1967「山城における弥生文化の成立―畿内第 1 様式の細別と雲ノ宮遺跡出土土器の占める位置―」『史
　　　　林』第 50 巻第 5 号、733～757 頁、史学研究会

佐原　真 1970a「大和川と淀川」『近畿』古代の日本第 5 巻、24～43 頁、角川書店

佐原　真 1970b「土器の話（1）」『考古学研究』第 16 巻第 4 号、492～509 頁

佐原　真 1970c「土器の話（3）」『考古学研究』第 17 巻第 2 号、218～228 頁

佐原　真 1972「流水紋」『日本の文様 水』9～24 頁、光琳社

佐原　真 1973「銅鐸の絵物語」『国文学』第 18 巻第 3 号、46～56 頁、学燈社

佐原　真 1975「農業の開始と階級社会の形成」『原始および古代 1』岩波講座日本歴史 1、113～182 頁、岩波書
　　　　店

佐原　真 1979「呪術の土器」『縄文土器 II』日本の原始美術 2、45～73 頁、講談社

佐原　真 1987「みちのくの遠賀川」『東アジアの考古と歴史 中 岡崎敬先生退官記念論集』265～291 頁、同朋
　　　　舎出版

佐原　真 1995「米と日本人」『国立歴史民俗博物館研究報告』第 60 集、107～131 頁、国立歴史民俗博物館

佐原　真 1996「弥生時代に神殿はなかった」『弥生の環濠都市と巨大神殿―徹底討論池上曽根遺跡―池上曽根遺
　　　　跡史跡指定 20 周年記念シンポジウム資料』8～9 頁、池上曽根遺跡史跡指定 20 周年記念事業実
　　　　行委員会

佐原　眞・金関　恕 1975「米と金属の世紀」『稲作の始まり』古代史発掘 4、23～54 頁、講談社

三宮昌弘・川端　智編 1999『尺度遺跡 I―南阪奈道路建設に伴う発掘調査―』財団法人大阪府文化財調査研究
　　　　センター調査報告書第 44 集、財団法人大阪府文化財調査研究センター

し

重松和男ほか編 1987『高蔵遺跡発掘調査報告書』名古屋市文化財調査報告第 20 集、名古屋市教育委員会

静岡大学考古学研究室 2008『第 36 回考古展 静岡清水平野における初期農耕文化の形成―手越向山遺跡の発掘

参 考 文 献

調査から―』

設楽博己 1980 「出土土器」『井岡遺跡確認調査報告書』小山市文化財調査報告書第9集、5〜28頁、小山市教育
委員会

設楽博己 1982 「中部地方における弥生土器の成立過程」『信濃』第34巻第4号、335〜377頁、信濃史学会

設楽博己 1983 「関東地方の初期弥生土器」『第4回三県シンポジウム 東日本における黎明期の弥生土器』323〜
333頁、北武蔵古代文化研究会・千曲川水系古代文化研究所・群馬県考古学談話会

設楽博己 1984 「前橋市上沖町西新井遺跡の表面採集資料」『群馬考古通信』第9号、1〜22頁、群馬県考古学談
話会

設楽博己 1991 「最古の壺棺再葬墓―根古屋遺跡の再検討―」『国立歴史民俗博物館研究報告』第36集、195〜238
頁、国立歴史民俗博物館

設楽博己 1993a 「縄文時代の再葬」『国立歴史民俗博物館研究報告』第49集、7〜46頁、国立歴史民俗博物館

設楽博己 1993b 「農耕のはじまり―稲の到来」『関東・中部』考古学の世界第2巻、106〜107頁、ぎょうせい

設楽博己 1994a 「沼津市雌鹿塚遺跡の縄文晩期土器」『沼津市史研究』第3号、17〜36頁、沼津市教育委員会市
史編さん係

設楽博己 1994b 「壺棺再葬墓の起源と展開」『考古学雑誌』第79巻第4号、383〜422頁、日本考古学会

設楽博己 1995a 「木目状縞模様のある磨製石剣」『信濃』第47巻第4号、247〜265頁、信濃史学会

設楽博己 1995b 「東日本における弥生時代の始まり」『展望考古学』75〜93頁、考古学研究会

設楽博己 1995c 「土偶の男と女」（座談会の発言記録）『縄文／弥生 変換期の考古学』63〜65頁、考古学フォー
ラム出版部

設楽博己 1996a 「つきあいのはじまり」『動物とのつきあい―食用から愛玩まで―』92〜104頁、国立歴史民俗
博物館

設楽博己 1996b 「副葬される土偶」『国立歴史民俗博物館研究報告』第68集、9〜29頁、国立歴史民俗博物館

設楽博己 1998a 「黥面の系譜」『長野県小諸市氷遺跡発掘調査資料図譜 第三冊―縄文時代晩期終末期の土器群の
研究―』153〜164頁、氷遺跡発掘調査資料図譜刊行会

設楽博己 1998b 「イノシシの装飾がついた石鏃」『動物考古学』第11号、22頁、動物考古学研究会

設楽博己 1999a 「土偶形容器と黥面付土器の製作技術に関する覚書」『国立歴史民俗博物館研究報告』第77集、
113〜128頁、国立歴史民俗博物館

設楽博己 1999b 「南北精神文化の原点」『新 弥生紀行』90〜91頁、朝日新聞社

設楽博己 1999c 「土偶の末裔」『新 弥生紀行』160〜161頁、朝日新聞社

設楽博己 1999d 「黥面土偶から黥面絵画へ」『国立歴史民俗博物館研究報告』第80集、185〜202頁、国立歴史
民俗博物館

設楽博己 2000a 「縄文晩期の東西交渉」『突帯文と遠賀川』1165〜1190頁、土器持寄会論文集刊行会

設楽博己 2000b 「弥生文化の二者―大陸系と縄文系―」『倭人を取り巻く世界』172〜185頁、山川出版社

設楽博己 2000c 「縄文系弥生文化の構想」『考古学研究』第47巻第1号、88〜99頁、考古学研究会

設楽博己 2001a 「農耕文化」『日本史事典』46頁、朝倉書店

設楽博己 2001b 「男子大小となく皆黥面文身す―倭人のいでたち」『三国志がみた倭人たち 魏志倭人伝の考古学』
75〜91頁、山川出版社

設楽博己 2001c 「多人数集骨葬の検討」『シンポジウム縄文人と貝塚・関東における埴輪の生産と供給』50〜64
頁、学生社

設楽博己 2003a 「続縄文文化と弥生文化の相互交流」『国立歴史民俗博物館研究報告』第108集、17〜44頁、国
立歴史民俗博物館

設楽博己 2003b 「弥生時代の祭祀・儀礼とその特質」『東アジアにおける新石器文化の成立と展開 國學院大學
21COEプログラム国際シンポジウム予稿集』119〜131頁、國學院大學21COEプログラム国際
シンポジウム実行委員会

設楽博己 2004a 「遠賀川系土器における浮線文土器の影響」『島根考古学会誌』第20・21集合併号、189〜209
頁、島根考古学会

設楽博己 2004b 「再葬の背景―縄文・弥生時代における環境変動との対応関係―」『国立歴史民俗博物館研究報

告』第 112 集、357～380 頁、国立歴史民俗博物館

設楽博己 2004c「独立棟持柱をもつ大型掘立柱建物の性格」『情報祭祀考古』第 25 号、1～7 頁、祭祀考古学会

設楽博己 2005a「東日本農耕文化の形成と北方文化」『稲作伝来』先史日本を復元する 4、113～163 頁、岩波書店

設楽博己 2005b「井戸と龍―弥生人と水のかかわり―」『平出博物館ノート』19、6～23 頁、塩尻市立平出博物館

設楽博己 2005c「神奈川県中屋敷遺跡出土土偶形容器の年代」『駒澤考古』第 30 号、17～31 頁、駒澤大学考古学研究会

設楽博己 2006「関東地方における弥生時代農耕集落の形成過程」『国立歴史民俗博物館研究報告』第 133 集 109～153 頁、国立歴史民俗博物館

設楽博己 2007「弥生時代の男女像―日本先史時代における男女の関係性の変化とその社会的背景―」『考古学雑誌』第 91 巻第 2 号、136～184 頁、日本考古学会

設楽博己 2008a『弥生再葬墓と社会』塙書房

設楽博己 2008b「「弥生時代の男女像」補遺―形質人類学の成果をめぐって―」『生産の考古学Ⅱ』83～91 頁、同成社

設楽博己 2008c「縄文人の動物観」『動物の考古学』人と動物の日本史 1、10～34 頁、吉川弘文館

設楽博己 2009a「東日本系土器の西方への影響」『弥生文化誕生』弥生時代の考古学 2、188～203 頁、同成社

設楽博己 2009b「独立棟持柱建物と祖霊祭祀」『国立歴史民俗博物館研究報告』第 149 集、55～90 頁、国立歴史民俗博物館

設楽博己 2009c「弥生開始期の社会変動 東海・関東地方の場合」『東北学』第 19 号、87～102 頁、東北芸術工科大学東北文化研究センター

設楽博己 2009d「縄文・弥生時代の祖先祭祀と親族組織」『考古学研究』第 56 巻第 2 号、28～43 頁、考古学研究会

設楽博己 2011「信濃の弥生墓制」『長野県考古学会誌』138・139 合併号、111～113 頁、長野県考古学会

設楽博己 2013a「東日本の弥生社会」『弥生時代政治社会構造論 柳田康雄古稀記念論文集』275～289 頁、雄山閣

設楽博己 2013b「東奈良銅鐸の文様をめぐって」『三島弥生文化の黎明―安満遺跡の探求―』62～67 頁、高槻市立今城塚古代歴史館

設楽博己 2013c「縄文時代から弥生時代へ」『原始・古代 1』岩波講座日本歴史第 1 巻、63～99 頁、岩波書店

設楽博己 2014「銅鐸文様の起源」『東京大学考古学研究室研究紀要』第 28 号、109～130 頁、東京大学大学院人文社会系研究科・文学部考古学研究室

設楽博己 2015「浮線網状文土器の基準資料―静岡県御殿場市宮ノ台遺跡の土器をめぐって―」『駒澤考古』第 40 号、45～57 頁、駒澤大学考古学研究室

設楽博己・小林青樹 1993「関東地方における縄文晩期の西日本系土器と関連資料」『突帯文土器から条痕文土器へ―伊勢湾周辺地域における縄文文化の解体と弥生文化の始まり―』212～235 頁、第 1 回東海考古学フォーラム・豊橋大会実行委員会

設楽博己・小林青樹 2007「板付Ⅰ式土器成立における亀ヶ岡式土器の関与」『縄文時代から弥生時代へ』新弥生時代の始まり第 2 巻、66～107 頁、雄山閣

設楽博己・高瀬克範 2014「西関東地方における穀物栽培の開始」『国立歴史民俗博物館研究報告』第 185 集、511～530 頁、国立歴史民俗博物館

設楽博己・樋泉岳二 2003「考古学研究会第 4 回東京例会の報告「AMS 年代法と弥生時代年代論」」『考古学研究』第 50 巻第 3 号、5～10 頁、考古学研究会

設楽博己・外山秀一・山下孝司 1989「山梨県中道遺跡出土の籾痕土器」『考古学ジャーナル』第 304 号、27～30 頁、ニュー・サイエンス社

七田忠昭 1994「吉野ヶ里遺跡の大型建物」『考古学ジャーナル』第 379 号、16～20 頁、ニュー・サイエンス社

七田忠昭 2003「佐賀平野の弥生時代環壕区画と大型建物―吉野ヶ里遺跡を中心として―」『日本考古学協会 2003 年度滋賀大会研究発表資料』31～42 頁、日本考古学協会 2003 年度滋賀大会実行委員会

七田忠昭ほか編 1994『吉野ヶ里本文編』佐賀県教育委員会

参 考 文 献

品田高志 1991「藤橋遺跡」『第 1 回東日本埋蔵文化財研究会 東日本における稲作の受容 第Ⅲ分冊』41〜43 頁、東日本埋蔵文化財研究会

篠田謙一・松村博文・西本豊弘 1998「DNA 分析と形態データによる中妻貝塚出土人骨の血縁関係の分析」『動物考古学』第 11 号、1〜21 頁、動物考古学研究会

柴田昌児 1991「西長峰遺跡」『弥生時代の掘立柱建物—資料（西日本・本州）編—』769〜776 頁、埋蔵文化財研究会

渋谷高秀 2002「縄文から近世の交流の拠点—和歌山県徳蔵地区遺跡」『季刊考古学』第 79 号、85〜88 頁、雄山閣

島　　亨 1992「土偶の生命—縄文晩期のほてり」『古美術 緑青』NO.6、73〜87 頁、マリア書房

島田哲男ほか 1990『一津遺跡』大町市埋蔵文化財調査報告書 16、大町市教育委員会

清水真一 1997「能登遺跡発掘調査報告」『桜井市埋蔵文化財 1996 年度発掘調査報告書 1』29〜53 頁、財団法人桜井市文化財協会

清水　尚ほか 1992『針江北遺跡・針江川北遺跡（Ⅰ）』一般国道 161 号線（高島バイパス）建設に伴う新旭町内遺跡発掘調査報告書Ⅳ、滋賀県教育委員会・財団法人滋賀県文化財保護協会

下條信行 1975「九州北部における弥生時代の石器生産」『考古学研究』第 22 巻第 1 号、7〜14 頁、考古学研究会

下條信行 1977a「九州における大陸系磨製石器の生成と展開—石器の組合・形式の連関性と文化圏の設定—」『史淵』第 114 輯、179〜215 頁、九州大学文学部

下條信行 1977b「石器」『立岩遺蹟』171〜190 頁、河出書房新社

下條信行 1984「弥生・古墳時代の九州型石錘について—玄界灘海人の動向—」『九州文化史研究所紀要』第 29 号、71〜103 頁、九州文化史研究施設

下條信行 1986「弥生時代の九州」『文化と地域性』岩波講座日本考古学 5、125〜156 頁、岩波書店

下條信行 1989a「弥生時代の玄海灘海人の動向—漁村の出現と役割—」『生産と流通の考古学 横山浩一先生退官記念論文集Ⅰ』107〜123 頁、横山浩一先生退官記念記念事業会

下條信行 1989b「村と工房」『弥生農村の誕生』古代史復元 4、113〜124 頁、講談社

下條信行 1991「北部九州弥生中期の「国」家間構造と立岩遺跡」『古文化論叢 児島隆人先生喜寿記念論集』77〜106 頁、児島隆人先生喜寿記念事業会

下條信行 2008「弥生時代における縄文的生産流通と弥生的生産流通」『大陸系磨製石器論 下條信行先生石器論攷集』311〜331 頁、下條信行先生石器論攷集刊行会

下濱貴子 2009「石川県における弥生時代の拠点集落について」『弥生時代の北陸を探る—考証 八日市地方遺跡とは』まいぶん講座フォーラム報告 2、116〜141 頁、石川県小松市教育委員会埋蔵文化財調査室

下村　智編 1995『雀居遺跡 2』福岡市埋蔵文化財調査報告書第 406 集、福岡市教育委員会

白井克也 1996「比恵遺跡をめぐる国際環境」『比恵遺跡群 21—第 51 次調査の報告—』福岡市埋蔵文化財調査報告書第 452 集、45〜46 頁、福岡市教育委員会

白井克也 2001「勒島貿易と原の辻貿易—粘土帯土器・三韓土器・楽浪土器からみた弥生時代の交易—」『第 49 回埋蔵文化財研究会集会 弥生時代の交易—モノの動きとその担い手—』157〜176 頁、埋蔵文化財研究会第 49 回研究集会実行委員会

白石太一郎 1979「近畿における古墳の年代」『考古学ジャーナル』第 164 号、21〜26 頁、ニュー・サイエンス社

白石太一郎 1985「年代決定論（2）—弥生時代以降の年代決定—」『研究の方法』岩波講座日本考古学 1、217〜242 頁、岩波書店

新　楓毅（岡崎三眞訳）1975「中国東北地方の曲刃青銅短剣を含む文化遺存を論ず」『古文化談叢』第 12 集、1〜62 頁、九州古文化研究会

新庄元晴ほか 1986『田柄貝塚Ⅲ』宮城県文化財調査報告書第 111 集、宮城県教育委員会

新谷尚紀 1998「先祖祭祀」『日本民俗宗教辞典』326〜329 頁、東京堂出版

新東晃一ほか 1990『一般国道 220 号鹿屋バイパス建設に伴う発掘調査報告書（Ⅲ）前畑遺跡（第 6 分冊）』鹿児

島県埋蔵文化財発掘調査報告書 52、鹿児島県教育委員会

榛東村教育委員会 1985 『新井第Ⅱ地区遺跡群』榛東村埋蔵文化財発掘調査報告書第 4 集

新堀　哲編 2001 『川田・東原田遺跡』小笠町埋蔵文化財調査報告書 9、小笠町教育委員会

す

末木　健ほか 1975 「柳坪遺跡 A 地区」『山梨県中央道埋蔵文化財包蔵地発掘調査報告書―北巨摩郡長坂・明野・韮崎地内―』10〜69 頁、山梨県教育委員会・日本道路公団東京第二建設局

菅原正明ほか 1996 「有鼻遺跡」『平成 7 年度年報』75〜78 頁、兵庫県教育委員会埋蔵文化財調査事務所

杉原荘介 1943 『原史学序論』葦牙書房

杉原荘介 1950 「古代前期の文化」『古代前期』新日本史講座、2〜56 頁、中央公論社

杉原荘介 1955 「弥生文化」『弥生文化』日本考古学講座第 4 巻、1〜30 頁、河出書房

杉原荘介 1960 「農業の発生と文化の変革」『日本Ⅱ　弥生時代』世界考古学体系第 2 巻、1〜13 頁、平凡社

杉原荘介 1961 「日本農耕文化の生成」『日本農耕文化の生成』3〜33 頁、東京堂出版

杉原荘介 1968 「伊勢湾地方」『弥生式土器集成　本編 2』77〜85 頁、東京堂出版

杉原荘介・大塚初重・小林三郎 1967 「東京都（新島）田原における縄文・弥生時代の遺跡」『考古学集刊』第 3 巻第 3 号、45〜80 頁、東京考古学会

杉原荘介・岡本　勇 1961 「愛知県西志賀遺跡」『日本農耕文化の生成』355〜376 頁、東京堂出版

杉原荘介・戸沢充則 1963 「神奈川県杉田遺跡および桂台遺跡の研究」『考古学集刊』第 2 巻第 1 号、17〜48 頁、東京考古学会

杉原荘介・戸沢充則・小林三郎 1969 「茨城県・殿内（浮島）における縄文・弥生両時代の遺跡」『考古学集刊』第 4 巻第 3 号、33〜71 頁、東京考古学会

杉原荘介・外山和夫 1964 「豊川下流域における縄文時代晩期の遺跡」『考古学集刊』第 2 巻第 3 号、37〜101 頁、東京考古学会

杉山浩平 2004 「東北地方南部の弥生時代石器製作について―石器製作システムの比較による地域間関係―」『駒沢史学』第 63 号、25〜57 頁、駒沢史学会

杉山浩平 2010 『東日本弥生社会の石器研究』六一書房

杉山博久・神沢勇一 1969 『馬場遺跡の縄文時代配石遺構』富士写真フィルム株式会社

杉山博久・松浦宥一郎・設楽博己 1981 「秦野市平沢同明遺跡の調査」『第 5 回神奈川県遺跡調査・研究発表要旨』10〜18 頁、第五回神奈川県遺跡調査・研究発表会準備委員会

椙山林継・金子裕之 1972 「千葉県富士見台遺跡の調査」『考古学雑誌』第 58 巻第 3 号、269〜292 頁、日本考古学会

鈴木加津子 1985a 「縄文時代晩期の土器」『外塚遺跡』221〜262 頁、下館市教育委員会

鈴木加津子 1985b 「関東北の関西系晩期有文土器小考」『古代』第 80 号、258〜276 頁、早稲田大学考古学会

鈴木加津子 1987 「安行 3a 式形成過程の一考察」『埼玉の考古学　柳田敏司先生還暦記念論文集』183〜198 頁、新人物往来社

鈴木加津子 1991 「安行式文化の終焉（二）」『古代』第 91 号、47〜113 頁、早稲田大学考古学会

鈴木加津子 1993 「安行式文化の終焉（四・完結編）」『古代』第 95 号、253〜310 頁、早稲田大学考古学会

鈴木加津子 1996 「「前窪式」の成立とその編年的位置」『前窪遺跡発掘調査報告書（第 3 次）』浦和市遺跡調査会報告書第 213 集、122〜130 頁、浦和市遺跡調査会

鈴木克彦 1974 「ガラス玉について」『亀ヶ岡遺跡発掘調査報告書』青森県埋蔵文化財調査報告書 14、163〜165 頁、青森県教育委員会

鈴木公雄 1963 「千葉県山武町姥山貝塚の晩期縄文土器に就いて」『史学』第 36 巻第 1 号、67〜94 頁、三田史学会

鈴木公雄 1964 「姥山Ⅱ式土器に関する二・三の問題」『史学』第 37 巻第 1 号、69〜96 頁、三田史学会

鈴木公雄 1966 「真福寺泥炭層出土の土器に就いて」『史学』第 39 巻第 2 号、137〜176 頁、三田史学会

鈴木公雄 1969 「土器型式における時間の問題」『上代文化』第 38 輯、6〜13 頁、國學院大學考古学会

鈴木公雄 1981 「特論―型式・様式」『晩期』縄文土器大成 4、159〜164 頁、講談社

参 考 文 献

鈴木公雄 1984「日本の新石器時代」『原史・古代 1』講座日本歴史 1、75～116 頁、東京大学出版会

鈴木公雄・林　謙作編 1981『晩期』縄文土器大成 4、講談社

鈴木次郎 1985「石斧の大量生産」『季刊考古学』第 12 号、31～34 頁、雄山閣

鈴木次郎・坂口滋晴 1990『宮ヶ瀬遺跡群 I』神奈川県立埋蔵文化財センター調査報告 21、神奈川県文化財協会

鈴木敏則 2006「東海・関東地方における大型建物・方形区画の出現と展開」『日本考古学協会 2003 年度滋賀大
　　　　会シンポジウム 1 弥生大型建物とその展開』73～95 頁、サンライズ出版株式会社

鈴木秀夫 1978a『森林の思考・砂漠の思考』NHK ブックス 312、日本放送出版協会

鈴木秀夫 1978b『気候と文明・気候と歴史』気候と人間シリーズ 4、朝倉書店

鈴木正男 1976『過去をさぐる科学　年代測定法のすべて』ブルーバックス B-282、講談社

鈴木正博 1983「如来堂事情」『利根川』第 4 号、1～3 頁、利根川同人

鈴木正博 1985a「「荒海式」生成論序説」『古代探叢 II』83～135 頁、早稲田大学出版部

鈴木正博 1985b「弥生式への長い途」『古代』第 80 号、382～398 頁、早稲田大学考古学会

鈴木正博 1987「「流れ」流れて陸奥「遠賀川系土器」」『利根川』第 8 号、12～18 頁、利根川同人

鈴木正博 1991「栃木「先史土器」研究の課題（二）」『古代』第 91 号、133～171 頁、早稲田大学考古学会

鈴木正博 1993a「特集「縄文文化の解体」について」『古代』第 95 号、1～11 頁、早稲田大学考古学会

鈴木正博 1993b「荒海貝塚文化の原風土」『古代』第 95 号、311～372 頁、早稲田大学考古学会

鈴木正博 1993c「荒海貝塚研究と大阪湾、「スティング」風に」『利根川』第 14 号、42～57 頁、利根川同人

鈴木正博 1998「続々「荒海」断想—北からの鮭は獲物を追い、南からの米作りは耕地を狙う！—」『利根川』第
　　　　19 号、24～36 頁、利根川同人

鈴木正博 2000a「「土器型式」の眼差しと「細別」の手触り—大洞 A1 式「縁辺文化」の成立と西部弥生式の位
　　　　相—」『埼玉考古』第 35 号、3～31 頁、埼玉考古学会

鈴木正博 2000b「木戸口貝塚論序説—東京湾東岸における大型ハマグリ・マガキ主体「宮ノ台式」直前期弥生式
　　　　貝塚の形成—」『利根川』第 21 号、28～39 頁、利根川同人

鈴木正博 2003a「「遠賀川式」文様帯への形式構え—埼玉における「綾杉文帯系土器群」の位相と「綾杉文様帯
　　　　系土器群」への「文様帯クロス」—」『埼玉考古』第 38 号、3～23 頁、埼玉考古学会

鈴木正博 2003b「「亀ヶ岡式」から「遠賀川式」へ—「文様帯クロス」関係からみた弥生式形成期の複合構造と
　　　　相互の密結合—」『日本考古学第 69 回総会研究発表要旨』56～60 頁、日本考古学協会

鈴木正博 2006a「「荒海海進」と較正曲線—縄文式終末における環境（気候）変動と年代推定—」『法政考古学』
　　　　第 32 集、25～56 頁、法政考古学会

鈴木正博 2006b（1985 提出）「三河・尾張に於ける浮線文系土器群の編年的位置について」『いちのみや考古』
　　　　20、51～82 頁、一宮考古学会

鈴木正博 2008「文様は続くよ～どこまでも！—橿原式文様帯」以西における「深鉢副文様帯」の展開—」『利
　　　　根川』第 30 号、83～95 頁、利根川同人

鈴木正博編 1991「茨城県編年表」『第 1 回東日本埋蔵文化財研究会　東日本における稲作の受容　第 II 分冊　東北・
　　　　関東地方』198 頁、東日本埋蔵文化財研究会

須藤　隆 1979「東日本における弥生時代初頭の墓制について」『文化』第 43 巻第 1・2 号、109～144 頁、東北
　　　　大学文学会

須藤　隆 1983「北上川流域における晩期前葉の縄文土器」『考古学雑誌』第 69 巻第 3 号、265～315 頁、日本考
　　　　古学会

須藤　隆 1998『東北日本先史時代文化変化・社会変動の研究—縄文から弥生へ—』纂修堂

須藤　隆 2010「仙台平野における枡形囲式土器の成立と弥生農耕社会の展開」『坪井清足先生卒寿記念論文集—
　　　　埋文行政と研究のはざまで—』645～660 頁、坪井清足先生の卒寿をお祝いする会

須藤　隆・富岡直人 1996「北上川流域における縄文文化晩期終末の研究—岩手県花泉町中神遺跡 1～5 次調査成
　　　　果を中心に—」『日本考古学協会第 62 回総会研究発表要旨』81～84 頁、日本考古学協会

角南総一郎 2000「弥生時代の人形土製品」『情報祭祀考古学』第 2 号、75～84 頁、祭祀考古学会

澄田正一・大参義一 1956『九合洞窟遺跡』名古屋大学文学部研究論集 11、名古屋大学文学部

澄田正一・大参義一・岩野見司 1968『弥生時代』新編一宮市史資料編 2、真陽社

参 考 文 献

澄田正一・大参義一・岩野見司 1970 『縄文時代』新編一宮市史資料編 1、真陽社
諏訪　元・佐宗亜衣子 2006「縄文の骨」『アフリカの骨 縄文の骨－遥かラミダスを望む－』67～80 頁、東京大学総合研究博物館

せ

清家　章 2000「弥生時代の女性」『瀬戸内弥生文化のパイオニア－新方遺跡からの新視点－』77～86 頁、「文部省科学研究費（地域連携推進研究）古人骨と動物遺存体に関する総合研究」シンポジウム実行委員会
瀬川司男 1996『町内遺跡発掘調査報告書Ⅳ 石鳩岡遺跡、甚五郎遺跡』東和町文化財調査報告書第 12 集、岩手県東和町教育委員会
芹沢長介 1960『石器時代の日本』築地書館

そ

曽我貴行ほか編 2001『居徳遺跡Ⅰ』（財）高知県文化財団埋蔵文化財センター調査報告書第 62 集、財団法人高知県埋蔵文化財センター
曽我貴行ほか編 2002『居徳遺跡群Ⅲ 四国横断自動車道（伊野～須崎間）建設に伴う埋蔵文化財発掘調査報告書』（財）高知県文化財団埋蔵文化財センター調査報告書第 69 集、財団法人高知県文化財団埋蔵文化財センター
薗田芳雄 1954『千網谷戸』両毛考古学会
孫　普泰 1932「蘇塗考」『民俗学』第 4 巻第 4 号、245～256 頁、民俗学会

た

ターナー, Ｖ・Ｗ（冨倉光雄訳）1976『儀礼の過程』思索社
大工原　豊 2002「打製斧形石器の系譜」『石斧の系譜－打製斧形石器の出現から終焉を追う 第 10 回岩宿フォーラム予稿集』10～15 頁、笠縣野岩宿文化資料館 岩宿フォーラム実行委員会
大工原　豊ほか 1988『注連引原遺跡Ⅱ』すみれヶ丘公園造成事業に伴う埋蔵文化財発掘調査報告書、安中市教育委員会
大工原　豊ほか 1994『中野谷地区遺跡群－県営畑地帯総合土地改良事業横野平地区に伴う埋蔵文化財発掘調査報告書－』安中市教育委員会
高木暢亮 2003『北部九州における弥生時代墓制の研究』財団法人九州大学出版会
高久健二 2001「三韓の墳墓」『墓制①』東アジアと日本の考古学Ⅰ、33～62 頁、同成社
高倉洋彰 1973「墳墓からみた弥生時代社会の発展過程」『考古学研究』第 20 巻第 2 号、7～24 頁、考古学研究会
高倉洋彰 1988「ヒスイの道」『Museum Kyushu』26、28～33 頁、博物館等建設推進九州会議
高倉洋彰 1994「弥生時代の大型掘立柱建物」『考古学ジャーナル』第 379 号、2～3 頁、ニュー・サイエンス社
高瀬克範 2000「東北地方における弥生土器の形成過程」『国立歴史民俗博物館研究報告』第 83 集、61～96 頁、国立歴史民俗博物館
高瀬克範 2004a「中野谷原遺跡における弥生時代の石製収穫・除草具」『中野谷地区遺跡群 2－県営畑地帯総合整備事業横野平地区に伴う埋蔵文化財発掘調査報告書』163～166 頁、群馬県安中市教育委員会
高瀬克範 2004b『本州島東北部の弥生社会誌』六一書房
高瀬克範 2011「レプリカ法による縄文晩期から弥生・続縄文の土器圧痕の検討－北海道・宮城県域における事例研究－」『北海道考古学』第 47 輯、33～50 頁、北海道考古学会
高橋　健 2001「続縄文時代前半期の銛頭の研究」『東京大学考古学研究室研究紀要』第 16 号、83～137 頁、東京大学大学院人文社会系研究科・文学部考古学研究室
高橋　理 1995「ウサクマイＡ遺跡採集の男性土偶」『ウサクマイＮ・蘭越 7 遺跡における考古学的調査』千歳市文化財調査報告書ⅩⅩ、55～56 頁、千歳市教育委員会
高橋正勝ほか 1986『大麻 3 遺跡』江別市文化財調査報告書ⅩⅩ、北海道江別市教育委員会

585

参 考 文 献

高橋　護 1986「箆描紋」『弥生土器Ⅰ』弥生文化の研究第 3 巻、53〜59 頁、雄山閣

高橋龍三郎 1991「縄文時代の葬制」『原始・古代日本の墓制』48〜84 頁、同成社

高橋龍三郎 1996「弥生時代以降の淡水漁撈について」『早稲田大学文学部研究科紀要』第 41 輯第 4 分冊、115〜
　　　　　131 頁、早稲田大学

高橋龍三郎 1999「東日本—関東地方における縄文後期前半の墓制—」『季刊考古学』第 69 号、55〜59 頁、雄山
　　　　　閣

高柳圭一 1988「仙台湾周辺の縄文時代後期後葉から晩期初頭にかけての編年動向」『古代』第 85 号、1〜40 頁、
　　　　　早稲田大学考古学会

高山　純 1976「配石遺構に伴出する焼けた骨類の有する意義（上）」『史学』第 47 巻第 4 号、35〜65 頁、三田
　　　　　史学会

高山　純 1977「配石遺構に伴出する焼けた骨類の有する意義（下）」『史学』第 48 巻第 1 号、49〜74 頁、三田
　　　　　史学会

タキエ・スギヤマ・リブラ 1984「女性研究の一視点」『女性の人類学』現代の人類学 5、23〜55 頁、至文堂

瀧川　渉 1998「北海道における縄文時代銛頭の型式学的研究とその機能について」『北海道考古学』第 34 輯、
　　　　　93〜104 頁、北海道考古学会

滝瀬芳之・山本靖編 1993『深谷市上敷免遺跡　一般国道 17 号深谷バイパス関係埋蔵文化財発掘調査報告—Ⅴ—
　　　　　（第 1 分冊）』埼玉県埋蔵文化財調査事業団報告書第 128 集、財団法人埼玉県埋蔵文化財調査事
　　　　　業団

竹内照夫 1977『礼記　中』新釈漢文大系 28、明治書院

竹内康浩 2003「西周」『先史〜後漢』世界歴史大系　国史 1、163〜219 頁、山川出版社

武末純一 1982「有柄式石剣」『末盧国』386〜398 頁、六興出版

武末純一 1989「山のムラ、海のムラ」『弥生農村の誕生』古代史復元 4、106〜112 頁、講談社

武末純一 1991「近年の時代区分論議—特に弥生時代の開始を中心に—」『日本における初期弥生文化の成立　横
　　　　　山浩一先生退官記念論文集Ⅱ』173〜185 頁、横山浩一先生退官記念事業会

武末純一 1998「弥生環壕集落と都市」『都市と工業と流通』古代史の論点 3、81〜108 頁、小学館

武末純一 2001「北部九州の弥生集落」『弥生時代の集落』102〜117 頁、学生社

武末純一 2002「弥生文化と朝鮮半島の初期農耕文化」『古代を考える　稲・金属・戦争—弥生—』105〜138 頁、
　　　　　吉川弘文館

武谷和彦・岡　毅 1999『平林遺跡 1 区』北茂安町文化財調査報告書第 8 集、北茂安町教育委員会

竹原　学ほか 1987『松本市赤城山遺跡群Ⅱ』松本市文化財調査報告 No.47、松本市教育委員会ほか

田崎博之 1986「弥生土器の起源」『弥生時代』論争・学説 日本の考古学第 4 巻、21〜52 頁、雄山閣

田崎博之 1994a「夜臼式土器から板付式土器へ」『牟田裕二君追悼論集』35〜74 頁、牟田裕二君追悼論集刊行会

田崎博之 1994b「弥生文化と土地環境」『第四紀研究』第 33 巻第 5 号、303〜315 頁、日本第四紀学会

田崎博之 2002「韓半島の初期水田稲作—初期水田遺構と農具の検討—」『韓半島考古学論叢』51〜87 頁、すず
　　　　　さわ書店

田代克己 1982「方形周溝墓に関する一覚書」『森貞次郎博士古稀記念古文化論集』377〜383 頁、森貞次郎博士
　　　　　古稀記念論文集刊行会

田代克己 1986「石器・木器をつくるむら、つくらないむら」『弥生集落』弥生文化の研究第 7 巻、102〜107 頁、
　　　　　雄山閣

田多井用章 2000「女鳥羽川遺跡出土縄文時代晩期終末土器群の再報告」『松本市史研究—松本市文書館紀要—』
　　　　　第 10 号、117〜124 頁、松本市

立松　宏 1968「岩滑遺跡」『半田市史　資料編 1』123〜133 頁、愛知県半田市

辰巳和弘 1990『高殿の古代学—豪族の居館と王権祭儀』白水社

辰巳和弘 2004「勾玉、そのシンボリズム」『地域と古文化』370〜379 頁、地域と古文化刊行会

田中清美 1997「弥生時代の木梛と系譜」『堅田直先生古希記念論文集』109〜127 頁、真陽社

田中国男 1944『縄文式弥生式接触文化の研究』

田中二郎 1990『ブッシュマン　生態人類学的研究』思索社

田中真砂子 1982「出自と親族」『親族の社会人類学』現代の文化人類学 3、83〜108 頁、至文堂

田中　琢 1965「布留式以前」『考古学研究』第 12 巻第 2 号、10〜17 頁、考古学研究会

田中　琢 1978「型式学の問題」『日本考古学を学ぶ』1、12〜23 頁、有斐閣選書

田中　琢 1991『倭人争乱』日本の歴史 2、集英社

田中　稔 1956「愛知県春日井郡清洲町松ノ木遺跡」『古代学研究』第 14 号、18〜24 頁、古代学研究会

田中　靖ほか 1988「大塚遺跡」『北陸自動車道糸魚川地区発掘調査報告書Ⅳ』56〜127 頁、新潟県教育委員会

田中良之 1995『古墳時代親族構造の研究—人骨が語る古代社会—』柏書房

田中良之 1998「出自表示論批判」『日本考古学』第 5 号、1〜18 頁、日本考古学協会

田中良之 2000「墓地から見た親族・家族」『女と男、家と村』古代史の論点 2、131〜152 頁、小学館

田中良之・土肥直美 1988「出土人骨の親族関係の推定」『伊川津貝塚』渥美町埋蔵文化財調査報告書 4、421〜425 頁、渥美町教育委員会

田辺昭三 1975「手工業生産の芽生え」『日本的生活の母胎』日本生活文化史第 1 巻、61〜84 頁、河出書房新社

田辺昭三・佐原　真 1966「弥生文化の発展と地域性　近畿」『弥生時代』日本の考古学Ⅲ、108〜140 頁、河出書房新社

谷口　肇 1995「「貝包丁」への疑義」『古代』第 99 号、74〜98 頁、早稲田大学考古学会

谷口　肇 1997「縄文時代末期〜弥生時代初頭」『宮畑（No.34）遺跡　矢頭（No.35）遺跡　大久保（No.36）遺跡　第一東海自動車道厚木・大井松田間改築事業に伴う調査報告 3』かながわ考古学財団調査報告 25、349〜351 頁、財団法人かながわ考古学財団

谷口康浩 2005a『環状集落と縄文社会構造』学生社

谷口康浩 2005b「石棒の象徴的意味—縄文時代の親族社会と祖先祭祀—」『國學院大學考古学資料館紀要』第 21 輯、27〜53 頁、國學院大學考古学資料館

種市幸生 1998「キテをめぐる諸問題（前編）—雌型銛頭の分類について—」『列島の考古学　渡辺誠先生還暦記念論集』1〜11 頁、平電子印刷

種定淳介 1990「銅剣形石剣試論（下）」『考古学研究』第 37 巻第 1 号、29〜56 頁、考古学研究会

田部井　功 1974「安行系を中心とする土器群」『高井東遺跡調査報告書　本文編』73〜111 頁、埼玉県遺跡調査会報告第 25 集、埼玉県遺跡調査会

ち

智頭町教育委員会 2003『掘り出された智頭の歴史—智頭枕田遺跡発掘調査成果速報展—』

千葉県教育委員会 1997『千葉県埋蔵文化財分布地図（1）—東葛飾・印旛地区（改訂版）—』

千葉県教育委員会 1999『千葉県埋蔵文化財分布地図（3）—千葉市・市原市・長生地区（改訂版）—』

千葉徳爾 1975『狩猟伝承』ものと人間の文化史、財団法人法政大学出版局

チャイルド, V・G（近藤義郎・木村祀子訳）1969『考古学とは何か』岩波新書

つ

辻　誠一郎 1989「植物と気候」『弥生人とその環境』弥生文化の研究第 1 巻、160〜173 頁、雄山閣

辻　誠一郎・南木睦彦 2007「縄文時代早期土器に付着した種実遺体」『遺跡詳細分布調査報告書菖蒲崎貝塚発掘調査概報』由利本荘市文化財調査報告書第 6 集、49〜50 頁、由利本荘市教育委員会

辻　誠一郎・宮地直道・遠藤邦彦 1987「北江古田遺跡の地質・層序」『北江古田遺跡発掘調査報告書（2）』398〜418 頁、中野区・北江古田遺跡調査会

辻　信広ほか編 1999『茶畑山道遺跡（本文編）』名和町埋蔵文化財発掘調査報告書第 24 集、名和町教育委員会

都出比呂志 1968「考古学からみた分業の問題」『考古学研究』第 15 巻第 2 号、131〜142 頁、考古学研究会

都出比呂志 1974「古墳出現前夜の集団関係」『考古学研究』20 巻第 4 号、20〜47 頁、考古学研究会

都出比呂志 1979「ムラとムラの交流」『図説日本文化の歴史』1、153〜176 頁、小学館

都出比呂志 1982a「前期古墳の新古と年代論　日本考古学会第 17 回例会講演要旨」『考古学雑誌』第 67 巻第 4 号、573〜576 頁、日本考古学会

都出比呂志 1982b「原始土器と女性—弥生時代の性別分業と婚後居住規定」『原始・古代』日本女性史 1、1〜42

参 考 文 献

　　　　　　　　　頁、東京大学出版会
都出比呂志 1983「弥生土器における地域色の性格」『信濃』第 35 巻第 4 号、245〜247 頁、信濃史学会
都出比呂志 1984「農耕社会の形成」『原始古代 1』講座日本歴史 1、117〜158 頁、東京大学出版会
都出比呂志 1985「書評 石野博信『古墳文化出現期の研究』」『考古学研究』第 32 巻第 3 号、119〜122 頁、考古
　　　　　　　　　学研究会
都出比呂志 1988「森本六爾論」『研究の歩み』弥生文化の研究第 10 巻、133〜145 頁、雄山閣
都出比呂志 1989『日本農耕社会の成立過程』岩波書店
都出比呂志 1991「日本古代国家形成論序説―前方後円墳体制の提唱―」『日本史研究』第 343 号、5〜39 頁、日
　　　　　　　　　本史研究会
都出比呂志 1997「都市の形成と戦争」『考古学研究』第 44 巻第 2 号、41〜57 頁、考古学研究会
都出比呂志 2000『王陵の考古学』岩波新書（新赤版）676、岩波書店
都出比呂志 2005『前方後円墳と社会』塙書房
常木　晃 1999「農耕誕生」『食糧生産の考古学』現代の考古学 3、1〜21 頁、朝倉書店
常木　晃 2009「西アジアにおける農耕文化のはじまり」『食糧の獲得と生産』弥生時代の考古学 5、78〜93 頁、
　　　　　　　　　同成社
坪井清足 1956『岡山県笠岡市高島遺跡調査報告』
坪井清足 1962「縄文文化論」『原始および古代』岩波講座日本歴史 1、109〜138 頁、岩波書店
坪井正五郎 1889「帝国大学の隣地に貝塚の痕跡あり」『東洋学芸雑誌』第 91 号、195〜201 頁、東洋学芸社

て

出口　顯 1984「ジェンダーとタブー」『女性の人類学』現代の人類学 5、83〜105 頁、至文堂
手塚　均 1986『田柄貝塚Ⅰ』宮城県文化財調査報告書 111、宮城県教育委員会
寺内敏郎ほか 1988『C7 神明遺跡・C8 谷地遺跡　一級河川貫井川小規模河川改修に伴う埋蔵文化財発掘調査報告
　　　　　　　　　書』群馬県藤岡市教育委員会
寺崎裕助ほか　1977『埋蔵文化財報告書 藤橋遺跡・尾立遺跡・旧富岡農学校跡遺跡』長岡市藤橋遺跡等発掘調
　　　　　　　　　査委員会
寺沢　薫 1980「大和におけるいわゆる第五様式土器の細別と二・三の問題」『奈良市六条山遺跡』奈良県文化財
　　　　　　　　　調査報告書第 34 集、155〜196 頁、奈良県立橿原考古学研究所
寺沢　薫 1981『磯城郡田原本町唐古・鍵遺跡第 10 次・11 次発掘調査概報』奈良県遺跡調査概報第 1 分冊、46
　　　　　　　　　〜69 頁、橿原考古学研究所
寺沢　薫 1982「畿内弥生土器様式発展史素描」『考古学と古代史』107〜118 頁、同志社大学考古学シリーズ刊
　　　　　　　　　行会
寺沢　薫 1983「編年と土器の様式」『奈良中部』日本の古代遺跡 5、49 頁、保育社
寺沢　薫 1985「弥生時代舶載製品の東方流入」『考古学と移住・移動』同志社大学考古学シリーズⅡ、181〜210
　　　　　　　　　頁
寺沢　薫 1986a「畿内古式土師器の編年と二・三の問題」『矢部遺跡』奈良県史跡名勝天然記念物調査報告第 49
　　　　　　　　　冊、327〜397 頁、奈良県立橿原考古学研究所
寺沢　薫 1986b「稲作技術と弥生の農業」『縄文・弥生の生活』日本の古代第 4 巻、291〜350 頁、中央公論社
寺沢　薫 1987「弥生人の心を描く」『心のなかの宇宙』日本の古代第 12 巻、78〜130 頁、中央公論社
寺沢　薫 1989「様式と編年のありかた」『弥生土器の様式と編年　近畿編Ⅰ』27〜37 頁、木耳社
寺沢　薫 1990「青銅器の副葬と王墓の形成―北九州と近畿にみる階級形成の特質（Ⅰ）―」『古代学研究』第
　　　　　　　　　121 号、1〜35 頁、古代学研究会
寺沢　薫 1998「首長居館の成立と都市の誕生　集落から都市へ」『古代国家はこうして生まれた』103〜162 頁、
　　　　　　　　　角川書店
寺沢　薫 2010「青銅製祭器の出現と変貌」『青銅器のマツリと政治社会』222〜279 頁、吉川弘文館
寺沢　薫・寺沢知子 1981「弥生時代植物質食料の基礎的研究―初期農耕社会研究の前提として―」『考古学論攷』
　　　　　　　　　橿原考古学研究所紀要 5、1〜129 頁、奈良県立橿原考古学研究所

寺沢　薫・森岡秀人編 1989『弥生土器の様式と編年　近畿編 I 』木耳社

寺沢知子 2000「権力と女性」『女と男、家と村』古代史の論点 2、235〜276 頁、小学館

寺前直人 2010a「各地における生産と流通－関西－」『季刊考古学』第 111 号、55〜59 頁、雄山閣

寺前直人 2010b『武器と弥生社会』大阪大学出版会

と

土肥　孝 1985「儀礼と動物」『季刊考古学』第 12 号、51〜57 頁、雄山閣

樋泉岳二 1999「池子遺跡 No.1－A 地点における魚類遺体と弥生時代の漁撈活動」『池子遺跡群 X No.1－A 地点』
　　　　かながわ考古学財団調査報告 46、311〜343 頁、かながわ考古学財団

樋泉岳二 2009「縄文文化的漁撈活動と弥生文化的漁撈活動」『食糧の獲得と生産』弥生時代の考古学 5、186〜
　　　　197 頁、同成社

東北学院大学民俗学 OB 会編 1998『東北民俗学研究』第 6 号、東北学院大学文学部

戸川哲哉 1982「連帯（縁組）と親族」『親族の社会人類学』現代の文化人類学 3、109〜138 頁、至文堂

戸沢充則 1953「長野県岡谷市庄ノ畑遺跡の再調査」『信濃』第 5 巻第 10 号、650〜656 頁、信濃史学会

戸沢充則 1965「後・晩期の土器群－井戸尻的な土器群の消滅」『井戸尻　長野県富士見町における中期縄文時代
　　　　遺跡群の研究』112〜117 頁、中央公論美術出版

戸沢充則 1978「日本考古学史とその背景」『日本考古学を学ぶ (1)』50〜62 頁、有斐閣選書

戸沢充則 1985「日本考古学における型式学の系譜」『論集　日本原史』3〜27 頁、吉川弘文館

戸田哲也 1999「東日本弥生農耕成立期の集落－神奈川県中里遺跡」『季刊考古学』第 67 号、87〜90 頁、雄山閣

百々幸雄 1981「宮戸島里浜貝塚出土の縄文時代頭蓋について－松本彦七郎博士発掘資料－」『人類学雑誌』第 89
　　　　巻第 3 号、283〜302 頁、日本人類学会

富岡謙蔵 1918「九州北部に於ける銅剣銅鉾及び弥生式土器と併出する古鏡の年代に就いて」『考古学雑誌』第 8
　　　　巻第 9 号、501〜524 頁、日本考古学会

冨田逸郎 1991「上野原遺跡」『弥生時代の掘立柱建物－資料（西日本・九州、四国）編－』38〜39 頁、埋蔵文
　　　　化財研究会

富田惠子 2004「礼文島における銛頭の変遷－銛頭からみた初期オホーツク文化の研究－」『物質文化』77、21〜
　　　　38 頁、物質文化研究会

外山和夫 1967「西日本における縄文文化終末の時期」『物質文化』9、15〜22 頁、物質文化研究会

外山和夫 1989「板倉遺跡発掘調査報告」『板倉町の遺跡と遺物』板倉町史考古資料編　別巻 9、板倉町史基礎資
　　　　料第 93 号、302〜409 頁、板倉町史編さん委員会

外山秀一 2001「川崎市下原遺跡出土土器のプラント・オパール胎土分析」『下原遺跡 II 』川崎市市民ミュージア
　　　　ム考古学叢書 5、43〜55 頁、川崎市市民ミュージアム。

豊川市教育委員会 1980『麻生田大橋遺跡第 2・第 3 次調査概報』

鳥居龍蔵 1917「閑却されたる大和国」『人類学雑誌』第 32 巻第 9 号、249〜262 頁、東京人類学会

鳥居龍蔵 1924『諏訪史』第 1 巻、信濃教育会信濃部会

な

内藤芳篤 1971「西北九州出土の弥生時代人骨」『人類学雑誌』第 79 巻第 3 号、236〜248 頁、日本人類学会

直良信夫 1933「銅鐸面の動物画－其の動物学的考察－」『考古学』第 4 巻第 4 号、109〜114 頁、東京考古学会

直良信夫 1939「北海道本輪西貝塚発掘の獣類」『人類学雑誌』第 54 巻第 10 号、451〜458 頁、東京人類学会

直良信夫・小林行雄 1932「播磨吉田史前遺跡の研究」『考古学』第 3 巻第 5 号、140〜165 頁、東京考古学会

中井一夫 1975「前期弥生文化の伝播について」『創立三十五周年記念　橿原考古学研究所論集』75〜98 頁、吉川
　　　　弘文館

永井宏幸編 2001『志賀公園遺跡』愛知県埋蔵文化財センター調査報告書第 90 集、財団法人愛知県教育サービス
　　　　センター・愛知県埋蔵文化財センター

中尾佐助 1966『栽培植物と農耕の起源』岩波新書（青版）583、岩波書店

中尾佐助 1977「分類の論理」『知の考古学』11、社会思想社

589

参 考 文 献

中川成夫・岡本　勇・加藤晋平 1967『葎生遺跡』立教大学博物館学講座調査報告 4、立教大学博物館学講座

長崎元広ほか 1986『梨久保遺跡－中部山岳地の縄文時代集落址－梨久保遺跡第 5 次～第 11 次発掘調査報告書』
　　　　郷土の文化財 15、長野県岡谷市教育委員会

中沢道彦 1991「氷式土器をめぐる研究史（一）」『信濃』第 43 巻第 5 号、439～457 頁、信濃史学会

中沢道彦 1993「「女鳥羽川式」生成小考」『第 1 回東海考古学フォーラム　突帯文土器から条痕文土器へ－伊勢湾
　　　　周辺地域における縄文文化の解体と弥生文化の始まり－』186～203 頁、第 1 回東海考古学フォー
　　　　ラム・豊橋大会実行委員会

中沢道彦 1998「「氷 I 式」の細分と構造に関する試論」『長野県小諸市氷遺跡発掘調査資料図譜　第 3 冊』1～21
　　　　頁、氷遺跡発掘調査資料図譜刊行会

中沢道彦 2003「下り松遺蹟細密条痕深鉢覚書」『条痕文系土器の原体をめぐって　第 1 回三河考古学談話会研究
　　　　集会資料集』37～42 頁、三河考古学談話会

中沢道彦 2005「山陰地方における縄文時代の植物質食料について－栽培植物の問題を中心に－」『第 16 回中四
　　　　国縄文研究会－縄文時代晩期の山陰地方－発表資料集』109～130 頁、中四国縄文研究会

中沢道彦 2010「縄文時代晩期末浮線文土器の広域的変化と器種間交渉」『比較考古学の新地平』180～191 頁、
　　　　同成社

中沢道彦 2012「氷 I 式期におけるアワ・キビ栽培に関する試論－中部高地における縄文時代晩期後葉のアワ・
　　　　キビ栽培の選択的受容と変化－」『古代』第 128 号、71～94 頁、早稲田大学考古学会

中沢道彦 2014『先史時代の初期農耕を考える－レプリカ法の実践から－』日本海学研究叢書、富山県観光・地
　　　　域振興局国際・日本海政策課

中沢道彦・丑野　毅 1998「レプリカ法による縄文時代晩期土器の籾状圧痕の観察」『縄文時代』第 9 号、1～28
　　　　頁、縄文時代文化研究会

中沢道彦・丑野　毅 2005「レプリカ法による熊本県ワクド石遺跡出土土器の種子状圧痕の観察」『肥後考古』第
　　　　13 号、24～37 頁、肥後考古学会

中沢道彦・丑野　毅 2009「レプリカ法による山陰地方縄文時代晩期土器の籾状圧痕の観察」『まなぶ』第 2 号、
　　　　17～42 頁、吉田仁夫・紀恵子

中沢道彦・丑野　毅・松谷暁子 2002「山梨県韮崎市中道遺跡出土の大麦圧痕土器について－レプリカ法による
　　　　縄文時代晩期土器の籾状圧痕の観察（2）－」『古代』第 111 号、63～83 頁、早稲田大学考古学
　　　　会

中沢道彦・遠部　慎 2002「宮崎県西臼杵郡高千穂町神殿遺跡出土の浮線文土器について」『縄文時代』第 13
　　　　号、103～122 頁、縄文時代文化研究会

中島茂夫 1980「弥生時代の手工業の実態－特に北部九州の石器生産からみて－」『考古学研究』第 27 巻第 1 号、
　　　　81～88 頁、考古学研究会

中島直幸 1982「初期稲作期の突帯文土器－唐津市菜畑遺跡の土器編年を中心に－」『森貞次郎博士古稀記念古文
　　　　化論集　上巻』297～354 頁、森貞次郎博士古稀記念論文集刊行会

永嶋正春 2006「居徳遺跡出土木胎漆器の漆絵に見られる大陸的様相について」『原始絵画の研究　論考編』85～
　　　　93 頁、六一書房

長瀬　衛ほか 1979『調布市下布田遺跡－54 年度範囲確認調査－』調布市教育委員会

長瀬　衛ほか 1981『調布市下布田遺跡－56 年度範囲確認調査－』調布市教育委員会

中園　聡 1991「墳墓にあらわれた意味－とくに弥生時代中期後半の甕棺墓にみる階層性について－」『古文化談
　　　　叢』第 25 集、51～92 頁、九州古文化研究会

中西靖人 1984「前期弥生ムラの二つのタイプ」『縄文から弥生へ』120～126 頁、帝塚山考古学研究所

中西靖人 1987「弥生文化を担った人たち－河内潟（湖）周辺の村を中心として－」『大阪湾をめぐる文化の流れ
　　　　－もの・ひと・みち－』52～63 頁、帝塚山考古学研究所

長沼　孝 1984「遺跡出土のサメの歯について－北海道の出土例を中心として－」『考古学雑誌』第 70 巻第 1 号、
　　　　1～29 頁、日本考古学会

長沼　孝 1986「磨製石剣・石戈」『弥生人の世界』弥生文化の研究第 9 巻、45～54 頁、雄山閣

中根君郎・徳富武雄 1929「東京府久が原に於ける弥生式の遺跡、遺物並に其の文化階悌に関する考察」『考古学

雑誌』第 19 巻第 11 号、691〜701 頁、日本考古学会

長野真一 1988「鹿児島県上野原遺跡」『日本考古学年報 39（1986 年度版）』609〜613 頁、日本考古学協会

中野尊正 1952「日本の海岸低地形に関する若干の問題」『駿台史学』第 2 号、59〜72 頁、明治大学史学地理学会

長野県企業局 1979『松本市大村遺跡群柳田遺跡分布確認調査報告書』

長野県教育委員会 1973a「うどん坂Ⅱ遺跡」『長野県中央道埋蔵文化財包蔵地発掘調査報告書―上伊那郡飯島町内その 3・駒ヶ根市内』

長野県教育委員会 1973b「北高根 A 遺跡・南高根遺跡」『長野県中央道埋蔵文化財包蔵地発掘調査報告書―上伊那郡箕輪村その 1 その 2』

長野県考古学会 1968「シンポジューム弥生文化の東漸とその発展」『長野県考古学会誌』5 号、1〜40 頁、長野県考古学会

名嘉真宜勝・恵原義盛 1979『沖縄・奄美の葬送・墓制』明玄書房

永峯光一 1951「男性土偶の新例」『上代文化』第 21 輯、38 頁、國學院大學考古学会

永峯光一 1955「千曲川沿岸地方における晩期縄文式土器に就いて」『石器時代』1、23〜33 頁、石器時代文化研究会

永峯光一 1965「中部」『縄文時代』日本の考古学Ⅱ、152〜173 頁、河出書房

永峯光一 1969「氷遺跡の調査とその研究」『石器時代』9、1〜53 頁、石器時代文化研究会

永峯光一 1977「呪的形象としての土偶」『土偶埴輪』日本原始美術大系 3、155〜171 頁、講談社

永峯光一 1984「森と浜の墓（縄文時代）」『季刊考古学』第 9 号、18〜22 頁、雄山閣

永峯光一 1988「弥生時代の信仰と葬制」『長野県史 考古資料編 4』856〜883 頁、長野県史刊行会

中村和美・池畑耕一 2003『上野原遺跡第 2〜7 地点：弥生時代から近世編（第 6 分冊）』鹿児島県立埋蔵文化財センター発掘調査報告書 52、鹿児島県立埋蔵文化財センター

中村健二 1991「近畿地方における縄文晩期終末の土器」『第 1 回東日本埋蔵文化財研究会 東日本における稲作の受容 第Ⅰ分冊 研究発表概要・追加資料』38〜53 頁、東日本埋蔵文化財研究会

中村健二ほか 2001『中兵庫遺跡――一般県道単独改良山田・草津線工事に伴う埋蔵文化財調査報告―（本文編）』滋賀県教育委員会事務局文化財保護課・財団法人滋賀県文化財保護協会

中村五郎 1962「弥生時代後期における流通過程の問題」『考古学手帖』15、1〜3 頁、塚田 光

中村五郎 1976「東北地方南部の弥生式土器編年」『東北考古学の諸問題』205〜248 頁、寧楽社

中村五郎 1978「東部・西部弥生式土器と続縄紋土器の編年関係」『北奥古代文化』第 10 号、1〜8 頁、北奥古代文化研究会

中村五郎 1982『畿内第Ⅰ様式に並行する東日本の土器』

中村五郎 1986「縄紋土器と弥生土器 東日本」『弥生土器Ⅰ』弥生文化の研究第 3 巻、136〜146 頁、雄山閣

中村五郎 1988『弥生時代の曙光』未来社

中村五郎 1990「「東国」からの発言―「地域性をめぐる諸問題」と関連して―」『考古学研究』第 36 巻第 4 号、14〜20 頁、考古学研究会

中村五郎 1993「東日本・東海・西日本の大洞 A・A′式段階の土器」『福島考古』第 34 号、71〜92 頁、福島県考古学会

中村友博 1969「三河地方における農耕社会の生成について」『考古学研究』第 15 巻第 3 号、35〜39 頁、考古学研究会

中村 豊 2004「結晶片岩製石棒と有柄式磨製石剣」『季刊考古学』第 86 号、36〜39 頁、雄山閣

中村 豊編 2010『国立大学法人徳島大学埋蔵文化財調査室年報 2』国立大学法人徳島大学埋蔵文化財調査室

中谷治宇二郎 1927『注口土器の分類とその地理的分布』東京帝国大学理学部人類学教室研究報告第 4 編、東京帝国大学

中谷治宇二郎 1929『日本石器時代提要』岡書院

中山誠二 2010『植物考古学と日本の農耕の起源』同成社

中山誠二 2012「日韓におけるイネ・アワ・キビ農耕の拡散に関する現状と課題」『第 19 回考古学研究会東回例会 縄文／弥生移行期の植物資料と農耕関連資料』1〜5 頁、第 19 回考古学研究会東海例会事務

参考文献

局

中山誠二・外山秀一 1991「稲と稲作の波及」『季刊考古学』第 37 号、23〜28 頁、雄山閣

中山誠二・長沢宏昌・保坂康夫・野代　幸・櫛原功一・佐野　隆 2008「レプリカ・セム法による圧痕土器の分析（2）―山梨県上ノ原遺跡、酒呑場遺跡、中谷遺跡―」『山梨県立博物館研究紀要』第 2 集、1〜10 頁、山梨県立博物館

中山俊紀 1985「岡山県北部における山陰系土器の様相」『弥生時代後期から古墳時代初頭のいわゆる山陰系土器について　埋蔵文化財研究会第 18 回研究集会発表記録』47〜54 頁、第 18 回埋蔵文化財事務局

中山平次郎 1917a「九州北部に於ける先史原史両時代中間期間の遺物に就て（一）」『考古学雑誌』第 7 巻第 10 号、595〜632 頁、日本考古学会

中山平次郎 1917b「所謂弥生式土器に対する私見」『考古学雑誌』第 8 巻第 2 号、68〜8 頁、日本考古学会

中山平次郎 1917c「九州に於ける弥生式土器と貝塚土器」『考古学雑誌』第 8 巻第 4 号、196〜218 頁、日本考古学会

中山平次郎 1918「貝塚土器と弥生式土器の古さに就て」『考古学雑誌』第 8 巻第 6 号、335〜356 頁、日本考古学会

中山平次郎 1924a「糸島郡今山に於ける石斧製造所址（上）」『考古学雑誌』第 14 巻第 14 号、887〜900 頁、日本考古学会

中山平次郎 1924b「糸島郡今山に於ける石器製造所址（下）」『考古学雑誌』第 15 巻第 1 号、13〜26 頁、日本考古学会

中山平次郎 1930「近畿地方縄文土器、関東弥生式土器、向ヶ岡貝塚の土器並びに所謂諸磯式土器に就いて（三）」『考古学雑誌』第 20 巻第 4 号、225〜245 頁、日本考古学会

中山平次郎 1932a「遠賀川遺跡の土器と銅鐸および細線鋸歯文鏡」『考古学』第 3 巻第 1 号、3〜28 頁、東京考古学会

中山平次郎 1932b「福岡地方に分布せる二系統の弥生式土器」『考古学雑誌』第 22 巻第 6 号、329〜356 頁、日本考古学会

中山平次郎 1934「飯塚市立岩字焼ノ正の石庖丁製造所址」『史蹟名勝天然紀念物調査報告書』第 9 輯、57〜69 頁、福岡県

名久井文明 2007「現代に続く是川縄文人の技術」『2006 是川縄文シンポジウム記録集』26〜44 頁、東奥日報社

名取武光 1972「アイヌの原始狩漁具「ハナレ」と其の地方相」『アイヌと考古学（一）名取武光著作集 1』180〜201 頁、北海道出版企画センター

並木　隆・小片　保 1973『坂東山』埼玉県埋蔵文化財調査報告書第 2 集、埼玉県教育委員会

難波洋三 1986「戈形祭器」『道具と技術 II』弥生文化の研究第 6 巻、119〜122 頁、雄山閣

難波洋三 2000「同笵銅鐸の展開」『シルクロード学研究叢書』3、シルクロード研究センター

難波洋三 2006「付論 I　朝日遺跡出土の銅鐸鋳型と菱環鈕式銅鐸」『埋蔵文化財調査報告書 54 朝日遺跡（第 13・14・15 次）』名古屋市文化財調査報告 69、189〜206 頁、名古屋市教育委員会

に

新津　健ほか 1989『金生遺跡 II（縄文時代編）県営圃場整備授業に伴う発掘調査報告書』山梨県埋蔵文化財センター調査報告書第 41 集、山梨県教育委員会

新美倫子 2009「鳥と日本人」『動物の考古学』人と動物の日本史 1、226〜252 頁、吉川弘文館

贄　元洋 1976「白石遺跡出土の人面土器」『古代人』第 32 号、30 頁、名古屋考古学会

贄　元洋ほか 1993『白石遺跡』豊橋市埋蔵文化財調査報告書第 15 集、豊橋市教育委員会

西秋良宏 1997「村落生活の始まり―続旧石器時代から先土器新石器時代―」『西アジアの考古学』世界の考古学 5、47〜72 頁、同成社

西川　徹編 2004『茶畑遺跡群茶畑第 1 遺跡』鳥取県教育文化財団調査報告書 93、財団法人鳥取県教育文化財団・国土交通省倉吉河川国道事務所

西口陽一 1986「人・硯・石剣」『考古学研究』第 32 巻第 4 号、96〜106 頁、考古学研究会

西嶋定生 1964「日本国家の起源について」『日本国家の起源』至文堂

参 考 文 献

西嶋定生 1983 『中国古代国家と東アジア世界』東京大学出版会

西嶋定生 1994 『邪馬台国と倭国　古代日本と東アジア』吉川弘文館

西谷　正 1968 「青銅器からみた日朝関係―弥生文化を中心として―」『朝鮮史研究会論文集』4、1～25頁、朝鮮史研究会

西谷　大 2003 「大きな罠小さな罠―焼畑周辺をめぐる小動物狩猟」『アジア・アフリカ言語文化研究』65号、229～257頁、東京外国語大学アジア・アフリカ言語文化研究所

西村正衛 1965 「千葉県成田市荒海貝塚C地点発掘報告」『学術研究―人文・社会・自然―』第14号、133～152頁、早稲田大学教育学部

西村正衛 1975 「千葉県成田市荒海貝塚（第二次調査）―東部関東における縄文後，晩期文化の研究（その二）―」『学術研究―地理学・歴史学・社会科学編―』第24号、1～25頁、早稲田大学教育学部

西本豊弘 1983 「縄文時代の動物と儀礼」『歴史公論』第9巻第9号、52～56頁、雄山閣

西本豊弘 1984 「北海道の縄文・続縄文文化の狩猟と漁撈―動物遺存体の分析を中心として―」『国立歴史民俗博物館研究報告』第4集、1～15頁、国立歴史民俗博物館

西本豊弘 1985 「北海道縄文時代イノシシの問題」『古代探叢Ⅱ　早稲田大学考古学創立35周年記念考古学論集』137～152頁、早稲田大学出版部

西本豊弘 1989 「下郡桑苗遺跡出土の動物遺体」『下郡桑苗遺跡』大分県文化財調査報告書第80輯、48～61頁、大分県教育委員会

西本豊弘 1991a 「縄文時代のシカ・イノシシ狩猟」『古代』第91号、114～132頁、早稲田大学考古学会

西本豊弘 1991b 「弥生時代のブタについて」『国立歴史民俗博物館研究報告』第36集、175～194頁

西本豊弘 1993 「海獣狩猟から見た津軽海峡の文化交流」『古代文化』第45巻第4号、195～201頁、財団法人古代学協会

西本豊弘 2008 「血縁関係の推定―中妻貝塚の事例―」『人と社会―人骨情報と社会組織―』縄文時代の考古学10、36～41頁、同成社

西本豊弘 2009 「ブタと日本人」『動物の考古学』人と動物の日本史1、215～225頁、吉川弘文館

西本豊弘編 2009 『弥生農耕の起源と東アジア―炭素年代測定による高精度編年体系の構築―平成16年度～平成20年度　文部科学省科学・研究費補助金学術創成研究費　研究成果報告書』国立歴史民俗博物館

西本豊弘・佐藤　治・新美倫子 1992 「朝日遺跡の動物遺存体」『朝日遺跡　自然科学編』愛知県埋蔵文化財センター調査報告書第31集、207～241頁、財団法人愛知県埋蔵文化財センター

西本豊弘・三浦圭介・住田雅和・宮田佳樹 2007 「「縄文ヒエ」の年代―吉崎昌一先生を偲んで―」『動物考古学』第24号、85～88頁、動物考古学会

二宮忠司 1995 「第60次調査」『板付遺跡環境整備遺構確認調査』福岡市埋蔵文化財調査報告書第410集、27～50頁、福岡市教育委員会

日本第四紀学会 2001 『第四紀研究』第40巻第6号

丹羽祐一 1973 「文様の検討」『湖西線関係遺跡調査報告書（本文編）』20～24頁、真陽社

ね

根木　修 1991 「銅鐸絵画に登場する長頸・長脚鳥」『考古学研究』第38巻第3号、91～99頁、考古学研究会

根木　修・湯浅卓雄・土肥直樹 1992 「水稲農耕の伝来と共に開始された淡水漁撈」『考古学研究』第39巻第1号、87～100頁、考古学研究会

禰宜田佳男 1992 「近畿地方の石斧の鉄器化」『弥生文化博物館研究報告』第1集、65～74頁、大阪府立弥生文化博物館

禰宜田佳男 1998 「石器から鉄器へ」『古代国家はこうして生まれた』51～102頁、角川書店

禰宜田佳男 2000 「生産経済民の副葬行為　弥生文化」『季刊考古学』第70号、38～42頁、雄山閣

禰宜田佳男 2003 「弥生時代開始期の遡及に関する諸問題」『弥生時代千年の問い―古代観の大転換―』11～30頁、ゆまに書房

根津　清 1973 「菖蒲沢遺跡」『長野県中央道埋蔵文化財包蔵地発掘調査報告書―伊那市西春近地区』39～44・183～189頁、日本道路公団名古屋支社・長野県教育委員会

593

参 考 文 献

の

野島　永 1992「破砕した鋳造鉄斧」『たたら研究』第 32・33 号、552～562 頁、たたら研究会

野島　永 2009『初期国家形成過程の鉄器文化』雄山閣

能登　健 1981「信仰儀礼にかかわる遺物（Ⅰ）」『神道考古学講座』第 1 巻、108～143 頁、雄山閣

能登　健 1983「土偶」『縄文人の精神文化』縄文文化の研究第 9 巻、74～85 頁、雄山閣

野本寛一 1996「民俗学からみた弥生絵画」『弥生人の鳥獣戯画』42～61 頁、雄山閣

は

芳賀英一 1986「下谷ヶ地平 B・C 遺跡」『国営会津農業水利事業関連遺跡調査報告Ⅳ』福島県文化財調査報告書
　　　　　第 164 集、47～164 頁、福島県教育委員会

芳賀英一 1987「東日本の弥生土器の文様－渦文土器の系譜－」『季刊考古学』第 19 号、61～64 頁、雄山閣

萩原恭一・菅谷通保 1999「千葉県茂原市下太田貝塚」『日本考古学年報』50、538～541 頁、吉川弘文館

橋口達也 1979「甕棺の編年的研究」『福岡県小郡市三沢所在遺跡群の調査 中巻』九州縦貫自動車道関係埋蔵文
　　　　　化財調査報告ⅩⅩⅩⅠ、133～203 頁、福岡県教育委員会

橋口達也 1987「結語」『新町遺跡』志摩町文化財調査報告書第 7 集、106～111 頁、志摩町教育委員会

橋詰佳治ほか 1987『寺田・日野 1――一般国道 156 号岐阜東バイパス建設に伴う緊急発掘調査』岐阜市文化財報
　　　　　告 1987-1、岐阜市教育委員会

橋本裕行 1996「弥生時代の絵画」『弥生人の鳥獣戯画』7～22 頁、雄山閣

長谷部言人 1921「出水貝塚の貝殻、獣骨及び人骨」『薩摩国出水貝塚発掘報告等』京都帝国大学文学部考古学研
　　　　　究報告第 6 冊、13～27 頁、京都帝国大学

長谷部言人 1925「日本石器時代家犬に就て」『人類学雑誌』第 40 巻第 1 号、1～10 頁、東京人類学会

長谷部言人 1926a「燕形銛頭」『人類学雑誌』第 41 巻第 3 号、141～145 頁、東京人類学会

長谷部言人 1926b「燕形銛頭とキテ」『人類学雑誌』第 41 巻第 7 号、303～306 頁、東京人類学会

長谷部言人 1926c「本輪西貝塚の鹿角製銛頭」『人類学雑誌』第 41 巻第 10 号、471～475 頁、東京人類学会

蜂屋晴美 1983「終末期石器の性格とその社会」『藤沢一夫先生古稀記念 古文化論叢』37～82 頁、藤沢一夫先生
　　　　　古稀記念論集刊行会

服部実喜・小川岳人 1997『青山開戸遺跡』神奈川考古学財団調査報告 29、財団法人かながわ考古学財団

花輪　宏 1999「板東山甕棺墓の系譜」『考古学雑誌』第 84 巻第 2 号、105～148 頁、日本考古学会

馬場　脩 1937「千島群島出土の狩猟具及び漁具」『民族学研究』第 3 巻第 2 号、295～337 頁、三省堂

馬場保之ほか 1994『中村中平遺跡　土地改良総合整備事業に先立つ埋蔵文化財包蔵地発掘調査報告書』飯田市
　　　　　教育委員会

濱　　修 1993「弥生時代の木偶と祭祀－中主町湯ノ部遺跡出土木偶から－」『紀要』第 6 号、15～25 頁、滋賀
　　　　　県文化財保護協会

濱　修ほか 1995『湯ノ部遺跡発掘調査報告書Ⅰ』滋賀県教育委員会ほか

濱田耕作 1919「弥生式土器形式分類図録」『京都帝国大学文学部考古学研究報告』第 3 冊、57～62 頁、京都帝
　　　　　国大学

濱田耕作 1921「貝輪を容れた素焼壺」『人類学雑誌』第 36 巻第 8 号～12 号、201～208 頁、東京人類学会

濱田耕作 1922『通論考古学』岡書院

浜田晋介編 2000『下原遺跡－縄文時代晩期、弥生時代後期、古墳時代前期の集落址の調査－』川崎市市民ミュー
　　　　　ジアム考古学叢書 4、川崎市市民ミュージアム

浜田晋介・折茂克哉編 2001『下原遺跡Ⅱ』川崎市市民ミュージアム考古学叢書 5、川崎市市民ミュージアム

濱田竜彦 1997「近畿地方における亀ヶ岡系土器の受容について－滋賀里Ⅲ b 式期にみられる受容と規制を中心
　　　　　に－」『滋賀考古』第 17 号、1～22 頁、滋賀考古学研究会

濱田竜彦 2006「伯耆地方における弥生時代中期から古墳時代前期の集落構造」『日本考古学協会 2003 年度滋賀
　　　　　大会シンポジウム 1　弥生大型建物とその展開』29～53 頁、サンライズ出版株式会社

浜田知子 1972「樹林年代による¹⁴C 年代の補正－ノーベル・シンポジウムを中心に－」『考古学ジャーナル』第
　　　　　69 号、2～5 頁、ニュー・サイエンス社

594

林　克彦 1994「天神原遺跡の縄文後・晩期の土器群について」『中野谷地区遺跡群―県営畑地帯総合土地改良事業横野平地区に伴う埋蔵文化財発掘調査報告書　本文編―』272～280頁、群馬県安中市教育委員会

林　謙作 1977「縄文期の葬制―第Ⅱ部・遺体の配列、とくに頭位方向―」『考古学雑誌』第63巻第3号、211～246頁、日本考古学会

林　謙作 1979「縄文期の村落をどうとらえるか」『考古学研究』第26巻第3号、1～16頁、考古学研究会

林　謙作 1980「東日本縄文期墓制の変遷（予察）」『人類学雑誌』第88巻第3号、269～284頁、日本人類学会

林　謙作 1987「続縄紋のひろがり」『季刊考古学』第19号、55～57頁、雄山閣

林　謙作 1991「大湯環状列石の配石墓（1）」『よねしろ考古』第7号、105～125頁、よねしろ考古学研究会

林　謙作 1993「クニのない世界」『みちのく弥生文化』66～76頁、大阪府立弥生文化博物館

林　謙作 1994「回顧と展望―広域編年 1993-1995―」『縄紋晩期前葉―中葉の広域編年 平成4年度科学研究費補助（総合A）研究成果報告書』1～9頁、北海道大学文学部

林　謙作 2004『縄文時代史Ⅱ』考古学選書、雄山閣

林　茂樹・本田秀明 1962「野口墳墓遺跡調査概況―長野県伊那市手良区野口―」『伊那路』第6巻第10号、390～404頁、上伊那郷土研究会

林　巳奈夫 1993『龍の話』中央公論社

原　秀三郎 1975「日本古代国家研究の理論的前提」『古代』大系日本国家史1、1～65頁、東京大学出版会

原　嘉藤編 1972『長野県松本市女鳥羽川遺跡緊急発掘調査報告書』松本市教育委員会

原口正三ほか 1962『船橋Ⅱ』平安学園考古クラブ

原田　曠 1980『借馬Ⅱ（付トチガ原遺跡立ち合い調査報告）』大町市教育委員会

原田大六 1991『平原弥生古墳　下巻　大日孁貴の墓』葦書房有限会社

春成秀爾 1973a「弥生時代はいかにしてはじまったか―弥生式土器の南朝鮮起源をめぐって―」（含「研究報告をめぐる討議」）『考古学研究』第20巻第1号、5～32頁、考古学研究会

春成秀爾 1973b「抜歯の意義（1）―縄文時代の集団関係とその解体過程をめぐって―」『考古学研究』20巻2号、25～48頁、考古学研究会

春成秀爾 1979「縄文晩期の婚後居住規定」『岡山大学法文学部学術紀要』40号、25～63頁、岡山大学法文学部

春成秀爾 1980「縄文合葬論―縄文後・晩期の出自規定―」『信濃』第32巻第4号、303～337頁、信濃史学会

春成秀爾 1981「縄文時代の複婚制について」『考古学雑誌』第67巻第2号、157～196頁、日本考古学会

春成秀爾 1982「土井ヶ浜集団の構造」『森貞次郎博士古稀記念古文化論集』355～376頁、森貞次郎博士古稀記念論文集刊行会

春成秀爾 1983「縄文墓制の諸段階」『歴史公論』第9巻第9号、40～51頁、雄山閣

春成秀爾 1984「弥生時代九州の居住規定」『国立歴史民俗博物館研究報告』第3集、1～40頁、国立歴史民俗博物館

春成秀爾 1985a「弥生時代畿内の親族構成」『国立歴史民俗博物館研究報告』第5集、1～47頁、国立歴史民俗博物館

春成秀爾 1985b「鉤と霊―有鉤短剣の研究―」『国立歴史民俗博物館研究報告』第7集、1～62頁、国立歴史民俗博物館

春成秀爾 1986「縄文・弥生時代の婚後居住様式」『日本民俗社会の形成と発展―イエ・ムラ・ウジの源流を探る』391～414頁、山川出版社

春成秀爾 1987「銅鐸のまつり」『国立歴史民俗博物館研究報告』第12集、1～38頁、国立歴史民俗博物館

春成秀爾 1988「伊川津集団の社会関係」『伊川津貝塚』渥美町埋蔵文化財調査報告書4、443～445頁、渥美町教育委員会

春成秀爾 1990『弥生時代の始まり』UP考古学選書Ⅱ、東京大学出版会

春成秀爾 1991a「描かれた建物」『弥生時代の掘立柱建物―本編―』55～69頁、埋蔵文化財研究会第29回研究集会実行委員会

春成秀爾 1991b「角のない鹿―弥生時代の農耕儀礼―」『日本における初期弥生文化の成立　横山浩一先生退官記念論文集Ⅱ』442～481頁、文献出版

参 考 文 献

春成秀爾 1991c「絵画から記号へ―弥生時代における農耕儀礼の盛衰―」『国立歴史民俗博物館研究報告』第 35
　　　　集、3～65 頁、国立歴史民俗博物館

春成秀爾 1992a「祭りと習俗―縄文的伝統の衰退と農耕儀礼の成立」『弥生文化の成立 大変革の主体は「縄紋人」
　　　　だった』101～115 頁、角川書店

春成秀爾 1992b「銅鐸の製作工人」『考古学研究』第 39 巻第 2 号、9～44 頁、考古学研究会

春成秀爾 1993「弥生時代の再葬制」『国立歴史民俗博物館研究報告』第 49 集、47～91 頁、国立歴史民俗博物館

春成秀爾 1996「弥生時代の祭り」『弥生の環濠都市と巨大神殿―徹底討論池上曽根遺跡―池上曽根遺跡史跡指定
　　　　20 周年記念シンポジウム資料』16～17 頁、池上曽根遺跡史跡指定 20 周年記念事業実行委員会

春成秀爾 1997『古代の装い』歴史発掘 4、講談社

春成秀爾 1999「弥生文化を見る眼」『新 弥生紀行』23～24 頁、朝日新聞社

春成秀爾 2000「変幻する龍」『絵画』ものがたり日本列島に生きた人たち 5、16～63 頁、岩波書店

春成秀爾 2002『縄文社会論究』塙書房

春成秀爾 2005「弥生時代の年代推定」『季刊考古学』第 88 号、17～22 頁、雄山閣

春成秀爾 2007a「性象徴の考古学」『儀礼と習俗の考古学』102～210 頁、塙書房

春成秀爾 2007b「弥生青銅器の成立年代」『国立歴史民俗博物館研究報告』第 137 集、135～156 頁、国立歴史民
　　　　俗博物館

春成秀爾 2008「銅鐸の系譜」『東アジアの青銅器の系譜』新弥生時代の始まり第 3 巻、55～75 頁、雄山閣

春成秀爾 2013「腰飾り・抜歯と氏族・双分組織」『国立歴史民俗博物館研究報告』第 175 集、77～128 頁、国立
　　　　歴史民俗博物館

春成秀爾・藤尾慎一郎・今村峯雄・坂本　稔 2003「弥生時代の開始年代―^{14}C 年代の測定結果について―」『日
　　　　本考古学協会第 69 回総会研究発表要旨』65～68 頁、日本考古学協会

伴　信夫 1974a「長野県下伊那郡南信濃村尾ノ島館遺跡発掘調査報告」『長野県考古学会誌』17 号、19～29 頁、
　　　　長野県考古学会

伴　信夫 1974b「長野県下伊那郡南信濃村十原神社前遺跡調査報告」『長野県考古学会誌』18 号、1～10 頁、長
　　　　野県考古学会

伴　信夫 1976「一の沢遺跡」『長野県中央道埋蔵文化財包蔵地発掘調査報告書―茅野市・原村その 1、富士見町
　　　　その 2』長野県教育委員会

半澤幹雄・三輪晃三 1999「武庫之庄遺跡」『平成 8 年度国庫補助事業 尼崎市内遺跡復旧・復興事業に伴う発掘
　　　　調査概要報告書』47～86 頁、尼崎市教育委員会

半田純子 1966「東日本縄文時代晩期前半から後半期への移行期にみられる変化についての一考察」『明治大学大
　　　　学院紀要』第 4 集、717～727 頁、明治大学大学院

伴野幸一 2001『下長遺跡発掘調査報告書Ⅸ』守山市文化財調査報告書、守山市教育委員会

ひ

東　和幸 2006「南九州地域の龍」『原始絵画の研究 論考編』337～348 頁、六一書房

東中川忠美 1986「支石墓出土土器の編年試案」『久保泉丸山遺跡（上巻）』佐賀県文化財調査報告書第 84 集、409
　　　　～427 頁、佐賀県教育庁文化課

樋上　昇 2004「一色青海遺跡」『年報 平成 15 年度』9～13 頁、財団法人愛知県教育サービスセンター・愛知県
　　　　埋蔵文化財センター

樋上　昇 2010a「櫛描紋系土器期の農耕具」『大規模集落と弥生社会 伊勢湾岸弥生社会シンポジウム・中期編』
　　　　11～20 頁、伊勢湾岸弥生社会シンポジウムプロジェクト

樋上　昇 2010b「凹線紋系土器期の農耕具」『大規模集落と弥生社会 伊勢湾岸弥生社会シンポジウム・中期編』
　　　　79～86 頁、伊勢湾岸弥生社会シンポジウムプロジェクト

樋口昇一 1973「第二章 縄文時代」『東筑摩郡・松本市・塩尻市史（2）歴史（上）』43～283 頁、東筑摩郡・松
　　　　本市・塩尻市郷土資料編纂会

樋口昇一ほか 1980「経塚遺跡」『長野県中央道埋蔵文化財包蔵地発掘調査報告書―岡谷市その 4』55～102 頁、
　　　　日本道路公団名古屋建設局・長野県教育委員

596

参 考 文 献

樋口隆康ほか 2001 『ホケノ山古墳調査概報』大和の前期古墳Ⅳ、学生社

久田正弘 1991 「北陸地方西部の大洞 C_2 式～大洞 A′式直後の土器編年」『第 1 回東日本埋蔵文化財研究会 東日本における稲作の受容 第 1 分冊』56～65 頁、東日本埋蔵文化財研究会

久田正弘 1992 「北陸地方西部における弥生時代の地域性について」『石川県埋蔵文化財保存協会年報 3』石川県埋蔵文化財保存協会

久田正弘 1998 「北陸地方西部の土器の動き」『長野県小諸市氷遺跡発掘調査資料図譜 第 3 冊』111～125 頁、氷遺跡発掘調査資料図譜刊行会

久田正弘ほか 1986 『八田中遺跡』石川県埋蔵文化財センター

久永春男 1955 「東海」『日本考古学講座』第 4 巻、75～87 頁、河出書房

久永春男・田中　稔 1961 『愛知県守山市牛牧遺跡』守山市教育委員会

菱田（藤村）淳子 2000 「男女の分業の起源」『女と男、家と村』古代史の論点 2、77～98 頁、小学館

日野一郎ほか 1985 「平沢遺跡」『秦野市史 別巻考古編』378～395 頁、秦野市

平川善祥ほか 1976 『札苅―北海道上磯郡木古内町における縄文時代晩期土壙墓の調査―』北海道開拓記念館

平田定幸 1993 「福岡平野における青銅器生産―春日丘陵とそのを周辺を中心として―」『考古学ジャーナル』第 359 号、24～30 頁、ニュー・サイエンス社

平野吾郎 1985 「伊賀谷遺跡出土の土器について」『古代』第 80 号、291～310 頁、早稲田大学考古学会

平野吾郎ほか 1974 『遠江見性寺貝塚の研究』磐田市教育委員会

蛭間真一 1977 「山梨県北巨摩地方の弥生時代初頭土器について」『信濃』第 29 巻第 8 号、789～798 頁、信濃史学会

広瀬和雄 1996 「神殿と農耕祭祀―弥生宗教の成立と変遷―」『池上曽根遺跡史跡指定 20 周年記念 弥生の環濠都市と巨大神殿』110～123 頁、池上曽根遺跡史跡指定 20 周年記念事業実行委員会

広瀬和雄 1997 『縄紋から弥生への新歴史像』角川書店

広瀬和雄 1998a 「クラから神殿へ―古代カミ観念に関する一試論」『先史日本の住居とその周辺』326～351 頁、同成社

広瀬和雄 1998b 「弥生都市の成立」『考古学研究』第 45 巻第 3 号、34～56 頁、考古学研究会

広瀬和雄 2008 「弥生墳墓と神殿―前方後円墳祭祀と弥生墳墓祭祀―」『国士舘考古学』第 4 号、1～19 頁、国士舘大学考古学会

ふ

フォーテス，M（田中真砂子訳）1980 『祖先崇拝の論理』ペリカン社

深澤芳樹 1986 「弥生時代の近畿」『文化と地域性』岩波講座日本考古学 5、157～186 頁、岩波書店

深澤芳樹 1989 「木葉紋と流水紋」『考古学研究』第 36 巻第 3 号、39～66 頁、考古学研究会

福井勝義 1983 「焼畑農耕の普遍性と進化―民俗生態学的視点から」『山民と海人―非平地民の生活と伝承』日本民俗文化大系第 5 巻、235～274 頁、小学館

福沢仁之 1995 「天然の「時計」・「環境変動検出計」としての湖沼の年縞堆積物」『第四紀研究』第 34 巻第 3 号、135～149 頁、日本第四紀学会

福島県教育委員会 1991 『福島県の貝塚』福島県文化財調査報告書第 260 集、89～91 頁、福島県教育委員会

福田義彦 1989 『立野遺跡・村徳永遺跡（C 地区）』佐賀市文化財調査報告書第 24 集、佐賀市教育委員会

服藤早苗 1982 「古代の女性労働」『原始・古代』日本女性史 1、75～111 頁、東京大学出版会

福永伸哉 1985 「弥生時代の木棺墓と社会」『考古学研究』第 32 巻第 1 号、81～106 頁、考古学研究会

福海貴子 2003 「弥生土器」『八日市地方遺跡 Ⅰ―小松駅東土地区画整理事業に係る埋蔵文化財発掘調査報告書―第 2 分冊 遺物報告編』13～126 頁、石川県小松市教育委員会

藤井正雄 1993 『祖先祭祀の儀礼構造と民俗』弘文堂

藤尾慎一郎 1984 「弥生時代前期の刻目突帯文系土器―「亀ノ甲タイプ」の再検討―」『九州考古学』第 59 号、35～46 頁、九州考古学会

藤尾慎一郎 1991 「水稲農耕開始期の地域性」『考古学研究』第 38 巻第 2 号、30～54 頁、考古学研究会

藤尾慎一郎 1999a 「コメのもつ意味」『新 弥生紀行』122～123 頁、朝日新聞社

597

参 考 文 献

藤尾慎一郎 1999b「福岡平野における弥生文化の成立過程－狩猟採集民と農耕民の集団関係－」『国立歴史民俗
　　　　博物館研究報告』第 77 集、51〜84 頁、国立歴史民俗博物館

藤尾慎一郎 2003『弥生変革期の考古学』同成社

藤尾慎一郎 2011『〈新〉弥生時代　五〇〇年早かった水田稲作』歴史文化ライブラリー 329、吉川弘文館

藤尾慎一郎・今村峯雄・西本豊弘 2005「AMS－炭素 14 年代測定による高精度年代体系の構築」『総研大文化科
　　　　学研究』創刊号、69〜96 頁、総合研究大学院大学文化科学研究科

藤口健二 1986「朝鮮無文土器と弥生土器」『弥生土器 I』弥生文化の研究第 3 巻、147〜162 頁、雄山閣

藤沢一夫・小林行雄 1934「尾張西志賀の遠賀川系土器」『考古学』第 5 巻第 2 号、44〜50 頁、東京考古学会

藤沢宗平 1955「南信苅谷原遺跡出土の遺物について」『上代文化』第 25 輯、23〜36 頁、國學院大學考古学会

藤沢宗平 1966「長野県松本市横山城遺跡－松本平における弥生文化初期の住居址とその出土土器」『信濃』第
　　　　18 巻第 7 号、551〜565 頁、信濃史学会

藤下昌信ほか 1984a『成田市郷部北遺跡群調査概要（加定地・殿台遺跡）』成田市郷部北遺跡調査会

藤下昌信・喜多圭介・寺内博之 1984b「千葉県成田市殿台遺跡の調査－縄文時代晩期の遺構と遺物を中心として
　　　　－」『奈和』第 22 号、1〜23 頁、奈和同人会

藤島弘鉦・紅村　弘 1959「岡崎市五本松遺跡について」『考古学手帖』9、2〜3 頁、塚田　光

藤田憲司 1982「中部瀬戸内の前期弥生土器の様相」『倉敷考古館研究集報』第 17 号、54〜132 頁、倉敷考古館

藤田憲司 1984「『搬入土器』研究の課題」『大阪文化誌』第 17 号、28〜62 頁、財団法人大阪文化財センター

藤田憲司 1992「稲作の始まるとき」『究斑－埋蔵文化財研究会 15 周年記念論文集－』5〜14 頁、埋蔵文化財研
　　　　究会

藤田三郎 1982「弥生時代の記号文」『考古学と古代史』同志社大学考古学シリーズ I、125〜134 頁、同志社大
　　　　学考古学シリーズ刊行会

藤田三郎 1990「唐古・鍵遺跡の構造とその変遷」『季刊考古学』第 31 号、49〜56 頁、雄山閣

藤田三郎 1997「土器に描かれた弥生人物像」『考古学ジャーナル』第 416 号、22〜26 頁、ニュー・サイエンス
　　　　社

藤田三郎・松本洋明 1989「大和地方」『弥生土器の様式と編年　近畿編 I』147〜199 頁、木耳社

藤田弘夫 1993『都市の論理』中公新書 1151、中央公論社

藤沼邦彦 1997『縄文の土偶』歴史発掘 3、講談社

藤本　強 1988『もう二つの日本文化』UP 考古学選書 2、東京大学出版会

藤森栄一 1933「銅鐸面絵画の原始農業的要素」『『考古学』増刊 日本原始農業』43〜47 頁、東京考古学会

藤森栄一 1973「縄文人のお産－縄文農耕の存在を信じて－」『季刊どるめん』創刊号、11〜21 頁、萩書房

藤森栄一ほか 1966「岡谷市庄之畑遺跡」『長野県考古学研究報告書 I』長野県考古学会

舟橋京子 2009「古人骨資料から見た縄文時代の社会集団」『考古学研究』第 56 巻第 2 号、12〜27 頁、考古学研
　　　　究会

古川利意 1979『会津上野遺跡調査報告書』福島県高郷村教育委員会

古川博恭 1972「濃尾平野の沖積層－濃尾平野の研究その 1－」『地質学論集』7、39〜59 頁、日本地質学会

へ

ヘネップ, A・V（綾部恒雄訳）1977『通過儀礼』弘文堂

ほ

星田享二 1976「東日本弥生時代初頭の土器と墓制－再葬墓の研究－」『史館』第 7 号、10〜52 頁、弘文社

穂高町教育委員会 1972『離山遺跡』

穂積裕昌・角正淳子編 2005『菟上遺跡発掘調査報告－本文編－』三重県埋蔵文化財調査報告 227-7、三重県埋
　　　　蔵文化財センター

本間元樹 1993「弥生時代の合葬人骨」『考古論集 潮見浩先生退官記念論文集』371〜396 頁、潮見浩先生退官記
　　　　念事業会

参 考 文 献

ま

蒔田鎗次郎 1896「弥生式土器（貝塚土器に似て薄手のもの）発見に付て」『東京人類学会雑誌』第 11 巻第 122
号、320〜325 頁、東京人類学会

蒔田鎗次郎 1902「大野雲外氏の埴甕説について」『東京人類学会雑誌』第 17 巻第 196 号、390〜393 頁、東京人
類学会

蒔田鎗次郎 1904「埴甕と弥生式土器の区別」『東京人類学会雑誌』第 19 巻第 215 号、186〜189 頁、東京人類学
会

前島巳基 1985『島根』日本の古代遺跡 20、保育社

前田　潮 1974「オホーツク文化とそれ以降の回転式銛頭の型式とその変遷」『史学研究』東京教育大学文学部紀
要 96、1〜35 頁、東京教育大学文学部

前田　潮 1983「貝塚にみる縄文人の精神生活」『歴史公論』第 9 巻第 9 号、74〜78 頁、雄山閣

前田　潮 2000「恵山文化の銛頭について」『海と考古学』第 2 号、15〜22 頁、海交史研究会

前田清彦ほか 1993『麻生田大橋遺跡発掘調査報告書』豊川市教育委員会

前田保夫・山下勝年・松島義章・渡辺　誠 1983「愛知県先苅貝塚と縄文海進」『第四紀研究』第 22 巻第 3 号、
213〜222 頁、日本第四紀学会

前田光雄・坂本裕一 2006「弥生時代の遺構」『田村遺跡群 II 高知空港再拡張整備に伴う埋蔵文化財発掘調査報
告書第 9 分冊 総論』49〜96 頁、高知県教育委員会・（財）高知県文化財段埋蔵文化財センター

前田義人・佐藤浩司 2001『長野小西田遺跡 2』北九州市埋蔵文化財調査報告書第 262 集、財団法人北九州市教
育文化事業団埋蔵文化財調査室

増子康真 1963「愛知県馬見塚遺跡の縄文式土器について」『考古学手帖』19、6〜8 頁、塚田　光

増子康真 1965「尾張平野における縄文晩期後半期土器の編年的研究」『古代学研究』第 40 号、1〜10 頁、古代
学研究会

増子康真 1967「三河新城市大宮町大ノ木遺跡の縄文晩期中葉（西之山式）土器について」『信濃』第 19 巻第 4
号、300〜305 頁、信濃史学会

増子康真 1979「大ノ木遺跡出土の西之山式土器」『東海先史文化の諸段階 資料編 II』214〜216 頁

増子康真ほか 1975『東海先史文化の諸段階 本文篇』

増田逸朗ほか 1980「如来堂 C 遺跡の発掘調査」『関越自動車道関係埋蔵文化財発掘調査報告－X－甘粕山』埼
玉県遺跡発掘調査報告書第 30 集、161〜224 頁、埼玉県教育委員会

益富寿之助 1955『原色岩石図鑑』保育社の原色図鑑 13、保育社

町田勝則 2010「弥生石斧の生産と流通 伐採斧」『季刊考古学』第 111 号、44〜47 頁、雄山閣

松井和幸 1980「中部地方における農耕社会の成立について」『考古学研究』第 27 巻第 3 号、74〜85 頁、考古学
研究会

松浦秀治 1982「縄文時代の理化学的年代測定について」『縄文人とその環境』縄文文化の研究第 1 巻、232〜245
頁、雄山閣

松尾信裕・森　毅ほか 1983『大阪府博野区長原遺跡発掘調査報告 III（仮称）大阪市立第 8 養護学校建設に伴う
発掘調査報告書』大阪市文化財協会

松木武彦 1989「弥生時代の石製武器の発達と地域性－とくに打製石鏃について－」『考古学研究』第 35 巻第 4
号、69〜96 頁、考古学研究会

松木武彦 1995「弥生時代の戦争と日本列島社会の発展過程」『考古学研究』第 42 巻第 3 号、33〜47 頁、考古学
研究会

松木武彦 2011「石器から鉄器へ」『古墳時代への胎動』弥生時代の考古学 4、155〜170 頁、同成社

松下　彰 1995『川辺遺跡発掘調査報告書 一般国道 24 号和歌山バイパス建設に伴う遺跡発掘調査』251〜257 頁、
（財）和歌山県文化財センター

松下孝幸 1997「弥生人」『縄文と弥生』88〜100 頁、「大学と科学」公開シンポジウム組織委員会

松嶋沙奈 2010「土器」『千葉県館山市 千葉県指定史跡 安房神社洞窟遺跡第 2 次発掘調査概報』9〜12 頁、千葉
大学文学部考古学研究室

松島　透 1964「飯田地方における弥生時代打製石器－硬い耕土と石製農具－」『日本考古学の諸問題 考古学研

参 考 文 献

究会十周年記念論文集』59～68頁、考古学研究会十周年記念論文集刊行会

松村博文・西本豊弘 1996「中妻貝塚出土多数合葬人骨の歯冠計測値にもとづく血縁関係」『動物考古学』第6号、1～17頁、動物考古学研究会。

松村博道ほか編 1995『雀居遺跡3 福岡空港西側整備に伴う埋蔵文化財調査報告』福岡市埋蔵文化財調査報告書第407集、福岡市教育委員会

松本岩雄 1992「出雲・隠岐地方」『弥生土器の様式と編年 山陽・山陰編』413～482頁、木耳社

松本　完 1984「弥生時代から古墳時代初頭の遺構と遺物について」『横浜市道高速2号線埋蔵文化財発掘調査報告書 no6遺跡』71～131頁、横浜市道高速2号線埋蔵文化財発掘調査団

松本直子 2004「縄文イデオロギーの普遍性と特異性―土偶の性格を中心に―」『文化の多様性と21世紀の考古学』150～165頁、考古学研究会

松本信廣 1922「社稷の研究」『史学』第2巻第1号、111～130頁、三田史学会

松本彦七郎 1919「宮戸島里浜貝塚の分層的発掘成績」『人類学雑誌』第34巻第9号、285～315頁、東京人類学会

馬目順一 1966「鹿角製漁撈具と水産資源の獲得について」『寺脇貝塚』157～177頁、磐城市教育委員会

馬目順一 1967「素体複孔銛頭」『物質文化』10、9～14頁、物質文化研究会

馬目順一 1969「刺突傷痕のあるウミガメ類の側板骨について」『古代文化』第21巻第9号・10号、220～228頁、財団法人古代学協会

馬目順一 1983「閉窩式回転銛」『道具と技術』縄文文化の研究第7巻、210～224頁、雄山閣

馬目順一 1988「生業Ⅱ（漁撈）」『季刊考古学』第23号、43～47頁、雄山閣

馬目順一・古川　猛 1970『福島県郡山市一人子遺跡の研究―所謂亀ヶ岡式土器終末期の吟味―』南奥考古学研究叢書Ⅰ、南奥考古学研究叢書刊行会

豆谷和之 1991「大島田遺跡出土土器の編年的検討」『大島田遺跡 北陸製薬株式会社工場等建設に伴う緊急発掘調査報告書』勝山市埋蔵文化財調査報告第9集、21～30頁、勝山市教育委員会

豆谷和之 1992「「長方形区画文をもつ浅鉢」について」『みずほ』第6号、22～26頁、大和弥生文化の会

豆谷和之 1993「近畿前期弥生土器成立論（上）」『みずほ』第9号、32～35頁、大和弥生文化の会

豆谷和之 1994「弥生壺成立以前―馬見塚F地点型壺形土器について―」『古代文化』第46巻第7号、373～389頁、財団法人古代学協会

豆谷和之 2000「唐古・鍵遺跡第74次調査―大型掘立柱建物の検出―」『日本考古学』第10号、107～115頁、日本考古学協会

豆谷和之 2004「「宮室」異論」『海峡の地域史―水島稔夫追悼集―』312～322頁、水島稔夫追悼集刊行会事務局

マリノウスキー，B（泉靖一・蒲生正男・島澄訳）1971『未開人の性生活』新泉社

丸山敏一郎 1966「長野県下伊那郡天竜村平岡南遺跡出土遺物について」『信濃』第18巻第4号、318～327頁、信濃史学会

丸山雄二編 1996『大塚遺跡Ⅱ―弥生時代後期から古墳時代の集落遺跡の調査―』長浜市埋蔵文化財調査資料第14集、長浜市教育委員会

み

三重県埋蔵文化財センター 2005『村竹コノ遺跡（第3次）発掘調査現地説明会資料2』

三上貞二 1962「農耕社会の形成」『北ユーラシア・中央アジア』世界考古学大系第9巻、23～32頁、平凡社

三沢正善ほか 1982『乙女不動原北浦遺跡発掘調査報告書』小山市文化財調査報告書第11集、小山市教育委員会

三品彰英 1968「銅鐸小考」『朝鮮学報』第49輯、361～373頁、朝鮮学会

三品彰英 1973『古代祭政と穀霊信仰』三品彰英論文集第5巻、平凡社

水島稔夫 1981「石器、石製品」『綾羅木郷遺跡発掘調査報告書 第Ⅰ集』369～475頁、下関市教育委員会

水谷　豊・浅尾　太・川崎志乃 2007『一般国道23号中勢道路埋蔵文化財発掘調査概報18』三重県埋蔵文化財センター

水野正好 1953「七宝繋袱状文所謂木葉状文考察」『第五回社会科生徒研究発表会参加論文集』

水野正好 1968「環状組石墓群の意味するもの」『信濃』第20巻第4号、255～263頁、信濃史学会

参考文献

水野正好 1974「土偶祭式の復原」『信濃』第 26 巻第 4 号、298～312 頁、信濃史学会

水野正好 1983「縄文社会の構造とその理念」『歴史公論』第 9 巻第 9 号、31～39 頁、雄山閣

水ノ江和同 1997「北部九州の縄紋後・晩期土器－三万田式～刻目突帯文土器の直前まで－」『縄文時代』第 8 号、73～110 頁、縄文時代文化研究会

溝口孝司 1995a「福岡県筑紫野市永岡遺跡の研究：いわゆる二列埋葬墓地の一例の社会考古学的再検討」『古文化談叢』第 34 集、159～191 頁、九州古文化研究会

溝口孝司 1995b「福岡県甘木市栗山遺跡 C 群墓域の研究－北部九州弥生時代中期後半墓地の一例の社会考古学的研究－」『日本考古学』第 2 号、69～94 頁、日本考古学協会

三塚敏明ほか 1976「沼津貝塚の考古学的調査」『沼津貝塚保存管理計画策定事業報告書』8～60 頁、石巻市教育委員会

光谷拓実 1997「年輪年代法」『池上曽根遺跡史跡指定 20 周年記念 弥生の環濠都市と巨大神殿』24～26 頁、池上曽根遺跡史跡指定 20 周年記念事業実行委員会

三橋公平編 1983『南有珠 6 遺跡』噴火湾沿岸貝塚遺跡調査報告 1、札幌医科大学解剖学第二講座

南川雅男 2000「先史人は何を食べていたか 炭素・窒素同位体比法でさぐる」『考古学と化学をむすぶ』195～221 頁、東京大学出版会

峰村 篤 2004「土坑」『千葉県松戸市下水遺跡第 1 地点発掘調査報告書』110～178 頁、松戸市遺跡調査会

宮腰建司 2010「凹線紋系土器期における伊勢湾東部の墓葬と儀礼」『大規模集落と弥生社会 伊勢湾岸弥生社会シンポジウム・中期編』101～106 頁、伊勢湾岸弥生社会シンポジウムプロジェクト

宮崎朝雄ほか 1980a「如来堂 A 遺跡の発掘調査」『関越自動車道関係埋蔵文化財発掘調査報告－Ｘ－甘粕山』埼玉県遺跡発掘調査報告書第 30 集、107～142 頁、埼玉県教育委員会

宮崎朝雄ほか 1980b「如来堂 B 遺跡の発掘調査」『関越自動車道関係埋蔵文化財発掘調査報告－Ｘ－甘粕山』埼玉県遺跡発掘調査報告書第 30 集、143～160 頁、埼玉県教育委員会

宮崎幹也 1994『黒田遺跡 3』近江町文化財調査報告書第 17 集、近江町教育委員会

宮沢恒之 1973「城ノ平遺跡」『長野県中央道埋蔵文化財包蔵地発掘調査報告書－伊那市西春近地区』長野県教育委員会

宮下健司 1983「縄文土偶の終焉－容器形土偶の周辺－」『信濃』第 35 巻第 8 号、549～617 頁、信濃史学会

宮田佳樹・小島孝修・松谷暁子・遠部 慎・西本豊弘 2007「西日本最古のキビ 滋賀県竜ヶ崎 A 遺跡の土器付着炭化物」『国立歴史民俗博物館研究報告』第 137 集、255～265 頁

宮原晋一 1988「石斧、鉄斧のどちらで加工したか－弥生時代の木製品に残る加工痕について－」『研究の歩み』弥生文化の研究第 10 巻、193～201 頁、雄山閣

宮本一夫 1985「中国東北地方における先史土器の編年と地域性」『史林』第 68 巻第 2 号、167～217 頁、史学研究会

宮本一夫 2002「朝鮮半島における遼寧式銅剣の展開」『韓半島考古学論叢』177～234 頁、すずさわ書店

宮本一夫 2005『神話から歴史へ 神話時代 夏王朝』中国の歴史 01、講談社

宮本一夫 2006「中国・朝鮮半島の稲作文化と弥生の始まり」『第 53 回歴博フォーラム 弥生の始まりと東アジア』14～17 頁、国立歴史民俗博物館

宮本一夫 2008「弥生時代における木製農具の成立と東北アジアの磨製石器」『九州と東アジアの考古学』九州大学考古学研究室 50 周年記念論文集、25～44 頁、九州大学考古学研究室 50 周年記念論文集刊行会

宮本長二郎 1991「弥生・古墳時代の掘立柱建物」『弥生時代の掘立柱建物－本編－』33～54 頁、埋蔵文化財研究会第 29 回研究集会実行委員会

宮本長二郎 1998「掘立柱建物の出現と展開」『先史日本の住居とその周辺』261～272 頁、同成社

三好孝一 1993「近畿地方における青銅器生産」『考古学ジャーナル』第 359 号、10～16 頁、ニュー・サイエンス社

む

向坂剛二 1967「遠江地方を中心とした櫛描文と縄文の系譜」『信濃』第 19 巻第 1 号、69～85 頁、信濃史学会

参 考 文 献

向坂剛二 1971「半場遺跡と平沢遺跡」『佐久間町史』上巻 139〜236 頁、佐久間町役場

武藤雄六 1968「長野県富士見町籠畑遺跡の調査」『考古学集刊』第 4 集第 1 号、45〜76 頁、東京考古学会

村上恭通 1992「吉野ヶ里遺跡における弥生時代の鉄製品」『吉野ヶ里（本文編）』佐賀県文化財調査報告書第 113 集、471〜481 頁、佐賀県教育委員会

村上恭通 1998『倭人と鉄の考古学』シリーズ日本史のなかの考古学、青木書店

村上恭通 2000a『東夷世界の考古学』青木書店

村上恭通 2000b「鉄と社会変革をめぐる諸問題—弥生時代から古墳時代への移行に関連して—」『古墳時代像を見直す—成立過程と社会変革—』137〜200 頁、青木書店

村上恭通 2007『古代国家成立過程と鉄器生産』青木書店

村田章人 1992「縄文晩期前葉における大洞、安行式の関係」『シンポジウム 縄文時代後・晩期安行文化—土器型式と土偶型式の出会い—発表要旨』18〜25 頁、埼玉県考古学会・「土偶とその情報」研究会

村田章人ほか 1993『深谷市上敷免遺跡 一般国道 17 号深谷バイパス関係埋蔵文化財発掘調査報告』埼玉県埋蔵文化財調査事業団報告書 128、埼玉県埋蔵文化財調査事業団

村武精一 1981「社会人類学における家族・親族論の展開」『家族と親族』273〜291 頁、未来社

も

百瀬長秀 1994「浮線文期遺跡分布論」『中部高地の考古学Ⅳ 長野県考古学会 30 周年記念論文集』165〜200 頁、長野県考古学会

百瀬長秀ほか 1982『御社宮司遺跡 長野県中央道埋蔵文化財包蔵地発掘調査報告書—茅野市その 5—昭和 52・53 年度』日本道路公団名古屋建設局・長野県教育委員会

森 和敏 1975「銚子ガ原遺跡の遺物（岡地籍）」『八代町誌（上巻）』291〜292 頁、八代町

森 貞次郎 1951「福岡県粕屋郡夜臼遺跡」『日本考古学年報 4』112〜113 頁、日本考古学協会

森 貞次郎 1952「福岡県筑紫郡板付遺跡」『日本考古学年報 5』70 頁、日本考古学協会

森 貞次郎 1961「福岡県夜臼遺跡」『日本農耕文化の生成』79〜87 頁

森 貞次郎 1966「弥生文化の発展と地域性 九州」『弥生時代』日本の考古学Ⅲ、32〜80 頁、河出書房新社

森 貞次郎 1968「弥生時代における細形銅剣の流入について—細形銅剣の編年的考察—」『日本民族と南方文化』127〜161 頁、平凡社

森 貞次郎・岡崎敬 1961「福岡県板付遺跡」『日本農耕文化の生成』37〜77 頁、東京堂出版

森 尚人 1982「土器」『東村山市日向北遺跡』東京都埋蔵文化財調査報告第 9 集、9〜24 頁、東京都教育委員会

森井貞雄 1995「墓制の変化（二）畿内」『弥生文化の成立 大変革の主体は「縄紋人」だった』81〜88 頁、角川書店

森井貞雄ほか 1983『山賀（その 2）近畿自動車道天理〜吹田線建設に伴う埋蔵文化財発掘調査概要報告書』財団法人大阪文化財センター

森井貞雄ほか 2007『上の山遺跡Ⅱ 一般国道 1 号バイパス（大阪北道路）・第二京阪道路建設に伴う埋蔵文化財発掘調査報告書』(財) 大阪文化財センター調査報告書第 155 集、財団法人大阪府文化財センター

森岡秀人 1977「畿内第・様式の編年細分と大師山遺跡出土土器の占める位置」『河内長野大師山』関西大学文学部考古学研究報告第五冊、175〜211 頁、河内長野市教育委員会

森岡秀人 1982a「西ノ辻Ⅳ式併行土器群の動態—畿内第・様式の細分作業と関連して—」『森貞次郎博士古稀記念古文化論集 下巻』751〜799 頁、森貞次郎博士古稀記念論文集刊行会

森岡秀人 1982b「東六甲の高地性集落（中）」『古代学研究』第 97 号、1〜12 頁、古代学研究会

森岡秀人 1984「大阪湾沿岸の弥生土器編年と年代」『高地性集落と倭国大乱 小野忠熙博士退官記念論集』225〜262 頁、雄山閣

森岡秀人 1985「弥生時代暦年代論をめぐる近畿第Ⅴ様式の時間幅」『信濃』第 37 巻第 4 号、243〜264 頁、信濃史学会

森岡秀人 1989「業績とその論点」『弥生土器の様式と編年 近畿編Ⅰ』3〜26 頁、木耳社

森岡秀人 1993「高地性集落は倭国大乱とどう関係するのか」『新視点日本の歴史』第 2 巻、32〜39 頁、新人物往来社

参 考 文 献

森岡秀人 1995「初期水田の拡大と社会の変化」『弥生文化の成立 大変革の主体は「縄紋人」だった』24～38頁、
角川書店

森岡秀人 1996「弥生時代抗争の東方波及－高地性集落の動態を中心に－」『考古学研究』第42巻第4号、34～
35頁、考古学研究会

森岡秀人 2003「真正弥生時代の終焉」『播磨の弥生社会を探る－弥生時代中期～後期における集落動態－』68～
89頁、第4回播磨考古学研究集会実行委員会

森岡秀人 2006「大型建物と方形区画の動きからみた近畿の様相」『日本考古学協会2003年度滋賀大会シンポジ
ウム1 弥生大型建物とその展開』115～144頁、サンライズ出版株式会社

森下英治 2001「旧練兵場遺跡の集落構造－これまでの発掘調査成果から－」『旧練兵場遺跡 市営西仙遊町住宅
建設に伴う埋蔵文化財発掘調査報告書付編 旧練兵場遺跡シンポジウムの記録』23～38頁、善通
寺市・（財）元興寺文化財研究所

森田克行 2002「最古の銅鐸をめぐって－東奈良銅鐸の型式学的研究－」『究班Ⅱ 埋蔵文化財研究会25周年記念
論文集』163～179頁、25周年記念論文集編集委員会

森本岩太郎 1988「本州北端における縄文時代後期改葬甕棺内人骨について」『日本民族・文化の生成1 永井昌
文教授退官記念論文集』55～76頁、六興出版

森本六爾 1929「自序」『日本青銅器時代地名表』3～4頁、岡書院

森本六爾 1930a「関東有角石器の考古学的位置」『考古学』第1巻第1号、1～17頁、東京考古学会

森本六爾 1930b「銅鐸の型式分類と播磨神種例の占むる位置」『人類学雑誌』第45巻第10号、401～412頁、東
京人類学会

森本六爾 1930c「北九州弥生式土器編年」『考古学』第1巻付録、1～12頁、東京考古学会

森本六爾 1934a「弥生式土器に於ける二者－様式要素単位決定の問題－」『考古学』第5巻第1号、3～8頁、東
京考古学会

森本六爾 1934b「筑前藤崎の弥生式土器」『考古学』第5巻第1号、24～27頁、東京考古学会

森本六爾 1934c「煮沸形態と貯蔵形態－弥生式土器の蓋－」『考古学評論』第4輯、32～3頁、東京考古学会

森本六爾 1934d「銅鐸面の絵画に就いて」『考古学評論』第4輯、64～71頁、東京考古学会

森本六爾 1935「考古学」『歴史教育講座』第2輯、四海書房（森本六爾1943「日本古代生活」『日本考古学研究』
7～92頁として再録）

森本六爾 1938「日本に於ける農業起源」『ドルメン』第2巻第9号、1～4頁、岡書院

森谷昌央・黒坂弘美 2003『砂子田遺跡第2・3次発掘調査報告書』山形県埋蔵文化財センター調査報告書第113
集、財団法人山形県埋蔵文化財センター

両角守一 1920「信濃諏訪丸山竪穴遺跡」『人類学雑誌』第35巻第6・7号、154～160頁、東京人類学会

や

八木奘三郎 1906「中間土器（弥生式土器）の貝塚調査報告」『東京人類学会雑誌』第22巻第248号、46～55頁・
第250号、134～142頁・第251号、186～198頁・256号、409～411頁、東京人類学会

柳浦俊一ほか 1988「タテチョウ遺跡発掘調査略報」『島根県文化財愛護協会誌季刊文化財』第62号、島根県文
化財愛護協会

矢口忠良ほか 1986『塩崎遺跡群Ⅳ 市道松節－小田井神社地点遺跡』長野市の埋蔵文化財第18集、長野市教育
委員会

矢沢真砂 1951「林里の弥生式土器について」『南信濃』第1号

矢島宏雄・笹沢 浩 1979「入の日影遺跡」『長野県中央道埋蔵文化財包蔵地発掘調査報告書－茅野市・原村その
2』日本道路公団名古屋建設局・長野県教育委員会

安井俊則 1988「出土土器・土器の系譜と年代」『伊川津貝塚』渥美町埋蔵文化財調査報告書4、55～131頁、渥
美町教育委員会

安井俊則 1995「土器」『伊川津貝塚1992年度調査』渥美町埋蔵文化財調査報告書7、33～58頁、渥美町教育委
員会

安井俊則ほか 1991『麻生田大橋遺跡』愛知県埋蔵文化財センター調査報告書第21集、愛知県埋蔵文化財センター

603

参 考 文 献

安田喜憲 1990『気候と文明の盛衰』朝倉書店

安室　知 1998「水田の持つ生業内部化の機能とその意義―日本稲作における複合生業の極致―」『水田をめぐる民俗学的研究―日本稲作の展開と構造―』492〜552頁、慶友社

柳田康雄 2003「弥生木棺墓」『伯玄社遺跡』春日市文化財調査報告書第35集、126〜174頁、春日市教育委員会

家根祥多 1981「晩期の土器　近畿地方の土器」『縄文土器Ⅱ』縄文文化の研究第4巻、238〜261頁、雄山閣

家根祥多 1984「縄文土器から弥生土器へ」『縄文から弥生へ』49〜78頁、帝塚山考古学研究所

家根祥多 1987「弥生土器のはじまり―遠賀川式土器の系譜とその成立―」『季刊考古学』第19号、18〜23頁、雄山閣

家根祥多 1993「遠賀川式土器の成立をめぐって―西日本における農耕社会の成立―」『論苑　考古学』267〜329頁、天山舎

家根祥多 1994「篠原式の提唱―神戸市篠原中町遺跡出土土器の検討―」『縄紋晩期前葉―中葉の広域編年　平成4年度科学研究費補助（総合A）研究成果報告書』50〜139頁、北海道大学文学部

家根祥多 1997「朝鮮無文土器から弥生土器へ」『立命館大学考古学論集Ⅰ』39〜64頁、立命館大学考古学論集刊行会

山内利秋 1995「洞穴遺跡の利用形態と機能的変遷―長野県湯倉洞穴遺跡を例として―」『先史考古学論集』第4集、63〜98頁

山浦　清 1974「回転式銛頭について」『大塚考古』12、10〜14頁、大塚考古学会

山浦　清 1980a「北西太平洋沿岸地域における回転式銛頭の系統問題」『物質文化』35、1〜15頁、物質文化研究会

山浦　清 1980b「民族誌にみる銛の構造と機能―エスキモーを中心として―」『どるめん』26号、7〜20頁、JICC出版局

山浦　清 1984「アラスカ・クリギタヴィク出土の回転式銛頭について」『東京大学考古学研究室研究紀要』第3号、213〜262頁、東京大学文学部

山浦　清 1996「日本先史時代回転式銛頭の系譜」『國分直一博士米寿記念論文集　ヒト・モノ・コトバの人類学』545〜556頁、慶友社

山浦　清 1999「漁撈文化からみた弥生文化と恵山文化」『物質文化』66、35〜44頁、物質文化研究会

山浦　清 2001「東日本太平洋岸弥生文化における漁撈民」『貝塚』第57号、10〜19頁、物質文化研究会

山尾幸久 1972『魏志倭人伝』講談社

山尾幸久 1983『日本古代王権形成史論』岩波書店

山崎京美 1988「動物遺存体」『薄磯貝塚』いわき市埋蔵文化財調査報告第19冊、383〜519頁、いわき市教育委員会

山崎純男 1980「弥生文化成立期における土器の編年的研究―板付遺跡を中心としてみた福岡・早良平野の場合―」『鏡山猛先生古稀記念古文化論攷』117〜192頁、鏡山猛先生古稀記念論文集刊行会

山崎純男 1987『野多目遺跡群―稲作開始期の水田遺跡の調査―』福岡市埋蔵文化財調査報告書第159集、福岡市教育委員会

山崎純男 2005「西日本縄文農耕論」『韓・日　新石器時代の農耕問題』33〜67頁、（財）慶南文化財研究院・韓国新石器学会・九州縄文研究会

山崎純男・島津義昭 1981「九州の土器」『縄文土器Ⅱ』縄文文化の研究第4巻、249〜261頁、雄山閣

山田康弘 1993a「遠賀川系土器使用の壺棺葬の系譜とその性格について」『筑波大学先史学・考古学研究』4、71〜90頁、筑波大学歴史・人類学系

山田康弘 1993b「縄文時代のイヌの役割と飼育形態」『動物考古学』第1号、1〜17頁、動物考古学研究会

山田康弘 1995「多数合葬例の意義―縄文時代の関東地方を中心に―」『考古学研究』第42巻第2号、52〜67頁、考古学研究会

山田康弘 1997a「縄文家犬用途論」『動物考古学』第8号、37〜53頁、動物考古学研究会

山田康弘 1997b「縄文時代の子どもの埋葬」『日本考古学』第4号、1〜39頁、日本考古学協会

山田康弘 2002『人骨出土例の検討による縄文時代墓制の基礎的研究　平成12・13年度科学研究費補助金〔奨励研究（A）〕研究成果報告書』島根大学法文学部考古学研究室

604

参 考 文 献

山田康弘 2008『人骨出土例からみた縄文時代の墓制と社会』同成社

山田康弘 2009「墓制からみた中国地方の縄文社会」『島根大学法文学部紀要』第 5 号、社会文化論集、29～42 頁、島根大学法文学部

山田康弘・日下宗一郎・米田 穣 2016「東海地方縄文晩期における抜歯習俗の再検討」『一般社団法人日本考古学協会第 82 回総会研究発表要旨』206～207 頁、一般社団法人日本考古学協会

山田洋一郎 1991「下大五郎遺跡」『弥生時代の掘立柱建物―資料（西日本・九州、四国）編―』68～70 頁、埋蔵文化財研究会

山内清男 1928「下総上本郷貝塚」『人類学雑誌』第 43 巻第 10 号、463～464 頁、東京人類学会

山内清男 1930a「所謂亀ヶ岡式土器の分布と縄紋式土器の終末」『考古学』第 1 巻第 3 号、139～167 頁、東京考古学会

山内清男 1930b「関東北に於ける繊維土器」『史前学雑誌』第 2 巻第 3 号、219～224 頁、史前学会

山内清男 1932a「下野国河内郡国本村野沢の土器」『史前学雑誌』第 4 巻第 1 号、11～16 頁、史前学会

山内清男 1932b「日本遠古の文化 縄紋土器文化の真相」『ドルメン』第 1 巻第 4 号、40～43 頁、岡書院

山内清男 1932c「日本遠古の文化 縄紋土器の起源」『ドルメン』第 1 巻第 5 号、85～90 頁、岡書院

山内清男 1932d「日本遠古の文化 縄紋土器の終末」『ドルメン』第 1 巻第 6 号、46～50 頁・第 1 巻第 7 号、49～53 頁、岡書院

山内清男 1932e「日本遠古の文化五 縄紋式以後」『ドルメン』第 1 巻第 8 号、60～63 頁、岡書院

山内清男 1932f「日本遠古の文化六 縄文式以後（中）」『ドルメン』第 1 巻第 9 号、48～51 頁、岡書院

山内清男 1934「真福寺貝塚の再吟味」『ドルメン』第 3 巻第 12 号、904～911 頁、岡書院

山内清男 1937a「日本に於ける農業の起源」『歴史公論』第 6 巻第 1 号、266～278 頁、雄山閣

山内清男 1937b「縄文土器型式の細別と大別」『先史考古学』第 1 巻第 1 号、29～32 頁、先史考古学会

山内清男 1939『日本遠古之文化 補註付・新版』

山内清男 1941『日本先史土器図譜』第 X 輯

山内清男 1942「石器時代の犬小屋」『民族文化』第 3 巻第 8 号、6・19～20 頁、山岡書店

山内清男 1952「第二トレンチ」『吉胡貝塚』埋蔵文化財発掘調査報告 1、93～124 頁、文化財保護委員会

山内清男 1958「縄文土器の技法」『世界陶磁全集』第 1 巻、278～282 頁、河出書房新社

山内清男 1964a「日本先史時代概説」『縄文式土器』日本原始美術 1、135～147 頁、講談社

山内清男 1964b「縄文土器の製作と用途」『縄文式土器』日本原始美術 1、150～153 頁、講談社

山内清男 1964c「縄文土器の年代別と地方別」『縄文式土器』日本原始美術 1、148～150 頁、講談社

山内清男 1966「縄紋式研究史に於ける茨城県遺跡の役割」『茨城県史研究』第 4 号、1～12 頁、茨城県

山内清男 1967「石器時代土器底面に於ける稲籾の圧痕」（未発表草稿・大正 14 年 4 月長谷部博士に提出）『山内清男・先史考古学論文集』第 4 冊、207～208 頁、先史考古学会

山内清男編 1967『日本先史土器図譜 解説』再版・合冊刊行、先史考古学会

山本悦世ほか 1992『津島岡大遺跡 3』岡山大学構内遺跡発掘調査報告第 5 冊、岡山大学埋蔵文化財調査研究センター

山本暉久 1983「石棒」『縄文人の精神文化』縄文文化の研究第 9 巻、170～180 頁、雄山閣

山本典幸 1996「縄文時代の出自と婚後居住―五領ヶ台式土器の分析を通して」『先史考古学論集』第 5 集、47～82 頁、安斎正人

山本正敏 2010「縄文石斧の生産と流通」『季刊考古学』第 111 号、36～39 頁、雄山閣

八幡一郎 1928『南佐久郡の考古学的調査 信濃教育会南佐久部会第 1 期調査報告』岡書院

八幡一郎 1959「魚伏籠」『民族学研究』第 23 巻第 1・2 号、19～24 頁、誠文堂新光社

八幡一郎 1978『稲倉考』考古民俗叢書 16、慶友社

ゆ

湯浅利彦・菅原康夫 1993『四国縦貫自動車道建設に伴う埋蔵文化財発掘調査報告 3 桜ノ岡遺跡（Ⅰ）桜ノ岡遺跡（Ⅲ）』徳島県埋蔵文化財センター調査報告書第 3 集、徳島県教育委員会・財団法人徳島県埋蔵文化財センター・日本道路公団

参考文献

湯尻修平 2011「浮線渦巻文土器について」『石川考古学研究会々誌』11〜30頁、石川考古学研究会

湯村　功ほか 2007『鳥取県東伯郡琴浦町 梅田萱峯遺跡Ⅱ』鳥取県埋蔵文化財センター調査報告書 16、鳥取県
　　　　埋蔵文化財センター

よ

楊　　寛（西嶋定生監訳）1981『中国皇帝陵の起源と変遷』学生社

横田健一 1951「風土記における国の観念」『日本史論集 古代社会と宗教』71〜130頁、若竹書房

横山浩一 1978「刷毛目調整工具に関する基礎的実験」『九州文化史研究所紀要』第 23 号、1〜24 頁

横山浩一 1979「刷毛目技法の源流に関する予備的検討」『九州文化史研究所紀要』第 24 号、223〜245 頁

横山浩一 1985「型式論」『研究の方法』岩波講座日本考古学 1、43〜78 頁、岩波書店

横山浩一・佐原　真 1960『京都大学文学部博物館考古学資料目録 1』京都大学文学部

義江明子 1996『日本古代の祭祀と女性』吉川弘文館

吉岡康暢 1971「石川県下野遺跡の研究」『考古学雑誌』第 56 巻第 4 号、321〜369 頁、日本考古学会

吉垣俊一・村上吉正編 1997「縄文時代晩期終末〜弥生時代初頭」『中里遺跡・西大竹上原遺跡 第一東海自動車
　　　　道厚木・大井松田間改築事業に伴う調査報告 4』かながわ考古学財団調査報告 30、157〜159 頁、
　　　　財団法人かながわ考古学財団

吉川國男 1982「西関東における弥生文化の波及について」『埼玉県史研究』第 9 号、1〜20 頁、埼玉県史編纂室

吉崎昌一 1997「縄文時代の栽培植物」『第四紀研究』第 36 巻第 5 号、343〜346 頁、日本第四紀学会

吉田　晶 1985「「倭人伝」の文身（いれずみ）について―三世紀の社会構成（その一）―」『歴史科学―創立 20
　　　　周年記念号―』99・100 合併号、4〜15 頁、大阪歴史科学協議会

吉田富夫 1934a「尾張西志賀貝塚発見の土器に就いて」『考古学』第 5 巻第 1 号、17〜23 頁、東京考古学会

吉田富夫 1934b「尾張西志賀貝塚の土器に就いて（Ⅱ）」『考古学』第 5 巻第 2 号、35〜43 頁、東京考古学会

吉田富夫・紅村　弘 1958『西志賀貝塚』名古屋市文化財叢書第 19 号、名古屋市経済局貿易観光課

吉田富夫・和田英雄 1971『名古屋市中区古沢町遺跡発掘調査報告Ⅰ 縄文時代編』名古屋市教育委員会

吉田　寛 1993「大分市植田市遺跡出土の縄文晩期土器―特殊な鉢形土器の紹介を中心に―」『古代』第 95 号、
　　　　12〜23 頁、早稲田大学考古学会

吉田　広編 2001『弥生時代の武器形青銅器』考古学資料集 21、国立歴史民俗博物館

吉田　稔ほか 2003『熊谷市北島遺跡Ⅵ 熊谷スポーツ文化公園建設事業関係埋蔵文化財発掘調査報告書Ⅱ』埼玉
　　　　県埋蔵文化財調査事業団報告書第 286 集、埼玉県・財団法人埼玉県埋蔵文化財調査事業団第 2
　　　　分冊

吉田佳広ほか 1994「須玖岡本遺跡群の調査成果」『奴国の首都須玖岡本遺跡 奴国から邪馬台国へ』121〜149 頁、
　　　　吉川弘文館

吉留秀敏 1994「板付式土器成立期の土器編年」『古文化談叢』第 32 集、29〜44 頁、九州古文化研究会

吉原佳市編 2002『根塚遺跡』木島平村埋蔵文化財調査報告書 No.12、木島平村教育委員会

吉本洋子 2000「座産土偶」『季刊考古学』第 73 号、65〜71 頁、雄山閣

米田耕之助 1980「縄文時代後期における一葬法」『古代』第 67 号、31〜38 頁、早稲田大学考古学会

米田　穣 2010「食生態にみる縄文文化の多様性―北海道と琉球諸島から考える」『科学』第 80 巻第 4 号、383〜
　　　　388 頁、岩波書店

ら

ラドクリフ＝ブラウン，A（青柳まちこ訳、蒲生正男解説）1975『未開社会における構造と機能』新泉社

り

力武卓治ほか 2003a『雀居 7 福岡空港西側整備に伴う埋蔵文化財調査報告』福岡市埋蔵文化財調査報告書第 746
　　　　集、福岡市教育委員会

力武卓治ほか 2003b『雀居 8 福岡空港西側整備に伴う埋蔵文化財調査報告』福岡市埋蔵文化財調査報告書第 747
　　　　集、福岡市教育委員会

る

ルロワ＝グーラン，A（蔵持不三也訳）1985『先史時代の宗教と芸術』日本エディタースクール出版部

わ

若狭　徹 1992「北西関東における弥生土器の成立と展開」『駿台史学』第84号、16〜61頁、駿台史学会

若林邦彦 2001「弥生時代大規模集落の評価―大阪平野の弥生時代中期遺跡群を中心に―」『日本考古学』第12
　　　　号、35〜54頁

和島誠一 1974「農耕文化の開始と弥生時代」『日本のあけぼの』図説日本の歴史1、133〜184頁、集英社

和田　萃 1969「殯の基礎的考察」『史林』第52巻第5号、646〜704頁、史学研究会

和田千吉 1917「口絵略解（信濃国腰越発掘土偶)」『考古学雑誌』第8巻第3号、176〜177頁、日本考古学会

渡辺　新 1991『縄文時代集落の人口構造　千葉県権現原貝塚の研究Ⅰ』

渡辺　新 1994『多数人骨集積の類例追加と雑感』ひつじ書房

渡辺　新 1995「下総台地における石棒の在り方（瞥見）―市川市高谷津遺跡の出土事例から―」『利根川』第
　　　　16号、54〜59頁、利根川同人

渡辺　新 2001「権現原貝塚の人骨集積から集落の人口構造を考える」『シンポジウム縄文人と貝塚』65〜80頁、
　　　　学生社

渡辺修一 1994「縄文時代晩期の遺物（2）―土器―」『四街道市御山遺跡（1)』千葉県文化財センター調査報告
　　　　第242集、47〜86頁、財団法人千葉県文化財センター

渡辺伸行 1986「大歳山遺跡の人面土器」『神戸古代史』3-1、12〜18頁、神戸古代史研究会

渡辺　誠 1966「自然遺物」『寺脇貝塚』25〜44頁、磐城市教育委員会

渡辺　誠 1969「燕形離頭銛頭について」『古代文化』ⅩⅩⅠ9・10、229〜233・219頁、財団法人古代学協会

渡辺　誠 1973『縄文時代の漁業』雄山閣

渡辺　誠 1985「西北九州の縄文時代漁撈文化」『列島の文化史』2、45〜96頁、日本エディタースクール出版部

渡辺　誠 1988「縄文・弥生時代の漁業」『季刊考古学』第25号、14〜20頁、雄山閣

渡辺　誠 2000「弥生・古墳時代における回転式離頭銛頭の研究」『琉球・東アジアの人と文化（下巻）高宮廣衛
　　　　先生古稀記念論集』1〜12頁、高宮廣衛先生古稀記念論集刊行会

渡部琢磨・石黒直隆・森井泰子・中野益男・松井　章・本郷一美・西本豊弘 2003「弥生時代の遺跡から出土し
　　　　たイノシシの遺伝的解析―Ancient DNA解析に基づく考察―」『動物考古学』第20号、1〜14
　　　　頁、動物考古学研究会

王　金林 1992『弥生文化と古代中国』学生社

（朝鮮・中国語文献）

高麗大学校発掘調査団編 1994『美沙里　第5巻』文化遺跡発掘調査報告、美沙里先史遺跡発掘調査団・京畿道公
　　　　営開発事業団

厳　文明 1989『仰韶文化研究』文物出版社

趙　現鐘ほか 1997『光州新昌洞低湿地遺蹟Ⅰ』国立光州博物館学術叢書第33冊、国立光州博物館学芸研究室

傅　嘉年 1980「戦国中山王嚳墓出土的《兆域図》及其陵園規制的研究」『考古学報』1980年第1期、97〜138頁、
　　　　科学出版社

東　漢・許　慎 1985『説文解字注』天工書局

北京大学歴史系考古教研室 1983『元君廟仰韶墓地』中国田野考古報告書　考古学専刊丁種第24号、文物出版社

王　仁湘 1982「我国新石器時代的二次合葬及其社会性質」『考古与文物』1982年第3期、43〜50頁

（英語文献）

Bar-Yosef, O. and R. H. Meadow, 1995, The origins of agriculture in the Near East. In : *Last Hunters―
　　　　First Farmers*. Edited by T. D. Price and A. B. Gebauer. pp.39–94. Santa Fe : School of
　　　　American Research Press.

Borden, C. C., 1970, Culture History of the Fraser-Delta Region : An Outline. BC Studies 6–7, pp.95–112.

参考文献

Brown, J. K., 1970, A Note on the Division of Labor by Sex. *American Anthropologist* 72 : 1073-1078.

Collins, H. B., 1937, Archaeology of St. Lawrence Island, Alaska. *Smithsonian Miscellaneous Collections*, vol.96, no.1. Smithsonian Institution.

D' Andrea, A. C., Crawford, G. W., Yoshizaki, M., Kudo, T., 1995, Late Jomon cultigens in northeastern Japan, *Antiquity*, 69, pp.146-152.

Ember, C. R., 1983, The Relative Decline in Women, s Contribution to Agriculture with Intensification. *American Anthropologist*, 85-2, pp.285-304.

Ikawa-Smith, Fumiko. 2002, Gender in Japanese Prehistory. *In Pursuit of Gender Worldwide Archaeological Approaches*, 323-354. Altamira press.

Flannery, K. V., 1965, The Ecology of Early Food Production in Mesopotamia, *Science* 147.

Flannery, K. V., 1969, Origins and ecological effects of early domestication in Iran and the Near East. The domestication and exploitation of plants and animals. Edited by P. J. Ucko and G. W. Dimbleby. pp.73-100. Chicago : Aldine Publishing Company.

Hopkins, E. W., 1923, *Origin and Evolution of Religion.*

Jochelson, W., 1925, *Archaeological Investigation the Aleutian Islands.* The Carnegie Institution of Washington.

Kishinouye, K., 1911, Prehisotoric Fishing in Japan. *Journal of the Collage of Agriculture, Imperial, University of Tokyo*, vol.2-7, pp.327-328.

Larsen, H. and Rainey, F., 1948, Ipiutak and the Arctic Whale Hunting Culture. *Anthropological Papers of the American Museum of Natural History.* Vol.42.

Leroi-Gourlan, A., 1946, Archeologie du Pacifique-Nord. *Tra vaux et Memoires de L'Institut d'Ethnologie*, XLVII. Universite de Paris.

Mitchell. D., 1991, Prehistory of the Coasts of Southern British Columbia and Northern Washington, In *Handbook of North American Indians, vol.7, The Northwest Coast.* W. Suttles ed. pp.340-358. Smithsonian.

Murdock, G. P., 1937, Comparative Date on the Division of Labor by Sex. *Social Forces* 15, pp.551-553.

Murdock, G. P., 1973, Factors in the Division of Labor By Sex : A Cross-Cultural Analysis, *Ethnology* XII-2, pp.203-225.

Rosaldo, M. Z. and Lamphere, L., (edited), 1974, *Women, Culture, and Society.* Stanford University Press, Stanford, California.

SAKAGUCHI, Y. 1982, Climatic Variability during the Holocene Epoch in Japan and its Causes. *Bulletin of the Department of Geography*, University of Tokyo, 14, pp.1-27.

SAKAGUCHI, Y. 1983 Warm and Cold Stages in the Past 7600 Years in Japan and Their Global Correlation—Especially on Climatic Impacts to the Global Sea Level Changes and the Ancient Japanese History—. *Bulletin of the Department of Geography*, University of Tokyo, 15, pp.1-31.

SAKAGUCHI, Y. 1989, Some Pollen Records from Hokkaido and Sakhalin. *Bulletin of the Department of Geography*, University of Tokyo, 21, pp.1-17.

Steward, J. H., 1955, *Theory of Culture Change*, University of Illinois Press.

Suess, H. E. 1979, A calibration table for conventional radiocarbon dates', Berger, R. & Suess, H. E. (eds.) Radiocarbon Dating, Univ. of California Press, Berkeley, pp.777-784.

Thompson, 1954, Azilian Harpoons. *Proceeding of the Prehisotoric Society*, vol.20.

挿 図 出 典

〔第1章〕
図1　濱田 1922：159 頁ペトリー氏仮数年代ダイアグラム
図2　小林 1943b：第 66 図

〔第2章〕
図3　柳田康雄編 1985『三雲遺跡　南小路地区編』福岡県文化財調査報告書第 69 集、福岡県教育委員会より編集
図4　近藤喬一 1984「日・朝青銅器の諸問題」『東アジア世界における日本古代史講座』第 2 巻、学生社：275 頁
図5　石川日出志原図提供
図6　設楽 2004a：124 頁図 38

〔第3章〕
図7　阪口 1984：21 頁第 4 図・24 頁第 8 図
図8　SAKAGUCHI1983：10 頁 Fig. 4
図9　福沢 1995：146 頁図 7
図10　阪口 1984：29 頁第 11 図

〔第4章〕
図11　青木 1983 より一部改変編集
図12　荏原 1985 より一部改変編集
図13　荏原 1985 より一部改変編集
図14　田部井 1974 より一部改変編集
図15　林ほか 1994・外山 1989 より一部改変編集
図16　田部井 1974 より編集
図17　椙山・金子 1972 より編集
図18　設楽・小林 1993：221〜223 頁図 5〜7
図19　設楽・小林 1993：221〜223 頁図 5〜7
図20　加藤ほか 1973・森 1982 より一部改変編集
図21　安井 1988・林ほか 1994・加藤 1972・江原ほか 1998・外山 1989 より一部改変編集
図22　設楽 2000a：1183 頁図 12
図23　設楽 2000a：1185 頁図 13

〔第5章〕
図24　設楽 1982：339 頁第 1 図
図25　大参 1972 より編集
図26　立松 1968 より編集
図27　設楽 1982：345 頁第 4 図
図28　永峯 1969 より編集
図29　設楽 1982：348 頁第 6 図
図30　設楽 1982：348 頁第 7 図を改変
図31　設楽 1982：349 頁第 8 図

図32　設楽 1982：350 頁第 9 図
図33　設楽 1982：353 頁第 10 図
図34　設楽 1982：354 頁第 11 図
図35　設楽 1982：356 頁第 12 図
図36-1〜18　矢島・笹沢 1979 より編集
図36-19〜28　武藤 1968：69 頁第 16 図
図36-29〜34　設楽原図
図37　原編 1972 より編集
図38　穂高町教育委員会 1972 より編集
図39　原田 1980 より編集
図40　設楽 1982：362 頁第 17 図

〔第6章〕
図41　新規
図42　新規
図43　新規
図44　新規
図45　新規
図46　新規
図47　新規
図48　新規
図49　新規
図50　新規
図51　新規
図52　新規
図53　新規
図54　新規
図55　新規
図56　新規
図57　新規
図58　新規
図59　新規
図60　新規

〔第8章〕
図61　設楽・高瀬 2014：518 頁図 1
図62　設楽・高瀬 2014：519 頁図 2
図63　設楽 2005b：130 頁図 101
図64　新規
図65　新規
図66　設楽 2005b：131 頁図 102
図67　設楽 2005b：132 頁図 103
図68　設楽 2005b を改変：134・35 頁図 106
図69　設楽 2005b：136 頁図 107

挿 図 出 典

図 70　佐藤 1999：190 頁第 61 図

〔第 9 章〕

図 71　設楽 2005a：301 頁図 1

図 72　設楽 2005a：306 頁図 2

図 73　設楽 2005a：307 頁図 3

図 74　設楽 2005a：315 頁図 4

図 75　設楽 2005a：325 頁図 5

〔第 10 章〕

図 76　設楽 2006a：18 頁図 1

図 77　設楽 1998b：22 頁

図 78　設楽 1999b：90 頁挿図 20

図 79　設楽 2008c：33 頁図 11

図 80　佐原真・春成秀爾 1997『原始絵画』歴史発掘 5、講談社：85 頁図 178

図 81　金関 1986：295 頁図 5

図 82　金関 1986：292 頁図 4

図 83　春成 2000：18 頁図 1

図 84　佐原真・春成秀爾 1997『原始絵画』歴史発掘 5、講談社：89 頁図 191

図 85　宇野隆夫 1986「井戸」『弥生集落』弥生文化の研究第 7 巻、25～37 頁、雄山閣：33 頁図 4

図 86　焦徳森編 2000『中国画像石全集 3』山東美術出版社：180・181 頁図 196

図 87　春成 2000：37 頁図 5-4

〔第 11 章〕

図 88　遠藤正夫ほか 1981『鷹架遺跡』青森県埋蔵文化財調査報告書第 63 集、青森県教育委員会：36 頁第 20 図、並木隆・小片保 1973『坂東山』埼玉県埋蔵文化財調査報告書第 2 集、埼玉県教育委員会：118・119 頁第 100・101 図

図 89　渡辺 1991：7・8 頁図 3・46 頁図 44、米田 1980：第 1 図、設楽 2001c：57 頁図 2

図 90　馬場ほか 1994：39・40 頁挿図 29・49 頁挿図 36、荒巻ほか 1986：85 頁第 55 図、設楽 1993b：37 頁図 15

図 91　今村 1997：49 頁図 1

図 92　設楽 2004b：368 頁図 5

図 93　設楽 2004b：368 頁図 6

図 94　金井・岩田 1968：18 頁第 4 図

図 95　森幸彦ほか 1985『三貫地貝塚』福島県立博物館調査報告第 17 集、福島県立博物館：73・74 頁第 35 図

図 96　杉原荘介・戸沢充則 1971「向台遺跡」『市川市史』第 1 巻、214～235 頁、吉川弘文館：

226 頁第 81 図

〔第 12 章〕

図 97　設楽 2001c：54 頁図 1

図 98　松村・本西 1996：8 頁図 1、篠田ほか 1998：11 頁図 4

図 99　設楽 2009d：33 頁図 3

図 100　キージング 1982：76 頁図 15

図 101　設楽 2005b：152 頁図 118

図 102　内堀 1975：147 頁図 15 を改変

図 103　大島慎一 2000「神奈川の弥生文化からみた中里遺跡」『東日本弥生時代の幕開けを解明する』平成 12 年度小田原市遺跡調査発表会中里遺跡講演会発表要旨、7～12 頁、小田原市教育委員会：9 頁

〔第 13 章〕

図 104　設楽 2009b：62 頁図 1～5

図 105　設楽 2009b：64 頁図 6～8

図 106　設楽 2009b：66 頁図 9～13

図 107　設楽 2009b：67 頁図 14～18

図 108　設楽 2009b：69 頁図 19～22

図 109　設楽 2009b：72 頁図 23

図 110　設楽 2009b：72 頁図 24

図 111-1　清水真一 1996「芝遺跡第 20 次調査出土の絵画土器」『みずほ』第 19 号、39～41 頁、大和弥生文化の会：41 頁

図 111-2　秋山浩三・小林和美・仲原和之・山崎頼人 1997「特集表現をもつ弥生建物絵画―池上曽根遺跡の新出資料速報―」『みずほ』第 23 号、30～41 頁、大和弥生文化の会：32 頁図 3

図 112　湯浅・菅原 1993：71 頁第 50 図

図 113　七田 2006「佐賀平野の弥生時代環壕区画と大型建物―吉野ヶ里遺跡を中心として―」『弥生の大型建物とその展開』日本考古学協会 2003 年度滋賀大会シンポジウム 1、55～69 頁、サンライズ出版株式会社：61 頁図 3

図 114　飯島 2003：198 頁第 103 図

図 115　小南 2001：90 頁図 4

〔第 14 章〕

図 116　小松ほか 2006：27 頁図Ⅲ-10～29 頁図Ⅲ-12

図 117-1　東中川 1986：282 頁図 179-147

図 117-2　力武ほか 2003b：89 頁図 134-7

図 117-3～8　二宮 1995：34 頁図 9・36 頁図 10-4・5・10・15

挿 図 出 典

図118-1〜8　力武ほか 2003a：158頁図 231-11・14、160頁図 234-35・36・38・42〜44

図118-9　力武ほか 2003b：89頁図 134-7

図118-10・11　設楽・小林 2007：74頁図 3-9・10

図118-12　力武ほか 2003b：19頁図 28-1

図119　設楽・小林 2007：76頁図 4（各報告書より作成）

図120　伊崎 1981：30頁図 12-56・57、32頁図 14-64、37頁図 19-99〜101

図121　山崎 1980：165頁第 17図

図122　橋口 1987：107頁第 76図

図123　設楽・小林 2007：81頁図 8（各報告書などより作成）

図124　設楽・小林 2007：82頁図 9

図125　設楽・小林 2007：83頁図 10

図126　小松ほか 2006：巻頭図版 3、曽我ほか編 2002：巻頭図版 3ほか

図127　設楽・小林 2007：91頁図 17

図128-1　曽我貴行ほか編 2003『居徳遺跡Ⅳ』（財）高知県文化財団埋蔵文化財センター調査報告書第 78集、（財）高知県文化財団埋蔵文化財センター：262頁第 188図

図128-2　力武ほか 2003b：208頁図第 151図 212

図129　設楽 1994a：23頁図 3

〔第15章〕

図130　坪井 1962：138頁第 3・2図

図131-1・2　設楽 2004d：196頁第 3図

図131-3　深澤芳樹 1989a「木葉紋と流水紋とからみた西川津遺跡」『朝酌川河川改修工事に伴う西川津遺跡発掘調査報告書Ⅴ（海崎地区 3）』135〜142頁、島根県教育委員会ほか：第 94図 16

図132-1〜3　設楽 2004d：197頁第 4図

図132-4　福海 2003：47頁第 9図 1をトレース

図132-5　福海 3002：145頁第 99図 14を改変

図133　設楽 2004d：198頁第 5図

図134　設楽 2004d：202頁第 6図

〔第16章〕

図135　設楽博己 2014：110頁図 1

図136　森田 2002：168頁図 3

図137-1　森田克行 1990「摂津地域」『近畿編Ⅱ』弥生土器の様式と編年、77〜191頁、木自社：85頁 24

図137-2・3　寺沢 2010：247頁図 85

図137-4　財団法人大阪文化財センター 1984『山賀（その 3）』：75頁第 52図

図138　湯尻 2011：22頁第 7図を改変

図139　設楽 2014b：118頁図 6

図140　設楽 2014b：119頁図 7（各報告書などより）

図141　松本岩雄・足立克己編 1996『出雲神庭荒神谷遺跡第 2冊』島根県古代文化センター：図版 160、春成秀爾 1984「最古の銅鐸」『考古学雑誌』第 70巻第 1号、29〜51頁、日本考古学会：31頁第 1図

図142-1・2　末永雅雄編 1961『橿原』奈良県教育委員会：図版第 49・66

図142-3　設楽 2004d：198頁第 5図

図142-4　春成 1990：44頁図 24

図143　設楽 2014b：122頁図 10

図144　中村編 2010：14頁第 10図

図145　設楽 2013b：67頁図 6

図146　中村 2004：38頁図 1、岩永省三 1997『金属器登場』歴史発掘 7、講談社：83頁図 155を改変

〔第17章〕

図147　設楽 2007：139頁第 1図

図148　設楽 2007：141頁第 2図

図149　設楽 1999a：116・117頁図 2・図 3

図150　設楽 2005c：18頁第 1図

図151　前田ほか 1993：図版 18

図152　高橋ほか 1986：6頁図 4・8頁図 6

図153　設楽 2007：151頁第 8図

図154　設楽 2007：149頁第 7図

図155　設楽 2007：155頁第 10図

図156　都出 1982：9頁図 1

図157　赤澤 1983：54頁第 13図を改変

図158　佐原真・春成秀爾 1997『原始絵画』歴史発掘 5、講談社：84頁図 178をトレース

図159　甲元眞之 1975「弥生時代の社会」『古代史発掘 4　稲作の始まり』87〜98頁、講談社：95頁図 165

図160　下條信行編 1989『弥生農村の誕生』古代史復元 4、講談社：140〜141頁図 198

図161　七田ほか 1994：583頁

図162　設楽 2008b：85頁第 1図

〔第18章〕

図163　設楽 1997：43頁図 1

図164　設楽 1997：48頁図 2

〔第19章〕

図165　設楽 1991a：21頁第 1図

図166　設楽 1991a：22頁第 2図

図167　設楽 1991a：23頁第 3図

挿 図 出 典

図 168　平野 1985：300 頁第 6 図を改変
図 169　設楽 1991a：28 頁第5図（各報告書などより）
図 170　設楽 1991a：32 頁第 6 図
図 171　設楽 1996b：257 頁図 1
図 172　設楽 1996b：258 頁図 2
図 173　設楽 1991a：37 頁第 8 図
図 174-1　藤下 1984b：17 頁第 10 図
図 174-2　設楽 1991a：44 頁第 12 図
〔第 20 章〕
図 175　設楽 1995a：249 頁図 1
図 176　竹原ほか 1987 より編集
図 177　設楽 1995a：260 頁図 4
〔第 21 章〕
図 178-1〜3・5　青木編 1998：図版 72・143・230

図 178-4　設楽原図
図 178-6　七田ほか編 1994：361 頁 Fig. 3-50-472
図 178-7〜9　武末純一 2011「九州北部地域」『弥生
　　　　　時代（上）』講座日本の考古学 5、85
　　　　　〜145 頁、青木書店：93 頁図 3-12・
　　　　　13・17
図 179-1　七田ほか編 1994：583 頁
図 179-2　中村大介 2007「方形周溝墓の系譜とその
　　　　社会」『墓制から弥生社会を考える』考
　　　　古学リーダー 10、73〜116 頁、六一書房：
　　　　98 頁第 16 図
図 179-3　廣田和穂 2009「(1) 柳沢遺跡」『長野県
　　　　埋蔵文化財センター年報 25』長野県埋蔵
　　　　文化財センター：5 頁図 6

表　出　典

〔第 2 章〕
表 1　森岡 1985：249・252 頁第 1・2 表
表 2　設楽・樋泉 2003：9 頁表 1
表 3　設楽 2014a：458 頁表 1、設楽・小林 2004：
　　　64・65 頁表 1 を改変
〔第 3 章〕
表 4　設楽 2006b：142 頁表 1
表 5　鈴木正男 1976
〔第 5 章〕
表 6　設楽 1982：363 頁第 1 表
表 7　設楽 1982：368 頁第 2 表
〔第 6 章〕
表 8　新規
〔第 8 章〕
表 9　設楽・高瀬 2014：513〜515 頁表 1
表 10　設楽・高瀬 2014：523 頁表 3

表 11　設楽・高瀬 2014：524 頁表 4
〔第 9 章〕
表 12　設楽 2005a：305 頁表 1
表 13　設楽 2005a：313 頁表 2
〔第 11 章〕
表 14　設楽 2004b：368 頁表 1
表 15　設楽 2004b：368 頁表 2
表 16　設楽 2004b：368 頁表 3
〔第 13 章〕
表 17-1　設楽 2009b：58・59 頁表 1-1
表 17-2　設楽 2009b：60・61 頁表 1-2
表 18　設楽 2009b：71 頁表 2 頁
〔第 17 章〕
表 19　赤澤 1983：47 頁表 2・50 頁表 3
表 20　設楽 2007：162 頁第 3 表
表 21　設楽 2007：163 頁第 4 表

写 真 出 典

〔第 8 章〕
写真 1　設楽・高瀬 2014：527 頁写真 1〜8
写真 2　設楽・高瀬 2014：528 頁写真 9〜16
写真 3　設楽・高瀬 2014：529 頁写真 17〜24
写真 4　設楽・高瀬 2014：530 頁写真 25〜32
〔第 10 章〕
写真 5　設楽 2008c：15 頁 2
写真 6　設楽 2008c：26 頁

写真 7　設楽 2008c：27 頁
写真 8　国立歴史民俗博物館編 1993『倭国乱る』朝
　　　　日新聞社：65 頁写真 60
写真 9　国立歴史民俗博物館編 1999『新　弥生紀行』
　　　　朝日新聞社：136 頁図 274
〔第 17 章〕
写真 10　高橋 1995：Pl. 20

Formation Theory of Yayoi Culture

SHITARA, Hiromi

Contents

Preface

Forward   Framework of a variation for the Jomon descended-Yayoi culture

Part 1   The Stylistic chronology for Yayoi pottery and dating of the Yayoi era
Chapter 1   Theory of style for Yayoi pottery
Chapter 2   Discussion on the calendar age of the Yayoi era
Chapter 3   Revised dates of the Yayoi era and climate change : re-estimation of the paper by Sakaguchi (1982)
Chapter 4   The East-West interaction in the final phase of Jomon era
Chapter 5   Formation process of Yayoi pottery in Chubu Japan
Chapter 6   Standard assemblage of *Fusen-amijoumon* pottery in the final phase of Jomon era

Part 2   Theory of the subsistence in the Yayoi era
Chapter 7   Full-scale food production and the tradition of the food collecting technique
Chapter 8   Early agrarian culture at Chubu and Kanto areas of the Japanese archipelago
Chapter 9   A study for the swallow-shaped bone harpoon with the toggled hole on the side
Chapter 10 Transition of the ritual practices for the animals from the Jomon era to the Yayoi era

Part 3   Social change for ancestor rite
Chapter 11 Social background of secondary burial : the relationship with climate change
Chapter 12 Kinship organization and ancestor ritual in the Jomon and Yayoi eras
Chapter 13 Buildings with *Munamochi-bashira* (posts supporting the ridge directly) and the ancestor ritual : the variable types of ancestral rituals in the Yayoi period

Part 4   Elements of the Jomon descended-Yayoi culture
Chapter 14 Involvement of *Kamegaoka* type originated pottery to the formation of *Itatuke* I type pottery in northern Kyusyu

613

英文要旨

Chapter 15 The interaction between *Ongagawa* style-originated pottery in the Japan sea coastal area and *Fusen-amijoumon* pottery of Chubu region
Chapter 16 Origin of the design on *Dotaku* (bronze bell)
Chapter 17 Sculptures of male and female in the Yayoi era

Part 5 Variable interaction for the creation of the new social complex
Chapter 18 Transportation and exchange in the Yayoi era
Chapter 19 The polished stone dagger with wooden grain like striped pattern
Chapter 20 The study on *Ongagawa* style-originated pottery and the related topics in Kanto region
Chapter 21 The interaction between Shinano region and northern Kyusyu region in the Yayoi era
Chapter 22 Importance of the middle Yayoi era in the Japanese history

Final Chapter Yayoi culture and the agricultural complex
Postscript

Preface

This publication presents a basic argument for understanding the observed variety in the formative agrarian culture in the Japanese archipelago as well as introducing the theory of multilineal change. One's answer to the question of how to interpret the Yayoi culture varies according to his/her understanding of history. Some see the Yayoi culture as "a culture forming political societies" and consider this to be the key distinguishing point from the preceding Jomon culture. Based on this theory, however, early rice-farming settlements in eastern Japan cannot be included in the range of Yayoi culture, in spite of tehir exploitations toward the shift to agricultural society, keeping strong Jomon cultural traditions under the influence of the Yayoi political societies.

The author divides the Yayoi culture into the Continental descent and the Jomon descent; the former witnessing the formation of the political societies by adopting agriculture from the southern part of the Korean Peninsula, while the latter formed no significant political groups under the strong Jomon tradition. Based on this categorization, the author discusses the spatial and chronological range of the Yayoi culture of Jomon descent, the meaning of the double structure of the two descents, and finally the meaning and evaluation of each cultural element. The author concludes that YAMANOUCHI Sugao's theory of unilineal change should be reexamined.

Chapter 1 to 22

This publication is composed of five parts.

The first part is about the methodology of chronology for the Yayoi pottery and the dating for the Yayoi era, and it comprises six chapters. The author discusses the re-

614

英文要旨

consideration of the newly- revised calendar age of the Yayoi era demonstrated by National Museum of Japanese History in 2004, and show that the thesis written by a climatologist Sakaguchi Yutaka in 1982 might reveal the matching data with it. Sakaguchi's paper was arguing the relationship between diachronic change and the climate change from the Jomon to the Yayoi era, and the author reviews Sakaguchi's thesis as the theoretical base for Chapter 11. Based on the stylistic methodology of Yayoi pottery as shown in the Chapter 1, in the Chapter 4-6, the author argues the pottery chronology and the formation process from the Jomon to the Yayoi pottery by targeting on the Chubu (midland Japan) highlands and the Kanto region.

The part 2 deals with the theory of subsistence in the Yayoi era, and it comprises four chapters. the author deals with a problem of agriculture in the chapter 7 and 8, and the fishing activities in the chapter 9. The problem of the ritual for land animals is discussed in the chapter 10. In the chapter 7 and 8, the author considers the emergence of the cereal cultivation with an impression-replica method developed in resent years, that can identify the kinds of cereal and vegetable seeds observed by electronic microscope as form of the silicon poured into empty holes on the surface of the pottery. In addition, he discusses the difference and continuity in the features of hunting and fishing activities between the Jomon and the Yayoi culture.

The part 3 deals with a ritual aspect mainly on an ancestor rite. It comprises three chapters. The author particularly focuses on a secondary-burial custom and consider the social meanings of the repeated emergences of it from the Jomon to the Yayoi era in the contexts of the climatic and social change. In the chapter 13, based on the analysis of the forms of ancestor rites in the Yayoi era, he argues the genealogical differences such as between the Jomon-descended and the continent-descended; besides, the variety of rites by the combination of them.

The author explores the cultural elements in the Yayoi era succeeded from the Jomon era in the part 4. It comprises four chapters. He focuses on Jomon cultural elements in the Yayoi artifacts of the western Japan seemingly derived from the continent: the early Yayoi pottery of the northern Kyushu (*Ongagawa* style pottery in *Sanin* region) and *Dotaku* (bronze bell). In addition, in the Chapter 17, he argues that the characteristics of female-modeled clay figurines peculiar to the Jomon culture might change to the status of a pair of both sexes under the influence of product-oriented idea of farming culture in the Yayoi era. He argues that the significance of transportation in the middle Yayoi era which had an effect on the social change in the part 5. It consists of six chapters. He discusses the importance of trade for social evolution in the Chapter 18, and indicates its role by shedding light on the archaeological evidences: Chubu highlands in the Chapter 19 and 21; and Kanto area in the Chapter 20. Finally, the importance of the middle Yayoi era in the Japanese history is discussed.

英 文 要 旨

Conclusion

With regard to the definition of the Yayoi period, there are two kinds of perspectives. One standpoint, attaching importance to a turning point in the economic history, regards the full-scale initiation of agriculture such as rice cultivation as the indicator of the period. Another standpoint, putting stress on social aspects, pays more attention to qualitative changes in ideology. Criteria of periodization should reflect trends at each time. At the same time, they should be simple and clear. Although both standpoints adopt rice cultivation as key criterion, the latter standpoint is unlikely to be objective and clear for everyone because it requires a subjective judgment such as purposes and aims of the phenomenon. The periodization should be independent of historical assessment. Adopting the former standpoint, this book defines the former's ambiguous criterion of the full-scale initiation as the formation of a complex of farming culture, a significant difference from the Jomon farming culture.

The present article also reviews the history of studies on the Yayoi culture in eastern Japan as well as recent research using the replica method, which is mentioned before, to give a picture of the initial farming culture. Regarding the Initial Yayoi culture in eastern Japan as a complex of farming cultures, this book observes differences from the former studies that refuse to accept as the Yayoi culture the farming culture of the Kanto region before the middle of the Middle Yayoi period or that of the northern Tohoku region. The book recognizes the Yayoi culture as a complex of farming cultures that inherited a wide variety of agricultural forms which had been slowly cultivated in China and then developed in each area according to its own land conditions, environmental aspects, and group organization. The formation of true farming societies and political societies is considered here to have progressed in a limited area in the latter half of the Yayoi period.

616

索　　引

あ

アイヌ……………19, 29, 30, 227, 229, 237, 251, 255, 320

赤星直忠……………232, 233, 241, 244, 245, 251, 252

秋山浩三……………8, 246, 325, 341, 350, 389, 450, 528

朝日遺跡(愛知県)………97, 100, 101, 191, 192, 240, 246, 415, 416, 418, 422, 517, 523, 526, 527, 531, 536

朝日式……………90, 91, 97, 100, 101, 489

麻生田大橋遺跡(愛知県)…………100, 222, 437, 438

荒海貝塚(千葉県)…………68, 117, 394, 494, 500, 560

荒海式…53, 64, 133, 292, 386, 493～496, 498, 499, 560

アワ……182～184, 186, 187, 193, 194, 200, 201, 205, 210～212, 218, 219, 226, 449, 507, 548～557

アワビオコシ……………………239, 241, 242

安行式……30, 49, 53, 67～70, 72, 74～78, 82, 84, 86, 88, 196, 198, 199, 203, 210, 230, 292, 293, 362, 507, 549, 560

安藤広道……………183, 184, 194, 347, 540, 556

い

飯塚博和……………………531, 402, 419

伊川津貝塚(愛知県)………82, 83, 97, 103, 127, 256, 262, 313, 451, 461

異系統文化……………………8, 9, 11, 12, 248

池上遺跡(埼玉県)………202, 220, 221, 242, 429～431, 434, 537

池上曽根遺跡(大阪府)………38, 186, 187, 190～192, 246, 270, 272, 274, 276, 321, 323, 324, 329, 336, 338～341, 349, 350, 472, 517, 523, 527～530, 554

池子遺跡(神奈川県)……191, 232, 233, 235, 240, 243, 245～248, 250, 523

石川日出志………3, 10, 14, 54, 87, 89, 90, 129～131, 133, 134, 165, 223, 242, 287, 297, 307, 346, 362, 378, 380, 387, 391, 394, 401, 405, 434, 443, 459, 500, 507, 512, 514, 515, 537, 546, 552, 555, 557, 560

石鏃……………6, 199, 217～219, 546, 547, 549, 554

石行遺跡(長野県)……6, 121～123, 131, 174, 219, 221, 222, 394, 404, 428, 429, 501, 505, 507～511, 519, 550

石皿……………………6, 214, 219, 248, 460

石野博信……………………26, 31, 41, 499

石庖丁………5, 185, 189, 242, 243, 469, 471, 472, 505,
506, 524, 525

井関弘太郎……………………294, 537

板付遺跡(福岡県)…8, 22, 37, 47, 48, 50, 94, 186, 187, 220, 358, 365, 366, 368, 381, 386, 554

板付式…7, 8, 22, 24, 28, 36～40, 43～45, 51, 53, 186, 220, 357～363, 366, 368～370, 372～374, 377～379, 381, 382, 384, 386, 387, 391, 405, 415, 416, 423, 424, 489, 494, 498, 499, 547, 551, 560

一括遺物……………………18, 24, 128, 135

居徳遺跡(高知県)……48, 51, 52, 87, 357, 376～378, 380, 381, 384, 423

稲吉角田遺跡(鳥取県)………267～269, 339, 348, 353

稲荷山貝塚(愛知県)……………69, 130, 320, 451

稲荷山式……………53, 68, 69, 78, 90, 92, 143, 384

イネ…6, 181, 182, 184, 187, 188, 193, 194, 199～201, 203, 205, 210～212, 218, 219, 226, 266, 267, 348, 350, 354, 482, 507, 545, 548～551, 554～556, 558～560

井上洋一……………………259, 266, 267, 278, 411

イノシシ形土製品………………257, 262～264, 277

異文化…12, 64, 227, 248, 250, 386, 389, 404, 511, 551, 558

今川遺跡(福岡県)…39, 43, 45, 47, 370～372, 505

今村啓爾……………………218, 290, 292

今村峯雄……………35, 36, 54, 64, 536

今山遺跡(福岡県)………469, 470, 474, 479, 515, 519, 524～526, 536, 538, 557

イモガイ……………………465, 508

入組三叉文……………………49, 50

イレズミ……………11, 12, 262, 320, 427, 443

岩陰……………………189, 257, 288, 289

岩崎卓也……………26, 461, 477, 517, 518

IntCal……………………35, 54

う

薄磯貝塚(福島県)…232, 233, 235, 236, 241～243, 254

姥山貝塚(千葉県)……………68, 69, 299, 303, 310

姥山式……………………69, 76, 77, 84

瓜生堂遺跡(大阪府)………315, 452～454, 470～473, 526, 530

漆……………87, 273, 274, 357, 377, 380, 381, 509, 535

617

索　引

え

AMS 法‥‥33, 34, 36, 44, 45, 48, 53, 58〜64, 182, 193, 194, 291, 327, 519, 557, 559, 560

江坂輝弥‥‥‥‥‥‥‥‥‥‥‥‥‥230, 251, 390

恵山貝塚(北海道)‥‥‥‥‥‥‥‥‥‥233, 235

恵山式‥‥‥‥‥‥‥‥227, 233, 235, 236, 537

恵山文化‥‥‥‥‥‥‥‥‥‥232, 236〜238

榎田遺跡(長野県)‥‥‥‥515, 517, 519, 524, 526, 538

エルツ‥‥‥‥‥‥‥‥‥‥‥‥‥‥256, 343

お

王莽‥‥‥‥‥‥‥‥‥‥‥‥‥‥37, 40, 272

大浦山洞穴(神奈川県)‥‥‥‥232〜234, 240, 241, 243, 244, 251

大江前遺跡(佐賀県)‥‥‥‥357, 363, 364, 368, 376, 384

大型壺‥‥‥7, 91, 97, 125, 129, 178, 202, 220, 302, 360, 482, 487, 546, 547, 553, 554, 557

大塚達朗‥‥‥‥‥‥49, 77, 390, 391, 419, 500

大野雲外‥‥‥‥‥‥‥‥17, 18, 29, 427, 428

大林太良‥‥‥‥‥‥‥‥‥269, 281, 302, 553

大洞 A 式‥‥‥‥49, 87, 88, 92, 101, 106, 123, 129, 136, 150, 165, 170, 221, 243, 249, 252, 378, 379, 381, 382, 384, 390, 391, 402, 403, 420, 494, 498, 509, 510

大洞 A_1 式‥‥‥49, 51, 53, 142, 170, 171, 174, 178, 373, 377, 379, 382〜384, 391, 394, 400〜402, 413, 444, 510, 550, 551, 560

大洞 A′式‥‥‥49, 50, 53, 106, 123, 131, 163, 174, 202, 203, 241 〜 243, 288, 390, 391, 395, 416, 430, 490, 491, 493〜495, 497〜500

大洞 A_2 式‥‥‥‥49, 50, 51, 53, 144, 149, 150, 172, 173, 203, 374, 380, 386, 394, 395, 400, 405, 413, 560

大洞貝塚(岩手県)‥‥‥‥‥‥‥‥230, 288, 386

大洞系‥‥51, 52, 74, 77, 82, 94, 123, 124, 172, 174, 222, 378, 399, 401, 424, 444, 482, 499, 500, 509, 510

大洞 C_1 式‥‥‥49〜51, 53, 84, 86, 91, 92, 104, 130, 136, 378, 382, 401, 444, 511

大洞 C_2 式‥‥‥49, 51, 53, 86〜88, 91, 104, 106, 130, 165, 178, 203, 210, 230, 243, 252, 378, 379, 381〜384, 391, 400, 401, 402, 444, 507, 509〜511, 549, 551

大洞 B 式‥‥‥‥‥‥‥49, 53, 68, 69, 74, 75, 178, 401

大洞 B-C 式‥‥‥‥‥30, 49, 50, 53, 84, 130, 378, 444

大参義一‥‥‥‥‥‥90, 94, 95, 123, 129, 130

岡遺跡(山梨県)‥‥‥‥‥‥‥‥‥429〜431, 433

沖式　沖Ⅱ式‥‥‥204, 222, 224, 226, 490, 494, 498, 547

沖Ⅱ遺跡(群馬県)‥‥‥6, 203, 210, 212〜215, 217, 221〜223, 226, 286〜288, 460, 481, 483, 487, 490, 491, 493〜495, 498, 546〜549

女方遺跡(茨城県)‥‥‥‥‥‥489, 494, 498, 546

夫方居住‥‥‥‥‥‥299, 308〜310, 319, 454

遠賀川式‥‥‥‥7, 14, 21, 22, 53, 90, 100, 106, 129, 130, 183, 199, 202, 222, 226, 357, 359, 360, 362, 368, 378, 381, 383, 386, 391, 402, 413, 415, 418〜422, 424, 430, 481, 482, 484, 490, 491, 495〜497, 499, 500, 508, 546, 547, 550, 551, 555, 557, 558

遠賀川系‥‥‥‥7, 8, 14, 50, 51, 84, 129, 220, 222, 223, 382, 389〜392, 399〜401, 403〜405, 445, 450, 481〜485, 487, 489, 490, 495〜500, 509, 559

遠賀川文化‥‥4〜7, 9, 14, 220, 223, 225, 226, 383, 389, 405, 545, 557, 558

か

階級‥‥‥‥‥‥‥‥‥3, 5, 33, 474, 530, 544, 556, 557

海人‥‥‥‥248, 465〜469, 474, 479, 526, 533, 534, 540

海蝕洞穴‥‥‥‥227, 232, 236, 239, 241〜249, 251, 252

海進‥‥‥‥‥‥‥‥‥‥‥‥‥294, 295, 447

階層‥‥‥19, 31, 315, 318, 339, 343, 345, 454, 455, 466, 508, 519, 525, 528, 530, 532, 535, 537, 558

海退‥‥‥‥‥‥‥‥‥‥‥‥293〜295, 447

海民‥‥‥‥‥‥246, 250, 252, 508, 521, 533

海洋リザーバー効果‥‥‥‥‥‥‥‥‥36, 54

外来系‥‥‥6, 26, 27, 30, 31, 84, 169, 170, 173, 316, 380, 406, 477, 479, 523, 538, 540

樫王貝塚(愛知県)‥‥‥‥‥‥90, 91, 97〜100, 106

樫王式‥‥‥‥53, 89, 90, 94, 95, 97〜100, 104, 106, 112, 122, 124, 125, 127〜132, 164, 173, 174, 178, 222, 223, 226, 395, 430, 437, 438, 489, 491, 500, 502, 507, 547, 555

橿原式文様‥‥‥‥‥‥‥390, 391, 400〜403, 405, 406

貨泉‥‥‥‥‥‥‥37, 40, 467, 478, 509, 510, 540

家族‥‥‥‥‥‥‥‥‥‥308, 310, 345, 461, 530

加曾利 E‥‥‥‥‥‥62, 283, 284, 290〜293, 296, 302

家畜‥‥‥‥‥‥‥‥‥186, 187, 190, 191, 257, 554

合葬‥‥‥‥282, 283, 289, 298〜302, 305, 306, 308, 310〜315, 318, 319, 450〜453, 455, 456, 461

金関丈夫‥‥‥‥‥‥‥‥‥‥‥‥‥‥‥‥10

金関恕‥‥‥29, 264, 268, 269, 278, 321, 341, 344, 348, 349, 353, 354, 439, 440, 444, 445, 528, 543, 545, 546, 556

金子修一‥‥‥‥‥‥‥‥‥‥‥‥‥351, 353

金子浩昌‥‥‥190, 192, 227, 229, 230, 232, 233, 236〜238, 241〜244, 246, 251, 252, 258

索　引

金子裕之 ·····················69, 74, 76, 77, 384

加納俊介·····················24, 26～28, 30, 129, 178

甕棺···7, 36, 38, 39, 315, 343～346, 351, 358, 454, 461,
　478, 508, 517, 525, 531

亀ヶ岡系·······7, 84, 86, 357, 358, 360, 362, 363, 376～
　384, 386

亀ヶ岡式······68, 91, 128, 360, 361, 377, 378, 384, 386,
　413, 423, 551

亀ヶ岡文化 ·····················67, 361, 380～383, 551

唐古(遺跡：奈良県) ····4, 21～23, 25, 31, 40, 41, 130,
　191, 267, 274, 324, 337, 360, 386, 391, 405, 461, 487～
　489, 496, 499, 517, 522, 523, 530

灌漑···5, 183～186, 188, 189, 195, 220, 221, 223～225,
　241, 316, 319, 346, 448, 449, 457, 461, 521～523, 531,
　532, 536～538, 548, 552, 553

環境変動·····················53, 289, 293

環濠···3～6, 10, 185, 220, 221, 223, 224, 246, 247, 249,
　250, 316, 323, 325, 327, 332, 339, 347, 384, 445, 521,
　522, 526, 528, 529, 531, 540, 545, 557

環状集落 ·····················283, 284, 296, 298, 346, 460

漢·······19, 30, 36～38, 40, 44, 47, 272, 273, 275, 278,
　315, 342～344, 349, 350, 351, 353, 354, 453, 467, 475,
　477, 478, 530, 531, 533, 534, 539, 544

寒冷化·····62, 63, 189, 290, 293, 295～298, 301, 312,
　346, 547, 552, 559

き

キージング ·····················311, 313, 314, 319, 320

倭人伝·····················37, 350, 354, 467, 476, 525

喜田定吉 ·····················12, 19

畿内第Ⅰ様式·······24, 31, 96, 100, 106, 130, 131, 481,
　487, 489, 496, 498, 500, 502, 511

キビ······182, 184, 187, 194, 200, 201, 205, 210～212,
　218, 219, 507, 548～556

拠点集落·······289, 318, 471～474, 478, 479, 515, 516,
　518, 522, 526

清野謙次···14, 29, 30, 130, 227, 228, 230, 238, 250, 427

漁撈民·······190, 227, 246～249, 465～467, 508, 528,
　533, 557

く

管玉 ·····················382, 517, 519, 539, 551

クリ ·····················548, 552, 555

栗林式·····················30, 514, 515, 518～520, 539

黒川式····50, 51, 53, 143, 178, 220, 360, 362, 372, 376,
　511

け

形式 ·····················18～22, 27～31, 40, 43, 301

型式学···12, 17～22, 25～27, 29, 51, 53, 69, 89, 90, 95,
　99, 101, 125, 126, 133, 135, 170, 171, 249, 358, 363,
　368, 386, 416, 427, 430, 491

形質人類学·····················10, 310, 313, 315, 455, 461

黥面····12, 262, 428～430, 437, 443, 445, 459, 460, 502

血縁 ·······284, 298, 299, 302, 303, 305, 306, 308, 309,
　311～315, 318, 319, 346, 451～453, 456, 461, 522, 523,
　529

堅果類 ·····················181, 185, 186, 460, 554

剣持輝久 ·····················239, 241, 244, 252

こ

交易···9, 26, 87, 190, 244, 245, 248, 249, 445, 446, 465,
　466, 468～470, 473, 477～479, 508～511, 517～519,
　525, 533～535

工字文·······91, 101, 104, 117, 122, 129, 131, 136, 141,
　142, 149, 170, 171, 202, 362, 363, 378, 381, 386, 390～
　392, 405, 420, 424, 491, 494, 540

洪水 ·····················276, 536

較正···33, 35, 44, 45, 48, 53, 54, 58～65, 291, 293, 519,
　557, 559

高地性集落 ·····················323, 327, 330, 475, 476

近藤義郎·····················31, 178, 443, 553, 557

甲野勇 ·····················251, 252, 262, 427, 431, 459

紅村弘·······7, 8, 13, 22, 28, 30, 77, 90, 91, 97, 98, 100,
　106, 129, 130, 223, 495

甲元眞之······9, 42, 185～187, 189, 190, 249, 267, 320,
　460, 466, 468, 508, 533, 554

氷遺跡(長野県)···89, 91, 96, 101～104, 106, 108, 110,
　112, 115, 117, 121, 122, 128, 131, 133, 134, 157, 164,
　165, 173, 174, 394, 502

氷式······6, 53, 69, 89, 91, 92, 101, 103, 104, 115, 121～
　134, 143, 144, 149, 159, 164, 166, 168～170, 172～
　174, 178, 203～205, 210, 221～224, 394, 395, 397,
　399, 400, 403～405, 491, 500～502, 507, 547, 549～
　551, 554, 555

五貫森貝塚(愛知県)···92, 95, 100, 117, 123, 124, 127,
　129, 130, 170, 221

五貫森式···53, 78, 86, 90～92, 94～96, 100, 104, 106,
　123～125, 128～130, 149, 165, 170, 172, 204, 214,
　221, 222, 394, 507, 550

黒色磨研·····················68, 86, 88, 143, 171

穀霊·····················192, 269, 271, 275, 316, 348～350, 352

619

索　引

古作貝塚(千葉県)…283, 284, 299, 306〜308, 310, 319
腰飾り………………………………………258, 263, 320
古事記…………………………………………12, 265
小杉康……………………28, 30, 261, 289, 303, 319
木葉文……389〜392, 399, 401〜405, 413, 418〜420,
　　422, 424, 500
小林謙一……………………36, 53, 54, 58, 182, 302
小林青樹…51, 63, 64, 87, 311, 316, 321, 337, 347, 354,
　　377〜379, 381, 383, 384, 386, 389, 391, 394, 403, 405,
　　406, 424, 443, 444, 538, 547, 551, 560
小林克…………………………………………290, 296
小林行雄……8, 17, 19〜30, 36〜38, 95, 130, 181, 252,
　　265, 266, 421, 450, 476, 477, 481, 487, 488, 509, 511,
　　513
古墳時代……3, 5, 12, 18, 19, 21, 26, 31, 41, 55, 61, 62,
　　243, 276, 322, 327, 330, 334, 338, 339, 341, 345, 350,
　　354, 450, 461, 476, 478, 513, 519, 521, 529, 531, 544,
　　557, 558
ゴホウラ………………………454, 465, 466, 475, 508
権現原貝塚(千葉県)…283〜285, 296, 298, 300, 303,
　　306〜308, 310, 318, 319

さ

採集狩猟……9, 33, 181, 185〜188, 192, 257, 277, 293,
　　314, 389, 445, 449, 456〜457, 523, 555, 560
再葬墓………7, 132, 189, 196, 199, 203, 213〜214, 224,
　　281〜282, 286〜290, 296〜297, 300〜302, 305〜307,
　　311〜312, 314, 316, 318〜319, 321, 346〜347, 351,
　　353, 482, 487, 489, 498, 510, 537, 546〜549, 551, 558
栽培穀物………………………183, 187〜188, 196, 552
細密条痕……96, 99, 103, 108, 110, 115, 117, 121, 125,
　　126, 130, 143, 150〜152, 157〜159, 169, 171, 173,
　　202, 203, 205, 210, 484, 499
彩文……362, 372〜374, 378, 390, 391, 402〜404, 406,
　　410, 412, 414, 419, 422, 496
酒井龍一……………10, 11, 469, 471〜474, 525〜527
阪口豊………………55, 56, 58〜65, 293, 294
桜ヶ丘神岡遺跡(兵庫県)…………………247, 450
雀居遺跡(福岡県)……51, 52, 87, 191, 366〜369, 372,
　　377, 378, 380, 381, 386, 423, 509, 510
佐々木高明…………181, 182, 320, 544, 548, 553, 556
雑穀………14, 182〜184, 187, 188, 193, 210, 212, 218,
　　219, 226, 507, 523, 549〜554, 556, 558〜560
佐藤達夫………30, 227, 232, 233, 237, 238, 250〜252
佐原真…3, 24〜26, 29, 30, 37, 65, 130, 225, 265〜267,
　　269, 341, 405, 406, 419, 425, 459, 479, 481, 488, 489,

496, 497, 499, 500, 506, 543, 545〜547, 549, 554, 556,
　　559
三角連繋文………………………204, 493, 498
三貫地貝塚(福島県)………………296, 297, 306
三叉文………………49, 373, 379, 403, 413, 540
三田谷文様…380, 381, 402〜404, 413, 415, 418〜422,
　　424, 540
三内丸山遺跡(青森県)………………289, 290
三ノ倉落合遺跡(群馬県)…134, 150, 152〜156, 158,
　　159, 172, 173, 394

し

飼育…181, 186〜187, 189〜192, 253, 256〜257, 264,
　　277
ジェンダー………………………………447, 459
滋賀里……50, 53, 67, 68, 72, 75, 77, 78, 82, 84, 88, 94,
　　129, 130, 360, 378, 401, 419, 451
歯冠計測………………284, 305, 308, 309, 313, 461
自然環境………63, 189, 190, 293, 298, 301, 302, 318
地蔵田遺跡(秋田県)………………………551
氏族………………308, 312〜314, 316, 318, 320
時代区分論………………………11, 12, 17, 55
羊歯状文………………………………49, 50
設楽博己……7, 10, 12, 14, 45, 52, 58, 64, 82, 133, 178,
　　185, 188, 193, 196, 226, 238, 251, 252, 260, 262, 274,
　　278, 281, 283〜286, 288, 289, 296, 307, 310, 312, 313,
　　315, 316, 318, 319, 321, 346, 347, 378, 379, 383, 384,
　　394, 407, 413, 423, 424, 428, 430, 435〜438, 443, 445,
　　458〜460, 462, 490, 498, 513, 517, 522, 529, 536, 538,
　　543, 548, 552, 553, 560
七田忠昭………………………………343, 344, 354
篠田謙一………………………284, 306, 308, 309
篠原式………………50, 51, 53, 78, 84, 86, 88, 378
下條信行…248, 466, 467, 469, 470, 505, 508, 515, 524,
　　525, 531, 534, 536, 538
社会組織…3, 4, 305, 427, 445, 451, 459, 475, 544, 551
社会変動………………………………64, 248
首長…3, 5, 6, 265, 276, 321, 334, 338〜341, 347, 350〜
　　354, 454, 461, 466〜468, 470, 474, 476〜479, 517〜
　　519, 521, 522, 524〜527, 529〜536, 538〜540, 557
集団統合………………………………316, 318, 319
呪術……256, 258, 262〜263, 270〜271, 277, 314, 435,
　　501
出自規制………………………………300, 310, 318
松菊里遺跡(韓国)………39, 42〜43, 187, 502
条痕文……6〜9, 22, 90〜92, 99〜101, 104, 112, 115,

索　引

122, 124〜126, 128, 129, 152, 164, 174, 202〜205, 220〜226, 430, 437, 458, 462, 482, 489, 491, 498, 500, 507, 545, 548, 551, 554, 555, 558

焼人骨…………………………256, 281, 284〜289, 298

焼獣骨……………………………255, 256, 300

庄内式………24, 25, 41, 322, 324, 326, 330, 334, 338, 477, 529

称名寺式……196〜198, 203, 282〜284, 290〜293, 296

縄文系弥生文化……3, 4, 305, 427, 445, 451, 459, 475, 544, 551

縄文農耕…181, 183, 185, 187, 188, 195, 519, 550, 552, 553, 558

植物栽培………………………4, 181, 183, 194, 448, 449

白石太一郎……………………………37, 41, 302

進化論…………………………11〜13, 20, 189, 531

新石器…186, 187, 190, 194, 218, 308, 460, 461, 466, 517

親族組織…302, 305〜307, 309〜315, 319, 320, 454, 461

神話…………………………19, 192, 264, 266, 269, 457

す

水神平式……53, 90, 91, 97〜101, 112, 124〜131, 164, 178, 202, 203, 222, 223, 430, 489, 491, 495, 500, 501, 511, 555

水田稲作……4〜6, 9, 14, 63, 87, 183〜186, 188, 189, 195, 202, 220, 221, 223〜226, 244, 245, 247, 249, 275, 278, 316, 346, 378, 382〜384, 391, 440, 444, 445, 448, 449, 458, 497, 499, 508, 510, 521, 523, 531, 537〜539, 544, 545, 548, 550〜555, 559, 560

杉田貝塚(神奈川県)………78, 85, 124, 131, 377, 394

杉原荘介…22, 24, 37, 38, 40, 78, 90, 92, 100, 123, 124, 129〜131, 360, 390, 391, 397, 402, 405, 420, 481, 495, 496, 500

須玖式………40, 44, 514, 515, 519, 520

須玖岡本遺跡(福岡県)…………47, 467, 478, 530

鈴木加津子……………………49, 51, 69, 77. 88

鈴木公雄…………20, 27, 52, 68, 69, 76, 130, 131, 448

鈴木正博………30, 50, 64, 88, 133, 144, 149, 150, 159, 169, 172〜174, 205, 252, 362, 363, 373, 374, 378, 386, 391, 394, 395, 402, 405, 406, 415, 419, 437, 460, 487, 490, 491, 494, 496, 498〜500, 511

須藤隆………49, 50, 52, 384, 510, 511, 537

砂沢遺跡(青森県)…………50, 382, 481, 538, 551

砂沢式…50, 53, 382, 384, 386, 495, 499, 551, 558〜560

磨石………………………6, 214, 217, 219, 248, 460

磨消縄文……97, 108, 115, 130, 131, 224, 383, 430, 491

スリップ焼成………………………514, 515, 518, 519

せ

製塩………76, 241, 243〜245, 249, 293, 459, 533, 537

生業………3, 5〜7, 181, 186〜190, 192, 194, 223〜224, 227, 241〜242, 245, 247〜250, 270, 277〜278, 293, 314, 318, 361, 427, 445〜447〜450, 456〜458, 461, 466, 519, 537, 547〜548, 553〜556, 558〜560

精製土器……………………75〜78, 86, 88, 171

青銅器………3, 5, 9〜10, 19, 34, 36〜38, 42, 44〜45, 47〜48, 184, 187, 267, 343, 349〜350, 352, 418, 424, 425, 449, 453, 466〜471, 473, 479, 509〜511, 513〜514, 517〜521, 523, 525〜526, 531〜533, 536, 538〜541, 544, 557

石鏃…6, 37, 39, 214, 223, 228, 248, 258, 327, 472, 475, 501, 505, 511

石棒…7, 214, 270, 292, 299, 319, 389, 424〜425, 434〜437, 443, 450, 456〜457, 460, 501, 523, 557

世帯……284, 298〜302, 306, 308, 310〜312, 315, 318, 320, 450〜452, 456, 460, 461, 522. 530

石棺………………………………39, 43, 281, 290

石器時代……12, 18, 19, 186〜187, 189, 190, 194, 218, 308, 427, 460, 466, 517, 521

石器組成……6, 10, 214, 217, 219, 223, 224, 383, 526, 555

選別的………………………………186, 554

前漢鏡………………………………37, 38, 44, 47

専業……245〜249, 252, 446, 468〜470, 479, 524, 525, 536, 538, 553, 557

穿孔人歯………………………………288〜298

先史………31, 55, 61, 68, 251, 257, 305, 307, 319, 427, 455, 549

戦争…………37, 224, 446, 449, 454, 475, 517, 536, 537

選択居住………………………309, 318, 454, 461

尖浮線手法………………165, 168, 169, 173, 174, 395

そ

層位学…………17〜19, 22, 26, 27, 29, 53, 90〜92, 135

双系…………………………………310, 315, 320

相互交流……87, 88, 124, 223, 224, 226, 353, 378, 382, 384, 386, 400, 404, 405, 466, 509〜511, 532, 537

蔵骨器…7, 282, 288, 289, 299, 300, 302, 307, 311, 314, 319, 459, 489, 499, 548

装身具………7, 253, 257, 258, 313, 320, 427, 454, 461

宗廟………………………344, 346, 348〜354

続縄文……14, 227, 230〜233, 235, 236, 238, 239, 251,

621

索　　引

257, 438, 459, 465, 513, 552, 558
側面索孔……227, 229, 231〜233, 235〜239, 241, 242, 249
粗製土器…67〜70, 74, 76〜78, 82, 84, 86, 88, 92, 131, 384
祖先祭祀……63, 194, 296〜299, 301〜303, 305〜310, 316, 318, 319, 321, 343, 346, 347, 351〜353, 460, 522, 546, 547
祖霊…275, 296, 306, 316, 319, 321, 343〜354, 440, 460

た

ダイズ ……………………………………………183, 187
大中の湖南遺跡(滋賀県) …………………………439, 442
大陸系磨製石器 …………………4, 5, 242, 383, 515, 536
大陸系弥生文化………4〜8, 10, 13, 14, 247, 278, 545, 557, 559
高瀬克範 ………50, 199, 210, 213, 218, 548〜551, 560
高床倉庫 …………………………………4, 316, 348
田崎博之 ……………………184, 358〜362, 537
田代克己 …………………315, 452, 453, 473, 526
打製石斧 …………………………196, 214, 225, 460
打製土掘具…212〜214, 217〜219, 223, 225, 226, 479, 501, 547, 548, 555
辰巳和弘 …………………………267, 340, 349, 354
竪穴住居……36, 45, 63, 117, 144, 163, 182, 197, 199, 203, 217, 252, 254, 284, 290〜296, 298, 299, 302, 303, 311, 314, 316, 320〜323, 325, 327, 330, 332, 334, 337, 338, 346, 366, 461, 522, 546
立岩遺跡(福岡県) ………………38, 47, 469, 470, 474
田中国男 …………………………………489, 546
田中　琢………………20, 24, 25, 129, 311, 531
田中良之 ……………………313, 315, 320, 461
谷口康浩 …………………………311, 318, 460
多人数集骨 ………281, 283〜285, 290, 296, 298, 299, 301〜303, 305〜310, 313, 318, 319, 450, 451
タフォノミー …………………………195, 549
垂柳遺跡(青森県) …………………537, 551, 552
炭化米 ……38, 182〜184, 193, 195, 218, 551, 559, 560
男女像…7, 269, 270, 314, 315, 319, 427, 428, 431, 434, 437, 438, 444, 445, 450, 454, 456〜459, 461, 462
炭素14年代測定…33〜36, 38, 55, 56, 58〜61, 64, 65, 193, 194, 291, 294, 320, 519, 559, 560

ち

千網谷戸遺跡(群馬県) …………………74, 92, 131
千網式…53, 86, 88, 101, 133, 151, 159, 170, 196, 197,

199, 202, 214, 292, 482, 498, 560
チャイルド……………………………………………21
中間土器 …………………………………18, 29, 129
注口土器 …………………20, 401, 515, 516, 520
朝鮮式銅鈴 …………………407, 409〜412, 424, 425
沈線重弧文 ……366, 368〜370, 372〜375, 381, 386, 424

つ

通過儀礼 ………12, 64, 254, 256, 259, 300, 301, 302, 458
都出比呂志 ……24〜27, 29〜31, 37, 41, 89, 181, 245, 246, 315, 346, 351, 445, 446, 450, 453, 454, 470, 472, 473, 475, 477〜479, 528, 533, 540, 553, 556
燕形銛頭 ……227〜239, 241〜243, 245, 249〜252, 523, 533
坪井清足 ………………………24, 390, 419, 512
坪井正五郎 ……………………………………17
壺棺 ………………………7, 131, 302, 454, 489
壺形土器…6, 7, 21, 51, 82, 87, 151, 164, 174, 178, 182, 196, 199, 202, 204, 205, 210, 214, 220〜224, 226, 272, 275, 276, 281, 282, 286, 288, 339, 357, 360〜363, 366, 368, 370, 372, 373, 376, 377, 381, 386, 387, 397, 400, 404, 405, 420, 430, 479, 482, 487, 489, 491, 498〜500, 508, 509, 546〜548, 551, 553〜555, 557
妻方居住 …………………………………309, 310, 454

て

DNA ………191, 194, 284, 299, 305, 306, 308, 309, 320
鉄器 ……3, 4, 6, 14, 26, 34, 38, 44〜48, 54, 467〜470, 473, 474, 476, 478, 479, 513, 514, 521, 525, 531〜536, 539〜541, 544, 557
鉄剣…306, 336, 404, 478, 502, 505, 506, 511, 514, 535, 536, 539
鉄斧 ……………………45, 48, 533, 534, 539, 540
寺沢薫……26〜28, 31, 38, 41, 185, 188, 193, 345, 411, 412, 461, 475, 499, 509, 529, 530, 540, 560
天神前遺跡(千葉県) …………………305, 311, 314

と

土井ヶ浜遺跡(山口県) ……………………………454
樋泉岳二 …………………45, 245, 246, 252, 524
同位体………………………………………34, 193
銅戈…37, 42, 44, 47, 468, 470, 509, 510, 513, 514, 517, 538
銅鏡………………………………………36, 475, 479
銅剣……37〜40, 42〜45, 47, 315, 344, 454, 466, 468, 470, 479, 506, 507, 509〜511, 513, 530

622

銅鏃‥‥‥‥‥‥‥‥‥‥‥‥‥‥39, 478, 513

同族‥‥‥‥‥‥‥‥‥‥‥‥‥‥63, 297, 307

銅鐸‥‥‥‥12, 191, 192, 247, 252, 253, 264～267, 269～
271, 274, 275, 277, 278, 316, 321, 325, 332, 348, 350,
352, 353, 407～412, 414～419, 421～425, 450, 470,
471, 479, 509, 513, 514, 517, 540

動物形土製品‥‥‥‥‥‥‥‥‥262, 263, 266, 277

銅矛‥‥37, 40, 44, 47, 352, 424, 425, 468, 469, 509, 510

土器棺‥‥‥‥‥‥‥‥284, 302, 437, 453, 461, 537

土器組成‥‥‥‥‥6, 89～91, 95, 100, 117, 124, 126,
128～130, 220, 222, 361, 382, 499, 551, 554

土偶‥‥‥‥7, 12, 224, 253, 259～262, 264, 266, 270, 277,
314, 319, 389, 427～430, 434～440, 443～445, 449,
450, 456～462, 502, 548

土偶形容器‥‥‥‥7, 224, 314, 319, 346, 427～434, 437,
438, 444, 445, 449, 456～459, 462, 548, 554, 555

独立棟持柱‥‥‥‥316, 321～343, 345～354, 522, 529

都市‥‥‥‥‥3, 521, 522, 524, 527～529, 531, 535, 540

土製耳飾り‥‥‥‥‥‥‥‥‥‥‥7, 301, 436

トチガ原遺跡(長野県)‥‥‥‥117, 119, 121～123, 127,
131, 133, 134, 160～163, 174, 394, 502

トチノキ‥‥‥‥‥‥‥‥‥‥185, 548, 552, 555

突帯文‥‥‥‥6, 8, 50～52, 68, 84～88, 92, 94, 100, 101,
124, 128, 131, 141～143, 151, 164, 165, 168, 169, 171,
172, 174, 178, 182, 183, 186, 192, 199, 221～224, 226,
359～361, 363, 366, 368, 372, 376, 377, 381～384,
402, 404, 405, 449, 489, 494, 498, 507, 519, 550～552,
560

富岡謙蔵‥‥‥‥‥‥‥‥‥‥‥‥‥‥‥36

外山和夫‥‥‥‥‥‥82, 90, 92, 123, 129～131, 283

渡来‥‥‥‥10, 14, 184, 185, 191, 315, 359, 382, 454, 459,
469, 471, 477, 521, 531, 532, 541, 544, 557

鳥居龍蔵‥‥‥‥‥‥‥‥‥21, 22, 129, 431, 459

鳥形木製品‥‥265, 267～270, 274, 275, 278, 348, 440,
545

な

内行花文鏡‥‥‥‥‥‥‥‥‥‥‥‥‥26, 477

内水面漁撈‥‥‥‥‥‥‥‥‥‥‥‥‥188, 247

直良信夫‥‥‥‥‥‥‥‥20, 21, 190, 257, 265

中里遺跡(神奈川県)‥‥‥196, 198, 200, 203, 205, 210～
212, 316, 317, 322, 326, 328, 336～338, 346, 347, 430,
513, 518, 522, 523, 537, 540, 549, 556

中沢道彦‥‥‥14, 88, 133, 134, 168, 170～174, 182, 193,
210, 394, 401, 549, 550, 554～556

中妻貝塚(茨城県)‥‥‥283～285, 299, 303, 305～310,

313

中野谷原遺跡(群馬県)‥‥‥196, 197, 199～201, 205,
210～214, 217～220, 223, 547～549

長原式‥‥51, 53, 183, 221, 226, 337, 450, 550, 551, 557

中道遺跡(山梨県)‥‥‥‥‥‥‥‥6, 14, 193, 549

永峯光一‥‥‥‥89, 91, 92, 101, 104, 122, 123, 131, 133,
134, 173, 264, 287, 394, 435, 502, 509

中村五郎‥‥‥87, 131, 133, 362, 363, 386, 391, 394, 405,
476, 481, 490, 496, 511, 546, 547

中村豊‥‥‥‥‥‥‥‥‥‥‥‥‥‥420, 425

中谷治宇二郎‥‥‥‥‥‥‥‥‥‥‥19～21, 30

中屋敷遺跡(神奈川県)‥‥‥‥184, 196, 205, 346, 429,
430, 431, 434, 548, 555

中山誠二‥‥‥‥‥‥‥‥‥‥‥183, 192, 549

中山平次郎‥‥‥‥‥‥18, 19, 30, 469, 481, 521

ナトゥーフ文化‥‥‥‥‥‥‥‥‥186, 189, 194

菜畑遺跡(佐賀県)‥‥‥4, 48, 51, 183, 184, 186, 187,
220, 372, 374, 505, 547, 554, 555, 560

に

西アジア‥‥‥‥‥‥‥‥‥‥‥‥186, 187, 189, 194

西川津遺跡(島根県)‥‥‥267, 389, 392, 393, 395, 397,
399～401, 403, 404, 460

西本豊弘‥‥‥183, 191～193, 230, 241, 254, 257, 263,
284, 308, 309

丹塗磨研‥‥‥‥‥‥‥‥‥‥‥‥‥‥43, 359

日本書紀‥‥‥‥‥‥‥‥‥‥12, 265～267, 269

二枚貝条痕‥‥‥‥‥‥‥‥‥‥67, 72, 78, 82

如来堂遺跡(埼玉県)‥‥‥196, 197, 200, 202, 203, 205,
210～212, 481, 490, 491, 494, 495, 498, 549

如来堂式‥‥‥197, 199, 202, 490, 498, 499, 547, 554

ね

根古屋遺跡(福島県)‥‥‥222, 288, 289, 305, 311, 314,
494, 500

年輪年代‥‥‥‥‥‥35, 38, 39, 44, 58～61, 65, 321, 327

の

農耕社会‥‥‥4, 11, 33, 186, 188, 242, 264, 316, 349, 389,
457, 466, 482, 501, 508, 513, 518, 519, 537, 543, 548,
556, 558, 559

農耕文化‥‥‥3～7, 10, 13, 33, 64, 181, 184～189, 196,
223～225, 227, 248, 250, 265, 270, 315, 361, 378, 380,
382～384, 386, 389, 405, 445, 457～459, 510, 521, 537,
545, 546, 548, 549, 551～556

農耕文化複合‥‥‥9, 184～189, 224, 247, 270, 278, 440,

索　引

444, 519, 543, 552～560
農民的漁撈 ················246, 247, 249, 557
野島永 ····················531～533, 535, 539
能登健 ··························435, 460

は

廃屋墓 ···············298, 299, 303, 310, 450, 451, 461
背腹索孔 ···············229, 231, 233, 236, 237, 239
ハケメ ···············22, 24, 130, 381, 482, 484, 487
長谷部言人 ·········14, 227, 228, 231, 250, 252, 256, 386
畠作 ·······4～6, 14, 184, 187, 188, 223～225, 449, 499, 548, 551, 554～556
抜歯 ·····259, 288, 299, 301, 313, 314, 318, 320, 427, 451
離山遺跡(長野県) ·········117, 118, 121, 123, 127, 132～134, 144～148, 152, 159, 165, 168, 174, 394, 507, 509, 511
離山式 ·······51, 53, 133, 143, 151, 152, 157～159, 166, 170～174, 178, 394, 400, 507, 509, 550, 554, 555
濱田耕作 ··················20～22, 29, 475
林謙作 ·······3, 14, 49, 52, 130, 224, 290, 296, 303, 306, 311, 318, 320, 545, 556
春成秀爾 ·········7, 8, 14, 36, 43, 54, 191, 192, 258, 261, 265～267, 269～274, 278, 298, 299, 310, 311, 313～315, 320, 341, 348, 353, 354, 358, 359, 412, 416, 421～423, 425, 427, 439, 440, 445, 449～454, 456, 457, 460, 461, 471, 511, 532, 543
原の辻遺跡(長崎県) ··············252, 534
半截竹管 ·······95, 97, 99, 100, 103, 106, 108, 110, 112, 115, 124～126, 129, 130

ひ

東奈良遺跡(大阪府) ····271, 398, 400, 407, 408, 470～473, 526
匹字文 ···········117, 144, 149, 172, 202, 400, 494
ヒスイ ····················508～510, 513
紐線文 ·················68, 70, 74, 76, 78
ヒョウタン ·······182, 183, 391, 414, 415, 419, 423, 552
平沢同明遺跡(神奈川県) ·······85, 124, 131, 222, 483, 484～486, 488, 489, 495, 496
平原遺跡(福岡県) ······324, 334, 335, 342～345, 347, 349, 351, 354, 478
広瀬和雄 ·······5, 11, 185, 321, 336, 341, 342, 353, 524, 527, 530

ふ

夫婦 ····284, 298～299, 305, 311, 314～315, 318～319,

450～453, 455～457, 461
フォーテス ··················300, 319
深澤芳樹 ·······359, 390～391, 401～403, 419, 422, 475
副葬······7, 36～39, 42～43, 258, 288～289, 315, 342～345, 351, 362, 372, 375, 435～436, 438, 444, 454～455, 458, 461, 467, 470, 508, 517, 520, 525, 530, 532, 534, 536, 539～540, 548, 557
父系 ·········306, 308～310, 315, 318～319, 454, 461
藤尾慎一郎······8, 14, 58, 224, 381, 386, 494, 500, 543, 545, 557
藤田憲司 ··················27～28, 389～390
富士見台遺跡(千葉県) ··············77～81, 384
浮線網状文 ···········51, 88, 101, 103, 108, 117～118, 121～122, 126, 127, 129, 131～135, 141, 143～144, 149～152, 157～159, 163～166, 168～174, 178, 202～205, 221, 224, 337, 377, 379～380, 389, 392, 394～395, 397～405, 445, 487, 491, 493～495, 497～499, 502, 507～511, 550～551
渕ノ上遺跡(長野県) ··············429～432
太型蛤刃石斧 ·······242, 469, 473, 515, 524, 525, 538
風土記 ··················265, 266, 269, 271
プラント・オパール···6, 181, 192, 193, 195, 203, 210, 350, 549, 560
フローテーション ··············556
文化圏·········5, 6, 10, 88, 100, 128, 238, 378, 382, 467, 497, 519, 551
文化人類学 ··········251, 305, 447, 544, 553, 560
文化伝播 ··················427, 510
文化変容 ···········250, 389, 458, 459, 549, 555, 559
墳丘 ··········273, 276, 315, 325, 334, 342～345, 347, 351～354, 452～457, 477, 478, 517, 518, 530, 531, 535, 539, 540
分業······3, 247, 248, 314, 445, 446, 449, 456, 457, 466, 468～470, 472～474, 479, 526～528, 534
分散····63, 289, 290, 292, 296, 297, 301, 302, 307, 312, 316, 318, 319, 346, 347, 468, 522, 524, 540, 546, 547, 551, 556
分節構造 ··················311

へ

ヘネップ ··················301
変形工字文···7, 101, 121, 131, 163, 202, 203, 383, 484, 489, 491, 493～495

ほ

墓域·········288, 299, 300, 303, 309, 316, 319, 320, 322,

323, 332, 334, 336, 345〜347, 351, 352, 354, 437, 454, 455, 461, 518, 519, 522, 531

方格規矩鏡 ……………………………26, 272, 477, 478

方形周溝墓……131, 184, 220, 315, 316, 325, 327, 334, 339, 345〜347, 349, 351, 439, 452〜455, 461, 478, 522, 530, 531, 540

母系…………………299, 305, 308〜310, 318, 319, 461

ホケノ山（奈良県）……324, 334, 335, 342, 345, 351, 354

卜骨 ……………………………………190, 244, 557

掘立柱建物……38, 285, 321〜327, 330, 332, 334, 336, 338〜340, 342〜344, 349〜350, 353, 354, 468, 528, 529

ポリッシュ …………………………………199, 218

堀之内式 …………62, 198, 203, 214, 229, 283, 284, 289〜297, 302, 307

ま

マードック ………………228, 239, 445, 449, 460

埋葬小群……288, 300, 308, 311, 313, 318〜320, 451, 456, 461

蒔田鎗次郎…………………17〜18, 29, 521, 543

前田潮…………………229, 230, 232, 236〜238, 254

前田清彦 ………………………………………437, 460

勾玉 …………………………471, 508, 509, 514

曲り田遺跡（福岡県）………………45, 47, 51, 505

纒向遺跡（奈良県）………………26, 352, 477, 540

間口洞穴（神奈川県）……232〜236, 240〜244, 251, 557

増子康真 …………………………90, 92, 129, 130

枡形式 …………………………………4, 5, 13, 497

磨製石剣……37, 39, 384, 404, 424〜425, 501〜503, 505〜511, 536

松木武彦 ……………………………475, 476, 536, 557

松原遺跡（長野県）……………515〜518, 520, 538

松本彦七郎 ……………………………………14, 29

馬目順一 ……230〜232, 236, 242, 250〜252, 491, 493

馬見塚遺跡（愛知県）……51, 92, 93, 95, 117, 124, 127, 129, 130, 178, 222, 360, 361, 402, 509

馬見塚式 ………51, 53, 89, 90, 95, 125, 130, 132, 149, 152, 157, 172, 173, 178, 221, 222, 226, 395, 437, 507, 551, 555

豆谷和之…158, 325, 339, 354, 360〜362, 386, 405, 529

み

三雲南小路遺跡（福岡県）………39, 273, 454, 478, 530

三品彰英 …………265, 267, 269, 316, 348, 350, 352

御社宮司遺跡（長野県）………103, 144, 165, 170, 173,

221, 394, 547

水さらし …………………………………185, 186

水ノ江和同 ………………………………………50

水野正好 ……………264, 311, 390, 419, 435, 436

三谷遺跡（徳島県）………84, 87, 402, 403, 406, 420

御床松原遺跡（福岡県）………………443, 467, 540

ミネルヴァ論争 ………………………………12, 13

宮ノ台式……4, 10, 233, 243, 244, 545, 556

宮ノ前遺跡（山梨県）………………6, 125, 550

宮本一夫 ……………………42, 44, 189, 308

宮本長二郎 ……………321, 322, 336, 337, 354

民族学 …………………………………255, 281

民俗学 …………………………………268, 278

民族誌 ……………………190, 169, 445, 446, 448

む

向ヶ岡貝塚（東京都）………………17, 18, 543

無文土器……7, 20, 21, 24, 39, 69, 74, 76〜78, 124, 184, 187, 295, 268, 358, 359, 361, 382, 466, 467, 471, 515, 532, 540, 554

村上恭通 ……………337, 533, 535, 536, 540

め

明刀銭 …………………………42, 44, 45, 48

女鳥羽川遺跡（長野県）………104, 106, 115〜117, 121〜124, 127, 128, 132〜134, 136〜141, 143, 159, 165, 168〜170, 174, 394, 507

女鳥羽川式…53, 85, 88, 133, 143, 149, 151, 159, 166, 170〜172, 174, 178, 204, 222, 394, 400, 507, 509, 550

も

網羅的 ……………………186, 187, 248, 428, 554

モース ……………………………………………256

木偶……268〜270, 278, 314, 341, 348, 353, 439〜442, 444, 450, 457, 460, 545

木製農具 ………………4〜6, 185, 189, 440, 466, 537, 538

籾痕 ……6, 14, 182, 183, 192, 193, 223, 242, 243, 382, 546, 551, 559, 560

森岡秀人………8, 27, 28, 31, 38, 41, 54, 354, 389, 472, 475, 521, 535

森田克行 ………………………407, 409〜413, 425

森本六爾………19, 22, 29, 30, 264, 265, 360, 481, 543, 544, 553

モンテリウス ……………………………………18, 20

文様帯系統論 …………………………………20, 22

索　引

や

焼畑 ··547

谷地遺跡(群馬県) ············85, 86, 213～215, 217, 547

簗 ··246, 259

家根祥多 ····24, 50, 67～69, 77, 88, 178, 359, 361, 370, 372, 401

山浦清 ··················228, 232, 236～239, 251, 252

山尾幸久 ··························350, 351, 476, 540

山賀遺跡(大阪府) ·········220, 246, 410, 439, 440

山崎純男 ····8, 50, 51, 182, 183, 362, 370, 372, 549, 550

邪馬台国 ·····································40, 354

山田康弘······7, 256, 283　296, 298, 303, 306, 310, 311, 314, 320, 450, 461

山内清男·····3, 5, 6, 11～14, 17, 20, 22, 29, 30, 49, 50, 68, 69, 84, 90, 91, 193, 256, 262, 386, 405, 424, 459, 514, 544～546, 549

山の寺遺跡(長崎県) ·······················51, 94

山ノ寺式··50, 51, 53, 94, 220, 359, 361, 363, 366, 368, 372

弥生再葬 ·······224, 288, 300, 302, 305～307, 311, 312, 316, 318, 319, 346, 347, 482, 487, 489, 498, 510, 537, 547～549, 551, 558

八幡一郎·····························20, 247, 354

ゆ

夜臼式 ·······8, 22, 28, 36, 50, 51, 53, 87, 94, 220～222, 358, 359, 361～363, 366, 368～370, 372, 373, 376, 379, 381, 384, 387, 391, 405, 415, 424, 508 ～ 510, 519, 550～551, 554, 560

有柄磨製石剣········404, 425, 502, 505～509, 511, 536

湯ノ部遺跡(滋賀県) ·······················439～441

よ

八日市地方遺跡(石川県) ·······268, 395～397, 399～401, 403～405, 414～416, 461, 517, 518, 523, 536

様式論 ···············17, 19, 20, 22, 24, 26～31, 135, 170

横刃形石器 ·········6, 199, 213, 218, 219, 502, 548, 549

横山浩一 ·····························17, 24, 130, 506

吉胡貝塚(愛知県) ·········76, 82, 90, 99, 125, 130, 261

吉武高木遺跡(福岡県) ·········44, 344, 454, 455, 466, 467, 508, 530, 532

吉野ケ里遺跡(佐賀県) ······45, 47, 191, 315, 344, 345, 352, 454, 456, 457, 505, 516～518, 529, 530, 539

撚糸文·········78, 88, 103, 143, 150, 151, 158, 159, 169, 173, 498, 507

ら

楽浪郡 ·········36, 37, 40, 342～344, 467, 534, 535, 539

ラドクリフ＝ブラウン ·····························306

り

リネージ···············306, 311, 312, 314, 316, 318～320

龍···································266, 271～276, 278

流水文···117, 362, 378, 389～392, 395, 397, 399～401, 403～405, 418～420, 424

隆線重弧文 ····363, 366, 368, 370, 372～377, 381, 384, 386, 423

隆線手法 ··165

隆線連子文 ··················377, 380, 381, 384, 386, 387

菱環鈕式銅鐸 ····407, 409～412, 417～419, 421, 422

陵寝制度 ·····································343～345

遼寧式銅剣·····························39, 42～45, 47

る

ルロア・グーラン ·····························228, 238

れ

レヴィ＝ストロース ·····························313, 320

レプリカ法······14, 182, 183, 193, 195, 196, 211～213, 219, 226, 507, 543, 548, 549, 551, 556

レンズ状浮帯文···51, 87, 106, 117, 122, 136, 141, 142, 144, 149～152, 158, 163, 165, 168, 170～172, 394, 395, 397, 399, 400, 405, 509

レンフリュー ·····································517, 535

わ

若林邦彦·····························522, 523, 527, 529, 530

倭国乱·····························26, 40, 476～479

稙田市遺跡(大分県) ·············52, 87, 378, 509

倭人伝·············37, 350, 354, 467, 476, 525

渡辺新·········283, 284, 292, 296, 298, 300, 306, 318

渡辺誠·········230～233, 245, 246, 248, 249, 251, 466

626

設楽　博己（したら　ひろみ）

略歴
1956 年　群馬県に生まれる
1978 年　静岡大学人文学部人文学科卒業
1986 年　筑波大学大学院博士課程歴史人類学研究科文化人類学専攻単位取得退学
1988 年　国立歴史民俗博物館考古研究部助手
1996 年　同助教授
2004 年　駒澤大学文学部助教授
2006 年　博士（文学）：筑波大学
2007 年　駒澤大学文学部教授
2010 年　東京大学大学院人文社会系研究科教授

　著書
2007 年　『日本の美術』第 499 号（縄文土器―晩期―）至文堂
2008 年　『弥生再葬墓と社会』塙書房
2014 年　『縄文社会と弥生社会』敬文舎
　編著
1999 年　『新　弥生紀行―北の森から南の海へ―』朝日新聞社
2000 年　『倭人をとりまく世界―2000 年前の多様な暮らし―』山川出版社
2001 年　『国立歴史民俗博物館資料図録』1（落合計策縄文時代遺物コレクション）
　　　　　国立歴史民俗博物館
2004 年　『歴史研究の最前線』1（揺らぐ考古学の常識）吉川弘文館
2006 年　『原始絵画の研究―論考編』六一書房
　共著
2005 年　『先史日本を復元する』4（稲作伝来）岩波書店
　翻訳
2016 年　『複雑採集狩猟民とはなにか　アメリカ北西海岸の先史考古学』雄山閣（佐々
　　　　　木憲一監訳）

弥生文化形成論

2017 年 2 月 28 日　第 1 版第 1 刷

| 著　者 | 設　楽　博　己 |
| 発 行 者 | 白　石　タ　イ |

発 行 所　株式会社　塙　書　房

〒113
 -0033　東京都文京区本郷 6 丁目 8 -16
　　　　電　話　03（3812）5821
　　　　ＦＡＸ　03（3811）0617
　　　　振　替　00100-6-8782

検印廃止　　　　　　　　　　　　　　　亜細亜印刷・弘伸製本

定価はケースに表示してあります。落丁本・乱丁本はお取替えいたします。
ⒸHiromi Shitara 2017 Printed in Japan　　ISBN978-4-8273-1289-8　C3021